中国艺术研究院基本科研业务费项目

（项目编号：2021- 补 -15）

中国艺术年鉴

2021 + 上

祝东力　主编
中国艺术研究院《中国艺术年鉴》编辑部　编

文化藝術出版社
Culture and Art Publishing House

图书在版编目（CIP）数据

中国艺术年鉴. 2021 / 祝东力主编. — 北京：
文化艺术出版社, 2023.4
ISBN 978-7-5039-7404-5

Ⅰ. ①中… Ⅱ. ①祝… Ⅲ. ①艺术—中国—2021—
年鉴 Ⅳ. ①J12-54

中国国家版本馆CIP数据核字(2023)第062687号

中国艺术年鉴 · 2021

主　　编　祝东力
统　　筹　梁一红　魏　硕
责任编辑　魏　硕　刘　颖　董　斌　刘锐桢　丰雪飞
责任校对　邓　运
书籍设计　李　鹏　赵　矗
出版发行　文化艺术出版社
地　　址　北京市东城区东四八条52号（100700）
网　　址　www.caaph.com
电子邮箱　s@caaph.com
电　　话　（010）84057666（总编室）　84057667（办公室）
　　　　　84057696—84057699（发行部）
传　　真　（010）84057660（总编室）　84057670（办公室）
　　　　　84057690（发行部）
经　　销　新华书店
印　　刷　鑫艺佳利（天津）印刷有限公司
版　　次　2023年8月第1版
印　　次　2023年8月第1次印刷
开　　本　880毫米 × 1230毫米　1/16
印　　张　66.5
字　　数　1880千字
书　　号　ISBN　978-7-5039-7404-5
定　　价　480.00元（上下册）

《中国艺术年鉴·2021》
编辑机构人员

主　编

祝东力

执行主编

吴　昊

编辑团队（以姓氏笔画为序）

王　畔
丛玲玲
李梦扬
张乃锋
陈诗红
陈　乾
周进生
周　婕
耿春晓
顾骁瑾
高　苹
傅　秋

《中国艺术年鉴·2021》编辑说明

一、《中国艺术年鉴》是一部艺术门类较为齐全的综合性国家级专业年鉴。本年鉴在中国艺术研究院领导下，由《中国艺术年鉴》编辑部主持编纂，旨在以文化强国的艺术发展要求与艺术本体规律为辑选尺度，侧重艺术创作，立足学术考量，汇集中国各艺术门类、各艺术工作领域的创作、表演和展览等重要信息，记录和凸显符合艺术规律、对艺术创作健康发展具有推动作用和借鉴价值的优秀作品、工作亮点和热议话题，简明立体地呈现年度艺术工作领域的发展状况与全局轮廓。

二、本年鉴主要记述的时空范围为2020年1月1日至12月末。其中涉及跨年评奖、研讨等内容的条目，以活动起始发生日为准，记述于本卷。

三、从《中国艺术年鉴·2013年卷》开始，各分卷涉及理论研究、学术研讨和艺术教育等部分的内容，还收录在《中国艺术年鉴》编辑部编纂的《中国艺术学年鉴》中。

四、本年鉴使用规范的语体文、记述体，文字力求言简意赅，直陈其事。本年度《中国艺术年鉴》分为上、下两册，共计12个分卷，分别为：总类卷、戏曲卷、话剧卷、音乐卷、舞蹈卷、曲艺卷、电影卷、电视艺术卷、美术卷、摄影卷、书法·篆刻卷、艺术设计卷。全书最后配有主题索引，包括人名、作品、机构3类索引项，2100余个索引词。

五、本年鉴采用卷目—栏目—类目—条目的层级结构。各卷目下设固定栏目依次为："年度述评""专题""作品""纪事""大事记"；个别卷本根据年度实际情况，另设"文件（文献）辑录"等栏目。"年度述评"是以专论的形式，从不同角度对年度艺术发展的诸多方面做出视野开阔、数据翔实的论述，观照该年度的文化艺术领域的现象与热点、政策与导向、创作与作品、活动与交流、研究与学术、趋势与对策等多方面内容，着力开展深度的研究性梳理、总结概括和学术评估，研判艺术发展趋势与走向，突显艺术追求的主流价值取向，并提出有学术价值和艺术价值的思考与建议，从历史和理论角度为当代中国文化艺术发展作宏观把脉；"专题"为非常设栏目，针对年度中的某些重要艺术活动、现象、话题，选编若干篇与此相关的媒体报道、采访、评论文章，对其进行全面展现；"作品"，辑录年度内各艺术门类有影响的新作或佳作；"纪事"，简要记录年度内艺术展演、评比、会议、产业、交流等类活动信息；"大事记"是按照时间顺序对一年中各艺术门类所发生事件的罗列。

"文件（文献）辑录"，辑录年度内文化艺术主管部门和艺术团体发布的与艺术工作相关的法规、规划、公告及重要通知等文件。

各栏目下设类目，类目是若干相关条目的归类总称，根据各卷、各栏目所载条目的具体情况设置。

六、本年鉴本着客观记录与学术评述相结合、全面反映与重点突出相协调、活动情况与反响评价相兼顾的编辑思路，以文章和条目为基本载体。其中的文章体主要体现在各分卷的“年度述评”和“专题”（非常设栏目）部分，其余栏目均为条目体。

七、本年鉴在沿用《中国艺术年鉴·2018》编纂体例的基础上，为了实现理论性、学术性、针对性的有机统一，各分卷增加了“年度述评”部分的比重，力求对艺术现实进行分析论辩并回答相关门类发展面临的突出问题。

八、本年鉴的组稿方式有特约稿件、重要主流报刊信息转载和摘录三个渠道。其中，各分卷本的“年度述评”部分的组稿方式主要采取特约稿件，所约的撰稿者主要为相关门类的专家、学者，所收录半数以上稿件为课题组以团队力量协作完成；“文件辑录”“专题”“作品”“纪事”的大部分信息均来源于各大报纸期刊、公开出版物及相关网站等国内主流媒体和出版物，且在转载和摘录的过程中，根据本年鉴的编纂要求进行了必要的修订。

2020 年从中央到地方，出台了一系列管理及扶持政策，实现各级文化行政部门对文化资源的动态化、科学化管理，以激发广大文艺工作者的创作热情，强化要求文艺工作者要有文化担当。在文艺创作方面，除了组织推进大型精品力作，同时大力推进地方文艺创作的繁荣，在习近平总书记重要讲话精神指引下，广大文艺家和文艺工作者不断提升思想道德修养和文学艺术素养，高扬社会主义核心价值观旗帜，努力创作优秀作品，为繁荣社会主义文艺事业作出了新贡献。基于此，本年鉴力图宏观系统地对 2020 年度各艺术门类发展状况作出全景概览，总结 2020 年度的艺术成果和宝贵经验，为社会各界了解中国艺术发展趋向提供资讯，以飨读者。

《中国艺术年鉴》编辑部

2022 年 12 月 15 日

中国艺术年鉴

2021 + 总目录

上册目录

纪事……279

中国艺术年鉴·2021

+

总类卷

+

分卷主编：高　苹

年度述评

2020 年度中国艺术发展研究报告导言

◎ 吴昊

一、现象与热点

在实现中华民族伟大复兴中国梦的过程中，文艺为现实服务，为人民服务，“文章合为时而著，歌诗合为事而作”，一直是我国文艺工作的主体思想和基本导向。2020 年是文艺工作座谈会召开六周年，习近平总书记《在文艺工作座谈会上的讲话》（以下简称《讲话》）中强调“以人民为中心”，这也是近年来文艺界持续关注的重点。

2020 年，尽管肆虐全球的新冠肺炎疫情对艺术发展造成影响，但广大艺术家满怀激情地坚持创作，举精神旗帜、立精神支柱、建精神家园，讴歌时代，缅怀先烈，致敬英雄，聚焦传统文化，用艺术语言讲好中国故事，是本年度艺术创作和研究的精神核心。

（一）艺术为抗疫鼓与呼

2020 年度，在新冠肺炎疫情这一人类重大的公共卫生危机中，广大文艺工作者用现实主义精神和浪漫主义情怀观照生活，创作了大批优秀的文艺作品，向社会传递了凝心聚力、鼓舞斗志的精神力量。“抗疫”题材作品及其相关的关注、阐释和评价无疑是 2020 年度最重要的内容。

2020 年 5 月 18 日，习近平总书记在第 73 届世界卫生大会视频会议开幕式上发表题为《团结合作战胜疫情　共同构建人类卫生健康共同体》的致辞，号召全体人民共同抗疫。9 月 8 日，全国抗击新冠肺炎疫情表彰大会在北京市举行，习近平总书记发表重要讲话，大会通过表彰抗疫英雄，彰显党对人民生命和健康的关怀。在此精神指引下，全社会讨论的话题集中到医学领域，促进了医学与人文的结合，特别是验证了中医药对新冠肺炎的疗效后，社会和学界对中国传统医药的认知度极大提升。一些重量级中医药文献如首次将中华人民共和国成立后 30 年的中医药重大成就进行系统性总结、历时 11 年编撰完成的《新中国地方中草药文献研究（1949—1979 年）》等书的出版，不仅在医学界，同时在全社会引起广泛关注。

文化和旅游部及时推出相应政策，号召全国艺术院团和艺术家们围绕抗疫的主题进行创作，各艺术行业协会也发布了加强和引导抗击新冠肺炎疫情主题创作的通知。据不完全统计，文艺工作者在几个月内就创作出一大批优秀作品，并举办了各种活动，如美术方面有国家博物馆举办的“众志成城——抗疫主题美术作品展”；音乐方面诞生了 2 万余首“抗疫”歌曲，国家大剧院与中国音乐学院联合推出抗疫交响合唱《天使告诉我》，中国 11 所音乐院校千人“云合唱”《我们》，交响诗曲《情殇——霓裳骊歌杨贵妃》首演；舞蹈方面最有代表性的是在可容纳近 5000 名患者的武汉方舱医院起舞的“方舱之舞”；话剧《因为有你》《生死 24 小时》《逆行》《人民至上》，纪录片《武汉日夜》《在武汉》《南京抗疫现场》《好久不见，武汉》《后疫情时代》，以及各个行业、各个地区相继举办的抗疫主题的摄影展，均从不同侧面记录了非常时期，武汉城中医护人员、患者、志愿者及普通人之间发生的感人故事。国际建筑界规模最大、声望最高的颁奖盛典之一的世界建筑节，2020 年的参赛作品数量反而比往年更多，而且还额外增设了一项“疫情封锁奖”（Lockdown Prize），关注以疫情为主题的制图创作，讨论疫情和病毒对建筑学带来的冲击和影响。

新媒体网络平台，几乎成为疫情期间文艺传播的唯一“舞台”，充分发挥了传播优势。如各艺术院校举办“云课堂”；一些院团或艺术家举行“云上”展览和演出；中央广播电视总台、央视网、艺术行业协会、艺术机构、学习强国平台、艺术相关期刊、微信公众号及快手等视频平台，设立了“抗击疫情”专栏，推送公益作品，推广大量“抗疫”文艺作品和文艺名家；《人民日报》《光明日报》《文艺报》《中国艺术报》和中国社会科学网、《中国文艺评论》、《长江文艺评论》等十余家中央媒体记者分几批奔赴一线，多角度报道抗击疫情过程，并在报刊网站上以持续刊登抗疫艺术作品、设置专栏刊发抗疫艺术评论等形式，彰显艺术的使命与担当。同时，因疫情而居家的群众，也驱动了线上娱乐消费的高涨和综艺节目的热度。居家隔离期间，民众主要的娱乐形式是通过互联网欣赏、参与文化娱乐活动，优酷、爱奇艺和腾讯等几家视频网站启动了剧目点播系统、线上展演等多种营销策略，通过将部分数字资源公益开放等形式，来满足群众的审美需求。

疫情加速了数字人文资源的开发利用，戏曲、音乐、舞蹈、美术、戏剧及摄影等很多艺术门类，通过短视频、网络直播或重播等多种形式在互联网上展演、传播与交流，线上展示的形式已融入民众日常文化生活。2020 年的综艺类节目异常活跃，突出代表有《乘风破浪的姐姐》《我们的乐队》《乐队的夏天》等“音乐竞演综艺”节目，湖南电视台推出的《舞蹈风暴》等，推进了中国流行文化的发展，使之呈现出新高度。

2020 年度，演出活动受到疫情影响，但总体来看，演出季依然热度不减，最大特点是在现场演出之外，开拓了线上播放的新形式。北京演艺集团推出已连续举办 5 届的“五月演出季”，首次推出线上演出季；中国爱乐乐团 2020—2021 音乐季，上演了 16 场交响音乐会与 5 场室内乐音乐会；国家大剧院策划“战士与祖国：国家大剧院庆祝八一建军节合唱音乐会”；广东省文化和旅游厅主办的“2020 年广东省艺术院团演出季”等，都采用了网络平台线上直播的形式。就艺术生产而言，疫情虽影响了艺术作品的展示，但也给了艺术创作者和学术研究者深入思考、潜心练功的时间，为开展更有针对性的创作、讨论和研究积蓄了力量。

（二）“脱贫奔小康”成为年度艺术创作的重要主题

2020 年，中国进入新的发展阶段，是“十三五”收官之年，也是全面建成小康社会、脱贫攻坚之年。随着疫情逐步得到控制，国家经济在后半年逐步复苏，社会文化生活也日渐恢复。党中央将脱贫攻坚和民心工作作为工作重点。3 月 6 日，“决战决胜脱贫攻坚座谈会”上明确了脱贫攻坚最后冲刺的时间表。鼓励艺术工作者深入生活，努力呈现脱贫攻坚成就和实践过程中涌现出来的先进典型。艺术实践承载着见证国家发展和建构民族集体记忆的历史使命。国家和人民经过了一场抗击新冠肺炎疫情的重大考验，并没有停止脱贫攻坚战的脚步。全国各地的艺术工作者，一方面记录抗疫战役，另一方面深入脱贫攻坚战一线，创作了一批表现“脱贫攻坚”“抗疫与复工”题材的绘画、雕塑、书法、篆刻、摄影等作品，如文化和旅游部 2020 年立项的重点新创剧目、民族音乐纪实剧《家园》，话剧《那拉提恋歌》《村里新来的年轻人》《金色的胡杨》《情系贺兰》等；叙写城乡人民携手脱贫致富奔小康故事的电影《我和我的家乡》《一点就到家》以喜剧的形式，精准表达了家乡建设的主题；美术界举办了“聚焦脱贫攻坚　走向小康生活”“以美扶智——中国美术馆脱贫攻坚美术作品展”“决胜全面小康——第二届全国农民画作品展”“美丽的事业 · 中国国家画院扶贫主题美术作品展”等展览；随着数码影像设备的普及，摄影成为最日常化、大众化的艺术创作手段，艺术家及广大群众创作出难以计数的影像作品，其中抗击疫情和脱贫攻坚是核心主题。

新冠肺炎疫情的蔓延，致使很多演艺场馆停业，实地演出和放映受到严重影响，为了推动演出行业复工复产，文化和旅游部市场管理司印发《剧院等演出场所恢复开放疫情防控措施指南》等通知，北京实施了疫情防控期间演出票价补贴的通知，精准帮扶北京市属的剧院、剧团和表演团体。

为了促进就业，实现精准扶贫，各级文化主管部门依托各类非遗项目，以传统工艺为重点，发挥“非遗 + 扶贫”这一创新模式的独特优势。文化和旅游部将工作重心向脱贫攻坚领域倾斜。2020 年 1 月，文化和旅游部官方网站发布《文化和旅游部办公厅　国务院扶贫办综合司关于推进非遗扶贫就业工坊建设的通知》，特别支持国家级贫困县设立一批特色鲜明、示范带动作用明显的非遗工坊，帮助贫困人口学习传统技艺，促进贫困人口就业增收。12月23日，文化和旅游部在国务院新闻办公室举办的文化和旅游助力脱贫攻坚新闻发布会上明确提出，今后主要从就业工坊建设、人才培养、促销和推广等四个方面推动非遗助力脱贫攻坚，形成扶贫就业、产业发展、文化振兴的多赢格局。因此，2020年从文化主管部门到各地文化相关机构，采取了不同形式的非遗助力扶贫工作的举措，如第六届中国非遗博览会举办“非遗助力精准扶贫和乡村振兴”论坛，各地在“文化和自然遗产日”期间举办非遗展演展示活动和以“非遗扶贫”为主题的购物节，在形式上创新，利用新媒体，帮助扶贫工坊转型“电商”，拓宽销售思路，借助互联网电商平台和直播平台进行线上惠民销售，助力老字号品牌复工复产。各省市根据工作需要，还举办了一系列围绕“非遗＋电商”、扶贫就业工坊负责人的专门性的培训及交流活动，有力提升了非遗保护工作者的履职能力和工作水平，为非遗保护传承提供了基础性、持续性的力量。

（三）国家重大文化战略部署

2020年度国家重大文化战略，对系统性保护、整体性保护理念做了深入的探讨。2020年10月，中国共产党第十九届中央委员会第五次全体会议（以下简称“五中全会”）审议通过了《中共中央关于制定国民经济和社会发展第十四个五年规划和二〇三五年远景目标的建议》，明确提出要高度重视文化建设，到2035年要把中国建设成为文化强国。在这一方针指引下，国家从保护传承文化遗产等方面进行战略规划，中华传统文化遗产的重要资源价值被再度提升，医疗史、社会史和文化史成为年度的研究热点。

党的十九届五中全会上提出以重大文化主题为牵引，建设长城、大运河、长征、黄河等国家文化公园，正式组建国家文化公园专家咨询委员会，秘书处设在中国艺术研究院，标志着国家文化公园工作机制建设开启新的阶段。《长城、大运河、长征国家文化公园建设方案》《黄河流域非物质文化遗产保护传承弘扬协同机制工作方案》相继出台，加强国家文化公园区域的整体性保护，明确推进长城文化、大运河文化、长征精神的系统研究，加强文化遗产保护传承工程，建设文化旅游深度融合发展示范区。

党的十八大以来，党中央把保护利用历史文化遗产、考古工作及其学科建设摆到突出位置，探研文明起源，成为国家级研究工程之一。习近平总书记关于文物工作发表系列重要论述和多项重要指示批示，先后考察云冈石窟、岳麓书院、潮州古城、大运河扬州段、西安交大西迁博物馆、合肥渡江战役纪念馆、中国人民革命军事博物馆等文物博物馆场所，强调要坚持保护第一，在保护的基础上研究利用好，坚持守正创新，为文物事业发展提供根本遵循。9月28日，习近平总书记主持中共中央政治局第二十三次集体学习时发表重要讲话强调，要建设中国特色、中国风格、中国气派的考古学；11月，国务院办公厅印发《关于加强石窟寺保护利用工作的指导意见》，国家文物局发布《中华人民共和国文物保护法（修订草案）》（征求意见稿）后，即在洛阳市举行全国石窟寺保护与考古工作座谈会，中共中央政治局委员、国务院副总理孙春兰出席会议并讲话。

各级机构积极响应国家号召，组织学习和开展实践。2020年5月，“国际博物馆日”中国主会场以“致力于平等的博物馆：多元和包容”为活动主题；8月，文化和旅游部、国家文物局在北京市召开深入学习贯彻落实习近平总书记关于文物工作重要论述和重要指示批示座谈会；11月，国家文物局与北京大学举行战略合作签约仪式，共同建设中华文明国家文物基因库、中国文物博物馆学院、国家文物局考古研究中心，国务院批复同意“扬州中国大运河博物馆”定名，32家博物馆组成的“大运河博物馆联盟”在南京市成立，“考古中国”重大研究项目持续实施，其中，“考古中国·夏文化研究”重大项目（2020—2024）已启动。2020年度，非遗保护工作紧密衔接国家文化发展战略，在“一带一路”发展规划、公共文化服务体系建设、乡村振兴战略、粤港澳大湾区发展规划、四大国家文化公园建设区域内非遗都是重要的文化资源。由此，我国非遗工作进入了开发和利用并重的整体性、系统性保护阶段。

为了将非遗保护传承工作纳入国民经济和社会发展的整体规划，以生产性保护的方式发展新业态，主管部门都适时做出了政策上的引导，最重要的特色和亮点是管理工作更加科学化、规范化和精准化。

12 月 21 日，文化和旅游部公示了“第五批国家级非物质文化遗产代表性项目”推荐项目 337 项，与第四批相比，纳入了更多能够体现大众实践、覆盖面广、民众参与度高的非遗项目，重点项目重点保护；“国家级非遗代表性传承人记录工程”在 2020 年持续推进，多个省份举办传承人记录工作成果自评估及验收会，确保非遗抢救性保护的决策顺利落地；探索实践建设文化生态保护区等活态遗产保护的新道路；3 月 1 日起，《国家级非物质文化遗产代表性传承人认定与管理办法》正式施行，各省纷纷出台规范传承工作的相应科学管理政策，为传承人营造了良好的社会环境；继续推进非遗传承人群培训计划，中国特色社会主义非遗保护治理体系已经基本形成。

（四）主旋律引领，精品化发展

自 2017 年以来，国家重大节庆与历史节点接踵而至，广大艺术工作者以艺术的形式展现中国革命和发展历程上的重大事件，以重大献礼主题创作主旋律作品，以提振民族凝聚力。2020 年度，尽管受到疫情影响，但创作质量和数量均较往年有所增长，可以称之为艺术创作的“主旋律大年”。

就艺术作品传播而言，疫情期间制作业大面积停工，演艺场所关闭，各种活动和展览全部转为线上，电子设备的普及，推动了民众日常生活中“互联网 +”的生活方式和娱乐方式的“云模式”流行。

国家广播电视总局（以下简称“广电总局”）在全系统深入推进“新时代精品工程”，明确了“重大现实题材”“重大革命题材”“重大历史题材”等“三重”题材，从选题规划、创作引导、资源调配组织、跟踪指导和监督管理等方面加强了“靶向性”，重点部署了脱贫攻坚、抗战、抗疫、抗美援朝等重大主题性影视作品的排播工作。针对 2021 年建党 100 周年的主题文艺创作，广电系统在 2020 年就按照“找准选题、讲好故事、拍出精品”的目标提前介入，成立重大题材创作生产协调领导小组。

从创作和生产层面看，电影、电视及网络视频影像节目能在内容表达上坚持现实主义创作理念，在展现和讴歌新时代风采的现实主义创作基础上，力求形式多样，大批接近民众生活、反映时代风貌、制作精良的作品涌现，取得了思想性和艺术性的双赢。如围绕抗疫、脱贫、纪念抗美援朝战争等主题，文化和旅游部主办了“纪念中国人民抗日战争暨世界反法西斯战争胜利 75 周年舞台艺术优秀剧目展演展播活动”，涵盖了京剧、地方戏、话剧、歌剧、舞剧、交响音乐会等多种艺术形式，包括精神文明建设“五个一工程”奖获奖剧目、“文华大奖”获奖剧目、国家舞台艺术精品创作扶持工程重点扶持剧目、中国民族歌剧传承发展工程重点扶持剧目、抗战题材经典保留剧目等；中国摄影艺术节期间，举办“战争摄影与家国情怀——张崇岫抗美援朝摄影作品展”；卫视晚间黄金档优先排播了纪念抗美援朝 70 周年纪录片《伟大的抗美援朝》、专题节目《记忆的力量・抗美援朝》；中国歌剧舞剧院推出了舞剧《英雄儿女》；无锡市歌舞剧院推出原创舞剧《歌唱祖国》；中央芭蕾舞团创作推出扶贫题材舞剧《花一样开放》及革命历史题材舞剧《沂蒙》；年度热播的纪录片涵盖军人、医疗卫生、抗美援朝和文化历史等领域，电视剧、网剧都自觉地趋近“三重”题材和中国故事、新时代故事、党的故事的“三故事”创作。

“深入生活”既是文艺人民性理论的核心概念，也是我们党的文艺方针。关注社会热点，反映民众现实生活也是年度创作特点，如影视作品中“她经济”盛行，即电视剧和综艺都围绕女性题材展开多角度的话题挖掘、关注女性生存焦虑。还有更多强调还原真实感的行业剧、职场剧，将叙事重心放在表现行业精神、生存规则、职场生态和价值选择上。

（五）加强文化交流，参与国际对话

2020 年，因为全球疫情蔓延，国际文化交流活动停办，但网络为各国持续开展文化交流与对话提供了技术支持。4 月，联合国教科文组织召开首次文化部部长网络会议；8 月，中俄人文合作委员会文化合作分委会第二十次会议以视频会议形式召开；11 月，中欧高级别人文交流对话机制第五次会议于 10 日通过视频连线方式召开；12 月，2020 金砖国家治国理政研讨会暨人文交流论坛开幕式在线上举行。

中国在对外人文交流领域，推进了诸多实质性举措，倡议国际协商合作，共同构建人类命运共同体。12月17日晚，我国单独申报的“太极拳”和与马来西亚联合申报的“送王船——有关人与海洋可持续联系的仪式及相关实践”两个项目，列入联合国教科文组织人类非物质文化遗产代表作名录，至此，我国共有42个非遗项目列入名录，居世界第一，有力提升了中华文化在国际社会的影响力。2020年度还举办了第八届国际（上海）非物质文化遗产保护论坛及“非物质文化遗产教育与学科建设”国际学术论坛，将中国非遗保护的经验，在国际上进行分享、交流与借鉴。

随着共建“一带一路”合作的走向深入，各国和地区间的互联互通，为中国影视作品的海外传播开辟了全新场域。两部极具中国文化特色的动画长片《白蛇：缘起》《哪吒之魔童降世》入围2020年奥斯卡最佳动画长片奖的初选名单，从《夏洛特烦恼》《老炮儿》《战狼II》等作品遭遇“内热外冷”，到《流浪地球》《白蛇：缘起》《哪吒之魔童降世》《八佰》在国内外共同掀起传播热潮，反映了中国电影对中国文化国际表达的探索。另外，由北京外国语大学张西平教授主持的教育部人文社会科学重大研究课题攻关项目——《20世纪中国古代文化经典域外传播研究书系》出版；改革开放以来国内最有影响的两个国际影展——中国国际摄影艺术展览和上海国际摄影艺术展开展；经典名著《红楼梦》向海外和国内少数民族语言地区等非汉语地区的译介，实现跨文化传播。据统计，截至2020年，《红楼梦》已被翻译为30多种语言（包括中国少数民族语言）、150多个不同篇幅的译本，其中近20种语言拥有近40种全译本。从西方的视角深入中国文化内部进行解读和诠释，也有不错的成果，如BBC投资制作的《杜甫：中国最伟大的诗人》，第一次以纪录片的形式，向世界介绍了我国的“诗圣”。

（六）用中国的传统文化元素讲好中国故事

9月22日，习近平总书记在主持召开教育文化卫生体育领域专家代表座谈会并发表重要讲话时指出，要“推动中华优秀传统文化创造性转化、创新性发展”。

2020年度，以传统文化为核心举办了一系列活动。2020年是紫禁城建成600年暨故宫博物院成立95周年；10月19日，故宫博物院举办纪念座谈会；中国世界文化遗产监测年会首次改为中国世界文化遗产年会；11月4日，2020年中国世界文化遗产年会暨世界文化遗产城市市长论坛在浙江省杭州市良渚古城遗址举行；学术理论界和思想文化界围绕北宋思想家、教育家张载1000周年诞辰，举办多场会议和系列纪念活动，研究和阐发张载经典著作与重要思想。

2020年度，在文化传承工作方面也取得很大成就。国家图书馆中国记忆项目中心于12月31日举办了第三届“年华易老，技·忆永存——国家级非物质文化遗产代表性传承人记录工作成果展映月”的线上活动，从2020年完成验收的293项国家级非遗代表性传承人记录工作成果中，精选出48部具有较高艺术性和传播性的纪录片正式上线，以加深大众对非遗的认识与了解，这是对国家级非遗代表性传承人的抢救性记录工程，自2015年全面启动以来所取得的巨大成果的汇总和检验。

随着电子媒介的普及和全球文化传播、融通加速，作为网络原住民的年轻人，通过与各个国家、民族的文化相遇交融，逐渐被培养出一种杂糅“全球性”文化的审美趣味。但是，这并不影响青少年对中国传统文化的热爱，如工艺美术方面，更加注重对传统形式语言的挖掘表现，越来越多地呈现出“本土性”与“在地性”设计特征的“国潮”工艺品受到热捧。在国家大力倡导的内循环经济政策下，各地政府纷纷出台扶持本土品牌的政策；中国建筑设计向中国性、地域化、本土化的方向探索与实践。

理论研究方面也特别注重构建“中国化”的理论体系。如“马克思主义中国化”成为马克思主义文艺理论研究中的重要命题；中国当代音乐创作的研究，学者们以更加自觉的问题意识，深入发掘史料，梳理学科发展脉络，通过借鉴、融合西方启示性元理论与前瞻性技术，最终构建“中国化”的当代音乐创作理论体系；传记研究方法“中国化”得到普遍认同。

（七）“三大体系”建设走向深入

2016年5月，习近平总书记在哲学社会科学工作座谈会上指出，要加快构建中国特色哲学社会科学学科体系、学术体系、话语体系。为此，人文社会学科近年纷纷将目光聚焦到“三大体系”建设上来。

推动中国特色文艺理论学术话语体系建构，在以实践推动理论的发展中，以问题意识回应时代的创新。2019 年，《文艺研究》第 12 期发表韩子勇、祝东力等学者论文《关于中国艺术学“三大体系”建设的若干问题》，从中国艺术经验的独特性出发，纵论中国艺术学“三大体系”建设，引起强烈反响。2020 年，中国艺术学界继续关注“三大体系”建设这一时代命题。随着“三大体系”建设研究工作不断走向深入，学术界开始围绕“三大体系”之间的辩证关系展开论述和探索。

“三大体系”建设是一个系统工程，其中艺术史学建设和研究是学术体系建设中最为基础的部分。关注艺术本体、溯源探流、融通中外、回归历史语境，是年度重要学术趋向之一。学界不断更新学术理念，表现出高度的自省意识和方法论认知，这些都是理论研究深化发展的重要表现。在这方面，中国艺术研究院进行了有益探索，12 月 28 日，举办首届学术提名发布活动。该活动包括张庚戏曲学术提名、杨荫浏音乐学术提名、王朝闻美术学论文提名、冯其庸红学论著学术提名四项内容，在学术界引起强烈反响。建筑方面，住房和城乡建设部组织的《中国传统建筑解析与传承》丛书出版了第三批成果，《中国建筑史论汇刊》《建筑史》收录了 2020 年建筑史的最新研究成果，具有重要的学术参考价值，还有学者和设计师在方法论、实践论等层面进行了深入的研究探索，在数字史学基础上，提出面向人工智能和大数据的“建筑数字史学”，关于园林景观理论等方面的研究也都呈现丰富的成果。西方音乐中的“乐派”问题研究是 2020 年度西方音乐史学研究中备受关注的话题。学者在全音乐史或断代史的语境下，探讨西方乐派的形成原因、特征及构建方式、研究方法等问题。国内摄影界一直都比较重视摄影史料的发掘和整理，2020 年度，对摄影史料进行再发现、再研究的现象在理论与实践方面均有显现。具体表现在地方摄影史编纂风行，同时摄影创作由“作品”向“文本”转向，如在安徽省合肥市举办的摄影史编纂工作推进会，展览中“文献展”受到关注，在摄影展览、拍卖及市场销售中，老照片均价值不菲。

2020 年度，围绕学科建设，国家发布了一系列有关美育和艺术教育的政策文件。2020 年年底，国务院学位委员会、教育部发布通知，将“交叉学科”增列为我国第十四个学科门类，从国家层面在学科机制上给予交叉学科重要地位，这对于打破学科壁垒，进一步推动学术创新，培养国家和社会发展急需的复合型人才具有重要意义。各地还举办了贯彻落实文件的推进会，安排部署政策文件的落地落实。学界响应党和国家的教育政策导向，努力把艺术教育工作引向更高水平。在艺术教育学科建设和基础理论的讨论中，学界对于艺术教育的意义和目标取得广泛共识，但关于学科归属与定位问题，则存在争论。为了在学理层面讨论“学科独立性”的问题，《艺术教育》刊物推出专栏“专家论坛”，《艺术百家》杂志刊出联合国教科文组织主办的世界艺术教育大会制定的文件《艺术教育路线图》。

2020 年度，学界围绕艺术学“升门”十年、学科的回顾与展望进行深入探讨。理论成果方面，国家社科基金艺术学重大项目“跨门类艺术史学理论与方法研究”是 2020 年度该领域立项的标志性课题；60 卷本的《近代艺术史研究资料汇编》，是对近代艺术史资料的一次较大规模的影印。6 月，深圳大学文化产业研究院以“艺术学升门十年：未来的展望”为主题主办网络学术论坛。

2020 年度，线上、线下举办的诸多学术研讨会极大地推动了学术研究的深化发展，国际传统音乐学会与上海音乐学院联合主办“第 27 届国际传统音乐学会（ICTM）专题研讨会‘丝绸之路上的鼓与鼓乐’”；中国艺术研究院传记研究中心成立，共举办了四次学术论坛，提出诸多具有引领性、前瞻性、实践性的观点和思路。

2020 年度的学术研究方面，马克思主义文艺理论中国化研究是一个亮点。西方马克思主义文艺理论研究，核心理论对象从文学转向文化，有多篇直接以文化、文化观、文化理论为主题的论文。其中，多项以“深入生活”为关键词的专题研究，学者们走出书斋，投身时代和生活，通过深入的研究和田野调查，获得了理论研究的新成果。

（八）新时代的新文艺群体

社会主义文艺，本质上是人民的文艺。2014 年，习近平总书记在文艺工作座谈会上关于新时代文艺新力量的重要判断，使“新文艺群体”一词进入人们的视野。当前，新的文艺组织大量涌现，新的文艺群体十分活跃（以下简称“两新”文艺）。“两新”文艺群体主要有文艺类型新、从业身份新、创作机制新、艺术思维新、受众层面新等特点。新文艺群体用生活化的创作反映了当前的社会生活，能快速回应市场，更接地气、有活力，呈现出有温度的服务，更鲜活地阐释了中国文艺实践和审美经验，用艺术语言表达了时代精神，在世界舞台上展示了新时代的中国文艺形象。

疫情对艺术行业打击沉重。演艺场所关闭、艺术活动取消，线下公共文化服务几乎停滞，国内旅游业务均停止，文化产业大幅缩水。文化和生活通过电视、网络这些大众传播的主要媒介，以“互联网 +”使各类文化活动向线上转型，“云教育”“云演出”“云直播”“云服务”“云出游”“云展览”……均线上呈现。“云演出”打破了传统剧场在固定空间的观演模式，利用融媒体智能化传播的特点，实现了一次生产、多元共享、跨区域传播的现实作用。

以个体性创演、网络化传播和自媒体发布为主要特征的手机短视频，在数字技术的支持下，人人都可以成为创作者。2020 年的视听节目整体上呈现了“台退网进”的态势。据国家广电总局监管中心的数据显示：2020 年网络视听平台全年上线的各艺术样态原创节目，均比 2019 年有不同程度的增长。在此情形下，一些大型奖项和机构也予以配合，如“白玉兰奖”“飞天奖”“金鹰奖”三大中国电视奖项先后将网剧、网络视听节目纳入参评范围，一线影视制作公司“向网而生”，优酷、爱奇艺、腾讯视频三大视频网站排播精品网剧；脱口秀辩论、单口相声持续火爆；直播正在迅速地造就网红；短视频正在全面塑造互联网文化生态。

受疫情冲击，工艺美术实体店加速向电商转型，手艺人以“短视频 + 网络直播”的新形式，拓展了营销渠道，逐渐形成行业新特点。国内各大电商平台和社交平台，也助力越来越多的手艺人开展直播带货，这种新型线上销售模式突破了市场的地域限制，开拓了客源，提高了销售量，同时还展示了技艺背后的工匠精神，传播了传统文化之美。如抖音于江西省景德镇市隆重推出“看见手艺”计划，面向全国招募默默无闻的民间手艺人，计划运用流量扶持、电商扶持、一对一重点运营等方式，帮助 1000 名手艺人创收，为手艺人的宣传、销售提供了广阔平台。

针对新文艺群体的出现，学术研究也给予了回应。《艺术评论》设专题“特别策划·时代新变与文艺的使命”，讨论文艺与时代的关系，回顾新中国文艺实践的历史和各项文艺政策。

（九）融媒体业务一体化技术赋能文化新业态

为推进文化和科技融合发展，落实文化产业数字化战略部署，文化和旅游部在总结近年来数字文化产业发展工作基础上，结合产业发展新形势、新趋势，11 月颁布《文化和旅游部关于推动数字文化产业高质量发展的意见》（以下简称《意见》），该《意见》是国家层面关于数字文化产业发展的宏观性、指导性政策文件，突出“创新”在产业发展中的核心地位，明确提出“培育数字文化产业新型业态”的具体路径。

受疫情冲击，2020 年上半年的现场演出、艺术交易处于停摆状态。在此困境下，包括国家大剧院和各地大型剧院在内的演艺行业都借助了线上媒体，推出一系列线上演出，国家大剧院累计点击量突破了 10 亿，这些努力虽然产生了强烈的社会反响，传播了艺术，但都不产生经济效益，和“产业”无关。除了部分流行音乐推出了“沙发音乐会”“天台音乐会”“晚宴音乐会”等多种形式，以“打赏”渠道获得收入外，很多演出无法得到稳定的经济回报。

在疫情期间，几家国内较大的拍卖行改变了经营策略，根据高价拍品均为熟货成交的行业特点调整了拍品规模，采取线上线下结合的拍卖方式。中国嘉德、匡时在线、北京荣宝、北京华辰、广州华艺等拍卖公司相继开展线上公益拍卖，据中国嘉德数据显示，年度网络新增客户同比增长 400%，网络端总成交额达 7.6 亿元，同比增长 936%。线上已然成为拍卖行业的重要阵地。多数画廊也选择利用数字化平台进行线上展览和销售。

在抗疫背景下，非遗顺应大数据和文旅融合的时代背景，不断推进与扶贫、旅游、科技、文化产业的深度结合，以“直播 + 短视频”形式完成了线上转移，通过全网联动，用数字化手段赋能非遗保护、传承和推广。文化和旅游部联合商务部、国务院扶贫办支持阿里巴巴、京东、拼多多等电商平台联合举办“非遗购物节”，打通从生产到销售的“最后一公里”，是开展非遗扶贫工作的重要举措。在形式上，“云展会”“云直播”“网络课堂”“云竞技”拓宽了非遗保护的模式和渠道，新媒体也使非遗传承人培训方式步入新阶段。6 月 13 日为国家“文化和自然遗产日”，文化和旅游部首度尝试开展“云游非遗”线上推广活动，活动联合腾讯视频、爱奇艺、优酷等 8 大网络平台承办，集结代表性传承人资源，呈现千余部非遗手工艺影像。

具有竞争力的工艺美术实体店，利用新技术，通过跨界合作、智慧零售、商业美学等升级迭代的方式，借助“传统工艺 + 现代设计 + 互联网”的新模式，在品类上创新，为消费者带来更多时尚体验，扩大了销量，促进了新品牌、品类的发展，注重重塑品牌的自主话语权，实现了产业的转型升级。

据艾媒咨询数据显示，2020 年度，中国数字音乐市场规模保持稳定的增长态势。网易云音乐等网络音乐平台也升级版本，采取顺应趋势的举措。腾讯音乐娱乐集团（TME）建立起 QQ 音乐、酷狗音乐、酷我音乐、全民 K 歌四大产品阵营，并凭借强大的资金支撑构建起版权屏障。影视方面，原计划春节上映的 7 部电影撤档，院线电影《囧妈》于大年初一首次在网络免费播映，由此引发了对网络播映市场发展的新一轮讨论。虽然有争议，但随着另外几部影片紧跟其后“院转网”，这种特殊时期的特殊播映方式，既保证了制片方资金回流，也方便了观众。

2020 年度，国家很重视文化产业相关研究，在 28 个国家社科基金艺术学重大项目中，就有 4 项涉及文旅、科技相融合等文化产业学中的研究重点。学术界关于文化产业的研究，既有路径、趋势、策略研究，也有聚焦某热点问题的深入分析，《探索与争鸣》《艺术评论》等刊物设文化产业研究的专题，学者从文化产业类型、文化创意人才激励机制构建、后疫情与文化产业发展趋势等方面进行探讨，深入具体问题，从不同角度开展文化产业研究。

（十）构建融媒体艺术传播新格局

伴随着信息社会不断发展，新兴媒体影响越来越大，全媒体时代和媒体融合发展成为国家顶层文化设计的重点。特别是在 2020 年度，因疫情使线上线下联动成为展节、研讨会和教育活动举办的主要方式。这种方式打破了时空局限，创造了更多机会。

由艺创小镇・象山艺术公社、中国美术学院和浙江音乐学院主办的“共同生活・第二届之江国际青年艺术周”于 6 月 28 日在线上线下同时启动，其中中国美术学院毕业展示周共展出 2020 届中国美术学院 2265 名毕业生的 3000 余件作品，是 2020 年全球最大规模的毕业展示。线上展览与线下的互动展示，因疫情而成为美术馆的常态。据国家文物局统计，仅春节期间，博物馆系统便推出“云展览”2000 余项，阅读量超 50 亿人次。“云展览”获得大量点击的同时也对博物馆展示工作提出了新的挑战，需要博物馆革新技术。第 23 届上海国际电影节作为全球第一个恢复线下影展的电影节，设立了“云上专区”，北京国际电影节、北京大学生电影节、中国金鸡百花电影节等也都设立了在线直播通道。

线上相关艺术活动也很活跃，疫情使演艺行业无法在剧场演出，艺术工作者利用互联网和融媒体，展开线上排练、演出、研讨、交流、会演等活动，腾讯会议室、哔哩哔哩（B 站）、微信等诸多平台，都为近距离地展示作品和技艺传授提供了技术支持。云平台直播交流，扩大了学习与研讨会议的参会人员，议题广泛而及时，还让可能原本无法参会的青年学者有机会了解最前沿学术动态。全国各艺术院校在 2020 年上半年春季学期开学之际，教学工作全部转为线上，通过中国大学 MOOC、腾讯课堂、专属在线课程（SPOC）、雨课堂等在线课程平台，以及微信、QQ 等网络社交工具，形成了多种信息手段相结合的在线授课模式，进行艺考、上课、毕业答辩等教学流程。如中央美术学院和中国美术学院积极调整授课方式、作业（作品）的提交形式，搭建“云上课堂”以适应线上教学，释放出大量的艺术资源，使学生能够更多样地选择并展开讨论与交流。随着高等院校、美术馆、画院等机构充分发挥网络优势和特质，开发更多艺术类云资源，促进了网络艺术教育蓬勃生长。

网络上的播放，突破了剧场的空间大小、容积率的限制，而且增加了便利性，使观众呈几何倍数地增长。文化和旅游部举办了“2020 年全国舞台艺术优秀剧目网络展演”活动，这是文化和旅游部首次以线上形式开展的全国性展演活动。全国地方戏演出中心（原中国评剧大剧院）随后推出“全国地方戏演出网络平台”线上剧场，连续展演 20 个剧种 40 个剧目。江苏省张家港市举办的第九届全国少儿曲艺展演，同时在几家网络平台进行全程直播，据统计观看总人数达到将近 60 万人次。“2020 全国非遗曲艺周”于线上专设了“云上曲艺——2020 全国非遗曲艺周优秀节目展播”的展演板块，并同时在文化和旅游部官网、中国非物质文化遗产网、光明网、优酷网等平台同步进行集中展播。

随着演出季、艺术课堂和论坛尽数线上呈现，使更多的人可以欣赏到国家院团演出的精品，再加上文化和旅游部官方网站、国家院团官网、腾讯艺术、优酷、哔哩哔哩等大型视频网站在线免费播放，使得不少艺术类别出圈，吸引了大量爱好者。据不完全统计，中国舞蹈“荷花奖”的舞剧奖获奖剧目在云平台的 8 场专题直播累计观看人次近 85 万。

（十一）加强新时代美育和传统文化传承工作

2020 年下半年，由中共中央办公厅、国务院办公厅发布了《关于全面加强和改进新时代学校美育工作的意见》，提出要构建德智体美劳全面培养的教育体系，美育工作的重要性被凸显。

自疫情发生以来，一些博物馆、出版单位、艺术机构、艺术院校和文化企业等对接人们特殊时期的文化消费需求，面向社会免费开放数字资源，推出免费的线上课程和公益类教育活动。据中国社会组织官网的统计数据显示，截至 2019 年年底，中国的博物馆数量超过 5500 家；截至 2020 年 11 月 2 日，中国地区国有美术馆数量超过 500 家，民营“美术馆”的数量为 920 家，很多博物馆、美术馆开设了云展示。如 9 家一级博物馆“联手”带网民“在家云游博物馆”活动，邀请了全国各大博物馆的讲解员直播，观众除了收听，还可以通过直播平台与讲解员互动交流；雅昌讲堂、南京艺术学院、北京故宫博物院与中信出版集团、中国艺术研究院舞蹈研究所等机构开设免费艺术公开课，推出线下展览和虚拟展览、线上学习等，深入探索后疫情时代公共文化服务、艺术教育、艺术传播的多样化形式，提升博物馆的文化共享价值。

疫情期间，停工停课不停学，互联网和信息化教育资源为学习、会议和研讨提供了支持。虽然很多展览、论坛延期，但是数量仍然众多，线上论坛、会议逐步开始成为理论研究和展览活动的主流。中国艺术研究院研究生院舞蹈学系连续举办了 13 场“线上学术分享会”。5 月开始，中国舞蹈家协会连续主办了 22 期“舞聚云端”舞蹈类系列访谈节目，话题涉及大众关注的热点问题，在《光明日报》客户端、中国文艺网等平台上同步播出，累计观看人数 240 万人次。

美育工作使艺术不再封闭于单一的专业领域，随着大众传媒对美育工作的广泛推进，民众对于艺术已经不仅是远距离的欣赏，而是参与其中，体验互动。

时代的巨变及竞争的加剧，人们因为对新知识的需求，以及认知迭代带来的焦虑和恐慌，引起了教育焦虑。在这种形势下，“教育焦虑”成为 2020 年的关键词，家长的普遍困惑和青少年的心理健康问题，以及如何在基础教育环节增加自然教育、艺术教育等心灵教育的内容，重视孩子的心理健康，让孩子摆脱作业和考试的压力，是中国教育界高度关注的问题。因而，美育起到了疏解精神压力、丰富心灵感受的作用。在美育工作中，特别注重了对传统文化及非遗资源的开发。网络有声电子图书资源开启了图书阅读、知识传播的新方式，满足了当前民众快节奏生活、品读经典和享受生活的多层次需求。如《红楼梦》原著有声朗读产品在喜马拉雅 FM、荔枝 FM、蜻蜓 FM、三联中读等平台上线后，均广受欢迎，有的播放量达到 4306.8 万次。2020 年有出版社出版了复合媒体版电子书《红楼梦》，读者通过手机微信扫描二维码即可看到相应的内容。

2020 年度，教育部持续推动“非遗进校园”工作，并将这项工作常态化、规范化。6 月，教育部办公厅发布了《关于开展2020年中华优秀传统文化传承基地遴选工作的通知》；10月，中共中央办公厅、国务院办公厅联合印发《关于全面加强和改进新时代学校美育工作的意见》，新美育有着更大和更丰富的目标；11月，联合国教科文组织出台《为全纳教育做好教师准备》的政策文件，呼吁教师具备“每个学生都能成功”的价值观。非遗深入“美育”活动的实践，开展几年来，取得了很大成就，有很多优秀实践案例，中国青年网主办的第二届全国“非遗进校园”评出十大年度优秀实践案例。这些案例在方案设计、教材编写等方面做出了探索和努力，促进非遗在青少年群体中的普及与发展。如河南省修武县将党建与美育结合在一起，在网上引起热议。

（十二）艺术乡建助力文旅融合及发展

2020年，艺术助力乡村建设，是年度热点研究话题，很多艺术家、建筑师和学者走进乡村，开展实践与研究工作，呈现了相当数量的创作和研究成果，使传统乡村文化与人居环境得以修复、改善，重新焕发出生命力。

中国新型城镇化进程加速，在发展进程中，不能仅关注短期的经济效益，粗暴地以现代商业文化替代传统乡村文化。乡村振兴需文化和经济建设互为依托，同时与政治建设和社会治理统合起来。6月，全国人大公布《中华人民共和国乡村振兴促进法（草案）》，公开征求意见。9月，在甘肃省举办全国乡村旅游与民宿工作现场会，雄安新区、长三角生态绿色一体化发展示范区成为2020年国家战略实践的重要空间载体，致力于探索人与自然和谐共生、全域功能与风景共融的发展之路。越来越多的当代建筑师从事乡土营建实践活动，创作了一批反映时代风貌、地域特色及人文价值的建筑作品。关于民居建筑、村落保护的研究近年来也颇为深入，11月6日，第二十五届中国民居建筑学术年会开幕式在成都市举行。

随着当代中国乡村产业模式的升级换代，乡村的生产生活方式也在发生变化。学术界就乡村振兴问题进行了多方面的研究，为乡村建设项目提供了学术支撑，如全国政协召开“发挥文化建设在实施乡村振兴战略中的作用”专题协商会；城市规划相关论坛聚焦绿色发展、创新驱动、文化引领、生态宜居、遗产保护、绿色智慧等议题。

在全球化视野下，国内外艺术乡建研究的成功案例为我们提供了借鉴经验，如《民族艺术》开设“艺术乡建的多元对话”专栏，探讨了传统手工艺、乡土景观与地域艺术项目参与乡村振兴的经验，对我国当下的艺术乡建颇有参考价值；《民族艺术研究》设立专题“乡村文化振兴路径研究”，刊发专栏文章，围绕乡村振兴背景下乡村文化的价值实现、文化空间的危机与再生产、公共文化领域的变迁等问题展开探讨。

在关于乡村建设的大讨论中，产生了很多卓有见地的理论观点，如有专家针对特色乡村构建了乡村振兴规划理论模式，提议建立相对完善的设计框架及技术方法；提出要重视乡村文化空间中的吉祥符号的价值和意义；提出确认传统工艺传承人的知识系统和实践系统建设，这些都是传统工艺活态传承的根本所在；发展“非遗”旅游业，关键是提高村民的参与度，建构符合乡村振兴核心价值观及可持续发展的手艺新村；设计助力乡村产业发展等。特别是关于手工艺与乡村振兴的关系，不论从实践证实还是理论思考，多层面印证了发展手工艺可以系统解决当代乡村振兴过程中的产业、人才、文化等问题，助力脱贫攻坚的可行性。

2020年度，为了帮助文旅行业度过寒冬，文化和旅游部相继出台了《关于暂退部分旅游服务质量保证金支持旅行社应对经营困难的通知》《剧院等演出场所恢复开放疫情防控措施指南》《互联网上网服务营业场所恢复开放疫情防控措施指南》《娱乐场所恢复开放疫情防控措施指南》，文化和旅游部、国家卫生健康委联合印发《关于做好旅游景区疫情防控和安全有序开放工作的通知》等一系列政策措施。各领域、各行业依托非遗项目，开发出“非遗+”的多样化模式，特别在旅游开发方面，全国各地都有针对性地推出了“非遗+旅游”线路，如北京、青海、云南等省市都推出了数条“非遗+旅游”精品线路，既使非遗资源活化，又加强了与非遗传承群体的合作，促进了非遗保护与传承。12月，中国艺术研究院建筑与公共艺术研究所举办了“文旅融合背景下文化遗产保护与开放利用模式创新研讨会”，从文化遗产的管理机制、保护利用方式、开放程度评估、开放绩效分析等环节讨论文旅融合背景下，如何重新构建中国文化遗产保护利用方法论体系。

二、问题与困难

（一）疫情背景下文艺实体经营受到严重冲击

新冠肺炎疫情暴发以来，长时间停工停学、封城封区的防疫措施，使社会公共文化生活全部暂停，人际交往方式也随之发生了改变，几乎所有需要开展线下实体演艺、推广和交易活动的艺术行业，相关的文化产业都受到很大冲击，剧场、画廊、照相馆、展览馆等闭馆数月，多数展会和节庆活动取消，行业加速洗盘，特别是剧场和影业公司经历了存亡考验。虽然中国电影总票房已经连续 7 年突破 200 亿元，但 2020 年度受疫情的影响，项目减少，整个行业利润都在萎缩，勉强支撑的影业公司由于缩减成本，压低剧组经费，缩短拍摄周期，多数公司运转艰难。据不完全统计，到 2020 年 6 月底，全国注销、吊销了 13000 多家影视相关公司。工艺美术产业呈现出消费市场低迷、资金周转不便、线下活动停摆、原材料短缺等不利局面。

以 2020 年作为视点回看近 5 年的中国艺术市场，虽然在市场不景气的背景下，也催生了许多在线开展的新业态，但在一定程度上，主题应制的简单化、粗浅化，仍是网络作品提升质量的瓶颈，精细制作与提高艺术性应作为网络造势和营销策略的着力点。

（二）数字化生活的两面性显现

互联网社会和数字化生活方式，带来便捷、舒适的同时，也要高度警惕和反思其弊端和问题。

2020 年，受疫情的影响，人们的生存、生活方式大部分依赖互联网进行，网络购物、线上支付、线上银行服务等成为生活的标配。虚拟空间的社交和娱乐易使人慵懒、倦怠，甚至替代了现实生活中人际交流的情感给予，造成社交文化生活的消失。人工智能成为人类新一轮技术革命核心的同时，关于诸多人工智能伦理风险的讨论，也成为社会讨论的新话题。随之出现的“信息茧房”“数字弃民”“内卷”等成为社会讨论的热点词。信息茧房，让人们不断被同质化的信息塑造，逐渐形成对于世界的单面认知；数字弃民，是另一个技术人文热点话题，未来的互联网技术发展如何兼顾数字弃民的公平性，是建立更为包容的数字社会需要解决的问题。

伴生于数字科技的新媒体，也有值得警醒的一面，如在海量的网络信息里，混乱、浅薄的势能不可避免。在数字设备普及的条件下，作为网络原住民的青少年，受到网络信息的影响很大，如果没有正确引导，会造成青少年成长的社会和心理问题，也造成社会普遍性教育焦虑、生存焦虑。再如青少年过度沉迷在网络游戏和虚拟空间的娱乐中，造成了现实世界中的社会化交往障碍，普遍存在因学习专注力下降而引起的拖延症，危害了青少年的心理健康。

疫情催生了“云课堂”和线上教学、线上毕业答辩等新事物，虽然解决了避免聚集的情况下“停课不停学”的问题，又有节省了通勤时间、提高了效率的优势，但带来的弊端和困难也很具体，尤其对于艺术实践类课程的教学、毕业创作等需要师生之间面对面交流的内容而言，由于“云课堂”无法直观传达和切身感受创作示范，而使教学效果受到影响。因此，如何针对艺术类课程的特殊性调整教学规划，高效、有序地开展网络教学工作，是疫情防护期间，各大艺术院校教学和研究工作的重点和难点。

（三）主题性创演数量与质量没有齐头并进

2020 年度，全国艺术创作整体呈现了主题性创作对于国家文化政策的紧密回应，其中不乏精品力作，但也存在一哄而上、鱼龙混杂的情况。一部分创作者缺少对生活的理解体验，没有对题材内容深入发掘，在艺术表现上也缺乏概括提炼，致使作品的思想内容表达较为简单和表层化，艺术形象的塑造也不够真切鲜明，作品难以生动感人，在艺术上还存在更大的提升空间。特别是大量抗疫、纪念题材作品，附带流于浮夸的表态和生硬的赞美，一些作品甚至存在着蹭热点、搭便车、乘势炫技和招摇卖弄的嫌疑。比如，某家电视台播出某档电视节目受到欢迎后，其他各家电视台也紧随其后，一时间同类节目轮番上阵。随着数量的增多，不免会出现创作和制作上用力过猛和同质化现象。

需要提出的是，主题性创作往往因政策时限，作者积累打磨的时间有限，如果在思想主题的表达和表现形式上再简单直接，很难取得良好的艺术效果，也难以在观众中取得广泛的接受度。主题性创作，不仅需要作者怀有强烈的责任感和使命感，更要有文化底蕴和艺术水准。

2020 年度，“跨界”“出圈”是热词，但是不同的艺术形式各有其自身特点，有些表演团体或机构，在创作演出中不立足本身的创作和提高，而借助“跨界”的浪潮去造势，如不能把握好边界，不去探究该艺术门类的本体精髓，甚至在观念上曲解创作基本理论，再加上有些相关的报道和评论反将其视为艺术创新乃至发展，就会造成创新的假象，极易带来艺术实践的走偏，对青年人产生不良的引导，类似情况不宜鼓励，并要防止和杜绝。

关于电影的商业效应和艺术性有时在现实中难以统一，许多艺术电影无法改变叫好不叫座的状况，一直是近几年讨论的问题。艺术电影坚守优秀文化传统，可与商业电影形成良性共生效应，并能有效补充与提升电影产业，有利于中国电影市场的健康发展。实际上，艺术片的受众并不少，如备受好评的艺术片《气球》没打开院线市场，却在爱奇艺平台播放第一天热度就升到电影类的第 2 名，豆瓣上参与评价的也超 5 万人。但在现实中，虽然有出品人出面跪求影院经理增加排片、中国电影资料馆联合多家影视文化传播公司发起中国艺术电影放映联盟、重量级明星为艺术电影宣传站台打榜等努力，许多评价极好的艺术片仍没有摆脱在院线排片率低的窘境。

（四）非遗传承方式有待多样化推进

随着全球化和现代化进程的不断加快，非遗的“传承”成为当今非遗保护工作中一个十分重要的主题。

尽管非遗保护工作已发展很快，但由于文化业态的变迁，缺乏系统教学机制的保障，再加上师资力量参差不齐，高等教育资源短缺，目标需求与客观条件存在着巨大反差等问题，增加了专业培训及人才培养工作的困难。2020 年度多位著名老艺术家的去世，使艺术界面临后继乏人的窘境，特别是很多非遗项目，由于多种原因本来就缺少传承人，如没有及时跟进传承工作，很可能出现人亡艺绝的情况。

现有非遗传承和人才孵化培养方式，远远无法满足社会需求，院校缺乏相关专业、人才难孵化。我国的非遗资源极为丰富，传承内容和方式也十分多样，有些传承人受限于客观物质条件或环境，缺乏项目相关的基本知识和专业基础培训，而进修无门径、从业没门槛的缺憾与尴尬，是形成传承人的传承意愿不强的主要原因。

虽然中国的非遗保护工作已进入新阶段，国家也采取了诸多举措并大力推进，但就社会广泛认知而言，大多仍停留在文化层面。特别是许多传统手工艺产品品牌意识薄弱，重技艺而轻设计，重摹古而轻创新，脱离了工艺美术与日常生活的联系。再加上市场体系不健全，产业集中度低、资源分散、集约效应不明显、产品同质化程度高，文化传播和营销方式落后，缺乏整合资源与统筹协调的能力，如此诸多问题，致使相关行业发展迟缓。

在社会转型的背景下，传统的手工技艺传承面临危机，缺乏独立面对市场的能力。手工技艺的承载者应探索多元化的手工技艺传承方式，在与市场的良性互动与调适过程中，在对传统文化的积淀与传承的基础上，注入当代的审美精神，以适应当代社会审美和市场的需求。

（五）新艺术群体创演的相关问题

2020 年度，线上文艺活动丰富繁荣的同时，网络传播的现实困难及问题也很明显。由于个体化的短视频节目及真人秀、直播演出驳杂无序，而且缺乏评价筛选体系，存在着跟风带节奏、单纯求流量、蹭热点、迎合挣打赏等弊端，节目创演重心更多地转向短平快、碎片化、娱乐化、趣味性和炫技性；

在经营上，粉丝文化的兴起及流量经济一定程度上消解了艺术作品的品格。

线上演出及其传播已然凸显弊端。由于只能带来虚拟体验，创作者和艺术家缺乏和观众在观演现场的交流互动，不能得到正面的反馈而丧失表演激情。相伴而生的网络资源的版权问题，特别是音像资料的版权问题日益凸显。如上海昆剧团在B站专设了账号，上传相关昆剧声像资料，同时致信B站，希望撤掉网站上未经授权的非官方资料。此举引起了一些传者和戏迷的反对和讨论。这个事件暴露出文化需求与市场供应、艺术营销与作者维权等多方面的矛盾，以及艺术市场的线上、线下市场必须面对的诸多困境。

2020年度，演艺行业积极探索"线上""线下"的多元化传播路径，改变着传统的展演模式，培养了观众新的消费习惯，但在不同层面的受众群体中，存在着多元的艺术欣赏标准。流行文化、大众美术、粉丝经济、流行音乐等，都被大量讨论。一些作品大概因创作者的素材来源多为居家期间的单一网络渠道，使得创作呈现出照片化、同质化倾向，特别是一些现实题材或表现当代英模人物的主旋律作品，没有坚持现实主义创作态度与原则，流于概念空洞，或者口号化等。

2020年度对新艺术群体而言可能转化为机会，因其旺盛的生命力、时代感、创新性和与民众息息相关的亲和力，而在大众娱乐领域异常火爆，随着粉丝的日渐成熟与理性，也由于主流评论界对这一类创作演出活动表现出漠视状态，仅个别学者和网络自媒体予以评论关注，依然表现为热闹中的落寞，还需在立体性、多元性、外推性、使命感方面多做努力。

（六）制约行业发展的深层次问题依然存在

2020年中国影视行业，在创作、生产和收视上较其他艺术行业成绩较好，这是由于大家因疫情而居家，影视剧、网络媒体成为老百姓最主要的文化娱乐生活来源。抛开这一特殊性原因，我们应该通过扎堆跟风、恶意竞争、收视造假、粉圈控评等现象，清醒地认识到周期性短板、类型不均衡、内容创作模式化等深层次问题仍制约着行业的健康发展。

近年来，围绕党和国家重大宣传时间节点，一批以献礼为主题和反映党的十八大以来新时代风貌的作品不断涌现，传递着主流价值，弘扬了主旋律，但是也出现了很多缺乏细致打磨、"搭顺风车"式的跟风创作，仅是形式上套上了主旋律的帽子，创作态度上没有坚持"以人民为中心"的创作导向，没有关注人民的现实生活，内容上没有融入时代精神。产能过剩是中国电视剧的痼疾，任何一种题材的创作都应该控制数量、提高质量，2020年献礼创作扎堆，会造成新积压剧的风险。因此，需谨防把握不好放和管的尺度，使重大现实题材在创作模式、市场机制、生产制作、产能平衡等方面衍生新的困境和审美疲劳。

呼吁净化行业风气，媒体平台弘扬正气，从民众到学界、行政管理机构表达了一致态度，要求惩治行业不良现象，拒绝为有劣迹的创作人提供舞台，如一些"雷剧"，即使在卫视和视频网站等多个平台同步开播，很快也被紧急叫停；百余位编剧、导演、制片人、作家联名签署公开信，谴责有抄袭劣迹者在公众媒体中进行话题炒作，面对多年前已公开确定有劣迹的创作者依然活跃的不正常现象，呼吁行业和社会严厉打击和惩处，呼吁出台相应政策支持行业良性健康发展。

（七）理论研究整体性、系统性需加强

理论研究方面，低水平重复或照本宣科的问题依然存在。疫情期间，很多艺术创作者面对现实的创作需求，还停留在传统的艺术观念之下，不能以当代性的艺术理念实现自己的创作想法。虽然20世纪末以来的西方马克思主义文艺理论存在着"实践转向"的倾向，但由于文艺理论和批评逐渐向多元化、专业化的方向发展，与艺术实践的契合度减弱，继而不能就艺术实践得出具有公共性、权威性及指引意义的理论成果。

当前，艺术研究仍然侧重史、论两个主要领域，而以艺术实践为对象的艺术批评还不能很好地对当前创作进行全面、及时、准确和敏锐的回应和引导。其中最重要的原因，是学者对于艺术实践还存在隔膜，仍缺乏广泛深入的研究，理论研究者应契合艺术创作实践自身的规律和要求，根据艺术现象，适时调整研究范式和方法论，同时具备理论批评与创新的意识与能力，才能推进文艺理论学科建设。

三、对策与建议

（一）政府出台纾困政策，促进艺术产业平稳健康发展

2020 年，新冠肺炎疫情迅速蔓延，对艺术产业造成了较大冲击。7 月 21 日，习近平总书记在企业家座谈会上强调，“要落实好纾困惠企政策”，“确保各项纾困措施直达基层、直接惠及市场主体”。文化领域，从国家到地方落实国家纾困惠企政策，围绕非遗企业、文旅产业、演艺行业及相关的文化产业，均发布了应对新冠肺炎疫情影响，促进产业平稳健康发展的具体措施。这些举措最大特点是具有普惠性。

国家的纾困惠企政策，加大了行业组织发展力度，积极探索出一个“政府支持行业组织、行业组织服务小微企业”的新模式。

如中国电影市场在 2020 年能够快速复苏，得益于政策的保驾护航。疫情防控期间，国家关于电影的政策都从“扶持”转为“救市”，在“开源”之上加强了“节流”，各部委和各级政府为缓解压力，国家电影专项资金管理委员会、财政部和国家电影局、个别省市主管部门发布了专项贴息支持公告、税费支持政策，采取拨付扶持资金、补贴影院、协调银行贷款等措施，扶持全国中小影院。电影产业在财政部、国家税务局、国家电影局和地方政府的联手帮扶下，效果显著。

对于工艺美术行业面临的生存困难，国家也在税费优惠和融资倾斜等方面予以政策支持。如在税收上减免相关中小微企业的资料采购、销售等环节的各项税负，加大贷款支持力度，在融资上给予倾斜和优惠利率；利用展览平台助力中小微企业承接订单，渡过难关；利用新技术、互联网等平台发展电子商务、品牌营销、技艺创新等给予资金支持。

政策扶持虽然可以缓解压力，但是从整个文化产业和演艺行业的宏观发展来看，文化企业在日常发展中应建立能够及时调整的内部保障机制，以应对和缓冲如新冠肺炎疫情等突发的公共危机，增强公司的抗波动能力。只有国家政策引导和保障与个体产业加强自身机构建设形成有机互动，才能建立产销对接、环环相扣、富有竞争力的产业体系。

（二）疫情催生“区块链 +”，新技术构建高效协同格局

新冠肺炎疫情是一次全球性公共卫生危机，为人类社会带来的诸多话题已经远远超越了卫生、健康范畴，甚至引起整个人类社会生活方式和文化发展趋势的大变动。特别是涉及人群聚集性活动的艺术形式和产业，几乎全部改变了传统的运转模式，也让人看到了区块链赋能艺术产业的可能性，重塑了艺术传播秩序。

我们应该看到，通过区块链技术建立的数字艺术资源分享平台，从某种程度上，开启了人类历史上一个艺术传播、传承和协同发展的新时代。

中国经济发展以科技创新为重要趋向，艺术创作实践和产业需改变传统的线性产业链，广泛沟通科学技术、企业资本、政府治理和社会人文等领域，在市场中逐步形成良性的生态互动系统，才能构建资源共享、价值共建的高效协同产业格局。

进入后工业时代，中国艺术创作必须从数量增长向质量提高上转变，特别是新科技在创作中的投入和应用，增进了“交互式”“沉浸式”体验，更新了内容生产的手段和形式，带给观众全新的艺术体验和文化感悟。尤其是以创新驱动发展为根本路径，区块链 + 创作生产模式可以有力支撑和服务于艺术创作的一体化进程。首先，区块链 + 创作，捍卫了原创者的知识产权，为创作者提供公平、透明的版权价值分享平台，形成以保护文化内容为核心的数字平台；其次，可缩短生产、创作周期，助力 IP 和周边产品的规模化开发；最后，采用区块链思维模式，随着电子设备普及和美育工作开展，民众信息来源增多，参与创作的门槛降低，通过联合媒体、产业、渠道和社会创作力量，利于打造多频道网络（MCN）账号矩阵和成熟的 KOL 孵化体系。

当前科技创新引领中国新型城镇化发展，基于大数据的城市研究对城市发展和规划不断产生冲击，信息化已经成为新生的生产力和发展方向。随着当前城市的高速发展和环境的不断恶化，建筑设计更尊重历史文化，尊重城市环境，在建筑设计、建造和使用中充分考虑环境保护和节能的要求，绿色建筑已经成为未来建筑发展的主要方向。第八届深港城市 / 建筑双城双年展以“城市交互”为主题，把城市空间和技术创新结合起来，从不同角度探讨城市化数字革命、城市空间与人工智能和自动化等科技创新之间的关系。如第十届全球智慧城市大会运用线上 + 线下的形式，设立巴塞罗那、上海、纽约三地会场，通过数字化手段进行智慧城市领域交流。建筑类期刊《建筑学报》《时代建筑》等分别以特集形式探讨了数字技术与设计方法、建筑产业、人居环境等互动关系的理论和实践。

在艺术品行业中，艺术品的金融化渐为文化产业的主流方向和发展趋势。四川省成都市举行 2020 成都艺术金融高峰论坛，会上发布《艺术之库——艺术金融 2020 年度报告》，该论坛在国内首次提出了“艺术金融小镇”的概念，形成以艺术金融小镇为平台、艺术金融为核心的全产业集群，实现以文化艺术与金融服务、创意产业、文旅融合、协同发展的格局。

（三）利用融媒体建设学术资源和交流平台

通过理念、内容、形式、方法、手段等创新，建立有思想深度、艺术内涵和社会公信力的专业化、规模化、持续化的融媒体平台，是一种实践层面全面提升艺术功能、手段和价值的运作模式。因而，融媒体既是对既有媒介的整合与拓展，也是构建舆论引导新格局、占领信息传播制高点的新方法。在融媒体时代，以移动媒介为主流，实现全方位、多元化、多场景、立体化的艺术传播效果。2020 年，文化和旅游部发布《关于推动数字文化产业高质量发展的意见》，在时代风尚和国家政策的推动下，数字文化生产与消费也越来越成为人类不可或缺的文化娱乐和消费形态。传统工艺美术消费品市场也通过网络电商带货直播、社交圈层、私域流量运营扩大影响力，刺激商品销售；演艺行业通过线上形成多维度、多角度、全方位的渗透性联动，数字文化产业一方面改变着传统的文化产业的线上业态，另一方面也催生了许多数字文化产业新业态。

融媒体与艺术的结合，是一种新型文化传播方式，也是全媒体时代的发展途径。新技术占领移动端传播阵地，激发着艺术市场的新活力，票务销售平台、“云路演”和短视频成为演艺行业的新型宣发方式。发挥互联网强大的传输功能，强化艺术门类本体优势和特色，做好线上线下的导引、交流、互动，提高受众参与的积极性，维护传播渠道的有效支撑，如“方舱舞蹈”“云舞蹈”“线上论坛”“舞蹈风暴”等各种年度网络热词，以及各个舞蹈社群的网上活动，带来了新的商业机会和新的艺术创造，促使舞蹈的生产机制和权利关系发生改变，开拓了舞蹈新的话语空间，也影响了舞蹈行业的格局。戏剧文学创作实现了“四大平台”的建设，即创作评选平台、剧本辅导平台、新媒体技术平台、剧本发表平台。综艺节目多元化和类型创新不断迭代更新。近年来综艺节目成为传播优秀传统文化和前卫艺术的桥梁，最大限度地利用大众传媒传播知识、弘扬正能量。来自广电总局“中国视听大数据”（CVB）的统计显示，文化、文博、文旅、文创类节目，将娱乐自觉地变成一种有意义的、高雅的文化型生活方式。

（四）多种方式强化传统文化传承工作

2020 年，为进一步推进中国传统文化传承工作，艺术工作者们应当探索出一条适合中国实际的模式，这一切都依赖于良好的学术环境和学术平台建设。

为加强艺术理论和创作人才队伍建设，首先应从完善现代学科制度入手，建立全面系统的教育体系，回应当下时代的要求。高等艺术教育应着力培养专业程度较高的专门人才，根据艺术发展规律，依托现有各高校、研究机构，加大、加快专业人才培养。只有通过国家层面的顶层教育制度设计及相关政策的充实完善，从制度层面确保学科的建设与发展，才能使艺术教育工作全面推进。

中国的非遗传承方式以口传心授为主，有别于现代教育体制的教授方式，近年来，根据非遗项目的特点，从主管部门到项目承担机构都做了很多尝试，在人才队伍建设的内容、方式和范围方面，有了进一步的升级、更新和扩展。特别是越来越重视非遗保护人才队伍的建设，各地文化主管部门组织非遗保护工作者，开展了各种形式的培训。同时，深入推进非遗整体性保护相关理论研究工作，坚持尊重人民群众的文化主体地位，在深入调研基础上总结、归纳经验。建立全国性的非遗资源数据库，有效整合全国非遗资源，实现对全国非遗资源的整体规划和管理，实现资源共享。

融媒体技术也拓宽和丰富了民众获取知识的渠道与方式。疫情居家使在线教育市场迅速崛起，很多学习机构都进入在线教育市场，在线教育和学习方式不再受限于时空，促进了教育资源的公平分布，满足了社会学习传统文化的需求。

（五）开拓艺术扶贫新模式

当前，脱贫攻坚面临新的机遇和挑战，如何借助国家“一带一路”倡议、文旅融合的机遇，处理好区域建设、生态保护与经济社会发展之间的关系，找到各地区的特色产业、特色文化，实现多地区协同发展，传统艺术形式，特别是非遗项目参与脱贫攻坚工作是重点问题。

利用非遗活化助力经济发展，发掘和拓宽“非遗 +”发展路径，是一条已经探索成功的道路。

充分发动地方政府部门、企业、院校、设计师等各方力量，共同推进实施传统工艺振兴计划，设立非遗扶贫就业工坊，促进产学研结合，加强工艺研究，扩大传承人群，拓展产品销售路径，提高传统工艺产品的整体品质和市场竞争力；开发非遗主题旅游线路，坚持文旅融通，深度打造非遗旅游；帮助贫困地区传统工艺企业和从业者解决提升质量、培育品牌、开拓市场等难题，带动当地贫困人口就业，实现非遗保护和脱贫攻坚工作的互惠共赢。加强宣传推广，不断提升非遗手工技艺助力精准扶贫的可见度和影响力。通过线上、线下结合方式，多措并举帮助非遗手工作坊和相关企业拓展销售渠道。

在工艺美术产品饱和、产能过剩的市场中，年青一代的消费者越来越看重产品的体验需求和产品形象。围绕非遗的本体特征，深度发掘非遗的特色元素，结合市场需求进行品类创新，在不断创新中促进更多优质非遗文创产品的诞生，将非遗资源转化为具有地方特色的产品和服务，是树立品牌形象的新路径。

只有改变传统的、单维度划分的区域文化发展战略模式，有效盘活非遗资源，因地制宜，才能实现区域性文化联动的发展目标。

纵观 2020 年，面对新冠肺炎疫情，在党和政府坚强领导下，全国各族人民众志成城，如期完成新时代脱贫攻坚目标任务，成为全球唯一正增长的主要经济体。在此过程中，本年度的文艺创作和研究深刻回应了时代命题，充分发挥了鼓舞斗志、彰显时代精神的现实作用，艺术工作保持了与时代同步，观照现实生活实践，以人民为中心，以精品奉献人民，发挥了文化艺术明德、引领风尚的功能作用，提升了整个社会的精神文明素质。

吴昊　中国艺术研究院《中国艺术年鉴》执行主编、副研究员

专题

抗击新冠肺炎疫情相关文化政策及活动

【概况】

新冠肺炎疫情发生以来，文化和旅游部积极贯彻落实习近平总书记关于新型冠状病毒感染的肺炎疫情防控工作作出的重要指示精神，全面部署疫情防控工作；艺术工作者结合疫情防控，发挥专长和优势，编创作品，将线下演出移到线上；海外的中国文化中心通过开展文化交流活动，向驻在国介绍中国抗击疫情的经验；各级博物馆整合馆藏资源优势，采取线上展播。

【文化和旅游部办公厅　国家文物局办公室关于做好新型冠状病毒感染的肺炎疫情防控工作的通知】

2020年1月22日，中国政府网公布《文化和旅游部办公厅　国家文物局办公室关于做好新型冠状病毒感染的肺炎疫情防控工作的通知》，就贯彻落实习近平总书记关于新型冠状病毒感染的肺炎疫情防控工作作出的重要指示精神，做好文化和旅游、文物系统疫情防控工作，在加强组织领导、加强疫情预防、加强宣传引导、加强涉外活动管理、建立疫情报告制度等方面提出明确要求。

【文化和旅游部推出系列在线文化艺术服务】

新冠肺炎疫情发生以后，文化和旅游部通过官网推出“在线图书馆”“在线博物馆”“在线剧院”，提供《国图公开课》《国家博物馆360虚拟参观》《全国博物馆网上展览平台》《故宫数字文物库》等一系列在线公共文化服务内容，以及《谷文昌》《永不消逝的电波》《重渡沟》等一批优秀舞台艺术精品。

【中国文联推进疫情防控工作】

新冠肺炎疫情发生以来，中国文学艺术界联合会成立了“中国文联新型冠状病毒感染肺炎疫情防控工作领导小组”，推进疫情防控工作，并组织号召广大文艺工作者创作优秀文艺作品。

2020年1月30日，中国音乐家协会通过微信公众号和学习强国平台联合同步推送“全国优秀‘战疫’”公益歌曲展播系列；1月29日至2月4日，中国美术家协会推出“心系武汉，共克时艰——美术家在行动”优秀作品选登；中国戏剧家协会组织戏剧工作者为助力抗击疫情创作的优秀作品，在新媒体上陆续推出；中国电影家协会向武汉及湖北其他地区捐款捐物，并组织创作了以抗疫故事为主题的电影；中国曲艺家协会开展“抗击疫情曲艺在行动”作品征集，引导曲艺小剧场和青年曲艺工作者把舞台搬到网上；中国舞蹈家协会募集捐款物资支援武汉各大医院，录制有利于疫情期间健身的舞蹈课堂、宣传抗击疫情精神的舞蹈作品；中国民间文艺家协会发起抗击新冠肺炎疫情的主题创作活动，以剪纸、泥塑、雕刻、歌谣等民间文艺形式，创作了大批鼓舞人心的优秀艺术作品；中国书法家协会征选一批抗疫书法作品，通过微信公众号以及主办的报纸、出版社等进行刊发。

【文艺院团开展抗疫艺术创作和活动】

新冠肺炎疫情发生以来，各文艺院团开展抗疫艺术创作和活动。国家大剧院推出了“线上大剧院”，排演诗朗诵《致我的朋友们》、情景报告《严冬必将过去，春天就在眼前》；中央芭蕾舞团创作了《因为有你》《生命之歌》等文艺作品；中国儿童艺术剧院开启线上“艺术课堂”，创作了朗诵剧《唤“福”——梦中童话》；中国国家话剧院“云剧场”推出《谷文昌》《人间烟火》《俺爹我爸》3部原创现实题材作品；中国评剧院线上推出《母亲》《藏地彩虹》《金沙江畔》等优秀评剧剧目展播。

【艺术院校开启“云上课堂”】

2020年3月，广大艺术院校纷纷开启“云上课堂”，探索教学新模式。中央音乐学院、清华大学美术学院、中国美术学院、中国戏曲学院、北京舞蹈学院，全国各地的艺术院校都以“云课堂”的形式陆续开学，通过微信、QQ、钉钉、腾讯会议网络平台，形成了以教师自主教学思路为主线，其他资源为辅的教学模式。

【海外中国文化中心进行文化抗疫】

位于海外多个国家的中国文化中心，通过开展文化交流活动，分享中国抗疫的成功经验和方法。乌兰巴托中国文化中心主办了主题为“疫情之下的中蒙友谊”和“我所了解的中国”的写作绘画网络比赛活动；马耳他中国文化中心主办了“英雄联盟　童心抗疫”公益绘画比赛；仰光中国文化中心联合中国陕西省农民画协会组织农民画家，创作了以抗击疫情为主题的农民画作品200余幅；贝宁中国文化中心主办了“贝宁与你同在，携手抗击新冠”主题文化艺术创作周；首尔中国文化中心主办了抗击疫情图片展。

【方舱医院开启文艺时间】

疫情期间，中国文学艺术界联合会、中国文艺志愿者协会、各全国文艺家协会、各省级文学艺术家联合会，与湖北省文学艺术界联合会、湖北省内各方舱医院共同打造“方舱直播时间”。文艺工作者通过网络直播的方式，丰富方舱医院的业余生活，缓解患者的紧张情绪，调剂医务人员的工作压力。

【窗口2020——疫情时期图像档案展】

2020年4月26日至5月26日，由清华大学艺术博物馆、清华大学新闻与传播学院主办的“窗口2020——疫情时期图像档案展”在线上举行。展览围绕“空间的窗口”“相识的界面”“探寻的通道”“展示和表达的舞台”四类主题，展出影像作品200余件。

【文化和旅游部市场管理司印发《剧院等演出场所恢复开放疫情防控措施指南》等通知】

2020年5月12日，文化和旅游部市场管理司印发《剧院等演出场所恢复开放疫情防控措施指南》《互联网上网服务营业场所恢复开放疫情防控措施指南》《娱乐场所恢复开放疫情防控措施指南》，要求娱乐场所、演出场所、上网服务场所应当采取预约消费、错峰入场等措施，对消费者进行限流限量，针对所涉场所在一定时期内坚持常态防控、有序开放、预约限流。

【坚信爱会赢——文艺界“以艺战疫”5·23 特别节目】

2020 年 5 月 23 日，由中国文学艺术界联合会主办的“坚信爱会赢——文艺界‘以艺战疫’5·23 特别节目”在江苏卫视、湖北卫视、北京卫视等 8 家卫视及多家新媒体平台推出。特别节目以“坚信爱会赢”为主题，展现疫情期间各门类艺术工作者所创作出的文艺作品，表现中国文艺工作者“以艺战疫”的使命与情怀。

文艺界两会建言

【概况】

2020年5月21日至27日，中国人民政治协商会议第十三届全国委员会第三次会议在人民大会堂召开。5月22日至28日，第十三届全国人民代表大会第三次会议在人民大会堂召开。中共中央总书记、国家主席、中央军委主席习近平看望参加全国政协十三届二次会议的文化艺术界、社会科学界委员，并参加联组会，听取意见和建议。文艺界代表认真学习习近平总书记讲话精神，大家深受鼓舞，纷纷建言献策。

【建言摘选】

制定美术馆藏品定级标准势在必行

全国政协常委、中国美术馆馆长、中国美术家协会副主席吴为山认为，目前，美术藏品缺乏有效的针对性和可操作性，难以对美术藏品进行合理定级。为此，他建议：一、尽快研究制定全国统一的美术馆藏品定级标准，明确不同级别藏品的划分依据和具体要求。二、在美术馆藏品的级别划分上，可参照《文物藏品定级标准》，将藏品分为珍贵藏品和一般藏品，定级的标准应着重考虑“作者”和“作品”两个核心指标项。三、美术馆藏品定级是一件复杂、细致的工作，需要慎重对待。

加强对地方戏曲的扶持力度

全国人大代表、中国戏剧家协会副主席、重庆市文学艺术界联合会主席沈铁梅认为，地方戏曲发展面临“高峰”作品不多、观众减少、演出市场萎缩、后继乏人等现实困难和问题，为进一步抓好地方戏曲的传承发展，沈铁梅建议：一、加强对地方戏曲剧目创作和传统戏挖掘整理工作的指导。二、加大对地方戏曲传承发展工作的经费扶持力度。三、加强地方戏曲创作演出后继人才培养。四、重视引导和培育地方戏曲演出市场。五、广泛搭建地方戏曲交流展示平台。建议安排更多的优秀地方戏曲院团参与对外交流展演活动。

关于推进中国电影传承与创新中国艺术文化传统的提案

全国政协委员侯光明、丁伟、郭运德、阎晶明、尹力、熊召政、张光北、冯远征、张凯丽、王丽萍、张斌、吉平、刘家成、李国兴、刘广、董希源等提出《关于推进中国电影传承与创新中国艺术文化传统的提案》。针对目前电影研究尚未形成中国特色的电影理论话语体系，缺乏有中国风格、中国气派的电影精品，缺乏兼具艺术文化传统涵养与电影创作能力的高端创作人才等现状，委员建议：一、电影主管部门要鼓励和支持创作具有中国艺术文化传统的电影作品。二、教育部门要将中国艺术文化传统的课程讲授植入高校电影教育体系。三、在电影专业人才的职业培训中，要增强中国艺术文化传统方面的引导。以“工匠精神”引领创作，增强其文化自信和文化自觉意识。四、国家社科基金、国家艺术基金等相关学术机构要大力推进中国艺术文化传统在当代中国电影中的价值传承与创新发展研究。

关于进一步推动中国音乐海外传播的再建议

全国政协委员、中央音乐学院教授刘月宁认为，目前，中国音乐文化已经开始从简单的“走出去”发展到深层次的“走进去”的历史发展阶段。如何更好、更深入并可持久地“走进去”？刘月宁建议：一、坚定文化自信，传播中国声音，推进中国文化“走进去”。二、深化国际人文交流，构建新时代中外音乐文化传播模式。三、继续完善海外文化艺术传播管理运行机制。鼓励国内外各类学会、协会、基金会等非政府组织参与到这项事业中来，让中国音乐海外传播集合国内外、全社会多种力量，在构建“人类命运共同体”的进程中发挥积极作用。

大力发展“云展览” 多维度展示文化遗产

全国政协委员、国家文物局局长刘玉珠认为，博物馆“云展览”依托数字网络和融媒技术，多维度展示传播文化遗产，是更好满足公众需求、推动文物资源活起来的重要方式和途径。为推动博物馆“云展览”更好地发展，刘玉珠建议：一、加强博物馆“云展览”的总体设计和顶层规划。二、加大经费投入，推动博物馆“云展览”建设。三、加大科技支撑，重点突破博物馆传统展览数字化采集。四、推动博物馆与融媒体平台、信息技术企业合作，加强高端、复合型人才培养。五、探索“云展览”质量反馈评价机制。

加强引导“文艺两新” 助力“一带一路”文化交流

全国政协委员、画家董希源认为，组织和引导“文艺两新”参与“一带一路”沿线国家文化交流活动意义重大。对此，董希源建议：一、加强思想引领，广泛凝聚共识。二、充分发挥“文艺两新”场馆资源的作用，为“一带一路”国家文化交流提供“双向服务”平台。三、做好“文艺两新”在“一带一路”沿线国家文化交流中的服务工作，探索沿线国家文化交流活动的新方式，完善人才培养和功勋评奖制度。

充分利用新媒体弘扬中华优秀传统文化

全国政协委员、中国音乐学院院长王黎光认为，目前，新兴媒体的影响越来越大，新媒体发展是大势所趋，所以，我们的宣传思想工作、人才培养，都要顺势而为。为此，王黎光建议：一、利用新媒体，为弘扬中华优秀传统文化助力。二、利用新媒体，为培养基层文化艺术人才助力。利用直播课堂等形式开展线上美育教育、文化艺术教学，为各地文化馆站进行师资培训。三、建议政府相关部门给予新媒体平台各类优秀传统文化资源的官方机构出口，进一步完善政策保障等。

大力推进在线教育，促进乡村教育优质均衡发展

全国政协常委、国家民族画院院长王林旭认为，在线教育实践活动既是应对疫情的非常之举，也是推进教育公平的战略选择。因此，王林旭建议：一、汲取宝贵经验，完善政策措施，建立在线教育公共服务体系。二、增加资金投入，提高乡村网络基础保障水平。三、整合优质资源，提高教学质量，实现乡村在线教育均衡发展。推进“云课堂”“名师网络课堂”“名校网络课堂”等远程在线教育资源建设，让“网上纪念馆”“网上美术馆”“网上音乐厅”等走进乡村，助力农村中小学德育、美育建设。四、尊重客观规律，解决后顾之忧，打造一专多能师资队伍。

加强艺术院校大学生艺术观教育

全国政协委员、北京电影学院国家电影智库秘书长、高精尖创新中心主任侯光明认为，《教育部等八部门关于加快构建高校思想政治工作体系的意见》中，强调了艺术学类专业课程要教育引导学生树立正确的艺术观和创作观。因此，侯光明建议：一、着眼于提升国家文化软实力及未来艺术类领军人才引领培养，由教育部牵头设立全国艺术类高校艺术观教育研究中心。二、建议将艺术观教育纳入全国艺术类专业课程，在基础课和思政课程中加强艺术观教育。三、建议建立全国艺术观创作作品评选奖励、传播宣传、人才储备机制。

建立“中国书法馆”，为书法文化发展提供全方位服务

全国政协委员、中国文艺志愿者协会副主席、中国书法家协会理事张继认为，目前，我国还没有一座真正意义上的国家级书法馆，这不利于中国书法文化艺术的传承与传播，因此，张继建议建立专门机构，为书法文化的发展提供全方位的服务。机构具备以下功能：一、博物馆职能：以中国书法发展史为脉络，收藏和展示历代书法作品及相关文物资料并开展相应的各项工作。二、展览馆职能：为全国重要书法展览及各地高水平书法展览提供最集中、最专业的展览场地。三、学术研究职能：开展书法学术研究活动。四、国际交流职能：开展国际书法交流活动。五、教育培训职能：面向不同层次、不同范围开展书法教育与培训。

纪事

管理

【全国宣传部长会议】

2020 年 1 月 3 日，全国宣传部长会议在北京市举行。

会议指出要坚持以习近平新时代中国特色社会主义思想为指导，增强“四个意识”、坚定“四个自信”、做到“两个维护”，紧扣决胜全面建成小康社会、决战脱贫攻坚，扎实做好各项宣传思想工作，更好坚定主心骨、汇聚正能量、振奋精气神。要生动鲜活讲好中国故事，提升中华文化影响力，增强国家文化软实力。要全面加强宣传思想战线党的领导和党的建设，严格落实意识形态工作责任制，抓好建强干部人才队伍。

会议强调要着眼为党和国家立心，推动习近平新时代中国特色社会主义思想入脑入心、落地生根；着眼为伟大时代立传，营造全面建成小康社会、打赢脱贫攻坚战的浓厚氛围；着眼为社会明德立德，培养担当民族复兴大任的时代新人；着眼为事业夯基立制，提升宣传思想工作科学化、规范化、制度化水平；着眼为国家传声立言，让世界更好感知中国、了解中国、读懂中国。要在实践中不断总结经验、把握规律，坚持稳中求进、守正创新、融会贯通，推动宣传思想工作实起来强起来。

中共中央政治局委员、中央书记处书记丁薛祥出席会议。

【全国文化和旅游厅局长会议】

2020 年 1 月 3 日至 4 日，2020 年全国文化和旅游厅局长会议在北京市举行。会议坚持以习近平新时代中国特色社会主义思想为指导，全面贯彻落实党的十九大和十九届二中、三中、四中全会精神，贯彻落实全国宣传部长会议精神，总结 2019 年文化和旅游工作，部署 2020 年重点任务。

会议强调，2020 年是全面建成小康社会和“十三五”规划收官之年，文化和旅游系统贯彻落实中央经济工作会议、全国宣传部长会议精神，以高质量发展为目标，以融合发展为主线，以改革创新为动力，以党的建设为保障，紧紧围绕提供优秀文化产品、优质旅游产品这一中心环节，努力推动文化和旅游改革发展再上新台阶。要着力推动艺术创作出精品、攀“高峰”，着力推动公共服务补短板、提效能，着力推动文物保护利用强基础、上水平，着力推动非遗保护传承强管理、促发展，着力推动文化和旅游产业强主体、提质量，着力推动市场培育监管两手抓、两加强，着力推动对外和对港澳台交流拓深度、出实效，着力推动文化和旅游真融合、深融合。同时，做好“十四五”时期文化和旅游规划编制，精心设计一批重大工程、重大项目、重大政策和重大举措。贯彻落实中央关于打赢脱贫攻坚战的决策部署，做好文化和旅游扶贫工作。

【中国文联第十届全国委员会第五次会议】

2020 年 1 月 7 日至 8 日，中国文联第十届全国委员会第五次会议在北京市举行。

会议传达了中央领导同志对中国文联工作的批示，题为《牢记初心使命　坚定正确方向　为繁荣发展新时代文艺事业作出新贡献》的工作报告。

工作报告中指出，2019 年，中国文联在组织庆祝新中国成立 70 周年文艺实践、开展“深入生活、扎根人民”主题实践和文艺志愿活动、加强文艺界行风建设和文艺工作者职业道德建设、加强和改进文艺评奖评论、开展对外和对港澳台民间文艺交流、推动文联深化改革、组织“不忘初心、牢记使命”主题教育和巡视整改等方面，取得了进展。2020年要着力抓好坚持以政治建设为统领，切实加强文艺界理论武装和思想引领；紧扣党和国家中心工作及重要时间节点，广泛扎实开展主题文艺实践活动；健全完善引导文艺创作生产的激励机制，努力推出更多高质量文艺作品等10个方面的工作。

全委会上通报了中国文联第十届主席团第七次会议关于同意中国检察官文联不再作为中国文联团体会员的决议。会议通过李祯盛同志不再担任中国文联副主席，增选董耀鹏同志为中国文联主席团委员。大会期间，与会代表进行了分组讨论，地方文联代表进行了大会交流发言。

【“不忘初心、牢记使命”主题教育总结大会】

2020年1月8日，文化和旅游部在北京市举行“‘不忘初心、牢记使命’主题教育总结大会”，对第一、二批主题教育进行总结。

会议指出文化和旅游部系统各单位要按照中央通知要求，把学习贯彻习近平总书记重要讲话精神作为当前的一项重要政治任务抓紧抓好，把不忘初心、牢记使命融入党的建设各个方面，转化为推动文化和旅游改革发展的内生动力，推动文化和旅游工作再上新台阶。下一步，各单位要以这次主题教育为新的起点，把“不忘初心、牢记使命”融入党的建设各个方面，转化为推动文化和旅游改革发展的内生动力，推动文化和旅游工作再上新台阶。

中央第十一巡回督导组成员，文化和旅游部各司局、驻部纪检监察组局级领导干部及二级巡视员以上职级公务员，部直属单位班子成员，部业务主管社会组织和党组织主要负责人、党建工作指导员，部主题教育领导小组办公室成员，部主题教育巡回指导组成员等参加会议。

【亚太中心管委会第九次会议】

2020年1月14日，联合国教科文组织亚太地区非物质文化遗产国际培训中心（以下简称“亚太中心”）主办的“亚太中心管理委员会第九次会议”在北京市举行。

会议审议并批准了亚太中心2019年度工作报告和2020年度工作计划等事项。截至2019年12月，亚太中心已为亚太地区举办了46期非物质文化遗产能力建设培训，受益国达到40个。为满足亚太地区国家不断增长的非物质文化遗产保护能力建设需求，2020年，亚太中心将继续在已举办过培训的国家“深耕”，并进一步开拓“培训版图”。会后，与会代表开展了非物质文化遗产中国传统服饰的考察调研活动。

亚太中心管理委员会委员出席会议，中心咨询委员会委员以及中国文化和旅游部、中国联合国教科文组织全国委员会、联合国教科文组织驻华代表处、联合国教科文组织非物质文化遗产国际研究中心、联合国教科文组织非物质文化遗产国际信息和网络中心等机构的代表共60余人列席会议。

【全国文艺评论工作会暨中国文艺评论家协会第二次全国代表大会】

2020年8月17日至18日，由中国文艺评论家协会主办的“全国文艺评论工作会暨中国文艺评论家协会第二次全国代表大会”在北京市举行。

中国文学艺术界联合会相关负责人、各全国文艺家协会和中国文联机关各部室、各直属单位负责同志，中央国家机关、全国各省区市和新疆生产建设兵团、各副省级市和部分基层的文艺评论工作者代表、特邀嘉宾以及新闻媒体280人参加会议开幕式。

大会选举产生了中国文艺评论家协会第二届理事会理事，在第二届理事会第一次会议上，选举产生了新一届主席、副主席。夏潮当选主席，王一川、尹力、尹鸿、叶青、叶培贵、向云驹、李明泉、李树峰、汪涌豪、张德祥、茅慧、周海宏、董耀鹏、傅道彬和傅谨15人当选副主席。会议修订了《中国文艺评论家协会章程》。

通知

【文化和旅游部办公厅关于启动公布2020年度内地与港澳文化和旅游交流重点项目申报工作的通知】

2020年4月8日，根据《文化和旅游部办公厅关于启动2020年度内地与港澳文化和旅游交流重点项目申报工作的通知》，文化和旅游部办公厅经评审和公示，来自北京市、河北省、港澳特区以及文化和旅游部直属单位、全国性人民团体申报的23个项目被评为“2020年度内地与港澳文化和旅游交流重点项目”，并附重点项目名单及资助金额。名单详见文化和旅游部官网。

【视听表演北京条约】

2020年4月28日，《视听表演北京条约》（以下简称《北京条约》）正式生效。《北京条约》是联合国专门机构——世界知识产权组织管理的一项旨在保护表演者权利的国际版权条约。《北京条约》的缔结和生效，将全面提升国际社会对表演者权利保护的水平，从而充分保障视听表演者的权利，推动视听产业健康发展，保护传统文化和民间文艺，促进文化多样性发展。

【文化和旅游部关于同意设立景德镇陶瓷文化生态保护实验区的批复】

2020年6月3日，根据《国家级文化生态保护区管理办法》（文化和旅游部令第1号）和《文化和旅游部办公厅关于贯彻落实〈国家级文化生态保护区管理办法〉的通知》的有关规定，文化和旅游部对景德镇陶瓷文化生态保护实验区申报设立工作进行了审核论证。经初审、考察评估和专家评审等程序，确认其符合国家级文化生态保护实验区设立条件，同意批复在江西省景德镇市设立“景德镇陶瓷文化生态保护实验区”。详见文化和旅游部官网。

【文化和旅游部关于同意设立河洛文化生态保护实验区的批复】

2020年6月3日，根据《国家级文化生态保护区管理办法》（文化和旅游部令第1号）和《文化和旅游部办公厅关于贯彻落实〈国家级文化生态保护区管理办法〉的通知》的有关规定，文化和旅游部对河洛文化生态保护实验区申报设立工作进行了审核论证。经初审、考察评估和专家评审等程序，确认其符合国家级文化生态保护实验区设立条件，同意批复在河南省洛阳市设立“河洛文化生态保护实验区”。详见文化和旅游部官网。

【文化和旅游部科技教育司关于公布2020年文化和旅游部重点实验室资助项目立项名单的通知】

2020年7月15日，根据《文化和旅游部科技教育司关于公布2020年文化和旅游部重点实验室资助项目立项名单的通知》，文化艺术视频画面恢复处理技术的研究与实践、基于XR沉浸式体验的越剧表演艺术研究等9个项目入选立项。详见文化和旅游部官网。

【人力资源和社会保障部、文化和旅游部关于深化艺术专业人员职称制度改革的指导意见】

2020年9月10日，人力资源和社会保障部、文化和旅游部发布《关于深化艺术专业人员职称制度改革的指导意见》（人社部发〔2020〕68号，以下简称《意见》）。《意见》在健全职称层级设置、完善评价标准、推行代表作制度、畅通新文艺群体职称评审渠道、建立职称评审绿色通道等方面提出了一系列有针对性的改革举措，着力破除现行制度中的机制体制障碍。详见中华人民共和国人力资源和社会保障部官网。

【文化和旅游部办公厅关于公布“庆祝中国共产党成立100周年舞台艺术精品创作工程”重点扶持作品名单的通知】

2020年10月30日，文化和旅游部办公厅根据《文化和旅游部办公厅关于印发〈“庆祝中国共产党成立100周年舞台艺术精品创作工程”工作方案〉的通知》（办艺发〔2020〕78号）要求，组织专家对申报作品进行遴选，选出100部“百年百部”创作计划重点扶持作品、100部“百年百部”传统精品复排计划重点扶持作品、100个“百年百项”小型作品创作计划重点扶持作品，形成了“庆祝中国共产党成立100周年舞台艺术精品创作工程”重点扶持作品名单。作品名单详见文化和旅游部官网。

【关于修改《中华人民共和国著作权法》的决定】

2020年11月11日，第十三届全国人民代表大会常务委员会第二十三次会议通过《全国人民代表大会常务委员会关于修改〈中华人民共和国著作权法〉的决定》，自2021年6月1日起施行。

研讨·培训

【2020 第十七届中国文化产业新年论坛】

2020 年 1 月 4 日至 5 日，由北京大学主办，北京大学艺术学院、北京大学文化产业研究院、中国文化产业管理专业委员会承办的“2020 第十七届中国文化产业新年论坛”在北京市举行。论坛以“新使命：大国文创与文化小康”为主题，包括主论坛、主题论坛、智库对话、青年学者研讨会等内容。《中国文化产业年度发展报告 2020》同期发布。

【中华优秀传统文化创造性转化创新性发展高端论坛】

2020 年 1 月 10 日，由故宫博物院故宫研究院、清华大学文化经济研究院主办的“中华优秀传统文化创造性转化创新性发展高端论坛”在故宫博物院举行。与会学者围绕如何通过中华优秀传统文化创造性转化、创新性发展，更好构筑中国精神、中国价值、中国力量，以及如何结合故宫博物院和清华大学在文化和学术方面的资源优势，进一步开展合作等进行交流。

【中国人民大学人文社科成果评价发布论坛暨学术评价与学科发展研讨会（2021·北京）】

2020 年 3 月 30 日，由中国人民大学主办，中国人民大学书报资料中心和中国人民大学人文社会科学学术成果评价研究中心承办的“中国人民大学人文社科成果评价发布论坛暨学术评价与学科发展研讨会（2021·北京）”在中国人民大学文化大厦举行。会上发布了《2020 年度复印报刊资料转载指数排名》和《复印报刊资料重要转载来源期刊（2020 年版）》两项成果。

【2019 年度全国十大考古新发现】

2020 年 5 月 5 日，由国家文物局主办的“2019 年度全国十大考古新发现”在线上公布。来自全国 14 个省、自治区、直辖市的 20 项重大考古发掘项目参与此次评选，最终陕西南郑疥疙洞旧石器时代洞穴遗址、黑龙江饶河小南山遗址、陕西神木石峁遗址皇城台等 10 个项目入选。

【积跬步　以至千里——数字故宫线上分享会】

2020 年 7 月 16 日，由故宫博物馆主办的“积跬步　以至千里——数字故宫线上分享会”在线上举行。与会专家介绍了“数字故宫”发展，发布“数字故宫”小程序，并以《韩熙载夜宴图》VR 节目、高清三维陶瓷文物两项数字成果为切入点，展示数字文物资源的应用。

【第十六届中国国际动漫游戏博览会】

2020 年 7 月 16 日至 20 日，由文化和旅游部、上海市人民政府主办的“第十六届中国国际动漫游戏博览会”在上海世博展览馆举行。本届博览会吸引腾讯视频、东方明珠、万代等250家中外展商参展，展区面积近5万平方米，分为动画、漫画、游戏、文学、互联网社区、周边衍生品等6大板块。

【2020年“文艺进万家健康你我他”——“送欢乐下基层”学雷锋文艺志愿服务活动】

2020年7月18日，由中国文学艺术界联合会、中国文艺志愿者协会、中国文学艺术基金会等主办的“2020年‘文艺进万家健康你我他’——‘送欢乐下基层’学雷锋文艺志愿服务活动”以线上、线下相结合的方式举行。中国文艺志愿者协会联合全国各文艺家协会、各地文学艺术界联合会深入湖北、甘肃、宁夏、新疆、广东、江西等地，以慰问演出、文艺培训、实景扶贫带货、网络赛歌等形式开展文艺志愿服务活动。

【2019年度中国艺术发展研究报告】

2020年8月8日，由中国艺术研究院主编的《2019年度中国艺术发展研究报告》(以下简称《报告》)由文化艺术出版社出版发行。《报告》紧扣“发展”与“研究”两大视角，以学术观照为视野，探究文化艺术领域现象与热点、政策与导向、创作与作品、活动与交流、研究与学术、问题与困难、趋势与对策等多方面内容，着力于研究性的深度梳理、总结概括和学术评估，剖析年度艺术现象和热点问题，研判艺术发展趋势与走向，凸显艺术追求的主流价值取向，从历史和理论角度为当代中国文化艺术发展作宏观把脉，为党的社会主义文艺事业建言献策。

【全国文艺院团党史专题培训班】

2020年8月24日至9月13日，文化和旅游部艺术司主办的“全国文艺院团党史专题培训班”在线上举行。培训班邀请来自中共中央党校(国家行政学院)、中共中央文献研究室、中国社会科学院、中国人民大学等专家做“习近平新时代中国特色社会主义思想”“学习《习近平谈治国理政》第三卷的体会”“做好新形势下的意识形态工作”“党的文艺政策”专题授课。

【2020世界剧院北京论坛】

2020年9月9日至10日，由国家大剧院主办的“2020世界剧院北京论坛”在线上举行。论坛以“疫情中的危机与机遇”为主题，全球六大洲、27个国家和地区、近百家国际国内机构的代表，共同探讨当前表演艺术机构发展面临的机遇和挑战。“世界剧院联盟”正式成立。中国国家大剧院、日本新国立剧场、英国皇家歌剧院等来自17个国家的24家表演艺术机构成为联盟创始成员。

【“十四五”规划专家委员会成立会议暨“十四五”规划研讨会】

2020年9月11日，由文化和旅游部主办的“‘十四五’规划专家委员会成立会议暨‘十四五’规划研讨会”在北京市举行。文化和旅游部“十四五”规划专家委员会委员共34名，主要来自高校科研机构、文化和旅游企事业单位及相关部门和领域，参与“十四五”文化和旅游规划相关重大问题的研究论证，并提出对策建议。

【纪念联合国成立 75 周年线上艺术研讨会】

2020 年 9 月 19 日，由中国文学艺术界联合会、中国外文局主办，中国音乐家协会、中国舞蹈家协会、清华大学全球共同发展研究院等承办的“纪念联合国成立 75 周年线上艺术研讨会”在线上举行。研讨会专家和艺术家围绕“艺术与可持续发展”的主题展开讨论，旨在响应联合国有关“促进艺术的发展、传播和享有”的倡议，不断丰富人类命运共同体的文化内涵。

【紫禁城建成 600 年暨中国明清史国际学术论坛】

2020 年 10 月 12 日至 14 日，由故宫博物院、中国历史研究院、北京大学等主办的“紫禁城建成 600 年暨中国明清史国际学术论坛”在故宫博物院举行。论坛包括明代国家治理研究、清代国家治理研究、明清中央与地方研究、宫廷建筑与艺术研究、明清文物典藏研究五个议题。参会专家学者近 200 人，收集论文 160 余篇，涵盖明清史研究的各个领域，是历年来关于明清史研究规模最大、涵盖领域最广的国际学术研讨会。来自美国、加拿大、俄罗斯等 10 余个国家的专家学者以提供论文或视频发言的方式参会。

【2020 年全国艺术创作工作会议】

2020 年 11 月 1 日，由文化和旅游部主办的“2020 年全国艺术创作工作会议”在四川省成都市举行。会议总结了 2019 年的艺术创作工作，部署下一阶段重点任务。中共中央宣传部文艺局、文化和旅游部有关司局、文化和旅游部直属文艺单位主要负责人，全国各省、自治区、直辖市文化和旅游厅（局）以及新疆生产建设兵团文化体育广电和旅游局主要负责同志和分管负责人，中央和国家机关有关部委直属文艺院团负责人参加会议。

【习近平总书记文艺工作重要论述理论研讨会】

2020 年 11 月 5 日至 6 日，由中国文学艺术界联合会、中国文艺评论家协会主办的“习近平总书记文艺工作重要论述理论研讨会”在北京市举行。与会人员围绕会议主题，结合文艺理论研究、文艺创作实践和工作，开展学习研讨。会议旨在深入学习贯彻习近平总书记关于文艺工作的重要论述，加强新时代马克思主义文艺理论建设，指导推动文艺事业的发展。

【第四届丝绸之路国际剧院联盟年会】

2020 年 11 月 23 日至 24 日，由中国对外文化集团有限公司主办的“第四届丝绸之路国际剧院联盟年会”在广东省广州市以线上和线下相结合的方式举行。全球 45 个国家和地区的百余家文化机构代表参加了此次活动，与会人员聚焦“大变局时代下的思考”这一主题，探索剧院艺术发展与未来。其间，丝绸之路国际剧院联盟与国内 13 家省演集团签署了战略合作框架协议。

【黄河文化保护传承弘扬座谈会】

2020 年 11 月 26 日，由文化和旅游部主办的“黄河文化保护传承弘扬座谈会”在山西省太原市举行。与会代表围绕“深入传承黄河文化基因，挖掘黄河文化时代价值”“黄河流域文物考古保护利用”“黄河流域非物质文化遗产保护传承弘扬”“黄河文化旅游带建设”四个主题进行研讨交流活动。

【演艺创新发展高层研讨会】

2020年11月27日，由中国东方演艺集团有限公司主办的“演艺创新发展高层研讨会”在北京市举行。文化和旅游部直属企业，来自全国15个省、自治区、直辖市的省级演艺集团和文艺院团、艺术院校、研究机构、演艺产业企业等36家相关单位与会，围绕学习党的十九届五中全会精神和深化国有文艺院团改革相关文件，就共同发起成立中国演艺创新发展联盟，加强演艺单位创作、演出、文旅融合等方面合作进行交流。

【第六届中国青年文艺评论家“西湖论坛”】

2020年11月27日至29日，由中国文艺评论家协会、浙江省文学艺术界联合会主办，浙江省文艺评论家协会、海宁市委宣传部等承办的“第六届中国青年文艺评论家‘西湖论坛’”在浙江省海宁市举行。论坛以“‘非常时期’文艺的价值与力量”为主题，来自全国各地不同行业和艺术领域的专家学者与青年文艺评论家一起，结合各艺术门类在非常时期创作与传播中出现的新现象与新问题，围绕“文化自信、中国力量、网络媒介、行业发展”等话题展开了深入研讨。

【中国社会科学院中国文化研究中心成立20周年暨2020年度学术成果新闻发布会】

2020年12月20日，由中国社会科学院哲学研究所、中国社会科学院中国文化研究中心等主办的“中国社会科学院中国文化研究中心成立20周年暨2020年度学术成果新闻发布会”在北京市举行。会上发布中国文化研究中心2020年度的代表性科研成果，包括《中国文化发展研究报告（2017—2020）》《中国区域文化产业发展报告（2019—2020）》《文化蓝皮书：中国文化发展研究报告（2017—2020）》等。

【中国艺术研究院举办首届学术提名发布仪式】

2020年12月28日，由中国艺术研究院主办的“首届学术提名发布仪式”在中国艺术研究院北区举行。首届学术提名活动包含“张庚戏曲学术提名”“杨荫浏音乐学术提名”“王朝闻美术学论文提名”“冯其庸红学论著学术提名”，共计28项学术提名。70余名提名获得者和中国戏曲、音乐、美术、红学领域的专家学者出席仪式。学术提名立足学术总结、学术研究、学术评价，注重展现出当代艺术学研究领域内最新成果，体现出鲜明的问题意识、学术导向和创新精神。旨在加快构建中国特色艺术学学科体系、学术体系、话语体系，推动中国特色艺术学的长效发展，为建成中国特色社会主义文化强国发挥积极作用。

展览・演出

【第 20 届“相约北京”国际艺术节】

2020 年 1 月 6 日至 2 月 4 日，由文化和旅游部、国家广播电视总局、北京市人民政府等主办的“第 20 届‘相约北京’国际艺术节”在北京市举行。来自 12 个国家和地区的艺术团体，700 余名中外艺术家带来了 60 余场舞台表演和 3 个主题艺术展。本届艺术节融入了冬奥元素，设有冬奥城市北京和张家口的城市文化活动板块。

【《中国的宝藏》中文版发布会】

2020 年 1 月 7 日，《中国的宝藏》中文版发布会在北京市举行。纪录片《中国的宝藏》由中央广播电视总台影视剧纪录片中心出品，央视纪录国际传媒以国际合拍、合作的方式与 BBC 世界新闻频道（BBC World News）、英国野马制作公司（Mustang Films）制作。中英合拍制作团队历时 1 年，行程 7000 余公里，走遍 8 座中国城市，拍摄了 8 家博物馆，5 个世界文化遗产，20 余件文物。

【共行・共益——第六届 CSR 中国文化奖颁奖盛典】

2020 年 1 月 13 日，由人民日报《国家人文历史》杂志社主办的“共行・共益——第六届 CSR 中国文化奖颁奖盛典”在北京市举行。此会议颁发了大型文博探索节目《国家宝藏》获年度传媒责任奖，热贡艺术代表性传承人罗布斯达和鹤庆银器锻制技艺代表性传承人寸发标获杰出贡献人物奖等 8 个奖项。

【“深入生活、扎根人民”2015—2019 主题实践活动汇报展】

2020 年 1 月 15 日至 2 月 4 日，由中国艺术研究院文学艺术院主办的“‘深入生活、扎根人民’2015—2019 主题实践活动汇报展”在北京市炎黄艺术馆举行。展览展出中国艺术研究院创作机构 80 余名艺术家创作的 500 余件优秀艺术作品。

【2020 年全国舞台艺术优秀剧目网络展演】

2020 年 5 月 15 日至 6 月 8 日，由文化和旅游部主办的“2020 年全国舞台艺术优秀剧目网络展演”在线上举行。本次展演共推出 22 部优秀剧目，分别选自第十六届“文华大奖”获奖剧目、国家舞台艺术精品创作扶持工程扶持剧目、中国民族歌剧传承发展工程重点扶持剧目、时代交响——中国交响音乐作品创作扶持计划重点扶持作品和“黄河文化”题材优秀剧目，是文化和旅游部首次以线上形式开展的全国性展演活动。

【2020 年“文化和自然遗产日”】

2020 年 6 月 13 日是“文化和自然遗产日”，文化和旅游部主办了系列非遗宣传展示活动。文化和旅游部非遗司、商务部流通发展司与阿里巴巴、京东、苏宁、拼多多、美团、快手等网络平台联合举办“非遗购物节”；“云游非遗 · 影像展”在爱奇艺、优酷、抖音等平台线上呈现；6 月 13 日至 14 日，“良辰美景云端看 · 名家名曲线上听”古琴昆曲线上活动举行。

【2020 丝绸之路周】

2020 年 6 月 19 日至 24 日，由国家文物局、浙江省人民政府主办，浙江省政府新闻办、浙江省文化和旅游厅、浙江省文物局承办的“2020 丝绸之路周”在浙江省杭州市举行。活动包括主题展览、学术活动、线上直播互动等。现场发布《2019 丝绸之路文化遗产年报》，对 2019 年在考古发现、陈列展览、学术研究以及遗产相关的文化事件等四大板块推出“十大”榜单。

【第七届全国道德模范故事汇基层巡演启动仪式暨首场演出】

2020 年 8 月 25 日，由中央文明办、中国文学艺术界联合会主办，中国曲艺家协会、首都文明办承办的“第七届全国道德模范故事汇基层巡演启动仪式暨首场演出”在北京民族剧院举行。首场演出艺术家将湖北大鼓、京韵大鼓、评书等艺术形式与全国道德模范的感人事迹有机融合，再现道德模范的善行义举。首场演出结束后，巡演团队将按照统一部署，分赴全国多地组织示范演出，让全国道德模范的感人事迹和崇高品格在全社会流传。

【纪念中国人民抗日战争暨世界反法西斯战争胜利 75 周年舞台艺术优秀剧目展演展播】

2020 年 9 月 1 日至 20 日，由文化和旅游部主办的“纪念中国人民抗日战争暨世界反法西斯战争胜利 75 周年舞台艺术优秀剧目展演展播”以线上和线下相结合的方式举行。

该次展播上演了京剧《红灯记》（国家京剧院）、话剧《四世同堂》（中国国家话剧院）、音乐会《黄河大合唱》（中国交响乐团）、评剧《母亲》（中国评剧院）、儿童剧《红缨》（中国儿童艺术剧院）等 20 部剧目，聚焦抗战主题，涵盖京剧、地方戏、话剧、歌剧、舞剧、交响音乐会等多个艺术门类，选自精神文明建设“五个一工程”获奖剧目、“文华大奖”获奖剧目、国家舞台艺术精品创作扶持工程重点扶持剧目等。

【丹宸永固——紫禁城建成六百年】

2020 年 9 月 10 日至 11 月 15 日，由故宫博物院主办的“丹宸永固——紫禁城建成六百年”展览在故宫博物院举行。本次展览通过“宫城一体”“有容乃大”“生生不息”三大单元、18 个历史节点介绍紫禁城规划、布局、建筑以及宫廷生活，展出文物及史料照片 450 余件。其中神武门唐卡、养心殿符板及五供、符望阁南间描金银漆纱等文物都是首次展出，尤其漆纱工艺现已失传。

【黄河流域舞台艺术优秀剧目展演展播活动】

2020年9月16日至30日，由文化和旅游部联合黄河流域9省区主办的“黄河流域舞台艺术优秀剧目展演展播活动”以线上和线下相结合的方式举行。

该次展播活动上演了大型交响合唱音乐会《黄河入海》、交响音乐会《黄河回响》、交响诗《黄河万古流》、舞蹈史诗《黄河》、民族音乐会《黄河从草原走过》、情景歌舞《黄河歌谣》、话剧《天下第一桥》、音乐剧《花儿·少年》、交响组曲《黄河金岸》9台剧目，选自内蒙古自治区、山西省、河南省、山东省等黄河流域9省区的优选剧目。

本次展播活动坚持公益惠民原则，参与展演活动剧目在相关省份剧场开展公益性惠民演出。同时，在文化和旅游部门户网站线上播出。

【全国脱贫攻坚题材舞台艺术优秀剧目展演】

2020年10月17日至12月底，由中共中央宣传部、文化和旅游部、中国文学艺术界联合会等主办的“全国脱贫攻坚题材舞台艺术优秀剧目展演”以线下剧场演出和线上网络直播、展播相结合的形式举行。

展演活动坚持公益惠民原则，参演民族歌剧《扶贫路上》、歌舞剧《大地颂歌》、儿童剧《萤火虫姐弟历险记》、越剧《山海情深》、民族歌剧《马向阳下乡记》、话剧《闽宁镇移民之歌》、评剧《藏地彩虹》等67部舞台艺术作品，涵盖戏曲、话剧、歌剧等多种艺术形式，聚焦决战决胜脱贫攻坚、全面建成小康社会主题。

本次展演活动中，彩调剧《新刘三姐》、话剧《塞罕长歌》、歌舞剧《大地颂歌》等12部作品在北京集中演出23场，其余55部剧目在当地剧场展演。同时，在文化和旅游部、国务院扶贫开发领导小组办公室、中国戏剧家协会门户网站和学习强国平台进行线上演出。

【第六届中国非物质文化遗产博览会】

2020年10月23日至27日，由文化和旅游部、山东省人民政府主办，山东省文化和旅游厅、济南市人民政府承办的“第六届中国非物质文化遗产博览会”在山东省济南市举行。

本届博览会以“全面小康　非遗同行”为主题，线上、线下相结合的方式举行。线上活动包括“非遗云展”、“云赏非遗”展播厅、“非遗好物”云销售、非遗店铺“云推介”、“匠人匠心”云竞技、“非遗助力精准扶贫及乡村振兴”论坛、黄河流域非遗保护传承座谈、非遗优秀案例发布、非遗直播带货活动等。

【奔小康·云展播——国家艺术基金资助项目展播活动】

2020年10月30日至11月29日，由国家艺术基金主办的“‘奔小康·云展播’——国家艺术基金资助项目展播活动”在线上举行。

该次展播的有沪剧《挑山女人》、滑稽戏《陈奂生的吃饭问题》、湘剧《月亮粑粑》、民族歌剧《马向阳下乡记》、话剧《塞罕长歌》、豫剧《戈壁母亲》等13台作品，聚焦决战决胜脱贫攻坚、全面建成小康社会主题，反映人民群众用勤劳和智慧战胜贫困、奋发有为的精神风貌，展现新时代基层百姓的新观念、新风貌、新追求。多部作品获得中宣部“五个一工程”奖、“文华奖”等奖项。

观众可登录活动展播平台（http://cg.cnaf.cn/special/well）观看13台舞台艺术作品的全剧视频，也可通过光明网、央视频、抖音短视频、爱奇艺、网易艺术了解舞台背后的创排故事。

【庆祝中意建交 50 周年线上文艺演出】

2020 年 11 月 6 日，由中国文化和旅游部、意大利文化遗产活动和旅游部主办，中国对外文化集团公司承办的“庆祝中意建交 50 周年线上文艺演出”在中意两国多家网络平台线上播出。演出以“美好 · 未来”为主题，汇聚中央芭蕾舞团、中国广播电影交响乐团、意大利圣切契利亚管弦乐团和合唱团、意大利国立戏剧艺术学院等两国知名艺术机构。

【第 15 届中国义乌文化和旅游产品交易博览会】

2020 年 11 月 8 日至 10 日，由文化和旅游部、中国国际贸易促进委员会、浙江省人民政府主办的“第 15 届中国义乌文化和旅游产品交易博览会”在浙江省义乌市举行。展会以“融 · 合文旅、创 · 新时代、美 · 好生活”为主题，涵盖文化创意产品与设计服务、动漫游戏产品、艺术品及收藏品、生产性保护类非遗产品、创意旅游商品等门类。其间，举办了中欧文化艺术展、中国义乌国际摄影大展成果展、世界旅游联盟—义乌对话等系列活动。

【崇德尚艺　做有信仰有情怀有担当的新时代文艺工作者巡回宣讲】

2020 年 11 月 9 日至 20 日，由中国文学艺术界联合会主办的“崇德尚艺　做有信仰有情怀有担当的新时代文艺工作者巡回宣讲”分赴甘肃、广东、江西、黑龙江、内蒙古、贵州、云南 7 省区开展宣讲。中国美术家协会主席范迪安，中国美术家协会副主席吴为山，中国曲艺家协会副主席盛小云等 12 名文艺家作为宣讲人做主题宣讲，以讲故事的形式，分享亲身经历和创作实践，以及对习近平总书记关于宣传思想工作的重要指示和关于文艺工作的重要论述的领悟。

【第十六届中国（深圳）国际文化产业博览交易会】

2020 年 11 月 16 日至 20 日，由中共中央宣传部、文化和旅游部、商务部等主办的“第十六届中国（深圳）国际文化产业博览交易会”在线上举行。线上文博会云上平台主要包括“云开幕”“云展厅”“云招商”“云签约”“云大数据”等五大板块。在“云平台”上，设置了文化产业综合馆、电影工业科技馆、艺术品馆、创意设计馆等。

【第十三届海峡两岸文博会】

2020 年 12 月 4 日至 7 日，由中共中央台办、文化和旅游部、国家广播电视总局等主办的“第十三届海峡两岸（厦门）文化产业博览交易会”在厦门国际会议展览中心举行。本届文博会以线上和线下相结合的方式，设置了文化旅游、数娱影视、创意设计、工艺美术四大专业板块 14 个主题展区，举办了精品项目交流对接会、“全福游、有全福”重大项目推介会、海峡两岸文旅 IP 大会、好创意设计大赛等系列活动。

【中国—东盟文化论坛系列文旅活动】

2020 年 12 月 7 日至 10 日，由文化和旅游部、广西壮族自治区人民政府主办的“中国—东盟文化论坛系列文旅活动”在广西壮族自治区桂林市举行。系列活动包括“第 15 届中国—东盟文化论坛”“首届中国—东盟文化艺术周”“2020 非物质文化遗产整体性保护论坛”“2020 中国—东盟博览会旅游展”等。

【大美民间——中国民协七十华诞展览】

2020 年 12 月 8 日，中国民间文艺家协会主办的“大美民间——中国民协七十华诞展览”在中国文艺家之家展览馆举行。本次展览分“跋涉”“温暖”“传承”“足迹”“心痕”“聚焦”“灿烂”“薪火”8 个板块，展出 200 余幅图片，3 万余文字勾连起自 1950 年中国民间文艺研究会成立（中国民协前身）以来的发展成就，涵盖了新民歌运动、抢救三大史诗《江格尔》《格萨尔》《玛纳斯》、编纂民间文学三套集成、中芬联合考察、与联合国教科文组织合作调查民间故事民歌项目、中国民间文化遗产抢救工程，以及党的十八大以来，中国民协新承担的两大国家重点工程——中国民间文学大系出版工程和中国民间工艺传承传播工程。首次展出了 20 世纪五六十年代部分文献、信函等资料。“中国民协成立 70 周年座谈会”同期举行。

【2020 年“国家艺术院团（澳门）演出季”专场文艺晚会】

2020 年 12 月 8 日至 9 日，由中国对外文化集团有限公司等主办的“2020 年‘国家艺术院团（澳门）演出季’专场文艺晚会”在中国澳门举行。来自中央芭蕾舞团、国家京剧院等 7 个文化和旅游部直属艺术院团，以及澳门中乐团等澳门艺术团体的艺术家联袂登台演出了芭蕾舞、戏曲、民乐等节目，展现了内地与澳门文化艺术领域交流合作的突出成果。“首届澳门自强文创发展论坛暨澳门自强文创智库成立揭牌仪式”同期举行。

机构

【甘肃省敦煌文物保护研究中心】

2020 年 8 月 19 日，“甘肃省敦煌文物保护研究中心”在敦煌研究院揭牌成立。

研究中心依托敦煌研究院建立，由兰州大学文物保护技术研究中心、甘肃省文物考古研究所、中铁西北科学研究院有限公司文保中心共建。研究队伍由文物保护、考古、敦煌学、化学、物理、环境科学等 20 余个学科的 131 名专家构成。各学科带头人均为敦煌文物保护、敦煌学研究和文物考古等领域的专家。

【大运河博物馆联盟】

2020 年 11 月 14 日，“大运河博物馆联盟”成立活动在江苏省南京博物院举行。

“大运河博物馆联盟”是由南京博物院、大运河沿线 32 家博物馆共同组建的，旨在加强运河文化学术研究合作，协调运河沿线展览、文创、教育资源，深化大运河文化品牌的国际影响力。32 家大运河沿线博物馆馆长共同签署《大运河博物馆联盟协同发展协议》。

大事记

1 月 3 日，全国宣传部长会议在北京市举行。

1 月 3 日至 4 日，2020 年全国文化和旅游厅局长会议在北京市举行。

1 月 4 日，“2019 年度中国十大传媒法与娱乐法事例发布会暨学术研讨会”在北京市举行。

1 月 4 日至 5 日，“2020 第十七届中国文化产业新年论坛”在北京市举行。

1 月 6 日至 2 月 4 日，“第 20 届‘相约北京’国际艺术节”在北京市举行。

1 月 7 日，《中国的宝藏》中文版发布会在北京市举行。

1 月 7 日至 8 日，中国文联第十届全国委员会第五次会议在北京市举行。

1 月 8 日，“‘不忘初心、牢记使命’主题教育总结大会”在北京市举行。

1 月 10 日，“中华优秀传统文化创造性转化创新性发展高端论坛”在故宫博物院举行。

1 月 13 日，“共行·共益——第六届 CSR 中国文化奖颁奖盛典”在北京市举行。

1 月 14 日，“亚太中心管理委员会第九次会议”在北京市举行。

1 月 15 日至 2 月 4 日，“‘深入生活、扎根人民’2015—2019 主题实践活动汇报展”在北京市炎黄艺术馆举行。

3 月 30 日，“中国人民大学人文社科成果评价发布论坛暨学术评价与学科发展研讨会（2021·北京）”在中国人民大学文化大厦举行。

4 月 8 日，《文化和旅游部办公厅关于启动 2020 年度内地与港澳文化和旅游交流重点项目申报工作的通知》。

4 月 26 日至 5 月 26 日，“窗口 2020——疫情时期图像档案展”在线上举行。

4 月 28 日，《视听表演北京条约》正式生效。

5 月 5 日，“2019 年度全国十大考古新发现”在线上公布。

5 月 12 日，文化和旅游部市场管理司印发《剧院等演出场所恢复开放疫情防控措施指南》《互联网上网服务营业场所恢复开放疫情防控措施指南》《娱乐场所恢复开放疫情防控措施指南》。

5 月 15 日至 6 月 8 日，“2020 年全国舞台艺术优秀剧目网络展演”在线上举行。

5 月 23 日，“坚信爱会赢——文艺界‘以艺战疫’5·23 特别节目”在江苏卫视、湖北卫视、北京卫视等 8 家卫视及多家新媒体平台推出。

6 月 3 日，文化和旅游部同意批复在江西省景德镇市设立“景德镇陶瓷文化生态保护实验区”。

6 月 3 日，文化和旅游部同意批复在河南省洛阳市设立“河洛文化生态保护实验区”。

6 月 13 日，“文化和自然遗产日”活动在全国各地举行。

6 月 19 日至 24 日，“2020 丝绸之路周”在浙江省杭州市举行。

6 月 30 日，《2019 中国艺术发展报告》在北京市举行云发布仪式。

7 月 15 日，文化和旅游部科技教育司公布 2020 年文化和旅游部重点实验室资助项目立项名单。

7 月 16 日，“积跬步 以至千里——数字故宫线上分享会”在线上举行。

7 月 16 日至 20 日，“第十六届中国国际动漫游戏博览会”在上海世博展览馆举行。

7 月 18 日，“2020 年‘文艺进万家健康你我他’——‘送欢乐下基层’学雷锋文艺志愿服务活动”以线上、线下相结合的方式举行。

8 月 8 日，《2019 年度中国艺术发展研究报告》由文化艺术出版社出版发行。

8月17日至18日，“全国文艺评论工作会暨中国文艺评论家协会第二次全国代表大会”在北京市举行。

8月19日，“甘肃省敦煌文物保护研究中心”在敦煌研究院揭牌成立。

8月24日至9月13日，“全国文艺院团党史专题培训班”在线上举行。

8月25日，“第七届全国道德模范故事汇基层巡演启动仪式暨首场演出”在北京民族剧院举行。

9月1日至20日，“纪念中国人民抗日战争暨世界反法西斯战争胜利75周年舞台艺术优秀剧目展演展播”以线上和线下相结合的方式举行。

9月9日至10日，“2020世界剧院北京论坛”在线上举行。

9月10日，人力资源和社会保障部、文化和旅游部发布《关于深化艺术专业人员职称制度改革的指导意见》。

9月10日至11月15日，“丹宸永固——紫禁城建成六百年”展览在故宫博物院举行。

9月11日，“‘十四五’规划专家委员会成立会议暨‘十四五’规划研讨会”在北京市举行。

9月16日至30日，“黄河流域舞台艺术优秀剧目展演展播活动”以线上和线下相结合的方式举行。

9月19日，“纪念联合国成立75周年线上艺术研讨会”在线上举行。

10月12日至14日，“紫禁城建成600年暨中国明清史国际学术论坛”在故宫博物院举行。

10月16日，“深化国有文艺院团改革座谈会”在北京市举行。

10月17日至12月底，“全国脱贫攻坚题材舞台艺术优秀剧目展演”以线下剧场演出和线上网络直播、展播相结合的形式举行。

10月23日至27日，“第六届中国非物质文化遗产博览会”在山东省济南市举行。

10月30日，文化和旅游部办公厅公布“庆祝中国共产党成立100周年舞台艺术精品创作工程”重点扶持作品名单。

10月30日至11月29日，“‘奔小康·云展播’——国家艺术基金资助项目展播活动”在线上举行。

11月5日至6日，“习近平总书记文艺工作重要论述理论研讨会”在北京市举行。

11月6日，“庆祝中意建交50周年线上文艺演出”在中意两国多家网络平台线上播出。

11月8日至10日“第15届中国义乌文化和旅游产品交易博览会”在浙江省义乌市举行。

11月9日至20日，“崇德尚艺　做有信仰有情怀有担当的新时代文艺工作者巡回宣讲”在甘肃、广东、江西、黑龙江、内蒙古、贵州、云南7省区开展宣讲。

11月11日，第十三届全国人民代表大会常务委员会第二十三次会议通过《全国人民代表大会常务委员会关于修改〈中华人民共和国著作权法〉的决定》，自2021年6月1日起施行。

11月14日，“大运河博物馆联盟”成立活动在江苏省南京博物院举行。

11月16日至20日，“第十六届中国（深圳）国际文化产业博览交易会”在线上举行。

11月23日至24日，“第四届丝绸之路国际剧院联盟年会”在广东省广州市以线上和线下相结合的方式举行。

11月26日，“黄河文化保护传承弘扬座谈会”在山西省太原市举行。

11月27日，“演艺创新发展高层研讨会”在北京市举行。

11月27日至29日，“第六届中国青年文艺评论家‘西湖论坛’”在浙江省海宁市举行。

12月4日至7日，“第十三届海峡两岸（厦门）文化产业博览交易会”在厦门国际会议展览中心举行。

12月7日至10日，“中国—东盟文化论坛系列文旅活动”在广西壮族自治区桂林市举行。

12月8日，“大美民间——中国民协七十华诞展览”在中国文艺家之家展览馆举行。

12月8日至9日，“2020年‘国家艺术院团（澳门）演出季’专场文艺晚会”在中国澳门举行。

12月20日，“中国社会科学院中国文化研究中心成立20周年暨2020年度学术成果新闻发布会”在北京市举行。

12月28日，中国艺术研究院“首届学术提名发布仪式”在中国艺术研究院举行。

中国艺术年鉴·2021

+

戏曲卷

+

分卷主编：张乃锋

年度述评

2020 年度中国戏曲发展研究报告

◎ 王馗

2020 年新冠肺炎疫情席卷全球。党中央和国务院坚持人民至上、生命至上，统一部署全国抗疫防疫战略，坚决遏制疫情扩散蔓延，以此保障人民群众生命安全和身体健康。全国人民同舟共济，守望相助，在不到半年的时间，快速高效地控制了疫情，创造了人类抗疫的中国奇迹。2020 年 6 月 7 日，国务院新闻办公室发布《抗击新冠肺炎疫情的中国行动》白皮书，全面记录中国抗疫历程，展现构建人类卫生健康共同体的大国担当。

在这个艰辛的过程中，中国众多行业经历了上半年工作暂停暂缓、下半年工作密集繁忙的状态。在工作暂停暂缓时，中国戏曲传统的节令民俗演出因疫情被中断，戏曲界的演出和创作遇到前所未有的发展挫折，但同时也迎来了新媒体传播的发展机遇；在密集繁忙的工作状态中，戏曲界积极投入创作演出，用艺术作品回应社会关切，顺利完成既定的工作任务，积极拓展戏曲发展的可能空间。

10 月 23 日，习近平总书记为中国戏曲学院建院 70 周年，给戏曲界郭汉城、杜近芳、尚长荣、马金凤、蔡正仁、刘秀荣等艺术家回信，对中国戏曲教育薪火相传给予高度评价，提出“戏曲是中华文化的瑰宝，繁荣发展戏曲事业关键在人”，并希望中国戏曲学院“全面贯彻党的教育方针，落实立德树人根本任务，引导广大师生坚定文化自信，弘扬优良传统，坚持守正创新，在教学相长中探寻艺术真谛，在服务人民中砥砺从艺初心，为传承中华优秀传统文化、建设社会主义文化强国作出新的更大的贡献”。回信中强调的“艺术真谛”“从艺初心”正是中国戏曲千百年来优良传统的重要内容，也是戏曲持续发展之“正”，更是以“人”为核心的戏曲文化最重要的组成部分。2020 年度戏曲界所有的工作，都彰显着戏曲人对于推进“文化强国”建设的积极努力。

一、热点关注

2020 年，随着抗疫防疫工作的推进，“网络”“线上”“云”成为戏曲界寻求行业突破的热点空间，这也是在面对人类突发公共疫情时，戏曲界探索艺术发展新空间而形成的年度热点。

2020 年 1 月 22 日，文化和旅游部办公厅、国家文物局办公室联合印发《关于做好新型冠状病毒感染的肺炎疫情防控工作的通知》；1 月 24 日，文化和旅游部办公厅印发《关于全力做好新型冠状病毒感染的肺炎疫情防控工作暂停旅游企业经营活动的紧急通知》，之后，部直属院团相关演出活动推迟或取消，剧场亦暂停对外开放。由于疫情期间对于剧场、群体活动的限制，公益性的网络展演成为春节及疫情期间广泛采用的文艺展演形式，戏曲在网络上获得更加集中的展示。文化和旅游部在 2 月中旬通过门户网站，推出“在线剧院”，集中展示了 33 部国家舞台艺术精品，近年创作的优秀戏曲作品作为公共文化产品在疫情期间得到共享。中国评剧院“全国地方戏演出中心”随后在 3 月 11 日推出“全国地方戏演出网络平台”线上剧场，联络 15 个省、自治区、直辖市的 20 家剧院，每天一剧，连续展播 20 个剧种 40 个剧目的演出录像。这种以“在线剧院”的形式展示戏曲传承和创作的优秀成果，成为疫情期间众多省、区、市普遍采用的方式。文化和旅游部非物质文化遗产司鼓励发挥传统医药类非遗的优势，参与抗疫工作，同时鼓励对包括戏曲在内的传统表演艺术类非遗传承人居家创作，宣传防疫知识。[①] 在疫情趋于平稳时，在非物质文化遗产司业务指导下，中国传媒大学组织举办非遗新媒体

① 参见非物质文化遗产司《非物质文化遗产司推动非遗在疫情防控中发挥自身作用》，2020 年 3 月 22 日，文化和旅游部官网（https://www.mct.gov.cn/whzx/bnsj/fwzwhycs/202007/t20200715_873520.htm）。

传播在线培训班（4 月 28—30 日），邀请新媒体平台、电商平台负责人参与授课交流，分享新媒体助力非遗传播的具体做法、操作实务和案例经验。① 政府导向的多重引导，进一步推进了戏曲在网络中的传播推广工作。

浙江省文化和旅游厅组织省属文艺院团，从 2020 年 2 月起开展“抗击疫情——文艺轻骑兵云行动”和文艺名家战“疫”行动②，通过快手等视频平台，用上千个“抗疫”文艺作品的创作和推广，来提振抗疫防疫的信心、爱心和决心；特别是通过剧目点播系统，将剧目进行线上展演，用公益免费观看的形式来满足群众在疫情期间对于文艺作品的审美需求。浙江小百花越剧院创作的“越歌三部曲”（《白衣战士颂》《一旦今生》《逆行千里》）、浙江京昆艺术中心创作的《披着白色战袍的逆行者》等作品，通过网络视频播放，获得了较大的影响力。而在线上展演的越剧《五女拜寿》《九斤姑娘》《我的娘姨我的娘》《胭脂》《牡丹亭》等作品，使浙江小百花越剧院多年来持续不断创作的优秀作品，在线上开辟出了戏曲应有的演出空间。浙江省直戏曲院团的名家通过微信、抖音、快手、西瓜视频等平台，推送戏曲抗疫短视频，通过名家、剧团、剧目等多重艺术展示，获取线上粉丝群和点赞率，获得良好的社会效益。这些举措成为“特殊年份的特殊成就”中颇具创意的工作内容。特别是在线上创作演出的过程中，戏曲艺术院团“停工不停功，停演不停练”，将练功、教学、传承、创作作为防疫期间居家工作内容，在疫情趋于稳定时，积极创排艺术新作，形成特殊状态下新的工作机制。③ 在 3 月 27 日疫情期间，第十九届嵊州 · 中国民间越剧节通过“空中演唱会”的形式，将越剧名团、名家与名票的演唱会进行全程视频直播，形成线上的越剧音乐节。

浙江省文化和旅游厅省属戏曲文艺院团的工作及线上相关艺术探索，正是中国各省戏曲院团以及戏曲教育机构、科研机构在 2020 年度工作的典型缩影。在 2020 年度的戏曲工作中，戏曲界快速地接受了腾讯会议、哔哩哔哩（B 站）、微信、抖音、快手、西瓜视频等诸多平台，也快速适应了通过这些平台来进行戏曲工作交流的方式。在两会期间，全国人大代表、河南豫剧院院长李树建提了“全国戏曲人拥抱互联网”的建议，用自己在快手上的网络直播“老戏曲 · 新传播”所产生的社会效应，来进行戏曲界面对网络空间的实践。值得注意的是，在 2020 年春节期间，众多戏曲剧种的团体和个人，包括民营、民间团体及个人，已经可以充分地利用抖音、快手等平台，或者是个人的唱段演唱，或者是团队的大戏直播，或者是名家 K 歌，直接面对网络观众，进行网上生态空间的自我建设。戏曲的这种网络生态，虽然与戏曲剧场演出品质存在很大差异，也掣肘于演出中唱念字幕、观赏视角等诸多要素所带来的观赏困境，甚至出现聊天多于演出、索要打赏等更多非艺术化的问题，但是这个空间以更加亲民的立场，近距离地展示出戏曲人、戏曲作品、戏曲营销策略与受众彼此呼应的授受方式，近距离地展示出戏曲更加广泛的市场需求。这恰恰需要戏曲界在应对网络新空间时积极面对，积极探索。

在网络空间中，以剧目和演出为中心的戏曲文化资源，集中地呈现一些话题焦点。其中，较为突出地表现为以下几点。

（一）网络空间中戏曲传播的相关权益问题

疫情期间上海昆剧团专门开设了 B 站账号，上传相关昆剧声像资料。网站此前已上传的上海昆剧团演出资源未经授权，因此上海昆剧团致信 B 站，希望能够撤掉这类非官方资料。这一举动引起了一些上传者和戏迷的不满，上海昆剧团本着对戏迷的爱护和理解，对语气比较强硬的致信表示歉意，同

---

① 参见非物质文化遗产司《非物质文化遗产司指导举办非遗新媒体传播在线培训班》，2020 年 5 月 7 日，文化和旅游部官网（https://www.mct.gov.cn/whzx/bnsj/fwzwhycs/202007/t20200715_873527.htm）。

② 参见浙江省文化和旅游厅《浙江省文化和旅游厅 2020 年工作总结和 2021 年工作思路》，浙江省文化和旅游厅官网“政府信息公开年报”，2021-02-03，索引号：002482330/2021-00086。

③《“艺”起战“疫”践行文艺工作者新担当》，2020 年 3 月 21 日，新华网（http://www.zj.xinhuanet.com/2020-03/21/c_1125748219.htm）。

时增加上传更多的昆曲资料，以柔和低调的处理争端的方法消减了昆曲戏迷的过激情绪。[①]这个事件围绕的是剧院声像资料的版权问题，维护版权本属剧院正当权益，但一些不理智的批评立场却暴露了文化需求与艺术供应、戏迷宣传与市场营销、剧院维权与舆论批评、受众危机应对与观众生态维护等多方面的矛盾和不平衡。网络争论实际也包括了昆曲艺术在线下探索市场空间所面对的诸多困境。如何在“以演出为中心”的剧院发展立场下，营建更加理性的“作为衣食父母”的观众文化显得更为重要。

（二）网络空间中戏曲艺术产品的质量标准

长期以来国家层面以“思想精深、艺术精湛、制作精良”作为戏曲艺术创作的重要标准，但是在不同层面的受众群体中，这种质量标准存在着更加多元的变化，这在近年来戏曲理论评论领域凸显得异常鲜明。作为剧场艺术的戏曲作品，如何适应网络空间且拥有一定艺术品质，如何确立其艺术欣赏与评价的准则，这其实是一个近乎空白的艺术命题。特别是大量抗疫防疫的戏曲作品附带着强烈的宣传色彩时，如何保证网络戏曲的艺术性？这是让戏曲能在线上保持活力的关键。疫情期间，河北梆子表演艺术家刘玉玲演唱的《七律·送瘟神》，成为戏曲界高度赞誉的抗疫作品。其实这首由杜斌作曲于20世纪80年代的河北梆子戏歌，其缘起主要是对毛泽东诗作的演唱，那种契合于诗歌意境的戏曲旋律和充满深情的声乐表达，规避了主题的简单化、粗浅化，而拥有了跨越数十年依然能够动人的艺术魅力。显然，网络戏曲作品的艺术性是网络造势和营销策略的真正内容。

（三）网络空间中戏曲艺术市场的建构

“市场化”是近年来戏曲传承发展工作不断趋于深入后，被重新发现并得到不断重视的问题，在国家大力扶持传统戏曲的利好态势里，培养夯实戏曲本该具有的市场是戏曲能够长足发展的重要内容。网络空间中的戏曲展演，同样不能回避市场化的探索。北京京剧院在6月7日首演《许云峰》，全剧由谭元寿、迟金声担任艺术顾问，会集北京京剧院不同流派的名家。最引人注目的是，首演同时以“云首演”的形式进行网上直播，观众支付9.9元即可在线观看，由此形成“线上聚人气，线下看大戏”的多元化传播路径。这种线上票房形式的探索，给予网络戏曲更加广阔的市场憧憬，也改变着公益戏曲展演的惯性思路，培养着戏曲观众的消费习惯，也培养着戏曲市场的可能空间。

总之，关于云端、线上、网络的戏曲，是一个建设性的实践命题，即如吴乃顾《“云端戏曲”：探索、机遇，还是挑战》在综述全国剧院团体的众多云端个案时提到，“在线”不等于“在现场”，“云上”也不是简单复制“线下”舞台，应该探索戏曲发展的“云端新常态”，[②]显然从“试水阶段”到戏曲真正拥有属于戏曲个性的“云端”生态，是需要投入更大的付出和智慧的。特别是在“后疫情”状态下，让互联网真正成为戏曲不可缺少的“市场”[③]，对于戏曲而言显然是必需的。

二、经验与现象

在新冠肺炎疫情趋于平稳后，戏曲界的线下创作演出以更加集中的态势，弥补着疫情带给戏曲的冲击。在2020年度戏曲工作中，有两个现象值得戏曲界重视。

（一）广东戏曲创作中的“梅州现象”

第十四届广东省艺术节集中展示了广东省三年间戏曲领域的优秀舞台创作成果。获得本届艺术节大奖的戏曲作品是粤剧《红头巾》，这正是粤剧成功申遗10周年以来彰显粤剧传承保护和创作发展经验的力作，也是2019年度“粤剧现象”的成果延续。而在广东戏曲剧种格局中，梅州客家地区是粤东地区戏曲艺术发展的重要区域。客家文化区域中，广东汉剧、山歌戏、采茶戏、花朝戏、木偶戏等戏曲形态，展现出世代累积的戏曲文化传统。“梅州现象”是在此届艺术节上备受关注的文化热点，梅州

① 参见解三醒《上昆强势维权在B站激起众怒，“为爱发电”的up主们犯法了吗?》，微信公众号“北青艺评”，2020年4月24日。

② 参见吴乃顾《“云端戏曲”：探索、机遇，还是挑战》，《文艺报》2020年6月15日。

③ 参见赵佳琛《后疫情时代互联网演艺发展的实践与思考》，《中国文化报》2020年12月2日。

包括山歌剧、汉剧、木偶戏在内的多部作品，获得2个一等奖、2个二等奖、多个单项奖，1个单位获优秀组织奖，总计获得15个奖项，在全省遥遥领先，优秀的创作成果彰显出梅州戏曲创作发展中的独特经验。

梅州是广东汉剧、客家提线木偶戏的核心流播区，在20世纪50年代后又新生了山歌剧，三个剧种形态，两古一新，附着着客家人对于历史与当下所秉持的浓郁的族群意识。艺术节上来自梅州戏曲院团所创作的四部大型舞台艺术作品，以饱满的创作热情，展现着梅州戏曲人不拘一格的创作思路。梅州市客家山歌传承保护中心创作的《白鹭村》，聚焦美丽乡村建设的时代背景，将时代转型变化的诸多因素，倾注在一对姐妹数十年的恩怨间，用人性深处的理解和宽容，表达在贫困与发展中无法泯灭的尊严和亲情。梅县区客家山歌传承保护中心创作的《春闹》，用浓郁的喜剧创作方式，通过铺设两条戏剧叙事线索，围绕两代扶贫干部矢志不渝的扶贫工作，展示着贫困与尊严激发人们改变生活的力量。而梅州市客家山歌传承保护中心、大埔县广东汉剧传承保护中心创作的音乐剧《血色三河》，展示了三河坝战役中共产党人大无畏的革命精神，以浓郁的客家文化风情，结合现代舞台艺术，共同形成对革命题材的现代表达。广东汉剧传承研究院创作的《王昭君》，张扬汉剧剧种个性，荟萃汉剧丰富的板式，以突出的传奇性表达民族团结的文化理想。

四部作品以各具特色的题材类型和各不相同的表达形式，显示了主创团队对于戏剧艺术的理性定位。在这些创作中，梅州市戏剧研究室作为一个核心的创意创作团队，以剧作家林文祥为首，团结组织了廖惠玲、李建生、陈的明、彭金灯等优秀的戏曲创作力量，在把握“客家山歌”传统表演艺术的核心要素之时，对于山歌剧这个新生剧种的定位保持着开放的、多元的创作路径。他们参与创作的这些优秀作品极大地拓展了山歌剧在当代的发展空间。悲情化的《白鹭村》、喜剧化的《春闹》，以及在艺术节期间首演舞台的山歌音乐剧《林风眠》，在收获观众热情回应的同时，也将山歌剧与时俱进的艺术创造回馈观众。这些创作针对市、县山歌戏表演团体的职能定位，对不同层级的表演团体所面对的观众群体、艺术趣味、市场预设等给予充分的评估，对剧目进行长期打磨提升，做到了一团一策、一剧一格。尤其如《白鹭村》和《春闹》，面对基层院团创作条件薄弱的困境，以有限的经费和条件，来争取艺术效益、社会效益和经济效益的最大化，两部作品各自呈现的精英意识和乡土个性，意趣迥别，显示了山歌剧在贴近民众、引领民众时的多极化发展趋向，为广东众多基层院团以自身条件创作精品力作做出了示范，也为广东戏曲通过艺术精品来聚拢民心做出了榜样。

“梅州现象”不是一届艺术节一蹴而就的成果，而是梅州客家长期以来积累形成的艺术发展规律的重要显现。特别是面对梅州山歌剧这个只有半个多世纪历史的新剧种，从20世纪80年代以来不断地推出崭新的作品，用优秀的创作成果夯实着山歌剧与梅州客家受众的联系。这种发展态势让市县级的表演院团抱团取暖，同时让不同的表演院团各有其市场份额。由林文祥主导的梅州山歌剧创作以不拘一格的开放性、多元性，不断地为山歌剧发展开拓出新的路径，《等郎妹》《桃花雨》《客魂·家风》及至《春闹》《白鹭村》等诸多作品，为山歌剧艺术精品创作打下坚实的基础。而在近年的实践中，梅州市戏剧研究室以梅州市山歌剧团为核心，不但将基层和梅州周边山歌剧表演团体团结起来，而且将创作辐射到采茶戏等客家剧种。这种立足基层的创作现象，成为戏曲成长繁荣的典型个案。

（二）江苏省戏剧文学创作院与“罗周现象”

江苏省是当前戏曲创作良性发展的重要省区。在党的十八大以来的戏曲年度发展工作中，江苏戏曲中的“盐城现象”“扬剧现象”“张家港戏曲现象等”颇引人注目。2019年7月25日，由江苏省原剧目工作室组建而成的江苏省戏剧文学创作院正式挂牌成立，主要承担剧本创作、全省戏剧创作辅导和学术研讨等职能，以省、市、县全面覆盖的创作机制，推进戏剧文学创作的水准。2020年1月13日，青年剧作家罗周被任命为江苏省戏剧文学创作院院长。在将近一年的工作中，江苏省戏剧文学创作院以卓有成效的工作成果，展示了这个机构良好的艺术定位和创作格局。

和各省戏剧创作机构一样，江苏省戏剧文学创作院以艺术形式来助力疫情防控阻击战，全年创作抗疫大戏7部、小戏8部以及戏歌10余首，同时通过微信公众号对23部优秀剧目进行公益展演，部分作品播放量高达4.2万；通过微信公众号对抗疫题材进行全国征稿，收到各类作品近百件。在这些应对时事政策的作品中，昆剧《眷江城》在全国同题材创作中脱颖而出，成为极具艺术性的力作。创作院的创作人员将创作扩展到多元的题材领域，全年创作首演越剧《凤凰台》、京剧《眷江城》、昆剧《眷江城》、锡剧《追花》、锡剧《泰伯》、昆剧《世说新语·谢公故事》等多部。由创作院青年创作者完成的京剧《梦中的婚礼》、越剧《一个陌生女人的来信》、婺剧《无名》、戏曲现代戏《雪枫卖马》、昆剧现代戏《一世方舟》以及戏曲《江汉情》《翠柏之下》《生命日记》等作品，在北京、天津、上海、陕西、深圳、西昌等地区的剧作评选中获得多个奖项。除了剧本创作之外，创作院还组织了2020年江苏省戏剧文学剧本评选和线上点评交流会，在72部作品中评出18部各类题材的获奖作品；组织了2020年江苏新剧本征选活动，共选出5部作品、5部大纲，通过专家点评指导形式来提高青年作者的创作水平。此外，组织江苏省中青年编剧剧本（大纲）改稿提高会，对12名青年作者的创作进行点评授课，有针对性地提高全省编剧队伍的创作质量。创作院还采用云课堂形式，推进第十一届（2020年度）江苏戏剧讲坛活动，并开展“《缀白裘》戏曲编剧法研究”（BRA2020028）项目的线上讲座，为全国戏剧研究者、编剧讲解古典戏曲编剧技法。这些重点工作以促进精品创作，实现了创作院“四大平台”的建设，即创作评选平台、剧本辅导平台、新媒体技术平台、剧本发表平台，其辐射力不仅为江苏戏剧文学创作有效地整合并培养出青年后进，而且将平台的影响力扩展到全国。

江苏省戏剧文学创作院的脱颖而出，与四个平台的准确定位有着密切关系，通过平台来推进编剧队伍的培养、优秀剧目的创作，不可否认的是，创作院的工作成绩与剧作家罗周带领该院进行的戏曲创作和组织相关工作，有着更加密切的关系。罗周是2011年以来崭露于当代剧坛的剧作家，旺盛的创作活力让她在十年间完成了近百部作品，其中多部在国内享有良好声誉。2020年度，罗周创作首演的作品有越剧《凤凰台》，京剧、昆剧《眷江城》，锡剧《追花》《泰伯》，昆剧《世说新语·谢公故事》6部，她以娴熟的文学笔触，根据不同的剧种风格，创作了各具特色的题材。在2020江苏紫金文化艺术节上，她的昆剧《眷江城》、越剧《凤凰台》、京剧《梅兰芳·蓄须记》、滑稽戏《苏州两公差》获得优秀剧目奖；在2020紫金京昆艺术群英会上，她的昆剧《梅兰芳·当年梅郎》《浮生六记》《世说新语》及京剧《眷江城》获得“京昆艺术紫金奖·优秀剧目奖”，昆剧《梅兰芳·当年梅郎》获“京昆艺术紫金奖·优秀编剧奖”。此外，昆剧《梅兰芳·当年梅郎》入选2020年度国家舞台艺术精品创作扶持工程重点扶持剧目、文化和旅游部“百年百部”创作计划重点扶持作品；淮海戏《孤岛夫妻哨》入选文化和旅游部“百年百部”小型作品创作计划重点扶持作品。这些作品构成了江苏省戏剧文学创作院精品创作的高度和方向。

罗周作为当前中国戏曲青年剧作家中的优秀领军者，以成熟的文学水准承担起戏曲舞台创作“一剧之本”的引领作用，与她合作的江苏省戏曲院团如张家港锡剧团、扬州市扬剧团、江苏省演艺集团昆剧院、南京市越剧团、无锡市锡剧院等，因为作品特定的文学个性而拥有了具有当代品质的舞台代表作。特别是以罗周创作为中心，吸引了著名的戏曲导演如张曼君、卢昂、徐春兰、石小梅、陈霖苍、韩剑英、童薇薇、翁国生等进行舞台合作，这让江苏戏曲创作在葆有良好的文学基础之时，形成舞台艺术多元化的风格创造，提升江苏戏曲舞台艺术精品的高度。

特别需要关注的是，罗周不仅仅为剧院团提供优秀的剧本，同时深度参与相关院团创作风格的创造。例如，江苏省演艺集团昆剧院在2005年院团改制之后，其第四代青年团队成为昆剧院的创作主力，从2016年《醉心花》开始，罗周相继有6部作品为昆剧院的施夏明、单雯等新一代名家量身打造，2020年施夏明担纲主演的四部大戏《眷江城》《梅兰芳·当年梅郎》《世说新语》《浮生六记》都出自罗周之笔。这四部作品题材各异，但都以鲜明的昆剧古典文学个性，显示了极具当代审美的现代品质。在这些创作中，罗周与江苏省演艺集团昆剧院青年艺术家群体，以及作为艺术顾问的石小梅、张弘，形成了在中国当前戏曲创作中至为难得的创作团队和创作机制，文学与表演、传承与创新、古典与现代交互推进、相得益彰的团体创作方式，保证了昆剧文化品格的当代彰显。这种稳定的机制为戏曲实现良性创作、为戏曲实现有效的代际传承、为观众打造优秀的艺术明星，提供了具有“省昆”个性的创作经验，也对罗周“新古典”昆剧的创造做出了成功的回应。

曾经在全国各省、自治区、直辖市甚至县普遍存在的“剧目工作室”，给戏曲艺术的繁荣发展提供了重要的文学保障。但是在不断的体制改革中，这一创作机制也难被普遍延续，而当前戏曲院团的编剧队伍普遍面临萎缩的局面，这无疑让戏曲创作更容易失去稳定的剧本基础。江苏省戏剧文学创作院的工作业绩，展现了创作机制在当代舞台艺术创作中不可忽略的价值，特别是在戏剧界不断地感慨“剧本荒”“人才荒”的情况下，江苏省戏剧文学创作院在2020年度的工作业绩为突破戏曲人才瓶颈提供了可供借鉴的范例。而在创作院居于领军位置的罗周，以其创作为中心的“罗周现象”凸显了优秀剧作家主导舞台创作、人才培养的重要性。

2020年度的戏曲艺术现象还比较突出地体现在上海舞台艺术创作的“一团一策”所引发的创作现象上。由上海市文化主管部门推动一戏一格、一剧一品、一团一策的发展路径，为上海剧种的代表性院团寻找自具规律的艺术道路创造了条件。该现象曾经在《2017年度中国戏曲发展研究报告》中被格外关注，不再赘述。

三、活动与交流

2020年后半年“井喷式”的戏曲展演交流活动，使年度戏曲工作得到了更大范围的释放。随着中国戏剧家协会第九次全国代表大会在北京市举行（12月14—15日），选举产生中国戏剧家协会第九届理事会理事和新一届领导机构，戏曲界的整体协作发展态势又将进入新的阶段。①

（一）全国性的艺术平台展演

文化和旅游部举办的“2020年全国舞台艺术优秀剧目网络展演”（5月15日—6月8日），共推出22部剧目，分别选自第十六届“文华大奖”获奖剧目、国家舞台艺术精品创作扶持工程扶持剧目、“黄河文化”题材优秀剧目等，其中戏曲作品10部。由中共中央宣传部、文化和旅游部主办的“2020年全国基层戏曲院团网络会演”（9月7—30日），吸引全国27个剧种、33家基层院团的33台优秀剧目积极参加。其中现代戏24台，占比73%，比较集中地展示了脱贫攻坚、建设小康社会、革命历史等主题，网络会演通过文化和旅游部门户网站进行公益惠民演出。

由文化和旅游部、江苏省人民政府主办的“2020年戏曲百戏（昆山）盛典”在江苏省昆山市举行（10月11日—11月21日），集中展示了116个戏曲剧种和木偶剧、皮影戏的126个剧目（包括19台大戏、20台折子戏组台、1场戏曲晚会）。截至2020年，中国348个剧种和木偶、皮影在昆山实现“大团圆”，形成中国戏曲界规模最大的一次演出盛况。

在近年的戏曲工作中，小剧场是面对新的观众群体而兴起的戏曲创作空间，北京、上海等地都不断地推进小剧场戏曲的创作，有效地整合戏曲创作力量，推进戏曲更加契合新观众群体的审美要求。由北京市文学艺术界联合会、北京戏剧家协会、北京天艺同歌国际文化艺术有限公司主办的“第七届当代小剧场戏曲艺术节”在北京市繁星戏剧村举行（10月21日—12月20日），本届艺术节以“渡”为关键词，展示共渡难关的信心，展演了京剧、昆曲、粤剧、滇剧、川剧、评剧6个剧种13部剧目。②由中国戏剧家协会、上海戏曲艺术中心等主办的“中国（上海）小剧场戏曲展演”，在2020年正式更

---

① 本文有关中国戏剧家协会、文化和旅游部（艺术司、非遗司等）整体推进戏曲工作的相关政策和项目，俱参见中国戏剧家协会、文化和旅游部官网，相关展演活动、评审公布时间均列于相应工作之后，除必要的出注外，其他不再出注。此外，相关地方政府文化主管部门主办的活动等，亦参考转述其官网资料数据，不再出注。本文涉及剧目评论，凡是由笔者进行的剧目评论，亦不再出注。

② 剧目包括京剧《一蓑烟雨》《西子在望》《荆轲》《老人与海》《鉴证》，滇剧《马克白夫人》，粤剧《金莲》，川剧《桂英与王魁》，昆曲《怜香伴》，评剧《染》《楚云》，京剧元素话剧《一夜一生》，京剧儿童剧《童戏社2·超级小英雄》。

名为“中国小剧场戏曲展演”，此届小剧场展演在上海市长江剧场举行（12 月 9—15 日），汇集了京剧、昆剧、越剧、滇剧、绍剧、评剧、婺剧、川剧、高甲戏、黄梅戏 10 个剧种的 12 部小剧场戏曲。①

（二）省市及跨区域的平台展演

各省的“艺术节”是检验戏曲艺术创作水准的重要平台，作为最早的省级艺术节“广东省艺术节”从 1984 年开始已经举办到第十四届。广东省文化和旅游厅主办的“第十四届广东省艺术节”在广州、珠海、佛山、惠州等地举办（11 月 20 日—12 月 6 日），分“大型舞台艺术作品评比”“小剧场作品展播”“小型舞台艺术作品评选”“大型旅游演艺评选”“十佳舞台新秀”“基层院团特邀展”“第十七届广东现代舞周”“优秀美术作品展”八大板块，从不同层面展现近三年来广东省不同艺术门类的创作水准。其中戏曲类包括 15 台参加评奖剧目②，涌现出粤剧《红头巾》这样艺术水准上佳的作品，特别是通过此次艺术节的参演剧种与剧目，可以看到广东戏曲生态在广府区、潮汕区、梅州客家区相对独立而成熟的发展态势；粤剧成功申请人类非物质文化遗产代表作十年来的全方位发展；潮剧在习近平总书记视察汕头对潮汕戏曲文化的肯定后所产生的文化自信；尤其是梅州市多年来对于市县戏曲剧种的大力扶持，带来此次艺术节备受好评的“梅州现象”。这种通过艺术节来涵养提升戏曲文化生态和创作活力的效果，在其他省级艺术节的组织推进中具有同样的体现。例如陕西省人民政府主办的“第九届陕西省艺术节”（10 月 15 日—11 月 15 日），共有 32 台剧目参评陕西省“文华奖”，其中戏曲 17 台③，同样带来对近年戏曲创新能力的检验。

众多省市主办的戏曲展演活动多呈现为跨区域、跨剧种交流形式，在相关艺术展演平台上，共同推进相关活动的主题呈现以及跨区域戏曲文化的交流。随着近年来省市戏曲展演平台规模和影响的不断扩大，上海、浙江、河南、广东、江苏、湖北等省市的戏曲展示平台，不断地显示出品牌个性，影响力也从省、市、区域不断地向全国甚至更大的空间辐射。

上海戏曲艺术中心和所属京、昆、沪、越、淮、评弹六家院团举办了“不负韶华——2020 年上海戏曲院团夏季集训展演暨‘戏·聚精典’演出季”（8 月 22—25 日），连续四天四场演出呈现了六家院团夏季集训的成果。同时，上海市演出行业协会主办“上海首届沪剧月展演”活动（8 月 18 日—9 月 20 日），来自上海市 10 家民营沪剧团的 10 部原创新编作品④参与此次展演活动。“2020 全国越剧汇演季——长三角戏曲展演月”（10 月 21 日—12 月 3 日），由上海越剧艺术传习所（上海越剧院）携手嵊州市越剧团、张家港市锡剧艺术中心、盐城市淮剧团、安徽省徽京剧院、绍兴小百花越剧团等“长三角”戏曲院团联合展演越剧《李娃传》《珍珠塔》《花中君子》《貂蝉与吕布》，锡剧《江姐》，淮剧《春月奇情》，徽剧《惊魂记》及越剧《梁山伯与祝英台》8 部大戏。

浙江省文化和旅游厅主办“2020 年浙江省传统戏曲演出季”（8—10 月），分别在杭州、宁波、温州、绍兴、金华五地联动演出，共演出 78 场，展演涵盖昆剧、京剧、越剧、婺剧、绍剧、甬剧、睦剧、瓯剧、台州乱弹、新昌调腔等多个剧种，展演剧种代表性作品。浙江省文化和旅游厅及绍兴市相关文化主管部门主办“2020 浙江省传统戏曲演出季——（中国·绍兴）第十八届越剧大展演”（9 月 5—

---

① 剧目包括评剧《染》，婺剧《无名》，高甲戏《范进中举》，越剧《一个陌生女人的来信》，绍剧《庄公的烦恼》，川剧《桂英与王魁》，黄梅戏《香如故》《浮生六记》，昆剧《草桥惊梦》《319·回首紫禁城》，滇剧《马克白夫人》，京剧《鉴证》。

② 剧目包括潮剧《绣虎》《韩江纸影人》《秘密交通站》《赠梅记》《如是传》，广东汉剧《王昭君》，粤剧《清水河畔》《红头巾》《东江传奇》《八和会馆》，山歌剧《春闹》《白鹭村》，雷剧《挖宝记》，白字戏《彭湃之母》等。

③ 剧目包括秦腔《关西夫子》《路遥的世界》《陕北往事》《李白长安行》《周原儿女》《望鲁台》《赵梦桃》《追梦》《张富清 1948》《日照云雾村》，京剧《千秋忠烈》，阿宫腔《红梢林》，线腔《金水弯弯》，晋剧《人间正道》，紫阳民歌剧《闹热村的热闹事》，汉调二黄《半云榜》，商洛花鼓《情怀》。

④ 参演剧团和剧目包括勤苑沪剧团的《银杏树下》、新东苑沪剧团的《玉兰花开》、文慧沪剧团的《心归何处》、海天沪剧团的《桃花红了》、彩芳沪剧团的《口碑》、沪林沪剧团的《人间自有真情在》、民乐沪剧团的《板桥霜》、紫华沪剧团的《华家儿女》、陇韵沪剧团的《相约梅家弄》、九瀚沪剧团的《华亭孟姜》。

30 日），在为期一个月的时间内，展演浙江小百花越剧团、浙江越剧团、杭州越剧院、绍兴小百花越剧团、温州市越剧团、绍兴越剧艺术公司、鄞州越剧团、嵊州市越剧团、诸暨市越剧团、海宁市越剧团、桐庐越剧团 11 家越剧院团的优秀精品，突出对传统经典作品的展示。

河南省文学艺术界联合会等部门主办“2020（第九届）黄河戏剧节”（11 月 30 日—12 月 23 日），共有 11 个剧种 37 台戏曲剧目[①]入围。本届黄河戏剧节采用线上线下相结合的方式举行。河南省文化和旅游厅和洛阳市人民政府主办“沿黄九省（区）暨第四届晋冀鲁豫传统戏剧展演”活动（12 月 13—30 日），邀请青海、四川、甘肃、宁夏、内蒙古、山西、陕西、山东、河北 9 个省区的 11 个传统戏剧类非遗代表性项目[②]参演。近年来以豫剧为代表的河南戏曲艺术影响力不断增强，河南作为黄河流域戏曲艺术颇为活跃的省区，通过多元的戏曲艺术活动，让河南戏曲发展呈现较为强势的推广宣传状态，而黄河流域的众多戏曲剧种也在河南艺术平台上多有交流展示，与之相关的省、自治区、直辖市也推进相关艺术平台，形成区域间、剧种间的深度交流。例如，陕西省渭南华阴市倡导成立黄河流域九省（区）传统戏曲保护联盟（6 月 13 日），黄河九省（区）代表共同签署倡议书，以此推进传统戏曲保护。再如内蒙古自治区文化和旅游厅、鄂尔多斯市人民政府主办“第三届内蒙古地方戏优秀剧目暨沿黄省区地方戏展演”（9 月 11—15 日），包括“沿黄省区地方戏特邀剧目展演”“第三届内蒙古地方戏优秀剧目展演”“康镇戏曲嘉年华”等专题活动，展示了北路梆子、豫剧、眉户、二人台、东路二人台、漫瀚剧、晋剧、评剧、蒙古剧、漫瀚调音乐剧等 24 场戏曲剧目。这些多元交流互动的展演形式，对于推进黄河流域剧种艺术发展，扩大本土剧种向外走出去的影响力，提供了更加多元的平台。

湖北省武汉市人民政府主办“第八届武汉‘戏码头’中华戏曲艺术节”（9 月 12—30 日），通过线上、线下形式，展示 10 多部优秀力作。[③]湖北省文化和旅游厅主办“第四届湖北地方戏曲艺术节暨‘颂祖国　奔小康’小戏展演”（11 月 3—23 日），全省 17 个市州和 2 个省直院团的 13 台大戏和 38 出小戏参加展演，涵盖京剧、汉剧、楚剧、荆州花鼓戏、黄梅戏、南剧、山二黄、湖北越调等 18 个戏曲剧种。这些展演活动与近年来湖北武汉“戏码头”的打造是密切相关的。中国戏剧家协会、粤港澳大湾区中华戏曲协会、香港大公文汇传媒集团主办的“首届粤港澳大湾区中国戏曲文化节”（11 月 5—9 日），通过粤港澳大湾区戏曲艺术的整合，共同呈现区域戏曲文化资源。广州市文化广电旅游局、广州市文学艺术界联合会、广州市振兴粤剧基金会主办的“第八届羊城粤剧节”（11 月 17—25 日），全面展示多元的粤剧文化，在“优秀剧目展演”板块汇集了 15 个专业院团的 21 台剧目[④]，同时在“粤剧电影展映”板块展映 20 部粤剧电影。广西壮族自治区文化和旅游厅、南宁市人民政府主办“首届中国—东盟文化艺术周戏剧展演暨第八届中国—东盟（南宁）戏剧周活动”（12 月 7—14 日），戏剧展演突出

---

① 剧目包括豫剧《樊粹庭》《重渡沟》《火种》《驻村第一书记》《锦娘》《春申君——黄浦江上》《宋桓夫人》《青石湾》《韩愈》《郾城大捷》《枣儿红了的时候》《石壕吏》《梨花归唐》《青天鉴》《槐树街的故事》《黄河边》《金凤归来》《王熙凤》《使命》《对花枪》《穆桂英大破天门阵》《五彩情》《少年甘罗》《青梅》《铡刀下的红梅》，泗州戏《哥哥莫要过河来》，淮剧《八万还乡》，二人台《山那边》，梆子戏《梆子妹妹》，曲剧《九连墩》，评剧《状元与乞丐》，越调《老兵国辉》《我是河南人》《李双喜借粮》，柳琴戏《警钟》等。

② 参演项目和剧目包括四平调《小包公》、豫剧《穆桂英挂帅》、蒲剧《洗雪铁丘坟》、甘派秦腔《潞安州》、射箭提阳戏《谷雨》、易俗社秦腔《三滴血》、互助秦腔《土族元帅》、豫剧《桃花庵》、京剧《红灯记》《霸王别姬》《借扇》、五音戏《墙头记》、二人台《打金钱》《喜上喜》。

③ 10 部剧目线上播出，包括北京京剧院《党的女儿》、天津市青年京剧团《珠帘秀》、天津评剧院《红高粱》、上海昆剧团《四大名著》、上海评弹团《赵氏孤儿》、浙江小百花越剧院《枫叶如花》、福建芳华越剧团《团圆之后》、安徽省黄梅戏剧院《雷雨》、江苏省演艺集团昆剧院《桃花扇·逢舟》、杭州越剧院《德清嫂》；现场演出包括《献礼英雄城·戏曲名家演唱会》、武汉楚剧院折子戏专场、武汉汉剧院《打金枝》、新创汉剧《黎明》、武汉京剧院《杜十娘》等。

④ 剧目包括《三法堂前并蒂花》《红色三弄》《南唐李后主》《罗门忠烈传》《马福龙卖箭》《保金与夫人》《清水河畔》《长岗坡》《抉择》《大话哪吒》《歇马秀才》《八和会馆》《冼夫人·义结良缘》《梅花翘》《谯国夫人》《东江传奇》《搜书院》和粤剧技艺展示专场《跟斗大赛》等。

中国传统戏曲、东盟各国戏剧特色，汇聚11个省份及菲律宾、新加坡、泰国、越南、印度尼西亚5个东盟国家的24个艺术团体，上演23场演出，涵盖越剧、昆剧、花鼓戏、滇剧、莆仙戏、婺剧、晋剧、粤剧等剧种的优秀剧（节）目。[①]广东省艺术研究所主办“2020粤戏越精彩·广东省地方戏曲传统折子戏展演”（12月11—13日），荟萃全省8个剧种、16个院团的名家新秀，演出18出剧目。该展演活动经过六年的打磨，已经成为广东戏曲艺术竞技提升的重要品牌项目。

此外，贵州省黔东南州文体广电旅游局、丹寨县人民政府主办“第二届传统戏剧展演”（10月19日），展现黔东南文化生态保护实验区内的多元民族剧种，如侗戏、阳戏、大戏（汉戏）、傩戏、花灯戏、彩调、桂戏等，共同展现中国戏曲的民族个性。

在近年不断崛起的省市艺术平台中，由中共江苏省委宣传部、江苏省文化和旅游厅、江苏省文学艺术界联合会主办的“紫金京昆艺术群英会”聚焦京昆艺术的传承创作，推进江苏省京昆及地方戏曲艺术的发展，在连续三届的展演评选中，推出了优秀剧目和主创人员。2020年度举办的“第三届紫金京昆艺术群英会”（11月1—30日），设置多个演出板块，涉及戏曲剧目参演的活动有：紫金文化艺术节新创舞台剧目会演，有10个剧种的16部剧目参加[②]；紫金文化艺术节优秀舞台剧目展演，涉及6个剧种8部剧目[③]；紫金文化艺术节特邀优秀剧目展演，包括安徽省黄梅戏剧院《天仙配》、浙江小百花越剧团《五女拜寿》；紫金文化艺术节“梦圆小康”主题优秀剧目基层巡演，涉及4个剧种5部剧目[④]；紫金文化艺术节艺术电影展映，涉及淮海戏《皮秀英四告》、锡剧《珍珠塔》、扬剧《衣冠风流》3部戏曲电影；紫金京昆艺术群英会参评剧目展演，包括10部京剧、昆剧剧目[⑤]；紫金京昆艺术群英会特邀优秀京昆剧目展演，包括8部京剧、昆剧剧目[⑥]；紫金京昆艺术群英会小剧场京昆戏曲展演，涉及4部京剧、昆剧剧目[⑦]。最终，本届群英会共评出7部戏曲“优秀剧目奖”，分别是昆剧《梅兰芳·当年梅郎》、京剧《眷江城》、昆剧《浮生六记》、昆剧《世说新语》、昆剧《占花魁》、京剧《陈修良》、昆剧《峥嵘》。同时，12位演员荣获“优秀表演奖”、10位青年演员获“紫金新人奖”，还有“优秀编剧奖”“优秀导演奖”“优秀音乐奖（唱腔奖）”“优秀舞美奖”等多个奖项。

江苏省戏曲展演平台是江苏省戏曲文化生态不断提升的标志之一，在戏曲文化资源较好的市县也不断地推出了较有影响的艺术平台。例如由中国戏剧家协会、张家港市人民政府主办的“第九届长江流域戏剧艺术节”（10月31日—11月15日），邀请沿江9部精品大戏[⑧]、9部优秀小剧场剧目（其中包括黄梅戏《玉天仙》1部小剧场戏曲），由此带动长江流域戏曲艺术的交流。该艺术节自2004年至今举办了9届，是中国唯一一个由县级市打造的艺术平台。再如“2020无锡寄畅园首届园林戏曲节”，

---

① 剧目包括昆曲《牡丹亭》、粤剧《风雪夜归人》、莆仙戏《踏伞行》、莆仙戏《海神妈祖》、越剧《洗心记》、越剧《梁山伯与祝英台》、婺剧《穆桂英》，以及全国戏曲精品折子戏专场、滇剧精品折子戏专场、湖南花鼓戏经典小戏专场、粤剧专场《粤韵唱新声》等。

② 剧目包括锡剧《显应桥》《惠山泥人》《一代医宗》《追梦路上》，京剧《梅兰芳·蓄须记》，泗州戏《信仰》，淮剧《首乌花开》《马家荡里唱大戏》《留守村长留守鹅》，昆剧《眷江城》，柳琴戏《桥头村的爷们》，扬剧《茶山女人》，淮海戏《孟里人家》《天下民心》，滑稽戏《苏州两公差》，越剧《凤凰台》。

③ 剧目包括梆子戏《母亲》，滑稽戏《陈奂生的吃饭问题》，昆剧《梅兰芳·当年梅郎》《青衣》，扬剧《不破之城》，锡剧《紫砂梦》《云水谣》，淮剧《小城》。

④ 剧目包括淮剧《首乌花开》《村里来了花喜鹊》，柳琴戏《矿湖情缘》，淮海戏《胖婶当官》，扬剧《李银江》。

⑤ 剧目包括京剧《眷江城》《陈修良》《幸福“158”》《梅园往事》《铁证长堤》，昆剧《梅兰芳·当年梅郎》《浮生六记》《世说新语》《占花魁》《峥嵘》。

⑥ 剧目包括国家京剧院《智取威虎山》，北京京剧院、江苏省演艺集团京剧院、杜镇杰工作室《赵氏孤儿》，天津京剧院《妈祖》，上海京剧院《将相和》，湖北省京剧院《徐九经升官记》，北方昆曲剧院《拜月亭》，上海昆剧团《玉簪记》，浙江昆剧院《风筝误》。

⑦ 剧目包括北京京剧院《惜·姣》、南京市京剧团《鉴证》、上海昆剧团《椅子》、江苏省演艺集团昆剧院《临川四梦·汤显祖》。

⑧ 剧目包括锡剧《追花》，黄梅戏《党的女儿》《红罗帕》，喜剧《阳台》，滑稽戏《王老虎抢亲》，川剧《草鞋县令》，锡剧《董存瑞》，滑稽剧《陈奂生的吃饭问题》等。

将园林、建筑与戏曲结合起来，形成戏在园中、园中有戏的创意，激发出戏曲在旅游文化格局中的发展潜力。

2020年是“徽班进京230周年”纪念、京剧列入人类非物质文化遗产代表作10周年，虽然因为疫情，相关活动有所调整或取消，但是北京西城区相关主管部门则强化了西城区的宫廷文化与民俗文化，对京剧形成具有“发祥地”的特定作用，举办一系列京剧展演推广活动。例如北京市西城区人民政府、国家京剧院主办的“2020京剧行当艺术经典剧目展演”（9月17日），按照行当艺术分五年持续打造推进，将京剧剧目展演、京剧文化推广、京剧大讲堂等活动综合推出，形成对京剧艺术全方位的公益宣传。而在北京这个戏曲艺术的国家平台上，以国家京剧院、北京京剧院为代表的剧院，依托各自的剧场和京剧文化展示空间，常年推进相关京剧展演。例如北京京剧院2020年在长安大戏院全年推进的“流派经典剧目展演”活动，面向下基层演出推动的“每周一星”的展演活动；由国家京剧院和湖北省京剧院主办，团结全国16家京剧院团推出的“京剧的夏天——全国京剧院团线上抗疫展演月”（8月8日—9月4日），都成为北京乃至全国京剧文化生态的核心依托和彰显。

（三）戏曲人才培养活动

戏曲人才培养是党的十八大以来被不断重视的戏曲工作，各省文化主管部门依托非遗保护、戏曲创作以及相关的政策机制（如名家传戏、像音像等），对于青年人才培养做了大量的工作。2020年由中共河北省委宣传部、河北省文化和旅游厅、河北广播电视台主办的“2020年河北省戏曲中青年演员推广工程”入选名单公布（6月24日），共选出39名专业人才，增补这一系列工程的人才储备。陕西省文化和旅游厅主办、陕西省戏曲研究院承办的“2020年陕西省戏曲行当展演”（9月20—25日），展演全省各院团的27部优秀武戏折子戏和丑行折子戏，有效地对居于剧种弱势的行当做了扶整。

中国戏剧家协会小梅花终审委员会公布第二十四届“中国少儿戏曲小梅花荟萃”终审结果（11月12日），其中23个节目获得传承类小梅花集体节目称号、4个节目获得联唱类小梅花集体节目称号、9个节目获得编排类小梅花集体节目称号、19个节目获得原创类小梅花集体节目称号、4个节目获得创新类小梅花集体节目称号、授予《琴缘》为器乐类小梅花集体节目称号，113名小朋友获得地方戏组“小梅花”称号、107名小朋友获得京昆组“小梅花”称号。由江苏省戏剧家协会、中共张家港市委宣传部、张家港市文体广电和旅游局联合主办的“2020年江苏省少儿戏曲小梅花展演”（11月29日），是对中国戏剧家协会“小梅花”评选工作的继续深化，进一步扩大了“小梅花”在省级戏曲界的辐射力和影响力。此次展演共评选出7个最佳集体节目、优秀集体节目，11名小选手荣获“金花”称号，16名小选手荣获“银花”称号。

由中共湖南省委宣传部、湖南省文化和旅游厅等主办的“2020年湖南省戏曲进校园全覆盖活动”（12月15日），对2020年湖南省戏曲进校园活动进行总结和展示，这对深化戏曲文化在素质教育中的作用起到了很好的促进作用。

中国京剧艺术基金会举办“第三届中国京剧之星展演”（12月23—27日），来自国家京剧院、北京京剧院、天津京剧院、上海京剧院、大连京剧院，以及上海戏剧学院的王越、田磊、张兰、张兵、周婧、张建峰、常秋月、詹磊、谭正岩、王艳、吕洋、傅希如、蓝天、凌珂、金喜全15位优秀中青年表演艺术家组成第三届中国京剧之星，这是继中国京剧艺术基金会1993年、1996年两届“中国京剧之星推荐演出”之后，为当下京剧推出领军后进的又一举措，对于推出青年京剧领军人物做了进一步探索。

（四）前辈艺术大师纪念活动

2020年对于京剧而言是一个特殊的年份，纪念京剧起源的“徽班进京230周年”，由于疫情，相关的重要活动多有推迟、取消和变化。但是京剧界对其前辈艺术大师的纪念却始终保持着，这是重要的戏曲文化传统。从年初北京京剧院常秋月演出全本《玉堂春》（1月5日）纪念京剧花旦艺术大师荀慧生、于连泉诞辰120周年，上海京剧院主办“传·麒”——纪念周信芳诞辰125周年（1月20—22

日），到年末北京京剧院推出“纪念京剧大师尚小云先生诞辰120周年京剧演唱会”（11月15日），中共石家庄市委宣传部、石家庄市文化广电和旅游局、石家庄市演艺集团主办“纪念奚啸伯先生诞辰110周年专场演出”（10月27—29日），国家京剧院主办“纪念京剧大家李金泉先生诞辰百年演唱会”（11月21日），首都博物馆和北京马连良艺术研究会主办“龙马精神海鹤姿——马连良先生诞辰120周年纪念展”（2020年12月22日—2021年5月23日）。这些对前辈的追思纪念构成了勾勒京剧艺术传统、推动京剧发展的重要方式。

其间，最重要的活动是对张君秋诞辰100周年的纪念，包括由北京京剧院作为重要主办方主办的“第三届‘梨园雅集’两岸京剧名家张派经典折子戏专场演出”（9月29日），以及由文化和旅游部等国家和北京相关主管部门主办的“纪念张君秋先生诞辰一百周年——张派经典剧目系列展演”（10月13—18日）、“秋韵华彰——京剧张（君秋）派演唱会”（10月18日）、“纪念张君秋先生诞辰100周年艺术研讨会”（11月16日）、“纪念张君秋先生诞辰100周年座谈会”（12月19日）等。

相关省市对于剧种艺术的前辈大师也多有纪念，如中共安庆市委宣传部等单位主办的“纪念黄梅戏一代宗师严凤英先生诞辰90周年纪念活动及线上音乐会”（4月13日），河南省文化和旅游厅等部门主办的“纪念杨兰春诞辰100周年”系列活动（9月16—20日），上海“纪念徐玉兰先生诞辰100周年暨交响乐《红楼梦》世界首演”（11月15日），呼和浩特民族演艺集团晋剧院主办的“纪念康翠玲先生诞辰90周年展演”活动（12月14—18日），福建省戏剧家协会、福建省梨园戏传承中心主办的“吴捷秋先生一百周年诞辰纪念活动”（12月19日）。此外，广东省繁荣粤剧基金会、广州市振兴粤剧基金会等单位主办了“‘马红华章’纪念马红艺术系列活动”，以此纪念马师曾诞辰120周年、红线女诞辰95周年、广州红豆粤剧团成立30周年等。

（五）当代戏曲名家艺术总结及其他纪念活动

2020年，相关省市推动了中国戏曲部分名家的艺术总结，如“曹汝龙湘剧艺术六十周年专场演出”（1月3日）、“魏明伦艺术生涯七十周年系列活动”（12月21—23日）、河南省艺术名家推介工程“‘俊彦英姿’——著名豫剧表演艺术家魏俊英专场晚会”（12月23日）、“湖北花鼓戏名家李春华从艺五十周年经典唱腔晚会”（12月28日）、“翠柏常青——柏青专场演出”（12月29日），等等。

2020年也有众多代表性剧院团成立的周年纪念活动，如国家京剧院建院65周年系列活动（1月1—17日），采取“以演代庆、展示成果”的方式展演18个优秀剧目，举办京剧电影工程暨中国京剧像音像工程成果展映周等。再如北京市河北梆子剧团成立60周年庆系列之线上演出季（7月10日—9月20日），中国评剧院建院65周年演出季及相关复排、原创剧目展演（7月23日—8月），四川省川剧院建院60周年庆祝仪式及川剧《变脸》展演（12月29日），等等。

2020年度戏曲界失去了一批优秀的前辈艺术家，先后离开的有马淑华（评剧）、金艳芳（越剧）、石玉昆（导演）、马骐（曲剧）、向佩玲（沪剧）、陈胜利（评剧）、王世瑶（昆剧）、王仁杰（剧作家）、张正芳（京剧）、张鸣琴（晋剧）、尚明珠（京剧）、刘世玉（川剧）、李玉成（晋剧）、李笑非（川剧）、陈真治（京剧）、潘京乐（华县皮影戏）、钱浩梁（京剧）、筱艳霞（评剧）、雷开元（秦腔）、谭元寿（京剧）、边树森（丝弦）、李元春（京剧）等。

本部分所列的相关戏曲活动，聚焦的都是戏曲艺术的传承群体和传承个人，无论是在世的，还是过世的，及时记录整理其艺术经验将是一笔宝贵的财富。当前中国戏曲艺术的整理工作远未进入理性自觉的工作状态，大量的活态艺术还没有实现文字、声像的多元化记录。戏曲界需要面对这些名家、名团，进一步思考如何将鲜活的戏曲艺术更加有效地实现经验整理、理论提升和艺术推广，否则“人去艺亡”的遗憾将是戏曲发展进程中的常态。

四、政策导向与戏曲创作

在“十三五”时期即已开始推进的国家舞台艺术精品创作扶持工程、国家艺术基金项目、戏曲振兴工程、剧本扶持工程等，在新冠肺炎疫情影响下的2020年，虽然在评审方式、评审时间等方面均有所变化，但是这些相关工作仍然按部就班地推进。作为推进中国戏曲工作的重要主管部门，文化和旅游部艺术司整体推进着包括348个剧种在内的戏曲工作。

在2020年度国家舞台艺术精品创作扶持工程评审中（6月10日），共有25部优秀作品列入2020年度全国舞台艺术重点创作剧目名录，其中戏曲作品有12部入选，包括山东省吕剧艺术保护传承中心（山东省吕剧院）的《一号村台》、北京市河北梆子剧团有限责任公司的《人民英雄纪念碑》、江苏省淮剧团的《小城》、国家京剧院的《延安往事》、重庆市川剧院的《江姐》、晋城市上党梆子剧院有限公司的《沁岭花开》、四川艺术职业学院的《草鞋县令》、重庆市京剧团有限责任公司的《秦良玉》、江苏省演艺集团昆剧院的《梅兰芳·当年梅郎》、广西壮族自治区戏剧院彩调剧的《新刘三姐》、广东粤剧院及广州粤剧院的《谯国夫人》、福建省莆仙戏剧院有限公司的《踏伞行》。其中，《一号村台》《人民英雄纪念碑》《梅兰芳·当年梅郎》《新刘三姐》《踏伞行》5部作品列入2020年度国家舞台艺术精品创作扶持工程重点扶持剧目。

在2020年度“中华优秀传统艺术传承发展计划”戏曲专项扶持项目入选名单（7月13日）中，包括了100名戏曲名家的“名家传戏”项目，广泛涉及京剧、昆曲、评剧、河北梆子、唐剧、保定老调、平调落子、蒲剧、晋剧、北路梆子、东路二人台、吉剧、沪剧、越剧、锡剧、调腔、黄梅戏、徽剧、庐剧、闽剧、莆仙戏、赣剧、赣南采茶戏、萍乡采茶戏、吕剧、柳子戏、柳琴戏、豫剧、河南曲剧、越调、楚剧、汉剧、荆门花鼓戏、阳新采茶戏、长沙花鼓戏、湘剧、梅州山歌剧、壮剧、桂剧、琼剧、川剧、梁山灯戏、四川藏戏、云南花灯、滇剧、西藏藏戏、秦腔、眉户、碗碗腔、汉调桄桄、陇剧、黄南藏戏等50余个剧种。通过名家传戏，将具有传承表演能力的剧种代表性艺术家的代表剧目，以一对二的方式，有效地传承给青年后继者。

在2020年度剧本扶持工程评审中（9月3日），总计有10部小戏和12部大戏入选。其中，《眷江城》（罗周）、《画网巾》（戴先良）、《一个人的长征》（盛和煜）、《瓷·心》（颜全毅）、《殷商妇好传》（姚金成）、《新刘三姐（修改版）》（常剑钧）、《香飘白果岭》（贾璐）、《下陈州》（张正贵）8部戏曲作品入选大戏组。

在国家艺术基金2020年度大型舞台剧和作品滚动资助项目评审中（12月24日），总计有17部舞台剧获得滚动资助，其中戏曲7项，包括沪剧《敦煌女儿》、川剧《江姐》、歌仔戏《侨批》、京剧《文明太后》及《北平无战事》、锡剧《大风歌》、皮影戏《人鱼姑娘》。

而在2020年度引起广泛关注和参与的，则是“百年百部”重点作品的推荐遴选。根据《文化和旅游部办公厅关于印发〈“庆祝中国共产党成立100周年舞台艺术精品创作工程”工作方案〉的通知》（办艺发〔2020〕78号）以及最终作品名单（10月30日），“百年百部”重点作品包括了100部创作计划重点扶持作品（其中戏曲作品29部）①、100部传统精品复排计划重点扶持作品（其中戏曲作品45

① 戏曲作品包括赣南采茶戏《一个人的长征》、吕剧《一号村台》《大河开凌》、京剧《七个月零四天》《文明太后》《红军故事》《李大钊》、河北梆子《人民英雄纪念碑》、黔剧《天渠》、闽剧《生命》、壮剧《百色起义》、藏戏《次仁拉姆》、川剧《江姐》《草鞋县令》、昆曲《红色娘子军》《梅兰芳·当年梅郎》、琼剧《红旗不倒》、滑稽戏《陈奂生的吃饭问题》、黄梅戏《青春作伴》《蝶恋花》、苏剧《园鼎魂》、荆州花鼓戏《河西村的故事》、评剧《革命家庭》、豫剧《重渡沟》、婺剧《信仰的味道》、长沙花鼓戏《桃花烟雨》、沪剧《敦煌女儿》、彩调剧《新刘三姐》、莆仙戏《踏伞行》。

部）①、100部小型作品创作计划重点扶持作品（其中戏曲作品24部）②，由此组成2021年“庆祝中国共产党成立100周年舞台艺术精品创作工程”重点扶持作品名单。三个名单中，传统精品复排计划包括了70年来整理创作的传统经典剧目，同时包括了近年来在国家舞台艺术展演平台上新创作演出和获奖的剧目；另外两个名单则在近年新创作成果之外，包括了在2021年之前投排的作品。各省、自治区、直辖市在申报“百年百部”重点扶持作品时，对于“百年百部”的理解，更多地贴近中国共产党建党百年的特殊节点，因此，三个名单中近百部戏曲作品整体呈现出对建党100周年现实题材的艺术回应，奠定了2021年戏曲艺术展演的整体风貌。

2020年度全国戏曲创作整体上强化了主题创作对于时代政策的紧密回应，在国家舞台艺术的多个展示平台上，基本上都能够看到抗疫主题、脱贫攻坚主题、建党百年主题、决胜全面小康主题、乡村振兴主题等相关的剧目。需要提出的是，主题创作往往限于政策时限，在艺术上还存在更大的提升空间，而在思想主题的表达上则容易流于简单直接，尤其是积累打磨的时间有限，在观众中的接受度亦显得有限。但其中还是涌现了跨区域演出中具有良好口碑的优秀作品。

江苏省演艺集团昆剧院创作演出的昆剧《眷江城》，是众多抗疫题材作品中最为成功的一部。该剧从普通视野透视抗疫工作中的牺牲、付出及温情，通过普通人的“瞒”，将走上抗疫战场的医生、奋战在抗疫报道一线的新闻工作者、为抗疫工作配送盒饭的母亲，以及社区工作人员、快递小哥等普通个体真切地展示在舞台上，用母子亲情、男女爱情、普通群众仁厚之深情，对疫情下人生百态做了清晰的点染。剧作用感人的艺术创造将2020年艰苦卓绝的中国抗疫工作定格在诗化的歌舞表达中，做到了为时代画像、为时代立传、为时代明德的社会担当。该剧最为突出的艺术成就在于保持了昆剧的艺术本体规范，用传统昆剧表达手段来展现现实生活，用舞台意象来塑造艺术形象。例如舞台语言保持了传统韵白，舞台形象放弃了对佩戴口罩等生活的真实再现，对现实题材创作如何真正保持“现实性”、如何保持戏曲特有的“剧诗”，做了很好的艺术回应。

广西戏剧院创作演出的彩调剧《新刘三姐》，聚焦扶贫主题、建设美丽家园主题、新农村主题等政策性命题，虽然也不乏这类主题创作中不可避免的艺术弊病，但突出地把握住了剧诗与音乐的民间表达。剧作家常剑钧用娴熟的山歌体形式，淋漓尽致地铺排出当代广西人的情感韵律和观念节奏，将诗一样的吟唱贯穿在“诗在身旁，何必远方”的艺术立意中，标榜生命主体意志，表达对乡土文明的呼唤，这无疑成为当前农村题材领域中最具诗性美感的戏曲文学。同时，该剧将原生态民歌、传统彩调音乐、流行歌曲作为音乐性格的多重表达，用彼此的交织对话来呈现人物关系的推进与艺术形象的塑造。这种诉诸音乐本体的表达方式成为戏剧叙事的重要手段，拓展出了与文学并行的舞台面貌，同样规避了现实题材创作“写实性”的艺术俗套，形成令人印象深刻的舞台表达，也回应了《刘三姐》经典的音乐文学风格，使观众耳熟能详的艺术映象流淌在这部新创作品最浪漫的彩调剧歌唱中。

---

① 戏曲作品包括昆剧《十五贯》、皮影戏《人鱼姑娘》、赣南采茶戏《八子参军》、京剧《大漠苏武》、豫剧《大漠胡杨》、淮剧《小镇》、粤剧《山乡风云》、黄梅戏《女驸马》、秦腔《王贵与李香香》、黄梅戏《天仙配》、越剧《五女拜寿》、藏戏《文成公主》、木偶戏《火焰山》、川剧《巴山秀才》、评剧《母亲》、花鼓戏《老表轶事》、京剧《在路上》、彩调歌舞剧《刘三姐》、绍剧《孙悟空三打白骨精》、京剧《红灯记》、评剧《红高粱》、秦腔（公布名单被写作“地方戏”）《花儿声声》、湘剧《李贞回乡》、河北梆子《李保国》、京剧《杨门女将》、京剧《杨靖宇》、高甲戏《连升三级》、眉户《迟开的玫瑰》、京剧《画龙点睛》、京剧《奇女无容》、京剧《奇袭白虎团》、河北梆子《宝莲灯》、陇剧《官鹅情歌》、京剧《秦香莲》、吉剧《桃李梅》、京剧《党的女儿》、京剧《徐九经升官记》、黔剧《奢香夫人》、白剧《望夫云》、梨园戏《董生与李氏》、豫剧《朝阳沟》、豫剧《程婴救孤》、晋剧《傅山进京》、豫剧《焦裕禄》、藏戏《意卓拉姆》。

② 戏曲作品包括木偶戏《大禹治水》、满族新城戏《小英雄那雨芽儿》、黄梅戏《天网》、泗州戏《欠条》、川剧《火塘》、湖北越调《生死一票》、花鼓戏《存款风波》、河北梆子《年关》、孝义木偶戏《红军娃》、柳子戏《村长就是一根筋》、京剧戏歌《祈盼》、淮海戏《孤岛夫妻哨》、白剧《挂窗帘》、京剧《天使的容颜》、京剧《信仰的味道》、采茶戏《送郎歌》、京剧《特别考试》、粤剧《家访》、山东梆子《悠悠芳草情》、吉剧《献爱火神山》、京剧《解放日》、评剧《滦河水潺潺》、邵阳花鼓戏《蜜桔红了》、木偶剧《鹤鸣》。

伴随着2020年相关的展演活动和剧院团对创作主题的选择视野的拓宽，众多戏曲院团在普遍投入主题创作之时，发现独特的时代主题，诉诸精良的艺术表达，用成熟的艺术表现手法来扩展剧种艺术品质，优秀的戏曲创作脱颖而出，不乏其例。

广东省粤剧院创作的粤剧《红头巾》，在广东省艺术节上获得剧目大奖，是代表当前戏曲创作高度的优秀力作。该剧展示的“红头巾”是沉潜于近代广东三水民间的一批女性群体，在下南洋的历史背景下，这批群体作为海外华人华侨的代表，扎根异域，以自身的人性之美获得域外社会的认同，成为中华民族被国际尊重的民族形象典型，成为体现中国形象、中国声音、中国精神的社会群体。主创者找到了岭南独特的侨乡文化，发现了足以彰显民族思想的人文载体，大量使用岭南民间音乐元素，渲染出“红头巾”流淌在身心的诗性美，让华人世代怀乡恋土的生命风范得到彻底的释放。剧作立足群体形象塑造，创造了带好、惠姐、阿月、阿丽等鲜明的形象类型，传达出民族共通的自强自立的生命意志和精神诉求。剧作通过过海、冥婚、碧山亭等场面完成了这个群体的生命转化，尤其是“冥婚”一段的舞台表演，充分聚焦时空交错的心灵感通，将异域同心、同情共命的特定精神状态做了淋漓尽致的挥洒，可谓张曼君导演在技术手段运用和艺术观念表达上的出神入化之作。该剧在获得剧目大奖时，同时还获得编剧、导演、表演、音乐、舞美、灯光6个单项奖，正显示出该剧综合性的舞台创作成绩。

南京市越剧团创作的《凤凰台》，以李白的诗歌《登金陵凤凰台》作为戏剧缘起，以南京被评为首个世界“文学之都”作为现实关怀，从盛唐南京对于诗仙李白的情感承载，展现李白与灵魂伴侣玉真公主、最后一任妻子宗小玉的爱情传奇，通过她们情致各别的生命呼应，将李白诗歌中的大爱、大唐盛世的浪漫、历史际遇中的永恒，淋漓尽致地在诗化的歌咏哀叹中展现出来。全剧延续了罗周惯常使用的“四折一楔子”的古典戏曲结构形式，巧妙地将三个主要人物基于身份、情感、心灵的相契与背离，独辟蹊径地贯穿在“追舟”“断水”“三登”“三别”等艺术场面中，形成瑰丽奇绝的叙事结构，即如理论家马也所说：“三个人物故事的背后表现的是大唐文化辉煌强盛的生命力，显现的是人的高贵精神以及这种精神的强大震撼力和感染力。那是一个虽然远去但确实存在过的中国故事：飞扬生猛、荡气回肠、气象宏大。”[①]该剧为古典与现代交融的越剧艺术品格，增加了浪漫的诗情画意。

无锡市锡剧院创作的《泰伯》是罗周新古典历史剧创作的又一部力作。该剧将3000年前的“泰伯”经过精妙的戏剧结构和情节编织，以饱满的形象质感活现在当代中国文化视野中。剧作将泰伯面对权谋、私欲、暴虐、杀戮时的忠、孝、智、勇，延展成他以家国为重、以百姓为重、以四海天下为重的精神高度。剧中刻意提出并渲染的泰伯、姬昌的“让”，是存在于他们心目中的家国蓝图，他们彼此之间的“让”，让出了历史担当，让出了生命境界，让出了民心向背，也让出了彼此携手、正视外侮、缔造盛世的文化理想。全剧紧扣人性的复杂和变化，将泰伯放置在由权力、欲望盘根错节而成的政治局面和个人选择间，形成强大的戏剧冲突，在人际关系的推移中，完成泰伯面对种种事件时的精神流露。那种洋溢在人物风骨中的大仁、大爱、大智、大勇、大忠、大孝，成了历史兴替中最重要的精神指标，也是今天中国文化为人类文明发展、世界多元和平所开辟出的一条精神路径。在该剧二度创作中，总导演张曼君和导演李慧琴用娴熟的戏曲传统技法和现代追求，为形象在舞台上的鲜活灵动做出诸多创新，呈现出张曼君用惯常的生命表达、剧诗表达游走于历史剧与现代戏之间的自由状态。

当前众多青年艺术创作者广泛参与相关省、自治区、直辖市戏曲院团的主题创作，在极具挑战性的题材表达中，不断地丰富着自己的艺术积累。他们具有时代性的艺术发现，往往在“小剧场”的创作空间中得到更充分的张扬，由此让古老的戏曲焕发新鲜的时代品位，这也是以青年创作主体为主的剧场空间能够吸引众多资深戏曲创作者的魅力所在。在2020年度南北小剧场展演剧目中，《马克白夫人》《鉴证》《金莲》是艺术品相上佳的作品。

---

① 马也：《诗的力量》，《文艺报》2020年9月30日。

玉溪市滇剧院出品、徐棻编剧、曹平导演的《马克白夫人》，在只有43分钟的演出长度中，用“马克白夫人”一个人的心灵悸动，细腻地展现了莎士比亚戏剧整部《麦克白》的情节内容。从莎士比亚到徐棻，从川剧田蔓莎、陈巧茹到滇剧冯咏梅，让世界经典名作实现了女性化视角的再现，实现了中国戏曲的民族化表达，实现了从川剧化到滇剧化的演绎，也实现了演员个性化的表演。全剧把人物动机、故事情节集中到了马克白夫人这个女性身上，她在权力、欲望、虚荣的引诱下，走出现实的边界，走进了人性沉沦的旋涡，最后走向自私、杀戮、毁灭，随意识流的展开，将人性的异化与良知的对抗在马克白夫人一个人的精神世界里环环推进。剧作中的音乐铺排、锣鼓节奏和伴唱帮和，托显出更加丰富的心理空间，也让演员表演体现出更加独立的剧种个性，这正是冯咏梅表演的滇剧《马克白夫人》独具剧种个性的所在。

南京市京剧团出品、李卓群编导的《鉴证》，聚焦历史悬案“光绪之死”，在今天回望百年之前的末世宫廷，突出当代人对于历史真相的发现与演绎，自然呈现出历史本身的传奇性、戏剧性和今天观照时的趣味性。一部历史剧也就成了当代人的心理剧。剧作中的光绪、慈禧、隆裕、袁世凯、李连英，以及隐藏在主人公意识间的珍妃、环绕在主人公生活中的黑衣人，共同组成了一个风雨飘摇的王朝最后的宫廷印象。家与国、兴与亡、新与旧、生与死、真与幻，都在光绪之死前几天的心路历程中得到展现。该剧始终保持戏曲韵律节奏，饱富戏曲音乐质感，以一桌二椅为基本构成的舞美，对京剧传统手段进行了现代拓展。

广东省粤剧院出品、陈云升编剧、胡家伟导演的《金莲》，虽然定位在耳熟能详的水浒故事背景，也标定了这个“金莲”引诱小叔、移情别恋、谋杀亲夫的情缘设定，但只选取她情感悸动一瞬时的人性纯粹，只聚焦在她为奴而淹煎于人格被张大户污损的被动，以及为妇而沉浸在情感无法主宰的被动，由此被尊重与理解时升起的片刻感动，成就了她放任神思追逐真实情感的自由。由金莲内心一点中开掘出她的一份真实，由金莲行动中一点开掘出她的一份纯情，这已然与以前的潘金莲有了截然不同的形象质感。蒋文端对形象的艺术诠释，弥补了戏剧结构存在着的凌乱、戏剧文学还未深入触及的情感幽微，而李伟骢一人三角的符号化形象，借形体、语言和气质的瞬间变化让符号具有了更多的意蕴。年轻团队，正是粤剧活力的承载，虽有这样那样的观众挑剔，但自传统里走出来，反观传统而让粤剧走向时尚，这是年轻的创作者最宝贵的艺术态度。

相比于戏曲在历史剧、现实题材领域的新创，近年来传统剧目的整理改编、优秀新创作品的复排，多在“青春版”的时尚标榜、戏曲传承的政策范畴等方式下推进。例如北京京剧院复排《凤鸣关·天水关》、北京市河北梆子剧院推出“青春版”《美狄亚》、广东省潮剧院改编排演《绣虎》、仙游县莆仙戏鲤声艺术传承保护中心复排全本《目连救母》等，但这类创作在戏曲剧目题材领域中尚显不足。用来养护观众、维持生态的经典保留剧目，往往是戏曲院团进校园、下社区、走基层的基本内容，如何拓展传统保留剧目的库存，如何让曾经的经典力作实现再创造、再提升，这是当前戏曲界应该高度重视的内容。

由甘肃省定西市人民政府主办，甘肃省文化艺术研究所、定西市文体广电和旅游局等承办的“国家级非遗项目秦腔甘肃派濒危剧目传承展演”（9月26—28日），将能够彰显甘肃秦腔个性的传统剧目挖掘复排，显示了甘肃秦腔在传承和整理传统的阶段性成果，探索出将戏曲文献整理研究转化成艺术院团舞台艺术成果的剧目创作路径。该项展演活动包括秦腔甘肃派濒危剧目《潞安州》（全本）、《黄金台》（全本）及失传折子戏专场。复排整理的《潞安州》，通过强烈鲜明的民族对垒，始终保存着对英雄、勇敢、牺牲、生命的尊重与理解，这是戏曲在传统高台教化中被赋予的最深沉的思想内涵。《黄金台》则将春秋战国时期的滑王杀子、田单救主、乐毅伐齐、太子回朝等故事细腻地呈现出来，形成开放变化的叙述空间。特别是该剧以田法章的命运为主线，以一人而引出群戏，以行当齐全、文武兼备、唱做并重的艺术品相，完整地再现甘肃秦腔的独特风格。此次展演由定西铁堂演艺有限公司作为传承挖掘的协办单位，用饱满的舞台再现，实现传统在今天的再转化、再创造、再发展，这样的创作思路对于涵养戏曲文化生态极有裨益。

北京市曲剧团首演于1980年的《珍妃泪》，曾经创下了连续演出300余场的轰动效应，并被拍摄成电影发行全国。该剧以戊戌变法作为背景，展现在变法前后的宫廷斗争，以鲜明的人物个性，突出地塑造了珍妃、光绪、慈禧等形象，把历史演义中的帝党和后党之争作为历史发展的主线，作为总结历史经验和发展规律的核心内容，显示了在列强环伺的时局里保守的清廷走向没落的必然性。该剧巧妙地将前朝政治斗争，聚焦在后朝的家庭伦理中，在帝王家庭关系中反映时代社会变迁的艺术笔法，把握住了戏曲创造人物形象的艺术根本，同时以浓郁的剧种风格和单弦牌子曲说唱，诠释了题材所具有的文化属性。该剧经过40年、几代艺术家的演绎，被北京曲剧团新一代青年艺术家复排整理，以“青春版”的舞台面貌，展现了新一代北京曲剧传承者对剧种艺术品位的精准传承和与时再造，让40年前的新创作品焕发出浓郁的经典品质。这对于改革开放以来戏曲新创经典的恢复和持续打磨，做出了很好的示范。

五、研究与学术

2020年是中国戏曲学院建院70周年，从1950年中央人民政府文化部戏曲实验学校至今的发展历程中，中国戏曲学院向全国戏曲界输送了一批又一批的年轻力量。这种连绵不绝的现代教育给中国戏曲提供了充满活力的人才队伍，提供了由艺术而学术的科研力量，提供了属于中国戏曲民族化的艺术体系和理论体系。文化和旅游部科技教育司通报表扬“百名优秀戏曲专业专兼职教师”①，正是对数十年来致力于中国戏曲职业教育的尊重和礼敬，这也是对习近平总书记给戏曲界回信的切实回应。事实上，在戏曲职业教育之外，戏曲理论研究一直是戏曲发展不可缺少的工作组成，在当前的戏曲研究领域，仍然有大量的科研人员投身其中，用史论研究的成果推进、推动着中国戏曲艺术体系和理论体系的建设。

在2020年度国家社科基金艺术学重大项目公布的28个立项项目中（7月21日），中国戏曲学院曹林的“新中国舞台美术发展研究”（项目编号：20ZD22）、浙江传媒学院伏涤修的“中国戏曲历史题材创作研究”（20ZD23）两项入选。前者涉及的“舞台美术”是戏曲艺术创作不可或缺的组成部分，但同时也是理论研究的弱项；后者涉及的“戏曲历史题材”是70年来戏曲创作的重要领域，尤其今天的创作急需理论总结。两个重大项目对于活态戏曲的创作具有很强的现实针对性。

在2020年度国家社科基金艺术学项目公布的215项立项名单（12月25日）中，重点项目14项，其中戏曲类1项，为浙江旅游职业学院蒋中崎的“浙江当代戏曲史”（项目编号：20AB002）。这是对此前艺术学重大项目推进的“新中国70年戏曲史”项目的延续，对于特定省、自治区、直辖市当代戏曲发展进行历史学意义的建构。

公布一般项目145项，其中戏曲类10项，包括天津师范大学张辰鸿的“阿甲戏曲文献整理与戏曲美学建构研究”（项目编号：20BB020）、苏州科技大学鲍开恺的“工尺谱与昆曲传承”（项目编号：20BB021）、大连大学高日晖的“近代以来地方水浒戏文献整理与研究”（项目编号：20BB022）、盐城师范学院孙晓东的“淮剧史料的整理、研究及数据库建设”（项目编号：20BB024）、河南大学李玉昆的“当代豫剧表演艺术发展研究”（项目编号：20BB025）、东北师范大学史册的“东北地方戏曲文献文物研究”（项目编号：20BB026）、常熟理工学院任丽红的“昆曲戏衣传统制作技艺的保护传承与创新设计研究”（项目编号：20BB027）、武汉大学黄蓓的“20世纪戏曲艺术形态演进史”（项目编号：20BB029）、山西师范大学孔美艳的“中国民间传统丧礼与演剧关系研究”（项目编号：20BB031）、吉林艺术学院王俊杰的“中华优秀传统文化传承的纪录片创新研究”（项目编号：20BC041）。这10个项目除了对当代豫剧表演艺术、昆曲戏衣制作技艺，以及包括戏曲在内的传统文化纪录片的研究外，其

① 参见科技教育司《关于通报表扬百名优秀戏曲专业专兼职教师名单的公示》，2020年12月25日，文化和旅游部官网（http://zwgk.mct.gov.cn/zfxxgkml/kjjy/202012/t20201228_920222.html）。

他普遍以基础性的史料研究为主，展示出较为浓郁的具有文献学意义的学术研究路径。

公布青年项目35项，其中戏曲类5项，包括郑州航空工业管理学院杨志敏的“黄河流域道情戏传承研究”（项目编号：20CB163）、中国传媒大学刘汭屿的“晚清民国京剧现代化研究”（项目编号：20CB164）、中国艺术研究院王静波的“南方歌舞小戏的形态发生与谱系分类研究”（项目编号：20CB165）、山东大学冯伟的“19世纪中叶以来中国戏曲表演美学对欧美戏剧观念的影响研究”（项目编号：20CB166）、中国文联电影艺术中心张雨蒙的“身体影像溯源——论京剧对当代动作电影的美学影响”（项目编号：20CC169）。这5个项目普遍关注的是现存活态艺术的理论，以及戏曲艺术跨媒体的影响，这无疑强化了新方法在戏曲史论研究中的作用。

此外公布西部项目20项，其中戏曲类1项，即陕西省艺术研究院柳茵的“陕西地方戏未刊抄本的整理与研究——以陕西省艺术研究院藏抄本为中心”（项目编号：20EB196）。该项目虽然以陕西戏曲研究院保存的老抄本作为研究对象，却体现出对戏曲舞台艺术的深度把握，对如何活化剧院团的戏曲文献、引领戏曲院团当代创作，具有示范性的作用和价值。

从2020年度国家社科基金艺术学相关项目来看，当前戏曲研究虽然侧重史、论两个主要领域，但是仍然能够看到理论研究者对于活态戏曲、舞台艺术的研究明显不足。尤其是面对中国戏曲艺术随着一代代的艺术家群体进入传承体系，而新一代领军艺术家群体还尚未引领戏曲实践的时候，当前最需要对进入传承体系的艺术家、艺术团体以及依托于剧目的戏曲艺术，进行必要的挖掘、记录、整理和研究。特别是随着大量的艺术家从艺周年纪念工作的推进，戏曲理论学者更需要积极地对其人、其艺进行及时聚焦，用理论来回应存在于艺术家身上的活态艺术。而随着艺术家的离世出现人去艺亡的状况时，理论研究的缺失实际成为戏曲界缅怀这些艺术家时的最大遗憾。对2020年去世的众多艺术名家，已进行经验总结、理论研究者是极少的，即便如戏曲界推崇的导演石玉昆、剧作家王仁杰、艺术家钱浩梁和谭元寿等，关于其艺术的整理和研究几乎是空白的。应该说，艺术学视野中的戏曲史论研究，仍然需要长时间地投入对戏曲表演、戏曲舞台、戏曲活态的广泛涉及和深度研究。

2020年由中国艺术研究院主办的“张庚戏曲学术提名”活动，旨在继承张庚对于民族化的戏曲理论体系的研究传统，在理论联系实际的学术方法指导下，通过专家委员会的推荐，将年度内具有学术研究价值的理论研究成果、戏曲新创作品和有突出成就的戏曲主创者，进行遴选推荐。该活动立足学术总结、学术研究、学术评价，强调推荐的独立性、学术性、权威性，以荐代评，以研促艺，力图更好地推动中国戏曲的长效发展。此次针对2019年度的戏曲工作，推荐出了理论著作类1项，即《粤剧表演艺术大全（做打卷）》；创作实践类7项，包括闽剧《生命》、评剧《新亭泪》、昆剧《梅兰芳·当年梅郎》的剧目创作，以及张曼君导演艺术、谢涛晋剧须生表演艺术、朱绍玉戏曲音乐创作、罗周编剧艺术。这一提名推荐为艺术学视角下的“戏曲”研究提供了切实的导向。如《粤剧表演艺术大全（做打卷）》会集了海内外粤剧界老中青三代传承者，及时地整理粤剧艺术遗存，在理论总结过程中，实现粤剧艺术的代际传承。这一学术工程以更加立体的文献形态，让传之于身心的粤剧艺术传统被充分地记录整理出来，对中国大量戏曲剧种艺术的整理研究做出了示范。而三部作品的创作，立足于多元的题材领域，遴选年度具有影响力的新创作品，通过对主创人员创作经验的总结和揭示，让学术切实地了解、把握戏曲创作规律，既在宣传优秀精品力作，也在及时完成对于当前戏曲艺术创作的经验总结。提名中的四名主创人员，涉及编、导、演、音领域，在这些艺术家仍处于创作高峰的时候，及时地以学术进行整体观照，以推动艺术家们对自己创作经验法则的理论总结。

此次推荐出的8个项目在中国艺术研究院戏曲研究平台上，通过线上、线下讲座进行总结，同时将讲座交流整理成文字，实现艺术推广和学术共享。显然，主办方更希望通过“张庚戏曲学术提名”，提醒并引领戏曲学术界进一步珍视活态的戏曲艺术，让更多的研究者、爱好者树立起对于戏曲艺术的自觉维护和学术探索意识。

戏曲批评是近年来活态戏曲艺术研究的重要领域，以剧目、演出等为对象的戏曲批评是进入当代戏曲研究的重要方式。在当前加强文艺评论的工作推进中，戏曲批评还面临着诸多掣肘因素，还不能很好地对当前创作进行全面、及时、准确、敏锐的回应和引导，其中最重要的因素是戏曲理论学者、戏曲批评者对于戏曲艺术还存在隔膜，特别是对戏曲创作要素、戏曲舞台艺术把握还缺少了解和研究。吕育忠的《把提高艺术质量作为戏曲创作的生命线》[①]一文发表后，被多家刊物转载，微信公众号推文也被广泛关注，重要的原因在于该文提到的戏曲创作问题均来自作者对于舞台艺术现状的谙熟与发现。这进一步提醒戏曲研究界应该在方法上契合戏曲艺术自身的规律和要求。这应该是戏曲学术研究重要的领域。

特别是随着非物质文化遗产保护工作的持续开展，大量的戏曲艺术遗产随着记录、整理人员的培养而被发掘出来。例如由国家图书馆中国记忆项目中心、湖北省非物质文化遗产保护中心、华中师范大学非物质文化遗产研究中心举办的“国家级非物质文化遗产代表性传承人记录工作执行团队培训班”（12 月 2 日），对来自全国各地的非遗保护中心及传承人记录团队工作人员进行培训，这是国家级非遗传承人抢救记录工作的重要内容，其目的即在于为未来该项工作的改进、升华培养学术人才。再如由广东省文化和旅游厅主办的“2020 粤港澳粤剧保护成果总结大会”（12 月 27 日），深入总结了粤剧列入人类非物质文化遗产代表作以来的 10 年间，在制度保障、记录保存、艺术创作、演出交流、人才培养、设施建设、传播推广和理论研究等方面取得的成绩。而这些工作成就实际上让粤剧文化遗产得到了更加深入而广泛的呈现，这为粤剧剧种文化的深度拓展提供了条件。因此，在戏曲艺术领域不断拓宽、戏曲人才不断培养的基础上，戏曲艺术研究的空间更加广阔，戏曲理论研究和艺术批评正成为可以持续增长的学术亮点。

六、趋势与对策

2020 年对于中国戏曲而言，是充满生存“危机”和发展“契机”的一年。新冠肺炎疫情所带来的突如其来的冲击，让人们看到了戏曲生存、发展和保护的脆弱。尤其是面对新冠肺炎疫情带来的营业困顿，不同体制机制下的戏曲院团面临各不相同的生存格局，艺术传承和创作也各有定位。

山西戏剧网在 3 月 31 日—4 月 6 日开展了新冠肺炎疫情对山西戏剧工作者从业影响情况的问卷调查，其公布的调查报告显示，截至 4 月 6 日，山西省戏剧从业人员 78.1% 未复工，受疫情影响失业率为 15.7%；82.9% 的薪酬延迟或取消发放，收入降幅超过 90% 的占比 66.9%；77.4% 的人对复工复产急切渴望，在接受调查的戏剧从业人员中，民间戏剧力量受到的影响更大。[②]问卷调查从一个侧面显示出传统剧场仍然是戏曲生存发展的重要阵地，但是如何让这个艺术阵地的建设更加完善是戏曲界面临的重要问题。

2020 年 12 月 9 日，“第 32 届粤西（茂名）订戏会暨粤剧艺术展演”在广东省茂名市举行。这个行之有年的传统活动是粤剧艺术院团与岭南地区基层保持市场常态化的纽带，也是粤剧数百年来立足于城乡商业空间而形成的营业传统。在粤剧列入人类非物质文化遗产 10 年的诸多保护成就中，“订戏会”长期稳定的举办实际成为粤剧文化生态发展的晴雨表。在疫情威胁依然存在的情况下，“订戏会”有 83 家文艺团体报名参展，7 场线上惠民直播演出也进一步提升了“订戏会”的影响力，最终签订的演出意向书达到 365 份 1336 场，演出金额共计 1836 万元。就这个个案而言，兼容了传统和时尚的市场是戏曲发展必须具备的条件。疫情期间出现了众多的戏曲展演，在面对“公益”“免费”“社会效益”等概念与实践后，我们更需要理性地面对生存所需要的经济效益、市场需求，甚至更需要借助“线上”“云端”等时代媒介诉求，增强戏曲在文化市场中的“获得感”。

2020 年 6 月 30 日，中央全面深化改革委员会第十四次会议审议通过了《关于深化国有文艺院团

① 吕育忠：《把提高艺术质量作为戏曲创作的生命线》，《艺术评论》2019 年第 12 期。

② 参见晋戏宣《新冠疫情对山西戏剧工作者从业影响调查报告》，2020 年 5 月 30 日，山西戏剧网（http://www.chnjinju.com/m/view.php？ aid=12305）。

改革的实施意见》，强调对于文艺院团要“坚持分类指导，以演出为中心环节，激发国有文艺院团生机活力”。秉持分类指导，面对不同的剧种艺术、不同体制的剧院团体，以“分类”来寻找其发展途径，确立其生存策略，最终实现利好政策对于戏曲的指导及对戏曲人的利益均沾。文艺院团改革需要尊重戏曲从业者的职业认同感、市场获得感、时尚存在感。因此，在2021年戏曲发展中，更需要梳理好戏曲院团的生存体制、发展机制。

随着“百年百部”优秀作品的遴选，在庆祝中国共产党成立100周年的2021年，戏曲界将用切实的艺术作品来回应百年来中国共产党领导文艺事业的光辉成就。同时，也需要看到百年戏曲转型最重要的目标就是让千年的戏曲跟上时代的诉求，用独具民族个性的艺术体系继续表达今天和今后中国人的生活、情感和思想。因此，戏曲剧种、戏曲剧团、戏曲作品的“百花齐放”，必然在创造性转化、创新性发展的过程中，能够更加多元地回应异常丰富的当代中国人的心灵与精神。在2021年的戏曲创作发展中，人们定然能够看到丰富多彩的艺术表达，能够看到新一代的戏曲领军人才，能够看到戏曲古艺新姿的艺术局面中更加青春时尚的艺术风貌。

王馗　中国艺术研究院戏曲研究所所长、研究员

专题

中国戏曲学院建校 70 周年

【概况】

中国戏曲学院成立于 1950 年 1 月，是新中国由国家创办的第一所戏曲教育机构，最初称为文化部戏曲改进局戏曲实验学校，首任校长为田汉。值建校 70 周年之际，习近平总书记给中国戏曲学院师生回信，表达了对中国戏曲学院师生的深切关怀和殷殷嘱托。中国戏曲学院也举办了一系列活动，以展现建校 70 年所取得的成就。

【春华秋实——中国戏曲学院建校 70 周年系列作品展播】

2020 年 9 月 22 日，“春华秋实——中国戏曲学院建校 70 周年系列作品展播”开幕。随后的四个月里，中国戏曲学院进行了 140 场线上展播、17 场线下展演。线上展播的内容包括名师风采、教学成果、原创剧目、科研成果、重大比赛、国家使命和文化交流七个方面。

【中国戏曲学院建校 70 周年守正创新大会】

2020 年 10 月 30 日，“中国戏曲学院建校 70 周年守正创新大会”在中国戏曲学院大剧场举行。文化和旅游部、北京市有关负责人、中国戏曲学院班子成员、兄弟院校相关人员、院团相关人员、特邀校友、离退休人员以及部分师生出席大会。纪念大会播放了《新闻联播》习近平总书记给中国戏曲学院师生回信的视频，共同重温习近平总书记对中国戏曲学院师生的深切关怀和殷殷嘱托。

【新中国戏曲教育 70 年学术研讨会】

2020 年 12 月 5 日至 6 日，由中国戏曲学院主办的“新中国戏曲教育 70 年学术研讨会”在中国戏曲学院举行。研讨会下设戏曲教育研讨会、戏曲导演研讨会、戏曲音乐研讨会和中国传统文化的当代价值 4 个分会场，与会专家学者分别对戏曲教育中的相关话题展开交流研讨，回顾戏曲教育历程，展望戏曲教育未来发展之路。

【2020 北京·中国弓弦艺术节】

2020 年 12 月 17 日至 21 日，由中国国家博物馆和中国戏曲学院主办的“2020 北京·中国弓弦艺术节”在中国国家博物馆和中国戏曲学院举行。本届中国弓弦艺术节包括“戏彩弦风——多剧种戏曲音乐表演人才成果展示专场音乐会”“戏韵弦歌——中国戏曲学院师生胡琴专场音乐会”“四海弦风——胡琴名家专场音乐会”“宋词意境——二胡与民族管弦乐专场音乐会”四场音乐会，“戏乐胡琴溯源”“经典胡琴作品分析与赏析专题”“传统与创新——孙文明二胡艺术的当代解读”“民间音乐介绍与赏析——软弓京胡艺术”四场专题讲座，以及“戏乐共生与传承中的弓弦人才培养”“民国胡琴乐器制作品鉴”两场研讨与座谈会。

【薪火相传——中国戏曲学院建校暨新中国戏曲教育 70 年成就展】

2020 年 12 月 26 日，由中国国家博物馆、中国戏曲学院主办的“薪火相传——中国戏曲学院建校暨新中国戏曲教育 70 年成就展”在中国国家博物馆开幕。本次展览以“荣膺使命”“守正创新”“立德树人”“春华秋实”4 个篇章，展现了中国戏曲学院与新中国共奋进、与时代共发展、与戏曲艺术共命运的发展脉络。展览持续约两个月。

戏曲百戏（昆山）盛典

【概况】

2020年10月11日至11月21日，由文化和旅游部、江苏省人民政府主办，文化和旅游部艺术司、江苏省文化和旅游厅、昆山市人民政府承办的“2020年戏曲百戏（昆山）盛典”在江苏省昆山市举行。2020年戏曲百戏（昆山）盛典集中展示116个戏曲剧种和木偶剧、皮影戏的代表性经典作品，包括19台大戏、20台折子戏组合、1场戏曲晚会。在延续前两届相关活动基础上，2020年盛典新增“戏曲百戏百人百画”作品征集展览、港澳台戏曲文化月、戏曲百戏进校园等活动，策划“看百戏、游江苏”文旅融合主题活动，推出6条“观演赏景”线路。同时，演出还走进周庄景区、张浦金华村等地，以戏曲普及带动文旅融合。

戏曲百戏（昆山）盛典自2018年开始，已连续举办了3年。三年来，我国目前现存的348个剧种及木偶剧、皮影戏两种戏剧形态在江苏省昆山市同登舞台，共演出201场，现场观众达11万人，网络媒体直播点击观看量超1.5亿次，抖音播放量超4.2亿次，新浪微博话题阅读量超7.2亿次，全国共有1.2万多戏曲演职人员参演，上万人次来昆山观摩，真正成为戏曲界的盛典。

【观点】戏曲百戏盛典调研①

◎ 葛欣

戏曲百戏（昆山）盛典是中国戏曲艺术界的一件盛事。为充分了解各参演剧团对百戏盛典的评价，掌握当地政府重视程度，进一步推进百戏盛典工作步入常态化，文化和旅游部艺术司委托百戏盛典组委会办公室，分别于2020年10月和2021年1月，分阶段通过微信对参演剧团进行调研。

此次调研通过发放电子问卷方式进行，问卷回收情况如下：共计回收问卷187份，回访率应答率达到54%。其中，2018年共120个参演剧团，回收55份问卷表，占比45.8%。2019年共113个参演剧团，回收62份问卷表，占比54.8%。2020年118个参演剧团，回收70份问卷表，占比60%，问卷回收率逐年增高。其中，小剧种剧团回收率较高，大剧种剧团回收率较低。具体内容分析如下。

一、百戏盛典重塑戏剧生态观

（一）促进各级政府部门加大对传统戏曲的关注和投入力度

六成参演剧团获得政府部门前期专业指导，并在中期由政府组织带队观摩，后期获得政府跟进扶持。（1）前期专业指导和资金支持。30%的剧团得到政府部门在资金、排练场地及购置道具等方面的支持，部分省文旅厅召集参演剧团到省会城市集中排练、组台。广西、河北、福建、江西、西藏等地文旅厅走进基层剧团，观看指导并进行辅导。2020年，百戏盛典有4个来自西藏自治区的参演剧团，分布在最偏远的山区，自治区藏剧团安排两名导演长期下乡指导，全程带队演出。江西省永新县政府给予永新县采茶剧团20万元经费扶持，武穴市对文曲戏特批20万元项目经费，辽宁省文旅厅给予阜新蒙古剧15万元的资金支持。（2）中期带队参演观摩。2020年，有16个省安排了观摩团前来昆山，

---

① 原文标题《打造中国戏曲“百老汇”》。

达2000多人次，其中湖南省有650人，河北省共5批次近100人。福建省文化和旅游厅、河北省文化和旅游厅、厦门市领导带队赴昆山调研，福建省、河南省组织上海、苏州等地乡贤为福建参演剧团助威。（3）后期采取跟进扶持措施。借助百戏盛典，当地政府更加重视本地剧种发展，提供平台为院团进行宣传，加大项目和经费的扶持力度以及院团人才的引进，少数还出台相关扶持政策，为院团建造新的排练场所。如湖北省襄阳市投入100万元对花鼓戏剧场进行改扩建，增加20名事业编制，定向委培10名，引进专业人才10名，政府另投入300万元作为创作经费。湖南省澧县人民政府批准招收了25名荆河戏传承人，与湖南省艺术职业学院联合办班。山西省广灵县艺承秧歌演出团反馈，参演完百戏盛典后，在广灵县宣传部和文联支持下，广灵县成立了戏剧家协会，由广灵县艺承秧歌演出团团长担任戏剧家协会主席。

（二）提高基层戏曲工作者的职业信心与热情

百戏盛典为新时代中国戏曲的传承发展构筑起一个可供学习认知、发现比较和研究推进的平台，提高大众对戏曲保护和传承的自觉性。绝大多数剧团演职人员了解了不同剧种特色，学习交流了剧团管理经验，认识到自身不足和差距，对弘扬传统戏曲文化更有信心。南通市海门区海门山歌艺术剧院反馈，参演百戏盛典激发了对地方小微剧种的保护传承。恩施傩戏和灯戏演员对传统戏曲艺术有了一个更宏观更全面的认识，希望有机会能学习更多的优秀戏曲剧种。丹阳市丹剧团反馈，参加百戏盛典让基层弱势剧种的艺术工作者看到了希望，激发了他们对戏曲艺术工作的活力和热情。而对大荔县剧团来讲，参演百戏盛典对演员队伍有一定的稳定作用，演员投入戏曲演出积极性更大，对基层院团的未来发展有了乐观态度。调查显示，通过参演百戏盛典，演员们对自己要求更严，练功更加刻苦，对专业知识的认知有了新的高度，团队凝聚力显著增强，演职人员艺术演出积极性提高。山西省大秧歌剧团、江西省赣剧院、竹马戏剧团反馈，参演人员走出去，见识了兄弟剧团的剧种特色和演出技巧及风格特点，增长了知识，丰富了戏曲演出阅历，剧团出现“人人勤练功，个个争唱戏”的良好风气。邵阳市花鼓戏保护传承中心、河北省威县冯庄乱弹艺术团反馈，演职员了解到自身不足，更加刻苦提升演技和唱腔，勤练基本功，在角色塑造中更加细腻、专注、走心，剧团对剧本的挑选也有了更深层、更广泛的思路。晋中市和顺县凤台小戏传习所从原来的露天演出向剧场演出发展，由单一的日光下演出向灯光下演出发展，由单幕剧向多幕剧发展，器乐也从民乐向掺杂管乐、电声乐发展。卫调花鼓戏、扬高戏有了新生机，开展大刀阔斧的改革，编创紧跟时代的新戏，老戏开始萌发出新芽。

（三）强化剧种意识

百戏盛典的举办对剧种的传播推广起到了推波助澜的作用，改变了社会对传统戏曲艺术的认知，尤其小剧种得到了社会大众和专家的认可，影响力明显增加，剧团更加重视剧种保护和传承。蓝关戏老艺人感叹：《八仙过海》《蟠桃会》是最能代表蓝关戏的经典剧目，如果哪一天这两个剧目能重现舞台，那蓝关戏的春天就真的到了。内蒙古二人台剧团则对地方剧种发展的文化自尊、文化自觉和文化自信，彰显独特个性和社会价值有了更深刻的认识。歌仔戏剧团对剧种的传承工作思路更加明确。通过百戏盛典展演，剧种及院团获得更多社会认可，剧团更加重视剧种的传承和人才培养。

二、对百戏盛典平台载体的常态化建设需求

（一）常态化定期举办

调查显示，90%的剧团认为“百戏盛典”已成为戏曲活动的一个品牌，激发了戏曲剧种的活力和戏曲院团的实力与潜力，希望这样的活动定期举办，让更多剧种展现在百戏盛典大舞台上，让全国观众都能认知戏曲剧种的魅力，让百戏盛典成为中国戏曲工作者乃至世界艺人的集聚地。

（二）加大对濒危剧种的扶持力度

65%的剧团希望各级政府重视戏曲艺术的传承与发展，实事求是加大扶持力度，如为小剧种特别是稀有剧种提供展演平台，地方政府给予财政、人事等政策上的倾斜，对濒危地方剧种给予重视和保

护等。

（三）加强现场交流和观摩活动

80% 的剧团普遍表示对百戏盛典的组织工作比较满意，建议每届活动更换不同主题，增加举办音乐创作、剧种建设、剧目创作等专题论坛及短期培训班，或请其他优秀剧种的演员对地方稀有剧种的演员进行视频或现场教学，交流经验，指正不足。也有剧团提出希望百戏盛典建立数字影像库，或出版成册，以便院团能够进行观摩和学习，充分开发百戏盛典的成效，增加全国剧种的交流演出活动，举办兄弟剧种的演出交流和座谈会，举办优秀剧目线上展播活动，开展剧种知识讲座和历史展览，加强与观众的互动。50% 的剧团建议组织专家组对剧种、剧目进行专业点评，加强百戏盛典现场观摩交流活动，避免“演完即走”现象，以利后续演出改进及剧种发展。

（四）针对性出台相关扶持政策

调查中，各院团建议在百戏盛典每年持续上演的前提下，针对不同剧种出台不同扶持演出政策。如闽剧艺术传承发展中心和福建艺术学校建议建立戏曲基金扶持地方戏曲传承与发展；福建省龙岩山歌戏传习中心建议汇总各地方剧种在当前好的经验做法及短板与不足，为上级文化管理部门完善地方戏曲扶持政策形成调研报告；云南傣剧团希望能建立全国戏剧网络化，与其他剧种、剧团加强沟通交流，以大剧种带动小剧种，达到共同传承发展的目的。

（五）进一步完善百戏盛典组织工作

这次调查获取了各参演院团对完善百戏盛典组织工作的建议，如展演剧目更为集中，以便参演院团在有限时间内能观摩到更多好剧目；设立剧目点评、观众投票等环节，增强院团与观众互动；加强对参演人员基本生活保障安排，统一安排演职人员的食宿问题；严格把关参演剧目，引进国内外更多好的戏曲戏剧作品。也有参演机构指出，百戏盛典的观众组织工作较弱，场内观众稀少，观众培养工作和观众引流工作任重道远。

三、推进完善百戏盛典的举措和现实意义

百戏盛典为日后政府管理部门制定既具前瞻性、又务实管用的戏曲政策打下了坚实基础。通过这样的集中展示，政府管理部门得以集中掌握第一手活态的、生动的素材和资料，为戏曲传承发展制定出台切实可行的政策奠定了基础。后百戏盛典时期应继续以剧种建设为中心任务，以展示传统经典的表演精粹为中心环节，以深入的理论研究为坚实根基，谱写戏曲传承发展新的篇章。山东省原文化厅副厅长陈鹏提议，目前迫切需要建立覆盖全国的戏曲网，即以文化和旅游部为主导，以省级行政区和剧种流布区为抓手，以京昆为龙头，以重点院团和艺术研究院所为支撑，以国有剧院团为骨干，以现有剧院团为“戏曲文化网”。也有专家提出，建立全国戏曲公益基金，对全国戏曲剧种进行有的放矢的扶持，结合展演进行剧种再认定，对剧种分层次分类型适度推动，避免过度干预现象。

“百戏盛典”俨然成为昆山的文化名片，一场全民戏曲普及，收获了一批戏曲观众。2021 年，百戏盛典将继续举办，未来如何办得越来越好？笔者建议，一是做好策划，推陈出新，做好 2018—2020 年三年百戏盛典的评估和总结，加大调研，精心策划，严格把关，推出创意独特、剧目经典、服务到位、形式多元、交流频繁的盛会。2021 年百戏盛典将组织全国戏曲表演领军人才优秀剧目展演，举办“天下第一团”表演英才传习班。二是采取“政府主导推动，专业机构运营，社会资源参与”相结合的市场运营模式，逐步由政府项目转变为市场化运作项目，建议市文体广旅局作为指导单位，由专业运营公司负责运作，成立专门专业机构进行统筹组织。三是解决观众问题，做好观众引流。做好百戏盛典在全国的推广，尤其侧重前期推广工作，为百戏盛典造势，丰富内涵和内容，对上海、苏州等长三角地区城市观众进行宣传与引流。四是做好濒危剧种的扶持工作，加大对濒危剧种的扶持力度，每年到三个省进行实地摸底调查，邀请 5 个到 7 个濒危剧种，百戏盛典期间在昆山景点天天演出，拉近昆山与全国各剧种的距离。五是调整演出时间，丰富演出空间。将整个百戏盛典的演出周期缩短，将舞

台多元化，将戏曲演出从剧场镜框式舞台延伸到昆山特色景点，回到民间日常生活空间中，从而增强演出的“在地性”特点。演出周期控制在20天内，演出地点相对集中，每天保持10场左右不同戏曲演出，组织戏曲巡街表演，增加皮影戏和木偶戏的表演和展示。六是整合现有资源，提升文旅融合。以百戏盛典为契机，将百戏盛典与昆山各类戏曲活动（昆山戏曲节、重阳曲会、秦峰曲会、古镇艺术节）进行整合呼应，将百戏盛典与戏曲百戏博物馆、昆曲小镇、中国第一水乡的建设相衔接相融合，积极探索“看百戏·游江苏”文旅融合再提升。七是加强互动和点评。举办全国文化名家或戏曲专家讲座，把“天下第一团”表演英才传习班的课程公开化，免费提供100个座位给普通观众和戏迷。在每场演出次日举办戏曲名家与观众见面会，邀请专家参加对话，探讨戏曲剧种的传承发展。八是借助百戏盛典平台加大戏曲研究力度，建设戏曲百戏研究院，对全国各剧种进行深入调研，开展剧种口述史工作，撰写调研报告并结集出版。九是加大推广和合作，建立百戏网站、抖音、微博和微信公众号，与知名戏曲频道开展长期合作，开设百戏专栏；赴国内外艺术节庆城市调研，学习借鉴经验，开阔发展视野，拓宽发展思路。

未来，昆山以百戏盛典、戏曲博物馆为平台，全力打造中国戏曲“百老汇”“戏码头”，既为全国戏曲发展有所担当，又带动本地文化发展和文旅融合。“相信在未来，每一位中国人在昆山都能听到属于自己的乡音，找到自己的精神故乡。”

原载《上海艺术评论》2021年第4期

【观点】百戏盛典后的一个建议、一个呼吁、一个设想

◎ 陈鹏

全国戏曲统筹发展的建议

看完“百戏盛典”348个剧种演出，面对浩瀚广袤的戏曲文化生态和全国数以万计的戏曲剧团（10278个），从促进戏曲事业整体发展的实际出发，迫切需要建立一个可以覆盖全国的戏曲网，实行“顶层设计、网格管理、统筹兼顾、纲举目张”。具体要建立一个以文化和旅游部为主导，以省市行政区和剧种传播区为抓手，以京昆为龙头，以重点院团和艺术研究部门为支撑，以国有院团为骨干，以现有院团为基础的框架体系；抓两头、带中间，鼓励竞争、科学分工，全面扎实地推动中国戏曲整体发展。

一、建立一个“顶层设计、网格管理、统筹兼顾、纲举目张”覆盖全国的戏曲网，是形势发展和文化建设的需要

中国戏曲进入了历史上最好的发展时期，全国戏曲剧种普查和“百戏盛典”的圆满成功更把戏曲发展推向了前所未有的社会关注中。348个剧种的展演让我们看到了戏曲艺术的博大精深和浩瀚广袤，同时也感受到了现有机制对其整个把握、整体推进的力不从心，感受到了无论从行政上还是从艺术上都存在的鞭长莫及的问题。尤其是来自偏远基层班社戏曲人对精神引导与艺术交流的渴望，令人感动。为此，建立一个“顶层设计、网格管理、统筹兼顾、纲举目张”且覆盖全国的戏曲网，让戏曲的继承与发展、艺术与管理、展示与交流循环起来，让中华戏曲之魂传播起来，已经成为一个亟待解决的问题。

二、建立一个以文化和旅游部为主导，以省市行政区和剧种传播区为抓手，以京昆为龙头，以重点院团和艺术研究部门为支撑，以国有院团为骨干，以现有院团为基础的框架体系

（一）以文化和旅游部为主导

文化和旅游部作为全国文旅工作的主管部门，对戏曲的整体发展进行把握方向、统筹规划、组织领导、指导监督。

21 世纪以来，原文化部协调制定了多个促进戏曲繁荣的政策文件，力度之大、时间之集中，前所未有。

2001 年 12 月，文化部制定《文化部保护和振兴昆曲艺术十年规划》。

2004 年，文化部与财政部联合制定《国家昆曲艺术抢救、保护和扶持工程实施方案》。

2005 年起，文化部、财政部共同实施“国家昆曲艺术抢救、保护和扶持工程”，连续 10 年在全国范围内开展整体性的昆曲抢救、保护和传承工作。

2015 年，文化部将昆曲扶持专项和京剧、地方戏、民族音乐舞蹈扶持项目一起纳入“中华优秀传统艺术传承发展计划”，更加全面地传承弘扬中华优秀传统文化。

2015 年 7 月，国务院办公厅印发《关于支持戏曲传承发展的若干政策》。

2015 年 9 月，中共中央政治局召开会议，审议通过了《关于繁荣发展社会主义文艺的意见》。

2016 年 3 月，“戏曲振兴工程”写入国民经济和社会发展第十三个五年规划纲要，标志着国家对戏曲艺术的保护扶持进入一个新阶段。

2017 年 1 月，中共中央办公厅、国务院办公厅印发《关于实施中华优秀传统文化传承发展工程的意见》。

2017 年 4 月，中共中央宣传部、文化部、财政部联合印发《关于戏曲进乡村的实施方案》。

2017 年 6 月，中共中央宣传部、文化部、教育部、财政部出台《关于新形势下加强戏曲教育工作的意见》。

2017 年 8 月，中共中央宣传部、教育部、财政部、文化部出台《关于戏曲进校园的实施意见》。

这些政策的实施对戏曲发展起到了巨大的推动作用；戏曲在今后的繁荣仍需要文化和旅游部顶层设计、全面部署。

（二）以剧种传播区和行政区划为抓手

以剧种传播区为经线，大小剧种一个不能少；以行政区为纬线，省市县层层有着落，编织戏曲艺术网格系统。

第一，“剧种传播区”是指以民族共生、文化共通、交流共享、剧种共鸣为依据的地域性片区。如梆子戏传播区、花鼓戏传播区、滩簧戏传播区、藏戏传播区等。剧种传播区有的是一个省份独有的，有的是多个省份共享的。提出“剧种传播区”这个概念的意义，就是要在剧种流行的区域建立跨省份、跨地区的剧种艺术协作机制。在文旅部统筹协调下，以剧种的分布区为标识，建立相关省市文化主管部门的联席会议制度，共商剧种发展大计，制定相应的发展政策，分享各自的经验办法，打造共同的节庆盛会，促进剧种的团结繁荣。其实这个做法过去一些省份已经做过，并取得了很好的结果，希望这个办法能形成有效模式在全国推广。

第二，“省市行政区为抓手”是指以省、自治区、直辖市等行政区划为单位，在文化和旅游部顶层设计的指导下，充分发挥各级政府和文化行政部门的作用，制定本省区的戏曲发展总体规划。对本地的戏曲繁荣和剧种建设进行统筹规划、具体实施；对跨省区的剧种统筹兼顾、协调发展。各文化主管部门要特别重视弱小濒危剧种保护，要以剧种申报时的热情，做好申报成功后的保护工作，做到“申报有功，守土有责”，通过非遗保护、购买服务、剧种扶持、创作经费等多渠道进行帮扶。

（三）以京昆为龙头，以重点院团和艺术研究部门为支撑

从戏曲当前的状况来看，京剧与昆曲仍是带领整个戏曲艺术发展的引领者，是戏曲当仁不让的

"龙头老大"。

第一，京剧在近200年的历史发展中海纳百川、融会贯通，已经成为影响深远的国剧。昆剧作为百戏之祖在600年的历史进程中独领风骚、几经沉浮，至今还是当之无愧、不可替代的百戏之师。从这次百戏盛典的情况来看，总数90%以上的剧种、剧团，在不同时期、不同程度地受到京剧与昆曲的影响。专家们在研讨中也达成一个基本的共识，京剧和昆曲就是戏曲的龙头，在今后的若干年中，也仍然是整个中国戏曲发展的引领者。

第二，重点院团是各地方戏剧种的省级院团和部分市级院团，是艺术水平高、社会影响大、剧种带动力强的戏曲艺术团体，是戏曲发展的核心力量和主要载体，是促进戏曲发展的重要着力点。重点院团从艺术到行政、从人才到剧目、从继承到创新、从理论到实践，都具有代表性、示范性和导向性，担负引领剧种走向未来的历史重任，担负着携手弱小戏曲剧团共同进步的使命，对于促进戏曲发展具有重要意义。抓好重点院团就是牵住了各地方戏剧种发展的"牛鼻子"。同时建议在评选京剧国家级院团的基础上，适时评选地方戏的"国家重点院团"。

第三，多年来戏曲理论研究做了大量的基础性工作，对戏曲艺术的发展起到了重要的指导作用。在今后的戏曲发展仍要发挥理论评论工作的作用，当好戏曲工作的智囊团。

（四）以国有院团为骨干，以现有院团为基础

据全国剧种普查统计，全国现有10278个剧团。其中国营院团1524个，占15%；民营院团8754个，占85%。

占戏曲剧团总数15%的1524个国营院团是戏曲队伍的骨干，是事业的基石。全国348个剧种，其中242个剧种拥有国营院团，占69.5%。而这其中有121个国营剧团是独立承担一个剧种的"天下第一团"。办好国营院团，发挥好国营院团的骨干和基石作用具有重要意义。占戏曲剧团总数85%的8754个民营院团是戏曲事业发展的基础，"基础不牢，地动山摇"。从剧种保护的意义上讲，348个剧种中有106个剧种没有国营院团，是由民营剧团承担保护传承的，这就更显示其特殊的价值和存在的重要性。约35%的剧种有两个以上国营院团，约35%的剧种只有一个国营院团，约30%的剧种只有民营剧团。可见，国营院团的骨干作用需要加强，民营剧团的基础作用亟待巩固。

总体上看，"国有戏曲院团"是整个戏曲队伍中最稳定、最有保障性的骨干力量。"以国有院团为骨干，以现有院团为基础。"重视历史形成的格局、面对当今发展的现实。逐步形成一个"国家有纲、地方有目，院团有点、剧种有面；以点带面、点面结合、纲举目张，整体推动戏曲事业繁荣的发展体系"。

三、抓两头、带中间，鼓励竞争、科学分工，全面扎实地推动中国戏曲整体发展

从当前的实际情况看，笔者提出"抓两头、带中间，鼓励竞争、科学分工"的工作思路。

（一）抓两头、带中间

第一，抓好国有重点院团和社会民办剧团，带动其他院团。国有重点院团（省级以上国有院团和部分实力突出的市级院团）从社会责任和艺术发展，都承担着重要的引领、示范作用；民间剧团基数大，具有不可替代的服务功能和传承责任。从生存机制、服务功能和艺术状态的两端着眼，采取不同的政策办法进行有针对性的推动扶持，带动整个戏曲事业的发展。

第二，抓好大剧种与小剧种，带动其他剧种全面发展。大剧种就是剧团数量多、影响力大、适应性强的剧种。笔者用每个剧种所有剧团数目与国有剧团数目相平衡的办法进行统计，目前除了前面所说的京剧与昆曲之外，国有院团和民间剧团平均数排在全国前十位的剧种依次是豫剧、秦腔、评剧、曲剧、粤剧、黄梅戏、越剧、河北梆子、晋剧、川剧。抓好三分之一大剧种，形成戏曲发展的生力军；关注三分之一的小剧种，做好保护与传承；带动三分之一的一般剧种，解决发展不平衡问题，促进戏曲全面繁荣。

第三，抓好实践性与学术性的统一，促进艺术与学术的共同繁荣。实践性是指当前发展比较好的剧种，学术性则是濒危而极有学术价值的剧种。这次盛典中这两个方面都有代表性的艺术展示，而且都引起了广泛关注。观众喜欢看艺术呈现好的，专家关注濒危而学术价值高的。这两个方面都是今后工作的着力点。

（二）鼓励竞争

第一，对发展情况好、剧团数量多、受众面大的剧种及剧团，要建立激励机制，在竞争中开辟新天地。鼓励它们在坚持正确文艺方向奋勇当先的道路上竞争，在勇攀艺术高峰的拼搏中竞争，在面向社会服务大众的舞台上竞争，在表现生活、反映时代的艺术创造中竞争。

第二，以经典传承、繁荣创作和精尖人才培养为纽带，开展剧种、剧团之间的竞争。在大环境越来越好，经费增加、条件改善的情况下，建立真正有制约性的竞争机制，激励经典剧目传承的高保真度，激励创作剧目在艺术上攀高峰，激励人才培养出高精尖，激励绝技绝活儿出新奇招。在竞争中不断提升艺术繁荣的高度，在竞争中提高生存活力，在竞争中提高服务质量，在竞争中调整时代步伐，在竞争中实现百花齐放。

（三）科学分工

对不同层级、不同地区、不同类型、不同体制、不同实力的院团进行科学分工，针对不同情况采取不同办法，进行分门别类的指导。

第一，明确省、市、县三级国有院团，在剧种保护与发展、提高与普及、创作与演出、传承与服务等方面各自不同的责任目标。

第二，明确创作传承任务与基层服务任务各自不同的比重，明确政策性扶持不同的侧重点。对数量少、力量弱、影响小、濒危的剧团，各级要给予更多的关注；对其中学术价值大的，应采取文献性保护、原始性存留的方式扶持。

第三，采取“依团代传”“以团带班”等方式加强剧种传承。可以考虑让有条件、艺术渊源相近的专业院团“依团代传”等方式，保护真正有价值又确有传承困难的剧种。这次百戏盛典中出现的两种情况值得借鉴：一是有些剧种借助相近剧种的专业剧团进行“代传”；二是有些剧团本身就是包含了多个剧种的成熟演出团体。我们老一代的艺术家“两门抱”“三门抱”（指演员能扮演两三种不同行当或不同剧种的角色）的很多。这可以作为一条经验进行尝试。

第四，在戏曲重点院团艺术生产规划中，明确不同艺术项目的任务指标。创作新剧目与传承经典戏曲剧目、探索性剧目创新与原始形态剧目存留，是两类有着不同艺术目标和方向的任务。过去的弊端是混为一谈，所以创新剧目出来，就会有人从继承方面提出批评；经典传承的作品出来，又有人会从创新上提出批评。把不同的方向作为院团的目标任务明确起来，从创作生产上都会有更多的艺术自觉和艺术空间。经典剧目和原始形态剧目的存留，尤其一些特殊艺术的传承，必须坚持高起点、高标准、高保真。蔡正仁先生曾说，“现在的传承，传一代、丢一半”，希望这个状况能得到改变。

第五，戏曲研究工作者要及时总结经验，把院团发展、剧种保护的典型性、实践性、前沿性成果进行理论总结，通过相关部门贯彻到创作生产和艺术发展的日常工作中去。使创作与生产的指导思想更为明确，发展更有方向性和自信心。

综上，应建立一个以文化和旅游部为主导，以省市行政区和剧种传播区为抓手，以京昆为龙头，以重点院团和艺术研究部门为支撑，以国有院团为骨干，以现有院团为基础的框架体系；抓两头、带中间，鼓励竞争、科学分工，全面扎实地推动中国戏曲整体发展。

关于“守望濒危剧种”的呼吁

戏曲是中华文化的瑰宝，现存348个剧种。其中，106个剧种由非国有院团承担，这其中又有46个剧种只有一个民间班社或一个民营剧团支撑，只要他们出现风吹草动，我们就将失去值得骄傲的“348”。剧种的兴衰与生命的生老病死同样都有其规律性。“守望濒危剧种”的初衷是，在文化高度自觉、经济繁荣发展的今天，保护好“348”这样一个难得的文化生态，不要让“濒危剧种”的羸弱小花因“饥饿”而死亡，因“贫困”而香消玉殒。

一、哪些是“濒危剧种”

全国共计10278个剧团，国营院团1524个，占15%；民营院团8754个，占85%。348个剧种中，约35%的剧种（121个）有两个以上国有剧团，约35%的剧种只有一个国有剧团（121个“天下第一团”），约30%的剧种（106个）是依靠民营剧团和民间班社支撑着，其中民间剧团36个，民间班社70个。

全国106个剧种是由非国有院团承担，这已经很不乐观了。更严峻的是，这106个剧种中，有46个剧种是由一个民间班社或一个民营剧团来支撑的。其中，由一个民间班社支撑的剧种32个，由一个民营剧团支撑的剧种14个。[①]

从当前的情况来看，民营剧团的情况稍好于民间班社。但是，凡是单独承担剧种传承任务的民营剧团都是社会上不热门的剧种，同时还背负着适应市场和排戏养人的沉重负担。民间班社的生存状况则更艰难、更复杂。有的挂靠在县文化馆，有家族班社（戏不外传，但家族中已经没有年轻人在学习），有村乡结社，有爱好者联盟等。他们缺乏市场经营的能力，大多是爱好者自己凑钱维持班社的活动。“百戏盛典”期间，也有不少媒体报道了相关情况，就连百戏盛典这样的全国性活动，因为补助经费的时间差，有的班社演职员还是自己垫付路费参加的。

从总体上说，我们应当关注106个非国有院团所承担的剧种，尤其要关注由一个民间班社或一个民营剧团来支撑的那46个剧种。因为其事关重大，而自身又特别脆弱。如果这其中有的班社停摆了，那么这个剧种就消亡了，文化生态就改变了，我们骄傲的“348”就要减员了。

我们以体制最弱、数量最少为根据，把46个只有一个民间团体支撑的剧种看作“濒危剧种”。可能有人会问，为什么刚刚完成全国地方戏曲剧种普查就会出现濒危剧种？其实，剧种普查和人口普查一样，在某一个时间节点上，不同人群的健康情况是不一样的。只要还活着，哪怕是在医院里，也还是要登记在册的一分子。剧种普查也是如此，它普查的时间节点是2015年8月31日，在这个节点上符合条件的剧种就是348个。

二、为什么在百戏盛典结束之际发出呼吁

首先，各方面的情况显示，百戏盛典让这些濒危剧种焕发了活力。从2015年开始剧种普查到现在的五年间，大多数剧种，包括一些已经行动困难的剧种都动了起来，并在百戏盛典的大舞台上成功地进行了展示。这一方面说明了剧种普查的可信性，另一方面也让我们看到了剧种普查和百戏盛典对剧种发展的促进作用。尤其是2020年百戏盛典展示的部分剧种，就是在各有关方面的大力支持下才完成自身修复，并成功登上全国大舞台的。但是，在史无前例的戏曲盛事之后，怎样保持濒危剧种的活力？也就是说，没有了全国重大活动的推动，濒危剧种今后的日子会怎样？会不会重新陷入困境？这些问题特别值得关注。

其次，全国剧种普查工作的开展和百戏盛典的举办，其基本出发点是加强对戏曲剧种的保护，促进戏曲艺术的发展。所以，百戏盛典成功举办的今天，也正是我们认真思考未来发展，借时代东风扬帆起航的最好时机。

三、目标与可能性

戏曲的价值和保护的意义不言而喻，从中央到地方，从组织到民间，全社会都有共识。

第一，守望濒危剧种的目标：精心保护好“348”的戏曲文化良好生态。建立一个濒危剧种能够维

---

① 原文中以附表的形式详细记录了32个由一个民间班社支撑的剧种和14个由一个民营剧团支撑的剧种，此处限于篇幅略去。

持、争取发展的环境，起码在今后的五年到十年里，不会因经济问题而消亡。剧种的兴衰与生命的生老病死一样都有其自身规律性，且这种规律性是不可违背的。在丰富的戏曲种群里，既要有参天大树，也应有小花小草。在戏曲生态区中，无论花大花小，都是百花园中的一株；无论量多量少，都是丛林中的一簇；无论处近处远，都是大家庭的一员。不能指望每一个剧种都发展成大树。我们的初衷是，在全国完成脱贫攻坚任务、全面走向小康的新时代，在文化高度自觉、经济繁荣发展的今天，社会付出一点爱心，保护好“348”这样一个难得的文化生态，不要让“濒危剧种”的羸弱小花因“饥饿”而死亡，因“贫困”而香消玉殒。

第二，解危的可能性。现在的问题不是这件事情本身有多么艰难，而是许多人并不了解其中的情况。首先，没有一个机制可以充分反映戏曲发展的情况，尤其是濒危剧种的实际情况。或者说，繁荣的情况传播得多，困难的情况传播得少，所以很难引起社会的注意。其次，因不明具体情况，所以不了解这件事的可行性，其实并没有想象的那么难。如果我们按只有一个民间团体支撑的46个剧种来算，每个剧种每年资助30万元，全国每年只需1380万元，这不过是一个省级剧院一部歌剧的中等投资。如果把所有非国有院团传承的106个剧种都算进去，每年每个剧种资助30万元，全国每年也就是3180万元，这还达不到一部歌剧的顶级投资。再者，没有建立起对濒危剧种实施帮扶的爱心通道。戏曲在中国有着广泛的群众基础，有着长久深远的影响，社会各界有戏曲爱心者大有人在，只要让他们找到献爱心的方向和渠道，解危行动是完全可行的。

四、守望解危的建议

第一，建立网络，互通信息。现在国家昌盛，经济繁荣，社会文明，爱心充盈，为什么会出现民族文化瑰宝濒危的局面呢？主要原因是信息不对称，亟须建立濒危剧种互联互通、发声对话的对话系统。也就是说，106个非国有院团的情况要让大家都知道。根据实际情况，动态跟踪，发现问题，采取措施，实施监督。同时，可以把一些剧团、一些地方好的经验与做法进行推广。这需要协同社会有关方面，如剧团、研究者、媒体、主管单位等，建立戏曲“全国一张网”。在这张网上，348个剧种一个也不能少，再也不能让任何一个剧种在悄无声息中离开我们。如果个别剧种因为某些原因而不能再维系下去了，我们也要伴她终去，为她送行。

第二，政府部门守土有责。希望政府相关部门以剧种申报时的热情，做好申报成功后的保护工作。做到“申报有功，守土有责”。全国由非国有院团承担的剧种共106个，而且分布广泛，分摊到每个省、市、县的数量很少。地方戏曲剧种最多的是山西省，共有38个。其中，由民营院团承担的剧种有5个（浮山乐乐腔、扬高戏、高跷竹马戏、洪洞道情、河东道情），由民间班社承担的剧种1个（凤台小戏）。在全国剧种最多的省份，非国有院团承担的剧种才6个，分散到全国各地不是一个很大的负担。各级文化部门可以通过多种渠道进行帮扶，如非遗保护、购买服务、剧种扶持、创作经费等。只要提高重视程度和自觉保护意识，把剧种的申报与扶持结合起来，一定会有根本性的改变。

第三，爱心力量伸出援手。2020年百戏盛典演出队的代表在舞台上捐献藏品的时候说了一句让人很伤感的话：“等这些玩意儿传不下去了，留下这些物件给后人一个念想。”希望社会慈善力量和有资助能力的主体，以及海内外对戏曲有爱心、有能力的单位和个人，能够及时伸出援手。待时机成熟的时候，有关方面可根据国家有关规定建立规范的救助体系。

第四，舆论监督，共同关注。舆论监督是帮扶濒危剧种的重要力量，最能引发社会的关注和同情，百戏盛典的成功也充分体现了其巨大作用。企盼媒体的朋友积极加入戏曲濒危剧种的扶持保护工作中，多发呼吁之声，多播社会之爱，多吹警示之哨。

第五，理论研究持续发力。戏曲理论工作者长期以来在戏曲修志、普查、研究、挽救中做出了突出贡献，对各地剧种的实际情况也最为了解。今后的濒危剧种保护仍要依靠当地的理论工作者深入基层，把实际情况、观察思考、意见建议贡献出来，推动剧种发展。

第六，亲姊热妹相互关爱。全国戏曲是一家，不管剧种大小，都是戏曲百花园中的一朵。各地的国有院团要把尽力帮助自己地区的濒危剧种作为义不容辞的责任。笔者在山东工作时，对菏泽市地方戏艺术剧院提出了“依团代传”的概念，依附专业戏曲剧团保护“大弦子”剧种。这次百戏盛典的演出中，有相当数量的剧种采取了“依团代传”的方式，即一个弱小剧种依附一个有能力的、艺术相近的专业剧团，进行剧种的传承。山西省芮城县蒲剧线腔艺术研究所平时能演 4 个剧种，还能演曲艺节目，平时演出就是根据观众的需要自由转换，分别于 2019 年和 2020 年来过两次。2020 年是一名县长亲自带队，副县长上台捐献物品，相当重视。县里每年向剧团购买二三百场演出，每场 5000 元，是一笔不小的收入。这是“依团代传”的成功范例。国有院团应采取整体帮扶、“依团代传”、联合发展等多种方式，把自己的家人守护好。

第七，戏迷票友相濡以沫。戏迷票友是呵护戏曲生长的营养基，是与戏曲心心相印、息息相通的知己，应发展扩大戏迷队伍，用足用好票友的智慧和力量。

第八，自力更生，发愤图强。我们赶上了一个戏曲繁荣发展的盛世，但外因是条件，内因是根据。“守望濒危剧种”最根本的还是要靠戏曲人自己的努力。特别需要说明的是，戏曲剧种是我们民族的精神财富，而不仅是一个家族、一个村落、一个单位、一个地域的班社剧团自己的事。民间剧团的资质是私有的，但精神的归属不是私有的。希望所有戏曲人挺起胸膛，承担起这份民族文化的责任。我们呼吁社会更多的关注、关心、关爱，而我们自己要拿出百倍的坚定、坚强、坚韧，共同争取濒危剧种的解危、解困、解放。希望危困中的戏曲人砥砺前行，通过努力焕发新的活力，与所有剧种共荣于戏曲的百花园，报答社会各界的爱心人士。

希望所有参加百戏盛典的文化和旅游部专家、348 个剧种的参演艺术家和昆山工作专班的全体同志共同呼吁，开展“守望濒危剧种”行动。

戏曲百戏（昆山）盛典的未来设想

“戏曲百戏（昆山）盛典”是“顶层乘风扬帆，地方顺势而上”，共同创造戏曲空前盛世、盛典、盛况的典范。经过三年的百戏盛典活动，昆山在三个方面有了大的提升。一是组织工作由“紧张而有秩序”到“有条不紊”再到“游刃有余”，组织工作有了大幅度提升。二是软实力带动硬发展，以戏曲博物馆为标志的硬件建设正在全面推进。三是市民对戏曲和传统文化的喜爱，由“似曾相识”到“津津有味”再到“恋恋不舍”，整个城市的文化素质和艺术品位有了很大变化。可以说，昆山正在成为全国戏曲文化地标的一个新的制高点，百戏盛典作为国家文旅部与昆山共同打造的一个著名戏曲文化品牌在昆山继续做下去，是必要的，也是可行的。

一、总体目标

利用五年时间打造全国戏曲名城；再利用十年时间，到 2035 年建成与北京遥相呼应、同心守望的江南中国戏曲陪都；打造融“奥斯卡”与“百老汇”为一体的世界戏剧名都，建设以戏曲艺术为主导的民族文化精神家园。

二、基本思路

继三年全国 348 个剧种的展演之后，围绕戏曲艺术的整体发展方向，进行分支分类梳理，根据时代发展要求和昆山的实际情况，在不同的年度和时间段，围绕总体设想开展不同的活动。

三、项目框架

共设十二大类活动：

“百戏风采”（侧重剧种）——坚持百戏盛典剧种展示的活动特色。对 348 个剧种进行有选择、有计划、有层次的布局。如大剧种的集中展示（梆子类、花鼓类等），小剧种（“天下第一团”）的综合交流；如古老剧种和年轻剧种分类的展示等。

“百戏经典”（侧重剧目）——从不同方面对优秀剧目进行分类展示。如经典剧目、代表剧目、新创作剧目；如整理改编的传统戏、新编历史戏、现代戏；如最受群众欢迎的热点剧目；如以历史时期进行分类的宋元、明清剧目；如以“文华大奖”等奖项进行获奖剧目分类等。

“百花争艳”（侧重演员）——以优秀演员为主的展示活动。如不同剧种的、不同年龄段的、不同行当的、不同奖项的、不同艺术流派的等。

“百团风姿”（侧重剧团）——以优秀戏曲院团和优秀代表剧目为主的展示活动。优秀院团是以代表剧目为标志的，把院团与剧目结合起来展示。院团可以是不同体制的院团，剧目可以是不同类别的剧目。一个团可以演出一台剧目，也可以演出多台剧目。

“百家绝技”（侧重绝技绝活）——以展示戏曲各种绝活绝技为主的演出活动。

“百年传承”（侧重人才传承）——以戏曲艺术传承和人才培养为主的展示、挽救活动。一是戏曲人才培养和新人新作的成果展；二是昆山市“昆曲基金”中的濒危剧种的资助传承项目，结合对全国濒危剧种的保护活动。这是可以让昆山成为戏曲高地的一项比艺术展示更具感召力的活动，是使命和责任的象征。

“百家争鸣”（侧重理论研讨）——结合百戏盛典活动的宗旨和每年的项目，以理论研讨为主的活动。同时，针对全国戏曲发展和舞台实践的走向进行理论总结与研讨，起到风向标的作用。

“百戏博览”（侧重博物收藏）——以戏曲文物保护和戏曲博物馆收集为主的各项活动。一是在前三年 348 个剧种剧团特色物品赠收的基础上，进一步开展戏曲文物物品收集活动，特别是加强镇馆之宝的征集；二是配合年度活动搜集藏品，展示主题；三是馆藏展；四是各艺术团体与艺术家与博物馆的联谊、认亲活动。

“百姓戏苑”（侧重群众活动）——一是各种社会文化活动和与民同乐的活动；二是举办全国优秀戏曲票友比赛及演出活动，把昆山变为全国戏曲票友的圣地。

“百戏昆山”（侧重本地历史文化）——展示昆山文化的昨天、今天与明天。一是昆山作为昆曲发源地的魅力；二是以往百戏盛典的活动回顾；三是未来戏曲发展的设想。把每年的活动都作为一次宣传展示、扩大影响的机会，进一步做强昆山文化实力。

戏曲博物馆和戏曲小镇建成后，再扩容增项：

“戏剧百家”（开拓领域）——吸收其他戏剧艺术门类加入，如音乐剧、歌剧、舞剧、话剧等所有与戏剧相关的项目。

“世界百戏”（面向世界）——选择世界有影响力的优秀戏剧艺术项目加入运营。

四、项目运行

（一）基本框架

1. 每年可从总体项目框架的前六项中，选择一至两项作为年度的主要活动内容；其他基础性项目（第七、八、九、十项）共同跟进，达到整体合力和社会影响的最大化。

2. 不同项目可以单独进行，也可以组合交融。如演员与剧目、剧目与剧种、剧种与演员等，整个项目可有五年到七年的循环周期。

3. 可以根据现实情况和重大节点，有机动性地进行多种选择。

4. 提前一年公布活动。

（二）项目规模

规模可大可小，也可以是有规律性的一年大一年小。

1. 年年有小型特色活动。可从中选择一至两项活动，进行局面性展开。（如部分剧种、剧目、演员……）

2. 隔年有大型活动。（可安排项目组合）

3. 重要节点有大型重要活动。（配合社会需求的主题性组合）

4. 在历史重要节点上安排重大活动。例如，到 2035 年再搞一次全国性具有历史意义的活动，并提前策划准备，增强期待性和影响力。

（三）未来模式

1.“三位一体”的模式。戏曲博物馆建成之后，百戏盛典与戏曲小镇、戏曲博物馆“三位一体”，统筹兼顾，联合经营。

2. 项目扩充。“三位一体”模式运行后，可在原有基础上扩充项目内容。一是增加“世界百戏”板块——吸引世界优秀艺术项目参加，逐步打造融“奥斯卡”与“百老汇”为一体的世界戏剧名都；二是增加“戏剧百家”板块——吸收其他戏剧艺术门类（如话剧、歌剧、舞剧等）项目。

（四）强化归属意识

结合昆曲发祥地的宣传，努力为昆山打造中国戏曲故乡的形象。第一，结合昆山昆曲基金关于全国濒危剧种保护内容，加强呼吁与行动，充分体现昆山作为戏曲之乡的使命感和责任意识。一个戏曲之乡形象的创立，既要靠高质量、高水平的演艺项目，也要靠高境界、高品德的人文关怀。这份责任感是所有戏剧小镇所尚未意识到、尚不具备的。第二，强化服务，力争把全国有影响的戏曲赛事安排到昆山来，提供服务，扩大影响。第三，坚持不懈地申办“百戏盛典昆山戏曲节”。

五、设立“百戏盛典昆山戏曲奖”

（一）名称

“百戏盛典昆山戏曲奖”

（二）主办

1. 争取与文化和旅游部联合主办。

2. 争取与全国有影响的艺术、学术组织联合主办。

3. 争取与江苏省联合主办。

4. 昆山市人民政府或“百戏盛典（昆山）组委会”主办。

（三）艺术项目建立

1. 设立“百戏盛典昆山戏曲奖”大奖。

2. 设立“百戏盛典昆山戏曲奖”门类奖。根据年度活动内容，设“演员”“剧目”“剧团”“代表人物”“新秀”等分类项目奖。

3. 设立由社会参与的群众性奖项。“全国戏曲票友”“最受观众喜爱”“网络人气”等社会性奖项。

六、规划实施

1. 制定有可操作性的《百戏盛典规划方案》。

2. 建立相对稳定的专家咨询机制。

3. 建设专业稳定的项目运行机制。

4. 在此基础上制定工作细则。

5. 努力打造整个社会的戏曲文化气氛。

6. 加强对“戏曲百戏（昆山）盛典未来设想”的宣传，突出其高端性、专业性、整体性、长远性、引领性。让每年的项目都与未来设想相映生辉，而不是孤立的光点。

原载《人文天下》2020 年第 21 期

作品

【北京曲剧《光明行》】

2020年12月17日，由北京演艺集团出品、北京市曲剧团创排的北京曲剧《光明行》在北京剧院首演。该剧由满意编剧，席凯、池骋导演。剧目讲述在1948年年末至1949年年初的北平，中国人民解放军兵临北平城外，原北平市市长何思源以及中国共产党地下组织华北城工部的王汉斌、崔月犁等人为北平和平解放而努力奔走、斗争的故事。该剧一改北京曲剧以往擅长的市井生活、清代宫廷戏，而是将视角转向重大历史事件，在舞台上勾勒了一幅现代精英群像，除何思源、何鲁丽父女，还有王汉斌、崔月犁、傅冬菊等优秀地下党员；张自忠、刘厚同等爱国将领和进步人士；徐悲鸿、康同璧等文化名流和社会活动家。

【彩调剧《新刘三姐》】

2020年9月26日，由广西戏剧院创排的现代彩调剧《新刘三姐》在广西壮族自治区南宁市首演。该剧由常剑钧、裴志勇编剧，宫晓东执导，陈慧饰演姐美。剧目讲述了壮家山歌传人姐美为践行先人的对歌诺言，应允六十年前的隔世婚约，欲与流行歌手阿朗履行婚约。订亲之日，刚在城中受挫、被阿奶以生病为由骗回的阿朗，当众解除婚约，离家而去。姐美对气病的阿奶承诺：一定要找回阿朗的人，唤回阿朗的心。最终，姐美用山歌感化了阿朗，让阿朗决意在山歌中找回失去的一切，也促成了阿朗与电商达人莫小谦的生意合作。

【歌仔戏《侨批》】

2020年8月8日，由厦门歌仔戏研习中心创作演出的歌仔戏《侨批》在厦门小白鹭艺术中心金荣剧场上演。“信”闽南话读“批”，“侨批”指的是海外华侨华人寄回家乡的信，是一种“银信合一”的特殊寄汇方式，亦是海外华侨的群体记忆和文化符号。该剧由曾学文编剧，韩剑英导演，庄海蓉、苏燕蓉、陈志明、曾宝珠主演。剧目讲述主人公黄日兴为了爱被骗踏上南洋之路，华工阿祥为帮助他回来与心爱的人如意结婚，用自己的生命掩护他逃出金矿，从此黄日兴与华工命运、侨批紧紧地连在一起。

【沪剧《早春》】

2020年10月16日至17日，由上海文慧沪剧团创作的原创沪剧《早春》在上海东方艺术中心首演。该剧由马凌姗编剧，吴佳斯导演，杨音、王慧莉、缪佩红等主演。剧目取材于作家柔石的真实人生，讲述发生在他生命最后五年里的故事。在理想的召唤下，柔石背井离乡，投入文学革命的洪流，在鲁迅的提携下名声渐起，以笔为矛，开辟了一条通往新世界的革命路，最终以生命为代价成长为一个坚定的无产阶级革命者。

【晋剧《名疏记》】

2020年7月21日，由山西省晋剧院创排的新编历史剧晋剧《名疏记》在太原市青年宫演艺中心首演。该剧由党小黄编剧，崔向英、张世波导演，李建清主演。该剧讲述乾隆新朝初立，阿谀之风日盛，朝中权臣福敏、巴泰与朱藻沆瀣一气，造“假龙靴”，建“龙靴亭”曲意逢迎，谄媚圣上的故事。山西名臣孙嘉淦忧心不已，乃修《三悦一弊疏》上奏直言，岂料孙嘉淦一腔肺腑之诚却招致龙颜震怒，被贬谪于顺义领修城工。孙嘉淦仕途不顺却依然初心不改，修河道，查贪腐，救民水火，凭借一腔正气与朝中奸党展开了一场惊心动魄的正邪之争。最终，乾隆皇帝幡然醒悟，纳谏《三悦一弊疏》。

【京剧《许云峰》】

2020 年 6 月 7 日，由北京京剧院排演的现代京剧《许云峰》以“云首演”的形式在互联网剧院“东方大剧院”进行线上首演。该剧由谭元寿、迟金声担纲艺术顾问，王新纪编剧，李青导演，谭孝曾、谭正岩出演许云峰，杜镇杰饰演徐鹏飞，朱强饰演华子良。剧目取材于小说《红岩》，讲述了重庆地下党工委书记许云峰在接受组织营救歌乐山集中营难友的任务之际，由于叛徒出卖而被捕。在这人间炼狱里，他组织狱友与反动派展开智斗，并最终用生命完成了营救任务的故事。这是京剧《红岩》1984 年首演近 40 年后，被再次改编搬上舞台。该剧还以 9.9 元票价，首次尝试付费“云首演”。

【京剧《李大钊》】

2020 年 8 月 6 日、7 日，北京京剧院向中国共产党成立 100 周年献礼的重点剧目——新编现代京剧《李大钊》在北京市大兴剧院首演，东方大剧院 APP 同步进行线上直播。该剧由蔡赴朝编剧，曹其敬、徐春兰导演，朱绍玉作曲，张建峰饰演李大钊，王蓉蓉饰演李大钊的妻子赵纫兰，方旭、张凯、路洁、于欣泽、裘识、于帅、韩巨明、魏学雷等在剧中饰演重要角色。剧目撷取中国共产党主要创始人之一李大钊在 1918 年至 1927 年的一系列革命活动进行艺术创作。全剧展现了李大钊在北京大学工作期间，积极宣传马克思主义理论和共产主义思想，护送陈独秀离京赴沪并相约建党，继而策划了长辛店铁路工人大罢工，领导并组织了北京各界人士的反帝斗争，直至被反动派杀害，英勇就义。

【京剧《眷江城》】

2020 年 8 月 15 日，由江苏省演艺集团京剧院创排，湖北省京剧院特别支持的原创抗疫题材京剧《眷江城》在南京市紫金大戏院首演。该剧由陈霖苍导演，罗周编剧，李衍茂主演。剧目通过《双瞒》《忧餐》《盟婚》《双识》四折，讲述了新冠肺炎疫情暴发后，鼓楼医院一位医生瞒着老母亲，报名参加了第一批援鄂医疗队，然而身在疫区的老母亲也瞒着儿子，为医院做饭送餐等令人动容的抗疫事迹。

【京剧《关天培》】

2020 年 11 月 26 日、27 日，由中国戏曲学院京剧系、百纳嘉利（北京）剧场管理有限公司创排的新编京剧《关天培》在长安大戏院上演。该剧由杨硕编剧，白爱莲导演，舒桐、张晶、焦敬阁主演。剧目讲述关天培奉旨接任广州水军提督一职期间，林则徐意图说服关天培，以其兵力助一臂之力，但关天培以本职为重，拒绝了林则徐的请求。次日，关天培看到鸦片荼毒百姓，意识到禁烟之事迫在眉睫，向林则徐请罪，助其为大清拔去毒根，这一选择也让他的人生走入一场绝无胜算的战争中。

【昆曲《清明上河图》】

2020 年 1 月 2 日、3 日，由北方昆曲剧院出品的原创昆曲《清明上河图》在北京市天桥剧场首演。该剧由王焱编剧，翁国生导演，袁国良饰演张择端。剧目选取《清明上河图》画卷中的人物为角色，以宋徽宗时代为历史背景，以北宋画家张择端为核心人物，通过描述张择端跌宕起伏的人生际遇与心路历程，展现北宋都城的社会繁华与市井百态。

【昆曲《救风尘》】

2020年12月22日至24日，由北方昆曲剧院改编排演的昆曲《救风尘》在长安大戏院上演。该剧由李炳辉任剧本改编，徐春兰导演，魏春荣、邵峥、张媛媛、刘恒、王琛等主演。《救风尘》全名《赵盼儿风月救风尘》，是元代戏曲名家关汉卿的代表作之一。剧目讲述了妓女宋引章本与安秀才有约，后为恶少周舍花言巧语所惑，不听结义姐妹赵盼儿相劝，嫁给周舍。婚后宋引章饱受虐待，写信向赵盼儿求救，赵盼儿巧设计谋将其救出的故事。

【昆曲《眷江城》】

2020年10月24日、25日，由江苏省演艺集团昆剧院创排的现代昆剧《眷江城》在上海戏剧学院实验剧场上演。该剧第一次用古老昆曲展现当下故事，也是近30年来昆曲艺术舞台上展现的第一部现实主义题材原创剧目，由罗周编剧，韩剑英导演，施夏明、徐思佳、由腾腾、赵于涛、钱伟、孙伊君、周鑫、孙晶、杨阳等主演。全剧以南京某医院一位医生瞒着家人报名参加第一批援鄂医疗队，奔赴新冠抗疫一线的故事为主线，将病患、快递员、社区工作者、媒体记者、志愿者等社会各方面的抗疫场景穿插其中，讲述了新冠肺炎疫情暴发后的一系列感人故事，其中大量情节取材自抗疫期间的真实故事。

【评剧《楚云》】

2020年11月17日至18日，由北京凌空评剧团出品的评剧独角戏《楚云》在北京市繁星戏剧村上演。该剧由梧桐编剧、导演，高闯主演。剧目聚焦一位90岁老人楚云在2020年新冠肺炎疫情期间的心路历程。新冠肺炎疫情使她的90岁大寿化为泡影。一顶军帽，一颗五星，一朵梅花，一首《龙船调》，让这位耄耋老人再度成为整个家庭的脊梁，她以退休教师的觉悟和共产党员的初心，激励着身处天南地北的一家人在这个特殊时期患难与共，共度时艰。

【秦腔《张富清1948》】

2020年8月26日，由陕西省渭南大剧院、澄城县剧团、渭南市秦腔剧团创排的现代秦腔《张富清1948》在渭南大剧院首演。该剧由刘恩平编剧，杨君导演，王新仓主演。剧目通过回忆与现实的交错闪回展示了英雄张富清成为解放军战士后，1948年在壶梯山战役杀敌立功、光荣入党，在永丰战役中痛失战友，决心为党和人民奉献余生，在社会主义建设事业中，深藏功与名，在平凡工作岗位上默默奉献的人生历程，讴歌了老英雄张富清坚守初心、不改本色、深藏功名、朴实淡泊的爱国情怀和高尚情操。

【秦腔《路遥的世界》】

2020年12月7日，由陕西省戏曲研究院创排的新编秦腔现代剧《路遥的世界》在北京市梅兰芳大剧院上演。该剧由谢迎春、柏杨编剧，王化武执导，李小青、李军梅领衔主演，陕西省戏曲研究院青年实验团演出。剧目讲述了生于陕西的当代作家路遥，在匆匆四十余年的生命历程中，怀着强烈的历史使命感，为人民而创作，为时代而立传的故事，褒扬了路遥扎根黄土地，坚持为人民创作的精神。

【秦腔《关西夫子》】

2020 年 12 月 11 日、12 日，由陕西省戏曲研究院创作排演的新编秦腔历史剧《关西夫子》在北京市梅兰芳大剧院上演。该剧由姚金成编剧，张平执导，边肖领衔主演，李君梅、赵扬武、齐爱云、王航、徐松林、胡林焕等主演。剧目以陕西历史名人“清白吏”杨震为原型，讲述东汉大儒杨震在知天命之年临危受命，从潼乡学馆赴任荆州惩贪救灾惊动朝野的故事，再现了他为官正直，为百姓谋福，公正清廉，不忘清白本色的高尚品格。

【秦腔《再续红梅缘》】

2020 年 12 月 19 日、20 日，由陕西省戏曲研究院创排的秦腔传统剧《再续红梅缘》在北京市梅兰芳大剧院上演。该剧由西岭雪编剧，韩建英导演，李梅领衔主演，陕西省戏曲研究院小梅花秦腔团助演。剧目取材于明代周朝俊的作品《红梅记》，讲述了裴瑞卿与李慧娘、卢昭容的传奇爱情故事。该剧借鉴了京剧、粤剧等剧种的同题材剧目，同时保留秦腔《游西湖》中《鬼怨·杀生》的经典桥段及“吹火”绝技，是戏曲艺术回归传统的一次尝试。

【豫剧《红嫂颂》】

2020 年 6 月 28 日，由河南豫剧院三团主办的“红心向党唱红歌——庆祝中国共产党成立 99 周年豫剧《红嫂颂》专场直播”在河南豫剧院三团的朝阳沟剧院上演，并通过戏缘 APP、百姓文化云、梨园频道、大河网、河南豫剧院三团快手官方账号等平台网络直播。《红嫂颂》由马金凤担任艺术指导，马建新编剧，张平、刘冰导演，河南豫剧院三团刘雯卉领衔主演，剧目讲述沂蒙山区红嫂营救革命战士的故事。

【豫剧《义薄云天》】

2020 年 8 月 5 日、6 日，由河南豫剧院二团、河南艺术职业学院、中共汝州市委市政府等创作的新编豫剧历史剧《义薄云天》在河南艺术中心大剧院首演。《义薄云天》是李树建继《程婴救孤》《清风亭上》《苏武牧羊》之后主演的“中华美德四部曲”的第四部。该剧由陈涌泉编剧，丁建英导演，赵国安作曲。剧目选取了关羽一生中的重大典型事件，塑造了一个义薄云天、有情有义的关羽形象。

【豫剧《大石岩》】

2020 年 12 月 1 日，由鹤壁市豫剧牛派艺术研究院创排的现代豫剧《大石岩》在北京市梅兰芳大剧院上演。该剧由沈斌执导，金不换主演。剧目讲述徐刚在部队是师级干部、到地方成为厅级干部，63 岁后他响应老家淇县县委“头雁回归创业”计划，回乡当村干部带领大石岩乡亲致富的故事。

【粤剧《谯国夫人》】

2020 年 6 月 27 日，由广东粤剧院、广州粤剧院创排的粤剧《谯国夫人》在广东粤剧艺术中心上演。该剧由王新生、梅晓编剧，陈锦荣、冯敏仪担任粤剧改编，张平执导，曾小敏、欧凯明、黎骏声、彭庆华、文汝清等主演。剧述谯国夫人冼英一生亲历三朝，以护佑苍生为己任，护国爱民，为维护国家统一、岭南百年安定而殚精竭虑的故事。

【粤剧《红头巾》】

2020 年 8 月 24 日，由广东粤剧院创排的现代粤剧《红头巾》在广东粤剧艺术中心首演。该剧由莫非编剧，张曼君导演，曾小敏领衔主演。剧述 20 世纪 30 年代初的灾荒年间，三水女人卢带好、阿月和阿丽姐妹结伴去南洋当“红头巾”谋生养家的往事。她们离乡别井在新加坡从事最辛苦的工地工作，戴起“红头巾”，默默地承担所有苦难和悲欢离合，始终温婉善良坚韧隐忍地包容、温暖、守护彼此，甚至生死以托地印证了对家国、对亲人、对姐妹之间最质朴的真、善、美。而“红头巾”这代表勤劳奉献、朴实善良、吃苦耐劳的称谓，最终被载入新加坡的历史，赢得了当地人民的尊重。

【越剧《凤凰台》】

2020 年 9 月 9 日，由南京市越剧团创作的原创越剧《凤凰台》在南京市文化馆大剧场首演。该剧由罗周编剧，翁国生导演，李晓旭饰演李白。剧目从李白在南京留下的《登金陵凤凰台》出发，讲述了在大唐兴衰成败的背景下，李白跌宕起伏的人生和爱情故事。

【戏曲抗疫情景剧《生命的光芒》】

2020 年 5 月 15 日，由陕西省戏曲研究院组织创排的陕西戏曲抗疫情景剧《生命的光芒》进行线上首演。该剧由刘戈兵、陈淑玲担纲编剧，赵丹红任总导演，陕西省戏曲研究院 13 位获得中国戏剧“梅花奖”的演员联袂参演，汇集了秦腔、眉户、关中道情、碗碗腔等陕西地方戏曲剧种。剧目以 2020 年年初，一场突如其来的新冠肺炎疫情为背景，通过几个独立的故事，讲述了在疫情防控战斗中，医务工作者、社区党员干部、农村基层党组织、志愿者等不同职业群体，以大无畏精神奔赴一线，无私奉献，他们用生命守护生命，守护“万家灯火”，谱写出一首首抗疫战歌的感人故事。

纪事

国家资助项目

【2020年度国家舞台艺术精品创作扶持工程评审结果】

2020年6月10日，文化和旅游部艺术司公示2020年度国家舞台艺术精品创作扶持工程评审结果。共有25部剧目入选“2020年度全国舞台艺术重点创作剧目名录”，其中戏曲剧目12部，分别是吕剧《一号村台》、河北梆子《人民英雄纪念碑》、淮剧《小城》、京剧《延安往事》、川剧《江姐》、上党梆子《沁岭花开》、川剧《草鞋县令》、京剧《秦良玉》、昆曲《梅兰芳·当年梅郎》、彩调剧《新刘三姐》、粤剧《谯国夫人》、莆仙戏《踏伞行》；共有10部剧目入选“2020年度国家舞台艺术精品创作扶持工程重点扶持剧目”，其中戏曲剧目5部，分别是吕剧《一号村台》、河北梆子《人民英雄纪念碑》、昆曲《梅兰芳·当年梅郎》、彩调剧《新刘三姐》、莆仙戏《踏伞行》。详细信息见文化和旅游部官方网站。

【“中华优秀传统艺术传承发展计划”2020年度戏曲专项扶持项目入选名单】

2020年7月13日，文化和旅游部艺术司公布“中华优秀传统艺术传承发展计划”2020年度戏曲专项扶持项目入选名单。共有全国51个剧种的戏曲名家100名，学生200名入选。详细信息见文化和旅游部官方网站。

【2020年度剧本扶持工程项目入选名单】

2020年9月3日，文化和旅游部艺术司公布2020年度剧本扶持工程项目入选名单。经文化和旅游部艺术司组织专家对全国各省（自治区、直辖市）及中直有关单位申报、艺术司委约创作的剧本进行评审，共评出大戏组剧目12部，其中戏曲8部，分别是京剧《眷江城》《下陈州》，地方戏《画网巾》、《一个人的长征》、《瓷·心》、《殷商妇好传》、《新刘三姐》（修改版）、《香飘白果岭》。小戏组剧目10部。详细信息见文化和旅游部官方网站。

【“庆祝中国共产党成立100周年舞台艺术精品创作工程”重点扶持作品名单】

2020年10月30日，文化和旅游部办公厅公布“庆祝中国共产党成立100周年舞台艺术精品创作工程”重点扶持作品名单。根据《文化和旅游部办公厅关于印发〈“庆祝中国共产党成立100周年舞台艺术精品创作工程”工作方案〉的通知》（办艺发〔2020〕78号），文化和旅游部组织专家对申报作品进行遴选，选出100部“百年百部”创作计划重点扶持作品（其中戏曲作品29部）、100部“百年百部”传统精品复排计划重点扶持作品（其中戏曲作品45部）、100部“百年百项”小型作品创作计划重点扶持作品（其中戏曲作品24部）。详细信息见文化和旅游部官方网站。

【国家艺术基金2020年度大型舞台剧和作品滚动资助项目名单】

2020年12月24日，经国家艺术基金专家评审，并报国家艺术基金理事会批准，对国家艺术基金

2020年度大型舞台剧和作品滚动资助项目名单予以公示。国家艺术基金2020年度大型舞台剧和作品滚动资助项目名单共计17项，其中戏曲类资助项目7项，分别是沪剧《敦煌女儿》、川剧《江姐》、歌仔戏《侨批》、京剧《文明太后》《北平无战事》、锡剧《大风歌》、皮影戏《人鱼姑娘》。详细信息见国家艺术基金官方网站。

【2020年全省重点剧目创作计划名单】

2020年3月30日，陕西省文化和旅游厅公布2020年全省重点剧目创作计划名单（以下简称“计划名单”），共20部剧目入选。其中，戏曲类作品有秦腔10部，分别是《关西夫子》《路遥的世界》《姚启圣》《党的女儿》《苍塬长歌》《都市挣扎》《根据地》《渭华星火》《张富清1948》《云雾村轶事》；汉剧2部，分别是《程豫》《半云榜》。

陕西省文化和旅游厅将对入选剧目的创作排演给予重点扶持，积极研究解决创作、演出中的问题，将根据入选剧目创作进度，委派专家组定期进行现场指导。特别优秀的剧目，将其纳入省级政府惠民演出采购，并优先推荐其参加省内外重要艺术活动。同时，加大对入选剧目的评论和宣传推广力度，有效扩大入选剧目的社会影响。此外，“计划名单”将实行动态管理，省文化和旅游厅根据各地工作进展情况和剧目实际质量，每两个月更新一次。连续两个月剧目创排工作未推进的，将退出“计划名单”。同时，对未进入名单的剧目，如果创作前景良好，将补充进“计划名单”。

【“2020年河北省戏曲中青年演员推广工程”入选名单】

2020年6月24日，由中共河北省委宣传部、河北省文化和旅游厅、河北广播电视台主办，河北广播电视台农民频道、河北省戏剧家协会、石家庄市演艺集团承办的“2020年河北省戏曲中青年演员推广工程”入选名单公布，共39人入选。“2020年河北省戏曲中青年演员推广工程”，有来自河北省各地14个剧种的156名专业演员报名参与。经评审委员会审核，遴选出河北省河北梆子剧院苏娜、赵贞海，石家庄市评剧院一团冉梦涵，邯郸永年西调剧团李英霞，唐山市评剧团何静等39名来自专业戏曲院团的中青年戏曲演员进入此次推广工程。

“河北省戏曲中青年演员推广工程”是河北省落实国务院办公厅《关于支持戏曲传承发展的若干政策》的实践工程，自2017年起组织开展。

展演 · 评奖

【2020 新年京剧晚会】

2020 年 1 月 1 日，由北京演艺集团主办的“2020 新年京剧晚会”在人民大会堂上演。晚会分两大板块。第一板块“梨园情”，由 5 位青年演员分别呈现梅派、尚派、程派、荀派、张派 5 个旦行流派的唱段。第二板块由京剧表演艺术家叶少兰、赵葆秀、谭孝曾、康万生、薛亚萍、邓沐玮、于魁智、李胜素、张建国、王蓉蓉、迟小秋、杜镇杰、朱强、胡文阁等京剧名家登场，演绎不同流派脍炙人口的唱段。

【国家京剧院建院 65 周年系列活动】

2020 年 1 月 10 日，“国家京剧院建院六十五周年系列活动”在京剧像音像工程北京基地（人民剧场）开幕。京剧艺术展陈馆开馆仪式、京剧电影工程及中国京剧像音像工程成果展映周、《杜近芳口述实录》新书发布、共建单位成果展示、共建单位合作协议签署等多项活动同时展开。

同期，国家京剧院与中央戏剧学院签署合作协议；与山东省聊城市政府签署结对共建合作框架协议。文化和旅游部专项资助，国家京剧院策划组织，杜近芳口述，张正贵、陆蕾采写的《杜近芳口述实录》由人民出版社出版。该书的采访写作和编辑出版历时五载，全书 30 余万字、200 余幅精选插图，是现今唯一一本杜近芳艺术生涯和人生历程的图文记录。京剧艺术展陈馆位于京剧像音像工程北京基地人民剧场内，通过大事年表、图片、视频，京剧名家曾用的京剧服饰、道具、容妆实物等，多角度展示国家京剧院建院 65 年来的建设发展成就，辐射京剧艺术 200 余年的源远流长和博大精深，兼具历史厚重感和时代气息。

1 月 1 日至 17 日，国家京剧院本着“隆重但不奢华”的原则，采取“以演代庆、展示成果”的方式在梅兰芳大剧院连续为观众呈现 18 场精彩演出。国家京剧院经典保留剧目《杨门女将》《野猪林》《谢瑶环》《红灯记》《春草闯堂》，以及传统戏《贵妃醉酒》《打金砖》《凤还巢》《龙凤呈祥》《大闹天宫》《大・探・二》，新创剧目《瘦马御史》《江姐》《安国夫人》《大漠苏武》《延安往事》和折子戏专场等陆续上演。同时，剧院共建院团山东海阳市京剧团、南京市京剧团、青岛市京剧院、宁夏演艺集团京剧院有限公司等院团的演员受邀走进梅兰芳大剧院，与国家京剧院演员同台演出，展现剧院共建帮扶成果。

自 1 月 10 日起，国家京剧院还举办了“京剧电影工程暨中国京剧像音像工程成果展映周”活动。京剧电影《龙凤呈祥》《穆桂英挂帅》，京剧像音像《梅妃》《安国夫人》《甘宁百骑劫魏营》等在展映周与观众见面。

【“传・麒”——纪念周信芳诞辰一百二十五周年系列演出】

2020 年 1 月 20 日至 22 日，由上海京剧院主办的“‘传・麒’——纪念周信芳诞辰一百二十五周年系列演出”在上海人民大舞台举行。系列演出分 3 场进行。1 月 20 日，麒艺流芳——纪念周信芳诞辰 125 周年主题晚会，以老戏“麒”唱、同台竞辉、麒韵传扬、麒派原创、继往开来五大板块梳理了当今麒派艺术的传承创新之路，集结来自全国的名家新秀共同演绎麒派经典。1 月 21 日，“麒味十足”

的折子戏专场，由来自全国的麒派老生以及京昆名家演绎周信芳最具代表性的经典片段《萧何月下追韩信》《清风亭・盼子》《十五贯・访鼠测字》《徐策跑城》《坐楼杀惜》。1 月 22 日，演出上海京剧院创作的代表剧目之一《成败萧何》。麒派传人陈少云运用麒派独有的程式，塑造了致敬麒派的剧目《萧何月下追韩信》中的萧何形象。

【心在一起——全国地方戏曲展播月】

2020 年 3 月 11 日至 4 月 19 日，由中国评剧院、全国地方戏演出中心主办的“心在一起——全国地方戏曲展播月”在线上展播。此次展播为“全国地方戏演出中心网络平台”首次携手“东方大剧院”视频平台。在此期间，全国地方戏演出中心邀请北京、上海、河北、湖北、广东、安徽、湖南、江苏、山西、山东、福建、吉林、浙江、贵州、宁夏共 15 个省、自治区、直辖市的 20 家院团每日推出一剧，包括评剧、汉剧、越剧、沪剧、粤剧、梆子、秦腔、曲剧、黄梅戏、花鼓戏、闽剧、婺剧等 20 个剧种，《王昭君》《宇宙锋》《白蛇传・情》等 40 个剧目的演出视频。此外，“全国地方戏演出中心网络平台”还推出了“名家教唱”“地方戏曲小课堂”“地方戏曲主播”等线上活动。

【“越赏清音”——上海越剧院一团特别直播公益演唱会】

2020 年 3 月 20 日，艺起前行・演艺大世界云剧场——“‘越赏清音’——上海越剧院一团特别直播公益演唱会”在新民网、澎湃新闻、东方大剧院、文化上海云、今日头条、话匣子、央视频、优酷、抖音、西瓜视频等各大线上平台同步直播。此次演唱会是新冠肺炎疫情发生以来的首场全网大型直播演唱会。在直播过程中，主办方使用了虚拟数字化制作技术，希望让观众感受不同于剧场内、舞台上的表演效果。通过前期实景拍摄和现场数字化空间的叠加运用，观众可以看到演员在五个不同的居家场景中进行演出，消除了观感上的单一感受。此次演唱会在各大平台点击观看人数总计高达 170 余万人次。

【“东方之韵”戏曲展演周】

2020 年 3 月 26 日至 30 日，上海戏曲艺术中心携手所属的上海京剧院、上海昆剧团、上海沪剧院、上海越剧院、上海淮剧团、上海评弹团六大院团，在抖音、西瓜视频、今日头条、哔哩哔哩（B 站）等 10 余家直播平台上推出“艺起前行・演艺大世界云剧场——‘东方之韵’戏曲展演周”。这是一年一度的“东方之韵”戏曲展演周举办以来的第一次大规模云端集结。3 月 26 日，“一江连心　艺起前行——上海京剧院线上演唱会”拉开活动帷幕，尚长荣、陈少云、史依弘、李军、王珮瑜、严庆谷、傅希如、蓝天、高红梅、杨扬、董洪松、田慧、何婷等上海京剧院全明星阵容亮相。3 月 27 日，“致敬经典・艺起前行——走进昆曲中的四大名著”，上海昆剧团的 4 名昆曲表演艺术家蔡正仁、谷好好、吴双和沈昳丽带来各自表演艺术历程中与“四大名著”有关的小故事。3 月 28 日，“红楼越韵——上海越剧院二团特别直播公益演唱会暨 2020 上海市民文化节”开幕活动，在虚拟演播厅与数字合成技术助力下，中青年演员悉数与广大越剧迷见面。3 月 29 日下午，上海淮剧团青年演员王俊杰及同事带领观众走进上海淮剧团台前幕后；同日晚上，沪剧表演艺术家茅善玉在直播间和戏迷共同赏析沪剧《雷雨》中“盘凤”“花园会”“鱼死网破”等经典片段，分享她演绎繁漪这一角色的心得体会。3 月 30 日，上海评弹团团长高博文直播导赏评弹专场《红楼梦中人》，包含《王熙凤》《黛玉焚稿》《宝玉夜探》《妙玉》《林黛玉》《晴雯补裘》6 首弹词开篇或选曲。

【第十九届嵊州·中国民间越剧节空中演唱会】

2020年3月27日，越剧诞辰114周年纪念日，由浙江省嵊州市委、嵊州市人民政府主办的第十九届嵊州·中国民间越剧节以“空中演唱会”的形式在浙江省嵊州市举行。浙江新闻客户端绍兴频道对本次演唱会进行全程视频直播。本次演唱会名家与“草根”荟萃，特邀了来自浙江小百花越剧院、福建芳华越剧团、南京市越剧团、嵊州市越剧团以及赵氏工坊等7个院团的名家，实现了多地跨区域、跨时空的携手演唱。此外，各地越剧新秀、名票，以及百余个海内外爱越小站的代表们也通过网络齐声献唱。演唱会以“纪念、抗疫、传承”为主题，不仅有名家的获奖作品和经典剧目，更有为抗击疫情而专门创作的战“疫”主题越剧作品。直播期间，还由6名外景主持人探访越剧诞生地东王村、女子越剧诞生地施家岙村、越剧小镇等代表性地标，带领观众参观领略了这些戏迷寻根访源必到之地的风情。

【纪念黄梅戏一代宗师严凤英先生诞辰90周年纪念活动】

2020年4月13日，由中共安庆市委宣传部、安庆市文旅局、安庆市文学艺术界联合会等主办，安庆市黄梅戏艺术剧院、安徽再芬黄梅文化艺术股份有限公司、安庆市黄梅戏剧院等承办的“纪念黄梅戏一代宗师严凤英先生诞辰90周年纪念活动”在安徽省安庆市举行。纪念活动包括向黄梅戏一代宗师严凤英献花仪式、黄梅戏一代宗师严凤英艺术成就座谈会、“著名黄梅戏表演艺术家严凤英诞辰90周年纪念封”首发式等，同日，在“掌上安庆”客户端、安庆市黄梅戏艺术剧院抖音公众号、哔哩哔哩（B站）等平台还举办了“纪念黄梅戏一代宗师严凤英先生诞辰90周年作品演唱会”。

【2020年全国舞台艺术优秀剧目网络展演】

2020年5月15日至6月8日，文化和旅游部举办“2020年全国舞台艺术优秀剧目网络展演”。本次展演共推出22部剧目，分别选自第十六届“文华大奖”获奖剧目、国家舞台艺术精品创作扶持工程扶持剧目、中国民族歌剧传承发展工程重点扶持剧目、时代交响——中国交响音乐作品创作扶持计划重点扶持作品和“黄河文化”题材优秀剧目，其中戏曲作品10部。5月15日20时，22台剧目全剧视频同时在文化和旅游部政府门户网站上线，拉开本次展演的大幕。6月8日24时，22台剧目全部下线，展演也以此形式落幕。

【致敬英雄“艺”起前行——12小时全媒体特别直播】

2020年5月17日，由上海人民广播电台、上海市戏剧家协会、上海戏曲艺术中心发起，上海戏曲广播、全国戏曲广播联盟承办的“致敬英雄‘艺’起前行——12小时全媒体特别直播”在上海“星期戏曲广播会”开启。9时至21时，尚长荣、蔡正仁、陈少云、谷好好、茅善玉、史依弘、梁伟平、李军、王珮瑜等上海戏曲界以及马金凤、刘长瑜、叶少兰、燕守平、耿其昌、李维康、朱世慧、韩再芬、茅威涛等各地近百名戏曲名家、戏曲研究专家学者、戏曲新秀现身直播间，以说、游、演、互动等多种方式接力发声，展现戏曲艺术凝聚人心的力量，弘扬优秀传统文化、讲好中国故事、礼赞抗疫英雄。除了熟悉的京昆越沪淮等剧种外，观众还领略到秦腔、豫剧、汉剧、黄梅戏、绍剧、婺剧、锡剧、甬剧、粤剧、梨园戏、川剧、蒲剧、越调、苏剧、评弹等戏曲剧（曲）种，更有耍孩儿、奉贤山歌剧等稀有剧种的展示。活动在FM97.2上海戏曲广播、FM89.9都市广播以及央视频、澎湃、文汇APP、大麦×优酷、哔哩哔哩等新媒体网络平台进行同步音视频直播。

【梨园璀璨——全国地方戏曲展播月】

2020年6月22日，由中国评剧院、全国地方戏演出中心主办，全国基层戏曲院团参与的“梨园璀璨——全国地方戏曲展播月”在“中国网正在上演云剧场”开幕。来自四川、黑龙江、山东、甘肃、湖北、海南、江西、吉林、山西、福建、陕西、江苏、贵州、西藏、广东15个省、自治区、直辖市的21家院团参加展演活动。活动期间，“全国地方戏演出中心网络平台”携手“中国网正在上演云剧场”每日推出一剧（周末双联看），包含川剧、龙江剧、柳腔、秦腔、花鼓戏、茂腔、京剧、琼剧、赣剧、黄龙剧、晋剧、芗剧、豫剧、淮剧、黔剧、蒲剧、藏剧、潮剧、吉剧19个剧种，39个剧目的演出视频。

【有戏安徽·奋斗的青春最美丽——安徽省青年戏剧演员优秀作品展演】

2020年6月29日，由安徽省文学艺术界联合会、安徽广播电视台主办的“有戏安徽·奋斗的青春最美丽——安徽省青年戏剧演员优秀作品展演”在安徽省合肥市举行。整场演出分为“多彩梨园正青春”“砥砺青春再出发”上下两个篇章，52名青年戏剧演员参加了23部优秀作品的演出，演出剧种包括黄梅戏、徽剧、庐剧、淮北梆子戏、坠子戏、泗州戏、二夹弦等。黄新德、丁玉兰、吴亚玲、田玉莲、黄宗毅、武克英、姚美美、王丹红8名梨园守护者依次登台，对青年演员的演出进行点评并推荐。展演通过“有戏安徽”平台并结合快手、抖音等进行线上直播，安徽卫视《相约花戏楼》也一并播出。

【北京市河北梆子剧团60周年庆系列之线上演出季】

2020年7月10日至9月20日，“北京市河北梆子剧团60周年庆系列之线上演出季”在北京演艺集团官方快手（京演快剧场），北京市河北梆子剧团官方快手、抖音，央视频等平台同步开播。线上演出季在每月10日、20日、30日进行线上直播，直播包括“艺海传梆　燕赵歌扬”——北京市河北梆子剧团60周年庆系列之线上演出季启动仪式，抗疫小戏《年关》，以及传统戏《呼延庆打擂》《金铃记》《王春娥》《打金枝》《清风亭》。9月20日，北京市河北梆子剧团60周年庆系列之线上演出季闭幕仪式在民族文化宫举行。此外，北京市河北梆子剧团还在微信公众号举办了“庆祝建团60周年线上图片展”“庆祝建团60周年‘台前幕后　大话戏游’艺术微课堂”活动。

【中国评剧院建院65周年演出季】

2020年7月23日，为庆祝建院65周年，北京演艺集团旗下中国评剧院，携手中华网主办“京演邀你剧场见”——中国评剧院建院65周年演出季开幕式在中国评剧院小剧场举行。开幕式同时在北京演艺集团官方快手账号（京演快剧场），中国评剧院官方快手、抖音，央视频，百家号等多个视频平台开启直播。7月25日至28日，作为新冠肺炎疫情后北京市第一家展开线下演出的戏曲院团，中国评剧院经典剧目《花为媒》《秦香莲》，精品现代戏《祥子与虎妞》及《评剧名家名段演唱会》相继在全国地方戏演出中心上演。8月6日、15日，经过重新编排的“青春版”评剧《无双传》和原创精品剧目《藏地彩虹》也在全国地方戏演出中心上演。

【京剧的夏天——全国京剧院团线上抗疫展演月】

2020年8月8日至9月4日，由国家京剧院和湖北省京剧院主办，北京京剧院、天津京剧院、天津市青年京剧团、上海京剧院、山东省京剧院、黑龙江省京剧院、大连京剧院、武汉京剧院、云南省京剧院、福建京剧院、贵州京剧院、重庆京剧团、吉林省戏曲剧院京剧团、沈阳京剧院16家京剧院团参与的“京剧的夏天——全国京剧院团线上抗疫展演月”与观众见面。在为期28天的展演中，2场京剧名家名段演唱会，26台优秀京剧剧目，近百位京剧表演艺术家与观众在“云”上相聚，观众通过学习强国平台“京剧的夏天”或快手客户端关注“梅兰芳大剧院”全程免费观演。本次活动是全国京剧院团首次联合以线上形式开展的全国性展演。

26台演出剧目，既有《党的女儿》《在路上》《赵一曼》《杨靖宇》《华子良》《闻一多》《布依女人》等现代京剧，又有《龙凤呈祥》《穆桂英挂帅》《九江口》《秦香莲》等优秀传统剧，以及《廉吏于成龙》《大漠苏武》《成败萧何》等新编历史剧。8月8日和9月4日的两场名家名段演唱会，演出阵容包括尚长荣、刘长瑜、叶少兰、朱世慧、赵葆秀、谭孝曾、邓沐玮、王平、于魁智、李胜素、张建国、孟广禄、王蓉蓉、袁慧琴、迟小秋、杨赤、史依弘、侯丹梅、李海燕、朱强、关栋天、杜镇杰、王珮瑜、宋小川、张慧芳、倪茂才、王艳、刘子微、孙劲梅、万晓慧、常东、周利、刘建杰、朱福、马佳等老、中、青三代京剧名家。每台演出前，还邀请了院团长、知名艺术家讲解剧目精彩看点、分享排演心得，对剧目进行全方位多角度导赏。

【上海首届沪剧月展演】

2020年8月18日至9月20日，由上海市演出行业协会主办的“上海首届沪剧月展演”在上海市举行。来自上海市10家民营沪剧团的10部原创新编作品参与此次展演活动。10部作品为勤苑沪剧团的《银杏树下》、新东苑沪剧团的《玉兰花开》、文慧沪剧团的《心归何处》、海天沪剧团的《桃花红了》、彩芳沪剧团的《口碑》、沪林沪剧团的《人间自有真情在》、民乐沪剧团的《板桥霜》、紫华沪剧团的《华家儿女》、陇韵沪剧团的《相约梅家弄》、九瀚沪剧团的《华亭孟姜》。这些剧目的共同特点是以原创或新编的方式，演绎普通老百姓的生活。

【不负韶华——2020年上海戏曲院团夏季集训展演暨“戏·聚精典”演出季】

2020年8月22日至25日，由上海戏曲艺术中心和所属京、昆、沪、越、淮、评弹六家院团举办的“不负韶华——2020年上海戏曲院团夏季集训展演暨‘戏·聚精典’演出季”在上海大剧院举行。本次演出季首次聚焦青年演员，以连续四天四场演出呈现六家院团夏季集训的成果。首场汇报演出六家院团名家新秀轮番亮相，通过丰富多彩的表演形式综合呈现戏曲艺术中的唱念做打，多方位展示青年演员的“精、气、神”。演出还同步进行网络直播。8月23日，上海昆剧团携手上海京剧院联袂上演《扈家庄》《桃花村》《乔醋》《击鼓骂曹》以及武打硬戏《雁荡山》等剧目。8月24日，上海沪剧院与上海评弹团新生力量集结一堂，共同演绎《杨乃武与小白菜》《罗汉钱》《家》等经典唱段。8月25日，上海越剧院和上海淮剧团的青年演员们首次同台演绎，呈现了大家耳熟能详的经典折子戏《追鱼》《投军别窑》《情探》《李娃传》，且“同演一台戏”——《杨门女将》。

【领略中国国粹艺术魅力——国家京剧院线上好戏展】

2020年8月26日，悉尼中国文化中心与中国国家京剧院合作，在悉尼中国文化中心官方网站上线“领略中国国粹艺术魅力——国家京剧院线上好戏展”，开启了悉尼中国文化中心打造的“云·游中国”之“传统与当代——中国艺术之美”系列主题线上展。此次悉尼中国文化中心推出的“领略中国国粹艺术魅力——国家京剧院线上好戏展”，精选《杨门女将》《霸王别姬》《白蛇传》《大闹天宫》《野猪林》5 部经典剧目选段的演出视频，并配以剧情简介和精美剧照。

【2020 年浙江省传统戏曲演出季】

2020 年 8 月至 10 月，由浙江省文化和旅游厅主办，浙江京昆艺术中心、宁波市文化广电旅游局、温州市文化广电旅游局等承办的“2020 年浙江省传统戏曲演出季”分别在杭州、宁波、温州、绍兴、金华五地举行，杭州为活动主会场，其他四地开设分会场联动演出。展演以久演不衰的代表性戏曲作品为主，涵盖昆剧、京剧、越剧、婺剧、绍剧、甬剧、睦剧、瓯剧、台州乱弹、新昌调腔等多个剧种，五座城市联动 46 个院团（院校）共演出 78 场。

【北京京剧院流派经典剧目展演】

2020 年 8 月至 10 月，“北京京剧院流派经典剧目展演”在长安大戏院举行。先后上演了梅派、马派、程派、张派经典剧目，演出了《穆桂英挂帅》《十老安刘》《锁麟囊》《状元媒》等 22 出经典剧目及 3 台经典唱段演唱会。

2020 年 11 月 2 日至 15 日，为纪念尚小云、荀慧生诞辰 120 周年，“北京京剧院流派经典剧目展演”在长安大戏院举行。演出了《红楼二尤》《金玉奴》《红娘》等 11 出尚（小云）派、荀（慧生）派、赵（燕侠）派经典剧目和 2 台经典唱段演唱会。

流派经典剧目展演系列活动重点演出北京京剧院奠基人梅兰芳、尚小云、程砚秋、荀慧生、马连良、谭富英、张君秋、裘盛戎、赵燕侠 9 位京剧流派艺术大师，以及余、奚、杨、叶、姜、李等 20 余种流派的经典剧目。

【纪念中国人民抗日战争暨世界反法西斯战争胜利 75 周年舞台艺术优秀剧目展演展播】

2020 年 9 月 2 日至 20 日，由文化和旅游部主办，文化和旅游部艺术司、文化和旅游部信息中心承办的“纪念中国人民抗日战争暨世界反法西斯战争胜利 75 周年舞台艺术优秀剧目展演展播”举行。本次活动从精神文明建设“五个一工程”获奖剧目、“文华大奖”获奖剧目、国家舞台艺术精品创作扶持工程重点扶持剧目、中国民族歌剧传承发展工程重点扶持剧目、抗战题材经典保留剧目中遴选 20 台剧目参加。其中戏曲作品 7 台，分别是京剧《红灯记》《西安事变》《杨靖宇》，评剧《母亲》《红高粱》，上党梆子《太行娘亲》，粤剧《梦·红船》。展演展播以“线下”剧场演出和“线上”网络直播、展播相结合的形式开展，其中 4 台剧目在北京进行线下剧场演出，文化和旅游部门户网站作为视频播出主平台，进行网络直播、展播。

【2020 浙江省传统戏曲演出季——（中国·绍兴）第十八届越剧大展演】

2020 年 9 月 5 日至 30 日，由浙江省文化和旅游厅、中共绍兴市委宣传部、绍兴市文化广电旅游局主办，绍兴市演艺集团承办的“2020 浙江省传统戏曲演出季——（中国·绍兴）第十八届越剧大展演”在浙江省绍兴市举行。来自浙江小百花越剧团、浙江越剧团、杭州越剧院、绍兴小百花越剧团、温州市越剧团、绍兴越剧艺术公司、鄞州越剧团、嵊州市越剧团、诸暨市越剧团、海宁市越剧团、桐庐越剧团 11 家越剧院团的代表剧目陆续上演。

【2020 年全国基层戏曲院团网络会演】

2020 年 9 月 7 日至 30 日，由中共中央宣传部、文化和旅游部主办，中共中央宣传部文艺局、文化和旅游部艺术司、文化和旅游部信息中心承办的“2020 年全国基层戏曲院团网络会演”举行。全国 33 家基层院团携 33 台剧目参加此次会演。33 台剧目归属 27 个剧种，既包括京剧、秦腔、婺剧等知名剧种，还包括郧剧、临县道琴、海城喇叭戏等稀有剧种。参演剧目中现代戏 24 台，占比 73%，主要为表现脱贫攻坚和全面建成小康社会主题的剧目，如广西壮剧《我家住在铜鼓岭》、贵州黔剧《天渠》、黑龙江龙江剧《这片黑土地》等，也有部分革命历史题材现代戏，如广东白字戏《彭湃之母》、湖南湘剧《云阳壮歌》等。此外，还有陕西秦腔《李白长安行》、浙江婺剧《忠义九江口》等 4 台新编历史剧和福建莆仙戏《踏伞行》、辽宁海城喇叭戏《马前泼水》等 5 台整理改编传统戏（含传统戏）。文化和旅游部政府门户网站为视频播出主平台，统一发布播出 33 台剧目视频，所有剧目均为免费观演。会演活动还在新华社的支持下，联合相关新媒体平台开发了适合网络传播的内容及形式，并邀请演艺明星参与宣传片拍摄，邀请戏曲专家拍摄“专家荐剧”短视频，增强了观众参与度和社会热点关注度。

【第三届内蒙古地方戏优秀剧目暨沿黄省区地方戏展演】

2020 年 9 月 11 日至 15 日，由内蒙古自治区文化和旅游厅、鄂尔多斯市人民政府主办，鄂尔多斯市文化和旅游局承办的“第三届内蒙古地方戏优秀剧目暨沿黄省区地方戏展演”在内蒙古自治区鄂尔多斯市举行。本次展演包括沿黄省区地方戏特邀剧目展演、第三届内蒙古地方戏优秀剧目展演、康镇戏曲嘉年华、沿黄省区地方戏论坛讲座、颁奖典礼等专题活动。来自内蒙古各盟市和山西、陕西、河南 9 个地级市的专业艺术院团以及协会、社团、景区演艺团队近千名演员进行了近百场演出，近万名现场观众和 600 余万名线上观众观看了展演剧目。

【第八届武汉“戏码头”中华戏曲艺术节】

2020 年 9 月 12 日至 30 日，由武汉市人民政府主办，中共武汉市委宣传部、武汉市文化和旅游局承办的“第八届武汉‘戏码头’中华戏曲艺术节”在湖北省武汉市举行。本届戏曲艺术节通过“名团大戏线上展演 + 本地院团线下演出”的形式，开展了 15 场戏曲演出交流活动。

在线上的“云赏戏”系列中，北京京剧院《党的女儿》、天津市青年京剧团《珠帘秀》、天津评剧院《红高粱》、上海昆剧团《四大名著》、上海评弹团《赵氏孤儿》、浙江小百花越剧院《枫叶如花》、福建芳华越剧团《团圆之后》、安徽省黄梅戏剧院《雷雨》、江苏省演艺集团昆剧院《桃花扇·逢舟》、杭州越剧院《德清嫂》10 部剧目在抖音、哔哩哔哩（B 站）、新浪直播、一直播、微信公众号及学习强国、长江云等平台播出，还邀请了王蓉蓉、曾昭娟、王滨梅、徐铭、蒋建国、石小梅、陈丽宇等梅花奖演员进行线上导赏。

线下演出中，蒋建国、王蓉蓉、关栋天、谷好好、石小梅、李敏及本地戏曲名家朱世慧、刘子微、夏青玲、王荔、程丞等中国戏剧“梅花奖”得主，参与了戏曲艺术节 9 月 12 日开幕演出“献礼英雄城·戏曲名家演唱会”。此外，还有武汉楚剧院的楚剧折子戏专场，武汉汉剧院的汉剧《打金枝》、新创汉剧《黎明》，武汉京剧院的京剧《杜十娘》陆续上演。

【纪念杨兰春诞辰 100 周年暨中国戏曲现代戏研究会第 32 届年会】

2020 年 9 月 16 日至 20 日，由河南省文化和旅游厅、中国戏曲现代戏研究会、河南省文学艺术界联合会等主办，河南豫剧院、河南豫剧院三团、河南省戏剧家协会承办的“纪念杨兰春诞辰 100 周年暨中国戏曲现代戏研究会第 32 届年会”在河南省郑州市举行。活动包括豫剧《重渡沟》《朝阳沟》及“纪念杨兰春诞辰 100 周年演唱会”三场演出；主题为“杨兰春的精神遗产”“豫剧‘三团现象’”“公仆三部曲对于豫剧传承和发展的当代价值”的研讨会；中国戏曲现代戏研究会理事会议；中国戏曲现代戏研究会授予河南豫剧院三团“中国戏曲现代戏创作基地”的授牌仪式。

【2020 京剧行当艺术经典剧目展演】

2020 年 9 月 17 日，由北京市西城区人民政府、国家京剧院主办的“2020 京剧行当艺术经典剧目展演”开幕。“京剧行当艺术经典剧目展演”是由国家京剧院推出，以京剧行当生旦净末丑为主题的五年系列项目。展演以生行为主，历时 4 个月，包括大型剧目展演 2 场、小型剧目演出 20 场，其中既有《穆桂英挂帅》《四郎探母》这样的经典大戏，也有在梅兰芳大剧院小剧场上演的《三娘教子》《打金砖》《秦琼观阵》《击鼓骂曹》《乌盆记》《三岔口》等小型剧目。此次活动还在国家京剧院畅和园剧场、人民剧场、梅兰芳小剧场等开展京剧化妆课、剧目赏析课、大讲堂活动 24 场。所有演出均为公益演出，还增加了线上展播环节。

【2020 年陕西省戏曲行当展演】

2020 年 9 月 20 日至 25 日，由陕西省文化和旅游厅主办，陕西省戏曲研究院承办的“2020 年陕西省戏曲行当展演”在陕西省西安市举行。6 天时间里，来自全省各院团的《三岔口》《长坂坡》《扈家庄》《打瓜园》《汉津口》等 27 个武戏折子戏和丑行折子戏，通过连续 6 场演出与观众见面。9 月 25 日，为了总结经验，探讨进一步推动陕西省戏曲艺术传承和各行当全面均衡发展的新思路、新办法和新举措，“2020 年陕西省戏曲行当展演研讨会”同期举行。

【守正创新——豫剧人李树建“忠孝节义”四部曲暨戏曲名家名段演唱会进京献礼】

2020 年 9 月 20 日至 26 日，由中共河南省委宣传部、河南省文化和旅游厅、河南省文学艺术界联合会等主办的“守正创新——豫剧人李树建‘忠孝节义’四部曲暨戏曲名家名段演唱会进京献礼”在国家大剧院举行。《程婴救孤》《清风亭上》《苏武牧羊》《义薄云天》是李树建创作主演的“忠孝节义”四部曲。这是国家大剧院开业 10 余年来首次举办个人四部曲演出，活动在线上线下同时进行。9 月 27 日，还进行了此次献礼演出的研讨会。与会专家对“忠孝节义”四部曲的艺术价值与时代意义、李树建对豫剧乃至全国戏曲艺术发展的贡献进行了研讨。

【纪念张君秋先生诞辰 100 周年系列活动】

2020 年 9 月 29 日，由北京京剧院、中央广播电视总台主办的“纪念张君秋先生诞辰 100 周年暨第三届‘梨园雅集’两岸京剧名家张派经典折子戏专场演出”在长安大戏院上演。张君秋亲传弟子王蓉蓉领衔主演张派经典代表剧目《诗文会》《祭塔》《状元媒》中的片段。专场演出还通过现代科技手段实现张君秋与王蓉蓉、刘海苑两名亲传弟子共同演唱毛主席诗词《忆秦娥·娄山关》。此外，北京京剧院演员翟墨、方旭、裘识也在专场中演出折子戏片段《三关宴》《断密涧》。

2020 年 10 月 13 日至 18 日，由文化和旅游部、中国文学艺术界联合会、中国人民政治协商会议全国委员会京昆室等主办的“纪念张君秋先生诞辰一百周年——张派经典剧目系列展演”在长安大戏院举行。张君秋亲传弟子王蓉蓉等演员演出了《状元媒》《诗文会》《彩楼记》《秦香莲》《西厢记》等经典剧目。18 日，举行了“秋韵华彰——京剧张（君秋）派演唱会”。

2020 年 11 月 16 日，由文化和旅游部、中国文学艺术界联合会、全国政协京昆室等主办，北京市文化和旅游局、北京京剧院承办的“纪念张君秋先生诞辰 100 周年艺术研讨会”在中国政协文史馆举行。相关部门负责人、专家学者、张君秋弟子及子女等参加会议。与会者充分肯定了张君秋的艺术成就以及德艺双馨的艺术品格，并表示将致力推动张派艺术、京剧艺术的传承发展。11 月 16 日至 22 日，张君秋生平艺术展在中国政协文史馆展出。

2020 年 12 月 19 日，由文化和旅游部、中国文学艺术界联合会、中国人民政治协商会议全国委员会京昆室等主办的“纪念张君秋先生诞辰 100 周年座谈会”在人民大会堂新闻发布厅举行。来自全国政协、中共中央宣传部、文化和旅游部、中国文学艺术界联合会等相关部门负责人及专家学者、艺术家、张君秋家属出席座谈会。

【致祖国——名家经典剧目展演】

2020 年 9 月 30 日至 10 月 31 日，国家京剧院联合全国戏曲院团、院校共 19 家演出单位举办为期 32 天的“致祖国——名家经典剧目展演”。展演采用“线上 + 线下”的演出模式，除了走进剧场，观众还可在爱奇艺、东方大剧院等网络平台观演，与戏曲名家同屏互动。部分剧目还在学习强国、文化和旅游部官网等平台免费公益播放。9 月 30 日，“京剧名家名段演唱会”作为开幕演出上演，之后《龙凤呈祥》、《四郎探母》、折子戏专场、“纪念张君秋大师诞辰 100 周年”专场演出、上海戏剧学院戏曲学院折子戏专场、京剧荀派表演艺术家出演的《鱼藻宫》《红楼二尤》《荀灌娘》典藏折子戏专场、“纪念荀慧生大师诞辰 120 周年”陆续上演。此外，由参演院团、院校遴选出的各自的代表剧目，包括优秀传统戏《白蛇传》《剑峰山》，流派戏《王宝钏》《战洪州》《铁弓缘》《状元媒》《锁麟囊》《碧玉簪》，新编历史剧《三寸金莲》《公仪休》《关东女》，优秀移植剧目《哑女告状》，具有地域特色的剧目《大明城墙》《大梦长歌》《花漫一碗泉》《丝路花雨》《不孤垮》，现代戏《江姐》，京剧电影《对花枪》《勘玉钏》，与京剧有血缘关系的其他剧种，如昆曲《牡丹亭》、徽剧《徽班》等也陆续上演。

【第五季“京武会”——“武动京彩”2020 经典武戏专场】

2020 年 10 月 6 日至 8 日，上海京剧院“第五季‘京武会’——‘武动京彩’2020 经典武戏专场”在上海人民大舞台上演。为期三天的“京武会”共七出武戏《闹龙宫》《三岔口》《泗州城》《战宛城》《锔大缸》《武松打店》《八蜡庙》轮番亮相。演出不仅集结了上海京剧院青年武戏演员，更有武生奚中路和麒派老生陈少云联手助阵。

【第九届陕西省艺术节】

2020 年 10 月 15 日至 11 月 15 日，由陕西省人民政府主办，陕西省文化和旅游厅、宝鸡市人民政府承办的“第九届陕西省艺术节”在陕西省宝鸡市举行。共有 32 部剧目参评陕西省“文华奖”专业舞台剧目演出评奖，最终 10 部剧目获得第九届陕西省艺术节“文华优秀剧目奖”，其中戏曲剧目 6 部，分别是秦腔《关西夫子》《李白长安行》《陕北往事》《周原儿女》《张富清 1948》和商洛花鼓戏《情怀》。

【2020 全国越剧汇演季——长三角戏曲展演月】

2020 年 10 月 21 日至 12 月 3 日，由上海人民广播电台、浦东新区文化艺术指导中心、浦东新区三林镇人民政府等主办的“2020 全国越剧汇演季——长三角戏曲展演月”在上海市举行。上海越剧艺术传习所（上海越剧院）携手嵊州市越剧团、张家港市锡剧艺术中心、盐城市淮剧团、安徽省徽京剧院、绍兴小百花越剧团，上演了越剧《李娃传》《珍珠塔》《貂蝉与吕布》《花中君子》、锡剧《江姐》、淮剧《春月奇情》、徽剧《惊魂记》以及越剧《梁山伯与祝英台》8 部经典剧目。

【第七届当代小剧场戏曲艺术节】

2020 年 10 月 21 日至 12 月 20 日，由北京市文学艺术界联合会、北京戏剧家协会、北京天艺同歌国际文化艺术有限公司主办，繁星戏剧村承办的“第七届当代小剧场戏曲艺术节”在北京市繁星戏剧村举行。本届戏曲艺术节主题词为“渡”，取“渡河”“共渡难关”之意，一为纪念徽班经大运河北渡进京 230 周年，二为彰显在 2020 年新冠肺炎疫情特殊形势下，戏剧人同舟共济、共渡难关，坚守戏剧的信心。戏曲艺术节云集了北方昆曲剧院、成都市川剧研究院、云南省玉溪市滇剧院、中国评剧院、北京凌空评剧团、繁星戏剧村等参演院团。为纪念徽班京剧 230 周年，展演剧目以京剧为主，其他剧种为辅，共 13 部剧目，分别是京剧《一蓑烟雨》《西子在望》《荆轲》《老人与海》《鉴证》，滇剧《马克白夫人》，粤剧《金莲》，川剧《桂英与王魁》，昆曲《怜相伴》，评剧《染》《楚云》，京剧元素话剧《一夜一生》，京剧儿童剧《童戏社 2 · 超级小英雄》。除主展演单元，戏曲节还加入了培源剧目孵化单元，包括《狄公案之中秋宴》《月下斩貂》。此外，还设置了京剧公益活动，包括对戏 · 京韵新传当代艺术展、京剧少儿工作坊、京剧论坛、京剧沙龙、名师讲堂等。

【2020（第四届）中国戏曲文化周】

2020 年 10 月 23 日至 29 日，由文化和旅游部、北京市人民政府主办，北京市文化和旅游局、中共丰台区委及区政府承办的“2020（第四届）中国戏曲文化周”在北京市园博园举行。本届中国戏曲文化周以“中国梦 · 中华魂 · 戏曲情”为主题，营造“园林中的戏曲”与“戏曲中的园林”情境，通过沉浸式的观演体验加强互动，让观众近距离感受戏曲的魅力。活动期间，北京 36 家专业院团及民间社团在园博园的 13 处演出空间，为观众带来 180 场演出，涵盖京剧、昆曲、越剧、黄梅戏、评剧、豫剧、曲剧、河北梆子、秦腔等多个剧种以及曲艺表演。此外，活动期间还邀请国内戏曲、戏剧专家学者和演出团队，围绕徽班进京 230 周年、戏曲当代发展与时代创作等主题，举办了学术研讨活动；聚焦当代戏曲创作的现状，着重围绕戏曲受众群体审美与戏曲生态建设，举办了青年学术论文征集、评选活动；以“梦入梨园”为题，利用数字技术手段，将传统文化与现代科技进行融合，举办了戏曲数字体验展；以及戏曲票友大赛等活动。

【京腔粤韵 唱响湾区——京粤戏曲合作交流活动】

2020 年 10 月 24 日，由中共广州市委宣传部、广州市文化广电旅游局和国家京剧院主办的“京腔粤韵 唱响湾区——京粤戏曲合作交流活动”在广东省广州市举行。活动分为“粤韵风华”“致敬经典”“盛世梨园”3 个篇章，演出多部京剧、粤剧的经典佳作。青年戏曲表演艺术家们用经典唱段向京剧表演艺术家梅兰芳、粤剧表演艺术家红线女致敬。同期，广州市文化广电旅游局和国家京剧院就京粤两地文化签订全面战略合作协议，计划在精品创作、人才培养、艺术交流、文创产品开发上进行深度合作。

【纪念奚啸伯先生诞辰 110 周年专场演出】

2020 年 10 月 27 日至 29 日，由中共石家庄市委宣传部、石家庄市文化广电和旅游局、石家庄市演艺集团主办，石家庄市京剧团承办的“纪念奚啸伯先生诞辰 110 周年专场演出”在石家庄大剧院举行。三天时间连续上演了《白帝城》《范进中举》和《龙凤呈祥》三出大戏。此次演出会集了张建国、张军强、王小蝉、赵建忠、张建峰等奚派传人和奚啸伯嫡孙、国家一级武生演员奚中路，以及邓沐玮、金喜全、吕昆山、顾谦、韩巨明、张兰、牛征良等众多国家一级演员。10 月 27 日晚，“纪念奚啸伯先生诞辰 110 周年研讨会”在石家庄大剧院举行。

【第三届紫金京昆艺术群英会】

2020 年 11 月 1 日至 30 日，由中共江苏省委宣传部、江苏省文化和旅游厅、江苏省文学艺术界联合会主办的“第三届紫金京昆艺术群英会”在江苏省南京市举行。紫金京昆艺术群英会旨在通过打造京剧、昆剧艺术展演和交流的高层次平台，展示当今京剧、昆剧两大全国性剧种的艺术风貌和专业院团的艺术创新成果，本届主题为“会古今风华　展京昆大美”，设置了主会场京昆剧目展演，分会场梅兰芳戏剧奖章评选、青年演员大赛、京昆学术论坛、小剧场京昆戏曲展、京昆大家乐等几大板块。在主会场京昆剧目展演中，江苏省 6 家京昆院团上演了 10 台原创新编剧目，题材涵盖抗疫主题、红色主题、现实主题等，国家京剧院、上海京剧院等全国 8 家知名京昆院团带来 10 台经典大戏参演。此外，本届群英会还举办了江苏优秀青年京昆演员展演 2 场，实验小剧场 4 台。最终，本届群英会共评出 7 个“优秀剧目奖”，分别是昆剧《梅兰芳·当年梅郎》、京剧《眷江城》、昆剧《浮生六记》、昆剧《世说新语》、昆剧《占花魁》、京剧《陈修良》、昆剧《峥嵘》。施夏明、李衍茂、董源等 12 名演员荣获“优秀表演奖”。张少良、朱青、吴亮亮等 10 名青年演员获“紫金新人奖”。本届群英会还评出了“优秀编剧奖”“优秀导演奖”“优秀音乐（唱腔奖）”“优秀舞美奖”等奖项。

【第四届湖北地方戏曲艺术节暨“颂祖国　奔小康”小戏展演】

2020 年 11 月 3 日至 23 日，由湖北省文化和旅游厅主办的“第四届湖北地方戏曲艺术节暨‘颂祖国　奔小康’小戏展演”在湖北省武汉市举行。来自全省 17 个市州和 2 个省直院团的 13 台大戏和 38 出小戏参加展演，涵盖京剧、汉剧、楚剧、荆州花鼓戏、黄梅戏、南剧、山二黄、湖北越调等 18 个戏曲剧种。其中现实题材剧目 44 部，占参演作品总数的 86.3%。展演活动采取线上、线下相结合，云上观剧与现场惠民演出同时进行，并在全省 17 个市州开展惠民演出和进景区演出活动。

【首届粤港澳大湾区中国戏曲文化节】

2020 年 11 月 5 日至 9 日，由中国戏剧家协会、粤港澳大湾区中华戏曲协会、香港大公文汇传媒集团主办的“首届粤港澳大湾区中国戏曲文化节”在澳门特别行政区举行。5 日开幕式上演了粤剧折子戏《山乡风云》、昆剧折子戏《刀会》、豫剧折子戏《程婴救孤》、粤剧折子戏《斩经堂》、京剧折子戏《赤桑镇》等。之后，京剧《秦香莲》、昆剧《牡丹亭》、豫剧《清风亭上》、粤剧《搜书院》陆续上演。文化节期间还举办了戏剧家走进澳门大学的讲座等交流活动。

【第二十四届“中国少儿戏曲小梅花荟萃”终审结果】

2020年11月12日，中国戏剧家协会小梅花终审委员会公布第二十四届“中国少儿戏曲小梅花荟萃”终审结果。个人项目中，107名小演员获得京昆组“小梅花”称号，113名小演员获得地方戏组“小梅花”称号；集体节目中，23个节目获得传承类小梅花集体节目称号，4个节目获得联唱类小梅花集体节目称号，9个节目获得编排类小梅花集体节目称号，19个节目获得原创类小梅花集体节目称号，4个节目获得创新类小梅花集体节目称号，1个节目获得器乐类小梅花集体节目称号。

【第八届羊城粤剧节】

2020年11月17日至25日，由广州市文化广电旅游局、广州市文学艺术界联合会、广州市振兴粤剧基金会主办的“第八届羊城粤剧节”在广东省广州市举行。本届粤剧节分设优秀剧目展演、华人华侨社团粤剧粤曲联展、粤剧电影展映、粤剧研讨会以及粤剧名师讲座、艺术沙龙等板块。优秀剧目展演板块有15个专业院团的《三法堂前并蒂花》《红色三弄》《南唐李后主》《罗门忠烈传》《马福龙卖箭》《保金与夫人》《粤剧技艺展示专场（跟斗大赛）》《清水河畔》《长岗坡》《抉择》《大话哪吒》《歇马秀才》《八和会馆》《冼夫人·义结良缘》《梅花翘》《谯国夫人》《东江传奇》《搜书院》等21台剧节目入选。粤剧电影展映板块共展映20部电影，包括广州粤剧院的《刑场上的婚礼》《花月影》《南越宫词》，广东粤剧院的《柳毅奇缘》《传奇状元伦文叙》，纪录片《粤韵芬芳》以及马师曾、红线女经典粤剧电影展映专场。

【纪念京剧大家李金泉先生诞辰百年演唱会】

2020年11月21日，由国家京剧院主办的“纪念京剧大家李金泉先生诞辰百年演唱会”在北京市梅兰芳大剧院举行。演唱会展示了李金泉代表剧目《岳母刺字》《罢宴》《李逵探母》，以及李金泉参与唱腔设计的新编历史剧目《响马传》《谢瑶环》、现代戏《白毛女》《红灯记》《沙家浜》《奇袭白虎团》《平原作战》等剧目的精彩唱段。演唱会采取剧场演出、线上同步播出的方式。李金泉亲传弟子赵葆秀、袁慧琴、郭跃进、刘莉莉等和老旦名家及优秀传人同台献艺，孟广禄、王蓉蓉、谭孝曾、耿巧云等各行当表演艺术家演唱了由李金泉创腔的作品。

【2020（第九届）黄河戏剧节】

2020年11月30日至12月23日，由河南省文学艺术界联合会、中共驻马店市委市政府、河南省戏剧家协会主办，中共驻马店市委宣传部、驻马店市文学艺术界联合会承办的“2020（第九届）黄河戏剧节”在河南省驻马店市举行。本届黄河戏剧节采取线上、线下结合的方式，集中展演来自河南、北京、天津、安徽、江苏、宁夏、青海、内蒙古、新疆等省、自治区、直辖市的36台大戏，同期还举办了戏剧高端人才培训班、黄河戏剧节剧目研讨会、黄河戏剧论坛、戏剧名家进校园进社区、樊粹庭豫剧历史贡献和当代启示研讨等活动。

【首届中国—东盟文化艺术周戏剧展演暨第八届中国—东盟（南宁）戏剧周活动】

2020年12月7日至14日，由南宁市人民政府、广西壮族自治区文化和旅游厅主办，南宁市文化广电和旅游局、南宁市外事办公室、广西戏剧院承办的“首届中国—东盟文化艺术周戏剧展演暨第八届中国—东盟（南宁）戏剧周活动”在广西壮族自治区南宁市举行。戏剧周以“相遇海丝路　相知东盟情”为主题，发挥“名团、名剧、名人”效应，展现不同国家、不同区域文化艺术“各美其美，共绘大美”的动人风姿，诠释中国与东盟“守望相助，同舟共济”的深厚情谊。戏剧展演突出中国传统戏曲、东盟各国戏剧特色，汇聚上海、河南、浙江、云南、内蒙古、广西等11个省、自治区、直辖市及菲律宾、新加坡、泰国、越南、印度尼西亚等5个东盟国家的24个艺术团体，举办了23场演出，涵盖越剧、昆剧、花鼓戏、滇剧、莆仙戏、婺剧、晋剧、粤剧等剧种，采取国外院团演出线上展播与国内院团线下展演相结合的方式进行。参加戏剧周展演的戏曲剧节目包括昆曲《牡丹亭》、粤剧《风雪夜归人》、全国戏曲精品折子戏专场、滇剧精品折子戏专场、莆仙戏《踏伞行》、湖南花鼓戏经典小戏专场、莆仙戏《海神妈祖》、越剧《洗心记》、粤剧专场《粤韵唱新声》、越剧《梁山伯与祝英台》、婺剧《穆桂英》等。

【2020年中国小剧场戏曲展演】

2020年12月9日至15日，由中国戏剧家协会、上海戏曲艺术中心等主办的“2020年中国小剧场戏曲展演”在上海市长江剧场举行。本次展演共收到申报剧目68部，涉及25个剧种。经专家评审，最终选定来自京剧、昆剧、越剧、滇剧、绍剧、评剧、婺剧、川剧、高甲戏、黄梅戏等10个剧种的12部小剧场戏曲参加此次展演。这12部剧目分别是评剧《染》、婺剧《无名》、高甲戏《范进中举》、越剧《一个陌生女人的来信》、绍剧《庄公的烦恼》、川剧《桂英与王魁》、黄梅戏《香如故》《浮生六记》、昆剧《草桥惊梦》《319·回首紫禁城》、滇剧《马克白夫人》、京剧《鉴证》，其中评剧首次亮相小剧场戏曲展演。展演后还举办了专题研讨会，专家学者与院团主创共同探讨小剧场戏曲的现状及发展潜力。

【2020粤戏越精彩·广东省地方戏曲传统折子戏展演】

2020年12月11日至13日，由广东省艺术研究所主办的“2020粤戏越精彩·广东省地方戏曲传统折子戏展演”在广州市友谊剧院举行。来自全省8个剧种、16个院团的数十名新秀演出了18个剧目。

【沿黄九省（区）暨第四届晋冀鲁豫传统戏剧展演活动】

2020年12月13日至30日，由河南省文化和旅游厅、洛阳市人民政府主办的“沿黄九省（区）暨第四届晋冀鲁豫传统戏剧展演”活动在河南省洛阳市举行。活动邀请青海、四川、甘肃、宁夏、内蒙古、山西、陕西、山东、河北等10个省、自治区的11个传统戏剧类非物质文化遗产代表性项目参演，包括四平调《小包公》、豫剧《穆桂英挂帅》、蒲剧《洗雪铁丘坟》、甘肃秦腔《潞安州》、射箭提阳戏《谷雨》、易俗社秦腔《三滴血》、互助县秦腔《土族元帅》、豫剧《桃花庵》、京剧《红灯记》《霸王别姬》《借扇》、五音戏《墙头记》、二人台《打金钱》《喜上喜》。

【魏明伦艺术生涯七十周年系列活动】

2020年12月21日至23日，由四川省文化和旅游厅主办、四川省艺术研究院承办的“魏明伦艺术生涯七十周年系列活动”在四川省成都市举行。本次系列活动包括川剧《好女人·坏女人》、川剧

《变脸》两场演出，魏明伦艺术生涯与当代戏剧发展研讨会，数字电影《巴山秀才》首映等。

【第三届中国京剧之星展演】

2020年12月23日至27日，由中国京剧艺术基金会主办的“第三届中国京剧之星展演”在北京市梅兰芳大剧院举行。来自国家京剧院、北京京剧院、天津京剧院、上海京剧院、大连京剧院、上海戏剧学院的王越、田磊、张兰、张兵、周婧、张建峰、常秋月、詹磊、谭正岩、王艳、吕洋、傅希如、蓝天、凌珂、金喜全15名中青年表演艺术家组成第三届中国京剧之星，共进行5场“中国京剧之星”演出。中国京剧艺术基金会还在每天的演出之后，举办专家点评、专题研讨会，为演员的表演把脉、会诊，助力提高。中国京剧艺术基金会曾于1993年和1996年举办了第一届和第二届“中国京剧之星推荐演出”。

【通报表扬百名优秀戏曲专业专兼职教师】

2020年12月25日，文化和旅游部科技教育司根据《文化和旅游部办公厅关于实施百名优秀戏曲专业专兼职教师通报表扬工作的通知》要求，经过评审，对拟通报表扬的百名优秀戏曲专业专兼职教师名单予以公示。详细信息见文化和旅游部官方网站。

【“马红华章”纪念马红艺术系列活动】

2020年12月26日至27日，为纪念粤剧艺术大师马师曾诞辰120周年、粤剧艺术大师红线女诞辰95周年、红线女创办的广州红豆粤剧团成立30周年以及红线女旧居对外开放5周年，由红线女艺术中心、广州粤剧院、广东粤剧促进会主办的“‘马红华章’纪念马红艺术系列活动”在广东省广州市举行。26日，“‘永恒的艺术’纪念粤剧艺术大师马师曾、红线女专题晚会”在广州市中山纪念堂举行。27日，举办了“戏无不可与人言——粤剧大师马师曾戏剧人生”“粤剧之光——广州红豆粤剧团成立30周年”两个展览开幕式，以及两部新书《马师曾与红线女》《粤剧大师马师曾传奇》发布会和纪录片《一代天娇——红线女》分享会等活动。

【四川省川剧院建院60周年庆祝仪式】

2020年12月29日，“四川省川剧院建院60周年庆祝仪式”在四川省川剧院举行。魏明伦、沈铁梅、任庭芳、左清飞、陈智林、崔光丽、刘谊等戏剧戏曲界名家以及文艺院团负责人等参加庆祝仪式。庆祝仪式后，由魏明伦编剧，已故导演谢平安执导，任庭芳任复排导演，熊宪刚、郭子涵等主演的川剧《变脸》在四川省川剧院剧场上演。

60年来，四川省川剧院创作出《和亲记》《芙奴传》《绣襦记》《柳荫记》《白蛇传》《望娘滩》《卧虎令》《杨八姐智取金刀》《金沙江畔》《急浪丹心》《变脸》《巴山秀才》《易胆大》《峨眉山月》《尘埃落定》《锋声阵阵》《双八郎》等大戏50余出，传承众多优秀传统折子戏。其中，《变脸》获第八届“文华大奖”、文华新剧目奖，曹禺戏剧文学奖，第七届全国精神文明建设“五个一工程”优秀剧目奖，中国艺术节大奖，2003—2004年国家舞台艺术精品工程十大精品剧目等众多奖项。

会议 · 论坛

【第三届“梅兰芳研究青年论坛”暨十佳论文颁奖仪式】

2020 年 6 月 30 日，由梅兰芳纪念馆主办的“第三届‘梅兰芳研究青年论坛’暨十佳论文颁奖仪式”通过腾讯会议在线上举行。梅兰芳纪念馆馆长刘祯，副馆长刘锁荣、郝永安，武汉大学人文社会科学研究院驻院研究员郑传寅，中国社会科学院研究员李玫，苏州大学教授王宁以及来自全国各地的 70 余名青年学者参加论坛。论坛由来自北京大学、中山大学、中国艺术研究院、国家图书馆、中国戏曲学院、深圳大学、梅兰芳纪念馆等高校和研究机构的 12 名获奖者（含提名奖）分成四组宣读论文，分别从文献、表演理论、跨文化交流等方向展开专题研讨。郑传寅研究员、李玫研究员、王宁教授及刘祯研究员针对各组论文进行点评。主题发言后，进入自由讨论环节，参会听众针对“梅兰芳新编戏对当代戏曲创作的启示”等话题，同青年学者进行了交流。最后，由郑传寅研究员为本次青年论坛做了总结发言。详细获奖名单参见梅兰芳纪念馆官网。

【张庚戏曲学术提名（2019 年度）】

2020 年 9 月 9 日，由中国艺术研究院主办，《戏曲研究》编辑部、中国艺术研究院期刊管理处承办的“张庚戏曲学术提名（2019 年度）”在北京市揭晓。活动共推选出理论著作 1 部，创作实践 7 项。“张庚戏曲学术提名”是中国艺术研究院学术提名系列活动之一，今年为首次举办。活动立足学术总结、学术研究、学术评价，强调推荐的独立性、学术性、权威性，以荐代评，以研促艺，力图发扬理论联系实际的优良传统，加强理论建设和学术指导，更好地推动中国戏曲的长效发展。

附：“张庚戏曲学术提名（2019 年度）”名单

一、理论著作类

《粤剧表演艺术大全（做打卷）》

二、创作实践类

闽剧《生命》创作

评剧《新亭泪》创作

昆剧《当年梅郎》创作

张曼君导演艺术

谢涛晋剧须生表演艺术

朱绍玉戏曲音乐创作

罗周编剧艺术

【国际视野中的艺术复兴——广东粤剧院建设发展实践研讨会】

2020 年 9 月 21 日，由中国戏曲学会、广东省文化和旅游厅主办，广东粤剧院承办的“国际视野中的艺术复兴——广东粤剧院建设发展实践研讨会”在广东省佛山市举行。来自全国各地相关部门负责人、戏曲专家学者近 60 人出席研讨会。研讨会以广东粤剧院建设发展实践为立足点，邀请国内戏曲界专家学者共同探讨“在国际视野中的戏曲院团发展”，对广东粤剧院建院的剧目创作、人才培养及院团建设等方面的实践加以总结，并建言献策。

“中国戏曲学会推荐优秀院团”活动，是中国戏曲学会在当前全国戏曲发展现状基础上，结合中国戏曲剧院团的发展历史和艺术成就，经戏曲学会专家团队充分论证而设立，旨在鼓励、推广戏曲院团在院团建设、剧目创作、艺术传承和人才培养等方面取得的宝贵经验，倡导戏曲理论界深度研究戏曲剧院团建设，引领理论联系实际的戏曲创作研究风尚。该活动自 2019 年开展以来，以学术研讨和演出实践相结合的方式陆续推荐了上海沪剧艺术传习所（上海沪剧院）、宁夏演艺集团秦腔剧院有限公司、湖南省花鼓戏保护传承中心（湖南省花鼓戏剧院）、广东粤剧院、浙江婺剧艺术研究院（浙江婺剧团）等院团。

【徽班进京与新世纪京剧发展学术研讨会】

2020 年 10 月 24 日至 25 日，由梅兰芳纪念馆、中共北京市西城区委宣传部主办，梅兰芳研究中心、浙江传媒学院戏剧影视研究院承办的“徽班进京与新世纪京剧发展学术研讨会”在北京市举行。研讨会围绕“新时期文艺政策与北京京剧艺术的发展”“京剧发展与首都文化中心构建”“当代京剧传承与发展的历史经验、问题及其对策”“21 世纪京剧艺术的现状与未来”“海内外京剧文献的整理与研究”“徽班进京与京剧艺术的形成”“清代宫廷演剧与京剧艺术”“梅兰芳表演艺术本体研究”“梅兰芳与京剧艺术的跨文化传播”等议题展开讨论。

在研讨会期间，由梅兰芳纪念馆、中共北京市西城区委宣传部主办的“徽调京韵——纪念徽班进京 230 周年京剧专题展”也于 10 月 23 日至 11 月 7 日在天桥艺术中心举行，展览展出 200 余件实物，涵盖清宫戏画、剧本善本、名人书画、老戏单、老照片、名家往来书信、中外期刊、演出道具、手工戏服、非遗手绘京剧脸谱等诸多类别，其中部分珍贵藏品是首次向公众展出。

【2020（第四届）中国戏曲文化周学术活动】

2020 年 10 月 29 日，由 2020（第四届）中国戏曲文化周组委会主办，北京演艺集团《新剧本》杂志承办的“2020（第四届）中国戏曲文化周学术活动”在北京市园博园举行。来自中央戏剧学院、中国艺术研究院戏曲研究所、上海师范大学、中国戏曲学院、中国社会科学院等 30 余家国内戏剧院团、高校、研究机构的 30 余名专家学者参加活动。

本届的戏曲周学术活动围绕“历史・现在・未来——纪念徽班进京 230 周年暨戏曲流派传承”这一议题展开。在主旨演讲环节，中央戏剧学院罗锦鳞、麻国钧，中国艺术研究院戏曲研究所何玉人、詹怡萍分别做《你中有我　我中有你——东西方戏剧的融合》《中日先行艺能的交流、融通与变异》《新时代戏曲的传统继承与建设——在纪念徽班进京 230 周年之际》《以人为本　与时俱进》主题演讲。在分组讨论环节，戏曲院校和学术机构、不同剧种戏曲院团、戏曲编创工作者、戏曲评论与媒体工作者四组嘉宾，分别就“流派传承在戏曲生态构建中的意义和作用”“在新时代的大背景中，戏曲院团发展路径的变与不变”“当代戏曲编创的焦点与应对”“戏曲的样态流变与当代剧场”四个主题进行了研讨。

此外，本次活动延续历届戏曲文化周的传统，继续开展青年学术论文征集、评优活动。本届以聚焦当代戏曲创作的现状，围绕戏曲受众群体审美与戏曲生态建设为主题，组委会经过两轮评审，最终评选出 8 篇优秀论文。

【第 34 届田汉戏剧奖】

2020 年 10 月 31 日，由上海戏剧学院、全国戏剧期刊联盟、田汉戏剧奖组委会主办的“第 34 届田汉戏剧奖”在上海戏剧学院揭晓。参加本届田汉戏剧奖评选的刊物达到 23 家。经 26 名评委评选，27 部作品分别获得剧本一二三等奖；31 篇文章分别获得理论奖一二三等奖；29 篇文章分别获得评论奖一二三等奖。由《中国戏剧》选送，湖北省花鼓戏艺术研究院出品的花鼓戏《河西村的故事》；《编剧学刊》选送，上海校园戏剧文本孵化中心、上海市松江区人文松江创作研究院、上海市松江区新浜镇人民政府出品的大型儿童音乐剧《公鸡下蛋》；《广东艺术》选送，广东省话剧院有限公司出品的大型话剧《花好月圆》，三部作品获得本届田汉戏剧奖剧目奖。详细获奖名单见“上海戏剧”公众号 2020 年 11 月 18 日第三十四届田汉戏剧奖揭晓。

【第二届中国（金华）李渔戏剧汇】

2020 年 11 月 7 日至 20 日，由中国戏剧家协会、浙江省文化和旅游厅、金华市人民政府主办的“第二届中国（金华）李渔戏剧汇”在浙江省金华市（主会场）和兰溪市（分会场）举行。本次活动以“戏剧的盛会，百姓的节日”为宗旨，以“戏聚金华，金华有戏”为主题，内容包括“戏曲与 IP”高峰论坛、“戏聚金华”全国优秀戏剧剧目展演、第三届“婺星争辉”婺剧青年演员挑战赛、“当下文化视野中的婺剧发展与实践”学术研讨会、《中国戏剧年鉴》理事扩大会、“品戏读城”首届中国（金华）戏曲短视频大赛、“婺戏·人生”戏画脸谱作品展等。

【“当下文化视野中的婺剧发展与实践”学术研讨会】

2020 年 11 月 9 日，由中国戏曲学会、浙江省文化和旅游厅、金华市人民政府主办，金华市文化广电旅游局、浙江婺剧艺术研究院（浙江婺剧团）承办的“‘当下文化视野中的婺剧发展与实践’学术研讨会”在浙江省金华市举行。相关部门负责人、专家学者近 40 人出席会议。会上，中国戏曲学会授予浙江婺剧艺术研究院（浙江婺剧团）“中国戏曲学会推荐优秀院团”荣誉证牌。与会专家围绕“婺剧当前生存发展状况”“婺剧艺术传统的继承与创新”“剧目建设与地方院团发展”“人才培养与剧种未来”“新形势下婺剧文化的传播路径与发展策略”等主题，对浙江婺剧艺术研究院（浙江婺剧团）的实践经验和艺术道路进行了探讨。与会专家还观摩了婺剧现代戏《信仰的味道》以及婺剧经典折子戏《小宴》《梳妆》《水斗》《断桥》等演出。

【中国戏曲学会第六届换届大会暨会员代表大会】

2020 年 11 月 10 日，“中国戏曲学会第六届换届大会暨会员代表大会”在浙江省金华市举行。相关部门负责人、专家以及来自全国各艺术研究机构、高校、戏曲院团的会员 50 余人参加会议。大会审议通过了中国戏曲学会章程的修改。新章程主要根据文化和旅游部、民政部要求，增加了“党建入章”等内容，并根据时代变化和自身发展实际，修改、丰富了戏曲学会的宗旨、活动、功能等方面内容。大会经过选举表决，产生了中国戏曲学会新一届理事、常务理事和负责人。

【纪念徽班进京 230 周年座谈会】

2020 年 11 月 11 日，由中共安徽省委宣传部、中国戏剧家协会、安徽省文化和旅游厅等主办，安徽省戏剧家协会、安徽省徽京剧院承办的“纪念徽班进京230周年座谈会”在中国文艺家之家举行。专家学者围绕“徽剧进京的历史渊源”“徽班对戏曲发展的贡献及启示”“京剧和徽剧的传承发展”等议题展开讨论。会议认为，重新探讨“徽班进京”的意义和价值，对认识戏曲艺术的发展历程、做好守正创新工作具有重要意义。未来，要进一步挖掘戏曲的民族品格和美学风格，统筹推进人才队伍建设，注重一专多能、多才多艺的优秀戏曲人才培养，同时，要进一步推动中华优秀传统文化创造性转化、创新性发展。

【新中国戏曲发展史学术研讨会】

2020年11月19日，由中国艺术科技研究所、上海师范大学主办的“新中国戏曲发展史学术研讨会”在上海师范大学举行。相关部门负责人及承担国家社科基金艺术学重大项目“新中国成立七十周年戏曲史”的首席专家、特邀戏曲史家等出席。“新中国成立七十周年戏曲史”是全国艺术科学规划办公室自2018年以来设立的重大项目，旨在总结新中国成立以来戏曲的发展历程，探索戏曲与时俱进的正确路径，继往开来，振兴戏曲事业。研讨会上，该系列重大项目的首席专家们分别汇报了各自的项目进展情况，来自全国各地的学者对戏曲史的体例、撰写原则、材料的取舍等进行了讨论。

【龙马精神海鹤姿——马连良先生诞辰120周年纪念展】

2020年12月22日至2021年5月23日，由首都博物馆、北京马连良艺术研究会主办的“龙马精神海鹤姿——马连良先生诞辰120周年纪念展”在首都博物馆举行。展览分为“须生泰斗”“温如剧艺”“菊坛流芳”三大主题，通过100余组（件）文献、文物及图片、影像资料等展现了马连良的舞台生涯和“马派”艺术精华，以此纪念马连良的艺术成就，传播、弘扬京剧艺术。

人物纪念

【评剧表演艺术家马淑华逝世】

2020 年 1 月 3 日，评剧表演艺术家马淑华因病在天津市逝世，享年 74 岁。

马淑华（1946—2020），天津评剧院旦角演员。1959 年考入天津评剧院少年训练队，师从宋树芳、孙桂君、李宝顺，后来到新翠霞门下学习，工闺门旦、花旦。1966 年被分配到天津评剧院。马淑华既继承了刘（翠霞）派刚柔相济，似流水行云的特点，又发展了刘派唱腔清脆、甜美、圆润、俏丽的特长，还吸收了爱（莲君）派、白（玉霜）派的精华。在演唱中，注意以声传情，用细腻的声腔和丰富的表情来表现人物复杂的内心情感，形成高亢挺拔、委婉动听、韵味醇厚、华丽多彩的艺术风格。擅演身世悲苦、反抗性强的悲剧人物。代表剧目有《祥林嫂》《杜十娘》《杨三姐告状》《焚香记》《雪玉冰霜》等。

【越剧表演艺术家金艳芳逝世】

2020 年 1 月 8 日，越剧表演艺术家金艳芳因病在上海市逝世，享年 98 岁。

金艳芳（1922—2020），祖籍浙江省诸暨市。原名王俊囡，艺名筱俊囡。11 岁拜杭剧名旦袁伶悟为师学唱杭剧，先演童生，后挂头牌，改艺名为金艳芳。曾先后给姚水娟、王杏花、邢竹琴、竺水招、傅全香等人当二肩旦，从众名旦身上收获颇多，因而戏路宽，正旦、老旦、彩旦均能出色当行。金艳芳是越剧界的“硬里子”演员，被誉为越剧的“芙蓉草”，演的大都是性格迥异的重要配角，所饰《梁山伯与祝英台》中的师母、《孔雀东南飞》中的焦母、《打金枝》中的皇后、《小二黑结婚》中的三仙姑、《九斤姑娘》中的三叔婆、《珍珠塔》中的方朵花等角色，都能个性突出、形象鲜明。还曾参加彩色戏曲电影《梁山伯与祝英台》《祥林嫂》的拍摄。

【戏曲导演石玉昆逝世】

2020 年 1 月 28 日，戏曲导演石玉昆因病在阿联酋迪拜逝世，享年 77 岁。

石玉昆（1943—2020），江苏省京剧院国家一级导演，中国戏剧家协会会员，中国戏曲导演协会理事，江苏省戏剧家协会理事。江苏省兴化市人。出身梨园世家，5 岁习艺，后进入中国戏曲学校学习京剧武生。毕业后，进入江苏省青年京剧团，以擅演武松、周瑜等武生角色著称。1978 年，赴上海戏剧学院导演系进修，从此迈上了戏曲导演之路。曾导演京剧、地方剧、电视剧 40 余出（部），代表作有京剧《骆驼祥子》《宰相刘罗锅》《洛神赋》《成败萧何》《王子复仇记》《无旨钦差》《三寸金莲》《未央天》《钗钿情》，蒙古剧《满都海斯情》，昆剧《公孙子都》《小孙屠》《红泥关》，晋剧《傅山进京》，汉剧《王昭君》《宇宙锋》，越剧《救风尘》《荣华梦》《王熙凤大闹宁国府》等，多次获得中国“文华大奖”、文华新剧目奖，中国戏剧“十大精品工程”、中共中央宣传部“五个一工程”奖等。

【河南曲剧表演艺术家马骐逝世】

2020 年 2 月 2 日，河南曲剧表演艺术家、国家级非物质文化遗产项目曲剧代表性传承人马骐因病在河南省洛阳市逝世，享年 97 岁。

马骐（1923—2020），生于河南省许昌市。自幼从艺，是河南曲剧的第一代演员。1973 年起，在洛阳地区曲剧团工作。在河南曲剧洛阳小调流派中，马骐的老生唱腔独树一帜。在表演方面，他的帽翅功、髯口功、靴子功是其“三绝”。代表剧目有《寇准背靴》《跑汴京》《赵氏孤儿》等。2006 年 5 月，在首届“河南曲剧艺术节”上，马骐被原河南省文化厅授予“河南曲剧艺术家终身荣誉奖”。

【沪剧表演艺术家向佩玲逝世】

2020 年 2 月 12 日，沪剧表演艺术家向佩玲因病在上海市逝世，享年 85 岁。

向佩玲（1935—2020），上海沪剧院演员，原名徐洪，江苏省苏州市人。1950 年考取中艺沪剧团，师从向美玲。1959 年，向佩玲因主演《女看灯》在上海戏曲青年演员汇演中获奖。此外，她还曾在《罗汉钱》中扮演燕燕，在《寒梅吐艳》中扮演盛寒梅，在《借黄糠》中扮演大囡而为观众所熟悉。

【戏曲研究学者解玉峰逝世】

2020 年 3 月 1 日，南京大学文学院教授、博士生导师解玉峰因病在江苏省南京市逝世，终年 51 岁。

解玉峰（1969—2020），山东省日照市人。1985 年 8 月至 2000 年 7 月，先后在日照师范学校、临沂教育学院、山东师范大学、南京大学学习，相继获得本科、硕士、博士学位。2000 年 7 月受聘南京大学，从事教学科研工作。开设过中国戏剧史、中国戏剧学、曲学通论、中国戏剧艺术论等课程；著有《20 世纪中国戏剧学史研究》《花雅争胜：南腔北调的戏曲》《花间集笺注》等多部学术著作，发表论文多篇；主持多项国家哲学社会科学基金项目和省部级科研项目。

【戏曲曲艺研究学者包澄洁逝世】

2020 年 3 月 14 日，戏曲曲艺研究学者包澄洁因病在北京市逝世，享年 78 岁。

包澄洁（1942—2020），吉林省柳河县人。中国艺术研究院研究员。先后任《中国戏曲志》音乐编辑、编辑部副主任，中国戏曲史陈列室主任，《中国曲艺志》特邀编审、出版责任编辑。2002 年退休后受聘为文化部民族民间文艺发展中心特邀研究员。主要从事戏曲声腔剧种史、戏曲音乐及曲艺史、曲艺音乐研究，参与《中国戏曲志》书稿的审稿，负责“音乐”部类书稿的审读和编辑工作。因其在志书编审工作中的突出贡献，1997 年获文化部颁发的国家重点艺术科研项目文艺集成志书编审成果奖一等奖，2002 年获文化部文艺集成志书特殊贡献个人奖一等奖。个人著作有《清代曲艺史》、《中国戏曲音乐近代史》、《艺海沉浮》（京韵大鼓演员孙书筠传记）、《曲艺、戏曲生活六十年：包澄洁自述》。合著有《说唱艺术简史》、《中国戏曲艺术》（英、法文版）、《单弦牌子曲》、《东北亚说唱艺术散论》。

【评剧表演艺术家陈胜利逝世】

2020 年 3 月 26 日，评剧表演艺术家陈胜利因病在北京市逝世，享年 70 岁。

陈胜利（1950—2020），生于天津市。评剧张派小生名家、国家一级演员。1961 年考入天津“火花”评剧团少年训练队，1981 年天津火花评剧团改为廊坊地区评剧团。同年，陈胜利拜评剧张派小生创始人张德福为师。1983 年，陈胜利由廊坊地区评剧团调入中国评剧院，曾和李忆兰、花月仙等众多新老艺术家同台演出了众多评剧剧目。曾在《逼上梁山》《柜中缘》《杨乃武与小白菜》《杨三姐告状》

《花为媒》等戏中担任主要角色。还多次在中国评剧院担任负责人职务。此外，他不仅是一位好演员，更是一名评剧事业的开拓者，曾倡导、策划、组织了多次全国性评剧名家演唱会。

【昆剧表演艺术家王世瑶逝世】

2020年5月22日，昆剧表演艺术家王世瑶因病在浙江省杭州市逝世，享年81岁。

王世瑶（1939—2020），国家一级演员，享受国务院政府特殊津贴，国家级非遗传承人，曾任浙江昆剧团团长。王世瑶工昆曲丑行，自幼从其父王传淞学艺，表演风格清淡，趣而不俗，深受观众和业界赞誉，并有“南昆付丑”之美称。王世瑶代表剧目有《西厢记·游殿》《鲛绡记·写状》《蝴蝶梦·说亲回话》《风筝误·前亲》《幽闺记·请医》等，还参与组织创作和改编了历史传统剧《杨贵妃》《沉浮记》《伏波将军》《俊丑记》和《狮吼记》，与他人合作整理、导演了《绣襦记》《渔家乐》等昆剧传统剧目及折子戏。

【戏曲剧作家王仁杰逝世】

2020年5月29日，戏曲剧作家王仁杰因病在福建省泉州市逝世，享年78岁。

王仁杰（1942—2020），福建省泉州市人。王仁杰一生创作30余年，涉及梨园戏、昆曲、越剧、闽剧、苏剧、锡剧、歌剧等多个戏曲剧种及其他戏剧形式。其主要代表作品有梨园戏《节妇吟》、《董生与李氏》、《皂隶与女贼》、《陈仲子》、《蔡文姬》、《枫林晚》、《李亚仙》（整理改编），昆曲《琵琶行》《牡丹亭》《邯郸记》《西厢记》《琵琶记》，越剧《唐琬》《桃花扇》《柳永》，闽剧《红裙记》，苏剧《满庭芳》，锡剧《蘩漪》，歌剧《素馨花》《姐妹花店》等。其中，《董生与李氏》入选2003年至2004年国家舞台艺术精品工程十大精品剧目。出版作品自选集《三畏斋剧稿》。

【京剧表演艺术家张正芳逝世】

2020年6月5日，京剧表演艺术家张正芳因病在北京市逝世，享年91岁。

张正芳（1929—2020），原名宋梅珍。1945年毕业于上海戏剧学校“正”字班，学京剧刀马旦、花旦。1961年起在辽宁省丹东市京剧团任主演兼业务团长。1961年3月，拜荀慧生为师，得荀慧生亲自传授《红娘》《杜十娘》《霍小玉》《红楼二尤》《诓妻嫁妹》《卓文君》等荀派名剧。1979年，任教于中国戏曲学院，培养出耿巧云、李苹等演员，并成为中国第一位戏曲女教授。2012年，获得中国戏曲表演学会授予的“京剧艺术家终身成就奖”。

【晋剧表演艺术家张鸣琴逝世】

2020年6月22日，晋剧表演艺术家张鸣琴因病在广东省深圳市逝世，享年85岁。

张鸣琴（1935—2020），山西省孝义市人。师从丁果仙，工须生。曾任晋中晋剧团演员、团长。她做工自然，招式贴切，刻画精细，神、情、言、色皆有分寸。在唱腔上，吸收丁派神韵，又有自己独特的风格，被誉为丁派须生中的“鸣琴腔”。代表剧目有《下河东》《十五贯》《芦花》《花烛恨》《雁塔寺》《算粮》《空城计》《齐公外史》《三喜临门》《海港》《朝阳沟》等。

【京剧表演艺术家尚明珠逝世】

2020 年 7 月 13 日，京剧表演艺术家尚明珠因病在北京市逝世，享年 81 岁。

尚明珠（1939—2020），北京市人。国家一级演员。自幼随母尚凌云学戏，12 岁登台演出《贵妃醉酒》《红娘》《杨排风》等戏。1953 年拜荀慧生为师，1960 年受到梅兰芳的赏识并得其精心传授。她扮相端庄秀丽，雍容华贵，嗓音圆润明亮，清脆高亢，专长花旦，同时演过不少青衣戏。1958 年，她创作主演现代京剧《汽车城》、神话剧《红衣公主》。1960 年，在长春京剧团出演现代京剧《白毛女》中的喜儿。1965 年，主演现代戏《渤海渔歌》，并参加华北局现代戏会演。1970 年，在《海港》中扮演方海珍。1984 年，创作演出新编历史剧《负子图》，在其中饰演主角马皇后。

【川剧表演艺术家刘世玉逝世】

2020 年 7 月 21 日，川剧表演艺术家刘世玉因病在重庆市逝世，享年 84 岁。

刘世玉（1936—2020），国家一级演员。1948 年进入重庆川剧戏班——又新科班学戏，主工闺门旦、青衣。1953 年起，先后在西南川剧院、四川省川剧院一团、重庆市川剧院二团工作。1959 年，随中国川剧团赴波兰、捷克斯洛伐克、德意志民主共和国等访问演出。1978 年调入四川省川剧学校任教。她扮相甜美，嗓音圆润，唱腔优美，流畅细腻，具有丰富的舞台表演经验，其代表剧目有《荆钗记》《红梅记》《江油关》《秋江》《百花赠剑》《传琴斩考》等。

【川剧表演艺术家李笑非逝世】

2020 年 8 月 3 日，川剧表演艺术家、导演李笑非因病在四川省成都市逝世，享年 95 岁。

李笑非（1925—2020），原名李然松，四川省成都市人。9 岁学戏，1945 年改工丑行，是成都市川剧院创建者和奠基人之一。李笑非从事川剧事业 80 余年，代表作有《秋江》《谭记儿》《芙奴传》《做文章》《一只鞋》等 250 余出戏。导演作品有《谭记儿》《秀才外传》《红岩》《智取威虎山》等 100 余出剧目。出版有《丑而不丑——李笑非川剧表演艺术》《川丑流派——李笑非舞台剧本十二种》等专著。

【京剧表演艺术家陈真治逝世】

2020 年 8 月 5 日，京剧表演艺术家陈真治因病在北京市逝世，享年 75 岁。

陈真治（1945—2020），中国戏剧家协会会员，国家京剧院一级演员。工铜锤、架子花脸。11 岁开始学戏，1967 年毕业于中国戏曲学校，师承宋富亭、孙盛文、赵荣欣等，后分配到中国京剧院向苏维明及袁世海学戏。他的表演细腻传神，嗓音洪亮，工架威猛，经常上演的剧目有《大保国》《探皇陵》《二进宫》《铡美案》《李逵探母》《野猪林》《打金砖》等，曾在现代京剧《杜鹃山》中饰演雷刚。

【皮影戏表演艺术家潘京乐逝世】

2020 年 8 月 7 日，碗碗腔皮影戏表演艺术家潘京乐因病逝世，享年 91 岁。

潘京乐（1929—2020），陕西华县人。国家级非物质文化遗产项目皮影戏（华县皮影戏）代表性传承人、华州皮影戏领军人物。14 岁开始随叔父潘宝华学艺，后拜刘德娃为师主工前声，得“五月红”美誉。16 岁领班立台。1956 年 3 月，成立“光艺皮影社”。1975 年，参加国家首届影戏调演获文化部嘉奖。20 世纪 90 年代在电影《活着》中演唱皮影戏。潘京乐是皮影戏班子里的“前声”，是班社的头角人物，可以包唱戏中生、旦、净、丑等角色，最擅长用略带哭音的碗碗腔表现人物。他能主演且熟记《周仁回府》《二度梅》等200余部戏。

【京剧表演艺术家钱浩梁逝世】

2020年9月3日，京剧表演艺术家钱浩梁因病在北京市逝世，享年86岁。

钱浩梁（1934—2020），曾用名钱正伦、浩亮，出生于上海的梨园家庭，父亲钱麟童为京剧演员。他6岁从父学戏，后入上海戏剧学校“正”字班，习武生。1950年考入文化部戏曲改进局戏曲实验学校（中国戏曲学院前身）继续修业，先后师从尚和玉、迟月亭、沈三玉、茹富兰等；1956年毕业后，留校实验剧团担任主要演员；后调入中国京剧院。他嗓音清亮，功架敦实，功底深厚，又加转益多师而兼收并蓄；身躯魁梧，气势雄健，以演长靠戏、勾脸戏见长；后又攻余（叔岩）派老生戏，所成不逊于他的武生戏。20世纪80年代于河北艺术学校任教至退休。擅演剧目有《长坂坡》《挑滑车》《英雄义》《艳阳楼》《金钱豹》《嘉兴府》《伐子都》《界牌关》《甘宁百骑劫魏营》《连环套》《野猪林》《截江夺斗》《战宛城》等，并在现代戏《红灯记》中饰李玉和等。

【评剧表演艺术家筱艳霞逝世】

2020年9月16日，评剧表演艺术家筱艳霞因病逝世，享年85岁。

筱艳霞（1935—2020），本名侯连春，评剧名家刘艳霞之女，也是刘艳霞亲传弟子。筱艳霞自幼随母亲刘艳霞学戏，边学边演，打下了扎实的基本功。1953年，随母亲加入吉林市评剧团。1956年，参加文化部主办的“第二届全国戏曲演员讲习会”，得到梅兰芳、程砚秋等老一辈艺术家亲授，艺术水平得到很大提高。筱艳霞从事评剧艺术几十年来，继承母亲刘艳霞的“刘派”艺术风格，并不断加以完善和创新，先后主演《秦香莲》《小姑不贤》《白花点将》等近百出剧目。

【秦腔表演艺术家雷开元逝世】

2020年9月22日，陕西省秦腔艺术研究会副会长，陕西省戏曲研究院眉碗团一级演员雷开元因病在陕西省西安市逝世，享年80岁。

雷开元（1940—2020），生于陕西省华阴市。1954年起先后在陕西华阴新中剧团、渭南县戏曲剧院、华阴眉户剧团、渭南专区眉户剧团工作。1983年调入陕西省戏曲研究院眉碗团工作至退休。主工须生，有“眉户王”“西北一声雷”等美誉，代表剧目有《李亚仙》《海港》《二堂舍子》《祭灵》《杀庙》《法门寺》《花烛恨》《酒醉杏花村》《二虎守长安》《陕西婆姨》等。

【京剧表演艺术家谭元寿逝世】

2020年10月9日，京剧表演艺术家、京剧谭门第五代传人谭元寿因病在北京市逝世，享年91岁。

谭元寿（1929—2020），国家一级演员，谭派京剧表演艺术家。1929年出身梨园世家，其曾祖父谭鑫培为谭派创始人，祖父谭小培、父亲谭富英均继承谭派。1938年，谭元寿入富连成社科班，从雷喜福、张连福、刘盛通等学老生，从王连平、茹富兰等学武生，1945年出科后曾为荀慧生跨刀，参加裘盛戎的班社，1949年自行挑班，1954年加入北京京剧团。作为谭门第五代传人，在70年的舞台艺术生涯中，谭元寿全面继承了谭派经典剧目和表演艺术，并培养了大批谭派表演艺术优秀人才。代表剧目有《定军山》《南阳关》《战太平》《失空斩》《问樵闹府》《秦琼卖马》《桑园寄子》《打金砖》《野猪林》《连环套》等，在京剧现代戏《沙家浜》中因饰演郭建光为观众所熟知。

【丝弦表演艺术家边树森逝世】

2020 年 12 月 2 日，丝弦表演艺术家边树森因病在河北省石家庄市逝世，享年 80 岁。

边树森（1940—2020），国家一级演员，国家级非物质文化遗产项目石家庄丝弦代表性传承人。1956 年考入石家庄艺校丝弦训练班学习丝弦表演艺术，毕业后一直在石家庄丝弦剧团工作。曾先后师从丝弦“四大须生”之一的“平山红”封广亭及王永春等丝弦艺术家学习丝弦表演艺术。边树森表演横跨小生、老生两个行当，演唱刚柔相济。主要代表作品有《李天保吊孝》《刘墉下南京》《金殿铡子》《铡太师》《生死牌》《三搜太白府》《五女拜寿》《智取威虎山》等。

【京剧表演艺术家李元春逝世】

2020 年 12 月 19 日，京剧表演艺术家李元春因病在北京市逝世，享年 91 岁。

李元春（1929—2020），河北省河间市人。出身于梨园世家，父亲李铁如是武净演员。李元春自 4 岁开始随父学戏，8 岁登台演出，9 岁在哈尔滨拜武生李兰亭为师，习武生。12 岁时便作为主演登台，因扮演《乾元山》中的哪吒，《大闹天宫》中的孙大圣等获世人好评。1953 年，他亲自挑班任团长，与其妹李韵秋共同领衔主演，在北京成立了“春秋京剧团”。1957 年，北京组建“青年京剧团”，后改名为“北京青年京剧团”，李元春任团长兼主演。在此期间，李元春新排了《孙悟空三打白骨精》。1962 年，“北京青年京剧团”与“梅剧团”“尚剧团”合并，改为“北京京剧二团”，李元春为团长之一。在此期间参与创作演出了现代京剧《越海插旗》《洪湖赤卫队》《奇袭白虎团》等剧目。20 世纪 80 年代后先后担任北京京剧院三团、一团团长。

大事记

1月1日，“2020新年京剧晚会”在人民大会堂上演。

1月2日、3日，原创昆曲《清明上河图》在北京市天桥剧场首演。

1月3日，“曹汝龙湘剧艺术六十周年专场演出”在湖南省长沙市举行。

1月3日，评剧表演艺术家马淑华因病在天津市逝世，享年74岁。

1月8日，越剧表演艺术家金艳芳因病在上海市逝世，享年98岁。

1月10日，“国家京剧院建院六十五周年系列活动”在京剧像音像工程北京基地（人民剧场）开幕。

1月12日，“纪念荀慧生诞辰120周年暨荀风毓骨：京剧荀派表演艺术的传承发展学术研讨会”在中国戏曲学院举行。

1月20日至22日，“‘传·麒’——纪念周信芳诞辰一百二十五周年系列演出”在上海人民大舞台上演。

1月28日，戏曲导演石玉昆因病在阿联酋迪拜逝世，享年77岁。

2月2日，河南曲剧表演艺术家马骐因病在河南省洛阳市逝世，享年97岁。

2月12日，沪剧表演艺术家向佩玲因病在上海市逝世，享年85岁。

3月1日，戏曲研究学者解玉峰因病在江苏省南京市逝世，终年51岁。

3月11日至4月19日，“心在一起——全国地方戏曲展播月”在线上展播。

3月14日，戏曲曲艺研究学者包澄洁因病在北京市逝世，享年78岁。

3月20日，“‘越赏清音’——上海越剧院一团特别直播公益演唱会”在多家网络平台同步直播。

3月26日，评剧表演艺术家陈胜利因病在北京市逝世，享年70岁。

3月26日至30日，艺起前行·演艺大世界云剧场——“东方之韵”戏曲展演周在直播平台上推出。

3月27日，第十九届嵊州·中国民间越剧节以“空中演唱会”的形式在浙江省嵊州市举行。

3月30日，陕西省文化和旅游厅公布2020年全省重点剧目创作计划名单，共20部剧目入选。

4月13日，“纪念黄梅戏一代宗师严凤英先生诞辰90周年纪念活动”在安徽省安庆市举行。

5月15日，陕西戏曲抗疫情景剧《生命的光芒》进行线上首演。

5月15日至6月8日，文化和旅游部举办“2020年全国舞台艺术优秀剧目网络展演”。

5月17日，“致敬英雄‘艺’起前行——12小时全媒体特别直播”，在上海“星期戏曲广播会”开启。

5月22日，昆剧表演艺术家王世瑶因病在浙江省杭州市逝世，享年81岁。

5月29日，戏曲剧作家王仁杰因病在福建省泉州市逝世，享年78岁。

6月5日，京剧表演艺术家张正芳在北京市逝世，享年91岁。

6月7日，现代京剧《许云峰》在互联网剧院“东方大剧院”进行线上首演。

6月10日，文化和旅游部艺术司公示2020年度国家舞台艺术精品创作扶持工程评审结果。

6月22日，晋剧表演艺术家张鸣琴因病在广东省深圳市逝世，享年85岁。

6月22日，“梨园璀璨——全国地方戏曲展播月”在“中国网正在上演云剧场”线上开幕。

6月24日，“2020年河北省戏曲中青年演员推广工程”入选名单公布，共39人入选。

6月27日，粤剧《谯国夫人》在广东粤剧艺术中心上演。

6月28日，“红心向党唱红歌——庆祝中国共产党成立99周年豫剧《红嫂颂》专场直播”在河南豫剧院三团的朝阳沟剧院上演。

6月29日，“有戏安徽·奋斗的青春最美丽——安徽省青年戏剧演员优秀作品展演”在安徽省合肥市举行。

6月30日，“第三届‘梅兰芳研究青年论坛’暨十佳论文颁奖仪式”通过腾讯会议在线上举行。

7月10日至9月20日，“北京市河北梆子剧团60周年庆系列之线上演出季”举行。

7月13日，文化和旅游部艺术司公布“中华优秀传统艺术传承发展计划”2020年度戏曲专项扶持项目入选名单。

7月13日，京剧表演艺术家尚明珠因病在北京市逝世，享年81岁。

7月21日，新编历史剧晋剧《名疏记》在太原市青年宫演艺中心首演。

7月21日，川剧表演艺术家刘世玉因病在重庆市逝世，享年84岁。

7月23日，“京演邀你剧场见”——中国评剧院建院65周年演出季开幕式在中国评剧院小剧场举行。

8月3日，川剧表演艺术家、导演李笑非因病在四川省成都市逝世，享年95岁。

8月5日，京剧表演艺术家陈真治因病在北京市逝世，享年75岁。

8月5日、6日，新编豫剧历史剧《义薄云天》在河南艺术中心大剧院首演。

8月6日、7日，新编现代京剧《李大钊》在北京市大兴剧院首演。

8月7日，碗碗腔皮影戏表演艺术家潘京乐因病逝世，享年91岁。

8月8日，歌仔戏《侨批》在厦门小白鹭艺术中心金荣剧场上演。

8月8日至9月4日，“京剧的夏天——全国京剧院团线上抗疫展演月”举行。

8月15日，原创抗疫题材京剧《眷江城》在江苏省南京市紫金大戏院首演。

8月18日至9月20日，“上海首届沪剧月展演”在上海市举行。

8月22日至25日，“不负韶华——2020年上海戏曲院团夏季集训展演暨‘戏·聚精典’演出季”在上海大剧院举行。

8月24日，现代粤剧《红头巾》在广东粤剧艺术中心首演。

8月26日，“领略中国国粹艺术魅力——国家京剧院线上好戏展”在澳大利亚悉尼中国文化中心官方网站上线。

8月26日，现代秦腔《张富清1948》在渭南大剧院首演。

8月至10月，“2020年浙江省传统戏曲演出季”分别在杭州、宁波、温州、绍兴、金华五地举行。

8月至10月，“北京京剧院流派经典剧目展演”在长安大戏院举行。

9月2日至20日，“纪念中国人民抗日战争暨世界反法西斯战争胜利75周年舞台艺术优秀剧目展演展播”以“线下＋线上”的形式举行。

9月3日，文化和旅游部艺术司公布2020年度剧本扶持工程项目入选名单。

9月3日，京剧表演艺术家钱浩梁因病在北京市逝世，享年86岁。

9月5日至30日，“2020浙江省传统戏曲演出季——（中国·绍兴）第十八届越剧大展演”在浙江省绍兴市举行。

9月7日至30日，“2020年全国基层戏曲院团网络会演”举行。

9月9日，“张庚戏曲学术提名（2019年度）”在北京市揭晓。

9月9日，原创越剧《凤凰台》在南京市文化馆大剧场首演。

9月11日至15日，“第三届内蒙古地方戏优秀剧目暨沿黄省区地方戏展演”在内蒙古自治区鄂尔多斯市举行。

9月12日至30日，“第八届武汉‘戏码头’中华戏曲艺术节”在湖北省武汉市举行。

9月16日，评剧表演艺术家筱艳霞因病逝世，享年85岁。

9月16日至20日，“纪念杨兰春诞辰100周年暨中国戏曲现代戏研究会第32届年会”在河南省郑州市举行。

9月17日，“2020京剧行当艺术经典剧目展演”开幕。

9月20日至25日，“2020年陕西省戏曲行当展演”在陕西省西安市举行。

9月20日至26日，“守正创新——豫剧人李树建‘忠孝节义’四部曲暨戏曲名家名段演唱会进京献礼”在国家大剧院举行。

9月21日，“国际视野中的艺术复兴——广东粤剧院建设发展实践研讨会”在广东省佛山市举行。

9月22日，“春华秋实——中国戏曲学院建校70周年系列作品展播”开幕。

9月22日，秦腔表演艺术家雷开元因病在陕西省西安市逝世，享年80岁。

9月26日，彩调剧《新刘三姐》在广西壮族自治区南宁市首演。

9月29日，“纪念张君秋先生诞辰100周年暨第三届‘梨园雅集’两岸京剧名家张派经典折子戏专场演出”在长安大戏院上演。

9月30日至10月31日，“致祖国——名家经典剧目展演”以“线上＋线下”的形式举行。

10月6日至8日，上海京剧院“第五季‘京武会’——‘武动京彩’2020经典武戏专场”在上海人民大舞台上演。

10月9日，京剧表演艺术家谭元寿因病在北京市逝世，享年91岁。

10月11日至11月21日，“2020年戏曲百戏（昆山）盛典”在江苏省昆山市举行。

10月13日至18日，“纪念张君秋先生诞辰一百周年——张派经典剧目系列展演”在长安大戏院举行。

10月15日至11月15日，“第九届陕西省艺术节”在陕西省宝鸡市举行。

10月16日至17日，沪剧《早春》在上海东方艺术中心首演。

10月18日，“秋韵华彰——京剧张（君秋）派演唱会”在长安大戏院上演。

10月21日至12月3日，“2020全国越剧汇演季——长三角戏曲展演月”在上海市举行。

10月21日至12月20日，“第七届当代小剧场戏曲艺术节”在北京市繁星戏剧村举行。

10月23日，习近平给中国戏曲学院师生回信。

10月23日至29日，“2020（第四届）中国戏曲文化周”在北京市园博园举行。

10月24日，“京腔粤韵 唱响湾区——京粤戏曲合作交流活动”在广东省广州市举行。

10月24日、25日，现代昆剧《眷江城》在上海戏剧学院实验剧场上演。

10月24日至25日，“徽班进京与新世纪京剧发展学术研讨会”在北京市举行。

10月27日至29日，“纪念奚啸伯先生诞辰110周年专场演出”在石家庄大剧院举行。

10月29日，“2020（第四届）中国戏曲文化周学术活动”在北京市园博园举行。

10月30日，文化和旅游部办公厅公布“庆祝中国共产党成立100周年舞台艺术精品创作工程”重点扶持作品名单。

10月30日，“中国戏曲学院建校70周年守正创新大会”在中国戏曲学院大剧场举行。

10月31日，“第34届田汉戏剧奖”在上海戏剧学院揭晓。

10月31日至11月15日，“第九届长江流域戏剧艺术节”在江苏省张家港市举行。

11月1日至30日，“第三届紫金京昆艺术群英会”在江苏省南京市举行。

11月2日至15日，为纪念尚小云、荀慧生诞辰120周年“北京京剧院流派经典剧目展演”在长安大戏院举行。

11月3日至23日，“第四届湖北地方戏曲艺术节暨‘颂祖国 奔小康’小戏展演”在湖北省武汉市举行。

11月5日至9日，“首届粤港澳大湾区中国戏曲文化节”在澳门特别行政区举行。

11月7日至20日，“第二届中国（金华）李渔戏剧汇”在浙江省金华市（主会场）、兰溪市（分会场）举行。

11月9日，“‘当下文化视野中的婺剧发展与实践’学术研讨会”在浙江省金华市举行。

11 月 10 日，“中国戏曲学会第六届换届大会暨会员代表大会”在浙江省金华市举行。

11 月 11 日，“纪念徽班进京 230 周年座谈会”在中国文艺家之家举行。

11 月 12 日，第二十四届“中国少儿戏曲小梅花荟萃”终审结果揭晓。

11 月 15 日，“纪念徐玉兰先生诞辰 100 周年暨交响乐《红楼梦》世界首演”在上海交响乐团音乐厅举行。

11 月 16 日，“纪念张君秋先生诞辰 100 周年艺术研讨会”在中国政协文史馆举行。

11 月 17 日至 18 日，评剧独角戏《楚云》在北京市繁星戏剧村上演。

11 月 17 日至 25 日，“第八届羊城粤剧节”在广东省广州市举行。

11 月 19 日，“新中国戏曲发展史学术研讨会”在上海师范大学举行。

11 月 21 日，“纪念京剧大家李金泉先生诞辰百年演唱会”在北京市梅兰芳大剧院举行。

11 月 26 日、27 日，新编京剧《关天培》在长安大戏院上演。

11 月 30 日至 12 月 23 日，“2020（第九届）黄河戏剧节”在河南省驻马店市举行。

12 月 1 日，现代豫剧《大石岩》在北京市梅兰芳大剧院上演。

12 月 2 日，丝弦表演艺术家边树森因病在河北省石家庄市逝世，享年 80 岁。

12 月 5 日至 6 日，“新中国戏曲教育 70 年学术研讨会”在中国戏曲学院举行。

12 月 7 日，新编秦腔现代剧《路遥的世界》在北京市梅兰芳大剧院上演。

12 月 7 日至 14 日，“首届中国—东盟文化艺术周戏剧展演暨第八届中国—东盟（南宁）戏剧周活动”在广西壮族自治区南宁市举行。

12 月 9 日至 15 日，“2020 年中国小剧场戏曲展演”在上海市长江剧场举行。

12 月 11 日、12 日，新编秦腔历史剧《关西夫子》在北京市梅兰芳大剧院上演。

12 月 11 日至 13 日，“2020 粤戏越精彩·广东省地方戏曲传统折子戏展演”在广州市友谊剧院举行。

12 月 13 日至 30 日，“沿黄九省（区）暨第四届晋冀鲁豫传统戏剧展演”活动在河南省洛阳市举行。

12 月 14 日至 18 日，“纪念康翠玲先生诞辰 90 周年展演”活动在内蒙古自治区呼和浩特市举行。

12 月 17 日，北京曲剧《光明行》在北京剧院首演。

12 月 17 日至 21 日，“2020 北京·中国弓弦艺术节”在中国国家博物馆和中国戏曲学院举行。

12 月 19 日，“纪念张君秋先生诞辰 100 周年座谈会”在人民大会堂新闻发布厅举行。

12 月 19 日，“吴捷秋先生一百周年诞辰纪念活动”在泉州市梨园古典剧院举行。

12 月 19 日，京剧表演艺术家李元春因病在北京市逝世，享年 91 岁。

12 月 19 日、20 日，秦腔传统剧《再续红梅缘》在北京市梅兰芳大剧院上演。

12 月 21 日至 23 日，“魏明伦艺术生涯七十周年系列活动”在四川省成都市举行。

12 月 22 日至 24 日，昆曲《救风尘》在长安大戏院上演。

2020 年 12 月 22 日至 2021 年 5 月 23 日，“龙马精神海鹤姿——马连良先生诞辰 120 周年纪念展”在首都博物馆举行。

12 月 23 日，“‘俊彦英姿’——著名豫剧表演艺术家魏俊英专场晚会”在郑州市香玉大舞台举行。

12 月 23 日至 27 日，“第三届中国京剧之星展演”在北京市梅兰芳大剧院举行。

12 月 24 日，国家艺术基金公示国家艺术基金 2020 年度大型舞台剧和作品滚动资助项目名单。

12 月 25 日，文化和旅游部科技教育司通报表扬百名优秀戏曲专业专兼职教师。

12 月 26 日，“薪火相传——中国戏曲学院建校暨新中国戏曲教育 70 年成就展”在中国国家博物馆开幕。

12 月 26 日至 27 日，“‘马红华章’纪念马红艺术系列活动”在广东省广州市举行。

12 月 28 日，“湖北花鼓戏名家李春华从艺五十周年经典唱腔演唱会”在潜江曹禺大剧院举行。

12 月 29 日，“四川省川剧院建院 60 周年庆祝仪式”在四川省川剧院举行。

12 月 29 日，“翠柏常青——柏青专场演出”在河南省儿童影剧院举行。

中国艺术年鉴·2021

话剧卷

分卷主编：王　畔

年度述评

2020 年度中国话剧发展研究报告

◎ 宋宝珍

2020 年注定是一个不平凡的年份，不仅是“十三五”规划的收官之年，也是精准脱贫、决胜全面建成小康社会取得决定性胜利的关键一年。尽管受到新冠肺炎疫情的影响，但是各级文艺主管部门依然承担起“举旗帜、聚民心、育新人、兴文化、展形象”的使命，在抗疫中高举文化旗帜，在奋斗中谱写时代新曲，积极有效地组织文艺创作，推动艺术精品的生产与传播。

一、抗疫戏剧，不舍不弃

2020 年，一个出现频率极高的词就是“抗疫”。2020 年年初新冠肺炎疫情以来，在党中央领导下，中国人民众志成城，夺取了全国抗疫斗争初步胜利；人类存在与生命的主题变得如此被关注，而文化传统的不同，又带来了不同区域的人们对疫情、对世界、对人生的理解的差异性。

中国话剧向来有与时代同行、与人民同心、与观众共同创造的艺术传统。2020 年，在疫情面前，话剧工作者以艺术为武器，直面困难，化危为机，发挥了关注现实、反映生活、振奋民心、鼓舞斗志的社会作用。

武汉疫情告急之后，江苏省率先派出医疗队前去增援。3 月，江苏演艺集团着手以艺术的方式书写抗疫传奇。7 月，话剧《因为有你》(解涛编剧，李伯男导演)正式公演。此剧表现了南京与武汉的密切关联：从南京出发的男医生段一铭与在武汉社区抗疫的女书记范小沫是恋人关系，疫情发生之前，他们为谁该迁就对方离开家乡而争执不下，疫情让他们同处武汉却咫尺天涯。段一铭看到医学院里曾经的好兄弟牺牲在抗疫一线，依然选择留在武汉医院。《因为有你》，剧名透露出编剧的缜密心思：“你”既是指奋战在一线的广大医护人员，也是指千千万万居家抗疫的人民大众，当然也包括那些不幸感染的患者。因为有你，我们秉承生命至上、人民至上的原则，一个都不能少，生死相依，不离不弃。此剧塑造了疫情期间芸芸众生的真实群像：一线医护人员、社区工作者、小区保安、网络主播、志愿者、居民……这里有生离死别的悲伤，有与死神较量后获胜的欢畅，有心心念念、咫尺天涯的思念，也有日复一日、勇敢坚守的顽强，有为了相聚的诀别、为了理解的争吵、为了宣泄的豪放，等等。

这是一部有仪式感、有共情性的戏剧。舞台的总体设计是玻璃材质构建的巨大网格结构，它本身的框架和影像在其上的投射，形成多样态、多意味的表现空间，它可以是社区的街道、医院的走廊、灵魂的故乡，也可以是急救室、家庭、病房……它可以抽象，也可以具象。它是时代的缩影，也是千家万户的剖面，它承载一个又一个的场面，也聚焦一次又一次的聚散。此剧展现的是抗疫斗争，焦点却是人心和人情。尽管人们很难预测，“明天与意外，哪一个先来”，但是因为有你，不离不弃。此剧风格质朴鲜明，基调平实真诚，形象鲜活生动。

7 月，天津人民艺术剧院演出了《生死 24 小时》(王伯男编剧，钟海导演)。该剧根据天津果断、成功处置豪华邮轮“歌诗达·赛琳娜号”疫情的真实事件创作而成，剧中人物、故事都有现实原型。1 月 24 日，农历除夕，一艘载有 4000 余名游客和船员的国际邮轮正在举行盛大晚宴，连续出现的发热病例打破了欢乐的氛围，一场争分夺秒、惊心动魄的救援行动随即展开。天津市领导童国梁作为这场救援行动的总指挥，大年夜放弃与家人的团聚，走上工作岗位，他指挥若定，沉着稳健。编剧把总指挥放在“险”中、“难”中加以塑造，增加了戏剧性张力。

此剧以多媒体的介入，在船上、指挥所、家庭、医院等地，多点展开剧情，刻画了各色人物。戏剧的主要线索分为两条，相互交织：一是总指挥在天津部署安排对于“歌诗达·赛琳娜号”邮轮的紧急救援，他的一系列工作忙而不乱，井然有序，大有泰山崩于前而色不变的气度，很有实效。二是总指挥的女儿、女婿作为武汉医生，在抗疫一线忙碌、紧迫、辛劳，勇敢行动。邮轮上的外国船长和大副急切地盼望着中国人的救助，而阴阳怪气的西方某国参议员却心存偏见，冷眼旁观。

一场声势浩大的救援任务，主要通过家庭伦理视角和必要工作场面加以表现。总指挥 9 岁的外孙女独自留在武汉家中，靠邻居送饭、居委会送方便面度日，他的妻子心急如焚，想要搭车去武汉，他铁面无私，坚守原则与底线。“歌诗达·赛琳娜号”需要用直升机悬停收取检测试剂盒，海上风急浪高，总指挥把这一危险任务交给了自己的飞行员儿子。“歌诗达·赛琳娜号”的救援任务圆满完成，可是总指挥却永远失去了女儿——他的女儿牺牲在武汉抗疫一线。他的老亲家在救援了“歌诗达·赛琳娜号”之后，又奔赴武汉抗疫。这充分反映了中国人民的抗疫行动是众志成城的，是无私无畏的。

9 月，大型抗疫主题话剧《逆行》在武汉首演，这是处于疫情中心的武汉人民艺术剧院的话剧，编剧赵瑞泰亲历了武汉“封城”的日日夜夜，他笔下的人物饱含挚情和感悟；总导演王晓鹰仅仅因为这是武汉人创作的抗疫剧，便义无反顾地奔赴排练现场。总导演王晓鹰说：“我们把情感倾注到武汉抗疫的几乎所有层面，在台上使用各种讲述方式结构出一种特别的表达效果：既有医护工作者的主线，又有众多普通人的侧面；既重现了武汉的抗疫经历，更表达了在这个过程中我们的生命成长。”① 导演王剑男说：“《逆行》前，我曾疑问，面对绝望时，戏剧究竟能做些什么?《逆行》中，我尝试着回答，戏剧应该可以让我们记住，我们曾经历过的那些绝望吧。《逆行》后，我意识到除了铭记外，戏剧还可以教会我们在绝望后，如何用希望面对未来。”②

此剧表现了两个医护家庭。院长刘宇先身患渐冻症，他隐瞒病情、忍受苦痛，在医院夜以继日地抢救病人。他的妻子是一名护士，不幸染疫，两个深深相爱的人却无法相互照顾，只能在精神上彼此支撑。面对困难和危险，刘院长勇于决断，敢于承担，牢牢掌控医院的整体局面。他的老师江凌云退休后被返聘回医院工作，江凌云的女儿——护士江晓玲刚参加工作就面临生死考验，在极端环境下她迅速成长，冲锋在前。它表现了在疫情面前人们的压力，但更多的是坚韧刚毅；它给人以痛感，但更多的是顽强不屈；它触碰观众的泪点，却充满豪迈乐观。它将许多真实的生活事件，如转瞬间的生离死别、身上挂满购物袋的志愿者、居民楼里唱国歌的情景、方舱医院跳广场舞的场面等，一一巧妙地化入戏剧情境，表现了武汉的众生相，确如剧中最后的台词所言：“城市还是那个城市，而我们已经不是从前的我们。”

11 月，中国国家话剧院演出话剧《人民至上》(刘金妮编剧，李伯男导演)，它以武汉医护人员抗击新冠肺炎疫情的事迹为表现内容，聚焦疫情暴发时人们的精神状态，以多角度、多点位的舞台画面，展现了中国人民众志成城、不怕牺牲、勇敢奋斗的高尚情怀和无私行动。

剧中的第一组人物是院长李宏宇和妻子程雯及他的师弟蒋朝英。主人公是武汉医院的院长李宏宇，其原型是人民英雄张定宇，他拖着病弱的身躯，坚持战斗在抗疫一线。他的妻子染病，他们彼此牵挂，感情深挚。他们不做等死的懦夫，要做向死而生的勇士。第二组人物是黄小雅和她的未婚夫陈健、表弟沈阳。黄小雅人称“小黄鸭”，是个雷厉风行、快人快语的护士长，她与远在北京的未婚夫异地恋，作为记者的陈健毅然来到武汉报道抗疫情况，二人近在咫尺却无法相见。做生意的表弟赔得一塌糊涂，来武汉找表姐诉苦却遭遇“封城”，闲不住的他来到医院做了志愿者。在医院里一对卧病的老夫妻，每日相互鼓励，老先生用口技模仿鸟叫声，向老太太报平安，表心意。第三组人物是“90 后”驰援武汉的医生肖志家和他的老师——武汉医生谭敏。肖志家曾经因为目睹了一个他抢救无效的小患者的离世，心理上受不住打击，执意调换工作。可是新冠肺炎疫情出现，他来到老师谭敏工作的医院，看到老师

① 王晓鹰：《总导演的话》，参见武汉人民艺术剧院《逆行》演出节目单。
② 王剑男：《导演的话》，参见武汉人民艺术剧院《逆行》演出节目单。

不幸感染了新冠病毒并要求放弃抢救，肖志家流着泪说他做不到。谭敏染病而逝的那一刻，一声初生婴儿的啼哭响起，肖志家的女儿出生了。剧中出现了这样有哲理意味的台词："生命的本质就是如此，有人离去有人到来，轮回交替，生生不息。"剧中人物刘院长、医生谭敏、护士长"小黄鸭"、志愿者、患者等被置于疫情暴发的中心，他们有过艰难、痛苦、迷惘、感伤，但更多的是万众一心的抗疫精神，"一方有难，八方支援"的团结奋进，彼此之间朴实、纯洁的爱情，生死面前，他们消解了过往的误会与隔阂，体悟到爱情、亲情、友情的美好与感动。

《人民至上》的舞台设计独具创意，转台之上是纯白色的楼梯，它将表演区域分成了上下两层，占据了舞台的空间主体，不仅为多个场景的变化提供方便，更有利于全景式展现抗疫面貌。它是 DNA 的巨大模型，是医院的盘旋楼梯，是抢救生命的通道，也是医院外的走廊、城市里的立交桥，甚至是婚礼现场。纯白色的楼梯体现了生命螺旋上升、生生不息的意味，在剧中，医务工作者为了病患献出自己的生命，他们走向最高处的台阶，象征着他们内心的崇高和灵魂的升华，在大提琴音乐的伴奏下，走在台阶上的医务工作者，在曲折艰难的抗疫道路上跋涉，守望胜利的曙光。

抗疫题材的话剧还有上海戏剧学院的《护士日记》、上海话剧艺术中心的《热干面之味》、南京市话剧团的《鸽子》、北京人民艺术剧院的《社区居委会》、广东省文化和旅游厅的《致勇气》、北京儿童艺术剧院的《十四天》等等。这些戏剧聚焦普通人，讴歌时代英雄，表现众志成城的抗疫行动，展现了生死面前人的处境和反应，以及疫情面前的生命感悟和感动。

二、农村题材，脱贫主题

中国是一个农业大国，农村、农民、农业一直是党中央高度重视的社会现实问题。精准扶贫是人类脱贫史上了不起的伟大成就。

2013 年 11 月 3 日，习近平总书记来到湖南省湘西土家族苗族自治州花垣县十八洞村，提出了精准扶贫这一重要理念。2014 年 12 月 11 日闭幕的中共中央经济工作会议提出，在扶贫方面要实现精准脱贫，防止平均数掩盖大多数，要更加注重保障基本民生。2017 年党的十九大召开，习近平总书记再次重申农业政策要实行精准脱贫。此后，各省纷纷组建了省、市、县、乡、村五级联动脱贫攻坚组织架构。"党的十八大以来，平均每年 1000 多万人脱贫，相当于一个中等国家的人口脱贫。贫困人口收入水平显著提高，全部实现'两不愁三保障'，脱贫群众不愁吃、不愁穿，义务教育、基本医疗、住房安全有保障，饮水安全也都有了保障。2000 多万贫困患者得到分类救治，曾经被病魔困扰的家庭挺起了生活的脊梁。近 2000 万贫困群众享受低保和特困救助供养，2400 多万困难和重度残疾人拿到了生活和护理补贴。110 多万贫困群众当上护林员，守护绿水青山，换来了金山银山。无论是雪域高原、戈壁沙漠，还是悬崖绝壁、大石山区，脱贫攻坚的阳光照耀到了每一个角落，无数人的命运因此而改变，无数人的梦想因此而实现，无数人的幸福因此而成就！""改革开放以来，按照现行贫困标准计算，我国 7.7 亿农村贫困人口摆脱贫困；按照世界银行国际贫困标准，我国减贫人口占同期全球减贫人口 70% 以上。"[①] 精准脱贫是一项意义深远的伟大工程，它关系着国计民生，也涌现了包括黄文秀、廖俊波、黄诗燕等人在内的一批"时代楷模"。据不完全统计，全国 300 余万第一书记和驻村干部中，牺牲在扶贫一线的干部就有 1800 余人。

精准脱贫、决胜小康作为主题创作，带动了一大批话剧剧目的产生。如中国国家话剧院的《村里新来的年轻人》、新疆艺术剧院话剧团的《金色的胡杨》、中国煤矿文工团的《情系贺兰》、福建人民艺术剧院的《县委书记廖俊波》、辽宁人民艺术剧院的《干字碑》、云南省话剧院的《白鹭归来》、南通艺术剧院话剧团的《索玛花盛开的地方》等，都聚焦了农村题材和精准脱贫主题，表现了现实生活中的先进人物和先进事迹。

① 习近平：《在全国脱贫攻坚总结表彰大会上的讲话》，《人民日报》2021 年 2 月 26 日。

10月，中国国家话剧院出品的《那拉提恋歌》（王宝社编剧、导演）在国家话剧院剧场演出。剧中，北京心内科专家刘主任来到那拉提草原，负责带出一支过硬的医疗队伍，他已经辛勤工作了将近3年，还想继续留任3年，因为培养一批心内科专家至少需要6年时间。此时他的妻子赵颖已经为他联系好医院，作为专家他的年薪将达200万元。去与留的矛盾，在夫妻之间产生争执，前来探亲的赵颖深受打击，觉得即使不算经济损失，分居也将影响生育，因此提出离婚，准备一走了之。这一情况被牧民无意中发现，他们认为离婚是伤和气的事，这事不能在刘主任身上发生，于是以驻村干部柯伟为代表的三个小伙子，准备想方设法拖住刘主任，让他没空办理离婚手续。他们想了个主意，假称叶尔森的女朋友在城里丢了工作傍了大款，吵吵闹闹非要刘主任帮忙，借此教育赵颖不可拜金俗气。谁知热心肠的赵颖立刻为叶尔森的女友找工作，在真真假假中不断错认错判——这是越帮越忙的一股力量。另一股力量来自草原上的智者阿塞提，他出了一个聪明反被聪明误的"妙计"：趁刘主任的学生——妻妹的男友别克外出巡诊，让妻妹阿里玛向刘主任表达关心，以引起赵颖的猜疑、嫉妒。结果阴差阳错，不明真相的别克成了吃醋的人，赵颖一心认定刘主任爱上了阿里玛，形成了一系列喜剧性矛盾，直到阿塞提安排了一场黑暗中的心理剖白，才让一系列的误会真相大白。

这是一部涉及"一带一路"倡议、西部经济开发、支援边疆、民族团结友爱的宏大主题的话剧。编剧、导演王宝社举重若轻、小中见大，将主题意蕴进行艺术的开掘和深化，通过喜剧性冲突塑造人物形象，在喜剧性情境中展现人们心灵的真、善、美，从而为观众奉献了一台有温度、接地气、生动幽默的优秀喜剧。

10月，新疆艺术剧院话剧团的《金色的胡杨》（李龙吟编剧，李利宏导演）在乌鲁木齐首演。此剧以新疆喀什科克墩村几名村民的回忆，以几段完整的故事，串联起村支书刘国忠的人生和对边疆土地的热爱。刘国忠实有其人，他还在2013年被评为"最美村干部"。戏剧从他临近退休、准备辞去村支书开始写起，一帮维吾尔族群众到乡里求情，希望他继续任职。他们讲述他在其父病危时，把好不容易积攒的路费拿出来抢救维吾尔族村民；他在大旱之年为了村里的庄稼四处奔走，终于引来了大渠之水解危济困。他带领农民引种经济作物色素辣椒，赔了钱是自己的，赚了钱却归村民。刘国忠有眼光有胸襟，他知道扶贫必先扶智，因此他让自己的儿女回到村里，办好乡村教育，引领村民共同富裕。一个汉族村支书受到维吾尔族群众的热烈拥护和真心爱戴，此剧写出了心的印证、爱的融通。刘国忠与村民是命运与利益的"共同体"，每一个人都像一棵胡杨树，长在这片土地上，根脉相通，枝叶相连。

11月，中国国家话剧院的《村里新来的年轻人》（蒲逊编剧，刘丹导演）在中国国家话剧院剧场首演。此剧以扶贫干部为表现主体，展现当代农村的社会现实和农民精神面貌的改变。剧中的女主人公孙倩倩是城里长大的"作"女，她的网名叫"风一样的女子"，最初报名下乡扶贫，是因为恋爱不成，被母亲逼婚，想要一走了之。可是到了农村才发现，这里老百姓的日子过得十分贫困，村子破烂得像个大垃圾场。孙倩倩年轻漂亮有洁癖，宣称"死了都要美"，刚下乡时还照样穿着高跟鞋，结果崴断了鞋跟，一头栽进了粪池。随着环境的适应和工作的开展，孙倩倩不仅看到了农村的希望，干出了业绩，而且还遇到了意中人"等风来"。此剧的主要矛盾集中表现在脱贫过程中农村新旧观念的"较量"，有农村生活的气息，人物性格鲜明。有评论认为，此剧"以小人物反映大时代，艺术化地呈现了青年扶贫干部带领群众奋斗拼搏的感人故事。编剧蒲逊选取年轻扶贫干部孙倩倩作为主角，以孙倩倩和村民相互理解和共同成长为主线，通过小切口反映大主题。导演刘丹根据这些鲜活素材在原剧本基础上进行了再次加工，深挖独特文化风貌与地域特征，丰富了故事情节，深化了人物情感。舞美设计张武利用旋转舞台和艳丽色彩体现出年轻人的朝气与活力。作曲胡笑源为该剧原创了5首西北民谣，对推进剧情起到了关键作用"[①]。该剧以扶贫干部为表现主体，展现当代农村的社会现实和农民精神面貌的改变。

---

① 王润：《〈村里新来的年轻人〉扶贫题材话剧成功首演》，《北京晚报》2020年11月19日。

11月，中国煤矿文工团话剧团的《情系贺兰》（陈鹏、费守疆编剧，徐涛导演）在北京二七剧场首演。此剧取材于闽宁镇脱贫的故事。闽宁镇是习近平总书记当年担任福建省委副书记的时候，促成的福建与宁夏对口扶贫的示范点。《情系贺兰》的写作姿态和演出面貌都是朴实自然的，它没有喊口号、唱高调、撑场面，而是以现实主义的戏剧方法，表现现实环境的真实和人物性格、心理的真实，塑造了驻村扶贫女干部闽兰的艺术形象，表现了农村脱贫工作的艰难性、艰苦性、艰巨性。闽兰从东南沿海的福建来到贫瘠荒凉的贺兰山，她要面对的是一帮耐得了贫却受不得苦、懒散惯了的村民，还要带领他们整修山地，栽种葡萄苗，酿造葡萄酒，从而达到脱贫致富的目的。此剧表现了引领农民改变贫穷落后的面貌、走向共同富裕道路的曲折，也表现了改变农民落后意识中的贫、弱、愚、私四大问题的不易。戏剧用大部分篇幅表现闽兰的工作关系，她要说服思想保守、守土恋家，同时又是村里人的主心骨的老奶奶；她要和一帮村民建立信任、齐心协力奔小康的工作关系。同时她也是一位母亲，一位妻子，她把身为农业专家的丈夫留在贺兰山下，成为脱贫攻坚的技术指导，但却不能把小女儿带在身边。长久离开家庭，让女儿对她很陌生，这成为她心中抹不去的隐痛。心里放不下家乡的那片海，更舍不下眼前的这片山。闽宁镇的葡萄园战胜了虫灾、冻灾，喜获丰收，农民的生活也像甘美的葡萄酒一样馥郁芬芳，可是闽兰却积劳成疾，以身殉职，她把自己的灵魂永远地安放在这片心爱的土地上。中国煤矿文工团演员、影视明星苗圃和聂远主演的这部话剧，无疑增强了市场号召力和艺术传播力。

值得注意的是，扶贫题材因为目的一致、结果相同、路径相类、人物相似，需要创作者深入生活，扎根人民，发掘时代生活的底蕴和不同区域的世态人心，表现戏剧人物的鲜明个性和精准脱贫的典型性。

目前，我们处于一个风云变幻的世界，这个世界变化之大、信息之丰富、生活层面之繁复，都是前所未有的。怎么样把具有时代特征的生活素材加工为艺术精品？第一，要尊重艺术规律，以艺术的方式塑造形象、结构情节，讲好中国故事。第二，要深刻认识精准脱贫是一项伟大的时代工程，要把它放在历史的架构中去表现它的深刻性、系统性、创新性。第三，要处理好时代和普通人的关系，讴歌祖国、讴歌人民、讴歌时代、讴歌英雄，是当代戏剧创作的重要使命。要处理好先进个体与农民群体的互动关系。第四，要处理好精准脱贫戏剧创作的形式和内容的关系，以真诚、质朴、简约、精妙的方式呈现出来，不能搞奢靡豪华的舞台大制作，因为那是和精准脱贫、艰苦奋斗的时代精神相悖的。

三、讴歌英雄，重放经典

为时代画像、为时代立传、为时代明德，是话剧艺术工作者的使命。近年来以英雄模范人物为主人公的戏剧创作呈现良好的发展态势。

6月14日，广东省话剧院的话剧《深海》（周振天编剧，黄定山导演）在广州友谊剧院首演。这是一部优秀的现实题材的话剧，其主人公是“共和国勋章”获得者、人称“中国核潜艇之父”的黄旭华。导演黄定山说：“我在导演之初就确立了全剧‘可信、可亲、可看、可感、可敬’的戏剧美学要求和导演处理原则，即从人的情感角度，窥探人物内心。在隐姓埋名的三十年里，黄老对事业的痴迷，对国家的忠诚，对家庭的愧疚，对亲人的思念，这种内心的撕裂感，来自人的共性情感，而最终揭示弘扬人的精神境界和时代风貌，在这里，可敬是宗旨。”[①]《深海》的戏剧结构设计巧妙，它以黄旭华随核潜艇进行极限下潜实验为经线，以黄旭华不平凡的人生和奋斗历程为纬线，编织起充满悬念和戏剧张力的情节网络，生动而细腻地展现了黄旭华为核潜艇事业呕心沥血的非凡人生。

黄旭华的人生充满了传奇性，少年时期遭遇日寇侵华，触目所及是祖国沦陷、举家逃难、生灵涂炭，因此他立定人生的目标就是要发奋有为，造飞机，造潜艇，抵御外侮。中华人民共和国成立以后，他离开上海，辗转迁移，隐姓埋名，为国家设计建造核潜艇。此剧将冰屏等现代科技手段运用得恰到

---

① 吴春燕：《话剧〈深海〉：演绎黄旭华的一生》，《光明日报》2020年6月29日。

好处，戏剧结尾时，舞台上的黄旭华向众人回首告别，屏幕上出现了现实中黄旭华的真实影像。他尊贵如神，又宛若常人；他威武雄壮，又和蔼可亲；观众对他的风采和荣光留下不灭的印象。

11 月，安徽省话剧院的《今夜星辰》（唐栋编剧，傅勇凡导演）在安徽大剧院首演。它以“两弹一星”元勋郭永怀与妻子李佩为主人公，表现了他们为祖国和人民无私奉献、忠心报国的感人事迹。郭永怀不顾美国人的监视、阻拦，抛弃优渥的生活条件，毅然带着妻女回到祖国。为了制造“两弹一星”，他在戈壁滩上拼命工作，在即将爆炸的飞机上，他和警卫员用身体牢牢地护住了文件包里宝贵的核物理资料。他的妻子无怨无悔，发奋有为，成为“中国科学院最美的玫瑰”“中国应用语言学之母”，谱写了“爱和智慧的传奇”。

此剧善于通过具体细节表现人生情境的真实和人物性格的特点：郭永怀对女儿十分珍爱，可是因为忙于科研，他甚至忽视了女儿的成长。上了中学的女儿过生日，他送上的礼物居然是拨浪鼓和陀螺，导致女儿失望大哭。氢弹爆炸成功后，郭永怀和钱学森在家中庆祝，两个人各自拿出一瓶茅台酒，酒是毛主席和聂帅送的，两个大科学家为先喝哪一瓶像小孩子一样争执不停，互不相让，最后决定两瓶酒兑在一起喝，他们还用数学理论加以解释，显得天真、有趣，这场戏也充满了喜剧性张力，显现了两个人的独特个性。郭永怀的学生苏伟鹏、陈一楠，一个继承老师的衣钵，被核辐射损伤了身体；另一个却成了市侩官僚，沉湎于权力打发日子。他们彼此的人生有了对比性。

此剧的总体风格像一首交响诗，在起承转合之中，遵循意识流手法，却又有现代叙事的灵动特点，在写实性再现场面、诗意表达空间、多义意象呈现上自由转换。导演善于以少胜多、以点带面、营造情境，展现有意味的多维、多义的戏剧意象空间。

11 月，山东省话剧院的《乳娘》于济南历山剧院上演。这是一部具有历史情怀和现实观照的话剧，采用历史与现实双线互动的叙事方式，让作为时尚女子的戏剧编导和作为乳娘纪念馆的工作人员——当年的乳儿，直接介入剧情，用回顾、反思、对话的方式，展开那段可歌可泣的艰苦岁月和革命历史。在血雨腥风的战争环境里，八路军的孩子交到老百姓手上，一群食不果腹、鹑衣百结的农妇，用干瘪的乳房、稀薄的乳汁喂养了革命的后代。在鬼子“围剿”中，母亲们带着乳儿和自己的孩子逃难，宁可饿着自己的孩子，也不肯动用公家的奶粉；实在跑不动了，宁可丢下自己的孩子，也要保护好八路军的孩子。此剧讴歌了母爱的伟大、女性的仁德，乳娘不是亲娘却胜似亲娘，乳娘们对孩子的爱，既是对于生命赓续的自然规律的本能尊重，也是她们对于革命队伍和革命事业的殷殷深情。

12 月 8 日，西安话剧院的《路遥》（唐栋编剧，傅勇凡导演）在西安新城剧场首演。此剧的情节发展起伏跌宕，变化有致。情节线索大致是：《平凡的世界》退稿—大出版社出版—家里的烂包光景—在京举行作品研讨会—路遥的作品被专家批评—路遥去煤矿体验生活，经济压力加大—路遥经济好转，给女儿买钢琴、三明治—小说家喻户晓—路遥获得茅盾文学奖—路遥孤独死去。戏剧主线基本上循着低—高—低—高……的走势，展现着一波又一波的“发现与突转”的戏剧魅力。路遥孤独、倔强、豪放、真诚、自尊、要强。他对文学苦心孤诣，对亲情用心良苦，他的人生遭逢苦难，他的创作历尽艰辛。作为贫瘠的黄土地上贫穷的家庭走出来的作家，路遥像牛一样耕耘，像土地一样奉献，他的文学理想在现实中饱受考验。此剧把路遥人生的方方面面进行了艺术的提炼加工，去粗取精，突出重点，强化意蕴，刻画性格，彰显精神，还原了路遥的生命形态，塑造了其不朽的文学形象。

2020 年，革命历史题材依然是话剧创作的热点。以井冈山革命斗争时期三湾改编的历史事件为素材创作的话剧就有江西省话剧团的《支部建在连上》（唐栋编剧，傅勇凡导演）以及中国国家话剧院的《三湾，那一夜》（王宝社编剧，殷弘毅导演）。两部话剧取材一致，艺术表现各具特色，都以浓墨重彩描画了毛泽东的雄才大略、高瞻远瞩的领袖形象，表现了革命的危急关头，毛泽东力挽狂澜，引领中国革命走向了正确道路。

为纪念中国人民志愿军赴朝作战 70 周年，天津人民艺术剧院演出了话剧《上甘岭》（庄一编剧，李任导演，黄宏担任艺术总监），它以真实事件为基础加以改编，以上甘岭战役中的坑道为主要场景，展现幽默风趣的炊事班班长老马，知识分子家庭出身的女卫生员，被俘虏的美国伤员以及一群钢铁意志、舍生忘死的志愿军战士，面对敌人铺天盖地的炮火攻击，在断粮断水、弹药缺乏、与组织失去联络的狭小坑道内，以视死如归的勇气、坚如磐石的毅力坚守阵地。此剧借助多媒体技术，展现了炮火连天的战争环境。在话剧《上甘岭》当中，黄宏充分发挥其曲艺表演天赋和语言幽默的特点，以朴实、自然、接地气的表演风格，成功塑造了心地善良、乐观豁达、真实感人、可亲可敬的炊事班班长形象。

2020年是戏剧家夏衍、熊佛西120周年诞辰，是曹禺110周年诞辰，为了缅怀前辈戏剧家的精神，纪念他们的贡献，浙江大学在夏衍的故乡杭州、上海戏剧学院在熊佛西的故乡江西、北京人民艺术剧院和中国艺术研究院话剧研究所在曹禺工作过的地方北京，分别举行了纪念座谈会和学术研讨会。

9月24日是曹禺诞辰110周年纪念日，为纪念曹禺的戏剧功绩，北京人民艺术剧院组织了《雷雨》的新人版演出，演了31年繁漪的龚丽君此次与顾威一起担纲导演，王斑从“少爷”升级为“老爷”，扮演了周朴园，而周萍和繁漪则由北京人民艺术剧院年轻演员刘智扬和张培扮演。天津人民艺术剧院的《雷雨》《日出》《原野》在全国30余个城市巡演，所到之处，人头攒动，足见曹禺戏剧恒久的艺术魅力。

北京央华时代文化发展有限公司将曹禺的《雷雨》和万方编剧的《雷雨·后》制作成连台戏，并邀请法国戏剧导演埃里克·拉卡斯卡德执导，开创性地将曹禺父女二人的作品分别在下午和晚上接连演出，而万方的《雷雨·后》也正是对《雷雨》的一次延展与对话，父女情缘以特殊的方式通过戏剧舞台联结在一起。埃里克·拉卡斯卡德此次加盟，也是外国导演在中国首次执导《雷雨》，他让中国观众在他所制造的舞台上巨大的白盒子、黑荒原里，看到他对现实主义题材戏剧作品独特的驾驭力和创新性。这两个连续上演的剧目演员阵容强大：刘恺威饰演周萍，何赛飞饰演鲁侍萍，史可和孔维分别饰演繁漪，佟瑞敏饰演周朴园，徐德亮饰演鲁贵，吕星辰饰演四凤，李宗雷饰演鲁大海。万方表示：“这次的《雷雨》和《雷雨·后》，让我有一种深深的感受，就是东方文化和西方文化的冲撞之后融合起来的一种力量感，或者说是魅力，我觉得这个是我既作为创作者，又是观众所感到的一种满足。”[①]在北京保利剧院首演后，《雷雨》和《雷雨·后》陆续在沈阳、天津、北京、郑州、长沙、杭州等地巡演。

10月22日—10月31日，上海话剧艺术中心重排的夏衍的剧作《上海屋檐下》首轮演出在上海艺术剧院举行。此剧以20世纪30年代上海石库门中几户市民家庭日常生活的横断面，揭示了大的时代背景下，小市民生活的艰难和贫苦知识分子的困苦；以匡复、杨彩玉、林志成三人的生活变故与情感纠葛为线索，串联起其左邻右舍，如小学教师赵振宇一家、大学毕业即失业的黄家楣一家、被流氓逼迫和欺辱的单身女子施小宝、在淞沪会战中失去儿子的老报贩“李陵碑”，这几户人家组成了一部30年代上海中下层人民生活的交响曲。导演王筱頔对夏衍的剧作进行了新的解读，成功塑造了一群耐人寻味的戏剧人物，将时代性苦闷和个人境遇的郁结，通过具体细致的动作设计和场面调动加以塑形，从而凸显了由内而外的“梅雨”式的戏剧情境。

借助这股重排经典的思潮，11月，中国国家大剧院推出了根据大仲马的小说《基督山伯爵》改编的同名话剧（喻荣军编剧，王晓鹰导演），在中国国家大剧院戏剧场演出。此剧有意识地淡化了小说创作时法国政治局面的波谲云诡，重点表现主人公的不幸遭遇和人生传奇。大仲马曾在小说题记里写道：“一切罪恶只有两帖药：时间和沉默。一切智慧都包含在两个词里面：等待和希望。”该剧也突出了主人公内心的强大和自我救赎的渴望，由三个演员来扮演邓蒂斯，这不仅是一种新的舞台创意，更是邓蒂斯的人性在三个阶段、三种经历、三个层面的深入揭示。青年邓蒂斯热情开朗，以为世界充满阳光；中年邓蒂斯饱经磨难，积累了刻骨的仇恨；晚年邓蒂斯在复仇之中开始反思自己，放下心里的杀机。

---

① 《央华明星版连台戏〈雷雨〉〈雷雨·后〉震撼首演》，2020年12月9日，搜狐网（https://www.sohu.com/a/437154149_115487）。

主人公的三种形态，既是人生的三种际遇，是时间的链接，是等待的持续；也是从单纯到绝望、从绝望再到希望的生命周期的循环罔替；同时也代表了复仇者邓蒂斯的自我反思、质疑、评判、求证的多重心思。三个邓蒂斯偶尔交集在一起，他们相互对视，用此在的眼光凝视过往，用曾经的单纯澄明现世的混芒，最终用爱战胜了恨，完成了灵魂的自我救赎。复仇之后的邓蒂斯曾经反问自己："如果你不是基督山伯爵，你还能得到正义吗？"答案显而易见，他所反抗的他者的权势，却是维护自身公平正义的条件，自我反诘陷入逻辑自反。基督山伯爵的复仇更像一个被压抑到崩溃边缘的人，对反抗的前景所做出的汪洋恣肆的浪漫想象。由此可以看出，此剧的改编，焦点已经偏离了传统的复仇行动而聚焦于社会规约中的复杂人性。此剧对原著的复仇主题进行了具有现代意味的阐释和演绎，其舞台设计和表演风格亦可圈可点。

四、云上线下，是雾是花？

新冠肺炎疫情的出现，给演艺事业特别是剧场艺术造成了很大困难。很多民营演出机构处境困难，他们想方设法，努力自救。2020年5月8日，鼓楼西剧场的创始人李羊朵面对门可罗雀的剧场，在朋友圈发了一条微信："静待花开终有时。"他们以线上剧本朗读会的形式，以帮助烟台农民卖樱桃的方式，凝聚人心，聚拢人气。俄罗斯剧作家契诃夫没能保住他笔下的樱桃园，而鼓楼西的樱桃园却守住了戏剧的精神家园。

疫情之下，戏剧艺术工作者没有被困难吓倒，在剧场关闭期间，各地院团仍在直面挑战，制定对策，谋划发展。他们采用的方式，一是组织线上艺术生产，如剧本研讨、云端排练等；二是组织保留剧和新创剧的线上观演。如文化和旅游部组织的"2020年全国舞台艺术优秀剧目网络展演"、北京市文化和旅游局组织的"第九届北京市文学艺术奖舞台艺术获奖剧目展演"，以及"纪念中国人民志愿军抗美援朝出国作战70周年舞台艺术优秀剧目展演""全国脱贫攻坚题材优秀舞台艺术剧目展演""大戏东望·2020全国话剧展演季""第七届武汉国际戏剧演出季""北京（台湖）影偶艺术周"等等。此外还有中国国家话剧院、北京人民艺术剧院、上海话剧艺术中心、陕西人民艺术剧院、广东人民艺术剧院等多家院团，都将优势戏剧资源传布于互联网云端。

这些演出大多打破了传统剧场在固定空间形成的观演模式，让剧场艺术突破传统媒介的限制，搭乘融媒体时代快车，利用互联网、新媒体、自媒体、移动客户端，实现戏剧信息、戏剧教育、排练场景、幕后花絮、演出视频、观演互动、戏剧批评多渠道发送，跨区域传播，充分发挥了文艺作品培根铸魂、鼓舞斗志、振奋民心的现实作用。

在疫情期间，利用融媒体一次生产、多元共享、网络化推送、智能化传播的特点，全国各地戏剧院团率先实现了移动优先、APP传输，将与戏剧相关的文字、图片、演出视频、随手拍短视频等在传统媒体平台、聚合类传播平台、垂直类互联网平台上进行推广宣传。

利用融媒体进行的戏剧活动主要有：

一是组织线上戏剧生产，如创意沟通、剧本研讨、云端排练、线上推送等。一些戏剧项目的论证与评定、戏剧人才培养计划也在线上完成。

二是组织保留剧目和新创剧目的线上观演，与受众形成积极的交流互动，并展开广泛的、不拘形式的戏剧批评。如武汉国际戏剧演出季，不仅有NTlive的现场播放，也有移动客户端的线上欣赏；中国国家话剧院在喜剧《那拉提恋歌》剧场版上演之前，组织了主创、专家、学者、观众参与的线上剧目推介活动；由互联网平台、微信公众号、剧院平台、《扬子晚报》等参与协办的"戏精学院·狂想戏剧节"云集剧院工作者、戏剧爱好者、导演、观众等，形成网络直播连线和平台戏剧联欢。

三是围绕戏剧演出、戏剧现象在线上形成多维度、多角度、全方位渗透性联动，以期产生良好的社会效益和经济效益。比如广州大剧院的歌剧《马可·波罗》演出，观众付费12元即可在大麦网的APP上观看。观众的人数多，演出的点击率高，剧院收入相应提升。沉浸式戏剧《不眠之夜》将演出直播与网络电商带货直播结合，通过取得网络演出点击量刺激商品销售，产生经济效益。

线上戏剧传播以演出为依托，向市场扩展，并对市场进行综合的、广泛的、多层面的渗透。既然一个自媒体网红都可以有不菲的经济收益，一座好剧院、一部经典剧、一名优秀艺术家，其内含的文化价值、衍生产品等，如果得到有效开发，便会成为良好的经济效益增长点。

融媒体的戏剧传播效力，让实体剧场发生的不可逆的真人观演，在互联网中具有了可复制、可审视、可弹幕、可臧否的自由参与的多种可能性。如果说，以前以剧场为中心的戏剧传播，呈现的只是艺术生产的成果，那么在融媒体时代，以移动媒介为主流，可以实现全方位、多元化、多场景、立体化的戏剧传播效果，它的交互作用甚至可以对戏剧文化生态产生积极的现实作用。

毋庸置疑，2020年是中国戏剧线上演出的重要一年，戏剧院团线上演出和直播已经积累了一定的经验，技术与渠道也在不断升级。线上戏剧传播是疫情时期的适应性调整，还是未来演出的新途径？还有待人们进一步观察、思考和验证。应当指出，线上戏剧演出利弊皆有，一个不容忽视的事实是它弱化了戏剧演出的直感、质感，甚至是仪式性和严肃性，弱化了剧场演出特有的群体气息、情绪感应的审美效能。

融媒体时代的戏剧传播其实是思想层面戏剧发展理念的转型、创新模式，是一种实践层面全面提升戏剧功能、手段、价值的运作模式。融媒体既是对既有媒介的整合与拓展，也是构建舆论引导新格局、占领信息传播制高点的新方法。

习近平总书记指出，打造新型传播平台，要旗帜鲜明坚持正确的政治方向、舆论导向、价值取向，通过理念、内容、形式、方法、手段等创新，使正面宣传质量和水平有一个明显提高。融媒体的戏剧传播效力的竞争，不仅要靠传播效率的专业化、规模化、持续化，而且要靠有思想深度、有艺术内涵、有社会公信力的戏剧作品。

要打造有特色的线上戏剧，笔者认为其一还是“硬核”剧目的演出，正所谓内容为王，质量为上。质量的意义指向包括思想主题、文本优势、演出形式、品质保障、品牌效益、IP影响力等等。其二是强化戏剧的本体优势和特色，线上演出要形成鲜明的创作理念，并且结合剧目本身的特点来打造演出风格和互动交流的模式。其三是摸准线上人群的观剧心理，做好前期宣传，准确对接特定人群和目标受众，提高受众参与的积极性、主动性。其四是发挥互联网强大的传输功能，做好线上、线下的导引、交流、互动，不能让戏剧的正面意义陷落在众声喧哗之中，而要发挥正确的舆论导向、价值取向，实现良币驱逐劣币的良性竞争。其五是确保线上播出时的技术条件，维护传播渠道的有效支撑。

融媒体与戏剧的结合是一种新型戏剧传播方式，也是全媒体时代的发展途径，我们应当不断探索，大胆尝试，以求取得良好效果。

宋宝珍　中国艺术研究院话剧研究所所长、研究员

激荡的生活　诗意的创作——2020 年话剧创作演出综述

◎ 刘平

2020 年是极特殊的一年，新冠肺炎疫情的暴发，对各项事业产生了极大的影响。从 2020 年 2 月起，各种舞台演出停止，一切戏剧活动取消直到疫情得到有效控制，至 2020 年 7 月，剧场舞台演出才陆续有限制地逐步开展。最初是描写抗疫题材话剧的创作演出，之后是描写脱贫攻坚题材话剧的展演，以及各话剧院团创作的大型话剧的演出。

一、生活，是戏剧创作的源泉

新冠肺炎疫情的突然来袭，各种舞台演出活动按下暂停键，但艺术家的创作活动并没有停止。他们一面深入抗疫第一线，用自己的笔记录下全国人民同心协力抗击疫情、抢救生命、保卫生命的阻击战、攻坚战中的可歌可泣的动人事迹，一面思考着生活的意义和生命的价值。其中，有英勇无畏冲上一线治病救人的白衣天使，有为这场“战役”提供后勤保障的医疗机构，还有以各种方式为抗疫贡献力量、不顾个人安危的志愿者、社区居民、快递小哥、出租司机等等。在抗击疫情的过程中，有人被病毒夺去了生命，由此也惊醒了千千万万活着的人，使他们在严酷的现实面前不得不改变观念，反思自己，清洁心灵，就像被一场大雨洗刷一样，亮出了崭新的容颜。而作为时代的眼睛和心灵窗户的艺术家们，不仅以其责任心和使命感记录下了在这场“阻击战”中的所见所闻、思想震动和心灵悸动，而且把激情与感悟化为一部部优秀的戏剧作品呈现在舞台上，为观众留下了一幅幅激动人心的画面，让人们在咀嚼回味中感受到了一种艺术的审美和诗的意蕴。

（一）激情，催开一朵朵艺术之花

新冠病毒肺炎，直接威胁到人们的生命，让一直生活在安详环境中的人们顿时感到手足无措，惊慌、恐惧、无奈。在生与死的较量中，我们看到中华民族永不服输的斗争精神，看到了中国人的向死而生的牺牲精神，看到了中国人吃苦耐劳的韧性与耐力，更看到中国人的智慧与勇于探索的苦干力量。首先是那些白衣天使，舍家别子，雷厉风行，披挂上阵，第一个冲向最严重的疫区武汉。他们就像冲锋陷阵的战士，其豪迈的气势感动了每一个中国人，也震醒了那些曾经昏睡的人。有榜样的引领与鼓舞，人们一致行动起来，有钱的出钱，有力的出力，为第一线的战士送给养，购买医疗器械，保障后勤供给。一场“全民性”的战争就这样打响了。他们从慌乱的情绪中坚定地站立起来，与病毒恶魔展开了殊死搏斗。

《因为有你》（解涛编剧）所展示的是中国人在灾难面前的那种“匹夫有责”的责任心与使命感，以及不顾个人安危勇敢地投身抗疫洪流中的那种义无反顾的豪迈情怀。段波作为某医院的领导，他非常清楚这次驰援武汉抗击疫情意味着什么。他说：“此去是为了抗疫情，救苍生！这是医生的职责和使命。我们都做好了准备，若一去不回，就一去不回！”因此，他语重心长地对同志说：“千万要保护好自己，你们是我带出去的，我一定会把你们一个个活着带回来！”儿子段一铭跟他要求去武汉一线，他一句话就驳回，其理由是：“你是我儿子，我得为你的安全考虑。”可儿子不高兴了：“你儿子是儿子，别人儿子就不是儿子？您不可能这么狭隘了。”黄英护士的母亲重病，她仍坚决地要求参加医疗队，母亲不但不反对，还告诫她：“不要给江苏医疗队丢人！”几句简单平常的话语，让人们看到了白衣天使的使命担当，凸显了他们舍己救人的心灵美。《鸽子》（编剧王宏）以一只鸽子的视角，描写武汉、南京两地 6 组小人物，在疫情的暂停键下所发生的情感变化与思想升华。这些普通人在往日积存的恩恩怨怨，在疫情发生的那一刻，突然间发生了转变，什么嫉妒、仇视、决裂，都变得无足轻重，在一致抗疫的号令下，他们重新聚集起来，唯一想到的就是能为抗疫——支援武汉做点儿什么。整天沉浸在“诗人梦”里的啃老巨婴莫文斋，开始学会自己动手打理自己的生活；叶宛星医生为找到更多的医疗物资而去求助前男友吴越；发誓与父亲断绝关系的吴越为了支持叶宛星而向父亲求情，把医疗物资捐给武汉。

在疫情发生的最困难时期，中国得到国际援助，同时也没有忘记自己的国际主义责任，尽最大努力支持那些受到疫情影响的国家。《生死 24 小时》（王伯男编剧，钟海导演）描写中国人的国际主义精神。当中国政府接到国际邮轮赛琳娜号的求救后，果断地做出决定，在 24 小时内对邮轮上 4000 多名游客和船员进行排查与救助。以战时状态、战时速度妥善地处理了这场突如其来的事件，打了一场漂亮的攻坚战，以实际行动消除了一些外国人对中国人及其办事效率的怀疑，得到国际友人的赞扬。《人民至上》（刘金妮编剧，李伯男导演）给人印象深刻的是写了一个转变的人物肖志家。他医科大学毕业，因抢救一个 10 岁孩子的失败，心理上接受不了这样残酷的现实，想转行到医药公司。可他心里又放不下，疫情暴发后他又第一个报名冲上抗疫第一线。《护士日记》（陆军、袁香荷编剧）写人物的转变，触及人的灵魂。女儿董丽丽非常不理解作为护士长的妈妈董芳，每年春节都“失约”，不能陪伴家人过春节，因此长期与妈妈对抗。直到妈妈为救人感染新冠病毒去世，她在整理遗物时看到了妈妈的日记，才了解了妈妈、理解了妈妈，逐渐懂得了作为一名护士的人生价值。因此，她也立志做妈妈那样受人爱戴的人。《社区居委会》（李龙吟编剧，任鸣、唐烨导演）在抗疫题材中另辟蹊径，描写社区居委会在抗击疫情过程中所做出的突出贡献，塑造多个可亲、可信的小人物。

（二）感悟，让激荡的生活化为艺术诗情

创作需要激情，但更需要作者在生活中的深刻体验与思想感悟，即所谓“源于生活，高于生活”。疫情来得突然，抗疫战斗轰轰烈烈，创作者按捺不住心中的激动匆匆动笔完成作品，其精神可嘉。但这样的作品写得快，也就避免不了内容上的浅，思想深度不够。还有一种现象，一些剧作者看到什么写什么，没有沉淀，缺少对生活的感悟与对主题的提升。在这方面，话剧《逆行》（赵瑞泰编剧，王晓鹰总导演，王剑男导演）的创作，不免让人眼前一亮。作家以自己的亲身感悟，不仅写出了疫情来袭时的社会大环境中人们的真实状态——直接写抗疫一线的生活，而且深入人物的情感深处，写出了在与疫情进行搏斗过程中人们的思想变化与精神升华。

该剧是赵瑞泰把对生活的感动提升到审美层次的一部有艺术魅力的作品，突出特点是：在生活真实的基础上写出了艺术的美，在琐碎的事件中写出人物的独特个性和不同的理想追求，在一件件平凡小事中写出了人物纯朴的心灵和崇高的精神品质，在普通人中写出了敢于担当的英雄情怀，充分表达了中华民族在灾难面前永不言败、敢于奋斗的顽强意志和坚韧不拔的毅力，弘扬了中华民族团结一心、战胜困难的大无畏精神。该剧在塑造英雄模范人物方面也有重大突破，即摈弃了空喊口号、讲空洞的理论、讲豪言壮语的弊病，而是通过感人的生活细节塑造英雄，充分表达出英雄都是普通人的创作理念。剧中有几场戏最为动人，一是刘宇先与妻子洪玫的对话。刘宇先自己患了绝症——“渐冻症”，但是，作为医院呼吸科主任，当新冠病毒肺炎突然袭来，他首先想到的不是自己的身体与安危，而是毫不犹豫地带病出征——竭尽全力抢救病人。但他的心里并非没有担心与恐惧——“我怕留给我的时间不多了，我怕我带的这些孩子不能每个人都平平安安地回来，我怕我们的医疗系统顶不住病毒越来越凶猛的进攻……”他对妻子说，“别人看着我很镇定，实际我那是硬撑出来的。”但是，在大灾大难面前他非但没有逃避，而是在严峻的考验面前更加坚定了自己作为医生的信心。“我们救回来一个生命就倍感欣喜，被病魔夺走一个生命就痛苦万分。”正是在同病魔进行的斗争中，刘宇先对生命有了新的认识，他的灵魂与精神也得到了净化与升华。“江老师！我可不是为了工作不顾身体，我真没有那么高的境界！我是经历了这段特殊的日子后，对今后这几年该怎么过又有了新的想法……让我真切地感受到我是一个医生！就是要与病魔争夺生命，有时成功，有时失败，这是我选择的天职，也就成了我的命运！”这样的人物不仅真实、感人，而且让观众感到亲切、可信。“这次疫情，我感悟最深的就是两个字：敬畏！对自然的敬畏、对科学的敬畏、对生命的敬畏！”这是刘宇先医生对生活的感悟，也是疫情留给我们的一份宝贵财富，值得我们每个人深入思考与珍惜！

不只刘宇先，每个人都在与病魔进行搏斗的过程中对生活产生了新的思想认识，都在调整着自己的人生选择，坚定着自己的理想信念。年轻护士江晓玲，是父母的独生女儿，却没有一点儿娇惯之气，刚从护士专业毕业，就赶上新冠肺炎疫情暴发，她没有多想就报名参加一线战斗。病人多，设备不足，人手不够，医生护士都加班加点与病魔赛跑抢救病人。这对江晓玲来说是一次严峻的考验，再苦再累她没有叫过一声苦，没流过一次眼泪。可是在同父母亲打电话时，她哭了，不是为自己，而是回想到那些无辜的病人被病魔夺走生命，她“心里憋得慌”。“这是我第一次看着我的病人在我面前死去，而我却无能为力。我学生时代所有的自负、骄傲被现实砸了个粉碎。”正是在这艰苦的磨炼中，江晓玲们逐渐成熟了，成长了。“爸妈，你们放心，我能自我调整，下一个病人还在等着我帮助他，下一次是成功还是失败我不知道，但我一定会拼尽全力！我不想再看到任何一条生命在我眼前被病魔夺走了！”这里没有豪言壮语，却有着脚踏实地的坚定信念与百折不挠的精神力量！

疫情暴发时，志愿者也不甘人后，他们自发地组织起来，把自己的安危抛在脑后，千方百计想为抗击疫情出一份力。武汉“封城”了，医护人员上下班没有交通工具，有人开着自己的车接送他们，一句“我是志愿者，来接送你们医护回家的！”不知温暖了多少医护人员的心，感动了多少人，激励着他们也加入这个行列里来；有人为医护人员送上一碗热干面、一盒可口的饭菜；有人为社区居民买粮买菜买药；有人则管理社区卫生……他们就像战士一样，上战场（出发）前先写下“遗嘱”，义无反顾，不计报酬，充分显示武汉人民在大灾大难面前敢于担当的英雄精神。当病毒传播最严重的时刻，人们自发地唱起国歌时，观众分明感到了“把我们的血肉，筑成我们新的长城”的豪迈与毅力；当武汉“解封”的那一刻，人们不约而同地喊出“当时，我在武汉”时，每个观众的心灵都受到了极大震动，同时也看到了一种力量——中国人的力量！看到了一种“自豪”——渡过难关的畅快与喜悦！

在抗击疫情的日子里，不仅国家话剧院团的艺术家积极创作，民营话剧社团也不甘落后，以自己的创作实力，以自己的笔为抗疫战斗中的人们画像，如话剧《门里门外》和《小住·小筑》。

《门里门外》（马岩编剧、导演）描写一群住在一个单元里的小人物，因为疫情而被临时隔离，由此发生种种矛盾，也产生了一件件让人感到暖心的真情故事，在轻松诙谐的生活中塑造了鲜活的人物形象，展现了普通市民的人生百态。

《小住·小筑》（裴魁山编剧、导演）描写在突如其来的疫情下，一群普通人困守在武汉江城的一家小客栈。老者尚贺年即将远去日本旅游，为的是还妻子的一个愿望：带她去旅游一次。结果愿望没有实现妻子就去世了。这次他是带着妻子的骨灰盒远行。廖文斌回武汉老家过春节，“租”一个女朋友林菲回家，以满足家人的愿望。李强是北京三家餐厅的老板，带着妻子刘晨晨和儿子李典来武汉旅游，外表看着和睦，实际夫妻间正发生着情感战争。武汉疫情暴发，他们都被“困”在“小筑旅店”，彼此间不断发生着情感摩擦，其间也出现了很多温馨的暖人故事。该剧没有正面写疫情，而是以疫情为背景重点写普通人的生活和情感变化，把家长里短、纠缠不清的琐碎故事演绎得生动感人。

纵观抗疫题材的戏剧演出，笔者深深地感到，一部成功的作品，离不开生活的孕育，离不开作家的文化修养和思想境界；要写生活中的人物，不是臆造英雄。所谓英雄，不是符号，而是有血有肉、有情有感、有对有错的普通人。“没有从天而降的英雄，只有挺身而出的凡人。”假如一个人物形象没有深厚的生活基础，没有深刻的思想蕴含支撑，一味地高大，只能是一个空架子；一味地煽情，是支撑不了多久的。

二、观念，是戏剧创作的钥匙

2020 年，最让人感到惊喜的是全国脱贫攻坚战取得了重大胜利。这一喜讯不仅鼓舞着全国人民，也激动着作为时代的眼睛和心灵窗户的艺术家，他们以其责任心和使命感用手中之笔，为人民书写，为时代放歌，把激情与感悟化为一部部优秀作品呈现在读者和观众面前。2020年10月17日中共中央宣传部、文化和旅游部、中国文学艺术界联合会、国务院扶贫开发领导小组办公室联合举办“全国脱贫攻坚题材舞台艺术优秀剧目展演”，进京演出12台，线上演出55台，为观众留下了一幅幅激动人心的画面，让人们在激动与兴奋中感受到了一种艺术的审美意蕴和精神力量。

（一）塑造鲜活人物，为扶贫英雄画像

脱贫攻坚取得重大胜利，不仅让多年来深受贫穷困扰的中国人感到兴奋，也令全世界刮目相看。革命先烈方志敏在《可爱的中国》中描述的理想中国就是小康社会。在今天，中国的脱贫攻坚无疑是人类减贫事业中的一次壮举。为此，那些为脱贫攻坚做出重大贡献甚至付出生命的扶贫干部，就成为人们最敬仰和怀念的人。为他们树碑立传，也是文艺工作者义不容辞的责任和义务。在描写脱贫攻坚题材的戏剧中，我们看到了诸多可亲、可爱、可敬的扶贫干部形象。

《情系贺兰》（陈鹏、费守疆编剧，徐涛导演）描写从东南沿海福建来到大西北贺兰山西海固的扶贫干部郭闽兰，一年前她自告奋勇从福建来到西海固担任扶贫干部，很多想法还没有见到明显的效果任期就到了。她不甘心，回去后又申请延长任期。是西海固的人让她放不下，她立志要完成自己的心愿，带着村民们走出贫穷的困扰。为此，她这次带来了新的项目——种葡萄。这是她在西海固长时间调研，经过专家论证，找到的一条因地制宜的致富之路。西海固虽然雨水少，但这里的土质、气候，很适合种葡萄。郭闽兰的话让春生开了窍，看到了致富的希望。可是，村民不这么想，他们干什么都以“见到钱”为标准，把救济款发到手“最好”。种葡萄需要三年，又那么苦，他们等不了，也受不起这个苦。该剧就是在这样两种思想观念的矛盾与情感纠葛中，突出了“扶贫”的主旨——“扶贫先扶志”。这是郭闽兰需要解决的一个关键问题，也是这个戏所体现出来的思想深度。西海固的现状和村民的思维方式，让郭闽兰深深感到，要让他们脱贫，绝不只是带来救济款、找到一个好项目就能解决问题，关键是首先要转变他们的思想观念，改变“等、靠、要”的思想，树立自力更生、勤劳致富、建设新农村的观念。为此，她一边做春生的工作，动员他带领村民一起干；一边自己带头劳动，给村民鼓劲儿。正是她的这种一往无前、不干出一番事业决不罢休的行动和坚定信念，感动了那些懒散惯了的村民。经过三年的艰苦奋斗，终于在戈壁荒滩种出了葡萄，“把干沙滩变成金沙滩”，让村民看到了生活的希望，也让他们在脱贫致富的过程中受到了一次精神洗礼，在思想转变的过程中，迈开了成长的步伐。

《村里新来的年轻人》（蒲逊编剧，刘丹导演）描写在城里图书馆工作的孙倩倩，主动向单位领导要求下乡扶贫，从繁华喧闹的都市来到偏远、贫困的凤溪村，所遇到的困难远远超出她的想象。村里的年轻人都去外地打工，留下的基本都是年纪大的老人。陈旧的思想观念，落后的生产方式，艰苦的生活条件，让初来乍到的孙倩倩感到无所适从，不知道该如何开展工作，甚至产生了退缩的念头。但她也发现，乡亲们的心是善良的，人品是质朴的，人性是厚道的。这又让她不甘心放弃，并决心帮助凤溪村脱贫致富，让乡亲们过上好日子。孙倩倩通过挨家挨户走访和详细的调研，根据凤溪村本地优势积极发展特色产业，鼓励村民种植“玉露香梨”，最终实现了全村人脱贫。编剧蒲逊说：“在这部剧里，我重点想通过一个年轻的女性扶贫干部的塑造，试图给扶贫题材带来一点长进的思考和时尚的气息。所以，我既写了扶贫干部肩负使命、带领村民改变乡村落后面貌的一面，也写了扶贫干部的精神困惑和情感纠葛；既写了现代都市文明与传统乡村文化之间的冲突，也表现了城市青年与农村青年和农民兄弟的融合；既表现了乡村治理中种种现实矛盾，又表现了都市生活挤压下的人生迷茫……”正是这样独特的艺术追求，使得该剧在脱贫题材话剧作品中具有了自己的特点。

《马向阳下乡记》（代路、廉海平编剧）精心塑造了一位“奉人民为父母”，“情同手足把百姓疾苦放心上”的扶贫干部马向阳的动人形象。为改变大槐树村贫困现状，马向阳用自己准备结婚的30万元堵上村里被骗的土地流转金，为此与未婚妻林小曼发生了激烈矛盾冲突。马向阳忍受着情感煎熬，遵从“初心”为村民办事，最终感动了林小曼，全村的扶贫工作也取得了可喜收获。

像这样的优秀干部还有《扶贫路上》中的黄文秀，她用个人的选择，诠释新时代的扶贫干部的精神风貌。“心中有光，不怕路远”就是她一生理想追求的形象写照。《县委书记廖俊波》中的廖俊波，以“一个樵夫”的形象出现在人们面前，“扑下身子，苦干实干”，经过多次下乡调研，找出一条“机制活、产业优、百姓富、生态美”的创业路子，用智慧在速度与效率间平衡，用信念在困境与质疑中坚持，把干部百姓拧成一股绳，带领乡亲们摘掉贫困帽子，让他们看到了实现理想生活的希望。《薪火》（话剧）讲述三代党支部书记在一个几乎与世隔绝的“天坑里”，带领村民通过转变观念，修路脱贫、致富、奔小康的动人事迹。

扶贫干部的动人事迹令人难忘，他们在扶贫工作中的实干精神永远留存，就如一座座丰碑矗立在广大人民心中！

（二）扶贫先扶志，展现人的新精神

脱贫攻坚是党中央的战略部署，帮助贫困村致富是扶贫工作的重中之重。然而，在一些地区或一些人那里，事情并非像人们所想象的那样简单。你去帮助他脱贫，他却津津乐道小农经济生活，满足于“吃饱肚子，冻不着身子”。还有些人滋生了懒惰思想，吃粮靠要，花钱靠给，不愿出力，更吃不得苦。易地搬迁他不愿意去，故土难离；找好了工作他不愿意干，想自由自在。这些行为都给扶贫工作带来了不必要的阻碍。因此，党中央适时地提出“精准扶贫”“扶贫先扶志，扶贫必扶智”的要求，加快了扶贫工作的开展。由此可以说，脱贫攻坚绝不只是解决贫困地区贫困家庭物质缺乏的问题，更重要的是需要解决贫困人们的思想观念。

《塞罕长歌》（孙德民编剧）讲述承德围场塞罕坝机械林场三代人不等、不靠、不要，自力更生、艰苦奋斗，55年坚持在高寒荒漠地区创造了世界最大的人工林海的人间奇迹，用实际行动诠释了“绿水青山就是金山银山”的深刻内涵，改变了当地贫穷落后面貌。

《出山》（话剧）、《闽宁镇移民之歌》（话剧）描写的是贫困村如何改变人的传统思维方式和价值观念，走出大山，开阔致富视野，广开致富门路，彻底改变贫困村一穷二白的面貌。

《三把锁》描写某厅技术员刘梦洁去曾经插队的龙泉村扶贫，却发现村里唯一的一口水井上了三把锁。她走访乡亲们才了解到，锁井的原因是村民的心锁。经过艰苦曲折的努力，她帮助村民打开了井口上的三把锁，同时解开了五百户村民的心锁，开启了龙泉村脱贫致富的金锁。

《108个赞》描写青年教授余学诚受命到省内比较贫困的翠屏村担任扶贫工作队长和第一书记。一开始，他的满腔热情并没有被接纳，工作开展也不顺利。这时他才认识到，“自己的书生性格必须有所改变，扶贫工作更需要灵活的头脑和敢于突破陈规的精神”。于是，他从调查研究入手，改变工作方法和办事策略，扶贫工作才得以顺利进行，得到村民的认可与赞扬。

观念转变改变了人的精神状态，激发了从未有过的生产自救积极性。从这个意义上说，扶贫攻坚工作又是对每个人的一次精神洗礼与行为改造。

三、思想，是戏剧创作提升的保障

一部优秀的戏剧作品的诞生，一靠作家的生活积累；二靠作家对生活的认识；三靠作家对生活剪裁的技巧。而要做到“来源于生活，高于生活”的创作过程，更主要的还要靠作家的文化修养和思想水平的提升。否则，即使有了生活积累，也发现不了问题，抓不住生活的本质，开掘不出深刻的主题，写不出鲜明的人物形象，而流于生活琐事的流水账式记录，其作品的艺术质量自然不可能提高。在这方面，唐栋创作的话剧《支部建在连上》《今夜星辰》《路遥》都取得令人满意的舞台效果就是一个比较独特的现象。这几部话剧不论写革命历史题材，还是写英模人物，都摈弃了简单化、概念化和喊口号的创作倾向，写出了艺术的真实，塑造出来鲜明的人物形象，不仅值得看，而且值得研究与思考。

《支部建在连上》（唐栋编剧，傅勇凡导演）描写革命历史题材，之所以感人就在于写出了历史的真实，且开掘出深刻的现实意义，用艺术手法把“支部建在连上”的命题深化了、突出了。该剧以“四个伟大开端”作为思想架构，围绕“党指挥枪、建设新型人民军队”这个主题，通过“三湾改编”确立了党对军队的绝对领导，通过“水口建党”把党支部建在连上，通过建立井冈山革命根据地开创了农村包围城市的先河，艺术地再现了毛泽东早期组织建党、思想建党和政治建军的伟大创造。该剧在艺术创作方面，在反映历史真实性过程中突出了形象性与诗意性的表达，写出了细节的真实，比较细腻地塑造了年轻的革命领袖毛泽东的光辉形象。如毛泽东在建军思想上与师长余洒度的矛盾冲突与思想斗争，充分显示出中国革命在寻找正确道路过程中的艰难与曲折；与战士们的情感沟通，显示了毛泽东与士兵打成一片，同甘共苦的工作作风；与普通群众刘安才母亲的交流，则看到了革命军队成长壮大的生命之源。连长彭三泰、战士刘安才、自卫队长文水秀等人物的塑造，个性突出，真实可信。开场利用声光电制造的战场效果，很逼真。剧中的行军场面，几块台板随着战士们行进的脚步不断发生变化——由平地到高山，由大路到崎岖小路，形象地表现出革命前进之路的曲折与艰险，寓意深刻，具有动态的诗意美感。有观众说，该剧“生动、形象地诠释了‘支部建在连上’的主题，革命先烈的牺牲精神对生活在和平年代的我们产生了思想震动”。还有人说，“看这个戏，感到热血澎湃。深刻理解‘支部建在连上’的历史与精神，比读教科书有了更生动、形象的感受，是一次精神盛宴”。

《今夜星辰》（唐栋编剧，傅勇凡导演）依据科学家郭永怀和李佩夫妇的事迹创作，写出了中国人的精神，中国人的骨气，中国人在艰难中的坚定信念，在困苦中的执着精神。作品在悲痛中显示出了力量，在普通与细微中体现了人格品位与高尚情操。郭永怀是中国力学科学的奠基人和空气动力研究所的开拓者，是唯一一位以烈士身份被追授“两弹一星”功勋奖章的科学家；李佩是“中国应用语言学之母”。他们都是中国知识分子的表率。该剧的动人处是写出了郭永怀和李佩对祖国对人民的爱，写出了他们的家国情怀，为科学事业献身，为了祖国的繁荣昌盛而无私奉献的精神。为了祖国科学事业的发展，郭永怀、李佩夫妇响应祖国的召唤，放弃在美国的优渥生活和工作条件，冲破美国人的重重阻拦，毅然回国参加新中国的科学事业的发展建设。在最困难的条件下，郭永怀与他的挚友钱学森一起，在荒无人烟的戈壁滩上日夜奋战，完成了原子弹的研发与实验任务。郭永怀为了国家忘我地工作，常常忘记了自己的家，尤其是对女儿的关怀与照顾。已经上中学的女儿郭芹过生日，他送上的礼物居然是拨浪鼓和陀螺，致使女儿失望地大哭。然而在工作上他却是一丝不苟，认真且细心。郭永怀在原子弹发射前的检查工作中，竟然在导弹弹头连接处发现了一根五毫米长的小白毛。该剧之所以吸引人还在于，剧中既有对人物成长历史的描写，对人物性格的细致刻画，又以浪漫的手法对人物情感进行细腻的描画，如车站送别一场就写得非常动人且有美感。郭永怀为祖国的科学事业而献身，在飞机即将失事的一刻，他果断地把装有重要科研资料的皮包贴在胸前，与警卫员两人紧紧地抱在一起，人牺牲了，但科研资料却完好地保存下来了。李佩擦干失去亲人的痛苦眼泪，又开始了自己的工作，教书育人，向青年学子传授应用语言学，晚年仍然在发挥余热，开办中关村大讲堂，保护中科院历史建筑，彰显出中国杰出的知识女性身上耀眼的光芒。

《路遥》（唐栋编剧，傅勇凡导演）是一部震撼人们心灵的话剧，剧作家唐栋把文学家路遥写活了，立在了舞台上，扎根于观众心里。该剧的成功在于剧作家找到了与描写对象心灵沟通的钥匙，以鲜活、生动、接地气的语言，带着体温的文字，充满泪水的情感，写出了路遥的心灵、脉搏与成长轨迹。写出了一个真实的路遥的平凡生活、充实的生命、崇高的理想、灿烂的人生，还有他那些深刻的文字、真实的情感。路遥是伟大的作家，也是一个普通的人。他在追求理想过程中所出现的种种自身缺陷，如对妻子、对女儿、对家庭的愧疚，直刺人们的心灵。《平凡的世界》出版后，他的喜悦被妻子程远切菜的“当当声”淹没；获得茅盾文学奖的喜讯传来时，妻子程远却提出离婚的请求，无疑给生活增添了一丝苦涩。但路遥没有被苦涩淹没，依然奋力前行。结尾时，铿锵有力的劳动号子响彻大地，路遥像黄河纤夫一样负重跋涉、攀登，其情景具有言说不尽的寓意。它以形象的画面寓示着路遥从最初具有功利目的的文学写作到为文学而执着一生、倾尽满腔热血的心灵蜕变；以浓墨重彩的舞台语汇描画出路遥在文学创作道路上不怕困苦、不畏艰难、永不言败、执着前行的伟岸身影。而观众所看到的则是一个真正伟大的作家的理想追求与坚定的意志，在创造美的道路上，任何困难与挫折都阻挡不了的那种执着、坚定、沉稳，看到了一个可亲、可敬、真实可信的艺术形象。随着路遥跋涉、攀登的脚步，雄浑铿锵的三弦旋律响起，《刮大风》的歌声随风飘荡，铿锵激越，动人心魄，渲染着环境，也表达着人物内在的心理情绪——“刮风刮风刮大风，大风大风刮不停。刮不动山上的金刚石，金刚石浑身硬噌噌；刮不倒崖畔的老榆树，老榆树把根扎得深……刮不垮黄土地上的好后生呀，顶天立地是英雄！”这歌声不正是路遥的精神写照吗？伴随着这浑厚苍劲的演唱，天幕上洋洋洒洒飘落起“雪花”——那是路遥用心血铸造的一个个文字，更是他精神升华的现实写照！至此，人们看戏时产生的情感纠结顿时被这突如其来的场景震撼了、净化了、释怀了。他们此时似乎明白了一点，文学是伟大的！它来源于生活，高于生活，它就像一面镜子，反观着生活，透视着时代，烛照着人们的心灵！此情此景，不仅寓意深刻隽永，也令观众思绪万千、心有所思，在他们脑海里形成的一个鲜明的印象就是：伟大的作品都是来自生活，都是作家心血的结晶。

《上甘岭》（黄宏、庄一编剧，李任导演）是为纪念中国人民志愿军抗美援朝出国作战70周年而作。剧中描写的故事是人们熟知的，如何写出新意，让今天的观众喜欢，创作者从今天观众的审美视角，贴近当代人的价值观，以上甘岭战役中的坑道为主场景，讲述炊事班长老马、女卫生员、被俘的美国伤员和一群具有钢铁意志的志愿军战士，在断粮断水、弹药缺乏、与组织失去通信联系仍然坚持战斗的动人的英雄故事。尤其是喝“光荣茶”（尿）、老马含泪唱山东快书为连长“送行”等场面，深深地打动观众的心灵。该剧之所以感人，首先在于主创者“以真情去描写历史，努力把宣传变成艺术”。有观众说，“这个戏逼真地再现了上甘岭战役的真实生活、真实的情感”，“通过一个坑道，表现了极限的生命坚守”。有人说：“这个戏把我带进去了，让我感动的原因是创作者动心了。‘喝尿’一场让我哭了，这不是笑话，而是真实的历史。”

《深海》（周振天编剧）写的是真人真事，颂扬中国“核潜艇之父”黄旭华隐姓埋名30年，呕心沥血打造国之重器，为中国核潜艇事业默默奉献的动人事迹。深潜300米是核潜艇建造的一个里程碑，这样的深度极具风险。为了稳定队伍情绪，黄旭华与大家一起上艇试验，成为当今世界上建造核潜艇的总设计师下水做深潜试验的第一人。为了国家的强大，黄旭华30年没有回家，不能对父母尽孝，却对国家无限地尽忠。剧名《深海》所表现的是核潜艇的深海，也是人心、命运的深海。当黄旭华30年后回到家乡看望白发苍苍的母亲，母亲为他梳理满头白发时，所有的观众都被这一情景感动了。有观众说，“看话剧《深海》被深深震撼到了，泪水长流，拍红了巴掌”。

《农民院士》以喜剧的形式讲述了“时代楷模”中国工程院朱有勇院士带领团队以科学知识在云南边疆民族村落从扶贫、扶智、扶志开始，改变古老民族落后的生活状态和生产方式，以及精神面貌的改变的感人事迹。塑造了一位与国家同命运，与时代同步伐，与百姓共情感，有个性、有血肉的优秀知识分子形象，被百姓称为最可爱的人。

《危机公关》（周振天编剧，韩杰导演）是一部耐看且令人思考的戏，是一部来源于生活又高于生活、具有感染力的艺术品。该剧敢于直面现实，以一桩假酒案为素材，揭示出社会中存在的重大问题——信仰危机、道德失衡、价值观错乱所造成的社会悲剧——对人的伤害，对人性的摧残，对社会秩序的损害。同时，剧中也写出了道德的坚守，人性的力量，良心的醒悟，道德的回归。如三位盲人戴望远、董明亮、呼彩虹，他们被假酒致盲，身心遭受了重大打击，但他们没有对生活失望，仍然有着自己的理想追求。他们正直无私，以弱小的力量坚守着自己的道德底线与人生信念，甘冒丢掉工作的危险，大胆揭露本单位弄虚作假的行为，为社会弘扬了人间正气，以实际行动呼唤着正义与人性。在他们身上体现着中华民族文化精神的崇高与伟大。在他们这种精神的感召下，许达年这位当年贩卖假酒使人致盲的罪犯，逃不过良心的惩罚——儿子许庆凯与戴望远的女儿戴明明恋爱，更加重了他负罪的愧疚。尽管他发家致富后以各种办法帮助残疾人，以救赎自己的灵魂，仍然无法解开心结。经过痛苦的心理挣扎，他选择了公开道歉与忏悔。当他向戴望远等残疾人下跪的那一刻，观众的心灵也受到了一次震动，使他们看到了人性的醒悟、道德的回归，以及正义战胜邪恶的人性力量。

《漓水烽烟》（蔺永钧、李晟编剧，李伯男、刘昊导演）描写戏剧家、教育家欧阳予倩在1940年全民抗战的炮火硝烟的环境中，为培养“戏剧抗战人”，殚精竭虑，倾其所有筹建广西省立艺术馆，用教育去唤醒民众尚未清醒的灵魂，鼓舞民众的斗志，为祖国的尊严战斗呐喊，竭尽全力成功地举办了声势浩大的西南戏剧展演，演出了几十台剧目，团结来自全国各地的戏剧人为抗战胜利而奋斗，奏响了一曲波澜壮阔的民族抗战的凯歌，体现了中华民族士气与誓死抵抗外族侵略的抗争精神。

《萤火虫姐弟历险记》（冯俐编剧，毛尔南导演）通过萤火虫姐弟的生命历程，表达对人与自然关系的思考，思考自然与生命的关系。萤火虫妈妈在生命的最后时刻生下了萤火虫姐弟俩，但它们的成长却经历了被蚂蚁、田鼠、毒蜘蛛吃掉的威胁，承受着各种污染带给它们的危害。它们顽强地生活着，为躲避种种危险而逃到地下，结果却找不到“出口”，大地上全是水泥楼房，是怪味公公指引它们找到出口。怪味公公原是土地公公，因为环境被污染就成了“垃圾公公”，浑身散发着臭味。该剧把现代童话与当代孩子的生活融在一起，以小见大，阐述了一个深刻的主题，引发人们对生命与环境等问题的思考，让孩子们从小懂得，要想生活得幸福就要保护自己的环境，不然就会变成了怪味公公。艺术上，剧中把童话、历险记、科普知识、生活常识等融为一体，好看、有趣，让孩子们在观剧的审美享受中增长了科学知识，懂得了一些生活道理，真正做到了寓教于乐。

《听见梦想》（傅玲编剧，赵宇导演）是一部描写视障人生活的儿童剧。通过同是视障人的父女的对话与情感交流，写出了他们心中的理想与追求，“梦想就是即使没有了眼睛，也能辨明方向，也能有自己的理想”，“梦想在自己心里，是不会被人拔掉的”。视障人对待生活的态度，让人感受到一种不怕困难和挫折的乐观态度和成长的决心与不服输的毅力，对看戏的孩子产生了积极的效果。舞台呈现具有一种诗意化的美感，结尾时所有视障人用小铃铛演奏《我和我的祖国》，如银铃响彻在夜空般的美妙。该剧的演出对演员也是一种挑战，演员用心灵去感受剧中人物的心理与情感，纯真灵动，真挚感人，增加了该剧舞台表演的艺术魅力。

《我的理想生活》（梧桐导演）根据老舍的6篇散文作品改编，演出了老舍笔下的生活底蕴。一个叫“小胖儿”的观众说：“喜欢这句话：理想的家庭必须在理想的国家。开场是从老舍的一生介绍，看到《骆驼祥子》我有一点感触，祥子的理想生活就是买一辆自己的车和虎妞过上最简单的生活，到最后也没实现。有时候我也和祥子的理想一样吧。演员表演老舍6个作品片段，让我很感动，看到《月牙儿》这个作品，女主人公让我有点心疼，可能在那个时代就这样不讲理。我没赶上那个时代，演员演得很真实，我都流泪了。”一个网名“蝈蝈”的观众说：“不同时代有不同的理想生活，与青年艺术家一起演绎和回味老舍笔下的时代理想生活，感受人间烟火与百味。进而反思当下，今天的我们，理想的生活应高于现实但必须源于生活，在追逐中不断成长与进步，在进步中学会享受与放下。没有疫情，应该是当下最理想的生活。”一位网名“Sunshine”的观众说：“《我的理想生活》感谢这个时代，让我有机会和勇气可以选择过自己的理想生活，从此路自己走，向着理想，向着生活。”

《秦宅》（老舍原著，张帆、王甦改编，顾威、王翼导演）以北京城秦家大宅为故事发生地，围绕秦伯仁、秦仲仁、秦叔仁三兄弟的生活展开故事，通过清朝暮年、民国初年、北伐时期、抗战时期等历史背景下秦氏家族的兴衰，以及各色人物的命运，以小见大，折射出整个时代发展变化的风云变幻，以及人们艰难的生存状况。塑造了几个鲜活生动的人物形象，如读书人秦伯仁积极参加变法维新活动，时时不忘自己的责任意识；想发财的经商者秦仲仁的精明算计，到头来却是一场空；一心想下海票戏的秦叔仁的率性与单纯。还有注重名利的曾墨侠的投机与堕落；顽固守旧的顾秀才等。而年轻一代则有另一番追求，秦宝新积极参加革命，以身殉国。农民出身的田铁子一直在寻找与奋斗，秦汉媛则沿着父亲秦伯仁的路教书育人。

《北京兔儿爷》（张帆、王甦编剧，王斑导演）通过北京手艺人赵先生制作“兔儿爷”的故事，以及与儿子产生的矛盾冲突，讲述传承传统文化，关注京味文化的时代意义。主题歌《父一辈儿，子一辈儿》就表达着传统和现代、守正与创新、继承与发展的理念，给观众留下诸多思考。

《阳光下的葡萄干》是美国黑人剧作家的一部剧作，以抨击种族歧视为主旨，将居住在芝加哥的黑人一家人，比喻为日光暴晒下的葡萄干。同时赞扬了美国黑人面对欺凌、压迫、贫穷、诱惑，终于勇敢地站立起来，去争取自身创造的幸福和理想的行为。

综观 2020 年话剧创作，给人深切的体会是：（一）创作需要激情，但仅有激情是不够的。如果没有深厚的生活储备和丰富的文化修养，没有思考生活的独特的思想视角，激情只能让人们产生一时的情绪感动，不可能震撼人们的心灵。在抗疫题材创作中，《逆行》的脱颖而出就是明证。（二）创作需要生活，但有了生活还不能成就一部好作品，重要的是要思考生活、提炼生活。不能从生活中提炼出思想，塑造出个性鲜明的人物形象，作品就可能流于“流水账”式的“记录”，作品就缺乏一种厚重感而显得轻飘飘。以扶贫题材为素材创作的作品很多，但好作品却不多的原因就是如此。（三）创作需要思想，也需要胆识，更需要符合艺术创作规律的思维。《逆行》《路遥》等作品通过人物情感的深入开掘展示作品的高深立意和作者的创作思想，是值得我们借鉴的范例。

刘平　中国社会科学院文学研究所研究员

2020 上海话剧：重塑戏剧的意义与价值

◎ 张晓欧

2020 年是中国戏剧艰难的一年，新冠肺炎疫情突如其来，反反复复，打乱了社会生活的节奏，一些剧场被迫关闭，数度重启旋即停摆，正常开放时间无从预计。寰球同此凉热，中国戏剧还从未如此切身感觉到自身作为全球戏剧的一部分，如何在疫情之下激活本土创作的活力，如何显示戏剧在当代社会独特的价值，成为摆在戏剧人面前不容回避的一个新问题。

这一年，早先每晚人来人往的安福路归于沉寂，上海话剧艺术中心全年的演出场次与观众人数都大幅下降，演出收入较 2019 年下降了 36%，上海的很多剧场也进入“休眠期”。尽管年中与年底各有一段正常营业，但在疫情阴影下，上座率与影响都大打折扣。静安戏剧谷与上海国际艺术节都向后延迟，中外戏剧交流活动按下了暂停键。与此同时，线上观演成为一个新的现象，不过囿于经验、版权及话剧观众的欣赏习惯，它还不能成为剧场观看的代偿行为，尚需逐步探索。

总之，2020 年是中国话剧也是上海话剧新世纪以来发展中尤为独特的一年。这一年留下的种种思考与焦虑、挣扎与积蓄，都将在未来逐渐显示出来。

抗疫题材话剧在“云上”

2020 年 3 月 9 日，国内首部抗疫题材大型原创话剧《护士日记》在线上建组。《护士日记》由上海戏剧学院与中共松江区委宣传部联合出品，将剧情聚焦在抗疫战争中做出重大贡献的白衣天使。

《护士日记》叙述结构独特，讲述了在疫情发生后，护理专业学生董丽丽在家中偶然发现一本身为护士长的母亲的日记，并以此为线索排查隔离对象。这本日记也构成了推动剧情的主线，将子女在国外、时而清醒时而糊涂的老年患者，高价贩卖口罩的投机者，因家人住院难而对医护人员挥拳动手的患者家属等形形色色的人物角色串联起来，表达对白衣天使的崇高敬意，致敬抗疫精神，展现了抗疫大考下的众生百态，给观众以思想的启迪。

《护士日记》是上海戏剧学院首部以线上方式建组排练的舞台剧，建组以后，随即启动“云排练”。演员通过语音诵读的方式，完成全剧的串联。因为不在同一个空间排练，平添了很多难度，但是所有主创都希望能用一台高水准的艺术演出，表达戏剧人的思考和社会担当。

作为 2020 年中国反映抗疫题材的第一部大型原创话剧，《护士日记》剧本创作完成后，受到各界的广泛关注，浙江作家协会《江南》杂志及中国戏剧家协会《剧本》月刊等登载了剧本全文，中国戏剧家协会党组书记、剧作家陈彦评价道，《护士日记》是抗疫题材戏剧创作的可贵收获，剧本主题好，结构巧妙，人物生动，分寸感把握得当。

6 月 13 日晚，在关闭了 145 天的上海戏剧学院实验剧院，话剧《护士日记》首演，展现了作为专业院校的上戏打造现实主义的精品力作的实力。7 月 11 日，《护士日记》又在 2020 上戏艺术季线上展演中与观众见面。

如果说，《护士日记》是直击疫情之下的众生相，上海话剧艺术中心的《热干面之味》则希望通过疫情这一特殊的语境，探讨现代人的情感世界。一对即将离婚的夫妻，因疫情遭遇武汉“封城”，被迫隔离 14 天重新在同一屋檐下生活。这是婚姻的滋味，更是生活的滋味。导演何念表示，虽然故事背景设置在较为沉重的情境之下，但因为是在回溯这段时间经历的故事，所以选择用轻喜剧的节奏，用幽默的方式让大家去梳理一些想法，希望千家万户的夫妻都能在剧中找到一丝对号入座的感觉。

5 月 23 日晚，《热干面之味》在哔哩哔哩网站直播间与观众见面。与此同时，众多观众在上海静安嘉里中心观看户外大屏直播。2 小时的直播，16.5 万观众在线收看，演出中弹幕互动不停："期待已久的话剧又要开场了，虽然在线上""被场铃声感动了""感觉坐在第一排""人生第一次嗑瓜子看话剧体验达成""又哭又笑，每个笑点都很悲伤"……全新的尝试给所有主创和话剧观众带来了一次难忘的体验。

重压下生存的"上海话剧艺术中心"

据上海话剧艺术中心资料显示，2020 年度观众人数 134240 人次，演出剧目 22 部，演出场次 400 场，其中原创剧目 7 部，新创剧目 1 部，复排剧目 14 部。校园演出 15 场，社区演出 10 场，进楼宇商圈演出 21 场。而一年前的观众为 290076 人次，演出剧目 43 部，演出场次 702 场。相应的，新戏与复排剧目都有所减少。

尽管困难重重，上海话剧艺术中心还是力争突围。除了《热干面之味》，还制作了全国首部抗疫音乐剧《那年那时那座城》，以一名在疫情暴发初期勇敢逆行武汉的年轻麻醉医生为主角，讲述了她在与队友们克服重重困难，在抗疫战斗的过程中重新认识自我、感悟医疗工作者使命的心路历程，让观众在观剧时有更好的代入感，体会到在生与死边缘分秒必争的紧张氛围。

2020 年是夏衍诞辰 120 周年，上海话剧中心不失时机重排了他的《上海屋檐下》，于 10 月 22 日公演。这部中国话剧经典表现的是 20 世纪 30 年代一群小人物在生活重压下的迷惘和挣扎，此次全新演绎的版本，演出中夹杂着沪语，复刻了旧时的老上海，充满浓郁的海派风情。来自广州的导演王筱頔，曾于 2007 年执导《上海屋檐下》，她将上海风情描绘得如此细腻，获得了上海媒体的好评。《新民晚报》上的一篇剧评指出，当下的戏剧舞台，已有太多的创新、跨界和融合。然而，无论哪一种表现手法，哪怕是最质朴最纯粹的，只要做到极致，都能达到相当的美学高度。

多年来，上海话剧艺术中心除了每年在剧场中的商演外，还将一系列的优质剧目带进校园、社区剧场与办公楼宇。2020 年，尽管上半年因疫情几乎"按兵不动"，下半年却紧锣密鼓，马不停蹄地走基层，共有 6 部剧目走出安福路，其中校园演出 15 场，社区演出 10 场，楼宇演出 21 场。从以上数字可以看出社会对戏剧演出的强烈需求，平心而论，这些演出基本上属于公益性质，但培养话剧观众、提升市民的戏剧文化修养却是国有院团应履行的义务，值得充分肯定。

作品蓬勃生命力的见证

2020 年 6 月 4 日晚，上海著名的驻场演出、沉浸式戏剧《不眠之夜》迎来疫情后的首场复演。早在 5 月下旬，20 场演出票已经被预定一空，复演的前几场几乎被"秒杀"。

《不眠之夜》在上海已经演出了三年多的时间，演出超过 938 场，累计观演人次超 31 万，平均上座率超 95%。2020 年 1 月 19 日剧场关闭，时隔 4 个多月，方迎来复演之日。虽然由于疫情控制，限流 30%，并暂时取消了剧中部分互动环节，但这些措施并未影响观众的观剧体验，足见剧迷的追剧热情。

6 月 2 日，上剧场艺术总监赖声川在台北用连线方式，与上海的媒体记者见面。他坦言，身边很多剧场人都很艰难，表演工作坊在经济上也承受了很大的损失，但好在短期内还有准备金可以应付，也因此大家都特别期待演出能够归来。

当晚，经典相声剧《千禧夜，我们说相声》正式上演，使上海美罗城里的上剧场重启。由于严格的管控措施，全场观众不足 200 人，但观众的笑声却异常热烈，现场观众说，"感觉每一个观众都要把前后左右空位的笑声和掌声给填补上。可能大家真的太久违剧场的感觉了"。

对于民营剧场而言，演出活动停滞近半年，经济压力不言而喻，但上剧场方面表示，即使不赚钱也要重启演出，因为希望大家能够重新回到剧场里来。此后，上剧场用一系列喜剧来开启全新的演出季，包括《一夫二主》《隐藏的宝藏》《暗恋桃花源》等。几个月的时间里，剧场的上座率从 30%，到 50%，再恢复到 75%，《暗恋桃花源》专属版竟演了将近 50 场。

上海东方艺术中心本来是以音乐演出为主的剧场，2020年年底，这里接连推出了话剧《大宅门》《被嫌弃的松子的一生》《革命之路》，受到观众的追捧。

11月20日，由中国国家话剧院带来的话剧《大宅门》率先登场。《大宅门》截取同名电视剧故事中“家道衰二奶奶夺回老牌匾”“庚子年白景琦私藏仇人女”“夺九红黑大爷挑战督军府”“恨身世杨九红母女成仇怨”“迎解放老字号接受新改造”等片段，展现了主人公白景琦从清末到解放后颇具传奇色彩的一生。电视剧《大宅门》70余集，将其浓缩成两个半小时的舞台剧并非易事，演出中，导演郭宝昌以投影视频解说的形式来处理过渡，他表示，我想做一个全新的东西，不想翻刻一遍电视剧。在历史与现实交错中，在心灵的震撼与思索中，话剧观众见证了一段恩恩怨怨、生生死死，饱含爱恨情仇的传奇故事。

《被嫌弃的松子的一生》改编自同名日本畅销小说，原著以对当代女性的心灵诠释打动了无数读者。故事里的松子从中学教师到风俗女郎，被家人驱赶、遭情人抛弃、被命运百般羞辱，却始终对人心毫无戒备。该剧最大程度尊重原作，以绚丽的舞台色彩展现女主人公令人唏嘘又绚烂的一生。导演赵淼编排时有意添加了大量的舞蹈与肢体动作，来表现松子天真烂漫的异想世界。

《革命之路》根据美国作家理查德·耶茨20世纪60年代同名小说改编，讲述了美国一对中产阶级夫妇在精神的空虚与沉闷的生活中，试图挣脱困境，却终不能如愿的故事。

《被嫌弃的松子的一生》《革命之路》在上海的亮相均为作品首演，足见上海话剧市场之于全国市场的重要意义。这两部作品，前者由张静初领衔主演，后者由沙溢、胡可主演，都可称为“明星版”，且都是根据有影响的并曾被搬上银幕的文学作品改编，从中可以发现当下作为商业话剧制作演出的某些动向，即依赖IP吸引观众，以求得市场效益最大化。

红色戏剧火热创排

2021年是建党百年，一系列的献礼剧目的规划创排正在拉开庆典的帷幕。2020年10月1日，上海保利大剧院迎来了今年剧场在疫情之下上座率最高的一场演出，由天津人艺出品的原创话剧《上甘岭》首次正式亮相。

该剧由国家话剧院导演李任执导，黄宏担任艺术总监、编剧、主演，以上甘岭战役为背景，剧中情节都真实来源于这次著名战役，多媒体技术的舞台视听效果和爆破特效、具有雕塑感的服装造型、逼真的战场音效，营造出如同亲临战场般的震撼效果。作品突破了同名电影的经典记忆，展现了一群平凡人为了国家使命而在战火中成为英雄的心路历程，挖掘出了上甘岭战役在当今社会的现实意义。

12月4日晚，由国家话剧院田沁鑫担任总导演，上海大光明文化集团投资的上海首部迎接建党100周年的舞台剧《红色的起点》（青春版）在中国大戏院举行首演，并将开启全国百场巡演。

该剧根据作家叶永烈的同名长篇报告文学《红色的起点》为蓝本创作而成，采用历史与现实相结合的纪实手法，结合大量珍贵的史料，融合运用诗歌、史实、纪实等多种表现形式，集中展现了中国共产党在上海的诞生、发展及壮大的历史过程。全剧不以情节设置为目标，而是一部“大事记”式的舞台作品，选择了几个关键的历史节点作为整个作品的节奏点。舞美简约，极具现代感，使视觉效果与红色题材内容达到一种平衡。

“上海话剧艺术中心有限公司2021—2025年五年发展战略规划”中，制定了这样的战略目标：聚焦重大革命题材、历史题材、现实题材，紧扣重大节点；聚焦红色文化、江南文化、海派文化，凸显时代特征于城市风貌。打造两部以上具备“双效统一”价值的原创保留剧目。

“白玉兰”香飘三十载

2020年9月29日晚，第30届上海白玉兰戏剧表演艺术奖（简称“白玉兰戏剧奖”）颁奖礼在上海市举行。

白玉兰戏剧奖自1989年创设以来，历经30届，已经成为极具全国影响力、权威性的戏剧领域表演艺术专业奖项。该奖项充分发挥上海文化“码头”和文化“源头”的作用，对标国际知名戏剧奖，发现扶持优秀戏剧表演人才，旨在为国内外戏剧艺术的交流与合作提供优质的平台。

本届白玉兰戏剧奖参评剧目54台。其中戏曲类剧目33台，包括台湾地区2台、香港地区1台；非戏曲类剧目21台，包括国外2台。参评演员109人，年龄最大的75岁，最小的20岁。上海籍参评演员21人，外地籍参评演员88人。

评选过程中，正值第十二届中国艺术节在上海举办，一大批思想精深、艺术精湛、制作精良的优秀原创作品在上海的戏剧舞台得以展示，来自全国各地的优秀演员都踊跃申报参评。值得一提的是，在2019年静安戏剧谷演出期间，组委会办公室主动与戏剧奖主办方沟通，邀请了两个知名国外剧院——以色列卡梅尔剧团的话剧《安魂曲》与俄罗斯亚历山德琳娜大剧院的话剧《零祈祷》申报参评，进一步体现了白玉兰戏剧奖的多元性与上海国际演艺之都的开放性、包容性。

本届申报参评剧目中，传统戏曲之外，话剧、舞剧、歌剧等非戏曲类剧目参评比例显著提高，舞台表演样式更加丰富多元，最终，国家话剧院演员辛柏青、西安话剧院演员林波、辽宁人民艺术剧院演员由长平获得第30届上海白玉兰戏剧表演艺术奖主角奖。由他们主演的《谷文昌》《柳青》《干字碑》均为“第十二届中国艺术节”参演剧目。俄罗斯亚历山德琳娜大剧院的艾拉·兹甘世娜、西藏自治区话剧团的普布次仁、中国国家话剧院的刘晶晶、上海话剧艺术中心的李黎、四川人民艺术剧院的刘洋获得配角奖。

除了“白玉兰戏剧奖”评选，上海戏剧理论研究也保持了一贯的敏锐与严谨，丁罗男《呼唤一种剧场“新理性”——论当代戏剧的文化精神缺失》《“后戏剧”与中国文化语境》；杨扬《在“后戏剧”时代重审戏剧本源——兼议当代话剧面临的一些问题》；张仲年《融合：一种新戏剧观》等学术论文都在业界产生了较大影响。

2020年是中国话剧艺术的拓荒者熊佛西诞辰120周年，也是上海戏剧学院建校75周年，“纪念熊佛西诞辰120周年学术研讨会”于2020年12月4日至6日在熊氏故里江西丰城举办。与会者围绕熊佛西的戏剧理论、创作与演出、定县戏剧实验、地位与成就等多个议题展开深入的探讨，这是近年来熊佛西研究领域规模最大的一次学术活动。

结　语

疫情终将被战胜，虽然戏剧界因此付出了许多代价，但演出仍将继续。2020年的上海话剧创作与演出的蛰伏实属无奈，却也有一些值得思考的地方。

抗疫戏剧创作需要深化。今天的中国话剧，已非当年的“街头剧”“数来宝”可比，戏剧生产的规模化与准工业化，也使得创作、排演周期相对较长。严格地说，快速反应并非话剧所擅长。在疫情暴发初期，戏剧工作者表现出可贵的社会责任感，讴歌、鼓劲，皆为不可推卸的使命。不过，当疫情防控常态化，戏剧工作者应该沉下去，努力创作具有更深刻的思想内涵、具有更高审美价值，在人类命运共同体的视角下，表现与新冠病毒这个人类公敌斗争的当代传奇作品。

线上观演还需可持续探索。2020年疫情期间，上海本地的剧团、机构并未如国外一些知名剧团那样，将自己的以往的剧目放在线上，供观众欣赏，而一些剧场本身又不拥有版权资源，难有作为。这不仅因为本地剧团在数字化平台建设上落伍，还因为观念，担心如果把戏剧经常在线上直播放映，就会让很多人产生“没有剧场没关系”的感觉。诚然，剧场的现场性是不可替代的，但在一个多媒体时代，线上戏剧亦不可或缺。虽然就观演关系的改变而言，这足以构成新的学术探讨，但却可以保证在非常时期，人们的生活中仍然有戏剧存在。

主旋律戏剧要打开视野。毫无疑问，主旋律戏剧正在迎来最为兴盛的一个时期，有望涌现一批与普通观众生活相贴近的现实主义题材、弘扬主流价值观、讴歌人性人生的精品佳作。但主旋律创作要登高望远，不能只盯着“一亩三分地”，甚至为地域所限制。上海作为中国共产党的诞生地，改革开放的前沿，有着丰富的历史与现实题材资源，创作者要有一双慧眼，善于从常人所忽略的地方发现动人故事。

戏剧批评仍需呼唤。面对纷纭复杂的戏剧现象失语，不唯上海所独有，近年来平面媒体的式微更使戏剧批评失去赖以生存的阵地。上海目前专门刊载戏剧评论的只有《上海戏剧》杂志一家。本来自媒体的发达，为剧评提供了新的空间，但现实中，这些自媒体的剧评相当多地沦为剧目制作方的广告推送场，当然也就不可能对具体剧目做出严肃、客观评价。

可以想见，未来，戏剧人仍可能在疫情的反反复复中历练对戏剧的热爱与梦想，唯愿葆有初心、保持定力、抱有追求卓越的信念！

张晓欧　上海戏剧学院导演系副教授

专题

新冠肺炎疫情下话剧行业的发展与思考

【概况】

2020年，新冠肺炎疫情的暴发对中国话剧行业的发展造成了巨大冲击。大量剧场关闭、演出和文化节庆活动取消，伴随疫情袭来的是覆盖全产业链的生存危机。对此，业界积极探索转型发展，在危机中寻找新的突围之路。本专题选取两篇文章对疫情下话剧行业的发展与思考进行探讨。

【观点】疫情下的中国戏剧发展

◎ 孟岩

2020年开年，新冠肺炎疫情席卷全球，许多人被迫足不出户，隔离在家，等待疫情早日过去。紧接着各种活动相继取消。这场疫情对全世界都产生了深远影响。面对剧场被迫关门的现状，戏剧演出和活动开始纷纷转向网络平台。即使已经到了8月，线下的演出和活动仍然没能恢复正常状态，剧场上座率只允许控制在30%。

时任复旦大学附属华山医院感染科主任张文宏表示，要做好长期和病毒共存的准备。面对疫情常态化，戏剧之路何去何从？我们看到了戏剧人所做的诸多努力，不受困于真实观演空间的隔绝，创造出了“云戏剧”作品。

“云戏剧”一词来源于互联网云端服务，云端即网络。云戏剧是利用网络平台制作、播放或以视频拍摄为媒介在网络播出的戏剧作品。不仅仅局限在以计算机网络作为戏剧作品的传输媒介——我们可称其为“戏剧上线”，还发展出以网络作为戏剧创作元素的“线上戏剧”。戏剧带给我们的一方面是线上戏剧对于戏剧边界的扩展，另一方面是高质量的戏剧演出的记录。

一、戏剧样式的改变

2020年的短短半年多时间，戏剧界展现出了前所未有的包容和创新意识。戏剧人不断尝试新的演出样态，更多元地走进普通百姓的生活。

（一）戏剧作品由录播转向网络直播

戏剧作品录播在中国已经发展多年。1985年，为了拯救近代戏曲名家名作，我国推出了“中国京剧音配像”项目，由优秀的中青年演员为老艺术家的演唱录音资料拍摄影像。整个工程历经21年，为戏曲演出资料的留存和整理做出了巨大贡献。20世纪80年代末到90年代，以孟京辉导演为代表的中国先锋戏剧作品用简陋的设备对演出进行录制，以VCD的方式保存，创造了传看的经典。这些戏剧录播作品在一定程度上弥补了戏剧爱好者由于时间、空间、票价等因素无法亲临现场观看演出的遗憾，并为中国戏剧演出史留下了宝贵的视频资料。

2020年，由于疫情导致剧场全面关门，大量戏剧作品开始尝试以直播的方式与观众见面。戏剧直播并非新鲜事物，只不过之前的大量直播是观众在电视上观看。早在2003年，中央电视台戏曲频道就开始尝试直播戏剧演出。《CCTV空中剧院》栏目针对当时在全国各大剧场演出的经典戏曲剧目和折子戏，聘请专业导播团队直播或录播，在电视上播出，受到广大戏迷的热烈推崇。如今，借助全民网络直播的软硬件条件，戏剧演出直播成为戏剧人与观众沟通的选择。而直播团队的专业性和经验更在多年实践的基础上迈上了新的台阶。

上海话剧艺术中心2020年的开箱演出，就选择话剧《热干面之味》以免费网络直播的方式与观众见面。这是一部以新冠肺炎疫情为背景的全新原创作品，在哔哩哔哩网站（以下称“B站”）进行直播首演。演出当天，同时在线观看的观众达到16.5万人，这其中除了“上话”多年来积累下来的铁杆观众，更有全国各地慕名进入直播间的非话剧迷。导演何念介绍，此次转播与上海本地的专业导播团队合作，采用五个机位进行拍摄，并且在直播前对技术和设备进行了充分的测试，以确保直播的顺畅。

短短半年时间，全国有多个戏剧院团在演出被迫停止期间创作出了和疫情相关的戏剧作品并在网络平台直播演出。7月开始，一些地方戏曲院团，如苏州市滑稽剧团等开始尝试在视频直播APP或微信公众号上推出6.6元、9.9元付费在线直播演出。虽然网络演出票价对于制作方来说微不足道，但通过网络传播涉及的观众面，超越了从戏剧作品产生至今的任何一个阶段。上海话剧艺术中心总监制田水说：“很多观众表示通过线上平台看完演出后，很想走进剧场再看一次。”可以说，戏剧网络直播在疫情的艰难时刻成为储备观众群的重要途径。

（二）线上戏剧的创作和演出方式

区别于通过将戏剧舞台演出用视频方式转播或直播与观众见面的“戏剧上线”形式，诞生于网络时代的“线上戏剧”手段开始被戏剧从业者使用，并出现在大众视野。所谓的线上戏剧，是指利用网络传播的手段，通过摄像机甚至是电脑视频摄像头捕捉画面，专门为线上的演出而进行创作的戏剧作品。最受瞩目的作品是2020年4月，由王翀导演联合腾讯视频艺术频道创作的中国首部线上戏剧《等待戈多》。该部作品在腾讯视频上分两天演出完成，腾讯直播在线观看人数为29万人次，B站录屏上显示观看播放次数为535万次。虽然在国际视野中线上戏剧并非首创，但在中国戏剧界可以说开创了一种全新的创作模式。从创作、选角到排练、正式演出，全程以网络作为媒介，疫情推动了新颖且小众的创作手法快速被运用，并进入大众视野。

线上戏剧仍然保留着戏剧现场性所必备的三要素：演员、观众、空间。对戏剧空间重新定义，空间不再是彼得·布鲁克所说的观众和演员所处的同一整体，而是不再受地理位置和距离限制、由网络连接起来的一个更大的虚拟的空间。而传统的演员与观众在空间“场”中的交流和仪式感，则以弹幕的形式呈现。

演出将大众所熟知的迪迪和戈戈设定为男女朋友关系，和传统戏剧的观剧体验不同，大胆突破了传统对于戏剧与影视关系的探讨。因为大部分镜头都是演员对着摄像头讲话，更像在偷窥一场直播。时空关系上，超越了影视的摄制时间和播放时间的不同步，成为实时演出实时收看，演出时间即观看时间。实际上是弥合了影视的碎片化时间。与舞台表演完全相反，在演员的调度和道具的使用上，配合镜头局限和演员居家的环境，一些行为方式用了适用于镜头的小动作和道具，如玩魔方、开冰箱、将鞋不停地摆在跑步机上。因此可以说，线上戏剧虽然满足了戏剧表演的基本要素，但从创作方法到观演方式都区别巨大，是一种基于戏剧表演的新的艺术创作类型。

（三）应用戏剧在网络平台找到出口

应用戏剧与戏剧演出的目的和创作方法完全不同，虽然涉及的范围较广，但受众群体更少。尤其在中国大陆，应用戏剧的专业从业者更是屈指可数。

疫情期间，应用戏剧在网络直播中找到了非常好的交流方式。如南京的“凹刺戏剧”在疫情初期就推出了“线上一人一故事”活动。每一期活动邀请国外的一个“一人一故事”演出团体作为演员，在zoom会议上聆听网络另一端参与者们的故事，即刻创作并表演。活动不仅仅有主持人引导整个流程，同时还配备了专业翻译对讲述者进行口译，打破了国家和语言的界限，使更多对“一人一故事”感兴趣的人有机会在居家期间了解甚至直接参与到应用戏剧的活动中。其中一些关于疫情期间发生的个人故事、每个人对于生命的思考、微小的情绪都被演员捕捉并以戏剧的方式呈现出来，在某种程度上也起到了精神疗愈的作用。

而教育戏剧活动更是在网络上得以快速发展。隔离期成为人们学习和提高的良机——坐在家中免费参与各种研讨会议、云课堂。如中央戏剧学院在2020年5月推出了“戏剧教育微课堂”，带领学生一起录制了各种戏剧讲座、戏剧操、绘本剧等微视频，在教育戏剧的研讨和教学上不断探索。

二、观演心理的改变

（一）对戏剧边界的宽容度加深

早在2009年，以影院收看为目的的英国国家剧院现场（NTLive）诞生之时，全世界的戏剧人就开始纷纷讨论：它是戏剧发展的机遇还是威胁。有学者更直言：“这样的推广看起来销路广阔，但实际上又有一些‘粉丝电影’的属性。”[①]直播戏剧的出现和推广如果发生在疫情前，一定会遭遇诸多思想上的阻碍。而新的戏剧美学因突发的疫情，将戏剧创作和演出方式猛然推到创作者和观众面前。如果说疫情前对于戏剧样态的改变是在小心翼翼地试错，如今这种改变成为一种必需。

面对城市的封闭、剧场和影院的长期关门停业，高清影院转播的戏剧作品被搬到网络上，观看设备和环境又一次大打折扣，但如今多样化的戏剧表现手法已经不仅仅是为了戏剧的推广、戏剧现场观演的补充及对于戏剧边界的拓展这么单纯。NTLive作品《欲望号街车》在网络转播的片头上写着：“世界各地的剧院都关门了。该行业及其人才队伍面临着来自冠状病毒的毁灭性冲击。”（Theatres around the world are closed.The industry and its talented workforce face a devastating impact from Coronavirus.）并直接在画面屏幕上打出了捐助请求。戏剧人更多了一份使命感、责任感和情怀。云戏剧成为保住剧场、不让更多的戏剧人被迫离开舞台的最佳武器。因此，2020年的戏剧话题，讨论的不是戏剧会不会消亡的老生常谈，我们看到更多的戏剧人是以一种开放的心态和创作态度去面对云戏剧“繁荣”的面貌的。戏剧不再局限于剧场演出的传统形式，和戏剧相关的任何活动都成为值得尝试的手段。

我们看到各种国有和私人的剧院每天在自己的公众号做戏剧知识科普。赖声川的“上剧场”，以戏剧人物专访、戏剧知识介绍等内容在公众号上每天更新一篇文章。推出会员系列活动“泡戏剧”“白日梦”“好好”，将戏剧观演拓展出剧场，与电影、音乐、绘画，甚至剪纸、插花等艺术形式连接在一起，并且增加了“上剧场”编剧带领的演前导赏。正像“上剧场”提出的口号：“愿你泡在艺术的白日梦中，好好过每一个周末。”尽管不能置身剧场创造的白日梦，戏剧仍然可以通过多种形式与观众进行连接。

儿童剧场“小不点大视界”也在疫情期间推出了“在家也有戏”“小不点妈妈和她的朋友们”“家庭灵感站”“艺起去春游”等视频、直播、线下活动。邀请艺术家为小朋友开设线上直播，推广音乐、戏曲等艺术形式。并在后疫情时期推出一周左右的线下户外工作坊活动。尤其是2020年7月推出的三亚冲浪＋戏剧创作之旅，已经超脱了戏剧表演和戏剧教育的范畴，而是融合了旅游、运动等多种形式进行儿童教育，符合当下父母对于儿童全方位体验世界的期待。

上海的另一家“上海儿童艺术剧场”也在疫情期间推出了线上音乐类游戏，引导小朋友用数字随机作曲，用豆子做打击乐，画出听到的音乐。另外，还有手工游戏、舞台表演游戏，甚至还包含了戏曲游戏，内容更加丰富，可以说是居家期间带给小朋友的艺术培养帮手。

大家所做的一切都是为了在疫情期间通过传播学的基本规律保持剧场和观众之间的黏合度，为疫情过后的线下演出积蓄能量。

（二）特殊时期观剧心理的转变

生活在2020年被按下了“暂停键”，能否生存下去成为每个人内心深处发出的疑问。面对感染人数的飞速增长，所有人一夜之间真切感受到死亡的威胁，对生死的理解变得格外立体。《等待戈多》《鼠疫》等经典作品以新的方式被重新演绎，在作品中呈现生命的意义和价值，将人的困境展现出来。

---

① 胡读书：《当戏剧玩起了直播，我们还会进剧院看戏吗?》，《文学报》公众号，2018年5月6日，第7版。

观众在观看戏剧作品时的心理状态如此趋同。

只有在太平盛世，人们无温饱之忧，艺术作品才能繁盛。而在瘟疫当道、死亡威胁扑面而来之时，艺术似乎成为一种奢侈品，但却是抚慰人心的良药。赖声川导演曾回忆，2003 年“非典”之时，许多群众宁愿戴着口罩走进剧场观看演出。如今剧场关门，网络成为所有困守在家的人的情感抒发的出口。这也是为什么大部分云戏剧作品除了经典之外大多是以疫情为背景，这样可以起到宣泄情绪的作用。对生命价值的迷茫、对人心的抚慰、对逝者的怀念，这些成为戏剧人与观众通过网络沟通的主要内容。

王翀网络版《等待戈多》广受关注，不仅仅是因为创作手法的新颖，更重要的是其选取的剧目可以真实体现现阶段人类的困惑。由于面对摄像头的人物空间调度非常受限，观众接收到的大多是演员的近景和特写，没有空间之间直接的联系。虽然有不同空间场景的展现，但是长时间面对镜头的表演，仍然避免不了尴尬、静止和无聊。这正突出了该剧所需要的荒诞感。而如果选择的剧目不是荒诞派戏剧，这将是导演需要解决的最大难题。

三、戏剧发展的新特征

有专家预测新冠病毒或它的变异病毒有可能类似流感、水痘等疾病，长期和人类共存。如果疫苗的有效性不能得到保证，人和人之间的交际距离将成为长期要求，封闭式的剧场演出必然受到抑制。6 月开始，剧场被允许以 30% 的上座率公开售票，上海话剧艺术中心的《热干面之味》剧场演出一场只有 69 名观众，越演出越亏损，无法形成真正的良性循环。因此上海话剧艺术中心在 8 月相继取消了将在 8 月和 11 月演出的《推销员之死》和《朱莉小姐》等剧目。剧场演出举步维艰。由于现实演出条件的制约和人们心理接受程度的加深，在很长一段时间内，云戏剧将成为戏剧演出所依托的常态。这已经不仅仅是戏剧的影像制作，而必须将概念扩大为线上戏剧和以戏剧为载体的全年龄层网络教育。

（一）戏剧作品舞台演出直播

我们的演出直播是建立在舞台演出录播的思维模式之下，对于如何使观众能够在屏幕另外一端感受到舞台的“现场性”并没有太多设计。镜头的选择、机位的变换，既懂得镜头语言，又了解戏剧美学、熟悉舞台特性的拍摄团队至关重要。国外如伯格曼等戏剧大师仍然在电影领域屡创佳作，反观国内业界当中，戏剧和影视从业工作者往往界限分明，对于戏剧和影视跨界创作的意愿不足。借鉴 NTLive 的制作方式，首先要有严密的制作流程。NTLive 会在直播前 4 周和 1 天前分别进行试录，并根据试录情况调整分镜头脚本、布光和服化道等各方面出现的问题[①]。拍摄并非像电影拍摄一样完美，而是增加花絮拍摄、现场观众镜头、阐述主创的编创构思、演出背景资料等内容，一方面起到了普及戏剧知识的作用，另一方面保留了剧场演出的现场感。另外，定时收费播放的方式也是保证仪式感的重要途径。没有回放，不能快进，使演出情绪的完整性得到了保护。这些手段并不是锦上添花，而是作为云戏剧直播的必需环节。

尤其需要注意的是，在直播作品时镜头选取的标准。我们知道电影是导演的艺术，镜头景别和角度的选择充分代表了导演个人所追求的艺术设计。而剧场演出中对于节奏的控制、观众的关注焦点等却完全取决于演员的表演和观众的喜好。演出中的意外状况、舞台事故等也都是现场演出不可替代的因素。虽然电影的镜头调度方式可以最大限度地规避戏剧舞台上距离演员越远的观众越难沉浸剧情的问题，也有效地防止了观众的视线去关注一些无关的细节而出戏。但与之相对的，舞台的魅力恰恰在于演出的不确定性。

并不是在剧场中现场真人表演的演出就能保证现场真人表演的快感和沉浸式的交流、现场的整体气氛。观看赖声川的《如梦之梦》时，坐在大剧院三楼观众席的观众会有被表演拒之门外的感受；沉浸式戏剧中观众经常需要带着追赶演员在场地内奔跑的尴尬，这些都是在“场域”范围内由创作者人

① 参见马臻郴《数字媒体环境下英国国家剧院的品牌创新——“英国国家剧院现场”的成因、特点和运营分析》，《戏剧（中央戏剧学院学报）》2016 年第 2 期。

为打破交流的失败之处。而戏剧舞台的这些问题和“缺陷”，也正是戏剧工作者夜以继日陶醉的创作快感。

因此，在舞台演出网络直播中，大可不必拘泥于电影式的镜头和镜头之间的无缝衔接，甚至可以采用分屏或画中画的方式让观众拥有更多主动性去选择自己想要观看的舞台视点。

（二）线上戏剧创作演出

线上戏剧可以说是这次新冠肺炎疫情催生下被人接受的产物。如果在平时，王翀网络版《等待戈多》的开拓性排演一定会引起更多的质疑声。然而正因为它符合当下的现实情境，因此我们看到更多专家和观众给予其充分的肯定。但线上戏剧从创作方式、运用媒介到最终的演出呈现都和传统戏剧相差甚远。云戏剧利用摄像头将不同地点的即时表演链接起来，但缺少演员对自身身体的探索。除却上文所说的对戏剧空间的重构，在导演的调度上也和舞台演出完全不同。场景受疫情影响都是在私人封闭空间内进行表演，如房间、汽车内。对话的调度也比较单调，基本都是分屏对话、硬切对话。在可看性上大大弱于舞台演出。

我们可以将线上戏剧作为从戏剧表演中分离出来的一个新型的艺术演出模式，这样它的创作和演出会更具自由性，不受传统戏剧的限制，我们也就无须担心延续了几千年的剧场观演习惯会逐渐消失。

另外，线上戏剧的创作在现阶段与戏剧舞台表演直播相比，更具个人化创作倾向，没有足够的技术支持，受网络传输的限制更多。在演出中经常会出现网络加载、演出时断时续、延时、声画不同步等问题。

（三）云戏剧联姻直播带货

2020 年 6 月，沉浸式戏剧《不眠之夜》和电商天猫跨界合作举办了一场“天猫超级发布会”。这是在“直播带货”成为广受追逐的 2020 年的又一重大的商业活动，是商品极力脱离直白吆喝而努力向艺术演出靠拢的一大尝试，是线上商品买卖的高级化。在这里，《不眠之夜》只是作为一个大 IP 商品被买卖。10 月 17 日，天猫超市联合喜剧团队开心麻花开创国内首档喜剧直播秀《请您笑纳》，引领直播带货的方式走向创新，更将往年“双 11”的购物热潮推向新的高潮。

上海话剧艺术中心的“剧场如何转型线上”主题沙龙分享会上，大家讨论的是“戏剧在线上，还能做什么”。这一讨论不得不说是戏剧人的一种深层的无奈。线上戏剧的尝试变成直播带货的工具，这对戏剧演出和创作毫无裨益，它不是从戏剧的演出特性和空间认识去探索戏剧演出的新样式，而是对商业的谄媚。当戏剧作品被当作商业 IP 大肆消耗，这条路还能走多远?

与之相对应的，是北京鼓楼西剧场。作为自负盈亏的民营剧场，剧场创始人李羊朵拒绝了网络平台的商业邀请，用卖樱桃守护心中的“樱桃园”，与贫农一起自救，让更多人看到，“戏剧人没有在疫情之下失声，我们仍在努力求生”①。他们的最终选择是进行线上“730 剧本朗读会”，将戏剧的演出价值暂时放在一边，而关注到更适合线上表现、不受制于空间的剧本朗读，关注剧本的文学价值。

（四）戏剧孵化

对于云戏剧来说，戏剧孵化可以成为长期的方向。

2020 年 7 月，上海中国大戏院推出了线上微戏剧邀请展，邀请年轻的中国戏剧创作人将作品影像化处理后在 B 站上播出，为新人新剧创造了和大众见面的机会。在已上线的三部微戏剧中，《大明崇祯五年纪事》《如花 · 非花》都是传统的舞台表演类型，而《〈玩偶之家〉第一集：抖音玩偶》选段，结合了直播的形式。开场 4 个女孩相继走上舞台，背对镜头方向，各自对着舞台后方 4 个直播器材扭动身体。对网络观众比较友好的画面呈现是观众可以看见四个女孩的直播手机画面。而对舞台上的真人，全剧只用了一个远景和一个全景的固定镜头切换。在 15 分钟的表演中，观众只能看到 4 个女孩一字排开扭动身体和发出无意义的声音。虽然是对网络直播时代的一种记录和反映，但由于形式过于简单，

---

① 蒋苡芯：《鼓楼西剧场 6 年生存录：请不要忘记这片“樱桃园”》，《新周刊》公众号，2020 年 7 月。

且完全忽视了镜头的作用，灯光音响在隔绝了一层屏幕空间之后，很难引起观众的观看兴趣，更不用说共鸣了。在《如花 · 非花》的演出中，弹幕大部分明显是演员的朋友来“打 call”，有两条弹幕形成了鲜明的反差。一条是：“为什么有一种看不懂的感觉？”另一条是：“看到推送来的，好奇其他几位演员会有怎样的故事，什么时候可以看全剧啊？”我们看到，一方面，在线上戏剧全面开花的浪潮中，一些观演经验极少的观众对戏剧语言的认知有限，面对线上戏剧的演出仍然茫然；另一方面，线上戏剧的确在很大程度上对戏剧的推广起到了积极的作用。

尽管如此，我们仍能看到线上戏剧作为线下的有力补充，可以为戏剧创作提供便利的孵化条件，为新人新剧提供展示自我的机会；发现新人和高质量的作品，为将来正式的剧场演出提供扶持。“青年孵化”项目将线上戏剧置身于剧场演出的前端，中国大戏院为线上戏剧做出了榜样。

不仅仅戏剧，包括一切艺术活动，乃至生活活动蜂拥上网，增加了人与人之间交流的虚幻感。但人和人之间那些最本质的交流，例如感受呼吸、体温、空气中的场动力等，是不可或缺的。剧场中人们互相感受、互相倾听，哪怕观看戏剧时的小动作、看手机，随着剧情发出的赞叹声、抽泣声、起身上厕所的动作，现在看来都是可贵的。这是一种不可替代的共同存在的感受。

一场疫情让戏剧创作打开了边界，更多的戏剧作品因“保住剧场”的使命而变幻出多种形式。云戏剧更多地成为了戏剧人和戏剧爱好者留存戏剧精神和追求的沃土。云戏剧的演出方式，通过戏剧创作者和传统戏剧观众在网络平台上对演出信息的转发和宣传，带动了很多平时被时间、距离和票价挡在剧场门外的观众，可以说是戏剧宣传的极佳时机。

2020 年 10 月 11 日开幕的杭州国际戏剧节，在重启线下戏剧展演的同时，联手短视频平台抖音开展“云上戏剧节”，24 小时线上戏剧不掉线活动。戏剧活动继续在网上延伸。经过 2020 年的洗礼，从作品演出到心理层面，创作者和大众对戏剧作品形式创新的接受度越来越高。然而必须正视的是，在可贵的探索之后，如何让新的形式更加契合戏剧的本质，是戏剧从业者需要继续探讨的话题。

原载《剧作家》2020 年第 6 期

【观点】国家剧院的思考和探索：疫情下如何做好戏剧普及和推广

◎ 赵寒冰

2020 年，受新冠肺炎疫情影响，演出行业受到了巨大冲击，线下演出被按了“暂停键”。与此同时，“云剧场”“云演出”“云艺术”等新业态应运而生。作为国家剧院，如何陪伴全国的观众度过因疫情而来的这个“大长假”；如何借此契机，深入探索“多形式创作”“多渠道共享”“多平台盈利”；如何应对复工复产后面临的难题，这都需要我们不断思考和探索。

线上带动线下

疫情虽然阻断了线下演出，却无法阻止艺术的持续创作和传播形式的不断更迭。我们看到，国家大剧院、中演院线等都将自己的经典演出放到网络上免费播放，一些剧场和演出单位通过免费在线直播的方式为观众呈现“云演出”。

中国儿童艺术剧院也进行了全新的探索和尝试。2020 年的“六一”儿童节，中国儿艺发挥“国家队”的引领作用，联合央视少儿频道和 6 家地方儿童剧院（团），首次举办“爱心汇‘剧’、云中送福——欢庆‘六一’线上嘉年华”，汇聚了中国儿童艺术剧院、中国福利会儿童艺术剧院、西安儿童艺术剧院、浙江演艺集团浙江儿童艺术剧团、武汉人民艺术剧院、天津市儿童艺术剧团、青岛市话剧院这 7 家剧院的经典戏剧片段在“云端”集中呈现，不仅联合各地剧院（团）形成剧目演出的合力，首次以线上的方式和大小朋友们一起过节，也在宣传上联合各剧院（团）和权威媒体、直播平台等形成合力，通过跨越空间限制的直播形式，吸引更多观众参与直播，为疫情后的剧院复演培养更多的观众群体。

“演出 + 直播”是中国儿童艺术剧院成立 64 年来的新尝试，剧院根据自身特点与优势进行策划，内容上注重提升观众的观看体验，以戏剧表演为主的同时，适度融合明星、美食等直播热点元素，更好地吸引年轻观众的关注。展示戏剧片段的同时，连线各地演员介绍当地景点、美食等，让孩子们不仅可以看到精彩的戏剧，还能了解各地的风光特色。此外，还在线与观众互动，送出爱心公益票和剧目衍生品，这既是给观众送出的儿童节特别礼物，也为剧院复演进行了预热。在直播中，“戏剧奇妙夜”“明星送祝福”“爱心云传递”“线上汇歌声” 4 个部分，是中国儿童艺术剧院与地方剧院及其他行业的品牌联动，旨在挖掘剧院品牌潜力的同时，拓展剧院的知名度以及受众群体。

从效果来看，欢庆“六一”线上嘉年华活动直播当晚，全球 30 余万观众通过学习强国、文旅中国、人民日报新媒体、央视少儿、抖音等 9 家平台进行了线上观看，远远超过一场现场演出可以容纳的观众人数，关注度更是超过百万人次。“演出 + 直播”对儿童剧推广和普及的效果显著，观众在线评论：“儿童剧竟然这么好看。”“好想看完整版的儿童剧。”“全程观看直播很开心，我和孩子相约以后去一个城市玩就去当地剧场看儿童剧。”

在演出从线下到线上的转换中，我们看到线上演出的方式突破了演出现场容量的限制，拓展了受众覆盖面，更利于广泛传播。这为剧院复演后吸引观众走入剧场看演出做了准备，也为剧院品牌打造注入新鲜活力。

流量带动增量

受疫情影响，现阶段，国内诸多剧院已开始在线上布局，或将演出剧目搬上互联网免费展映，或创作适合互联网的新作品呈现给观众。

疫情发生后，中国儿童艺术剧院取消了原本计划在 2020 年第一季度上演的 100 余场演出，第一时间转换思维，思考如何让观众在家也能有艺术陪伴，线上便成为作品发布、与观众沟通的主要渠道。

疫情期间，剧院积极创作抗疫主题作品——朗诵剧《唤“福”》，用新创的高质量艺术作品安抚人心、鼓舞人心、动员社会；在世界戏剧日通过线上渠道特别推送专题片《戏剧的力量是伟大的》，为戏剧发声，专题片一经推出即在戏剧圈“刷屏”；推出《耳朵也爱儿童剧》《艺术课堂》《经典剧目赏析》等线上栏目，拉近观众与艺术的距离；用微信“童聚群”举办系列互动活动，在“云端”时刻保持着与观众的联系。

与线上大多数演出不同，中国儿童艺术剧院通过线上推出的作品时长均较短，即使是一部完整的儿童剧赏析，也分割为 15 分钟至 20 分钟逐段进行推送。这是因为剧院所面对的观众群体均为儿童，因此在线上推送时便要从儿童的角度进行考虑，假若时间过长，意味着孩子们可能会把较长时间的注意力放在电子屏幕上，这并不利于儿童的健康。

除了对作品时长有较多考量外，剧院在选择作品内容以及展现形式等方面也进行了精细的规划。线上主要推出经典演出剧目如《马兰花》《宝船》等，而在展现形式上，除了有经典作品的赏析外，还会指导孩子学习舞蹈、儿歌、绕口令等，并融合小游戏等形式增强代入感。家长不想让孩子长时间盯着屏幕，还可以选择《耳朵也爱儿童剧》，让孩子用听故事的方式接触戏剧。

精准的定位、精致的内容，形成剧院线上艺术作品“经典、精准、多元”的风格，将线上的流量转化为线下的增量。疫情期间，丰富的线上活动是剧院联系观众的窗口，也是剧院培育市场的方式，让更多孩子对儿童剧产生好奇心，再通过精挑细选的剧目在线上展演，以及与观众的长期陪伴互相建立信任，不断增加用户黏性。

目前，国内的剧场艺术普及尚在起步阶段，文化演艺市场的观众基础还比较薄弱，“云演出”虽然是特殊时期的特殊举措，但未来仍可以与现场演出“共存”，通过线上直播为剧场“引流”，让更多人走进剧场。

复工后的思考

新冠肺炎疫情后，演出市场的恢复仍需要一段时间，恢复后，观众的观演习惯是否会改变？对剧场聚集看演出是否会心有疑虑？此时，一方面，剧院需要用优质的演出内容激发观众的观演兴致；另一方面，线上的联动仍然不可或缺，可与观众保持紧密的联系。

现阶段，中国儿童艺术剧院已经开始为疫情结束后的演出提前做准备，不仅主创人员和相关演员一直没有停下创作和练功的脚步，利用有限的条件居家进行创作、练功、排练等工作，同时，剧院也在观众中进行积极调研，做好演出安排。

恢复观众信心是演出市场恢复期首先需要解决的难题。一是要通过行之有效的宣传，让观众知晓剧院把安全工作放在首位，有严密的防控保障措施；二是以公益带动商演，邀请抗疫一线医护人员家庭和剧院会员代表等免费到剧场观看演出；三是做好观众调研，运用大数据对观众进行分析，了解观众所思、所想、所需，演出安排听听观众的呼声，观众最期待的演出优先上演。

与此同时，借助互联网渠道创新打造观众线上线下联动新体验，在演出内容、体验服务、宣传推广等方面发力，适应疫情过后观众艺术需求和艺术欣赏的新变化。继续探索线上演出模式，在总结疫情期间积累的线上内容制作经验的基础上，注重创新，继续做好线上内容，努力挖掘短视频、新媒体运营在演出宣传推广和艺术普及中的作用，用线上流量带动线下增量，让线上模式能够既不影响到线下的市场，又为线下产品带来更多的市场效率和经济效益。

此外，还要注重线下活动的内容研发，打造优质观剧体验，通过提高演出票附加值、发放消费券等方式引导和培育市场，吸引更多人走进剧场；深入探索与成熟的互联网资源进行合作的模式，充分挖掘国家剧院已有的文化底蕴和丰富内容，借助互联网平台在技术、渠道上的优势，开展跨领域合作，探索更多盈利模式，充分释放品牌优势，实现多元发展，持续扩大影响力，最终实现互利共赢。

原载《中国文化报》2020 年 6 月 8 日

纪念曹禺诞辰 110 周年

【概况】

2020 年是戏剧大师曹禺诞辰 110 周年。戏剧界开展了一系列演出、会议等活动，学者也发表了诸多文章来追忆和纪念曹禺的戏剧人生和戏剧精神，探讨曹禺的戏剧理论和创作。本专题精选相关文章进行呈现。

【观点】曹禺：当之无愧的中国话剧奠基人之一——纪念曹禺诞生 110 周年

◎ 曹树钧

2020 年是中国杰出戏剧家曹禺诞生 110 周年，话剧艺术大师曹禺（1910—1996）是继欧阳予倩、田汉、洪深、熊佛西之后，中国话剧发展史上又一当之无愧的奠基人，值得我们认真学习和研究。

一

1906 年冬，部分爱好文艺的中国留学生在日本东京成立了综合性的艺术团体——春柳社。

1907 年初春，近代戏剧大师易卜生逝世一年后，春柳社在东京举行了第一次公演，演出《茶花女》第三幕，由李叔同饰茶花女，曾孝谷饰阿芒的父亲。一位学商科的留日学生看了这次演出后惊叹道：“原来戏剧还有这样一种演法！”于是他要求参加春柳社，并成为其中的重要一员。他便是后来鞠躬尽瘁于中国戏剧运动五十年如一日的老戏剧家欧阳予倩。

同年 6 月，春柳社演出五幕话剧《黑奴吁天录》。在艺术形式上，这次演出有完整的文学剧本，完全采用了话剧的分幕写法，以对话、动作为主要表现手段。与原小说相比，改编的剧情由原著的着重揭露种族压迫，向突出奴隶的反抗精神方向发展，做了很大的创造性加工。《黑奴吁天录》可以看作中国话剧的第一个创作剧本。

因此，1907 年成为中国早期话剧正式诞生的一个标志。

1916 年后，早期话剧衰落，宣告了资产阶级文化改良主义的破产。伟大的新文化、五四运动，将早期话剧从奄奄一息的绝境中“抢救”出来，用新的革命灵魂把它改造成为现代话剧艺术。

1923 年风尘仆仆从美国回来的洪深，在欧阳予倩等人的介绍下，加入爱美的（即业余的）剧团上海戏剧协社，当仁不让地担任了该团的排演主任。团结剧社同人实行戏剧改革，破除男扮女装的陋习，实行男女合演，并建立严格的排演制度，取得了巨大的成功。

次年 4 月，为纪念五四运动 5 周年，戏剧协社举行革新后的第一次公演。演出《少奶奶的扇子》，名噪一时。6 月在上海夏令匹克电影院再度公演，楼上楼下座无虚席，观众惊异地发现“原来在京戏和文明戏之外还有这样的戏”。

《少奶奶的扇子》是洪深根据英国王尔德名剧《温德米尔夫人的扇子》改编的一出四幕话剧。

此剧以强烈的时代气息和较完美的剧作技巧在上海引起了很大的轰动。从此以后，中国话剧严格的导演制度建立起来，话剧作为完整的舞台艺术样式，在我国开始正式形成。

1933 年夏，一位目光炯炯的圆脸青年将他的处女作《雷雨》奉献给了《文学季刊》。两年后，郭沫若读了这部剧作深感震惊，称赞这是一部“难得的优秀力作”，称作者“在中国作家中应该是杰出的一个”。他注意到了这位青年，原名万家宝，笔名曹禺，完成《雷雨》时，才23岁。又过了一年，这位目光炯炯的青年又向中国文坛奉献了他的第二部剧作《日出》，顿时引起文坛更大的震动。文学巨匠巴金将它与鲁迅的《阿Q正传》、茅盾的《子夜》并列，誉为“中国新文学运动中最好的收获”。英国知名学者谢迪克教授指出：“《日出》，在我所见到的现代中国戏剧中是最有力的一部。它可以毫无羞愧地与易卜生和高尔斯华绥的社会剧的杰作并肩而立。”

有人称曹禺为“早熟的天才”，实际上他在获得巨大成功之前，就有过8年（1925—1933）的戏剧学徒生活。这就是他在南开中学、南开大学、清华大学度过的长达8年的全方位的戏剧实践活动。所谓全方位，指他在编剧、表演、导演、舞台美术等各个方面都获得了锻炼。这一长期的锻炼使他的戏剧创作能力获得迅猛发展，并达到一个相当高的水平。

《雷雨》的艺术成就主要表现在人物塑造、结构安排、语言创造三个方面。《雷雨》人物塑造的成功首先表现在剧作家真实地刻画人物，充分写出了人物性格的丰富性和多样性。《雷雨》中的几个人物，没有一个是简单化的；他们都有着实际生活中人物性格丰富、多样的色彩。有他们自己的优点和特点，一切都保持着实际生活中人物活生生的时代的、个性的特点。

《雷雨》的人物不仅写得真实，而且写得深刻，善于揭示人物丰富、复杂的内心世界，即使是作者所抨击的人物也是如此。《雷雨》人物刻画的又一特色是采用了多种多样的艺术手法，从各个不同的角度将人物的面貌、心理和人物关系描绘得栩栩如生。作者主要是通过人物自己的言行刻画人物，他尤其擅长通过重点场面的开掘，深入细致地刻画人物。

《雷雨》的结构可以说是结构好的典范，它是整个戏获得强烈艺术感染力的又一个重要因素。《雷雨》的结构具有严谨完整、一气呵成，巧设悬念扣人心弦，波澜起伏、曲折多姿的迷人特色。

剧本《雷雨》在塑造人物、体现主题上之所以获得很大的成功，另一个重要原因是得力于剧本在语言创造上的成就。《雷雨》的戏剧语言可以说是高度艺术化的，有着持久的魅力。概括起来，它有口语化和诗意的完美结合，严格的独特性、含蓄、精练、动作性强这四个特色，是高度艺术化的戏剧语言。

1937年夏，曹禺又向中国剧坛奉献了他的第三部剧作《原野》。

《原野》深刻地揭示了我国农民不屈不挠的反封建精神，他们与地主阶级不共戴天的深仇大恨。

《原野》对农民问题的开掘是独到而又深刻的。它的深刻尤其表现在写出了一个处在万分黑暗、痛苦的社会中想反抗而又找不到出路的农民，既勇于反抗而又无法挣脱封建精神镣铐束缚的复杂灵魂，既写出了他不屈不挠反抗黑暗势力的崇高美，又展示了封建宗法观念和封建迷信对中国人民深深的毒害。在《原野》中，剧作家创造的另一个艺术典型花金子，通过作者对其命运的描绘，使《原野》反映的社会生活面更加扩大与厚实，两者相互交织、相互映衬，使仇虎所进行的这场复仇反抗的斗争更加波澜起伏、奇异壮丽。

在创作《原野》时，曹禺基本上运用的是现实主义的创作方法，按照实际生活所固有的样式来再现生活。但是，在具体表现方法上，作者又大胆地借鉴了欧美戏剧表现主义的某些手法，用以展现人物的内心生活。《雷雨》《日出》《原野》接连问世被世人视为曹禺“早期三部曲”，这三部曲以《雷雨》为代表，在中国话剧史上具有划时代的意义，标志着中国现代话剧艺术的成熟。

对于一位艺术家来说，他的价值主要体现在作品中，以代表作流芳百世。曹禺作为一位戏剧大师，他对世界戏剧最伟大的意义在于：他在世界戏剧画廊中贡献了一系列血肉丰满、光彩照人的典型的中国人物形象。在《雷雨》问世之前，中国话剧舞台上的多幕剧创作不仅数量不多，而且一般容量都不大，不少多幕剧名为多幕剧，实际只相当于一个较长独幕剧的容量。如1932年出版的多幕剧集《岳飞及其他》，包括《荆轲》《岳飞》《苏轼》《项羽》等4个多幕剧，实际容量只相当于《雷雨》一个多幕剧。而四幕话剧《雷雨》加上尾幕、尾声，演出时间长达五六个小时。《雷雨》与以后接踵问世的《日出》《原野》，犹如为我国多幕剧园地上矗立了一座又一座高大的建筑物，雄伟而又结实。

在艺术质量上,《雷雨》的艺术成就更是达到了中国现代话剧诞生以来多幕剧创作的最高水平。

80余年来，曹禺的剧作不仅在国内的剧坛上，演遍了祖国的四面八方，而且在世界舞台上也产生了广泛、深远的影响，从1935年《雷雨》在国外首演算起，迄今为止，曹禺剧作在世界舞台上已经经历了80余年的演出发展历史，经历了初步发展、逐步拓展、全球关注三个时期。

（一）初步发展时期（1937—1949）

（二）逐步拓展时期（1950—1976）

这一时期，除“十年动乱”（1966—1976）阶段外，曹禺的剧作在国外的演出进一步拓展。苏联、东欧社会主义国家广泛演出了曹禺的剧作。

从1957年11—12月，苏联先后有91个剧院与中国戏剧家协会和北京人民艺术剧院联系，要求演出《雷雨》；曹禺给中国的戏剧作品带来了广大的声誉，光是俄罗斯苏维埃联邦社会主义共和国就有65家剧院把它列为保留剧目。据不完全统计,《雷雨》这一时期在苏联演出了2000多场。

（三）全球关注时期（1977—2017）

这一时期，曹禺剧作的演出已经遍及全球五大洲，在演出质量和数量上迈入了一个崭新的阶段。

演出地域遍及全球，演出剧目更加广泛，并在西方世界开始引起重视。曹禺剧作还被改编成广播剧、评弹、多种戏曲、歌剧、电影、电视剧，既充分发挥各种艺术形式的特长，又进一步扩大了曹禺剧作的世界影响。

这一时期，根据曹禺同名话剧改编的电影《原野》在国外的首演，对传播曹禺剧作做出了重要的贡献。此片由叶向真导演，1981年9月在意大利第38届威尼斯国际电影节上，获“意大利电影艺术联合会最佳影片奖”，并获得“世界最优秀影片推荐”的荣誉。这是新时期国内拍摄而在国际获奖的一部影片。这部影片不仅扩大了曹禺剧作的世界影响，而且在国内引起学术界对《原野》重新评价，1990年掀起话剧、京剧、歌剧、花鼓戏四个剧种同时争演《原野》的热潮。

这一时期川剧《金子》（根据《原野》改编）还多次在德国、法国及东南亚多国巡回演出。

电视是当代影响力最大的传媒。这一时期，曹禺的剧作已经通过电视在全世界产生更大的影响。1987年中央电视台与上海戏剧学院联合摄制了大型电视传记片《杰出的戏剧家曹禺》（曹树钧执笔）片中穿插了《雷雨》《日出》《原野》《蜕变》《北京人》《家》《王昭君》七部舞台剧及电影《日出》《原野》的演出片段，全面地介绍了曹禺剧作的艺术特色。1991年此片在日本东京举办的“中国话剧展览”上向外国朋友播放，第一次通过电视系统地介绍了曹禺的创作道路和艺术成就。

二

80余年来，曹禺剧作这一中华民族的瑰宝，不仅在中国人民中获得盛誉，而且在世界人民中找到了广泛的知音，据不完全的统计，迄今为止，曹禺剧作活跃在日本、韩国、蒙古、越南、新加坡、菲律宾、印度尼西亚、马来西亚、叙利亚、俄罗斯、白俄罗斯、阿塞拜疆、乌兹别克斯坦、德国、捷克、匈牙利、罗马尼亚、阿尔巴尼亚、瑞士、美国、加拿大、爱尔兰、西班牙、埃及、澳大利亚等30个国家和地区的舞台上，并且推动了曹禺剧作在海外的出版和研究。

综上所述，从曹禺“早期三部曲”诞生以来，曹禺剧作艺术生命力和在中外的影响力，对中国话剧的发展做出了巨大贡献，曹禺作为继欧阳予倩、田汉、洪深、熊佛西之后，又一位中国话剧艺术的奠基人，是当之无愧的。中国话剧发展的历程中，在五大洲都有作品演出的中国当代剧作家，唯独曹禺。它已充分证明曹禺是中国话剧史上当之无愧的伟大的剧作家。

原载《戏剧文学》2020年第6期

【观点】孕育曹禺研究的新突破——纪念曹禺先生诞辰110周年学术研讨会综述

◎ 陈樱之

2020年9月24日，是剧作家曹禺诞辰110周年纪念日，为了缅怀这位卓越的戏剧大师，深化当代读者、观众对曹禺的认识，推动对曹禺及其剧作的研究，促进曹禺研究学者与演出院团之间的相互理解与沟通，由北京人民艺术剧院、北京市文学艺术界联合会、中国艺术研究院话剧研究所、中国话剧理论与历史研究会四家单位在北京人艺菊隐剧场联合主办了为期两天的“纪念曹禺先生诞辰110周年座谈会暨学术研讨会”。来自北京、上海、天津、浙江、江苏、四川、湖北、福建等地的50余名专家学者参加了本次学术研讨活动。与会专家对于曹禺的戏剧才华和贡献予以高度评价，学者各自展现了近些年来在曹禺研究领域的观点、成果，学术主张相互碰撞，大家在会上展开了热烈的讨论。

对于曹禺这位极具国际影响力的中国剧作家，部分专家选择在中西方文化融合的背景下进行探讨。本次会议提交的论文当中，李扬教授从《世界戏剧发展格局中的曹禺戏剧》这一宏观的视野角度提出了曹禺戏剧的世界性与民族性的问题。他认为，曹禺固然在创作中不断地汲取着前辈的滋养，但这种滋养丝毫没有妨碍曹禺的创新之路。他作品中的中国形象表现了作家对现代人悲剧命运的思考；他将“形式本身就是内容”的艺术理念发挥到极致，使诞生不久的中国话剧很快融入了世界话剧艺术潮流。中央戏剧学院的彭涛教授在对曹禺在戏剧创作中所取得的重要成就给予充分肯定的基础上，以《雷雨》为例，探讨了其作品对西方戏剧的借鉴、融合与创新，认为我们一方面应该承认曹禺对于西方戏剧的借用与融合；另一方面则必须承认曹禺巨大的创作才华。北京大学艺术学院的顾春芳教授以《当曹禺遇见契诃夫》为题，从苦闷的情绪底色、静默如谜的象征意象、人物关系的架构方式和形象塑造三个角度探讨了两位戏剧天才之间千丝万缕的联系。中国传媒大学的王永恩教授则用比较研究的方法提出曹禺与陀思妥耶夫斯基作品中“偶合家庭”之父权的衰落、家庭基础的动摇、家庭的解体这三点共性所在。

万昭以女儿的身份，简述了她和姐姐万黛对父母亲的回忆录——《我们的爸爸曹禺和妈妈郑秀》，此书记述了父亲曹禺和他的创作道路，以及母亲郑秀。她在陈述中简要提出了曹禺创作道路上的四块基石：“艺术天性”“学习创作”“生活源泉”“社会良知”，为学者研究曹禺的文化心理、文化现象、戏剧美学内涵提供了很多新资料、新角度。国防大学军事文化学院教授谷海慧从万方的《你和我》这本家庭回忆录来认识曹禺，发现了“精神孤儿”的创作现象，认为《你和我》的创作不仅是女儿对父亲精神世界的探究，也是一个文学家对另一个文学家的情感理解。天津曹禺故居纪念馆馆长王海冰在其论文《曹禺的戏剧天才与社会人生环境论》中探讨了社会人文历史环境如何塑造了曹禺的性格，并分析这样的环境对其戏剧道路产生的影响。

朱栋霖教授在其论文《繁漪怎样“反封建”》中，结合1951年、1954年、1959年曹禺对《雷雨》进行的三次重要修改，对经典《雷雨》进行再解读，认为这三次修改强化了剧作的政治色彩、反封建意义，繁漪的反封建色彩也更加凸显了。中央戏剧学院的夏波教授则从戏剧的文学性与剧场性来对曹禺的戏剧创作进行思考，提出如何从这一视角来对经典作品进行新的创作和演绎，使其现代化。北京师范大学文学院教授、戏剧影视文化研究中心主任邹红发表了以《曹禺的意义——纪念曹禺诞辰110周年》为题的论文，她从文学典范、人物塑造、戏剧创作理论和技巧以及创作经历四个方面论述了曹禺留给我们的最宝贵的财富。武汉大学哲学系教授邹元江用梅洛-庞蒂的知觉现象学和比较艺术学的研究方法来诠释王延松版《原野》的导表演视野。上海戏剧学院的汤逸佩教授用叙事学的方法对曹禺戏剧的空间进行分析，探讨这些蕴含着多种意义的空间组合在戏剧叙事中发挥的重要作用。中国艺术研究院科研处陈曦副研究员以《用“复调”思维解析曹禺戏剧接受史上的矛盾现象》为题，认为伴随着曹禺经典剧作的反复排演，对其作品始终存在着接受上的曲解和误读，以至于他的多部剧作在数十年的上演中，没能逃脱被削减、删改的命运，无法按照剧作家创作的剧本原貌进行演出。针对这种“矛盾现象”，她通过对曹禺戏剧作品中被删减部分的梳理和解读，从时代背景、文化心理、文本结构等角度探究这种矛盾现象的原因。上海戏剧学院教授陈军在他的论文《曹禺写作主体精神的嬗变》中，用戏剧接受美学的研究方法对曹禺写作主体精神的变迁进行梳理并分析原因，提出应从树立人格意识重建价值信仰、强化知识分子的身份意识、尊重和遵循创作规律三个方面加强作者主体精神的建设，构建良好的文艺生态。《新剧本》杂志主编林蔚然在她的论文《曹禺作品再解读：曹禺笔下的“出走的”女性形象》中，对曹禺笔下出走的女性形象进行了总结和分析，认为她们的演变是中国女性自我意识觉醒的过程，也是旧的时代向着新时代迈进的过程。厦门大学的苏琼教授从舞台研究的角度，用教学当中长期绘制的“图谱”，以“图解”的方法对《雷雨》中的人物关系进行分析，透过剧照对演出进行窥探。

学者们的发言既有宏观的学术概括，又有对文本的微观思索和探讨。中国艺术研究院话剧研究所的丁明拥副教授则从“鲁大海的脚趾”窥探曹禺戏剧人物的生态系统建构，深挖鲁大海作为《雷雨》中身份最复杂之人，兼具残疾、私生子、反抗者等多面内涵，是剧作中不可缺少的人物。中国艺术研究院话剧研究所的陈樱之在其论文《鸣凤的身份迷失与悲剧意义》一文中，从鸣凤的身份迷失和悲剧内在的文化心理进行解读、分析人物。

本次会议上，还出现了对曹禺研究之研究，胡志毅、宋宝珍、周靖波三名学者不约而同选择了田本相的曹禺研究作为论述内容，胡志毅教授认为田本相的曹禺研究，在中国现代文学界或者说研究史上占据了重要的地位，他的研究是经典的、权威的，是新时期中国现代文学和中国话剧研究的重大收获。他采用文化记忆的研究方法来研究田本相的曹禺研究，就田本相与曹禺研究、曹禺与北京人民艺术剧院两方面论及了田本相研究曹禺的“双重记忆”。宋宝珍研究员在论文《寻踪觅迹，终得真谛——试论田本相及其曹禺戏剧研究》中系统分析了田本相一系列曹禺研究成果的形成、其研究方法、主要学术观点以及重要学术贡献等内容，对于田本相在学术研究中所运用的访谈调研、文本阐释、比较艺术学、文化现象学等批评方法做了理论性的总结和概括。中国传媒大学的周靖波教授认为：田本相以宽广的学术视野和精微的艺术敏感对曹禺创作进行了到他为止最为深入、最为细致的开掘。在曹禺研究历史上，田本相是一个承前启后或为枢纽式的人物。本次会议，他选择了田本相《曹禺剧作论》这本书进行深度解读。

在与实践相结合的学术探讨中，王晓鹰从创作的角度，借用童道明老师《向曹禺前进》中的话语，强调了曹禺以人为本的人道主义基点。他详细讲解了自己突破严格的写实主义传统，在舞台上让《雷雨》中人物来表达情感深处的复杂内涵，排演出了一部突破写实时空，用假定性手法在舞台演出中创造诗意化效果的《雷雨》，并阐释了他的剧作中删去鲁大海这一人物的原因所在。正值演出中的北京人民艺术剧院演员王斑在演出《雷雨》前特地来到会议现场，结合他所塑造的曹禺剧作中的角色，发表了自己在角色塑造上的经历和心得，以及北京人民艺术剧院作为一个现实主义演剧风格的剧院，是如何追求人物形象的真实、生活细节的细腻以及感同身受的真切表达。浙江越秀外国语学院文学院院长刘家思教授在其论文《论曹禺戏剧的光色艺术及其剧场性追求》中提出，在曹禺的戏剧当中，真实精细的开放性光色是其光色使用的主要形态。他善于通过色调变化和光线强弱的对比组合，巧妙地把握和发挥光色变化的效能，进而优化戏剧效果，营造强烈的剧场性。中国社会科学院的陶庆梅研究员从独特的视角提出了戏剧的文本和戏剧的导表演之间关系的重要性，她认为，曹禺先生的现实主义戏剧创作对现代导演、表演艺术的舞台表现提出了挑战，在现代戏剧史中，曹禺的贡献不仅是他的戏剧文学作品，更在于他推动了现代戏剧的形成与发展。四川省人民艺术剧院院长罗鸿亮介绍了目前四川人艺新创排的话剧《家》，四川人艺还将围绕这台戏开辟一个院落，把充满巴蜀文人气质的话剧《家》中所描绘的陈设、环境、意境真实地在院落中呈现出来，让曹禺先生的《家》面向文旅市场，彰显巴蜀文人气质，以此向经典致敬并深切缅怀先贤曹禺。作为非职业院团代表的灯市口小学校长滕亚杰，在其发言中介绍了该校与曹禺的特殊缘分以及对教育的影响和该校以育人为本源的戏剧教育宗旨。她还以图片的形式展示了灯市口小学教师剧社演出的话剧《雷雨》。中国艺术研究院毛夫国副研究员在其论文《戏剧创作的困境与突围》中详细梳理了曹禺的文章《戏剧创作漫谈》发表后在学界逐渐引起关注的文化现象并进行了探析。中国艺术研究院话剧研究所张耀杰研究员则以《曹禺晚年的文艺思考》为题，介绍了曹禺晚年对文化艺术所进行的反思。

在大会总结中，宋宝珍研究员对本次研讨会的意义做出了全面总结，并对提交大会的论文做了逐篇评论。关于会议中专家多次谈及的：曹禺的《雷雨》《日出》《原野》《北京人》《家》五部重要剧作都是在 1949 年以前创作的，1949 年以后则鲜有大作诞生。宋宝珍研究员认为，彼时，曹禺的创作高峰期已过，行政工作繁多，曹禺将更多的精力投入北京人民艺术剧院的建设当中。戏剧是综合性的艺术，曹禺最重要的文化建构、文化成就是北京人民艺术剧院。他奠定了北京人艺的艺术姿态，奠定了北京人民艺术剧院的审美理想和艺术标准。他还制定了一整套北京人民艺术剧院的经营模式、出人出戏出经验的管理方法、保留剧目的巡演制度，以及完善的艺术档案管理制度。在学术上，田本相老师开辟了曹禺研究的路径，我们要继续努力走下去，“知之为知之，不知为不知”。我们做了很多文本研究，但是现在关于导演、关于表演、关于舞台呈现，还有很大的空间值得我们去开掘。北京人民艺术剧院副院长周彤表示：北京人艺将会把研讨会对曹禺的研究内容与一线演员进行交流，在理论上进一步深化北京人艺的演剧风格，让戏剧理论和戏剧实践紧密结合，创造出更加优秀的戏剧作品。作为深入曹禺研究的重要契机，本次“纪念曹禺先生诞辰 110 周年座谈会暨学术研讨会”充分展示了在话剧学术领域曹禺研究的真实状态，虽然时间有限，但学术争鸣的空间却十分宽广，显现了曹禺研究的新方向、新态势。深度多元的交流与对话，深化了曹禺研究的具体问题，孕育了曹禺研究的崭新突破，并提出了具有进一步研讨价值的新命题，为今后增进交流、加强合作，繁荣曹禺学术研究奠定了基础。

原载《新剧本》2020 年第 5 期

【观点】纪念曹禺，重温不朽戏剧精神

◎ 王可然　天蓝

2020 年是戏剧大师曹禺诞辰 110 周年，央华戏剧与保利剧院、戏剧东城、北京师范大学中国话剧优秀传统文化传承基地一起，举办了一次特殊的纪念活动“曹禺诞辰 110 周年特别行动”，活动的全称为——“戏剧人在戏剧中”之“用自己的职业关注自己的人生”。在新冠肺炎疫情得到有效防控，文化产业逐步恢复的契机下，举办这样一个戏剧活动，不仅仅是一次特殊的纪念，也是连接时代与当下的一次机会。致敬经典，对话当下，是曹禺先生在这样一个特殊的年份带给我们的机遇。

告别了剧场 180 余天，当我们第一时间将纪念“曹禺诞辰 110 周年特别行动”提上日程之时，原本两三个月才能完成的任务，如今却以倒计时的方式往前推进着。因为大家知道这个时间能坐在剧场里对观众来说是多么的珍贵。这么一场纪念活动，不仅是纪念，也是在告诉大家：“戏剧回来了。”

爱因斯坦说：“热爱是最好的老师”，曹禺曾说他一生的成就从这句话中得益最多。这同样也是我们的信条，因为热爱，所以做戏。作为戏剧人，不因浮华的杂音而改变定力，也不因灾难的重重压力而奔走哭号。我们通过做戏表达对生活和灾难的态度，证明这个职业的价值和存在的意义。长期以来，央华戏剧建立起的专业实力与素养，在疫情期间没有削弱，我们时刻为恢复演出进行着准备。

本次活动的创作与排演工作几乎是在两天的时间里组织起来的，很多演员、剧组成员特意协调了其他活动从外地赶回北京，仅用了 10 天时间就将这台特殊的作品搬上舞台。这场活动由张越担任主持人，曹禺之女万方担任文学顾问。我们将曹禺的《日出》《北京人》《原野》《雷雨》片段，以及由央

华出品、万方女士编剧的《冬之旅》《新原野》片段进行重新编排，配以现场乐队和演唱，以年轻演员和万方的对话为演出进行串联，央华大戏《犹太城》主题曲《春天》收尾。这些作品表现了不同时代、不同人群的困境和理想，意图给经过疫情的人们带去更多的思考。

根据北京市疫情防控的规定，当时剧场只能保持 30% 的上座率，所以活动采取线下观看和线上直播同时进行的方式推出，这是演出最大的难点。为了适应线上直播演出的新模式，团队在创作中为每个片段设计了不同的舞台呈现方案，灯光、服装、多媒体影像、音乐等方方面面细节都做到了兼顾现场与线上，直播摄像采用了 10 个机位同时进行，堪比大型晚会的制作标准。这样的全新演出模式也对演员提出了更高的要求，需要在近距离的镜头和远距离的现场观演中平衡拿捏表演的分寸与技巧，团队甚至为了音响效果全部测试了剧场每个开放座位的听觉体验。

这是我们首次尝试线上直播，我一开始并不确定这种尝试能否体现话剧不同于影视剧的特有的现场性与互动性，也不确定直播的效果能否让观众感受到现场的诗意。但我知道，既然在这个时代，线上观看是绝大多数人的选择，那么我就要用这种方式让人看到剧场的魅力，而从直播数据显示出的 2400 余万的实时观看量以及 5000 余万的回看浏览量，证明直播是成功的。

此次活动也是 2020 年国内纪念曹禺诞辰 110 周年的第一个大型纪念行动。我们也在问自己，究竟该如何去纪念曹禺？把他的作品搬出来演一遍，就算纪念了吗？我始终觉得活动中需要一个更符合当下观众的形式。比如创造一个环境，让年轻人有机会直接和经典对话，以此排除他们以往有可能对戏剧存在的隔阂和误会。让年轻人去对曹禺作品提问题，在问题中展现当代人与曹禺作品间某种具有生命力的联系。这样，我们便将探讨曹禺作品与当下人的关系作为出发点，通过对话，来寻找到某种共鸣，使整个活动呈现的效果更有力量。这就引出了另一个话题，即曹禺的经典性和当下社会以及广大的年轻一代到底是怎样的关系？它甚至衍生出更大的话题——戏剧在这个时代到底有着什么意义？

万方女士曾说，曹禺之所以一直令人怀念，最主要是因为他的作品在舞台上经久不衰，他对人、对人性有极深的洞察。对这次特别行动中的六个戏剧场景，万方亲自进行了挑选。她挑选那些片段的依据是“爱、希望和信心”三个主题。短短的六段小戏，饱含了对人生的希冀、对命运的抗争、对生命的热情以及面对困境的坚韧。这对现今所有经历过疫情的人们而言，比以前更加具有意义。戏剧之所以能活着，是因为它和当下的、过去的、未来的人都有关系；戏剧经典性的意义，在于它有着核心生命力，能够跨越时代，撞击当下人的心灵。

而纪念曹禺诞辰 110 周年特别行动，只是我们今年向曹禺致敬的开幕礼。2020 年 9 月直到 2020 年年底，央华还将联合保利剧院，陆续推出曹禺的《北京人》、万方的《新原野》，以及二人作品组成的连台大戏《雷雨》和《雷雨・后》，以此形成纪念曹禺诞辰 110 周年演出季，将纪念活动推向高潮。

这次特别行动的主持人张越有一句主持词说得很好：“我们是以戏剧前辈的作品，观照我们自己的生命。纪念曹禺就是纪念蓬勃发展的中国戏剧和时代的关系、和人性的关系，它是我们这个职业在这个时代的立足点。”所以，我们既然选择做戏剧，就是在用我们的职业告诉这个世界，我们在职业中活着，我们依旧用职业爱着这个时代、体察着这个时代。我想这也是当年曹禺做戏的原因，也是观众几十年如一日喜欢他的原因。在剧场重启后，央华舞台作品以最强的阵容、最富感染力的方式复出，这就是戏剧真实的力量。我们就是要通过致敬经典与更多的观众发生共鸣——戏剧与时代密不可分，它是当下人在时代中的律动。

原载《新剧本》2020 年第 5 期

作品

【话剧《二月》】

2020年1月15日至22日，由国家大剧院制作出品的话剧《二月》在国家大剧院戏剧场进行首轮演出。该剧由李六乙编剧、执导。剧目讲述了20世纪20年代中期，青年知识分子萧涧秋应校长陶慕侃之邀来芙蓉镇教书。他渴望在这里过上平静的生活。因同学北伐牺牲，留下一双儿女和寡妻文嫂艰难度日，萧涧秋全力资助他们。同时，校长之妹陶岚与萧涧秋互生爱意。文嫂因儿子去世悲痛欲绝，萧涧秋决定娶文嫂为妻。芙蓉镇上的非难和流言不断，文嫂结束自己的生命。萧涧秋决意离开芙蓉镇。

【话剧《我爱桃花》】

2020年1月16日至22日，由上海话剧艺术中心制作出品的话剧《我爱桃花》在上海话剧艺术中心演出。该剧是2020年上话大剧场的开年之作。由邹静之编剧，何念、杨皓宇执导。剧目取材于明代崇祯年间刊行的拟话本小说集《型世言》，打破了叙事空间和时间的限制，以戏中戏的形式讲述了一个剧组在排练中牵扯出的穿越千年难以解决的两性情感纠葛。

【话剧《致勇气》】

2020年5月20日，由广东省文化和旅游厅策划出品、广东省艺术研究所制作的抗疫题材原创话剧《致勇气》在广州友谊剧院首演。该剧由牟森总叙事、总执导。剧目以抗疫过程中的重大事件、重要节点和关键转折为经，勾勒了人类与病毒赛跑的时间脉络；以疫情蔓延下的各行各业各人群为纬，描绘出全社会齐心抗疫的画卷；以疫情下的中国遭遇、中国决策、中国速度、中国态度、中国经验、中国战果为着眼点，书写了全球战“疫”中的中国力量。

【话剧《红箭　红箭》】

2020年5月28日至31日，由西安话剧院制作出品的话剧《红箭　红箭》在西安新城剧院进行首轮演出。该剧由阿莹编剧，孙超执导。剧目讲述了20世纪90年代初，在中国现代化军事工业建设过程中，秦岭深处有一批军工人做出了卓越贡献。主人公周大军是秦岭厂的总工程师，承担着“红箭”反坦克导弹的研制任务。他的爱人刘娟刚刚怀孕，却在一次导弹试验中意外牺牲。周大军忍痛安葬了爱人，又重振精神继续投入“红箭”导弹的试验中去。在此过程中，深爱他的同学罗安丽对他高薪邀约，但两个人在人生抉择上产生了分歧。后来导弹试验出现危险故障，周大军面对人工拆弹的生死考验，罗安丽挺身相助，期望能唤回爱情。但无论怎样的艰难险阻，都没能改变周大军对事业和对国家的无限忠诚。

【话剧《战“疫”2020》】

2020年6月5日，由广州市文化广电旅游局和中共天河区委宣传部出品，广东省演出有限公司、广州文学艺术创作研究院创作的话剧《战“疫”2020》在广东艺术剧院首演。该剧是全国首部邀请援鄂医疗队员参与演绎的现实主义题材话剧，由吴国珊和罗丽编剧，王佳纳执导。剧目讲述了2020年年初，武汉医院急诊室人满为患，青年医生郝帅等医护人员忙于抢救病人；郝帅的妻子、武汉某街道办事处书记马雅丽等基层干部劝回了一拨拨赶在“封城令”生效前出城的民众；广东省医疗队除夕夜连夜奔赴武汉支援；曾经历“非典”的丁穗兰再次走上了抗疫第一线，年轻医生纷纷报名支援。该剧以纪实的方式，展现了中国的抗疫之路。

【话剧《热干面之味》】

2020 年 6 月 12 日至 14 日，由上海话剧艺术中心制作出品的原创话剧《热干面之味》在上海话剧艺术中心·戏剧沙龙进行首轮演出。该剧由倪姗姗编剧，何念执导。剧目讲述了疫情期间，一对即将离婚的普通夫妻，意外遭遇武汉“封城”，被迫在家隔离同居 14 天的特殊日子里，每天低头不见抬头见的他们，不得不拾起往日的鸡毛蒜皮。借以探讨疫情所折射出的人与人之间的关系、人与社会之间的关系，反映人们在灾难中所面临的抉择和自我反省。

【话剧《护士日记》】

2020 年 6 月 13 日至 15 日，由上海戏剧学院和中共松江区委宣传部出品，上海戏剧学院演艺中心和松江区文化和旅游局制作的抗疫题材大型原创话剧《护士日记》在上海戏剧学院实验剧院进行首轮演出。该剧由陆军、袁香荷编剧，伊天夫执导。剧目讲述了在疫情发生的大背景下，某医学院护理专业学生董丽丽在家中偶然发现一本做护士长的母亲写下的日记，并以此为线索排查隔离对象的故事。

【话剧《深海》】

2020 年 6 月 14 日，由广东省话剧院全新创排，以“共和国勋章”获得者黄旭华为故事原型的大型话剧《深海》在广州友谊剧院首演。该剧由周振天编剧，黄定山执导。剧目讲述了“苦干惊天动地事，甘当隐姓埋名人”的黄旭华，在历经抗战逃难、新中国成立前夕地下工作险境、接受核潜艇任务后突然面临苏联专家撤走、“文革”落难、30 年难以回老家探母等一系列坎坷磨难后，始终咬紧牙关，矢志不渝，终将中国的第一艘核潜艇送下水的故事。

【话剧《董其昌》】

2020 年 6 月 23 日，由上海市松江区人民政府和上海戏剧学院出品的大型历史话剧《董其昌》在上海戏剧学院首演。该剧由陆军、肖留编剧，徐伟执导。剧目中，明代画家董其昌晚年突然不惜重金购买自己以前的画作，这一举措不仅引来挚友陈继儒等的疑虑，更令他的家人无法接受。董其昌与挚友、学生、家人等通过戏剧冲突与心理独白，呈现了不同价值观、艺术观和命运际遇的冲撞，引出一段悲喜交加的艺术与人生传奇。

【话剧《生死 24 小时》】

2020 年 7 月 3 日，由中共天津市委宣传部、天津北方演艺集团出品的抗疫题材话剧《生死 24 小时》在天津市光华剧院首演。该剧由王伯男编剧，钟海执导。剧目根据天津市成功处置歌诗达·赛琳娜号邮轮疫情的真实事件创作完成，再现了新冠肺炎疫情之下，这场从迎战到决胜仅仅用了 24 个小时的津沽抗疫“保卫战”。

【话剧《鸽子》】

2020 年 7 月 7 日至 8 日，由南京市话剧团创排的原创抗疫话剧《鸽子》在江苏大剧院进行首轮演出。该剧由王宏编剧，胡宗琪执导。该剧为江苏艺术基金 2020 年度理事会资助项目、2020 年江苏省舞台艺术精品创作扶持工程重点投入剧目。剧目以一只从南京往返武汉的鸽子视角，讲述两地普通家庭在疫情之下的生活百态，展现了人性的平凡与伟大。8 名江苏援鄂医疗队员作为"特邀演员"参与了该剧的演出。

【话剧《因为有你》】

2020 年 7 月 31 日至 8 月 1 日，由江苏省演艺集团和江苏省卫生健康委员会出品的原创抗疫题材话剧《因为有你》在南京紫金大戏院进行首轮演出。该剧为文化和旅游部全国抗疫题材重点舞台项目及江苏省艺术基金 2020 年度理事会资助项目。由解涛编剧，李伯男执导。剧目讲述了疫情暴发后江苏援鄂医疗队、武汉社区工作者的抗疫故事，串联起武汉、南京同饮一江水的情谊。剧中很多情节都是根据真人真事改编，较大程度上还原了细节。

【话剧《朝天宫下》】

2020 年 7 月 31 日至 8 月 1 日，由江苏大剧院出品的原创话剧《朝天宫下》在江苏大剧院进行首轮演出。该剧由章剑华编剧，蔡向亮执导。剧目取材于故宫博物院南迁过程中在南京朝天宫发生的故事。全剧共分为四幕，讲述的是 1937 年 12 月 13 日，南京沦陷，存放在南京朝天宫地下文物库房的部分故宫南迁文物危在旦夕，在此危急关头，故宫人与日本侵略者斗智斗勇，进行文化较量与文化抗争，终于使日本侵略军掠夺故宫文物的企图成为泡影，中华国宝得以保全的故事。

【话剧《洋麻将》】

2020 年 8 月 8 日至 20 日，由北京人民艺术剧院制作出品的话剧《洋麻将》在北京人民艺术剧院演出。该剧由美国人 D.L. 柯培恩编剧，唐烨执导。该剧于 1976 年在美国首演，1985 年在中国首演，2020 版《洋麻将》为北京人民艺术剧院疫情后复工复产正式演出的首部作品。剧目讲述了两名历尽人生坎坷，被社会、家人遗弃的孤寡老人在一家养老院内玩纸牌排遣郁闷的故事，揭示了功利社会中人与人之间的淡漠关系。

【儿童剧《小美人鱼》】

2020 年 8 月 15 日至 16 日，由广东省演出有限公司制作出品的儿童剧《小美人鱼》在广东艺术剧院进行首轮演出。该剧由王秋月编剧，王佳纳执导。剧目改编自安徒生童话《海的女儿》，运用穿越这一现代元素，让现实世界的孩子进入遥远神奇的海底世界，以他们的视角目睹并参与小美人鱼凄美的爱情故事，从而赋予这一童话经典以新的时代和现实意义。

【话剧《至少还有我》】

2020 年 8 月 20 日至 23 日、8 月 27 日至 30 日，由四川人民艺术剧院有限责任公司出品的话剧《至少还有我》在成都黑螺艺术空间进行首轮演出。该剧由余毅、赵寻、朱天天、周南村、秦琨、庞越编剧，朱天天执导。为四川人民艺术剧院复工后的首演剧目。剧目邀请多名编剧参与，最终形成了 6 段个性迥异的片段。讲述了 6 个普通人的抗疫故事，分别为："一束光""罐头""两万分之七""诊断书""朕的天下"和"最后一战"，6 个故事分别对应了在武汉被隔离的话剧演员、物资匮乏的西昌母女、负责基层防疫工作的社区书记、疑似感染虚惊一场的公务员、被隔离的宠物猫和即将退休却决定前往武汉援助的老医生。

【话剧《阳光下的葡萄干》】

2020 年 9 月 1 日至 15 日，由北京人民艺术剧院制作出品的话剧《阳光下的葡萄干》在北京人民艺术剧院进行首轮演出。该剧由美国人洛伦·汉斯贝瑞编剧，英达执导。该剧为北京人民艺术剧院 2020 年度首部新戏。讲述了一家非裔美国贫民在获取了保险金突然能够改变生存境遇后，所面临的挣扎与选择，以及他们用信心和梦想面对未来的故事。

【话剧《抗疫 12 小时》】

2020 年 9 月 4 日至 6 日，由北京市朝阳区新时代文明实践中心出品的北京市首部抗疫题材话剧《抗疫 12 小时》在北京二十一世纪剧院进行首轮演出。该剧由谢文萍等编剧，陈兵执导，剧目以北京市朝阳区真实抗疫事件为原型，讲述了朝阳区抗疫工作者分流隔离俄航 408 名乘客（含 4 名新冠病毒密切接触者），严防病毒扩散，保护了人民群众生命安全的故事。

【话剧《张富清》】

2020 年 9 月 7 日，由陕西铭晟话剧艺术团有限公司出品的话剧《张富清》在陕西省西安市西航剧场首演。该剧为中共陕西省委宣传部 2020 年度重大文化精品项目，同时被陕西省文化和旅游厅、省财政厅列入 2020 年度陕西省艺术创作资助项目。由王小康编剧，刘远执导。剧目讲述了张富清在革命战争年代不怕牺牲，献身人民解放事业，立下累累战功的英雄事迹，以及退役转业后，坚决服从组织分配，到艰苦地方工作，在平凡的岗位上始终坚守为人民服务的初心、默默奉献的故事，表现了一名优秀共产党员的崇高品质。

【话剧《紧急救援》】

2020 年 9 月 9 日至 10 日，由中国煤矿文工团排演的原创小剧场话剧《紧急救援》在北京市鼓楼西剧场进行首轮演出。该剧由原子淇、周维嘉编剧，苏小玎执导。剧目取材于一次真实的石膏矿垮塌事故，讲述了矿难事故后，被困矿下的 4 名矿工在艰苦的环境下，在生命的最后关头互相完成矿友们的梦想，最终自救成功的故事。故事的另外一条线索是：矿洞外面还有 3 名救援队队员组成的救援队对他们进行紧张施救，地上地下，形成两个鲜明对比的场景，完成了一次惊心动魄的紧急救援。

【话剧《大山壮歌》】

2020 年 9 月 10 日，由中共南宁市委宣传部、南宁市文化广电和旅游局出品的话剧《大山壮歌》在广西文化艺术中心首演。《大山壮歌》剧本作为广西壮族自治区唯一入选剧本，获得 2017 年文化部剧本扶持工程“征集新创剧目”戏剧类项目扶持。剧目还相继入选了文化和旅游部全国舞台艺术现实题材创作作品计划、广西壮族自治区 2018—2021 年度重点剧目。该剧由徐志和编剧，胡筱坪执导。剧目讲述了驻村第一书记王佳年到地处大石山区的壮族村落龙古寨开展扶贫工作，以发展金银花合作社为突破口，带领村民齐心协力克服困难，迎来龙古寨新生的故事。

【话剧《逆行》】

2020年9月10日，由武汉人民艺术剧院创排的大型原创抗疫题材话剧《逆行》在武汉市中南剧场大剧场首演。该剧由赵瑞泰编剧，王晓鹰执导。剧目以武汉医院呼吸内科主任刘宇先身患绝症仍坚持与病魔斗争抢救生命的“逆行”为主线，通过刘宇先及其老师江凌云以及外卖小哥陈汉生三家人在疫情中的情感故事，全景展现了武汉人民在抗疫中的巨大付出和牺牲，歌颂了战“疫”英雄的无畏与大爱。

【儿童剧《火印》】

2020年9月10日至12日，由西安儿童艺术剧院创排的儿童剧《火印》在西安人民剧院进行首轮演出。该剧改编自国际安徒生奖获得者、儿童文学作家曹文轩的同名小说。由薛梅编剧，王筱頔执导。剧目以抗日战争时期的北方草原为背景，讲述了一匹叫作雪儿的马和它的主人坡娃之间感人至深的故事。

【话剧《深渊》】

2020年9月17日至27日，由上海话剧艺术中心制作出品的原创悬疑话剧《深渊》在上海话剧艺术中心艺术剧院进行首轮演出。该剧由肖诗瑶、倪姗姗编剧，何念执导。剧目围绕一对怪异的母女展开，随着一段被掩盖了多年的真相逐渐浮现出水面，一场新的谋杀也在暗中酝酿。

【话剧《春逝》】

2020年9月19日至20日，由北京天桥艺术中心、话剧九人出品的话剧《春逝》在北京市天桥艺术中心进行首轮演出。该剧由朱虹璇编剧、执导。剧目讲述了“物理双姝”的相逢、相知、相惜，及乱世中物理所三人组在理想与现实中的取舍。

【话剧《十四天》】

2020年9月21日，由北京演艺集团出品、北京儿童艺术剧院创作演出的话剧《十四天》在北京儿童艺术剧场首演。该剧由王炳燃、沈力行、苗九龄编剧，王炳燃、孙博、沈力行执导。剧目通过聚焦疫情下的民众生活进行创作，以平凡人的方式讲述在大事件下，普通人物的家国情怀和情感故事，呈现疫情下的生活百态，表现每个人对希望之光的坚守与感悟。

【话剧《孔子》】

2020年9月28日至29日，由山东省文化和旅游厅出品、山东省话剧院排演的话剧《孔子》在山东省会文化艺术中心大剧院进行首轮演出。该剧从2017年开始策划，历时三年创作，五易其稿。由龚应恬、张华编剧，张继钢执导。剧目分为“君子”“进退”“为政”“去国”“见南子”“困境”“渡河”“彼岸”八幕，艺术地再现了2500余年前的历史背景与孔子的一生。

【话剧《上甘岭》】

2020年10月1日，由大麦Mailive联合北京巨龙世纪文化艺术有限公司、仙童国际戏剧文化（北京）有限公司、北京保利剧院管理有限公司等出品的原创话剧《上甘岭》在上海保利大剧院首演。该剧由黄宏、庄一编剧，李任执导。剧目以上甘岭战役中的坑道为主场景，讲述了炊事班长老马、学生气质的女卫生员、被俘虏的美国伤员以及钢铁意志的志愿军战士，面对敌人猛烈的炮火攻击，在断粮断水、弹药缺乏、与组织失去联络的狭小坑道内坚守的故事。

【儿童剧《听见梦想》】

2020 年 10 月 1 日至 15 日，由中国儿童艺术剧院制作出品的儿童剧《听见梦想》在中国儿童艺术剧院假日经典小剧场进行首轮演出。该剧由傅玲编剧，赵宇执导。剧目讲述了开盲人按摩室的爸爸和梦想学习钢琴调律的女儿轩轩，如何在两难抉择中最终选择呵护亲情与追逐梦想的故事，真实反映了视障群体的内心世界。

【话剧《那拉提恋歌》】

2020 年 10 月 3 日至 7 日，由中国国家话剧院制作出品的原创话剧《那拉提恋歌》在国家话剧院剧场进行首轮演出。该剧由王宝社编剧和执导，为中国国家话剧院复工复产后推出的首部新创剧目。剧目聚焦对口援疆、脱贫攻坚等话题，讲述了一场由“离婚大战”引发的援疆医生与牧民之间的错位幽默，折射出援疆干部群体的时代精神和人性光辉，展示了新疆社会稳定的局势、人民安居乐业的幸福生活。

【话剧《春满铜城》】

2020 年 10 月 12 日，由中共铜川市委宣传部、中共铜川市委文明办、铜川市文化和旅游局等出品，陕西实验话剧院、陕西华原文化产业投资发展有限公司演出的原创话剧《春满铜城》在铜川工人文化宫首演。该剧为第九届陕西省艺术节参评剧目，由蒋演编剧，仝斌执导。剧目取材于被赞誉为“好人之城”铜川的真实故事，以铜川市 36 人（群体）登上“中国好人榜”，2 人获全国道德模范为创作素材，聚焦脱贫攻坚、新农村建设、大学生创业等话题，折射出新时代农民的时代精神和道德光辉。

【话剧《十字街头》】

2020 年 10 月 17 日至 25 日，由国家大剧院制作出品的话剧《十字街头》在国家大剧院小剧场进行首轮演出。该剧根据 1937 年中国电影史上经典同名之作、沈西苓导演影片《十字街头》改编而成。由黄盈、徐蔚昕编剧，黄盈执导。剧目运用电影画面与戏剧舞台真人表演有机融合的导演手法，在打开特定历史时期民族历史记忆的同时，又以间离方式展开思辨、开放的现实论题；试图表达每一代青年都会面临他们自己的挑战，都需要与命运抗争、克服一切困难、拥抱希望。

【话剧《被嫌弃的松子的一生》】

2020 年 10 月 23 日，由北京保利票务发展有限公司、北京反掌娱乐文化传媒有限公司出品的话剧《被嫌弃的松子的一生》在上海东方艺术中心首演并开启全国巡演。该剧由唐夏娃编剧，赵淼执导，剧目改编自日本作家山田宗树的同名长篇小说，展现女主人公遭受悲剧命运却仍积极向上、永不妥协的生活态度。

【话剧《赵盼儿风月救风尘》】

2020年11月3日至7日，由上海蝶魄文化传媒有限公司、上海汐梦文化传媒有限公司、上海翠湖文化发展有限公司等出品，上海汇昌文化传播有限公司制作的话剧《赵盼儿风月救风尘》在上海话剧艺术中心·戏剧沙龙进行首轮演出。该剧改编自关汉卿元杂剧的剧目，由法国人卢逸凡执导，龙平、敬鸿章改编。剧目讲述了汴梁歌姬宋引章，不顾与秀才安秀实的婚约，轻信富家子弟周舍并嫁给了他，婚后遭遇周舍毒打，书信求救姐妹赵盼儿。赵盼儿巧用计谋，从周舍手中骗得休书，成功解救了宋引章的故事。

【话剧《人民至上》】

2020年11月4日，由中国国家话剧院出品、演出的首部抗疫题材原创话剧《人民至上》在国家话剧院剧场首演。该剧由刘金妮编剧，李伯男执导。剧目以抗击新冠肺炎疫情为故事背景，从医生、护士、患者、记者、志愿者等各个角度，全景展示了疫情背后的生命之光。

【话剧《胡同里的他俩》】

2020年11月4日至8日，北京风雷京剧团、风入松剧社出品的话剧《胡同里的他俩》在北京市天桥艺术中心小剧场进行首轮演出。该剧为2019年北京文化艺术基金资助项目、北京西城区文化艺术创作扶持项目，由松岩编剧，松天硕执导。剧目讲述了北京南城胡同里生活的一对老夫妻，在回忆以前的生活经历，感受现代都市生活节奏的同时，也诉说出了他们内心对事业和生活的纠结，以及对国家文化传承的向往。

【话剧《基督山伯爵》】

2020年11月10日至18日，由国家大剧院制作的话剧《基督山伯爵》在国家大剧院戏剧场进行首轮演出。该剧由喻荣军编剧，王晓鹰执导。剧目讲述了一位名叫爱德蒙·邓蒂斯的水手，因受到陷害被关进了伊夫堡监狱，在那里他遇到了睿智善良的神父法利亚，并在神父的帮助下脱胎换骨逃出监狱，最终化身为基督山伯爵展开复仇的传奇故事。

【话剧《社区居委会》】

2020年11月11日至22日，由北京人民艺术剧院制作出品的年度抗疫话剧《社区居委会》在北京人民艺术剧院首都剧场进行首轮演出。该剧由李龙吟编剧，任鸣、唐烨执导。剧目讲述了在遭遇突如其来的疫情后，北京一个普通的社区居委会里所有工作人员从严冬到初夏，在每一天琐碎的抗疫日常中，与社区居民们经历的不平凡的抗疫之路。

【话剧《作家在地狱》】

2020年11月12日至22日，由上海话剧艺术中心制作出品的话剧《作家在地狱》在上海话剧艺术中心·D6空间进行首轮演出。该剧由韩丹妮编剧，马远执导。剧目以20世纪30年代的上海滩为背景，从狱卒曹汉民的视角，讲述了中国“左联五烈士”中唯一的女性青年冯铿烈士，在生活的苦闷和事业的迷茫中找到了信仰、坚定了方向，在实现伟大理想的道路上不畏生死、努力奋斗的故事。

【话剧《村里新来的年轻人》】

2020 年 11 月 18 日至 22 日，由中国国家话剧院出品、演出的扶贫题材原创话剧《村里新来的年轻人》在国家话剧院剧场进行首轮演出。该剧由蒲逊编剧，刘丹执导。剧目以年轻扶贫干部孙倩倩和村民相互理解和共同成长为主线，通过小切口反映大主题。讲述了以小人物反映大时代，艺术化地呈现了青年扶贫干部带领群众奋斗拼搏的故事。

【话剧《情系贺兰》】

2020 年 11 月 19 日至 22 日，由银川市文化旅游广电局和中国煤矿文工团联合创排的大型原创话剧《情系贺兰》在北京二七剧场首演。该剧由陈鹏、费守疆编剧，徐涛执导。剧目讲述了宁夏回族自治区西海固人民在党的政策支持下实现脱贫的故事。

【话剧《守望》】

2020 年 11 月 19 日，由山东艺术学院出品的话剧《守望》在山东艺术学院长清校区圆形剧场首演。该剧由王超编剧，黄港、董亮执导。剧目以“时代楷模”王继才及妻子王仕花坚守开山岛 32 年的真实事件为创作素材，讲述了夫妇二人以岛为家、依岛而生的守岛之路。

【话剧《路遥》】

2020 年 12 月 8 日，由陕西省纪委监委、中共陕西省委宣传部、中国方正出版社等出品的话剧《路遥》在西安话剧院新城剧场首演。该剧由唐栋编剧，傅勇凡执导。剧目以作家路遥为主人公，用现实生活与文学艺术相结合、多重空间交错展示的叙事手法，讲述了路遥坎坷而又不平凡的一生。

【话剧《晋文公》】

2020 年 12 月 12 日至 13 日，由太原市话剧团创排的原创历史话剧《晋文公》在山西大剧院进行首轮演出。该剧由杨昕巍、龚丽莉编剧，杨昕巍执导。剧目讲述了春秋五霸之一晋文公的人生传奇。

【童话剧《萤火虫姐弟历险记》】

2020 年 12 月 19 日至 2021 年 1 月 3 日，由中国儿童艺术剧院创排的现实题材童话剧《萤火虫姐弟历险记》在中国儿童剧场进行首轮演出。该剧由冯俐编剧，毛尔南执导。剧目内容为：城市里的几个孩子放生了一只萤火虫，在生命的最后时刻，萤火虫生下了宝宝，而在被污染的城市里，只有萤火虫小姐姐和小弟弟侥幸活了下来。它们顽强地生存，对抗天敌，向新的朋友回报友爱。而放生了萤火虫的孩子从此多了一份牵挂，在寻找萤火虫的路上，不断认识自然，改变自己，成为守护自然的未来主人。

【话剧《雷雨》《雷雨·后》】

2020年12月23日至27日，由北京央华时代文化发展有限公司、北京保利剧院管理有限公司制作出品的话剧《雷雨》《雷雨·后》在北京保利剧院进行首轮演出。该剧由曹禺、万方编剧，法国人埃里克·拉卡斯卡德执导。该剧讲述了《雷雨》的故事，以及《雷雨》发生的10余年后，以三名幸存下来的老人视角，对《雷雨》那夜以及青春进行了回忆，祈求得到原谅，与自我和解的故事。

【话剧《我的理想生活》】

2020年12月29日至30日，由北京市演出有限责任公司制作出品的话剧《我的理想生活》在北京市天桥艺术中心进行首轮演出。该剧由梧桐编剧及执导。剧目以老舍先生的生平轨迹为脉络，以相关作品发表的先后顺序为纵轴，由3名当代青年以不同身份化身老舍，讲述原著，扮演剧中人，把散文《我的理想家庭》、中篇小说《月牙儿》、短篇小说《老年的浪漫》、短篇小说《善人》、长篇小说《骆驼祥子》和独幕剧《火车上的威风》6部作品以原文剪辑的方式呈现。

纪事

戏剧节·展演

【爱心汇“剧”、云中送福——欢庆“六一”线上嘉年华】

2020年5月31日，由中国儿童艺术剧院、中央电视台少儿频道等举办的爱心汇“剧”、云中送福——欢庆“六一”线上嘉年华在中国儿童艺术剧院抖音号和多家平台同步播出，包括戏剧奇妙夜、明星送祝福、爱心云传递、线上汇歌声四部分内容，汇聚具有各地艺术特色的剧目片段。如京味儿十足的《宝船》、讲述上海孩子身边事的《那山有片粉色的云》、发生在东海的传说《哪吒“闹”海》、天津经典的卡通角色《梦娃》等。此外，中国儿童艺术剧院等7家院团共准备了7000张“爱心公益票”，送给医务工作者子女，杭州市儿童福利院、北京市丰台区儿童福利院的孩子们，以及参加线上嘉年华活动的观众。

【北京人民艺术剧院68周年院庆纪念演出】

2020年6月12日，北京人民艺术剧院在首都剧场举办建院68周年纪念演出，现场没有观众，通过网络直播。蓝天野、濮存昕、冯远征、吴刚、胡军、王斑、陈小艺等30名演员，演绎了《雷雨》《哈姆雷特》《骆驼祥子》《北京人》《莲花》《日出》《哗变》《家》《蔡文姬》等16个经典剧目片段。68周年院庆演出，打破了正式演出版本的原班阵容，既有相同剧目的不同演出阵容，又有同一段演出中不同版本的老、中、青跨代同台，体现了北京人民艺术剧院代代相传、薪火不断的艺术精神。

【西安第二届青年戏剧作品展演】

2020年6月12日，由西演LIVE主办的“西安第二届青年戏剧作品展演”在西安曲江创意谷展演中心开幕，展演期间，多个古城艺术院团、戏剧工作室，带来各类戏剧作品，包括西演LIVE·艺术创作中心自制剧目《一座城池》《我不是李白》等，西演LIVE·初相遇戏剧工作室剧目《初相遇》《不舍》《因为单身的缘故》等，儿童剧《我们是秦俑》《二十四个奶奶》《风筝》《唐诗雅逸·游子吟》等。此次展演启动发布会上，西演LIVE·艺术创作中心正式亮相，该中心目前下设戏剧、音乐、舞蹈、戏曲四大板块，专注于生产精良的自制演出内容。此外，本届展演中，戏剧公开课、工作坊等主题活动也陆续举行。

【2020·南京戏剧节】

2020年6月18日至12月，由中共南京市委宣传部、南京市文化和旅游局、北京保利剧院管理有限公司主办，南京保利大剧院管理有限公司、南京蓝色天际文化传媒有限公司承办的“2020·南京戏剧节”在江苏省南京市举行。本届戏剧节延续“最好的青春·遇见戏剧”主题活动，邀请秋季入学新生观看大学生涯的第一场戏，为初入大学的新生打开戏剧之门。

本届戏剧节演出剧目有陕西人民艺术剧院版话剧《白鹿原》；倪大红、史可主演《银锭桥》；东野圭吾作品改编《新参者》《虚无的十字架》，音乐剧《我的遗愿清单》；孟京辉导演的《琥珀》《恋爱的犀牛》；央华连台戏剧《雷雨》《雷雨·后》；上海话剧艺术中心的《东方快车谋杀案》《12个人》等。本次戏剧节还重启了喜剧单元，引进开心麻花系列喜剧《窗前不止明月光》《贼想得到你》；林兆华导演民俗喜剧《仲夏夜之梦》，音乐剧《隐婚男女》等。

【2020 第九届深圳儿童戏剧节】

2020 年 7 月 12 日至 12 月 18 日，由深圳市儿童戏剧研究会主办，深圳市童话艺术团承办的“2020 第九届深圳儿童戏剧节”在线上举行。

本届戏剧节利用互联网和新媒体的特点，采取“线上展播 云端观剧”的形式，让更多观众足不出户就能观看经典剧目。戏剧节汇集众多国内经典剧目：有武汉人民艺术剧院的儿童剧《尼尔斯骑鹅历险记》《少年孔丘》，浙江儿童艺术剧院的《花木兰》，济南儿童艺术剧院的儿童剧《宝贝儿》，青岛市话剧院的革命历史儿童剧《二小放牛郎》，天津市儿童艺术剧团的儿童剧《梦娃》《寻找海力布》与《西游记之三打白骨精》，哈尔滨儿童艺术剧院带来的儿童剧《水果部落梦想 +》《湖边飞来一只丹顶鹤》，西安儿童艺术剧院的儿童剧《我们是秦俑》，吉林儿童艺术剧院的《人参娃娃》，深圳童话艺术团《小飞侠》等。本届戏剧节还举办了儿童戏剧专家讲座、儿童戏剧编导培训班、戏剧研讨会等主题活动。

【2020 第 5 届西安儿童戏剧展演】

2020 年 7 月至 9 月，由西安曲江新区管理委员会、西安市文化和旅游局、西安演艺集团主办的“2020 第 5 届西安儿童戏剧展演”在陕西省西安市举行。该展演旨在建设和扩大让西北儿童了解世界，让世界了解陕西、西安的文化窗口，打造全国儿童戏剧展演知名品牌，建设以儿童戏剧展演为核心的常态化的儿童产业经济，助力当地文旅业态。

本届戏剧节汇集国内优秀剧目，开辟云戏剧单元。中国儿童艺术剧院《火光中的繁星》、浙江儿童艺术剧院《小贝的书柜》、青岛话剧院《愚公移山》、济南儿童艺术剧院《憨憨熊卖时间》、济宁艺术剧院《等你回家》以及西安儿童艺术剧院原创儿童剧《我们是秦俑》共 6 部经典儿童剧，以公益播放形式登上云端。此外，其他 6 大板块包括：剧场单元，发挥精品儿童剧积极向上的作用，让孩子沉浸在戏剧的海洋；户外单元，以综合性、互动性为主，让戏剧融入阳光，传播快乐；戏剧师资培训，推动中小学幼儿园戏剧教育培训；戏剧高峰论坛，汇集众多专家共同思考儿童剧的发展；戏剧下校园，让戏剧的种子在校园种植开花；分会场单元，跨越地域空间让西安儿童戏剧展演走向更多的孩子。

【2020 金刺猬大学生戏剧节（第十九届）】

2020 年 8 月 31 日，由北京戏剧家协会、北京市朝阳区文化和旅游局、北京市朝阳区文化馆主办的“2020 金刺猬大学生戏剧节（第十九届）”在线上举行。

本届戏剧节安排了 10 节网课，共同组成“校园戏剧人才培训班”板块，这一形式也是戏剧节自创立以来的首次尝试。培训班自 8 月 31 日至 9 月 4 日每天播出两节，面向公众免费开放。组委会还每天播出一部金刺猬大学生戏剧节历年优秀剧目的实况录像，供大学生观摩学习。9 月 6 日至 10 月 31 日，还在周末时段举办 5 场线上戏剧沙龙、剧社成员交流活动。此外，本届金刺猬大学生戏剧节不再举办线下展演活动，而是以剧本征集评奖的方式，为大学生提供展示戏剧创作成果的平台。

12 月 9 日，本届戏剧节 10 部优秀剧本评奖结果揭晓。包括河北传媒学院的《乐羊啜羹》、澳门大学的《苦尽甘来》、云南艺术学院的《高粱种植实用技术》、广州大学的《帕拉代斯》、南京传媒学院的《父亲的灯影戏》、牡丹江师范学院的《二十出头的北京》、中央戏剧学院的《生活真相》、北京化工大学的《锁心猿》、上海戏剧学院的《虎·生》和中国戏曲学院的《秀才与妻》。

【2020 北京喜剧周】

2020 年 9 月 2 日至 24 日，由北京市文学艺术界联合会、北京戏剧家协会主办，宽友（北京）文化交流有限公司承办的“2020 北京喜剧周”在线上举行。本届北京喜剧周共有 18 部剧目放映、3 场线上戏剧新探索及 1 场喜剧学术论坛。其中“精选戏剧单元”集中展示了近年来市场与口碑俱佳的话剧作品，包括以“北漂”视角讲述老北京大杂院喜怒哀乐的话剧《北京邻居》，老舍具有极强讽刺意味和现实意义的话剧《西望长安》，由“老舍专业户”方旭改编自老舍小说《离婚》的话剧《老李对爱的幻想》，展现东北人澎湃豪情和义气之风的话剧《祖传秘方》。“剧影改编单元”中的剧目都被改编过电影，包括《驴得水》《你好，疯子！》《如果，我不是我》《隐婚男女》。“新现场放映单元”则甄选出四部国际剧目，包括音乐剧《国王与我》《一个美国人在巴黎》和喜剧《认真的重要性》《理想丈夫》。喜剧学术论坛以“喜剧与观众如何联结”为主题，于 9 月 22 日在西区剧场通过直播的形式与观众见面。论坛围绕“快餐喜剧与剧院喜剧”“在线与在场，是矛盾还是统一？”等热门话题展开讨论。

此外，本届喜剧周还联合“培源·青年戏剧人才培养及剧目孵化平台”构建新型喜剧创作生态，从“培源平台”复评上榜剧本中遴选出两部具有喜剧元素的新创剧目《跪求评价，琉璃厂做的琉璃透亮么？》《春逝》进行线上创作孵化并计划将其线下演出纳入 2021 北京喜剧周精选戏剧作品单元。

【“2020 世界剧院北京论坛”开幕　世界剧院联盟正式成立】

2020 年 9 月 9 日，由国家大剧院主办的“2020 世界剧院北京论坛”在线上开幕。论坛主题为“疫情中的危机与机遇”，全球六大洲 27 个国家和地区 200 余名表演艺术机构的负责人线上线下齐聚，探索剧院运营新方法。

论坛期间，“世界剧院联盟”正式成立，来自 17 个国家和地区的 24 家表演艺术机构成为联盟创始成员。经过成员推举，选举出阿根廷科隆剧院、澳大利亚歌剧团、中国国家大剧院、德国柏林歌剧基金会、阿曼马斯喀特皇家歌剧院、西班牙马德里皇家歌剧院、英国皇家歌剧院 7 家机构作为联盟理事会成员。推选出中国国家大剧院院长王宁担任联盟主席，阿根廷科隆剧院院长玛丽亚·维多利亚·阿尔卡拉斯、德国柏林歌剧基金会总经理乔治·费尔特哈勒、英国皇家歌剧院首席执行官阿莱克斯·比尔德担任联盟副主席。

世界剧院联盟以开放包容、相互尊重、平等合作、互惠互利为原则，以共建世界剧院命运共同体为目标。旨在搭建开放多边的交流平台，便利成员间开展互惠合作：加强联盟成员间的经验分享、互助互利；开展非政府间的、区域性的机构交流；尊重并鼓励具有民族、区域特色的优秀表演艺术的发展，促进文化多样性发展；促进科技与表演艺术融合发展。世界剧院联盟的常设办事机构为秘书处，秘书处设于中国国家大剧院。

【第七届武汉国际戏剧演出季】

2020 年至 9 月 22 日至 12 月 31 日，由武汉市文化和旅游局、中国话剧协会主办，武汉人民艺术剧院、中南剧场承办的“第七届武汉国际戏剧演出季”在湖北省武汉市举行。演出季演出活动分为 4 个板块，分别是优秀剧目展、户外戏剧嘉年华、现场放映作品展和戏剧分享会，涵盖话剧、儿童剧、木偶剧等艺术门类，演出地点分布在中南剧场大剧场、中南剧场儿童剧场和中南剧场木偶剧场。

本届戏剧演出季共有来自中国、澳大利亚、英国、加拿大、法国、俄罗斯、西班牙、爱尔兰 8 个国家的 33 部剧目参演，演出 42 场次。其中中国剧目包括中国国家话剧院的话剧《比萨斜塔》、浙江话剧团的话剧《李叔同·最后的情书》及武汉人民艺术剧院的话剧《战“疫”英雄》《逆行》和木偶剧《木偶神韵》等。国外剧目则基本以现场放映为主，包括英国国家剧院的《议事录》《仲夏夜之梦》、马德里皇家歌剧院的《图兰朵》等。

【2020 北京国际青年戏剧节】

2020 年 9 月 25 日至 11 月 15 日，由中国国家话剧院、北京市文学艺术界联合会主办的“2020 北京国际青年戏剧节”在北京市举行。本届戏剧节由“戏剧在场”“戏剧在线”“戏剧在读”“戏剧在谈”“戏剧在听”“戏剧在嗨”以及“戏剧在案”7 大单元组成。形式上，采取线上线下结合的展演方式。

其中“戏剧在场”单元纳入 13 部青年导演的作品，分别为李建军、杨婷、顾雷、贾晓洁、秦枫、陈欣頔、李智达、程文明、曹民、肖竞、祖纪妍、李垚及秦景悦的作品。“戏剧在线”单元纳入了 12 部线上创作的作品，包括国内创作者的 9 部以及日本和德国创作者合作的 3 部。戏剧节期间，还举办了现场音乐表演、原创新作剧本朗读、戏剧交流与研讨、48 小时 V 戏剧、戏剧表演短视频征集等活动。

【柏林戏剧节在中国·2020 特别版】

2020 年 9 月 26 日至 11 月，由北京德国文化中心·歌德学院（中国）和吴氏策划举办的“柏林戏剧节在中国·2020 特别版”以戏剧影像线下交流的形式在北京市举行，同时开展线上放映。

9 月 26 日，北京歌德学院在北京 798 空间连续介绍 3 部入围 2019 年柏林戏剧节的剧目的高清影像。3 部影像分别为：改编自英格玛·伯格曼同名影片的《假面》（导演：安娜·伯格曼，出品：柏林德意志剧院 / 马尔默城市剧院）、彼得·李希特改编自莫里哀作品的喜剧《笤舌夫或智慧的猪》（导演：克劳迪娅·鲍尔，出品：巴塞尔剧院）以及改编自陀思妥耶夫斯基同名小说的《被侮辱与被损害的人》（导演：塞巴斯蒂安·哈特曼，出品：德国德累斯顿州立剧院）。剧目均配有中文字幕，免费观看。

10 月 31 日至 11 月 1 日，吴氏策划与北京天桥艺术中心合作，为观众带来另两部剧作影像：入围 2017 年柏林戏剧节的《轻松五章》（出品：米罗·劳 / 国际政治谋杀研究所 /CAMPO 艺术中心）以及入围 2016 年柏林戏剧节的《寂静之家》（导演：埃尔桑·蒙德塔克，出品：德国卡塞尔国立剧院）。此外，这两部戏剧影像还在线下放映结束后，陆续在国内视频平台放映。

【2020 紫金文化艺术节·“戏梦风华”大学生戏剧展演】

2020 年 9 月 30 日至 10 月 31 日，由中共江苏省委宣传部、江苏省教育厅主办的“2020 紫金文化艺术节·‘戏梦风华’大学生戏剧展演”在江苏省南京市举行。来自南京、苏州、南昌等地 9 所高校集齐 10 部“精选剧目”、带来 8 场演出，包括江苏第二师范学院原创话剧《五四青年周恩来》、南京航空航天大学原创话剧《中国直升机泰斗王适存》、南京林业大学音乐情境剧《信仰之歌》、南京艺术学院原创话剧《那时花开》、南京大学原创话剧《世外》、苏州大学原创话剧《一二三四》等。借助江苏大剧院的平台，高校原创剧目走出校园，面对更广阔的观众。在为期 1 个月的紫金文化艺术节期间，戏梦风华·大学生戏剧展演板块创造了 6000 人次现场观剧数量，剧院新媒体平台各类型推送覆盖 3 万余人次，整体宣传累计达 8 万人次传播数量，为在校大学师生、社会各界人士打造了年轻化、多样化、庆典化的观演平台。

【2020 棱镜 MINI 戏剧节】

2020 年 10 月 1 日至 3 日，由首创郎园创办，联合美连、鹰剧坊推出的“2020 棱镜 MINI 戏剧节”在北京市举行。戏剧节旨在汇聚青年力量，让戏剧走进日常生活，吸引越来越多的青年人共享戏剧的快乐，丰富大家的精神文化生活。戏剧节上，40 场线下演出和 9 场大师课分别在郎园的虞社演艺中心、荟读空间、兰境艺术空间和兰境爆笑剧场 4 个演剧空间上演。演出话剧包括《青衣 · 达 · 芬奇》《动物园的故事》《房间 live》《战“疫”英雄》《麦克白》等。

【2020 杭州国际戏剧节】

2020 年 10 月 11 日至 11 月 16 日，由中共杭州市委宣传部、杭州文化广播电视集团、杭州市文化广电旅游局主办，杭州演艺集团、杭州蜂巢戏剧文化有限公司、浙江大船文化发展有限公司承办的“2020 杭州国际戏剧节”在浙江省杭州市举行。

本届戏剧节汇集“种子单元”“云上戏剧节”“戏剧影像单元”等 6 个板块，和多个平台开启艺术共建，与观众进行线上线下同步互动。此次戏剧节还汇聚包括肢体、默剧、环境戏剧等在内的 10 余部多元化作品，以立足现实、启发思考、抒发关怀。同时，本届戏剧节首次为传统剧种、本地院团提供了舞台，越剧、杭剧、话剧、婺剧等多个艺术门类的 10 部新作依次展演，演出话剧包括《卡夫卡的梦》《水流下来》《求仙学道》《长夏》等。

【2020 第四届老舍戏剧节】

2020 年 10 月 23 日至 12 月底，由北京市演出有限责任公司、北京天桥艺术中心管理有限公司主办的“2020 第四届老舍戏剧节”在北京市举行。本届戏剧节通过剧目展演与“戏剧茶馆”文化活动两大板块，以剧场演出及线下放映的形式为观众带来 10 余部国内外戏剧佳作，以及各类戏剧主题活动。

其中“剧场演出”单元展演的作品包括话剧《二马》《语文课》《家》《小井胡同》《我的理想生活》《邻居们》等。“戏剧茶馆”文化活动分为“我在现场”“IATC 剧目导赏”“走进老舍笔下的戏剧场景”3 个单元。“我在现场”的 3 场主题活动分别走进老舍故居、中央戏剧学院和北京大学剧社，通过对谈、讲座、片段演出等形式带观众近距离聆听中国戏剧过去与未来的故事，“IATC 剧目导赏”单元与国际戏剧评论家协会（IATC）中国分会合作，在每场“剧场放映”剧目之前，邀请专业戏剧评论家围绕放映演出背景、艺术特色等内容进行解读与交流。“走进老舍笔下的戏剧场景”则带领观众走进了北京的大街小巷，追寻老舍先生曾描摹过的各个场景。

【2020 成长艺术节暨 TIE2020 青少年戏剧与创新教育国际论坛】

2020 年 10 月 31 日至 11 月 1 日，由小不点大视界和 1862 时尚艺术中心主办的“2020 成长艺术节暨 TIE2020 青少年戏剧与创新教育国际论坛”在上海市举行。

该活动为中国第一个聚焦青少年表演艺术的国际交流艺术大会、2020 年全球第一个在线下成功举办的儿童艺术节，由全球主流儿童戏剧机构联合发起。多场优秀剧目推介、15 场思想大师讲堂、10 场融合艺术与教育的思想论坛、10 个 Born and Raised 原创计划、100 场公益演出项目发布、30 场“妈妈的力量”主体演讲、沉浸互动式剧场公共艺术项目等一系列艺术活动在 2 天时间内通过线上、线下云聚合的方式，共同推动全社会在青少年内容聚焦合作。

【2020 连云港城市话剧节】

2020 年 10 月 31 日至 12 月，由中共连云港市委宣传部、连云港市文化广电旅游局、连云港市城建控股集团等主办，连云港保利润科大剧院管理有限公司承办的“2020 连云港城市话剧节”在江苏省连云港市举行。此次话剧节利用保利院线高端平台，搭建了优秀话剧集中展示大舞台，共引进 12 部题材多元、风格各异、广受欢迎的剧目，包括经典话剧《白鹿原》，百老汇经典喜剧中文版《奶酪的诱惑》，濮存昕出任艺术指导的话剧《新茶馆》等众多剧目。此外，主办方还举办“我是剧评人”“寻找剧虫”“剧本演读会”“主创见面会”“艺术赏析分享”等多项活动。

【2020 南山戏剧节】

2020 年 11 月 2 日至 20 日，由深圳市戏剧家协会、中共深圳市南山区委宣传部、深圳市南山区文化广电旅游体育局等主办，深圳市南山区戏剧家协会承办的“2020 南山戏剧节”在广东省深圳市举行。本届戏剧节邀约来自全国各地和本土的 34 个剧目进行演出，包括话剧《寻山记》《你好！快递！》《环球最好》等。

本届戏剧节分为“IN 室内剧场（In the theater）”“OFF 户外广场（Outdoor）”两大板块，两大板块的内容分为“线上”与“线下”两种呈现方式展开。在“IN 室内剧场”板块，重点征集和邀请国内剧团的优质剧目。作为 2020 年启动的全新板块，“OFF 户外广场”线下的内容涵盖曲艺类、戏剧类、木偶类等，展现国内戏剧的多元化，并在非传统剧场内的公共空间上进行的综合性戏剧表演。而“OFF 户外广场”线上内容则以新的线上直播方式，结合各类型戏剧的形式特点，为观众创造出区别于影视剧、游戏等其他艺术形式的观演体验。

【第十届北京喜剧艺术节】

2020 年 11 月 4 日至 2021 年 1 月 30 日，由大道文化节目制作有限公司、欢乐传媒、北京东方文化经济发展集团有限公司主办的“第十届北京喜剧艺术节”在北京市举行。

本届艺术节共推出 12 台剧目，均为北京文化艺术基金 2020 年度资助项目。剧目以喜剧为主线，包括话剧、儿童舞台剧、脱口秀、相声等不同类型的剧目，兼顾不同年龄段、不同欣赏趣味的观众，演出话剧包括《托儿》《阳台》《北京兔儿爷》等。

【2020 中国西昌・大凉山国际戏剧节】

2020 年 11 月 7 日，由凉山州文旅投资发展集团有限责任公司全程运营的“2020 中国西昌・大凉山国际戏剧节”在凉山彝族自治州西昌市开幕。本届戏剧节以“回归和凝望”为主题，带来超过 35 部戏剧作品，近 300 场演出，包括由北京新蝉戏剧中心和凉山文旅集团分别打造的现实题材话剧《隔离》，北京人民艺术剧院的经典保留话剧《洋麻将》，王晓鹰导演经典剧目《红色》等。戏剧节立足戏剧展演、戏剧论坛、戏剧孵化、戏剧教育、戏剧生活、戏剧文创、戏剧旅游七大内容支点，践行“戏剧即生活”的理念，倡导戏剧创作社会化、戏剧欣赏大众化，打造戏剧的香格里拉。

【演艺大世界・2020 第六届上海国际喜剧节】

2020 年 11 月 20 日至 12 月 31 日，由上海广播电视台、上海文化广播影视集团有限公司、中共黄浦区委宣传部等主办，上海文广演艺（集团）有限公司、黄浦区文化和旅游局、上海滑稽剧团有限公司承办的“演艺大世界·2020第六届上海国际喜剧节”在上海市举行。本届上海国际喜剧节共有12个单元、22台演出和128场节中节展演，分为“喜宴饕餮”“喜剧嘉年华”“笑谈风云”3大板块，涵盖话剧、音乐剧、脱口秀、戏曲、相声、肢体剧等形式。较之往届，本届喜剧节最突出的特点便是对本土新生喜剧力量的挖掘使更多全新喜剧元素以各种样式，出现在喜剧节的舞台上，演出话剧包括《〈真相〉&〈谎言〉》《公公很头疼》《老板不愿透露的事》等。

【2020万象戏剧节】

2020年11月21日至29日，由华润置地旗下万象天地剧场发起的原创艺术品牌“2020万象戏剧节”在广东省深圳市举行。3部戏剧作品《海鸥》《遇见·加缪》《雅各比和雷弹头》进行全国首演。此外，戏剧节还汇聚众多戏剧、电影、音乐界文艺专家，如濮存昕、史航、张楚等人，为观众带来剧本朗读、学术讲座、表演工作坊等多视角、多维度的戏剧活动。

【第三届“当代戏剧双年展/深圳·福田”】

2020年11月26日至12月5日，由中共深圳市福田区委宣传部、福田区公共文化体育发展中心主办，深圳市福田区孟京辉戏剧工作室承办的“第三届‘当代戏剧双年展/深圳·福田’”在广东省深圳市举行。双年展开展了11部剧目的26场展演，包括《爱因斯坦的梦》《伤口消失在茫茫黑夜中》《宝船》《毛瑟》《哈姆雷特》《维纳斯日记》等作品。同时还开展了戏剧视觉展览、戏剧海报及剧照装置展、戏剧学术讲座和论坛、“丁一滕表演工作坊”等公共空间文化活动。

【大戏东望·2020全国话剧展演季】

2020年12月12日至2021年1月底，由北京市文化和旅游局、北京市东城区委员会、北京市东城区人民政府主办，中共北京市东城区委宣传部、北京市东城区文化和旅游局承办的“大戏东望·2020全国话剧展演季”在北京市、上海市等地举行。本次活动以“与时代共振”为主题，来自全国7个省、直辖市的22部剧目在北京市首都剧场、北京市保利剧院、中国儿童剧场及上海、天津、石家庄、南京、深圳等地集中展演。展演季演出了连台戏《雷雨》《雷雨·后》，以援疆建设为背景的《那拉提恋歌》，以当代百姓生活为背景的《人间烟火》，反映城市变迁更新的《小井胡同》，富含中国传统文化意蕴和价值观的儿童剧《花神》，颇具市场口碑的《四世同堂》《风华绝代》《恋爱的犀牛》等作品。

展演季期间，还举办了“2020全国话剧展演季·与时代共振”戏剧高峰对话，对话分为“双循环背景下的戏剧发展”“疫情下戏剧发展新挑战”“戏剧行业的媒体融合发展”3大板块。此外，“戏剧之城”主题剧照展、“全国话剧展演季优秀剧目观众评选活动”等文化活动也陆续举行。

【2020南京青年戏剧节】

2020年12月18日至26日，由中共南京市江北新区工作委员会宣传和统战部主办，南京蓝色天际文化传媒有限公司承办的“2020南京青年戏剧节”在江苏省南京市举行。

戏剧节举办了演出4场，各类线上线下戏剧活动17场。演出涵盖孟京辉经典喜剧作品《两只狗的生活意见》，南国剧社唯一喜剧作品《戈多小姐的孤独之心俱乐部》，金陵科技学院大型原创话剧《红色特工冷少农》等青年戏剧作品。

除了剧目展演，本次戏剧节还举行了戏剧体验课、舞台探班、排练开放日、剧本朗读会、戏剧放映会等活动。

【第三届北京剧院戏剧节暨儿童戏剧嘉年华】

2020 年 12 月 18 日至 2021 年 2 月 3 日，由北京剧院、中国儿童文学研究会儿童剧委员会、中国文化管理协会演艺工作委员会主办的“第三届北京剧院戏剧节暨儿童戏剧嘉年华”在北京市举行。戏剧节内容包括开幕式和戏剧嘉年华“童眼观剧”“戏润童心”“童戏未来”主题活动。

戏剧节开幕式为话剧《湘江 1934》。同时在云端还演出了中国木偶艺术剧院《熊猫与小鼹鼠垃圾分类之环保小卫士》、北京儿童艺术剧院《九思》、西安儿童艺术剧院《我们是秦俑》《游子吟》、浙江儿童艺术剧团《哪吒“闹”海》、湖南省儿童艺术剧院《巨人计划之勇气》、哈尔滨儿童艺术剧院《水果部落梦想 +》等作品。此外，戏剧节还举办了线下戏剧工作坊，与央视频合作举办线上戏剧短视频大赛。

人物纪念

【表演艺术家曹灿逝世】

2020年1月8日，表演艺术家曹灿因病在北京市逝世，享年87岁。

曹灿（1932—2020），江苏省南通市人。一级演员、全国语言文字工作先进工作者、全国少年儿童校外教育先进工作者、十大演播艺术家、北京市语言学会朗诵研究会名誉会长、北京市教育学会朗诵研究分会名誉理事长、曹灿艺术学校名誉校长。

曹灿曾在《雷锋》《天山脚下》《沙恭达罗》等40余部话剧中担任主要角色，在《你好，太平洋！》和电视剧《特区冒险家》《千里跃进大别山》《中国出了个毛泽东》《东方巨人》《左权》《上海沧桑》中塑造了邓小平的艺术形象。

【话剧表演艺术家强音逝世】

2020年2月7日，话剧表演艺术家强音因病在湖北省武汉市逝世，终年55岁。

强音（1964—2020），陕西省西安市人。毕业于上海戏剧学院。一级演员，曾任武汉人民艺术剧院副院长。强音曾主演话剧《春夏秋冬》《母亲》《张之洞》《裂变1911》等，先后获第十九届“梅花奖”、第十届“文华表演奖”、第七届中国戏剧节“优秀表演奖”、第五届中国话剧金狮奖“表演奖”、第二届学院奖（戏剧表演）“最佳主角奖”、第十四届“白玉兰”戏剧表演艺术“主角奖”、首届“楚天文华表演大奖”。被授予“中国话剧百年”全国“优秀文艺工作者”、武汉市“三八红旗手”、“武汉市十大杰出青年”等称号。

【表演艺术家杜雨露逝世】

2020年2月21日，表演艺术家杜雨露因病在黑龙江省哈尔滨市逝世，享年79岁。

杜雨露（1941—2020），黑龙江省哈尔滨市人。哈尔滨话剧院一级演员、中国戏剧家协会会员。先后主演过多部话剧、舞台剧及影视剧，如《雍正王朝》中张廷玉，《突出重围》中老军长，《省委书记》中贡开宸，《大宅门》中白萌堂，《天下粮仓》中米汝成，《神医喜来乐》中王太医等。曾获得“小百花奖”优秀男配角奖、第20届电视剧“飞天奖”最佳男演员奖等奖项。

【话剧表演艺术家肖惠芳逝世】

2020年6月8日，话剧表演艺术家肖惠芳因病在湖北省武汉市逝世，享年86岁。

肖惠芳（1934—2020），湖北省武汉市人。新中国成立之初加入文工团，后来一直在湖北省话剧团工作。1978年在话剧《大江东去》中首次扮演宋庆龄。此后在影视作品《陈赓蒙难》《开国大典》等剧中5次塑造这一角色。代表作有《五二班日志》《七十二家房客》《同船过渡》和《临时病房》等。曾获“文华表演奖”“白玉兰女主角奖”“曹禺戏剧奖”等奖项。2007年4月，被文化部评为中国话剧百年“全国优秀话剧艺术工作者”。曾担任学术期刊《戏剧之家》顾问。

【戏剧家于天文逝世】

2020 年 6 月 9 日，戏剧家于天文因病在吉林省长春市逝世，享年 73 岁。

于天文（1947—2020），黑龙江省依兰县人。1968 年 3 月参加工作。历任吉林省文学艺术界联合会副主席，吉林省作家协会副主席，吉林艺术学院副院长、教授，兼任吉林省戏剧家协会副主席、吉林省戏剧理论学会副理事长、吉林省美学学会副会长。

于天文先后指导吉剧《一夜皇妃》、满族新城戏《铁血女真》、现代评剧《三醉酒》、舞剧《人参女》、话剧《他人》等十几台舞台艺术作品，曾获中共中央宣传部“五个一工程”奖、文化部“文华奖”和中国戏剧家协会曹禺戏剧文学奖。出版《说文品艺录》《李清照词选注》等著作 6 部，发表《共和国戏剧五十年》《中国当代戏剧的流变轨迹》等戏剧论文、文艺评论、杂文、散文等 100 余篇；电影文学剧本《“慰安”姐妹墓》在《电影文学》上发表，电视纪录片文学脚本《我在中国三十年》在北京广电局、北广传媒集团举办的剧本征集评奖中获优秀电视片奖。

【话剧表演艺术家董怀玉逝世】

2020 年 8 月 31 日，话剧表演艺术家董怀玉因病在山西省太原市逝世，享年 73 岁。

董怀玉（1947—2020），山东省平原县人。一级演员。曾任山西省话剧院有限责任公司艺术总监，中国戏剧家协会、中国电视艺术家协会会员，山西朗诵艺术协会学术委员会主任，多所大学客座教授。1981 年 2 月调入山西省话剧院从事话剧影视剧表演，2009 年 1 月退休。

董怀玉曾主演《危险的旅行》《刘胡兰》《孔繁森》《立秋》《生命如歌》等多部话剧，在《天网》《百团大战》《汉刘邦》等电视连续剧中任主演。执导《风流唐伯虎》《响水河的故事》等电视连续剧。编导（之一）的 720 集电视教学片《汉字宫》，获得美国好莱坞首届国际电影电视节“最佳电视系列片创意奖”。在话剧《立秋》中饰演主要角色“马洪翰”，获得国家舞台艺术精品工程“十大精品剧目”奖等全国奖项。个人曾荣获第十二届文化部“文华大奖表演奖”、第六届中国话剧“金狮奖表演奖”、第十六届上海白玉兰戏剧艺术主角奖。在援疆大戏《生命如歌》中担任主要角色“陈旭刚”，获得山西省第十一届精神文明建设“五个一工程”优秀作品奖等奖项。

【表演艺术家李万年逝世】

2020 年 12 月 24 日，表演艺术家李万年因病在陕西省西安市逝世，享年 85 岁。

李万年（1935—2020），西安话剧院话剧一级演员。曾任西安市电视艺术家协会副主席，陕西省第七届政协委员，陕西省第二届文代会与西安市第三、四、五届文代会代表。

李万年在话剧舞台生涯中，以《骆驼祥子》中的小顺子、《渔人之家》中的维希普、《毛泽东的故事》《延水谣》中的李鼎铭、《高山下的花环》中的靳开来等角色被观众熟悉和喜爱。曾担任西安话剧院第四期演员训练班表演课的老师。1985 年，李万年开始涉足影视，代表作有电影《家丑》《小村无故事》《何班主与他的情人》，电视剧《百年忧患》《石头梦》《一代廉吏于成龙》《老伴》《新结婚时代》等。曾获得中国话剧“金狮奖”、西北首届话剧节表演一等奖、陕西省话剧调演表演一等奖、第十九届中国电视金鹰奖观众喜爱的电视剧演员奖等奖项。

【儿童戏剧表演艺术家方掬芬逝世】

2020 年 12 月 31 日，儿童戏剧表演艺术家方掬芬因病在北京市逝世，享年 91 岁。

方掬芬（1929—2020），湖北省武汉市人。1949年7月参加革命。1954年年底，考入由苏联戏剧专家鲍·库里涅夫任教的中央戏剧学院表演干部训练班，学习斯坦尼斯拉夫斯基演剧体系。1956年毕业。1980年任中国儿童艺术剧院副院长，1987年任院长。2000年任中国儿童艺术剧院名誉院长。历任第六、七、八、九届全国人大委员会委员，中国戏剧家协会第三届理事，第四届常务理事、副主席，中国儿童戏剧研究会副会长。曾荣获“国家有突出贡献艺术家”，首届振兴话剧优秀演员奖（金狮奖），中国话剧艺术研究会“优秀演员奖”，全国妇女儿童先进工作者等荣誉。代表作品有《小白兔》中的小雌兔、《玛申卡》中的玛申卡、《大灰狼》中的小喜鹊、《马兰花》中的小鸟、《岳云》中的金弹子、《以革命的名义》中的别佳、《奇怪的“101”》中的远航、《报童》中的蛐蛐、《喜哥》中的喜哥、《十二个月》中的大妞等。在中国戏剧舞台上开专业成年演员表演儿童形象之先河。

大事记

1月1日，中国儿童艺术剧院“第六届新春儿童戏剧嘉年华”开启。

1月3日至15日，中国儿童艺术剧院《三个和尚》剧组首次赴智利巡演，在圣地亚哥、塔尔卡和瓦尔帕莱索3个城市的5个剧场演出7场。

1月3日至18日，中国国家话剧院2020年“我们的中国梦”——文化进万家慰问演出活动在河北省张家口市、江西省井冈山市等地举行。

1月5日至11日，中国儿童艺术剧院《成语魔方》《小吉普·变变变》两剧组为中国香港9所幼儿园和小学的近3000名孩子演出6场。

1月6日至8日，中国儿童艺术剧院《三只小猪·变变变》剧组开展“我们的中国梦”——文化进万家中国儿艺走进阜平公益演出活动。

1月7日至8日，山西省戏剧研究所创作研究基地授牌仪式暨“基层院团建设提升”专题研讨会在山西省运城市举行。

1月8日，表演艺术家曹灿因病在北京市逝世，享年87岁。

1月15日至22日，话剧《二月》在国家大剧院戏剧场进行首轮演出。

2月1日至5日，山东省话剧院线上推出《和你在一起》《致敬，白衣天使》《赞美英雄　讴歌生命》《坚守平凡》《最牵挂的人》等多部配乐朗诵作品。

2月4日，中国儿童艺术剧院在官方微信公众号推出朗诵剧《唤“福”——梦中童话》。

2月6日，甘肃演艺集团话剧院线上发布诗朗诵《抗击疫情　不分你我》。

2月6日，中国国家话剧院线上发布《抗击疫情，国家话剧院在行动》视频。

2月7日，话剧表演艺术家强音因病在湖北省武汉市逝世，终年55岁。

2月9日，北京人民艺术剧院为抗疫制作的“中国，加油”短片上线。

2月10日至16日，中国儿童艺术剧院在官方微信公众号上推出《耳朵也爱儿童剧》《中国儿艺艺术课堂》《中国儿艺经典剧目赏析》栏目。

2月12日，西安话剧院上传《话剧演员在家被憋疯的日常》《抗击疫情》《口罩传递》《各地美食为热干面加油》《我们对父母有话说》《致敬身边最可爱的人》《疫情居家劝解篇》等创意短视频。

2月21日，表演艺术家杜雨露因病在黑龙江省哈尔滨市逝世，享年79岁。

3月4日起，云南省话剧院《鲁甸72小时》《独龙天路》《守望心灵》等通过公众号播放。

3月9日，首部抗疫题材原创话剧《护士日记》建组会在线上举行。

3月16日，“培源·青年戏剧人才培养及剧目孵化平台”推出互联网“云论坛”直播节目。

3月17日，中国戏剧家协会朗诵委员会脱贫攻坚主题系列配乐诗朗诵以“脱贫攻坚，抗‘疫’必胜”栏目形式在微信公众号中推出。

3月27日，世界戏剧日特别专题片——《戏剧的力量是伟大的》在网上播出。

3月28日至29日及4月1日，《罗密欧与朱丽叶》读剧会在线上开展。

4月5日至6日，《等待戈多》公益演出在腾讯视频艺术频道进行全网公益直播。

4月5日至12日，北京人民艺术剧院推出剧本朗读直播活动，包括《天之骄子》《八美图》《上帝的宠儿》3部作品。

4月21日，中福会儿童艺术剧院儿童剧《巴黎圣母院》《悲惨世界》片段剧本朗读会在网上直播。

5月11日至15日，第七届“名角杯”校园戏剧节在线上举行。

5月15日至6月8日，文化和旅游部举办“2020年全国舞台艺术优秀剧目网络展演”。

5月20日，抗疫题材原创话剧《致勇气》在广州友谊剧院首演。

5月28日至31日，话剧《红箭　红箭》在西安新城剧院进行首轮演出。

5月31日，“新境况下中国高校美育工作的现状和对策高端研讨会”在线上举行。

5月31日，“乐童年，秦俑陪您过六一”公益演出活动在陕西省西安市开幕。

5月31日，爱心汇“剧”、云中送福——欢庆“六一”线上嘉年华在中国儿童艺术剧院抖音号和多家平台同步播出。

5月31日，北京人民艺术剧院演员仇晓光因病去世，享年60岁。

6月5日，话剧《战“疫”2020》在广东艺术剧院首演。

6月8日，话剧表演艺术家肖惠芳因病在湖北省武汉市逝世，享年86岁。

6月9日，戏剧家于天文因病在吉林省长春市逝世，享年73岁。

6月12日，北京人民艺术剧院在首都剧场举办建院68周年纪念演出。

6月12日，“西安第二届青年戏剧作品展演”在陕西省西安市开幕。

6月12日至14日，原创话剧《热干面之味》在上海话剧艺术中心·戏剧沙龙进行首轮演出。

6月13日，原创话剧《最美逆行者》通过“云剧场”在线上首演。

6月13日至15日，抗疫题材大型原创话剧《护士日记》在上海戏剧学院实验剧院进行首轮演出。

6月14日，大型话剧《深海》在广州友谊剧院首演。

6月18日至12月，“2020·南京戏剧节”在江苏省南京市举行。

6月19日，“2020西城区百姓戏剧展演”在云端开幕。

6月20日，“西安儿童艺术剧院新创现实主义儿童剧《火印》专家研讨会”在西安儿童艺术剧院举行。

6月23日，历史话剧《董其昌》在上海戏剧学院首演。

6月28日，“批评与当代戏剧”线上研讨会举行。

7月3日，抗疫题材话剧《生死24小时》在天津市光华剧院首演。

7月7日至8日，原创抗疫话剧《鸽子》在江苏大剧院进行首轮演出。

7月12日至12月18日，“2020第九届深圳儿童戏剧节”在线上举行。

7月16日至19日，“第一期儿童戏剧朗诵教师培训班”在线上举行。

7月26日，《推销员之死》剧本朗读活动网络平台同步直播。

7月28日至8月3日，“培源·青年戏剧人才培养及剧目孵化平台第一期孵化活动”在北京市举行。

7月31日，“纪念曹禺诞辰110周年戏剧演出季”在北京市开幕。

7月31日至8月1日，原创抗疫题材话剧《因为有你》在南京紫金大戏院进行首轮演出。

7月31日至8月1日，原创话剧《朝天宫下》在江苏大剧院进行首轮演出。

7月至9月，“2020第5届西安儿童戏剧展演”在陕西省西安市举行。

8月13日至16日，“点亮火柴，为爱发光”——第六届少儿版童话剧《卖火柴的小女孩》展演活动暨颁奖典礼在陕西省西安市举行。

8月15日至16日，儿童剧《小美人鱼》在广东艺术剧院进行首轮演出。

8月20日至23日、8月27日至30日，话剧《至少还有我》在四川省成都市进行首轮演出。

8月23日，“太原市话剧团60周年庆主题活动”在太原市青年宫演艺中心举行。

8月31日，“2020金刺猬大学生戏剧节（第十九届）”在线上举行。

8月31日，话剧表演艺术家董怀玉因病在山西省太原市逝世，享年73岁。

9 月 1 日至 5 日，中国国家话剧院组织文艺志愿服务小分队赴贵州省黔西南布依族苗族自治州晴隆县、望谟县，安顺市紫云苗族布依族自治县，开展“我们的中国梦”——文化进万家慰问演出活动。

9 月 1 日至 10 日，中国儿童艺术剧院赴广西壮族自治区河池市罗城县、巴马县、都安县、大化县，开展“我们的中国梦”——文化进万家公益演出活动。

9 月 1 日至 15 日，话剧《阳光下的葡萄干》在北京人民艺术剧院首都剧场进行首轮演出。

9 月 2 日，“中国戏剧家协会第八届理事会第五次会议暨 2020 年中国戏剧家协会工作会议”在云南省昆明市开幕。

9 月 2 日至 24 日，“2020 北京喜剧周”在线上举行。

9 月 4 日至 6 日，北京市首部抗疫题材话剧《抗疫 12 小时》在北京二十一世纪剧院进行首轮演出。

9 月 7 日，话剧《张富清》在陕西省西安市西航剧场首演。

9 月 8 日至 30 日，“秋天的‘剧’会——全国话剧院团疫情期间原创作品线上展演”在线上举行。

9 月 9 日，“2020 世界剧院北京论坛”在线上开幕。

9 月 9 日至 10 日，话剧《紧急救援》在北京市鼓楼西剧场进行首轮演出。

9 月 10 日，话剧《大山壮歌》在广西文化艺术中心首演。

9 月 10 日，话剧《逆行》在武汉市中南剧场大剧场首演。

9 月 10 日至 12 日，儿童剧《火印》在西安人民剧院进行首轮演出。

9 月 11 日，北京市东城区“大戏东望 · 2020 南锣鼓巷戏剧展演季”在北京市举行开幕演出，该展演季持续至 12 月。

9 月 17 日至 27 日，话剧《深渊》在上海话剧艺术中心艺术剧院进行首轮演出。

9 月 19 日，“上海戏剧学院曹禺戏剧研讨会”在上海戏剧学院举行。

9 月 19 日至 20 日，话剧《春逝》在北京市天桥艺术中心进行首轮演出。

9 月 21 日，话剧《十四天》在北京儿童艺术剧院首演。

9 月 22 日至 12 月 31 日，“第七届武汉国际戏剧演出季”在湖北省武汉市举行。

9 月 24 日至 25 日，“纪念曹禺诞辰 110 周年座谈会暨学术研讨会”在北京市举行。

9 月 25 日至 11 月 15 日，“2020 北京国际青年戏剧节”在北京市举行。

9 月 26 日至 11 月，“柏林戏剧节在中国 · 2020 特别版”以戏剧影像线下交流的形式在北京市举行，同时开展线上放映。

9 月 28 日，“纪念曹禺诞辰 110 周年系列活动”在天津市曹禺故居纪念馆开幕。

9 月 28 日至 29 日，话剧《孔子》在山东省会文化艺术中心大剧院进行首轮演出。

9 月 30 日至 10 月 31 日，“2020 紫金文化艺术节 ·‘戏梦风华’大学生戏剧展演”在江苏省南京市举行。

10 月 1 日，原创话剧《上甘岭》在上海保利大剧院首演。

10 月 1 日至 3 日，“2020 棱镜 MINI 戏剧节”在北京市举行。

10 月 1 日至 15 日，儿童剧《听见梦想》在中国儿童艺术剧院假日经典小剧场进行首轮演出。

10 月 2 日至 4 日，“中国 · 西部（国际）儿童文化娱乐博览会暨儿童戏剧嘉年华”在成都西部国际博览城举行。

10 月 3 日至 7 日，原创话剧《那拉提恋歌》在国家话剧院剧场进行首轮演出。

2020 年 10 月 10 日至 2021 年 1 月 1 日，“2020 中间剧场科技艺术节”在北京市举行。

10 月 11 日至 11 月 16 日，“2020 杭州国际戏剧节”在浙江省杭州市举行。

10 月 12 日，原创话剧《春满铜城》在铜川工人文化宫首演。

10 月 13 日，中国国家话剧院举办“《那拉提恋歌》专家研讨会”。

10 月 15 日，“儿童剧《听见梦想》专家研讨会”在中国儿童艺术剧院举行。

10 月 17 日至 25 日，话剧《十字街头》在国家大剧院小剧场进行首轮演出。

10 月 19 日，纪念夏衍诞辰 120 周年暨 2020“杭州有戏”戏剧大赛在杭州大剧院举行。

10 月 19 日至 20 日，“河北省现代题材戏剧创作现场经验交流会”在河北省廊坊市举行。

10 月 20 日，中国儿童艺术剧院赴四川省凉山彝族自治州开展“我们的中国梦”——文化进万家公益演出活动，该活动持续 6 天。

10 月 23 日，话剧《被嫌弃的松子的一生》在上海东方艺术中心首演并开启全国巡演。

10 月 23 日至 12 月底，“2020 第四届老舍戏剧节”在北京市举行。

10 月 26 日，“中国剧协 2020 年重点题材改稿会”暨“中国戏剧家协会 2020 年大湾区中青年创作人才高研班”开幕式在海南省海口市举行。

10 月 29 日，2020 东城区“戏剧一帮一”成果展演启动仪式暨《2020 年戏剧东城蓝皮书》发布活动在北京市举行，该成果展演活动为期 5 天。

10 月 31 日，“全国戏剧期刊联盟主编年会暨第 34 届田汉戏剧奖评选活动”通过线上、线下相结合的方式在上海戏剧学院举行。

10 月 31 日至 11 月 1 日，“2020 成长艺术节暨 TIE2020 青少年戏剧与创新教育国际论坛”在上海市举行。

10 月 31 日至 12 月，“2020 连云港城市话剧节”在江苏省连云港市举行。

11 月 2 日至 7 日，《特殊作业》《三只小猪・变变变》剧组开展“我们的中国梦”文化进万家——中国儿艺走进湖北省十堰市公益演出活动。

11 月 2 日至 20 日，“2020 南山戏剧节”在广东省深圳市举行。

11 月 3 日至 7 日，话剧《赵盼儿风月救风尘》在上海话剧艺术中心・戏剧沙龙进行首轮演出。

11 月 4 日，抗疫题材原创话剧《人民至上》在国家话剧院剧场首演。

11 月 4 日至 8 日，话剧《胡同里的他俩》在北京市天桥艺术中心小剧场进行首轮演出。

2020 年 11 月 4 日至 2021 年 1 月 30 日，“第十届北京喜剧艺术节”在北京市举行。

11 月 7 日，“2020 中国西昌・大凉山国际戏剧节”在四川省凉山彝族自治州西昌市开幕。

11 月 10 日至 18 日，话剧《基督山伯爵》在国家大剧院戏剧场进行首轮演出。

11 月 11 日至 22 日，抗疫话剧《社区居委会》在北京人民艺术剧院首都剧场进行首轮演出。

11 月 12 日至 22 日，话剧《作家在地狱》在上海话剧艺术中心・D6 空间进行首轮演出。

11 月 14 日，首届国际戏剧“学院奖”（理论奖）在北京市颁奖。

11 月 18 日至 22 日，扶贫题材原创话剧《村里新来的年轻人》在国家话剧院剧场进行首轮演出。

11 月 19 日至 22 日，原创话剧《情系贺兰》在北京二七剧场首演。

11 月 19 日，话剧《守望》在山东艺术学院长清校区圆形剧场首演。

11 月 20 日，天桥艺术中心举办“在艺起　耀未来”五周年发布日活动。

11 月 20 日至 21 日，“全国艺术专业学位研究生教育指导委员会戏剧分委会 2019 年度工作会议”在山东艺术学院长清校区举行。

11 月 20 日至 12 月 31 日，“演艺大世界・2020 第六届上海国际喜剧节”在上海市举行。

11 月 21 日至 29 日，“2020 万象戏剧节”在广东省深圳市举行。

11 月 24 日，“话剧《村里新来的年轻人》专家研讨会”在中国国家话剧院举行。

11 月 26 日，2020 年“戏聚北京”北京市群众戏剧短剧作品大赛优秀节目展演在京演民族文化宫大剧院举行。

11 月 26 日至 12 月 5 日，第三届“当代戏剧双年展 / 深圳・福田”在广东省深圳市举行。

11 月 29 日，“儿童剧《比翼鸟》艺术教育实践项目中期汇报活动”在北京市朝阳区 9 剧场举行。

11 月 29 日至 12 月 13 日，“第二届上海市中小学生戏剧节”在上海话剧艺术中心举行。

12 月 7 日至 13 日，“第十五届广州大学生戏剧节暨第八届青年非职业戏剧节”在广东省广州市举行。

12 月 7 日至 14 日，“2020 年中国—东盟（南宁）戏剧周”在广西壮族自治区南宁市举行。

12 月 8 日，“2020 年陕西省基层文艺院团戏剧导演研修班结业典礼”在西安市西演云剧场举行。

12 月 8 日，话剧《路遥》在西安话剧院新城剧场首演。

12 月 10 日，“秦锦屏戏剧文学作品研讨会”在北京市举行。

12 月 12 日，“武汉人民艺术剧院青年人才培养名家工作坊”在湖北省武汉市中南剧场开班，培训为期 10 天。

2020 年 12 月 12 日至 2021 年 1 月底，“大戏东望 · 2020 全国话剧展演季”在北京市、上海市等地举行。

12 月 12 日至 13 日，原创历史话剧《晋文公》在山西大剧院进行首轮演出。

12 月 14 日，“中国戏剧家协会第九次全国代表大会”在北京市举行。

12 月 17 日，“YUAN · 启—培源 2020 年终总结会暨第二期剧本征集启动”活动在北京市举行。

12 月 18 日，“2020 年中小学生人文素养及影视戏剧教育研讨会”在北京市举行。

12 月 18 日至 26 日，“2020 南京青年戏剧节”在江苏省南京市举行。

2020 年 12 月 18 日至 2021 年 2 月 3 日，“第三届北京剧院戏剧节暨儿童戏剧嘉年华”在北京市举行。

12 月 19 日，“第十一届北京 · 南锣鼓巷戏剧节”在北京市开幕。

2020 年 12 月 19 日至 2021 年 1 月 3 日，童话剧《萤火虫姐弟历险记》在中国儿童剧场进行首轮演出。

12 月 21 日至 26 日，“2020 年度山西省优秀原创舞台剧剧本研讨会”在山西省太原市举行。

12 月 23 日至 27 日，话剧《雷雨》《雷雨 · 后》在北京保利剧院进行首轮演出。

12 月 24 日，表演艺术家李万年因病在陕西省西安市逝世，享年 85 岁。

2020 年 12 月 24 日至 2021 年 1 月 3 日，“2021 年浙话新春话剧节”在浙话艺术剧院举行。

12 月 29 日至 30 日，话剧《我的理想生活》在北京市天桥艺术中心进行首轮演出。

12 月 31 日，儿童戏剧表演艺术家方掬芬因病在北京市逝世，享年 91 岁。

中国艺术年鉴·2021

+

音乐卷

+

分卷主编：陈　乾

年度述评

2020年度中国音乐发展研究报告

◎ 李宏锋　冯卓慧　赵倩　徐文正　张燚　饶曦　李冬

一、歌颂抗疫精神和脱贫攻坚成就的创新演出

（一）线上：虚拟的网络传播、真实的情感表达

虽然歌曲、器乐、歌剧、音乐剧等音乐形式在互联网上展演、传播与交流等早已融入日常文化生活，但是在2020年全面“抗疫”的语境中，网络所具有的迅捷和穿越时空的特性尤为“耀眼”，几乎成为新冠肺炎疫情期间中国音乐的唯一“舞台”。整体上看，线上展演包括经典作品、音乐会等，通过短视频、网络直播或重播等多种形式呈现。

1.“抗疫”音乐的线上呈现

在疫情暴发之初，音乐工作者纷纷投入“抗疫”主题歌曲创作。据不完全统计，几个月内就诞生出2万余首“抗疫”歌曲。这些歌曲均是通过网络进行发布与传播的。官方和主流网络媒体充分利用新媒体平台，推出“战疫”公益歌曲展播。一些艺术家则通过网络举办“云课堂”，一些院团或音乐家举行“云上”音乐会，讴歌英雄、赞颂抗疫精神，在增强民族情感和凝聚力、疗愈心灵等方面具有重要意义。

其间，中国音乐家协会（以下简称“中国音协”）组织专家对原创公益歌曲进行收集甄选，并及时通过传统媒体和新媒体平台在全国范围内宣传推广。《人民音乐》《词刊》《歌曲》《儿童音乐》《音乐创作》等刊物，设立了“坚定信心，凝聚力量，坚决打赢疫情防控战优秀原创新歌专栏”，集中刊发优秀“抗疫”主题歌曲。从1月30日开始，中国音协微信公众号和学习强国平台联合同步推送的“全国优秀‘战疫’公益歌曲展播系列”，分6个批次，共推广歌曲35首。截至2月3日，中国音协微信公众号开设的“全国优秀‘战疫’公益歌曲展播系列”已推出6期，推广歌曲18首；中国音协联合中国文艺网打造的“抗疫路上，为你而歌——全国优秀‘战疫’公益歌曲展播专题”已推出5期，推广歌曲10首；联合《中国艺术报》推出《战“疫”，音乐人在行动作品集》，推广优秀歌曲近20首。①

中央广播电视总台央视网专门开辟“公益歌曲展播”，集中上传“抗疫”之初的数十部音乐MV作品：《明天依然最美》《最美的温暖》《我要你平安归来》《武汉伢》《拿出勇气》《万众一心》《天使的容颜》《坚信爱会赢》《中国一定强》《为爱逆行》《爱的桥梁》《平安武汉》《挺住，武汉！》《美丽奇迹》《生命线上的守护者》《春回江城》《楚行者》《大爱无痕》《守护希望》《姐妹弟兄》《背影》《我们在一起》《战疫情》《跟我上》《中国脊梁》《凝聚》。每首作品都有详细的创作背景介绍。中央歌剧院推出致敬“战疫”英雄的《长江之歌》特别版，用经典作品鼓舞人心；坚持普及高雅艺术，为武汉的莘莘学子和全国的音乐爱好者开设艺术欣赏系列网课，开展高品质“云”上文化艺术活动，还推出致敬祖国、歌颂英雄的室内微歌剧《阳光灿烂》。北京交响乐团第一时间积极制订演出计划，率先推出以艺战“疫”线上系列音乐会，举行了北京交响乐团云端会客厅线上音乐会。

4月19日凌晨2点至10点，被乐迷视为“见证历史”的“One World：Together at Home”（同一个世界：团结在家）公益演唱会进行全球直播，百余名超级明星在线献唱点燃了人们的心。这场包括6个小时线上预热节目和2个小时电视直播的“云演唱会”，没有耀眼的舞台，没有轰鸣的音响，没有

---

① 参见《战“疫”，全国文艺界在行动！》，《中国艺术报》2020年2月5日。

如潮的现场观众，大多数音乐人在自家客厅，面对一部手机或简单的摄录设备演唱、演奏。在长达8个小时的演唱会中，全球百余名超级明星献唱献艺，一同对世界人民的“抗疫”行动表达慰问和声援。

2. 线上“音乐季”及其他主题演出

2020年，北京演艺集团推出的“五月演出季”如约而至，至今已连续成功举办5届。受疫情影响，2020年首次推出了线上演出季。北京演艺集团旗下的9家国有院团，精心策划了6场演出活动，如5月12日国际护士节当天举办北京演艺集团抗疫主题优秀作品专场演出，5月20日携手湖北演艺集团举办“2020520——爱你爱你我爱你”Live Love 云歌汇，6月1日北京儿童艺术剧院推出网上公益活动，6月13日推出民族管弦乐组曲《中轴》展现北京中轴线之美，6月25日端午节举办非物质文化遗产主题活动直播等。5月16日在抖音平台上，“映山红”傅庚辰作品音乐会作为“云乐星荟·乐行神州”中国交响音乐季线上音乐会的开幕演出，以直播方式举办。此次音乐会选用傅庚辰在不同时期创作的革命家诗词歌曲、经典影视歌曲、纪念改革开放歌曲和新时代歌曲作品18首，包括《清平乐·六盘山》《大江歌罢掉头东》《梅岭三章》《雷锋，我们的战友》《毛主席的话儿记心上》《映山红》等。7月11日，“国家大剧院‘声如夏花’系列线上音乐会”之“命运之爱”开播，指挥家李飚与小提琴家吕思清首度在“云端”与国家大剧院管弦乐团合作，通过国家大剧院古典音乐频道和多家网络平台的同步直播，将一场音乐盛宴带给线上乐迷。由北京歌剧舞剧院策划的“北京歌剧舞剧院云歌汇系列”之“久久同心，为党献歌”7月11日晚在北京演艺集团“京演快剧场”、北京歌剧舞剧院官方快手、抖音直播间等网络平台直播演出。

2020年是贝多芬250周年诞辰，全国各地纷纷举办纪念演出。5月9日，“欣欣田园”音乐会开启了“国家大剧院‘声如夏花’系列线上音乐会”序幕，为观众呈现了刘天华的《良宵》、贝多芬的《C大调第一交响曲》和《F大调第六交响曲“田园”》。音乐会由全球五大洲16个国家的22家艺术机构共同参与，多家海外播出平台联合呈现。6月21日，中央歌剧院在爱奇艺平台推出纪念贝多芬250周年诞辰之“命运·云端交响音乐会”，钢琴演奏家陈萨，小提琴演奏家、中央歌剧院院长刘云志，大提琴演奏家莫漠，指挥家杨洋等与中央歌剧院交响乐团倾情出演。

此外，4月22日第51个世界地球日当天，“地球日”全球马拉松异地实时音乐节之“地球计划”中国作曲家专场音乐会在网络上全球直播。四川音乐学院胡晓的《疏影淡月》、中央音乐学院黄奇瑛的《时间之间》、新疆艺术学院关丽琼的《喀纳斯湖畔——四个音乐瞬间》等新媒体音乐和电子音乐等不同类型作品，表达了创作者对于地球命运的深切关注。10月19日，新加坡中国文化中心和北京市文化和旅游局联合主办的线上“经典 Forever”音乐会通过众多海内外媒体平台直播，北京交响乐团、新加坡华乐团、新加坡鼎艺团三个乐团史无前例地亮相于同一场音乐会。12月31日晚，北京新年音乐会在30余家平台准点云上播出。伦敦爱乐乐团、捷克爱乐乐团、英国BBC交响乐团、德国德累斯顿爱乐乐团、北京交响乐团等中外名团在祖宾·梅塔、潘德列茨基等指挥下呈现了一场精彩的演出。在回顾经典的同时，音乐会还特邀李飚指挥北京交响乐团演奏《奔跑的勇士——为抗击疫情的白衣天使而作》，致敬那些真正的勇士和特殊的2020年。据统计，当晚音乐会总计近400万网友在线观看。

线上演出虽然带来的是一种虚拟化的、非面对面的观演模式和音乐的体验模式，但参与实时演出的音乐家的情感是真实的。尤其疫情期间，音乐家以真实情感体验作为创作和演出的出发点，在讴歌英雄、凝聚民族情感、抚慰心灵等方面起到了无可替代的作用。多场中外音乐家演出的联合举办，也让我们看到中国音乐家对“人类命运共同体”的深刻理解和实践。

（二）线下：从屏幕到剧场的体验转变

2020年度音乐艺术线下展演与交流主要包括各地组织的主题专场演出、各院团年度音乐季、新年音乐会等形式。线上演出与线下演出对于观众审美而言是两种截然不同的体验。线上演出对于演出者（团体）而言，往往受制于网络技术、人力等因素，且在没有观众的情况下，演出效果可能会打折扣；对于观众而言，尽管网络很快捷，但对着手机屏幕、电视或电脑屏幕等观看演出，也难以准确体验到现场演出中音色、力度、情感等方面的细节变化。这或许就是线下演出逐渐恢复以来备受观众喜欢的原因所在。

5月12日国际护士节当天，由国家大剧院、北京广播电视台共同策划的“‘致敬最美逆行者 为你歌唱’——2020年国际护士节主题音乐会”在国家大剧院唱响。音乐会分为“最美逆行”和“春暖花开”两个篇章，集中呈现了国家大剧院和北京广播电视台在疫情期间创作的部分优秀文艺作品。7月31日，北京交响乐团先于所有院团，在中山公园音乐堂率先重启首场线下演出，拉开了首都文艺院团全面复工复产的序幕。8月和9月，中国交响乐团举办了两场致敬抗疫英雄和市民的“英雄礼赞”合唱音乐会和交响乐音乐会，以混声合唱、女声合唱、男声合唱的形式演出了西方经典歌剧的著名唱段，以及《黄河大合唱》这部中国音乐的经典之作。交响音乐会为观众奉献了《破晓》序曲、《生命的歌》和小提琴协奏曲《心中的湖北》3首抗疫交响乐作品，表达了对生命的赞美、渴望与憧憬。

2020年是全面建成小康社会、全面打赢脱贫攻坚战的收官之年。音乐工作者围绕该主题也进行了诸多创作。由中央民族乐团创作出品的民族音乐纪实剧《家园》12月7日至8日在北京保利剧院上演。该剧是文化和旅游部2020年立项的重点新创剧目，是“全面建成小康社会”的宏伟目标即将实现之际，记录这一划时代历史进程的适时之作。全剧除序曲和尾声之外，共分《甜美的家园》《不舍的家园》《爱的家园》三幕，以民族合唱队和民族管弦乐队为表演主体，以“脱贫攻坚奔小康”工作中的感人故事为原型，以戏剧化表现手法为特色，展现出在党的领导下各族人民脱贫致富的精气神和取得的辉煌成果。此外，由中国音协、湖南省文学艺术界联合会（以下简称“文联”）主办的大型交响叙事组歌《苗寨的故事》于10月21日在长沙音乐厅举行首演。这是中国首部反映脱贫攻坚主题的大型交响叙事组歌。作品在引子“围着火塘唱苗歌”中拉开序幕，通过“云雾深处”“春风吹来”“太阳升起”3个乐章的17首歌曲，展现出古老苗寨通过精准扶贫共圆小康梦的光辉历程。12月23日，由中国文联、中国音协主办，全国多个省、自治区、直辖市音协协办的大型主题音乐会“小康之歌”在国家大剧院上演，以音乐讴歌党的领导，礼赞新时代中国精神。

音乐季及相关演出方面，中国爱乐乐团2020—2021音乐季上演了16场交响音乐会与5场室内乐音乐会，内容丰富、形式多样。由广东省文化和旅游厅主办的2020年广东省艺术院团演出季，在从5月30日起的近两个月时间内相继与广州观众见面。8月1日，苏州民族管弦乐团上演“舞动中国”音乐会，刘长远的民族管弦乐《龙跃东方》、王丹红创作的《弦上秧歌》及扬琴独奏《狂想曲》、关乃忠的管弦乐组曲《拉萨行》、徐昌俊的《龙舞》等，呈现出不同风格民族音乐的魅力。8月17日至18日，两场由北京交响乐团、天津交响乐团、河北交响乐团组成的京津冀联合交响乐团奏响“同心·绽放——京津冀交响乐艺术联盟大型交响音乐会”，开启了天津大剧院“重启音乐季”活动。9月27日晚，由中国音协、中共甘肃省委宣传部、甘肃省文化和旅游厅、甘肃省文联主办的中国音协2020金钟之星“一带一路”民族音乐会在兰州音乐厅奏响，这也是第十届黄河文化旅游节的系列演出之一。

节庆及纪念主题演出方面的活动有：8月1日由国家大剧院策划的“战士与祖国：国家大剧院庆祝八一建军节合唱音乐会”，8月26日在珠海大剧院上演的何占豪大型民乐组曲《英雄泪》，10月13日中国文联和中国音协在北京民族剧院举办的“深入生活、扎根人民”优秀创作成果演唱会等。“跨界”演出方面，11月27日上演的中国东方演艺集团国潮雅读《乐·界》，兼顾中国器乐与世界各国器乐，结合舞蹈、戏剧、声乐等多种表演形式，用10支曲目呈现抚琴、对弈、品茗等，多层面描摹中国传统文化审美意象。相关重要演出活动还有：山西省晋中市人民政府、中共晋中市委宣传部和左权县人民政府联合主办的“左权民歌汇·2020年国际民歌赛”，中国歌剧舞剧院演出的歌剧《盼你归来》、音乐会版歌剧《老兵张富清》、音乐剧《一爱千年》，中央民族乐团在国家大剧院举办的疫情后首场演出《归来》，中山公园音乐堂举办的莫斯科与北京缔结友好城市25周年特别音乐会，北京交响乐团、北京京剧院联合上演的大型京剧交响套曲《京城大运河》，等等。

二、讴歌伟大时代、共谱抗疫篇章、聚焦传统文化的音乐创作

（一）建党百年献礼题材创作

运用多种艺术手段讴歌伟大时代、献礼建党百年、歌颂英雄人物、表达美好期盼，是2020年度音乐创作的重要内容。歌剧、音乐剧作为综合艺术，在展现具体人物与事件方面具有无可替代的优势。以艺术的形式展现中国革命历史上的重大历史事件，体现在中国共产党带领下艰苦卓绝的革命斗争的历史风貌，是本年度献礼体裁作品的一个亮点。

歌剧《红船》（作曲：孟卫东，编剧：王勇，导演：黄定山，8月29日于浙江嘉兴大剧院首演）以中国共产党一大13名党代表和一大会议的见证人王会悟为重点人物，展示中国共产党的光辉历程。音乐以《国际歌》为主线，适当运用上海、北京、浙江、湖南等地民间音乐素材，交响乐队和重唱的充分运用，都使作品的艺术性在保留民族歌剧传统的基础上有所发展，取得了很好的剧场效果。四幕舞台剧《遵义1935》（作曲：仲晨晨，导演：沈亮，8月13日于遵义市红花冈剧院首演）以遵义会议为原型，用交互式表演将舞美、音乐、戏剧、舞蹈、多媒体、灯光等熔为一炉，艺术地展现了1935年毛泽东、周恩来等老一辈无产阶级革命家在遵义会议上力挽狂澜、挽救了中国革命的史实。音乐剧《血色三河》（作曲：谢鹏，编剧：陈晓琳，12月1日晚在惠州西湖大剧院演出）选择在革命历史上具有重大意义的三河坝战役为表现内容，由序曲——起义和还乡、重逢、智斗、义举、浴火、舍身及尾声——幸福八部分构成，凸显了“没有三河坝战役，就没有井冈山会师”的历史意义。

艺术家选取具有传奇色彩、适合戏剧呈现的艺术形象进行创作，向当代观众展现了为了中国人民的解放和建设事业抛头颅、洒热血的革命先烈的光辉形象。歌剧《红流澎湃》（作曲：杜鸣，编剧：游暐之，11月5日晚于广东艺术剧院首演）生动再现了彭湃领导农民运动的历史。歌剧《秋瑾》（作曲：晓其、杜克，编剧：孙禹，导演：孙禹，10月26日在绍兴文理学院艺术学院月明楼音乐厅首演）由序幕和王家大院、出走、扶桑、知音、逮捕、就义7场剧幕构成，艺术地再现了“鉴湖女侠”秋瑾的家国情怀。歌剧《雁翎队》（编剧：王晓岭，作曲：李昕，导演：王延松，9月25日于河北省艺术中心大剧院首演）根据长篇小说《新儿女英雄传》改编，是河北省首部抗战题材的歌剧作品，以四大战斗场面、15场布景、43个表演唱段串联，具有音乐会歌剧的特点。

以展现时代风采为主题的作品具有强烈的现实主义色彩，内容上以紧贴2020年脱贫攻坚的政策、表现基层干部形象的作品为主，聚焦公安形象的音乐剧以及展现当代青年奋斗的体裁也有出现。歌剧《银杏树下》（作曲：捞仔，编剧：朱海，导演：黄定山，11月14日于河南艺术中心大剧院首演）以红二十五军出发地河南省信阳市何家冲村的银杏树为象征物，以“银杏村”发展红色旅游全面建设小康社会为切入点，艺术地表现党和人民生死相依的血肉情感。《听见索玛》（作曲：刘党庆，编剧：李亭，导演：吴晓江，11月7日在西昌金鹰大剧院首演）展现了扶贫中不同观念之间的冲突，以及基层干部耐心细致的工作作风和全心全意为人民服务的思想。相关创作还有：音乐剧《太阳照在屋顶上》（作曲：洪凯，编剧：彭阳，导演：梅昌胜，12月4日晚于湖北恩施大剧院首演）、民族音乐纪实剧《家园》（作曲：陈思昂，编剧：陈维东，导演：赵京生，12月7日至8日于北京保利剧院首演）、音乐剧《重生》（作曲：[韩]张少瑛，编剧：周可，导演：周可，9月24日于深圳保利剧院首演）、音乐剧《在远方》（作曲：金培达、张筱真，编剧：申捷，导演：肖杰，12月24日于北京天桥艺术中心首演）等。

作为改革开放的前沿，深圳和珠海成为作曲家聚焦的重点区域，2020年度两部交响乐作品就是通过描写这两个地区的变化来讴歌新时代的。钢琴协奏曲《春潮》（作曲：王佑贵、张朝，钢琴独奏：吴纯，11月24日在深圳音乐厅首演）以歌曲《春天的故事》为蓝本创作，分四个乐章表达了改革开放40年来的重大变化；《第一交响曲（珠江）》（作曲：李海鹰，12月1日在星海音乐厅首演）通过展现改革开放40年来珠江发生的巨大变化来歌颂新时代。上海交响乐团为迎接党的百年诞辰，专门委约四名分别生于20世纪50年代、60年代、70年代和80年代的作曲家创作《中国颂》（于阳）、《逐浪心

潮》(贾达群)、《相信未来——为女高音与乐队而作》(郝维亚)和《父辈》(杨帆)四部新作，将他们的个人感悟融入时代背景，对理想和信仰做出不同的诠释。此外，交响叙事组歌《苗寨的故事》(作曲：孟勇，作词：金沙，10月21日于长沙音乐厅首演)包括3个乐章共17首歌曲，通过男声独唱、女声独唱、齐唱、男女声二重唱、领唱与合唱、童声与合唱等形式，讲述了湘西苗寨摆脱贫困、实现小康的感人故事。

歌曲是献礼作品中创作量最多的形式。各级部门组织了大量的主题征歌活动，产生了数百首各种体裁的歌曲，其中最有影响力的当数歌曲《天安门》(作曲：叶小纲，作词：胡占凡)，歌词分四段，旋律大气宏伟，既有浓郁的民族特色，又有鲜明的时代风格，诚祝之意贯穿全篇，表达出深厚的民族自豪与爱国情感。

(二)“抗疫”题材创作

歌曲以其短小精悍、易于传播等特点成为“抗疫”题材主要创作形式。无论专业人员还是业余作者，都以饱满的热情参与其中，涌现了大量优秀作品。中国音协主席叶小纲的《大爱苍生》《樱花满天红》及其他创作者的《All Will Be Fine！》(作曲：王樱洁，作词：陆畅)、《在一起》(作曲：徐文正，作词：纪树林)、《天使之爱》(作曲：王华，作词：陈淑玲)、《给护士妈妈的一封信》(作曲、作词：谭均华)、《春来了》(作曲：王立东，作词：朱国清)等“抗疫”歌曲，以振奋人心的旋律鼓舞斗志，表达出胜利必将到来的坚定信心。尤其是孙保罗作词、作曲的《星光》以汉语、英语等九种语言演唱，已在波兰福库斯电视台等数十家海外主流媒体广泛播出，还被“嫦娥五号”搭载飞向太空，向世界传递着共赢共享的“人类命运共同体”理念；《武汉伢》则以民谣的方式通过展现武汉的人文历史以及面对疫情而表现出的不屈精神，感动了无数人。

国家大剧院与中国音乐学院联合推出抗疫交响合唱《天使告诉我》(作曲：王黎光，作词：王宁)致敬新时代逆行者。谭盾创作的“抗疫”题材作品《武汉十二锣》2月15日晚在比利时安特卫普伊丽莎白音乐厅首演。4月12日晚，来自中国、美国、俄罗斯等国家的艺术家，分别在上海、纽约、武汉进行“云演出”，呈现了科技与艺术在“爱”的主题下的完美结合。千人云合唱作品《我们》(作词、作曲、配器、混音：李小兵)由各大音乐学院师生演唱，传递出中国人民的坚韧与无畏的精神。交响音诗《生命之春》(四川音乐学院作曲团队集体创作，6月5日于四川音乐学院首演)、合唱交响曲《献给2020》(作曲：邹野、方石，作词：唐跃生，10月10日在第二十三届北京国际音乐节开幕音乐会首演)、交响曲《浴火重生》(作曲：关峡、邵恩、杨帆、黄凯然，8月15日在武汉琴台音乐厅首演)、交响音诗《春天里》(作曲：严冬)、《奔跑的勇士——为抗击疫情的白衣天使而作》(作曲：刘思军)等作品，都从不同侧面展现了全国人民伟大的抗疫精神。

室内微歌剧《阳光灿烂》(作曲：刘云志，编剧：刘静、刘云志，4月10日云演出)采用了弦乐五重奏的室内乐队，时长仅有21分钟，是一次基于抗击新冠肺炎疫情大环境、大背景下的全新艺术尝试，是对歌剧多样化形式的有益探索。民族歌剧《天使日记》(作曲：孟卫东，编剧：王勇，导演：廖向红，10月17日在武汉琴台大剧院首演)以小视角展现大情怀，讴歌了有理想、有担当的“90后”“00后”医护群体。钢琴前奏曲《武汉素描》(作曲：崔炳元)、钢琴重奏曲《生命之光》(作曲：黄子桓)等作品，也通过对生命的歌颂赞美了中国人民在抗击疫情时展现出的人性光芒。

(三)传统文化题材创作

歌剧《芥子园》(作曲：张朝，编剧：赵景扬，导演：莽也嘉，11月27日至29日在北京天桥剧场首演)是第一次聚焦古人关于“知识产权”官司题材的作品，采用具有昆曲特点、北方语言特性的韵白替代宣叙调，结合主题贯穿手法形成全剧音乐的基本结构。歌剧《小河淌水》(作曲：张朝，编剧：颜全毅、马良华，导演：孙晋昆，9月10日在云南大剧院首演)分三幕八场，将云南民族传统文化与歌剧相结合，运用交响化音乐手段使少数民族音乐融汇升华。此外还有歌剧《卓文君》(作曲：林戈尔，编剧：左芝兰，1月10日在成都城市音乐厅首演)、音乐剧《灵魂摆渡之永生》(导演：马达，

11月27日在北京天桥艺术中心首演）等。

作曲家陈钢创作的交响音诗《情殇——霓裳骊歌杨贵妃》于10月18日在上海音乐学院歌剧院上演。作品运用交响乐队、昆曲与室内乐有机融合的方式，展现了杨贵妃与唐明皇的生死之恋及其悲惨命运。“编钟与交响乐队新作品音乐会”（作曲、编配：黄汛舫，11月29日通过B站直播）将传统的编钟与交响乐队结合，呈现东西方文化交融及古今对话。交响曲《史诗·西迁》（作曲：陶承志，9月26日于盛京大剧院首演）取材于锡伯族人民万里戍边——西迁的英雄壮举，表现出历史上锡伯族人民所具有的坚定意志、浪漫生活和伟大精神。琵琶协奏曲《关公》（作曲：景建树，9月15日于山西省运城市临猗县关汉卿大剧院首演）以蒲剧音乐为素材创作，交响叙事诗《莫高于此僧——乐僔》（作曲：崔炳元，12月19日在广西文化艺术中心音乐厅首演）运用大提琴与乐队的双主题变奏形式写作，新编西安鼓乐《大唐礼赞》（作曲：崔炳元）运用乐种曲牌重新创作，它们都是展示传统音乐魅力的优秀之作。

（四）展示地域风情，讲好中国故事

以某个特定地域为切入点，以本地特有的语言为基础来讲述与本地有关联的人物、事件，展现具有鲜明地域色彩的文化，是本类音乐作品的显著特征。歌剧《大汉海路》（作曲、编剧：钟峻程，导演：马兴智、仵威，6月20日在广西艺术学院会演中心首演）以汉武帝时“海上丝绸之路”始发港之一的广西合浦为切入点，展现了古代汉民族文化与广西少数民族文化的相互影响，融入了广西沿海地区音乐元素，极具少数民族特色和地域风格。音乐剧《花儿·少年》（作曲：蓝天，编剧：张泓，导演：胡勛，9月17日于青海大剧院首演）以青海地方民歌“花儿”为主要音乐元素，以剧中人物60年的人生故事见证新时代河湟地区发展新征程。音乐剧《青春剧团》（作曲：李海鹰，11月7日在广州大剧院首演）讲述了新时代背景下广州新一代年轻音乐人为了人生理想矢志拼搏、奋斗圆梦的经历。舞剧《大河之源》（作曲：三宝，编剧：罗怀臻，导演：佟睿睿，于11月26日晚在青海大剧院首演）运用“第一人称”视角，诠释了生态保护、人与自然、人类命运共同体的密切关系。

交响乐《重庆组曲》（作曲：叶小纲，1月6日在重庆施光南大剧院首演）由《红岩村》《我的自白书》等九个音乐段落组成，运用多种丰富的音乐语言，以作曲家独特的音乐思维叙事，展现了一个个具有中国交响音乐特色和地域文化色彩的重庆故事，描绘了作曲家心中的重庆形象。民族管弦乐组曲《中轴》（作曲：邹航、杨一博、郑阳、赵曦、李劭晟、刘力、吴延）由八个独立乐章构成，综合运用民族管弦乐合奏、民族器乐协奏、声乐曲等不同形式，展现对北京中轴线这一历史风貌和文化寓意的理解。京剧交响套曲《京城大运河》（作曲：杨乃林，作词：翁思再、李东才，12月2日在国家大剧院音乐厅首演）包括序曲和四个乐章，采用京剧不同流派的典型声腔与交响乐的结合，以套曲形式表现每一部分主题内涵，抒写京城大运河之独特风貌。交响曲《古往今来》（作曲：王宁，12月11日在深圳音乐厅世界首演）以深圳历史发展为蓝本，分为古、往、今、来四个乐章，将“摇滚”音乐交响化融入其中，具有强烈的时代感。小提琴与乐队《湾区随想》（作曲：方岽清，12月17日于深圳首演）从不同侧面展现了深圳这座年轻而有活力的城市的腾飞历程。

2020年新创作的交响乐作品的呈现方式还有一个新的特点，即委约方选定一个主题，委约作曲家进行创作，然后采用音乐会形式将几个新作品组合在一起，形成类似组曲但又有所不同的形式进行呈现。这样主题性更加明确，而且作曲家会聚焦于一个主题的不同方面进行创作，从而形成一个既有联系又有个性的集体音乐作品。交响乐作品音乐会《交响京津冀》（作曲：于京君、商沛雷，9月6日于国家大剧院首演），出演了围绕京津冀一体化建设主题的三部新作品《寓言三则》（作曲：商沛雷）、《故事三篇》（作曲：于京君）、《交响三章》（作曲：于京君）。《诗路行·运河魂》（作曲：王天明、孙建国、邬娜，12月11日于浙江音乐厅首演）展示出中国致力绘就天下大同的文化图景。大型合唱交响音乐会《大运河》（作曲：唐建平，9月30日于江苏大剧院首演）分为九个乐章，其中第二乐章运用了作曲家首创的“交响说书”技巧，具有独特表现力。

综观2020年度音乐创作，具有以下几个显著特点。其一，作品题材丰富，紧扣时代脉搏，呈现出波澜壮阔的新时代风貌，表现出艺术家强烈的社会责任感。其二，集体创作显示出强大优势，一些大型作品就是运用集体创作方式完成的。其三，演出形式多样，“云演出”虽然是因为疫情原因不得已为之，但也因其独特优势而在后疫情时代依然运用，使推广变得更为便捷，影响也更为广泛，社会效益得到提高。其四，制作团队方面，各省、市、区的地方院团、高校迅速崛起，成为一支新生力量。在制作方式上，既有地方院团与中央团体的合作，也有作曲家的独立创演；高校教、学、演一体化立体发展，为学科建设开辟了一条新的道路。

三、迎接十年变革的音乐产业、流行音乐与音乐教育

（一）逆境中成长的音乐产业

2020年是音乐产业的中国年。受疫情冲击，世界音乐产业经营惨淡。英国音乐产业是世界音乐产业的重要力量，UK Music数据显示其2020年市场规模萎缩一半。在美国，两次公开声明“继续营业”的百老汇也在3月宣布关闭所有剧场，美国最大的表演艺术组织大都会歌剧院的音乐家、合唱歌手和舞台工作人员则遭到解雇或停薪处理。意大利等国的情况也基本相似。相比之下，中国音乐产业几乎是唯一“挺得住”的存在。这有中国音乐产业市场纵深够大的原因，也有其主要依赖流媒体形式的原因。

另外我们也应看到，中国上半年的现场演出也处于停摆状态，全演艺行业都迫不得已进行线上尝试。国家大剧院上演了一系列线上音乐会，累计点击量突破10亿。各地大型剧院也在做在线媒体的努力，但这都不产生经济效益，和“产业”无关。并且这些尝试没有催生新的音乐美学，毕竟大型剧院在互动性、游戏性、“做剧”性方面具有先天不足。流行音乐借助电子传媒的发展，顺势推出了“沙发音乐会”“天台音乐会”“晚宴音乐会”“livehouse直播”等多种形式。然而，即便这些在线音乐演出都有“打赏”渠道，但是对于古典音乐家或缺少乐迷的流行音乐家来说还是无法形成稳定的收入。不得不说，乐迷仍视线上演唱会为疫情期间的特殊形式，商业转化的模式仍然不明朗。

艾媒咨询数据显示，中国数字音乐市场规模保持稳定增长态势，2019年是250亿元，2020年则增至293亿元。数字音乐加快了与5G、8K、AI等前沿技术的融合，各音乐平台发展线上新形态，如线上演唱会、3D虚拟形象直播等。当然，对于数字音乐来说，2020年最大的机遇来自疫情。另外，疫情也影响到了普通民众的收入，并对音乐市场的可持续发展造成影响。“虾米音乐”终究没有挺过这个寒冬，阿里巴巴集团对音乐产业投入巨大，但结果还是不尽如人意。

音乐产业历来云谲波诡，网易云音乐也不得不放下身段，在这个“冬天”推出全新8.0版。新版本改变了用户熟悉的界面，将导航栏移到底部，各个按钮的顺序重置，还增加了“播客”和“K歌”板块，五大导航里有三个重在社交功能。这到底是“扬短避长”还是与时俱进，最终要经过市场的检验才能得出定论。2020年8月，网易云音乐和抖音正式宣布达成合作，共同致力于“音乐＋短视频”内容生态建设，这是一项顺应趋势的举措。腾讯音乐娱乐集团（TME）建立起QQ音乐、酷狗音乐、酷我音乐、全民K歌四大产品阵营，并凭借强大的资金支撑构建起版权屏障。其优势在于，腾讯可以很方便地将客户引流到TME。与此同时出现的问题是，TME和网易云的摊子铺得越来越大，涵盖面越来越广，留给个性小公司的机会则越来越少。

面对如此纷杂的局面，中国音乐产业从来没有像今天这样需要反省和思考。中国音乐产业尤其是数字音乐产业抓住了机会，跃升为世界音乐产业的承重性支柱，甚至执其牛耳也指日可待。但是“跟着走”已经行不通了，TME和网易云以及快手、抖音等平台要做好“带头走”的准备了。在“如何带好这个头”这个问题之前还有一个问题：如何迎接《中华人民共和国反垄断法》2008年颁布以来在2020年的首次大修？

音乐产业虽然充满机会，但是风险更大、收益更少。第一，依然是人才危机，在创新能力、吃苦

耐劳和教育支持三方面我们都不具优势。第二，下一个十年越来越具力量的“反垄断”，也不支持数字音乐现在的业绩表现。第三，世界经济整体进入下行通道后对文化消费的冲击是可以预见的。地球已经越来越无力继续负担人类高消耗的生活方式——哪怕科技还在发展、生产力还在发展。世界必须转型，而这个转型与当前的经济运行方式相悖。中国力量会越来越凸显。

（二）疫情影响下的流行音乐发展

如果要数近年来国内现象级的音乐潮涌，必定是2020年的“抗疫”歌曲。上海音乐出版社春节前率先发起抗疫音乐选优活动，联合上海广播电台和上海音乐家协会精选出135首作品，配以音频、视频，通过广播电视和微信公众号等进行多媒体推广。中国文艺网则设置专题栏目《抗疫路上，为你而歌》推广百首广受好评的抗疫歌曲。各家电视台也不甘人后，一时间《Stay With You》（林俊杰）、《平凡天使》（邓紫棋）、《同根》（李荣浩）等歌曲轮番上阵。随着数量的增多，抗疫歌曲也避不开创作和制作上的用力过猛和同质化倾向等问题。对抗疫歌曲而言，除了责任感和使命感，更要有文化底蕴和艺术水准。

综艺节目是流行音乐的重要传播路径，迫不得已待在家中的广大人民群众支撑起了综艺节目的热度。《歌手·当打之年》在2月7日推出后给疫情中的人们带来不少惊喜，但疫情前录制的节目用完之后不得不采用“云录制”的远程方式。2019年的音乐爆款属于《乐队的夏天》。湖南卫视2020年主打青春牌的《我们的乐队》在3月率先出场，《乐队的夏天》的第二季在7月底方才揭开面纱。《乐队的夏天》在第二季依然有惊喜，“五条人”的艺术水准不是最高的，但“小城青年油条”的综艺感一定是最高的，于是在一次次被淘汰后一次次被投票“捞回”，走到总决赛并奉献决赛场极具丰富性的《地球仪》。总冠军“重塑雕像的权利”带给大众的惊喜则是：其以冷峻、理性的电音摇滚呈现了中国流行音乐的一种可能和一种高度，并大踏步走向国际舞台。

2020年依然是流行音乐的小年。《乘风破浪的姐姐》是2020年非常红火的“音乐竞演”综艺节目，但在这里话题大于音乐。《乐队的夏天》捧红了《阿珍爱上了阿强》，但这是“五条人”2016年专辑《梦幻丽莎发廊》中的作品，只能说明传播学违背唯物主义的“不传播就等于不存在”也有道理。虽然也有《我想和世界说》（姚谦作词）这样的动人的歌词，但“抗疫”歌曲能流传下来的作品并不多。

疫情对于经济的负面影响很大，对于流行音乐则没有多大负面影响。流行音乐的小年归根结底还是音乐教育方面的问题，这是个老问题。新问题是，我们的文化传媒公司和文化市场是否存在足够的能力和诚意？成立于2016年的韩国“粉墨”（Blackpink）也不见得有太高的音乐艺术性，但成员拉莉莎（Lisa）在2020年中国的《青春有你》音乐竞演节目中已经狠圈了一波粉丝。中国流行音乐还需在立体性、多元性、外推性、使命感方面多做努力，因为中国粉丝也在成长，欣赏水平也在不断提高。“祇看后浪催前浪，当悟新人换旧人。”中国流行音乐依然表现为热闹中的落寞，无论后浪还是前浪，在2020年都没有激起太大的浪花。

中国流行音乐下一个十年在世界中的地位大概率会提升。这么大的人口基数和这么方便的在线音乐资源，总会有人崭露头角。野蛮生长对于古典音乐是致命的，对于流行音乐却可能转化为机会。年终祭起的反垄断大旗对于腾讯、网易云等流行音乐平台是利空，对于中国流行音乐生态却可能是利好。世界上流行音乐的黄金时代已经过去，中国流行音乐的黄金时代还没到来，但重现20世纪七八十年代的辉煌恐怕也不可能。在与世界流行音乐的对比中，在与国内其他音乐形式的对比中，中国流行音乐似乎可以谨慎地说出以下四个字：未来可期。

（三）变革效果初现的音乐教育

2020年春节后的新学期在惶恐不安中来临。疫情之下，师生迫不得已选用远程教学方式。在被互联网重组过的新世界，音乐教育面临乐谱印刷时代以来最大的变革。在5G时代，我们已经来到远程教育全面铺开的阶段，尽管今年的远程教学是为了应对疫情，但更重要的是通过这次“大考”完成远程教育的启蒙，使我们提高综合教学能力，有能力应对未来教育的挑战。在互联网大数据背景下，教师应有能力充分利用网络资源，搜集各种优秀音乐教育案例，通过各类网络教育平台了解新的音乐教学方法，从而融会贯通，推陈出新。2020 年，“因为有爱”“幸会音乐”等音乐教育类微信公众号的价值得到更大体现。这次疫情促使我们反思、探索音乐教育的更多可能。疫情之后，在线音乐教学形式无疑会锐减，但与 2019 年相比，真正的而非为应急的在线音乐教育无疑将会提速。

2020 年 10 月，中共中央办公厅、国务院办公厅联合印发《关于全面加强和改进新时代学校美育工作的意见》。与 2019 年教育部的《关于切实加强新时代高等学校美育工作的意见》相比，新文件颁发主体的级别更高，涉及的范围更广，对音乐教育的影响当然也更大。新美育有着更大和更丰富的目标。美育是审美教育、情操教育，但这还不能体现其“新”。体现“新”的是文件后面的字句，“心灵教育”“温润心灵”，以及“丰富想象力和培养创新意识，激发创新创造活力”。在青少年心理疾病越来越凸显的时代，音乐教育还应关注和维护学生的心理健康。对于普通学校来说，音乐教育的功能是改进或形成音乐修养，促进人的和谐发展，尤其是提升文化理解、艺术表现、创意实践等核心素养的发展，而不是选拔和培养音乐人才。新时代需要富于创新精神和创造力的人才，这也是《关于全面加强和改进新时代学校美育工作的意见》对美育的新期待。

“美育”是 2020 年度音乐教育的关键词，高校对“美育”的实践亦是动作不断。兰州大学用声乐套曲《敦煌廿咏》演绎敦煌文献，华东师范大学心理与认知科学学院的“心节奏”合唱团用音乐会来阐释心理学知识，沈阳城市学院则将美育纳入人才培养方案……在互联网时代，大多数人都不会缺少接触高水平音乐作品的机会。只是简单的音乐演出或者音乐课程，已不足以支撑美育的目标。音乐教育是美育的组成部分，但是音乐教育是否必然是美育？当然不是，我们在音乐教育中也往往能看到简单粗暴的“填鸭”式教育。音乐教育是不是只属于美育？当然也不是，在音乐教育中依然可以开发智育、德育、体育、劳动教育等方面的素养与能力。

2020 年的音乐教育前承全国教育大会，后启“十四五”开局之年。我们能够感受到音乐教育的变化。但与国家、人民、时代对音乐教育的需求相比，音乐教育仍然显得行动迟缓。无论是新时代的美育文件，还是以前的“学生核心素养发展”、普通教育音乐课程标准等，教育及音乐教育的理念和策略远远走在前面，而与现实相差太远。

2020 年 11 月，联合国教科文组织出台《为全纳教育做好教师准备》的政策文件，呼吁教师具备“每个学生都能成功”的价值观，音乐教师也一样。2020 年年底教育部印发《关于破除高校哲学社会科学研究评价中“唯论文”不良导向的若干意见》，进一步为教育及音乐教育的内涵式发展提供支持。2020 年还是博士、硕士学位授权申请年，与 3 年前的上一轮学位申请相比，本次授权突然收紧，仅有一成通过率。但与今后漫长的岁月相比，这将是学位授权最为宽松的一届。摊大饼的教育发展模式已经结束，学历和论文跃进时代已经结束。音乐教育必须加强内涵建设，提高教育质量。此外，未来的中国音乐教育还需要在国际上继续积极发声，推出成果。

四、不断深化的音乐学术研究

（一）阐释文化观念的传统音乐与民族音乐学研究

2020 年度传统音乐与民族音乐学研究，聚焦音乐文化观念，如对历史事件或城市音乐予以国家或地方文化解读，重新认知乐人思维，强调以乐人主体性为视角的形态研究，溯流探源乐器构造与保护范式等。张振涛的《三种伴奏形式与三种表述模式》（《音乐研究》第 6 期）以伴奏为坐标探视中西方不同艺术形态背后的文化观念与社会类型，强调多种语言与多重实践是解读跨文化的基料。洛秦的《城市音乐的历史积淀、生态结构及其研究的机制性因素——论明末至民国苏州音乐文化的历史发展及其特征》[《音乐艺术（上海音乐学院学报）》第 2 期] 将赋予地方文化象征的音乐现象、音乐种类或音乐形态作为研究对象，阐释原生地的历史与当下的属性及其功能。赵塔里木的《〈出口外歌〉丝路北线流传考》（《音乐研究》第 6 期）勾勒出由陕甘民间艺人跨国迁徙传入中亚，但官方文献未记录的“路程歌”之存续与变迁样态。

乐器与器乐研究方面，李子晋、韩宝强的《中国传统乐器音响数据库构建研究》(《中国音乐学》第2期）总结了可以摆脱同质化窠臼的中国传统乐器数据库的主要特征，针对检索方式单一与标签整理耗时费力提出建立自动标注体系。李明忠等人的《让古琴醒来——由浙江省博物馆藏琴声音品质检测到传世古琴的保护》(《人民音乐》第5期）基于琴弦对琴体的压力可以维护延续古琴生命的原理，对浙江省博物馆收藏的三床古琴进行检测分析，测试结果表明：古琴作为乐器，张弦演奏、随时修缮是对其最好的保护手段。刘桂腾的《执“田野与历史两端”的类型分析——北亚鼓圈中的泰加林型萨满鼓》(《中央音乐学院学报》第2期）以“超地方性”的研究模式，寻找产生于“地方”又不限于“地方”的萨满响器谱系。

12月，围绕传统音乐的创新发展，由北京文化艺术基金资助的“民族音乐产业创新人才交流平台”项目启动仪式在中国传媒大学音乐与录音艺术学院举行，极大地拓宽了本领域人才队伍的发展道路。2020年度线上或线下召开的诸多学术研讨会也极大地推动了传统音乐研究深化发展。如6月文化和旅游部恭王府博物馆、中国艺术研究院、国家图书馆、中国昆剧古琴研究会主办的“把遗产交给未来·良辰美景非遗演出活动”，7月吉林艺术学院承办的“中国传统音乐学会第21届年会”，12月由国际传统音乐学会与上海音乐学院联合主办的“第27届ICTM专题研讨会‘丝绸之路上的鼓与鼓乐：历史、图像与表演（技巧）’”，以及中国音乐学院主办的“2020年中国音乐研究基地年会暨中国乐派专题研讨会”、南京艺术学院音乐学院举办的“新时代民族音乐学发展研究——中国民族音乐学四十年回顾与反思研讨会”等。

（二）回溯本体的中国音乐史学研究

2020年度中国音乐史研究呈现回归历史语境、回溯音乐本体、回到音乐实践的特点，学者反思过往研究，以实践为依托总结经验，融文献、考古资料、民间遗存于一体。项阳的《礼乐文明：中华民族共同的文化创造与标志性存在》(《艺术学研究》第2期）强调礼乐文明是全面复兴传统文化的基石，既具有体系化意义的礼乐一脉，也包含“合礼乐”的俗乐一脉，可以涵养社会风气，教化民心。律学常被误解为脱离音乐实践的数理逻辑，吴璨、崔宪的《“不存在”中的存在——律学数据的实践来源、科学依据与理论价值》(《中国音乐学》第3期）旨在厘清律学的科学价值与存在理由，讨论律学数据的理论意义。

音乐考古学方面，方建军的《石峁骨簧的音乐历史意义》(《音乐研究》第1期）认为陕西石峁、山西、辽宁、内蒙古和北京等地出土的骨簧填补、丰富了中国古代音乐史内容。林晨的《古琴指法谱字分析——以〈良宵引〉为例》(《中国音乐》第3期）设计了一套适用于分析古琴指法谱字的方法，辨析30个不同版本的《良宵引》，凸显历代琴人审美旨趣，阐明打谱应融入“己意”。

音乐形态学与曲调考证方面，蔡际洲的《范畴与角度：中国传统音乐的形态研究问题》[《黄钟（武汉音乐学院学报）》第1期］归纳了学者剖析音乐形态的多种途径，就研究范畴与研究角度提出了若干问题。孟凡玉的《敦煌驱傩词“赶五句”民歌的地方属性考索》(《中国音乐学》第3期）结合史实与文献廓清了收藏于法国巴黎国家博物馆的敦煌驱傩词与赶句民歌，是流传于沙州节度使张议潮老家南阳一带的仪式风俗与歌唱传统，显示出中原文化与西域文化的交流与融合。李宏锋的《两首“醉吟商”曲谱研究——曲牌“原型—类型化”视角下的词乐流变考证之一》(《音乐研究》第6期）对比《九宫大成南北词宫谱》与《白石道人歌曲》所录“醉吟商”的形态演变，提炼出宫调体系变迁、曲牌原型分析、核心音列调整、旋律润腔装饰、诗词句读重组五方面曲牌音乐考证的可能途径。

2020年12月28日，中国艺术研究院举办首届学术提名发布活动。该活动包括“张庚戏曲学术提名”“杨荫浏音乐学术提名”“王朝闻美术学论文提名”“冯其庸红学论著学术提名”四项内容。荣获首届“杨荫浏音乐学术提名”的专著共四部：赵宋光的《中国民族音乐形态研究与阐释》、乌兰杰的《蒙古族音乐史》、沈洽的《音腔论》、李玫的《“燕乐二十八调”文献通考》。此次活动旨在弘扬以杨荫浏为代表的前辈学人开创的学术传统，对引领中国音乐学术研究、推动中国音乐话语理论体系建设具有积极意义。

（三）融通中外的作曲技术理论研究

2020年度的作曲技术理论研究，关注西方启示性元理论与前瞻性技术，构建中国当代音乐创作理论体系，整体呈现出更加自觉的问题意识。作曲技术元理论研究成为2020年度研究的亮点，一方面围绕曲式理论、奏鸣理论、节奏理论、申克理论、修辞学、音阶理论等内容展开讨论，厘清理论内涵，弥补理论缺失；另一方面深入文本，发掘史料，钩沉历史，梳理学科发展脉络，不仅为学科建设提供学理支撑，还为中国当代音乐创作理论体系的构建提供有益借鉴。成果的形式不再拘泥于论文，系统性研究的著作与译著同样取得新进展。例如，姚恒璐的《从曲式原则到结构逻辑：音乐结构与作品风格演变的有机关联》（文化艺术出版社）以曲式的结构原则为核心展开讨论，探讨其与曲式结构基本原则的确立、结构变体、结构对位、结构的“自由”的关联性。姜之国的《音高组织技术的理论与实践》（上海音乐学院出版社）结合和声理论与实践，从调性—中心音主导型、调式—音列主导型、音程—音程集合体主导型以及序列—阵列主导型四个方面，总结梳理18—20世纪音乐创作中的音高组织技术。贾达群的《作曲与分析的修辞学观照》（《音乐研究》第1期）从历史审视、现实体认、文学关联等视角探究音乐创作或分析中国音乐修辞学。

有关中国当代音乐创作的研究，集中体现在深挖中国传统音乐理论，阐释作曲家赋予音乐要素的符号意义，诠释形态背后的文化本质等方面。姚恒璐的《对姜夔自度曲音乐本体的现代解读》（《中国音乐学》第4期）以杨荫浏译谱的姜夔自度曲为文本，将其置于现代音乐理论语境，从歌曲旋律构成调式的组织方式入手，阐述其调式旋法、音乐结构、旋律发展等方面的特征。陈牧声的《轴心音作曲原理及其音乐创作实践——“同均三宫”理论的启示和意义》[《音乐艺术（上海音乐学院学报）》第2期］以黄翔鹏提出的“同均三宫”理论为创作基石，将“同均三宫”扩展至“三均五宫”，在“均·宫·调”的层次性和与之相关的“均主、音主、调头”的内在数理逻辑基础上，构建适用于当代创作的“轴心音作曲原理”。

2020年度五声性调式和声专题研究一直是学界关注的热点，学者围绕和声的风格、调性扩张技法、调式、纯五度复合技术等问题展开讨论。刘康华的《探究我国早期音乐创作中和声运用的民族风格问题——学习樊祖荫先生传统多声部音乐理论有感》（《音乐研究》第2期）评述了樊祖荫传统多声部音乐研究的核心观点及学术价值，以此来考察中国早期音乐创作中探索民族风格的一些具体做法。

西方作曲技术理论阐释方面，学者们以更为自觉的问题意识聚焦前瞻技术，围绕调式调性的扩展、序列技术、节奏方面展开探讨，研究对象主要集中在19—20世纪音乐作品或作曲家的研究，涉及的作曲家较为广泛，有瓦格纳、拉威尔、法雅、亚纳切克、辟斯顿、利盖蒂、布里顿、哈里森·伯特威斯尔、杜蒂耶等。陈鸿铎的《协和无调性：一种具有创意的和声处理方法——以利盖蒂的部分音乐作品为例》（《中央音乐学院学报》第1期）从协和无调性的产生背景、原理及表征、如何连通调性与无调性三个方面阐述利盖蒂的协和无调性的和声处理手法，对中国当代音乐创作有借鉴意义。数理逻辑的研究包含音高序列与节奏序列两个方面。张巍的《序列音乐技术的中国化研究（二）——十二音创作技术与理论的发展（1990—2000）》（《音乐研究》第6期）通过对相关作品的本体分析和理论归纳，总结20世纪90年代作曲技术和研究发展概况，进一步揭示序列音乐在中国现当代音乐创作中如何通过最初的模仿、借鉴、融合最终实现“中国化”的进程。

（四）西方音乐、音乐美学等领域研究

学者们阐释、借鉴西方音乐的研究从未停滞，随着学科历史近百年的积累，他们融通各种资源稳步推进，学术理念和研究方法不断更新，呈现出观照本体、扩展理念、持续深化的发展局面。其他如音乐美学、音乐表演理论、人工智能等领域也取得了一定的成果，呈现出多学科融合发展的趋势。

西方音乐中的“乐派”问题研究是2020年度西方音乐史学研究中备受关注的话题。学者在音乐通史或断代史的语境下，探讨西方乐派的形成原因、特征及构建方式、研究方法等问题。王晡的《风格、流派和乐派》(《音乐研究》第 5 期）认为用风格乐派来定义音乐历史是有价值的，风格乐派的研究要集中于通过音乐本体解读作品，从技术发展来把脉作品可靠的历史坐标，在音乐史中为其定位。伍维曦的《被建构与想象的乐派——以 19 世纪法国政治与音乐为例》(《音乐研究》第 5 期）辨析了风格乐派与文化乐派，并以 19 世纪法国的音乐与政治为例，考察对影响西方音乐作品经典化及音乐活动体制化的社会因素。2020 年 10 月，由西方音乐学会主办的“西方音乐学会・史学理论与方法研讨会”在济南举行，会议设置“史学方法和理论”“史学研究和评述”“个案研究的史学意义”和“其他”四个议题，围绕乐派、风格、流派、理论构建、西方音乐史书写的理论方法及相关问题研讨等问题展开探讨。

音乐美学领域研究多集中于审美与技术互动、音乐创作本质、音乐美学的哲学基础及其反映论与主体论问题、音乐美学史等方面的探讨。王次炤的《论音乐中的精神内涵》(《中央音乐学院学报》第 4 期）通过对贝多芬、舒曼、肖斯塔科维奇音乐精神的具体分析，从审美感知、社会心理分析的角度阐释音乐精神内涵的四种境界，认为音乐中的精神内涵是作曲家的思想意识和所处时代特征的反映，超越了音响形态和一般意义上的情感表达，是文化、思想、人格境界和抽象精神在音乐中的体现。

音乐表演理论研究已成为音乐学各学科发展的一个重要推动力，2020 年度研究主要围绕表演与音乐理论、表演与心理学、表演与历史等问题展开讨论。相关论文有高拂晓的《音乐表演创造性的研究前沿及意义》[《音乐艺术（上海音乐学院学报）》第 4 期]、邹彦的《踏板和踏板记号中的“历史声音”——对历史音乐学的一种 HIP 视野考察》(《音乐研究》第 1 期）等。

综观 2020 年度中国音乐艺术发展，广大艺术家满怀激情坚持演出、创作，尽情讴歌伟大的时代，缅怀革命先烈，致敬英雄人物，聚焦普通百姓，展现时代风貌。尽管肆虐全球的新冠肺炎疫情对音乐展演和交流造成影响，但是各舞台艺术形式通过线上与线下结合互动，积极推动展演交流的演出形式创新。“抗疫”题材的音乐作品创作，以其强大的社会功能，对鼓舞斗志、凝心聚力起到了很好的作用；聚焦传统文化、讲好中国故事、展示地方色彩的作品呈现繁荣景象；作为国之重器的歌剧、交响乐佳作频出。音乐产业、流行音乐与音乐教育可说是被“疫情”重组的一年，中国音乐产业成为世界音乐产业唯一的亮色，流行音乐借助互联网发展势头不减，音乐教育改革的成效开始显露。音乐学术研究方面，中国传统音乐史论研究总体表现出阐释文化观念、回溯音乐本体的特征，作曲技术理论与西方音乐等领域研究则以融通中外为宗旨，力求不断更新学术理念，表现出高度的自省意识和方法论认知，这些都是音乐学研究深化发展的重要标志。

已经逝去的 2020 年是极不平凡的一年，广大音乐工作者坚守岗位、奋力前行，表现出强烈的社会责任感和历史使命感。中国音乐艺术在这一年所走过的历程与取得的成就一样，都值得纪念。

李宏锋　中国艺术研究院音乐研究所所长、研究员
冯卓慧　中国艺术研究院音乐研究所副所长、副研究员
赵倩　中国艺术研究院曲艺研究所副研究员
徐文正　温州大学音乐学院教授
张燚　海南师范大学音乐学院教授
饶曦　中国艺术研究院音乐研究所助理研究员
李冬　中国艺术研究院音乐研究所副研究员

2020年中国民族音乐学研究热点现象述评

◎ 赵书峰

2020年度的中国民族音乐学热点现象研究主要体现在音乐表演民族志、跨界族群音乐研究、历史民族音乐学、音乐文化身份的建构与认同四个方面的理论与个案研究。虽然这些话题已不再是真正的学术热点，但是每个学者的研究理念、研究方法、研究思路，以及新材料的发现都有其独特创新之处。2020年度也是自“南京会议”以来西方民族音乐学理论全面进入中国学界的第40年，为此，南京艺术学院音乐学院专门举办了“新时代民族音乐学发展研究——中国民族音乐学四十年回顾与反思研讨会”。[①] 与此同时，杨民康、杨曦帆、胡晓东等学者分别撰文针对中国民族音乐学学科概念，以及中国民族音乐学与中国传统音乐研究经历的“博弈 互视 互融”过程展开学术反思。[②] 这里有必要解释的是：由于文章篇幅所限，对于笔者检索与选取的研究分析文献可能会挂一漏万，在此深表歉意！

一、音乐表演民族志：从以“文本”分析为主到以“表演”为中心的研究

（一）音乐表演民族志研究的具体特点

当下的音乐表演民族志研究转向主要是受到民俗学“表演理论”的影响，重点关注音乐文本的动态化生产过程研究，从关注于“律、调、谱、器”的研究走向特定表演场域中音乐表演文本生成过程的关注，尤其关注音乐的模式与模式变体思考，即音乐表演文本的“新生性”问题，即每一次的音乐表演都是新的，强调前后两次表演文本之间互文性思考。音乐表演民族研究从以音乐“文本”分析为主走向以“表演”为中心，强调音乐表演场域对于音乐文本生成的重要性、关系性思考。

1. 将音乐表演文本的生成过程置于特定的表演语境中进行结构主义与符号学等跨学科理论分析

首先，有关符号学与音乐表演民族志研究是2020年中国民族音乐学研究的一个热点问题。学者们针对符号学视野下的音乐象征意义的生成问题，以及音乐文化身份的建构与认同问题，结合具体的田野实践进行分析研究，这些研究不是一味静止地关注乐谱文本结构的思考，而是从符号象征、符号互动理论、符号在不同语境中的含义生成过程，以及语境与符号象征意义的互动关系等方面进行思考。胡晓东《瑜伽焰口仪式音乐表演民族志研究》关注了仪式音乐表演民族志视野下的瑜伽焰口音乐象征符号（“归属性”模型/models of）如何经由表演转化为一系列音声景观（sound scape）与符号表征（“对象性”模型/models for）的过程，揭示出仪式表演行为与仪式音乐之间的深层关联，进而达到对表演语境与社会结构的整体认知。可以看出，胡晓东的研究与笔者下文提到的萧梅关于“传统音乐的表演与音乐形态之间互动关系”的思考，有诸多研究理念上的异曲同工之处。张林《音乐如何与认同接通——以新宾满族音乐文化体系建构为例》，运用罗兰·巴特的符号学理论中的“能指”与“所指”概念在不同语境系统中的生成问题，及其含义系统增大符号学理论，针对新宾满族音乐文化身份的建构与认同互动关系展开思考。作者运用符号学与民族音乐学理论，将满族传统仪式音乐的表演文本符号学意义生成置于其传统仪式表演语境中进行思考，从另一个侧面考察了音乐文本在特定的仪式

---

① 该研讨会由南京艺术学院音乐学院主办，会议时间：2020年12月12日至13日。

② 代表性文献有：杨民康《分久必合：论中国传统音乐研究与音乐学、音乐人类学之间的相互关系》，《南京艺术学院学报（音乐与表演）》2020年第4期；杨曦帆《回顾与反思——民族音乐学在中国四十年的发展历程》，《南京艺术学院学报（音乐与表演）》2020年第2期；胡晓东、彭小峰《民族音乐学：更是一种态度——民族音乐学在中国四十年钩沉与反思》，《南京艺术学院学报（音乐与表演）》2020年第4期。

表演语境中的建构过程。当前，有关音乐表演民族志与符号学理论的研究，主要运用索绪尔、乔姆斯基、克里斯蒂娃、罗兰·巴特等学者理论，再结合德勒兹、皮尔斯的符号学理论，针对民族音乐学的田野个案展开具体的分析与解读者不多。比如将皮尔斯的“符号三元构成说”[①]理论运用到民族音乐学关于民俗节庆仪式音乐与文化隐喻的互动关系，音乐表演文本结构与意义的生成过程，“非遗”在乡村与城市化语境中的传承与传播与文化变迁等问题的研究中。[②]年轻学者朱腾蛟《表述·认知·语境——中国民间歌唱表演习语研究》，已经初步关注到皮尔斯的“符号学三元构成说”理论对于“歌唱表演习语做语境化的类型学研究”的分析与解读。当下，国外民族音乐学家运用皮尔斯的“符号学三元构成说”理论对民族音乐学个案进行研究已经相当成熟。具有代表性的是美国民族音乐学家托马斯·图里诺的研究《想象、身份和经验的符号：皮尔士音乐符号学理论》[③]、《皮尔士思想作为一个现象学的民族音乐学的核心理论》[④]，作者以自己演奏的弦乐作为个案实践，结合皮尔斯的符号哲学理论针对音乐表演实践与表演过程给予的现象学解读。

其次，将音乐文本的生成过程、生成逻辑等置于特定的民俗仪式表演语境中进行简化还原、深层结构分析。借用诸如乔姆斯基以及列维·斯特劳斯的结构主义人类学理论关于神话谱系的分析模式，针对传统音乐表演文本形态的“前景”“中景”“背景”进行分析与描述。如凌崎《模式与变体的“互视”——汉江上游地区丧锣鼓牌子的转换生成与简化还原探析》，对汉江上游区域的民间丧葬仪式音乐展开历史与当下的互证关系研究，重点关注其民间丧葬仪式中的锣鼓音乐（“三点水”锣鼓牌子）的模式与模式变体问题，运用文化本位模式分析法，观察作为表演者的“乐人”如何将观念性的音乐文化模式（鼓板喳子）转换生成音声表层的过程；运用申克音乐的简化还原分析方法，揭示汉江上游地区丧锣鼓牌子（“三点水”和“老鼠嗑牙”）的深层模式、语义特征以及文化意义。可以看出，凌文的分析理念主要受到表演民族志理论中的“以表演为中心”（表演前—表演后）的音乐文本生成研究理念，乔姆斯基转换生成符号语言学理论，以及列维·斯特劳斯的结构人类学关于神话的分析模式等诸多思维的深刻影响，且研究理念带有鲜明的历史民族音乐学思维。

最后，结合符号学理论开展音乐表演文本的生成问题，重点关注音乐表演文本的模式与模式变体、历时性（横组合）与共时性（纵聚合）之间的互动关系问题。王慧《“歌舞”表演中的维吾尔族木卡姆节奏模式研究》，以《吐鲁番木卡姆》为例，将木卡姆放置于歌舞表演过程中对其节奏模式进行综合性的分析与描述。李纬霖《云南与周边国家傣仂赞哈表演前的模式与族性特征研究》、凌晨《中越跨界壮—岱 / 侬族群“乜末”仪式歌唱与表演的符号隐喻》，两位青年学者运用符号学理论针对中国与东南亚国家跨界族群音乐——傣仂赞哈与壮—岱 / 侬族群“乜末”仪式歌唱音乐文本的生成特征与表演符号学特征，结合扎实的田野工作进行研究。

2. 将音乐表演文本的历史构成与当下活态的音乐表演场景进行“接通”思考，重点关注音乐表演文本的历史与当下构建的互动研究、互证研究

2020 年度，萧梅、李亚都关注到了音乐表演的历史维度的思考，考察了历史民族音乐学视野下的音乐表演的历史构建与当代表演实践的互动关系问题。换言之，将音乐表演文本的历史与当下进行互视研究。萧梅《表演者：在历史与当下的十字路口——兼论传统的演释与演释的传统》，力图聚焦于表演者与表演实践的认知系统，在以乐人“奏唱及表演活化”为核心的存在方式，注重过程、动态、功

---

① 皮尔斯的符号学包括符号概念、组成以及符号分类。一个完整意义上的符号由符号本身、指代对象和解释项三部分组成。

② 赵书峰：《符号学理论与中国民族音乐学研究》，《南京艺术学院学报（音乐与表演）》2019 年第 4 期。

③ Turino Thomas，“Signs of Imagination，Identity and Experience：A Peircian Semiotic Theory for Music”，*Ethnomusicology*，Vol.43，No.2，1999，pp.221-255.

④ Turino Thomas，2“Peircean Thought as Core Theory for a Phenomenological Ethnomusicology”，*Ethnomusicology*，Vol.58，No.2，2014，pp.185-221.

能的整体音乐观中，重思中国传统音乐在历时性中所养育的“述作互动”之演释传统。李亚、萧梅《丝弦清音忆江南——通晓历史的表演实践》，将江南丝竹表演文本、表演语境的历史与当下进行互视研究，其研究理念带有鲜明的历史民族音乐学思维，即通过对音乐表演历史文本的分析、解读，来重构江南丝竹的音乐表演实践。可以看出，萧梅、李亚两位作者都将当下的音乐表演实践、音乐表演文本置于其过往的历史表演语境中进行互视、互证，进而审视音乐表演实践的重建研究。

3. 关注音乐表演文本（乐谱）形态的特征与音乐表演之间互动关系的思考

萧梅《中国传统音乐表演艺术与音乐形态关系研究》，关注到了作为从曲目库、体裁、结构等纵横向研究传统音乐的“产品”意义（比如乐谱的形态特征研究），音乐生成之表演及演奏的“过程性”研究，以发生学视野来考察音乐表演与音乐形态生成关系的研究。综观萧文的研究，不但关注到了音乐表演民族志强调从乐谱文本走向以表演为中心的以及表演实践的过程研究理念，同时通过对表演主体乐人的主位表演实践（主位表述），以及通过作为表演者的表演实践获得的“局内感”① 来逆向考察特定乐种、歌种的“音乐语法”“音乐技法”与音乐产品的生成与结构特征之间的互动关系问题。同时作者重点关注到了音乐文本生成的动态过程以及作为表演者主位表述的表演实践研究，以及表演行为、感知、情感、思维方式、表演惯习等诸多因素对于音乐表演产品的结构、风格生成带来的影响。实际上萧文的研究与下文笔者提到的闫旭的文章在研究理念、研究思维有某些相似之处，两位学者都关注到了作为音乐表演实践者的主位表述（或者音乐表演实践获得的“局内感”）对于音乐产品结构之间互动关系的思考，他们都强调了音乐表演实践过程中的作为主位表述者——“人”的因素的重要性问题。“因为音乐流派的形成与传承与人的个性、教育背景、审美情趣、世界观、价值观等诸多因素密切关联。”② 所以，“音乐学，请把目光投向人”，当下看似一个老生常谈的问题，若结合音乐表演民族志理论思维来审视它，则是一个非常重要的学术话题。因为真正结合田野实践与表演实践来关注“人”的因素与音乐形态、音乐风格的构建之间互动关系的人不多。民族音乐学研究不但要关注音乐文本的结构特征的分析研究，而且要将音乐产品置于其表演过程（表演前—表演中—表演后）进行动态分析，而且要考察作为文化局内人的音乐表演实践者——“人”的教育与传承背景、表演惯习、审美情趣等特征对于表演行为、表演过程带来的诸多影响。如邱秋燕、周凯模《表演身份、表演场域与艺术形态的再造——广府南音〈客途秋恨〉四个演唱版本比较》，作者通过对杜焕、白驹荣、区均祥、张国荣四位不同时代人物演唱的广府南音《客途秋恨》不同版本的比较分析研究得出：不同表演主体的表演风格、音乐艺术形态的重构与表演者（乐人）所处的社会语境、人生经历、审美趣味等因素有直接关系。正如伍国栋先生在回应蒲亨建关于“民族音乐学为何要研究人”这一问题的批判中认为：“在倡导通过投向创造音乐、操作音乐、体验音乐的乐人群体和个人的‘目光’，更全面更深刻地去观察、认知他们面对的各式音乐本体。此时，在音乐学人视野中，这‘人’绝非是与音乐无关或浅淡被动关联的普通人或其他领域中的群体或个人。也就是说，这个‘人’，是一个在特定学科领域（音乐领域）涵盖下的群体或个体，即与音乐密切关联的‘乐人’。”③ 这里涉及作为表演主体实践的“乐人”关于表演实践、表演过程的主体叙事研究。实际上也直接与“人”的因素关系密切。因此，不管是表演信息的“发送者”还是表演信息的“接收者”，都间接与直接参与了每一次特定的表演、阐释与品评，即表演的文本间性与主体间性问题。

---

① 宋瑾认为，“局内感”，即局内人的感知感受；对音乐而言，就是“地方性乐感”。（参见宋瑾《族性及其在音乐中的体现》，《音乐研究》2019 年第 1 期。

② 赵书峰：《民族音乐学为何要研究人》，《南京艺术学院学报（音乐与表演）》2020 年第 4 期。

③ 伍国栋先生于 2021 年 1 月 24 日给蒲亨建微信公众号的留言帖。

4. 关注作为文化局内人身份的表演者的体验民族志研究，结合传统的乐律学、乐器学等理论重点思考音乐表演的哲学观念与音乐表演形态的结构特征

萧梅与徐欣的研究都关注到了表演实践、表演者演奏体验的主体民族志思考。萧梅《民族器乐的传统与当代演释》，探讨了“表演者的主体性”“谁的表演与语境”“社会转型中表演者的多重叙事能力及创造”问题，这些都是目前民族音乐学界的热点问题。可以看出，萧文更多地涉及音乐表演文本形成的互文性问题，以及音乐表演文本生成过程的主体间性问题。所以正如前文所述，当下，音乐表演民族志不但要关注音乐表演文本的动态性生成过程的研究，或者音乐表演者的主体——“人”的因素的考察，而且要关注特定表演场域中音乐表演行为与作为观众审美受众主体的“人”的考察。即音乐表演文本的互文性、音乐表演文本的创作、表演、阐释（品评）之间的互动关系思维。徐欣《从乐器研究到表演研究——丝绸之路上的抱弹类鲁特及其演奏传统》，以“弦功能”及其制度性用弦为例，结合对乐器定弦与演奏用弦的丝绸之路抱弹类鲁特“弦功能”问题的观察，探讨“从乐器研究到表演研究”实践深入体验与理解“器—乐—人”之间互动关系问题。可以看出，该文与其他学者关于音乐表演理论研究路径不同的是：多数学者对特定表演语境中音乐文本的生成过程考察研究，而该文更多从乐器的定弦与演奏用弦角度思考音乐表演的观念哲学问题。闫旭《从“律”“调”而及潮州音乐表演中的指法观念》，从表演者“人”的因素，以文化局内人的主位表述的身份重新审视乐律学视野下的潮州音乐表演中的指法观念问题，文章立足于田野调查与自身表演体验，将潮州音乐中由形态特征所引发的“律”“调”问题重置于表演过程中，结合局内人的转调观念及调的运转逻辑，对以指法观念为主导的表演过程进行剖析，去重新解读相关民间传统音乐形态。

（二）音乐表演民族志研究问题反思

当下，音乐表演民族志研究积累了诸多重要的学术成果，但基本是以田野实践的表演个案研究为主，在理论研究范式方面缺少系统性，因此呼吁加快建立中国的“音乐表演民族志学”研究理论。尤其要关注诸多权力与话语背景下的音乐表演文本的生成问题的研究，这里面就涉及诸多导演的权力关系博弈，以及表演的资助方、表演的政治学等诸多问题的思考。有关该问题的讨论，笔者将会另文进行详细分析。总之，2020 年度音乐表演民族志研究的总体特点是：其一，将音乐文本的生成置于特定的历史语境中去观照，将音乐表演文本置于特定的表演语境中动态观察（表演前—表演中—表演后）音乐“产品”的生成过程；其二，结合表演者的文化局内观与研究者客位的观察，通过“双视角”的互视过程，重思音乐表演的实践哲学观念；其三，结合如罗兰·巴特、乔姆斯基、列维·斯特劳斯等结构主义与符号学理论针对音乐表演文本的生成过程进行跨学科性质的音乐形态分析。尤其几位年轻学者对于表演文本的音乐形态的深入关注，是本年度民族音乐学研究的亮点之一。

二、跨界族群音乐研究：不同政治语境中的同源族群传统音乐的比较研究

（一）跨界族群音乐研究的理论与个案呈现

强调全球化背景与文化圈思维下的音乐的多点民族志研究，重点关注到了不同政治语境中的同源族群在不同的文化圈语境中音乐的变迁与文化涵化现象，关注到了全球化文化流动背景下的跨界族群的迁徙与流动线上的多个点之间的音乐的比较研究，强调以某一跨界族群音乐事项为切入点，结合“流域”“通道”“走廊”文化语境中的音乐的变迁与线索追踪理论思维，关注到了音乐变迁与人文地理文化空间互动关系的思考。同时开始关注跨界族群音乐文化的历史构成，以及特定的地理文化空间背景中的音乐的意义性、社会性问题的思考。换言之，关注到了音乐的多点民族志、田野追踪或线索民族志，以及世界主义维度下的跨界族群音乐文化研究的概念与理论审视，尤其在人类学、文化地理学、后现代地理学理念思维的影响下，当下跨界族群音乐研究更强调一种“比较音乐学”视野下的多点民族志、线索民族志研究。如杨民康、魏琳琳、赵书峰《当代跨界族群音乐研究的学术格局——中国艺术人类学前沿话题三人谈之十八》，回顾了中国跨界族群音乐研究的 30 年发展历程，在方法论上呈现

由定点个案到多点、线索音乐民族志，由地域、民族性向跨地域、跨民族、跨文化比较研究等性质特点。在中国跨界族群音乐研究领域已初步形成了依文化生态群落区分的陆路、路带、环岛、环山、海上丝路五种音乐文化研究类型或课题研究方向。同时针对目前中国跨界族群音乐的研究思维、研究策略与研究理念展开互动讨论，并针对世界主义视野下的跨界族群音乐的概念展开学术反思。

2020年度跨界族群音乐的个案研究主要集中于中国云南、广西与东南亚老挝、越南的瑶族、壮族、傣族、彝族等方面。研究者主要针对跨界族群的音乐民族志书写，跨界族群音乐形态的比较分析研究，跨界族群音乐表演的符号学分析研究等问题展开讨论。代表成果有：赵书峰的《老挝优勉瑶婚俗音乐田野考察与初步研究》《中、老瑶族婚俗乐舞的风格与形态描述》，这是中国民族音乐学者首次针对中国、老挝瑶族婚俗仪式音乐的形态特征与文化变迁问题展开的初步考察。李纬霖的《云南与周边国家傣仂赞哈表演前的模式与族性特征研究》《老挝傣仂族群赞哈演述中的仪式音声与信仰实践》，主要涉及中国与东南亚国家傣仂赞哈音乐表演民族志研究，前一篇文章作者结合仪式音乐表演民族志理论、人类学的“双重语言能力训练”、语音学等理论思维，在获得傣语学习的“近经验”研究体验的基础上重点分析了中、老、缅、泰节庆仪式表演语境中的赞哈演唱模式（“套路”“规则”）与族性特征。后一篇文章主要针对赞哈仪式演述时，执仪者（演唱者）与附体者在特定的“人—神”交流的仪式语境中所呈现的文化身份与仪式叙事功能进行了区别与分析研究。文章还同时关注了赞哈仪式表演语境中“音乐与附体”（音乐与迷幻）之间的互动关系问题。可以看出，李文的前一篇文章主要关注特定表演语境中的赞哈音乐表演模式与其音乐文本生成的“套路”“规则”的研究，这使我想到了民俗学界过去与当下比较热门的帕里-洛德的“口头诗学”[①]理论对于中国少数民族口头音乐史诗研究的诸多可能性与可行性。目前中国少数民族音乐文化系统中流传与保存有大量的民间音乐口头与书面叙事史诗（如瑶族《盘王大歌》），这些记录某些族群历史、社会、文化等方面的长篇口头叙事，对于传承族群传统的历史文化记忆具有重要的作用。因此亟待结合帕里-洛德“口头诗学”中的“套语”[②]理论，对少数民族长篇音乐叙事史诗中的书面文本与口头文本的创作与表演展开系统研究。比如有学者运用“口头诗学”理论对《诗经》的“套语”及其创作方式展开研究，其可谓一个非常经典的个案研究。[③]

（二）跨界族群音乐研究的策略与反思

其一，基于海外民族志考察与书写范式，针对跨界族群音乐的表演文本与象征意义的生成，日常用乐与身份诉求，文化涵化与音乐变迁等事项展开详细的描述与阐释。其二，结合族群离散音乐理论，重点针对跨界族群传统仪式乐舞的身份认同、族群认同、文化涵化与音乐变迁等问题进行理论阐释。将跨界族群的国际性离散行为置于东南亚国家政治、社会、历史、主流文化语境中进行综合考察，观察在其主流文化、全球化与在地化背景下传统乐舞文化的变迁与音乐的再造过程。重点观察跨界族群在离散语境下如何通过其日常的民俗音乐实现其文化重建与身份差异性诉求。其三，选取中国与周边国家跨界族群音乐为考察个案，强调“以表演为中心”的民族志文本分析为路径，重点针对其音乐文本的结构与象征意义的生成过程展开系统研究。当下跨界族群音乐文化研究的方法论缺乏系统性研究，跨界族群音乐研究仍陷入一般的人类学、民族音乐学问题意识的讨论，还没有总结出比较系统性的学术研究范式。当然，正如有学者认为，一套系统性的理论研究范式同时也会导致更多同质化的学术研究[④]，这也是被学界诟病的原因之一。

---

① 相关代表文献有：[美]约翰·迈尔斯·弗里《口头诗学：帕里—洛德理论》，朝戈金译，社会科学文献出版社2000年版；[美]阿尔伯特·贝茨·洛德《故事的歌手》，尹虎彬译，中华书局2004年版。

② 有关“套语”的概念，是帕里1930年提出的，即“在相同的韵律条件下被经常用来表达某一给定的基本意念的一组文字”（参见王靖献《钟与鼓——〈诗经〉的套语及其创作方式》，谢濂译，四川人民出版社1990年版，第18页）。

③ 王靖献：《钟与鼓——〈诗经〉的套语及其创作方式》，谢濂译，四川人民出版社1990年版。

④ 何明：《盲人摸象、削足适履与刻舟求剑：制约知识生产的认识论根源》，《开放时代》2021年第1期。

三、音乐文化身份建构与认同研究

音乐文化身份建构是我与你之间在社会交往过程中的一种关系性存在。音乐文化身份问题始终是国内外民族音乐学界研究的热点问题。

（一）中国少数民族民俗节庆仪式音乐的建构与认同专题研究

由杨民康教授主持的"少数民族民俗节庆仪式音乐的建构与认同"专题是2020年度中国民族音乐学研究领域的一大亮点，分别在《中国音乐》2020年第1期、第6期开设两个专栏，针对该问题展开深入、系统的讨论。

1. 传统的发明与音乐文化身份的重建研究

"传统的发明"这一概念带有鲜明的后现代史学思维，是由英国著名的史学家霍布斯鲍姆率先提出，他认为传统并不是自然而然或必然如此的留给后人，后人总是根据自己社会发展的需求来使用传统的材料，进而"发明"出种种新的传统。[①] 有关这一概念的具体运用，以笔者《传统的发明与本土音乐文化的重建——基于中国少数民族音乐身份认同变迁问题的思考》为例，实际这一概念不单单在民族音乐学界有学者运用，民族学与人类学界、民俗学界的学者也将其运用到自己的个案研究之中。在2020年度，这一概念开始不断被部分民族音乐学研究者继续展开讨论。如张应华《地方全球化——黔东南苗族民俗节庆音乐文化的守望与"发明"》，结合现代史学观念针对全球化与地方化语境中的苗族民俗节庆音乐的"守望"与"发明"问题进行分析。作者认为，在黔东南苗族民俗节庆音乐形成了两条并行的变迁线路：其一是初遇全球化—全球地方化—地方全球化；其二是民俗音乐传统的排他式守望与纯粹性复苏—资源化守望与借入式"发明"—整体性守望与主体性"发明"。赵书峰《传统的延续与身份的再造——瑶族"盘王节"音乐文化身份研究》，以瑶族"还盘王愿"与"盘王节"仪式音乐身份的转型与变迁为例，重点针对"非遗"语境下的"官方在场""国家在场""专家在场"等多重权力与话语互动影响的瑶族传统节庆仪式音乐的"发明"与文化身份重建，以及从民间走向国家两种语境中瑶族传统仪式音乐文化功能的变迁等诸多问题展开讨论。可以看出，上述两位学者都关注到了经济与文化全球化、"非遗"语境中的民俗节庆仪式音乐的传承与变迁问题，即传统的"守望"与"传统的发明"，他们的研究理念带有鲜明的反本质主义思维，都在强调音乐文化身份随所处社会语境，随资源与利益的竞争背景中出现的身份重建与文化变迁现象。其他还如欧阳平方《"传统的发明"：贵州苗族"原生态民歌"与现代元素的融合》，结合贵州苗族"原生态民歌"与现代专业音乐创作、民族旅游开发、文艺舞台展演等案例分析，探讨了"传统"与"现代"的"互生式"对话问题。

2. 民俗节庆音乐文化空间（景观）构建与身份（认同）的多层级构建（阶序性）

首先，关于少数民族节庆仪式音乐的建构与认同的讨论。杨民康《少数民族当代节庆仪式音乐与民族文化身份建构——以西南少数民族音乐的研究实践为例》，主要关注到传统节庆仪式音乐活动中少数民族主体、地方政府与国家三者之间的多维互动关系。杨曦帆《建构与认同理论的音乐人类学反思——以嘉绒藏族为例的少数民族节庆仪式与传统音乐发展研究》，以嘉绒藏族为例，结合人类学的建构和认同理论透过节庆仪式与音乐活动探索其文化在不同时期的意义，并从中梳理其传统音乐的形成与发展。

其次，关于少数民族民俗节庆音乐文化身份与认同的多层级构建问题。胡晓东的《族群·区域·国家——彝、哈、傣、苗杂居区节庆仪式音乐中的三重文化认同》，胡晓东、彭晓峰的《多族群杂居区佛教音乐的国家认同功能——以云南元江哈尼族、彝族、傣族自治县为例》，都不同程度关注到跨族群文化互动背景下的认同的"阶序性"考察。路菊芳《彝族诺苏人的现代火把节仪式音乐与国族文化认同》，重点关注了"非遗"语境下，彝族诺苏人"火把节"仪式音乐不但经历了从"民间在场"走

---

① 参见［英］霍布斯鲍姆、兰格《传统的发明》，顾杭、庞冠群译，译林出版社2004年版，第1—17页。

向“国家在场”的文化身份的转型，而且也隐喻了从“夷人”走向彝族的“族群性”身份变迁过程，以及表征了当地彝族民间艺人、地方文化精英、官方等诸多权力与话语互动参与下的一种文化“共谋”。张林《新宾满族节日音乐文化建构的认同差序特征》，主要对新宾满族建构的节日音乐文化体系分类，及其所处的文化圈层、文化认同的“阶序性”进行了思考，即，民间音乐、宗教音乐、宫廷音乐，原生层、次生层、再生层，族群认同与宗教认同、地域认同、政治认同等。李延红《“地方制造”与节庆表演——当下“侗族大歌”的地方建构与认同》，着眼于“侗族大歌”如何被各地方社会“制造”成为一种区域与跨地域的侗族文化符号，重点关注了当地民众如何通过节庆仪式表演建构并表达自我，以彰显侗族的“族群性”身份特征。可以看出，上述学者的文章都不同程度地关注了少数民族节庆仪式音乐构建与其文化认同“阶序性”的思考。其一是当下的民俗节庆仪式音乐身份的构建与文化认同的“阶序性”互动关系研究，应重点从音乐表演文本的文化属性、音乐表演文本的结构特征、风格属性以及象征隐喻特征等方面思考其所具有的文化认同的“阶序性”特点，以及表演文本如何呈现族群认同、区域认同、国家认同、政治认同等等。换言之，关注民俗节庆仪式音声景观如何在民间与官方两种语境中表征文化认同的“阶序性”特征。其二是重点关注美国社会人类学家阿尔君·阿帕杜莱提出的全球化背景下文化流动的五个“景观”模式，即人种景观、媒体景观、科技景观、金融景观、意识形态景观①，来思考民俗节庆仪式“音声景观”(声音景观②)的重建与文化功能的发展与变迁问题。其三是当下后现代地理学、城市社会学、民俗学等领域对于“空间”的研究是一个热点，然而中国民族音乐学界对于“空间”或“空间的生产”理论的研究关注不多。比如结合亨利·列斐伏尔的“空间的生产”③与爱德华·W. 苏贾的后现代地理学中“重申批判社会理论中的空间”④等诸多后现代理论审视与观照全球化、“非遗”语境中民俗节庆仪式音乐的重建与社会、文化、审美功能的变迁问题。

最后，加强民俗节庆仪式音乐的应用民族音乐学研究是当务之急，即对民俗节庆仪式音乐如何推动乡村振兴、地方经济发展，构建和谐的民族关系等议题，应给予理论与实践互动性质的应用性研究。

（二）有关音乐的“族群性”与身份认同问题的研究

关于“族群性”(或称“族性”)属于人类学概念，它通常是指血统与文化的社会建构，血统与文化的社会动员以及围绕它们建立起来的分类系统的逻辑内涵与含义。⑤近些年来，随着经济与文化全球化，以及在“非遗”运动的深刻影响下，关于传统音乐的族性建构与音乐认同变迁研究成为一个热点。上述问题关于“我是谁”“你认为我是谁”等系列身份诉求的回答越发强烈。2020 年度的音乐与“族群性”(族性)的研究，学者们继续针对该问题展开探讨。如洛秦教授翻译的《导论：族群性、身份认同与音乐》，是英国著名民族音乐学家马丁·斯托克斯的著作《族群性、身份认同与音乐——地域的音乐建构》的第一章“导论”部分，文章主要涉及“表演与地域”“族群性”“身份认同与民族—国家”“杂交与差异”“族群性、阶级与媒体”“社会性别与身份认同”六部分内容。这将为学界进一步认知与研究“族群性与身份认同”问题提供更多的理论支持。另外学者们也关注到民俗节庆仪式音乐中如何通过音乐展演与象征符号互动来表征他们的“族群性”、宗族性与地方性特征，从而实现其族群文化认同。如魏琳琳《蒙汉杂居区节庆仪式音乐中的地方性与族群认同》，通过对“祭火”“庙会”等蒙古族传统民俗节庆仪式音乐的个案考察，选取“准格尔地”蒙古族作为研究对象，关注地方少数民族精英如何通过节庆仪式音乐复兴他们的传统，并通过音乐的表征不断强化他们自身的蒙古族民族身份。蒋燮、罗

---

① 参见［美］阿尔君·阿帕杜莱《消散的现代性：全球化的文化维度》，刘冉译，上海三联书店 2012 年版，第 43—50 页。

② 齐琨结合国内外跨学科研究文献，针对“声音景观”的概念与相关学术问题展开了非常深入的梳理、分析与解读。(参见齐琨《“声音建造—听觉感受”双向研究模式》，《音乐研究》2020 年第 6 期)

③ ［法］亨利·列斐伏尔：《空间与政治》(第二版)，李春译，上海人民出版社 2015 年版。

④ ［美］爱德华·W. 苏贾：《后现代地理学——重申批判社会理论中的空间》，王文斌译，商务印书馆 2004 年版。

⑤ 参见［英］斯蒂夫·芬顿《族性》，劳焕强等译，中央民族大学出版社 2009 年版，第 4 页。

海怡《广东海陆丰客家人节日音乐文化生活考察研究——以广东陆河县罗氏宗族春节祭祖为例》，以“互动仪式”为视角分析，重点探讨了海陆丰客家春节祭祖祭仪诸种音乐符号如何形塑宗族成员的时空集体记忆以及祭祖体系与宗族发展互动的社会性关系问题。

四、历史民族音乐学研究：音乐文化的历时性与共时性互证研究

（一）针对西方历史民族音乐学研究文献的系统梳理、分析与总结

齐琨《历史民族音乐学在英文文献中的建构》，针对西方历史民族音乐学建构过程经历的“概念提出”“介入模式”“总结范式”“学科初探”“重思观念”“田野运用”“文本表述”“领域建构”的八个阶段，结合英文文献进行了非常深入、全面的梳理、分析、归纳与总结。齐文的主要贡献在于：她运用丰富的西方民族音乐学英文文献，不但清晰描绘了西方历史民族音乐学的建构过程，而且为学界提供了中西方历史民族音乐学研究者在互视过程中实现的彼此之间的自我学术批判性反思，并有助于推动国内的历史民族音乐学拓展性研究。

（二）音乐历史文献与当下田野实践的“接通”研究

关于“丝绸之路”上的传统音乐的传播问题的研究是目前学界一直关注的热点问题之一，且多是基于历史民族音乐学视野的分析研究。学者们的研究多是通过历史文本（历史图像）与田野的互动研究来探析南北方“丝绸之路”上中国传统音乐文化的传播与活态传承问题。杨民康《从婆罗浮屠、吴哥窟早期乐舞壁画看东南亚乐器的“印度化”发展轨迹》，结合婆罗浮屠佛塔，吴哥窟石雕壁画中的粗乐、细乐两种乐队类型的历史图像学史料，与唐代《骠国乐》、明代《百夷传》及清代史籍进行历史与田野的“接通”研究，作者认为，上述壁画中的两种乐队类型如今在缅甸、泰国、老挝、柬埔寨、中国云南西南部的南传佛教文化圈，以及马来西亚、印度尼西亚和菲律宾等伊斯兰教和基督教文化圈都有较为完整的活态继承。目前关于东南亚跨界族群音乐研究多限于当下活态的共时性的民族志书写，缺乏比较有代表性的历史民族音乐学研究的经典案例。所以该文对于拓展跨界族群音乐文化的整体性研究以及历史地观照与审视中华优秀传统音乐文化的海外传播的历史轨迹具有重要的学术意义。赵塔里木《〈出口外歌〉丝路北线流传考》，依据清代木板刻本文献与清光绪、民国年间的坊间石印本与手抄本，以及民间集成中的口传文本等历史与当下田野考察材料进行互证研究，对《出口外歌》作品的“产生与流传背景”“内容”“版本形态与源流”“音乐构造与词曲关系”“演唱记录”等方面进行了阐析。该文的创新之处在于作者发现了官方文献基本不记录的民间音乐文化信息，打开了清代官方文献记录未及的一片盲区，对整体认识清代新疆移民背景下中原文化沿丝路北线西去的传播史，具有重要参考价值。刘桂腾《执“田野与历史两端”的类型分析——北亚鼓圈中的泰加林型萨满鼓》，通过欧洲博物馆保存的19世纪末至20世纪上半叶北亚萨满文物标本的新发现，进一步求证了在北亚叶尼塞河流域北亚鼓圈埃文克人/鄂温克族与中国东北黑龙江流域都有泰加林型萨满鼓的分布。该文不但是一个基于历史民族音乐学视野下的跨界族群的乐器（法器）的经典研究个案，而且印证了作者提出的“从文献落实到文物，由假说步入实证”这一研究思路。作者最后以类型分析研究为例，针对当前民族音乐学理论与研究方法中存在的某些问题给予了批判性的学术反思。孟凡玉《敦煌驱傩词“赶五句”民歌的地方属性考索》，通过现藏法国国家图书馆的敦煌遗书P.2569V驱傩词中记录的两首唐代“赶五句”民歌以及当代“赶五句”民歌的地理分布的分析与解读，认为该“赶五句”民歌不仅具有鲜明的区域音乐属性，而且是敦煌民间艺人的创造结晶。它既延续了沙州节度使张议潮家族郡望南阳一带与魏晋南北朝以来流传在“荆、襄、樊、邓”一带荆楚大地的西曲歌的一种歌唱传统，又与曹魏时期的“昭武舞歌”《安台新福歌》，以及西汉初年四首一套套曲的“巴渝舞歌”中的第三首有密切关系，它是中原文化与西域文化在丝绸之路重镇敦煌的交流与融合的产物。从上述学者的研究案例可以看到：学术创新不单单体现在新方法、新理念的运用，而且也呈现在新材料的发现方面。前辈学者深厚、严谨、扎实的文献分析功底与文献校勘能力值得年轻的民族音乐学研究者虚心学习。

近年来以中山大学“华南学派”的历史人类学研究为代表的一大批学者，在有关南岭民族走廊区域内的民族文化的历史性研究方面做出了非常突出的学术贡献。他们聚焦于湘、粤、桂交界区域的汉族与平地瑶文化，结合官方与民间历史文献以及人类学理论，对其民俗仪式与文化象征进行了较为系统深入的田野工作。然而，针对该区域平地瑶传统音乐的关注较少，多是对过山瑶音乐进行的研究，赵书峰《湘、桂边界平地瑶音乐的族性建构与文化认同》，结合官方文献与民间文献（地方志、碑刻、民间抄本等）史料，以及后结构人类学与音乐形态分析理论，针对湘南平地瑶族群的历史构建与音乐族性的生成等问题给予了初步研究。同时，历史民族音乐学研究非常强调文化时空观的思考，即文化整体观的思维。苏毅苗《花腰彝音乐文化中的时空与声音观》，结合花腰彝的民间口述文本与民间仪式经书文本作为切入点，从花腰彝音乐的时空观出发，以呗耄唱念观为基础，重点考察了花腰彝“祭竜”仪式语境中的音乐认知标准，以客位研究视角（学者研究观、普通听众观）作为花腰彝认知标准的参照，对其音乐文化中的时空与声音观进行深入分析。可以看出，作者的研究理念也带有历史民族音乐学研究的思维，尤其针对少数民族音乐研究中的传世文献较为匮乏的情况，充分体现利用民间口述文献来展开学术研究的必要性。

（三）城市的历史民族音乐学研究（城市历史音乐人类学）

近年来，中国城市化进程的快速发展，给城市民族音乐学（城市音乐人类学）研究带来诸多契机，出现了诸多重要的研究成果。当下，城市民族音乐学研究主要集中共时性的研究方面，多是对城市中的流行音乐、古典音乐的创作、表演、受众与审美、文化消费等问题展开的研究，但是在有关城市音乐文化的乐人、乐事的历时性研究方面较为缺乏。可以说洛秦先生也是国内较早开展城市历史民族音乐学研究的学者之一。他的《城市音乐的历史积淀、生态结构及其研究的机制性因素——论明末至民国苏州音乐文化的历史发展及其特征》，通过历史积淀的梳理、生态结构的归纳，特别是“音乐人事与文化研究模式”的分析。洛秦认为，苏州城市的“四大音乐文化遗产”缘起、兴旺、成熟及其“重心”迁徙的历史场域，其中不同阶段的音乐社会中所体现的音乐人事活动内容和方式，特别是在主要以“特殊机制”中宏观和具体的因素促动下发生了变化，并认为任何“音乐人事”的命运都与其“文化”紧密相连、密不可分。城市与乡村的历史民族音乐学研究，在研究对象、研究范式方面既有诸多共性，又有细微差别的地方。其共性特征是都会面对城市与乡村音乐的历史人文叙事展开文献学的挖掘、梳理与分析，都是结合民族音乐学的田野工作规范开展学术研究。其细微区别在于每一个城市都有自己独特的社会文化历史积淀，多具地域性、流动性特征的城市音乐文化特色，这种移动的、开放的城市音乐文化空间给民族音乐学研究者的田野工作带来诸多的不可预见性。因此，移动的、多点的田野音乐民族志考察是城市民族音乐学关注的焦点。而乡村所具备的稳定的生活文化空间，为民族音乐学研究者的定点的、居住式的社区音乐考察提供了诸多便利。当下城市历史民族音乐学研究应该不断吸收城市社会学、城市历史学、传播学等跨学科理论展开更多的微观个案研究。

结　语

回望2020年，中国民族音乐学在继续以前研究议题的基础上，针对音乐表演民族志、跨界族群音乐研究、音乐与认同、历史民族音乐学等问题展开讨论。学者们继续吸收诸多跨学科理论拓展自己的学术研究，尤其在教育部提倡“新文科”背景下的跨学科互动交叉研究，给中国民族音乐学从研究方法、研究思路、研究观念以及新材料的发掘方面打开了一扇明亮的窗户。当下与未来的中国民族音乐学研究还应继续关注以下问题：第一，结合跨学科（如语音学、民俗学等）互动交叉理论拓宽民族音乐学的音乐形态分析思路与分析模式，继续寻求与解决被学界诟病的音乐与文化分析之间的“两张皮”问题的方法与路径；第二，期待年轻学者用更多经典的音乐形态分析与研究案例来回应部分学者认为的关于“民族音乐学不研究音乐”问题的质疑；第三，亟待探索构建民族音乐学视野下的“音乐表演民族志学”研究，为音乐表演实践提供理论支撑，实现音乐表演者与理论研究者之间从“对视”

到“互视”，再到“互赏”过程；第四，中国民俗节庆音乐研究应从理论研究走向实践性、应用性思维的应用民族音乐学研究，力求为民间音乐文化的保护与传承，乡村经济与文化的发展、振兴做出实际的理论支持；第五，结合后现代地理学理论，关注“流域”“通道”“走廊”等人文与自然地理文化空间中的音乐与“路”互动关系问题的研究；[①] 第六，在历史民族音乐学研究中应继续加强文献学、古文字学、训诂学等学术功底的扎实训练，不断完善历史与田野的立体互动研究；第七，学者们不但要关注“家门口的田野”，而且要亟待加强城市音乐的田野考察工作，继续探索城市音乐人类学研究的新模式、新方法，并为快速发展的中国城镇化进程做出理论回应。

最后，期待年轻的民族音乐学学人在继承前辈优良学统的基础上，不断拓展自己的学术研究思路、研究理念，敢于质疑问题，敢于进行批判性与自我批判性学术反思，继续为构建中国民族音乐学话语理论体系做出更多的实际贡献。

原载《民族艺术研究》2021 年第 2 期

赵书峰　湖南师范大学音乐学院教授

---

① 有关该问题的研究请参见赵书峰《流域·通道·走廊：音乐与“路”文化空间互动关系问题研究》,《民族艺术》2021 年第 2 期。

专题

抗击新冠肺炎疫情音乐作品创演及主题活动

【概况】

随着抗击新冠肺炎疫情工作的深入，全国上下进行了一场阻击疫情的攻坚战。医务工作者逆向前行，基层工作者日夜坚守。文艺支援抗疫，需要坚持人民立场，紧密联系前线医者和普通群众的实际与情感，贡献艺术的温暖和人文关怀。音乐工作者也投入创作之中，他们以疫情防控为主题，用音乐记录着这个特殊时期国人的坚韧与顽强。

【专题创作】

歌曲《中国一定强》

由王晓岭作词，印青作曲，阎维文、殷秀梅演唱的抗疫战歌《中国一定强》在北京首发。该曲由国家大剧院合唱团、管弦乐团联合演绎。首发当天播放量达数百万次。歌曲表达了对抗疫人员的最高敬意。

歌曲《一个医务工作者的日记》

抗疫歌曲《一个医务工作者的日记》由威高集团出品，戚建波作曲，陈道斌作词，喻越越演唱。歌曲描写了医务工作者不是在疫情中选择当“英雄”，而是因为医护工作者的责任感与使命感早已深深刻在骨子里，希望疫情结束之后被人们铭记的不是冰冷的“英雄”称号，而是真正能够懂得医护工作者的日常付出。

歌曲《坚信爱会赢》

由中国文学艺术界联合会、中国电视艺术家协会、中国电影家协会等出品的歌曲《坚信爱会赢》，梁芒作词，舒楠作曲，田桐、成龙（中国香港）、李光洁、肖战、吴京、沈腾、宋佳、杨培安（中国台湾）、张蕾、陈建斌、林永健、佟丽娅、海霞、黄晓明、舒楠、雷佳、谭维维等演唱。歌曲是较早出现的抗疫歌曲 MV。面对全民战疫的重大社会性主题，它以“爱”这一普遍共情为标题、核心和主线，歌唱医者的勇敢、奉献，人民的团结，凝聚起全民战胜疫情的力量，加上艺术家在微博上与粉丝的互动，作品的人文精神和艺术家情感有力推升了歌曲的激励效应。

歌曲《明天依然最美》

抗疫歌曲《明天依然最美》源于武汉音乐学院团委发起的“网络集结云创作共同抗疫”创作活动，由夏琭、刘思远作词作曲，38 名武汉音乐学院师生和校友演唱。原创作品经武音青年微信公众号推出后，在学习强国的中宣部平台、湖北学习平台、武汉学习平台、上海学习平台转发，人民网、《湖北日报》对作品创作团队进行了采访。2 月 9 日至 10 日，该作品被中国音乐家协会采用，在中央电视台综艺频道作为首批抗疫歌曲滚动播出。

歌曲《你有多美》

歌曲《你有多美》由国家卫生健康委和中国医师协会出品。宋青松作词，王备作曲，柏文、汤非演唱。歌曲怀着对医务工作者的崇敬，于除夕当天完成录制。歌曲歌颂了抗击疫情战役中最美的逆行者，向所有坚守在医务工作一线的医务工作者致敬。

歌曲《敬你》

歌曲《敬你》由董玉方作词，许飞作曲和演唱。歌曲经微博推出，一天播放量超过 600 万次。歌曲以民谣曲风和浅吟低唱的夹杂，表达青春风格，歌词充满对高尚、善良、奉献的赞颂："我敬你满身伤痕还如此认真，山水迢迢还奋不顾身"，"我敬你泪流成河还如此诚恳，生死茫茫还心怀分寸"，表达了对所有前线医者，以及所有勇敢的普通人的敬意。

歌曲《出征》

古风歌曲《出征》由宝石 Gem（董宝石）作词作曲、录音制作，郑棋元、董宝石、杨魏玲花、石头表演。歌曲结合《满江红》《诗经》等内容创作而成，旨在致敬点赞奋战在一线的医务工作者，为他们加油助威。该作品于 2020 央视元宵晚会上作为特别节目首演。

歌曲《人间星河》

歌曲《人间星河》由李菲作词、作曲、制作，创演单位为上海音乐学院。由廖昌永、廖敏冲、王传越分别献唱，以此表达向奋战在疫情防控一线所有勇士的感谢与敬意，表达对江城武汉和疫情发生地人民的祝愿，表达对祖国的深厚情感。

歌曲《等那樱花盛开》

歌曲《等那樱花盛开》由陈道斌作词，胡帅作曲，徐晶晶演唱，中国东方演艺集团创演，由广西广播电视信息网络股份有限公司制作。这首展现医务工作者的无私奉献精神与情怀的歌曲，向所有奋战在"疫"线的人们，表示最崇高的敬意。

歌曲《谢谢你　白衣天使》

歌曲《谢谢你　白衣天使》由心耕作词、作曲，田彦、于红岩演唱，中国歌剧舞剧院创作演出。

歌曲《大爱苍生》

抗疫歌曲《大爱苍生》由叶小纲作曲，胡占凡作词，多名音乐家、歌唱家、制作人等参与创演。"千山静，鸟不鸣，九州云雾起。寸寸心，牵念远，只为苍生祈太平。"《大爱苍生》被收录至由人民音乐出版社和中国音乐家协会推出的《抗疫战歌——全国抗击疫情公益歌曲选》音像专辑。

歌曲《樱花满天红》

作曲家叶小纲推出新作《樱花满天红》。作品旨在致敬抗击疫情的医务人员、解放军、义务工作者，所有在一线抗击疫情的人们，用歌声讴歌英雄，凝聚力量，表达中国和世界最终战胜疫情的深切祝福。歌曲由叶小纲作曲，凯文作词，张立萍、薛皓垠演唱，国际首席爱乐乐团、国际首席爱乐合唱团演出。

歌曲《我们一定会胜利》

福建省音乐家协会与北京歌剧舞剧院制作推出的抗击疫情公益合唱作品《我们一定会胜利》，由邹友开作词，章绍同作曲，杨一博编曲，福建省歌舞剧院合唱团和北京歌剧舞剧院合唱团演员分别在福州、北京隔空录制完成。

歌曲《武汉伢》

歌曲《武汉伢》由段思思、谭旋作词，谭旋作曲。歌曲对疫情只字未提，没有眼泪，没有悲伤，将视角指向武汉作为国际大都市的市井生活，去表现由街道口、江汉路、黄鹤楼、热干面、二厂汽水所构成的独特风土人情，还有作为"武汉伢"那种"不宵夜，不作罢""只准自己骂，只许别人夸""牛皮谁在吹，面子给不给"的乐观和潇洒，呈现着武汉的生机和活力，成为众多抗疫作品中具有独特视角的"网红"作品。

歌曲《我爱的人啊你别哭》

由刘新圈、武洪昌作词，熊纬作曲，吴可畏、王松演唱的歌曲《我爱的人啊你别哭》以新冠肺炎疫情中经历磨难的人们、奋战在抗"疫"一线的医护工作者、社区工作者、志愿者等为歌颂对象，反映面对疫情，人们经历的苦难、牺牲、搀扶等心路历程。

配乐朗诵《我是湖北人》

配乐朗诵《我是湖北人》由晓吾创作，杨洋配乐，叶子担任制作，瞿弦和朗诵，中国煤矿文工团创作演出。

民乐演奏《天地英雄》

民乐作品《天地英雄》由马久越作曲，赵聪演奏，中央民族乐团创作演出。

交响合唱作品《天使告诉我》

国家大剧院与中国音乐学院推出的抗疫交响合唱作品《天使告诉我》，由国家大剧院院长王宁作词，中国音乐学院院长王黎光作曲，国家大剧院合唱团、国家大剧院管弦乐团演出，是众多抗击疫情文艺作品中鲜有的交响合唱作品。

室内微歌剧《阳光灿烂》

室内微歌剧《阳光灿烂》由中央歌剧院创排。作品由刘云志作曲，刘静、刘云志编剧，张梦丹任视频设计和拍摄统筹，中央歌剧院歌唱家李爽、阮余群、李想分饰医生、病患和病毒等主要角色，小提琴家刘云志与中央歌剧院交响乐团各弦乐声部首席担任室内乐伴奏，中央歌剧院合唱团担任合唱和群众演员。该剧视频版由中央歌剧院视频与舞美团队制作完成。

全球公益演唱会 One World：Together at Home

全球公益演唱会 One World：Together at Home（同一个世界：团结在家）于北京时间 2020 年 4 月 19 日全球直播，由全球百余名知名音乐人在线演出。演出包括 6 个小时线上预热节目和 2 个小时电视直播的“云演唱会”。大多数音乐人是在自家的客厅里，面对一部手机或简单的摄录设备演唱、演奏。演出传递了“音乐虽无法治愈疫情，但能使人暂时放下分歧，鼓舞人心，在灾难面前，只有团结与善意才能使人类无坚不摧”。

云合唱音乐纪录片《我们》

由中央音乐学院李小兵作词、作曲，院长俞峰担任艺术总监，中国 11 所音乐学院千人云合唱的音乐纪录片《我们》，由汪金福策划、田朝晖监制、大鹏导演、黑弓文化制作。该纪录片由中央音乐学院发起，新华社“声在中国”和中央音乐学院联合出品，武汉音乐学院、上海音乐学院、天津音乐学院、四川音乐学院、西安音乐学院、沈阳音乐学院、星海音乐学院、哈尔滨音乐学院、中国音乐学院、浙江音乐学院 11 所音乐学院的师生隔空千人云合唱。

乐曲《武汉十二锣》

2020 年 4 月 12 日，在湖北省博物馆曾侯乙编钟（复制件）敲响 12 声的引导下，全球 7000 余万名观众线上观赏了由中国作曲家、指挥家谭盾发起并指挥，中国、美国、俄罗斯、日本、保加利亚、法国、韩国、挪威、德国、以色列等 15 个国家和地区艺术家参与的乐曲《武汉十二锣》云直播。演出借助 3D、5G 技术，于武汉、上海、纽约三地联合演奏，并以此完成《武汉十二锣》中国首演。

作品是作曲家谭盾在新冠肺炎疫情暴发阶段所作，于 2 月 15 日在比利时完成世界首演。世界各地的音乐厅都在使用武汉的锣演奏，汉锣在国际音乐界享有盛誉，因此该曲特别选取承载武汉之名的汉锣进行演奏，并选择代表十二节气、十二时辰和十二生肖的数字，喻示着人与自然和谐共处和生命不息的轮回再生。

抗疫歌曲专辑《雪白的天鹅》

2020 年 7 月 7 日，内蒙古文化音像出版社出版的抗疫歌曲作品专辑《雪白的天鹅》发布会在内蒙古自治区呼和浩特市举行。专辑收录了蒙古族诗人、词作家阿古拉泰在 2020 年疫情期间创作的 16 首歌曲，分为 CD 和 DVD 两个版本。内蒙古文化音像出版社旨在通过阿古拉泰《雪白的天鹅》专辑发布，鼓舞更多文艺工作者创作出更多精品佳作。

抗疫题材民族歌剧《天使日记》

2020 年 10 月 17 日，湖北省歌剧舞剧院创作演出的中国首部抗疫题材民族歌剧《天使日记》在武汉琴台大剧院首演。该剧是文化和旅游部 2020—2021 年度“中国民族歌剧传承发展工程”重点扶持项目，由中共湖北省委宣传部、湖北省文化和旅游厅、中国音乐家协会等单位出品。该剧由王勇编剧、孟卫东作曲、廖向红导演、王燕指挥，以封城、救治、解封为时间线，小视角展现大情怀，聚焦抗疫最前线的普通护士、医生和他们的亲人，用护士长兰之念的战“疫”日记串联剧情。通过塑造以兰之念、黄鹤、方医生等为代表的曾为湖北抗疫拼搏奉献的医护人员形象，真实反映了白衣天使把医院当战场、待病人如亲人的感人事迹。

抗疫歌曲集《抗“疫”战歌——全国抗击疫情公益歌曲选》

2020年12月，由中国音乐家协会和人民音乐出版社出版的《抗“疫”战歌——全国抗击疫情公益歌曲选》获得2020年度中国版权最佳内容创作奖。专辑收录《坚信爱会赢》《大爱苍生》《武汉伢》《因为有你》《相信祖国》《最美的温暖》《让生命回到最初的美好》《解放军来了》《天使的身影》《白衣战士》《你有多美》《天使的微笑》《拿出勇气》《保重》《中国一定强》等15首歌曲，这些作品代表着抗疫歌曲创作的主流方向，以文艺作品激发士气、鼓舞斗志，体现出“国家队”的责任和担当，也体现“一方有难，八方支援”的中华传统美德。

【研讨】“音乐的力量”——抗疫主题音乐创作座谈会暨优秀抗疫公益歌曲荣誉证书颁发仪式在京举办

2020年9月29日，由中国音乐家协会、中国文艺评论家协会主办的“‘音乐的力量’——抗疫主题音乐创作座谈会暨优秀抗疫公益歌曲荣誉证书颁发仪式”在中国文艺家之家举办。座谈会上，叶小纲、舒楠、谭旋、王晓岭、李诗原、景作人、王一川、向云驹、康伟、徐粤春、韩新安等词曲作家、专家学者，围绕“主题音乐创作在服务抗疫大局中的优势与贡献”“抗疫主题音乐的功能作用及其美学特质”“灾难情景下音乐工作者的社会责任与使命担当”“抗疫题材音乐创作的精神承载、人文关怀与理性力量”“抗疫题材音乐如何更好把握艺术表现、打动人心”“抗疫主题音乐如何唱得响、传得开、留得下”“全媒体时代主题音乐传播的经验和启示”等议题，交流分享了对这次抗疫主题音乐创作的体会与思考。

会议为抗疫公益歌曲《中国一定强》词作者、词作家王晓岭，抗疫公益歌曲《一个医务工作者的日记》曲作者、作曲家戚建波，抗疫公益歌曲《坚信爱会赢》曲作者、作曲家舒楠，抗疫公益歌曲《你有多美》词作者、词作家宋青松，抗疫公益歌曲《武汉伢》曲作者、青年作曲家谭旋，抗疫公益歌曲《不舍的目光》词作者、青年词作家陈维东等6名词曲作家代表颁发荣誉证书。

把国家的关切和创作结合起来

◎ 叶小纲

新冠肺炎疫情发生以来，在以习近平同志为核心的党中央的坚强领导下，全国人民攻坚克难、砥砺奋进，有效应对疫情带来的风险挑战，取得了疫情防控阻击战的重大战略成果，今天我们得以在中国文艺家之家举行“‘音乐的力量’——抗疫主题音乐创作座谈会”非常难得。非常高兴有机会跟大家在一起谈一下我们这次抗疫斗争的伟大的实践和我们文艺界、音乐界做出的努力。我刚刚从武汉回来，去湖北和武汉的一些地方考察了疫情平稳后的一些情况，可以说是非常感人也非常令人震撼。音乐的表达与自身的境界还是高度统一的，我是这么认为，音乐追求的是卓越。在疫情期间我个人也做了几个作品，2020年3月疫情还比较严重的时候，创作了歌曲《大爱苍生》，4月创作了歌曲《樱花满天红》，5月创作了小提琴协奏曲《心中的湖北》，反响还不错，也得到了很多朋友的鼓励。我认为一位音乐家一定要把当前火热的社会生活，放在我们工作的重心，无论是对历史、对社会，还是对自己，都是一份责任。

《大爱苍生》是我2020年3月完成的一首抗疫主题歌曲。学院派的创作与社会流行的音乐形式并不完全一致，但这一次，当《大爱苍生》在战“疫”最困难时上线后，点击量迅速上涨，无数网友对这首歌产生共鸣。看到一首歌能抚慰这么多人的心，我强烈感受到，一个音乐创作者一定要把火热的社会生活当成中心，我们的创作对社会很有作用。培养高尚民族情怀的音乐家、创作优秀的作品都是目前音乐界需要关注的问题。现在的不少歌词创作还要继续加深层次，追求卓越，我们面临的任务还很艰巨。音乐家要创作优秀的作品，题材的选择和挖掘尤为重要，还要深入生活。面对疫情常态化，音乐家要立足现实，发现更优秀的题材，把国家的关切和创作结合起来，还要关注人类命运共同体，这才是我们创作者应该关注的话题。这也是为民族立新功，为我们党在下一个百年，为伟大崇高的理想做一些贡献。

体现音乐工作者强烈的使命担当

◎ 韩新安

9 月初，党中央隆重召开了全国抗击新冠肺炎疫情表彰大会，习近平总书记在大会上发表了重要讲话，充分肯定了我国抗击新冠肺炎疫情斗争取得的重大战略成果，全面回顾了抗疫斗争的不平凡历程，深刻概括了伟大抗疫精神，全面阐述了抗疫斗争取得的重要启示，对进一步做好疫情防控和经济社会工作提出了明确要求。中国音协和中国文艺评论家协会共同举办“‘音乐的力量’——抗疫主题音乐创作座谈会暨优秀抗疫公益歌曲荣誉证书颁发仪式”，这既是音乐界和文艺评论界贯彻落实习近平总书记重要讲话精神的具体举措，也是对过去一段时间以来，音乐创作成果及经验的一次总结，更是对今后一个时期重大主题音乐创作的一次动员和激励。透过这场波澜壮阔的抗疫斗争，我们不仅看到党中央统揽全局、果断决策，中国人民风雨同舟、众志成城，也看到广大音乐工作者炽热而深沉的家国情怀，自觉而强烈的使命担当。疫情发生以来，全国人民展现出风雨同舟、众志成城的伟大抗疫精神和大爱深情，为音乐创作提供了强大的动力源泉。广大音乐工作者以充沛的激情、生动的笔触、优美的旋律来抒写与讴歌，再次彰显了音乐艺术在国家大事要事、急事难事面前没有缺席，而且做出了积极贡献。广大音乐工作者积极发挥专业特长，自觉自发，不计报酬，克服创作时间紧、录音条件有限等困难，创作了两万多首抗疫公益歌曲，涌现出《坚信爱会赢》《大爱苍生》《武汉伢》等一批主题鲜明、形式多样的原创公益歌曲，这些作品以“小切口、小人物、大情怀、大主题”为创作思路，以“真实、鲜活、温暖”为创作基调，为坚决打赢疫情防控阻击战贡献出音乐人的力量。

这次抗疫主题音乐创作，彰显了近年来音乐界对习近平总书记系列重要讲话精神学习践行的具体成果，体现了中国文联大培训以及在政治建设、组织建设中取得的显著成效，也为现实主义题材创作积累了很多好的经验。我们要将其有效地运用到今后的主题音乐创作实践之中，紧紧围绕全面建成小康社会和建党 100 周年等重要时间节点，以更加广阔的胸襟和气度，以更加宏大的眼界和格局，创作更多强信心、暖人心、聚民心、筑同心的优秀音乐作品。

抗疫音乐中的意象、境界与精神

◎ 徐粤春

纵观此次抗疫主题音乐创作，可以说数量大、佳作多，情感饱满、意象丰富。这些作品承载着音乐家们的社会责任、理性思考与真挚情感，既为我们谱写了优美的旋律，同时也构建了丰富深邃的意象世界、情景交融的审美境界，唱响了波澜壮阔的时代精神。

一是虚实结合的生动记录，描绘抗疫斗争的典型意象。在抗疫斗争这一特殊的“大语境”下，我们可以看到，许多作品通过选取在大家看来极为寻常的意象，焕发出不寻常的光彩。抗疫地域环境意象的营造是比较突出的一点。抗疫斗争典型意象的挖掘则是音乐创作的聚焦点。抗疫音乐以其独特的韵律、节奏、秩序、理性，使艺术表现主体的形象具象化、多元化、立体化，既没有脱离特定形象的制约，又超越了特定形象，给人以丰富的想象和深刻的启示。

二是情景交融的深情抒写，构筑意蕴丰盈的审美境界。抗疫音乐创作中，音乐家们把自己置身于时代的洪流中，体察现实、捕捉灵感，以个人真挚的审美情感抒写时代之情、人民之情，唤起听众丰富的联想和强烈的共鸣，产生了极强的感染力感召力。这些作品虽然题材、视角、手法各不相同，呈现出的审美境界和情感定位也意蕴丰盈，既有悲悯的、低沉的，温情的、圣洁的，也有激昂的、雄浑的，但都以积极健康向上的总基调，给人们以鼓舞、抚慰和奋进的力量。

三是宏大叙事与个体体验的辩证统一，唱响荡气回肠的时代精神。在抗疫斗争中，广大音乐工作者牢记初心使命，用自己的专业素养和担当精神记录时代，以自己的实际行动和优秀作品践行着伟大抗疫精神。抗疫音乐作品所表现的主题既是独特的、个人的，又是普遍的、大众的，实现了“小我”与“大我”的水乳交融、有机统一，把音乐的力量铭刻在伟大抗疫精神的丰碑上。

从音乐批评的角度来看，有些问题和不足也不能回避，比如有些作品表达图解新闻、空喊口号，不接地气、言不由衷；有些语言缺乏艺术的凝练、鲜活的个性和生动的气韵；有些旋律听起来似曾相识，缺乏辨识度和创新性；等等。

让自己的心跟随时代脉搏一起跳动

◎ 舒楠

《坚信爱会赢》，是我十余年以来创作的第二首与灾难有关的歌曲，第一首就是为 2008 年汶川特大地震写的歌曲《生死不离》，当年点击量也很高，广为传唱，感动了很多人。我认为音乐的功能不只有宣泄，也有治愈，治愈的功能是非常重要的。2020 年的疫情发生后，中国文联就说能不能写这样一首歌，后来我就在想我应该怎么写，确实歌词也打动了我，里面好几句歌词都成为金句，包括“有难一起扛”“无法拥抱却离你最近”“真情守望长江黄河水流长，我们凝聚中华民族的力量”。

《坚信爱会赢》这首歌创作之初，我就在思考，面对疫情我们的创作不能仅仅停留在悲伤的基调上，而应更多地体现中华民族面对灾难越战越强的勇气和担当，用自己的专业做力所能及的事来鼓舞士气，所以我决定写《坚信爱会赢》。作品出来后产生了一定的反响，我也很开心，充分证明音乐除了宣泄功能，还有治愈功能，有困难我们会众志成城去战胜，而不是一味悲伤，这是我写抗疫歌曲的感受。

多年的创作经历，让我越发感到，一个作曲家应该始终把自己的心、自己的想法跟这个时代脉搏贴近，这一点很重要，我也是一直这么要求自己。新时代的作曲家赶上了一个好时候，我们要牢牢抓住时代巨变并及时感悟它，让自己的心跟随时代脉搏一起跳动，走到人民中去创作，创作更多人民喜闻乐见、表达人民心声的歌曲。

《武汉伢》其实是一首思乡的歌

◎ 谭旋

我是土生土长的武汉人，在北京工作。其实《武汉伢》这首歌一开始写的时候，并没有想做与抗疫相关的主题，主要想把这个歌写成对武汉家乡情感的表达。这首歌开始写旋律的时候我是一气呵成的，结合自己漂泊在异乡游子的心情，把自己放在长大的武汉孩子的角度，这个旋律唱出来的那个味道，就是从小唱童谣的感觉。我觉得不能回避痛苦，也不能刻意煽情，只能用当时最真实的情感表达这种旋律。

《武汉伢》这首歌，准确地说它是一首非常私人的表达，表达对故乡依恋的一首歌。我们在创作时非常注重一个问题就是分寸感，这是我们在推敲这首歌歌词时最重要的地方。要写武汉，首先写我们记忆里的那些东西，要写建筑，要写一些故事，例如黄鹤楼、江汉路、热干面，还有像武汉二厂汽水，这些都是小时候，记忆里经常接触的画面。还有一句词是“轧过大桥说过心里话”，在武汉当地有一个说法，只要恋人从武汉长江大桥这头走到那头，这对恋人就能够白头到老。还有一句，“只准自己骂，只许别人夸”，我们觉得每一个人对自己的家乡都是这样一种情结，都是这样一种情绪——就是觉得我自己的家乡，其他地方人只能夸，不能骂，每个人都会觉得自己的家乡是最美的。《武汉伢》的歌名，意思就是年轻的武汉人或者是小孩，其实也泛指年青一代的武汉人。这首歌有非常浓重的时间跨度的感觉，它是关于我们的成长和武汉这座城市的变化。

《武汉伢》这首歌能够得到那么多朋友的喜欢，也给了我很大的启示。我觉得一首歌的创作真的是要静下来，把自己最真实的感受写出来，这样可能会比写一些比较大、比较悬浮的东西更能够打动人，所以我最近很多影视作品开始回归于落地的创作。我会把平时生活中说的一些比较感人的句子都记下来，然后写到这些作品里面。它往往会更引起别人的共鸣，因为这些话都是我们平时在说的话，所以大家听完这些词，可能会觉得这就是我平时的生活，这是我的样子。虽然创作是很私人的，音乐里的故事它是一个集体的记忆，因为自己写出来的小小一个私人情感，你去影响到了周围的人，这个事情就变得很神奇。大家都从来没有见过面，但是我们在音乐中相遇了，我觉得这就是音乐最神奇的力量。

抗疫歌曲也成为一种时代的记忆

◎ 王晓岭

这次抗疫歌曲的整体水平还是比较高的，数量也比较多，参与面也非常广，而且有很多不同的角度，不同的创作和演唱的形式。从创作切入角度到传播方式，都有了全新的尝试。可以有不同评价角度，可以有不同的风格样式，最终经过考验留下来之后，也成为一种时代的记忆。历史进程发展到今天了，应该找一种什么样的音乐形式，这个确实是一个需要深入探讨的课题。可以是比较私人的，也可能成为大众的，也可能从大众出发，最终又变成一种个人的记忆，实际上这两种方式都是比较好的，都能行得通。

音乐风格我觉得也是这样，容易上口的曲调、通俗的旋律或者有一定深刻性的语言都需要。我们现在面临的是百年未有之大变局，实际上音乐也处在变局之中，对此，我们过来人也有很多思考和总结的地方。通过这次抗疫歌曲，我们全身心投入，我们参与了，我们也尽了一份力量，也见证了很多好歌曲，《坚信爱会赢》《大爱苍生》，在深入学习和继续这种创作之后，也应该作为对于我们每个人创作的一种借鉴。

抗疫目前取得了阶段性的成果，但疫情还没有结束，今后可能成为一种常态，在这种常态情况之下，我们还需要继续有新的思考，在某一个新的契机之下也还会有新的创作，我个人也愿意再总结一些经验，向大家学习，尤其向年轻的同志们学习。

抗疫斗争中彰显出音乐的正能量

◎ 李诗原

我想在抗疫关键时期，最有用、最有效、最直接的文艺作品可能是歌曲。歌曲有短平快的特点，所以音乐在这一次的疫情期间起到宣传鼓劲的重要作用。

我个人认为，在疫情期间词曲作者无论以什么动机来创作，都应该值得尊重，而且我认为在疫情高发期间创作的这些作品，用军事文艺的一个术语来讲叫作“战时文化”，它有因陋就简、因地制宜、通俗浅进、重词轻曲的特点，都在这次抗疫歌曲中得到了体现。此外我认为，作为一个评论者对抗疫歌曲评价，应该和我们平常的音乐创作是有所不一样的。

这次音乐创作主题很鲜明，比如说眼睛、背影这些都成为最主要表达的艺术场景，还有守护、生命、逆行、保住、挺住等高频用词，都值得我们理论评论工作者去总结，在美学或者理论上对它进行概括，总之这些歌曲，我认为总的一个美学特征是凄美，以牺牲、贡献精神为主题的。

疫情期间，抗疫歌曲是生成战斗力的重要因素，形成软实力的重要资源，是弘扬主旋律、传播正能量的载体，它就如这次座谈会的主题——“音乐的力量”。抗疫斗争中“正能量”这个词很重要。

超疏离态听觉审美场的构建

◎ 王一川

2020 年抗疫主题音乐创作给我留下几点印象：一是职业音乐创作者和非职业音乐创作者合力掀起抗疫主题音乐创作热潮；二是音乐界和文化艺术产业界联手开创线上音乐社交平台；三是音乐审美表现呈现多样化态势；四是音乐作品重在发掘激励生命意志的元素，帮助听众突破疏离态或半疏离态的生活状况，体会到生命共在和共享的慰藉与欢乐，这是最关键的一点。这场抗疫主题音乐创作的突出建树在于，在抗疫听众中构建起超疏离态听觉审美场，为身处于疏离态或半疏离态的广大听众构建起听觉主导的审美幻象场域，让他们在音乐体验瞬间突破疏离境地而产生万众一心的共通感，凝聚起抗疫需要的生存勇气、生命韧劲和生活智慧。

此时此刻，音乐宛如构建起特殊的审美生命力场，听众们得以在这听觉激荡的瞬间，摆脱掉相互疏离或分隔的痛苦，在想象中体会到日常生活中相聚、相悦和共生的满足感，重新凝聚起抗疫需要的生存勇气、生命韧劲和生活智慧。

鉴于音乐艺术在2020年抗疫活动中产生了不可磨灭的历史性作用，亲密地陪伴了身处疏离态中的无数听众的抗疫生活，铭刻下他们共同的抗疫记忆，因而可以肯定地说，音乐在整个中国艺术家族中的审美作用和文化作用都是独一无二和无可替代的。

从2020年抗疫主题音乐创作得与失中我们也能得出启示：只有深深植根于人民的日常生活和顽强奋斗中，才能创作出真正的音乐佳作。相信并期待这一启示能够成为艺术创作界的常态化工作动力。音乐作品的数量丰盛并不等于音乐作品的质量精良。中外艺术史经验和教训都告诉我们，往往是在生命极度欢乐或痛苦的紧要关头，想象和理智的力量会受到过度激情的冲击而难以抑制或调节，故出精品佳作其实不容易。可以说，抗疫主题音乐创作目前还只能是暂告一个段落，接下来需要继续沉淀、深化和掘进，不仅从中国的音乐史中寻求音乐创造的宝贵启迪，而且更要从全球人民的抗疫奋斗生活中悉心搜寻音乐创意的火花，直到把它们汇聚为新的音乐佳作的创造性火焰。

抗疫音乐评论也应起到导向作用

◎ 景作人

在疫情肆虐的这一段时间里，音乐作品的力量是非常重要的，我也非常关注在疫情期间的音乐创作，其中的确出现了一些精彩的作品。

面对灾难、面对疫情，音乐工作者义无反顾，用音乐参与抗疫斗争，这是特别值得赞扬的。作为音乐评论工作者，应该为抗疫主题音乐创作起到导向引领的作用，这一点我觉得特别重要。所有的音乐工作者，所有参与抗疫音乐创作和表演的音乐家，脑子里要明确，我们在进行一项伟大的事业，我们在进行一场伟大的战争，如何把人民的抗疫精神鼓舞起来，让他们不再惧怕疫情，不再恐惧疫情，在此期间能够起到这样一个振奋人心的作用，我觉得这是抗疫音乐达到的最重要的目的，而不是数量有多少，不是个人通过这个作品如何如何，在这个问题上还是应该有相当的严肃性。

疫情发生以来，全国音乐工作者积极发挥专业特长，自觉自发、不计报酬，克服创作时间紧、录音条件有限等困难，在短短几个月时间里，创作展示了两万多首抗疫公益歌曲，涌现出《坚信爱会赢》《大爱苍生》《武汉伢》等一批主题鲜明、形式多样的原创公益歌曲，为坚决打赢疫情防控阻击战贡献出音乐人的力量。

为强化优秀原创公益歌曲创作引领和宣传推广，在更大范围内凝聚起打赢疫情防控阻击战的磅礴精神力量，中国音协充分发挥资源优势，第一时间成立专家组对抗疫公益歌曲进行全面收集甄选，并及时通过传统媒体和新媒体平台在全国范围内进行宣传推广。中国音协所属刊物《人民音乐》《词刊》《歌曲》《儿童音乐》《音乐创作》，设立“坚定信心，凝聚力量，坚决打赢疫情防控战优秀原创新歌专栏”。中国音协联合学习强国平台推出全国优秀“战疫”公益歌曲展播系列，分6批推出优秀抗疫歌曲316首；联合中国文艺网打造的“抗疫路上，为你而歌——全国优秀‘战疫’歌曲展播专题”推出55期，推广优秀歌曲104首。“中国音乐家协会”微信公众号分37个批次推广优秀歌曲111首。中国音协与人民音乐出版社合作推出的《抗“疫”战歌——全国抗击疫情公益歌曲选》音像专辑精选15首优秀抗疫主题原创歌曲。

疫情期间，中国音协主席团也积极履职尽责，充分发挥在创作、演唱、演奏、指挥等方面的艺术特长，以实际行动参与到音乐战“疫”之中。中国音协名誉主席、著名作曲家傅庚辰创作了歌曲《有大爱，生生不息》，中国文联副主席、中国音协主席、著名作曲家叶小纲倾情创作了歌曲《大爱苍生》《樱花满天红》。中国音协副主席、著名作曲家印青、张千一、孟卫东分别创作了《中国一定强》《天使的身影》《白衣战士》等优秀抗疫主题歌曲；中国音协副主席、著名歌唱家廖昌永演唱了《保重》等优秀抗疫主题歌曲；中国音协副主席、著名二胡演奏家宋飞推出与百人云上合奏的战“疫”弦歌《笑迎彩虹》；中国音协副主席、著名指挥家谭利华在“战疫情：央广文艺云课堂”分享了他对《我爱你中国》管弦乐版本的解读；中国音协副主席、著名指挥家余隆带领中国音协交响乐团联盟成员及其艺术家积极创作、改编、拍摄、录制音乐专题作品，为武汉加油；中国音协副主席、著名音乐理论家赵塔里木带领中国音协新兴音乐教育工作委员会，团结动员各委员单位积极参与音乐战“疫”。

中国音协所属专业学会也积极组织艺术家开展“云课堂”“云音乐会”等线上活动。中国音协交响乐团联盟成员及其艺术家积极创作、改编、拍摄、录制音乐专题作品，为武汉加油。中国音协新兴音乐教育工作委员会委员单位晓雯音乐上海总部，第一时间向全国300余个城市的500余所分校下达指令，为逆行奋战在一线的白衣勇士及其直系子女免费提供一整年音乐教育课程，推出“全国公益课”。中国音协音乐治疗学会以“音乐自我照顾”“音乐减压小程序”等技术，对患者、隔离人员及其家属进行远程心理疏导，为武汉方舱医院和一线抗疫医院提供音乐减压方案。

用音乐的“世界语”传播中国声音

◎ 向云驹

伟大的经历彰显伟大的精神，伟大的斗争撞击伟大的声音。时代呼唤伟大的音乐。时代需要音乐艺术表达苦难中的不屈、驰援时的悲壮、救死扶伤的悲悯和人道主义、舍生忘死的高尚、与死神搏斗的无畏、与病毒魔鬼博弈的勇敢。这场人类与病毒疫情的战争，是一场世纪大战、世界大战，是一场没有硝烟的旷世之战。音乐艺术没有缺席，也不应该缺席这场伟大的人类与灾难的战争。

我们应该认真总结抗疫斗争以来音乐创作的得失，汲取中外重大题材创作的经验和教训，规划和部署更宏大、更有雄心的创作计划。中国人民的意志和心声，需要通过文艺特别是音乐艺术来凝聚和表达。“声音之道与政通矣！”抗疫音乐艺术应该是这个时代的最强音，它应该直击心灵，震撼心灵，感动世界，振奋精神，传播大爱。

世界各国的音乐家用音乐这一共同的人类语言，表达了战胜困难的意愿和伟大的人道主义精神。音乐艺术应该在人类共同的命运面前大有作为，中国音乐家应该为疫情之中和之后构建人类命运共同体做出新的贡献。世界大流行的疫情让人们强烈意识到彼此的差异，今后如何做到和而不同是人类的大课题。

音乐应发挥和发出团结的、和谐的、共鸣的人类命运共同体的主旋律。疫情时代的音乐艺术应该面向世界、面向未来，唱响中国声音，讴歌人类进步与发展，传递和平、和谐、和睦的人类心声，把正义的声音塑造成时代的主旋律，激励人们走出分裂困境，迎接新的时代，创造人类的美好明天。

如果一首歌是一次驰援

◎ 康伟

疫情期间读到一首诗印象非常深刻，它是这样写的：“如果一首诗是一次驰援，这首诗应该快马加鞭。”那么借用这句诗来言说我们抗疫歌曲的话，可以说“一首优秀的歌曲就是一场驰援”，但同时我们又必须追问，一首歌何以就是一场驰援，如何让一首歌成为一场驰援？

对于抗疫歌曲优与劣的辨识，对抗疫歌曲社会功能、艺术功能关系的把握，对优秀抗疫歌曲经典性的命名以确认，或许还需要更长时间来沉淀。但在中国抗击疫情取得决定性成果的当下，如何观察判断抗疫歌曲的顶天立地和铺天盖地是一个无法回避的重大课题。疫情之下没有一个人是一座孤岛，困境中的每一个人都需要驰援，所以歌曲正好是连接一座座孤岛的桥梁。优秀抗疫歌曲呈现三个特点：炽烈的生命意识、浓烈情感温度和强烈的艺术品格。

炽烈的生命意识，是文艺创作特别与灾难有关的文艺创作的内在要求，只有以炽热的生命意识和真切人文关怀去面对一线抗疫英雄、与疫情做斗争的患者和疫情之下命运与共的每一个人，只有以炽烈的生命意识去思考奉献与牺牲，创作者才能真正体会到生命至上的神圣感、尊严感，才有可能心念苍生，才有可能在创作中避免人才关怀的缺位。在疫情最严重的时期，能否准确把握歌曲创作中的情感书写，是歌曲创作能否走进处于巨大困境中的中国人内心的关键，共克时艰的命运共同体下，各种交织在一起的情感，成为抗疫歌曲创作扬善念、接地气、动人心的原动力。

抗疫之战尚未收兵，抗疫歌曲创作在进行沉淀和反思之后，理应将创作与抗疫诗史相匹配之作，与人类命运共同体相融合之作，与人民内心情感相呼应之作作为艺术上的自觉追求来彰显音乐的力量。

原载《中国艺术报》2020 年 10 月 16 日

【评论】每个人的“战争”——写在《抗“疫”战歌——全国抗击疫情公益歌曲选》出版之前

◎ 李诗原

我只能看见你的眼睛，因为有你，不离不弃，众志成城，万众一心，挺住，这是一场没有硝烟的战争，这是每个人的战争……这的确是一场战争，举国上下，“一级响应”，已经筑成新的长城。文艺界也以“战时文化”的视角、力度和速度，将抗“疫”文艺推送到前线。疫情骤起以来，音乐工作者积极投入抗“疫”，推出大批抗“疫”歌曲。抗“疫”歌曲的创作与传播已成为当下中国音乐生活的主体。人民音乐出版社编辑出版的这张《抗“疫”战歌——全国抗击疫情公益歌曲选》(以下简称《抗“疫”战歌》)专辑，虽然只能是成百上千抗“疫”歌曲中极小的一部分，但却代表着抗“疫”歌曲创作和传播的主流和方向，体现出百年来党依靠文艺激发士气、鼓舞斗志的优良传统，也体现出“一方有难，八方支援”的中华传统美德。

一

这张专辑收集的歌曲，呈现出不同的视角、不同的审美取向、不同的音乐风格，但主题只有两个，那就是爱和力量，并呈现出爱与力的交织。这些歌曲都是一种面对面的交流和对话，作为一首首向“你”倾诉的歌曲，其中这个“你”大多是奋战在抗“疫”一线的白衣战士，尤其是来自解放军的医务工作者。例如，《天使的身影》(袁英词，张千一曲)、《因为有你》(李小军词，赵麟曲)、《我相信》(王晓岭词，濮鹰曲)、《最美的温暖》(李劲词，李凯稠曲)、《妈妈，你去哪儿了》(杨玉鹏词，焦明曲)、《解放军来了》(陈道斌词，王喆曲)、《白衣战士》(陈旭光词，孟卫东曲)、《你有多美》(宋青松词，王备曲)、《天使的微笑》(黄小名词，王黎光曲)、《让爱暖人间》(王水法词，孟庆云曲)，就热情歌颂了奋战一线的医务人员和广大党员、干部、群众的牺牲奉献精神。这些歌曲基本上都是由部队文艺工作者创作的，具有凝心聚力、鼓舞士气的宣传特点，有的也表达出浓浓的军民鱼水之情，如雷佳演唱的《解放军来了》。张千一谱曲的《天使的身影》，是一首早在 2020 年 2 月 2 日就录制完成的歌曲——“我看不见你温柔的面孔，却看得见你美丽的眼睛，我看不见你甜美的微笑，却看得见你忙碌的身影”，一看就是白衣天使的写照。原来其词作者袁英就是应急总医院的一名医生，曾参加 2003 年抗“非典”急救工作，故准确抓住了“天使”的形象，进而将“眼睛”和“身影”作为这首歌颂白衣战士歌曲的一个着眼点。这首歌曲的音调流畅，结构规整，合唱也编得易学易唱，用钢琴伴奏，发布到网上后，不到两天，点击量就超过百万。像这首《天使的身影》一样，上述这些歌曲作为聚力助战之歌，均不乏爱的表达，既有筋骨，又有温度。

其中，还有一些“你”则指代那些被隔离在不同空间的人们，尤其是疫情严重地区的人们。例如，专辑中《坚信爱会赢》(梁芒词，舒楠曲)、《拿出勇气》(何沐阳词曲)、《保重》(任卫新词，李需民曲)三首歌曲，就是唱给他们听的。但这些歌曲所表达的，不仅仅是怜悯、安抚、慰藉，更多的是打气、鼓舞、激励。《坚信爱会赢》写出了爱的力量。这个爱的主题既是一种超历史的人文关怀，又更体现出中国特色社会主义进入新时代，我们的党全心全意为人民谋幸福的初心。《拿出勇气》则显露出一种超然的态度，并表达出“阴霾终将过去，阳光会更绚丽”的信心。廖昌永、廖敏冲演唱的《保重》是一首温馨、真诚、平实的歌曲，集中诠释了非常时期作为重中之重的“保重”，并写出了非常时期人们戴口罩、抗病疫进而“只能看到你的眼睛”的状态，表达出一种特别的关爱。《勇敢向前》(邓永祥词，戚建波曲)、《你安好，我无恙》(王晓岭词，李凯稠曲)、《大爱苍生》(胡占凡词，叶小纲曲)表示出对疫情时期所有人的关爱和人们的相互激励。如果说《勇敢向前》具有武侠歌曲之风，《你安好，我无恙》具有公益性群星演唱歌曲的特点，那么《大爱苍生》则保持着叶小纲歌曲特有的格调。笔者注意到，专辑中的歌曲几乎都是为“你”歌唱的，而不是为“他”歌唱的，故具有一种面对面对话的亲切感，丝毫没有那种作为旁观者的疏离感。

这张专辑中还有一首十分特别的歌曲，这就是已经成为“网红”的《武汉伢》(段思思、谭旋词，谭旋曲)。这是一首难得的歌曲，因为来自当时疫情最严重的武汉。值得注意的是，这首歌曲对疫情只字未提，没有眼泪，没有悲伤，而将艺术视角指向武汉作为国际大都市的市井生活，去表现由街道口、江汉路、黄鹤楼、热干面、二厂汽水所构成的独特风土人情，还有作为“武汉伢”那种“不宵夜，不作罢”“只准自己骂，只许别人夸”“牛皮谁在吹，面子给不给”的乐观和潇洒。这首歌曲表明武汉仍充满着生机和活力。这就是其价值所在。这张题为《抗“疫”战歌》的专辑中，还有两首真正的“战歌”，这就是可用气势磅礴、摧枯拉朽来形容的《中国一定强》(王晓岭词，印青曲)和《每个人的战争》(唐跃生词，姚峰曲)。前者是一首典型的“王晓岭、印青战歌”，如同《强军战歌》，可谓气贯长虹，军魂永驻，势不可当，它也像《走向复兴》和《复兴的力量》(均李维福词，印青曲)一样，旨在为实现中华民族伟大复兴中国梦集聚力量。后者更可圈可点。首先，歌词十分隽永，如“这是每个人的战争，随处也有看不见的敌人。慌乱无序，也是细菌”“关上门，挡住瘟神，要战斗不要无谓的牺牲。静静守望，也是斗争”“这是每个人的战争，各尽所能就是新的长城”，既是大实话，又是大道理，故具有“战歌”特有的号召力、传播力和影响力。再看它的曲调，作为一首混声合唱曲，从小调开始，在大调上结束，旋律流畅，声部清晰，和声饱满，张弛有序，既生动描绘出了众志成城、万众一心的人民战争画卷，又表现出从我做起、各自为阵、打赢这场“每个人的战争”的决心和勇气。这首歌曲饱有军旅歌曲之风骨，其气势磅礴、雄伟壮阔，可谓当代不可多得的合唱作品。

二

从美学上看，《抗“疫”战歌》专辑中的歌曲首先表现出了“壮美”。这种壮美是“战歌”最主要的审美品格。所谓壮美，即阳刚之美，与之相关的则是“雄浑”和“充实”，即雄浑之美、充实之美。“返虚入浑，积健为雄”即“雄浑”(唐·司空图《二十四诗品》)，可谓“壮美”的重要表征。“充实”则与“空灵”相对应，出自《孟子·尽心下》“可欲之谓善，有诸己之谓信，充实之谓美”的表述。“充实”也是壮美的重要表征。故对于“战歌”而言，“雄浑”和“充实”乃灵魂所在。

在歌曲创作中，怎样体现这种雄浑之美和充实之美？首先需要“气势”，即所谓“至大至刚”的“浩然之气”，“行神如空、行气如虹”的“劲健”，“吞吐大荒”“天风浪浪，海山苍苍，真力弥漫，万象在旁”的“豪放”。除“气势”之外，雄浑之美和充实之美还在于“积实”。“积实”来自朱熹“力行其善，至于充满而积实，则美在其中而无待于外”的表述。总之，“战歌”作为一种军事文化，其“壮美”就在于“雄浑”和“充实”，进而得益于“气势”与“积实”。这就是说，“雄浑”“充实”“气势”“积实”正是“壮美”这一审美品格的重要表征。专辑中的一些歌曲就具有“壮美”的审美品格，尤其是《中国一定强》和《每个人的战争》，就不乏这种“雄浑”“充实”“气势”“积实”的审美特征，进而体现出“战歌”威武雄健、所向无敌的英雄形象和不屈不挠、坚如磐石的军魂军威。

与这种“壮美”相关的就是“崇高”，这也是“战歌”重要的审美品格。所谓“崇高”，作为一个来自西方古典美学的范畴，最早作为修辞学概念而存在。古罗马朗吉弩斯(Casius Longinus of Palmyra，213—273)《论崇高》中就论及“崇高”，并将其作为一个修辞学概念，以指陈和阐释“雄浑”(grandis)

和“庄重”（gravis）的文风，使之与“秀美”的文风相对应。可见“崇高”与“壮美”的“雄浑”“充实”不谋而合。后来，“崇高”逐渐成为一个美学范畴，其内涵和外延不断得以丰富，并在康德、席勒时代真正成为一个用于美学探讨和文艺批评的术语。在康德看来，“崇高”就是那种不断超越“无形式”和“无限性”过程中所获得的一种快感，进而获得的一种美感。换言之，“崇高”作为一种审美心理体验，乃人对心灵上种种“不愉快”的超越；这种“不愉快”正是人在超越“无限性”时所经受的那些痛苦。《抗“疫”战歌》中的不少歌曲就表现出了这种对“不愉快”的超越，进而呈现出一种美感。这种美感即“崇高”。《天使的身影》就具有这种“崇高”的美感，似乎就是勇士出征前慷慨赴死、视死如归的那种崇高感。其中“美声”的音色和气质也使其“崇高”的审美特征得以凸显。在《每个人的战争》中，我们也同样能获得一种由“痛感”到“快感”再到“美感”的审美体验，一个获得“崇高”美感的审美心理过程。那“雄浑”和“充实”的混声合唱，也成为“崇高”这一审美品格的重要表征。

就《抗“疫”战歌》中的歌曲而言，最突出的审美品格是“凄美”。这里所说的“凄美”，则是一种与“壮美”相对应的“阴柔”之美。“战歌”为何以“阴柔”为审美品格？其实，这种“阴柔”的“凄美”则来自军人的牺牲奉献及其所带来的“悲情”和“伤感”。这种“凄美”的审美形态，曾集中呈现在20世纪70年代末至21世纪初的军旅歌曲之中，如《十五的月亮》《望星空》《小草》《血染的风采》《说句心里话》《不要问为什么》《边关军魂》及后来的《向远方》《在和平年代》等不同风格的歌曲，都在不同程度上呈现出“凄美”。正是这些歌曲开创了另一种新的军歌风格。这些具有“阴柔”之美的歌曲都有一个共同的特点，那就是都以歌颂当代革命军人牺牲奉献精神为着眼点，其音调和歌词中都显露出一种婉约、伤感的情绪，与上述“壮美”形成鲜明对比。透过这种“凄美”的歌声，我们仿佛看到了歌声背后的“悲情”，以致其中一些歌曲在刚推出时还受到质疑：军歌中岂能有这等哀怨、低沉的情绪？仔细解读其歌词，反复琢磨其音调，就不难发现这些歌曲中却都表现出一种无言的“沉默”。这种“沉默”仿佛就是人们所说的“无言”，乃“英雄无名”“英雄无泪”的艺术表征。更重要的是，这种“沉默”正是当代革命军人甘于寂寞、甘于清贫、默默无闻、默默奉献精神的写照，并在一种“反诘”中显露出对军人个体生命价值的自我认同。如《血染的风采》中“你是否理解”和“你是否明白”，既是一种“沉默”，更是一种“诘问”，流露出对军人个体生命的尊重和个体价值的自我肯定，其“悲情”显而易见。《不要问为什么》在一连串的“为什么”后，忽然来了个“不问为什么？你不说出来，我也不开口”的“沉默”，接着就是“太阳疼着我，月亮抚摸我，还有一支钢枪沉默在肩头”的价值自我认同。《边关军魂》就更为突出了。“人海茫茫”“霓虹闪闪”“花海柳浪”都与“我”无关，“我”在“遥远的路上风雨兼程”“高高的山上戴月披星”“天上默默地飞”“水里悄悄地行”，所以“我”是“沉默”的，只留下“一个绿色的背影”。这些都充分表现出当代军人对其价值“被认同”的期待，并体现出一种英雄的孤独感，故其“凄美”的审美形态脱颖而出。

专辑中的大多数作品，都在不同程度和不同意义上体现出了这种“凄美”。例如《白衣战士》《保重》《天使的微笑》《让爱暖人间》《拿出勇气》《妈妈，你去哪儿了》《我相信》《因为有你》《最美的温暖》《你有多美》《坚信爱会赢》，还有上述《天使的身影》和《每个人的战争》，尤其是歌颂一线医务人员和广大党员、干部、群众牺牲奉献精神的歌曲，更呈现出这种“凄美”。“看不到你的容颜，听得到你的呼吸”“我只看见你的眼睛，却看不清你的面容”“我只看见你的出征，却不知道你的姓名”“我不知你的防护衣下，身躯可被病毒包围”“我不知你的口罩后面，脸上是否藏着泪水”“口罩遮住了你一脸的疲倦，却遮不住你那饱含深情的双眼”……这些略带“悲情”和“伤感”的歌词，都强调了因为戴口罩看不见你的面容，只能看见你的眼睛和身影，都在一种“沉默”的艺术方式中传递出一种“凄美”。不难发现，这种“沉默”正延续了1998年长江抗洪中的《为了谁》中“我不知道你是谁，我却知道你为了谁”的表达方式。但应看到的是，这些歌曲中都呈现出“凄美”到“崇高”的审美情感升华。从曲调上看，这些歌曲都是先抑后扬，呈现出“抑扬格”的旋律走向；而这种“抑扬格”的表达方式正是从“凄美”到“崇高”的前提。从歌词上看，情绪或思想情感的表达也是先抑后扬的，进而也像既有军旅歌曲一样，从“悲情”转为“激情”，使歌曲的思想主题得以升华，表现出对牺牲奉献精神的褒扬。这就是从“凄美”到“崇高”的升华，一种革命英雄主义的升华，一种“牺牲我一个，幸福千万家”的英雄情结。当然，最具有“凄美”之感的还是《武汉伢》，只字未提疫情，相反还传递出别一种达观的情绪，在这样一个非常时期推出这样一首歌曲，不禁使听众心中的“凄美”之感油然而生。

三

最后要说的是文化功能和文化特征。关于这个问题的探讨，还须超出这张专辑观测整个抗“疫”歌曲。任何一类文艺作品，其文化功能和文化特征都是多方面的。抗“疫”歌曲也不例外。

首先，此次抗“疫”歌曲和此前的1976年唐山抗震救灾、1991年淮河抗洪、1998年长江抗洪、2003年抗击“非典”、2008年汶川抗震救灾中产生的歌曲一样，都属“主旋律”。从本质上说，抗“疫”歌曲的出现就在于传递党中央的声音，表达党中央对疫情的高度关切，对疫区人民的亲切关怀，对抗击疫情的决心和意志。因此，抗“疫”歌曲作为弘扬“主旋律”的重要形式毋庸置疑，而非一般意义上的公益歌曲。不仅如此，抗“疫”歌曲还是传递“正能量”的一种重要载体。它所传递的“正能量”就在于“一方有难，八方支援”的传统美德，关爱生命、相互帮衬、相互支持的公序良俗。

其次，抗“疫”歌曲还是催生“战斗力”的重要因素。这些歌曲都从不同的角度、用不同的语言和风格，鼓舞着奋战在一线的医务工作者和广大党员、干部、群众的斗志，鼓舞着参加抗“疫”的人民解放军和武警部队广大官兵的士气，同时也激励着那些被隔离在不同空间的人们，增强他们抗“疫”的毅力和意志。抗“疫”歌曲不仅在抗“疫”中直接转化成为“战斗力”，而且还是形成“软实力”的重要资源，充分表达出中国人民在中国共产党的领导下战胜疫情、继续进行伟大斗争、建设伟大工程、推进伟大事业、实现伟大梦想的坚定信念，进而极大提升了党的形象、国家形象、军队形象。

最后，抗“疫”歌曲作为音乐，毕竟是一种情感艺术，故更能以情动人，进而在鼓舞士气、激发斗志的抗“疫”宣传中具有不可替代的作用。正因为如此，抗“疫”歌曲无论是对于弘扬“主旋律”、传递“正能量”而言，还是对于催生“战斗力”、形成“软实力”而言，都具有基于情感艺术的特殊意义。这也是抗“疫”歌曲最主要的文化功能所在。

那么，抗“疫”歌曲最主要的文化特征是什么？无疑是“战时文化”特征。正如这张专辑中部分歌曲的标题和歌词所昭示的，抗“疫”是一场“没有硝烟的战争”，是一场“每个人的战争”。的确，当前举国上下在党中央的坚强领导下正在大打一场“抗击新冠肺炎的人民战争”。因此，抗“疫”歌曲就像此前的抗洪歌曲、抗击“非典”歌曲、抗震救灾歌曲一样，是一种名副其实的“战时文化”，进而具有“战时文化”特征。所谓“战时文化”特征，就在于因陋就简、因地制宜，以及通俗浅近、重词轻曲和追求短、平、快的审美价值取向。不难发现，许多抗“疫”歌曲是在极其简陋的条件下录制的，不是大乐队、大录音棚的大制作，甚至还有在工作室和琴房里录制的。总之，由于处在非常时期，各方面条件都受限。在演唱、演奏、录制、合成等诸多环节上，都没有更多、更好的选择，故只能退而求其次才能将歌曲创作出来、录制出来、传播出来。另外，作为一种“战时”的音乐创作，往往由于时间紧迫、空间受限，词曲创作也显得不那么讲究，故在艺术水平上，作为“战时文化”的歌曲一般都逊于作为“平时文化”的歌曲。在《抗“疫”战歌》这张专辑中，“战时文化”特征也显而易见。这就像笔者写这篇文字一样，没有更多的时间去斟酌了，更没有时间去反复聆听这些歌曲的录音，去分析这些歌曲的词曲，甚至去采访这些词曲作者。然而，这种“战时文化”的审美价值取向，突出一种服务于特定条件下的实用性，也是百年来党领导的中国文艺在长期革命斗争中形成的一个优良传统，故须继承、发扬。

原载《歌唱艺术》2020年第3期

【评论】以爱为歌　齐声战“疫”——浅谈学习强国平台上的抗“疫”歌曲

◎ 栾志弘

2020年年初，新型冠状病毒侵袭着武汉等湖北各地民众的安危，并逐步向全国蔓延，形成了自新中国成立以来危害极为严重的一场疫情。面对这次突如其来的疫情，社会各界民众众志成城，齐心抗“疫”，目前已取得阶段性的胜利。在残酷的疫情面前，广大文艺工作者们投笔从戎，以艺战“疫”，将内心涌动的真情实感化作一首首温暖人心、催人奋进的抗“疫”歌曲。

从历史的角度来看，每当中华民族面临危难，总会有歌曲等音乐作品应运而生。如现代史上的抗日救亡歌曲，当代的抗洪抢险歌曲、抗击“非典”歌曲、抗震救灾歌曲等，其中的优秀代表作已被载入史册，影响力可谓“声”入人心。这些歌曲时刻提醒中华儿女不忘初心，牢记使命。那么，近期涌现出的抗“疫”歌曲又有哪些特点？是否能够续写出公益歌曲的新篇章？本文将聚焦学习强国平台上的该类型歌曲，对其加以简要探讨。

搜索学习强国平台显示，与“抗‘疫’歌曲”主题相关的结果多达400余条。仅就这一数字而言，诞生于2020年的抗“疫”歌曲在体量上似乎明显多于之前出现的类似公益歌曲。笔者继而对平台上出现的相关歌曲的来源加以研判，发现诸如政府部门、教育机构、艺术团体、行业协会、演艺公司、医疗机构、武警部队、企业及个人都不约而同地积极参与到创演和制作抗“疫”歌曲的公益活动中来。疫情暴发以来，包括武汉等湖北地区在内的全国多数省市先后对该项活动做出了积极响应，其参与人员之多、分布之广，无疑创下了公益歌曲的历史新高。而从这些歌曲出品单位或机构的占比来看，高等院校毫无悬念地成为创制抗“疫”歌曲的重要聚点。许多高校，特别是艺术院校的教师们，纷纷身先士卒，充分发挥自身的专业优势和立德树人的职能，谱写出一曲曲感人肺腑的歌曲。尽管其中不少歌曲是在有限的时间和条件下完成的，但在思想性和艺术性方面仍然经得起推敲。值得注意的是，优秀的抗“疫”歌曲不仅能为我们打赢这场艰巨的“阻击战”提供必要的精神动力，并且有可能成为今后大学艺术专业教学与通识类教学课程思政方面的宝贵素材和重要内容。

让笔者心生赞叹的是，青年学生在此次疫情期间所展现出的才华与担当。以专业艺术院校的年轻学子为例，他们的创作摆脱了一般公益性歌曲重词轻曲的窠臼，善于采用年轻人熟悉和喜爱的当代流行音乐语汇来记录和渲染此次疫情带来的种种感受和感动。如歌曲《都会过去》《宝贝》《明天依然最美》《等到明天以后》，分别由中央音乐学院、上海音乐学院、武汉音乐学院、浙江音乐学院的学生创制并演唱，四首歌曲在主题思想、旋律架构、和声编配、音乐制作、歌唱演绎等方面均有不凡的表现。

由于大多数抗“疫”歌曲诞生于局势最为紧张的2月、3月，为了能够在第一时间及时通过歌曲对湖北乃至全国的同胞加以声援，部分不具备条件进行创制的单位和机构就只好采用“曲线救国”的形式，对既存的老歌加以翻唱或改编。如辽宁鞍山广播电视台推出的歌曲《真心英雄》，以翻唱知名歌曲来表达对抗疫英雄的颂扬；而山东枣庄某职业院校的师生，则通过改编大家耳熟能详的歌曲《明天会更好》中的部分唱词来表达心中的美好愿景。但就整体而言，词曲原创仍是此次抗“疫”歌曲的主流，因此大多数在专业上训练有素的文艺从业者更愿意透过自己的方式来表达心声。

纵观此次抗“疫”歌曲所传递的思想情感，占比较大的首先是对抗“疫”战士和英雄的礼赞与致敬。如歌曲《最美你的双眼》《逆行者》，礼赞奋战在一线无私奉献的医护工作者；《你是一面旗》《一个党员一面旗》，歌颂所有坚守在前线发挥模范带头作用的党员同志；《忠诚警魂》《平安回家》，致敬在疫情期间做出贡献的人民警察与部队官兵。其次是对中国必胜的坚定笃信、对未来美好生活的憧憬。这类歌曲的代表有《坚信爱会赢》《经风沐雨更坚强》等。值得注意的是，歌曲的思想情感是否能够做到温暖走心，似乎与词作者是否拥有高超的写作技巧并无很大的关联，华丽绚烂的辞藻有时还不及质朴、真切的对白更为有效。重庆学习强国平台上推送的歌曲《妈妈，能不能不走》就是后者的典型代表。作品的歌词以母女二人离别前的对话展开叙述（女儿：妈妈你能不能不走？你要把妞妞装心头。妈妈：我的妞妞，擦去你眼角的泪流，祖国在召唤，妈妈要去战斗……），朴素真挚的语言道出女儿对即将奔赴前线驰援武汉的妈妈的不舍，展现了医务工作者“舍小家，为大家”的牺牲精神。

从演唱形式上来看，此次涌现出的抗“疫”歌曲灵活多样，包含独唱、对唱、重唱、轮唱、小组唱、齐唱、合唱等多样化形式，而在歌曲风格和类型上也呈现出不拘一格的特色。如果说节奏强劲、气势奔涌的进行曲风，易于凝心聚力和鼓舞士气的话，那么，艺术性的抒情歌曲、通俗化的流行曲风，则适于发挥春风化雨、抚慰人心的功效。此外，抗“疫”歌曲中还涉及地域性风格较突出的民族曲风及民谣、童谣歌曲等不一而足，我们甚至能够在四川学习强国平台上播出的歌曲《加油，中国》中听到饶舌段落。就二度创作而言，抗“疫”歌曲在演唱风格上涉及美声唱法、民族唱法、通俗唱法，以及三大唱法相互之间的自由结合。

在歌曲风格和演绎方面，让笔者印象最为深刻的是一首名为《生命花开》（田延友词、陈挥之曲）的粤剧歌曲。该作品由广东粤剧院出品，由院长、国家一级演员、“梅花奖”得主曾小敏倾情演绎，是一首风格新颖、格调雅致的戏曲歌曲。歌曲巧妙地熔粤剧花旦唱腔、戏曲老生的念白、清新质朴的粤语童声说唱于一炉，编曲上则以中国乐器高胡、古筝、竹笛为主，辅以西方弦乐器和钢琴，有效地烘托出作品的思想主旨——大宇圆融，多难兴邦，上下齐心，国泰民强。此次新冠肺炎疫情的暴发和蔓延主要集中在汉族聚居地区，众多少数民族文艺工作者也通过歌曲的形式积极地为汉族同胞祈愿祝福。让笔者印象深刻的有藏族同胞演唱的歌曲《疫情结束后欢迎来珠峰》和内蒙古兴安盟民族歌舞团推出的歌曲《明天会更明媚》等。这些歌曲普遍展现出少数民族独具特色的音乐语汇。

2020 年的抗“疫”歌曲还具有两个与时俱进的崭新特色。其一是在疫情相对严峻的一段时期内，为防止病毒传播扩散，有相当数量的抗“疫”歌曲的筹备、创作、演唱、录制是在互联网云端完成的，比如歌曲《明天依然最美》就在基于互联网技术的基础上实现了由 32 人完成的“云合唱”。其二是由于近年来文创产业在中国的蓬勃发展和广泛影响，使得此次抗“疫”歌曲音乐短片的制作不再囿于真实画面和影像素材，而是可以选择融入以抗“疫”为主题的各种新的文创形式。比如在歌手张艺兴作词、作曲并演唱的歌曲《会好的》的音乐短片中，就是通过漫画的特殊视觉呈现方式来展现疫情期间曾感动过我们的那些人和事。

同样令人感动的是，学习强国平台上出现不少国外友人用歌声声援中国的案例。比如 89 岁高龄的新西兰音乐家莱昂尼·劳森，她不仅创作了中文歌曲《心手相连》，还亲自指挥奥克兰少女合唱团加以演绎，数十位美丽的新西兰女孩用她们天籁般的歌喉和纯真笑脸表达了对中国的支持和关爱。又如埃及音乐家伊哈布·哈米德与诗人艾哈迈德麦达尼共同创作了歌曲《东方的太阳》，透过错落有致的节奏和富有阿拉伯韵味的旋律，完美地诠释出唱词中所蕴含的力量和温暖。此外，也有不少在中国境内的外国音乐家积极参与这次的战“疫”活动中，用歌曲表达他们的祝福，如多位乌克兰音乐家与张家界爱乐乐团的演奏家们共同演绎的歌曲《天使的身影》，就在湖南一带引发强烈的关注。

大量优秀抗“疫”歌曲的涌现和广泛传播，无疑是新年伊始至今最值得关注的文艺现象。正如《习近平总书记系列重要讲话读本》一书中所指出的：“文艺是铸造灵魂的工程，文艺工作者是灵魂的工程师。好的文艺作品就应该像蓝天上的阳光、春季里的清风一样，能够启迪思想、温润心灵、陶冶人生，能够扫除颓废萎靡之风。”应该说，中外广大文艺工作者在这场没有硝烟的战役中不辱使命，透过抗“疫”歌曲的创演书写真善美，传播向上向善的价值观，彰显信仰与崇高之美，凝聚中国力量，弘扬中国精神。笔者坚信，这些歌曲将会继续鼓舞全国人民抗“疫”到底，直至取得最终的全面胜利。

原载《歌唱艺术》2020 年第 7 期

【研究】“抗疫歌曲”的多元特质与创作趋势研究

◎ 张娅

2020年，突如其来的新型冠状病毒打破了广大民众的日常生活节奏，而在全国众志成城的决心与行动力下，不仅国内态势已被扭转，也进入疫情防控的常态化阶段。应该说，在抗疫期间，尤其是攻坚时期，广大文艺工作者在其中起到了重要的激励作用，而数量庞杂的“抗疫歌曲”就是其中佐证。

一、“抗疫歌曲”的多元特质：创作、传播与音乐本体

自2020年至2021年，伴随疫情在国内被得到了有效的控制，“抗疫歌曲”也在其中得到了充分的展现与必要的激励作用。其间，“抗疫歌曲”积攒了庞大的曲目量。根据业内相关人士的预测，总量已有数千首作品之多，其中包括未发表和已经发表的作品。尤其值得注意的是，“抗疫歌曲”在数量上的迅速增长，呈现出新时期的多元特质。笔者认为，这种多元特质主要突出表现在三个方面：创作者、传播形式与音乐本体。

第一，从创作者的角度而言，本次“抗疫歌曲”形成了以音乐从业者为主体，行业内外有志之士共同参与的局面。其中，音乐从业者以著名作曲家、明星歌手与学院派师生为主要代表。从艺人的角度看，在疫情刚刚发展阶段即体现出强大的号召性——2020年2月，即有李荣浩、李宇春、肖战、邓紫棋等众多明星创作了“抗疫歌曲”；其中王一博和毛不易合作的《一直到黎明》更集合了超过80名参演者；除此之外，由张学友演唱、周杰伦编曲与方文山作词的《等风雨经过》也在同年2月23日发行，收获了乐迷的好评。

学院派同为此次抗疫的创作主力军。自2020年年初疫情发生以后，武汉音乐学院、上海音乐学院、西安音乐学院、中国音乐学院、哈尔滨音乐学院等专业音乐院校迅速组织师生进行了以“抗击疫情”为主题的音乐创作，创作了包括《人间星河》《最亲的人》《英雄的城》等数十首“抗疫歌曲”。其中还包括知名作曲家、演唱家的助力。如在此期间，由歌唱家廖昌永和廖敏冲演唱的歌曲《保重》；由戏剧“梅花奖”得主曾小敏演唱、陈辉之谱曲的《生命花开》等。同时需要注意的是，本次疫情还出现了演艺人员与文艺工作者的联动，从而进一步推动了“抗疫歌曲”的社会影响力。例如在2020年2月2日，中国文联与中共湖北省委宣传部共同推出了《坚信爱会赢》，该曲便由成龙等明星合唱，取得了广泛好评。

第二，“抗疫歌曲”之所以会迅速形成具有广大音乐人参与，与传播形式的发展变化也有着紧密联系。此次疫情期间的“抗疫歌曲”传播，除了借助于传统的广播电视媒体外，还充分发挥了社交网络平台、音乐流媒体等网络载体的助澜。甚至可以说，网络载体成了“抗疫歌曲”传播的绝对主力。新浪微博中便集合了大量与“抗疫歌曲”相关的微话题，对传播“抗疫”正能量起到了极大的推动作用。例如，《人民日报》官方微博在2021年8月作为主持人发出的话题“扬州学生创作战‘疫’歌曲为家乡加油”有1200余万的阅读量，单条视频有高达160余万的播放量，体现出实时话题在“抗疫歌曲”传播中所发挥的巨大作用。同时，偶像明星借助于微博平台，在传播“抗疫歌曲”方面也起到了显著的推动作用。蔡徐坤于2020年4月9日上线的抗疫公益歌曲《Home》在QQ音乐平台获得了19.6万次的评论数，成为明星积极宣传疫情的正面案例。同时，移动端APP也在传播过程中起到了很好的展示作用。例如截至2020年8月，学习强国APP便收集了包括山东、河北、湖南、福建、新疆兵团、安徽、云南、河南、山西、内蒙古、江苏、江西、青海、宁夏、西藏、辽宁、海南、甘肃、吉林、上海、四川、广东、天津、浙江在内的298首“抗疫歌曲”，为积极抗击疫情提供精神强援。

第三，从音乐本体的角度看，“抗疫歌曲”在体裁、唱法与情感内容方面均表现出多元化与丰富度。在体裁方面，充分涵盖了美声、流行、民族等不同类型的作品，涌现出像廖昌永演唱的《勇气》

等美声作品、林俊杰演唱的《Stay With You》等流行歌曲，以及《抗疫号令》等戏曲元素作品。而从具体的表现内容看，“抗疫歌曲”的选取视角同样呈多元化特点，主要表现在对抗疫者的赞美、对抗疫精神的传达。其中涌现出了如赞美医务工作者的《逆行者》，赞颂前线党员的《一个党员一面旗》，以及致敬部队官兵的《平安回家》等作品。此外，上文提到的《坚信爱会赢》等作品，则坚定地突出了抗疫必胜的信念。同时，在数量繁多的“抗疫歌曲”中，也不乏表现质朴情感的佳作，如《武汉加油》《爱不远，心不远》等作品，均以浓烈的真实情感打动了广大听者。

二、“抗疫歌曲”的创作趋势：精品化、系统化、云端化

从以上三个围绕着创作者、音乐文本与传播形式继续深入，并结合2020年全国疫情防控常态化的现实情况，笔者认为：当下“抗疫歌曲”正处在精品化、系统化与云端化三个新趋势之中。

第一，在经历了一年多的创作积淀后，当下“抗疫歌曲”正在朝精品化的方向前进，其突出表现在：与疫情初期比较，“抗疫歌曲”的数量已出现了明显的锐减。“抗疫歌曲”创作的井喷期集中于2020年2月至4月，即新冠肺炎疫情在国内初步发展之时。在这一阶段，一方面出现了因不具有创作条件而“嫁接”曲目的情况，通过将老歌进行适度翻新加以呈现，比如在这一阶段辽宁鞍山广播电视台呈现的《真心英雄》就属此例。但更多的，是上文提及的广大文艺工作者创作的大量“抗疫歌曲”，也由此打开了“抗疫歌曲”精品化之路。

在抗疫之初，武汉的17名文艺工作者便创作了此后闻名全国的歌曲《武汉伢》。该曲以武汉极富生活化的市井气息展开，在巨大的反差中建构美学意境，并传达出对武汉美好生活的向往。应当指出，与常规的音乐作品相比，“抗疫歌曲”同时肩负着包括社会价值与艺术价值在内的双重价值，甚至其社会价值应排在艺术价值之前。而《武汉伢》之所以广受欢迎，在于其贴合普遍的大众审美，从而使其社会价值与艺术价值形成“通路”。值得注意的是，不少知名作曲家、演唱家也在沿着普适性审美的角度创作“抗疫歌曲”，其中便包括阎维文、王宏伟、刘和刚、廖昌永等歌唱家，以及印青、张千一、叶小纲等作曲家，并由此诞生了诸如《重生的光芒》《中国一定强》《大爱苍生》《樱花满天红》等佳作。而自2020年5月，国务院联防联控机制印发《关于做好新冠肺炎疫情常态化防控工作的指导意见》时，全国疫情也已得到了有效的控制。在这种大背景下，“疫情歌曲”的应急属性被进一步削弱，客观上放慢了创作的速率，由此也有助于精品的诞生。例如在2021年6月，由著名作曲家孟卫东谱曲的歌剧《天使日记》在国家大剧院进行了演出，这也是首部抗疫歌剧。而据相关新闻显示，作曲家孟卫东在2020年花了3个月完成该剧的音乐创作，并于2020年下半年开始正常排演。可以说，疫情防控阶段也为该剧筹备提供了充足的时间准备，对催生精品起到了很好的促进作用。

第二，“抗疫歌曲”的系统化工程也在有条不紊地进行之中，一方面有效地爬梳了该类主题作品的发展历程，另一方面也有助于总结创作经验、集结精品，为接下来同题材的创作奠定基础。2020年1月底，上海音乐出版社便迅速联合上海音乐家协会、上海人民广播电台，推出了图书《出征 出征——抗击疫情优秀歌曲集》与音像作品《加油武汉　加油中国——抗击疫情优秀歌曲选》，在疫情之初起到了很好的鼓舞士气之用。3月，中国音乐家协会、人民音乐出版社联合出品了《抗“疫”战歌——全国抗击疫情公益歌曲选》，其中集合了张千一、王晓岭等著名作曲家在疫情中的音乐创作，为“抗疫歌曲”的全面系统化整理工程开了一个好头。同时，中国唱片集团也出版了《武汉加油，中国必胜！——抗疫优秀原创公益歌曲 · MV作品精选专辑》，其中既涵盖了如朱海、张宏光、廖昌永等在内的青年词曲作家、歌唱家，也有肖战、李宇春等歌手助阵，是一个在综合性、包容性上更突出的选择。

网络整合的效果同样不可小觑，为系统化整理同样提供了强有力的支撑。例如，《抗“疫”战歌——全国抗击疫情公益歌曲选》即同步上线学习强国APP平台，在更广泛的网络平台进行传播。而从学习强国本身出发，上文提及的298首多省“抗疫歌曲”即是该平台的系统化整理工程，为集合各省的优质“抗疫歌曲”提供了展示自我的空间与平台。除此之外，学习强国还通过下设的“二级平台”

收入了更多的抗疫歌曲，对及时了解近期“抗疫歌曲”动向也起到一定的支持作用。

第三，伴随着疫情的发展，云端技术——“云直播”也越来越多地渗透到各行各业，对“抗疫歌曲”的传播也起到了积极影响。在2020年3月，上海音乐出版社便借助“云端”技术实现了225首抗疫歌曲的“云首发”，在哔哩哔哩等多个线上平台同步发布，并以覆盖各个行业的“抗疫歌曲”作为核心举行了规模庞大的首发仪式，截至2020年3月已实现了曲目累积点击量超过百万的成绩。而在2020年4月，由陕西省文学艺术界联合会、陕西省音乐家协会主办的陕西省抗疫歌曲直播公益演唱会，便收获了110万人次的观看数，在央视网等20余家网络平台进行直播。一言以蔽之，“云直播”作为“抗疫歌曲”的一种崭新的传播形式，在一年有余的时间里起到了极大的“导流”作用，并为广大民众近距离接触优秀的“抗疫歌曲”提供了帮助。

三、结语

如果比照世界范围会发现：中国“抗疫歌曲”的发展，充分体现出了国内艺术工作者与广大民众抗击疫情的决心与斗志。以上，笔者以多元特质与创作趋势为主轴，涉及了“抗疫歌曲”自2020年出现至2021年发展的一系列阶段性特点，但这显然还是不够全面的。“抗疫歌曲”数量的庞大、质量的不断精进，均说明在社会价值与艺术价值的体现上，该类作品的创作与研究尚存在一定的空间。而伴随战胜疫情留下来的一系列经典歌曲，也将在时光汰选中留下珍贵的印记。

原载《大众文艺》2021年第20期

【研究】“抗疫歌曲”的艺术特征与社会价值

◎ 王安潮

武汉疫情发生并席卷全国后，中国人展现出前所未有的团结一致抗击热情，除了医护人员的全身心投入外，音乐工作者也以其特有的方式和热情参与其中，每天涌现出的大量歌曲都可见其战“疫”的热血与激情。这些创作者多是自掏腰包，用他们的赤诚之心，为战斗在医院、方舱的医护人员唱赞歌，为身处疫区的武汉人民而加油鼓劲儿，为投身大爱的那些平凡的奉献者而点赞、颂扬。每天数以百计涌现的抗击疫情歌曲背后都有着感人的故事，而涌现的创作思潮也是在中国乃至世界范围内难得一见的音乐创作景观。从见于网络发行的数千首作品来看，它们都有着集中的艺术主题和鲜明的情感指向，这是它们大量涌现且不断吸引人的情感基础，如北京市已遴选出百余首歌曲并制作发行，而某些院校也在有意识地组织师生创演，上海音乐学院推出的有《保重》《人间星河》《深呼吸》《你好吗》，武汉音乐学院推出的有《最亲的人》《天佑武汉》《明天依然最美》，中央音乐学院推出的有《大爱苍生》《英雄》《都会过去》，中国音乐学院推出的有《天使的微笑》《呼唤英雄》《力量》，西安音乐学院推出的有《大爱苍生》《模样》《英雄的城》，哈尔滨音乐学院推出的有《我用歌声祝福》《前行者》，四川音乐学院推出的有《@亲爱的》，安徽艺术学院推出的有《中国无恙》《在春天拥抱温暖》，等等。有些创作数量很是惊人，如吉林艺术学院音乐学院就推出有《人间天使》等20余首多具有高雅的品质的歌曲，沈阳音乐学院师生创作有《我要你平安归来》《爱的支点》等10余首歌曲等。上海“智造”成为此次创演中的重要力量之一，如《武汉伢》《手牵手》《武汉！武汉！》《同胞兄弟》《世界为你醒来》《他是“最平凡”》《天使的身影》《我们在一起》《最可爱的人》《待到山花烂漫时》《非常阳光》《与你同行》《风雨丽人行（越歌）》《秀发（评歌）》《生命之光》等，形式多样，题材丰富，很好地赞扬抗击疫情中的各类人群的精神。尤为值得点赞的是，上海音乐出版社协同上海音乐家协会、上海广播电台对此次创演进行了选优，并同时进行了各种渠道的推送，从数千首作品中精选了135首，并以“上海速度”进行了快速出版推进，今天所见的《出征 出征——抗击疫情优秀歌曲集》《加油武汉　加油中国——抗击疫情优秀歌曲选》等乐谱及音视频，已经送达武汉等相关人群手中，在社会上产生了强烈的反响。

一

从歌词上来看，此次“抗疫歌曲”意思指向明确，语言符号学的标识运用其中，使其不仅具有语意的坐标感，也由于其文雅的表达而让人感到清新、亲切。如《武汉伢》：“街道口的风撩醒了夏虫，竹床上的小孩做着梦，热干面糊汤一样的吃相，海角天涯流淌唇齿香”。“黄鹤楼的诗烂熟在嘴巴，多少次我低头默念啊”。“江汉路的雨淋过你几回，二厂汽水换成了酒杯”。武汉“封城”后，人们原本熟悉的地点不能去溜达了，街头巷尾的小吃也不能饱口福了，歌曲以稚嫩的童声吟诵而出，朗润心扉的亲切，催人泪下。歌词抓住了主题的口语化表达，于随意之间而表达深切的情感。

表达方式的出新不仅在于口吻，还在于情感的切入点，《深呼吸》（杨茹文词）以一个真实的小故事为素材，抓住了孩童与支援抗疫的父母亲之间交谈的情感纽带，在看似平淡之间彰显情感的浓烈：“我的孩子，我脑袋里总是调皮的你，你呀是爸妈疼爱的小精灵。我的孩子，我偷偷地分享一个秘密，爸妈想成为你的榜样之一，我们马上要出发。跟我唱首歌好吗？别紧张，宝贝，不哭，不怕，如果你孤独，就深呼吸吧。宝贝，不哭，不怕，当大家呼吸平静了，爸妈就回家了。”

歌词题材与形式广泛，歌颂医护人员逆行、奉献的壮举，鼓励疫区人民战胜困难，为各界爱心人士的奉献精神颂赞。这些众多题材中，有的侧重于意志力的宣扬，如《坚信爱会赢》《保重》《背影——致敬所有逆行的背影》等；有的侧重于武汉人民的鼓劲，如《武汉伢》《楚行者》《天佑武汉》《平安武汉》《武汉！武汉！》；有的侧重于儿女情长的细腻表达，如《@亲爱的》《秀发》《凝聚》《大爱无痕》；有的致力于赞扬医护人员，如《天使的身影》《人间天使》《生命之光》《最可爱的人》等。语意简洁直观的歌词，更容易在社会更广范围内为大众所喜爱。

二

“抗疫歌曲”的大众性决定了其艺术手法要在普适性的视角展开其旋律音调、节奏律动甚至色彩音响空间的创作，我们从全世界的同类歌曲创作来看，作品往往都是曲调朗朗上口，歌词情感简洁明晰，情境氛围温暖亲切。此次疫情歌曲凸显这些特点的同时，也较好地融入了当代大众音乐的很多新手法，在和声和配器色彩的发展空间上做了拓展。

从体裁、曲风上分，有流行歌曲、民谣、摇滚、交响合唱、艺术歌曲；在音乐形式、风格上，大部分作品适宜于群众易懂易记的口语化音调，也有少量艺术性较高手法的作品。“抗疫歌曲”的创作，不管在数量上还是在品质上，都是时下极为社会环境中所迫切需要的，它们借助发达的网络环境，从而为其迅捷传播提供了空间及可能性，比之17年前抗击“非典”歌曲创作，其中的艺术空间是巨大的。如《保重》（任卫新词、李需民曲、廖昌永与廖敏冲演唱）：“只有两个字：保重。相信你一定，能懂。多少话，显得无能，全都在这两个字中。保重，到底有多重？只能看到你的眼睛；保重，到底有多重？只能看到你的背影。保重，到底有多重？也许就是你的姓名；保重，到底有多重？也许就是你的年龄。说出这两个字很轻，但压在我心里很重。道一声，有些微痛，生死中它意义不同。”歌中的深情热情凝结为“保重”，它以多样的形态予以强调，因而使其在平静之中见识了内在的思想力量。

“抗疫”的歌曲以公益为其用途的出发点，从而使其具有了特定的艺术属性，一是它们的表达方式是简单易行的，这为它们更好地向公众表达情感而提供便利；二是它们站位还要高，从站在鼓舞抗灾、赞扬奉献的出发点上开展其创作，尤其是作品要强调“舍小我，成大我”的大众情怀，站在为大众帮扶的语气而表情达意，善于将生活的常识或日常的见闻转化为“抗疫歌曲”的艺术表达方式；三是要注意说话式的音调与歌词的配合，这些歌曲是唱给大众的，是大众所能唱的，是为大众精神需求而设想的，那就不能刻意地表达创作者的艺术个性，那些难解的艺术语言，如古奥的音调旋律、繁复的节奏律动，都是不可取的方式，如《让世界充满爱》《明天会更好》等，此次的歌曲中也有这样的艺术旨趣，如《坚信爱会赢》《保重》《天佑武汉》《与你同在》等。

从不同人群、不同情境下需要的心理所需、诉求出发，进行其创作的技术方式的选择，如军医行进在去疫区的路上，就需要军威感强烈的动力性节奏律动，铿锵有力，傲然不凡；而在病区的病人，其痛楚、惶恐甚至绝望的状态下，在医生超负荷工作后的劳累之时，在疫区人被隔离而对外没有信息的状态下，他们的“抗疫歌曲”就要以舒缓、温情的韵调作为主要表现方式，如《武汉伢》《平安武汉》《武汉不哭》《生命之光》《爱》《谢谢有你》《不一样的春天》《为了春天》等，以艺术化的境界而表达主题，以真挚朴素的音调而展现其歌曲内涵。

那些留存于世的反映人间大爱的歌曲，从大众审美接受角度来体现艺术性、个性化，《出征 出征——抗击疫情优秀歌曲集》中荟萃的作品在创新性上有了一定的探索，又在制作精良的高品质音质上进行了探索，它们将其献爱心的方式进行了现代语意式的巧妙发展，将技术的高超隐含于无形之中，这是其艺术特征又一温暖的内蕴式表达。

三

“抗疫歌曲”要体现其社会价值，即要从音乐社会学的角度进行探索，创作出能够被大众接受的音乐。在上海音乐出版社为“抗疫歌曲”搜集整理、遴选推优、编辑出版工作全面开展的50余天，发生了大量可歌可泣的故事。费维耀社长放下春节假期全身心地投入工作，在很短的时间里完成全部所有的采编、出版工作，他本身就是战“疫”的先进精神的典范。他们的工作使音乐工作者的热情讴歌赞美之情快速显现，在数以千计的歌曲中凸显出少量的、易于为大众所知的作品，使其成为中国当代音乐出版、发行中难得一见的景观，同时为我们提供了如何有效发挥“抗疫歌曲”的社会作用，使其能成为当代文化中的重要组成部分的有效解决方案。他们将一线音乐工作者在音乐服务社会中所做的大量探索转换为大众直接面对的优秀作品。这些社会价值的得以显现，是上海音乐出版社、上海音乐家协会、上海人民广作者西安音乐学院教授，哈尔滨音乐学院客座教授，博士生导师播电台等工作人员奉献精神之体现。此次展现的成果被誉为全媒体，而《加油武汉　加油中国——抗击疫情优秀歌曲选》已产生了良好的社会反响。受其影响，人民音乐出版社也在策划出版此类的歌曲集，从已经选取的作品目录来看也很值得期待。除了这些正式出版物的积极作用外，自媒体发挥的作用也极为显著，它们以“小、快、灵”的特征而发挥其优势。我以为这其中探索的有效方式，对发挥“抗疫歌曲”的社会影响力方面是值得借鉴的。

首先是解决选优的问题。“抗疫歌曲”的出现本身是一件大好事，其艺术价值和社会价值无须再做辨析，但前一段时间蜂拥而至的“抗疫歌曲”饱受诟病的一个主要原因是劣质作品充斥其间，影响了优秀作品的显现，自然会遭到有社会责任感的音乐家们的谴责。这就促使上海音乐出版社这样的有社会责任感的单位出面组织专家对其进行筛选，将选优的成果出资出版，并奉献给抗击疫情的一线，为病人、医护人员及相关人员提供高品质精神食粮。据费维耀社长介绍，他们此次约请了多位专家，分几轮进行了遴选，而且约定作品数量的上下线，以优秀为标准。笔者仔细聆听了曲集所选的作品，曲调旋律、节奏律动、风格形式的水准都达到高精尖艺术作品的层级。有些作品已在前期的推送中得到了社会大众的好评，如《保重》《坚信爱会赢》《武汉伢》《人间星河》《手牵手》《雪白的爱》《大爱无痕》《@亲爱的》《天使的翅膀》《武汉加油》《爱不远，心不远》等。这些作品以优美的曲调、温馨的情感、真挚而高超的演绎，给听众以强烈的艺术感染力，真正发挥了精神产品给予那些需要心灵慰藉、精神抚慰人群的作用。

其次是要注意创新有度的问题。“抗疫歌曲”的听众是普通大众，他们对于音乐艺术的理解多不深入，音乐技术层面的知晓也较少，他们仅是从情感上而需要这些艺术品的感染。那么，这样的“抗疫歌曲”的创演就需要把握创新的角度问题，既要有别于既往曲调，又要回避太过新奇的做法，将那些似曾相识的可以接受的曲调，以新的再发展而作为审听时刹那间的感动。这样的歌曲在创新上就要有温度，又清新。《保重》以中心词“保重”而布设了导入、深化、延展乃至最后的回落，这样的情感自然、舒缓，给疫情惶恐中的人来听，能够起到心理抚平的功效。《深呼吸》站在孩童的视角，通过他与大人交流的稚嫩可人形象，从而传达了艺术作品的透射喧嚣的清雅魅力。像《武汉伢》《@亲爱的》等歌曲也是抓住了趣味而实现了情境给人的耳目一新之感。《人间天使》以流动变换的律动及和声色彩而展现了天使形象的和蔼可亲、绚丽多姿，制造了美轮美奂的艺术形象。当然，此次歌曲中还涌现了一些有力量、有活力的催人奋进的歌曲，像《手牵手》《雪白的爱》《天使的身影》等，将群众歌曲予以了艺术层次的提升，给人以新颖出奇之感。

最后是要具有丰富的内涵。“抗疫歌曲”虽然是服务于特定的人群，但其中的多元艺术风格也使其发挥社会效应的重要因素，要不然，推出那么多歌岂不是很大的浪费。以现有的优秀之作来看，抓住曲调旋律的塑造、和声色彩的变幻、节奏织体的变化、配器音响的多变是其艺术手法的主要特征。在此基础上，歌曲尤其注意歌词的巧妙变化及其所刻意探索的直观的艺术指向，从而使音乐以整体艺术魅力而感动人。《人间星河》以对唱的形式，将舒展变化的旋律在不同音区不断变换色彩，通过淳厚的美声男中音与清雅的通俗女声，音乐展现了“人间星河”的丰富艺术境界，从而表现了深情的艺术空间。《雪白的爱》《儿女情长》《我要你平安回家》都是以优美清雅的曲调、纯粹的色彩而表现朴素而高洁的思想境界，将普通而平凡人的诉求倾注笔端，作品以小见大，依声动情，展现了平凡英雄的丰富情感境界。

“抗疫歌曲”是音乐工作者在面对国家灾难时所展现出的社会责任。从艺术形式上看，它们以结构短小、简明扼要见长；从内涵特征上看，它们饱含丰富的色彩和情感，以集中而直观的艺术形象表达而成为“战疫”中的重要力量之一；从社会价值的体现上来看，它们以恰当的方式，遵循社会价值切入的渠道，有思想的高度，站位明确，从精神层面缓解疫区惶恐压抑的氛围，更以润物无声的艺术形式而发挥其在“战疫”中的社会影响力。

原载《上海艺术评论》2020 年第 2 期

音乐产业

【概况】

近年来，中央和地方政府相继发布了系列力促文化产业和音乐产业发展的指导意见，标志着文化产业已上升为当前国家战略性产业。《关于大力推进我国音乐产业发展的若干意见》和《国家“十三五”时期文化发展改革规划纲要》中，明确提出支持音乐产业发展。2020 年，在上述代表性文件的指导下，中国音乐产业发展结合了文化和旅游融合发展的大趋势，在丰富人民群众的精神文化生活，促进文化传承发展，拓展经济发展空间等方面，形成了经济增长的新势能，推动了主流价值观传播，促进了社会和谐发展，在政治、经济、文化和社会层面展现了丰富而多元的意义和价值。

【首届北京国际音乐产业高质量发展促进大会】

2020 年 10 月 9 日，由国家音乐产业基地、北京市金悦文化传播有限公司主办的首届“北京国际音乐产业高质量发展促进大会”（以下简称“BME 大会”）在北京音乐产业园开幕。大会设置论坛、演出、展示、盛典四个活动板块。特聘韩磊、张也、张韶涵、易烊千玺、阿朵、谭维维、新裤子乐队、降央卓玛等音乐人作为本次大会推广大使。主题为“音乐点亮城市、创意美好生活”，以“活动发布 + 内容化定制演出 + 音乐人互动 + 全媒体直播”的展现方式，携未来音乐城市建设，助力华语音乐发展。《音乐之城》同期发布。

【首届“北京国际音乐产业高质量发展促进大会”主论坛】

2020 年 10 月 9 日至 10 日，首届“北京国际音乐产业高质量发展促进大会”主论坛在北京市举行。艾瑞咨询首席分析师李超发布《中国音乐产业发展研究报告》，中国社会科学院中国文化研究中心副主任张晓明发布《国际文化科技趋势报告》。咪咕音乐总编王恒、中央音乐学院教务处处长汤琼、中华文化产业园区联盟主席李季、音乐制作人邹铁夫做主题演讲。同时举办“音乐城市的建设与发展”高峰论坛，以及“中国音乐文化的传承与发展”“5G+8K，音乐产业的变革”“创作高品质音乐作品的核心要素”四项平行论坛，乔方、小柯、董冬冬、乌兰图雅、季惠斌、蔡钧、张小夫、赵金波、俞锫、杨奇虎、孟宇、丁博、梁思等音乐人、学者、企业家参加论坛。

【2020 中国音乐财经年会】

2020 年 10 月 10 日，2020 中国音乐财经年会在北京市举办。年会围绕“互联网 +”时代下音乐产业发展与变革的新格局，在主题论坛、演讲、案例等环节，对疫情之下的音乐行业走向进行探讨。年会以“重启信心·探路未来”为主题，其中包括音乐人演讲、企业演讲、主题高峰论坛以及战略合作发布四个板块。30 余名业内专家以音乐人的生存与发展、厂牌生存模式演变、现场音乐、音乐消费、音乐宣发为主要内容，分享对音乐行业的观察和见解。年会还举办了主题演讲《后疫情下：演艺市场的复苏》、音乐文旅论坛《后疫情时代，现场音乐的复苏与创新》等活动，聚焦后疫情时代的音乐演出市场复苏。

【和乐器　赢未来——2020 乐器文化创新发展论坛】

2020 年 10 月 11 日，由北京乐器研究所、国家轻工业乐器信息中心主办，《乐器》杂志新媒体中心承办的首届“北京国际音乐产业高质量发展促进大会”分论坛“和乐器　赢未来——2020 乐器文化创新发展论坛”在北京市举行。论坛主旨为探讨文化创意与科技创新对乐器产业发展的意义，从完善音乐产业体系，引导乐器文化消费，寻求乐器产业高质量发展路径，探索后疫情时代乐器文创融合发展机遇，打造“音乐城市”新名片等方面展开研讨。同时，还展示与推广了乐器文化创意与科技创新领域融合发展的新成果。

【第七届音乐产业高端论坛】

2020 年 12 月 11 日，由中国传媒大学主办的“第七届音乐产业高端论坛”在北京市举行。相关部门负责人、行业协会、业界和国内外高校专家学者出席并进行交流与对话；通过打造高层次、专业化、国际化的交流平台，紧扣融媒体时代音乐产业发展与变革的新格局，聚焦音乐全产业链的动态与前沿，力图从产业生态、科技创新、版权经纪、音乐演出、教育培训等多个环节，深入探讨音乐产业的行业经验、趋势和策略，促进音乐产业业态的良性发展。论坛分为“疫情背景下音乐产业的生态变革和发展”“人工智能音乐科技的产业应用”“艺术高校的音乐产业人才培养”“共生向融：音乐与视频产业的双向互动”“融媒体时代的泛音乐教育”“影视传媒音乐创作及商业开发”“新时期音乐创作、表演与版权保护”“‘数字时代的音乐传播’学术分论坛”等板块。《2020 中国音乐产业发展报告（总报告）》同期发布。

【综述】新图景与新路径：科技创新与融合时代的中国音乐产业——2020 第七届音乐产业高端论坛综述

◎ 赵志安　胡舒雅薇

2020 年 12 月 11 日，由中国文联音乐艺术中心、北京市新闻出版局指导，中国传媒大学主办，中国传媒大学音乐与录音艺术学院、中国传媒大学音乐产业发展研究中心联合承办，腾讯音乐娱乐集团、咪咕音乐有限公司、全民 K 歌、太平洋影音公司、中国广播电影电视社会组织联合会音乐工作委员会、国家文化科技创新服务联盟音乐产业专业委员会等联合协办的第七届音乐产业高端论坛在北京举行。

论坛发布了中国传媒大学赵志安教授领衔音乐产业发展研究中心项目组撰写完成的《2020 中国音乐产业发展报告（总报告）》（以下简称《报告》）。《报告》指出：“2019 年中国音乐产业总规模达 3950.96 亿元，同比增长 5.42%，增速有所回落，但发展态势稳中有进，以数字音乐为主的核心层产业保持了 8% 以上的高速增长。受整体经济环境和相关产业影响，关联层、拓展层产业增速明显下滑；随着新冠疫情带给全球经济运行更多不确定因素，中国音乐产业更需夯实基础，通过原创内容、音乐科技、商业模式、新兴业态和消费场景的全方位创新，推动持续高速增长模式转向新一轮高质量发展模式。”来自政府机关、行业协会、业界和国内外高校的专家学者齐聚一堂，深入解读我国音乐产业的现状问题、前沿热点与发展趋势，共同探讨“互联网 +”时代中国音乐产业高质量发展的新图景与新路径。

一、全方位创新，赋能音乐产业高质量发展

全方位创新打破了音乐行业与其他行业的界限，重构着音乐产业高质量发展的崭新格局。依托

"互联网 +"，音乐艺术创意思维、生产方式及产业模式正在不断被重塑；以音乐品质消费带动音乐市场的发展，建立音乐文化供给和音乐文化需求之间的有机关联，进而实现社会效益与经济效益的统一。本次论坛的举办，正是立足在这样的一个时代节点，探讨以科技创新带动各种生产要素和音乐文化的聚集、以技术赋能和品牌化新图景与新路径：科技创新助力为主体的发展模式，以更好地促进新时代音乐产业的高质量发展。

中国文联音乐艺术中心主任熊纬在致辞中表示，要坚持守正创新，坚持以社会主义核心价值观为引领，充分挖掘音乐文化资源，推动内容、技术、模式、业态和场景的不断创新，促进音乐产业链的完善与应用。国家文化科技创新服务联盟秘书长刘兵在致辞中强调了当前融媒体和 5G 技术发展环境给音乐产业所带来的新机遇。

随着新型基础设施建设的不断推进，互动性、参与式、场景化的音乐文化体验与消费需求也在持续提升。通过全方位创新，激发创造活力、开启新型业态，引导各类要素向先进生产力聚集，优化音乐消费的市场化配置，从而更好推动音乐产业迈向高质量发展。特别是音乐文化和科技创新的深度融合，将更好推动音乐产业向精细化、差异化和品质化方向转型，把高品质的音乐体验发展为具有高价值含量的音乐消费形态，推动实现供需两侧的良性互动；并通过不断扩大优质音乐文化产品和文化体验供给，形成高文化含量、高技术含量和高附加价值相统一的生态格局。

二、多维度激活音乐产业的内生动力

在"互联网 +"时代语境中，音乐产业发展面临着新形势、新任务和新使命，如何提高音乐产业的品质内涵，激活音乐产业的内生动力，是学界和业界持续关注的热点议题。在本届论坛的主题发言中，国琨、计鸣钟、韩宝强、樊国宾、高伟云五名来自国内外音乐业界、学界的专家代表分别从不同角度做了精彩发言。在疫情防控常态化的大背景下，音乐产业也正迈向高质量发展的新一轮阶段，而这其中的内在动力，则是源自人民对美好生活的向往，以及音乐传播主体对于多元化、品质化音乐消费内容及形式的渴望与追求。国琨以《当代的著作权集体管理对音乐产业的价值》为题，从帮助权利人行使难以行使的权利、保护权利人的合理利益、提供多元化的服务三个价值维度概述了著作权集体管理组织对于音乐产业高质量发展的重要使命。2019 年，中国音像著作权集体管理协会的总收入近 2.91 亿元，同比增长 27%。基于云服务和大数据技术，音乐版权保护和集体管理实现跨越式发展。计鸣钟以《未来音乐内容的产消模式》为主题，结合自身的从业经历，回顾了音乐生产、传播的历史进程，并对我国数字音乐行业发展的现存问题、变化趋势、发展方向进行了解读。他认为，音乐产业正越来越重视品质化与创造性，特别是随着大数据算法的持续升级，优质的音乐作品、优秀的音乐人终会更好显现出来，而在未来，这也将是一个更多元的双向选择过程。韩宝强就人工智能、数字音频、生物医学等对音乐产业发展的影响予以了剖析，并强调音乐发展需坚持艺术创作与审美评鉴相统一的原则。樊国宾分析了基于互联网环境进行的音乐产业再造、选择、传承、传播、评价等问题，并就音乐产业的拓展方向及如何构造一个内容影响力型的文化产业品牌进行了阐释。中国传媒大学国家海外高层次人才、荷兰大学高伟云教授以在线方式，就如何让中国的音乐理论与音乐实践更好传播进行了探讨，指出要注重时代变迁与音乐文化的关联，平衡好商业与文化的关系，重视传播环境、价值观念、交融对话等方面问题。

三、跨界融合打造"音乐 +"共生体系

推动音乐产业和其他行业的跨界融合，打造"音乐 +"共生体系，构建音乐产业的和谐生态是当前音乐产业发展的重要课题。本届论坛围绕"疫情背景下音乐产业的生态变革和发展""共生向融：音乐与视频产业的双向互动""影视传媒音乐创作及商业开发""新时期音乐创作、表演与版权保护"等论题进行了专场研讨。与会嘉宾围绕相关议题，探讨音乐行业与其他领域的深度融合，不但推动着音乐产业布局的全面优化，还促进了音乐文化生产方式、传播路径、消费模式的转型升级，不断健全完善

音乐产业高质量发展体系。

太平洋影音公司总经理刘钦隆、腾讯音乐娱乐集团全民K歌总经理计鸣钟、奇大音乐创始人许环良、中国音像与数字出版协会唱片工作委员会副主任委员臧彦彬等嘉宾就疫情背景下音乐公司、音乐平台、音乐创作人的应对措施、突破变革与转型发展进行了分析。亚歌文化创始人甘琼、腾讯音乐娱乐集团张敏杰、北京中视鸣达文化传媒有限公司高级副总裁沈炳、乐正传媒联合创始人彭侃等嘉宾以“音乐与视频产业之间的互动关系”为主题，结合多年的运营及创作实践，分享了各自独到的见解。

中国音乐学院教授阮昆申、中央音乐学院教授刘思军、中国广播电影电视社会组织联合会音乐工作委员会常务副会长程矛、副会长黄立杰等嘉宾围绕影视音乐创作的民族化与国际化，影视音乐的录制技巧、营销推广、商业运营，影视音乐生态等问题进行了探讨。国家文化科技创新服务联盟音乐专业委员会主任黎冬、十三月唱片总经理卢中强、战马时代总经理刘钊、腾讯音乐娱乐集团法务管理部高级法律顾问李伟峰、中国音乐学院艺术管理系副教授司思等嘉宾就“音乐的创作表演及其产生的一系列产权保护问题”两个主要议题，对独立音乐人、音乐内容的垂直化、线上线下音乐演出的开展、新修订《著作权法》、音乐创作环境、音乐版权保护等方面的内容进行了交流。

随着版权保护环境的进一步优化，音乐创作表演、综艺节目歌曲、卡拉OK音乐、影视配乐等版权资源与数字平台协同联动，新的文化消费和音乐应用场景正在不断被打造。围绕着“音乐+”业态融合的转型升级，“音乐演出+新消费领域”“原创音乐+多元业态”“数字音乐+娱乐生态”“音乐产品+文化体验”等拓展模式持续推出，“音乐+”共生体系的构建已成为未来发展的重要趋势。“互联网+”时代下，中国音乐产业的繁荣发展更需要价值引导力、文化凝聚力和精神推动力的强力支撑。繁荣发展音乐及其衍生产业，完善音乐产业生态体系，优化产业环境，对助力文化强国建设，提升中国文化软实力、影响力具有重要意义。

四、新文科背景下音乐产业人才的培养

新文科建设的大背景为音乐产业人才的培养创造了难得的发展机遇，也带来了更大的挑战。新形势、新业态背景下，如何培养基础扎实、知识广博的音乐产业理论型人才，以更好承担音乐文化创新性发展的职责；如何培养实践能力与创造能力兼备的应用型人才，以更好实现音乐文化的创造性转化；如何建设音乐传播高质量的课程体系，以更好树立民族文化自信，促进音乐文化的传承与传播等问题，引起论坛嘉宾的深思。

中国艺术学理论学会艺术管理专业委员会会长田川流、中国音乐家协会高校音乐联盟秘书长邹薇、北京迷笛艺术传播有限公司CEO刘欢、中国传媒大学音乐与录音艺术学院副教授刘聪明等嘉宾就新文科建设背景下音乐产业人才培养的新情境、新变化与新思路进行了交流，从市场需求、管理体系、学科建设、平台融合等方面，对音乐产业人才培养的重要性进行了深入探讨。

与会嘉宾认为，新文科建设理念下音乐产业人才的培养，要在知识生产、实践应用和立德树人三个维度上展开。在知识生产的维度上，要探寻学科知识的增量建设，在国际化视野中提炼出具有中国当代表达的音乐产业话语体系；在实践应用的维度上，要立足中国本土现实经验，在音乐文化与市场实践的脉络中，把握中国音乐产业的内涵定位；在立德树人的维度上，要重视能力与德行的统一，坚定文化自信，强化文化认同，顺应中国音乐产业发展的新趋势。

五、新技术推动音乐产业新变革

近年来，随着VR/AR/MR、全息投影、4K/8K超高清、人工智能、云技术等新兴技术的开发和应用，推动着音乐产业的业态新变革。依托于大数据算法对于用户习惯及需求的整合，数字音乐平台与影视、游戏、动漫等之间的视听联动机制日渐完善；5G带动着无线音响系统、人工智能音箱、蓝牙耳机接入等在国内技术研发上取得突破，加速了K歌平台的场景化体验。智能教育也正成为音乐教育行业发展的新亮点。

复旦大学教授李伟、中国音乐学院副教授李子晋、腾讯音乐娱乐集团全民K歌副总经理傅鸿城、字节跳动AI-LAB音乐产品经理蔡奔、华为CBG音频部技术专家朱梦尧、中国传媒大学录音系系主任王鑫等嘉宾以“人工智能在音乐产业中的应用”为主题，分别从AI音乐、AI智能机器人、AI混音等音乐科技在音乐产业中面临的挑战与机遇，业界研发与学界研究的融合与赋能，如何培养社会需要的音乐科技复合型人才等几个方面对音乐科技在音乐产业中的前景与发展进行了阐释。中国音乐学院教授丁毅、腾讯音乐娱乐集团全民K歌总经理计鸣钟、中国爱乐—青少年交响乐团团长翟佳、中国音协电子音乐学会副秘书长兼办公室主任吴斌、灵动音科技有限公司创始人刘晓光、中国传媒大学教授冯亚几位嘉宾就音乐算法分析、演出直播、音乐科技等内容对融媒时代的泛音乐教育也进行了多维度的解读与剖析。

中国音乐产业进入高质量发展转型期后，音乐科技的强力助推、版权环境的持续优化、消费潜力的不断释放、“音乐 +”跨界融合的不断推进以及创新型音乐产业人才的培养，将成为我国音乐产业繁荣发展的核心动力。据《报告》显示，2019年以音乐图书与音像、音乐演出、音乐版权经纪与管理、数字音乐为主体的核心层产值规模为884.8亿元，所占比重22.39%；以乐器、音乐教育培训、专业音响为主体的关联层产值规模为1936.64亿元，占49.02%；以广播电视音乐、卡拉OK、影视、游戏、动漫音乐为主体的拓展层产值规模为1129.52亿元，占28.59%。相关数据表明，在全球经济缓慢复苏的背景下，核心层产业占比增长率提高3.1个百分点，抗风险能力最强；关联层在基本保持稳定的同时，加速着产品、服务与新兴消费市场的进一步接轨；拓展层占比增长率下降2.6个百分点，受传统市场收缩影响较大，结构布局有待优化。新技术推动着音乐产业的新变革，塑造着音乐产业的新形态。

美国互联网研究者克莱·舍基在《人人时代：无组织的组织力量》一书中写道：“互联网并非是在旧的生态系统里引入新的竞争者，而是创造了一个新的生态系统。”基于“互联网 +”的持续发力，打造沉浸式体验的音乐文化产品和服务，搭建音乐科技创新平台，完善音乐文化大数据应用体系，加强音乐生产、创作及消费数据资源的开发利用，已成为音乐产业创新发展的新动能。中国音乐产业正不断向数字化、品质化、规模化、多元化的内容建设纵深推进。特殊的2020年催生出了一系列新的音乐体验，音乐消费正逐渐从传统的内容消费拓展到内容及其衍生品的多元化消费。“音乐 + 长音频”“音乐 + 短视频”“音乐 + 直播”“音乐 + 文创”等集群化模式开启了音乐文化消费的新场景，我国音乐产业正快速向以数字驱动为核心的生态模式转型升级。

原载《人民音乐》2021年第2期

【观点】对我国音乐产业发展现状的观察与思考

◎ 李小莹

面临不断升温的中国音乐产业发展热潮，如何把握时代发展机遇和打造区域特色，是当前中国音乐产业发展急需探讨的重要课题。本文分析当前中国音乐产业发展的时代机遇，阐述音乐产业发展的主要现状，探讨如何把握时代发展机遇和借鉴文旅融合的理念，从而进一步加强和提升中国音乐产业发展。

一、音乐产业发展的时代机遇

从2000年至2020年，国家先后发布了《中共中央宣传部、文化部、国家广电总局、新闻出版总署关于文化体制改革试点工作的意见》（2003年）、《文化产业振兴规划》（2009年）、《中共中央关于繁荣发展社会主义文艺的意见》（2015年）等力促国内文化产业发展的政策文件，标志着文化产业已上升为当前国家战略性产业，文化产业发展也开始引发各地政府部门的关注与重视。

其中，《关于大力推进我国音乐产业发展的若干意见》和《国家“十三五”时期文化发展改革规划纲要》明确提出支持音乐产业发展，尤为值得关注。2015 年 12 月，原国家新闻出版总署发布的《关于大力推进我国音乐产业发展的若干意见》为中国音乐产业建设发展带来了具体的、建设性的指导意见。从政府层面出台关于推进我国音乐产业发展的指导意见尚属首次，给区域音乐产业的发展带来了新动力。

2017 年 5 月，由中共中央办公厅、国务院办公厅印发的《国家“十三五”时期文化发展改革规划纲要》，明确将“音乐产业发展”列入“重大文化产业工程”中，具体内容为：“释放音乐创作活力，建设现代音乐产业综合体系，推动音乐产业与其他产业融合发展。”这是由中共中央办公厅和国务院办公厅首次发布的明确支持“音乐产业发展”的文件。之后，在“2017 年中央文化产业专项资金”中，又将“大力支持和促进音乐产业的发展”正式写入国家新闻出版广电总局负责征集的项目之中。

在中央和地方相关政策的支持之下，北京、成都、西安等地纷纷出台地方政府关于支持音乐产业发展的意见与方案，如《关于推动北京音乐产业繁荣发展的实施意见》《成都市人民政府关于支持音乐产业发展的意见》《西安市建设“音乐之城”实施方案》等。新时代，密切关注和及时把握我国音乐产业发展的政策背景和时代机遇，有助于借音乐产业发展的“东风”，扬帆再起航。

二、音乐产业发展的主要现状

经原国家新闻出版总署和原国家广电总局批准，从 2009 年至 2020 年，已先后在北京、上海、成都、西安、广东、浙江 6 个省市建立了 10 余个国家音乐产业基地（园区）。从地理分布来看，早期音乐产业集聚区主要集中在北上广三地，之后音乐产业集聚区不断拓展延伸，并主要形成了首都音乐产业集群、长三角音乐产业集群、珠三角音乐产业集群和川陕音乐产业集群。（见表 1）

表 1　代表性音乐产业集群

集群区域	主要覆盖城市	代表性音乐产业集聚区
首都音乐产业集群	北京	中唱园区、中国乐谷园区、天桥演艺区 1919园区、数字音乐园区
长三角音乐产业集群	上海	上海音乐谷、原上海虹口园区
	杭州	萧山园区
珠三角音乐产业集群	广州	广州南方传媒园区、广州飞晟园区、羊城创意产业园
	深圳	深圳数字音乐园区
川陕音乐产业集群	成都	成都东郊记忆园区、音乐小镇
	西安	音乐小镇

首都音乐产业集群以北京城区为核心，涵盖京津冀部分地区。北京作为全国政治经济和文化中心，拥有深厚的文化底蕴，聚集了众多音乐产业人才。2011 年 12 月，北京国家音乐产业基地正式挂牌，包括中唱园区、中国乐谷园区、天桥演艺区、1919 园区、数字音乐园区。“酒旗戏鼓天桥市，多少游人不忆家”，这是老北京天桥历史的生动写照。如今，经过初期的基础建设和后续的经营管理，天桥演艺区逐步形成演艺区的整体布局，并强化演艺区服务功能。中唱园区依托传统优势资源，把中华老唱片数字资源库项目作为园区重点项目进行建设并取得重要进展。中唱园区还出版了《红歌宝典》《中华儿歌珍藏集》等众多典藏性精品出版物，并加强与青年音乐家的合作与交流，在新时期吸引新用户并获得更多新用户认可。中国乐谷园区重点打造音乐休闲公园的建设，已连续多年实现常态化、市场化举办和运营音乐嘉年华活动，并形成一定影响力。经过近 10 年的建设发展，首都音乐产业集群整体特色

与品牌建设比较显著，但在建设过程中也凸显了几个方面的问题，如园区之间发展不平衡、园区之间协作联动不够、有的园区在新阶段发展定位不够明朗等。

长三角地区是我国经济综合实力最强和最具发展潜力的地区之一，拥有优越的地理位置和优良的投资环境。长三角音乐产业集群包括上海、杭州等地，通过旧城区改造和新城区创建等方式，形成了旧城区改造型、新城区创建型、传统产业区升级型等音乐产业集聚区形态。上海国家音乐产业基地虹口园区是全国首个国家级音乐产业集聚区，于 2010 年 7 月正式挂牌，初期主要建设音乐制作公共服务平台，打造多个先进录音棚以应对不同录音制作需要。上海音乐谷位于虹口区中部，于 2017 年正式升级成为国家音乐产业基地，园区在凸显音乐主题的同时也力促音乐与相关文化产业的联动发展。杭州市萧山区于 2018 年 1 月获批创建国家音乐产业基地萧山园区，主要以人工智能为导向、以音乐版权为核心，打造线上、线下相结合的高科技音乐产业园区。相比较而言，上海音乐谷属于旧城区改造型，上海虹口园区属于传统产业区升级和旧城区改造型，萧山园区属于新城区创建型。

珠三角音乐产业集群主要包括广州和深圳两市，是中国音乐产业发展较早的地区。珠三角音乐产业集群的经营主体以企业为主，民营企业也成为新阶段音乐产业基地园区建设的主导力量。如深圳数字音乐园区，依托民营企业 A8 新媒体集团专注于移动互联网与音乐娱乐产业的结合，打造以音乐为基础的互动娱乐服务。广州南方传媒园区和羊城创意产业园为新时期传统产业区升级型音乐产业集聚区，正在“互联网+”时代焕发新活力。羊城创意产业园由羊城晚报报业集团于 2007 年创办，新时期以新型文化产业为目标，以互联网音乐为特色发展新型产业生态园区。

川陕音乐产业集群主要以成都、西安为代表。成都作为中国西部地区重要的文化中心，是中国文化创意产业的重要发展区域。近年来较为活跃的成都东郊记忆作为成都国家音乐产业基地的唯一物理载体，从规划建设初期就明确了以音乐为主题，并明确提出以音乐产业为核心打造多元文化创意产业园区的新时期发展定位。西安作为华夏文明的发祥地，在音乐文化遗产方面亦有丰富的资源。在西安曲江新区国家级文化产业示范区的建设下，曲江新区的音乐产业集群建设也正在成为文化创意产业发展的重要板块。

在多地助推音乐产业发展的当下，如何加强内容与空间的融合发展，进一步激发音乐产业活力，使其实现新的腾飞与发展？笔者曾提出：“内容为王、创意致胜、协同发展，是力促国家音乐产业园区发展的三组关键词；加强音乐原创，打通音乐产业链，打造线上与线下相结合的全媒体音乐产品培育孵化系统，是推动音乐产业园区发展的重要方面。”

然而，当下我们还需密切关注理念融合，研究“大文化”和“大产业”的概念对音乐产业发展的影响，特别是时兴的文旅融合发展思路能够给正在建设发展的中国音乐产业带来的些许启示。

三、文旅融合下的音乐产业发展新思路

“推动文化和旅游融合发展是以习近平同志为核心的党中央作出的重要决策，我们深深体会到文化是旅游的灵魂，旅游是文化的载体。”特别是自 2018 年 4 月文化和旅游部正式挂牌，国家层面力促文化和旅游在产业培育和共生建设等方面的融合发展更趋明朗。文旅融合的发展思路也给新时期我国音乐产业的建设发展提供了创新思路。

（一）文旅互补，力促区域音乐产业

新发展伴随着大众旅游时代的到来，越来越多的城市和地区开始关注并依托自身风景名胜和文化资源等优势，挖掘和打造音乐主题的旅游 IP，以音乐休闲娱乐为主题的文旅融合体验模式逐渐为更多人们所喜爱。

以北京为例。作为首都音乐产业集群的代表性音乐产业园区之一，中国乐谷园区地处北京五环之外的中国乐谷园区，周边拥有诸多风景优美的旅游度假胜地，如京东大溶洞、大峡谷、石林峡、金海湖等。近年来，中国乐谷园区发挥周边旅游优势，主打短期文旅项目，探索开发音乐休闲娱乐项目。

在每年的“五一”和“十一”期间，推出持续2天至3天的主题音乐节，并逐渐形成了小长假期间的常态化的音乐演出项目。从2011年举办首届乐谷音乐节至2017年年末，园区共吸引70余万游客现场观看，同时带动周边文化、旅游、商业等相关产业实现效益达7000余万元。

由于“文旅融合具有天然的互补性、强关联性和高渗透性”，因此新时代旅游产业与音乐产业的深度融合，不仅能满足人们在周末和假期期间的休闲娱乐消费需求，还能实现推动旅游产业转型升级和音乐文化传承保护的目的。二者在实现资源优势天然互补的同时能够为区域音乐产业发展提供支撑。

（二）融合发展，赋予音乐产业发展新动能

音乐文化和旅游资源在产业上的融合发展，能够积极推动“音乐+”的大产业结构调整，并赋予文旅产业新动能。

以成都为例。近年来，成都东郊记忆园区先后举办了“世界文化名城论坛·天府论坛”“中国音乐产业发展成都峰会”“成都国际友城青年音乐周活动”等音乐产业品牌活动，并邀请专家学者参与探讨城市音乐文化交流新思路，以及研讨新时期力促音乐产业融合发展的新举措。特别值得关注的是，伴随着城镇化进程的加快，成都周边涌现了彭州白鹿音乐小镇、安仁音乐小镇、邛崃音乐小镇、街子古镇等以音乐为特色的小镇。由于仅仅依托历史文化景点的小镇发展空间仍十分有限，一些小镇开始积极探索以音乐为主要元素发展旅游产业，并以旅游促进文化的建设与发展。

“从本质属性上看，文化产业和旅游产业都是拥有经济、文化双重属性的综合性产业，二者融合发展有利于实现互动共赢。”鉴于此，区域音乐产业集群可以加强关注文旅融合发展的新政，积极推动地方音乐资源与名胜旅游资源的相生共荣。

（三）突出特色，提升城市空间发展竞争力

当今，以音乐艺术为主要抓手来加强提升城市空间竞争力，已纳入众多城市的文化产业发展蓝图。

北京市推进全国文化中心建设领导小组于2019年年底发布了《关于推动北京音乐产业繁荣发展的实施意见》，提出要打造“国际音乐之都”和华语音乐的全球中心的总目标，引发普遍关注。此外，还有诸多以音乐为发展重点的城市。比如，成都市抓紧“大师”“大作”“大厅”“大街”“大团”“大事”六大音乐要素，国际“音乐之都”的建设如火如荼；哈尔滨正在激情满怀建设“音乐之城”；古都西安也提出了建设“音乐之城”实施方案；宁波提出要打造“音乐港”的建设方案……各地以音乐为特色，提升城市空间竞争力的力度不断加强。

如火如荼的音乐城市建设之下，如何避免“千人一面”的同质化发展呢？笔者认为，应加强突出特色，注重发挥地缘优势的产业规划与发展，方能有效提升区域空间竞争力。中国历史文化名城众多，各地文化艺术各具特色且独具魅力。以地理环境为依据，我国民族音乐可以分为秦陇音乐、三晋音乐、关东音乐、齐鲁燕赵音乐、江淮音乐、吴越音乐、荆楚音乐、巴蜀音乐、青藏高原音乐、北方草原音乐、新疆高原与绿洲音乐、闽台音乐等，共计16个音乐文化区。鉴于中国丰富的音乐文化资源，新时期中国音乐产业的建设，不仅要结合城镇建设发展的新规划，更需重视发挥不同地域音乐文化资源，参考中国音乐文化区的划分，从而进一步规划不同地区的音乐产业内容布局。

结　语

2018年，中华人民共和国文化和旅游部的正式挂牌，促成了“诗和远方”真正走到了一起。文旅融合的创新实践，正在推动文化产业和旅游产业的转型升级，是新时代背景下践行中国特色社会主义思想的新目标和新使命。机遇与挑战并存的中国音乐产业发展应充分把握时代发展机遇，发挥地缘优势，开拓创新思路，力促中国音乐产业新的腾飞与发展。

原载《音乐探索》2020年第2期

【观点】试论我国数字音乐产业的高质量发展——基于产业价值链结构的视角

◎ 江凌　傅晓敏

在当今互联网技术高速发展的背景下，传统音乐产业受到了冲击，新的数字音乐产业应运而生。数字音乐产业是数字技术与传统音乐资源相结合的产物，它“建立了新的生产和消费方式，产生了新的产业群落，培育出新的消费人群”，促进了传统音乐产业的更新换代。根据国际唱片业协会发布的《2018 全球音乐报告》，2017 年，数字音乐产业收入首次占到全球音乐产业收入总额的一半以上（54%），达 94 亿美元。同样，根据《2018 中国音乐产业发展报告》，2017 年，数字音乐产业已经成为中国音乐产业“核心层”的主引擎，产业规模达到 580.6 亿元，用户规模达到 5.23 亿人，保持着强劲的增长态势。在数字技术加持下，音乐文化传播不再依赖实体唱片，它通过在线和无线两个平台，大大提高了音乐文化的传播效率和广度。目前，数字音乐正在颠覆着传统的唱片业，形成音乐产业发展的新趋势。

在当前强调高质量发展的新时代，探索当前数字音乐产业的问题和高质量发展之路，首先需要对数字音乐的产业价值链进行系统的梳理。

一、数字音乐产业价值链及其结构分析

（一）从价值链理论到虚拟价值链

迈克尔·波特在《竞争优势》一书中最早提出了价值链的概念，认为价值链是“企业在一个特定产业（业务单元）内的各种活动的组合”，并用它来分析企业的竞争优势。波特的价值链理论侧重于分析某个企业的价值活动和竞争优势。后来，价值链的概念被广泛运用到管理学实践中，价值链理论被不断赋予新的内涵。信息技术的快速发展改变了传统企业的发展模式。在此背景下，Jeffrey F.Rayport 和 John Sviokla（1995）提出了“虚拟价值链”（virtual value chain）的概念。他们认为，现代企业在两个世界里竞争：一个是管理者能够感知的物质世界，另一个是由信息符号构成的虚拟世界。传统的价值链理论适用于现实物质世界，而在虚拟世界中有另一条独立的虚拟价值链。在传统价值链中信息只是一系列增值活动中的辅助元素，不是价值本身的来源，而在虚拟价值链中需要考虑的是如何利用信息为消费者创造新的价值。在他们所构建的虚拟价值链中，企业创造价值是需要通过对各项活动的信息进行收集、组织、选择、合成和分发五个步骤的操作来增加它们的价值。就数字音乐产业而言，大部分实体产品已经退出了市场，并且其产品的本身就是信息或符号。比如，一首歌通过一次的录制以数字格式存储，之后就能被复制和传播无数次，且复制的成本很低，所以利用好这些“信息”，企业就能通过多次交易反复创造价值。

（二）传统音乐产业价值链及其主体结构关系

传统的音乐产业多以实体唱片作为载体，产业主体结构构成包括艺人、唱片公司、发行公司、零售商及消费者五个主体，同时还有音乐播放器制造商、行业管理机构、金融投资商、社会统计调查机构等其他辅助性组织。图 1 展示了传统音乐产业的主体结构及其各主体之间的关系。

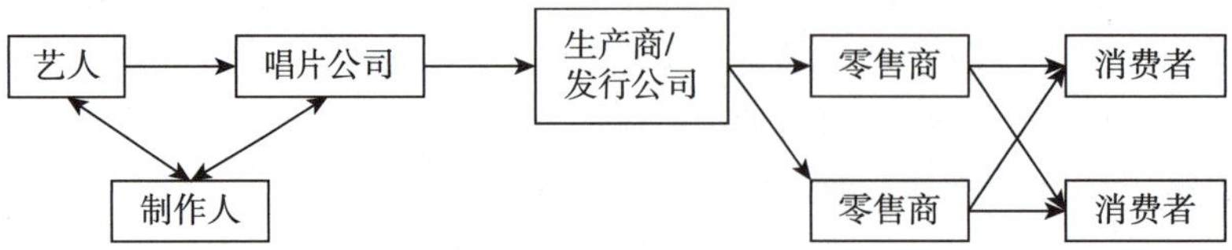

图 1　传统音乐产业的主体结构及各主体之间的关系

在该市场结构的基础上，Geoffrey P.Hull（2004）总结了传统音乐产业的三条价值链，也是国际上

通行的收入流模式。(图 2)

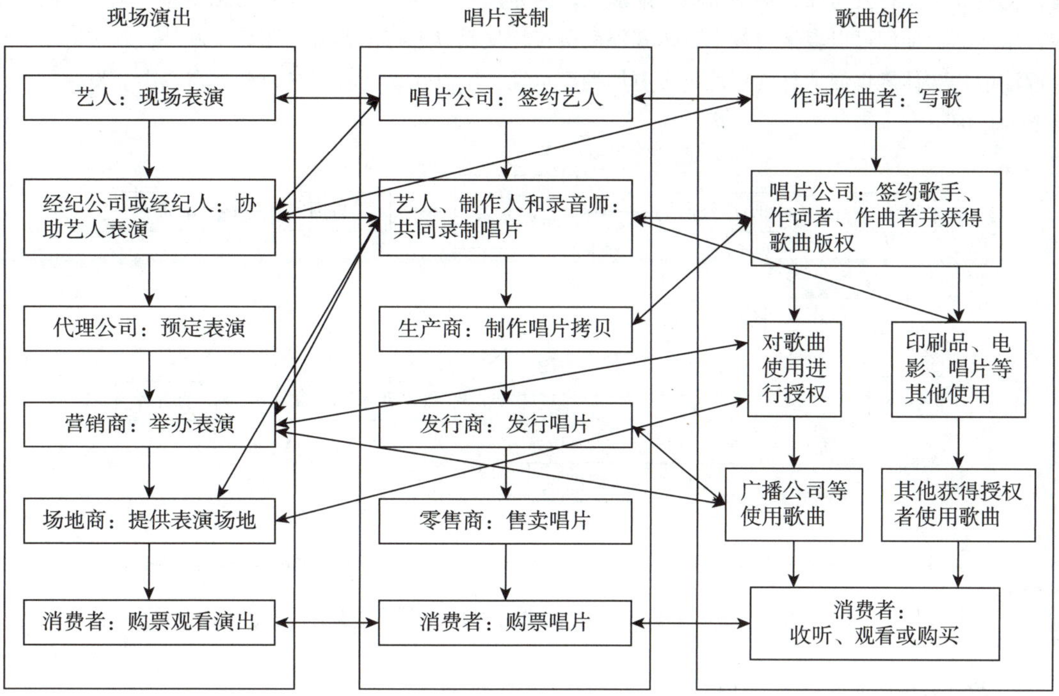

图 2　传统音乐产业的价值链结构图

“唱片录制”下的链条代表了传统音乐产业典型的产品销售渠道，是国际通行的唱片公司实现价值增值的方式。唱片公司通过签约艺人，让艺人来录制唱片，再支付艺人一定的版税。艺人在唱片公司录制完音乐后，由唱片公司委托专业的生产商拷贝音乐，批量压制在 CD、磁带等实体上，再交由发行商、零售商销售，这样消费者才能在市场上购买到音乐制品。

“歌曲创作”下的链条代表了传统音乐产业主要的传播和宣传渠道。唱片公司会将旗下的音乐版权授权给其他媒体，进行影音同步，然后由媒体进一步传播、推广音乐产品。在授权的过程中，唱片公司的主要收入源自版税收入。如果媒体的宣传推广扩大了该音乐产品的知名度，可能该音乐的实体唱片收入也会增加。“现场演出”下的链条代表了传统音乐产业的衍生品链条。唱片公司同时看重艺人本身具有的商业价值，通过与经纪公司的合作，安排歌手进行现场表演、参与影视剧拍摄等各种活动，增加收入。

由此可见，在这三条价值链中，唱片公司占据了核心位置，它们通过经营唱片、版权授权和安排歌手演出的方式在价值链中获得巨额利润。在成熟的音乐商业运作模式下，这三条价值链相辅相成，各链条、各环节能够通过合作共享资源、实现价值增值。然而，由于缺乏完善的版权保护法律体系，我国唱片市场盗版猖獗，使得最主要的唱片链断裂，由此严重影响了唱片公司的利润。版权保护得不到位使得唱片产业价值链和版权授权价值链畸形发展，导致部分唱片公司以艺人演出作为主要的获利渠道。这种现象弱化了音乐产品在音乐产业的地位，直接影响了整个产业链的健康发展。不过，随着数字音乐产业的出现，传统的音乐产业价值链发生了改变，数字技术影响了音乐产品的传播形式、生产过程和销售市场，也颠覆了原有价值链上各主体在音乐产业内的地位，为产业生态带来新的生机。

（三）数字音乐产业价值链结构及其特点

1. 数字音乐产业的主体结构及各主体之间的关系

相较于传统音乐产业价值链，数字音乐产业的产业链条缩短，但各主体间的关系更为复杂。图 3

展示了数字音乐产业的主体结构和各主体间的关系。在数字音乐产业中，唱片公司原本的核心地位衰落，生产商和发行公司在市场中将被逐渐淘汰，因为艺人、制作人和唱片公司无须通过生产商制作实体音乐产品，他们可以直接与数字音乐零售商链接，从而拉近与消费者的距离。此外，数字音乐零售商逐渐取代实体零售商，且版权保护会更加受到重视，所以知识产权保护机构在市场中会发挥越来越重要的作用。

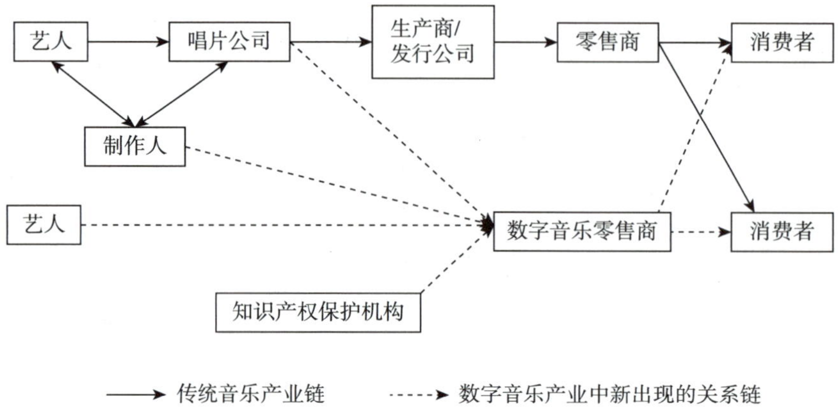

图 3 数字音乐产业的主体结构及各主体之间的关系

2. 数字音乐产业的价值链结构

市场结构的变化改变了数字音乐产业的价值链，从图 4 可见，数字音乐产业价值链的构成和价值流动关系更为复杂。

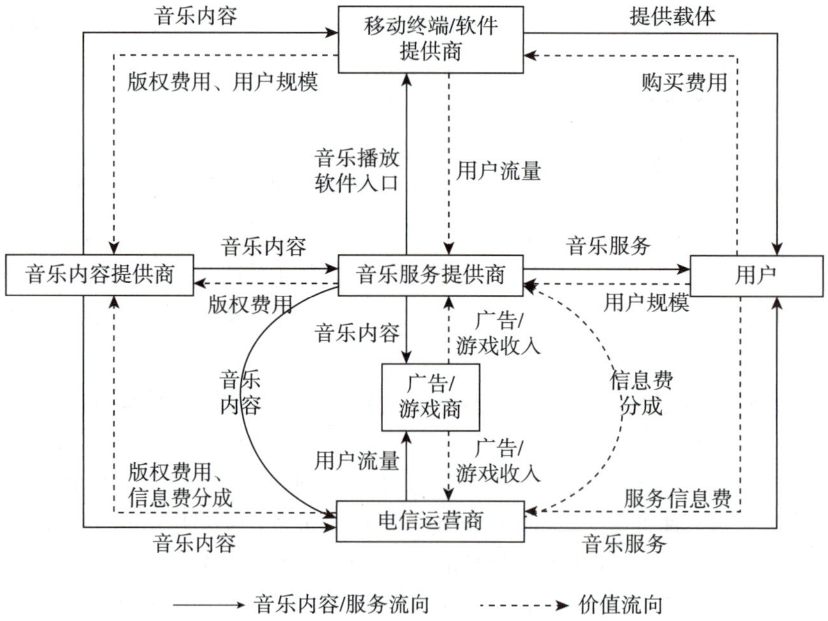

图 4 数字音乐产业的价值链结构图

与传统音乐产业链相同，数字音乐产业链同样可分为三个环节：上游是创作，中游是传播，下游是消费。上游创作的主体是艺人、唱片公司、制作人等，它们共同构成了音乐内容提供商。创作的音乐产品由实体唱片变为数字形式，通过中游的服务提供商和电信运营商在互联网或者移动通信网上传播，最后达到下游的用户。在这一阶段，电信运营商、移动终端商等新主体进入了数字音乐产业，因为数字音乐依托于信息技术，所以电信运营商等技术商成为不可或缺的一部分。相较于传统音乐产业的价值流，数字音乐产业中生产商和发行商的增值能力下降，但是互联网发行使得市场营销、版权、衍生品等方面增值。

3. 数字音乐产品特性对产业价值链结构内不同主体的影响

相较于传统唱片，数字音乐产品新的特点影响了传统价值链中的各主体行为。数字音乐产品具有可复制、易传播、易检索、易存储、可修改、无损耗和可单独制作的优点，这些优点对价值链结构各主体的影响，见表 1。

表 1　数字音乐产品的特性及对价值链结构内各主体的影响

数字音乐产品的特点	影响的价值链主体	影响方面
可复制	艺人、唱片公司	总的生产成本降低；原版音乐的制作成本变高；引起版权问题
易传播	艺人、唱片公司	发行成本降低；引起版权问题
	消费者	产品质量高、价格低
搜索方便	数字音乐零售商	展示产品的成本降低
	消费者	检索成本降低
易于存储	数字音乐零售商	存储成本低
	消费者	青睐易于携带、兼容性高的产品
可修改	艺人、唱片公司	方便对版本进行修改；引起版权问题
	数字音乐零售商	方便选择版本；方便预购抽样
	消费者	可个性化定制；获得额外的产品(例如：歌词)
无损耗	实体零售商	面临更激烈的市场竞争
	消费者	能够选择更多的产品
可分性	艺人、唱片公司	单曲即可作为产品

由此可见，数字音乐的产品特性改变了传统的音乐市场结构，是构建音乐产业新的价值链的关键因素。虚拟价值链中的五项主要活动是：收集、组织、选择、合成和分发，就数字音乐产业而言，音乐内容提供商对音乐产品的创作和录制属于收集和组织的步骤；音乐服务提供商的传播则是选择和合成的阶段；最后，消费者在网络上下载数字音乐产品，便实现了产品的分发。值得注意的是，这五项活动的开展并不像传统价值链那样呈现固定的单线结构，现在每一个链条成员能同时参与不同的活动，具有更多样化的获利方式。例如，唱片公司不再局限于作为音乐内容的提供商参与收集和组织的活动，它们也能够自己建立在线销售平台直接面向消费者，进行组织和合成的活动，从而提高自己的竞争优势。因此，现有的产业价值链更为复杂且更具有灵活性。在某种程度上，各链条主体不再需要遵守明确的分工，它们可以选择进行其他的活动，有些企业甚至能同时参与其他产业的价值链活动。这一方面增强了音乐市场的活力，但另一方面，若是缺乏市场约束，很容易引起市场秩序的紊乱。

二、数字音乐产业价值链结构中不同主体面临的机遇与挑战

目前，数字音乐产业在中国已经初具规模，成为引领中国音乐产业发展的主要引擎。基于前文对数字音乐价值链结构的分析，笔者认为，在互联网模式下，中国数字音乐产业在价值链上游的创作环节和版权管理两个方面仍存在较大问题，这将会制约数字音乐产业的高质量发展，同时位于价值链下游的用户消费模式日益丰富，促成的消费热点将带动数字音乐产业进一步发展，因此有必要审视当前的用户使用情况，窥探数字音乐产业发展的新势头。

（一）政府管理主体：版权管理面临新问题

由于数字音乐具有可复制、易修改、易洗稿等特点，流媒体盗录的现象越发严重。自2006年开始，中国政府开始关注网络音乐的版权保护问题，先后于2006年和2009年颁布了《文化部关于网络音乐发展和管理的若干意见》和《文化部关于加强和改进网络音乐内容审查工作的通知》，旨在加强对网络音乐的监管。2015年，国家版权局颁布《关于责令网络音乐服务商停止未经授权传播音乐作品的通知》，明确要求“各网络音乐服务商停止未经授权传播音乐作品”“将未经授权传播的音乐作品全部下线”。至2018年2月，中国主要的数字音乐平台——QQ音乐、虾米音乐和网易云音乐已经达成了版权互授的合作模式。各数字音乐平台的版权争夺反映了音乐市场版权意识的增强，现如今虽然市场生态趋于良好，但在数字音乐版权管理上仍存在不少亟待解决的问题。

从法律角度来看，中国出台有《著作权法》《互联网著作权行政保护办法》《信息网络传播条例》和《国家知识产权战略纲要》等法律法规保护数字音乐作品的版权。然而，这些法律法规无法明确认定数字音乐作品的权利主体、授权机制和维权等问题，造成网络音乐作品版权的保护不力。“现有相关法律法规的缺陷在于诉讼的不经济性。相关法律法规未能根据互联网、大数据技术变化及时做出调整，使得盗版方一直有机可乘。同时，被侵权方的维权成本过高，而侵权方即使败诉，所付的赔偿仅为盗版收益的一小部分，这种诉讼的不经济性让很多版权人选择放弃维权，使得侵权现象更为普遍。”

从收益分配上看，中国数字音乐的版权分账比例低，这是导致创作主体收益较低的重要原因。根据2012年的数据，中国数字音乐在互联网渠道商的分账比例为“互联网渠道商占98%、音乐版权方占2%”，远低于日韩音乐版权方所占的90%和欧美音乐版权方占分账比例的70%。尽管目前无法查询到新的官方数据，但从七年前分账比例的不合理仍可窥见，数字音乐产业链在版权利益分配上的问题。

（二）内容创作主体（含企业）：收益偏低但技术要求提高

1. 内容创作主体收益偏低

位于价值链始端的音乐内容提供商包括数字音乐产品的创作主体，他们决定了音乐作品本身质量的高低。一首音乐作品的著作权创作主体包括作词者和作曲者，邻接权创作主体是创作声音作品的主体，包括歌手、乐手、制作人、录音师等为作品录制做出贡献的人。然而，目前我国音乐创作主体的收益较低，从而抑制其创作活力，阻碍数字音乐内容的高质量发展。

根据中国传媒大学发布的《2017年中国数字音乐市场发展报告》，中美两国音乐创作主体人均的年收益比为1∶11，收入差距悬殊。该报告显示，词作者方面，70%词作者的创作收入仅占个人总收入的20%及以下，相比之下，美国词作者的年均收入是中国词作者的7.5倍。曲作者方面，美国曲作者人均收入是中国的近两倍。

歌手方面，我国歌手的收入呈严重的两极分化，一线歌手与不知名的小歌手收入差距悬殊。总体来看，美国歌手人均收入为中国歌手的19倍。乐手方面，国内乐手的平均收入仅为歌手的一半，收入更低。另外，制作人和录音师掌握一定的专业技能，所以收入在创作主体中比较高，但相比之下，美国制作人的人均收入是中国的近25倍，美国录音师的收入是中国录音师的近15倍。由此可见，中国创作主体的劳动价值并未被合理对待，创作主体的利益得不到保障，将影响音乐作品的质量甚至整个数字音乐行业的发展。

2. 新技术为数字音乐制作提供新思路

近年来，人工智能技术快速发展为数字音乐创作、制作提供了新思路。目前，“人工智能在数字音乐产业内的应用主要包括：识别旋律、预测音乐的流行度、构建音乐创作的进化树、音乐治疗等”。未来，人工智能技术还可能改变数字音乐的创作或制作模式，在创作之前对用户的需求进行预测，之后再精准创作。为适应新技术的发展，数字音乐内容创作个体和制作公司需要为音乐内容融入智能化技术。此外，AR/VR技术的发展也为音乐制作提供了新路径。有别于传统音乐，AR/VR技术可创建不同的场景模式，提供了沉浸式数字音乐体验。总之，新技术的发展为未来数字音乐的创作提供了多种可能，同时也对创作主体提出了更高的技术要求。

（三）社会组织主体：权威性不足，职能尚未有效发挥

音乐行业协会是沟通政府与企业、会员个体等主体的桥梁和纽带，也是组织和协调、监督数字音乐产业主体的重要力量，在数字文化产业高质量发展过程中具有不可或缺的作用。比如，成立于1901年5月的美国国际音乐制品协会（NAMM）即是“致力于领导、巩固世界乐器制造行业，增强音乐制作活力的国际行业组织”。

英国音乐行业协会理事会由24名专家组成，“该协会为政府提供专业建议，从而引导乐器及相关行业的法律、法规的制定，在政策环境上为协会会员提供帮助，并将协会会员的诉求反映给相关的政府机构”。国外发达国家音乐社团组织往往由权威专家牵头，具有一定的专业性和权威性，同时在协助政府制定法律法规、政策影响和沟通协调、监督管理方面发挥了明显的作用。

中国于1992年成立了音乐著作权协会（简称“音著协”），“用来专门维护作曲者、作词者和其他音乐著作权人的合法权益，是目前中国大陆唯一的音乐著作权集体管理组织”。然而，中国音乐著作权协会由于缺乏强大的公信力，其职能一直无法得到有效发挥。胡雪丽和罗茜（2018）认为，“音乐行业协会的权威性不够，并且互联网巨头借助雄厚的资本影响音乐产业的走向，削弱了音乐著作权协会的著作权监管职能；同时，中国集体管理授权制度的不完善、版权收费和分账的不透明，使得音著协缺乏公信力”。

相较于美、英、日等发达国家的音乐著作权社团组织的管理效力，中国音乐著作权协会的协调管理的权威性不够，参与法律法规制定，以及沟通、协调和监管职能尚没有得到充分发挥，音乐创作和制品著作权维护力度有待加强。

（四）用户消费主体：需求多样化，但付费意愿低

位于价值链下游的用户始终是数字音乐产业中最活跃的主体。根据《2018中国音乐产业发展报告》，2017年，中国数字音乐用户规模达到5.23亿人，占全部网民的67.7%。根据《2018年中国数字音乐消费研究报告》，目前中国数字音乐消费的内容主要包括单次付费下载音乐、音乐流量包、音乐平台会员、单曲或数字专辑、线上线下演唱会/livehouse票务、直播打赏和虚拟礼物、音乐衍生品（例如周边、耳机）等。其中，数字专辑逐渐呈规模化消费趋势，内容丰富度日益提升，成为目前数字音乐市场的主要消费增长点。数字专辑的消费增长离不开粉丝经济的强劲支持。在粉丝经济的加持下，数字音乐市场逐步培育起音乐社交的商业模式，注重为粉丝用户提供场景化、体验式的音乐社交服务模式，让传统的一次性音乐品购物行为转变成持续的多次社交消费，有效提高了用户参与度。

虽然市场态势一片大好，但数字音乐服务提供商仍不可忽视现存的一些问题。例如，目前我国音乐用户对在线音乐服务的付费意愿仍然较低。虽然付费比例已从2013年的0.4%增长到2018年上半年的4.8%，但付费水平与国外仍有较大差距。比如，国外的Spotify平台，截至2018年第三季度，其订阅用户付费率达到45.55%。用户付费意愿难以提升，其背后的原因是多方面的，这既与国家经济发展水平和国民的消费能力有关，也与我国版权保护生态环境差、国民整体版权意识薄弱有关，造成用户的音乐付费意识淡薄，这说明了现有的数字音乐产品与服务还无法充分满足用户的心理需求，让用户甘愿付费使用。因此，如何把握现有用户消费意愿，深挖粉丝群体潜力，培育用户的数字音乐付费习惯，是当前数字音乐产业发展面临的新问题。

三、优化数字音乐产业价值链结构主体功能的主要策略

数字技术颠覆了传统音乐作品形态，催生了数字音乐市场生态，但同时也带来了新的问题，且让一些传统问题（如创作、版权问题等）越发突出。关于如何优化产业价值链结构的主体功能，促进数字音乐产业高质量发展，可从以下方面予以加强和完善。

（一）进一步完善法律法规，加强版权管理

自2015年国家版权局下达最严版权令以来，政府职能部门针对数字音乐产业的盗版问题进行了大刀阔斧的整顿。根据国际唱片协会公布的《2018年音乐消费者洞察报告》，目前中国96%的消费者使用正版音乐，远高于全球平均水平（62%）。同时，在国家版权局的引导和要求下，中国主要数字音乐平台（如腾讯、网易云、阿里）已经形成了“独家授权＋转授权”的版权授权模式，即各平台从唱片公司获得独家授权后，经唱片公司同意可转授权给其他平台。目前，各数字音乐平台已达成了相互转授99%的版权、保留1%的独家版权的模式。

由此可见，中国数字音乐产业的版权环境已经有了大幅改善。未来，政府管理部门需要做的工作是在目前的版权生态环境下进一步完善法律法规，构建良性音乐版权运作模式，保护正版、打击盗版现象。首先，知识产权立法机关需要与时俱进，完善有关数字音乐知识产权侵权的法律法规，从制度层面上为版权保护提供法治基础。其次，政府管理部门联合我国音乐著作权协会、企业、用户等多方力量，整合目前的数字音乐版权市场，建立全国统一的服务交易平台，推动建立行业内统一的版权交易标准，规范版权交易秩序，完善数字音乐版权的管理。

（二）引进竞争型集体管理组织，完善著作权管理体系

中国《著作权集体管理条例》明确规定了著作权集体管理是指“著作权集体管理组织经权利人授权，集中行使权利人的有关权利并以自己的名义进行的特定活动”，“不与已经依法登记的著作权集体管理组织的业务范围交叉、重合”。然而，中国音乐行业已经有音乐著作权协会对音乐作品的著作权进行集体管理，使得其他新的音乐行业组织无法拓展业务，这导致了目前音乐产业内著作权集体管理组织难以设立的困境。从实际操作层面来看，我国音乐著作权协会是由国家版权局和中国音乐家协会联合发起成立的，作为国家官方机构的下属组织，其业务开展一直受到相关机构的干涉，使得管理没有真正的权威性和执行力，缩手缩脚，管理质量和效率不高。为完善我国著作权集体管理制度，更好地发挥如音乐著作权协会等集体管理组织的职能，数字音乐行业可考虑引进竞争型管理组织，维护著作权人和使用者的利益。“为避免出现盲目竞争的现象，行业需要对竞争型集体管理组织的引入数量进行限制，以免过多的组织提高了管理成本却降低了权威性。”适量的集体管理组织既能促进数字音乐产业内不同企业的良性竞争，又能避免垄断的出现，能够提高著作权集体管理的质量和效率。

（三）运用区块链技术，规范版权交易

互联网技术降低了音乐产品的复制和传播成本，提高了侵权风险以及维权成本和难度，使得传统的版权管理体系无法适应当前新形势。因此，优化版权管理体系需要数字技术平台的支持。比如，区块链技术具有“去中心化、透明性、开放性、自治性、匿名性和信息不可篡改性”的优点，能够有效解决目前数字音乐版权管理中“盗版、侵权现象屡禁不绝”的困境。目前，国外已有较多“区块链＋音乐版权”的运营项目，例如Ujo music、Mycelia、PeerTracks等多家海外机构已经开展了相关的运营项目，主要项目类型包括智能合约、确权登记、授权交易和侵权追责，这些运营项目对我国数字音乐的版权运营具有重要的参考价值。从实践层面来看，借助区块链技术能够有效地记录作品的创作者、权属状态、交易价格等信息，从而形成不可篡改但可追溯的“去中心化共享总账”，降低音乐内容作品被非法复制、非法传播的风险。同时，这些记录还方便司法取证，能够缓解现阶段司法诉讼过程中取证难的困境，并降低维权成本。再者，区块链技术形成的公开透明账本便于行业内的利润结算，能够推动数字音乐产业内分账模式的调整。虽然现阶段区块链技术尚未达到成熟水平，在国外实际应用中也出现了一些问题，在中国更是缺少实践应用经验，但它能构建去中心化的版权运营模式的优势，为解决数字音乐产业版权管理沉疴提供了新的思路。

（四）调整收入分配，充分保障创作人权益

对于音乐作品而言，创作是最为关键的一个环节，完全依赖创作者的主观能动性。阿达利曾在《噪音：音乐的政治经济学》一书中将音乐文化史总结为牺牲、代表、重复和创作四个阶段。在重复阶段，“生产不再是创作或竞争发生的主要所在，竞争发生在更早——创造模子的时候，或是之后，在生产需求的时候”，即音乐作品的竞争表现在创作阶段和用户使用阶段。阿达利肯定了音乐生产重复阶段中“制模者”作用，说明创作者对音乐作品的重要意义。不论是音乐的质量或者形态，创作者都起到了决定性作用，因此在数字音乐价值链中激发创作者的创作活力至关重要。然而，现有的收益分配模式使创作者无法获得与市场价值相匹配的收入，严重损害了创作人的权益。创作主体无法从其作品中获取合理报酬的现象并不是中国独有的问题，而是全球数字音乐产业面临的普遍问题。尤其是当音乐作品可以通过网络技术平台传播时，作品进入市场的门槛降低，人人都能成为创作主体，创作属于自己的作品。虽其中不乏许多优质原创作品，但是创作者往往得不到合理的回报，大部分的收益被数字音乐平台享有。国际唱片协会将此称为“价值差距”问题。一些数字音乐平台之所以能够独占收益，是以有关网络责任的版权法律法规作为挡箭牌，对外声称平台不对公众提供的音乐产品承担责任，并拒绝获得正规的音乐授权。针对“价值差距”的问题，欧洲已有 28 个社会组织一致呼吁要求出台方案进行解决。近一两年来，他们开始对一些新规的制定进行磋商，考虑通过立法明确创作人和服务商的价值分配、作品在平台上的授权问题，以便保障创作人的权益。我们可以参考欧洲做法，制定新的行业准则，调整现有的分账模式，提高创作人的收益，调动产业价值链上游的创作积极性。

（五）融合人工智能和虚拟体验技术，提升内容制作质量和效率

人工智能和虚拟体验技术为数字音乐产业的创作提供了更多的可能性。从目前的发展情况来看，人工智能技术不仅可以能够实现自动编曲、创作一首完整的音乐作品，同时能被音乐创作者当作工具使用，为创作者的需求提供帮助。在国外，目前已有多家创业公司应用人工智能技术为音乐创作提供帮助，比如，“Popgun 运用人工智能技术向音乐家学习创作技能，反过来再利用人工智能技术帮助其他创作者的创作；Weav 开发的技术则可以各种变量，包括人的心情、能量、情绪和音乐的节奏等进行音乐创作”。这些公司的实践经验验证了人工智能技术在数字音乐创作领域的可行性。随着声音、影像、数字以及虚拟现实技术的发展，沉浸式体验的打造变得越来越容易、逼真。“真实和想象混淆在相同的操作全体性中，到处都有美学的魅力，这种美学现实不再是艺术的预谋和距离带来的，而是艺术向第二级、向二次方的上升造成的，是代码的预见性和内在性造成的。”虚拟现实中人与机器在感知系统和行为系统界面的元素构成及其在传播交流中所具有的沉浸性特征，指出虚拟现实将进一步颠覆人类长期积淀的生存经验和目前固有的生存方式。然而在我国数字音乐产业领域，类似 VR、AI 等虚拟数字技术方兴未艾。将来，数字音乐产业需要加快与人工智能、虚拟体验技术的结合，在技术上保障内容创作的质量和效率，促进产业高质量发展。

（六）深挖用户多样化需求，优化用户消费体验

阿达利认为，“重复阶段的竞争发生在创作和生产需求的环节”。因此，要想更好地生产需求，就得深挖用户的需求，预测未来的消费趋向。在数字音乐产业中，用户虽然只是产业链下游的消费者和使用者，但他们的音乐消费偏好和需求能够对价值链中游的传播乃至上游的创作产生影响。前文提到我国用户的数字音乐在线服务付费意愿低，这与音乐本身的质量和平台的曲库资源有关。对于数字音乐平台商来说，搭建好曲库是基础。在现有“独家授权 + 转授权”模式下，如何利用 1% 的独家资源吸引用户是关键。近几年国内掀起了一股音乐综艺节目的热潮，从《中国好声音》到《我是歌手》，从《蒙面歌王》到《声入人心》，一批优质节目不断涌现。除了视频播放版权应受到保护外，这些节目的音频版权也同样具有市场，能够为数字音乐平台带来海量用户。除了综艺节目的音频版权外，热门影视剧的插曲和配乐、热门歌手的演唱会 live 版资源同样具有巨大的市场潜力。这些热门影视剧或者歌手自带粉丝基础，其音乐作品作为粉丝消费的产品之一，自然会受到追捧。

再者，基于音乐社交的流行趋势，未来数字音乐的应用可拓展至各种生活场景中。线上，数字音乐内容可融合图文、长 / 短视频、游戏、直播等；线下，数字音乐应融入商场、咖啡厅、便利店、剧院、影院、游乐场、健身房等各类休闲娱乐场所，优化用户的音乐消费体验。各类数字音乐平台甚至可以通过大数据技术挖掘每个用户的听歌偏好，为用户量身定制在不同生活场景、不同活动中使用的个性化歌单，实现精准分发。因此，要想吸引用户付费，音乐服务提供商既要拓展资源库，争取到有竞争力的差异化音乐内容，又要着重服务技术和手段创新，满足用户的数字音乐消费需求。

结 语

近年来，中国数字音乐产业蓬勃发展，市场前景喜人。在良好的产业生态环境下，数字音乐产业已成为整个音乐产业发展的引擎，受到了市场前所未有的关注。从产业价值链结构来看，数字音乐产业瓦解了传统的三条价值链，构建了更为复杂和多元的网状价值链，改变了产业链条各环节主体的分工，整个产业链在前进中充满了机遇和挑战。一方面，产业链中创作者与音乐企业平台利润分配不合理的问题被放大，具有关键作用的创作主体无法取得合理的报酬，对音乐内容优质化形成致命打击。同时，数字技术方便了音乐产品的复制和传播，使得侵权风险变大、维权难度随之加大，给传统的版权管理模式带来新的挑战。另一方面，用户作为产业链中最活跃的群体，既是产业创造收益的消费者，又是引领产业新趋势的驱动者，如何把握用户资源，是数字音乐产业链下游未来发展的关键环节。在解决了创作主体和版权管理的困境后，融合人工智能和虚拟体验技术，提升内容制作质量和效率，深耕用户需求，不断优化产业链结构，各环节分工更加精细化、产业活动更加规范化、产业生态更加多元化。如此，中国数字音乐产业才会得以高质量发展。

原载《南京艺术学院学报（音乐与表演）》2020 年第 2 期

作品

【大型交响组歌《我们就是河流》】

2020年8月8日，由深圳市龙岗区人民政府组织，唐跃生、方石、姚峰等词曲作家创作完成的大型交响组歌《我们就是河流》，于“声振新时代”——龙岗区庆祝深圳经济特区建立40周年暨2020“深圳声乐季”交响音乐会中上演。作品由序《很远的远方》，三个乐章《深圳啊深圳》《亲爱的中国》《我们就是河流》，尾声《未来是海》组成，用16首原创歌曲及诗意朗诵串联，以大型交响组歌的艺术形式完成了对“河流”的艺术形象及精神内涵的塑造。

【交响曲《浴火重生》】

2020年8月15日，由武汉爱乐乐团演出的交响曲《浴火重生》在武汉市琴台音乐厅奏响。该交响曲由北京、武汉两地音乐家携手创作。交响曲《浴火重生》由关峡、邵恩、杨帆、黄凯然四名作曲家创作。作品命名为《浴火重生》，寓意凤凰经受住烈焰的炙烤，终涅槃重生翱翔天际，反映了作曲家对抗疫精神的礼赞。作品分为四个乐章，以“抗疫——人类命运共同体”为思想脉络，以时间为轴，反映了从疫情突发到集结出征、初见曙光、终获重生的历程。

【交响乐《马思聪作品集》】

2020年8月17日至20日，广州交响乐团由乐团常任指挥景焕执棒，录制了一套《马思聪作品集》。曲目包括他的《第一交响曲》《第一小提琴协奏曲》和《思乡曲》，作品特邀小提琴演奏家徐惟聆担纲《第一小提琴协奏曲》和《思乡曲》的独奏。《第一交响曲》和《第一小提琴协奏曲》极少见诸演出舞台，本次是这两部作品面世近80年来首次同期静场录音制作。该套作品集由广州交响乐团录音制作中心（GSO Studio）制作。

【交响乐《交响京津冀》】

2020年9月6日，中央芭蕾舞团交响乐团原创的交响乐作品——《交响京津冀》在国家大剧院首演。作品由张艺指挥，依次演出了《寓言三则》《故事三篇》《交响三章》，分别聚焦中国优秀传统文化寓言故事、优秀共产党员先进事迹、京津冀区域协同发展重大战略。《寓言三则》为商沛雷作曲，由“愚公移山”“女娲补天”和“神笔马良”三个家喻户晓的中国传统寓言组成；《故事三篇》由华人作曲家于京君和青年词作家章立新联手创作，通过京剧舞台艺术展示塞罕坝机械林场集体、余留芬、焦裕禄等优秀共产党员的先进事迹；由作曲家于京君创作的《交响三章》以京津冀三地最具地域代表性的剧种和音乐形象为题材，展现了创作者对京津冀区域协同发展这一国家重大战略的关注。

【交响乐《献给2020》】

2020年10月10日，由北京国际音乐节、上海交响乐团和中国爱乐乐团联合委约作曲家邹野的新作《献给2020》完成世界首演，并拉开第23届北京国际音乐节的序幕。作品由邹野作曲及指挥、唐跃生作词，武汉爱乐乐团、北京交响乐团、中国爱乐乐团、武汉音乐学院演艺学院合唱团、北京音协合唱团联合女高音歌唱家张立萍、男中音歌唱家贺磊明联合演出。

【“盛世国韵”交响音乐会】

2020年10月11日，中国交响乐团在北京音乐厅奏响“盛世国韵”交响音乐会，依次上演了黄凯然的交响序曲《风起苗寨》、郑阳的竹笛协奏曲《归去来兮·雪山之恋》、叶小纲为中提琴和乐队而作的《井冈回忆》、杨帆的管弦乐组曲《山水歌》、姜莹的交响诗《生命的礼赞》、陈丹布为管弦乐队而作的《阿图列尔》和李劭晟为原生态歌手、唢呐与交响乐队而作的《延安·延安》等民族交响乐作品。音乐会由谭利华指挥，金朕纮、范临风、张维维、杜朋朋等音乐家分别以中提琴、竹笛、唢呐、原生态演唱和中国交响乐团的演奏家合作演出。

【交响叙事组歌《苗寨的故事》】

2020年10月21日，由中国音乐家协会、湖南省文学艺术界联合会主办的交响叙事组歌《苗寨的故事》在长沙音乐厅首演。交响叙事组歌《苗寨的故事》是由湖南省文联组织创作的、表现“精准扶贫”首倡地“首倡之为”的交响组歌。作品由金沙作词、孟勇作曲。首演由于海、肖鸣担任指挥，长沙交响乐团担纲演奏，演出集结王丽达、黄华丽、曾勇等担任独唱、重唱、领唱。湖南知青艺术团、长沙交响乐团歌剧中心合唱团、潇影·春之声合唱团、红枫童声合唱团等合唱团队参与演出。该组歌由《云雾深处》《春风吹来》《太阳升起》3个乐章、共17首歌曲组成，讲述了湘西苗寨摆脱贫困实现小康的感人故事，反映了古老苗寨在中国共产党的领导下发生的历史巨变，讴歌了新时代苗族人民对幸福美好生活的不懈追求。

【“西南音画”交响音乐会】

2020年11月2日，由中国交响乐团创作的“西南音画”交响音乐会在北京音乐厅上演。音乐会由上半场“西南组曲”和下半场“唱响云贵川”组成，曲目均为原创首演，由李心草执棒。音乐会以2020年全面建成小康社会为主题，选取西南三省（云南、贵州、四川）的传统民间音乐、民歌及原生态音乐元素。上半场演出张大龙新创的管弦乐三首和张朝创作的管弦乐组曲《云南色彩五幅》。管弦乐三首包含管弦变奏曲《大河涨水沙落沙》（根据云南民歌创作），为弦乐队与木管、竖琴而作的《咕兮鸾》（根据贵州布依族山歌原始音乐素材改编）和管弦乐《闹新春》（运用羌族、藏族的音乐素材）。下半场侧重于人声与交响乐的融合。朱嘉禾创作的交响合唱《四川清音随想》将非物质文化遗产“四川清音”与宏大严整的交响乐结合在一起，并伴有曲艺的半说半唱。杨帆创作的《坡牙歌书》和郝维亚创作的《你在我们的歌声里》，则以云贵地区少数民族歌曲为主基调，为本场音乐会增添了更加多元的艺术创作风格。

【“梵天净土”交响音乐会】

2020年11月6日，天津交响乐团创作的国家艺术基金2019年度资助项目、多媒体交响音乐会“梵天净土”在天津音乐厅首演。音乐会由指挥家金野、青年打击乐演员尹飞、女高音龚爽，作曲家张小夫等完成，由《诺日朗》《风马旗》《雅鲁藏布》三部多媒体交响乐组成。它不同于传统交响乐主要以器乐诉诸听觉，而是将器乐演奏、人声歌唱、电子音乐以及视觉影像等多种艺术表现形式融为一体。当晚演出现场安置了拥有自主知识产权的“24声道全景声沉浸式电子音乐”声音投射、扩散系统，由作曲家张小夫现场操作。

【交响乐《第一交响曲（珠江）》】

2020年12月1日，作曲家李海鹰为经济特区建立40周年而创作的交响乐作品《第一交响曲（珠江）》在广州市星海音乐厅首演。作品分为《珠江惊雷》《春之女神》《激情律动》和《荣耀珠江》四个乐章。音乐会由余隆执棒，男高音歌唱家张学樑、女高音歌唱家李晶晶及华南师范大学合唱团演出。

【京剧交响套曲《京城大运河》】

2020年12月2日，由北京文化艺术基金资助，北京市文化和旅游局出品，北京交响乐团、北京京剧院联合制作的京剧交响套曲《京城大运河》在国家大剧院音乐厅首演。该作由李飚执棒北京交响乐团、北京京剧院、北京音协合唱团三方演出。杨乃林担任作曲，翁思再、李东才担任编剧，孔洁担任舞台导演。演出分为五个部分，分别是序曲、第一乐章《一支塔影见通州》、第二乐章《天上的星星郭守敬》、第三乐章《漂来的北京城》和第四乐章《致敬京运河》。作品通过京剧不同流派的典型声腔与交响乐的结合，以套曲的形式表现了各部分的主题。

【民族管弦乐《古乐新声——伊州乐印象》】

2020年12月10日，由新疆维吾尔自治区文化和旅游厅与上海音乐学院创作的《古乐新声——伊州乐印象》在上海音乐学院歌剧院首演。音乐会由《丝路雄关》《盐池随想》《乐舞缤纷》《万仞雪山》《古城回眸》《丝雨芳菲》六个乐章组成，上海音乐学院东方乐器博物馆民族乐团演绎，青年指挥家陈晓栋执棒。主创团队总策划、编创由上海音乐学院东方乐器博物馆馆长史寅担任，创作团队由国家一级作曲、上海音乐学院教授朱晓谷领衔，上海音乐学院副教授、作曲教师苏潇共同担任创作。音乐会特邀新疆知名少数民族乐器演奏家参与，融入新疆的（复原）羯鼓、巴拉曼及伊州地区特色的艾捷克、热瓦普等乐器。

【交响乐《诗路行·运河魂》】

2020年12月11日，浙江交响乐团原创系列交响乐作品《诗路行》的首部《诗路行·运河魂》在浙江音乐厅首演。作品由作曲家王天明、邬娜、孙建国作曲，首演由乐团艺术总监张艺执棒。全作分为序（春风万里拂绿岸）、第一乐章《运河号子》（击浪满帆万物流）、第二乐章《拱宸乐声》（丝竹歌声更互发）、第三乐章《天下粮仓》（颗粒归仓粮囤圆）、第四乐章《运河之桥》（长虹卧波渡经纬）、第五乐章《河通达江海》（千年新梦述华章）。乐曲通过描绘运河两岸风光风俗的传承与变迁，展现出我国在全面建设小康社会中欣欣向荣的场景。

【民族交响乐《关公颂》】

2020年12月15日，由山西省运城市音乐家协会民族乐团和中国广播民族乐团创排的民族交响乐《关公颂》在国家大剧院演出。该作由作曲家、指挥家景建树创作。交响乐选用蒲剧音乐作为主要创作素材。演出分为上下半场，上半场演出民族交响乐《尧天舜日》《盐池劳作图》以及男高音独唱《黄河鼓手》、合唱《河东颂》；下半场演出琵琶大协奏曲第二号《关公》，该协奏曲由《义结桃园》《勇冠三军》《夜读春秋》《忠贯日月》四个乐章与引子《赞》、尾声《颂》构成。

【原创民族歌剧《卓文君》】

2020年1月10日，由四川音乐学院、邛崃市人民政府出品的国家艺术基金大型舞台艺术资助项目原创民族歌剧《卓文君》在四川省成都市首演。沈亮导演，许知俊指挥，左芝兰编剧，林戈尔作曲，边文彤任舞美设计，剧中主要人物由王庆爽、毋攀饰演。作品以西汉女诗人卓文君和司马相如跌宕起伏的爱情故事为原型，全剧分《知音》《当垆》《西南》《永伤》四幕。作品通过“琴台知音”“为爱私奔”“当垆卖酒”“出使西南”等剧情，描绘了二人从相识相知、历经分离之苦的情感挫折，到白首不离的唯美爱情故事，塑造了一段“凤求凰”佳话。

【歌剧《大汉海路》】

2020年6月20日至22日，由中共广西壮族自治区党委宣传部、广西艺术学院出品的四幕歌剧《大汉海路》于广西艺术学院会演中心连演3场。钟峻程作曲、编剧，侯道辉任艺术总监，蔡央指挥广西交响乐团及广西艺术学院合唱团，剧中主要角色由广西艺术学院的师生饰演。四幕分别为《海上风暴》《石灸神针》《始发港口》《远航南海》。作品以汉武帝时“海上丝绸之路”始发港之一的广西合浦为切入点，讲述了“一带一路”民心相通的故事。

【歌剧《盼你归来》】

2020年8月5日至6日，中国歌剧舞剧院创作的歌剧《盼你归来》在北京天桥艺术中心上演。该剧选取焦裕禄在兰考工作期间发生的事件，以时间为顺序结构整部戏剧，展现焦裕禄在这一段时光中的生命足迹。此剧以焦裕禄女儿焦守云和继任县长等人的视角回望历史，展现了时代和人民对焦裕禄精神的呼唤。陶诚任艺术总监，焦守云策划，孟卫东作曲，刘麟编剧，钟浩总导演，中国歌剧舞剧院高鹏、余音（焦裕禄外孙）、王一凤、刘迪主演。

【民族歌剧《雁翎队》】

2020年9月25日，由河北省艺术中心出品的大型原创民族歌剧《雁翎队》于河北艺术中心首演。歌剧部分情节取材袁静、孔厥长篇小说《新儿女英雄传》，讲述了抗日战争时期白洋淀雁翎队的传奇战斗故事。该剧由郭玉红任艺术总监，王晓岭编剧，李昕作曲，王延松导演，剧中主要角色由王庆爽、黄华丽和河北省青年演员于宏、柏林、程龙、梁利、王卿、王景文等携手演绎，河北交响乐团为乐队和合唱班底，石家庄市评剧院一团为群演班底联合演出。

【民族歌剧《红流澎湃》】

2020年11月5日，原创民族歌剧《红流澎湃》在广东艺术剧院首演。该剧由南方歌舞团有限公司创排，为文化和旅游部“庆祝中国共产党成立100周年舞台艺术精品创作工程”、“百年百部”创作计划重点扶持作品。作品选取中国共产党优秀党员、入选“100位为新中国成立作出突出贡献的英雄模范人物”、中国农民革命运动的先驱彭湃生平事迹为原型进行编创，是广东省首部原创民族歌剧。该剧由游暐之编剧，杜鸣作曲，谢晓泳导演。歌剧《红流澎湃》采用倒叙方式，以彭湃在狱中与母亲跨时空回忆为始，引出彭湃辞官、走近农民、烧掉自家的田契还地于民、号召十几万农民加入农会、开展轰轰烈烈的农会运动等历史事件，再现革命者的英雄事迹。

【原创歌剧《血色湘江》】

2020年11月10日，以红军长征途中的湘江战役为创作背景的原创歌剧《血色湘江》在国家大剧院上演。该剧由中共广西壮族自治区党委宣传部组织策划、广西演艺集团创排。2020年10月30日入选文化和旅游部“庆祝中国共产党成立100周年舞台艺术精品创作工程”、“百年百部”创作计划重点扶持作品。剧目取材于1934年11月发生在广西桂北湘江战役的史实，讲述了在湘江战役中执行后卫任务的部队，掩护中央机关和兄弟部队强渡湘江，最终全部壮烈牺牲的故事。该剧由陈蔚担任总导演，钱晓天编剧，张巍作曲，朱曼指挥，吕薇、高鹏、金郑健、田浩携手广西演艺集团旗下的广西交响乐团、舞蹈团、民乐团、合唱团等近400人组成演职团队演出。

【民族歌剧《银杏树下》】

2020年11月14日至15日，由中共河南省委宣传部、河南省文化和旅游厅、中共信阳市委、信阳市人民政府等出品的民族歌剧《银杏树下》在河南艺术中心大剧院首演。该剧取材于大别山革命老区，以红二十五军长征为主线，采用现实主义和革命浪漫主义相结合的创作手法，从土地革命时期、抗日战争时期、解放战争时期几个重要阶段讲述红军家属洪姑和红二十五军5个娃娃兵之间的故事，诠释了大别山精神。该剧已被文化和旅游部列为“庆祝中国共产党成立100周年舞台艺术精品创作工程”、“百年百部”创作计划重点扶持剧目。

【歌舞剧《大地颂歌》】

2020年9月27日，由中共湖南省委宣传部主办的剧情歌舞剧《大地颂歌》在湖南省长沙市首演。该剧以湘西土家族苗族自治州花垣县十八洞村的脱贫故事为原型，用歌、舞、音乐等艺术形式展现了广大扶贫干部的感人事迹。作品由周雄执导，冯必烈编剧，谷智鑫、何炅、张凯丽、万茜等主演。

【音乐剧《礼门义路》】

2020年8月9日，由山东省邹城市邹鲁礼乐团原创的音乐剧《礼门义路》在济宁大剧院首演。该剧讲述了北宋末年靖康之变后，孟氏后裔不辱使命、举家南迁、传播邹鲁文化的悲壮故事，题目取自孟子名言，剧情吸收孟子精神，主人翁原型也为孟氏后裔。该剧以中古音乐为主线，现场演奏编钟、编磬、埙、琴等古代八音乐器，并根据故事情节穿插及笄加冠、儒家婚礼等传统礼仪，用传统礼乐文化表达了中华民族世代坚守祖训、修身齐家治国平天下的家国情怀。

【音乐剧《青城山下》】

2020年8月21日，四川省歌舞剧院音乐剧团创作演出的音乐剧《青城山下》在四川歌舞大剧院首演。该剧由叶飞总导演、编舞，董玉方作词，周璨作曲，李智颖编剧，陶渊任戏剧导演。《青城山下》是四川省歌舞剧院复工后启动的第一批创演项目之一，讲述了青城后山众妖欢庆白素贞千年寿辰之时，席间闯入了一个自称小乞丐的凡人所引发的一系列故事。

【音乐剧《种在屋顶上的长春花》】

2020 年 10 月 31 日，由中共武汉市委宣传部、武汉市文化和旅游局、武汉市人民政府扶贫开发办公室出品，武汉歌舞剧院创排的原创音乐剧《种在屋顶上的长春花》在武汉琴台大剧院演出。该剧总导演为熊涛，出品人、编剧为王海涛。该剧入选全国脱贫攻坚题材舞台艺术优秀剧目。作品主要描写了扶贫干部路瑶瑶和当地村委会副主任李春天，依靠全村的党员干部的力量，把云水村绿色生态大家园建设作为精准扶贫最重要的一环，破解了多年来因为大山给云水村带来的枷锁和难题，使昔日的穷山恶水，变成了令人向往的世外桃源。《种在屋顶上的长春花》的演唱形式很丰富，包括独唱、重唱、合唱多种形态，在全剧九幕的篇章里，共有 30 余首原创歌曲将其串联。

【音乐剧《灵魂摆渡之永生》】

2020 年 11 月 27 日，由北京四海一家文化传播有限责任公司与北京长信影视传媒有限公司联合出品的原创音乐剧《灵魂摆渡之永生》在北京天桥艺术中心首演。该剧以热门悬疑网剧《灵魂摆渡》为蓝本，从中国文学经典《山海经》中汲取灵感进行创作，汇集了演员于毅、导演马达、视觉总监任冬生、音乐总监张筱真、舞蹈编导陈一飞等主创人员。讲述了由灵魂摆渡人赵吏、有着特殊阴阳眼的夏冬青和九天玄女王小亚组成的“铁三角”遭遇的一次重大危机，从现实和虚幻两个角度展现人们“贪嗔痴恨”的欲望。

【民族音乐剧《家园》】

2020 年 12 月 7 日至 8 日，由中央民族乐团创作出品的民族音乐剧《家园》在北京市保利剧院上演。该剧是中央民族乐团在 2020 年为庆祝全面建成小康社会而推出的现实题材大型剧目。由刘杰担任总策划，赵东升担任艺术总监，赵京生担任总导演，陈维东编剧和作词，陈思昂作曲，并汇聚了执行导演吴子竞、李岩鑫，舞美设计李斌等组成主创团队。作品由刘沙执棒中央民族乐团民族合唱队与民族管弦乐队共同演出。全剧分为三幕。序曲《我们的家园》以交响合唱的形式唱出“我们的家园”所发生的翻天覆地的变化；第一幕《甜美的家园》将“十七棵松”的真实故事搬上舞台；第二幕《不舍的家园》以修路筑桥为主线；第三幕《爱的家园》从“退耕还草、绿化生态、出山入城”的角度讲述扶贫故事。

纪事

节庆·演出

【“水乐——爱人类·爱地球·爱武汉”音乐会】

2020年2月15日，作曲家谭盾指挥比利时安特卫普交响乐团，在伊丽莎白王后音乐厅举办了“水乐——爱人类·爱地球·爱武汉”音乐会。作曲家将音乐会主题定为“爱人类·爱地球·爱武汉”以献给正在与病毒做斗争的武汉人民。音乐会上特别首演了谭盾为武汉创作的新曲《声音宝塔——武汉十二锣》。

【日本音乐家坂本龙一在线演奏】

2020年2月29日，日本音乐家坂本龙一为中国观众上演了近30分钟的在线演奏。演奏中使用了写有“中国武汉制造”字样的乐器吊钹、用回收医用橡胶制作成的黑色马林巴槌。该场演奏是一场即兴表达：用石头敲击，用琴弦摩擦，用钢琴与合成器演奏，多种乐器相互交融。

【湖南省演艺集团联合全国各大乐团奏响线上交响】

2020年3月8日，由湖南省演艺集团发起，长沙交响乐团首倡，全国各大院团接棒的“天下一家”系列线上演出第一期在“一通文化”平台正式上线。此次线上演出是湖南省演艺集团为抗击疫情发起的重要文化活动之一，自活动发起之日，全国各大交响乐团相继响应。首期参与演出的有北京交响乐团、广州交响乐团、长沙交响乐团、四川爱乐乐团、西藏爱乐乐团，演出曲目包括《爱的致意》《红旗颂》《长岛人歌》《少陵草堂》《喜马拉雅欢歌》等。“天下一家”系列线上演出采用云演出、云合作、云制作、云观看模式。

【“迟来的春天”音乐会】

2020年4月11日，国家大剧院“春天在线”系列首场音乐会“迟来的春天”在国家大剧院古典音乐频道及多个网络平台同步播出。由主持人白岩松进行导赏，国家大剧院管弦乐团以木管五重奏和弦乐四重奏的形式演绎了贝多芬的两部作品——《降E大调管乐六重奏》和《c小调第四弦乐四重奏》，用音乐向医护工作者致敬，表达对于疫情中经历磨难的同胞的鼓励与支持，同时也表达对于贝多芬诞辰250周年的纪念。截至4月12日，“春天在线”首场音乐会被28家媒体、45个网络平台端口进行了同步转播，全网点击量超过2785万。

【“映山红”傅庚辰作品音乐会】

2020年5月16日，“‘映山红’傅庚辰作品音乐会”作为“云乐星荟·乐行神州”中国交响音乐季线上音乐会的开幕首场音乐会在抖音平台上以直播方式举办。音乐会选用傅庚辰在不同时期创作的革命家诗词歌曲、经典影视歌曲、纪念改革开放歌曲和新时代歌曲作品18首，包括毛泽东诗《清平乐·六盘山》、周恩来诗《大江歌罢掉头东》、朱德诗《庆祝中国人民解放军建军三十五周年》、陈毅诗

《梅岭三章》，以及《雷锋，我们的战友》《老百姓的雷锋》《毛主席的话儿记心上》《地道战》《映山红》等。音乐会由中央音乐学院教授、女高音歌唱家黄华丽，中央音乐学院教授、女高音歌唱家王丽达，中央歌剧院国家一级演员、女高音歌唱家王庆爽，国家一级演员、男中音歌唱家霍勇等担任演唱。中国音乐学院声乐歌剧系艺术指导邓垚担任钢琴伴奏。

【文艺进万家　健康你我他——到人民中去·中国文艺志愿者与全国高校共唱抗疫主题歌曲接力传唱活动】

2020 年 5 月 23 日是第七个中国文艺志愿者服务日，由中国文艺志愿者协会、中国文联文艺志愿服务中心号召全国高校联合开展“文艺进万家　健康你我他——到人民中去·中国文艺志愿者与全国高校共唱抗疫主题歌曲接力传唱活动”。中国人民大学作为中国文艺志愿者协会艺术院校工作筹委会的参与单位，以原创歌曲《生命之春》和改编版《我和我的祖国》参与活动。歌曲《生命之春》由李茜作词，唐轶作曲，由中国人民大学公共艺术教育中心费佳、中国文艺志愿者协会理事平安等 20 余名文艺志愿者师生通过线上线下共同录制的方式完成。

【华山之巅·云海音乐会】

2020 年 7 月 4 日，由华阴市人民政府、渭南市文化和旅游局等主办的“华山之巅·云海音乐会”在陕西华山举行。音乐会以华阴老腔与西安交响乐团协奏曲《将令一声震山川》开幕后陆续演出了陈雷激的《太古遗音》，小提琴家汤苏珊与西安交响乐团合作的《英雄》——小提琴协奏曲“天下”以及压轴曲目《我的祖国》。该场音乐会的全网首轮播放量超 5000 万次。

【和平颂——首都各界群众纪念全民族抗战爆发 83 周年交响合唱音乐会】

2020 年 7 月 7 日，由中共北京市委宣传部和中共丰台区委、丰台区人民政府主办的“和平颂——首都各界群众纪念全民族抗战爆发 83 周年交响合唱音乐会”在北京电视台播出。该纪念活动以“和平颂”为主题，通过交响合唱音乐会形式，重温经典抗战歌曲，回顾抗战烽火岁月，唱响爱国主义主旋律。音乐会由北京音乐家协会会员交响乐团和合唱团演出。选取经典抗战歌曲《保卫黄河》《怒吼吧黄河》《长城谣》《在太行山上》《地道战组曲》《弹起我心爱的土琵琶》《游击队之歌》《没有共产党就没有新中国》《和平颂》等，以交响乐、合唱、独唱等艺术形式上演。音乐会在大合唱《我的祖国》中结束。

【庆祝“八一”建军节——长沙交响乐团改革发展汇报演出】

2020 年 7 月 30 日，由中共湖南省委宣传部、湖南省演艺集团和中共长沙市委、长沙市人民政府主办的“庆祝‘八一’建军节——长沙交响乐团改革发展汇报演出”在湖南省长沙市举行。演出由陈燮阳、肖鸣担纲指挥，长沙交响乐团歌剧中心合唱团、湖南省歌舞剧院歌剧团等艺术团体参演，元杰、张音悦、李秀英、王凯、张卓、毋攀以及湖南女子民族演唱组合红叶组合等演出。音乐会在《红旗颂》中开幕，相继演出了二胡协奏曲《长城随想》、男女声二重唱《长江之歌》、钢琴协奏曲《黄河》，以及交响组曲《红色娘子军》选段、交响合唱《祖国颂》等。

【“军旗颂”庆祝中国人民解放军建军93周年民族音乐会】

2020年7月31日，由湖南省文化馆主办，湖南省湘剧院承办的“‘军旗颂’庆祝中国人民解放军建军93周年民族音乐会”在湖南音乐厅举行。音乐会由柳俊执棒，付辽源、刘婕妤、冯伏强、曹威治、曾艺婵、朱清波等来自湖南省文化馆、湖南省湘剧院、长沙市花鼓戏保护传承中心的艺术家担纲演奏和演唱。音乐会开篇曲目是民族管弦乐《普天同庆》、二胡演奏《洪湖人民的心愿》、戏歌《湘鄂情》,《黄河》《红色娘子军》《社庆》等民乐演奏以及歌曲《春消息》也在音乐会中陆续上演。

【永恒的旋律——北京交响乐团特别音乐会】

2020年8月1日，由北京市文化和旅游局主办，北京交响乐团承办的“永恒的旋律——北京交响乐团特别音乐会”在国家大剧院台湖舞美艺术中心上演，并以此拉开“相约台湖艺术有你——北京市属文艺院团优秀剧目展演”序幕。该次展演依托北京市剧院运营服务平台，由14家北京市属文艺院团携14台优秀剧目于8月1日至12月12日，推出28场演出。

【“最可敬的人”公益交响音乐会】

2020年8月2日，由中国爱乐乐团举办的“‘最可敬的人’公益交响音乐会”在北京市保利剧院举行。音乐会由黄屹执棒，以交响序曲《红旗颂》开幕。中国作品有《瑶族舞曲》《火把节》以及《红色娘子军》音乐选段等。外国作品涵盖卓阿基诺·罗西尼《威廉特尔序曲》、约翰·施特劳斯《蓝色多瑙河圆舞曲》等不同体裁多种风格的交响乐曲目。乐团还返场演奏了三首中外名曲《我的祖国》《电闪雷鸣波尔卡》《拉德斯基进行曲》。

【2020“深圳声乐季”】

2020年8月7日至18日，由中国宋庆龄基金会、中共深圳市委宣传部、深圳市龙岗区人民政府主办的2020“深圳声乐季”在广东省深圳市举行。女高音歌唱家、解放军文工团副团长雷佳担任艺术总监。活动为期12天，包括“全国声乐邀请赛”“中国声乐高峰论坛”“中国声乐人才培养计划”“全国青年歌唱家展演”“中国声乐轻骑兵音乐会”“下基层演出”六个板块。8月8日，“‘声振新时代’——龙岗区庆祝深圳经济特区建立40周年暨2020‘深圳声乐季’交响音乐会”在龙岗文化中心举行。

【同心·绽放——京津冀交响乐艺术联盟大型交响音乐会】

2020年8月17日至18日，由北京交响乐团、天津交响乐团、河北交响乐团组成的京津冀联合交响乐团演出的“同心·绽放——京津冀交响乐艺术联盟大型交响音乐会”在天津大剧院举行。该音乐会由指挥家李飚执棒，先后演出《梁山伯与祝英台》《A大调第七交响曲》《红旗颂》《我爱你中国》《妈妈教我一支歌》以及德沃夏克《第九交响曲“自新世界”》第二乐章、莫扎特《A大调单簧管协奏曲》第二乐章等中外知名交响乐曲目。该次音乐会是天津大剧院与观众阔别200余天后，推出的首次大型户外演出。音乐会还演出了由北京交响乐团、天津交响乐团委约德国作曲家恩约特·施耐德创作的交响序曲《武汉2020》，以音乐的形式致敬所有奋战在抗疫一线的“逆行者”。

【歌剧音乐会《冰山上的来客》】

2020年8月22日，由国家大剧院创作演出的歌剧音乐会《冰山上的来客》在国家大剧院古典音乐频道及多家网络平台同步播出。该场音乐会由指挥家张国勇执棒，周晓琳、张心、王冲、王鹤翔等国家大剧院驻院歌剧演员演绎了歌剧中的知名唱段。指挥家张国勇、“真古兰丹姆”的饰演者周晓琳和“杨排长”的饰演者王鹤翔也分享了他们对于《冰山上的来客》的感情与独到的艺术理解。演出当晚，该场音乐会的线上点击量突破2700万。

【我的深情为你守候——唱响深圳40周年声乐音乐会】

2020年8月23日，由深圳市宣传文化事业发展专项基金资助的庆祝深圳经济特区建立40周年系列演出“我的深情为你守候——唱响深圳40周年声乐音乐会”在广东省深圳市举行。深圳歌剧舞剧院男高音歌唱家夏世春、女高音歌唱家支慧、深圳市流行音乐协会会长赵久峰、歌手范媛媛、男高音歌唱家蒋志伟及旅法青年钢琴家那佳演出歌剧《木兰诗篇》中《啊木兰，我的好伙伴》《跟你走》《我的深情为你守候》等歌曲，以及《啊，久违了雪浪花》《带上初心去远航》《我爱你中华》《梦想》《花语千园》《欢乐深圳》等原创曲目。

【“英雄礼赞”交响音乐会暨“英雄礼赞”合唱音乐会】

2020年8月24日，由中国交响乐团演出的“英雄礼赞”交响音乐会在北京音乐厅举行。音乐会以歌颂抗疫英雄为主题，由李心草执棒。音乐会上半场演出三首新创作品，分别是交响序曲《破晓》《生命的歌》和小提琴与乐队作品《心中的湖北》。《心中的湖北》由叶小纲特别创作，《破晓》和《生命的歌》是中国国家交响乐团中青年作曲家深入湖北一线创作的两首抗疫主题交响乐。音乐会下半场演出了肖斯塔科维奇的《d小调第五交响曲》(作品47号)，乐曲表达了“从苦难经过斗争走向欢乐”的主题。该次演出是中国交响乐团因新冠肺炎疫情暂停演出7个月后的首演。

【庆祝北京市文联成立70周年暨“到人民中去”经典、优秀作品音乐会】

2020年8月29日，由北京市文学艺术界联合会、北京音乐家协会主办的“庆祝北京市文联成立70周年暨‘到人民中去’经典、优秀作品音乐会”在北京市中山公园音乐堂上演。演出曲目均选自北京市文联的艺术家在不同年代创作的经典、优秀作品。音乐会在《团结就是力量》歌声中开幕，相继演出管桦作曲的《听妈妈讲那过去的事情》，张和平作词的《追寻》，杜鸣心创作的芭蕾舞剧《鱼美人》和《红色娘子军》中的音乐《水草舞》《万泉河水清又清》，王黎光作曲的《人民是天》，廖勇作词的《大江南》，胡廷江创作的《春天的芭蕾》等。演出曲目还包含词曲作家任志萍、车行、伍嘉冀、李昕、张大力等创作的歌曲《心愿》《越来越好》《有多远》，以及采风深入生活原创的歌曲《共和国从这里走来》《大运河》和抗疫歌曲《爱是桥梁》。音乐会由夏小汤执棒北京交响乐团、北京音乐家协会合唱团共同演出。丁毅、吴碧霞、黄华丽、汪正正，以及在国内外获得金奖的青年歌唱家、民歌手、青年歌手陈苏威、黄训国、陈冠馥、龚爽、毋攀、毛一涵、杜朋朋、曾勇、王一凤、徐森、叶翠、张莉莉、吴梦雪、王聆燕、卞佳平、丁源、刘迪、潘涛、于浩等参加演出。

【TME live·特别现场·音乐剧《重生》线上音乐会】

2020年8月29日，由公安部新闻宣传局、腾讯影业出品，北京京默影视联合出品，何李活音乐剧、保利演出制作，公安部新闻宣传局、国家禁毒委员会办公室、全国公安文学艺术联合会等制作的音乐剧《重生》联合TME live·特别现场，打造了TME live·特别现场·音乐剧《重生》线上音乐会。音乐会包含制作人李盾的《蝶》《爱上邓丽君》等作品的演唱，通过幕后探班、经典回顾、工坊版《重生》表演三个完整的直播环节。《重生》之中的舞蹈，由朱凤伟、庞妮娜、梁岱青、陈诗霏等国内知名青年舞者表演。

【"2020，贝多芬在北京"系列音乐会】

2020年9月2日至20日，北京交响乐团"2020，贝多芬在北京"系列音乐会在国家大剧院、中山公园音乐堂、国家大剧院台湖舞美举办4场音乐会。指挥家李飚、谭利华，携手钢琴家宋思衡、盛原、薛颖佳上演4场贝多芬作品音乐会。2020年是贝多芬诞辰250周年，北京交响乐团把9月作为纪念贝多芬的主题月，每周奉献一场纪念贝多芬的专场音乐会，呈现他的4首交响曲及3首钢琴协奏曲。

【梦系红楼——1987年版电视剧《红楼梦》全版主题音乐会】

2020年9月5日，由南京民族乐团主办的"梦系红楼——1987年版电视剧《红楼梦》全版主题音乐会"在江苏大剧院音乐厅上演。南京民族乐团音乐总监兼首席指挥张列执棒，南京民族乐团与抒情花腔女高音歌唱家吴碧霞合作。音乐会在原电视剧音乐的基础上进行了全新的艺术编排与再创作，演出15首曲目，包括《枉凝眉》《晴雯歌》《葬花吟》《宝黛情》等，不少曲目以民族管弦乐、独唱、齐唱、混声合唱等形式呈现。

【中国爱乐乐团2020—2021音乐季】

2020年9月11日，"中国爱乐乐团2020—2021音乐季"开启。本届音乐季，乐团策划了"纪念古斯塔夫·马勒逝世110周年系列音乐会"、马勒与丁善德"隔空对话"的主题音乐会、纪念圣-桑逝世100周年专场音乐会等16场交响音乐会与5场室内乐音乐会。在年度音乐季里，首次与中国爱乐乐团合作的音乐家包含指挥家夏尔·迪图瓦、迈克尔·斯特恩等，钢琴家贝特朗·沙玛尤，小提琴家柳爱莎等。在展现古典音乐"中国力量"环节，由余隆将指挥7场交响音乐会，曲目包括贝多芬、威尔第、丁善德、陈其钢、邹野等15名作曲家的作品。此外，还包括石叔诚指挥的斯梅塔纳《我的祖国》选段、杨洋指挥的冼星海《黄河大合唱》等交响名篇。

【2020杭州现代音乐节】

2020年9月24日至28日，由浙江音乐学院、西湖区人民政府主办的"2020杭州现代音乐节"在杭州开幕。本届音乐节由浙江交响乐团、浙江民族乐团、北京当代乐团、上海当代乐团等乐团，与叶小纲、郭文景、许舒亚、秦文琛、翁持更、钟俊程、郭鸣等作曲家共同参与，相关演出、讲座、作曲比赛决赛、闭幕式等活动在浙江音乐学院举行。

杭州现代音乐节是继北京现代音乐节、上海当代音乐周、广西东盟音乐周之后，国内第四个现代音乐节，其宗旨和特点是"原创、前瞻、现代、多元"。该音乐节以"'传统'与'现代'之梁——向世界展示中国现代音乐魅力”为核心主题，包含了开幕式、专场音乐会、大师班讲座、“艺创奖”国际管弦乐作曲比赛等累计15场音乐展演与创作交流活动。

【第十七届中国西部民歌（花儿）歌会】

2020年10月18日至20日，由宁夏回族自治区协同西部十一省（自治区、直辖市）及新疆生产建设兵团文化和旅游厅（委、局）主办的“第十七届中国西部民歌（花儿）歌会”在宁夏回族自治区银川市举行。歌会设开幕式表演、2场民歌专场比赛、1场原生态“花儿”专场比赛、闭幕式暨颁奖仪式、优秀节目惠民演出7个板块。有18支汇集藏、壮、回、苗、彝、白、裕固、蒙古等10余个少数民族代表队200余名歌手汇聚歌会。组委会评选出金奖、银奖、铜奖，以及“民歌传唱特别贡献奖”“民歌传唱新人奖”等奖项。

【2020年第八届深圳钢琴音乐季】

2020年10月23日至11月30日，由深圳市群众文化学会、深圳市雅星文化传播有限公司、深圳市新节拍艺术团主办的“2020年第八届深圳钢琴音乐季”在广东省深圳市举办。

钢琴季以“匠心韶华·我爱深圳”为主题，举办38场钢琴主题音乐会、大师班、讲座、展览等系列活动，其中包括6场钢琴音乐会、11场特色音乐会、20节钢琴大师班及1场古钢琴展览。开幕式音乐会由杨洋执棒。钢琴家罗维和深圳交响乐团合作演出了穆索尔斯基的《霍凡兴那》序曲、拉赫玛尼诺夫《c小调第二钢琴协奏曲》和《交响舞曲》。

【第九届琴台音乐节】

2020年10月27日至11月13日，由中共武汉市委市政府主办的“第九届琴台音乐节”在湖北省武汉市举行。琴台音乐节开展剧场音乐系列、古琴系列、群众合唱展演、流行音乐展演、市民音乐沙龙5个板块近60场音乐演出和活动。

本届音乐节还通过线上直播的方式，让1753.8万名观众足不出户在线免费观看。音乐节包括“峥嵘岁月——武汉爱乐乐团交响音乐会”“以诗之名　致敬英雄——‘聆响·行歌’音乐朗诵会”“山河无恙　古琴在此——古琴名家专场音乐会”“我的祖国——大型民族管弦乐专场音乐会”“永恒的爱恋——世界著名女高音歌唱家张立萍独唱音乐会”“敬！生活——琥珀四重奏音乐会”“我爱你，中国——武汉音乐学院抗疫主题交响合唱音乐会”“致敬经典——武汉室内乐团交响音乐会”8场琴台音乐厅剧场系列网络。直播线上观众达1300万人（次）；原创大型交响曲《浴火重生》交响音乐会在黄鹤楼演出的单场在线观众约74.13万人（次）；“满城尽寻钟子期　琴台共谱知音曲”古琴文化雅集10场活动同步线上直播观看人数约315.2万；以“长江放歌拥抱阳光”为主题的群众合唱展演在国家公共文化云平台直播观看人数约32.48万。

【《英雄生涯》交响音乐会】

2020年10月28日，由中国交响乐团和中央歌剧院出品的《英雄生涯》交响音乐会在国家大剧院上演。李心草执棒的贝多芬《c小调第五交响曲“命运”》（作品67号）在音乐会上半场奏响；音乐会下半场，中国交响乐团和中央歌剧院交响乐团演出理查·施特劳斯创作的交响诗《英雄生涯》（作品40号），上百名艺术家参加演出。在主题方面，以《c小调第五交响曲“命运”》致敬每一位抗疫英雄个体。

【“升华之夜”音乐会】

2020年11月28日，中国交响乐团2020—2021音乐季“聆听经典”系列之“‘升华之夜’音乐会”在北京音乐厅举行。音乐会由李心草执棒中国交响乐团演奏了勋伯格《升华之夜》和贝多芬《A大调第七交响曲》两部作品。勋伯格是西方现代主义音乐的代表人物，首创了“十二音体系”的无调性音乐。《升华之夜》是勋伯格于1899年根据德默尔抒情诗集《女性与世界》中第一首诗《净化之夜》而创作的。音乐会下半场上演了贝多芬《A大调第七交响曲》。

【中央音乐学院民族室内乐团音乐会】

2020年11月28日至29日，由宁夏回族自治区文化和旅游厅主办的“中央音乐学院民族室内乐团音乐会”在宁夏回族自治区银川市举行。音乐会分为“不忘初心　砥砺前行”音乐党课和“奏响时代凯歌　共唱花儿新貌”两部分。由陈冰担任两场专场音乐会的指挥。音乐会特邀女高音歌唱家王丽达演唱了《一杯美酒》《我的祖国》《在希望的田野上》等经典曲目。冯天石、侯越、朱江阳、李怡函、李洋、张婉嫕、郭晓蒙等青年演奏家，共同演出了一场乐器演奏音乐会。其中，《民族团结颂》《兰花花》《在那遥远的地方》《延安随想》《我的祖国》《在希望的田野上》等现代民乐作品相继上演。

【“哈尼交响”音乐会】

2020年12月3日，由中国交响乐团创排的“‘哈尼交响’音乐会”在北京音乐厅演出。音乐会由谭利华执棒。演出曲目包括郭小笛创作的《彝乡情幻想曲》、赵石军创作的《哈尼纪念册》、张朝创作的钢琴协奏曲《哀牢山狂想》、黄荟创作的交响音画《“云之南”第二组曲》选段、邵恩创作的交响素描《哈尼印象》和夏良创作的《交响组曲》选段。中国交响乐团近年来组织作曲家赴哈尼梯田、南音故乡和大漠驼乡采风，在云南红河州和内蒙古额济纳旗建立两个交响乐采风和创作实践基地。该音乐会的作品是作曲家赴上述两个创作实践基地实地采风的最新成果。

【“钱塘江交响”音乐会】

2020年12月5日，中国交响乐团2020—2021音乐季《龙声华韵》系列之“‘钱塘江交响’音乐会”在北京音乐厅举行。指挥家谭利华执棒，与钢琴演奏家吴纯、大提琴演奏家张莹莹、打击乐演奏家王佳男、小提琴演奏家姚亮、男高音歌唱家薛皓垠、女高音歌唱家宋元明等共同演出。音乐会分为《钱江潮》《美丽乡村》《钱塘随笔》《白马》《印》《乡愁》《之江梦》7个篇章。开篇曲目为关峡创作的《钱塘潮》；叶小纲创作的《美丽乡村》，以浙江杭嘉湖一带的民间音乐为元素；绍恩创作的《钱塘随笔》，以“源”“流”“涌”三个篇章，描绘了夜以继日奔流不息的钱塘江；下半场由4名年轻作曲家分别聚焦个性化元素，杨帆创作的协奏曲《白马》、王喆创作的《印》、黄凯然创作的《乡愁》展现了钱塘江文化以及两岸人民不服输的坚韧精神，整场交响乐在李劭晟的《之江梦》中收尾。

【奔跑吧！贝多芬——2020贝多芬马拉松音乐会】

2020年12月12日，为纪念贝多芬诞辰250周年，由北京交响乐团和北京保利紫禁城剧院管理有限公司主办的“奔跑吧！贝多芬——2020贝多芬马拉松音乐会”在北京市中山公园音乐堂举行。该次演出由指挥家李飚指挥北京交响乐团、北京音协合唱团等180余名音乐家演出，以钢琴独奏、小提琴与大提琴奏鸣曲、弦乐四重奏、协奏曲、交响合唱等多种形式向贝多芬致敬。

【“满江红”中国交响乐团音乐会】

2020年12月13日，“‘满江红’中国交响乐团音乐会”在国家大剧院演出。音乐会由夏小汤执棒，陈萨担任钢琴独奏。作为《龙声华韵》系列之一，音乐会上《觉醒》《中国颂》《启·承》《花鼓抒怀》4部作品完成了世界首演。音乐会以徐昌俊创作的管弦乐《节日狂想2020》开场，陆续上演了杜明心创作的第四钢琴协奏曲《觉醒》、甘霖创作的管弦乐作品《中国颂》第八乐章“民族脊梁”、阮昆申创作的管弦乐作品《启·承》、廖勇创作的管弦乐作品《花鼓抒怀》等。音乐会压轴曲目是赵季平创作的《奔向辉煌》，表达了中国人民在复兴之路上，不断向前的民族精神。

【“小康之歌”大型主题音乐会】

2020年12月23日，由中国文学艺术界联合会、中国音乐家协会主办的“‘小康之歌’大型主题音乐会”在国家大剧院歌剧院演出。音乐会由序曲“神州欢歌”、第一乐章“时代欢歌”、第二乐章“奋斗欢歌”、第三乐章“复兴欢歌”、尾声“领航新时代”5个部分组成。音乐会由夏小汤执棒，中国电影乐团担任现场伴奏，北京音协合唱团、天使童声合唱团担任现场合唱。

【《东方红》大型交响合唱音乐会】

2020年12月26日，北京保利剧院管理有限公司邀请指挥家郑健执棒保利天歌交响乐团（天津歌舞剧院交响乐团）与北京音协合唱团、北京春天童声合唱团在北京市中山公园音乐堂推出音乐史诗“《东方红》大型交响合唱音乐会”，并以此拉开《东方红》保利巡演的序幕。演出是以交响乐、合唱、独唱、重唱、诗歌朗诵等形式，推出的音乐会版《东方红》。音乐会版《东方红》将合唱队从侧台搬到舞台中央，乐队由台下搬到台上，对28首曲目重新编配合唱，以更具时代感和更丰富的音乐元素，为中国共产党诞辰100周年献礼。

会议 · 比赛

【抗击疫情音乐出版物首发】

2020 年 3 月 5 日，上海音乐出版社、上海音乐家协会、上海人民广播电台推出的两部抗击疫情音乐出版物——全媒体图书《出征　出征——抗击疫情优秀歌曲集》和音像专辑《加油武汉　加油中国——抗击疫情优秀歌曲选》于哔哩哔哩、阿基米德、一直播等网络平台“云”首发。图书《出征　出征——抗击疫情优秀歌曲集》包括歌曲简谱和歌曲音频，精编 135 首原创抗疫歌曲，包括武汉加油、平凡英雄、大爱无痕三大主题。音像制品《加油武汉　加油中国——抗击疫情优秀歌曲选》包含 1 张 DVD-9 和 1 张 MP3，DVD-9 中收录 43 首 MV，MP3 中收录 47 首音频歌曲。曲目包含雷佳演唱的《雪白的爱》、王宏伟演唱的《儿女情长》、刘和刚演唱的《大爱无痕》、余惠承演唱的《最亲的人》等独唱歌曲，17 名来自武汉的文艺工作者演唱的《武汉伢》和 38 名武汉音乐学院师生、校友在线上完成的《明天依然最美》等合唱歌曲等。歌曲集中还特别收录了一首比利时钢琴家尚 · 马龙与来自武汉的何浏合作创作的国际公益歌曲《黎明的编钟声》。

【中国当代歌曲创作精品工程“听见中国　听见你”2019 年度优秀歌曲评选】

2020 年 4 月 30 日，由中国音乐家协会主办的中国当代歌曲创作精品工程“听见中国　听见你”2019 年度优秀歌曲评选结果公布。采取网络投票、视频会议等方式全程网络进行。经过五轮、近百名评委的评审，最终从 400 多首作品（按分配名额报送）中选出 20 首优秀原创歌曲，成为 2019 年度“听见中国　听见你”优秀推选歌曲。

【第六期全国优秀青年词曲作家高级研修班】

2020 年 7 月 26 日至 31 日，由中国音协举办的“第六期全国优秀青年词曲作家高级研修班”在福建省漳州市举办。研修期间，音乐教育家、理论家周荫昌，作曲家、山东省文联副主席戚建波，文化项目策划人、词作家、国家一级编剧任卫新，词曲作家、中国音协新兴音乐群体工作委员会副主任何沐阳，词作家、中国音协《词刊》杂志副主编杨启舫等专家学者进行专业授课。作为疫情防控常态化下的专题创作培训，在作品赏析交流会上，不少学员带来了自己在疫情期间新创作的抗疫歌曲。

【天地同和——中国古代乐器展】

2020 年 8 月 8 日，由中国国家博物馆主办，故宫博物院、中国艺术研究院、上海博物馆、湖南省博物馆、湖北省博物馆、陕西省考古研究院、山东沂南北寨画像石墓博物馆等作为支持单位的“天地同和——中国古代乐器展”在中国国家博物馆开幕。展览分为四个部分：鹤鸣九皋，声闻于天；钟鼓喤喤，大音至乐；丝竹相合，妙音飞花；云间锣鼓，日月同辉。展览集中展示馆藏精品及向多家文博单位商借的文物 200 余件（套）。其中包括河南舞阳贾湖新石器时代文化遗址出土的骨笛、唐代九霄环佩琴、清代十二律管等具有高度代表性的乐器珍品，一定程度上系统反映了中国古代音乐的发展脉络，突出展现中国传统音乐辅德化、养性情、娱民众的文化价值。

【《中国音乐大典》(文论编)成稿与出版签约发布会】

2020 年 9 月 10 日,“《中国音乐大典》(文论编)成稿与出版签约发布会”在北京市举行。该书编纂历时 4 年,550 余万字,6 万余条信息条目,内容包括 29 种核心期刊及艺术学院学报所涉及的音乐类文章,并按照中国传统音乐理论、音乐史学、音乐美学、音乐教育、音乐表演等 14 大类进行编目。旨在以严谨、科学、经典、规范为准则,建设与打造一部关于中国音乐历史的“四库全书”,为建立“中国乐派”提供支撑。

【纪念诸城派古琴名家高松如系列活动】

2020 年 9 月 12 日至 13 日,由山东省艺术研究院、山东歌舞剧院、云雪堂古琴传习中心主办的纪念诸城派古琴第五代传人高松如诞辰 120 周年系列活动在山东省济南市举行。系列活动包括两场音乐会,一场研讨会。“纪念高松如先生诞辰 120 周年纪念研讨会”在山东歌舞剧院会议室举行。来自中国音乐学院、中央音乐学院、沈阳音乐学院、天津音乐学院等古琴领域的学者和来自诸城、广陵、川派、闽派四大重要古琴流派的传承人,围绕全国古琴发展现状和山东古琴艺术如何传承发展这两个议题,进行了研讨。“纪念高松如先生诞辰 120 周年——松风清节古琴演奏会”在山东歌舞剧院音乐厅上演。当代古琴演奏家、斫琴家、诸城派古琴第六代传人茅毅等古琴名家演奏了《长门怨》《大胡笳》《高山》等琴曲。

【《新时代中国交响作品原创精粹》发布会】

2020 年 9 月 28 日,作为第二十七届北京国际图书博览会期间中国出版集团的重点推介活动之一,人民音乐出版社于中国出版集团 BIBF 线下主场地北京市新华书店总店举办“《新时代中国交响作品原创精粹》发布会”。该书为人民音乐出版社策划出版主题出版重大音像项目。项目包括《致新时代》和《致祖国》两部分,分别由赵季平、叶小纲担任主编。项目按照重要时间节点,收录中华人民共和国成立以来,特别是十八大以来,由中国老、中、青三代作曲家创作的各类交响作品(包括民族管弦乐作品)110 部,涉及作曲家 74 名,包括吴祖强、杜鸣心、朱践耳、丁善德、罗忠镕、吕其明、陈刚、何占豪、赵季平、叶小纲、郭文景、唐建平、张千一、秦文琛、赵麟、郝维亚、沈叶等。专辑文字内容包含中英文两种语言,旨在面向国内外集中展示和推介中国交响作品创作、表演和录音的最高成就。该项目是迄今为止国内推出的收录交响作品最多、涉及作曲家人数最多的一套重大音像出版项目,也是国内目前体量最大的一套交响乐作品专辑。

【记录时代的乐音——庆祝《人民音乐》创刊 70 周年座谈会】

2020 年 10 月 20 日,由中国音乐家协会主办的“记录时代的乐音——庆祝《人民音乐》创刊 70 周年座谈会”在中国文艺家之家举行。座谈会邀请音乐学界知名专家学者一起回顾刊物的发展历程,共商行业发展未来。《人民音乐》是新中国创刊最早的音乐期刊,其发展历程堪称共和国音乐发展史的缩影。其对音乐创作、音乐表演、音乐教育、音乐研究、音乐传播以及社会音乐生活各个领域进行观照,紧密围绕中国音乐中的古今关系、中西关系、雅俗关系探讨音乐发展方向,记录音乐生活,开展音乐批评,传递音乐信息。该刊是研究新中国音乐发展的重要文献和史料。据中国知网统计,截至 2020 年 9 月,《人民音乐》已出版 690 期,文献量近 19000 篇,被国内外众多音乐院校和图书馆收藏。

【2020·济南·西方音乐学会·史学理论与方法研讨会】

2020年10月23日至25日，由中国音乐家协会西方音乐学会主办，山东大学艺术学院承办的“2020·济南·西方音乐学会·史学理论与方法研讨会”在线上举行。会议就西方音乐史书写的理论、方法及相关问题展开研讨。新近出版的《西方音乐史》成为热点议题，多篇论文对该著的写作观念、方法以及内涵进行研究评论。

【2020城市交响乐团“长沙峰会”】

2020年11月3日至4日，由中国交响乐发展基金会、中国音乐家协会管乐学会、湖南省演艺集团等主办的“2020城市交响乐团‘长沙峰会’”在湖南省长沙市举行。北京交响乐团、天津交响乐团、上海交响乐团、苏州交响乐团、哈尔滨交响乐团和长沙交响乐团等全国12个交响乐团团长以及中国交响乐发展基金会、中国音乐家协会管乐学会等单位的艺术家和专家参加活动。11月3日，苏州交响乐团和长沙交响乐团演出开幕式音乐会。在11月4日举行的“2020城市交响乐团‘长沙峰会’中国城市交响乐团发展论坛”上，与会专家围绕中国城市交响事业发展进行交流讨论。11月4日，苏州交响乐团演出了“长沙峰会”主题音乐会。

【“光南故里·音乐盛典”2020首届长三角原创流行歌曲大赛】

2020年11月23日至27日，为了纪念“人民音乐家”施光南诞辰80周年，由浙江省文化和旅游厅、上海市文化和旅游局、江苏省文化和旅游厅等主办，浙江省文化馆、上海市群众艺术馆、江苏省文化馆、安徽省文化馆承办的“‘光南故里·音乐盛典’2020首届长三角原创流行歌曲大赛”在中国婺剧院举行。大赛有30首作品进入决赛。其中，浙江省《家乡的味道》、上海市《雪花的心愿》、江苏省《暗红》3个作品获得大奖；浙江省《秋天的海边》、上海市《春天在路上》、江苏省《四君子》、安徽省《九拐十八弯》等12个作品获得金奖。

【2020中国音乐史专家论坛暨中国音乐史学百年学术研讨会】

2020年11月28日至29日，由中国音乐家协会、中国音乐史学会倡议并与浙江师范大学音乐学院主办的“2020中国音乐史专家论坛暨中国音乐史学百年学术研讨会”于浙江师范大学举行。研讨会围绕“中国音乐史学百年历程回顾与未来瞻望”“基于‘双一流’建设的中国音乐史学科定位”“高教实践中的中国音乐史学课程改革与教材建设”“中国音乐史学史及音乐史学基础理论构建”“史学背景下的长三角区域音乐家研究”等议题展开研究与探讨。

【中国音乐研究基地学术年会暨中国乐派专题研讨会】

2020年12月4日至6日，“2020中国音乐研究基地学术年会暨中国乐派专题研讨会”在北京市召开。本次研讨会由中国音乐学院主办，中国音乐学院音乐研究所、中国音乐研究基地承办，共有包括北京大学、北京师范大学、中国艺术研究院、北京电影学院等兄弟院校和科研机构相关领域的专家，中国音乐研究基地研究员，国家社科基金艺术学重大项目”中国乐派研究”课题组成员等120余位专家学者参会。会议两大主题是“中国乐派”和“新文科”建设。前者以中国音乐学院为依托，关注中华文化复兴的历史命题；后者则是响应教育部的时代号召，共商学界“话语体系”。会议共有60余位专家学者参与发言，具体可分为“中国艺术学派”专题发言与高端对谈，“中国乐派”专题研究分会场和“新文科视野下的中国音乐话语体系建构”等。

【首届杨荫浏音乐学术提名】

2020 年 12 月 28 日，由中国艺术研究院主办的“首届杨荫浏音乐学术提名”活动在中国艺术研究院举行发布仪式。赵宋光《中国民族音乐形态研究与阐释》、乌兰杰《蒙古族音乐史》、沈洽《音腔论》、李玫《“燕乐二十八调”文献通考》四部著作获得“杨荫浏音乐学术提名”。

机构

【山西省民歌协会成立】

2020 年 8 月 10 日，山西省民歌协会在山西省大同市成立，并举办了山西省民歌协会首次会员代表大会，审议并通过了《山西省民歌协会章程》《山西省民歌协会选举办法》《山西省民歌协会会员会费缴纳与财务管理制度》。协会聘请田青、乔建忠、王向荣等专家为高级艺术顾问，聘请马啸、胡秀英、王凤云等为名誉主席。杨文祥当选协会会长，该协会目前会员 83 名，由山西省内民歌表演艺术家和民歌爱好者组成。山西省民歌协会的工作旨在进一步搜集、整理山西民歌，策划和组织公益性演出活动，对民歌爱好者进行演唱指导，培养山西民歌人才；在山西省文化和旅游厅的指导下，录制、出版山西民歌保护资料。

【浙江音乐学院成立音乐教育学院、高等音乐教育研究所】

2020 年 9 月 16 日，浙江音乐学院举行揭牌仪式，正式成立音乐教育学院、高等音乐教育研究所。国务院音乐与舞蹈学学科评议组、首届全国高校美育教学指导委员会、中国教育学会音乐教育分会等有关专家，中央音乐学院、上海音乐学院、中国音乐学院等全国专业音乐学院、音乐教育学院（系）负责人，以及浙江省文化和旅游厅领导、浙江音乐学院师生参加仪式。随着“一院一所”的成立，由浙江音乐学院音乐教育学院、高等音乐教育研究所承办的“独立设置音乐学院音乐教育专业院系主任学术论坛”和“音乐教育学学科建设与人才培养学术研讨会”分别于 9 月 16 日、17 日举行。学术活动邀请全国音乐教育学领域专家学者，聚焦新时代专业音乐院校音乐教育学学科发展战略及高水平一流音乐教育专业人才培养，通过线下圆桌会议、线上云端会议进行交流与研讨。

【北京音乐家协会电子键盘学会成立】

2020 年 10 月 20 日，“北京音乐家协会会员培训暨北京音乐家协会电子键盘学会成立大会”在北京市举办。为期 3 天的北京音乐家协会会员培训内容涉及电子键盘乐器在实际教学中的应用，如何用电子键盘进行编曲创作和即兴演奏，以及如何利用电子键盘实现高科技课堂教学等多项实用内容。北京音乐家协会电子键盘学会是北京地区电子键盘工作者的学术性群众团体，受北京音乐家协会领导。学会的主要任务是总结电子键盘音乐教学、演奏的理论经验，做好电子键盘的普及和推广活动，开展电子键盘音乐学术交流，团结电子键盘音乐工作者和爱好者。

【中国音乐剧协会制作人专业委员会成立】

2020 年 10 月 30 日，中国音乐剧协会制作人专业委员会在上汽・上海文化广场举办成立仪式并举行新闻发布会。来自全国的音乐剧制作人、艺术家、行业专家及学者等近 100 人参加了活动。中国音乐剧协会是经民政部注册，由文化和旅游部主管的全国性、专业性、学术性社团组织，具有独立法人资格的国家一级社团，是集中国音乐剧创作、生产、教育、培训、演出、研究、交流的专门机构。中国音乐剧协会制作人专业委员会是中国音乐剧协会领导下的二级分支机构，以规范行业的从业标准为使命，扶持中国原创音乐剧建立更完善的发展机制。该委员会的宗旨是，集结全国制作人的力量，在创作层面，更科学地孵化出符合市场的优秀作品；在市场层面，将有效带动中国音乐剧在演出市场中的增长速度和公众影响力；在人才层面，将培养出更多的制作人、创作人、演员、艺术管理人员等，为行业发展储备人才。

大事记

1月10日，原创民族歌剧《卓文君》在四川省成都市首演。

1月14日至18日，2020“欢乐春节”活动在土耳其安卡拉和伊斯坦布尔举行。

1月15日，第二届“欢乐春节——行走的年夜饭”活动在英国伦敦举行。

2月15日，作曲家谭盾指挥比利时安特卫普交响乐团首演其为武汉创作的新曲《声音宝塔——武汉十二锣》。

2月29日，日本音乐家坂本龙一为中国观众进行近30分钟在线演奏。

3月5日，上海音乐出版社协同上海音乐家协会、上海人民广播电台推出两部抗击疫情音乐出版物——全媒体图书《出征　出征——抗击疫情优秀歌曲集》和音像专辑《加油武汉　加油中国——抗击疫情优秀歌曲选》。

3月8日，“天下一家”系列线上演出第一期在“一通文化”平台上线。

3月14日，上海交响乐团举办网上直播音乐会“爱的致意”。

3月26日，中央音乐学院钢琴系推出“纪念贝多芬诞辰250周年系列音乐会”。

4月11日，琵琶演奏家、教育家、作曲家刘德海因病在北京市逝世，享年83岁。

4月11日，“春天在线”系列首场音乐会“迟来的春天”在国家大剧院古典音乐频道及多个网络平台同步播出。

4月12日，作曲家、指挥家谭盾“云端”集合中国、美国、俄罗斯、日本等10国艺术家完成《武汉十二锣》中国首演。

4月19日，“One World：Together At Home”全球公益演唱会全球直播。

4月24日，叶小纲当选美国艺术与科学学院2020年新进院士。

4月30日，中国当代歌曲创作精品工程“听见中国　听见你”2019年度优秀歌曲评选结果公布。

5月16日，“‘映山红’傅庚辰作品音乐会”作为“云乐星荟·乐行神州”中国交响音乐季线上音乐会的开幕首场音乐会在抖音平台上以直播方式举行。

5月23日，中国文艺志愿者协会、中国文联文艺志愿服务中心号召全国高校联合开展“文艺进万家　健康你我他——到人民中去·中国文艺志愿者与全国高校共唱抗疫主题歌曲接力传唱活动”。

6月11日，郭峰歌曲《等我回家》公益使用权捐赠仪式在北京市举行。

6月20日至22日，四幕歌剧《大汉海路》于广西艺术学院会演中心首演。

7月4日，“华山之巅·云海音乐会”在陕西华山举行。

7月7日，抗疫歌曲作品专辑《雪白的天鹅》发布会在内蒙古自治区呼和浩特市举行。

7月7日，“和平颂——首都各界群众纪念全民族抗战爆发83周年交响合唱音乐会”在北京电视台播出。

7月19日，“‘中华祖脉秦岭之声’XSO云上系列音乐会”在陕西牛背梁国家森林公园举行。

7月25日，河北交响乐团通过网络直播《英雄》专场音乐会。

7月30日，“庆祝‘八一’建军节——长沙交响乐团改革发展汇报演出”在长沙音乐厅举行。

7月31日，“‘军旗颂’庆祝中国人民解放军建军93周年民族音乐会”在湖南音乐厅举行。

8月1日，“永恒的旋律——北京交响乐团特别音乐会”在国家大剧院台湖舞美艺术中心上演。

8月2日，“‘最可敬的人’公益交响音乐会”在北京市保利剧院举行。

8 月 5 日至 6 日，歌剧《盼你归来》在北京天桥艺术中心上演。

8 月 7 日至 18 日，2020“深圳声乐季”在深圳市龙岗文化中心音乐厅举行。

8 月 8 日，“天地同和——中国古代乐器展”在中国国家博物馆举行。

8 月 9 日，音乐剧《礼门义路》在济宁大剧院首演。

8 月 10 日，山西省民歌协会在山西省大同市成立。

8 月 15 日，交响曲《浴火重生》在武汉市琴台音乐厅奏响。

8 月 17 日至 18 日，“同心·绽放——京津冀交响乐艺术联盟大型交响音乐会”在天津大剧院举行。

8 月 17 日至 20 日，广州交响乐团录制《马思聪作品集》。

8 月 21 日，音乐剧《青城山下》在四川歌舞大剧院首演。

8 月 22 日，歌剧音乐会《冰山上的来客》在国家大剧院古典音乐频道及多家网络平台同步播出。

8 月 23 日，“我的深情为你守候——唱响深圳 40 周年声乐音乐会”在深圳音乐厅演奏大厅举行。

8 月 24 日，“英雄礼赞”交响音乐会在北京音乐厅举行。

8 月 29 日，“庆祝北京市文联成立 70 周年暨‘到人民中去’经典、优秀作品音乐会”在北京市中山公园音乐堂上演。

8 月 29 日，音乐剧《重生》线上上演。

8 月 31 日，“绿色的旋律——2020 右玉森林音乐会”在山西省朔州市上演。

9 月 2 日至 20 日，北京交响乐团“2020，贝多芬在北京”系列音乐会在国家大剧院、中山公园音乐堂、国家大剧院台湖舞美举办 4 场音乐会。

9 月 4 日至 6 日，音乐剧《一爱千年》在北京天桥艺术中心上演。

9 月 5 日，“梦系红楼——1987 年版电视剧《红楼梦》全版主题音乐会”在江苏大剧院举办。

9 月 6 日，交响乐作品《交响京津冀》在国家大剧院首演。

9 月 10 日，“《中国音乐大典》(文论编)成稿与出版签约发布会”在北京市举行。

9 月 10 日，歌剧《小河淌水》在云南省昆明市上演。

9 月 11 日，“中国爱乐乐团 2020—2021 音乐季”开幕。

9 月 12 日至 13 日，纪念诸城派古琴第五代传人高松如先生诞辰 120 周年系列活动在山东省济南市举行。

9 月 16 日，浙江音乐学院举行成立音乐教育学院、高等音乐教育研究所揭牌仪式。

9 月 24 至 28 日，由浙江音乐学院、西湖区人民政府主办的“2020 杭州现代音乐节”在杭州艺创小镇开幕。

9 月 25 日，大型原创民族歌剧《雁翎队》于河北艺术中心首演。

9 月 27 日，剧情歌舞剧《大地颂歌》在湖南省长沙市首演。

9 月 28 日，《新时代中国交响作品原创精粹》发布会在北京市新华书店总店举行。

9 月 29 日，民族音乐剧《阿鹏找金花》在云南杨丽萍大剧院首演。

10 月 9 日至 10 日，首届“北京国际音乐产业高质量发展促进大会”主论坛在北京市举行。

10 月 11 日，中国交响乐团“盛世国韵”交响音乐会在北京音乐厅上演。

10 月 11 日，首届“北京国际音乐产业高质量发展促进大会”分论坛“和乐器　赢未来——2020 乐器文化创新发展论坛”在北京市举行。

10 月 17 日至 18 日，民族歌剧《扶贫路上》在国家大剧院歌剧院上演。

10 月 17 日，抗疫题材民族歌剧《天使日记》在武汉琴台大剧院首演。

10 月 18 日至 20 日，“第十七届中国西部民歌（花儿）歌会”在宁夏回族自治区银川市举办。

10 月 20 日，民族管弦乐组曲《中轴》在国家大剧院上演。

10月20日，“记录时代的乐音——庆祝《人民音乐》创刊70周年座谈会”在中国文艺家之家举行。

10月20日，“北京音乐家协会会员培训暨北京音乐家协会电子键盘学会成立大会”在北京市举行。

10月21日，交响叙事组歌《苗寨的故事》在湖南省长沙市上演。

10月23日，音乐剧《花木兰》在陕西省西安市上演。

10月23日，“2020年第八届深圳钢琴音乐季”在广东省深圳市开幕。

10月23至25日，“2020・济南・西方音乐学会・史学理论与方法研讨会”在线上举行。

10月24日，演唱会“白马少年，不负韶华”在北京展览馆剧场上演。

10月24日至25日，歌剧《茶花女》音乐会在北京音乐厅上演。

10月26日至27日，复排歌剧《同心结》在国家大剧院上演。

10月27日，“第九届琴台音乐节”在湖北省武汉市开幕。

10月27日至11月13日，“第九届琴台音乐节”在湖北省武汉市举行。

10月28日，《英雄生涯》交响音乐会在国家大剧院上演。

10月29日，民族歌剧《尘埃落定》在成都城市音乐厅上演。

10月30日，“中国音乐剧协会制作人专业委员会成立仪式”在上海市举行。

10月30日至11月1日，音乐剧《重生》在上海文化广场上演。

10月31日，原创音乐剧《种在屋顶上的长春花》在武汉琴台大剧院演出。

10月31日，原创音乐剧《种在屋顶上的长春花》在武汉琴台大剧院上演。

11月2日，“西南音画”交响音乐在北京音乐厅上演。

11月3日至4日，“2020城市交响乐团‘长沙峰会’”在湖南省长沙市举行。

11月5日，原创民族歌剧《红流澎湃》在广东艺术剧院首演。

11月6日，“流行也经典”合唱音乐会在北京音乐厅上演。

11月6日，多媒体交响音乐会“梵天净土”在天津音乐厅演出。

11月8日，“‘北欧经典’音乐会”在国家大剧院音乐厅演出。

11月10日，原创歌剧《血色湘江》在国家大剧院上演。

11月14日至15日，民族歌剧《银杏树下》在河南艺术中心大剧院首演。

11月23日至27日，“‘光南故里・音乐盛典’2020首届长三角原创流行歌曲大赛”在中国婺剧院举行。

11月27日，原创音乐剧《灵魂摆渡之永生》在北京天桥艺术中心首演。

11月28日，中国交响乐团2020—2021音乐季“聆听经典”系列之“‘升华之夜’音乐会”在北京音乐厅举行。

11月28日至29日，“2020中国音乐史专家论坛暨中国音乐史学百年学术研讨会”于浙江师范大学举行。

11月28日至29日，“中央音乐学院民族室内乐团音乐会”在宁夏回族自治区银川市举行。

12月1日，交响乐作品《第一交响曲（珠江）》在广州市星海音乐厅首演。

12月2日，京剧交响套曲《京城大运河》在国家大剧院音乐厅首演。

12月3日，“‘哈尼交响’音乐会”在北京音乐厅演出。

12月4日至6日，“2020中国音乐研究基地学术年会暨中国乐派专题研讨会”在北京市召开。

12月5日，中国交响乐团2020—2021音乐季《龙声华韵》系列之“‘钱塘江交响’音乐会”在北京音乐厅举行。

12月7日至8日，民族音乐剧《家园》在北京市保利剧院上演。

12 月 11 日，“第七届音乐产业高端论坛”在北京市举行。

12 月 11 日，系列交响乐作品《诗路行》的首部《诗路行 · 运河魂》在浙江音乐厅首演。

12 月 12 日，“奔跑吧！贝多芬——2020 贝多芬马拉松音乐会”在北京市中山公园音乐堂举行。

12 月 13 日，“‘满江红’中国交响乐团音乐会”在国家大剧院演出。

12 月 15 日，民族交响乐《关公颂》在国家大剧院演出。

12 月 23 日，“‘小康之歌’大型主题音乐会”在国家大剧院歌剧院演出。

12 月 26 日，音乐史诗“《东方红》大型交响合唱音乐会”在北京市中山公园音乐堂举行。

中国艺术年鉴·2021

舞蹈卷

分卷主编：周　婕

年度述评

2020年度中国舞蹈发展研究报告

◎ 卿青　茅慧　刘春　刘晓真　廖燕飞　毛雅琛

引言

2020年度的热词里，“新冠肺炎疫情”占据着最显要的位置，全球的经济、文化活动均受到影响，人们的生活、工作不得不围绕防范和抗击疫情而展开。疫情之下，“身体”成为另一个热词，身体之于生命的重要仿佛从来没有被如此普遍而深切地关注和重视。身体或遭受病毒侵袭，或困于方寸之间彼此阻隔。然而，“方舱之舞”的火爆，让舞蹈与生命的关系骤然得以凸显，以舞抗疫、以舞疗愈，舞蹈在抗疫过程中发挥了它最原始、最根本的社会功能，体现了它与人的健康、心灵的最紧密的关联以及舞蹈特有的社群构建能力。这种特殊“生命形式”所蕴含的生命意志和生命强度成为疫情期间最富激情和感染力的人间图像。它点燃了抗击疫情的希望之火，并通过视频传遍世界，“舞蹈”因此成为又一个热词。“舞蹈风暴”“线上论坛”“线上舞蹈工作坊”“线上舞蹈作品展演”等都成了2020年舞蹈界的显著标识。官方、民间的舞蹈机构、团体和个人纷纷在线上驻扎亮相，对于观众来说，剧场不再是观看舞蹈的唯一选择。线上演出、教学催生了新的机遇和挑战，如生产和传播机制发生改变，与公众的关系也得到拓展，这或将影响到未来舞蹈行业的整体面貌，也有待进一步观察、思考和研究。

2020年又是中国脱贫攻坚的决胜之年。中国人民在中国共产党的坚强领导下，经济在后半年稳步复苏，文化生活日渐恢复。2020年，各级院团始终贯彻执行习近平总书记在党的十九大报告中提出的对艺术创作的要求，坚持在“讴歌党、讴歌祖国、讴歌人民、讴歌英雄”的主旨下坚持创作。即使在疫情十分严峻的时期，很多舞剧剧组仍进行封闭式训练，以坚强昂扬的斗志坚守精神高地，不仅消减了疫情造成的一些不利影响，而且推出了多部优秀创作成果，为弘扬社会正能量做出了突出贡献。

舞蹈批评和学术工作也没有因为疫情掉队。学者一方面学习和贯彻习近平总书记关于文艺批评的重要论述，积极发声，承担时代使命；另一方面在学术上全面稳步推进，并针对2020年的新问题展开研究和讨论。

一、现象、热点与政策导向

（一）抗疫中凸显舞蹈的健身、娱乐和社群凝聚力

2020年年初，新冠肺炎疫情的蔓延让武汉方舱医院的舞蹈活动成为普遍关注的社会话题。从2月6日开始，来自武汉不同社区的确诊轻症患者陆续被统一集中收治于全国多地医疗支援力量会聚的“生命之舱”——方舱医院。在近5000名患者的超大型医院里，随着人们对疫情逐渐有了深入的认识，患者纷纷开始通过跳舞、唱歌等文体活动来舒缓身体与精神的紧张。

医护人员注意到简单的舞蹈律动在调节病人心理状态上起到了非常积极的作用，并开始组织和带领患者开展舞蹈活动。简单的广场舞已经不能满足需求，来自全国各地的医生护士们跳起了各自地区的特色传统舞蹈。比如设在武汉客厅的方舱医院里响起了带有浓郁新疆特色的音乐，新疆第二批支援湖北医疗队副领队、临时党支部宣传委员巴哈古丽·托勒恒穿着全套防护服，跳出一段拍掌弹指、转腕抖肩的“黑走马”。来自海南的医生唱起了儋州调声《嘱姑九点半》，音乐欢快，舞姿轻盈；海南护士还将八段锦功法带进了方舱医院。有的医生则紧跟潮流，伴随着热门广场舞歌曲《火红的萨日朗》，跳起了四川坝坝舞。除歌舞之外，武术、健身操也成为增加活动量，帮助身心康复的项目。3月10日下午，武汉所有方舱医院圆满完成了自己的使命，全部休仓。

值得一提的还有专业舞蹈人士通过网络方式对方舱医院舞蹈活动给予的远程帮助。在方舱医院接受病患的一个多月时间里，河南省文化馆研究馆员赵力民在抖音直播平台开设了“方舱舞蹈课堂”，每天两个小时用网络直播的方式教授方舱医院的患者跳舞。手势舞蹈《人在青山在》可以站着跳、坐着跳，甚至躺着跳，便于患者肺功能的恢复，促进对药物的吸收，同时可以调节患者的心理压力。其他如《众志成城》《祖国不会忘记》《云中的眼睛》等一系列作品从各自角度展现了抗击疫情的不同情感：或者反映在党和政府的领导下，众志成城战胜疫情的决心；或者歌颂美丽的逆行者，包括军人、白衣天使、党员干部、默默无闻的志愿者，以及所有心系疫区的普通百姓；或者反映医护人员用自己的生命换取更多的生命希望。①

疫情期间的“方舱之舞”及其线上传播，凸显了舞蹈的健身、娱乐和社群凝聚力，让舞蹈在抗疫中大显身手。以人的肉身为载体的舞蹈在这样的情境之中所迸发的力量也凸显了舞蹈与人类生活的紧密关联和舞蹈的自身特点。这不是简单意义上对一门艺术形式的需要，而是生命本身的诉求。方舱医院的舞蹈活动，也体现了国家在面临重大社会事件时积极应对的能力，以及人民群众在其中所获得的安全感，最终形成了强劲的凝聚力。

（二）主旋律舞蹈创作劲势昂扬，充分发挥意识形态引领作用

新冠肺炎疫情突如其来，文化和旅游部作为主管部门积极主动应对，体现责任担当。在2020年年初至7月，鉴于新冠肺炎疫情的持续状况，文化和旅游部及时推出相应政策，号召开展围绕抗击新冠肺炎疫情为主题的舞蹈创作，歌颂奋战在抗疫一线的医护人员；随着疫情逐步得到控制，社会生活渐渐回归正轨，文化和旅游部市场管理司又印发了《剧院等演出场所恢复开放疫情防控措施指南》等通知。2020年7月21日后，北京实施了疫情防控期间演出票价补贴的通知，精准帮扶北京市剧院、剧团、演出经纪机构，推动演出行业复工复产，对在北京市剧院开展的营业性演出进行补贴；重点扶持市属、民营（在京注册）的演出场所经营单位、文艺表演团体和演出经纪机构主办的营业性演出活动，对大型歌剧、舞剧、交响音乐会每张票补贴200元。

2月12日，中国舞蹈家协会发布了《关于进一步加强和引导抗击新冠肺炎疫情主题舞蹈创作的通知》，特别针对疫情期间的舞蹈创作提出了具体要求，明确指出应充分发挥新媒体网络平台的传播优势。北京舞蹈学院创作的《在一起》《妈妈我等你》等抗疫主题系列舞蹈影像作品，用舞蹈的形式纪念了这一段非比寻常的经历，向所有付出努力的一线工作者、坚守防疫的人民群众致敬；福建省舞蹈家协会创作的《愿春早来》《我们一定会胜利》《春天来了》，伦敦大学金史密斯舞蹈与表演孔子学院的《大爱无疆》，澳门舞蹈家协会的《信·心》，武汉音乐学院的《明天依然最美》，南京艺术学院的《疫·光》，以及山东艺术学院的《春暖花开》等舞蹈影像②等都是这一系列以抗击疫情讴歌英雄为主题的创作。

5月15日至6月8日，文化和旅游部举办了“2020年全国舞台艺术优秀剧目网络展演”活动，打造国家级的“云端”艺术盛宴。这是文化和旅游部首次以线上形式开展的全国性展演活动，为丰富新冠肺炎疫情常态化防控期间观众的精神文化生活起到了积极作用。展演包括革命历史题材和现实主义题材作品，比如《草原英雄小姐妹》《天路》《永不消逝的电波》等舞剧作品。

9月，由文化和旅游部主办的“纪念中国人民抗日战争暨世界反法西斯战争胜利75周年舞台艺术优秀剧目展演展播活动”拉开帷幕。参演作品遴选自精神文明建设“五个一工程”获奖剧目、“文华大奖”获奖剧目、国家舞台艺术精品创作扶持工程重点扶持剧目、中国民族歌剧传承发展工程重点扶持剧目、抗战题材经典保留剧目等，特色鲜明，艺术门类多元，涵盖了京剧、地方戏、话剧、歌剧、舞

---

① 参见刘杨《30天60小时！方舱医院里的舞蹈直播结课了，河南舞蹈编导赵力民4部作品传递满满正能量》，2020年3月11日，大河网。

② 参见王建丽《疫情下的全民舞蹈年——2020抗疫主题舞蹈创作综述》，《中国艺术报》2020年12月28日。

剧、交响音乐会等多个艺术门类，包括舞剧《沙湾往事》。

9月5日至26日，“2020中关村舞剧节”展演活动采取了直播与线下展演的方式同时进行，《红色娘子军》《记忆深处》《青衣》《永不消逝的电波》等19部舞蹈作品线上展演，国际云课堂、云工作坊等共超过450万人次在线观看。

国家大剧院为致敬伟大人民，于9月26日晚以“人民必胜”为主题，将疫情期间国家大剧院推出的“同舟共济战疫情·国家大剧院在行动”系列主题艺术作品搬上舞台，并用贝多芬《命运》交响曲贯穿整场演出，编舞家黎星的作品《到那时》参加了这场演出。这场演出的在线播出点击量高达2700多万，充分宣扬了“生命至上、举国同心、舍生忘死、尊重科学、命运与共”的伟大抗疫精神。①

中直文艺院团及地方省市歌舞院团也多有新作问世。如中国歌剧舞剧院在数月内为纪念抗美援朝出国作战70周年突击创作推出了舞剧《英雄儿女》；无锡市歌舞剧院推出原创舞剧《歌唱祖国》；中央芭蕾舞团创作推出扶贫题材舞剧《花一样开放》及革命历史题材舞剧《沂蒙》。舞剧舞台上讴歌党、讴歌祖国、讴歌人民、讴歌英雄，发挥了舞蹈特有的力量，充分体现了中国共产党的强大凝聚力和领导力。

（三）线上舞蹈活动井喷，舞蹈生产、传播的新空间出现

2020年，线上是一个不得已的选择，与线下活动明显不同的是，线上空间推动了资源重组，催生了新的机遇、现象和话题。主流与非主流、圈内与圈外的明显界限在新媒介环境下被突破，线上演出、比赛、授课、讨论、讲座成了业界新样态，不仅推动了舞蹈自身在体裁、题材、形式、风格、观念等方面的发展，还让普通观众接触到了以往接触不到的资源。新的舞蹈普及和宣传渠道也促使舞蹈与商业的新式联姻，拓展了舞蹈言说的公共空间。

2020年，舞蹈的线上节目可以分为综艺类电视节目和各类舞蹈社群的线上活动两大类。综艺类电视节目以湖南卫视推出的《舞蹈风暴》为突出代表，该节目让本来小众的综艺节目变身为大众认识舞蹈的重要平台，借助综艺媒体的影响力在圈内外产生了广泛影响和热烈的讨论，也引起舞蹈界的反思和重视。

2020年10月10日至2021年1月9日，《舞蹈风暴》第二季在湖南卫视播出。这个节目在第一季播出时就掀起了大众对舞蹈艺术的关注。第二季依然是大道至简的风格，圆形舞台上几束追光，展现属于舞蹈最本质的魅力。128台摄像机环绕、360度全景摄像留下的“风暴时刻”，记录了舞蹈动作的精彩瞬间。重要的是，这个节目集结了众多出色的舞者和编导，将舞蹈界的优秀创作呈现在大众面前，打破了长期以来专业舞蹈圈自跳自看自嗨的模式。10月推出的第二季集中了谭元元、陈镇威、谢欣、黎星、李艳超、华宵一等一大批舞者，享誉世界的编舞家沈伟和国内舞蹈家沈培艺等人作为专业评委。无论是制作和编排的内容，还是舞者的才华和技艺，都为观众提供了较高层次的舞蹈审美享受，也引起了非专业观众的共鸣与共情。同时，舞者凭借综艺跨界出圈，同步推动了线下演出市场。

街舞作为当下中国年轻人热衷的舞蹈形式，发展势头也十分迅猛，不容小觑。街舞最初作为美国黑人的街头文化，具有鲜明的音乐和动作风格，但随着它在中国落地生根，开始具有了地域风格和特性。继2018年、2019年两季之后，2020年7月18日至10月3日，第三季《这！就是街舞》在优酷网络平台播出。节目通过“明星导师+专业舞者真人秀”的模式，采取个人选拔、团队作战的表演方式，在四位队长的带领下组成四支战队进行团队间的群舞比赛，最终产生总冠军。相比于前两季，该季赛制里齐舞占比很大，打破了街舞与艺术舞蹈之间的界限，融入了很多专业舞蹈编导手法，同时，也更加侧重“国风街舞”的类型开拓和潮流演绎，出现了《囍》这样的优秀国风作品。

随着舞蹈演出季、舞蹈课堂、舞蹈论坛尽数转移到线上，更多人可以看到国家院团挑选上线的精

---

① 参见《国家大剧院抗击疫情主题演出致敬伟大人民》，2020年9月29日，国家大剧院官网（https://www.chncpa.org/zxdtxlm/jyxw_2994/202009/t20200927_221102.shtml）。

品演出，比如文化和旅游部官方网站、国家院团率先进行了在线免费播放作品的公益活动，大型视频网站如腾讯视频、优酷、哔哩哔哩网站也开设了舞蹈活动的直播和限时免费的舞蹈演出播放。这使舞蹈出圈、舞蹈爱好者“入坑”成为热议的话题。北京舞蹈学院舞蹈剧场，中国舞蹈家协会，民营现代舞团如谢欣舞蹈剧场、陶身体剧场、北京现代舞团等和一些独立舞者都纷纷入驻抖音、快手等平台，分享排练瞬间、生活片段，推广舞蹈作品、介绍舞蹈知识、举办舞蹈线上工作坊。上海歌舞团的直播考核课、中央芭蕾舞团的青年工作坊获得百万高流量的点击，快手舞蹈大赛《天生就是舞者》经过网络征选，在线下完成决赛。

2020 年 2 月，中国艺术研究院研究生院舞蹈学系连续举办了 13 场“线上学术分享会”，邀请各地学者、校友在线与学生分享学术成果与研究经验，拓展了舞蹈学术的线上空间。自 2020 年 5 月 4 日开始，中国舞蹈家协会连续主办了 22 期“舞聚云端”舞蹈类系列访谈节目，并在《光明日报》客户端、中国文艺网、一直播等平台同时在线播出。系列访谈活动以不同主题组织系列访谈直播，直击舞蹈选秀、舞蹈考级、舞蹈创作、舞蹈市场等普通大众和舞蹈爱好者最为关注的热点问题，对谈嘉宾囊括了舞蹈编导、舞蹈演员、舞蹈学者等业内各领域的资深专家，其范围之广、影响之大、程度之深远超线下的访谈活动，累计 240 万人观看了话题的讨论，人数最高一期达 3 万有余。据不完全统计，中国舞蹈“荷花奖”的舞剧奖在云平台的 8 场专题直播，累计观看人次近 85 万，这是中国舞剧借助云平台在普通观众中关注度及普及度提升的极佳例证。“荷花奖”的古典舞评奖活动终评环节在央视频 APP 全程直播演出，独家后台探秘及现场演出直播，并在演出结束后的 7 天内展开网络投票等相关活动，进一步扩大了中国古典舞的受众范围及影响力。几十万点击量的背后是舞蹈从小众走向大众的见证，更是舞蹈在新媒介条件下表达的有益尝试。

11 月，现当代舞蹈的主要平台——第 17 届广东现代舞周展演对所有线下演出的 40 部作品进行了 5G 同步直播，满足了圈内外现当代舞蹈爱好者的需求。作为新文艺群体的独立舞蹈家的线上活动也非常活跃，这个群体主要由没有固定单位的现当代舞者组成。赵梁在“赵梁的幻象世界”视频号中记录了自己的远行，他在阳光下和高山上舞蹈，“把肉身还给自然万物”。陶身体剧场的《美好的礼物》系列从 3 月第一部《自观》到 6 月第二十部的《连接》，是陶冶和段妮对他们舞蹈观念的整理，也是身体的视觉诗歌。5 月，上海拖鞋计划与谢欣舞蹈剧场拍摄了《舞蹈社区》，在彼此身体隔绝的情形下，这部作品用动作的方式传达接触、合作的美好。

独立艺术家肖智仁则发起了“舞者隔空对话”，他从 2 月 22 日到 4 月下旬，每晚 9 点开始，连线一位当代舞蹈家或者制作人在线交流，话题主要涉及艺术家的创作观念和方法。整个活动持续了 56 天。受邀参与对话的都是国内当下比较活跃的艺术家和策划人。如此高强度、高密度，信息量极大的线上互动几乎触及这一群体的创作、演出甚至生存的方方面面。这个系列对话活动一方面促成了这一艺术家群体的集体亮相，另一方面也引发了听众对“什么是舞蹈”“舞蹈何为”“舞蹈与当下的关系”及“舞蹈教育”等诸多问题的思考，尤其是作为当代舞蹈家，如何与时代共振，如何以舞蹈为人类的当下和未来提供独特而有价值的思考是这些艺术家自觉承担的使命。艺术家组合王家明和韦曼也在疫情期间组织了 6 场“异变观察”的对谈。这两名分别留学于法国和德国的当代舞蹈家，有着开阔的国际视野和跨学科艺术经验，他们邀请了艺术家、建筑师、教育工作者、哲学家等不同领域的人针对疫情中个人如何自处、如何连接以及创作、教育所面临的各种问题进行讨论，显示了对话者很强的思辨性和对现实和艺术问题的洞察力。中国舞蹈家协会的“青年艺术家平台”也组织了类似的对谈，邀请自由艺术家做线上分享，对当代舞蹈的推广和普及起到了重要的作用。北京师范大学艺术与传媒学院舞蹈系同样借助线上平台，与旅法艺术家戴剑一道举办了 10 期“江湖学院”对谈活动，主要针对现当代舞的本土创作、制作和教育问题进行讨论，在主流舞蹈界推广现当代舞蹈观念。这些艺术家们的讨论，其实都具有同样的现实关切，国内的现当代舞蹈究竟应该如何推动和普及，学院体制的舞蹈教育如何才能培养学生的艺术创造力和思考能力，舞蹈与自我、与当下社会和人类未来是怎样的关系？这些谈话一方面综合呈现了现当代舞蹈的思想和艺术话语，另一方面也表达了对舞蹈界和对这个时代的期望。

二、创作与作品

2020年创作和展播的众多舞剧作品中，有两部作品的关注度很高。一部是中国歌剧舞剧院于10月22日至25日推出的舞剧《英雄儿女》。这是为纪念中国人民志愿军抗美援朝出国作战70周年用心打造的一部气势磅礴、恢宏震撼的作品，山翀等全体演职员队伍的精彩表演确保了作品的成功。该作品不仅对时代风云、战火硝烟、历史际遇进行全景式抒写，还从兄妹情、战友情、父子情等温情处入手，聚焦战争中个体生命的悲欢离合，以此展现中华儿女不畏强敌、敢于战斗的革命英雄主义精神和深沉厚重的家国情怀。作曲采用《英雄赞歌》《我的祖国》及《中国人民志愿军战歌》为重要音乐元素，并通过交响乐合唱形式呈现。最后一场演出，在学习强国、《人民日报》、央视新闻客户端、央视音乐频道、人民网、央广网等23家媒体同步进行了在线播出。

另一部《骑兵》是2020年“荷花奖”舞剧比赛获奖剧目中收获良好口碑的舞剧作品。该剧由内蒙古民族艺术剧院创作，总导演为何燕敏。作品将战马与骑兵的形象创造性地结合了起来，使骑兵与战马成为草原精神的独特表征，提升了作品的艺术水准和感染力。

新媒体舞蹈创作在2020年也十分突出。很多舞者在疫情期间都拿起了摄像机、手机记录和创作舞蹈。为了适应线上播放的需求，编导需要学习和研究如何直播，如何增强“临场感”，如何利用镜头思维来结构舞蹈作品，这使新媒体舞蹈创作获得了很大普及。

舞蹈影像导演陈玉洁在2月创作了《太阳也升起》，这是一次居家舞者的隔空动作接龙和对话，33组舞者中有舞蹈编导、职业舞者、大学老师、舞蹈学者、策展人、舞蹈爱好者，作品是关于特殊时期身体所在空间与社会连接的思考，在创作上真正实现了远程合作，动作文本互相粘贴，打通了彼此的空间。

4月8日首发的国家大剧院出品、黎星编舞的《到那时》，是对剧场拍摄记录的重新制作，并结合了剧场舞台装置和剧场外景的拍摄。5月12日，中央芭蕾舞团第十届芭蕾创意工作进行了原创作品的直播，可以看出编导开始运用影像思维去编排作品，安排镜头的运动，如《雨叶》中的特写镜头、《守护天使》俯拍地面房子的视角，以及《拥抱春天》为了表现男演员内心幻境，单独在天桥剧场外取景，对舞台上的表演进行了电影式的剪辑……通过与近30家媒体平台合作、近百个媒体端口同步播出，中央芭蕾舞团的首次“云演播”播放量就达到2800万。6月5日，北京雷动天下现代舞团选择了线上首演，提前录制了《旅人》的全场影像，这场录像是拍摄者和编导共同创作的影像现场，加入了影像的创作语言。8月，北京舞蹈学院推出了抗疫主题系列舞蹈影像作品《在一起》《妈妈我等你》《手·护》等，是在剧场拍摄的、以分镜设计和剪辑重新编排的影像作品。

3月30日，深圳高级中学的学生舞蹈团在新华社客户端发布了原创作品《破晓》，根据同名歌曲创作。从设计、隔空排练到制作出品，主创团队师生40人，用了一个月时间完成。参演学生36人，36个不同空间的切换、动作画面的对接、动作的一致性和变化都同时依据音乐和画面空间改变，小格独立画面与整体画面让屏幕如同万花筒一般富有意味。

大理舞蹈季中，梁戈逻带领摄影团队、舞者、编导在自然景色、建筑结构中完成了18部颇具实验性的舞蹈影像。在天地之间起舞，回归自然中的舞蹈成为某种隐喻和象征。

疫情期间，现当代舞蹈家有的还坚持自己的创作和排练，而更主要的活动是线上的联络和沟通，体现了这个舞蹈社群在艺术和观念上的相通性，以及对当下现状和问题始终强烈的关注和思考。7月之后，现当代舞蹈演出活动开始恢复，并成为演出市场的一道独特而闪亮的风景。这些演出包括陶身体舞蹈剧场的巡演、广东现代舞周的展演、粤港澳大湾区舞蹈周，还有上海国际舞蹈中心举办的一系列当代舞蹈演出等。

独立艺术家的作品尤其引人瞩目。自由艺术家潘晓楠于8月30日和11月7日分别在昌平的一片小树林及蓬蒿剧场带领几位舞蹈素人演出了两版《最后一支舞》。这部作品的意义不在于一批素人演员的出演，而是编导所挖掘出的素人演员身上极其富有光彩和质感的表演状态，以及作品本身对人类作为一个物种存在的一种思考。使用素人演员是近些年表演行当里的新现象，作为所谓艺术平权方式之一的素人表演最早出现在20世纪60年代的先锋实验中，超越具有特定审美的舞蹈技术编码而直接呈现社会和文化信息的所谓真实身体也是一场艺术观念上的博弈。然而，这部作品里素人演员却与众不同，他们自信、自如、自在，彼此的动作行为虽然各不相同，但每个人都自带某种光晕。这些人仿佛被一股神秘的力量统摄，自我命运与这种力量合体，呈现一种强大又渺小、真实又虚幻、相异又相同的人类生命状态，作品的这种神秘、玄幻的氛围格外吸引人，也显示了编导本人的独特审美和个人感悟。

另一对独立艺术家组合连国栋和雷琰创作的《我们谈论的是关于未来》给出了一份艺术家对后人类、人工智能与人类命运关系的舞蹈思考。作品以未来视角切入，试图跳脱当下身处的历史时空来看待当下，使用了舞蹈、诗歌文本、说话、影像及摄像机镜头，也体现了当代舞蹈家的深刻洞察力，制造了一个未来、过去和现在混杂的场景，作品直指人类自身的各种危机。该作品于2020年10月30日在798艺术区的玫瑰之名艺术中心首演，随后又于11月在上海国际舞蹈中心演出。

第三部作品是10月24日、25日在上海明当代美术馆演出的《该我上场之后》。这部作品不是新作，而是旧作《该我上场的时候，叫我，我会回答》的新版。编导王梦凡秉持着自己关注普通人身体的立场，将两名中央芭蕾舞团老一辈舞蹈演员82岁的曹志光和59岁的刘桂林请到了舞台上。新作相比旧作，多了王梦凡这个青年编导及晚辈在现场不时的打断行为，她不断把老人的排练情境切换到当下的表演现场。历史记忆中的美好身体与老人当下衰老缓慢的身体形成比照，而面对新的表演身体观念，老人更是既困惑又兴奋。衰老的身体显现的是代际转换和观念冲突，舞台上是过去、当下和未来的重重关联，舞蹈本身所蕴含的召唤或生产主体的潜能也在作品中得以体现。两名老人因为参与这部作品的演出所唤起的新的生命意识更让人感慨。

2020年11月13日至28日，在上海西岸美术馆举办的舞蹈项目“杰罗姆·贝尔的无限空间”也吸引了很多现当代舞蹈从业者和爱好者的眼球，这是该美术馆与法国蓬皮杜艺术中心五年展陈的合作项目之一。项目包括了两部现场作品和六部舞蹈影像展映，是迄今为止国内举办的关于这位法国编舞的较大规模活动。两部现场作品都有不同程度的在地化：一部是杰罗姆·贝尔的旧作《盛会》，由当地招募的演员重新演绎；另一部则是杰罗姆·贝尔与国内自由舞蹈家小珂联合创作的作品《小珂》。这部作品沿袭了杰罗姆·贝尔剧场人物传记的一贯做法，由小珂本人在舞台上讲述自己的舞蹈故事结构而成，这是一次民族志式的剧场深描，呈现了小珂在跨文化语境中的个体游牧以及其间交杂的现代性张力。

三、活动与交流

2020年舞蹈界的重要舞蹈节和重大赛事依然有序进行。9月28日，由中国文学艺术界联合会、中共上海市委宣传部、中国舞蹈家协会主办的“舞动长宁——第十二届中国舞蹈‘荷花奖’舞剧评奖”活动在上海市落幕。评奖期间，8部入围终评的作品及主创团队在前文提到的“舞聚云端”平台逐一亮相，不仅对剧目进行深层解读，更让大众了解舞剧背后的故事。最终，《红旗》（吉林市歌舞团文化传媒股份有限公司）、《骑兵》（内蒙古民族艺术剧院）、《努力餐》（成都艺术剧院有限责任公司）、《石榴花开》（安徽省花鼓灯歌舞剧院有限责任公司）、《朱自清》（扬州市歌舞剧院有限公司）5部作品获得了第十二届中国舞蹈“荷花奖”舞剧奖（排名不分先后）。

10月14日至17日，第十二届中国舞蹈“荷花奖”古典舞评奖在河南洛阳举办。本届评奖活动分初评、终评两个阶段进行，共有174部作品参赛，其中16部作品亮相终评演出现场。最终，《大河三彩》《雨花石的等待》《西施别越》排名前三位。10月16日，围绕“中国古典舞的过去、现代与未来”

这一命题，“荷花奖”古典舞研讨会的与会嘉宾做了《中国古典舞风范的时代命题之寻解》《中国古典舞的守正与创新》等主题发言，从创作、教学、理论研究等不同维度，聚焦中国古典舞的“守正”与“创新”的思考。

2020 年 12 月 12 日，中国艺术研究院舞蹈研究所“建所 40 周年”纪念活动在北京举办。作为国内舞蹈学研究的发源地和研究重镇，中国艺术研究院舞蹈研究所 40 年所庆也标志着舞蹈研究所迈进了一个更加宏阔开放的新征程。文化和旅游部艺术司、北京舞蹈学院、中国舞蹈家协会负责人和专家，历任所负责人和舞蹈理论家隆荫培等退休专家与舞蹈研究所同人共庆舞研所的生日。中国艺术研究院副院长祝东力出席活动并致辞，他肯定了舞蹈研究所建所 40 年来对中国舞蹈学术研究所做的奠基性贡献和优良的学术传统，并期望这个国内唯一的国家级舞蹈科研机构能够坚守初心，再谱华章。

7 月至 8 日，深圳 OCAT 美术馆举办的“待测——重写剧场史”则是疫情期间由跨界表演艺术家在美术馆系统内举办的一次集大型表演、展览和研讨于一体的活动，在当代艺术界和关注当代剧场表演的舞蹈、戏剧领域的学者和艺术家中间产生了很大影响。该活动试图梳理 20 年来国内当代剧场的现状和内在发展逻辑，讨论“当代剧场”这个概念在当代的演变，以及当代剧场如何回应时代需求并带来新的审美和社会意义。

从事当代舞蹈的人数越来越多，但这一新文艺群体的生存境况却始终是一个问题。2020 年网上流传的一个小舞蹈团体鹰剧场因为生存问题请求捐助的事情似乎不是孤例，如何在机制上帮助这些现当代舞蹈家和团体专注创作显然是个急迫的问题。也许另外一个需要迫切思考和解决的问题是，现当代舞蹈如何能够真正地进入学院和官方机构当中？显然，充分引进现当代舞蹈不仅意味着艺术创造力的提升，更意味着舞蹈对时代精神的呼应。这个观点也体现在国际知名编导沈伟 2020 年 11 月 16 日在广州大剧院的一场引起轰动的演讲。作为从现当代舞蹈起步的舞蹈家沈伟，如今在国际上获奖无数，然而他却从中国传统文化中汲取灵感，对中国的传统文化做出了非常有价值的当代转化和创新。他的创作对于重新认识现当代舞蹈与传统的关系带来很大的启发，也为优秀传统文化的当代创新做出了重要示范，这有待学术界进一步关注和讨论。

四、传统舞蹈的发展与保护

在疫情常态化防控背景下，2020 年传统舞蹈保护在疫情低风险区域依然活跃。11 月 15 日，第四届四川省国家级羌族文化生态保护区成果展暨 2020 年羌年庆祝活动在理县桃坪羌寨开幕。各族群众欢聚一堂，共赏气势恢宏的羊皮鼓舞、婀娜多姿的腰带舞、粗犷豪迈的藏族锅庄等，而在其他地区也呈现新的发展趋势。

（一）传统舞蹈与新媒体的联手

在微博、快手、抖音、腾讯新闻等平台上宣传、展示传统舞蹈，能够使年轻人在多样的网络体验中，理解传统舞蹈的知识和传承保护的理念。在 2020 年 6 月 13 日“文化和自然遗产日”期间，文化和旅游部开展了“云游非遗”系列线上推广活动，与包含腾讯视频、爱奇艺、优酷、抖音、快手、哔哩哔哩、酷狗、微博在内的八大网络平台联动推出。活动中，多部以传统舞蹈为题材的纪录片、专题片、长视频、短视频等影像令人目不暇接。作为“2020 云游非遗·影像展”的重要组成部分，“他们鉴证了文明——非遗影像公开课”中，梁力生先生围绕“秦梦雨——秧歌（昌黎地秧歌）”“邓虹——花鼓灯（凤台花鼓灯）”两个舞蹈纪录片的内容展开了“云授课”。

2020 年，“第二届中国舞蹈艺术大展《56 个民族 56 种舞》”也采用了抖音视频直播的方式。这个活动在中国艺术研究院舞蹈研究所前副所长江东与各地高校舞蹈专家的合作带领下，通过视频直播的方式，为观众感受各民族舞蹈的风俗和文化、了解文化传承的意义提供了机会。

国家图书馆中国记忆项目中心于 2020 年 12 月 31 日举办了第三届“年华易老，技·忆永存——第三届国家级非物质文化遗产代表性传承人记录工作成果展映月”的线上活动。该展映活动在“乐舞·情韵”单元中，展出了具有较高艺术性和传播性的舞蹈综述片，如“文琰森——狮舞（松岗七星狮舞）”“旺腊——傣族孔雀舞”“代三海——鼓舞（武山旋鼓舞）”等。

（二）传统舞蹈与旅游相结合

各地纷纷推出非遗旅游线路，传统舞蹈成为非遗旅游线路中重要的观赏和体验内容，许多舞蹈项目的传承人也参与其中，为非遗增强了内生动力。譬如，由文化和旅游部非物质文化遗产司（以下简称“非遗司”）发起，中国旅游报社承办的“全国非遗主题旅游线路征集宣传”活动，发布了12条入选线路。其中黔东南侗族非遗深度体验游及喀什民俗非遗主题游等线路中，传统舞蹈都是重要的观赏内容。云南省文化和旅游厅则整合全省非遗资源，推出了“滇西·丝路云赏之旅”“滇西北·逸游秘境之旅”“滇中·高原神韵之旅”等10条非遗主题旅游线路。在这些自然风光秀丽、民族文化深厚、非遗项目集中的旅游线路中，大理市的白族霸王鞭、瑞丽市的傣族孔雀舞、芒市的水鼓舞等具有浓郁民族特色的传统舞蹈项目被涵盖其中。这些非遗旅游线路的推出，既可以使游客深度感受传统舞蹈的独特魅力，从而增加传统舞蹈的可见度；也可以使传承人和相关从业人员获得一定的经济效益，从而增强传统舞蹈的存续力。

（三）传统舞蹈校园传承的进一步发展

在非遗司支持下，中国青年网评选的第二届全国“非遗进校园”十大年度优秀实践案例中，“重庆市铜梁龙舞进校园实践案例”“延安市安塞腰鼓进校园实践案例”等均以舞蹈为传承对象；广东省文化和旅游厅指导、广东省振兴传统工艺工作站主办的“非遗进校园”优秀案例评选中，珠海市金海岸海华小学“国家非物质文化遗产——三灶鹤舞的培育与传承”和深圳市宝安区海韵学校的“‘形韵’深圳市非遗舞蹈课程”入选了精品案例。这些案例在设计学习方案、编写教材，将传统舞蹈转化为适合青少年儿童接受的课程上做出了探索和努力，并将发挥示范带动作用，促进传统舞蹈在青少年群体中的普及与发展。

非遗进校园的工作在国家政策上也得到了支持。2020年6月，教育部办公厅发布了《关于开展2020年中华优秀传统文化传承基地遴选工作的通知》，明确指出民族民间舞蹈是主要传承项目之一。再如2020年9月7日，教育部对十三届全国人大三次会议第9852号“关于推进‘非遗进校园’工作常态化全面加强青少年人文教育和劳动教育的建议”进行答复，提出：教育部将会同相关部门，完善中华优秀传统文化教育的顶层设计，丰富中华优秀传统文化的教育形式，加强师资队伍建设，持续推动“非遗进校园”常态化、规范化，以文化人，不断推动中华优秀传统文化在继承中发展，在发展中继承。

2020年11月19日，由非遗司、中国非物质文化遗产保护中心和福建省文化和旅游厅主办的“表演艺术类联合国教科文组织非物质文化遗产名录（名册）项目后继人才培养经验交流活动”在福建省泉州市举办。舞蹈领域的学者和传承人也参与了交流和讨论，如江东研究员概述了近年来传统舞蹈类非遗项目的院校传承状况，并对进一步拓展深化相关工作提出了建议。朝鲜族农乐舞相关社区及汪清县象帽舞艺术团团长孙智强分别介绍了多渠道培养传承人的成果。此次交流活动围绕“后继人才培养”“非遗进校园”“涵养演艺生态”三个话题展开讨论，以期加深对表演艺术传承规律的认知，拓宽传承渠道，使包括传统舞蹈在内的表演艺术类非遗项目得到弘扬和振兴。

2020年12月25日至27日，中国艺术研究院舞蹈研究所与浙江师范大学主办了“第二届非物质文化遗产传统舞蹈保护研讨会”，深入探讨了非遗保护与高校教育相融合的实践。此次研讨会邀请了来自拥有丰富传统舞蹈资源的高校，如云南艺术学院、西藏大学艺术学院、新疆师范大学、广西艺术学院、贵州民族大学等院校，聚焦“传承”，围绕“传统舞蹈的传承途径与方法”“传统舞蹈进校园的实践与反思”“传统舞蹈如何进行活态传承”三个议题展开探讨，并在交流中分享舞蹈学人的理性思考与实践经验。

（四）传统舞蹈保护的相关研究

2020年，传统舞蹈保护方面的相关研究主要有以下几类：一是对传统舞蹈项目和项目代表性传承人的资料进行汇编的书籍，如河北省非遗保护中心组织编纂的《河北省非物质文化遗产图典》（第五辑），湖南省非遗保护中心编撰的《薪火湘传——湖南省国家级非遗代表性传承人口述史》。二是聚焦传统舞蹈记录与保存的研究，如哈尼克孜·阿布都外里的《试论传统舞蹈类非物质文化遗产的建档标准——以刀郎舞为例》① 一文，从本体档案、实物档案和派生档案三个方面着手探讨如何建立舞蹈档案，保存舞蹈资料。三是关注舞蹈传承的研究，如赵玉薇的《非遗舞蹈进高校的教学方法之思》通过对15省的19所高校中传统舞蹈教学现状的分析，“在情境认知与学习理论的视角之下，结合‘合法的边缘性参与’这一中心概念，探究由周边至核心循序渐进的非遗舞蹈学习过程”②。郑仪霖的《仔狮舞进校园——非遗舞蹈的保护性与发展性传承路径》③，通过分析青溪仔狮灯进校园在小学和华南师范大学的两种传承路径，提出在非遗保护的原则上走保护性传承与发展性传承结合的传承道路，为传统舞蹈的传承空间提供更宽阔的发展向度。四是对传统舞蹈保护时弊的针砭，如朴永光的《论朝鲜族传统农乐舞多样化表述的语境》④ 以朝鲜族农乐舞为例，指出我国非遗语境中的传统舞蹈保护、传承与传统舞蹈的改编、发展相混淆的问题。邓启耀在《身体表达的规训、转译和文化体系》⑤ 一文中，针对非遗传承人“培训”误区提出“谁来规训”的诘问，并对文化资源的开发提出“何为源”的质疑。

五、研究与学术

2020年度的舞蹈学术工作依然稳步推进，在舞蹈批评、舞蹈史研究和舞蹈理论研究等方面都取得了可喜的成果。

（一）舞蹈评论紧跟时代步伐

2020年，为积极落实习近平总书记关于文艺批评系列重要讲话精神，舞蹈评论工作紧跟舞蹈创作的现实步伐，不失语、不掉队。据不完全统计，2020年在各类主要报刊发表的舞蹈评论文章有176篇。这些舞蹈评论主要发表在《舞蹈》《北京舞蹈学院学报》《艺术评论》《当代舞蹈艺术研究》《中国文化报》《中国艺术报》《中国民族报》《北京日报》及其他部分省市报刊和地方高校学报。在176篇舞蹈评论中，舞剧评论有136篇，小型舞蹈作品15篇，舞蹈专场、评奖会演及现状评论25篇。从2020年度舞蹈评论的篇目数量可见，现实创作中的舞剧评论比例占有压倒性多数。除了舞蹈类专门期刊，不少戏剧类杂志也向舞蹈评论敞开大门，这从一个侧面反映出舞剧在当今艺术舞台上已不容小觑。

136篇舞剧评论的对象绝大多数为2020年度和近两三年的中国舞剧新作，也包括20世纪以来中外舞剧名品佳作。2019年在上海举办的中国艺术节上勇夺“文华大奖”的3部舞剧《永不消逝的电波》《天路》《草原英雄小姐妹》依然是2020年舞评热点。这3部作品的确显示出中国舞剧创作在近10年的艺术探索、修炼内功后所取得的阶段性骄人成绩。尤其是《永不消逝的电波》，以其时代感、时尚性的文化包装与红色题材有机融合，加以精准的市场营销，在新冠肺炎疫情肆虐时期依然取得自公演后累计演出200余场的非凡佳绩，成为当下国人文化生活中的现象级作品。《北京舞蹈学院学报》在2020年第4期连发了3篇该舞剧的评论：一是李娜的《〈永不消逝的电波〉：新时代中国红色题材舞剧的当代活力》。该文从时代需求与观众痛点、符号密码与跨界技术支持、舞蹈语汇提纯与造像之美三个方面探究该舞剧成功的外因，同时强调了舞剧的“故事性”“现代性”“悲剧性”“民族精神”等内因的

---

① 哈尼克孜·阿布都外里：《试论传统舞蹈类非物质文化遗产的建档标准——以刀郎舞为例》，《文化遗产》2020年第6期。
② 赵玉薇：《非遗舞蹈进高校的教学方法之思》，《当代舞蹈艺术研究》2020年第Z1期。
③ 郑仪霖：《仔狮舞进校园——非遗舞蹈的保护性与发展性传承路径》，《戏剧之家》2020年第35期。
④ 朴永光：《论朝鲜族传统农乐舞多样化表述的语境》，《北京舞蹈学院学报》2020年第1期。
⑤ 邓启耀：《身体表达的规训、转译和文化体系》，《北京舞蹈学院学报》2020年第4期。

重要性。二是张麟的《走向舞剧创作的本体自觉——舞剧〈永不消逝的电波〉创作方式的美学评析》。该文探讨了该剧如何从不同侧面体现近年来中国舞剧遵从本体叙事规律的观念转向，包括文学思维向舞剧思维的转换与互文，情感逻辑取代故事逻辑、时空处理优化本体功能等。三是陆佳敏的《论舞剧〈永不消逝的电波〉的音乐创作手法》。该文从舞剧音乐的角度对该剧的原创音乐做了具体的音乐美学分析。这几篇舞评皆出自青年舞评人之手，能看出作者们都在竭力规避泛泛而论，努力追求艺术奥义的深掘和本体论述的自觉，论说格局与气象虽未达到宏阔与自如，但指向和态度值得嘉许。

《艺术评论》杂志在2020年第12期发表了两篇《英雄儿女》的舞评文章，分别是许锐、张雪纯的舞评《舞之“情境”的共鸣——从舞剧〈英雄儿女〉看红色经典的重塑策略》和董丽的《穿越历史时空的英雄赞歌——民族舞剧〈英雄儿女〉评析》。前者从舞剧营造的种种人物事件“情境”入手，阐释红色精神符号的种种样态如何跨越半个多世纪的时空与当今产生共情共鸣；后者对该舞剧从革命英雄主义精神的内涵解读到舞剧视觉审美营造的拓展等方面进行评述。

2020年9月，获得第十二届中国舞蹈“荷花奖”舞剧奖的作品《骑兵》收获了超高人气口碑。《艺术评论》《中国文化报》《中国艺术报》分别发表了于平、江东、张雅宁的舞评文章。其中于平的《“视觉格式塔”叙事理念中的舞剧〈骑兵〉》以格式塔心理学理论对《骑兵》剧中对战马与骑兵形象的双重且复合再生性的精彩演绎予以理论阐发，是评论界对创作现实的理论提炼和导引。

如何评价和认知国内这一空前繁荣的舞剧创作大潮？中国舞蹈家协会主席冯双白于2020年10月2日在《人民日报》发表《中国舞剧在创新中绽放无穷魅力》，《舞蹈》杂志2020年第6期以原文标题《走创新发展道路，攀舞剧艺术高峰——40年来中国舞剧创作一瞥》全文转载作者修订版。该文高度概括赞扬了中国舞剧从中华人民共和国成立至2020年的步步奋进征程和座座艺术丰碑，指出：“当代中国舞剧艺术的历程是曲折的，进步却非常令人瞩目。优秀的舞剧艺术精品，为改革开放的伟大时代描绘了无法替代的亮色，更为中华民族伟大复兴的文明进程镌刻了珍贵的艺术印记。”①

综观2020年的舞剧评论，客观、公正和求真求实的舞蹈批评有待进一步提倡。绝大多数评论文章是对舞剧作品进行正面肯定分析乃至赞扬抬拔的，即使有鲠骨之言，也往往躲闪于字里行间，或于收尾处一笔带过。相对于公开刊发的舞评文章，批评意见和观点更多出现在专题论坛和讲座之中。2020年9月和10月，中国舞蹈家协会同期举办了“2020中国舞蹈高峰论坛”和“中国古典舞的过去、现在和未来——中国舞蹈‘荷花奖’古典舞研讨会”。《舞蹈》杂志于当年先后刊发这两次研讨会纪实和综述。资深舞剧编导赵明从自身编导的实践经验体察到当今舞剧创作在评奖机制制约下的同质化趋势，具体表现为舞剧作品个性特质、舞蹈本体被外围技术淹没，整体创新有余经典性不足。庞小强在2020年第4期《舞蹈》杂志发表《繁荣、隐忧与反思——六年来国家艺术基金资助大型舞剧项目引发的思考》一文。文中通过官方数据得出，2015年至2020年共有630部大型舞剧申报了国家艺术基金，平均每年至少100部。文章在“看得见的繁荣”部分详述了近几年大型舞剧在题材、内容、立意、风格、审美、院团建设、人才培养等方面的出色表现和成就，同时也特别提出了“繁荣背后的隐忧”问题，诸如选材的表面化、概念化、模式化，以及创作手法的取巧套路化、创作目的功利化等问题。

总体观察2020年的舞蹈评论还会发现，主流评论界对大众娱乐领域火爆异常的舞蹈现象（如湖南卫视的《舞蹈风暴》、优酷网《这！就是街舞》等）基本处于失语和漠视状态。对于体制外新舞蹈群体的创作演出活动，仅见于卿青的两篇评论《〈小珂〉：一个人的舞蹈与一个时代》②《杰罗姆·贝尔为舞蹈带来了什么？》③，武艳、张晓成的《“舞者隔空对话”话出了怎样的舞蹈？》④以及网络自媒体的一些评

① 冯双白：《走创新发展道路，攀舞剧艺术高峰——40年来中国舞剧创作一瞥》，《舞蹈》2020年第6期。
② 卿青：《〈小珂〉：一个人的舞蹈与一个时代》，《北京日报》2020年12月18日。
③ 卿青：《杰罗姆·贝尔为舞蹈带来了什么？》，《舞蹈》2020年第5期。
④ 武艳、张晓成：《“舞者隔空对话”话出了怎样的舞蹈？》，《舞蹈》2020年第6期。

论，而这些领域恰恰以其旺盛的生命力、时代感、创新性、亲和力成为与民众息息相关的舞蹈样式。

（二）重要学术会议和讲座

中国艺术研究院舞蹈研究所在2020年迎来了建所40周年华诞。借这个历史契机，舞蹈研究所也开启了面向全国舞蹈学研究者和学生的线上公开学术讲座，在舞蹈界产生了很大的影响。第一季“重访中国舞蹈史”系列讲座，邀请了5名舞蹈史方面的学者对中国舞蹈史研究的材料、方法和研究框架进行了回顾和反思，继续发挥舞蹈所在舞蹈史研究领域的领头作用。讲座从10月9日至11月6日进行，先后有冯双白“中国当代舞蹈史研究中的若干问题”、郑慧慧“中国近现代的舞蹈复兴”、刘晓真“被‘遮蔽’的历史——人类学视角下的舞蹈史修撰”、于平“古代舞蹈史与民族舞蹈学研究的联通共洽”、茅慧“中国古代舞史研究的掘进向度”，腾讯会议最高在线900人。紧接着，舞蹈研究所又推出了第二季系列讲座，题为“走向当代的舞蹈批评：现状和使命”，力图廓清舞蹈批评在当下应承担的责任和使命。讲座邀请罗斌、刘春、慕羽、仝妍、张萍等活跃的舞评人分别作了题为“理论是舞蹈批评的前置”“舞蹈评论网络化生存的若干方式”“主体间与学科间的交互——漫谈《中国舞蹈批评》”“在学术与现实的张力中：舞蹈批评话语体系的建构”“批评的理性与势位”五场讲座。多名专家从不同角度分别梳理了当代舞蹈批评的现状，对舞蹈批评进行学理性的界定和阐释。每场讲座都吸引数百位听众在线聆听，反映出新生代对舞蹈评论和批评的理论热情。

2020年11月1日，以“疫情·人类命运·舞蹈”为主题的BDA舞蹈论坛（2020）在北京舞蹈学院举行。论坛由北京舞蹈学院与中国舞蹈家协会举办，开设包括青年舞蹈艺术家、演艺制作人、中东欧舞蹈家、中职舞蹈教育、舞蹈编创、博士及研究生等在内的18个分论坛，近千名国内外舞蹈艺术家和关注舞蹈的各界专家学者（其中包括来自全球五大洲20余个国家和地区的70余名专家）共聚云端，一同探讨舞蹈艺术与舞蹈教育对生命、人类社会发展的重要价值及意义。为期三天的论坛采取线上线下相结合、以线上为主的方式，围绕“舞蹈在构建人类命运共同体中发挥的作用”“疫情下的舞者身体表达”“舞蹈的未来和共同发展”“舞蹈教育的反思与前瞻”“舞蹈如何发挥治疗与康复功能”“世界舞蹈研究前沿”等10个议题进行深入探讨，尤其交流了全世界舞蹈人对疫情期间舞蹈表演、创作、教育、理论与传播领域的观察、思考与实践，让人们再次反思舞蹈之于社会和人类的重要价值。

（三）论文和著述

2020年度舞蹈学术的论文和著述的主要议题包括：舞蹈学研究的“中国学派”、新文科建设下的舞蹈学研究、文化研究视阈下的当代舞蹈批评、舞蹈戏剧构作研究、新冠肺炎疫情下的舞蹈现象研究、“线上＋线下”舞蹈混合教学研究、舞蹈综艺及共赏研究、中国舞蹈的跨文化研究、汉代乐舞图像研究、舞剧《永不消逝的电波》创作专题研究、舞剧叙事研究等。此外，在舞蹈史、舞蹈基础理论、舞蹈创作、舞蹈教育、舞蹈文化、舞蹈科学等传统领域的研究也在进一步深耕。

舞蹈史方面的研究成果首推于平的专著《中国舞蹈的原始发生与历史建构》（上海音乐出版社2020年版）。该书以点带面地对中国舞蹈的文化密码进行历史性溯源，是中国舞蹈史研究的一部恢宏力作。《北京舞蹈学院学报》2020年第1期推出的几篇“汉代乐舞图像研究”论文是集中对汉画图像乐舞研究方法论的思考。这几篇文章分别是朱青生的《汉代图像中的乐舞形象研究》、刘冠的《米脂县出土汉画像石中的乐舞百戏与相关图像综述》及郑亚萌的《汉代乐舞研究现状与反思》。刘晓真发表在《艺术评论》2020年第9期上的《史料拓展、史观呈现和历史叙事——基于〈20世纪中国戏剧史〉的史学思考》也是对舞蹈史学方法的思考。

另外几本关于中国现当代舞蹈历程和舞蹈思想史方面的著述包括慕羽的《中国舞蹈批评》（上海音乐出版社2020年版），该书通过追溯与中国舞蹈创作历程相依存的舞评文本，探索中国舞蹈批评的“文脉”，力求建构中国舞蹈批评的史实语境。同时，通过对中国舞蹈批评史上的各类文本、事象进行分析、阐释和评价，从而对中国舞蹈批评现状和未来发展进行学理性的总结与展望，是对中国舞蹈批评历史和现状的系统性研究。江东的《舞人纪：绰约舞芳华》（北京时代华文书局2020年版）通过对

“舞”与“人”以及不同“舞人”与“舞作”的考察，为重新审视中国当代舞蹈艺术风貌提供了一个新的思路。江东主编的《中国舞蹈走过七十年》（文化艺术出版社 2020 年版）是对现当代中国舞蹈研究资料的一种记录和补充。全书共分四编，收录了中国艺术研究院舞蹈研究所在中华人民共和国成立 70 周年之际举办的若干场重要学术活动纪要，包括中国舞蹈 70 年“名家五人谈”系列学术论坛、“习近平总书记‘三大体系’与中国舞蹈学的建设”、“全国青年舞蹈学者思想交流工作坊纪实”、“林怀民艺术研讨会”等。仝妍的新书《时代嬗变的身体言说——当代中国舞蹈发展的文化思考》（上海音乐出版社 2020 年版）是一本关于中国舞蹈发展特征、内涵及问题的理论、评论文集，也是作者对当代舞蹈的观察和思考。

针对新媒体舞蹈创作的研究，有刘春的文章《向前走与往后看——当下数字表演和表演艺术的数字化》①，该文聚焦数字表演，探讨人与数字环境如何相处、表演艺术的数字化如何存储现场、保留身体记忆，如何重新连接新的观众与剧场等问题；《舞蹈在线的观演转向与理论任务》② 则提出在疫情管控常态化的情境下，对于舞蹈观演的讨论不再是物理空间和虚拟空间的界限，而是观演方式在影像连接的条件下有何改变，是否能够带来更为丰富的感知，作品本身的内容是否可以充分延展，作品质量是否经得住网络与现场的双重考验等。对于舞蹈与跨媒介的研究，田湉的《数字交互舞蹈的编舞原则及其身体策略》③ 以跨学科的实践为案例，探讨数字环境与物理身体的共生关系，以及媒介化身体之上的编舞规律。作者认为，这既是数字技术的参与，也是身体图式的重构。李佼佼的《跨界艺术的全球化互动与审美在地化生成——香港跳格国际舞蹈影像节成长观察》④ 将跳格舞蹈影像节作为相互依赖的复杂网络，探寻如何建立与全球语境的对话、传播、互利机制，在全球的文化空间中，寻找本土生存与审美价值的支点。张一可的《论媒介变迁语境下的舞蹈编创》从媒介逻辑、媒介文化与媒介技术的变化对舞蹈编创活动的影响来论证媒介的变化对舞蹈编创的影响。

结　语

2020 年是一个舞蹈活动火爆的特殊年份，因疫情而催生的上述各种新的舞蹈现象和问题十分值得思考。“方舱舞蹈”“云舞蹈”“线上论坛”“舞蹈风暴”等各种年度网络热词及各个舞蹈社群的网上活动，带来了新的艺术创造和新的商业机会，促使舞蹈的生产机制和权利关系发生改变，开拓了舞蹈新的话语空间，也影响了舞蹈行业的格局。舞蹈与大众的关系，舞蹈与媒介的关系、舞蹈与时代的关系都需要重新进行考量和深入思考。在这种新的情境之下，专业舞蹈圈子或许首先需要站在一个关乎人类命运的制高点上去发问：舞蹈在疫情中如此耀眼、如此激情地现身，是否在试图唤醒我们因为日常循规蹈矩而沉睡已久的身体？被舞蹈所中介化的生命形式，是否蕴含着某种超越和改变的可能？同时，在党和政府倡导文化自信、倡导中华优秀传统文化的当代创新的伟大时代里，舞蹈人有义务去思考如何以舞蹈来呼应人民生活的需要和当下时代的需要。我们如何在舞蹈上体现对当代的理解、对创新的把握？这些是艺术问题，同时也是学术问题，有待舞蹈从业者在新的一年去做更深入的思考和探索。

茅慧　中国艺术研究院舞蹈研究所研究员
卿青　刘春　刘晓真　中国艺术研究院舞蹈研究所副研究员
廖燕飞　毛雅琛　中国艺术研究院舞蹈研究所助理研究员

① 刘春：《向前走与往后看——当下数字表演和表演艺术的数字化》，《中国艺术报》2020 年 12 月 21 日。
② 刘春：《舞蹈在线的观演转向与理论任务》，《首都舞苑》2020 年 12 月 25 日。
③ 田湉：《数字交互舞蹈的编舞原则及其身体策略》，《北京舞蹈学院学报》2020 年第 6 期。
④ 李佼佼：《跨界艺术的全球化互动与审美在地化生成——香港跳格国际舞蹈影像节成长观察》，《北京舞蹈学院学报》2020 年第 6 期。

2020 年中国舞蹈热点现象述评

◎ 唐白晶

经历了 2020 年这个特殊的年份，盘点中国舞蹈热点现象，新冠肺炎疫情下的舞蹈在创作、教育、学术交流以及学科发展方面都有突出的转变，舞蹈演出、教学、论坛快速步入“云端”。中国舞蹈史的重新检视和提问受到关注，中国舞剧的新气象和新理念、中国舞蹈批评的新视野和新方法、非遗传统舞蹈的新焦点和新思考、“新文科”建设视阈中的舞蹈跨界融合等现象成为学界关注的热点。虽然疫情阻挡了人们的脚步、阻隔了人们的交往，但是中国的舞蹈人团结一心、砥砺前行，在“云端”舞蹈，在“线上”相聚，众志成城“以舞抗疫”，收获了丰硕的学术成果，推动了中国舞蹈全方位、多元化的发展。

一、舞蹈演出、教学、论坛全面步入“云端”

2020 年突如其来的新冠肺炎疫情肆虐全球，对我们的生活产生了极大的影响，尤其是舞蹈演艺市场方面，犹如经历了一场“寒冬”。据北京天桥艺术中心负责人介绍道，截至 2020 年 5 月，在已取消（包括延期演出）的 214 场剧目中，舞蹈项目有 10 个（30 场）左右。这对本就不景气、尚处于起步阶段的舞蹈演出市场来说，更令人担忧，因为很多人受疫情的影响无法像往常那样能够毫无压力地买票走入剧场。[①] 另外，对于独立舞者运营的舞团来说，受到全球疫情的影响，国内外的演出基本停滞，资金的断流是大部分舞蹈制作人面临的最大困难。但是，在疫情暴发后，大多数的国内院团、院校以及舞蹈家们面对这些困难，纷纷转战“线上”，积极发挥舞蹈的宣传功能，向社会传递爱和美的力量，涌现了一批讴歌抗疫的舞蹈作品，例如：《到那时》（国家大剧院）、《口罩》（北京歌剧舞剧院）、《在一起》《妈妈我等你》《手・护》（北京舞蹈学院）、《疫・光》（南京艺术学院舞蹈学院）、《逆行》（山东青年政治学院）、《自观》（陶身体剧场）、《曙光》（武帅）、《武汉，你好》（刘芳、曾明）、《默》（高艳津子）等。在这类作品中，主要体现了三大艺术类型：“个人体悟”类的作品大多由有经验的艺术家创作，注重表达个性；“赞颂助力”类的作品多由舞蹈院校师生和各级舞蹈家协会文艺工作者创作；“群文娱乐”类的作品通过各类健身舞蹈宣传防疫政策，引导社会防疫……这些以抗疫为主题的舞蹈创作，具有强烈的现实主义风格和鲜明的时代气息。但是，部分作品也出现了质量不佳、内容同质化等现象。[②] 值得一提的是，疫情期间的舞蹈观演模式也发生了转变，文化和旅游部推出 33 部优秀剧目在线观看，抖音、快手、小红书、哔哩哔哩网站等自媒体发布舞蹈视频，“身体超能量工作坊”和“艺术云空间”等线上模式让艺术家与观众之间有了更直观的互动。

在疫情的影响下，舞动治疗和舞蹈心理学等相关领域和学科受到更多的关注。舞蹈在医学上的功能不仅可以让病人在心理上消减对病毒的恐惧，在生理上也可以对病人起到治疗的作用。疫情期间，北京舞蹈学院的舞动心理工作室发起“云舞动”系列公益工作坊，大学生线上舞动团体成为这一突发公共卫生事件心理援助的重要方式之一。温柔教授提出“‘舞医融合’的关键在于将舞蹈作为一种干预手段，用于个体健康机能的提升和一些病患的治疗与康复……‘方舱舞蹈’现象，不仅刷新了人们关于舞蹈价值功能的认知，也给舞蹈医疗健康事业带来诸多启示，需要我们思考‘大健康’理念下加强

---

① 参见曾婕《千磨万击还坚韧——新冠肺炎疫情下的个人舞团》，《舞蹈》2020 年第 4 期。
② 参见孟梦《新冠肺炎疫情主题舞蹈创作现象研究》，《北京舞蹈学院学报》2020 年第 2 期。

舞蹈医疗基础性研究的路径”[①]。有学者关注到高校舞蹈专业的学生在疫情中的身心反应，作为个案参照，“有助于我们进一步从舞蹈专业教育的角度反思非常时期舞蹈人与舞蹈之间的关系，以及如何更加充分发挥舞蹈的疗愈功能”[②]。

疫情的特殊性加速推动了舞蹈“互联网+”的发展模式。一方面，“慕课”（MOOC）这一理念成为高等舞蹈教育的热点话题。慕课是一种大规模开放式的在线课程模式，20 世纪 60 年代“个人计算机与互联网技术结合将产生大规模信息分享效应”的观点孕育而生了“教育资源开放性共享课程设计”。[③]“停课不停学”对舞蹈专业教学具有更大的挑战性，田培培教授认为，传统的舞蹈课堂不会被线上舞蹈课堂所替代，但是这次疫情带来的教学挑战也为舞蹈教育的“互联网+”发展提供了新的机会。这场史无前例的教学“时空迁徙”和教学模式的转向，预示着未来的舞蹈教学将会形成“线上＋线下”的互补模式，也暗示了当下“互联网＋舞蹈教育”的实践与理论研究的重要性。[④]但是，由于舞蹈学科具有直观性、实践性和情感性的特点，网络教学也存在一定的局限性。虽然我们已经处在了互联网的时代，但是在舞蹈学科的教学方式选择上，高质量的舞蹈教学应该要坚持以传统课堂面授为主的基本理念，教学手段上可以充分结合在线教学的优势，推行“线上＋线下”的教学法，构建一套新型的舞蹈教育模式。[⑤]另一方面，线上的舞蹈学术交流、论坛、讲座在疫情期间破除了传统学术活动时间和空间的局限性，具有受众面广、学习时间灵活、教学手段丰富等多种优势。中国舞蹈家协会“慕课”平台推出了数目众多的高质量公益课堂，以及“舞聚云端”的访谈节目打造了一张“网络圆桌”，借“云端”平台将几乎所有舞蹈界各领域的代表人物会聚一堂，与线下的观众积极互动。

北京舞蹈学院的 BDA（舞蹈论坛）以“疫情·人类命运·舞蹈”为主题，通过“线上＋线下”相结合的方式进行，围绕“舞蹈在构建人类命运共同体中发挥的作用”“疫情下的舞者身体表达”“舞蹈的未来和共同发展”“舞蹈教育的反思与前瞻”“舞蹈如何发挥治疗与康复功能”等 10 个议题进行深入研讨。北京舞蹈学院党委书记巴图提出：“在疫情面前，艺术非但没有‘失语’，反而以各种创造性的表达，探究未知，抚慰心灵，提振精神，激发意志，彰显艺术在疫情变局中构建命运共同体的独特价值。”[⑥]于平教授强调：“我们现在讨论的问题，并非针对于舞蹈对某种疾病的康复功能，而是在思考舞蹈如何在构建人类命运共同体当中发挥作用，理解‘人类命运共同体’不能脱离地球这个人类共同的家园。”[⑦]

二、中国舞蹈史的重新检视和提问

2020 年是中国艺术研究院舞蹈研究所成立 40 周年，舞研所以“重访中国舞蹈史”为题举办了 5 场线上的系列讲座[⑧]，对过去舞研所引以为荣的中国舞蹈史成果进行一次梳理和反思。卿青研究员认为“重访，是一种连接，关乎如何重回历史现场以及历史如何以新的姿态在当下现身。重访中国舞蹈史，是对中国舞蹈史的材料、方法和研究框架的重新检视和提问”[⑨]，是促进舞蹈学的学科进步和成长的必

---

① 温柔：《“方舱舞蹈”现象与舞蹈医疗健康研究》，《北京舞蹈学院学报》2020 年第 2 期。

② 兰天文：《舞蹈生在新冠肺炎疫情下的身心反应探析》，《北京舞蹈学院学报》2020 年第 5 期。

③ 孟梦：《MOOC：高等舞蹈教育的又一个机遇？——由“停课不停学”现象所引发的思考》，《舞蹈》2020 年第 3 期。

④ 参见田培培《“停课不停学”的挑战与机遇——基于“互联网＋”舞蹈实践课程的案例研究》，《舞蹈》2020 年第 3 期。

⑤ 参见亓雯《网络舞蹈教学存在问题及解决对策探析——基于“新冠疫情”期间在线学习效果的调查分析》，《舞蹈》2020 年第 3 期。

⑥ 巴图：《关于疫情时期艺术院校教育责任和教学形态的探索》，《艺术教育》2021 年第 1 期。

⑦ 于平：《人类命运共同体与舞蹈文化多样性》，微信公众号：北京舞蹈学院，2021 年 1 月 13 日。

⑧ 分别为：《中国当代舞蹈史研究中的若干问题》（冯双白）、《中国近现代的舞蹈复兴》（郑慧慧）、《被“遮蔽”的历史——人类学视角下的舞蹈史修撰》（刘晓真）、《古代舞蹈史与民族舞蹈学研究的联通共洽》（于平）、《中国古代舞蹈史研究的掘进向度》（茅慧）。

⑨ 冯双白：《中国当代舞蹈史研究中的若干问题——兼谈现实题材舞蹈创作》，《舞蹈》2021 年第 1 期。

要手段。冯双白、郑慧慧、刘晓真、于平、茅慧5名研究员分别从中国当代舞蹈史、中国近现代舞蹈史、人类学视角下的舞蹈史、古代舞蹈史与民族舞蹈学以及中国古代舞蹈史方面的研究进行重新检视和提问。

中国当代舞蹈史研究的责任、义务和使命是什么？冯双白认为，舞蹈研究者应该高度重视对舞蹈史的研究应揭示社会、经济、文化、艺术思潮等条件制约下中国当代舞蹈长期、纵向的历史线索，以及揭示艺术历史现象背后复杂和深刻的关系。即“应综合所有相关因素从整体上把握历史，在历史时间长轴的演进中寻找历史发展的主线，解开当代舞蹈历史发展之谜”①。除此之外，还应该重视从艺术心理学的角度深入揭示舞蹈创作者的经历、心理、性格、天性等，这些因素对于深入研究创作者和作品之间的深刻联系意义重大，不仅可以揭示舞蹈艺术产生的最底层逻辑和动力，而且可以揭示整个舞蹈历史发展的动力源头，为中国当代舞蹈史的研究开阔了视野和新的领域。冯双白强调：“当代舞蹈史是从中华传统文化纵深处走来的鲜活创造史，也是一部由中外舞蹈艺术交流碰撞而精彩纷呈的历史。深入研究中华舞蹈史的文脉与当代舞蹈史的关系……从而在古代与现代的艺术历史坐标系里确认当代舞蹈史的历史成因和历史地位，才能真正把握未来舞史的发展方向。”②

于平教授提出：“古代舞蹈史与民族舞蹈学研究的联通共洽，不只是舞史治学方法的一种倡导，更是舞史研究沉积的一个钩沉。在某种意义上，这不是舞史研究‘三重证据法’的所指，它仍是一种‘二重证据法’——只是区别于王国维所指的文献与文物互证的‘二重证据法’，是‘历史文献’与‘活态生活’相互比照、互相印证的方法。”③他于2020年出版的《中国舞蹈的原始发生与历史建构》④，对中国舞蹈原始发生的正本清源、中国舞蹈历史演进的来龙去脉、中国舞蹈文化精神的撷英拾萃以及中国舞蹈风姿流韵的管窥蠡测等内容做了深入、详尽的研究，不仅对中国舞蹈原始发生的考索有许多重大的突破，而且对中国古代舞蹈史的研究方法有深度探索，为深入了解并掌握中国舞蹈的文化底蕴及其历史建构提供了新视野，为中国的民族舞蹈学学科建设提供了坚实的理论基础。

在中国舞蹈史的研究方面，2020年《北京舞蹈学院学报》策划的专题“汉代乐舞图像研究”⑤“先秦舞蹈史研究”⑥值得关注，众多学者对于舞蹈史的研究依然遵循着“二重证据法”——考古实物和历史文献。朱青生教授认为，汉画像作为一种图像材料，“既不是文字语言类的‘文献’，也不是‘实物’以及人类活动遗留的痕迹和位置。这就构成了‘图—词—物’三者并存的数据结构，研究可以使用历史学—考古学—艺术史方法三头并举地进行。也就是说，今天对古代的事实和文化进行研究，包括一些特殊领域的研究，比如乐舞研究，都不大能单纯地以文献的考证或者实物的考古、图像的考辨来单独完成，应该三者结合起来推进”⑦。无论是考古实物（汉画像）的图像研究，还是先秦舞蹈史的历史文献研究，都具有局限性。在研究过程中，研究者想利用现有材料了解和恢复更多的古代乐舞情况，但牵强附会和演绎就不可避免地由此而出。而我们也不能因此否定所有材料的可靠性及真实性而使得研究无法推进。因此，在展开研究之前有必要重新审视这些用以研究的材料，廓清所有可使用的材料的范围，反思这些材料的性质和目的。更重要的是，我们应该明确“舞蹈史的研究主要应该是舞蹈民族

① 冯双白：《中国当代舞蹈史研究中的若干问题——兼谈现实题材舞蹈创作》，《舞蹈》2021年第1期。
② 冯双白：《中国当代舞蹈史研究中的若干问题——兼谈现实题材舞蹈创作》，《舞蹈》2021年第1期。
③ 于平：《古代舞蹈史与民族舞蹈学研究的联通共洽（下）》，《民族艺术研究》2021年第2期。
④ 于平：《中国舞蹈的原始发生与历史建构》，上海音乐出版社2020年版。
⑤ 参见朱青生《汉代图像中的乐舞形象研究》，《北京舞蹈学院学报》2020年第1期；刘冠《米脂县出土汉画像石中的乐舞百戏与相关图像综述》，《北京舞蹈学院学报》2020年第1期；郑亚萌《汉代乐舞研究现状与反思》，《北京舞蹈学院学报》2020年第1期。
⑥ 参见李韶华《战争与舞蹈：〈牧誓〉“步伐止齐”问题再思考》，《北京舞蹈学院学报》2020年第5期；岳音《先秦“舞雩”祭祀求雨仪式探考》，《北京舞蹈学院学报》2020年第5期；柳湘瑜、郑杰文《万舞源于生殖崇拜考》，《北京舞蹈学院学报》2020年第5期。
⑦ 朱青生：《汉代图像中的乐舞形象研究》，《北京舞蹈学院学报》2020年第1期。

意识的研究；舞蹈史的研究应该是置身于人类学、民俗学、社会学之中的跨学科研究”[①]。

除此之外，2020年的中国舞蹈史研究对于敦煌乐舞的关注值得一提。国家社科基金艺术学立项了“百年敦煌石窟乐舞艺术活态创演研究”（邓小娟，一般项目）、“初唐329窟敦煌壁画中伎乐飞天艺术形象的当代应用价值理论研究”（赵乔，青年项目）。《艺术评论》策划了专题“敦煌乐舞研究方法与研究理念的拓展”[②]，朱晓峰指出，敦煌乐舞研究在宏观上看主要分为图像与文献两部分。首先，图像是研究有序进行的关键；其次，文献是研究深度的保证。所以，研究敦煌乐舞不仅需要结合敦煌的文献、画稿对河西走廊区域进行音乐文化的考证，还需要不断地完成对不同时代的敦煌石窟乐舞图像的统计整理，以及对不同类型的乐舞图像进行归类、分析，还得探究佛教与乐舞之间的关系，同时更需要进行“中原—河西走廊—西域”乐舞文化的交流、传播的全面研究。敦煌乐舞研究在实践方面特别需要从石窟的历史文献、音乐和考古等方面做更深层次的综合性研究。“如果仅停留在‘以石窟说石窟’抑或‘以图像说图像’的阶段，可能无法实现其真正的学术价值。‘从石窟中来，到石窟中去’才是探寻敦煌乐舞最根本的方法论。”[③] 除此之外，2020年度的敦煌乐舞研究从舞蹈史到舞蹈创作“理论与实践”的结合均有成果涌现。慕羽教授和仝妍教授均关注到舞剧《丝路花雨》与敦煌舞的研究，在《丝路花雨》首演40周年之际，慕羽认为“以敦煌为题材的舞蹈创作本身就是‘跨文化’传播”[④]，仝妍认为“‘敦煌舞’……以传统舞蹈审美回归的现代性体验呈现出延续中的历史复现”[⑤]。

2020年度中国舞蹈史的研究硕果累累，这或许与疫情的影响也有关系，当人们隔离在家，沉下心来研读历史文献、“经史子集”时，中国舞蹈史的新视野、新方法、新成果才能不断涌现，不仅舞蹈界的专家进行了中国舞蹈史重访的文化自觉，考古学、文化学、历史学的学者也开始进入中国舞蹈史的研究中，这也促进了中国舞蹈史研究的进步。

三、中国舞剧的新气象和新理念

2020年9月，第十二届中国舞蹈“荷花奖”舞剧评奖的8部[⑥]舞剧中，《骑兵》《朱自清》《石榴花开》《红旗》《努力餐》5部作品荣获“荷花奖”舞剧奖。这些舞剧作品聚焦现实题材和革命历史题材，讴歌革命烈士的英勇事迹，挖掘鲜活的人物形象，采用多线叙事和跨界融合的艺术表达，传承发展中华传统文化，具有独特的艺术审美价值，展现了家国情怀和民族气节。其中，舞剧《骑兵》作为文化和旅游部“庆祝中国共产党成立100周年舞台艺术精品创作工程”重点扶持作品，被誉为“我国舞剧创作在新时代新十年的‘新亮相’和‘新标高’”。这部剧的成功主要表现在以下几点：第一，表现具有鲜明性格的人，特别是表现在成长中人格境界不断提升的人；第二，典型人物的性格成长历程是舞剧创作的情节构成，情节的情思节点是性格成长历程的要点和亮点；第三，情节构成的完整性既是由人物性格的成长历程所决定，也是舞剧叙事形式感建构的必然要求；第四，舞剧的“高潮”需要有持续的“涌波”来助力；第五，作为舞剧高潮的“人马双人舞”，不仅创新了舞蹈形象，更创新了舞蹈创编理念；第六，恰到好处地运用了现实空间和心理空间。[⑦] 舞剧《朱自清》主要的亮点在于，“通过倒

---

① 于平：《中国舞蹈的原始发生与历史建构》，上海音乐出版社2020年版，第1页。

② 参见孙茂利《关注·敦煌乐舞研究方法与研究理念的拓展》，《艺术评论》2020年第1期；朱晓峰《解读敦煌乐舞——敦煌乐舞研究方法之讨论》，《艺术评论》2020年第1期；刘晓伟《胡旋：从粟特乐舞到宫廷燕乐》，《艺术评论》2020年第1期；温和《从敦煌壁画中的弯琴形象看凤首箜篌的传播》，《艺术评论》2020年第1期。

③ 朱晓峰：《解读敦煌乐舞——敦煌乐舞研究方法之讨论》，《艺术评论》2020年第1期。

④ 慕羽：《在世界语境中讲好中国故事——以敦煌题材的舞蹈创作为例》，《民族艺术研究》2020年第2期。

⑤ 仝妍：《延续中的历史复现：传统舞蹈审美回归的现代性体验——写在〈丝路花雨〉首演40周年之际》，《艺术评论》2020年第1期。

⑥ 8部舞剧分别是：《川藏·茶马古道》《浩然铁军》《红旗》《骑兵》《努力餐》《彩虹之路》《石榴花开》《朱自清》。

⑦ 参见于平《在中国共产党领导的旗帜下奋勇前进——内蒙古艺术剧院大型舞剧〈骑兵〉观后》，《中国艺术报》2021年2月10日。

叙的方式和多重的形象营造出朱自清先生在不同境遇下的人生变化。总导演刘小荷、张帝莎告别传统的模式化人物塑造，另辟蹊径地将朱自清进行了‘角色化’的艺术处理……观众对于欣赏这类侧重对内心世界进行刻画的作品更像是参与一种浸入式舞台戏剧表演，心理情感的变化在一招一式间显露，而作品将朱自清散文与舞蹈结合来建构人物形象的方式可称新颖别致……舞剧对于心理描写的巧妙编排运用堪称对现当代文学名著的一次‘身体语言’探索”①。舞剧创作者们越来越清晰地认识到，中国舞剧不仅要讲故事，讲好故事，更要学会讲好中国故事。中国的民族舞剧植根于伟大的时代和人民生活的丰厚土壤中，舞剧创作更应该广采博收，应该加强艺术性和人民性，这样才能不断满足人民日益丰富的精神文化生活的需求。

2020年10月2日《人民日报》第8版副刊以头条位置刊发了中国舞蹈家协会主席冯双白的文章《中国舞剧在创新中绽放无穷魅力》②。中华人民共和国成立以来，大约生产了1200部舞剧，特别是改革开放40年来，在党的十八大之后，中国的舞剧创作涌现了一批优秀的经典剧目，形成了中国特色民族舞剧迭出的现象，但是目前仍然没有建立起一套完整的舞剧体系，为当下及日后的中国舞剧创作提供规范与指导。于平教授多年来持续关注中国舞剧的发展规律，2020年度他发表论文对苏联时期的舞剧学理进行梳理，从米哈伊尔·福金、乔治·诺维尔到罗·扎哈洛夫、维克多·万斯洛夫等人的舞剧观都有研究，认为“了解苏联时期舞剧学理的建构，并进而了解当代俄罗斯舞剧学理的探索，对于我国进入新时代的舞剧创作和舞剧学理建构，不仅是必要的而且是迫切的”③。同时，他还出版了《舞剧构思文学表达教程》④，对舞剧剧本和舞剧剧评进行梳理，归纳了新的教程范式，论及舞剧构思的基本要求、故事要素与情节要素、人物设定及其关系构成、结构层次和结构骨架的问题，再次强调从舞剧剧评入手分析舞剧构思，同时提供了业界专家、学者的舞剧构思文学表达作为范型以资学习借鉴。

在以“面向与转向：中国舞剧创作观念、道路与问题探究”为主题的2020中国舞蹈高峰论坛暨中国舞蹈“荷花奖”舞剧论坛中，于平教授提出“‘视觉格式塔’的理念是中国近年来舞剧叙事理念的重要开拓与建构——此前赵明的《霸王别姬》、张继钢的《千手观音》、杨笑阳的《铁道游击队》、韩真和周莉亚的《永不消逝的电波》对此都有重要的探索和重大的推进，何燕敏的《骑兵》则提示我们应当更加自觉地关注这一舞剧叙事方式”⑤。张萍研究员从当代中国舞剧体系建构的核心问题入手，认为“呈现出新的审美转向，某种意义上体现着舞剧创作与时俱进的进步观。突出表现为围绕着中国故事、中国价值、中国形象、中国精神四位一体的高阶美学目标的设定，重塑当代中国舞剧的价值体系……舞剧体系化建设的核心是舞蹈体系的建构，目前其核心载体总体的深耕力度不够，作为舞剧艺术的四个支点时间、空间、视觉、听觉，现在更多侧重于空间和视觉两个支点上，对于时间和听觉的研发仍显匮乏，中国舞剧的体系建构仍前路修远”⑥。许锐教授指出：“中国舞剧当中有着强烈的主题立意和价值判断，它不同于西方观念中的纯个性表达，但这本质上是中国‘文以载道’这一文化传统的体现，其正是中国文化的特性所在，也是我国舞剧于世界舞坛乃至文化而言的独特面貌与启发性所在。”⑦ 同时，他还提出中国舞剧的创作是“国家导向下的集体攻关”，是“命题创作下的艺术创新”。对应这一观点，2020年的中国舞剧创作主要体现出“限制下的艺术创新”：2020年是脱贫攻坚的决胜之年，中央芭蕾

① 谢锦玉：《栉风沐雨二十载，凝心共铸荷花魂——第十二届中国舞蹈“荷花奖”舞剧评奖综述》，《舞蹈》2020年第6期。

② 冯双白：《中国舞剧在创新中绽放无穷魅力》，《人民日报》2020年10月2日，第8版。

③ 于平：《苏联时期舞剧学理的探索与建构（下）——从乔治·诺维尔到维克多·万斯洛夫》，《民族艺术研究》2020年第4期。

④ 参见于平、邱宇编著《舞剧构思文学表达教程》，上海音乐出版社2020年版。

⑤ 于平：《“视觉格式塔”叙事理念中的舞剧〈骑兵〉》，《艺术评论》2020年第10期。

⑥⑦ 王洁琼：《求索中国舞剧的桃花源——2020中国舞蹈高峰论坛暨中国舞蹈“荷花奖”舞剧论坛侧记》，《舞蹈》2020年第6期。

舞团的芭蕾舞剧《花一样开放》、云南省红河哈尼族彝族自治州民族文化工作团的民族舞剧《流芳》、云南省文山壮族苗族自治州民族文化工作团的民族舞剧《幸福花山》等都是表现脱贫攻坚这一时代命题的舞剧作品。《花一样开放》在芭蕾语汇中融入特异舞蹈风格和开拓芭蕾叙事疆域，《流芳》表现拉祜族苦聪人在脱贫攻坚进程中的现实变迁，《幸福花山》彰显文山苗族文化与西畴精神、塑造“当代愚公”形象，这些作品虽然有国家导向和地方需求，但是艺术家通过对生活的悉心观察，依然在其中发挥着巨大的艺术想象力和创造力。中国舞剧有着非常强烈的“讲故事”的审美传统，“叙事性”及“情感性”都是中国舞剧鲜明的审美特征。如何从“讲故事”到“讲好故事”，是我们需要进一步思考的，面对脱贫攻坚这一类题材的创作时，如何解决人物、事件同质化的问题，如何从宣传品迈向艺术品，如何从典型人物的宣传教育作用的发挥走向艺术典型塑造，这些都是创作者需要深入思考的难题。

2021 年是中国共产党成立 100 周年的历史节点，在 2020 年度的舞剧创作中，大量的革命历史题材和现实题材作品，都是肩负着献礼“建党百年”重任的精品艺术创作。除了上面提到的《骑兵》外，还有表现四川革命先驱车耀先感人事迹的《努力餐》，表现“刑场上的婚礼”陈铁军革命事迹的芭蕾舞剧《浩然铁军》，以及“纪念中国人民志愿军抗美援朝出国作战 70 周年”暨展现中华儿女不畏强敌、敢于战斗的《英雄儿女》，具有“主旋律”品格而融入“轻喜剧”因素的《歌唱祖国》等优秀的舞剧作品。罗斌研究员指出：“中国的舞剧创作者不应该认为作品中包蕴意识形态是一种限制或难题，在当下，面向人民创作具有中国当代性的舞剧作品是凸显中国舞剧独特性的关键。”① 冯双白研究员强调：“当下的许多舞剧仅仅停留在讲故事上，创作者需要思考他们在一个又一个故事里面是否肩负了其所应负起的责任？是否起到了‘培根铸魂’的作用？在舞剧创作时，舞剧的编剧或是编导应该询问自己——爱和信念是不是你心中一定要表达的东西？你的故事里包蕴着怎样的精神？这种精神符合社会主义核心价值观吗？这是至关重要的。”②

四、中国舞蹈批评的新视野和新方法

关于舞蹈批评的文章散见的或是集结论文成册的很多，但是对于系统的舞蹈批评方法论、发展史、学术思潮以及学科构建等理论的专著还比较缺乏，2018 年于平、邱宇编著的《舞蹈评论形态分析教程》为中国舞蹈批评的学科教材做了奠基，2020 年慕羽教授出版的《中国舞蹈批评》③ 是第一部系统研究中国舞蹈批评历史和现状的专著，体现出“史论评”的充分整合。在“史”方面，力求“建构”起原初的中国舞蹈批评史实语境；“论”基于“以史带论、史论结合”这一认知，以此进行中国舞蹈批评模式的方法论探讨；“评”则显示出作者“国际视野，立足本土”的写作态度，对中国舞蹈批评史上的各类文本、事象进行分析、阐释和评价，即是对“舞蹈批评的批评”，从而得出对中国舞蹈评现状和未来发展有启迪意义的结论。要建立一个学术体系并形成学科规范，这不是一日之功，需要打造一个稳定成熟、新生力量不断涌现的“学术共同体”。《中国舞蹈批评》的问世，是中国舞蹈批评学迈出的重要一步。

《北京舞蹈学院学报》2020 年策划了专题“新视野 · 新方法：文化研究视阈下的当代舞蹈批评”④，该专题的 3 篇文章在文化研究的理论视阈中均以舞蹈的身体组织形式为基础，分别从审美认同、主体权力与记忆政治等视角对大型音乐舞蹈史诗《东方红》进行批评。在文化研究视阈下，舞蹈不仅是审美的对象或审美诉求的后果，更是特定权力结构的独特表征与文本呈现，其诉诸身体、审美的编码方

①② 王洁琼：《求索中国舞剧的桃花源——2020 中国舞蹈高峰论坛暨中国舞蹈“荷花奖”舞剧论坛侧记》，《舞蹈》2020 年第 6 期。

③ 参见慕羽《中国舞蹈批评》，上海音乐出版社 2020 年版。

④ 参见张素琴《主体叠合与权力转换：大型音乐舞蹈史诗〈东方红〉的身体政治》，《北京舞蹈学院学报》2020 年第 3 期；闫桢桢《身体的记忆政治与文化认同——音乐舞蹈史诗〈东方红〉的审美策略》，《北京舞蹈学院学报》2020 年第 3 期；孙玥《从情感认同到视觉审美——〈东方红〉与〈复兴之路〉的身体组织方式与审美政治效果》，《北京舞蹈学院学报》2020 年第 3 期。

式赋予舞蹈文本更为曲折、隐晦的意识形态内涵，舞蹈的身体组织方式会呈现出与权力结构、审美政治、意识形态诉求的复杂联结，这将大大拓展舞蹈研究与批评的整体理论视域。从文化研究的视阈研究舞蹈，可以提供给当下的舞蹈批评一种新的方法论和学术视野。

2020 年 12 月 19 日，中国艺术研究院舞蹈研究所线上学术讲座第二季“走向当代的舞蹈批评：现状与使命”拉开序幕。罗斌研究员在《理论是舞蹈批评的前置》中提到：舞蹈批评需要理论支撑，舞蹈理论在批评领域要有用武之地；学理是理论的底数，学理建设需要全方位、多层面、多视点的突破；批评的真实性是理论建设的第一要务。[①] 之后，刘春、慕羽、仝妍、张萍等人在辞旧迎新之际，纷纷从不同角度对舞蹈批评的现状和使命做了讲座，因此，中国舞蹈批评的新视野和新方法的关注热点，在 2021 年年初还在持续中。

2019 年时，仝妍教授提出：“将舞蹈批评理性的、个性的视角介入当代舞蹈发展实践的历史书写的学术意识和现实行为是存在的，但是将其系统化、整体化、宏观化，真正使‘史’与‘论’相融合，进而为中国当代舞蹈发展实践背书，成为学科建设与完善的重要内容。”[②] 2020 年的上述成果可以成为中国舞蹈批评学科有分量的奠基之作，希望更多的学者像他们那样，投入更多的精力，致力于中国舞蹈批评的学科构建。

五、非遗传统舞蹈的新焦点和新思考

近些年，有关非遗传统舞蹈研究的热度一直持续着。2020 年 12 月 26 日，中国艺术研究院舞蹈研究所与浙江师范大学主办了第二届非遗传统舞蹈保护研讨会。会议围绕“传统舞蹈的传承途径与方法”“传统舞蹈进校园的实践与反思”以及“传统舞蹈如何进行活态传承”3 个议题进行研讨。在非遗保护工作中，将“民间舞蹈”变更为“传统舞蹈”的事已经过去几年了，对于非遗传统舞蹈的定义一直含混不清。吴露生研究员发表《“传统舞蹈”的阐释与旨向辨析》，认为：“‘传统舞蹈’的当代界定应是：世代相传，在相关地域承续至今已有百年以上，根脉清晰，谱系明确，尚存活态表现形式与传承人，属于传统文化遗产的一种舞蹈艺术。”[③] 刘青弋研究员以南疆非遗舞蹈保护现状考察为个案，认为非遗舞蹈如何与时俱进，这是非遗舞蹈保护的核心问题、瓶颈问题。“非遗舞蹈的公共空间的建构模式，应该注重自身在当下处于国计民生战略中的生态位，深入地研究自身的结构与功能，在追求文化建设完成和创新之中，全面提升自身的功能，提升应对来自社会以及全球化时代所面临的各种挑战的力量。非遗舞蹈只有能够保障生命存活与发展，才能够真正地活在当下。”[④]

张麟教授提出：“在非遗传统民间舞蹈的保护中，只有关注舞蹈发生的整体机制，关注蕴藏其中的思维、行为方式等精神层面的内容，才能把握非遗传统民间舞蹈的实质；在非遗传统民间舞蹈的资源利用中，要注意区分非遗传统民间舞蹈和非遗传统民间舞蹈资源再利用所产生的舞蹈，明确两者的不同层级与性质。”[⑤] 在非遗传统舞蹈的研究中，学者们带有问题意识，对非遗传统舞蹈的定义、发展机制以及进校园等现状做了阐释和分析，在这一领域的研究中还需要加强对非遗传统舞蹈的理论系统性及学科话语权的构建，在民族学、文化学、非遗研究等跨学科研究中，需要注意舞蹈学本体的学术性和特殊性，面对传承与发展等老生常谈的问题时，需要根据第一手田野调研资料，找到新的解决办法和学术支撑。

---

① 参见罗斌《理论是舞蹈批评的前置》，微信公众号：中国艺术研究院舞蹈研究所，2021 年 1 月 5 日。
② 仝妍：《舞蹈批评与当代舞蹈发展的历史书写》，《艺术评论》2019 年第 4 期。
③ 吴露生：《“传统舞蹈”的阐释与旨向辨析》，《舞蹈》2020 年第 3 期。
④ 刘青弋：《传统舞蹈的公共空间建构及其应对挑战的力量——以南疆非遗舞蹈保护现状考察为个案》，《当代舞蹈艺术研究》2020 年第 1 期。
⑤ 张麟：《非遗传统民间舞蹈的传承与发展之我见》，《当代舞蹈艺术研究》2020 年第 1 期。

六、“新文科”建设视阈中的舞蹈跨界融合

在“新文科”建设的发展趋势下，艺术门类的“打通”越来越频繁，舞蹈的跨界融合也越来越普遍。国家社科基金艺术学一般项目“互联网＋视域下中国舞蹈艺术共享生态圈研究”（田培培，首都师范大学）成功立项，在“互联网＋”的背景下，如何实现中国舞蹈艺术共享生态圈是值得研究的课题。舞蹈与戏曲、戏剧构作的关系日益密切，《北京舞蹈学院学报》策划的专题“媒介与表演：新路径、新视角”①，通过对“戏曲改革”、南戏的伞舞以及日本音乐剧的研究，思考“跨媒介化”“再媒介化”和身体的舞动方式等问题。“舞蹈戏剧构作研究”②，从新型剧场创作中的舞者身体，到安娜·特蕾莎三部极简主义风格的舞蹈作品个案，再到舞剧和戏剧构作之间的关系及两者在中国舞剧创作语境中结合的研究。戏剧构作成为当前创作的一个热点问题，值得被关注。特别是在电视媒体等影响下“大火”的舞蹈类综艺节目《舞蹈风暴》，其2020年的舞蹈作品也加入了戏剧构作的要素，使舞蹈的叙事性、戏剧性和观赏性得到了显著的提高。在当今提倡科技与艺术的融合背景下，科技与舞蹈的融合也有了很大的提升，除了《舞蹈风暴》等综艺节目中使用的高科技手段让舞蹈这一动态的艺术形式有了360度全方位的静态呈现外，多媒体的手段对于舞蹈艺术的创作、教育、宣传等都有积极影响。2021年春节期间，河南电视台的春节联欢晚会作品《唐宫夜宴》火爆“出圈”的现象就是很好的个案。舞蹈的跨界融合在积极推动舞蹈这一艺术门类快速发展的同时，我们更应该意识到关注舞蹈本体的艺术质量是何其重要。“酒香不怕巷子深”的前提条件是“酒香”，面对快节奏的社会生活时，舞蹈人更应该沉下心来致力于舞蹈文化的深挖和促进舞蹈遵从艺术规律的发展，借助于跨界融合的手段，何愁舞蹈艺术“怎得梅花扑鼻香”？

唐白晶　云南省民族艺术研究院副研究员

原载《民族艺术研究》2021年第2期

① 参见郝宇骢、盛亦惠《戏曲的三种身体：“戏改”中的跨媒介化与再媒介化》，《北京舞蹈学院学报》2020年第5期；朱祥虎《戏曲伞舞的艺术三重奏——基于闽南梨园戏、莆仙戏伞砌末表演的考察》，《北京舞蹈学院学报》2020年第5期；陆子惠《以歌舞连接的次元：日本2.5次元音乐剧的表演美学》，《北京舞蹈学院学报》2020年第5期。

② 参见张岩、李亦男《身体与舞蹈戏剧构作》，《北京舞蹈学院学报》2020年第3期；徐婉茹《姬尔美可的极简主义舞蹈及其戏剧构作——从姬尔美可的早期舞蹈作品说起》，《北京舞蹈学院学报》2020年第3期；王盛峰、宋若鹏《戏剧构作在舞剧创作中的运用》，《北京舞蹈学院学报》2020年第3期。

专题

抗击新冠肺炎疫情舞蹈作品创演及主题活动

【概况】

2020年年初，突如其来的新冠肺炎疫情对舞蹈领域的教学、演出、创作等活动产生了冲击和影响。各地的舞蹈从业者及舞蹈院校师生积极行动，以抗击新冠肺炎疫情为主题进行创作和排练，并在各网络平台演出。同时，各地舞蹈家协会及文艺院团积极组织线上教学、展演及访谈等主题活动，在特殊时期以新的形式传播、交流舞蹈艺术。

【手语舞蹈《坚信爱会赢》】

2020年2月2日，由中国文学艺术界联合会、中国电视艺术家协会、中国电影家协会等出品的抗疫主题MV《坚信爱会赢》在多个网络视频平台上线，出品方邀请中国残疾人艺术团团长、《千手观音》领舞邰丽华表演录制了《坚信爱会赢》手语舞蹈版MV，用云端表演的方式传播抗疫力量。

【我的防疫日记街舞直播间】

2020年2月17日至3月29日，由CHUC全国街舞联盟主办的“我的防疫日记街舞直播间”公益活动在线上举行。活动历时42天，42名国内街舞舞者从街舞历史、教学、赛事、舞蹈故事等多个板块出发，以网络和新媒体为平台和载体，推行线上街舞免费公益教学课程，推广和传播街舞文化，微博话题阅读量达4402.1万。该活动也是由中国舞蹈家协会开发建设的舞蹈网络公益课堂“慕课计划”内容之一。

【战“疫”——美育中国·中舞联盟公益大讲堂】

2020年2月18日，由中国文化信息协会、中舞联盟等主办的“战‘疫’——美育中国·中舞联盟公益大讲堂”在网络平台直播。该系列课程设置创作、编导、基训、表演等六大课程内容专题，通过舞蹈表演者、舞蹈学者及舞蹈文化传媒等领域专家的专业指导，帮助舞蹈编创人员在特殊背景下创作出具有时代特色的作品，指导艺术培训机构挖掘潜能，帮助机构走出困境。

【以舞致敬，共同战疫】

2020年3月，湖北省舞蹈家协会微信公众平台以“以舞致敬，共同战疫”为主题，陆续发布20余篇推文，以舞者精神助力抗击新冠肺炎疫情。文章包括转发世界卫生组织发布的新型冠状病毒的防护贴士，普及防护知识，以及舞蹈节目视频等。部分会员一起录制视频《众志成城，迎接春天的舞步》，同步召集全省各文艺院团的30名青年舞者，用云端排练的方式排练手语舞蹈《坚信爱会赢》。相继推出全省各舞蹈单位的线上舞蹈视频20余部，向所有的最美“逆行者”致敬。在疫情防控的关键时期，湖北舞蹈的文艺志愿者开启了线上舞蹈公益课堂，通过抖音等网络平台示范教学、专业讲授。

【现代舞《一次离别》】

2020 年 3 月 2 日，青岛市歌舞剧院舞蹈团创作的现代舞《一次离别》在线上播出。舞蹈由王洋和赵翠凤编导，李壮亮和王平表演。作品再现了医务工作者奔赴抗疫一线之前，与亲人告别时的情景。新冠肺炎疫情期间，青岛市歌舞剧院 6 个团的主创人员通过线下排练、表演、拍摄，线上播出的方式进行作品展示。

【舞蹈短片《大爱无疆》】

2020 年 3 月 4 日，中国驻英国大使馆微信公众号推出伦敦大学金史密斯舞蹈与表演孔子学院师生创作录制的抗疫舞蹈短片《大爱无疆》。作品既以现代舞为依托，又融入剑舞、绸舞、扇舞等中国古典舞身韵，同时也有手舞等舞蹈形式的引入。作品的拍摄场景，均取自伦敦大学金史密斯学院的校园环境，音乐厅、教学主楼、操场、舞蹈教室等师生日常教学生活中的场景出现在画面中。短片由该院的公派教师和志愿者共 10 人表演。

【舞动身心——公益中国】

2020 年 3 月 14 日至 4 月 22 日，由中国舞蹈 / 动作治疗心理咨询师公益团体组织策划的“舞动身心——公益中国”网络系列课程上线。该系列课程探索在新冠肺炎疫情期间个人身体、思维和情感三个维度之间的关系，以及这种关系对人际沟通和社会交往的影响。在课程中，主办方现场连线正在方舱医院工作的四川省援湖北医疗队成员，使网友了解到舞动治疗已经作为一种干预手段运用到治疗环节中。“舞动公益课”介绍，舞蹈 / 动作治疗在医院、学校、社区和企业等众多领域内的个人成长和心理干预与治疗设置中都有广泛应用。

【舞蹈作品《到那时》】

2020 年 4 月 8 日，由国家大剧院出品，青年舞蹈家黎星编舞并主演的舞蹈作品《到那时》在网络平台首发。该作品共分为 4 个篇章：空城、逆行、守夜、拥抱，通过将抗击疫情过程中真实的视频影像片段与舞蹈肢体语言相结合，展现守护生命与城市的逆行者、抢救者、志愿者和守夜人的形象，传递期盼抗疫胜利再次相聚剧场的美好祈愿。

【舞蹈诗《逆行》】

2020 年 4 月 28 日，由山东省文学艺术界联合会、山东青年政治学院编创出品的舞蹈诗《逆行》在山东青年政治学院山青剧院进行“不带观众的首演”，后期在网络播出，时长约 60 分钟。该作品由山东青年政治学院舞蹈学院院长、山东省舞蹈家协会副主席傅小青担任总导演（编导），演员均为山东青年政治学院舞蹈学院师生。作品分为《序》《集结》《秀发》《“疫”场》等 11 个篇章，以一名援助湖北医务工作者为主线，以舞蹈语言再现一家 5 口在战“疫”过程中的经历。

【舞蹈作品《口罩》】

2020 年 5 月 21 日，由北京歌剧舞剧院舞剧团王圳冰编导，罗昱文、蒋林蓉等 12 名舞者表演的舞蹈作品《口罩》在舞蹈中国微信平台推出。作品表现了新冠肺炎疫情期间，人们为了守护生命，戴起口罩保持社交距离的客观现实，也表达了人们渴望交流的愿望。

【舞蹈作品《在一起》《妈妈我等你》】

2020 年 7 月 17 日，由北京舞蹈学院编创的两部抗疫题材舞蹈作品《在一起》和《妈妈我等你》在微信平台推出。这两部作品由许锐担任导演，王亚彬、武帅、邵俊婷等演员创排，用舞蹈的力量向付出努力的一线工作者和坚守防疫的人民群众致敬。

【芭蕾作品《逆风飞翔》】

2020 年 8 月 7 日，中央芭蕾舞团原创交响芭蕾作品《逆风飞翔》在国家大剧院首演。该作品作为中央芭蕾舞团芭蕾精品晚会的节目之一参与演出，通过芭蕾的形式传达出对于生命、信仰和理想坚定不移的信念，作品取材自北京卫视《生命缘・来自武汉的报道》疫情防控特别节目。

【舞剧《向北・行天岸》】

2020 年 8 月 31 日，由北京市朝阳区新时代文明实践中心出品的抗疫题材舞剧《向北・行天岸》在朝阳剧场进行首演。该剧由田少军编剧并执导，舞剧表演艺术家蔡芳担任艺术总监，以抗击新冠肺炎疫情为主线，分为繁华守望者、美丽逆行者、幸福创造者三个篇章，反映疫情暴发后人们面对疫情的思想状态以及现实行为，再现人们在灾难面前共克时艰与疫情斗争的画面。

第十二届中国舞蹈“荷花奖”舞剧奖

【概况】

2020 年 6 月 4 日，中国舞蹈家协会发布《第十二届中国舞蹈“荷花奖”舞剧评奖通知》。经评审委员会初评与复评，共产生 8 个作品入围终评，并于 2020 年 9 月 16 日至 28 日在上海市进行终评汇报演出，最终评选出 5 部作品获该奖项。主办方在网络平台搭建直播间，邀请主创与专家进行对话，观看超过 85 万人次。评选期间，主办方还举办了舞剧论坛等研讨活动。

【舞动长宁・第十二届中国舞蹈“荷花奖”舞剧评奖】

2020 年 9 月 16 日至 28 日，由中国文学艺术界联合会、中共上海市委宣传部、中国舞蹈家协会主办，上海市文化和旅游局、上海市长宁区人民政府、上海市舞蹈家协会等承办的“舞动长宁・第十二届中国舞蹈‘荷花奖’舞剧评奖”在上海市举行。在初审报送的 29 部作品中，有来自 7 个地区 8 家院团的 8 部作品入围终评。经过评审，《骑兵》《朱自清》《石榴花开》《红旗》《努力餐》5 部作品获得第十二届中国舞蹈“荷花奖”舞剧奖。同期，中国舞蹈家协会、上海市长宁区人民政府、上海文广演艺（集团）有限公司的代表签署了 2022—2026 年战略合作协议。

评奖期间，主办方同步举办专家舞蹈讲座和中国舞剧高峰论坛；开设“舞聚云端”直播间，在哔哩哔哩网站、新浪微博等网络平台分享该次入围舞剧作品的片段和创作故事（见《纪事》栏目）；组织舞蹈家走进基层、走进社区，开展艺术导赏活动；实施“艺汇长宁”舞蹈普及公益票计划；邀请中国舞蹈家协会“青年舞蹈人才培育计划”推出的部分作品在上海国际舞蹈中心实验剧场演出。

【2020 中国舞蹈高峰论坛暨中国舞蹈“荷花奖”舞剧论坛】

2020 年 9 月 26 日，由中国舞蹈家协会主办，中国舞蹈家协会理论评论委员会、上海市舞蹈家协会、上海国际舞蹈中心发展基金会等承办的“2020 中国舞蹈高峰论坛暨中国舞蹈‘荷花奖’舞剧论坛”在上海市举行，论坛以“面向与转向：中国舞剧创作观念、道路与问题探究”为主题，与会专家学者就当前舞剧发展中遇到的难题与困惑发表观点和见解。

【观点】面向与转向，“问道”舞剧：记 2020 中国舞蹈高峰论坛暨中国舞蹈“荷花奖”舞剧论坛

◎《上海戏剧》编辑部

局部与整体：舞剧叙事逻辑背后的体系化构建

舞剧叙事与空间建构一直是舞剧研究的焦点之一。围绕舞剧叙事理念、审美转向和中国舞剧体系建构的重要性，与会专家指出，作为探究舞蹈本体新观念的视觉格式塔，当下中国舞剧带有一种空间叙事的思维，在开拓空间叙事可能性上，借助舞美、多媒体技术，采用多种空间并置的手法，将原本

舞台空间从“舞剧叙事的场域”转变为“舞剧叙事的构成”。聚焦于舞蹈本体来探究叙事逻辑，其背后涉及中国舞剧体系建构这一核心问题。自文艺工作座谈会讲话发表以来，舞剧创作出现了在“人民评价、专家评价、市场检验”几个维度上和谐统一的“爆款”。这类作品设定了集中国故事、中国价值、中国形象、中国精神四位一体的高级美学原则，某种程度上建构着中国舞剧的全新价值体系，从而带动了舞剧叙事逻辑的深刻转变，呈现出结构上的深度戏剧化的原则、调度的深度视听化原则、形式的深度技术化原则。上述转向对舞剧艺术的四个支点“时空视听”进行了新的探索，但作为体系化的核心舞蹈语言的深耕仍显不足。

自我与他者：创作者与院团的角色定位

对于舞剧创作实践的深切关注也是本次会议的重点之一。有专家对舞剧创作的外驱力与内驱力进行了深度思考，结合个人实践，剖析创作者的外部环境与自身的内部因素的互生关系。外部环境作为作品产生的土壤，直接决定了作品成色，而编导的创作初心、个人特质以及艺术追求所构成的内驱力，也是创作优秀作品关键所在，二者达到平衡与最优化才是创作者最期望的创作状态。而作为院团，制作人、艺术监制在舞剧创作中的角色定位和作用发挥则是绕不过的话题。文艺院团的工作以演出为中心，这就需要创作的作品“走出去”真正面对市场，同时在艺术制作和生产过程中积极拥抱互联网。除此之外，完善创作团队及创作条件、对创作者给予充分信任、将演员培养作为工作重心，也是院团应履行的责任。

问题与反思：中国舞剧发展面临的问题及世界意义

中国舞剧创作存在哪些现实问题？中国舞剧于世界舞蹈乃至世界文化的意义究竟如何定义？有与会专家指出，中国舞剧的创作已经成为一个世界级的文化现象，它带来的世界影响和意义应是什么值得思考。无论是自主创作还是委托创作，舞蹈艺术家的创新能力不断更迭，而中国舞剧的特质也正在引起国际舞蹈学界的兴趣。同时也有与会专家表示，中国舞剧发展40余年，不少编导已经形成一种固定的比赛思维模式，即为获奖而进行舞剧创作，导致同质化作品越来越多；编导自身创新意识不够，使得作品缺乏时代特质，不能反映时代精神等问题值得探究。

面向与转向：寻找中国舞剧讲好中国故事的理论支撑点

面向谁去探讨中国舞剧？与会者给出的答案是：面向我们所处的这个新时代，从人民的角度和服务人民大众的角度找寻出路，在正确理解“以人民为中心的创作导向”的基础上进行正确表达。在舞剧的走向或面向上，不仅要深度挖掘人性的内在表述，也应该立足中国性、时代性、大众性等诸多表征。舞剧艺术的灵魂只有落于中国精神，才能创造大众喜闻乐见的高峰作品。“天是世界的天，地是中国的地，只有眼睛向着人类最先进的方面注目，同时真诚直面当下中国人的生存现实，我们才能为人类提供中国经验，我们的文艺才能为世界贡献特殊的声响和色彩。”——或许这才是中国舞剧讲好中国故事所要寻找的最好的理论支撑。

原载《上海戏剧》2020年第6期

第十二届中国舞蹈“荷花奖”古典舞奖

【概况】

2020 年 10 月 14 日至 17 日，由中国文学艺术界联合会、中国舞蹈家协会等主办的“第十二届中国舞蹈‘荷花奖’古典舞评奖”在河南省洛阳市举行。该项评奖是 2020 年度中国舞蹈“荷花奖”的重要评选活动，有 17 部古典舞作品进入终评。评选期间，主办方举办了古典舞评奖作品创作引导交流会及中国古典舞研讨会等活动。

【第十二届中国舞蹈“荷花奖”古典舞评奖作品创作引导交流会】

2020 年 7 月 30 日至 8 月 1 日，由中国舞蹈家协会主办的“第十二届中国舞蹈‘荷花奖’古典舞评奖第二次作品创作引导交流会”在北京市举行。继 2019 年 12 月第一次作品创作引导交流会后，17 个古典舞作品入围本次“荷花奖”古典舞终评，其中有 16 个作品的主创人员参加了交流会议。交流会第一阶段介绍了第十二届古典舞评奖工作进展的基本情况，并进行了终评演出顺序的现场抽签。第二阶段为分组交流辅导，专家对入围作品视频进行二次观看，听取编创者对于作品的构思和解读，对作品进行分析、探讨，并给出相应的修改建议。

【第十二届中国舞蹈“荷花奖”古典舞评奖】

2020 年 10 月 14 日至 17 日，由中国文学艺术界联合会、中国舞蹈家协会、中共河南省委宣传部主办的“第十二届中国舞蹈‘荷花奖’古典舞评奖”在河南省洛阳市举行。本届“荷花奖”古典舞评奖收到全国 22 个省、自治区、直辖市的舞蹈家协会团体会员单位和 6 个中直单位以及 2 个新文艺群体的 174 部作品，经过初审，有 17 部作品入围终评。最终《大河三彩》《雨花石的等待》《西施别越》在终评评审中排名于得分榜前三位，获得第十二届中国舞蹈“荷花奖”古典舞奖。

【中国舞蹈“荷花奖”古典舞研讨会】

2020 年 10 月 16 日，由中国舞蹈家协会等单位主办的“中国舞蹈‘荷花奖’古典舞研讨会”在河南省洛阳市举行。中国舞蹈家协会、中国文学艺术界联合会舞蹈艺术中心、《舞蹈》杂志编辑部以及洛阳市文学艺术界联合会等单位成员出席了研讨会。会议以“中国古典舞的过去、现代与未来”为题，与会专家针对中国古典舞的守正与创新问题提出了各自见解，普遍认为中国古典舞的创作最重要的是要回归中国古典舞的精神价值，在守望精神传统的基础上迈向未来之路。

【观点】对中国古典舞创作的一点思考

◎ *唐文娟*

思考一，古典也流行，古典有时尚，古典也传情。一直以来，“以古论古”都是绝大多数古典舞创作的选择，在这些为数众多的古典题材古典舞作品中虽然不乏佳作，却也有一半以上表现出了题材雷同、动作雷同、内容空洞、无病呻吟等问题。笔者并非是要否认古典舞取材古代，而旨在说明舞蹈的表达样式和特点须与时代人文的审美观、价值观、情感观相接轨，做到以古论今、古为今用。历来优秀的古典舞作品，比如《踏歌》《秦俑魂》《俏花旦》《黄河》等，无不在情感、人文与精神层面与当代相契合而产生互动、共鸣，这些作品为观众所喜闻乐见、孜孜相传，亦证明了古典舞不止于专业的高高在上，更可以做到流行、时尚，带给人们美的感受。

思考二，古代题材不是古典舞的唯一和必须选择。前段时间笔者观看了中央芭蕾舞团的现实题材芭蕾舞剧《鹤魂》，既然我们可以用芭蕾这一外来舞种讲述当代中国故事、歌颂当代英雄，那么，中国古典舞更应该也能够讲好中国当代故事，讴歌时代风采。当然，要创作出既反映当代生活又不失古典精神的优秀作品是不容易而且艰辛的，这需要我们勇于探索，切实做到扎根生活，扎根人民，去开拓古典舞创作新的历程，这是时代赋予我们创作者的巨大责任。

思考三，古典舞的创新与发展，要秉持民族价值的体现。创新发展是每一个创作者的追求，但盲目的创新借鉴则让人担忧和不安，有的古代舞作品表达的内容是古代题材，但舞蹈元素与视觉形象却完全是穿着古装跳现代舞，这也许是出于一味追求创新发展、单纯采取现代舞表现的原因。所以说，创新发展一定要有度、要有把握，是要进化、提升而非覆盖、削弱。正如习近平总书记谈及弘扬中华优秀传统文化应当“不忘本来，吸收外来，面向未来”，我们应当在继承传统的基础上吸收外来，倘若照搬应用，古典舞的发展之路只会越走越窄，成为无根之木、无源之水。

原载《舞蹈》2020年第6期

【观点】中国古典风范的时代命题之寻解

◎ 茅慧

在新中国几十年的古典舞创作历程中，积累了相当数量的能够代言该舞种的古典舞代表作品，然而，放眼当下的古典舞新作，相信不少人有同笔者一样的困惑之感。这种困惑就像吃川菜没有麻辣味一样，在当下有些以古典舞名义创作的作品中，我们看不出鲜明的古典舞风格。

当下我们经常提及“守正创新”，而“守正”和“创新”二者又是辩证关系。那么，具体到中国古典舞中，什么才是中国古典舞的“正”？我们又该如何“守”？在中国古典舞的发展史乃至中国舞蹈的创作史上，古典舞的创作绝对占有重要的一席之地，但近些年来正是这部分有缺失。也就是说，我们曾经创作过精彩的作品，却没有对其进一步钻研、发扬就转向了。比如赵青所表演的《长绸舞》、张玉照表演的《醉剑》，包括刘敏表演的《昭君出塞》等，都是非常杰出的古典舞作品，然而近年来的袖、剑类古典舞作品却差强人意，我们对于传统素材缺少再挖掘。所以，中国古典舞的“守正”首先意味着基于当代经验、成绩的进一步发扬光大和丰满。

其次，当代中国古典舞的“守正”还意味着修正和补正。当代中国古典舞的最早建构脱胎于戏曲和武术，这二者是中国古代舞蹈史发展中晚进的存在，明清之后才产生，并且更多体现的是民间的趣味，然而在中国古代舞蹈史中还有大量带有以雅乐、宴乐为代表的带有统治阶级审美趣味的乐舞，包括由西域传入中原后经本土化改造的乐舞，它们仅存于文献、文物之中，还远没有完全、足够地体现于我们的创作和教学之中。或许有部分个人和机构的探索尝试，但还远远不够。正犹如“李唐派”作为当代中国古典舞的创新一样，对于中国古典舞的补正与修正也是一种创新，是更大范畴的对于中国古典舞之以“中国”命名而作为对于传统文化精髓之传承发展的“守正”。

当下的博物馆热折射出人们普遍存在着对于“我从哪里来”的寻根心理和精神诉求，我们应当在创作上予以重视。与此同时，当代中国古典舞的守正更是基于中国古代舞蹈发展经验教训的以史为鉴，倘若当代中国古典舞的创作一味地求新、求变，我们一定会在这一过程中不自觉地迷失自我。

原载《舞蹈》2020 年第 6 期

【观点】中国古典舞的守正和创新

◎ 孔德辛

至今，笔者对于大学编导课的“回课”依旧记忆犹新，当时特别认真地熬了一个通宵之后，第二天回到课堂跳完笔者的舞蹈，老师就给了笔者一句话：“这是我之前看过的，还需要你编吗？”虽然言辞犀利，却也让我清醒而深刻地认识到，作为编导就是要突破固有思维，敢于探索和冒险。而后笔者选择了将创作作为自身的职业，认为自己有这样的胆量去面对未来的挑战。

2019 年创作《彩虹之路》的时候，笔者希望可以在自己《孔子》《关公》《昭君出塞》《驼道》这些同类型的舞剧创作基础上走出舒适区，我觉得这才能让我继续成长。比如在表现张骞离开汉朝的“送行”舞段中，探索如何在对汉唐古典舞的认知基础上，改变身体的发力方式，包括借用汉乐府器乐响板让人物走出自身的节奏，笔者希望可以区别于之前的创作而让观众眼前一亮。

中国古典舞不同于中国古代舞蹈，在创编古典舞时，不一定要表现古代人，它应该是现代人感悟历史的一种体会，比如《黄河》作为中国古典舞的保留剧目，从中我们能感受鲜明的民族精神和力量。正如中国街舞是先有尝试而后才有发展和创新的趋势一样，中国古典舞同样需要不同的尝试。当然，在这一过程之中，仍然需要“守正”，要有意义、有文化内涵，不能胡编乱造。在创作中，我一直告诫自己一定要严谨，一定要尊重历史、尊重文化，这样才能把我们老祖宗的智慧结晶保存下来，一代一代传承。

原载《舞蹈》2020 年第 6 期

作品

【国标舞舞剧《海河红帆》(新版)】

2020年1月7日至8日，由中国国际标准舞总会与天津歌舞剧院推出的新版国标舞舞剧《海河红帆》在北京市演出。《海河红帆》根据作家刘誉作品《锋刃》改编，由“风声之声”“锋刃之刃”两幕及尾声“红帆如瀑”构成。新版《海河红帆》去除了原版中的芭蕾舞部分，以国标舞标准动作与基本套路为主导语汇。该剧由门文元编剧、导演，张寒蕾、王冰、盛晨主演。

【民族舞剧《川藏·茶马古道》】

2020年1月10日，由四川省歌舞剧院创作的民族舞剧《川藏·茶马古道》在四川大剧院首演。该剧是2019年度国家艺术基金资助项目，讲述抗日战争期间在川藏茶马古道上发生的故事，由马东风导演，吴瑜婷编剧，顾磊作曲。

【现代舞《无径之径》】

2020年3月13日至14日，由上海国际舞蹈中心剧场联合英国皇家芭蕾舞团剧院、法国巴黎夏约宫国家剧院、澳大利亚墨尔本艺术中心等7家国际机构联合委约制作的现代舞作品《无径之径》在上海国际舞蹈中心上演，该作品由英国舞蹈家阿卡什·奥德瑞和中国现代舞者胡沈员合作编舞演出。

【芭蕾舞剧《花一样开放》】

2020年9月11日，中央芭蕾舞团原创芭蕾舞剧《花一样开放》在国家大剧院首演。作品讲述了乡村志愿者何琳赴苗乡帮助苗族山村人民开展脱贫致富的故事。该剧由中央芭蕾舞团费波、张镇新担任编导，中央民族歌舞团原团长丁伟担任艺术指导，中央民族大学舞蹈学院教师崔月梅和张林担任苗族舞蹈指导。中央芭蕾舞团马晓东、王晔、邱芸庭等参与演出。

【舞剧《嫦娥之月亮传说》】

2020年9月11日至12日，上海歌剧院原创舞剧《嫦娥之月亮传说》首轮演出在上汽·上海文化广场举行。该剧由马涛编导，谭一梅、宋雨、杨晶晶等主演。这是上海歌剧院舞剧团在三年前创排现实题材作品《早春二月》后推出的一部神话题材舞剧。

【芭蕾舞剧《2020春之祭》】

2020年9月12日至13日，由苏州新时代文体会展集团出品、苏州芭蕾舞团制作的芭蕾舞剧《2020春之祭》在苏州文化艺术中心大剧院首演。演出分为两部分，上半场为舞团艺术总监潘家斌编导的原创作品《一呼一吸》，下半场为美国格伦·泰特利编导的现代芭蕾《春之祭》，也是苏州芭蕾舞团首部版权引进作品。受新冠肺炎疫情影响，创作团队利用跨国线上排演的形式进行排演练习。

【舞剧《红旗》】

2020年9月19日，由吉林市歌舞团文化传媒股份有限公司制作演出的大型原创民族舞剧《红旗》

在上海国际舞蹈中心演出。该剧由王举担任总体设计、总导演，王小燕担任艺术总监、总导演，王铎担任执行总导演，朱彦峰和李继合担任编剧，讲述了吉林红旗汽车厂工人投身并见证中国汽车工业发展的故事。

【古典舞《国色》】

2020年10月11日，北京舞蹈学院中国古典舞系编排的古典舞作品《国色》在第四届“网络青晚”上演。该作品由北京舞蹈学院古典舞系教师胡岩、过节编创，古典舞系2017级学生演出，作品在哔哩哔哩网站同步直播。

【舞剧《流芳》】

2020年10月17日至18日，由中共红河州委宣传部、红河州文化和旅游局出品，红河州民族文化工作团创作演出的脱贫攻坚题材舞剧《流芳》在云南省大剧院首演。该剧由周楚栋担任编剧，张珅担任导演、编舞，李晓慧、罗昱文等主演，以绿春县拉祜寨脱贫故事为蓝本，讲述了驻村扶贫队员到拉祜寨帮助村民们实现整村整族脱贫的故事，全剧分为“关注”“初心”“困境”“圆梦”“流芳”等章节。

【舞剧《歌唱祖国》】

2020年10月20日，由无锡市歌舞剧院（江苏民族舞剧院）创排的大型民族舞剧《歌唱祖国》在无锡市人民大会堂首演。该剧展现无锡籍音乐家王莘创作《歌唱祖国》的心路历程，由王舸导演，杨帆作曲，任冬生担任灯光设计，刘迦、秦熙主演。作品入选2020年江苏省舞台艺术精品创作扶持工程重点投入剧目、庆祝中国共产党成立100周年舞台艺术精品创作工程“百年百部”创作计划剧目。

【舞剧《英雄儿女》】

2020年10月22日至24日，由中国歌剧舞剧院出品的舞剧《英雄儿女》在北京天桥艺术中心上演。该剧是中国歌剧舞剧院为纪念中国人民志愿军抗美援朝出国作战70周年的献礼之作，入选文化和旅游部“庆祝中国共产党成立100周年舞台艺术精品创作工程”重点扶持作品，由许宁、山翀担任总导演，孙富博、山翀主演。该剧以电影《英雄儿女》、巴金的小说《团圆》为蓝本，表现中国人民志愿军抗美援朝的历史情景，汇集独舞、双人舞、群舞等多种舞蹈形态，以古典舞为基础，并融入现代舞、民族民间舞等元素。

【舞剧《岭南秋雨》】

2020年11月27日，广东歌舞剧院创排的舞剧《岭南秋雨》在广东艺术剧院首演。该剧以中国第一代共产党人陈复烈士及岭南画派创始人之一的陈树人等为原型，用舞与剧并重的形式进行创作，由广东歌舞剧院院长熊健任艺术总监，张志任总编导，并与刘鉴联合担任编剧，广东歌舞剧院舞剧团高健、金超、王闵瑞、孙然等多名首席演员及特邀主演李艳超出演。

【舞蹈剧场《Ta 还在我身旁》】

2020 年 11 月 27 日至 28 日，由中国文学艺术基金会、中国文学艺术发展专项基金资助，中国舞蹈家协会主办的“培青计划”驻地艺术家颜荷创作的舞蹈剧场《Ta 还在我身旁》在国家大剧院上演。该作品选取演出市场比较稀缺的老年题材，表现了对社会老龄化问题的关注与思考，以及对老年人生存状态与情感变化的观照。作品参演演员为 8 名平均年龄 62 岁的老人和一名 4 岁的儿童。

【舞蹈诗《城》】

2020 年 12 月 11 日至 12 日，深圳歌剧舞剧院推出的大型原创舞蹈诗《城》在深圳市保利剧院上演。该剧以舞蹈诗的形式和视角，以当代深圳为背景，以深圳经济特区 40 年发展历程为主线，以“路”“海”“山”“人”为核心构建 4 幕内容，由序《拓》、4 个篇章《一条路》《那片海》《有座山》《这群人》和尾声《家》组成，该剧由国家一级编导、深圳歌剧舞剧院院长刘兴范担任总导演，特邀吕梓民、张巍、王文琪、刘桐春、刘晓等艺术家加盟，深圳歌剧舞剧院甄勇刚、陈伟科担任编剧，李晨哲、陈伟科、韩烨、吕程亮、王哲等担任导演。

纪事

展演 · 活动

【第四届中国国际芭蕾演出季】

2020 年 1 月 12 日，“第四届中国国际芭蕾演出季”在北京市闭幕。该演出季从 2019 年 10 月 2 日开始至 2020 年 1 月 12 日结束，上演了 20 台大戏 33 场演出，以及“大师面对面”“艾夫曼舞蹈营”“剧前导赏”“摄影展览”“惠民演出”等公益活动。俄罗斯艾夫曼芭蕾舞团、德国斯图加特芭蕾舞团、莫斯科大剧院芭蕾舞团和中央芭蕾舞团的芭蕾艺术家，向广大观众展现了不同风格和流派的芭蕾作品。

【2020 年全国舞台艺术优秀剧目网络展演】

2020 年 5 月 15 日至 6 月 8 日，文化和旅游部举办 2020 年全国舞台艺术优秀剧目网络展演。展演内容从第十六届“文华大奖”获奖剧目、国家舞台艺术精品创作扶持工程扶持剧目、中国民族歌剧传承发展工程重点扶持剧目等优秀剧目中遴选 22 台剧目参加网络展演。其中，舞剧《天路》《永不消逝的电波》《草原英雄小姐妹》作为舞蹈艺术门类入选。

【芭蕾专场《起点Ⅲ——时间对岸》】

2020 年 5 月 30 日，上海芭蕾舞团推出的原创现代芭蕾专场《起点Ⅲ——时间对岸》在上海国际舞蹈中心大剧场公演。该专场包括芭蕾跨界昆曲新作《浮生一梦》、独幕芭蕾舞剧《青蓝紫》和现代芭蕾《家园的呼唤》。由上海芭蕾舞团吴虎生自编自导自演的《浮生一梦》、吴虎生与青年编导陈琪执导的《青蓝紫》等现代芭蕾作品中的片段通过网络直播的方式与线上观众见面。

【2020 年度国家舞台艺术精品创作扶持工程】

2020 年 6 月 10 日至 16 日，文化和旅游部艺术司公示 2020 年度国家舞台艺术精品创作扶持工程评审结果。其中 2020 年度全国舞台艺术重点创作剧目名录有 25 部入选，舞蹈类作品占 5 部，分别是音乐舞蹈史诗《天山》、舞剧《永不消逝的电波》、民族舞剧《红旗》、舞蹈史诗《黄河》、舞剧《骑兵》。2020 年度国家舞台艺术精品创作扶持工程重点扶持剧目有 10 部入选，舞剧《永不消逝的电波》入选。

【新农村少儿舞蹈美育工程】

2020 年 6 月 29 日，中国舞蹈家协会舞蹈志愿者工作委员会在新浪“一直播”网络平台开展了“新农村少儿舞蹈美育工程”网络直播访谈活动。直播中，中国舞蹈家协会负责人以及来自全国各地的专家回顾了新农村少儿舞蹈美育工程从发端起步、摸索前行到稳定发展的过程，分享了受益于该工程的孩子的成长，并针对该工程新教材的研发、骨干舞蹈志愿者和基层舞蹈志愿者的专业培训、与院校的合作等方面问题展开讨论。

【第二届中国舞蹈艺术大展《56 个民族 56 种舞》】

2020 年 7 月 14 日，北京文化艺术基金 2019 年度资助项目“第二届中国舞蹈艺术大展《56 个民族 56 种舞》”以线上数字展的形式在互联网平台开幕。该展览以线上数字展和新媒体直播两种形式呈现，新媒体直播从 7 月 14 日至 10 月 7 日在互联网平台连续推出 56 个民族文化和舞蹈的视频直播，共计 50 余场，历时 90 天。

【芭蕾晚会《重逢花开时》】

2020 年 7 月 18 日，由哈尔滨市文化广电和旅游局、哈尔滨学院出品，哈尔滨交响乐团与哈尔滨芭蕾舞团、哈尔滨大剧院推出的芭蕾晚会《重逢花开时》在线上首演。该晚会以芭蕾舞与交响乐结合的舞剧乐章形式在线演出，晚会由四名艺术家携手打造，分别是总导演、艺术总监、芭蕾表演艺术家张丹丹，国际华人指挥、哈尔滨交响乐团艺术总监汤沐海，加拿大编导皮特·匡兹，以及中国青年钢琴家陈韵劼。晚会的音乐芭蕾表达了人们因复工复产而重逢的喜悦心情，以及对美好生活充满信念的乐观态度。

【中央芭蕾舞团《芭蕾精品晚会》】

2020 年 8 月 6 日至 7 日，国家大剧院“华彩秋韵”系列开启首场线上舞蹈演出“中央芭蕾舞团《芭蕾精品晚会》”。演出甄选 5 部芭蕾作品:《灰姑娘》第二幕、《古典女子四人舞》选段、《仙女》第二幕、《红色娘子军》第一场的《常青指路》，压轴作品《逆风飞翔》是中央芭蕾舞团抗疫期间全新创作的交响芭蕾作品。来自北京大学第三医院、北京协和医院、北京大学人民医院等医疗机构的援鄂医疗队员，以及北京电视台《生命缘》栏目组的新闻工作者观看了演出。节目还展示了芭蕾舞者台前幕后的训练日常，演示古典芭蕾舞剧的经典动作。

【2020 中国舞蹈家协会首钢园环境舞蹈展演】

2020 年 9 月 19 日至 22 日，由中国文学艺术界联合会、首钢集团、中国舞蹈家协会主办，中国文学艺术界联合会舞蹈艺术中心、首钢园承办的“2020 中国舞蹈家协会首钢园环境舞蹈展演”在北京市首钢园区内举行。该展演采取委约创作与邀请创作相结合的形式，共展出 48 个舞蹈作品，涵盖古典舞、民族民间舞、现代舞、街舞、舞剧片段等多种形式。陶身体剧场作品《棍舞》、谢欣舞蹈剧场现代舞《未·知》、北京现代舞团舞剧《二十四节气·花间十二声》节选、北方昆曲剧院的传统昆曲作品选段《牡丹亭·游园惊梦》等作品参加了展演。

【湖北省第五届群众广场舞线下集中展演】

2020 年 9 月 28 日，由湖北省文化和旅游厅、恩施土家族苗族自治州人民政府主办的“湖北省第五届群众广场舞线下集中展演”在恩施土家族苗族自治州宣恩县举行。参加该活动的团队近 3400 支，参演群众超过 8 万人次，线上、线下观众人数逾 500 万。最终，湖北各市、州、直管市及神农架林区各选拔推荐出 2 件优秀广场舞作品，共计 34 个作品参与全省集中展演和推广。

【舞蹈素质教育公益课堂】

2020 年 9 月 30 日至 10 月 4 日，由中国舞蹈家协会主办、中国文学艺术界联合会舞蹈艺术中心承办的舞蹈素质教育公益课堂《舞蹈素质教育基础训练标准教材（试行）》行业标准水平认证教师课程培训班在北京市举行。在为期 5 天的培训中，来自全国的 60 名一线舞蹈教师接受了“人体结构运动力学在舞蹈教学中的安全运用”“正确认识科学舞蹈教学的重要性”“舞蹈素质教育基础训练标准教材（试行）”等课程的培训。《舞蹈素质教育基础训练标准教材（试行）》是在中国舞蹈家协会指导下研发的一套以身体能力开发与综合素质提升为主要训练方向的基础教材，旨在提升基层单位舞蹈素质教育训练的科学性，帮助舞蹈教育工作者深入了解科学、安全、规范训练的方法和知识，使更多人受益于科学舞蹈教学的安全训练。

【青年舞蹈人才培育计划创作教学实践基地暨创意·新知·传承“阳光课堂”启动仪式】

2020 年 12 月 9 日，由中国舞蹈家协会、北京师范大学推出的“青年舞蹈人才培育计划创作教学实践基地暨创意·新知·传承‘阳光课堂’启动仪式”在北京师范大学举行。中国舞蹈家协会、北京师范大学相关负责人、青年舞蹈家及部分试点学校教师出席启动仪式。北京师范大学艺术与传媒学院作为中国舞蹈家协会青年舞蹈人才培育计划首个高校创作教学实践基地，于 2020 年年初落成。“阳光课堂”面向一线舞蹈教师，提供专业扶持与培养，拓展他们的艺术视野，帮助各地储备优秀的创新型艺术教育人才。

【第二届中国街舞盛典】

2020 年 12 月 16 日，由重庆市文化和旅游发展委员会、中国舞蹈家协会街舞委员会、重庆市江北区人民政府等主办的“第二届中国街舞盛典”在重庆大剧院举行。活动分为“以舞聚力”“以舞塑魂”“以舞为善”和“以舞育人”4 个篇章，颁发“最具影响力舞者”“2020 十大人气舞者”“最佳新锐舞者”“最具影响力舞团”等 15 个荣誉称号，以表彰过去一年为中国街舞行业发展做出贡献的街舞工作者。

比赛

【第八届北京国际标准舞大赛】

2020 年 10 月 8 日，由北京市文学艺术界联合会、北京市大兴区人民政府主办的“国门大兴 炫舞京华——第八届北京国际标准舞大赛”颁奖展演在北京市举行。有 24 个组别近 600 名选手通过线上预选赛，300 名参赛选手入围。大赛邀请国家级和国际级评审组成专家评审团，采用线上线下方式，应用连线国外专家点评等多种形式，对参赛作品进行评审。与此同时，北京市文学艺术界联合会针对国标舞发展等相关议题，开展了系列研讨会。

【第 8 届中国（郑州）国际街舞大赛】

2020 年 10 月 24 日至 26 日，由中共郑州市委宣传部、中国舞蹈家协会街舞委员会全国街舞联盟等指导的“‘美丽郑州·炫舞世界’WDG 第 8 届中国（郑州）国际街舞大赛”在河南省郑州市举行。大赛增设对各单项和团体赛对抗项目以及齐舞项目的奖项，同时保留最具中国风、最具创意奖。比赛共决出少儿组和成人组甩手舞、嘻哈、机械舞、锁舞、霹雳舞舞种的冠亚军奖项，成人组团队斗舞冠亚军奖项，齐舞最具中国风、最佳编创奖项，以及少儿组和成人组齐舞冠亚季军奖项。“第七届中国舞蹈家协会街舞委员会年会暨第五届街舞行业发展论坛”同期举行。

【“小康生活舞起来”2020 年江西省群众舞蹈大赛】

2020 年 11 月 7 日，由江西省文学艺术界联合会、江西广播电视台、江西省扶贫办主办，江西省舞蹈家协会、江西广播电视台都市频道承办的“‘小康生活舞起来’2020 年江西省群众舞蹈大赛”总决赛在江西省南昌市举行。该活动历时 3 个月，江西省 11 个自治区、直辖市 617 支舞蹈团队参赛，经过第一轮网络海选、第二轮 11 场现场淘汰赛和第三轮半决赛评选出的 18 支舞蹈团队参加总决赛。其中，吉安县贝蒂艺术中心、南昌大学青年舞团和九江灵动舞蹈团分别获少儿组、青年组、中老年组冠军。现场参赛选手达 400 余人，观众 2000 余人，各平台直播在线观看累计超过 935 万人次。

会议 · 论坛

【“舞聚云端”舞蹈类系列访谈】

2020年5月4日至8月28日，由中国舞蹈家协会主办，中国文学艺术界联合会舞蹈艺术中心、《舞蹈》杂志承办的“舞聚云端”舞蹈类系列访谈节目在一直播、《光明日报》客户端、中国文艺网在线直播。节目以多人同时亮相云端、直播交流的方式，展开对过去、现在、未来舞蹈话题的讨论，通过“云端聚会”的方式，推介优秀舞蹈人物和舞蹈作品。首期节目以“志愿有我，舞蹈奉献”为主题，中国舞蹈家协会成员、青年舞蹈家、歌舞剧院负责人等嘉宾在节目中结合文艺志愿服务和新冠肺炎疫情期间的抗疫志愿服务经历，展开“青年节之夜”的对谈。

2020年5月9日，“舞聚云端”系列访谈第二期上线直播，访谈以“静待花开，对话舞蹈考级”为主题，邀请中国舞蹈家协会、中国文学艺术界联合会、中国蹈家协会社会舞蹈教育委员会等专家，结合多年来中国舞蹈考级工作展开交流与探讨。

2020年5月16日，“舞聚云端”系列访谈第三期上线直播，主题为“舞蹈市场如何逆流而上？”中国舞蹈家协会、国家大剧院、北京天桥艺术中心等单位舞蹈从业者及舞者参与讨论。

2020年5月22日，“舞聚云端”系列访谈第四期上线直播，主题为“高校集结　答疑助力”，中国舞蹈家协会负责人及北京舞蹈学院、中央民族大学、上海戏剧学院等高校舞蹈教育专家进行相关话题讨论。

2020年6月2日，“舞聚云端”系列访谈第五期上线直播，访谈邀请中国舞蹈家协会负责人及青海省玉树民族歌舞团团长扎西多杰、浙江省舞蹈家协会主席崔巍、上海市舞蹈家协会主席辛丽丽等就“聚焦两会　关注舞蹈人声音”主题展开对话。

2020年6月5日，“舞聚云端”系列访谈第六期上线直播，主题为“上海歌舞团和他《永不消逝的电波》”，中国舞蹈家协会负责人和上海歌舞团《永不消逝的电波》主创团队围绕该舞剧的创作进行了对谈。

2020年6月12日，“舞聚云端”系列访谈第七期上线直播，访谈邀请淡淡、刘迦、胡沈员等青年舞者，围绕“当‘舞蹈’相逢‘选秀’”的话题进行云端讨论，就近年兴起的舞蹈类选秀节目发表观点。

2020年6月19日，“舞聚云端”系列访谈第八期上线直播，主题为“e时代：舞蹈新生命”，中国艺术研究院舞蹈研究所学者、北京舞蹈学院舞蹈教育者及舞蹈文化传播从业者参加了该次访谈。

2020年6月29日，“舞聚云端”系列访谈第九期上线直播，时值北京舞蹈家协会成立40周年，该访谈以“北京舞协　生日快乐”为主题，邀请吕艺生、陈维亚等北京舞蹈家协会部分往届主席及现任理事、成员进行交流。

2020年7月3日，“舞聚云端”系列访谈第十期上线直播，主题为“镜头里的舞蹈世界”，舞蹈摄影师庞大东、王宁、刘海栋、王徐峰、石磊、黄凯迪等做客直播间，展开关于舞蹈摄影的对话。

2020年7月17日，“舞聚云端”系列访谈第十一期举行。节目邀请《舞蹈》《北京舞蹈学院学报》《当代舞蹈艺术研究》的主编和特邀作者进行对谈，话题涉及舞蹈刊物的发展、定位、审稿的要求与难题、舞蹈理论建设以及行业发展的反思。

2020年7月29日，“舞聚云端”系列访谈第十二期上线直播。恰逢第十二届中国舞蹈“荷花奖”古典舞初评帷幕，活动邀请“荷花奖”古典舞评奖的初评评委及历届金奖获得者做客直播间，以历届获奖作品为例，探讨中国古典舞的创作、表演与教学。

2020 年 8 月 16 日，“舞聚云端”系列访谈第十三期上线直播。活动邀请在人才教育、理论研究、表演编创等方面的学者杨美琦、欧建平、高成明、桑吉加、段妮，梳理和探讨现代舞在中国的历史、现状及未来发展趋势。

2020 年 8 月 28 日，“舞聚云端”系列访谈第十四期节目上线直播，访谈以“深扎，在路上”为主题，围绕“深入生活　扎根人民”艺术实践与创作活动的话题，邀请中国舞蹈家协会负责人，以及多次参与“深扎”主题实践活动的舞蹈教育工作者和舞蹈编导，探讨舞蹈人如何更好地继承传统艺术精神，立足当下，以更好的途径和方式让“深扎”走向更深远的问题。

【全国舞蹈家协会工作会（网络会议）】

2020 年 6 月 16 日，“2020 年度全国舞蹈家协会工作会（网络会议）”在北京市举行。中国文学艺术界联合会、中国舞蹈家协会成员参加北京主会场，全国各团体会员单位、5 个单列市舞蹈家协会负责人及相关人员 40 余人参加工作会。会议传达了中国文学艺术界联合会全面从严治党部署会议精神，通报了中国舞蹈家协会 2019 年工作情况，介绍了 2020 年主要工作安排，并就会员管理、“新农村少儿舞蹈美育工程”“全国中小学舞蹈名师工程”及中国文学艺术界联合会舞蹈艺术中心建设等相关工作进行了说明，并发出《关于在常态化疫情防控期间开展文艺创作的倡议》。

【2020 年全国少儿舞蹈发展论坛】

2020 年 8 月 11 日，中国舞蹈家协会、江苏省文学艺术界联合会、中共徐州市委宣传部主办，中国文学艺术界联合会舞蹈艺术中心、中国舞蹈家协会少儿舞蹈委员会、江苏省舞蹈家协会等承办的“2020 全国少儿舞蹈发展论坛”在江苏省徐州市举行。论坛以“少儿舞蹈教育与创作问题的反思与前瞻”为主题，参会的舞蹈学者、舞蹈创作者以及来自全国各地的少儿舞蹈工作者探讨了少儿舞蹈教育与创作存在的问题和发展走向。

【全国街舞联盟常务工作会】

2020 年 8 月 14 日至 15 日，“中国舞蹈家协会街舞委员会（CHUC）全国街舞联盟常务工作会”在北京市举行。CHUC 全国街舞联盟 30 个省、自治区、直辖市的代表，以及澳门特别行政区代表参会，会议围绕教考工作、比赛活动举办、公益活动开展、新教材展示、线上小程序发展、对外商务合作等内容进行了工作汇报总结和未来发展探讨。会议为在疫情期间做出积极贡献的全国 31 个街舞联盟颁发荣誉证书。

【中国国际标准舞总会第三次全国代表大会】

2020 年 10 月 10 日，“中国国际标准舞总会第三次全国代表大会”在北京市举行。中国文学艺术界联合会、中国舞蹈家协会、中国国际标准舞总会相关负责人，以及来自全国各地的 200 余名国际标准舞工作者出席了会议。大会通过了中国国际标准舞总会第二届理事会工作报告、中国国际标准舞总会章程（草案）及修改说明的决议，选举产生了新一届理事会、常务理事会及领导机构。罗斌为理事长，王永刚为秘书长（兼）。吕艺生、季孝明、朱良津受聘为总会顾问，门文元、潘志涛、应萼定、凌桂明为艺术顾问，推举高占祥为总会名誉主席。会议号召全国国标舞工作者团结起来，坚定文化自信，坚守德艺双馨，坚持为人民而舞，为我国国标舞艺术事业的健康发展与繁荣进步做出新的更大贡献。

【第七届中国舞蹈家协会街舞委员会年会暨第五届中国街舞行业发展论坛】

2020年10月25日至26日，由中国舞蹈家协会街舞委员会、河南省文化和旅游厅、中共郑州市委宣传部等主办的“第七届中国舞蹈家协会街舞委员会年会暨第五届中国街舞行业发展论坛”在河南省郑州市举行，参加年会的人员为各省街舞联盟主要负责人。第七届年会主题为“为艺为商　街舞四方”，评选出“街舞行业杰出代表”“最佳街舞公益贡献联盟”“优秀师资教师”等7个奖项。街舞行业发展论坛就街舞新闻报道、相关公益、短视频制作、作品编创、少儿街舞教学体系等话题展开讨论。

【BDA舞蹈论坛（2020）】

2020年11月1日至3日，由北京舞蹈学院、中国舞蹈家协会主办的“BDA舞蹈论坛（2020）”在北京舞蹈学院举行。论坛通过线上、线下相结合的方式进行，以“疫情·人类命运·舞蹈”为主题，邀请国内外舞蹈艺术家和关注舞蹈艺术的专家学者，共同探讨舞蹈艺术与舞蹈教育对生命、人类社会发展的价值和意义。并围绕“舞蹈在构建人类命运共同体中发挥的作用”“疫情下的舞者身体表达”“舞蹈的未来和共同发展”等10个议题，开设青年舞蹈艺术家、演艺制作人、中东欧舞蹈家、中职舞蹈教育、舞蹈编创、博士及研究生等18个分论坛。

【鸿雁高飞　精神永存——贾作光舞蹈艺术高峰论坛】

2020年11月10日，由中国舞蹈家协会、中共内蒙古自治区党委宣传部、内蒙古自治区文学艺术界联合会主办，中国舞蹈家协会理论评论委员会、内蒙古舞蹈家协会、内蒙古民族艺术剧院承办的“鸿雁高飞　精神永存——贾作光舞蹈艺术高峰论坛”在内蒙古自治区呼和浩特市举行。论坛围绕舞蹈理论家、舞蹈教育家、舞蹈表演艺术家贾作光的创作思想，从不同学术视角对其舞蹈艺术进行了梳理总结和交流研讨。贾作光的家人及国内少数民族舞蹈研究专家等30余人参加了论坛，6名专家发表主旨演讲。论坛还设置了“舞聚云端”现场访谈直播环节。

【舞剧《英雄儿女》专家研讨会】

2020年11月15日，由中国歌剧舞剧院主办的“舞剧《英雄儿女》专家研讨会”在北京市举行。该剧于10月22日至25日在北京天桥艺术中心大剧场连演四场，同期在线观看人数近2000万人次。与会专家立足当今民族舞剧发展的实际情况。从舞蹈本体、创作手法、文化内涵等方面对舞剧《英雄儿女》进行了分析，从剧本结构、舞段编排、音乐创作、人才培养、宣传推广、市场运营等层面提出了建议。

【中国艺术研究院舞蹈研究所成立40周年座谈会】

2020年12月12日，“中国艺术研究院舞蹈研究所成立40周年座谈会”在北京市举行。来自文化和旅游部艺术司、中国艺术研究院、中国舞蹈家协会、北京舞蹈学院等相关负责人及舞蹈研究所师生参加会议，与会专家回忆了中国艺术研究院舞蹈研究所的诞生和成长，分享了对研究所的记忆与情感，表达了对研究所前辈专家的感恩和敬意，老、中、青三代舞蹈家从不同视角、不同层面展开研讨，为今后舞蹈学科进一步繁荣发展建言献策。

人物纪念

【舞蹈家张曼茹逝世】

2020 年 5 月 3 日，舞蹈家张曼茹因病在北京市逝世，享年 84 岁。

张曼茹（1936—2020），又名张曼如，满族，祖籍辽宁省兴城市。生于湖北省武昌市，长于重庆市，就读于天津市南开中学。国家一级演员。1949 年任中央音乐学院音乐工作团舞蹈演员。1950 年调入中央民族歌舞团任演员。1964 年担任大型音乐舞蹈史诗《东方红》第 6 场编导兼领舞，曾任中央民族歌舞团编导。代表作品有《草原上的热巴》《藏族姑娘》《瑞丽春歌》等。

【舞蹈家陈爱莲逝世】

2020 年 11 月 21 日，舞蹈家陈爱莲因病在北京市逝世，享年 81 岁。

陈爱莲（1939—2020），上海市人。1952 年被选入中央戏剧学院附属舞蹈团，投身中国古典舞事业，代表作有《春江花月夜》《蛇舞》《小刀舞》等。1989 年，创办陈爱莲艺术团。1995 年，创立陈爱莲舞蹈学校。1997 年，复排、出演大型民族舞蹈《红楼梦》，并代表中国参加“’97 中国国际歌剧舞剧年”。多次到前线、部队、工地、医院等进行慰问演出，组织学生参加公益演出数百场，多次获得各类艺术奖项，先后被文化部、北京市授予“三八红旗手”“突出贡献奖”等称号，2019 年被中国文学艺术界联合会授予“终身成就舞蹈家”荣誉称号。

大事记

1月7日至8日，新版国标舞舞剧《海河红帆》在北京市演出。

1月10日，民族舞剧《川藏·茶马古道》在四川大剧院首演。

1月12日，“第四届中国国际芭蕾演出季”在北京市闭幕。

2月2日，抗疫主题MV《坚信爱会赢》在线上播出。

2月17日至3月29日，“我的防疫日记街舞直播间”公益活动在线上举行。

2月18日，“战‘疫’——美育中国·中舞联盟公益大讲堂”在网络平台直播。

3月2日，现代舞《一次离别》在线上播出。

3月4日，抗疫舞蹈短片《大爱无疆》在中国驻英国大使馆微信公众号推出。

3月13日至14日，现代舞《无径之径》在上海国际舞蹈中心上演。

3月14日至4月22日，“舞动身心——公益中国”网络系列课程上线直播。

4月8日，舞蹈作品《到那时》在网络平台首发。

4月28日，舞蹈诗《逆行》在山东青年政治学院山青剧院首演。

5月3日，舞蹈家张曼茹因病在北京市逝世，享年84岁。

5月4日至8月28日，“舞聚云端”舞蹈类系列访谈节目在网络平台直播。

5月15日至6月8日，三部舞剧入选2020年全国舞台艺术优秀剧目网络展演。

5月21日，舞蹈作品《口罩》在舞蹈中国微信平台推出。

5月30日，芭蕾专场《起点Ⅲ——时间对岸》在上海国际舞蹈中心大剧场公演。

6月10日至16日，五部舞蹈作品入选2020年度国家舞台艺术精品创作扶持工程。

6月16日，“2020年度全国舞蹈家协会工作会（网络会议）”在北京市举行。

6月29日，“新农村少儿舞蹈美育工程”网络直播访谈活动在网络平台开展。

7月14日，“第二届中国舞蹈艺术大展《56个民族56种舞》”在互联网平台开展。

7月17日，舞蹈作品《在一起》《妈妈我等你》在微信平台推出。

7月18日，芭蕾晚会《重逢花开时》在线上首演。

7月30日至8月1日，“第十二届中国舞蹈‘荷花奖’古典舞评奖第二次作品创作引导交流会”在北京市举行。

8月6日至7日，“中央芭蕾舞团《芭蕾精品晚会》”在国家大剧院上演。

8月11日，“2020全国少儿舞蹈发展论坛”在江苏省徐州市举行。

8月14日至15日，“中国舞蹈家协会街舞委员会（CHUC）全国街舞联盟常务工作会”在北京市举行。

8月31日，抗疫题材舞剧《向北·行天岸》在北京市朝阳剧场首演。

9月11日，原创芭蕾舞剧《花一样开放》在国家大剧院首演。

9月11日至12日，原创舞剧《嫦娥之月亮传说》首轮演出在上汽·上海文化广场举行。

9月12日至13日，芭蕾舞剧《2020春之祭》在苏州文化艺术中心大剧院首演。

9月16日至28日，“舞动长宁·第十二届中国舞蹈‘荷花奖’舞剧评奖”在上海市举行。

9月18日，“国风古韵·活力浏阳”2020年健身舞展示活动在湖南省浏阳市举行。

9月19日至22日，“2020中国舞蹈家协会首钢园环境舞蹈展演”在北京市首钢园区内举行。

9 月 19 日，大型原创民族舞剧《红旗》在上海国际舞蹈中心演出。

9 月 26 日，“2020 中国舞蹈高峰论坛暨中国舞蹈‘荷花奖’舞剧论坛”在上海市举行。

9 月 28 日，“湖北省第五届群众广场舞线下集中展演”在恩施土家族苗族自治州宣恩县落幕。

9 月 30 日至 10 月 4 日，舞蹈素质教育公益课堂《舞蹈素质教育基础训练标准教材（试行）》行业标准水平认证教师课程培训班在北京市举行。

10 月 8 日，“国门大兴　炫舞京华——第八届北京国际标准舞大赛”颁奖展演在北京市举行。

10 月 10 日，“中国国际标准舞总会第三次全国代表大会”在北京市举行。

10 月 11 日，古典舞作品《国色》在第四届“网络青晚”上演。

10 月 14 日至 17 日，“第十二届中国舞蹈‘荷花奖’古典舞评奖”在河南省洛阳市举行。

10 月 16 日，“中国舞蹈‘荷花奖’古典舞研讨会”在河南省洛阳市举行。

10 月 17 日至 18 日，舞剧《流芳》在云南省大剧院首演。

10 月 20 日，民族舞剧《歌唱祖国》在无锡市人民大会堂首演。

10 月 22 日至 24 日，舞剧《英雄儿女》在北京天桥艺术中心上演。

10 月 24 日至 26 日，“‘美丽郑州・炫舞世界’WDG 第 8 届中国（郑州）国际街舞大赛”在河南省郑州市举行。

10 月 25 日至 26 日，“第七届中国舞蹈家协会街舞委员会年会暨第五届中国街舞行业发展论坛”在河南省郑州市举行。

11 月 1 日至 3 日，“BDA 舞蹈论坛（2020）”在北京舞蹈学院举行。

11 月 7 日，“‘小康生活舞起来’2020 年江西省群众舞蹈大赛”总决赛在江西省南昌市举行。

11 月 10 日，“鸿雁高飞　精神永存——贾作光舞蹈艺术高峰论坛”在内蒙古自治区呼和浩特市举行。

11 月 15 日，“舞剧《英雄儿女》专家研讨会”在北京市举行。

11 月 21 日，舞蹈家陈爱莲因病在北京市逝世，享年 81 岁。

11 月 27 日，舞剧《岭南秋雨》在广东艺术剧院首演。

11 月 27 日至 28 日，舞蹈剧场《Ta 还在我身旁》在国家大剧院上演。

12 月 9 日，“青年舞蹈人才培育计划创作教学实践基地暨创意・新知・传承‘阳光课堂’启动仪式”在北京师范大学举行。

12 月 11 日至 12 日，舞蹈诗《城》在深圳市保利剧院上演。

12 月 12 日，“中国艺术研究院舞蹈研究所成立 40 周年座谈会”在北京市举行。

12 月 16 日，“第二届中国街舞盛典”在重庆大剧院举行。

中国艺术年鉴·2021

曲艺卷

分卷主编：高　苹

年度述评

2020年度中国曲艺发展研究报告

◎ 吴文科　赵倩　田莉　王晶

2020年年初，突如其来的新冠肺炎疫情，给中国及世界范围人们的正常生产和生活带来了重大影响。包括中国曲艺在内各项文艺事业的正常发展，也受到直接而又巨大的冲击。但是，疫情的影响，并未完全阻断各种曲艺创演、交流、传承、传播及学术研究等活动的有序开展。借助互联网络等现代传播平台的技术支撑，以及下半年一边持续抗疫一边奋起赶超的不懈努力，中国曲艺界与其他各行各业一样，在困难中开拓，在艰难中前行，不仅基本完成了既定的工作目标，也创新了诸多的发展路径。其间当然也存在不少的问题，值得特别关注和反思。而以中国幅员之辽阔、民族之众多、曲艺品种之丰富、发展格局之多样，在资讯占有难于兼顾详尽、观察考索不可能周到深入的情况下，要对一个年度的全国曲艺发展面貌，进行全面系统的描述和科学准确的研判，实属勉为其难，极易以偏概全。但从已知的情况出发，尽力撮其要点，力图深入思考，或可为本年度中国的曲艺事业演进，留存可资鉴戒的雪泥鸿爪，提供堪与比照的思想参考。

一、创演聚焦社会热点，节目缺少沉潜提炼

作为表演艺术，创作和演出节目，是曲艺存在的基本样态和价值所在，也是我们观察本年度曲艺发展的首要视角。

2020年度的曲艺创作和演出，特别是上半年，由于新冠肺炎疫情的影响，呈现出一些特别的状况：一是常态化的创演活动，被迫按下“暂停键”；二是节目创演的题材，相当一部分转向了关注并表现抗击新冠肺炎疫情的内容；三是即兴性编演和短篇形式成为节目的主流形态。同时，随着下半年常态化防疫过程中各项工作的逐步正常开展，表现中国社会发展进程中具有重要里程碑意义的“脱贫攻坚”工作之主题性曲艺创演，也成为一个热点并有不少成果。这使本年度的曲艺创演呈现出如下特点：一方面为历史留下了特有的曲艺痕迹，另一方面也体现出曲艺工作者关注现实、心系国家的深切情怀与使命担当。

新年伊始，在党和政府的正确决策和坚强领导下，中国人民尤其是湖北特别是武汉的人民，万众一心，众志成城，全国协作，奋力抗击，经过数月艰苦鏖战，取得了这场疫情阻击战和总体战的决定性胜利。其间，曲艺工作者和其他行业的广大文艺工作者一样，没有袖手旁观，更没有消极面对，而是运用自己的艺术，发挥精神的力量，积极迅捷地参与其间，创作表演了众多不同曲种的“抗疫”题材曲艺节目，为各地一线的医务工作者呐喊助威，为各行各业的齐心协力讴歌点赞。其中，山东快书《站哨台》、京韵大鼓《妈妈的嘱咐》和《为逆行者点赞》、快板书《抗击疫情做防范》、河南坠子《抗魔利剑》、常德丝弦《打好疫情阻击战》、苏州弹词《沁园春·出征》、陕北说书《万众一心齐行动》、杭州独脚戏《妈妈说》等，质量较好且影响较大。而在长期以来曲本原创相对薄弱滞后、脚本创作极大掣肘舞台演出的情况下，2020年度举国“抗疫”团结协作的伟大壮举，极大地激发了曲本作者及曲艺爱好者的创作积极性，使“抗疫”主题的曲本创作在创作热情和篇目数量上，呈现空前高涨的态势。如全国唯一的综合性曲艺专业刊物《曲艺》杂志，仅在“抗疫”初期便收到了1500余篇此类题材及主题的曲本投稿，该刊于第3期、第4期连续集中择优选登了20余篇，就是对这批创作成果的推荐留存和这种创作热情的特别回应。各地经营曲艺表演的相关团体，也为“抗疫”题材曲艺节目的创演，投入了相当的力量。据一项调查显示，所涉296家曲艺经营演出实体中，有73.31%的受访对象进行了

"抗疫"节目的创演。[1]尤为可贵的是，这些"抗疫"主题曲艺曲本及节目的创作和演出，参与度较高，涉及面较广：从个人自发到机构组织、从草根艺人到曲艺名家、从汉族曲种到少数民族曲种等，都有不同程度的投入和体现，共同为鼓舞"抗疫"志气、激扬"抗疫"热情、讴歌"抗疫"英雄、宣传防疫知识，发挥了特殊的作用。

2020年度中国社会一个十分重要的发展主题，就是"脱贫攻坚"。作为全面建成小康社会目标的实现之年和全面打赢"脱贫攻坚"整体战的收官之年，中国共产党和人民政府在这一年积极组织抗击新冠肺炎疫情的同时，丝毫没有放松对于这一崇高奋斗目标的推动落实。其间涌现出来的英模人物及其先进事迹，同样为曲艺工作者的艺术创演，提供了丰富的形象塑造素材和深广的题材内容来源。而将目光聚焦"脱贫攻坚"工作中的先进事迹和典型经验，并用丰富的曲艺手段，进行艺术展示和审美表现，便成为广大曲艺工作者的自发行为和自觉担当。许多地方甚至基层组织还专门开展了相关专题的参与性活动及"脱贫攻坚"主题的创演实践。比如，7月由中共陕西省渭南市委宣传部与渭南市脱贫攻坚领导小组办公室主办的"渭南市助力决战决胜脱贫攻坚扶贫扶志曲艺乡村行"系列展演活动，相继在所属的合阳县、白水县、富平县、蒲城县等地开展。表演的节目紧紧围绕产业扶贫、移民搬迁、健康扶贫和就业创业四大扶贫手段进行创演。所推出的快板书《脱贫致富奔小康》、陕西快书《战石头》、相声《扶贫扶出好日月》《幸福生活》和《愚公移山》等节目，多方反映扶贫努力，精准对接群众需求，活跃了民众的文化生活，激发了乡村的精神气象，较好地展现了曲艺作为"文艺轻骑兵"的特质和作用。再如，10月19日，由中共青海省委宣传部和青海省文学艺术界联合会主办的"攻坚克难 你我同行——歌颂脱贫攻坚先进事迹曲艺创作演出"活动在青海省会西宁市举行。该活动共推出青海道情《胡清强扶贫在囊谦》、西宁贤孝《风雪白玉兰》、青海越弦《美丽山村》、青海平弦《一生一世青海情》等22个新创节目，集中展现了援青干部及青海儿女为高质量打赢"脱贫攻坚"战、全面建成小康社会和加快建设现代化大美青海做出的牺牲与贡献。又如，11月4日至6日，由中国文学艺术界联合会和中国曲艺家协会共同主办的"新时代曲艺星火扶贫工程成果巡礼展演"在北京市举行。推出了二人转《青春之歌》、武乡琴书《扶贫队长张宏才》、沁州三弦书《脱贫路上好支书》等表现扶贫先进人物真实事迹的节目，以及鄱阳大鼓《十一槌》、四川谐剧《帮到底》等生动讴歌贫困地区群众"宁愿苦干，不愿苦熬"精神面貌的节目。这些专题性活动及主题性创演，充分彰显了中国共产党带领全国人民在"脱贫攻坚"征程中所取得的丰功伟绩，深情讴歌了党、讴歌了人民、讴歌了"脱贫攻坚"中涌现出来的英雄楷模，节目内容及思想主题大都具有鲜明的为时代巨变塑像和壮色的美学品格。

当然，在充分肯定此类创演紧扣时代脉搏、讴歌社会进步的可贵做法与担当精神的同时，也要清醒地看到，其间还存在着不少的问题。比如，相当一部分主题性节目创演的艺术成色不甚理想，停留在即时宣传的浅表层面。较少对所表现题材内容的深入了解和审美发掘，包括缺少生活体验上的浸润沉潜与艺术表现上的概括提炼，致使节目中思想内容的表达及艺术形象的塑造不够真切鲜明也难于生动感人。先入为主、思想先行、直奔主题的概念化表达居多，艺术审美形象塑造的典型化展示偏少。再加上急于推出，忙于展示，较少细心打磨，总体显得粗糙。换言之，相当数量的主题性创演，态度比较积极和热情，但艺术效果不是很理想。而对艺术包括曲艺的创演来说，问题的要害，恰恰不在"政治正确"式的积极姿态甚或"合乎潮流"的跟风表态，而在于要用具有实力的作品说话，要拿出真正硬气的优秀节目。与此相应，许多"抗疫"题材节目的创演，因而甚至存在着蹭热点、搭便车甚至乘势炫技的自我表现嫌疑，一哄而上、鱼龙混杂也就在所难免。就像有人在评论本年度同类"抗疫"题材诗歌创作时所指出的那样：或"简单粗暴地急于表达极其简单和表层化的'常识'"，或"只是进行假大空的毫无生命热力更谈不上精神能力和思想能力的'热点写作'与'新闻写作'"，"既没有揭示

① 参见张小卫、胡玉强、炜熠《新冠肺炎疫情对当下曲艺演出经营实体影响调查分析》，《曲艺》2020年第5期。

出深层的现实也没有发现现场中撼人心魄的细节和场景，而只局限于表态和浮夸赞美”。[①] 这也说明，此类遗憾和不足，虽非曲艺创演所独有，而是许多艺术门类的普遍弊端乃至共性现象，因此更加值得深思和反省，以使崇高的创演动机与表现愿望，达致良好的艺术水准及审美效果。

此外，2020年度有些地方的曲艺表演团体，创作演出了一些标示为“剧”的节目，比如上海评弹团排演的“评弹剧”《医圣》和四川省广安市组织筹排的“曲艺剧”《红杜鹃》等。由于明确标注为戏剧节目，本不该于此提及。但有些相关的报道和评论，却将此视作是对“苏州评弹”（苏州评话和苏州弹词）艺术的一种发展创新，抑或对于曲艺的丰富拓展。如称“评弹剧”《医圣》“从书场到剧场”是对“新时代评弹的打开方式之探索”，就有些莫名其妙——既然已经是“剧”目了，还怎么能成为本属曲艺的“评弹”的“打开方式”？明明是采用苏州评弹的艺术方式及其表演班底去“打开”“评弹剧”了嘛！因而必须适当回应，那就是：曲艺表演团体或相关的曲艺机构，排演非曲艺形式或者由某些曲艺形式衍生出来的全新艺术样式及其节目，本无什么不妥；吸收借用曲艺的艺术技巧去演戏，也很正常。但却不能随便标示甚或乱下断语，将此视为是曲艺节目或者是对曲艺的创新。而在客观上，曲艺团体将原本有限的艺术资源，不是用在曲艺节目的典范创演上，而是转行去排演戏剧节目，总归会减少对于曲艺本身的力量投入，影响曲艺本身的创演繁荣。那些不明就里的报道、评论及其思想认识，也是对于曲艺基本理论和艺术观念的曲解乃至消解。不宜鼓励，并要防止和杜绝。

二、重大活动如数举办，实施效果存有遗憾

从品牌性艺术活动的举办频次看，2020年度可谓中国曲艺的“丰年”。无论是政府主导的全国性专门曲艺活动，还是协作开展的行业性全国曲艺活动，以及地方各级相关机构组织举办的重要专题曲艺活动，在本年度开展得都比较集中。这为我们梳理本年度中国曲艺的发展走势并思考中国曲艺的发展问题，提供了较为充分的观察窗口。

10月9日至14日在浙江省宁波市举办的“2020全国非遗曲艺周”，是文化和旅游部非物质文化遗产司及艺术司，浙江省文化和旅游厅，宁波市人民政府主办的旨在推动全国曲艺传承保护工作的综合性品牌活动，本次举办是继2018年和2019年分别在天津和济南举办以来的第三次。活动内容包括10月10日晚在宁波文化广场大剧院举行的“2020全国非遗曲艺周”启动仪式暨开幕晚会，10月11日在宁波举办的“全国曲艺传承发展论坛”，10月11日至13日由宁波本地曲艺团体的8支队伍携宁波走书、四明南词、蛟川走书、象山唱新闻等曲种的节目开展的进社区、进学校、进景区、进酒店（民宿）即“四进”展演活动，以及10月13日晚以“浙江好腔调”命名即内容为“浙江曲艺专场”的闭幕式演出。其中，开幕式上由许多曲艺类国家级非物质文化遗产代表性传承人如刘兰芳、金丽生、刘士福、胡兆海和倪齐全等担纲演出的节目，包括北京评书《岳飞传·还我河山》、苏州弹词《武松·叔嫂初逢》、山东琴书《半块馍》、绍兴莲花落《三个巴掌》，以及淮河琴书《退低保》、陕北说书《杨七郎打擂》、四明南词《悠悠青蒿魂》、乌力格尔《京德挂帅》等，堪称本年度曲艺舞台的亮丽风景。考虑到防疫要求，本年度即“2020全国非遗曲艺周”的大部分节目展演，采用了借助网络的线上推送方式。已进入国家级非物质文化遗产名录而受到保护的全部127个曲艺项目及所涵括的130多个曲种的258个传统及新创节目，通过多个网络平台分批投放和推送，供广大观众即时在线欣赏。本次活动的举办，既是对近年来全国曲艺类非物质文化遗产保护成果的交流和展示，也是对2019年7月文化和旅游部发布《曲艺传承发展计划》一年来曲艺类非物质文化遗产保护工作推展情况的集中检阅，意义不言而喻。

9月29日至10月4日，在河南省平顶山市举行的第十届中国曲艺节，是由中国文学艺术界联合会、中国曲艺家协会和河南省平顶山市人民政府联合主办的本年度又一项重要的全国性曲艺交流展示活动。因受新冠肺炎疫情影响，本届中国曲艺节也采用现场演出和线上展演相结合的方式进行。其中，

---

① 霍俊明：《疫情时期的写作：诗歌是伟大的发光体》，《中国艺术报》2020年12月28日。

开幕演出、闭幕演出和河南省平顶山市宝丰县的曲艺专场为3个现场演出；其余全国各地的参演节目，以“第十届中国曲艺节优秀节目网络展播”的方式，于10月1日至4日通过中国曲艺家协会所属的“曲艺杂志融媒”平台推送举行。共有相声、河南坠子、二人转、京韵大鼓、陕州锣鼓、苏州弹词等23个曲种的30个节目参加了线上展演。平顶山作为曲艺文化土壤比较丰厚的地方，2020年度参与主办中国曲艺节已是第三度。尽管本届中国曲艺节由于疫情影响而将更多节目的展演移到了网络上，但平顶山市对中国曲艺交流发展热情态度的巨大贡献，应当被牢牢铭记。

10月15日，在江苏省苏州市举办的第十一届中国曲艺牡丹奖的颁奖系列活动，是2020年度中国曲艺界的另一个重要看点。历时近半年的第十一届中国曲艺牡丹奖评奖活动，共有48家单位报送的430个节目参评，涵盖曲种116个，涉及的曲本作者174人、演员394人。通过5月下旬在苏州举行的“第十一届中国曲艺牡丹奖评弹滑稽分赛区比赛”、6月上旬在杭州举行的“第十一届中国曲艺牡丹奖南方鼓曲唱曲分赛区比赛”、7月中旬在合肥举行的“第十一届中国曲艺牡丹奖相声小品三书分赛区比赛”和8月上旬在长治举行的“第十一届中国曲艺牡丹奖北方鼓曲唱曲分赛区比赛”共4个分赛区的分头复赛和最后终评，共选出节目奖5个、表演奖6个、文学奖4个、新人奖5个。其中，中篇苏州弹词《军嫂》、杭州摊簧《淑英救弟》、“曲艺小品”《家和月圆》、二人转《双菊花》和长子鼓书《闹红火》节目获得节目奖；评书《一次心灵的对话》、中篇苏州评弹《钱学森》、评书《为民服务》和相声《乡音乡情》曲本获得文学奖；张怡、黄震良、张建珍、肖向丽、李菁、熊竹英获得表演奖；金一戈、王灏玮、卢鑫、罗捷、董建春获得新人奖。与此同时，福建南音艺术家苏统谋、北京评书艺术家刘兰芳和苏州弹词艺术家邢晏春3人获推举被授予“中国文联终身成就曲艺艺术家”荣誉称号。

8月6日在江苏省张家港市举办的第九届全国少儿曲艺展演，是2020年度一个富有特色的曲艺展演活动。来自全国16个省（自治区、直辖市）的214名小演员，分江苏专场、长三角专场及汇报演出专场共三个场次，演出了相声、小品、快板、山东快书、评书、故事、苏州评弹、四川清音、河南坠子等曲种的35个节目。参演的小演员，年龄最小的仅有5岁，最大的也才14岁。作为全国性的少儿曲艺展示平台，这项活动的持续举办，为在青少年中培养曲艺爱好者和曲艺后备人才，发挥了积极作用。

12月1日至3日，由中国文学艺术界联合会和中国曲艺家协会主办的第八届全国相声小品优秀节目展演在北京举行。来自北京、天津、辽宁、黑龙江、上海、浙江、重庆、四川、陕西和中直曲艺院团的近70名曲艺演员，共为首都观众演出了3场本年度新创的24个相声、“小品”和独脚戏节目。展演节目聚焦重大主题和现实题材，弘扬了主旋律、传播了正能量。其中，12月3日晚上的展演，为“第八届全国相声小品优秀节目展演暨第二届非遗相声大会老艺术家专场”，郝爱民、石富宽、王谦祥、李增瑞、李金斗、李国胜、刘洪沂、王文林、赵伟洲等相声名家会聚一堂，为观众呈上了一场重在艺术传承并展示传统技巧的相声节目。特色鲜明，趣味横生。

此外，各地组织举办的各种专题性曲艺活动也非常活跃。如9月30日开幕并有天津市曲艺团、谦祥益文苑和名流茶馆等曲艺及相声演出团体的100余名津门相声演员参加的2020天津相声节，10月4日在广东省佛山市顺德区均安镇举办的青少年曲艺展演，10月22日至23日在东莞市中堂镇举行的乡音一曲颂华章第二届广东省（中国）曲艺之乡曲艺精品展演和11月7日在深圳罗湖区举办的第十四届广东省青少年曲艺“明日之星”选拔赛决赛演出，10月19日至24日在河南省郑州市举办的河南省非遗曲艺展演周演出和11月17日至18日在泌阳县举办的第七届河南曲艺牡丹奖全省曲艺大赛颁奖典礼及“文艺进万家　健康你我他——河南省曲协新时代文明实践志愿服务走进泌阳慰问演出”，11月7日在吉林省各地举办的“健康生活、悦动吉林”——2020年吉林省群众戏剧曲艺大赛决赛活动，11月8日至11日在江苏省南通市通州区举行的第三届“通州杯”全国曲艺小剧场新作展演活动，11月11日至12日在上海市嘉定区举办的第二届“嘉定法宝杯”讲好中国法治故事全国曲艺展演活动，11月23日至26日在福建省永安市举办的“第十届海峡两岸曲艺欢乐汇”，12月6日由北京文化艺术活动中心和北京市曲艺家协会主办的“2020首都市民系列文化活动之第七届‘艺韵北京’群众曲艺大赛”，12月8日至12日在澳门成功举办的第四届中华曲艺港澳情展演系列活动，12月12日在天津中国大戏院举行的“春雨润新芽”少儿曲艺专场演出，12月21日至23日在北京市房山区举行的第五届京津冀曲艺邀请赛，等等，都为推动曲艺的繁荣发展发挥了积极作用，积聚了重要力量。

有关曲艺的对外交流活动，2020年度也有开展。比如，11月16日在江苏省苏州市相城经济开发区举行的2020首届长三角戏曲·曲艺文化艺术周暨中日地方文化艺术交流活动，为长三角地区和日本曲艺在中国大陆的交流，搭建了平台。

可以看出，新冠肺炎疫情的冲击，未能阻止2020年度中国曲艺各项品牌及日常活动的开展。而这些活动的开展，并不意味着所有的活动都很正常。仔细检视上述的诸多活动，不难发现，包括第十一届中国曲艺牡丹奖评选和第九届全国少儿曲艺展演等权威性品牌活动中评选出的曲艺奖项及纳入的参演节目，依然有相当一个时期以来被误认为是属曲艺形式的所谓“曲艺小品”或者“小品”节目存在。而这些所谓的“曲艺小品”或者“小品”，实际上并非曲艺及曲艺节目，而是戏剧形态的“话剧小品”。不能因为自行贴上“曲艺”的标签，就会使本属戏剧样式的“小品”变成曲艺。理由很简单：曲艺表演是演员以第三人称统领进行的本色面貌的叙述式演出，而“小品”则是演员化装成故事中的人物亦即装扮成固定的角色进行第一人称的代言式演出。前者是“说法现身”，后者属于“现身说法”。从这个意义上讲，包括许多重要机构在内的许多人对于曲艺及其本质特征的认识，依然不很清楚；离开曲艺本体进行的曲艺创演及交流活动，由于对曲艺的认知存在此类缺陷，极易带来曲艺发展的实践走偏。前述有关曲艺界排演的称之为“剧”的各种节目形式，之所以被有的人误认为是对曲艺的创新乃至发展，正是由于此类活动开展中，错将戏剧形式当作曲艺品种纳入和经营而推波助澜的结果。如果不在理论上加以明确和厘清，类似一个时期以来曲艺创演“戏剧化”“歌舞化”和“杂耍化”的实践偏误，势必难以扭转。同时，此等状况的长期存在与积重难返，也从一个侧面表明：有关曲艺的基本知识普及和专业基础培训，亟待进一步加强。高校缺专业、进修无门径、人才难孵化、从业没门槛的缺憾与尴尬，是导致此类问题无法从根本上彻底解决的主要原因！而从完善现代学科制度和落实曲艺文化传承手段的角度切入，大力发展全面系统的曲艺文化传承教育特别是高等教育，才能从制度层面确保对曲艺认知的科学深入和曲艺创演的健康发展。

三、艺术传承任务艰巨，人才培养有待推进

随着全球化和现代化趋势的不断加快，作为传统文化重要组成部分的曲艺传承问题，变得日益紧迫。尽管多年以来，有关非物质文化遗产的保护工作，给包括曲艺在内传统文化的保存与传承，增加了不小的动力。但社会文化生态的变迁，以及由此带来的曲艺业态的变化，使曲艺的艺术文化传承和专业人才培养，愈加困难而又迫切。正因如此，“传承”便成为当今曲艺发展一个十分重要的时代主题。基于艺术文化传承的专业培训及人才培养工作，也便逐步开展起来。

2020年度的曲艺传承工作，应当说是形式多样且富有特色的。

首先，各种形式的曲艺人才培训纷纷举办和开展。尽管受到新冠肺炎疫情的影响，许多培训活动改为通过网络在线上进行。但培训的名目与频次，还是丰富而又多彩的。比如，7月1日开始，历时10天，由中国曲艺家协会主办的“第二期曲艺专家名家精品创作网络研修班”，对西部12个省（自治区）的77名曲艺创演人才，进行了网上云端培训。全部培训共安排视频授课5场，抖音直播1场，作品辅导2场。课程内容包括习近平新时代中国特色社会主义思想、艺术理论、曲艺创作与表演的学习等；再如，8月22日，由江西省文化和旅游厅主办的“2020年中国非物质文化遗产‘客家古文’传承人群研修班”在赣州开班。为期一个月的研修培训，分别邀请有关曲艺的专家学者和客家古文的代表性传承人进行授课，从理论和实践两个方面入手，为客家古文从业者、相关文化工作者及爱好者系统了解客家古文的基本知识、全面提升客家古文的创演能力、强力推进客家古文的保护传承、有效推动

客家古文的文化传播，注入丰沛的动力；又如，11月2日，由天津市文化和旅游局指导、天津艺术职业学院主办的“中国非物质文化遗产传承人群研修研习培训计划2020年曲艺表演（鼓曲）专业研修班”在天津开班，来自天津、山西、山东、河北、河南、安徽、江苏、四川等地的曲艺类非遗传承表演（鼓曲）类传人及曲艺院团的管理人员共40人参加了研修培训；还如，有关方面于12月4日至8日在江苏省南通市通州区举办的“第四期全国曲艺自由职业者优秀人才培训班”和12月14日至19日在河北省张家口市举办的“第十二期全国曲艺创作高级研修班”，分别培训了来自全国各地、活跃在曲艺创作一线的优秀曲艺自由职业者代表和部分知名曲艺作家。这些培训活动的举办，对于曲艺的创演繁荣与传承发展，无疑具有深远的意义。另有一些地方举办的曲艺人才培训活动，不只规模可观，宗旨尤其可贵。如河北省曲艺家协会于12月3日至6日举办的“河北省中青年鼓曲乐师提高班”就很有特色，对平素不大为人重视的伴奏乐师进行培训提高，对于全面优化曲艺从业者的人才结构与综合素质，整体拉升曲艺创演的实践水准，很有裨益，值得肯定和点赞。

其次，许多知名老艺术家传扬传统经典节目及收徒传艺的积极性比较高涨。北京评书艺术家刘兰芳、湖北评书艺术家何祚欢、湖北大鼓艺术家张明智等，2020年度都广收门徒，积极传艺。11月1日，在山东省济南市文化和旅游局的立项资助下，由济南市曲艺团姚忠贤山东琴书老艺术家工作室于济南市文化馆的“曲山艺海星乐汇书场”举办的阶段性成果汇报演出专场，就集中展示了该工作室成立半年多来的教习传承成果。所展演的山东琴书经典名段《梁祝下山》《偷年糕》《吕洞宾戏牡丹》《刘伶醉酒》等，不仅成就了许多徒弟的专业技能，也让市民群众集中欣赏到一台特色独具的“北路”山东琴书节目。2020年11月3日至5日，天津市曲艺团的单弦牌子曲艺术家刘秀梅应邀远赴河北省秦皇岛市，为秦皇岛市老年大学举办普及单弦牌子曲的大讲堂式演示教学，同样来自天津的著名三弦演奏家、“荣（剑尘）派”单弦牌子曲再传弟子王毓书应邀加盟授课。其他各地的老曲艺家，也都在各自的领域内，为曲艺的艺术文化传承默默努力。

同时，2020年度湖南、福建、河南、天津等地，相继出台了本省贯彻落实文化和旅游部2019年7月发布的《曲艺传承发展计划》的各自“曲艺传承发展（实施）计划”。虽然从总体上看，这些地方落实《曲艺传承发展计划》的相应计划，均依照《曲艺传承发展计划》并结合本省曲艺发展实际，严谨地进行了各自的相应细化，许多地方的实施细则，还可圈可点。如《河南省曲艺传承发展实施方案》提出，到2025年，曲艺类省级以上非遗代表性项目的档案建设和省级以上代表性传承人的记录工作要基本完成；活化利用现有场馆，吸纳社会资源，增设曲艺演出场所，增加曲艺演出频次，全省固定曲艺演出场所要达到20个以上，并打造出5个到10个曲艺活动品牌；利用高校、曲艺团体等现有学术和教学资源，扩大并年轻化传承队伍，组织曲艺类非物质文化遗产传承人群参加研修和培训，累计培训500人次；开展曲艺“六个一”实施计划，即省级以上曲艺类非遗项目要实现一个保护规划、一套记录档案、一个传习计划、一个传承基地、一支传承队伍、一个传播平台的实施目标。应当说不仅切合实际，而且有所担当。

此外，虽然曲艺的高等教育尚未实现大的机制性突破，但由中国曲艺家协会和辽宁科技大学组织编纂的“全国高等院校曲艺本科系列教材”，包括《中国曲艺发展简史》《中国曲艺艺术概论》《中国少数民族曲艺艺术》《相声表演艺术》《评书表演艺术》《快板表演艺术》《苏州评弹表演艺术》《山东快书表演艺术》《中华曲艺书目内容概览》《中华曲艺图书资料名录》《中华曲艺艺谚艺诀和专业术语》《国外学者论中华曲艺》共12种，2020年度全部完成并在高等教育出版社出齐。因是初创，不一定十分完善，但作为一种努力和尝试，填补了中国曲艺高等教育教材资源的不足与空白，对推动曲艺高等教育的实施、完善曲艺学科的建设、传承传播曲艺的艺术文化，都有着积极的意义。

遗憾的是，2020年度多名老曲艺家的去世，对于面临后继乏人窘境的曲艺界而言，可谓格外重大的损失。1月29日，上海的独脚戏（滑稽）名家李九松逝世，享年86岁；同一天，相声大师侯宝林的大弟子、相声名家贾振良逝世，享年87岁；7月20日，单弦牌子曲艺术家、“谭（凤元）派”单弦牌子曲艺术的代表人物赵玉明逝世，享年91岁；9月11日，京韵大鼓女演员王金凤逝世，享年96岁；11月7日，河南坠子表演艺术家、“乔（清秀）派”河南坠子第二代传人乔月楼在天津逝世，享年99岁；11月24日，曲艺作家和快板书表演艺术家、“王（凤山）派”快板传承人郑文昆在天津逝世，享年76岁。尽管这些老曲艺家大都高寿而终，但他们各自身怀的艺术绝技，因此无法再传后人，也是令人无限惋惜的事情！他们的艺术造诣，是曲艺发展的宝贵资源；他们的纷纷离去，是曲艺传承的巨大损失。

不难看出，尽管2020年度的曲艺传承工作形式多样且富有特色，但从曲艺曲种非常丰富、传承内容十分多样、人才培养需求巨大、教学机制缺乏保障、传扬任务异常艰巨、师资力量参差不齐，亦即目标需求与客观条件存在着巨大反差的现实状况去看，现有曲艺文化传承和人才孵化培养的一些努力及做法，远远无法满足应当具备的理想需要，必须通过国家层面的顶层制度设计及相关政策的充实完善，予以全面考量和系统推进。

四、艺术传播遭遇疫情，网络助力减少梗阻

作为表演艺术，演出传播是曲艺体现存在价值并发挥审美作用的重要而又唯一的途径。2020年度曲艺传播的一个最为重大的变化和十分突出的特点，就是为防止新冠肺炎疫情的扩散，而无法进行正常的演出，进而倒逼形成的对于互联网络传播的特别依靠和特殊借重。

在此过程中，许多重大的全国性曲艺品牌活动，包括展演交流和人才培训等，如前所述，都被转移到了网上，而且效能异乎寻常。许多原本仅有数百上千人在茶馆、书场和剧场等传统的曲艺演艺场所演出的传播活动，一旦移到网上，观赏的人数及其频次便呈几何级数的增长。如8月在江苏省张家港市举办的第九届全国少儿曲艺展演，因同时在“国家公共文化云”和“今日张家港”等网络平台进行全程直播，据统计观看总人数达到将近60万人次；再如10月在浙江省宁波市举办的以“融入现代生活　弘扬时代价值”为主题的“2020全国非遗曲艺周”，于线上专设了“云上曲艺——2020全国非遗曲艺周优秀节目展播”的展演板块，并同时在文化和旅游部官网、中国非物质文化遗产网、光明网、优酷网等平台同步进行集中展播；又如原定于2月4日至7日在河南省平顶山市宝丰县举办的第十五届马街书会优秀曲艺节目展演活动，因新冠肺炎疫情的突然暴发而临时取消。为弥补遗憾，主办方随即策划了“第十五届马街书会优秀曲艺节目网络展播”的演出专题，将来自13个省（自治区、直辖市）包括了20个曲种的共24个入围节目，集中在网上进行展播，让马街书会从田间地头走向网络云端。凡此，也使相应活动的网络曲艺传播资源，成为永不落幕的网上曲艺盛会，可供观众随机即时地点击欣赏，极大地便利了广大观众的欣赏需求，也极大地提升了曲艺传播的现实效能，可谓大疫之年曲艺传播“转危为机”的重要转折。

除了演出，有关曲艺培训的实施，一旦将录制的讲座视频放到网上，也会形成可以随机即时点击听取的课程，培训的人员数量，同样便会无可限量。2020年度一些曲艺培训的网上开展，无疑为此类传播开启了全新的方式与可能。

除此之外，2020年度曲艺传播的一个非常重大的革命性变化，就是随着手机短视频技术的迅猛发展，及所带来以个体性创演、网络化传播和自媒体发布为主要特征的曲艺创演模式及其网络传播途径的空前崛起与格局形成。不仅许多个人可以随时发布自己采用短视频创演录制的曲艺节目，而且相当数量的曲艺表演团体，也开通了自己的短视频直播间，移师线上组织演出。前者如在“抗疫”期间，广大曲艺工作者纷纷通过网络上传发布了许多短篇节目：浙江的翁仁康创作表演的绍兴莲花落《齐心渡难关》、北京的崔琦创作曲本的梅花大鼓《天使颂》、徐宁创演的湖北大鼓《不服周的武汉人》等，都在创作完成后的第一时间，通过网络进行了发布，成为本年度线上曲艺表演的组成内容；后者如上海评弹团不仅开通直播间组织直播演出，而且集成了“评弹与疫情防控”“评弹与中医”等附带性的专题浏览内容，随同演出宣传防疫知识，服务网络受众。还有一些曲艺团体和演员个人，借此机会，转

换思路，开拓进取，通过线上直播演出或播放录播作品，扩大艺术影响，增添演出收益。如上海说唱的著名青年演员陈靓，曾在距离地面400米的上海金茂大厦56层，做了一次高空直播，以“地标建筑+海派文化+曲种知识”为核心内容，吸引网上观众，使观看的人次数达5000，远远超过了剧场演出的观众人数。[①] 此外，有些演出场所，由于疫情影响无法开展正常的营业，改为网上直播后，观众人数也一路飙升。典型的例子如陕西省榆林市的榆阳书场，作为一个专门演出陕北说书的曲艺演艺场，疫情前一直在线下演出，每场的听众数量仅一二百人，且大多为60岁以上的老年人。疫情期间被迫改为线上直播后，不仅赢得了男女老少各个年龄层次的观众，而且在线听众最多时达到了4000余人。

当然，现有网络传播的现实困难及问题也很明显：一方面，广阔无垠的网络空间，需要大批量优秀丰富的曲艺节目及其相关资源去占领和充实；另一方面，相对沉寂和薄弱的曲艺创演现状，无力满足并自如驾驭功能强大的网络空间。而那些个体化的短视频节目及直播间演出，由于种种原因，存在着节目创演的短平快、碎片化、娱乐化和炫技性弊端。同时，在经营上，充斥着跟风带节奏、单纯求流量、趋附蹭热点、迎合挣打赏的非艺术倾向，使商业目的及粉丝文化反复冲淡甚至消解着原本该有的精神质地和艺术品格。而线上演出及欣赏，由于缺乏现场演出观演交流的直接互动和对面感应，致使网络演出及其传播的虚拟体验，因为“孤独”的弥漫和“温度”的消弭，呈现“热闹”之外的“别样”悲凉，值得进一步审视和考量。

同时，网上演出的成本考量，也使过分依赖技术而忽视艺术的情形势必愈加严重。特别是伴奏手段伴奏带化的技术替换，因偷懒而对口型假唱的有可能泛滥，演出仪式因缺乏实体空间的无意解除，以及因无观众直接面对而使表演激情丧失的心理状态，均使曲艺表演的网络传播，隐藏着另一番已然凸显的堪忧弊端。如何摸索完善，将会是巨大的考验。

五、学术探讨形式多样，传播载体实现突破

由于受新冠肺炎疫情的影响，2020年度的曲艺学术研究及其交流和体现形态，也被迫进行了调整。现场会议形式的学术交流减少了，但对曲艺的研究与思考并未因此停歇。不同形式曲艺研究的学术成果，本年度普遍体现出更加鲜明的问题意识。长期缺乏专门刊发曲艺研究学术成果专业载体的学术传播困境，也于2020年度得以突破。

首先，2020年度开展的学术性曲艺活动，数量也并不少，但因疫情的影响，主要集中在三、四季度举办。依时序的先后，主要有：9月11日，在江苏省张家港市举行的由中国曲艺家协会指导，江苏省张家港市、山西省长治市、辽宁省大连市、上海市和四川省彭州市五个中国曲艺名城联合发起的“2020年中国曲艺名城发展战略联盟座谈会”；9月11日至14日，在江苏省扬州市举行的由中国艺术研究院曲艺研究所发起组织、全国各地各类曲艺团体和机构及其主要负责人积极参与的“第八届中国曲艺团长高峰论坛”，及中国艺术研究院曲艺研究所、中国说唱文艺学会、江苏省曲艺家协会、中共扬州市委宣传部和扬州市文化广电新闻出版局主办、主题为“网络时代的曲艺大书传播”的“第二届中国扬州·全国曲艺大书发展论坛及全国曲艺大书‘扬州书会’”；10月11日，在浙江省宁波市举行的由文化和旅游部非物质文化遗产司、文化和旅游部艺术司、浙江省文化和旅游厅、宁波市人民政府主办，中国艺术研究院曲艺研究所学术支持的2020全国非遗曲艺周“全国曲艺传承发展论坛”；10月16日，在江苏省苏州市举行并由第十一届中国曲艺牡丹奖组委会主办、作为第十一届中国曲艺牡丹奖颁奖系列活动之一的“坚持创造性转化和创新性发展——中华曲艺传承与发展研讨会”；11月6日至8日，在河北省河间市举行的由中国艺术研究院曲艺研究所和河北省曲艺家协会等单位共同主办的第七届河间西河大鼓书会和西河大鼓传承发展论坛；11月10日，在江苏省南通市通州区举行的由中国曲艺家协会及全国曲艺小剧场艺术指导委员会组织召开的“后疫情时代曲艺小剧场如何转型发展”研讨会；

---

① 参见张小卫、胡玉强、炜熠《新冠肺炎疫情对当下曲艺演出经营实体影响调查分析》，《曲艺》2020年第5期。

11 月 18 日，在江苏省无锡市举行的由中国曲艺家协会苏州评弹艺术委员会和江苏省曲艺家协会等主办的“2020（硕放）南北曲艺唱曲创作与发展学术研讨会”等。这些学术性的曲艺研讨及交流活动，要么聚焦创演实践，要么关切演出经营，要么紧扣传承保护，要么瞩目发展趋势，问题意识较强，担当情怀鲜明。有些学术性活动，还配套了艺术展演及创演交流，具有理论联系实际的良好学风；还有些学术活动立足国家需要和社会需求组织开展，具有学术服务社会的责任担当。当然，也有的所谓学术性活动，形式大于内容，名目不符其实，筹备不充分，交流不认真，属于打着旗号走过场的自娱自乐贴标签行为，也就缺少相应的成果与绩效。

其次，2020 年度的曲艺学术研究也出现了一批成果。其中，比较重要的著述，按出版先后有童李君于 3 月在山西教育出版社出版的《近现代弹词通论》，杨冬梅于 4 月在中国社会科学出版社出版的《河南濒危曲种声腔艺术传承保护研究》，徐大军于 5 月在上海古籍出版社出版的《宋元通俗叙事文体演成论稿》，吴真于 6 月在中华书局出版的《孤本说唱词话〈云门传〉研究》，侯会于 9 月在中华书局出版的《银字〈水浒传〉：英雄谱里的历史擦痕》，胡胜、赵毓龙辑校并于 10 月在上海古籍出版社出版的《西游说唱集》，纪德君于 10 月在中国社会科学出版社出版的《民间说唱与古代小说交叉互动研究》，崔蕴华于 10 月在中国社会科学出版社出版的《欧洲藏中国明清至民国俗曲唱本研究——以英、德、法为中心》等。这些著述，要么立足文献考述，要么着眼文化关联，要么关切传承保护，要么瞩目域外视角，选题较为新颖，视野较为开阔，一方面体现出曲艺研究的多学科交叉与综合性特点，另一方面也展示出中国曲艺历史存在的巨大时空与深远影响。特别是吴真所著的《孤本说唱词话〈云门传〉研究》和纪德君所著的《民间说唱与古代小说交叉互动研究》，或者通过对《云门传》进行“道教—地方社会—说唱曲艺—文献—小说”的“纽带式研究”，即其流转经历、版本情况、地方道教语境、文本形成过程、说唱体制、语言特点与冯梦龙改编策略等的综合考察，为词话、道情、弹词、鼓词等的承接和转变关系提供了新的文本依据；或者从对唐五代以来民间说唱与小说之间的双向影响，揭示了二者间的联系与区别，阐释了说唱文学与小说在文体生成与发展演化方面的特殊动因及其嬗变规律，弥补了该领域研究的薄弱环节；从而在个案考察与关联追索方面，为曲艺的文化性研究提供了较好的例证，拓宽了考察的空间。

再次，2020 年度曲艺研究的学术文章也有一些值得注意。比如，张延莉发表在《音乐艺术（上海音乐学院学报）》第 2 期上的《城市音乐研究的区域化和地方性——以评弹的“海派”和“苏派”为例》一文，以城市音乐研究的视角，对比考察了苏州和上海两个城市的不同发展赋予苏州弹词艺术地域性特征的内在机理；刘雯和刘娟发表在《中国音乐》第 5 期上的《京韵大鼓多声部音乐形态与乐人的音乐观》一文，通过对京韵大鼓表演中各个伴奏乐器与演唱者之间的配合考察，论述了其所具有的“多声部”音乐形态特征，同时通过对不同流派伴奏风格的比较研究，论述了不同套路伴奏手法和风格流派的各自体现变化与相应影响；吴文科发表在《中国非物质文化遗产》第 1 期上的《曲艺的活态传承和科学保护》一文，对非物质文化遗产保护语境下曲艺的活态传承与科学保护，提出了一些具有警示意义的见解，并着重论述了继承与创新、日常演出与活态传承之于曲艺传承保护的切实关系；张小卫、胡玉强和炜熠发表在《曲艺》第 5 期上的调查报告《新冠肺炎疫情对当下曲艺演出经营实体影响调查分析》，通过大量第一手的问卷调查与田野考察，描述了新冠肺炎疫情对当下曲艺演出经营实体的影响情况，为观察和思考曲艺表演团体的创演经营及曲艺发展的现实走向，提供了较为丰富和鲜活的资料参考。同时，刊载在文化艺术出版社 12 月出版的《曲艺学》辑刊第 1 辑和第 2 辑中的许多论文，包括第 1 辑里杨秀妹的《“常州宣卷”论略》、陈睿睿的《永康鼓词考述》、刘漫的《唱曲舞蹈的形态特征与功能特点》、唐力行的《走码头：江南水乡与说书先生——以常熟为中心的考察》、李静的《歌坛、音乐社、唱片与电台——20 世纪二三十年代的粤曲生态》、蒋慧明的《相声表演的艺术风格与“流派”辨说》、黄德和的《侯宝林缘何对“化装相声”不以为然？》，以及第 2 辑里潘讯的《苏州评话和苏州弹词研究的历史、现状与前瞻——周良访谈录》、周琪的《20 世纪河西宝卷文献研究概论》、柯琳的《骆玉笙演唱京韵大鼓代表性音像节目版本考论》、邓雪晨的《非物质文化遗产保护语境下曲艺传承与发展的数字化路径——基于〈曲艺传承发展计划〉的实施解析》等文章，都是本年度出现的比较重要的学术成果。

此外，2020年度与曲艺的学术研究乃至中国曲艺的全面健康发展密切相关的一个非常重要的文化事件，就是由中国艺术研究院曲艺研究所和中国说唱文艺学会合编、文化艺术出版社出版的专门刊载曲艺研究学术性成果的不定期学术刊物《曲艺学》辑刊的创刊，并连续推出了第1辑和第2辑。曲艺作为历史悠久又传统深厚的艺术门类，古往今来，不仅在世界范围广泛存在，而且在中国的发展尤其繁盛。迄今中国曲艺的可信历史，至少有1500年之久；已知的品种类型，也在1000个左右。长期以来，中国曲艺不仅是广大民众喜闻乐见的艺术样式，而且是文学体裁和戏曲剧种的孕育母体，同时也是“小传统”意义上各民族历史与文化的特殊载体。然而，世界范围内有关曲艺的学术研究，一直比较薄弱；中国的曲艺研究虽在世界上居于前列且独领风骚，但全国范围一直没有一个可以专门刊载曲艺研究学术成果的连续出版物。为此，作为曲艺研究“国家队”的中国艺术研究院曲艺研究所，经过近10年的酝酿和筹备，终于在中国艺术研究院的大力支持和中国说唱文艺学会的通力协助下，成功创办了这一辑刊。至此，曾在1980—1990年依托中国曲艺出版社不定期出版的学术刊物《曲艺艺术论丛》因中国曲艺出版社的被撤并而消失了整整30年以来，中国一直没有专门的学术性曲艺刊物的遗憾局面终于又被打破。该刊第1辑《发刊词》里有关曲艺研究“需要客观、具体、理性、全面、深入、专精”的价值追求标示，和“为了言之成理，必须持之有据；既求翔实的证据，也求充分的理据”，从而“远离‘空、疏、泛’，避免‘野狐禅’”的学术操守宣示，以及在“‘本学科’即‘本体性’的研究之外”，注重“‘跨学科’的‘交叉性’研究乃至‘去学科’的‘融通性’考察”之宽阔视野设定，包括末页刊登的“稿约”中所列述的《曲种研究》《历史考察》《理论探索》《创演评论》《文献考述》《美学鉴赏》《文化探究》《名家谈艺》《学术演讲》《口述访谈》《人物述林》《资料钩沉》《序跋书评》《传承传播》《域外曲艺》《商榷争鸣》《学科建设》《专题辑览》《调研报告》《文摘转载》20个栏目，不仅包括了曲艺研究的所有范式，也涵容了曲艺研究的各个方面。且其“每篇字数一般不超过50000字”的长篇幅和大容量投稿框限，均使该刊具有全方位的容纳性，定能够为更好推动中国的曲艺学研究，提供学术交流的载体服务；也能为中国的曲艺学研究及其学科建设，做出自己应有的贡献。值得关切，也值得期待。

综上，我们对2020年度中国曲艺在节目创演、活动组织、传承保护、艺术传播和学术研究等方面取得的成绩与存在的问题，进行了力所能及和较为概略的回顾梳理与总结思考。冀望其中的成绩与经验，能给中国曲艺在未来的持续繁荣提供助益；存在的问题与遗憾，能对中国曲艺在今后的健康发展有所警示。同时，热切希望我们不尽成熟的梳理和思考，也能成为关心和爱好中国曲艺的读者朋友可资利用的一个思想支点。

吴文科　中国艺术研究院曲艺研究所所长、研究员
赵倩　中国艺术研究院曲艺研究所副研究员
田莉　中国艺术研究院曲艺研究所副研究员
王晶　中国艺术研究院曲艺研究所副研究员

专题

抗击新冠肺炎疫情系列曲艺作品创演

【概况】

新冠肺炎疫情发生以来，中国曲艺家协会组织各级曲艺家协会和广大基层曲艺文艺工作者创作曲艺作品，宣传抗击新冠肺炎疫情活动中的感人事迹和人物。

新冠肺炎疫情发生后，全国曲艺工作者发挥各自的艺术特长，搜集素材，发掘事迹，用曲艺的形式创作表演新作品，反映抗击疫情的感人事迹，弘扬广大疫情防控工作者的无畏奉献精神，宣传普及各种预防疫情的知识。

2020年1月26日，全国曲艺表演场所协作发展联盟发布“网络开箱”倡议书，呼吁全国曲艺表演场所、曲艺小剧场、曲艺工作者在微信公众号、微博、抖音等网络平台和新媒体上发布符合时代需要的作品。2020年1月27日，曲艺杂志融媒推出“抗击疫情　曲艺在行动”作品征集活动，收到上千篇原创曲艺作品，涵盖30多个曲种，每天在公众号上推出。2020年1月31日，全国青年曲艺工作者联盟发出倡议书，号召发挥曲艺的小快灵优势，为疫情贡献力量。

中国曲艺家协会副主席、浙江省曲艺家协会主席翁仁康创作了莲花落《齐心渡难关》，北京市曲艺家协会会员武宗亮创作评书《风扫尘霾》，北京市曲艺家协会理事、延庆区曲艺家协会主席孙宏超创作快板《北京战“疫”显豪情》，北京市曲艺家协会理事甄齐创作相声《抗疫神曲》，北京曲艺团上线新创快板作品《防疫正气歌》、京韵大鼓《为逆行者点赞》、相声《抗病毒播报》等，张天雷创作相声《抗病毒播报》，崔琦创作大岔曲《天使赞》，王波创作河南坠子《王二愣劝妻》，谢岩创作京韵大鼓《为逆行者点赞》，郑思杰创作快板书《白衣英雄赞》，郭迎欢改编快板《坚决打赢攻坚战》，刘朝创作表演评书《这个春节并不冷》，何丹作词并演唱、马小祥作曲并伴奏的单弦《万众一心送瘟神》，白金鑫创作表演梅花大鼓《悬壶济世钟南山》，北京琴书泰斗关学曾的关门弟子王树才创作《英雄城市》《风雨之中》《消灭小病毒》等作品。

天津市文学艺术界联合会及所属各文艺家协会创作了快板书《为逆行者点赞》，天津快板《做好防疫筑平安》，天津市曲艺家协会副主席李少杰、词作家纪连祥创作了《抗击病毒做防范》《为你点赞，我的朋友》等作品。

安徽省的曲艺工作者创作淮河琴书《母女防疫情》，安徽大鼓《科学防控保平安》《严防疾病保平安》，山东快书《齐心抗毒多宣传》，快板《胜利一定属于咱！》《抗冠凯歌》《齐心协力战疫情》《为逆行者点赞》等作品。

湖北省曲艺工作者创作方言说唱《我在武汉》、湖北大鼓《不服周的武汉人》《万众齐心战病毒》《谣言止于智者》《湖北人个个了不起》《打赢疫情攻坚战》、快板《加油武汉》《武汉人的2020》、宜昌方言慢板《万众齐心战病毒》、快板《山村年夜》、朗诵《我们的样子》、天门渔鼓《万众一心抗疫情》、荆州鼓曲《联防联控打硬仗》等作品。武汉说唱团团长、相声表演艺术家陆鸣创作方言说唱《我在武汉》等，被学习强国、抖音、快手等多个APP平台选用。辽宁省曲艺工作者创作了东北大鼓《英勇战士踏征程》、快板《中国加油》《做好防范抗疫情》《众志成城战病魔》、相声《爱的奉献》等作品。

上海曲艺工作者创作快板书《护航》，上海评弹团发布弹词开篇《众志成城迎春归》，广播说唱《逆行天使》《定能打赢这一仗》《万众一心战疫情》等；山西曲艺工作者创作了群口快板《万众一心送瘟神》，太原莲花落《真情》，京东大鼓《打响疫情阻击战》等；四川曲艺工作者姚新国创作了快板书《广元人民——抗击疫情有担当》；山东文艺工作者付茂亮创作快板书《防疫战争定能赢》。

76岁的评书表演艺术家、中国文学艺术界联合会荣誉委员、中国曲艺家协会名誉主席刘兰芳与丈夫王印权创作评书《钟院士，百姓心中的一座山》，还带领弟子创作表演曲艺作品《温暖回家路》《战瘟神》《众志成城渡难关》等，儿子王岩创作表演快板书《众志成城渡难关》；军旅演员、作家李立山推出山东快书《站哨台》和快板书《柳林湾》；作家崔琦创作了快板《抓阄儿》，崔琦、籍薇创作的梅花大鼓《天使颂》，吴新伯作词、陆锦花演唱的评弹《秀发》等。一些年轻的曲艺作者如谢岩、张博、王文水、赵鹏、阎永利等崭露头角。

此次曲艺抗疫作品的题材广泛，既有抗疫一线的科学家、医生、疾控中心干部，也有社区防疫人员、捐助者、志愿者，还有在这个特殊时期服从大局、众志成城的普通群众。如姚建新、张楠的快板书《逆行者》，以英雄传奇的模式塑造了钟南山院士临危受命逆行北上解救万民的仁心医者形象；汤敏的京东大鼓《妈妈心中的一盏灯》，讴歌了舍不得女儿又以国家利益为重的母亲的大爱情怀；评书《大爱无疆》，赞扬张定宇、钟南山的先进事迹和全国抗疫“小推车”的无私奉献；昆山市弹词开篇《送别》，取材于女医生为驰援武汉推迟婚期、未婚夫送别时互相鼓励的情景。

曲艺创作的作品形式新颖，如上饶道情《万众一心打败你》结合视频动画，形象地讲解讲卫生、勤洗手、科学防疫的道理；吴新伯作词、陆锦花演唱的评弹《秀发》在保留了评弹韵味的基础上，加入了流行乐和民谣的元素；方言说唱《我在武汉》结合了rap说唱，京韵大鼓第一次尝试男女混声，电声midi伴奏合成等。

此次抗疫创作的作品曲种涉及相声、快板书、数来宝、京韵大鼓、梅花大鼓、西河大鼓、河南坠子等几十个曲种。在短时间集中创演如此多的节目，表现出曲艺人响应党中央号召打赢疫情防控阻击战、众志成城、共克时艰的文化自觉，反映了曲艺人关键时刻勇担使命的“中国速度”。

根据《中国文化报》《中国艺术报》2020年1月至7月相关内容整理

【观点】弘扬抗疫精神的创作与传播——2020年抗疫主题曲艺创作综述

◎ 赵倩

自2020年年初开始，突如其来的新冠肺炎疫情，让中国及世界人民正常的生产和生活秩序遭受严重影响。但是自抗疫斗争伊始，在党和政府的坚强领导和正确决策之下，中国人民众志成城抗击疫情，取得了阶段性巨大胜利。疫情期间抗疫主题曲艺作品的创作与传播，也正是从不同层面对抗疫精神内涵的弘扬。

抗疫精神内涵的呈现

此次抗疫主题曲艺作品从创作、表演到传播，体现了从个人自发到官方机构组织、从草根艺人到曲艺名家全员参与、从大曲种到地方曲种、从汉族曲种到少数民族曲种等全界联动的艺术生产过程，这无疑体现了曲艺工作者关切时代、爱国为民的思想。从题材上看，宣传了疫情防控知识、讴歌了各路英雄和榜样、传递了正确的价值观和正能量，实现了为湖北及全国人民祈福、鼓劲的目的，展示了中华儿女抗击病毒的必胜信念。作品的切入角度虽然不同，但不乏密切观照、反映疫情发展，从形式到内容、从情节到思想均用心、用力之作，听来情真意切，让人振奋、动容、反思。

疫情暴发初期，许多曲艺作家和表演者迅速反应，积极投入抗疫主题作品的创作中。涌现出如京韵大鼓《为逆行者点赞》、快板书《抗击疫情做防范》、河南坠子《抗魔利剑》、常德丝弦《打好疫情阻击战》、苏州弹词《沁园春·出征》、陕北说书《万众一心齐行动》、长子鼓书《夫妻出征》等30余个曲种的一大批作品。

《曲艺》杂志在抗疫初期，便收到了1500余篇抗疫主题作品，该刊2020年度第3、4期，择优集中刊登了20余篇作品。曲艺作家李立山创作的山东快书《站哨台》，讲述了喇叭台村的两名老共产党员疫情期间坚持原则、严守村口，不让任何人出入的故事。作品立足现实、饱含真情和趣味性，不仅言之有理地传播了防疫知识，而且热情讴歌了共产党员的初心和使命。中国曲艺家协会快板艺术委员会副会长柴京云在点评中认为，该作品“于幽默中给人以鼓舞，于诙谐中给人以力量，不仅体现了曲艺工作者们的敬业精神，而且也饱含一种文艺工作者家国天下的情怀，令人感佩、赞叹”。还有天津市曲艺团鼓曲作家杨妤婕创作的京韵大鼓《妈妈的嘱咐》，表现了母女、祖孙3名党员在国家灾难面前，发挥共产党员的先锋模范带头作用，以保卫国家和人民安危为行动指南，迎难而上、逆向而行，将驰援武汉看作全家的光荣。其中90岁高龄老妈妈给女儿留的字条，一方面是嘱咐，一方面是祝福，家人的深明大义和医务工作者舍小家顾大家的精神让人感动。

除了从正面描写的作品外，还有从反面人物着手，通过讽刺手法进行创作的作品，如姚富山的数来宝《我的忏悔》，以主人公从隐瞒到坦白病情过程的详细描写，生动地刻画了抗疫宣传中“自私自利”的反面人物的丑恶形象，有力地揭露了那些“灯下黑”的案例，起到了宣传和引导如何正确抗疫的目的。梁雪、罗瀚创作的杭州独脚戏《妈妈说》，用滑稽幽默的语言，讽刺了那些在抗击新冠肺炎疫情过程中，以没有医学和科学依据的民间“偏方”作为自己保命“解药”之人的荒唐言行，进而宣传了科学的抗疫知识。这些作品，无不具有批评、教育和警示的核心价值。

网络传播助力弘扬抗疫精神

受疫情的影响，线下演出受限，网络舞台在很长的一段时间内，成为曲艺表演的主要媒介，这客观上促进了曲艺作为网络文艺重要组成部分的文化功能的发挥、网络作为曲艺传播重要媒介的潜在能量的激活。

除上文提及的作品外，翁仁康创作的绍兴莲花落《齐心渡难关》，崔琦创作的梅花大鼓《天使颂》，徐宁创演的湖北大鼓《不服周的武汉人》，吴新伯作词、陆锦花谱唱的评弹开篇《秀发》等大量节目，都在创作完成后的第一时间，通过网络进行了发布。广东省曲艺工作者林庆华，在抖音平台、中央广播电视总台粤港澳大湾区之声等平台以“保安弟”的角色演绎了一系列宣传防疫知识的潮语曲艺作品，引起较大的社会关注。此外，各地曲艺团体也纷纷开通直播，与网友在直播间互动，如上海评弹团在直播中，开设有“评弹与疫情防控”“评弹与中医”等专题，宣传防疫知识。

此外，一些由各级党委和政府诸部门或社会机构协调组织的抗疫专场曲艺活动，也陆续通过网络进行了录制、编排和传播。在1月24日深夜，上海第一支援鄂医疗队到达武汉之际，上海曲艺工作者们用网络合成的形式，经过连夜创编和制作，于1月25日凌晨推出广播说唱《逆行天使》，并在上海文联公众号、上海市曲协公众号及其他自媒体上发布。10月9日至14日，由文化和旅游部非物质文化遗产司、艺术司，浙江省文化和旅游厅，宁波市人民政府主办，以“融入现代生活　弘扬时代价值”为主题的“2020全国非遗曲艺周”在浙江省宁波市举行，其间24部抗疫主题作品在“2020全国非遗曲艺周优秀节目展播”上亮相，并通过文化和旅游部官网、中国非物质文化遗产网、光明网、优酷等线上平台展播，让观众在同一个平台上即可欣赏到不同省份、不同曲种的艺术魅力，体会到在抗疫不同时期创作出的优秀作品所传递的伟大抗疫精神。

通过盘点抗疫主题曲艺作品的创作、表演和传播，我们可以看到，在对“曲艺工作者”身份的认同下，不同曲艺工作者对个性化价值观、审美观的表达，对自我艺术风格、社会形象的形塑，尽管最终呈现的作品在艺术水平和思想境界上各有千秋，却体现了中国曲艺艺术形态的多样化和文化功能的多重性，也让抗疫精神以多重面貌丰富着观众的精神世界。我们应该继续创编深挖典型人物形象和思想、引导健康生活方式的精品力作，以飨观众。同时，还需更进一步地拥抱网络，活用网络传播规则，扬其长避其短，让抗疫精神继续传扬，发挥其应有的社会效益。

原载《中国艺术报》2020 年 12 月 28 日

【观点】抗疫曲艺创作，不能止步“小、快、灵”

◎ 蒋慧明

一场突如其来的新冠肺炎疫情，打乱了所有人的节奏，往年热热闹闹的春节文艺演出市场，暂时偃旗息鼓了。为阻断疫情的传播自觉宅在家里，是我们每个人义不容辞的责任；不过，“静”的背后，却仍能清晰地感受到人们心中时刻奔涌着的情和爱。对疫情严重地区民众的牵挂，对疫情早日结束的期盼，对奔赴一线的医务工作者的由衷致敬，种种情愫皆通过无形的网络传递着交流着。众多的文艺工作者虽然不能身处一线，但却都第一时间选择运用各自擅长的艺术形式，创作了大量的诗歌、绘画、歌曲等文艺作品，为抗疫宣传鼓劲。这其中自然也包括始终活跃在大小舞台上，为老百姓送去欢声笑语的曲艺人们。

众所周知，曲艺艺术历来深受老百姓喜爱，又因其通俗易懂、短小精悍、表演简便等特点，故有“小、快、灵”的赞誉。当疫情突然袭来，各地纷纷启动一级应急响应，几乎所有的人都退守家中，无私无畏的医务工作者却义无反顾地奔赴抗疫第一线，留下了令人泪目的“逆行者”的身影。以唱词《为逆行者点赞》（作者：谢岩）等为代表的曲艺作品应运而生，其中像“谁不想与家人一起吃年夜饭？谁不想阖家欢乐共度新年？谁不想坐在那沙发上看看春晚？谁不想送祝福抢红包美满团圆？一旦间疫情出响应召唤，为了那大众的幸福忘了自己的安全”这样的句子，既唱出了人们的共同心声，也体现了年轻曲艺人的担当和自觉。

随着各级组织的有效部署以及众多民间团体的自发响应，很快，在各大网络平台、曲艺公众号及自媒体相继涌现出了数量巨大的曲艺作品，形成了一波抗疫曲艺创作的热潮。以笔者有限的阅读量来看，目前的抗疫曲艺作品在形式上囊括了绝大部分的曲种，京韵大鼓、乐亭大鼓、苏州弹词、上海说唱、广西文场、单弦、评书、粤曲、南音……几乎每个地方曲种都有作品呈现；而在内容上则涉及了疫情防控的方方面面。应该说，每一部曲艺作品的诞生，都凝聚了创作者的心血和爱心，反映了全国人民万众一心、共克时艰的勇气和信念，一定程度上也确实起到了普及防疫知识、坚定必胜信心和鼓舞士气、振奋精神的积极作用。

与其他的文艺形式相较而言，历来有“文艺轻骑兵”之誉的曲艺果然先声夺人，名不虚传。不过，随着疫情的持续，当我们从最初的激情和躁动中慢慢平静下来，重新检视这批为数可观的抗疫曲艺作品，不难发现，其中也不乏仓促应景之作，或直白宣教，或陈词滥调，距离真正能够“叫得响、传得开、留得住”的精品力作还差得很远。倘若再理性地进行一番分析，同样不难得出结论，这其实也是长期以来存在于曲艺创作中的普遍症结——曲艺创作，岂能只有“小、快、灵”？

以这次抗疫曲艺创作中出现得最早、篇幅最多的快板类作品为例。一人一板，自击自唱，只需要一部手机即可录制上传，这些便利条件既符合疫情期间各自居家隔离的要求，又能起到宣传、鼓舞的作用，故而此类作品数量多、出品快。当然，由于主题和形式的近似，难免会给人雷同单调，千篇一律的印象。

这里，不妨提醒大家关注一句话——“有人有事儿，有情有趣儿”，这是老先生们根据曲艺艺术的特点而总结出来的基本创作规律。

曲艺又叫说唱艺术，是用说唱的方式来讲故事的。既然是故事，那就必然少不了人物和事件，同时还要有与之相应的情感和趣味。只要选材恰当，手法灵活，就能较好呈现出故事中的人和事儿；而决定一篇作品是否能让观众爱听（爱看）的关键因素，则是作品中不可或缺的情感和趣味。这也是目前大量曲艺作品普遍缺少的。

军旅艺术家李立山创作的一段山东快书《站哨台》，在网上甫一推出，立刻赢得了大家的交口称赞。作品塑造了老王和老白两位村民形象，通过他们之间的对话、交流将病毒肆虐的严峻形势以及城乡居民居家隔离的重要性娓娓道来，又通过他们严格执法、“不近人情”的举动，将疫情中的世态人心一一再现。

固然，曲艺作品有着接地气与短平快的先天优势，在宣传政策法规和传递正确的科普知识方面有着不可替代的重要作用。但，曲艺作品毕竟是艺术品而非宣传品，构思是否精巧，语言是否上口，人物是否可信，细节是否生动，都应该是创作者需要着重考虑仔细揣摩的主要环节。唯此，才能有效突破对曲艺作品“小、快、灵”的片面理解，将创作的重心更多地投诸对作品艺术质量的追求上，而不是简单地比速度，一味地喊口号，盲目地跟风创作。

这场疫情切切实实地改变了我们每个人的生活，人们响应号召，自觉居家，在相对封闭的空间里待得久了，就更加需要积极的健康的文艺作品来充实我们的精神世界。除了奋战在抗疫前线的医护人员，还有许许多多坚守岗位的人以及志愿者们，用他们无私的付出维持着社会的正常运转，这些发生在抗疫一线和我们身边的感人肺腑的大小事迹，共同谱写着一曲大爱的赞歌。因此，曲艺创作的视角和力度，实则可以更加开阔与深入。

大处着眼，小处着墨，是艺术创作的制胜法则。我们也欣喜地看到了一些抗疫期间涌现出来的曲艺作品，例如京韵大鼓《妈妈的嘱咐》（作者：杨妤婕）、苏州弹词《秀发》（作词：吴新伯、唱腔：陆锦花）、快板《蝙蝠的自白》（作者：崔琦）等，将笔触对准了非常状态下的普通人，以他们的所思所想所作所为，唤起大众对当下生活的认知与思考，消弭紧张焦虑的社会情绪，凝聚抗疫防疫的精神力量。

可以想见，待春暖花开，疫情解除，发生在庚子年初春的这段难忘的经历，一定会成为所有曲艺人今后创作演出的重要题材内容之一。曲为时代，艺为人民，衷心希望能有更多有创意、有深度、有影响力的曲艺作品问世，也希望我们的曲艺作品中更多一些生命关怀和思辨力量。

原载《中国艺术报》2020 年 2 月 24 日

理论研究

著作选介

【子弟书集成（全 24 册）】

陈锦钊辑录，中华书局 2020 年版。

该书以精选善本为底本，收录了散存于国内外的各类子弟书达六百余种，并详加题解。其中，“子弟书”五百三十四种；“石派书”短篇二十九种，中篇十四种，长篇《龙图公案》百余本、《忠烈侠义传》十二册；“快书”九十七种。卷首录作者所辑“现存子弟书目录”“旧有论述”“曲谱”等相关资料。

【欧洲藏中国明清至民国俗曲唱本研究——以英、德、法为中心】

崔蕴华著，中国社会科学出版社 2020 年版。

该书对欧洲藏中国唱本尤其是英、法、德地区的文献进行了整理与研究，其中很多地区的文献均为首次发现。全书分为上、下编。上编为研究篇，共六章，内容包括：欧洲说唱藏本的概念、历史渊源与学术价值，牛津大学图书馆藏唱本研究，伦敦地区图书馆藏民间唱本研究等；下编为图录篇，共三章，内容包括：牛津大学部分藏书经眼录、大英图书馆藏书经眼录、亚非学院藏书经眼录。

【西游说唱集】

胡胜、赵毓龙辑校，上海古籍出版社 2020 年版。

该书是“西游说唱”文献辑校本，收录了 32 篇自唐至清一千多年间产生的西游故事体系中有代表性的说唱文献善本，并进行校点。选目注重说唱文献在时代、曲种、题材、风格上的差异性、代表性，曲种有话本、宝卷、神书、鼓词、子弟书、岔曲等，题材涵盖唐王入冥故事、唐僧出世故事、刘全进瓜故事、孙悟空故事、取经故事等。

【民间说唱与古代小说交叉互动研究】

纪德君著，中国社会科学出版社 2020 年版。

该书从民间说唱与古代小说交叉、互动的视角，考察了唐五代以来民间说唱与小说之间的双向影响，揭示了说唱文学与小说的联系与区别，阐析了说唱文学与小说的一些重要的文体艺术特征生成、发展和演化的动因及其体现的艺术规律。

【扬州评话：乾隆下江南】

林芝庭口述，费力、任德坤、陈允谦整理，广陵书社 2020 年版。

扬州评话传统长篇书目《乾隆下江南》，根据章回小说改编，又名《万年青》。据记载，扬州评话艺人清末民初开始说这部书，说书艺人有南、北两个传承系统，北以张凤臣为代表，南以孔宪庭为代表。该书由扬州曲艺研究所策划，根据南派孔宪庭的徒弟——林芝庭的口述录音记录稿整理，保存了艺术家的表演风格、语言特色，并对其中的糟粕和记录错误进行了修改，对难懂的方言俗语作了注释，让残缺多年的长篇大书得以完整呈现。

【民间说唱：双槐善书的传承与发展】

彭伟著，知识产权出版社 2020 年版。

该书分为五个章节，从善书的历史传承、文本分析出发，先后探索了双槐善书的历史渊源、唱词内容与文本、艺术特征与文化表现形式、善书表演的场域与对象、善书的传承与发展困境以及传承与发展问题。

【从茶肆走向世界：常德丝弦研究】

佘丹清、周星林著，湖南人民出版社 2020 年版。

该书以国家级非物质文化遗产项目——常德丝弦发展历史作为研究对象，介绍了常德丝弦研究的缘起、目的和意义，研究了常德丝弦的历史渊源、丝弦名家、音乐特性、传统曲目、现代曲目以及传播特点。

【近现代弹词通论】

童李君著，山西教育出版社 2020 年版。

该书梳理了近现代弹词的发展轨迹，探讨了弹词演出及其听众在近现代的转变，以及编创者如何在弹词这一传统的形式中融入新思想、新内容，探讨了弹词与小说、戏曲在处理相同题材、同一故事情节等方面所用的不同方法。

【孤本说唱词话《云门传》研究】

吴真著，中华书局 2020 年版。

孤本《云门传》是明代民间白话说唱的实物刊本，上承元明词话，下开清代鼓词，是研究词话、道情、弹词、鼓词的承接和转变的文本依据。该书对《云门传》进行了“道教—地方社会—说唱曲艺—文献—小说”的“纽带式研究”，分析了流转经历、版本情况、地方道教语境、文本形成过程、说唱体制、语言特点及冯梦龙的改编策略等。书后附有《云门传校笺》、冯梦龙《醒世恒言》改删情况标注、相关地方文献以及民间文学作品。

【曲艺学（第 1—2 辑）】

吴文科主编，文化艺术出版社 2020 年版。

《曲艺学》是中国艺术研究院曲艺研究所和中国说唱文艺学会编辑的专门汇集曲艺学研究学术成果的文论集刊。长期以来，由于曲艺学在文学艺术中的地位没有得到足够的重视，导致目前曲艺学发展尚还处于薄弱阶段。针对此类问题，该书对曲艺学中具体门类进行了深入研究与探讨，汇集了众多曲艺研究领域的学术成果。

《曲艺学》(第 1 辑）下设《曲种研究》《理论探索》《名家谈艺》《文化探究》《商榷争鸣》等栏目，收录了《“常州宣卷”论略》《蔡家洼五音大鼓及其曲种渊源的音乐学考察》《唱曲舞蹈的形态特征与功能特点》《论金元说唱表演批评》等文章。

《曲艺学》(第 2 辑）下设《学科建设》《口述访谈》《文献考述》《传承传播》《调研报告》《文摘转载》等栏目，收录了《20 世纪河西宝卷文献研究概论》《骆玉笙演唱京韵大鼓代表性音像节目版本考论》《现代传媒的发展与北京评书的传播》《略论高校的曲艺教育及其学科建设》等文章。

【宋元通俗叙事文体演成论稿】

徐大军著，上海古籍出版社 2020 年版。

该书是立足于故事讲唱形态的文本化，以通俗叙事文体、故事讲唱伎艺为基本的关系框架，考察宋元通俗叙事文体的演成问题：一是把这个“文本化”置于不同的关系框架中，追索、辨析不同的参与力量；二是在不同的关系框架中考察这个“文本化”，多层多维地认识不同参与力量在宋元通俗叙事文体演成过程中的作用。

【清代南方唱书研究】

于红著，兰州大学出版社 2020 年版。

“南方唱书”是出现在清代南方的一种曲艺表演形式及其唱本的合称，也称为“清代说唱词话”，传承自宋代“词文”、元代及明代“说唱词话”，与清代北方的曲艺曲种“鼓词”相对应。该书以清代“南方唱书”曲艺表演形式及其所使用的说唱文本为基础，对其生存流传生态、文本价值以及文化内涵予以阐释。

【河南濒危曲种声腔艺术传承保护研究】

杨冬梅著，中国社会科学出版社 2020 年版。

该书是以河南濒危曲种为研究对象，重点研究其音调特点、句式结构、艺术风格、审美趣味、思想意识、价值取向，探讨不同濒危曲种的源流派别、体裁形式、地域分布、题材内容、传承方式，揭示河南濒危曲种的审美价值、风格特质、社会功能，探索河南濒危曲种在新的社会条件下的价值重构。

【中国曲艺家协会70年发展历程概览】

中国曲艺家协会编，中国社会出版社2020年版。

该书反映了新中国成立以来，中国曲艺家协会在中国共产党的领导下从最初创立到逐步发展、改革壮大的历史进程，以及中国曲艺家协会在推动组织建设、加强行业管理、提高创演水平、扩大对外交流、开展理论研究、实现创新发展等方面所做的工作。本书共分五章，内容包括："全国性曲艺组织筹备和研究团体的成立""全国性曲艺社团的创建和发展""中国曲艺家协会成立以来的新探索""中国曲艺家协会在新世纪的开拓""新时代中国曲艺家协会"的守正创新。

【中国曲艺家协会70年发展大事记述】

中国曲艺家协会编，中国社会出版社2020年版。

该书主要记述新中国成立以来，中国曲艺家协会的重点工作、重要会议、事件和演出活动，如中国曲艺节、展演、少儿曲艺大赛、中国曲艺牡丹奖以及各项表彰等。本书以时为序、以事为纬，依据重要史料、档案、简报等编辑整理而成。

【中华曲艺学科探索与实践】

中国曲艺家协会组编，知识产权出版社2020年版。

本书收集了20世纪80年代以来，艺术理论界、曲艺界关于设立曲艺学科、开展曲艺高等教育等方面的文章，以及曲艺界政协代表在全国政协会议上的提案，论证曲艺在现代化教育当中的学科地位以及开展曲艺高等教育、培养复合型专业化曲艺人才队伍的重要性，为加速推进曲艺学科建设提供理论支撑。

【快板表演艺术】

中国曲艺家协会、辽宁科技大学编，高等教育出版社2020年版。

该书系全国高等院校曲艺本科系列教材之一，共分"快板艺术概述""开场板击打规范""数来宝艺术技巧""快板艺术技巧"等七大章节，分别从快板艺术发展历史、板诵类曲艺形式及其艺术规律、快板创作技巧等剖析了快板艺术。

【中华曲艺艺谚艺诀和专业术语】

中国曲艺家协会、辽宁科技大学编，高等教育出版社2020年版。

该书系全国高等院校曲艺本科系列教材之一，对曲艺术语及艺谚艺诀进行全面梳理并对其进行分类编排，为曲艺研究者及广大爱好者提供资料索引。

论文选目

白楚下：《关于红色曲艺创作的几点思考——抗美援朝战场上的文艺兵采访后记》，《曲艺》2020年第12期。

宝木：《曲艺IP在当下的价值和意义》，《曲艺》2020年第4期。

鲍震培：《曲词创作的三个维度——以暴玉喜曲词作品为例》，《曲艺》2020年第10期。

鲍震培：《小品姓小　小品不小——简论喜剧小品的兴起及艺术特征》，《曲艺》2020年第2期。

鲍震培：《中华曲艺如何再创时代新经典》，《中国文艺评论》2020年第7期。

车振华：《新时期说唱文学研究的成就、困境及其出路》，《文学遗产》2020年第6期。

陈铭伟：《牡丹花开艳　南音吐芳华——记“中国文联终身成就曲艺艺术家”荣誉称号获得者苏统谋》，《曲艺》2020年第11期。

陈睿睿：《简论杭州评话的艺术渊源》，《曲艺》2020年第8期。

崔维克：《从北京琴书发展论非遗保护与传承的路径》，《曲艺》2020年第7期。

崔伟：《关于当下小品创作与艺术定位的一些思考》，《曲艺》2020年第2期。

崔蕴华：《现代学术视野下的民间说唱文学研究》，《文学遗产》2020年第6期。

崔蕴华：《中国说唱文学的海外传播与研究》，《北京社会科学》2020年第3期。

董晴晴、姜华：《浅议四川清音的文献研究及其艺术发展》，《曲艺》2020年第3期。

杜晓杰：《广西少数民族曲艺的跨媒介传播探析》，《传播与版权》2020年第9期。

高慧智：《论〈珍珠塔〉弹词的主要版本及改编——以〈新刻珍珠塔九松亭全本〉为中心》，《浙江艺术职业学院学报》2020年第4期。

顾学军：《新时期小品创作之我见》，《曲艺》2020年第2期。

郭广厚：《北京天桥地区曲艺表演场所的空间形态发展研究》，《艺术与设计（理论）》2020年第11期。

胡莉、罗兆均：《盲中行走：说书人的艺术实践与现实困境——以平遥弦子书盲艺人为例》，《曲艺》2020年第12期。

胡一峰：《新型主流融媒体平台与曲艺传播之道——以“学习强国”APP上的曲艺内容为例》，《曲艺》2020年第11期。

黄仕忠：《关于戏曲与说唱交互关系的一些思考》，《文学遗产》2020年第6期。

纪德君：《关于说唱文学与古代小说交叉互动研究的思考》，《文学遗产》2020年第6期。

纪德君：《试论中国古代说唱文学研究的开拓与创新》，《学术研究》2020年第5期。

贾振鑫：《观众视阈的优秀曲艺作品探究》，《曲艺》2020年第4期。

贾振鑫：《曲艺创作与扶贫攻坚题材交互的优势与发挥》，《曲艺》2020年第12期。

贾振鑫：《新时代如何再造红色经典曲艺作品》，《曲艺》2020年第7期。

蒋慧明：《精神引领　深入人心——小议红色题材曲艺作品的当代价值与艺术创新》，《曲艺》2020年第7期。

黎国韬：《前行赞词：不应被忽视的说唱资料》，《文学遗产》2020年第6期。

黎明：《论“互联网+”时代曲艺IP的创新之路》，《曲艺》2020年第4期。

李东晓：《“唱新闻”：一种地方说唱曲艺的传播社会学研究》，《新闻与传播研究》2020年第8期。

李菲：《俄罗斯北方说唱人研究》，《西伯利亚研究》2020年第2期。

李凯、王傲：《谈东北大鼓的艺术功能及传承创新——以东北大鼓创作与表演人才培养项目为例》，

《曲艺》2020 年第 2 期。

李奎、胡鑫蓉：《早稻田大学图书馆藏〈红楼梦〉木鱼书初探》，《明清小说研究》2020 年第 1 期。

李鸣宇：《相声版权保护需与时俱进》，《曲艺》2020 年第 1 期。

李煞：《人力资本视域下的黑龙江"东北大鼓"传承机制研究》，《艺术研究》2020 年第 6 期。

李玉琴、和六花：《云南少数民族曲艺古籍及其抢救保护刍议——以纳西族古籍为中心的探讨》，《玉溪师范学院学报》2020 年第 5 期。

李梓源：《说唱文化的"重新定义"与"应然"建构：基于中国内地新闻媒体对说唱文化的"再现"研究》，《新疆社会科学》2020 年第 5 期。

刘雯、刘娟：《京韵大鼓多声部音乐形态与乐人的音乐观》，《中国音乐》2020 年第 5 期。

刘衍青：《〈红楼梦〉说唱文献整理与研究述论》，《红楼梦学刊》2020 年第 3 期。

骆巍巍：《追忆祖母骆玉笙与曲艺作家孟然的艺术情缘》，《曲艺》2020 年第 11 期。

苗怀明：《建构曲艺学学科的文献基础——从〈中华曲艺书目内容概览〉〈中华曲艺图书资料名录〉说起》，《曲艺》2020 年第 12 期。

苗怀明：《日本敦煌说唱文学研究的历程与特色探析》，《天中学刊》2020 年第 5 期。

苗怀明：《中国说唱文学在欧洲地区的翻译与研究》，《三峡论坛（三峡文学·理论版）》2020 年第 5 期。

潘讯、陆军：《从"评弹的历史"走向"历史的评弹"——〈光前裕后：一百个苏州评弹人的口述历史〉出版》，《曲艺》2020 年第 3 期。

潘讯：《曲艺"双创"熔铸文化现代化构建——以苏州评弹为例》，《曲艺》2020 年第 12 期。

孙光圻：《"南曲北移"跨界传播——从赵玉明弹唱苏州弹词开篇〈莺莺操琴〉说起》，《曲艺》2020 年第 9 期。

孙伊婷：《苏州评弹光裕社〈出道录〉珍藏版手抄孤本探微》，《曲艺》2020 年第 1 期。

谈欣：《当前曲艺人才培养问题与对策研究——基于近 30 所高校的调查》，《曲艺》2020 年第 11 期。

王晶：《如何培养基层曲艺新人》，《曲艺》2020 年第 1 期。

王开玉：《非遗视野下的新疆哈萨克族阿依特斯保护工作》，《曲艺》2020 年第 3 期。

王亮、沈悦：《红色戏曲文化研究——以 1958—1959 年上海市曲艺会演为例》，《浙江理工大学学报（社会科学版）》2020 年第 3 期。

王宇琪：《北方传统曲艺音乐的技术传播——由唱片说起》，《曲艺》2020 年第 9 期。

吴磊：《论苏州弹词"蒋调"流派的创腔特点》，《音乐研究》2020 年第 3 期。

吴梦格：《曲艺类非遗的高校音乐教育人才培养模式运用价值探析——以浙江音乐学院为例》，《浙江艺术职业学院学报》2020 年第 4 期。

吴文科：《曲艺的活态传承和科学保护》，《中国非物质文化遗产》2020 年第 1 期。

吴文科：《赞民族英雄　扬人间正气——写在〈刘兰芳评书精品集〉出版之际》，《中国艺术报》2020 年 5 月 27 日。

吴真：《〈云门传〉：词话到鼓词的过渡形态》，《文艺研究》2020 年第 6 期。

吴真：《从说唱词话到白话小说的演进——以冯梦龙改编〈云门传〉为例》，《文学评论》2020 年第 2 期。

吴真：《协作与刺激：七十年海外中国说唱文学研究》，《文学遗产》2020 年第 6 期。

向云驹：《小品没有艺术归属的现状亟待扭转——我对小品与曲艺关系的几点管见》，《曲艺》2020 年第 2 期。

杨晓雪：《守先待后，返本开新——〈中国曲艺艺术概论〉评介》，《曲艺》2020 年第 12 期。

岳奕茳：《新时代现实题材的曲艺创作小议》，《曲艺》2020 年第 4 期。

张天来：《自媒体时代背景下中国曲艺主流意识形态话语权的建构研究》，《曲艺》2020 年第 1 期。

张小卫、胡玉强、炜熠：《新冠肺炎疫情对当下曲艺演出经营实体影响调查分析》，《曲艺》2020 年第 5 期。

张小卫、胡玉强：《曲艺演出行业线上直播模式分析》，《曲艺》2020 年第 8 期。

张延莉：《城市音乐研究的区域化和地方性——以评弹的“海派”和“苏派”为例》，《音乐艺术（上海音乐学院学报）》2020 年第 2 期。

张涌泉：《七十年来变文整理研究的回顾与展望》，《文学遗产》2020 年第 3 期。

张祖健：《新媒体环境中的曲艺发展和传承》，《曲艺》2020 年第 2 期。

赵航：《从中国传统说唱与当代流行说唱艺术形态异同看中国说唱走势——以〈情探〉〈野狼 DISCO〉为例》，《当代音乐》2020 年第 5 期。

赵奇恩：《相声“春典”语汇的构建与传承》，《文化遗产》2020 年第 6 期。

赵倩：《点赞与反思——“2020 全国非遗曲艺周优秀节目展播”观后》，《中国艺术报》2020 年 12 月 14 日。

钟渠泉：《嘻哈包袱铺在曲艺版权保护利用上的探索和实践》，《曲艺》2020 年第 12 期。

周德堂：《“非遗”视域下的沂蒙老区曲艺研究》，《大众文艺》2020 年第 11 期。

纪事

研讨·培训

【2020年全国曲协专题视频会】

2020年2月21日，中国曲艺家协会主办的“2020年全国曲协专题视频会”在线上举行。会议作题为《聚焦主责主业　守正创新有为　努力书写曲协工作和曲艺事业新篇章》的工作报告，回顾中国曲艺家协会2019年的工作成果，部署2020年工作安排，宣布“2019年度中国曲艺家协会优秀团体会员荣誉称号”和“2019年度先进基层曲协组织荣誉称号”单位。中国曲艺家协会八届六次主席团视频会议同期举行，会议通报2019年中国曲艺家协会主席团成员履职情况，审议《关于更替中国曲协第八届理事会理事的情况说明》等文件。

【第二期全国曲艺小品创作表演编导网络专题培训班】

2020年5月18日至29日，中国曲艺家协会、中国文学艺术界联合会人事部主办的“第二期全国曲艺小品创作表演编导网络专题培训班”在线上举行。

来自清华大学、中国曲艺家协会、中国广播艺术团的专家和表演艺术家分别就习近平新时代中国特色社会主义思想、职业道德规范和行风建设、曲艺创作、表演等主题进行授课。并邀请央视春晚编导对作品进行在线辅导。

【“新文艺组织行业评价体系建设”调研组赴陕西考察】

2020年6月10日，中国文学艺术界联合会曲艺艺术中心“新文艺组织行业评价体系建设”调研组赴陕西省西安市对曲艺小剧场建立行业评价体系进行调研。调研组深入考察西安青曲社和西安相声新势力茶馆朱雀店的运营模式、剧场硬件和配套设施，并与剧场管理人员和演员举行座谈会。

【第二期曲艺专家名家精品创作网络研修班】

2020年6月20日至30日，由中国曲艺家协会主办、中国文学艺术联合会曲艺艺术中心承办的“第二期曲艺专家名家精品创作网络研修班”在线上举行。

来自中央党校（国家行政学院）、中国曲艺家协会、南京大学的专家围绕习近平新时代中国特色社会主义思想、艺术理论、曲艺创作与表演等主题进行授课。来自西部12个省、自治区的77名曲艺创演人员参加线上研修。

【深化改革基层试点工作视频座谈会】

2020年6月30日，由中国曲艺家协会主办的“深化改革基层试点工作视频座谈会”在线上举行。会议确定了中国曲艺家协会系统14家试点单位，计划利用2年时间有序开展深化改革基层试点工作，旨在明确中国曲艺家协会深化改革向纵深推进的举措思路、重点任务和工作路径。

【2020年中国曲艺名城发展战略联盟座谈会】

2020年9月11日，由中国曲艺家协会、中国曲艺名城发展战略联盟主办的“2020年中国曲艺名城发展战略联盟座谈会”在江苏省张家港市举行。

座谈会上，与会专家结合各地曲艺工作实际，围绕名城交流、曲艺传承、文旅融合等几个方面各抒己见，为中国曲艺名城发展战略联盟的发展建言献策。

“中国曲艺名城发展战略联盟”是在中国曲艺家协会的指导下，由江苏省张家港市、山西省长治市、辽宁省大连市、上海市、四川省彭州市五个中国曲艺名城发起成立的吸纳型服务型自组织平台，2019年3月成立，旨在广泛联系各中国曲艺名城，充分名城引领作用，推动曲艺事业发展。

【第八届中国曲艺团长高峰论坛暨第二届中国扬州·全国曲艺大书发展论坛】

2020年9月13日，由中国艺术研究院曲艺研究所、中国说唱文艺学会、江苏省曲艺家协会等主办的“第八届中国曲艺团长高峰论坛暨第二届中国扬州·全国曲艺大书发展论坛”在江苏省扬州市举行。来自全国各地近60名曲艺团长及相关负责人共同探讨在网络时代中的曲艺大书的传播。其间，艺术家演出了扬州评话《水浒·武二回家》、苏州评话《康熙·寻贤》、扬州评话《三国·草船借箭》等曲目。

【全国曲艺之乡曲艺名城工作推进会暨第2期中国曲艺之乡（名城）管理服务干部培训班】

2020年10月31日至11月1日，由中国曲艺家协会主办、中国曲艺家协会曲艺之乡（名城）建设委员会等承办的“全国曲艺之乡曲艺名城工作推进会暨第2期中国曲艺之乡（名城）管理服务干部培训班”在江苏省淮安市举行。

推进会通报了第三轮中国曲艺之乡（名城、基地）督查情况，表彰河南平顶山市等7个工作优秀的“中国曲艺之乡”。在“第2期中国曲艺之乡（名城）管理服务干部培训班”上，与会专家做《从曲艺之乡到曲艺名城——张家港市曲艺工作经验分享》《发掘生活中真人实事创作优秀曲艺作品》主题授课。学员同期赴当地非遗馆、书场、学校、曲艺馆等进行实地调研和观摩学习。

【2020（硕放）南北曲艺唱曲学术研讨交流展演系列活动】

2020年11月18日至20日，由中国曲艺家协会苏州评弹艺术委员会、江苏省曲艺家协会、无锡市文学艺术界联合会等主办的“2020（硕放）南北曲艺唱曲学术研讨交流展演系列活动”在江苏省无锡市举行。该系列活动包含1场研讨会、大运河文化带（江苏段）曲艺联盟成立仪式、2场南北曲艺唱曲交流演出以及“2020文艺进万家——‘阿福喜乐会’南北曲艺名家走进硕放惠民演出”等。

【第六届全国高等院校曲艺教育峰会】

2020年11月26日，由中国曲艺家协会、浙江省文学艺术联合会主办，浙江音乐学院、浙江省曲艺家协会承办的“第六届全国高等院校曲艺教育峰会”在浙江省杭州市举行。

该峰会采取线上线下相结合的方式，以“新时代曲艺学科建设突破之路：曲艺本科教材传播、使用和推广”为主题，回顾了近年来首批全国高等院校曲艺本科系列教材编写历程，总结了教材出版经验，阐述了教材学术价值，交流了教材使用成效。会议提出了加快建设曲艺学科体系的思路和对策，发出了《关于大力推广使用首批全国高等院校曲艺本科系列教材的倡议书》。

【2020 曲艺创作推进与权益保护圆桌会议】

2020 年 11 月 30 日，由中国曲艺家协会主办的“2020 曲艺创作推进与权益保护圆桌会议”在北京市举行。会议围绕“新时代有效处理曲艺界权益保护纠纷的意见和建议”“疫情防控常态化条件下音频视频在网络传播中的版权问题”“关于进一步提升曲艺原创作品质量的意见与建议”等议题展开讨论。该会议 2017 年开始，每年举办一次，主要关注曲艺权益保护年度热点难点问题，旨在提升曲艺人的权益保护意识、畅通曲艺权益保护沟通渠道、完善曲艺权益保护机制作。

【相声名家赵炎从艺 50 周年系列活动】

2020 年 11 月 30 日，中国广播说唱团主办的祝贺赵炎从艺 50 周年系列活动在北京市举行，活动包括“相声名家赵炎从艺 50 周年艺术研讨会”“火火的年代火火的心——相声名家赵炎从艺 50 周年庆典晚会”等。

其中，“相声名家赵炎从艺 50 周年艺术研讨会”上，中国曲艺家协会有关负责人、相声表演艺术家、曲艺作家、曲艺评论家以及中国广播说唱团所有演员以及赵炎的弟子等近百人参加研讨会，讨论了赵炎在相声艺术领域的贡献。

【第四期全国曲艺自由职业者优秀人才培训班】

2020 年 12 月 4 日至 8 日，由中国曲艺家协会、中国文学艺术界联合会人事部、中国文学艺术基金会主办的“第四期全国曲艺自由职业者优秀人才培训班”在江苏省南通市举行。

来自中国曲艺家协会、南京大学艺术学院、中国戏曲学院的专家以《创作原理与曲艺创新》《演员的角色创造》《新时代、新曲艺》为题进行授课，并邀请国家一级编导为学员辅导作品。该培训旨在鼓励曲艺自由职业者积极参与到基层文化建设和群众文化活动中来，为繁荣发展曲艺事业贡献力量。

【第二届国际说唱艺术研讨会（中国分会场）】

2020 年 12 月 5 日，由国际说唱艺术联盟主办、中国曲艺家协会承办的“第二届国际说唱艺术研讨会（中国分会场）”在浙江省杭州市举行。

该研讨会以线上线下相结合的方式进行，来自中国、德国、法国、韩国、挪威等 15 个国家和地区的 53 名传统说唱艺术家和专家学者围绕“说唱艺术的特色与实践”作主题发言。国际说唱艺术联盟主席、中国曲艺家协会主席、相声表演艺术家姜昆出席本届研讨会并致辞。

【第十二期全国曲艺创作高级研修班】

2020 年 12 月 14 日至 19 日，由中国曲艺家协会、中国文学艺术界联合会人事部、中国文学艺术基金会主办的“第十二期全国曲艺创作高级研修班”在河北省张家口市举行。

该高研班以“深入学习贯彻党的十九届五中全会精神，推动庆祝建党百年曲艺创作”为主题，开展曲艺作品创作研讨。与会专家分别以《创作中叙事技巧的务实与风格》《一个作品的诞生》《论主题表现与艺术手法的运用》为题进行授课。其间，举行了学习贯彻党的十九届五中全会精神、推动建党 100 周年主题创作座谈会。通报了中国曲艺家协会 2021 年的重点工作。

展演 · 评奖

【第十五届马街书会优秀曲艺节目展演】

2020 年 3 月 16 日至 19 日，由中国曲艺家协会、河南省文学艺术界联合会等主办的“第十五届马街书会优秀曲艺节目展演”在线上展播。

因新冠肺炎疫情，原定于 2020 年 2 月 4 日至 7 日主办的第十五届马街书会全国优秀曲艺节目展演改为线上，中国曲艺家协会组织专家在来自全国选送的 126 个节目中，共有来自 13 个省（自治区、直辖市）的 24 个节目入围本次的展演活动，涉及 20 个曲种。展演演出了河南坠子《夸夸好媳妇》、陕州锣鼓书《退低保》、河南坠子《霸王别姬》等节目。曲艺名家现场点评。

【2020 北京少儿曲艺比赛颁奖暨优秀节目展演】

2020 年 9 月 19 日，由北京市文学艺术界联合会主办，北京市曲艺家协会、北京市东城区文化和旅游局承办的“2020 北京少儿曲艺比赛颁奖暨优秀节目展演”在北京喜剧院举行。

该比赛全部采取视频评选形式进行，共收到来自全国报送的参赛作品 212 个。最终评选出一等奖 12 个，二等奖 25 个，三等奖 35 个，新苗奖 40 个，园丁奖 43 个，优秀组织奖 23 个。

【第十届中国曲艺节】

2020 年 9 月 29 日至 10 月 4 日，由中国文学艺术界联合会、中国曲艺家协会等主办的“第十届中国曲艺节”在河南省平顶山市举行。

本届曲艺节采用现场演出和线上展演相结合的方式，3 场现场演出节目分别是于 9 月 29 日至 30 日举行的第十届中国曲艺节开幕演出、闭幕演出和宝丰专场演出，4 场第十届中国曲艺节优秀节目网络展播于 10 月 1 日至 4 日在中国曲艺家协会“曲艺杂志融媒”平台上举行。

在现场演出中，相声、小品、河南坠子、二人转等南北曲种荟萃；田连元、李金斗、李菁、苗阜等名家新秀轮番登台，演出了二人转《大西厢》、京韵大鼓《重整河山待后生》等传统经典节目，以及二人转《最美青春》、小品《第一书记》、苏州弹词《秀发》等一系列聚焦脱贫攻坚、礼赞人民英雄的现实题材曲艺作品。网络展演的 30 个优秀节目是由专家从全国各地报送推选的 122 个节目中遴选出来的，共涉及 23 个曲种。

【2020 全国非遗曲艺周】

2020 年 10 月 9 日至 14 日，由文化和旅游部非物质文化遗产司、艺术司，浙江省文化和旅游厅，宁波市人民政府主办的“2020 全国非遗曲艺周”在浙江省宁波市举行。

该曲艺周以“融入现代生活　弘扬时代价值”为主题，以“线上为主、线下为辅”方式举行。10 月 5 日起，258 个优秀节目陆续在文化和旅游部官网、中国非物质文化遗产网、光明网、优酷、快手、宁聚等平台进行线上同步展播，通过开设曲艺地图等增强线上线下的参与感和体验感。首次汇聚 127 项曲艺类国家级非遗代表性项目 193 个子项的 258 个优秀节目视频，在网络平台集中展播。

10月11日，在2020全国非遗曲艺周“曲艺传承发展论坛”上，与会专家围绕“提供曲艺传承发展新目标和新任务有力保障”“开展学术研究与强化曲艺保护专业指导”“赓续传承创新与满足人民群众欣赏需求”等议题开展交流。

曲艺周期间，还举办了曲艺进社区、进学校、进景区、进酒店（民宿）“四进”活动，以及非遗曲艺书场试点挂牌，曲艺公开课，全国非遗曲艺周闭幕式暨“浙江好腔调”展演活动，第七届“阿拉非遗汇”活动等。

【姑苏牡丹颂——“曲赞全面小康　艺为人民大众”第十一届中国曲艺牡丹奖颁奖仪式暨第二届中国苏州江南文化艺术·国际旅游节汇报演出】

2020年10月15日，由中国文学艺术界联合会、中国曲艺家协会等主办的“姑苏牡丹颂——‘曲赞全面小康　艺为人民大众’第十一届中国曲艺牡丹奖颁奖仪式暨第二届中国苏州江南文化艺术·国际旅游节汇报演出”在江苏省苏州市举行。

本届牡丹奖评奖工作于2020年1月至9月进行，430个参评节目涵盖116个南北曲种，节目报送数量超过历届牡丹奖。最终评选出节目奖5个、表演奖6个、文学奖4个、新人奖5个。南音表演艺术家、理论家苏统谋，评书表演艺术家刘兰芳，苏州评弹表演艺术家邢晏春被授予“中国文联终身成就曲艺艺术家”荣誉称号。本届中国曲艺牡丹奖颁奖系列活动共计16项，包括13场演出、1场讲座、1场研讨和1场曲艺英才培育行动启动仪式。具体获奖名单详见新华网和中国文艺网。

【新时代曲艺星火扶贫工程成果巡礼展演】

2020年11月4日至6日，由中国文学艺术界联合会、中国曲艺家协会主办的“新时代曲艺星火扶贫工程成果巡礼展演”在北京市二七剧场举行。本次展演分“圆梦星火”“巴山欢歌”“大美长治”3个专场，围绕决战脱贫攻坚、决胜全面建成小康社会为主题，来自全国300名曲艺工作者共演出了31个优秀节目。

【第七届河间西河大鼓书会】

2020年11月6至8日，由中国艺术研究院曲艺研究所、河北省曲艺家协会等主办的“第七届河间西河大鼓书会”在河北省河间市举行。其间举行的送欢笑下基层、西河大鼓展演、京津冀鼓曲交流会等系列活动，演出了西河大鼓《井台会》《绣汗巾》《酒色财气》《鸿雁捎书》等经典曲目。同时，还举办了西河大鼓书会发展论坛，专家共同交流创作经验，研讨西河大鼓的传承与发展。

【第三届“通州杯”全国曲艺小剧场新作展演暨金新街道创建更高文明城市、倡导新时代文明实践文艺精品展演】

2020年11月8日至11日，由中国曲艺家协会、江苏省文学艺术界联合会主办的“第三届‘通州杯’全国曲艺小剧场新作展演暨金新街道创建更高文明城市、倡导新时代文明实践文艺精品展演”在江苏省南通市举行。本届“通州杯”展演共分3场，演出30个优秀节目。曲艺名家从文本创作、唱腔设计、人物塑造、舞台呈现、服装道具等角度现场点评。

【第二届“嘉定法宝杯”讲好中国法治故事全国曲艺展演活动】

2020 年 11 月 11 日至 12 日，由中国曲艺家协会等主办，曲艺杂志社、上海市曲艺家协会等承办的“第二届‘嘉定法宝杯’讲好中国法治故事全国曲艺展演活动”在上海市嘉定区举行。活动自 2020 年 4 月启动以来，共收到应征作品 1000 余部，最终选出 30 部优秀作品。部分优秀展演节目结合“法律九进”，进企业、进乡村、进社区等基层一线开展巡演。

【第十届海峡两岸曲艺欢乐汇】

2020 年 11 月 23 日至 26 日，由中国文学艺术界联合会、中国曲艺家协会、福建省文学艺术界联合会主办，中国文学艺术界联合会曲艺艺术中心、福建省曲艺家协会、曲艺杂志社等承办的“第十届海峡两岸曲艺欢乐汇”在福建省永安市举行。

该欢乐汇由“‘国色天香’——中国曲协送欢笑走进福建永安”“‘乘风破浪’——两岸曲艺名家新秀小分队交流展演”曲艺节目展演展示，以及座谈研讨、纪念展览、名家讲座和采风活动组成。

【第八届全国相声小品优秀节目展演】

2020 年 12 月 1 日至 3 日，由中国文学艺术界联合会、中国曲艺家协会主办的“第八届全国相声小品优秀节目展演”在北京市举行。

该展演为期 3 天，共分 3 场，来自中直院团的近 70 名曲艺工作者，演出了《我爱诗词 3》《乡音乡情》《最好的未来》等 24 个新创作品。12 月 3 日，举行了“第八届全国相声小品优秀节目展演暨第二届非遗相声大会老艺术家专场演出”。

机构

【中国曲协曲艺研修院成立挂牌仪式】

2020年8月15日，由中国曲艺家协会、四川省文学艺术界联合会主办的“中国曲协曲艺研修院成立挂牌仪式”在四川省艺术院（沫若艺术院）举行。

中国曲协曲艺研修院作为中国曲艺的政治引领教育基地、艺术创作交流基地、高端人才培训基地、曲艺精品孵化基地、地方曲种传承基地和曲艺理论研讨基地，为开展曲艺教育培训搭建了新的平台。

【陕北说书馆开馆仪式】

2020年11月22日，由中国曲艺家协会、陕西省文学艺术界联合会和中共延安市委、延安市政府主办的“陕北说书馆开馆仪式”在陕西省延安市举行。该馆由非遗展厅、说书厅、排练厅、传习室、影视制作室、录音棚等功能区组成，是全国唯一一座完整展示陕北说书的主题专馆。

人物纪念

【相声表演艺术家贾振良逝世】

2020 年 1 月 29 日，相声表演艺术家贾振良因病在北京市逝世，享年 87 岁。

贾振良（1933—2020），河北省三河市人。少年时随父母逃难到北京。1949 年拜侯宝林为师。1950 年参加北京相声改进小组学员班。1951 年参加第一届中国人民赴朝慰问团。1952 年加入北京市曲艺工作团。贾振良基本功扎实，尤其擅长柳活。代表作有《汾河湾》《黄鹤楼》《戏剧杂谈》《捉放曹》《窦公训女》《婚姻与迷信》等。

【独脚戏表演艺术家李九松逝世】

2020 年 1 月 29 日，独脚戏表演艺术家李九松因病在上海市逝世，享年 86 岁。

李九松（1934—2020），江苏省海门市人。中国曲艺家协会会员、上海市曲艺家协会会员、上海市人民滑稽剧团表演艺术家、上海市非物质文化遗产项目——独脚戏代表性传承人。生于戏曲世家，师承滑稽泰斗文彬彬。李九松的表演张弛有度，“活口”自然流畅，尤其擅长塑造各种小人物的喜剧艺术形象。代表作有情景喜剧《老娘舅》，滑稽戏《苏州两公差》《孝顺儿子》，独脚戏《头头是道》《补婚》《征婚》，小品《沐浴》等。

【曲艺作家朱学颖逝世】

2020 年 2 月 11 日，天津市曲艺团一级编剧、曲艺作家朱学颖因病在天津市逝世，享年 89 岁。

朱学颖（1931—2020），天津市宁河县人。1952 年以《粉碎细菌战》在曲坛崭露头角。1956 年调入天津人民广播电台文艺部负责编播“广播说唱”节目。1958 年担任《海河说唱》编辑。1960 年调入天津曲艺团进行专业创作。代表作有《珠峰红旗》《挖宝》《万无一失》《笑灾乐祸》《军民渔水情》《老李的婚事》《美惠子》《长江第一漂》《莺莺听琴》《白妞说书》等。

【戏曲曲艺理论家包澄洁逝世】

2020 年 3 月 14 日，戏曲曲艺理论家包澄洁因病在北京市逝世，享年 78 岁。

包澄洁（1942—2020），吉林省柳河县人。中国艺术研究院研究员，戏曲曲艺学者、理论家，享受国务院政府特殊津贴。1958 年参加北京曲艺团，任曲剧队乐队伴奏员。1961 年考入中国戏曲学院。1963 年任北京曲艺团曲剧队、曲艺队乐队队长、音乐设计、团艺术委员会委员。1986 年调入中国艺术研究院戏曲研究所。2002 年被聘为文化部民族民间文艺发展中心特邀研究员。历任《中国戏曲志》音乐编辑、编辑部副主任，中国戏曲史陈列室主任，《中国曲艺志》特邀编审等。在戏曲的声腔和剧种、戏曲音乐、曲艺史、曲艺音乐等有深入研究。代表著作有《清代曲艺史》《中国戏曲音乐近代史》《艺海沉浮》《曲艺、戏曲生活六十年：包澄洁自述》等，合著有《说唱艺术简史》《中国戏曲艺术》《单弦牌子曲》《东北亚说唱艺术散论》等。

【河南坠子表演艺术家郭文秋逝世】

2020年3月21日，河南坠子表演艺术家郭文秋因病在北京市逝世，享年85岁。

郭文秋（1935—2020），河北省冀县人。中国文学艺术界联合会委员、中国曲艺家协会理事、中国音乐家协会会员、山东省政协委员、山东省曲艺家协会主席、济南市曲艺团团长、国家一级演员。9岁开始学艺，23岁在全国首届曲艺会演演出新编河南坠子《送梳子》。全国劳动模范，中国曲艺牡丹奖终身成就奖获得者。郭文秋的演唱吐字清晰流畅，行腔和润脆亮，嗓音高低自如。代表作有《玉堂春》《蓝桥会》《送梳子》《韩英见娘》《闹场院》《黛玉悲秋》《偷石榴》等。

【相声表演艺术家刘文亮逝世】

2020年5月20日，国家一级演员、河北省心连心艺术团（原河北省曲艺团）相声表演艺术家刘文亮因病在河北省石家庄市逝世，享年80岁。

刘文亮（1940—2020），河北省高碑店市人。14岁学唱评戏，1960年拜关春山为师。1963年到吉林市曲艺团工作。1979年调入河北省曲艺团。刘文亮嗓音高亢圆润，醇厚甜亮，擅长学唱类柳活。代表作有《评剧杂谈》《秦香莲》《戏剧与生活》《刘巧儿与窦尔敦》《春满人间》等。

【山东快书表演艺术家李鸿民逝世】

2020年6月11日，山东快书表演艺术家李鸿民因病在山西省太原市逝世，享年84岁。

李鸿民（1936—2020），河北省曲周县人。1962年拜高元钧为师。历任铁道部文工团演员、大同市歌舞团副团长、山西省曲艺团副团长、山西省群众艺术馆研究员等。2014年获中国曲艺牡丹奖终身成就奖。李鸿民首创男女对口快书、快书小品、快书大组合等曲艺形式，拓宽了山东快书发展道路。著有《李鸿民曲艺作品选》、长篇山东快书《许世友的传说》、快书理论读本《漫话当滴格当》等。

【单弦表演艺术家赵玉明逝世】

2020年7月20日，中国金唱片奖获得者、单弦表演艺术家赵玉明因病在北京市逝世，享年91岁。

赵玉明（1929—2020），北京市人。自幼随父亲赵松山学唱京韵大鼓和梅花大鼓，14岁进入桃李园坤书馆正式演唱鼓曲。1952年加入中央广播说唱团，曾先后演唱新梅花调、西河大鼓、单弦等曲种。1956年拜单弦名家谭凤元为师，专攻“谭派”单弦艺术。1972年调入天津市曲艺团。2018年获“中国文学艺术界联合会终身成就曲艺艺术家”称号。代表作有《打渔杀家》《祥林嫂》《鲁智深倒拔垂杨柳》《五湖四海有亲人》《北京小吃》等。

【河南坠子表演艺术家乔月楼逝世】

2020年11月7日，河南坠子表演艺术家、乔派河南坠子第二代传人乔月楼因病在天津市逝世，享年99岁。

乔月楼（1921—2020），河南省南乐县人，“坠子皇后”乔清秀养女。中华人民共和国成立后，加入天津市和平区曲艺杂技团，20世纪80年代多次到河南讲学，传授乔派河南坠子，录制大批资料，收徒文爱云、郭兰阳、王雪玲等。长期致力于河南坠子的传承发展，表演生动大方。代表作有《蓝桥会》《孟姜女》《英台拜墓》等。

大事记

1月26日，全国曲艺表演场所协作发展联盟发布“网络开箱”倡议书。

1月31日，全国青年曲艺工作者联盟发布倡议书。

1月29日，相声表演艺术家贾振良因病在北京市逝世，享年87岁。

1月29日，独脚戏表演艺术家李九松因病在上海市逝世，享年86岁。

2月11日，一级编剧朱学颖因病在天津市逝世，享年89岁。

2月21日，“2020年全国曲协专题视频会”在线上举行。

3月14日，戏曲曲艺理论家包澄洁因病在北京市逝世，享年78岁。

3月16日至19日，“第十五届马街书会优秀曲艺节目展演”在线上展播。

3月21日，河南坠子表演艺术家郭文秋因病在北京市逝世，享年85岁。

4月20日至26日，“曲艺绿色未来而创新——第四届世界知识产权日·曲艺版权宣传周”在线上启动。

5月18日至29日，“第二期全国曲艺小品创作表演编导网络专题培训班”在线上举行。

5月20日，相声表演艺术家刘文亮因病在河北省石家庄市逝世，享年80岁。

6月10日，“新文艺组织行业评价体系建设”调研组赴陕西省西安市调研。

6月11日，山东快书表演艺术家李鸿民因病在山西省太原市逝世，享年84岁。

6月20日至30日，“第二期曲艺专家名家精品创作网络研修班”在线上举行。

6月30日，“深化改革基层试点工作视频座谈会”在线上举行。

7月，“渭南市助力决战决胜脱贫攻坚扶贫扶志曲艺乡村行”系列展演活动在陕西省渭南市举行。

7月20日，单弦表演艺术家赵玉明因病在北京市逝世，享年91岁。

8月15日，“中国曲协曲艺研修院成立挂牌仪式”在四川省艺术院（沫若艺术院）举行。

8月24日，曲艺作家孟然因病在天津市逝世，享年92岁。

9月11日，“2020年中国曲艺名城发展战略联盟座谈会”在江苏省张家港市举行。

9月13日，“第八届中国曲艺团长高峰论坛暨第二届中国扬州·全国曲艺大书发展论坛”在江苏省扬州市举行。

9月12日至13日，“小康生活·听曲艺品京味——庆祝北京市文联成立70周年曲艺专场展演”在北京市民族文化宫大剧院举行。

9月19日，“2020北京少儿曲艺比赛颁奖暨优秀节目展演”在北京喜剧院举行。

9月29日至10月4日，“第十届中国曲艺节”在河南省平顶山市举行。

10月9日至14日，“2020全国非遗曲艺周”在浙江省宁波市举行。

10月15日，“姑苏牡丹颂——‘曲赞全面小康　艺为人民大众’第十一届中国曲艺牡丹奖颁奖仪式暨第二届中国苏州江南文化艺术·国际旅游节汇报演出”在江苏省苏州市举行。

10月19日，曲艺音乐剧《山高水长》在成都市新声剧场上演。

10月22日至23日，“乡音一曲颂华章——第二届广东省（中国）曲艺之乡精品展演”在广东省东莞市举行。

10月31日至11月1日，“全国曲艺之乡曲艺名城工作推进会暨第2期中国曲艺之乡（名城）管理服务干部培训班”在江苏省淮安市举行。

11 月 2 日，“中国非物质文化遗产传承人群研修研习培训计划 2020 年曲艺表演（鼓曲）专业研修班”在天津市开班。

11 月 4 日至 6 日，“新时代曲艺星火扶贫工程成果巡礼展演”在北京市二七剧场举行。

11 月 6 日至 8 日，“第七届河间西河大鼓书会”在河北省河间市举行。

11 月 7 日，河南坠子表演艺术家乔月楼因病在天津市逝世，享年 99 岁。

11 月 7 日、14 日，“第十四届广东省青少年曲艺‘明日之星’选拔赛决赛”综合曲种及粤语曲种专场，分别在广东省深圳市罗湖区、佛山市顺德区闭幕。

11 月 8 日至 11 日，“第三届‘通州杯’全国曲艺小剧场新作展演暨金新街道创建更高文明城市、倡导新时代文明实践文艺精品展演”在江苏省南通市举行。

11 月 11 日至 12 日，“第二届‘嘉定法宝杯’讲好中国法治故事全国曲艺展演活动”在上海市嘉定区举行。

11 月 14 日，“师・范——庆祝王谦祥李增瑞合作六十年专场演出”在北京天桥剧场举行。

11 月 16 日至 22 日，“2020 首届长三角戏曲・曲艺文化艺术周暨中日地方文化艺术交流活动”在江苏省苏州市举行。

11 月 18 日至 20 日，“2020（硕放）南北曲艺唱曲学术研讨交流展演系列活动”在江苏省无锡市举行。

11 月 22 日，“陕北说书馆开馆仪式”在陕西省延安市举行。

11 月 23 日至 26 日，“第十届海峡两岸曲艺欢乐汇”在福建省永安市举行。

11 月 26 日，“第六届全国高等院校曲艺教育峰会”在浙江省杭州市举行。

11 月 26 日至 29 日，“曲艺助力乡村振兴”系列活动在浙江省台州市举行。

11 月 30 日，“2020 曲艺创作推进与权益保护圆桌会议”在北京市举行。

11 月 30 日，祝贺赵炎从艺 50 周年系列活动在北京市举行。

12 月 4 日至 8 日，“第四期全国曲艺自由职业者优秀人才培训班”在江苏省南通市举行。

12 月 5 日，“第二届国际说唱艺术研讨会（中国分会场）”在浙江省杭州市举行。

12 月 14 日至 19 日，“第十二期全国曲艺创作高级研修班”在河北省张家口市举行。

12 月 1 日至 3 日，“第八届全国相声小品优秀节目展演”在北京市举行。

12 月 25 日，“福建省文艺界践行‘四力’讲好福建故事——百名曲艺家讲百个福建故事主题创演活动汇报演出”在福建省福州市举行。

中国艺术研究院基本科研业务费项目

（项目编号：2021- 补 -15）

中国艺术年鉴

2021 + 下

祝东力　主编
中国艺术研究院《中国艺术年鉴》编辑部　编

文化藝術出版社
Culture and Art Publishing House

《中国艺术年鉴·2021》
编辑机构人员

主　编

祝东力

执行主编

吴　昊

编辑团队（以姓氏笔画为序）

王　畔
丛玲玲
李梦扬
张乃锋
陈诗红
陈　乾
周进生
周　婕
耿春晓
顾骁瑾
高　苹
傅　秋

中国艺术年鉴

2021 + 总目录

下册目录

电视艺术卷……477

分卷主编：耿春晓

年度述评……479

文件辑录……519

作品……549

纪事……555

分卷主编：陈诗红

中国艺术年鉴·2021

电影卷

分卷主编：耿春晓

年度述评

2020 年度中国电影艺术发展研究报告

◎ 丁亚平　史力竹　胡晋

一部《唐人街探案 3》经历了预售、撤档、同期作品陆续上映，选择平移至 2021 年春节档，打破多项纪录，这映照了突遇“黑天鹅事件”的 2020 年电影业的不确定性与复杂性。根据国家电影局发布的数据，2020 年度中国电影取得 204.17 亿元（约合 30.6 亿美元）的票房成绩，国产电影票房占比 83.72%，年度票房前 10 名均为国产电影，并在全球票房收入前 10 名中占据 4 席。在新冠肺炎疫情的冲击之下，全球影业按下暂停键，据估算，2020 年的全球票房约为 115 亿—120 亿美元，较 2019 年的 425 亿美元下滑约 70%。北美尚未公布年度票房数据，据 Comcore 公司估计，票房总额约为 23 亿美元。相比之下，中国电影院被迫停业 178 天后率先恢复营业，在《八佰》《我和我的家乡》《姜子牙》等电影助力下，坐到了全球电影票房的头把交椅之上。法国《费加罗报》刊发题为《中国，新的世界电影中心》的文章，肯定了 2020 年中国电影业的发展。早在 2019 年收官之时，电影产量微减、观影人次增量压缩、票房增速放缓，就已显露中国影业稳中向好发展中的问题和隐患。疫情突至，中国电影在逆行中与互联网创新融合，转变产业动能，在政府和相关政策的扶持下积极自救，终于在 2020 年 12 月基本恢复到 2019 年同期票房收入的 90%。对进入后疫情时代、后工业时代的中国电影而言，2020 年是转折点也是新的起点，如何建立电影业保障与发展体系，拓展更趋多元化的模式，以新的电影生态系统实现协同共生，为中国电影寻求新增长赋能，成为中国电影提质增效与良性发展的关键点。

一、疫情冲击下的中国电影提质增效

2020 年，相距中国电影总票房第一次突破 200 亿元已经 7 年，受新冠肺炎疫情的影响，影院营业时间仅半年，上座率受到限制，2020 年的票房跌幅为 68.2%，仅达到 2019 年的三分之一。从电影院停摆到复业，中国电影产业内部在悄然发生改变，超过万家影视行业相关公司注销或被吊销，线上播映重构了电影放映和消费结构，网络电影异军突起呈现汹涌之势。疫情常态化改变了世界和电影，中国能够赶超美国成为全球第一大票仓，得益于率先应和时势变化，完成自我升级、革新。在特殊的环境下，电影市场需要高质量的电影作品“催热”，《夺冠》《拆弹专家 2》《紧急救援》等具有市场眼光且内容较丰满的影片是电影产业得以快速复苏的驱动力。经过了寒冬期、冰川期考验的中国电影经济越发冷静，影院和银幕数量逆势增长，电影评分 9 分以上的票房占比为 59.5%①，资本平衡、流量明星的时代正在瓦解，口碑成为硬指标、以电影创作为中心的头部电影正在成为市场主力，也彰显着中国电影和电影人的潜力和韧性。2020 年国庆档，仅《我和我的家乡》《姜子牙》《夺冠》三部电影就贡献了超过九成的票房，39.2 亿元的票房总成绩也位列中国影史国庆档票房第二。毋庸置疑，头部电影极大刺激了中国电影市场的复苏和焕新，头部效应激励国产电影整体质量提升和更趋成熟的观影，通过不同类型、体量的电影精准捕捉目标观众，形成提升新增量的长尾效应。

（一）疫情加速影业震仓洗盘，清洗浮筹降低增速成本

《中华人民共和国电影产业促进法》的颁布实施，以更加积极的姿态推动电影市场开放的同时，也为行业制定了更加清晰、明确的规范，实施仅 20 日后，就对 326 家隐瞒票房的影院进行依法查处。明星“阴阳合同”曝光后，影视公司也面临着严格的税务稽查，仅 2019 年一年就有 1884 家影视公司关

① 数据来源：猫眼、智研咨询整理。

停。2019年的中国电影被贴上“寒冬”的标签，但也出现了《流浪地球》《哪吒之魔童降世》等现象级的影片。原本亟待资本冷静、积蓄力量在2020年触底反弹，但新冠肺炎疫情突至，除《囧妈》之外的贺岁档电影全部撤档，全国所有影院陷入停摆，据企查查数据显示，超过13000家影视相关公司注销、被吊销，影业公司面临史无前例的存亡考验。

每一家影业公司消失的背后，都有电影从业者陷入失业的窘境。勉强支撑的影业公司为了缩减成本，将复工产生的费用转嫁给剧组，作品拍摄周期缩短，演员工作机会减少，已经立项的项目无法正常运转，一系列的连锁反应令整个行业利润都在萎缩。3月中旬，“中影”向全国院线、影院提供《狼图腾》《战狼II》《流浪地球》《哪吒之魔童降世》《何以为家》等20部影片的密钥，部分影院一度恢复营业，全国只有3982人进入影院观影，票房收入极其惨淡。因票房收入难以维持影院开销，电影院开业也只是空耗成本。据猫眼数据显示，3月27日统计的194家影院中，50余家票房零收入，80余家票房收入在百元以下。国家电影局当天深夜发布通知：“所有影院暂不复业，已复业的立即停止营业。”面对如此严峻的形势，2000余家影院宣布倒闭，部分影院通过“出圈”展开自救：阿里影业联合“饿了么”平台，推出“影院卖品外送”业务；上海万达影城，在短视频平台直播售卖影院零食、饮料等商品。据相关电影公司发布的上半年年报显示，万达电影亏损近15.67亿元，华谊兄弟亏损2.31亿元，中国电影亏损5.02亿元，上海电影亏损2.22亿元，北京文化亏损6430万元，幸福蓝海、金逸影视、横店影视、欢瑞世纪、唐德影视等公司业绩纷纷下滑，处于亏损状态。相比之下，依托电视剧、网剧、综艺节目，逆势上扬的华策影视、芒果超媒、完美世界让头部电影公司看到新生机。华谊兄弟出品电视剧《古董局中局Ⅱ：鉴墨寻瓷》，博纳影业出品电视剧《阳光之下》，光线传媒出品电视剧更高达14部，电影公司纷纷“入视”，在主营电影业务之外，将电视剧作为辅助支撑，调整布局架构，规避风险。

没有一个冬天不可逾越，没有一个春天不会来临。在国家电影局有序推进电影院恢复开放的通知下达之后，电影《第一次的离别》《搏击者》《璀璨薪火》定档于7月20日复工当日全国首映，同时《哪吒之魔童降世》《寻梦环游记》《当幸福来敲门》等电影也在影院重映，电影与观众迎来了久别后的重逢。影院初复工，各电影公司均以去库存为先，期待市场稳定后再投放优质作品。伴随着七夕档、国庆档和《八佰》《夺冠》《紧急救援》《急先锋》《我和我的家乡》《姜子牙》等重量级作品的陆续上映，观影信心被重建，电影市场终于在报复性观影活动中迎来爆发式增长。在如此艰难的环境中，中国电影银幕依然呈现正向增长，全国新增电影银幕5794块，有票房产出的银幕数量达到72557块，较2019年增长5.39%。中国电影市场在《中华人民共和国电影产业促进法》出台后日趋规范，近两年的“倒闭风潮”是对整个产业的一次震荡和调整，也是市场优胜劣汰的自然选择。万家公司在电影市场“消失”加速了电影产业出清，为头部电影公司扩大份额提供了空间，也是新起之秀及时进场的一个机遇。防疫常态化，“新冠”之于电影产业从“黑天鹅”过渡到“灰犀牛”，中国电影市场和产业链具备了越来越强的抗压力，院线行业的集中度得以提升，实力雄厚的电影公司也努力发挥规模和品牌优势增强市场竞争力。中国电影在全球电影市场的发展迎来拐点，电影的繁荣依赖于市场，电影市场也具有调节的自发性，尽管如此，打造什么样的电影市场终究需要依赖电影人的共同努力。

（二）影院窗口期缩短，“5G+电影互联网”向纵深发展

5G与工业互联网融合、叠加、倍增的发展态势，促进了电影产业内部生态系统的建立，在电影产业和社会生态之间进行“桥接”。5G与电影互联网关系着数字经济和电影经济的升级，不仅加速了数字电影、电影生态化进程，为中国电影的高质量发展创造新机遇。借助“5G+互联网”技术，电影放映的空间界限被打破，观众得以在任何时间、任何地点进行观影活动。2020年1月23日，原计划于春节上映的7部电影纷纷撤档，《囧妈》在撤档声明《致观众》中表示“电影《囧妈》很快见”。令所有出品方、院线、平台和观众没想到的是，次日，抖音、西瓜视频、今日头条和《囧妈》出品方欢喜传媒共同宣布，字节跳动向欢喜传媒支付6.3亿元购买电影在平台的播放权，并于1月25日（大年初一）零点在旗下在线平台免费播放。院线电影《囧妈》的免费网络首映创下了中国电影史上的先河，在观众的狂欢声、同行的质疑声中，“字节跳动”、徐峥一度被推上风口浪尖。2019年，因《庆余年》《陈情令》两部爆款剧掀起的对超前点播的热议，“口是心非”的观众还是纷纷为付费模式买单，《囧妈》的免费上线无疑引发了对网络播映市场健康发展的新一轮讨论。徐峥被2万余名从业人员联名抵制，23家电影公司以行业健康、有序发展为由，请求国家电影局介入此次互联网首播事件。徐峥事后也对争议进行了正面回应，认为“院转网”并非一个人的决定，《囧妈》是在特殊时期的一种特殊首映方式，既不可能改变电影产业，也不可能搞垮院线，其核心是为了让观众受惠。随着电影院长期陷入沉寂，《肥龙过江》《征途》《大赢家》等影片纷纷“院转网”，这也为居家的观众带去新鲜的娱乐内容。

面对网络播映平台和院线电影之间发生的剧烈变化，观众观看电影的渠道急速扩展，电影的发行放映变得更有挑战，传统的放映模式也被迫发生改变。《囧妈》此次的大胆尝试是大银幕和小屏幕的一次创新性融合，新型的传播接受关系正在以“5G+互联网”为技术基础，向更高级的一体化方向发展，寻找新的和谐共生的状态。取消院线窗口期的声音不绝于耳，《囧妈》的免费互联网首映模式并不具备长期发展性，维护院线电影窗口期，同时配合网络平台付费播映的模式，更适合当前电影产业的升级改革。2020年年底上映的《赤狐书生》仅15天后就登陆爱奇艺、优酷、腾讯视频等平台付费播放，成为年度票房破亿的影片中窗口期最短的一部，同期上映的《沐浴之王》也沿用了同样的模式。艺术电影在票房表现一直相对低迷，即使是曾经载誉而归的《地久天长》首日排片也只有6.6%。斩获数十项国际奖项，获胡歌、宋佳、周冬雨等明星力挺的《气球》首日排片占比仅2.4%，上映6天票房400余万元，排片更是跌至1%。在市场的挤压之下，《气球》转战网络平台，通过线上放映模式，延长了电影作品的生命线。

院线电影在疫情冲击下受到严重影响，相反，网络电影在整体发展上呈现出新态势。全年分账破千万票房的网络电影60部，较2019年增长76%，《倩女幽魂：人间情》分账4300万元，成为年度单平台票房冠军。放弃“网络大电影”的标签，网络电影在近年来的发展中被重新定义，不再是无人监管、烂片滋生之地，上映前需要通过国家广播电视主管部门的审核，获得“上线备案许可编号”，更有获得电影片公映许可证的“龙标”网络电影。网络电影质量大幅提升，显示出顽强的生命力，在2020年院线电影陷入沉寂之时，及时支撑了电影产业的持续发展。作为网络电影第一阵营的平台，爱奇艺、优酷、腾讯视频占据了市场占有率的90%，以自身资源为网络电影提供尽可能多的曝光度和资源匹配，从而获取更高比例的分账。有议价能力的网络电影在平台选择上越来越具有自主权，在“独家”和“非独家”的选择之外，“联播”模式给电影带来更丰厚的推广资源。以超5000万元票房成绩刷新纪录的《奇门遁甲》得益于采用双平台联播的模式，《陈情令之乱魄》也因此获得1259.12万元的票房佳绩。犹如排片量不能决定院线电影的口碑与票房，在爱奇艺、优酷、腾讯视频三大平台联播的《龙虎山张天师》因表现欠佳，累计票房未过千万。从“联播”代替“非独家”，网络电影的末位淘汰和头部电影崛起成为常态，在红利期结束后，如何进一步提高网络电影的质量和口碑，寻找发展的新方向，是网络电影得以良性循环的关键。

《拆弹专家2》首映前，刘德华和导演邱礼涛做客直播间，观看人数一路飙升，一度出现卡顿和黑屏。首次上线的50万张电影票被秒杀，在网友的加票呼声中，最终以66万张电影票创下电影直播售票的新纪录。继竖屏融入电影叙事之中后，直播也成为电影宣发的新窗口，在电影产业各个环节的“去中心化”重构中改变固有的圈层、格局。“5G+电影互联网”的快速发展正在重构电影的消费模式和产业结构，电影冲破影院的藩篱拓展至小屏幕，在更宽广的空间和场景中生长、传播。正在兴起和发展的生态型电影汲取传统放映经验的同时，对影院中心主义造成了强大的冲击，找到影院和网络放映之间的平衡点，发挥叠加倍增效应。在新的形势下，以生态型电影为发展路径，推动中国电影从“高原”向“高峰”攀登，以一种开放的心态和视野，践行中国电影强国之约。

（三）政府出台纾困政策，促进电影企业平稳健康发展

新冠肺炎疫情迅速蔓延，院线电影的发展陷入困顿，无奈“赋闲”居家的电影从业者对遥遥无期的复业和电影市场的回暖忧心忡忡。第三产业的众多行业纷纷复工复产之后，电影人的忧虑与日俱增，对国家政策的期盼也从“扶持”转为“救市”。5 月 12 日，国家电影专项资金管委会发布《关于做好电影专资贴息支持影院应对疫情有关工作的通知》，利用中央及地方电影转资对全国约 3000 家困难中小影院贷款进行贴息。5 月 13 日，财政部和国家电影局发布《关于暂免征收国家电影事业发展专项资金政策的公告》，决定免收湖北省 2020 年全年、其他省（自治区 / 直辖市）2020 年 1 月至 8 月的国家电影事业发展专项资金，并退还符合免征条件者已缴纳的资金。同日，财政部和国家税务总局发布《关于电影等行业税费支持政策的公告》，免收 2020 年全年的提供电影放映服务的增值税、文化建设费，并退还或抵缴应予免征的税费；在 2020 年度发生亏损的电影企业（不包括信息网络传播电影的企业）最长结转年限从 5 年延长至 8 年。早在国家出台扶持政策之前，北京市文化改革和发展领导小组办公室就发布了《关于应对新冠肺炎疫情影响促进文化企业健康发展的若干措施》，提前启动电影专项资金申报，加大对全市放映国产影片影院的补贴力度，重点支持受疫情影响严重的中小影院。上海市、江苏省、浙江省、四川省也发布了扶持政策，加大了对影院的补贴力度，以促进疫情期间电影业的积极发展。相比较以往电影政策对于电影发展的锦上添花，2020 年，从国家到地方的电影政策都在“开源”之上加强了“节流”，204.17 亿元的年度票房成绩也是财政部、国家税务局、国家电影局和地方政府联手共克时艰的成果。

“报复性观影”是疫情居家期间电影人和观众共同期待的，也是电影市场重启到真正复苏的一剂强心针。确保健康卫生安全是春节档电影撤档、影院停业的重要原因，也是电影院得以复业的重要先决条件。在国务院应对新型冠状病毒感染肺炎疫情联防联控机制同意下，国家电影局发布的《关于在疫情防控常态化条件下有序推进电影院恢复开放的通知》，明确低风险区电影院需上报主管部门同意后，严格落实疫情防控措施：未戴口罩和体温 37.3 摄氏度以上者不得进入影院；全部采用网络实名无接触售票；观众间距 1 米以上；每场上座率不超过 30%；观影全程必须戴口罩；原则上禁止饮食；放映场次减少到日常的一半，观影时间每场不超过两小时等。各级电影主管部门也要加强对复工电影院的指导和巡查，夯实院线、影院主体责任，把防疫安全放在第一位，保证观众观影时的健康卫生安全。电影院复工首日，全国共有 910 家影院恢复营业，复工率为 8.1%，三天后，复工影院上升到 2918 家，复工率达到 26.6%。[①] 在主要以影片重映的情况下，复工影院首日电影票房收入达到 422.2 万元，在第 4 日就达到了 2032.9 万元，观众与院线电影的重逢见证了票房的快速增长，也证明观看在线电影不能代替影院观影的美好体验。

多项举措并施，为电影市场的发展保驾护航。随着越来越多的新片定档、电影上座率调整到 75%，中国电影市场以强大的韧性在全球疫情依旧蔓延之时率先复苏，成为全球电影市场的一次巨大改变。2020 年 3 月 9 日，上海电影集团推出全国首个“影院抗疫纾困基金”，计划通过投资、参股、并购等形式为长三角区域内电影投资、管理公司注入发展资金。该基金的成立有助于提高中国电影院线的集中度、品牌差异化，完成院线内部整合之后，在整个产业链中加强与上下游的衔接，促进电影产业的复苏繁荣。

二、头部电影带动电影创作整体升维

2020 年是“十三五”规划的收官之年，也是谋划“十四五”规划的关键之年。“十四五”规划把文化建设摆在全局更突出的位置，电影作为面向大众最显性的艺术形式和娱乐方式，在丰富人民生活和社会主义文化强国建设上都发挥了引擎作用。中国加快建设社会主义文化强国的战略，对电影创作

---

① 数据来源：灯塔专业版。

产生方向性和决定性的影响，使中国电影逐渐探索出一条主流价值观表达更加丰富、类型化趋于成熟、艺术成就较高的新主流大片的创作路径。剧情片依旧在电影类型和票房中占比最大，动作、战争类型电影及动画电影表现也非常亮眼，新主流电影更成为市场复苏的关键，在票房收入排名前十的作品中占据半壁江山。"院转网"的新宣发方式拓宽了小成本电影和艺术电影的生存空间，分层、分众、分圈的网络播映消解了影院的中心性，让优质影片真正走向更广的国内观众，以至海外观众群，推动优秀传统文化的创造性转化。

（一）口碑效应激发电影作品的人文性灌注

由于新冠肺炎疫情的原因，2020年中国电影票房收入与2013年比较相对持平，故事片产量比2013年少101部，排名前10的票房收入占总票房的近六成，比2013年高出近一倍。自中国电影进入商业大片时代，头部电影在数量、质量上以及市场带动性方面都呈现明显的上升趋势，在影业遇冷的情况下，《八佰》《我和我的家乡》《姜子牙》等头部电影依然领跑行业、吸引观众，甚至能够在市场萧条之时合力组成一支"救市国家队"。商业模式日趋成熟，头部电影的口碑和票房也呈现正比发展，电影作品从注重IP效应、宣发手段翻新转化为内容升级。根据迪士尼同名动画片改编，妮基·卡罗执导，刘亦菲、甄子丹主演，巩俐、李连杰特别出演的真人剧情电影《花木兰》在院线和迪士尼+都惨遭滑铁卢。超强卡斯、优质IP、顶级宣发的《花木兰》最终累计票房成绩约为7110万美元[①]，与其投资成本相距甚远，即使没有新冠肺炎疫情的影响，也无法掩盖此次"好莱坞出品"的失败。在中国电影市场驰骋多年的"好莱虎"在中国故事的讲述上摔了跟头，印证了博大精深的中国文化不是仅靠精湛的特效技术、成熟的电影工业流程就能表达的。文化是统筹推进"五位一体"总体布局的重要内容，中国电影创作和市场的繁兴也是以社会主义文化兴盛为支撑，这对激活以新主流大片为主的头部电影催化市场产生新动能、新优势至关重要。

在五一档、暑期档等重要档期几乎颗粒无收的情况下，国庆档迎来春节撤档影片的强势补位，成功贡献全年四成电影票房。纵观"神仙打架"国庆档，第一波观众口碑对电影票房的影响增大，7部电影的表现也是喜忧参半。《我和我的家乡》作为《我和我的祖国》的姊妹篇，同样选择在国庆档上映，而特殊的是，2020年的国庆节与中秋节是同一天，每逢佳节倍思亲的情结，也更容易让银幕前的观众产生共鸣。电影《姜子牙》《急先锋》《夺冠》则是带着春节档积攒的人气与号召力在双节之日共同发力，分别斩获第一、第三、第四名。《姜子牙》是曾出品了《大鱼海棠》《哪吒之魔童降世》的彩条屋影业的又一力作，讲述了姜子牙在即将受封为众神之长时，因一时之过，被贬入凡间，重拾自我，用自己的方式成为守护苍生之神的故事。承载着"复兴国漫"重任的《姜子牙》被寄予了更多的厚望，影片在动画技术、画面质感以及画风协调性上也更加成熟，力图营造一个真实且震撼的神话世界。为了呈现中华民族对中轴线的钟爱与恪守，技术团队采用倒金字塔及螺旋式迭代等诸多前沿的动画技术，及时根据分镜头脚本的创作调整画面，单个场景平均迭代超过70次，姜子牙迭代123版，小九迭代255版，借助影像语言的表意功能，将传统美学风格与电影叙事相联结，强化了视觉体验。作为一部蕴含哲思的神话题材动画电影，《姜子牙》也遭遇了口碑的两极分化，部分观众认为剧情牵强、不知所云，缺乏趣味性和共情性；也有很大一部分观众理解了影片传达的关于信仰危机、人神关系、宿命论等哲理性思考，不同于《哪吒之魔童降世》的情感宣泄，它更像是一部动画类型的艺术电影。《急先锋》是一部典型的爆米花电影，尽管延续了成龙电影一贯的风格，却也不免显得乏味，武打场面可圈可点，剧情叙事则相形见绌。《急先锋》《姜子牙》的高开低走，凝集集体智慧的《我和我的家乡》票

① 数据来源：外媒报道，参考周慧晓婉《〈花木兰〉全球票房达3760万美元，中国内地贡献最多》，《新京报》2020年9月14日。9月14日，据外媒报道，《花木兰》于全球17个市场共取得3760万美元票房成绩。另据外媒报道，《花木兰》在9月4日登陆迪士尼+（Disney+）流媒体后，初步统计有112万个美国家庭购买了该片，销售收入在3350万美元左右。

房口碑双丰收，证明在后工业时代，电影不仅是内容、文本生产，更是精神和意识建构。

参与跨年的《温暖的抱抱》《送你一朵小红花》在2020年的最后一天，带给观众别样的惊喜，一部主营笑点，另一部通过积极直面死亡的到来，戳中了观众的泪点。两部电影上映当天就收获了4.3亿元票房佳绩，逼近当天票房总收入的9成，元旦档期也持续发力，稳居票房收入的前两位。《送你一朵小红花》是导演韩延再次以癌症病人为题材的一部作品，上一部作品《滚蛋吧！肿瘤君》中熊顿与癌细胞抗争，笑对人生，新作品则围绕两个抗癌家庭的生活轨迹展开。独生子女作为一个常态化家庭的重心，一旦其身患重病对一个家庭的打击是毁灭性的，影片中韦一航和马小远的家人都在极力隐藏内心对失去至亲的恐惧，简单、可预料的剧情却让所有人感受到病魔和命运的无情。一句“你的身体不光属于你的，还是属于我们的”道出了传统观念下一个特殊家庭的辛酸，韦一航因患病的自卑感在家庭的温暖中逐渐发酵，吞噬着他的快乐和希望，这种复杂的情绪浸润在电影的每一个细节之中。电影让观众在动容、共情之上，进而展开关于生与死、生命中的“来不及”的思考，没有了来日方长，便更惧车遥马慢，成长中的每一朵小红花都尤其值得珍惜。2020年，中国战胜北美成为全球第一大票仓，也是中国电影获得的一朵小红花。新冠肺炎疫情是中国电影发展道路上遇到的一个“绊脚石”，战胜它、克服它，中国电影将迎来新的发展机遇。

（二）影像讲述小康生活的新愿景

小康社会是中国思想家和政治家描绘的一种社会理想，也是普通百姓对宽裕生活的美好愿景。小康社会不仅仅是在物质上解决人民群众的温饱问题，更是要从政治、经济、文化、社会等方方面面满足广大人民的精神需求和城乡发展的需要。20世纪70年代末80年代初，邓小平在规划中国经济社会发展蓝图时提出小康社会的战略构想，党的十八大报告首次正式提出全面建成小康社会。在小康社会建设的过程中，电影作为时代的一面镜子，讲述和记录了期间发生的故事和人物，反映了城乡旧貌换新颜的巨大变化。“关于‘小康电影’的定义，可以理解为近四十余年间聚焦中国‘小康之家’和小康社会建设、关注中下阶层和劳动阶层的人物及其生活状态的电影。”①2020年，是具有里程碑意义的全面建成小康社会目标的实现之年，也是全面打赢脱贫攻坚战的决胜之年，小康电影因此迎来跨越式的发展，被更多的观众选择和认可。

随着“奔小康”的需求下沉，三、四线城市以及小镇居民、农村居民对于小康的追求显得更加迫切，小康电影也将导筒瞄准扶贫对象，叙写城乡人民携手脱贫的故事。在短时间内，城市与乡镇在地缘上的界限很难消失，但城里人和村里人的身份在逐渐弱化，在实现中华民族伟大复兴的道路上，每个人都是追梦人。小康大片《我和我的家乡》《一点就到家》中的张北京、黄大宝、老范老师、乔树林、马亮、魏晋北、彭秀兵、李绍群，都是“反哺农村”的追梦人。两部作品用喜剧的外表包裹，精准传达了家乡建设的主题，在价值表达的同时提高了影片的艺术观赏性，更容易激发观众的共情感。

《我和我的家乡》与《我和我的祖国》一样，采用的是集锦式叙事，将背景置于全面建设小康社会之下，讲述东西南北中五个地域的家乡致富的故事。相比于《我和我的祖国》选取的是中华人民共和国成立70年来的重要历史瞬间，唤醒全民记忆，“家乡”作为一个特色化标签，以小博大、因地制宜，呈现了东西南北中各个区域脱贫攻坚的成果。五名主人公都是社会中的普通人，在精准扶贫中贡献自己看似微薄，实则是帮助推广农村医保、开发乡村旅游业、建设乡村小学、绿化沙地的重要力量。来自各地的观众在电影院中，找寻与自己家乡类似、相同的故事，在笑与泪的情绪起伏中，感叹于家乡建设和乡村生活天翻地覆的变化。咖啡与普洱相遇，现代邂逅传统，从锋芒对立到浑然一体，《一点就到家》让全国认识了普洱咖啡。电影讲述的故事非常简单，一个城市的“卢瑟儿”（loser）和两个返乡年轻人带领村民创业致富，推动家乡经济的发展。在剧情的递进中，三个年轻人的创业不仅解决了温饱问题，更消解了两代人的矛盾和城乡观念的差异。牛舔的方式治好了魏晋北被马蜂蜇肿的脸，彭

① 丁亚平：《“小康电影”的演进及其精神书写》，《当代电影》2020年第12期。

秀兵家人的真诚治愈了他的精神焦虑。城乡的协同发展和农村的脱贫攻坚是在开放和包容的态度下进行的，农村的生活经验并非都不可取，而是需要经过去伪存真、去粗取精，在学习和发展中总结经验。从扶贫到脱贫，农民们自发的迫切的脱贫愿望是内源性动力，政策扶持和政府指导更多的情况下是辅助手段。

电影《我和我的家乡》的主创阵容堪称“中国喜剧梦之队”，《一点就到家》选择了流量和演技双双在线的刘昊然、彭昱畅、尹昉饰演创业合伙人，两部电影成功地做到了用“外包装”吸引眼球。影片的内容表现上也更加贴合时代，贴近观众，直播带货、快递公司、电商平台，城市的热词在乡村变成实业落地生根，成为乡村看世界的窗口。从小康电影到小康大片，电影作品在价值表达上加入了更多的商业元素，充分发挥电影的宣传性，让观众能够真正沉浸在小康电影展现的生活真实和本质中。影院的观众都是这场脱贫攻坚战的见证者和亲历者，两部电影之所以能在口碑和票房上收获肯定，是因其能在喜剧的欢闹之余，为观众留有思考和回味的空间。小康电影的创新性发展是电影实践和现实社会共同变革的结果，体现了人民群众对美好生活的向往。正确认识和把握美好生活与文化发展的关系，更好地满足广大人民群众的精神需求，将持续推动中国电影沿着正确的创作方向前进。

（三）“艺术”反哺“商业”，建立新型电影创作关系

艺术电影在很长一段时间都徘徊在主流院线之外，“载誉上映”也成为艺术电影的主要宣发途径。当口碑效应已经逐渐成为商业电影的生命线，对艺术电影而言，还只是优质作品能否登陆院线的考量之一。《百鸟朝凤》出品人方励跪求影院经理为电影增加排片；中国电影资料馆联合多家电影及文化传播公司共同发起中国艺术电影放映联盟；重量级明星为艺术电影宣传站台打榜，都依然没有改变艺术电影叫好不叫座的现状。艺术电影依旧没有摆脱“仅 1% 的排片率”，但它所形成的良性共生效应不但体现出对优秀文化传统的坚守和敬畏，还在事实上对商业电影的艺术性进行了有效补充和提升，这对于中国电影市场的健康发展显然发挥了不容小觑的作用。

面对艺术电影在商业院线的窘境，王家卫曾鼓励艺术电影创作者：如果想走这条路，就不要被现实吓坏，0.1% 的空间就代表有 99.9% 的进步余地，只要你们能用心拍出好的作品，这个局面一定可以打开。被影评人称为 2020 年度最好文艺片的《气球》也没能真正打开院线市场，却在爱奇艺平台得以与更多的观众见面，仅上线一天，热度就升到爱奇艺电影第 2 名，在豆瓣上也有 54000 余人参与评分，60.7% 的人打出四星评分。电影中的故事发生在计划生育年代下的西藏地区，女人依旧活在男权和神权之下，看似没有激烈的矛盾冲突，女人爱情的不幸、生育和养育的悲哀都掩藏在生活的无奈与困境里，压抑和沉重的情绪从电影中蔓延出来。卓嘎希望拥有生育自由、卓玛期盼爱情自由，二人彼此羡慕对方的自由，其实禁锢她们的不只是家人，更是潜意识中的封建意识和宗教观念。当卓嘎决定打胎时，不仅是丈夫，连儿子都赶来阻拦她。对孩子而言，他把对爷爷的思念与爸爸一样转嫁在妈妈怀的孩子身上，却浑然不知这个想法的荒谬。影片结束在孩子吹着哨子对蔚蓝天空的仰望中，为了获得哨子他们用自认为是气球的避孕套去换，为了去看更广阔的天空，他们用自己的付出去换，不遗余力。

在任何一个时代，亲情都是个体最难割舍的情感。卓嘎面对儿子的劝阻打胎是这样，张九声从劳改农场出逃，横穿沙漠，就只为看《新闻简报》22 号里女儿一秒钟的镜头，同样如此。与《气球》一样，《一秒钟》也有着说不出的哀伤与无奈，张九声的出逃、刘闺女的偷盗、范电影的零失误，背后都有着难以言说的往事。整部电影在自然沉静的纪实影像风格中层层剥开，当窘迫被揭开，没有鄙夷和嘲讽，陌生人之间的温暖，让张九声、刘闺女的诉求得以实现。水是人类的生命之源，张九声和刘闺女穿越在干涸、缺水的沙漠之中，两人一度拔刀相见，将亲情置于个人生命之上，张九声与刘闺女渐渐建立了一种父女关系。导演张艺谋在《一秒钟》里植入了太多的记忆，对历史、对胶片、对电影、对以往作品的回忆都充斥在一个简单故事的每一帧画面里，烙刻着鲜明的作者凝思。《气球》《一秒钟》是两个发生在不同时代的故事，因影像的记录被更多的人知晓，那些带着悲伤眼泪的故事也警醒着世人。

商业电影很容易被视为艺术电影的对立面，当商业电影真正变成看世界的眼睛，它就已经出了商业的圈，是用电影之心讲故事而不是依赖于资本和流量。斩获年度票房冠军和第四名的《八佰》和《金刚川》，分别讲述了发生在淞沪会战和抗美援朝战争时期的故事。虽然两个故事发生在不同的历史时期，作战双方也完全不同，但都表现了在敌我力量悬殊的情况下，战争的残酷与战士们的热血。不同于以往战争电影侧重对历史背景、焦灼战事、战争场面的全景式记录，这两部作品更倾向于表现战争中的战士们，有想逃离保命的老算盘，也有浴血奋战、以头抢地的谢晋元、羊拐、张飞、关磊、刘浩。在继承了《上甘岭》《英雄儿女》等经典战争电影传统的基础上，结合观众审美趣味，运用新的艺术表达为战争电影赋能。当年战争的硝烟已经熄灭，但淬炼的不屈不挠、不畏强暴的爱国主义精神影响着一代代中华儿女，是中国人民宝贵的精神财富。战争电影的使命也从记录历史，转变为如何运用电影语言转化和继承爱国主义精神，成为铸就中国电影文化新辉煌的重要类型电影。商业电影的文艺化是所有电影人和观众都乐于见到的现象，艺术电影作为电影新表达形式和内涵意蕴的先锋探索者，对商业电影艺术表达的反哺是推动中国电影整体向前的不竭动力。从迎合观众趣味，到通过影像表达思想和价值，艺术的土壤在不断滋养着观众的欣赏水平。艺术电影和商业电影文艺化都是在推动中国电影向更高质量发展，培育新兴电影业态和消费模式，加快电影产业发展新格局。

三、互联网传播链条重构学术研究的途径与方法

线上线下联动是 2020 年电影节和研讨会得以举办的主要形式，在新冠肺炎疫情未得到有效控制之前，线上一度成为居家期间唯一的办会和学习形式。新冠肺炎疫情期间，停工停课不停学，互联网和信息化教育资源为宅家学习提供了支持，地点和方式的改变未降低学习的热情，反而因为在线打破了地理局限，创造了更多学习机会。第 23 届上海国际电影节是全球第一个恢复线下影展的电影节，在新冠肺炎疫情不聚集的提示下，上海国际电影节设立了“云上专区”，其后举办的北京国际电影节、北京大学生电影节、金鸡百花电影节也都设立了在线直播通道。依托互联网，网络会议 APP 和直播网站迅速崛起，为研讨会、电影节和空中课堂提供了稳定的技术支持。面对线下活动的突停，提高线上办会能力，不仅是对教学工作和办会能力的增色，更是教学与学术研讨任务得以落实的一条“护城河”。

（一）电影节升入“云端” 与线下活动各尽所长

疫情的“余震”给电影产业带来的影响包括影视从业人员失业率上升、投资收益受损、影院倒闭关停等，波及影业上下游的各个环节。低风险区的影院恢复营业后，也迟迟没有迎来“报复性观影”，面对没有消费信心的观众，如何传递电影的价值，还要回归电影本身。与电影院一同重启的是延迟举行的上海国际电影节，于 7 月 25 日至 8 月 2 日在上海市举办。为了尽量减少疫情对电影节举办带来的影响，第二十三届上海国际电影节采用线上、线下并举的方式，以满足广大观众对观影的需求，促进中国电影产业复工复业。由于疫情原因，本届电影节不设“金爵奖”“亚洲新人奖”评奖环节，仅公布官方入选影片，也不举办金爵盛典暨红毯和颁奖盛典暨红毯仪式。延续 2019 年“电影学堂”项目，丹尼斯·维伦纽瓦、奥利维耶·阿萨亚斯、河濑直美、贾樟柯、詹姆士·沙姆斯、徐峥、拉夫·迪亚兹、是枝裕和等大师级电影人以网络连线、录视频、现场座谈等不同形式与影迷展开交流。“幸福小康”主题影展、“一带一路”电影周、“客厅影院里的云上体验”云上影展、“人类启示录”主题单元、“仲夏电影之夜”露天放映等契合热点的活动与“4K 修复”单元、“向大师致敬”单元、“好莱坞系列”、“短视频”单元、金爵电影论坛、“金爵奖”官方入选影片、“亚洲新人奖”官方入选影片等传统活动相结合，通过多主题、多形式的讨论和展映，推介新片，发布专业报告，提振行业信心。在全球都在进行新冠肺炎疫情防控的特殊环境中，2020 年的上海国际电影节成为一道独特且亮丽的风景线，不仅释放了影迷的热情、影业再出发的信号，还为全球电影节的举办奉献了一个精彩的“上海方案”。

北京国际电影节从 2011 年创办以来，已经走过十载，成为首都文化的一张名片。在中国电影院复工的第 34 天，以“梦圆·奋进”为主题的第十届北京国际电影节与影迷重逢，本届北京国际电影节也

采用“线上线下”的形式，无论观众身在何处，都能同步“云”参与电影节。电影节的线上部分涵盖了展映、主题论坛、招商展会等，其中招商展会板块全部改为在线活动，采用3D+VR的技术搭建全景展示系统，向全球电影机构提供智能化、数字化的交流合作平台。北京国际电影节·第27届大学生电影节则完全采用线上形式举办，以“新时代、新主流、新形象”为题，突出“年轻化、专业化、学术化、国际化”四大特色。电影节推出国际学术论坛、国际青年学者论坛、电影大师班、主题线上影展、短视频大赛等活动，旨在展现大学生精神面貌的同时，加强美育和德育的教育，在线的方式能够让更多的大学生融入这堂“电影思政课”。在学术活动方面，“大影节”与“北影节”联合主办了“合作与创新：国际影视教育新格局”主题论坛和“坚守与开拓：新时代中国电影的新征程”主题论坛，就培养与国际接轨的优秀影视人才和中国电影在新时代的未来发展展开探讨和交流，思想在争鸣中碰撞出火花，在中国电影的前进中，成为文化和价值表达的有力推手。

互联网与技术加快发展为电影节举办及传播增色。截至2020年12月，中国网民数量规模达9.89亿，较2020年3月增长8540万，互联网普及率达70.4%，较2020年3月提升5.9个百分点。据工信部数据统计，2020年中国已经有超过71.8万个5G基站，5G网络的覆盖面越来越大，也推动了终端的发展。作为中国电影“三大奖”之一的“金鸡奖”，率先启用5G技术，运用5G+4K+VR+AR搭建全景技术平台。第33届中国电影“金鸡奖”的全程战略合作伙伴中国移动咪咕，为本届“金鸡奖”的线上展映、独家新片展映、数字修复影片展映提供技术支持，还首创“云上金鸡节”的线上互动参与模式，影迷除了参加展映、购买国潮产品、收看最新活动资讯等，还可以和明星AR合拍，足不出户就能宛如亲历“金鸡奖”现场。在11月25日的开幕式上，中国移动咪咕公司联手日本NTTDOCOMO共同打造的AI虚拟偶像“麟&犀”组合亮相，“犀”带领影迷们了解“金鸡”文化，影迷们享受了一场科技感、未来感十足的视觉体验。被誉为“华语影坛奥斯卡”的“金鸡奖”于本届首次设立“最佳外语片”，除颁奖典礼外，还设置了电影创投大会、学术峰会、一对一洽谈等活动，为电影人交流和学习提供了专业平台。本届“金鸡奖”共收到155部报名影片，其中故事片48部，中小成本故事片57部，儿童片12部，美术片9部，纪录片/科教片17部，戏曲片12部，最终《夺冠》成为本届“金鸡奖”最大的赢家，分别斩获了最佳故事片、最佳编剧、最佳摄影奖，黄晓明和周冬雨分别凭借《烈火英雄》《少年的你》收获最佳男主角、最佳女主角荣誉。本届金鸡国际影展的主题是“同理之心”，来自30个国家的32部佳片进行了64场展映。在全球“新冠”阴霾笼罩之下，欣赏其他国家共同抗击灾难、疾病的电影作品，能够更直接地传达人类命运共同体的内涵。中国电影走向国际市场要能够触碰全球观众的痛点，用人类共同的情感讲述民族性故事，打破不同种族和文化间的壁垒。“金鸡奖”一直将思想性、艺术性和观赏性作为评奖标准，未来，在此基础上中国电影弘扬本民族文化传统时，能否与人类命运相关联和呼应，也会逐渐成为“走出去”和获奖的标准之一。

（二）学术会议的云会议+直播平台：直面现实与共享

学术会议因具有知识性、权威性、互动性，一直和学科、行业发展之间有着良好的协同关系。学者和专家在学术会议上对学科和行业的未来趋势展开研讨、建议，获得发声的机会。通过举行学术会议可启发和拓展学者尤其是青年学者进一步制订科研计划的思路。新冠肺炎疫情让各个行业的发展都受到影响，科研领域虽然不是首当其冲，但也因实验室关闭、学术会议取消，迫使学术界陷入“衰退潮”。幸得互联网通信技术和智能终端的飞速发展，线上通信APP让学术会议搬上“云端”，轻而易举地打通了地域和国别的边界，成为学术会议改革的一次契机。2020年11月24日，“展望未来”（See the Future）国际在线学术会议顺利召开，会议邀请诺贝尔奖得主理查德·罗伯茨爵士（Sir Richard John Roberts）和国际知名学术出版机构的负责人，就当下的学术出版、科学研究所面临的机遇与挑战展开研讨。会议向全球科研人员免费开放，中国近千名科研工作者、专家学者和高校学生参加了此次会议，从专家发言中，学习在新冠肺炎疫情全球大流行之时，如何更好地保持科研工作的活力。

线上交流和学习改变的，首先是学术会议的形式，扩大会议的参会人员，议题广泛而及时，还让可能原本无法参会的青年学者有机会了解到最前沿学术动态。2020 年 3 月 12 日，北京电影学院国家电影智库、北京电影学院未来影像高精尖创新中心主办的“疫情之下影视行业如何突围”研讨会在线上举行；3 月 26 日，中国电影家协会理论评论工作委员会主持的“电影行业应对疫情影响”专题网络会议举行；4 月 29 日，国家电影局召开电影系统应对疫情工作视频会议，围绕疫情对电影业造成的影响、复工复产面临的困难、寻找帮助电影公司纾困解难的措施，对后疫情时代中国电影健康持续高质量的发展献言献策，推动国家电影局和相关部门做出更快更好的安排部署。与会的专家和领导都冷静地意识到疫情对电影业的冲击和可能造成的损失，同时也以积极的态度去应对，建议整合资源，统筹线上线下，贯注电影业长期的信心支持。

电影的学术和理论研究对于产业发展和政策制定有其导向作用，因此保持开放的学术态度至关重要。举行专业的学术会议能够促进学术观点交流，让电影学研究的视野更加宽广，也是帮助建议精准落地的有效途径。9 月 5 日至 7 日，由北京电影学院主办、以“艺术的旅行”为主题的“第五届北京电影学院艺术学论坛”通过腾讯会议在线举行；10 月 21 日至 23 日，由中国电影资料馆（中国电影艺术研究中心）与北京电影学院主办的第九届中国电影史年会在北京市举行；10 月 30 日至 11 月 1 日，由中国高等院校影视学会、四川电影电视学院主办的“中国高等院校影视学会第二十届年会暨第十三届中国影视高层论坛”在四川电影电视学院举行；11 月 9 日至 13 日，由中国艺术研究院电影电视研究所主办的 2020 · 中国艺术研究院电影电视评论周在中国艺术研究院举行；11 月 17 日，由北京师范大学亚洲与华语电影研究中心、当代电影杂志社等主办的第八届亚洲电影论坛“现实与展望：亚洲电影再出发”在线举行；12 月 18 日，“中国电影基金会钟惦棐电影评论发展专项基金发布仪式暨 2020 中国电影评论高峰论坛”在重庆市举行；等等。电影有关的学术会议以线上或线下的方式如期举行，专家、学者分享了自己的思考和学术经验，鼓励更多的学者投入电影、电影学的发展建设当中。

值得注意的是，在线举办的会议都通过哔哩哔哩网站同步直播，惠泽了更多的高校学生和电影爱好者。为了推广新文科建设，充分发挥戏剧与影视学的学科优势和潜力，教育部高等院校戏剧与影视学类专业教学指导委员会组织了两季“审美与向善：戏剧与影视学名师大讲堂”活动，邀请国内戏剧与影视学专家会聚云端，呈现了一场场聚焦前沿话题、理论知识丰富的饕餮盛宴。11 月 14 日至 15 日，“影像北京与‘中国制造’：历史、现状与未来”高端论坛暨第二届中国影视史学年会以两城三地、线上线下同步进行的办会形式，采用“三院、三地、三主题”的特殊组合方式，邀请全国 200 余名学者与会，拓展了论坛的丰富度，聚合不同空间力量，聚集“影像北京”和“中国制造”的主题，研讨交流会气氛热烈。互联网技术让学术会议能在疫情期间得以持续举办，革新了会议的举办形式，线上会议 + 直播平台成为一种新常态。尽管线上会议失去了面对面交流和学习的机会，但是可以看到，任何困难都阻挡不了学习与思考的热情和学术的发展。

影视教育的目的是为中国培养优秀的高素质专业人才，学术论坛对于青年学者而言，也是一个绝好的展示自我、相互学习的平台。第七届全国电影学青年学者论坛、2020 中国电影学新锐学者论坛、第 28 期中国电影学博士论坛“现实与想象中的电影与城市”、第二届影视史学年会之“青年论坛”、2020 · 中国艺术研究院电影电视评论周“青年编剧的新挑战与新机遇”论坛等，探讨了电影学研究的热点问题，通过学术讨论和专家点评等形式，为影视学科和中国电影的强国建设培养专业、素质、学术三线并进的优秀青年学者。青年学者论坛作为学术性硕士、博士的一种学术实践，已经实质性地参与到了青年学者的教育和培养进程中，它所包含的多元性、包容性、开放性，弥补了课堂教育和个人科研能力之间的学术鸿沟，有助于推动新文科背景下影视教育方式的改革。

（三）电影理论研究与实践之间的互动转化渐趋明显

《流浪地球》对于中国科幻电影而言是一部里程碑式的作品，它的出现标示着“中国科幻元年的到来”，彰显着中国电影技术和工业制作水平的巨大进步。凝结着高科技元素的硬核科幻电影，反向推动了关于电影科幻与科幻电影的探讨，人工智能在电影创作中的应用、“交互式”“沉浸式”电影叙事模式的开展、科幻创意与哲学思辨关系的建立，等等，科幻电影被纳入电影研究者的“常设”议题。《科幻电影创意：后人类视野中的记忆体系》《女性主义、赛博格、符号学与社会主义革命——对电影〈阿丽塔：战斗天使〉的批评》《权威的建构与消解：论科幻纪录片的影像话语》《科幻电影的技术进化和语言失灵——关于动力技术与悬置技术的再阐释》《从反文化、救世主到安全专家：科幻电影的黑客想象》《技术美学与身体景观：科幻电影中的“义体人”形象》《科幻电影中人工智能（AI）的科技形塑与伦理反思》等文章，围绕科幻电影的创作、技术生产进行论述，厘清在数字时代如何调和电影技术和人类未来命运的显影方式，表达对未来科技、文化意识、政治格局、国际话语等各方面发展的多种可能。《人工智能引发电影创作生产变革新浪潮》《人工智能影像与后人类身体》《人工智能形象与成为“我们”的他者》《人工智能技术与电影录音技术变革及其美学意义探赜》等文章，聚焦人工智能进入电影创作后的应用，探讨电影如何在人工智能技术的帮助下提升制作效率。《数字媒体中电影叙事的“模拟模式”研究》《互动，界面与时间性——电影与游戏何以“融合”？》《数字时代电影的再认识：论电影制作与放映的改变对观众感知的影响》《屏幕电影：媒体挪用与新电影形态的生成》《从“后窗”走向“广场”：试论电影与电竞的互融叠合》《电影新技术的应用及发展趋势》《当下影游融合类电影的影像美学研究》等文章，则从互动性和观影体验的角度出发，挖掘电影技术与游戏制作深度融合带来全新叙事模式的可能性。攻克科幻电影为中国电影的发展增添了一份极大的信心，冷静的理论思考能帮助中国科幻电影的生产、制作总结经验，找到更契合人类命运共同体理念建设的中国电影艺术的新表达。

中国从电影大国向强国迈进的征程中，关于“中国电影学派”和有中国特色的电影的学术研究成为重要的理论支撑，中国电影独具民族特色的美学呈现、文化内涵和价值表达，再次受到关注。中国电影进入后疫情时代，电影产业如何优化资源、调整策略、积蓄力量，在复苏国内市场的同时守住全球第一的位置，是每一位电影人都需要面临的挑战。《“中国学派”与中国动画的过去、现在和未来》《电影符号学与电影意象论比较研究——探寻中国电影学派理论建构的基石》《电影如何具有“同时代性”？》《中国电影：走在高质量发展的大路上》《意境与中国电影：从生成机制、形式规范到审美意蕴》《开放的电影研究——对中国电影学派建设的思考》《抒情传统与诗性正义：共同体美学视域下的中国电影叙事伦理》《数字时代中国电影研究的主要趋势与拓展路径》等文章，针对中国电影作为文化输出的重要途径等议题展开研究，探索符合贴近时代、具有深厚中华文化的电影创作新形态，在新时代应对来自外国电影的挑战，完成自我升级，寻求更广大的传播空间。

特殊的时代背景赋予中国电影和中国电影研究以特殊使命，疫情肆虐，关于电影的理论研讨并未停止。《新电影三大导演》《上海电影与中国电影学派：理论与批评文集》《中国电影史学述要（1978—2019）》《新世纪华语电影叙述策略研究》《电影的目光——中国电影“走出去”战略研究》《中外电影批评研究》《江晓原科幻电影指南》《亚洲电影研究教程》《中国电影艺术的现代转型——论“80年代”电影思潮》《日本战争电影发展史》等著作相继出版，丰富了对中外电影发展的研究和了解。《中国电影蓝皮书（2020）》《中国电影产业研究报告（2020）》《中国电影艺术报告（2020）》等电影报告对2019年中国电影现象和数据进行了系统的整理、分析，对未来中国电影的走向做出研判，具有较高的理论价值和现实意义。中国电影的理论研究是中国电影艺术发展过程中的重要组成部分，以中国电影的国际化发展为核心，对电影艺术活动和电影现象做理论评析、价值判断，不失为电影实践的先导。针对中国电影发展中的新问题、新现象展开充分研讨，集思广益、深入开掘，使电影理论研究问题意识得到切实深化。中国电影理论研究在坚守社会主义核心价值观和不断提高电影理论水平的基础上营造积极、开放、宽松的学术平台，精准、有远见的理论研究影响着中国电影创作的整体水平，决定了中国电影未来发展的辨识度和高度。

四、生态型发展：以技术、策略升级与观念更新实现电影“重启”

凤凰涅槃，焕发新生。经历了年初的停工停产和严峻复杂的国内外电影市场形势，终于在2020年的第四季度，中国电影的上座率、上映影片数量、票房收入基本恢复到往年的平均水平，银幕数量和有票房产出的影院数较 2019 年增长约 5%，率先在全球电影市场中恢复正增长。不断出台的政策扶持，有提振中国电影增长信心、夯实中国电影进一步发展基础的效应，其中的重要风向标就是观众和电影人的热忱持续高涨。走过至暗时刻的中国电影树起信心，直面挑战，主动应变、化危为机，调整电影产业结构，以“互联网 +”、“5G+”电影和电影技术创新催生新的发展动能。新基建正在构建新的电影产业形态，中国电影展现出较为强劲的韧性和潜力。“走出去”是中国近年来拓展发展的重要方向，即使在疫情笼罩之下，中国电影海外传播的脚步也并未停歇。2021 年是“十四五”开局之年，是全年建设社会主义现代化国家新征程的开启之年。倡导生态型发展，势在必行，沿着这样的路径与方向，中国电影以双向发展为主，对内加大头部电影的创作，让市场投资更加理智，加强电影理论研究与创作实践互动协调，对外持续提升中国电影的文化内涵，鼓励中国作品通过自主平台直接输出，实现中国电影的多维度的立体传播。

（一）总结疫情期“自救”经验　建立电影产业保障体系

突如其来的新冠肺炎疫情让 2020 年的春节档变得史无前例的安静，考虑影院密闭空间的传播风险可能导致疫情的进一步扩散，本着以防疫为重、生命为重的原则，7 部电影作品同时撤档。主营在线娱乐票务平台的猫眼娱乐是中国电影票务方面最大的平台，在 2020 年 3 月公布的 2019 年业绩报告中即已显现出疫情对中国电影的影响。据猫眼娱乐透露，仅 3 天时间就完成了春节档影片的退票工作，累计退票超过 500 万张，金额总计 2 亿余元。电影放映业无疑是产业链中受疫情冲击最大的一环，对于电影产业而言，任何一个环节脱节都将导致产业效率和利润降低。《囧妈》《肥龙过江》《大赢家》的“院转网”改变了传统放映业的中心，也让人看到了区块链赋能电影产业的可能性。区块链技术是对数据进行加密，根据数据加密的时间次序形成数据链，并分布存储数据的一种方式。将区块链技术应用到电影产业，尤其是放映业，能够重塑电影放映秩序。长期以来，困扰电影放映的泄露密钥、瞒报票房、侵犯版权等问题都将被改善，区块链技术全程留痕、可以追溯、可信协同等特点成为约束放映业有序运营的保障。从“区块链 +”电影创作来看，通过区块链建立的数字电影分享平台，能捍卫原创者的知识产权，为创作者提供公平、透明的版权价值分享平台，形成以保护文化内容为核心的数字平台。区块链在电影产业可以渗透到投资、制片、宣发、放映等各个阶段，缩短生产、创作周期，激发普通观众的创作热情，助力 IP 和周边产品的规模化开发，调节电影消费的供需矛盾。

疫情让电影人更趋冷静，电影企业也回归市场运营的本质，为企业的深度化、多元化的调整提供了充分的时间。在外部环境的冲击下，猫眼团队集中时间做“内功”，通过联合媒体、产业、渠道和社会创作力量，采用区块链思维模式，打造 MCN 账号矩阵和成熟的 KOL 孵化体系。猫眼娱乐 MCN 包含娱乐媒体、创意、文旅、虚拟、剧情五大板块，衍变出孵化、引流、变现、IP 升级、出海五大阶段，其中文娱矩阵拥有超 3.6 亿粉丝，日均播放量超过 1 亿。针对离散程度高、耗费时间长、涉及地域多的电影宣传，基于区块链的传输特点，电影人对作品的宣传覆盖面更广，观众与创作者之间的关系更亲密，对电影内容的需求越发明确。猫眼娱乐 MCN 在多个短视频平台进行图文与视频布局，为平台的观众提供了内容供给，同时借助平台对所参与出品的电影进行高效推广。如电影《我和我的家乡》的预告片，累计播放量超过 9 亿，它的强势曝光作用，对影片传播、口碑打造及市场预热都产生了很大影响。同期上映的《姜子牙》《急先锋》等影片，通过猫眼娱乐在快手、抖音、微视等平台累计播放 17.54 亿次，获得 2913 万点赞。除了在各大短视频平台斩获颇丰，猫眼娱乐还获得人民网“2020 年度最具影响力 MCN”的称号，可谓实至名归。

新的年度，疫情控制趋于稳定，欧美国家的经济和电影市场也将复苏，这使得中国电影如何保住第一的宝座显得颇为重要。在电影产业的恢复期，面对未来电影产业可能遭遇的危机与影响，电影保险、电影产业保障体系的建立再次提上议程。中国电影市场在 2020 年能够快速复苏，得益于政策的保驾护航，各部委和各级政府为缓解压力，采取减免税收、拨付扶持资金、补贴影院、协调银行贷款等措施，帮扶效果显著。但政策扶植的针对性弱，侧重于对整个行业发展的宏观引导，缺乏对具体公司和电影的直接保障。完片担保起源于英国，随着美国电影业的崛起，它也成为电影保险制度的有效方法。新冠肺炎疫情加速了电影业的资本退潮，电影保险的引入是针对电影的高风险性的一种规避，能够调动后疫情时代资本投入的积极性，从而在上游保障电影产业的长效发展。当然，就市场发展来看，对人员、设备等承保的普通保险和完片担保已不足以满足电影产业发展的需要，与放映端有关的保险也应纳入电影产业保障机制。电影保险能够应付常规的、可预见的隐患和问题，但对于如新冠肺炎疫情等突发的公共危机仍难以抵御。电影公司在日常发展中也应建立缓冲机制，即在公司内部建立一种针对冲击能够及时调整的内部机构机制，增强公司的抗波动能力。政策扶持、电影保险、公司缓冲机制是电影产业保障机制重要的环节，三者的有机互动是电影产业产销对接、环环相扣形成富有竞争力产业体系的保证。中国电影正在越来越深入地融入世界电影，并渐显引领世界电影的能力，建立中国电影产业保障机制是当电影产业发展下行、遇冷，抑或是上行、过热时，应对变化的重要机制。中国电影产业保障机制有助于健全电影产业健康、平稳、有序发展，进一步促进电影企业、机构的稳健经营，因此，打开视野，提升电影政策制定的调节能力，缓解突发危机对电影业冲击导致的负面影响，维护电影产业的稳定发展，势在必行。

（二）从“走出去”到“走进去”，扩大中国电影传播的全球版图

世界局势的变化处在未定性之中，中国电影“走出去”的障碍有待清除，这也从侧面证明了中国电影的实力崛起。2020年奥斯卡金像奖公布的最佳动画长片初选名单中，围绕两个极具中国文化特色的故事《白蛇传》《哪吒闹海》改编的《白蛇：缘起》《哪吒之魔童降世》入围，证明了海外传播对国漫的肯定。管虎导演的电影《八佰》于8月21日在中国内地公映，8月28日在澳大利亚、新西兰、加拿大等国家上映。这是中国第一部完全用IMAX摄影机拍摄的作品，在全球电影市场遭遇寒冬时上映《八佰》，引发了国内外媒体的广泛关注。《好莱坞新闻前线》8月23日的报道中提到：《八佰》在中国上映三天就斩获8300万美元，点映也达到1.16亿美元。在全球范围内，它都是自电影行业恢复以来票房最高的电影。《福布斯》同日的报道认为《八佰》是一部具备爱国情怀，催人泪下、令人期待的大银幕视觉大片。由于都是大制作的战争电影、改编自历史真实事件、面对敌军大家团结一致，所以引发了关于《八佰》和《敦刻尔克》的对比讨论，舆论认为《八佰》毫不逊色。

从《夏洛特烦恼》《老炮儿》《美人鱼》《战狼II》等作品遭遇“内热外冷”，到《流浪地球》《白蛇：缘起》《哪吒之魔童降世》《八佰》在国内外共同掀起传播热潮，反映了中国电影对中国文化的国际表达的探索。《哪吒之魔童降世》中的“我命由我不由天”、《白蛇：缘起》中阿宣与白蛇的情定前生、《八佰》中800壮士死守四行仓库狙击日军的故事，极具东方特色故事的内核是颠覆与创新，爱情、守护国家都是全人类共同的话题，对人性的深度挖掘和充满人文情怀的中国文化、民族情感的表达，打开了中国电影在海外传播的新局面。与内容相配套的是平台的海外输出，为中国电影的海外播映提供载体和技术支持。2012年，万达电影斥巨资打造全球最大的电影院线AMC，在美国和欧洲拥有过万块银幕。然而，受新冠肺炎疫情的影响，欧美电影院线市场还未恢复，流媒体平台迪士尼+（Disney+）的亮相分流票房，加剧了院线市场遭遇的危机。购买《囧妈》版权改为线上播映的字节跳动公司旗下的TikTok，在全球的业务范围已覆盖200余个国家和地区，在欧洲的活跃用户超过1亿，根据Sensor Tower数据显示，截至2020年12月15日，抖音及TikTok取代网飞（Netflix），跃居全球娱乐应用收入榜冠军，并以9.6亿次的下载量蝉联娱乐应用下载榜冠军。“互联网+”院线的平台模式同样适用于从“走出去”向“走进去”过渡的中国电影，TikTok自身的用户构成中国电影海外播映的潜在观众，配合“区块链+”猫眼娱乐MCN的精准营销，更多承载优秀内容的中国电影将向海外平台传播。

经济全球化的潮流不可逆转，中国电影已与世界电影深度融合，海外市场的拓展如何打破传统思维，扩大非发达地区的内容投放量和市场份额对于中国电影“走出去”尤为重要。随着共建“一带一路”合作的走向深入，加强各个相关国家和地区间的互联互通，为中国电影海外传播开辟了全新场域。

印度、伊朗、韩国等 10 余个国家产生的电影票房，在全球电影版图上占据着重要地位。电影跨国传播的魅力在于多样性和差异性，向沿线国家和地区的流动，根据不同区域对电影类型的需求，指向性地进行投放，有助于全面融入电影国际传播的新格局，共享世界电影发展的新机遇。加强文化引领是为“十四五”规划发展的凝心聚力，电影人的使命认识、电影作品的质量、电影国际传播效能要再提升，用好“互联网 +”区块链平台，把中国电影视为文化传播的使者，让电影国际传播引领文化新风尚。中国电影的全球化传播，势将铸就中华文化的新辉煌，将文化强国的建设从中国拓展至世界。

（三）高新技术革新电影生产，建立工业化电影生态

中国经济发展进入新常态，在“创新、协调、绿色、开放、共享”的发展理念下，以理论知识为轴心的科技创新成为经济发展的重要任务。进入后工业社会，围绕科技创新开展的再利用赋予电影新的创作方式和文化内涵。在中国电影向高质量发展的阶段，必须以创新作为驱动发展的根本路径，从数量增长向质量提高上转变。2018 年，电影《动物世界》上映，让游影融合成为电影创作革新的一个新方向。跨媒介的改编与游戏视角叙事，人物形象对游戏元素的应用，对游戏界面空间蒙太奇的借鉴，对电影的内容生产和视觉呈现进行游戏化的改造。《动物世界》从生产制作到电影上映，都表现出后工业时代电影对技术运用的自觉性。尤其是，电影制作对 5G、4K/8K、AI、VR/AR 等新技术的全面推进和应用，增强了电影与观众的互动性，打造沉浸式视觉盛宴。2020 年平安夜上映、最终获得超过 17 亿元票房成绩的电影《拆弹专家 2》，开场的香港赤鱲角国际机场的核爆炸场景，燃爆全场观众，显现了真实、震撼的视觉特效和特色鲜明的叙事逻辑的艺术力量。

优质的电影作品提升了观众的审美水平，在电影关于“交互式”“沉浸式”观影体验的探索中，电影与游戏的竞争与互融为观众带来全新的视觉体验和文化感悟。围绕新技术对于电影内容生产的升级已经展开，电影“造梦”的手段和形式不断更新，不同媒介在电影中的兼容性也更强，新型的电影影像美学正在探索之中。

VR/AR、AI 等高新技术连接被新冠肺炎疫情阻隔的跨地域交流，一定程度上消解了电影作为工业品和艺术品的属性差别。进入后工业时代，电影的内容生产不局限于由创意产生的价值链，而是需要更严密的工业化生产模式作为支撑，服务于电影的生产、制作、发行、放映的一体化进程。从目前中国电影产业发展的上中下游来看，仍存在内部消耗高、协同效率低的问题，工业化生态型电影的建立能够从消费端渗透到制作端，电影作品诞生的各个流程纳入工业化平台匹配供需，打破不同端口的信息不对称，提高生产效率，满足观影体验。这意味着，传统电影工业中线性产业链会逐步进化为生态产业圈，以观众为中心，制宣发互联的高效协同产业格局。“区块链 +”生态型电影能串联产业链中的不同中心，催生内容生产、作品宣传、跨媒介放映等不同平台，打造电影产业的基础设施平台，为电影企业和电影人提供更优的战略选择。构建生态型电影环境是一个持久的过程，近两年内倒闭、关停的电影公司是一次行业洗牌，在这种情况下，能够继续在市场中参与博弈的公司将更具有生命力，也更容易彼此联动形成一个良性的生态互动系统。工业化生态型电影产业链的最终目的是资源共享、价值共建，利用其开发性扩大生态圈，对中小型电影公司的成长、电影专业人才培养、电影作品及衍生品孵化也更为有利。在电影市场竞争、变革加速的时代，电影人和公司不应成为追逐技术、市场、潮流的盲从者，而应与整个产业协同进化，成为产业前沿的引领者和缔造者。

2020 年，是不平凡的一年，疫情之下，中国电影变化与机遇并存。中国电影在新冠肺炎疫情还未彻底消散、上座率依然受限的 2021 年春节档，迎来新的“观影”浪潮，创中国电影史春节档累计票房、人次新纪录，分别达 78 亿元人民币和 1.6 亿人次。春节档上映的影片中奇幻、喜剧、悬疑、动画等类型多箭齐发，《唐人街探案 3》《你好，李焕英》和《刺杀小说家》《人潮汹涌》《侍神令》等作品形成“双超多强”新景观。春节档票房成绩远超 2019 年春节档，在海外市场还未完全重启之时，能够取得如此开局是利好局面。2020 年中国电影跃居世界第一，在复苏后呈现加快发展的趋势，有序扩大海外市场，推动中国电影的海外传播，不仅要适应国内观众的消费需求，也要兼顾与其他国家和地区形成合作共赢的市场空间，使之成为推动全球电影相互交流、学习的重要引擎。购票平台介入影片预售，字节跳动、哔哩哔哩等新兴文娱公司纷纷入局，“云路演”和短视频成为新型宣发方式，盲盒公司泡泡玛特配合电影衍生品开发，电影与流媒体的深度融合发展已经进入快车道。新力量进入电影产业犹如一股“鲶鱼效应”，激活传统从业者和公司积极参与竞争，占领移动端传播阵地，激发着电影市场的新活力。

当然，尽管电影的市场价值和电影的艺术价值是共存的，有其同一性，但电影之为电影，它的“道之为道”，无论是常规电影内容生产，还是电影市场化发展，在整体上出现了新的态势和要求，显现出向包含奔腾不息的创造力和生命力的创作中心主义倾斜的态势。有了这样的以电影为本的创作中心主义，有质量优异、内容丰满、充满艺术感的电影，电影产业才真正复苏有望。所以，回归电影，以质量“催热”市场，积极去提升行业信心，这成为电影创作中心主义与市场发展、博弈的过程，解构一味的影院中心、市场中心主义，高扬好电影的创作中心主义，推进生态型电影的发展，虽然有难度，有挑战，但是，倡导生态型电影作为基本电影与市场核心，促使后疫情下的中国电影步入正轨，有其重要的价值意义。

首先，回归以电影为中心，具有重要的引领作用。以电影创作实践为中心，而不是以影院 / 市场的单一性为中心的生态型电影，在过去也有呈现，有不少人在追求电影生产和市场的多元化，如创作题材与艺术表现上的多类型，放映上还出现了艺术电影放映联盟，克服市场化的各色彩旗，也是要让电影生态、电影业态和电影整体发展回归到以电影为中心，以电影创作的实践活动为中心；以电影生态与电影功能和创作与接受的立体化、丰富化的内涵为要津。

其次，经历了疫情之后的电影的转折，提出并强调生态型，重点还在于提示电影创作发展的动态过程中的经验，让电影生态和业态在迈入 2021 年及之后产生新的变化，精准捕捉目标受众，形成可以提升质量的长尾效应。

再次，需要看到，一方面，新冠肺炎疫情，网络与数字科技、信息技术发展，给影院中心主义构成了滔天巨浪式的冲击，同时，新的正在兴起和发展的生态型电影，也要吸取包括影院中心主义在内的各种选择的有价值之处，在各种观点之间设立沟通与对话的桥梁，而且，也应看到，数字科技之于中国电影，也有值得警醒的一面，如排斥人文因素的倾向，包括我们的电影，投入在海量的网络信息里，自有它的混乱、浅薄的势能。所以，追求并建立影院和网络之间平等的关系，倡扬蕴含人文理想、人文改造的以创作实践的创造性自由为中心的生态型电影，这应是当下国产电影进一步发展、推动中国电影从“高原”向“高峰”攀登、实现从电影大国向电影强国迈进的重要支点。

最后，中国电影进入 2021 年，标志一个新的开始，无疑也是借此建立一个完整的新实践电影的研究范畴体系的良机。电影是深受人民群众喜爱的文艺形式，也是我们国家、政府宣传思想工作的重要阵地，同时更是综合国力和国家文化软实力的重要标识。生态型电影对于进一步发展和繁荣电影事业，改变观念，认知当下电影的偏向、未定性、差异性、超越性以至现代性等问题，具有重要的意义，在审视生态型电影的时候，关键是怎么看。

第一，重新思考、定向电影，明确方向，需要放开眼界，回应当下性、时代性要求。我们不能身在这个时代，心却不在这个时代，所以，需要选择与鉴别，认真思考，在一种开放的心态和视野下，积极去实现“电影强国之约”。

第二，在继承传统而又不断发展中坚持创新，只有着眼于发展，植根于现实，找准定位，整合优势资源，实施精品战略，电影才是最有力量的。2020 年，中国夺下全球票房第一，是基于疫情这一特殊背景形成的，因此，面对这一形势，依旧不能盲目乐观。中国电影要在后疫情时代得到发展，仍需加强自身的艺术质量，不是以空洞的概念，或者大肆进行创作，而是认真回应照见现实的现实主义态度与原则。我们现在有些作品，特别是一些现实题材或表现当代英模人物的主旋律作品，它们审美性不足，不受观众追捧、欢迎的原因，就在于不能将作品的社会学意义转化为生态型电影和影像的意义。

第三，电影发展处于重要战略机遇期，要看到生态型电影观念的意义、生态型电影教育的重要性和历史反思的价值。生态型电影观念将对电影本体和电影中国精神的重构起关键的作用，也将巩固创作与学界的基础，承担载道之使命。

增强生态型电影发展意识，坚定文化自信，有助于我们思考中国电影产业化以来所面临的种种困境，以及在全球电影因疫情改写的世界电影新语境下，产业与文化积蓄已久的矛盾具有怎样的历史性。

历史反复重现，不难发现电影历史总是在偏经济或偏文化的极端中徘徊着，当下电影面临创作生产电影精品和市场持续繁荣发展的双重考验，坚持繁荣电影创作生产，激发和保持市场活力，加强生态型电影多样式发展的整体把握，扩大国际传播力、影响力，升级电影公共服务，加强人才队伍建设，国产电影的发展未来可期。

丁亚平　中国艺术研究院电影电视艺术研究所研究员
史力竹　北京师范大学艺术与传媒学院助理研究员
胡晋　中国艺术研究院电影电视艺术研究所编审

2020 年度中国电影产业发展概况

◎ 支菲娜

2020 年，新冠肺炎疫情全球大流行，国际经济、科技、文化、安全、政治等格局发生深刻变化，世界进入动荡变革期，全球经济也陷入自 20 世纪 30 年代以来最严重的衰退。百年大疫和百年变局不期而遇、叠加共振，深刻改变着世界和人类生活的方方面面，电影也不例外。

自 1 月 22 日重点票仓省份率先关闭影院、1 月 23 日 7 部贺岁片撤档、1.2 万家影院陆续关闭以来，至 4 月 29 日国家电影局召开电影系统应对疫情工作视频会议，中国电影经历了“等春天的 99 天”；再到 7 月 16 日国家电影局下发《关于在疫情防控常态化条件下有序推进电影院恢复开放的通知》(国影发〔2020〕1 号)，影院可于 7 月 20 日开门迎客。电影行业复业以来，行业总体判断是市场恢复好于预期、快于预期，击碎了年中各种关于影企大范围倒闭的猜测和传言，明证了投资没有离场、人才没有离场、观众没有离场的市场整体发展趋势，明证了全行业的信心。

2020 年，中国成为全球第一大票房市场，多项指标恢复情况好于其他电影大国。但也应该清醒地认识到，这是非正常竞争情况下的成绩。中国电影离真正成为全球范围内最强有力的电影市场，无论从产品品质、销售渠道畅通多元，还是从竞争规则整备有效等方面，都还有较大进步空间。(见表 1)

表 1　2013—2020 年中国电影产业发展基本指标一览

指标 \ 年份			2013	2014	2015	2016	2017	2018	2019	2020
生产情况	故事片产量(部)		638	618	686	772	798	902	850	531
	各类电影总产量(部)		824	758	888	944	970	1082	1037	650
	电影剧本备案、立项公示总数		1741	2193	2904	3811	3284	3535	3294	2799
	同比		25.96%	32.42%	31.23%	-13.83%				
票房构成情况	票房(亿元)		217.69	296.39	440.69	492.83	559.11	609.76	642.66	204.17
	票房增速		27.51%	36.15%	48.69%	11.83%	13.45%	9.06%	5.40%	-68.23%
	国产电影	票房(亿元)	127.67	161.55	271.36	287.47	301.04	378.97	411.75	170.93
		市场份额	58.65%	54.51%	61.58%	58.33%	53.84%	62.15%	64.07%	83.72%
	进口电影	票房(亿元)	90.02	134.84	169.33	205.36	258.07	230.79	230.91	33.24
		市场份额	41.35%	45.49%	38.42%	41.67%	46.16%	37.85%	35.93%	16.28%
票房产出情况	年总场次(千场)		21104.65	35431.90	50469.60	69481.42	89337.20	102691.53	116209.71	47690.25
	年观众数量(亿人)		6.17	8.34	12.60	13.72	16.20	17.16	17.27	5.48
	增幅		32.40%	35.17%	51.81%	8.89%	18.08%	5.93%	0.64%	-68.27%
	平均票价(元)		35.28	35.54	34.98	33.13	32.29	32.93	34.38	33.93
	上座率		18.98%	15.72%	17.59%	15.44%	13.55%	12.80%	11.76%	9.24%

续表

指标 \ 年份		2013	2014	2015	2016	2017	2018	2019	2020
影院产出情况	单影院年均票房(万元)	565.58	609.10	689.12	582.17	564.21	542.05	518.82	155.62
	单影院日均票房(元)	15495.21	16687.78	18879.90	15906.29	15457.80	14850.64	14214.14	8366.45
	单影院日均人次(人)	439.18	469.57	539.81	478.72	477.60	450.41	413.12	246.59
银幕产出情况	单银幕年均票房(万元)	119.64	125.63	139.34	110.01	103.26	94.17	85.14	24.60
	增幅	-8.08%	5.01%	10.91%	-21.05%	-6.14%	-8.80%	-9.59%	-71.11%
	单银幕年均人次(万人)	3.39	3.54	3.98	3.33	3.10	2.86	2.47	0.73
	单银幕日均排场(场)	3.18	4.11	4.37	4.62	4.82	4.68	4.56	3.39
场次产出情况	单场均收入(元)	1031.48	760.30	873.18	657.90	586.90	550.96	511.32	389.87
	场均人次(人)	29.24	23.54	24.97	19.75	18.13	16.71	14.86	11.49
全球市场	票房总额(亿美元)	359	364	383	386	399	418	423	122
	北美市场票房(亿美元)	109.24	103.61	111.26	113.77	110.65	111.88	113.16	22.00
	中国市场票房(亿美元)	35.47	48.44	67.87	71.57	88.42	88.41	92.12	31.52
	占比	9.88%	13.31%	17.72%	18.54%	22.16%	21.15%	21.82%	26.27%

统计说明：

1. 故事片产量、各类电影总产量、票房、院线数、银幕数、新增银幕数、观影人次、国产影片票房及占比根据原国家新闻出版广播电影电视总局、国家电影局公布数据统计；中国票房增速、进口影片票房及占比、银幕增速、平均票价、单银幕年均票房、单银幕年均人次，按上述来源数据计算。

2. 幕均覆盖人数按上述来源数据结合国家统计局当年度公布的中国人口计算。

3. 全国电影剧本备案、立项公示情况根据原国家新闻出版广播电影电视总局、国家电影局公布数据整理。

4. 可统计票房城市影院总数、新增可统计票房城市影院数、年总场次数、座位数，因中国电影发行放映协会公布数据更具连贯性，按此统计。影院平均银幕数、幕均座位数、上座率、单银幕年均人次、单银幕日均排场、单影院年均票房、单影院日均票房、单影院日均人次、单场均收入、场均人次按上述来源数据计算；其中，2019 年国家电影局公布的影院总数为 12408 座、新增影院数 1453 家，与中国电影发行放映协会统计口径不同而不同。

5. 自 2012 年起，供电视播出的数字电影（即电影卫星频道节目制作中心出品的数字电影）生产数量并入故事片类计算。

6. 自 2016 年起，票房按含服务费计算。

7.2020 年相关数据的折算，按停业 180 天、营业 186 天（1 月 22 日—7 月 19 日）计算。2020 年新增文投院线至 2020 年年底未投入营业。

8.2020 年不足数据，一部分根据国家电影专项资金管理委员会公布的相关数据补足和计算，一部分需中国电影发行放映协会数据更新。由于统计原因有部分连贯性数据缺失的情况，根据旁证数据补足并作说明，因统计口径不同，部分数据结果存在细微偏差，几可忽略。

9. 平均票价不含服务费。

10. 北美票房根据 Box Office Mojo 数据统计。全球票房根据 MPAA 数据统计，该数据每年 1 月发布，3 月修正。日本各项数据根据全国电影鉴赏联盟（简称“日本映连”）。1 月下旬发布的数据修正。

韩国数据根据 KOFIC 统计。各国票房的全球占比按国家外汇管理局每年 12 月 31 日 24 时汇率折算。

11. 本章所涉数据来源，除特别说明外，均参照本表。

一、2020 年中国电影产业发展的趋势与历程

2020 年是“十三五”规划收官之年。经过 5 年持续奋斗，中国电影发展取得新的历史性成就。2020 年，中国电影发展经历了紧急冰冻期、信心传递期、筹备等待期和复苏发展期四个阶段。受国内疫情防控成效的利好影响，中国电影复苏较快较好，行业趋于正常运转，行业信心恢复较快。全行业面对疫情压力转“危”为“机”，加快转型升级，赢得了较多较好成绩。但是，由于疫情反复散点多发，进一步加剧了行业发展压力。

（一）2020 年中国电影产业发展趋势

2020 年，全行业积极消解疫情带来的不利因素，顶层设计明确有效，产品投放精准适销，市场回暖好于预期、快于预期。中国电影复苏水平高于全球绝大多数国家，取得如此成绩实属不易。

1. 总体情况：复苏好于预期、行业转型升级

2020 年，中国电影产业发展总体情况，主要有如下几个方面：

一是行业遭受冲击程度仍较严峻。受疫情影响，在全国市场全面停摆 180 天的情况下，中国电影市场票房、人次、产量三项指标同比大幅下跌。中国城市院线电影总票房达 204.17 亿元，同比下降 68.23%；城市院线观影人次 5.48 亿，同比下降 68.27%，降幅与票房相当；全年共生产电影故事片 531 部，影片总产量为 650 部，同比分别下降 37.5% 和 37.3%。城市院线影院票房和观影人次的恢复水平相当于 2012 年至 2013 年。而 2012 年，恰恰是中国基本完成电影大国建设、正向电影强国迈进的起点。如今，中国电影又站在重新出发的起点。

二是投资热情并未减退，全年银幕建设逆势增长。从统计和实地调研情况来看，全年新增影院数略高于关停影院数，即在疫情冲击下，仍有一定数量的净增电影院。全年新增银幕 5794 块，全国银幕总数达到 75581 块，同比增长 7.67%。这是 2003 年电影产业化改革以来银幕增速的最低点，也是增长最为艰难的一年，更是增长成绩最值得骄傲的一年。

三是变“危”为“机”，疫情成为行业高质量发展的一个契机，行业加速淘汰冗余产能、挤出“泡沫”。

四是国产头部影片不断巩固市场地位。在疫情语境下，全年票房前 10 名影片均为国产影片。国产电影总票房为 170.93 亿元；市场份额为 83.72%，达到电影产业化改革以来的峰值。

五是消费需求仍然较为旺盛。国庆档、贺岁档、七夕档等重要档期复苏速度较快，带动了大盘整体回暖。

2. 局部环节：既往挑战加剧、优胜劣汰加快

从全产业链全国市场来看，全行业仍然面临前几年就逐渐暴露出来的挑战，疫情进一步放大了这些挑战。主要有如下几个方面：

一是高端人才不足压力。随着行业发展日益精细化、科技权重日益增加、国际环境日益复杂，高端人才不足的压力体现在全产业链各个环节，由于行业进入提质增效周期，叠加疫情影响，高端人才不足问题更加严峻。

二是行业工业化标准化水平仍亟待提升。全行业各环节基本缺乏可操作可执行的行业标准，进而导致行业规范化工业化水平的提升速度，仍较缓慢。

三是相对其他环节，影院市场的生存状况受疫情影响极为突出。影院优胜劣汰加快。1 月有票房而四季度没有票房数据的影院逾 800 家，即有逾 5% 的影院未能复业。这当中，既包括 2020 年以前就已确定即将停业但未办理注销手续的，也包括部分影投公司对效益较差的影院痛下决心加速清算关停

的，还包括一些“老破小”影院，当然也有此前盲目投资、疫情冲击下经营状况雪上加霜的影院。

四是后产业链环节的影视乐园经济受损也颇为严峻。以上海迪士尼乐园为例，1 月 25 日闭园，直至 5 月 11 日复业，按照防疫要求严格限流，导致经济效益受损不小。

五是电影盈利能力仍有待提高。自 2015 年上座率达到 17.59% 以来，影院上座率连年下跌。疫情冲击下，跌至约 8.18%。单银幕票房产出同比跌幅为 70.67%，超过总票房跌幅和总人次跌幅。

3. 当前形势：防控形势严峻、发展压力陡增

当前，国外疫情防控形势依然严峻，国内局部地区多点散发，影院是人员密集场所，加强疫情防控仍是电影市场管理工作的第一要务。

此外，仍要警惕的问题主要有如下几个方面：

一是影院经营压力较大，如不改观，终将传导到上游环节。全年场均人次不到 10 人，跌幅明显。影院复业后，影院广告收入[①] 回暖周期较长。按疫情防控要求，作为重要利润来源的卖品销售受限，往年选择在影院举行的团建、求婚等线下活动也基本取消。非票房收入大幅下降，大量影院勉力维持亏本运营状态。

二是疫情反复，行业运转不确定性增多，尤其在人流量大、线下体验型为主的影院环节、电影节展和影视乐园环节，临时关停风险仍存在。8 月以来，局地散发疫情，2021 年元旦前后全国出现多个中高风险地区，影院等人员密集场所按照要求暂时关闭，行业前景略有隐忧。

三是进口影片尤其进口大体量影片供应不足，导致市场未获充分激活。

（二）2020 年中国电影发展历程

2020 年疫情之下，中国电影进程可以分为四大阶段。

1. 紧急冰冻期：1 月 22 日—4 月 28 日

疫情暴发前，市场普遍乐观地认为，2020 年或将成为“史上最强春节档”，7 部大片的上映，带来约 80 亿元的票房预期，业界预计 2020 年全年票房有望突破 700 亿元。

“冰冻”从影院端向生产端渐次传递：在市场销售方面，1 月 22 日，东部票仓大省陆续关闭电影院。随后自 1 月 23 日起，全国 1.2 万家影院响应要求陆续关闭。在产品供应方面，1 月 23 日，《姜子牙》《夺冠》等 7 部电影陆续宣布退出春节档，《囧妈》选择西瓜视频上线。在后产业链方面，1 月 23 日起，象山影视城、无锡影视基地、迪士尼 +、横店影视城等各园区暂停对游客开放。在产品生产方面，1 月 27 日，横店影视城等暂停全部剧组的拍摄活动。

3 月 16 日，新疆等地部分影院短暂恢复放映，但总体上座率、票房产出不高。3 月 27 日，受国内外疫情防控形势影响，国家电影局紧急通知所有影院暂不复业，已复业的立即暂停营业。部分人员聚集不多的影视剧组，在小范围内逐渐开始复工。4 月 8 日，国务院联防联控机制印发《关于进一步做好重点场所重点单位重点人群新冠肺炎疫情防控相关工作的通知》（国办发明电〔2020〕16 号），明确密闭式娱乐、休闲场所全面暂不开业。

2. 信心传递期：4 月 29 日—6 月 10 日

4 月 29 日，国家电影局召开电影系统应对疫情工作视频会议，传达学习习近平总书记在疫情期间对电影工作做出的重要指示批示精神，分析当前电影行业面临的困难和形势，对下一步推动电影复苏做出安排部署。

随着疫情防控形势有所缓解，一系列恢复信心的举措出台：5 月 7 日，国务院办公厅发布《国务院应对新型冠状病毒感染肺炎疫情联防联控机制关于做好新冠肺炎疫情常态化防控工作的指导意见》（国发明电〔2020〕14 号），指出可采取预约、限流等方式，开放影剧院等密闭式娱乐休闲场所。随

① 影院广告收入包括影院映前广告、贴片广告、影院阵地广告等方式。影院广告营销业务主要包括利用广告为品牌客户提供营销和市场推广服务。

后，部分露天场景较多的影视园区开始恢复旅游接待。5月12日至13日，行业管理部门协调出台三项措施，凸显国家对电影行业的重视、普惠的态度。国家电影事业发展专项资金管委会办公室下发《关于做好电影专资贴息支持影院应对疫情有关工作的通知》对影院贷款进行贴息。《关于电影等行业税费支持政策的公告》（财政部　税务总局公告2020年第25号）免征增值税和文化事业建设费、延长结转年限。《关于暂免征收国家电影事业发展专项资金政策的公告》（财政部　国家电影局公告2020年第26号），湖北省免征全年专资；其他省（自治区、直辖市）免征1月至8月专资。

3. 筹备等待期：6月11日—7月16日

6月11日，北京疫情暴发，影院复业进程暂停，再次原地待命。此时，经过百余日抗疫的“总体战”和行业长期停摆，不少电影从业者身心俱疲。部分投资信心丧失、贷款压力增大，局部人才流失、项目终止等现象频发，市场主体对待复业顾虑颇多。但同时，行业自救、抱团取暖的情况也较多。7月16日，国家电影局发布《关于在疫情防控常态化条件下有序推进电影院恢复开放的通知》（国影发〔2020〕1号），指出在坚持分区分级原则、严格落实属地管理和行业管理责任、精准科学落实防疫措施的前提下，在低风险地区，按照“上座率不超过30%、观众全程佩戴口罩、禁止饮食”要求，影院可恢复开放。同日，中国电影发行放映协会发布《电影放映场所恢复开放疫情防控指南》。

4. 复苏发展期：7月20日至12月31日

7月20日，以上海为代表的部分地区影院复工，放映新老片源44部，票价最低3元。同日，第23届上海国际电影节展映单元开票，10分钟售出逾10万张电影票。8月14日，《八佰》开启大规模点映。同日，中国电影发行放映协会发布《电影放映场所恢复开放疫情防控指南》（第二版），将每场上座率限制从30%调整到50%。9月15日，按照疫情防控形势，并配合9月25日《夺冠》上映，中国电影发行放映协会发布《电影放映场所恢复开放疫情防控指南》（第三版），规定自9月25日起，每场上座率不得超过75%。10月1—8日，《我和我的家乡》《姜子牙》等大体量影片上映，国庆档票房39.5亿元，位列中国影史国庆档票房第二。截至12月31日，中国电影复苏好于预期、快于预期。

二、2020年中国电影产业发展的亮点与价值

2020年，“十三五”圆满收官，“十四五”全面擘画。中国电影应对新冠肺炎疫情挑战，认真细致落实防疫措施，争分夺秒复工复产，全力以赴创新创造，努力把损失降到最低。亮点频现、价值凸显，各项指标好于预期甚至超出预期。

（一）投资不离场

总体来看，行业渴求的是刺激，而不仅仅是救济。市场主体和投资者对行业仍有明确信心。

1. 各个环节融资：创新探索激活市场

市场自主的融资案例方面，11月9日，万达电影发布《非公开发行A股股票发行情况报告书暨上市公告书》，募集资金总额达29.3亿元，成为2020年影视行业首家完成定增的公司，这也是A股史上影视行业最高额度的定增。招商银行向华谊兄弟的影视片单计划提供不超过15亿元的综合授信额度，用于影视项目的开发制作等各环节，这是国内第一份基于影视片单的综合授信。

政府推动的融资方面，11月18日，中国文化产业投资母基金在北京正式成立。作为国家级文化产业投资基金，主要围绕落实国家文化战略和规划积极发挥作用，以政府引导资金撬动，吸引各方资本投入，通过市场化运作、专业化管理，支持文化企业改制重组和并购，促进文化资源整合和产业结构调整，推动文化产业高质量发展。基金成立对于健全现代文化产业体系，完善把社会效益放在首位、社会效益和经济效益相统一的体制机制，推进社会主义文化强国建设具有重要意义。基金提出要支持电影等重点行业发展、做强做优做大文化企业，增强文化产业实力和核心竞争力，促进形成文化产业发展新格局等重点发展方向。

此外，上海推出“上海影院金融服务平台”，江苏省电影局推出“金融支持江苏电影产业行动计

划”，中影股份以融资租赁业务[①]为基础开展的“产业 + 金融”战略合作等，均是打通金融与影视行业堵点、帮助影企尤其是中小电影企业进行融资租赁的有益探索。

2. 生产环节投资：提质保量趋势明显

全年共生产电影故事片 531 部，影片总产量为 650 部，是 2019 年同期的 62.5% 和 62.7%。疫情导致剧组停工、基地暂时关闭，总体产量减产。但更应将此波动置于近几年高质量发展的总基调中来看。对优秀影片项目而言，投资并未离场。从 2020 年全国电影剧本（梗概）备案、立项公示（以下简称“备案”）情况来看（见表 2），各项指标好于预期，甚至超出预期，市场对行业仍然充满信心。受疫情和 2019 年全国备案情况迟滞[②]影响，至 2021 年 1 月，国家电影局 2020 年全年已公示备案各类影片 2799 部，是 2019 年的 84.97%，未因疫情出现大幅度衰退。其中，故事片同比达 89.14%，其他各类影片的情况也较为乐观，科教影片为 2019 年同期的 83.33%。

表 2　2020 年全国电影剧本（梗概）备案、立项公示情况（单位：部）

类型	故事片	动画片	纪录片	特种影片	中外合拍	科教影片	总备案数
备案数	2494	102	106	14	23	60	2799

也应注意到，或因疫情导致的国际交流活动受限，需要国际协作较多的特种影片和中外合拍项目数量呈明显减少趋势。

3. 院线环节投资：政策红利继续释放

2020 年，新增城市院线一条，即 10 月获批的文投（北京）电影院线公司成为第 51 条跨省院线。这是 2018 年 12 月国家电影局印发的《关于加快电影院建设促进电影市场繁荣发展的意见》（国影发〔2018〕4 号）文件继续释放的政策红利。

4. 影院环节投资：银幕建设逆势增长

全年银幕建设逆势增长。新增银幕 5794 块，全国银幕总数达到 75581 块，银幕总数同比增长 7.67%，银幕增速 8.3%。受全国范围内影院统一停业、多数影片未能如期上映、电影片拍摄进度延迟的影响，院线和影院营业收入大幅下降的同时，仍需要支付员工薪酬、影院租金、财务费用等刚性成本。部分中小影院退出市场，进一步加速了市场整合速度。在疫情冲击下，传统的重资产模式管理风险日趋增大。

5. 后产业链投资：基地建设升级换代

北京通州环球影城按进度推进。长春国际影都、无锡影视数字创新实验区、扬州光线中国电影世界等大规模影视基地陆续开建。新建设的影视基地，更多倚重于新基建的 5G、云计算等新动力。

（二）观众不离场

回顾 2020 年行业复苏过程，观众不离场的基本要项，第一是好电影，第二是安全的观影环境，第三是舒适的视听享受，第四是优惠手段。

1. 城市票房复苏：三段式节奏形成回暖局面

2020 年，受疫情影响，中国城市院线电影总票房达 204.17 亿元，同比下降 68.23%；年放映总场次同比下降 51.6%；城市院线观影人次 5.48 亿，同比下降 68.27%，降幅与票房相当。（见表 3）

---

① 据中影股份 2020 年上半年报，中影股份推出的融资租赁业务是面向影视基地建设、电影前后期制作、影院建设和电影发行等领域提供的金融服务和解决方案，已与工银金融租赁有限公司、远东宏信有限公司建立了战略合作关系，提供针对影院放映设备的融资租赁服务，重点为 CINITY 放映系统和电影新技术设备提供全方位的金融服务。

② 由于 2019 年 12 月中下旬的全国备案情况于 2020 年 4 月 27 日公示结束，2020 年 1 月情况的公示迟至 5 月 15 日发布。

这一组数据，需置于全国市场全面停摆 180 天且失去了中国影视最重要的特色档期春节档、大半个暑期档和其他小档期的语境下来评价。

城市票房复苏，以 8 月 14 日暑期档复苏、9 月 25 日国庆档提前启动、12 月 25 日贺岁档回暖为标志，形成三段式节奏。

表 3　2020 年度全国电影市场情况

年份	2013	2014	2015	2016	2017	2018	2019	2020
票房(亿元)	217.69	296.39	440.69	492.83	559.11	609.76	642.66	204.17
票房增速	27.51%	36.15%	48.69%	11.83%	13.45%	9.06%	5.40%	-68.23%
年总场次(万场)	2110	3543	5047	6948	8934	10269	11621	5625专资
年总人次(亿人)	6.17	8.34	12.60	13.72	16.20	17.16	17.27	5.48
平均票价(元)	35.28	35.54	34.98	33.13	32.29	32.93	34.38	33.33

2. 国产影片复苏：主旋律商业大片撑起“四梁八柱”

2020 年，国产优质影片在市场恢复期承担着“四梁八柱”的作用。票房前 10 名的影片合计取得了 121.57 亿元票房，占全年票房的 59.5%，且排名前 7 位的影片均是复工复市后上映的。（见表 4）其中，《八佰》《我和我的家乡》《姜子牙》《金刚川》《夺冠》等精耕细作的主旋律商业大制作，排名前 5 名。此外，现实主义题材的市场契合度不断提高。既有《一点就到家》《沐浴之王》等中小成本现实题材，也有《一秒钟》《气球》《第一次的离别》等诗意的现实主义作品。

表 4　2020 年票房排行前十影片 [①]

排行	片名	票房(万元)
1	《八佰》	310881.93
2	《我和我的家乡》	282953.32
3	《姜子牙》	160285.87
4	《金刚川》	112255.31
5	《夺冠》	83632.13
6	《拆弹专家2》	60208.79
7	《除暴》	53797.44
8	《宠爱》	51013.76
9	《我在时间尽头等你》	50511.96
10	《误杀》	50130.37
合计	—	1215670.88

3. 进口影片复苏：部分票房超过北美市场

受好莱坞影片供应不足、北美市场大幅关停的影响，世界主要非美电影市场的进口影片总量严重不足、未形成有效营销联动，市场未获充分激活。（见表 5、表 6）

① 数据来源：国家电影事业发展专项资金管理办公室微信公众号“中国电影票房”。含《宠爱》《误杀》两部跨年影片。

表 5　2013—2020 年中国电影市场份额情况

指标		2013	2014	2015	2016	2017	2018	2019	2020
国产影片	票房(亿元)	127.67	161.55	271.36	287.47	301.04	378.97	411.75	170.93
	市场份额	58.65%	54.51%	61.58%	58.33%	53.84%	62.15%	64.07%	83.72%
进口影片	票房(亿元)	90.02	134.84	169.33	205.36	258.07	230.79	230.91	33.24
	市场份额	41.35%	45.49%	38.42%	41.67%	46.16%	37.85%	35.93%	16.28%

中国市场复业快，已成为好莱坞影片主要海外市场甚至是主要市场。新上映的多部进口影片在中国的放映收入，占该片国际市场收入较大比重，甚至超过北美本土票房，如《疯狂原始人 2》《花木兰》等影片中国票房收入占其海外市场的 50% 以上。

表 6　中国市场 2020 年票房前 10 名新映进口影片的国际市场占比 ①

排序	片名	中国票房（万人民币）	中国票房（美元）	北美票房（美元）	全球非美票房（美元）	中国票房在全球非美票房占比
1	《信条》	45623.47	66600000	57929000	305200000	21.82%
2	《疯狂原始人2》	33771.41	52435000	37161220	90808000	57.74%
3	《花木兰》	27807.33	40722891	0	66800000	60.96%
4	《神奇女侠 1984》	16217.20	25000000	32600000	99500000	25.13%
5	《多力特的奇幻冒险》	13128.47	19497846	77047065	168201100	11.59%

（三）积累宝贵“中国经验”

2020 年的电影业发展，充分展现了电影行业在新时代的新担当、新作为，积累了宝贵的经验。

1. 战略上服从大局，服务大局

2020 年，电影充分发挥“全国一盘棋，集中力量办大事”的优势。面对全民抗疫大局，在各级电影管理部门领导下，广大电影工作者认真贯彻中央决策部署，砥砺前行、开拓创新。全行业全力开展抗疫宣传，积极做好复工复产各项准备工作，耐心等待。在复工复产期间，仅用 3 个月时间完成的《金刚川》《最可爱的人》等影片，充分体现了电影人的良好精神风貌和高度的责任感、使命感。

2. 战术上排兵布阵、勇于担当

电影市场复业后，《第一次的离别》等小体量艺术影片的新映和《哈利·波特》《星际穿越》等大片的重映，起到了很好的暖场作用。8 月 14 日大型战争电影《八佰》在行业重要关头挺身而出，获得逾 34% 的上座率。有了这些打前战的基础，国庆档“主力部队”《夺冠》《姜子牙》《我和我的家乡》就架构起了市场的“四梁八柱”。在进口大片供应不足的情况下，行业管理部门加大对重要档期重点影片创作生产宣发排映的领导和支持力度，形成了重点突围、以点带面的效果，并且在中外旧片重映、歌剧舞剧等非电影内容集中展映等方面进行了尝试，取得了较好的效果，促进了影院生态的回暖。

3. 防控上及时、取得成效

在党中央的领导下，举国合力的疫情防控工作取得重大战略成果，生产生活秩序加快恢复，为电影行业复苏营造良好环境。

4. 地利上因地制宜、加强交流

政策的落地效果是检验政策的生命力和政策含金量的重要标尺。各地局部经验通过互相学习交流

① 北美票房和全球非美票房数据来源于 Box Office Mojo，中国票房在全球非美票房占比据此计算。

进行推广和完善，最终形成重要决策参考。上级政策出台后，各地又进一步因地制宜落实政策，加大财政支持和信贷投放力度，采取减免房租、发放消费券等支持措施，形成了接地气的政策布局。

5. 人和上齐心协力、共克时艰

疫情再次检验了行业上下团结一心的品质，拒绝“内卷”。全国影视基地免租、提供疫情下特殊补贴，影企联手加快生产制作速度，影人通过各种方式积极自救，影院所在商业体减免租金。如 3 月 17 日以来，中国电影股份有限公司协同多家出品公司，发布《发行通知》，提供《狼图腾》《中国合伙人》等五部经典国产复映影片硬盘，承担发行成本，将原分账比例从 43% ：57% 调整到 0 ：100%，以公益发行方式将放映收入划归影院，鼓励影院惠民放映，助力影院终端复工；导演郭帆重制《流浪地球：飞跃 2020 特别版》，并在中影股份和万达院线等行业领军企业支持下，于 11 月第 33 届中国电影“金鸡奖”举办期间宣布以公益发行方式全国上映，票价低至 15 元；等等。

（四）集中彰显“中国价值”

中国电影行业的快速复苏，不仅体现了中国作为超大规模经济体的优势，也体现了电影作为文化事业产业的“排头兵”的重要作用。

1. 证明了治理手段行之有效

自 2018 年 3 月电影管理职能转隶以来，治理手段总体来说是符合行业发展方向和产业规律的，尤其是疫情发生后，行业管理部门第一时间启动了疫情影响评估和调研，提前启动相关专项资金申报，指导行业协会发布影院复工防疫指南，不断释放积极信号。行政管理部门仅靠自己纾困未免“势单力薄”，协调发改、财政、税收、人社等多部门协同出台了专门针对电影的利好政策，加上宣传部门的鼓励，市场快速恢复的局面得以形成。

2. 在“高压密闭实验舱”中检验了抗压力和创新力

在电影行业连年快速发展的过程中，不可避免地出现局部的不规范问题，此前一直通过行政手段监督管理。疫情这样一个“高压密闭”的试验环境，使局部矛盾进一步突出，也成为市场“驱逐劣币、淘汰冗余产能”的契机。疫情并没有吓退那些对电影有信心、有热情的“真爱”。一些市场竞争力弱、缺乏创新的影片，的确被按下了“暂停键”，一些违规经营的影院被淘汰。但从多个创投会可窥见，那些优质影片和充满活力的创投项目，仍然生机勃勃，龙头院线万达院线上半年共关停了 20 家经营不善的门店，但 12 月新开业影城 74 家，并新创开放特许经营权，已与逾 300 家影城达成加盟协议，有效提升了城市院线影院的管理水平。

3. 证明了影院消费需求仍然旺盛

电影市场恢复好于预期、快于预期，证明了电影市场潜力大、能力强、后劲足，未来仍然可期。流媒体平台和多种播映方式的成熟，拓展了电影消费的渠道。一段时间以来，随着科技、经济、消费环境的多元化高速发展，有人认为电影院渐失存在价值，流媒体平台、VR 头显设备等就能满足观影需求。中国年人均观影人次还有较大上升空间。影院是体验型经济，是满足人们社交需求的重要场域，影院观影的沉浸式视听享受和消费仪式感不会被流媒体平台替代。

4. 行业协会发挥凝心聚力作用

疫情暴发后的停业期间，行业协会通过各种形式把脉行业纾困痛点。

3—4 月，中国电影家协会和中国电影发行放映协会组织了多场研讨会，并进行了大范围调研，起到了注入信心、鼓舞人心的重要作用。中国电影发行放映协会发布公开信和复工指南，对电影单位复工提出指导建议。中国电影发行放映协会和中国电影制片人协会还及早免除全体会员单位 2020 年全年会费。

复工复市期间，中国电影发行放映协会分别于 7 月 16 日、8 月 14 日和 9 月 15 日发布了三版《电影放映场所恢复开放疫情防控指南》，根据疫情防控情况调整上座率为 30%、50% 和 75%。中国电影家协会在郑州金鸡百花电影节和厦门“金鸡奖”期间，组织了多场活动，将影人、影企紧密团结起来，群策群力，促进行业快速复苏。

在加强行风建设方面，12 月 29 日，中国电影家协会成立电影界职业道德建设委员会，并通过了《电影界职业道德建设委员会章程》。委员会的成立及时、必要，有助于引导影视工作者积极践行社会主义核心价值观，恪守职业道德，树立良好形象，维护影视行业的健康发展生态。

5. 为全球电影产业提供了样本、提振了信心

中国市场在复工复市期间的种种探索，将成为全球有益经验；作为全球第二大市场，全面停摆半年之久的中国电影市场，其快速复苏更大幅提振了全球电影市场的信心。

支菲娜　中国艺术研究院电影电视艺术研究所高级编辑

二次回归之路：2020 年香港电影综述

◎ 粪成云

2020 年，一场突如其来的新冠肺炎疫情彻底打乱了全球经济发展和社会发展的节奏，人们被迫居家，经济活动停滞，社会生活尤其是社交转为线上进行。作为社交活动重要场所的电影院承受了巨大压力，“隔行隔座”“停业”成为 2020 年香港电影院行业的关键词。据统计，2020 年，香港电影院共计停业 116 天，损失惨重。虽然这种情况在全球的电影业中均不同程度地存在，但这对于本已孱弱的香港电影业而言，无疑是雪上加霜。

一、香港特区政府的纾困政策

由于疫情对香港电影业的巨大冲击，香港特区政府推出几项政策，不断给电影业纾困。一方面，延续之前“香港电影基金”对香港电影产业的扶持，继续执行“电影制作融资”计划、“剧本孵化”计划、“首部剧情电影”计划等扶持项目，并对一些项目适当做出调整，以减轻电影行业的负担。另一方面，特区政府推出四轮防疫抗疫基金，每一轮中都有针对电影院的资助计划，在某种程度上缓解了电影院的困境。特区政府对香港电影业的扶持具体体现在表 1 和表 2 中。

表 1　香港特区政府对电影院资助计划 ①

申请时间	资助名称	申请条件	资助金额
2020.4.20—30	第一轮防疫抗疫基金下电影院资助计划	2020年3月内有商业营运、持公共娱乐场所牌照的电影院	每块银幕10万港元，每条院线最多可获300万港元
2020.5.1至2020年年底	第二轮防疫抗疫基金下为元创方租户及电影院商提供2500万港元的财政支援	元创方绝大部分从事创意产业相关业务的租户、其他租户	宽免元创方租户自2020年5月1日至2020年年底的租金及费用。相关业务租户获豁免全部租金及费用，其他租户则可获75%的租金及费用宽减
2020.10.9—20	第三轮防疫抗疫基金下电影院资助计划	2020年7月内有商业营运、持公共娱乐场所牌照的电影院	每块银幕5万港元，每条院线最多可获150万港元
2020.12.30—2021.1.12	第四轮防疫抗疫基金下电影院资助计划	2020年11月内有商业营运、持公共娱乐场所牌照的电影院	每块银幕10万港元，每条院线最多可获300万港元

① 资料来源：香港电影发展局（https://www.fdc.gov.hk）。

表 2　2020 年香港“电影发展基金”[①] 主要扶持计划

计划名称	主要内容
“薪火相传”计划	预留约1亿港元资助开拍10—12部电影，每部电影资助额约900万港元，并邀请有一定资历的导演作为监制，联合一至两位新进导演开拍本地电影
“电影制作融资计划”[②]放宽措施	申请日期延长6个月，从2020年12月20日至2021年7月14日。让所有评分达到合格分数的申请均可获得最高融资比例，即制作预算的40%，以900万港元为上限；并在电影制作较早阶段发放政府融资，增加现金流；让投资者首先收回一半投资，以鼓励投资。预计有超过10部电影制作受惠，涉及政府融资共1亿港元
“剧本孵化”计划	政府预留约800万港元推行计划，预计可孵化约40个高素质剧本
短期进阶培训	香港电影工作者总会及香港电影导演会已获基金资助共约2000万港元，推出“电影工作者跨部门技能提升计划”及“香港电影导演会——专业培训计划”
“首部剧情电影”计划[③]	自第六届(2019年)“首部剧情电影计划”起增至最多6部电影优胜名额，并增加大专组拍摄经费至500万港元(原为325万港元)及专业组拍摄经费至800万港元(原为550万港元)

这些纾困措施虽然没有彻底解决香港电影业的困境，但确实让香港电影业得以喘口气，对于香港电影业能够挺过这次劫难起了重要的支持作用。

二、电影产业概况

2020 年的香港电影延续了几年来持续下降的颓势格局。全年共上映电影 218 部，其中非香港电影 184 部，香港电影 34 部，创近年来香港电影上映数目新低。虽然在数字上的市场占有率有 1.48% 的上升，但不排除这是疫情导致外片无法正常供应的原因。相比 2019 年，香港电影上映数量跌幅达到 26%。从 2016 年到 2020 年，香港地区影片的上映总数除 2018 年稍有涨幅以外，整体呈现下降趋势（见表 3）。在香港电影市场范围不变的情况下，上映影片总数、总票房的不断下降意味着香港电影市场正在不断萎缩。这对整个香港电影业而言似是不可逆的。究其原因，一是近几年香港社会中动荡和不稳定因素变多，市民生活、出行等受到影响；二是电影观影主体——香港年轻人的关注重点和娱乐方式已经发生较大变化；三是移动终端的大规模使用以及短视频的兴起已经极大占用了市民，尤其是年青一代群体的娱乐选择权，电影院已然不是经济实惠、便捷的选择。

表 3　2016—2021 年香港电影上映情况表[④]

年份	上映电影总数	香港电影	非香港电影	香港电影所占比例
2016	349	62	287	17.77%
2017	331	53	278	16.01%
2018	353	53	300	15.01%
2019	326	46	280	14.11%
2020	218	34	184	15.59%

① 香港电影发展基金成立于 1999 年。至 2020 年，该基金通过多项计划资助了约 60 部电影的制作，起用了约 40 名新晋导演和 19 名新晋监制，赢得超过 110 个香港本地和国际奖项。自 2005 年起，连同 2019 年的 10 亿元注资，政府向基金共注资了 15.4 亿港元，就人才培训、提升港产片制作、拓展市场及拓展观众群四大方向支援香港电影业发展。

② “电影制作融资计划”为中小型商业电影（即每部制作预算不超过 6000 万港元的电影）提供融资。

③ “首部剧情片计划”始于 2013 年。每届由基金全额资助胜出比赛的导演及其制作团队拍摄其首部剧情电影。第六届计划申请反应热烈，共有 55 个电影制作团队参赛，较上一届增幅达八成。

④ 数据来源：香港影业协会（http://www.mpia.org.hk）。

与此同时，香港电影在票房方面也呈现断崖式下滑。2019年，香港电影市场总票房为19.23亿港元，而2020年，香港电影市场总票房仅为5.36亿港元，跌幅高达72.08%，[①]不到2019年票房的1/3。可谓“惨不忍睹”。从表4和表5中可以看出来，由于香港影院的三次停映，导致表中统计的20部影片中有5部影片被迫中断上映，进一步导致影片票房受到影响。与此同时，梳理这20部影片的上映时间可以发现该年所上映影片的上映时间均比往年长，有的甚至长达几个月，已然超出了香港电影院的常规设置，这在其他时间几乎是不可能的。即便如此，影片的票房依然受到很大影响。

表4　票房排名前10名的香港电影[②]

序号	片名	上映日期	累计票房(港元)
1	《乜代宗师》	2020.1.23—2020.4.8	29,456,956
2	《幻爱》	2020.7.2至2020年年底部分影院仍在上映中*	15,258,701
3	《家有囍事2020》	2020.1.25—2020.5.27	11,913,854
4	《麦路人》	2020.9.17—2020.11.28	8,273,307
5	《死因无可疑》	2020.6.25—2020.9.16	7,788,159
6	《我的笋盘男友》(《我的100分男友》)	2020.1.25—2020.3.11	6,316,016
7	《肥龙过江》(2020)	2020.1.23—2020.2.23	5,644,592
8	《金都》	2020.6.11—2020.9.30	5,260,059
9	《叔·叔》	2020.5.28—2020.10.14	3,592,230
10	《圣荷西谋杀案》(《圣何塞谋杀案》)	2020.9.25—上映中*	2,414,291

* 为受疫情影响影院停业中

表5　票房排名前10名的非香港电影[③]

序号	片名	上映日期	累计票房(港元)
1	《天能》(《信条》)(美、英)	2020.9.10—上映中*	54,911,910
2	《鬼灭之刃》剧场版《无限列车》篇(日)	2020.11.12—上映中*	28,588,493
3	《白头山：火山浩劫》(韩)	2020.1.1—2020.2.14	18,613,982
4	《尸杀半岛》(《釜山行2：半岛》)(韩)	2020.8.28—2020.11.11	16,497,069
5	《1917：逆战救兵》(美、英)	2020.1.9—2020.5.27	15,557,505
6	《怪医D老笃》(《多力特的奇幻冒险》)(美、英)	2020.1.23—2020.3.11	14,258,613
7	《猛禽暴队：解疯小丑女》《猛禽小队和哈莉·奎茵》(美)	2020.2.6—2020.5.22	13,172,976
8	《数码暴龙　last evolution 绊》(日)	2020.5.16—2020.9.2	13,072,976
9	《哆啦A梦：大雄之新恐龙》(日)	2020.10.1—上映中*	10,634,615
10	《1/2的魔法》(美)	2020.6.18—2020.9.30	9,001,528

* 为受疫情影响影院停业中

① 数据来源：香港影业协会（http://www.mpia.org.hk）。
② 数据来源：香港影业协会（http://www.mpia.org.hk）。
③ 数据来源：香港影业协会（http://www.mpia.org.hk）。

虽然香港电影受到疫情冲击很大，但仍然能够看出香港电影的一些产业特征。第一，市场中电影类型多元化。2019 年，香港电影票房前 10 名影片的类型集中在动作、警匪和喜剧类型，而 2020 年，类型元素的分散比较多元，武侠、动作、爱情、悬疑、喜剧、文艺片等类型均有代表性作品出现，且多是具有香港本土特色的影片。《乜代宗师》充满了港式喜剧的夸张和动作片的形式与风格。《肥龙过江》(2020) 中硬桥硬马的动作风格和特点，及其对前辈作用的呼应，引起了观众的怀旧与认可。《死因无可疑》将悬疑和惊悚元素相结合，一步一步揭开谜底，却在结尾形成最大的悬疑。一改往年电影类型集中的情况，是否意味着香港电影业在慢慢苏醒？第二，“草根”人群的“现实生活”受到关注。相比 2019 年的“系列”影片打天下，2020 年的影片除了《家有囍事 2020》以外，另外 9 部影片均为新片。《幻爱》将目光对准了思觉失调病人和他的治疗师；《金都》展现了一个即将结婚的女子逃离“家”，找回自己的历程；《麦路人》对准了一群无家可归却互相帮助的陌生人的悲欢离合。这些题材均将镜头对准了香港中下层社会人们的生活和生存、心理状态，展现现实生活中的各种遭遇。值得注意的是，这些创作更倾向于电影艺术和思想的呈现，市场性略弱。这一点，像极了台湾依靠电影辅导基金拍摄的影片和内地在计划经济体制末期阶段的电影创作。第三，美、日、韩三国的电影占据香港电影市场的近 85% 的市场份额，一改 2019 年美国影片占据统治地位的情况，形成三足鼎立之势。《鬼灭之刃》剧场版《无限列车》篇、《数码暴龙　last evolution 绊》、《白头山：火山浩劫》、《釜山行 2：半岛》均是在日本和韩国赢得巨大票房的影片，在香港电影市场攻城略地也属正常。但美国电影依然牢牢占据了票房第一名，且票房成绩几乎比第二名多出一倍。虽然不能以这一年的市场情况就断定此后香港电影市场的三足鼎立之势，但在香港电影全面复兴之前，外片在香港市场的竞争不会停止。

三、形式与内容角力的商业片

2020 年的香港电影市场一改过去影片同类型扎堆出现的状况，从表 6 可以看出香港电影呈现出各个类型争相亮相的景况。相比往年同一类型影片扎堆出现的情况，虽然影片的类型元素更加多元，更加丰富，但是其在内容和形式方面的创作却呈现出形式大于内容的状况，导致该年的商业片多挣扎于形式和内容之间的角力。

表 6　2020 年票房前 10 名香港影片类型

序号	片名	类型
1	《乜代宗师》	动作、喜剧、爱情
2	《幻爱》	爱情、悬疑
3	《家有囍事 2020》	喜剧
4	《麦路人》	剧情
5	《死因无可疑》	悬疑、惊悚
6	《我的笋盘男友》(《我的 100 分男友》)	爱情
7	《肥龙过江》(2020)	动作
8	《金都》	剧情
9	《叔·叔》	剧情
10	《圣荷西谋杀案》(《圣何塞谋杀案》)	悬疑、犯罪

动作类型片的创作在香港电影市场中有着悠久的历史。不论是从 20 世纪二三十年代从内地流传过去的神怪武侠片，还是邵氏兄弟公司的彩色武侠新世纪，抑或以成龙为代表的谐趣武侠片，还是创作了诸多经典的 20 世纪 90 年代的武侠片，武侠动作类电影一直在形式和内容之间周旋，形成了不同时期的形式与内容的关系。《乜代宗师》和《肥龙过江》(2020) 同样存在比较明显的形式与内容的角力。

《乜代宗师》是黄子华第二部赢得香港电影票房第一名的影片。其2018年创作的《栋笃特工》以“港味”浓郁备受观众喜爱，成为当年票房第一的港产影片。黄子华虽然以主持人和脱口秀出名，但他在1984年就进入香港无线电视台的编剧训练班学习，毕业后进入香港话剧团工作。从1992年开始他踏入电影届，陆续出演了一些角色，并小有成就。他的影片之所以能够登上榜首，一方面是他具有多年香港本土生活特色的脱口秀表演积累的大量拥趸，另一方面是他将脱口秀中浓厚的香港本土韵味用到电影当中，形成独具特色的喜剧风格。

首先，在形式上，影片一开始就采用传统武侠片的开片方式讲述了马家拳的来历，看似是一部具有传统武侠美学风格的武侠动作片。然而，紧接着，影片就用无厘头的方式解构了这种传统美学类型，呈现出无厘头的喜剧风格。说到底，这部影片是一部披着武侠动作外衣的喜剧片。影片中，马飞龙拿着关公刀一路穿街走巷，雄赳赳气昂昂地去给“妻子”报仇，却被“前妻”嫌弃，且知道孩子也不是自己的。此时，关公刀和马飞龙就是一个被嘲笑的喜剧符号，一把曾经叱咤疆场的武器、一个曾经是“一代宗师”的英雄也只是这部影片标榜的形式而已。关公刀是马飞龙心中安全感的来源，是他心中家族传承和生命之根的象征，而对观众而言，这把关公刀就是他马家拳的代表，也是他内心世界崩塌之后的最后一点安慰。整部影片的情节都被大于内容的形式支撑着。“陈真”“乜代宗师”这些带有符号性的名字也成为影片动作类型的形式表现，尽管整部影片并没有多少动作戏。其次，在内容上，马飞龙因为意外被女拳师一拳击败，导致形象一落千丈，事业和家庭陷入一系列困境中。在情节不停地反转与推进中，马飞龙完成了从“成功”的马家拳传人到陈氏“失败”的徒弟，从事业家庭的“失败者”到“爱情的成功者”的转变。这种转变完成的是大多数人在社会生活中所面临的“顺境”和“逆境”之变。虽然这一主旨是用插科打诨和夸张戏谑的形式表现出来的，但并不影响观众在笑中反复体会人生况味。这一点延续了香港电影对“草根”阶层的刻画风格：常常自以为是，听不进别人的意见；生活不顺却乐观开朗；死要面子却也令人啼笑皆非，可爱也可恨。影片将戏谑、夸张和搞笑的表现形式与香港电影惯有的对小人物极尽刻画和看似不经意地人文关怀的内容融合为一体，在这场角力中，形式大于内容。

《肥龙过江》(2020)借鉴和致敬了《猛龙过江》的名字和意涵，也是对《肥龙过江》(1978)和《猛龙过江》的再演绎。影片颇具怀旧意味地回顾了甄子丹参演的《杀破狼》等影片，将该片置于一个强大的电影“IP”背景之下，试图唤起观众的怀旧之情，做到了形式上的风格化和极致化；在内容上，影片也表现出试图接过香港动作电影的大旗，延续香港动作电影的辉煌的野心。首先，影片糅合了更多类型元素，将轻喜剧、爱情、警匪、动作等元素相结合，并将主角的爱情线索、遣返日本犯人并缉拿日本犯罪团伙的事业线索和潇洒哥的爱情线相结合，形成了比《乜代宗师》更为复杂的叙事线索和风格，在某种程度上满足了观众的多种需求。但实际上，香港类型电影创作中有一个很大的经验就是有节制地使用类型，控制好影片的主类型，打好主次类型的配合。但该片中，部分喜剧元素的使用显得刻意而牵强，尤其是朱福龙与日本黑帮头目生死之战时刻意营造的喜剧细节，虽是模仿成龙的喜剧风格，但由于影片硬桥硬马、拳拳到肉的功夫与成龙的谐趣功夫风格并不相同，因而显得有些拾人牙慧。其模仿《红番区》的桥段也并未达到相应的效果。值得一提的是，该片出自日籍导演谷垣健治之手。他曾经作为动作指导参与了《功夫小子》《新宿事件》《武侠》《捉妖记2》等影片的拍摄，作为日籍导演，他能将动作片拍得有香港特色已经表现出他的能力，但他把控整部影片的能力显得有些捉襟见肘。虽然影片在叙事节奏和情节走向等方面具有一定的优势，但是，主角在日本“执法”的行为逻辑却显得牵强又生硬，而最后的营救段落更是极具讽刺意味，导致影片的质量下滑。

与《肥龙过江》(2020)类似的是《家有囍事2020》。影片将三个兄弟塑造成为精通千术的侠盗，机缘巧合下被两个老千姐妹所骗，消除误会以后，五人联手将黑帮头目绳之以法，并有情人终成眷属。作为《家有囍事》系列的第4部影片，该片延续了之前影片展现中产阶级生活和价值观念的风格，但无论在故事情节的讲述上，还是在搞笑桥段的设置上都显得力不从心，没有达到之前影片的水准。《我的笋盘男友》是香港爱情片“专业户”叶念琛导演的，“王子与灰姑娘”的设定，或者说当下流行的“霸道总裁爱上我”的桥段给了女性观众以幻想的空间，但无论是两人感情变化的过程，还是单一主线的情节转变，都让影片显得单薄，脱离了社会环境和生活环境，其所营造的爱情故事显然是个不可信的“成人童话”。

《死因无可疑》是悬疑加惊悚的类型。影片从保险调查员叶永信对保险受益人朱重德和沈子玲的怀疑开始，随着他的调查，一个朱重德杀人骗保案慢慢露出雏形。就在即将“水落石出”之际，具有控制型反社会人格的沈子玲进入叶永信的视线。他周围的人也因此遭到沈子玲的杀害。影片前半段维持了较好的悬疑感，但当叶永信将怀疑的目光转向沈子玲的时候，一切悬疑就都破了。在影片结尾，跛腿的叶永信碰到了失去双手的朱重德，朱重德拉住了叶永信但被叶永信甩开，叶永信离开，朱重德却慢慢跟在其身后。或许这才是影片最大的悬疑。《圣何塞谋杀案》也是一部悬疑类影片，与《死因无可疑》不同的是，影片双线并行，故意将阿玲和孙宁杀人的时间线打散，碎片化地呈现在观众面前，在形式上做足了悬疑感。在内容上，阿玲的朋友张咏欣到来之后，刺激了阿玲和伪装成阿玲丈夫“阿邓”埋在内心深处的紧张和焦虑，不但唤醒了孙宁坚定地拿回自己身份的决心，也让阿玲深陷失去孙宁的恐惧之中。一场新的谋杀开始酝酿。这是形式推动内容发展的例证，在两者的角力中，内容也得到较大程度的完成。其实，孙宁冒名顶替别人多年，寻回自己的身份是他内心极度渴望的事情；而阿玲杀死丈夫，和孙宁在一起，也是对自己内心归属的寻求；张咏欣来美国散心，希望治愈自己。三个人所寻求的都是希望在异域找到认同和归属，找到自己的身份。

从形式上来讲，2020 年的商业片基本延续了香港电影创作的风格和特征，具有一定的香港本土电影特色，从内容和深层精神结构上来看，无论是马飞龙，还是朱福龙，还是阿宝，都是在各自的生活和工作中不断寻求自己认同和归属的过程，而这也在某种程度上代表了困扰香港人 20 余年的身份认同和归属问题。

四、探寻出路的文艺片

对“草根”的生活境遇、人文生态、身份焦虑等问题的关注和表现一直是香港电影的传统。2020 年的文艺片同样对“草根”的生活进行了持续关注，与往年不同的是，2020 年的文艺片开始关注社会现实问题，通过“草根”生活表现社会现实问题，并试图寻找解决问题的路径。

《麦路人》讲述的是香港社会中最底层的一群人的故事。他们无家可归或者有家不归，在 24 小时快餐店里过夜，在附近的公厕中洗漱，打着不同的零工。在这样的日子里，他们互帮互助，形成无核心的家庭般的结构。曾经是金融才俊的阿博是他们中素质最高的一位，有着光鲜的过去，善于发现机会，既是他们的工作中介，也是这些人的精神“领袖”，但他也因为负罪感而不敢见家人。“妈妈”是嫁到香港并育有一女的大陆女性，丈夫死后被婆婆赶出家门，且要被迫给婆婆还赌债，每天拼命挣钱，最终猝死。阿珍是一位在没落的歌厅唱歌的歌女，最大的愿望就是成为别人的老婆、妈妈，有个家。因 10 年前与阿博的一面之缘而认定，等待阿博 10 年。“口水祥”因谋生实在困难，想尽办法把自己送进了监狱。“等伯”年轻时曾经帮助了很多人，但却因为目睹妻子的自杀而心存障碍不敢回家，每天坐在便利店同样的位置等“妻子”。在这样的底层社会中，影片呈现出的是比生活还要悲伤的生死离别，“妈妈”的猝死，阿博患癌，阿珍守护了 10 年的爱情也即将失去。在这个群体中，每个人都有自己不能触碰的伤口，“家”成为回不去的地方。可以说，影片被阴郁的情绪笼罩，几乎看不到出路。但是，离家出走的身仔重归家庭之后收获的是一家人的和谐相处和欢声笑语。所以，“家”成为解决问题的路径之一。

《金都》也存在这样的问题。程莉芳当年为了筹得离家的费用，同内地人杨树伟假结婚，10 年之后，要和男友结婚时发现她和杨树伟仍然是“夫妻”。当她瞒着男友处理离婚事宜的时候，杨树伟却找了上来，并要求他帮忙办理单程证，程莉芳无奈之下只好答应。但当男友得知杨树伟是内地人的时候，直言内地人的各种不好，并试图阻止程莉芳去内地。从中可以看出男友内心对内地人的排斥和偏见。有意思的是，程莉芳到了两次内地却使她对婚姻、对自由的观念产生了非常重大的影响。所以，当程莉芳还钱给杨树伟之前，她穿上了男友一直不喜欢她穿的衣服，关了手机，也给男友留言要收好用过的指甲刀。她下单了一张大餐桌。在某种程度上，餐桌是家庭的代表，但她曾经两次逃离传统家庭的束缚，那么，这张餐桌更多的是代表了她对找回自己的决心，也是给自己的未来找一条出路。

除了所隐含的观念问题，我们也能在两部影片中看到对香港现实社会的反映，以及影片透出的颇有现实主义创作风格意味的语言和态度。《麦路人》刻意营造了香港底层一群“无家可归”的人的生活，在他们的世界中，便利店、公厕、路边小店、地摊、歌厅、车库等是他们常常出入的地方，整个香港在影片中被呈现为衰败的、没落的地方，正如他们每天的生活一般，日复一日，没有希望。而《金都》中的金都商场的工作人员虽然以经营婚礼用品为名，看似是有一个美好的未来，但程莉芳面对长辈对自己生活的指手画脚和侵犯，面对未婚夫对家庭和婚姻态度的“不作为”，新老两辈人的冲突、夫妻二人的矛盾，最终选择了逃离。从“家庭”秩序遭到冲击和破坏，香港的社会秩序和家庭传统遭遇隐藏的危机中不难看出，创作者对香港社会未来的隐忧。

同样表现出这种隐忧的还有《幻爱》。虽然这看似是一部讲述思觉失调病人阿乐与心理治疗师叶岚相爱的影片，实际则讲述了当下香港社会中处在现实与幻觉之间的人们的精神状态。一部分是以阿乐为代表的“思觉失调”病人，一半过着现实生活，一半生活在幻觉之中，经常分不清是现实还是虚幻，甚至连爱人是否真实存在也不能够确定。另一部分则是自诩可以治疗精神疾病的“医生”，他们有着看似正常的生活，而实际上，“出轨”“色诱”是其生活的常态。叶岚在与阿乐相处的过程中坦诚了自己不堪的过往，其实她更像个病人。两个没有家的人难说清楚是阿乐治好了叶岚，还是叶岚治好了阿乐。尽管影片给了一个看似有着美好未来的结尾，但不可否认，阿乐用来判断自己是否在幻觉中的乒乓球声让人不得不相信，这依然是一场幻觉。当叶岚放弃学籍想要和阿乐在一起时，叶岚才发现，那不过是自己的一厢情愿。现实与幻觉互扇了一记耳光，对家、对现实的生活渴望成为虚无。

从整个2020年的香港电影市场表现来看，当下的香港电影是死地余生，不但保留了香港电影传统类型的基本元素和风格，也成功逃离了疫情对香港电影工业的“截杀”。虽然疫情对早已奄奄一息的香港电影而言是重创，但我们也看到了香港电影创作群体对未来出路的探讨。尽管这些影片所展现的对“身份认同”的焦虑在1997年香港回归之前就有，但在创作群体发生重大变化的当下，这些影片所讨论的是香港社会面临的对“文化精神归属”的“二次回归”问题，这才是香港社会更深层次的需求。

粪成云　中国艺术研究院电影电视艺术研究所编审

文件辑录

【国家电影事业发展专项资金管理委员会办公室下发《关于做好电影专资贴息支持影院应对疫情有关工作的通知》】

2020 年 5 月 12 日，国家电影事业发展专项资金管理委员会办公室下发《关于做好电影专资贴息支持影院应对疫情有关工作的通知》(以下简称《通知》)。《通知》表示将由中央级专资和省级电影专资共同提供贴息资金，对全国 3000 家左右的困难中小影院贷款进行贴息，贴息支持的贷款额度上限 100 万元的影院 1000 个左右，贷款额度上限 50 万元的影院 2000 个左右，贴息期限不超过 12 个月，影院可向当地电影专资部门提交申请。

国家电影事业发展专项资金管理委员会办公室
2020 年 5 月 12 日

【财政部　税务总局关于电影等行业税费支持政策的公告（财政部　税务总局公告 2020 年第 25 号）】

为支持电影等行业发展，现将有关税费政策公告如下：

一、自 2020 年 1 月 1 日至 2020 年 12 月 31 日，对纳税人提供电影放映服务取得的收入免征增值税。

本公告所称电影放映服务，是指持有电影放映经营许可证的单位利用专业的电影院放映设备，为观众提供的电影视听服务。

二、对电影行业企业 2020 年度发生的亏损，最长结转年限由 5 年延长至 8 年。

电影行业企业限于电影制作、发行和放映等企业，不包括通过互联网、电信网、广播电视网等信息网络传播电影的企业。

三、自 2020 年 1 月 1 日至 2020 年 12 月 31 日，免征文化事业建设费。

四、本公告发布之日前，已征的按照本公告规定应予免征的税费，可抵减纳税人和缴费人以后月份应缴纳的税费或予以退还。

财政部　税务总局
2020 年 5 月 13 日

【关于暂免征收国家电影事业发展专项资金政策的公告（财政部　国家电影局公告 2020 年第 26 号）】

为支持电影行业发展，现将暂免征收国家电影事业发展专项资金政策公告如下：

一、湖北省自 2020 年 1 月 1 日至 2020 年 12 月 31 日免征国家电影事业发展专项资金；其他省、自治区、直辖市自 2020 年 1 月 1 日至 2020 年 8 月 31 日免征国家电影事业发展专项资金。

二、符合本公告规定的免征条件，但缴费人在本公告发布之日前已缴费的，可抵减缴费人以后月份应缴纳的国家电影事业发展专项资金或予以退还。

财政部　国家电影局
2020 年 5 月 13 日

【国家电影局关于在疫情防控常态化条件下有序推进电影院恢复开放的通知（国影发〔2020〕1号）】

各省、自治区、直辖市电影主管部门，各电影院线公司，各制片单位，中国电影发行放映协会，中国电影制片人协会：

为深入贯彻习近平总书记关于统筹推进新冠肺炎疫情防控和经济社会发展工作的重要指示精神，经国务院应对新型冠状病毒感染肺炎疫情联防联控机制同意，现就在疫情防控常态化条件下有序推进电影院恢复开放通知如下。

一、坚持分区分级原则。低风险地区在电影院各项防控措施有效落实到位的前提下，可于7月20日有序恢复开放营业。中高风险地区暂不开放营业。一旦从低风险地区调整为中高风险地区，要严格执行疫情防控规定，从严从紧落实防控措施，电影院及时按要求暂停营业。

二、严格落实属地管理和行业管理责任。各地电影主管部门将关于恢复开放电影院的工作安排报当地党委和政府同意后，商当地疫情防控部门有序推进恢复营业。要制定疫情防控方案和应急预案，对复工电影院加强指导和巡查，密切关注电影院疫情防控及复工经营情况。各地具体复工时间及有关安排向国家电影局报备。

三、精准科学落实防控措施。电影院恢复开放要把防疫安全放在第一位，夯实院线、影院的主体责任，严格遵守当地疫情防控部门要求，健全制度，完善措施，切实做到常态防控到位、预约限流到位、排片间隔到位、人员排查到位、环境消毒到位、应急处置到位。

各地区各单位要认真执行本通知要求，按照《中国电影发行放映协会电影放映场所恢复开放疫情防控指南》，抓紧抓实抓细各项防控工作，稳妥有序推进电影院恢复开放，执行过程中遇有情况及时上报。

附件：中国电影发行放映协会电影放映场所恢复开放疫情防控指南（略）

国家电影局
2020年7月16日

【国家电影局、中国科协印发《关于促进科幻电影发展的若干意见》(2020)】

2020年8月7日，国家电影局通报，国家电影局、中国科学技术协会印发《关于促进科幻电影发展的若干意见》，提出将科幻电影打造成为电影高质量发展的重要增长点和新动能，把创作优秀电影作为中心环节，推动我国由电影大国向电影强国迈进，并提出了对科幻电影创作生产、发行放映、特效技术、人才培养等加强扶持引导的十条政策措施，被称为“科幻十条”。

意见提出，要加大对科幻电影剧本的培育力度，促进科幻文学、动漫、游戏等资源转化，丰富科幻电影内容创新源头。支持在夏衍杯优秀电影剧本征集、扶持青年优秀电影剧作计划、电影剧本孵化计划等工作中设立科幻类别。鼓励有关电影节设立科幻电影单元等。

意见提出，鼓励组建全国科幻科普电影放映联盟，支持各级科技馆、科学馆、工业博物馆、青少年宫、文化主题公园等加盟。

意见提出，要以科幻电影特效技术发展引领带动电影特效水平整体提升。鼓励研发具有自主知识产权的电影特效底层核心技术和平台工具，支持电影数字内容加工处理和数字版权保护等领域的关键技术研发和产业化，支持国产高精尖电影装备的研发生产和推广应用，建立完善电影特效技术标准体系。

意见提出，要落实财税支持政策，鼓励科幻电影相关企业入驻文化产业园区（基地）、国家文化和科技融合示范基地、国家文化出口基地、国家高新技术产业开发区、国家高新技术产业化基地、自由贸易试验区、海关特殊监管区域等，享受场租等优惠政策。鼓励金融机构探索适合科幻电影特点的信贷产品和贷款模式，开展供应链融资、银团贷款等业务。

意见提出，要加强科幻电影人才培养，推动文化名家暨“四个一批”人才、宣传思想文化青年英才、中国青年电影导演扶持计划、中国电影新力量论坛等，向科幻电影人才倾斜。鼓励高校结合自身优势，加强科幻电影相关人才培养。积极向中小学生推荐优秀科幻科普电影，利用科幻科普电影开展科学教育。

意见提出，要建立促进科幻电影发展联系机制，由国家电影局、中国科协牵头，教育部、科技部、工业和信息化部、财政部、商务部、国务院国资委、中国科学院、中国工程院、国家国防科工局、中国文联等单位有关部门参加，联系机制日常办事机构设在中国科协科技传播与影视融合办公室。建立科幻电影科学顾问库，吸纳专家院士和科技工作者参加，为科幻电影提供专业咨询、技术支持等科学顾问服务。

国家电影局

2020 年 8 月 7 日

作品

【电影《囧妈》】

电影《囧妈》，导演：徐峥，编剧：何可可、布鲁鲁夫、何一禾、徐峥，制片人：刘瑞芳，主演：徐峥、黄梅莹、袁泉、贾冰、郭京飞，出品：上海欢神喜佑文化有限公司、欢喜传媒集团有限公司、北京真乐道文化传播有限公司、浙江横店影业有限公司、真乐道（上海）影视有限公司等。2020 年 1 月 25 日流媒体平台（西瓜视频）播出。

该片是徐峥“囧系列”的第三部作品，讲述徐伊万与卢小花母子六天六夜的火车莫斯科之旅的故事。影片原定于 2020 年 1 月 24 日大年初一在院线上映，受到新冠肺炎疫情的影响，1 月 23 日宣布撤出春节档，改在流媒体平台免费播出。

【电影《春潮》】

电影《春潮》，导演、编剧：杨荔钠，主演：郝蕾、金燕玲、曲隽希、李文波，制片人：许晓阳、程青松、陈果，出品：上海爱美影视文化传媒有限公司。2020 年 5 月 17 日在爱奇艺视频网站播出。

该片通过一个中国三代人家庭的故事，展现一段时代背景下的“原生家庭”之痛。记者郭建波、母亲纪明岚与女儿郭婉婷同住在一个屋檐下，祖孙三代因亲情关系捆绑在一起的生活，看似平静实则暗潮涌动。

获奖记录：

1. 第 22 届上海国际电影节最佳摄影奖（杰克・波洛克）；
2. 第 15 届中国长春电影节评委会大奖、最佳导演奖（杨荔钠）；
3. 第 29 届上海电影评论学会奖年度华语电影十佳。

【电影《八佰》】

电影《八佰》，导演：管虎，编剧：管虎、葛瑞，制片人：王中磊、梁静，主演：黄志忠、欧豪、王千源、姜武、张译等，出品：华谊兄弟电影有限公司、北京七印象文化传媒有限公司。2020 年 8 月 21 日国内公映。

该片取材于 1937 年淞沪会战末期，800 壮士留守四行仓库，顽强抗战四天四夜，坚守上海最后防线的故事。

获奖记录：

1. 第 4 届平遥国际电影展 2020 荣誉最佳影片奖；
2. 第 2 届“光影中国”荣誉盛典 2020—2021 年度媒体关注十大电影。

【电影《夺冠》】

电影《夺冠》，导演：陈可辛，编剧：张翼，监制：徐月珍、张一白，主演：巩俐、黄渤、吴刚、彭昱畅、白浪，出品：北京嘉映春天影业有限公司、我们制作有限公司、华夏电影发行有限责任公司、欢喜传媒集团有限公司等。2020 年 9 月 25 日国内公映。

该片讲述了中国女排从 1981 年首夺世界冠军到 2016 年里约奥运会生死攸关的中巴大战，诠释了几代女排人历经浮沉却始终不屈不挠、不断拼搏的经历。

获奖记录：

1. 第 33 届中国电影“金鸡奖”最佳故事片奖、最佳编剧奖 / 原创（张冀）、最佳摄影奖；

2. 第 27 届香港电影评论学会大奖最佳导演（陈可辛）、最佳女演员（巩俐）、推荐电影；

3.2020 香港电影导演会最佳电影、最佳导演（陈可辛）、最佳女主角（巩俐）、最佳新演员（白浪）；

4. 第 2 届“光影中国”荣誉盛典 2020—2021 年度荣誉推介编剧（张冀）。

【电影《我和我的家乡》】

电影《我和我的家乡》，总导演：宁浩，总制片人：张苗，分单元导演：宁浩 / 陈思诚 / 徐峥 / 邓超、俞白眉 / 闫飞、彭大魔，主演：葛优、刘敏涛、黄渤、王宝强、刘昊然、范伟、张译、韩昊霖、邓超、闫妮、沈腾、马丽等，领衔出品：北京京西文化旅游股份有限公司，出品：中国电影股份有限公司等。2020 年 10 月 1 日国内公映。

《我和我的家乡》分为 5 个单元故事，宁浩执导的《北京好人》单元，由葛优、刘敏涛主演；陈思诚执导的《天上掉下个 UFO》单元，由黄渤、王宝强、刘昊然主演；徐峥执导的《最后一课》单元，由范伟、张译、韩昊霖主演；邓超和俞白眉执导的《回乡之路》单元，由邓超、闫妮主演；闫非和彭大魔执导的《神笔马亮》单元，由沈腾、马丽主演。影片通过讲述中国五大地域的家乡故事，抒发人们的家国情怀，展示脱贫攻坚成果。

获奖记录：

1. 第 34 届中国电影“金鸡奖”评委会特别奖；

2. 第 2 届“光影中国”荣誉盛典 2020—2021 年度荣誉推介导演、2020—2021 年度媒体关注十大电影。

【电影《金刚川》】

电影《金刚川》，导演：管虎、郭帆、路阳，编剧：管虎，制片：傅若清、梁静、管虎，主演：张译、吴京、李九霄、魏晨，出品：中国电影股份有限公司、七印象影视传媒（海口）有限公司、郭帆文化传媒（北京）有限公司、北京自由酷鲸影业有限公司、华夏电影发行有限责任公司、华谊兄弟电影有限公司。2020 年 10 月 23 日国内公映。

该片纪念中国人民志愿军抗美援朝出国作战 70 周年，讲述志愿军战士们在敌我力量悬殊的情况下，以血肉之躯顽强拼搏的英勇事迹。

获奖记录：

1.2021 中国·横店影视节第八届文荣奖最佳主旋律电影成就奖、2021 国防军事电影盛典优秀影片奖；

2. 第 12 届澳门国际电影节金莲花最佳男主角奖（张译）。

【电影《气球》】

电影《气球》，导演、编剧：万玛才旦，制片人：黄旭峰、彭绮华，主演：索朗旺姆、金巴、杨秀措，出品：北京盛唐时代文化传播有限公司、工厂大门（天津）影业有限公司、青海嘛呢石影业有限公司、北京九州中原数字电影院线有限公司。2020 年 11 月 20 日国内公映。

该片讲述灵魂与现实的紧张关系，主人公藏民达杰一家因一只普通的避孕套卷入了一系列尴尬而又难以抉择的事件当中。

获奖记录：

1. 第 2 届海南岛国际电影节“金椰奖”；

2. 第 23 届上海国际电影节电影频道传媒大奖最受传媒关注编剧（万玛才旦）、最受传媒关注导演（万玛才旦）。

【电影《一秒钟》】

电影《一秒钟》，导演：张艺谋，编剧：张艺谋、邹静之，制片人：庞丽薇、赵毅军，主演：张译、刘浩存、范伟，出品：北京欢喜首映文化有限公司、欢喜传媒集团有限公司、上海欢+喜文化有限公司、天津猫眼微影文化传媒有限公司、安乐影片有限公司（中国香港）、欢欢喜喜（天津）文化投资有限公司。2020 年 11 月 27 日国内公映。

该片讲述 20 世纪 70 年代中期，西北某地，没赶上场次的逃犯张九声为了看一场电影，悄悄从农场溜出，那是一盘宣传性质的新闻胶卷带，他相信在那盘胶片中有他已经去世的女儿的“一秒钟”影像。在追寻电影的过程中，他偶遇了想要胶片的刘闺女以及放电影从未失误过的范电影，因为一场电影结下了不解之缘。

获奖记录：

1. 第 34 届中国电影“金鸡奖”最佳男配角（范伟）、最佳录音（陶经）；

2. 第 15 届亚洲电影大奖最佳导演（张艺谋）、最佳新演员（刘浩存）；

3.2021 中国·横店影视节第八届文荣奖新生代单元（电影类）最佳青年女演员（刘浩存）。

【电影《拆弹专家 2》】

电影《拆弹专家 2》，导演：邱礼涛，编剧：邱礼涛、李敏、李昇，制片人：刘德华、林小强，主演：刘德华、刘青云、倪妮、谢君豪，出品：广州市英明文化传播有限公司、寰宇娱乐有限公司、阿里巴巴影业（北京）有限公司。2020 年 12 月 24 日国内公映。

该片讲述了邪恶组织“复生会”要对香港造成恐怖袭击，前拆弹专家潘乘风也因一场爆炸案被警方怀疑牵涉其中，潘乘风一边逃亡一边查明事情真相的故事。

获奖记录：

第 34 届中国电影“金鸡奖”最佳剪辑奖（钟炜钊）。

【动画电影《姜子牙》】

动画电影《姜子牙》，导演：程腾、李炜，联合导演：李夏、王昕，编剧：谢茜颖，制片人：高薇华、王竞，配音演员：郑希、杨凝、图特哈蒙、阎么么等，出品：北京光线影业有限公司、北京彩条屋科技有限公司、北京中传合道文化发展有限公司、成都可可豆动画影视有限公司。2020 年 10 月 1 日国内公映，北美同步上映。

该片讲述了封神大战之后，姜子牙被贬下凡间，失去神力，为重回昆仑，姜子牙踏上旅途寻回自我的故事。

获奖记录：

第 18 届中国动漫金龙奖最佳动画长片奖金奖、最佳动画导演奖、最佳动画音乐奖。

【纪录电影《掬水月在手》】

纪录电影《掬水月在手》，导演、编剧：陈传兴，制片人：李玉华、沈祎，出品：广州行人文化传播有限公司、广东方所文化投资发展有限公司。2020 年 10 月 16 日国内公映。

该片是陈传兴执导的纪录片“诗词三部曲”的最终章，记录了中国古典诗词大家叶嘉莹的传奇人生，以北京四合院的结构模式展现她坎坷坚韧仍不渝追寻初心的一生。

获奖记录：

1. 第 23 届上海国际电影节金爵奖纪录片单元官方入选片；
2. 第 10 届北京国际电影节官方推荐影片；
3. 第 33 届中国电影金鸡奖最佳纪录 / 科教片。

【纪录电影《棒！少年》】

纪录电影《棒！少年》，导演：许慧晶，总制片人：杨海涛、齐康、陈爱华，制片人：张硕、宁玉琪、朱一泓，出品：北京爱奇艺科技有限公司。2020 年 12 月 11 日国内公映。

该片讲述了一群出身草根、来自全国各地的困境少年，在前国手和 70 岁传奇教练的带领下，从零开始学习打棒球，赴美征战的真实故事。

获奖记录：

1. 第 14 届 FIRST 青年电影展最佳纪录片、观众选择荣誉；
2. 第 18 届中国（广州）国际纪录片节“金红棉”国际纪录片评优单元评审团特别推荐优秀纪录片；
3. 第 10 届“光影纪年”——中国纪录片学院奖最佳纪录电影奖。

纪事

节展·评奖

【首届“光影中国”电影荣誉盛典】

2020 年 1 月 11 日，由人民网、中国电影评论学会主办的首届“光影中国”电影荣誉盛典在人民日报社举行，现场揭晓 11 项荣誉。“光影中国”电影论坛同步举办，与会电影人及行业人士共同总结 2019 年国产电影取得的成就，为国产电影发展建言献策。

［首届“光影中国”电影荣誉盛典推介名单］

2019 年度荣誉推介电影：《我和我的祖国》

2019 年度荣誉推介导演：郭帆（《流浪地球》）

2019 年度荣誉推介编剧：文宁、修梦迪、薛晓路、何可可、徐峥、葛瑞等（《我和我的祖国》）

2019 年度荣誉推介男演员：于谦（《老师·好》）

2019 年度荣誉推介女演员：周冬雨（《少年的你》）、袁泉（《中国机长》）

2019 年度荣誉推介新人演员：易烊千玺（《少年的你》）

推介委员会特别荣誉推介电影：《哪吒之魔童降世》

2019 年度传播电影营销案例：《流浪地球》《哪吒之魔童降世》《我和我的祖国》

2019 年度传播电影歌曲案例：《白蛇：缘起》片尾曲《缘起》（歌手：周深）、《哪吒之魔童降世》主题曲《哪吒》（歌手：周延、白阳）、《我和我的祖国》主题曲《我和我的祖国》（歌手：王菲）

2019 年度传播电影海报案例：《流浪地球》《哪吒之魔童降世》《攀登者》

2019 年度传播十大电影榜单：《哪吒之魔童降世》《流浪地球》《我和我的祖国》《中国机长》《少年的你》《银河补习班》《烈火英雄》《白蛇：缘起》《攀登者》《老师·好》

【第 39 届香港电影金像奖】

2020 年 5 月 6 日，由香港电影金像奖协会主办的“第 39 届香港电影金像奖”因受新冠肺炎疫情的影响，取消实体颁奖礼，改为线上公布获奖名单。

［获奖名单］

最佳电影：《少年的你》

最佳导演：曾国祥（《少年的你》）

最佳编剧：林咏琛、李媛、许伊萌（《少年的你》）

最佳男主角：太保（《叔·叔》）

最佳女主角：周冬雨（《少年的你》）

最佳男配角：张达明（《麦路人》）

最佳女配角：区嘉雯（《叔·叔》）

最佳新演员：易烊千玺（《少年的你》）

最佳摄影：余静萍（《少年的你》）

最佳剪接：张嘉辉（《叶问 4：完结篇》）

最佳美术指导：张兆康（《花椒之味》）

最佳服装造型设计：吴里璐（《少年的你》）
最佳动作设计：袁和平（《叶问 4：完结篇》）
最佳原创电影音乐：林二汶（《金都》）
最佳原创电影歌曲：*Fly*（《少年的你》）
最佳音响效果：李耀强、姚俊轩（《叶问 4：完结篇》）
最佳视觉效果：余国亮、马肇富、梁伟民、何文洛（《扫毒 2：天地对决》）
新晋导演：黄绮琳（《金都》）
最佳亚洲电影：《大象席地而坐》

【第 28 届上海电影评论学会奖】

2020 年 6 月 23 日，由上海电影评论学会主办的“第 28 届上海电影评论学会奖”颁奖礼线上举行。

[获奖名单]

年度电影评论贡献奖：章柏青、程青松担任主编的《青年电影手册》
华语十佳影片：《四个春天》《流浪地球》《地久天长》《撞死一只羊》《过昭关》《哪吒之魔童降世》《我和我的祖国》《少年的你》《平原上的夏洛克》《南方车站的聚会》
年度新人新作奖：《送我上青云》
年度新人导演奖：陈晓鸣（《学区房 72 小时》）
年度新人编剧奖：大毛（《白蛇：缘起》）
年度新人男演员奖：易烊千玺（《少年的你》）
年度新人女演员奖：黄尧（《过春天》）
评委会特别贡献奖：滕俊杰导演的 8k 全景声电影《这里黎明静悄悄》

【第二十三届上海国际电影节】

2020 年 7 月 25 日至 8 月 2 日，由中央广播电视总台、上海市人民政府主办的“第二十三届上海国际电影节”在上海市举行。

本届电影节举办了影院展映、露天放映和线上展映，以及金爵论坛、国际影视市场、“一带一路”电影周、电影项目创投等活动。受新冠肺炎疫情影响，本届电影节取消了金爵奖、亚洲新人奖评选，用公布“官方入选片”的方式体现一年来中外电影人的优秀成果。

电影节收到全球 108 个国家和地区的 3693 部报名影片。320 余部展映影片中，世界首映、国际首映、亚洲首映和中国首映片达 232 部。电影项目创投收到来自 9 个国家 450 个项目申请，选出 39 个项目。“一带一路”电影节联盟成员从 2018 年成立时的 29 个国家、31 个机构，到 2020 年 7 月已达 44 个国家、50 个机构。国际影视市场举办多场产业沙龙，在 2019 年签订“长三角影视拍摄基地合作机制”的基础上，2020 年成立“长三角影视拍摄基地合作联盟”，进一步推动长三角影视拍摄服务的合作质量。浦东新区、松江区等发布影视产业扶持政策与计划，鼓舞影视企业逆风飞扬。中央广播电视总台上海总站于 7 月 26 日、27 日在国际传媒港举行“中国影视之夜”和系列影视论坛，上影集团 7 月 25 日举办“上影之夜”活动。本届电影节还紧密围绕关键词“脱贫攻坚，小康社会”，通过活动策划，反映党和国家大力实施脱贫攻坚战略、领导人民全面建成小康社会的坚定决心和成果。7 月 27 日，“第七届全球电影产业链发展论坛《中国电影蓝皮书（2020）》《中国电视剧蓝皮书（2020）》首发式”在电影节的特别单元举行。

[金爵奖官方入选影片名单]

剧情片单元

《风平浪静》，导演：李霄峰（中国）

《感受你的记忆》，导演：克里斯蒂娜·科门奇尼 [意大利]

《海莲娜：画布人生》，导演：安提·乔金恩 [芬兰]

《孩子不想理解》，导演：冲田修一 [日本]

《谎言的岛屿》，导演：宝拉·康斯 [西班牙]

《吉祥如意》，导演：董成鹏（中国）

《盲琴师》，导演：马切伊·佩普日察 [波兰]

《盲人》，导演：费尔南多·祖伯 [阿根廷]

《群驹》，导演：米凯利斯·康斯坦塔托斯 [希腊]

《有一天我们将谈论今日》，导演：昂加·德维玛斯·萨颂格 [印度尼西亚]

《又见奈良》，导演：鹏飞（中国 / 日本）

《我在这儿》，导演：阿巴斯·阿米尼 [伊朗]

纪录片单元

《掬水月在手》，导演：陈传兴（中国）

《水俣曼荼罗》，导演：原一男 [日本]

《遗忘的悲歌》，导演：克里斯托弗·布鲁加达 [菲律宾]

《超龄小学生》，导演：帕斯卡尔·普利松 [法国]

动画片单元

《金婕的故事》，导演：康斯坦丁·谢金 [俄罗斯]

《老人》，导演：米奇·玛吉 / 奥斯卡·莱玛 [爱沙尼亚]

《熊出没·狂野大陆》，导演：丁亮（中国）

《言语如苏打般涌现》，导演：石黑恭平 [日本]

短片单元

《标志》，导演：达斯汀·里斯 [瑞士]

《大郎》，导演：万传法（中国）

《跌倒》，导演：米莱娜·达科夫斯卡 [波兰]

《20 分贝》，导演：西山裕之 [日本]

《法国电影》，导演：加利娜·乔治亚娃 [保加利亚]

《光脚的佛》，导演：薛峰（中国 / 德国）

《红暑》，导演：杨雨豪（中国）

《纪念品》，导演：克丽斯蒂娜·维彻斯·艾斯黛拉 / 帕洛玛·卡诺尼卡 [西班牙 / 瑞士]

《纳波》，导演：古斯塔沃·里贝罗 [巴西]

《年度职能》，导演：普拉蒂克·达卡尔 [印度]

《螃蟹》，导演：希瓦·萨迪·阿萨迪 [伊朗]

《破碎的故事》，导演：米格尔·加戈 [西班牙]

《夏日舞会》，导演：闫琨骜（中国）

[亚洲新人奖官方入选影片名单]

《飞越光年》，导演：石鑫（中国）

《湖泊》，导演：艾米尔·阿塔吉尔迪耶夫 [吉尔吉斯斯坦]

《獾》，导演：卡泽姆·莫莱 [伊朗]

《落地生》，导演：敬然（中国）
《娜基贝》，导演：穆斯塔法·甘多姆卡［伊朗］
《荞麦疯长》，导演：徐展雄（中国）
《亲爱的她》，导演：津田肇［日本］
《逝者》，导演：阿拉蒂·卡达夫［印度］
《一时一时的》，导演：叶瑞良［马来西亚］
《欲望碎片》，导演：英德拉尼尔·罗伊乔德胡里［孟加拉国 / 印度］
［电影频道传媒关注单元荣誉名单］
最受传媒关注影片：《春江水暖》
最受传媒关注导演：万玛才旦（《气球》）
最受传媒关注编剧：万玛才旦（《气球》）
最受传媒关注男主角：仁青顿珠（《我的喜马拉雅》）
最受传媒关注女主角：张子枫（《再见，少年》）
最受传媒关注男配角：刘亚津（《重整河山待后生》）
最受传媒关注女配角：唐夏娃（《重整河山待后生》）
最受传媒关注新人导演：顾晓刚（《春江水暖》）
最受传媒关注新人男演员：张宥浩（《再见，少年》）
最受传媒关注新人女演员：邓恩熙（《少女佳禾》）
组委会特别荣誉：《我的喜马拉雅》《杰米拉》

【第 14 届 FIRST 青年电影展】

2020 年 7 月 26 日至 8 月 3 日，由 FIRST 青年电影展组委会主办的“第 14 届 FIRST 青年电影展”在青海省西宁市举行。本届电影展设置竞赛、展映、FIRST 论坛、FIRST 电影市场等主要活动。电影展竞赛单元共收到 895 部影片报名，最终共有 34 部作品入围，包括长片 13 部、短片 13 部、纪录片 8 部。

【第十届北京国际电影节】

2020 年 8 月 22 日至 29 日，由北京市人民政府、中央广播电视总台主办，北京市电影局、北京市广播电视局、北京广播电视台等承办的“第十届北京国际电影节”在北京市怀柔区举行。本届北影节以“梦圆·奋进”为主题，突出“云上北影节”特色，采取线上线下联动形式，包括启动式、北京展映、10 场北京策划·主题论坛、北京市场、北京大学生电影节、电影 +、再相聚等系列活动。本届北影节的展映活动有 300 余部中外佳作参展，设有“官方推荐”“修复经典”“侯麦之约”“电影万岁”“镜界”“女性之声”“华语力量”“环球视野”“IMAX 钜献”“系列饕餮”“露天放映”“云上共享”12 个主题单元。

8 月 26 日至 9 月 19 日，由北京师范大学主办、北京师范大学艺术与传媒学院承办的“北京国际电影节·第 27 届大学生电影节”在线上举行。本届电影节以“新时代·新主流·新形象”为主题，凸显“年轻化”“专业化”“学术化”“国际化”四大特色，共设置线上启动仪式、主题影展、学术活动、特别单元四大板块内容。主题线上影展包括推荐影片影展、青春主题影展、纪录片和动画片主题影展；学术活动包括国际电影学术论坛、国际青年学者论坛、线上电影大师班、线上跨界对话沙龙；特别单元为“使命在肩奋斗有我”学生原创短视频大赛。

【第十五届中国长春电影节】

2020 年 9 月 5 日至 10 日，由中央广播电视总台、吉林省人民政府主办，长春市人民政府承办的“第十五届中国长春电影节”在吉林省长春市举办。

本届电影节以“新时代、新摇篮、新力量”为主题，举办“金鹿奖”评奖颁奖、电影论坛、电影展映，开展“长影之夜”电影交响音乐会、经典老电影回顾、新片发布会、诗歌朗诵会等“致敬摇篮”系列活动。电影节期间，发布长春国际影都发展战略规划、启动国家 5G 影视产业基地，举办了一系列经贸活动。

电影节“金鹿奖”征集 2018 年 7 月 1 日至 2020 年 6 月 30 日之间出品，并取得电影公映许可证的国产优秀影片参与评选，收到 103 部影片的报名推送。特别设立“金鹿计划”，助力青年电影人发展，扶植中国电影新力量。9 月 10 日，“金鹿奖”奖项揭晓。

[第十五届中国长春电影节“金鹿奖”获奖名单]

最佳华语故事片：《我和我的祖国》
最佳导演：杨荔钠（《春潮》）
最佳编剧：周申、刘露（《半个喜剧》）
最佳男演员：海拉提·哈木（《远去的牧歌》）
最佳女演员：任素汐（《半个喜剧》）
最佳摄影：张东亮（《攀登者》）
最佳音乐：胡杨（《那时风华》）
最佳技术：《攀登者》
最佳青年导演处女作奖：申奥（《受益人》）
评委会特别奖：《春潮》

【第 11 届中国电影导演协会 2019 年度表彰大会】

2020 年 9 月 19 日，由中国电影导演协会主办的“第 11 届中国电影导演协会 2019 年度表彰大会”在北京市举行。

本届表彰大会以电影行业对电影的热爱“依旧滚烫”为主题，评选范围为 2019 年 1 月 1 日至 12 月 31 日上映的影片，揭晓年度影片、年度男女演员、年度青年导演、年度编剧等 10 项荣誉。由国家电影局指导、中国电影导演协会主办的第 5 届“青葱计划”的 5 强学员导演也在现场公布，分别为：陈仕忠（《荒野演义》）、耿子涵（《小白船》）、黄婷婷（《幸运阁》）、王通（《长夜将尽》）、曾鸣（《消失的小雨》）。

[获奖名单]

年度影片：《流浪地球》
年度特别表彰：《我和我的祖国》
年度导演：王小帅（《地久天长》）
年度编剧：刁亦男（《南方车站的聚会》）
年度青年导演：霍猛（《过昭关》）
年度港台导演：曾国祥（《少年的你》）
年度男演员：王景春（《地久天长》）
年度女演员：周冬雨（《少年的你》）

评委会特别表彰：《哪吒之魔童降世》

杰出贡献导演：李少红

“青葱计划”5 强：陈仕忠、耿子涵、黄婷婷、王通、曾鸣

【2020 年中国金鸡百花电影节（第 35 届大众电影百花奖）】

2020 年 9 月 24 日至 26 日，由中国文学艺术界联合会、中国电影家协会、郑州市人民政府主办的“2020 年中国金鸡百花电影节（第 35 届大众电影百花奖）”在河南省郑州市举行。

本届电影节除启动仪式外，还举办了合拍电影专题展、黄河文化电影专题展、纪录电影专题展等专题电影展，“全面奔小康共筑中国梦”“共构大电影市场”“打造新时代的科幻电影”“中国传统文化的时代传承”等主题学术论坛，“艺术家下基层”“星空放映”“观影惠民季”等特色活动，以及第 35 届大众电影百花奖提名者表彰仪式、第 35 届大众电影百花奖颁奖典礼和电影节闭幕式等多项主体活动。

第 35 届大众电影百花奖参评影片范围是 2018 年 3 月 1 日至 2020 年 2 月 29 日期间取得国家电影局颁发的“电影片公映许可证”，在全国院线上映且票房不低于 1000 万元人民币的国产影片。《我和我的祖国》《我不是药神》《少年的你》等 10 部作品入围最终候选影片。在全国省、自治区、直辖市区域内，通过征文比赛、知识竞赛、电视海选等方式，经组委会兼顾地区、人口、观影人次、票房等因素后，最终确定 101 名幸运观众，组成第 35 届大众电影百花奖终评评选委员会。

9 月 26 日，2020 年中国金鸡百花电影节（第 35 届大众电影百花奖）颁奖典礼暨闭幕式举行。

[第 35 届大众电影百花奖获奖名单]

最佳影片：《我和我的祖国》

优秀影片：《我不是药神》

最佳编剧：饺子（《哪吒之魔童降世》）

最佳导演：郭帆（《流浪地球》）

最佳男主角：黄晓明（《烈火英雄》）

最佳女主角：周冬雨（《少年的你》）

最佳男配角：王传君（《我不是药神》）

最佳女配角：袁泉（《中国机长》）

最佳新人：易烊千玺（《少年的你》）

【第四届平遥国际电影展】

2020 年 10 月 10 日至 19 日，由平遥电影展有限公司具体运作的“第四届平遥国际电影展”在山西省晋中市举行。本届电影展主题为“电影，从来不是孤城”，设有“卧虎”“藏龙”“首映”“从山西出发”“回顾”5 个单元，参展的 50 余部影片中，43.4% 为全球首映，88.7% 为亚洲首映，中国首映率达 100%。本届影展取消了“影展之最”“类型之窗”和教育模块的“平遥一角”单元。影展期间，举行“电影人”系列学术活动，邀请导演田壮壮，青年导演刁亦男，出品人、制片人任仲伦开设大师班；举行电影与建筑、电影与音乐、电影与教育等跨界对话。

10 月 16 日，第四届平遥国际电影展“平遥之夜”举行，揭晓本次影展各项荣誉。

[第四届平遥国际电影展荣誉名单]

交流贡献荣誉

卧虎藏龙东西方交流贡献荣誉：田壮壮

2020 中国电影海外贡献荣誉：任仲伦

罗伯托·罗西里尼荣誉

最佳影片奖：菲利普·尤里耶夫《捕鲸男孩》(俄罗斯 / 波兰 / 比利时)

最佳导演奖：伊万·伊基奇《绿洲》

评审荣誉奖：春本雄二郎《由宇子的天平》(日本)

特别表扬：露西·普里巴《爱莎》(以色列)

费穆荣誉

最佳影片奖：李冬梅《妈妈和七天的时间》

最佳导演奖：王晶《不止不休》

最佳男演员奖：周游《野马分鬃》

最佳女演员奖：刘雅瑟《荒野咖啡馆》

评审荣誉：《汉南夏日》

其他荣誉

2020 奖：管虎《八佰》

青年评审荣誉奖：杨平道《裂流》

迷影选择荣誉奖：杨平道《裂流》

发展中电影荣誉

华谊兄弟最佳影片奖：陈冠《深空》

吉利尔潞绸最佳导演奖：颜海《进化论》

向上评审团奖：王申《石史诗》

添翼计划荣誉：李云波《珍珠》

无限自在荣誉：那嘉佐《街娃儿》

特别表扬：张太龙《西南角人物》

平遥创投

暖流类型创新奖：程嫣雯《凶手们》

顺发热电商业潜力奖：《成为克里斯》

泰洋川禾人文精神奖：宋丽颖《好愿在人间》

拾谷创意大奖：曾建贵《河州》

七印象特别荣誉：史任飞《春困》

陌陌青云剧本奖：严艺之《我抬头发现两朵一样的云》

【第七届丝绸之路国际电影节】

2020 年 10 月 11 日至 16 日，由陕西省人民政府、福建省人民政府主办，陕西省电影局、西安市人民政府承办的“第七届丝绸之路国际电影节”在陕西省西安市举行。

本届电影节以“丝路连接世界电影和合文明”为主题，来自 116 个国家和地区的 3500 余部作品参加。电影节举办了欢迎活动、影片特别推荐、电影展映、电影论坛、电影市场、陕闽交接 6 大主体活动和电影嘉年华配套活动。

电影节线下展映、线上展播并行开展。展映以“电影的盛宴、人民的节日”为目标，通过影院展映、户外展映、线上展映三大板块集中展映 500 余部国内外优秀影片。“电影市场”等推广活动促成了 36 个项目达成合作意向。

10 月 13 日，第七届丝绸之路国际电影节创投会揭晓 7 项大奖 16 个获奖项目。创投会初审阶段收到 17 个国家和地区的 418 个长片项目。最终,《未来信》《宇宙风》《成人世界》获得“丝路起航奖”,《火星司机》则获得了“最佳原创剧本”奖,“市场选择奖”颁给了《汉南夏日》,而《神奇动物在高原》则获得“最佳创作团队奖”,“最具商业潜力奖”由《小鹤卓玛》获得,《村庄音乐》获得“创投会大奖”。8 个“优秀丝路创投项目”获奖项目分别是:《我是透明人》《喜马拉雅雪人》《流刑地》《思想没问题》《地瓜味的冰淇淋》《朱鹮之恋》《慕娘列车》和《我的傲娇野牦牛》。

10 月 14 日,作为电影节系列活动的重要环节之一,陕西省青年电影制片厂挂牌成立。

【首届 IM 两岸青年影展】

2020 年 10 月 23 日至 25 日,由福建省电影局、福建省广播电视局、福建省广播影视集团等主办的“首届 IM 两岸青年影展”在福建省福州市举行。

IM 即“In Moments”,是两岸青年影展的口号,意为“从这一刻起”。影展围绕“每一朵浪花都去向岛屿”主题,设有“闪亮的岛屿”竞赛入围作品展映、“风从海上来”台湾新电影数字修复版展映、“时代镜像”大陆影片展映、“以影像温暖世界”清影工作室特别展映、“半夏的纪念”特别展映、“浪花与岛屿”电影导演大师班、“在真实光芒的照耀下”青年纪录片论坛、“自由的浪”沙滩放映、“从平潭出发”短片竞赛、“岛与岛连成大地”孵化专场、“对话未来”等单元。

组委会采用公开征集的形式,面向全球高校的中国大陆、台湾地区、香港地区、澳门地区籍学生,征集 2018 年 1 月 1 日之后在校期间完成制作的剧情短片、非剧情短片(时长 15 分钟以上,40 分钟以下),共收到 1195 部参赛影片(其中剧情片 820 部、非剧情片 375 部),276 所院校参与。

10 月 25 日,影展重要活动之一的“中国高校影视学会影视评论专业委员会成立大会暨首届中国影视评论高峰论坛”举行。

[首届 IM 两岸青年影展荣誉名单]

最佳影片:

《带妈妈出去玩》(隋淑芬,台湾艺术大学)

评委会大奖:

《莫莉》(钟馨璇,美国艺术中心设计学院)

最佳导演:

《In love》(赵子萱,北京电影学院)

“圣农”新锐成长计划:

《库斯别克》(郭众愿,上海交通大学)

最佳剧情短片:

《佯冰之嬉》(俞彬晖,浙江传媒学院)

《山下野兽》(杨名,北京电影学院)

《留离》(张雨彬,美国迈阿密大学)

《送子旅店》(杨依航,浙江传媒学院)

最佳非剧情短片:

《我们这一家》(郭婉容,清华大学)

《索朗热登》(扎加 / 俞佳明,苏州大学)

优秀非剧情短片:

《来自东方的追光者》(朱琪 / 杨佳一,同济大学)

《绊脚石计划》(姚祎婷,南京大学)

《喊工》（杨娟，贵州民族大学）
《妈妈的战争》（李欣然，同济大学）
《囿》（许晓，贵州民族大学）
优秀剧情短片：
《二月十四》（许芫韶，台湾艺术大学）
《三只蚂蚁》（袁海涛，台湾艺术大学）
《岩流》（程佳帅，浙江传媒学院）
《宽窄桂花香》（段智溢，中国传媒大学）
《红石榴》（陈文藻，南京大学金陵学院）
《歧路父子》（王博伦，北京电影学院）
《红暑》（杨雨豪，北京电影学院）
《寄生》（魏熙又，福州大学）
《戏法师：推理游戏》（石谭轩，纽约电影学院）
《泳队》（郭冠伶，世新大学）
《红色》（刘纯佑，台北艺术大学）
《空针》（王晟恩，台湾艺术大学）
《初恋》（龙靓雯，中国传媒大学）
《保持飞行》（李爱鑫，上海大学上海电影学院）
《双人套房》（陈翊元，台湾艺术大学）

【第十五届华语青年电影周】

2020 年 10 月 24 日至 27 日，由中国电影家协会、武汉市人民政府主办，中国文学艺术界联合会电影艺术中心、中共武汉市委宣传部、武汉文化发展集团有限公司承办的“第十五届华语青年电影周”在湖北省武汉市举行。本届电影周的主题是“温暖你的梦——致敬英雄　光影未来”，主要包括开幕式、“猎鹰计划”电影项目创投会、华语青年新片展、闭幕式暨年度新锐荣誉推介盛典四大板块。

10 月 27 日，第十五届华语青年电影周闭幕式暨年度新锐荣誉推介盛典举行。

[获奖名单]

第十五届华语青年电影周年度新锐荣誉推选名单

年度新锐剧情长片：
空缺
年度新锐导演：
董性以（《歌声缘何慢半拍》）
孙傲谦（《少年与海》）
年度新锐编剧：
周洲、池韵（《花这样红》）
年度新锐男演员：
于坤杰（《少年与海》）
徐路胜（《歌声缘何慢半拍》）
年度新锐女演员：
齐溪（《平静》）

年度新锐摄影：
周聪（《少年与海》）
年度新锐美术：
彭少颖、刘政宏（《平静》）
年度新锐录音：
王圣（《少年与海》）
年度新锐剪辑：
宋方（《平静》）
年度新锐剧情短片：
第一名：《山下野兽》
第二名：《恐鸟症》
第三名：《浪漫运动》《南方姑娘》
年度新锐推选委员会特别推介短片：
《侘寂》
年度新锐动画短片：
《硬币》
猎鹰计划 | 项目创投年度优胜项目：
爱图仕影视筑梦计划・华语青年未来奖：
张璐《适应不良的白日梦》
卓曜科技・华语青年扶持奖：
杨果敏《果果》
潇湘第二影业・华语青年助力奖：
王淞可《夏日长》
组委会温情推介・武汉影人奖：
《江水无声》

【2020 中国・横店影视节】

2020 年 10 月 28 日至 11 月 5 日，由 2020 中国・横店影视节组委会主办，横店影视文化产业集聚区、横店集团承办的“2020 中国・横店影视节”在浙江省东阳市举行。本届影视节主要包括新时代影视文化产业发展大会・横店峰会、影视文化产业博览会、第七届“文荣奖”评选及颁奖典礼、国际影视金融峰会、全国院线国产影片推介会、国防军事盛典活动、横店影视旅游嘉年华、中国电影美术学会峰会和论坛、中国横店青年编剧剧本创投大会等。

11 月 1 日，第七届“文荣奖”颁奖典礼举行。

【第十五届“夏衍杯”优秀电影剧本征集活动暨第十一届“扶持青年优秀电影剧作计划”证书颁授仪式】

2020 年 10 月 30 日，由国家电影局、电影剧本规划策划中心、中国夏衍电影学会主办的第十五届“夏衍杯”优秀电影剧本征集活动，由国家电影局主办的第十一届“扶持青年优秀电影剧作计划”证书颁授仪式同时在北京市举行。

此次“夏衍杯”征集活动收到合格剧本 1217 部，评选产生 35 部入选作品。其中，“优秀电影剧本”6 部，“创意电影剧本”9 部，“成长电影剧本”20 部。35 部作品中，现实题材 28 部，占 80%。28 部作品中，城市题材 13 部，农村题材 7 部，民族题材 4 部，儿童题材 4 部。本次获奖作品中历史题材有 7 部，占 20%，其中革命历史题材 4 部，一般历史题材 3 部。

“扶持青年优秀电影剧作计划”旨在鼓励年轻编剧进行电影剧本创作，培养青年编剧人才，至今已扶持剧本近千部，培养近百名优秀编剧人才，为学生搭建了从学校走向行业的桥梁。“扶持青年优秀电影剧作计划”以列入计划的高校为单位，组织开展电影剧本征集与评选。本届“青年剧作计划”共征集剧本 641 部，通过专家评审最终入选了《马背医生》等 88 部作品；北京电影学院等 9 所列入计划高校的组织工作也得到了肯定与鼓励。

[第十五届“夏衍杯”优秀电影剧本征集评选结果]

优秀电影剧本 6 部

《五个扑水大叔》（编剧：罗洋、张文雄）

《中国驱魔者》（编剧：乙福海）

《李子敬你不能死》（编剧：刘冬立）

《神奇的蒙古马》（编剧：温都斯）

《爱在江城》（编剧：樊荟）

《“萤火虫”的女儿》（编剧：杜小鸥）

创意电影剧本 9 部

《一个也不能少》（编剧：黄宏、李海江、刘夏、黄兆函、刘磊）

《天才马可以》（编剧：沈佳希）

《冰湖历险记》（编剧：陶家璇、陈馨悦、陈锐军）

《远山淡影》（编剧：张良学、贺泉、吴童立）

《钢琴》（编剧：姚社成）

《追梦人》（编剧：颜慧）

《胜算》（编剧：彭臣）

《结伴而行》（编剧：冯海涛）

《缉毒女警》（编剧：高桥）

成长电影剧本 20 部

《天山少年绿茵梦》（编剧：王晟）

《仙儿一样的地方》（编剧：卢轶凝）

《仙女湖》（编剧：萨仁托娅）

《让爱回家》（编剧：林晓琳）

《永不放弃》（编剧：安艳宏）

《寻书记》（编剧：季凡）

《劳动家族》（编剧：龙佳宾）

《我为爸爸唱首歌》（编剧：胡金岚）

《但愿人长久》（编剧：韩蓓）

《春意暖》（编剧：王天宁、王玉）

《战鼓传奇》（编剧：任乐雅）

《逆流而上》（编剧：倪骏、刘婧）

《鸳鸯》（编剧：李思宇）

《家家》（编剧：李尘）

《陷害》（编剧：周原野）
《野犬游乐园》（编剧：刘小奇）
《最后的狩猎》（编剧：温浩奇）
《遁月阳光》（编剧：刘通达）
《静默如山》（编剧：李勇）
《罾蹦鲤鱼》（编剧：宋晓鹏）

【第二届中国网络电影周】

2020 年 11 月 11 日至 13 日，由中国电影家协会、成都市人民政府、中国青年报社主办，中国文学艺术界联合会电影艺术中心、中国电影家协会网络电影工作委员会、成都市文化广电旅游局等承办的“第二届中国网络电影周”在四川省成都市举行。

2019 年，首届中国网络电影周将“网络大电影”正式更名为“网络电影”。2020 年，新冠肺炎疫情给全球电影产业带来了严峻挑战，网络成为社会公众观影的重要渠道和有力补充。本届电影周以“未来之约”为主题，包括启动仪式、新片展映、高峰论坛、闭幕式红毯及年度盛典等活动。

11 月 13 日，第二届中国网络电影周闭幕式暨年度盛典举行，《树上有个好地方》编剧张忠华、《我的喜马拉雅》编剧吴孟璋等 7 部影片编剧被推介为“年度影响力编剧”；《我的喜马拉雅》制片人吴昊、《东北往事：我叫刘海柱》制片人佑在等 7 部影片的制片人被推介为“年度影响力制片人”；任天野、杜旭光等 6 位演员分别凭借在《狙击手》《树上有个好地方》等影片中的演出被推介为“年度影响力演员”；《法医宋慈》导演胡国瀚、《辛弃疾 1162》导演张哲等 7 部影片导演被推介为“年度影响力导演”；《奇门遁甲》《双鱼陨石》《法医宋慈》《大蛇 2》《奇袭·地道战》《倩女幽魂之人间情》《鬼吹灯之湘西密藏》7 部作品获得“年度影响力影片”。

除表彰以外，理论探索与学术争鸣也是第二届中国网络电影周的重要内容。在以“新模式·新融合·新势力”为主题的中国网络电影创新发展高峰论坛上，尹力、杨向华、陈杭、智黎明、冯伟等电影人、制作人、企业家，从商业模式创新和青年制造两个维度展开探讨。

【第五届深圳（国际）科技影视周暨第 11 届中国国际科教影视展评制片人年会（CICSEP）】

2020 年 11 月 14 日至 20 日，由中国科学技术协会、深圳市人民政府主办，中共深圳市委宣传部、深圳市科学技术协会、深圳市文化广电旅游体育局等承办的“第五届深圳（国际）科技影视周暨第 11 届中国国际科教影视展评制片人年会（CICSEP）”在广东省深圳市举行。

本届影视周围绕“未来之光”主题，推出“第十一届中国国际科教影视展评暨制作人年会”和“第五届中国（深圳）国际气候影视大会”两个特色板块。

“中国国际科教影视展评暨制作人年会”主要活动包括国际优秀科教影视作品征集与推优、科教科幻影视“大师班”讲座、国际科教影视与科幻创作发展高端论坛和“中国龙奖”颁奖典礼。“中国龙奖”是国际科教影视最高奖项，本届年会征集到 68 个国家和地区的 556 部作品，评选出 77 部优秀作品，其中获奖作品 38 个，提名作品 39 个。2020 年度“中国龙奖”增设科普微视频创新大赛，对优秀微视频导演和制作人进行表彰。国际科教影视与科幻创作发展高端论坛，电影学界、业界 50 余名中外专家参与论坛，由中国科教电影电视协会撰写的《中国科教影视发展报告》同时首发。

中国（深圳）国际气候影视大会，是以应对气候变化为主题，以影视为传播手段的绿色公益活动，包含专业论坛、评优晚会、公众展映及科普讲座、“青锋少年”中小学生气候题材作品创作培训四大板块。

此外，第五届科影周获奖作品展映于11月至12月期间开展。

［“中国龙奖”获奖名单］

特等奖：

《手术两百年》（中国）

《虫瓶》（美国）

评委会大奖：

《科协记忆》（中国）

节目奖（按类别）：

科普长片类金奖：

《最后的原器》（美国）

科普长片类银奖：

《寻脉》（中国香港）

《门捷列夫很忙》（中国）

《百年泽慧》（中国）

《外来生物防治》（中国）

《我是大医生》（中国）

《超大火灾：全球威胁》（法国）

科普长片类铜奖：

《畅想中国》（中国）

《宇宙时空之旅：未知世界》（中国香港）

《金环日食大直播》（中国）

《昆虫的盛宴》（中国）

《飞向月球》（中国）

《大脑。进化》（俄罗斯）

《骨头的涟漪：性别革命》（德国）

《正大综艺·动物来啦》（中国）

科普短片类金奖：

《蒙新河狸》（中国）

《感知》（法国）

科普短片类银奖：

《〈无厘头科学研究所〉第六季——空间记忆》（中国香港）

《生生不息》（中国）

《科学防治“疯草”中毒》（中国）

《增强现实型医学》（比利时）

科普短片类铜奖：

《长城脚下的故〈红与蜂〉》（中国）

《最强生命线：糖上瘾》（中国香港）

《记录艺术》（巴西）

《黑洞家族“现形”记》（中国）

《动物粪便巧利用》（中国）

《协同效应》（阿根廷）

科普动画类金奖：

《蓝蝴蝶之路》（巴西）

科普动画类银奖：

《寂静太空》（澳大利亚）

科普动画类铜奖：

《智脑危机》（中国）

《海豚帮帮号》（中国）

科普微视频类金奖：

《澳科一号卫星：为地磁把脉》（中国）

科普微视频类银奖：

《中国航天的“超级2020”》（中国）

科普微视频类铜奖：

《香菇的一生》（中国）

《新冠“解药”》（俄罗斯）

单项奖：

优秀制作奖：

《手术两百年》（中国）

优秀导演奖：

《寻脉》（中国香港）

《门捷列夫很忙》（中国）

【第五届中国电影编剧荣誉表彰颁奖典礼】

2020年11月19日，由中国电影文学学会主办、上海戏剧学院电影学院承办的“第五届中国电影编剧荣誉表彰颁奖典礼”在上海戏剧学院举行。颁奖典礼主题为“让历史证明，电影剧本是电影版权之母”，王一民、王静珠获得终身成就奖，钱道远、陆寿钧、黄世英、凌纾获得突出贡献奖。

颁奖典礼之前，中国电影文学学会宣布成立中国电影文学学会上海创作中心，并举行揭牌仪式。该创作中心挂靠上海戏剧学院电影学院，将成为长三角地区电影编剧的创作中心，开展系列研讨、培训、推优、交流等活动。

【第33届中国电影金鸡奖颁奖盛典】

2020年11月25日至28日，由中国文学艺术界联合会、中国电影家协会和厦门市人民政府主办的“第33届中国电影金鸡奖颁奖盛典”系列活动在福建省厦门市举行。系列活动包括电影主题音乐会、影展活动、学术活动、提名表彰仪式、红毯及颁奖典礼等六项主体活动。

11月25日，“大海的回响——第33届中国电影金鸡奖电影音乐会暨开幕式”举行。影展活动由“2020金鸡国产电影展”与“2020金鸡国际影展和港澳台影展”两部分组成，其中“2020金鸡国产电影展”集中展映20余部优秀国产新片，“2020金鸡国际影展和港澳台影展”展映40部影片。学术活动包括第二届金鸡电影创投大会、中国电影投资大会、导演论坛、大师对话论坛、电影学术峰会等主题论坛活动，以及演员论坛、手机影像论坛、武侠论坛、科幻论坛以及女性电影论坛等专题论坛活动。第二届金鸡电影创投大会共收到完整电影项目1057个，经多轮筛选，共有30部优秀作品在终极路演活动中展示。

第 33 届中国电影金鸡奖参评影片范围为：2019 年 7 月 1 日至 2020 年 6 月 30 日经国家电影局审查通过的故事片、儿童片、科教片、纪录片、戏曲片、美术片。本届“金鸡奖”共计收到各片种报名影片 155 部，其中故事片 48 部，中小成本故事片 57 部，儿童片 12 部，美术片 9 部，纪录片 / 科教片 17 部，戏曲片 12 部。在 11 月 28 日举行的第 33 届中国电影金鸡奖颁奖典礼上，共揭晓 19 个奖项。

［第 33 届中国电影金鸡奖获奖名单］

最佳故事片奖：《夺冠》
评委会特别奖：《我和我的祖国》
最佳导演奖：王瑞（《白云之下》）
最佳编剧奖：张冀（《夺冠》）
最佳男主角奖：黄晓明（《烈火英雄》）
最佳女主角奖：周冬雨（《少年的你》）
最佳男配角奖：印小天（烈火英雄）
最佳女配角奖：袁泉（《中国机长》）
最佳导演处女作奖：申奥（《受益人》）
最佳中小成本故事片奖：《我的喜马拉雅》
最佳纪录 / 科教片奖：《掬水月在手》
最佳美术片奖：《哪吒之魔童降世》
最佳儿童片奖：《点点星光》
最佳戏曲片奖：《贞观盛事》
最佳录音奖：吴江（《只有芸知道》）
最佳剪辑奖：张一博（《少年的你》）
最佳美术奖：宋军、东智良、郭钟山（《解放・终局营救》）
最佳音乐奖：空缺
最佳摄影奖：赵晓时（《夺冠》）
中国文联终身成就电影艺术家荣誉：丁荫楠、赵焕章、金迪

【中国・秦皇岛第二届残障人士电影周】

2020 年 11 月 27 日至 12 月 1 日，由中国电影制片人协会青少年电影工作部、秦皇岛市残疾人联合会等主办的“中国・秦皇岛第二届残障人士电影周”在河北省秦皇岛市举行。电影周以“携手残障人士，共享一片蓝天”为主题，坚持电影助残、文化惠民的理念，电影周期间每天有 2—3 部优秀电影免费展映，举办主创见面会，开展艺术家下乡、爱心助残活动，举办残障题材电影创作研讨会，以及蓝毯仪式、文艺节目与表彰结合的闭幕式等。

【第三届海南岛国际电影节】

2020 年 12 月 5 日至 12 日，由中央广播电视总台与海南省人民政府主办的“第三届海南岛国际电影节”在海南省三亚市举行。

本届电影节包括开幕式、电影展映、大师班、H！Future 新人荣誉、H！Action 创投会、H！Market 市场、专题论坛、闭幕式等主体活动。电影节收到来自 114 个国家和地区的报名影片 4376 部。

电影节展映板块共设立“星光”“天涯海角”“采珠拾贝”“万象中国”“浮世图景”“另辟新径”“聚焦”“经典”8大展映单元，展映189部影片。电影节创投会征集来自10个国家和地区的561个电影项目，其中电影计划520个、发展中项目41个，原创剧本占比95%，改编剧本占比5%，项目首发率高达78.4%。此外，本届电影节设立海南自由贸易港电影促进高峰论坛、国际电影合作高峰论坛、文学的现代性电影改编创作论坛、女性电影论坛等重点活动。

12月12日，第三届海南岛国际电影节闭幕。揭晓本届电影节“金椰推荐单元”，其中包括12部金椰剧情短片、8部纪录长片、12部剧情长片。12部剧情短片分别是《无事发生》《再见天堂》《拾枪惊魂》《马俐连梦录》《思凡》《香口胶》《水怪》《空巢》《家庭作业》《长河落日》《河的沉默》《我很好，你呢》。8部纪录长片分别是影片《犬与狼之间》《古巴街头》《最后一搏》《恋爱教程》《名侦探赛大爷》《画家与贼》《火星旅行梦》《六人：泰坦尼克号上的中国幸存者》。12部剧情长片分别是《诺拉与母亲》《末世遗言》《恋曲1980》《细若蚊蚋》《蝶舞纳迪亚》《一个父亲的寻子之路》《林中绮谭》《晨曦将至》《冲动》《寻婴记》《间谍之妻》《乌海》。

【第十一届“中国影协杯”年度优秀电影剧作推选活动】

2020年12月16日，由中国电影家协会、中共中央宣传部电影卫星频道节目制作中心主办的第十一届“中国影协杯”年度优秀电影剧作推选活动在北京市举行。

创办于2010年的“中国影协杯”年度优秀电影剧作推选活动是一年一度对上年度在国内银幕上正式上映电影作品剧本创作的推优活动，注重电影剧本的文学性、电影特性和艺术创新。第十一届“中国影协杯”年度优秀电影剧作推选活动经过闫少非、曹寅、张思涛、章柏青、窦春起、皇甫宜川、赵卫防等10余名专家推选委员的推荐，产生22部入围影片，再经过上述推荐委员的讨论和记名投票，最后产生第十一届“中国影协杯”年度十佳电影剧作。

[第十一届“中国影协杯”年度十佳电影剧作]

《哪吒之魔童降世》（编剧：饺子）
《那一夜，我给你开过车》（编剧：柳桦）
《少年的你》（编剧：林咏琛、李媛、许伊萌）
《地久天长》（编剧：阿美、王小帅）
《流浪地球》（编剧：龚格尔、严东旭、郭帆、叶俊策、杨治学、吴荑、叶濡畅）
《我和我的祖国》（编剧：修梦迪、管虎、文宁、张冀、徐峥、何可可、薛晓璐、葛瑞、张珂）
《中国机长》（编剧：于勇敢）
《平原上的夏洛克》（编剧：徐磊）
《撞死了一只羊》（编剧：万玛才旦）
《古田军号》（编剧：田运章、徐宝琦、陈力）

会议·论坛

【《中国影视蓝皮书》"2019 年中国电影十大影响力榜单"发布】

2020 年 1 月 10 日，由北京大学影视戏剧研究中心与浙江大学国际影视发展研究院推出的《中国影视蓝皮书》"2019 年中国电影十大影响力榜单"发布。此次蓝皮书的评选以"影响力"为关键词，在重视网民、大学生票选意向的基础上，邀请 50 余名国内专家学者进行票选，选出 2019 年具有代表性的 10 部电影作品。最终，《哪吒之魔童降世》(50 票)、《流浪地球》(50 票)、《少年的你》(48 票)、《我和我的祖国》(48 票)、《地久天长》(40 票)、《中国机长》(34 票)、《南方车站的聚会》(33 票)、《撞死了一只羊》(28 票)、《误杀》(27 票)、《攀登者》(23 票)入选"2019 年度十大影响力电影"。

【"电影行业应对疫情影响"专题网络会议】

2020 年 3 月 26 日，由中国电影家协会理论评论工作委员会主办的"电影行业应对疫情影响"专题网络会议举行，电影业界代表与专家学者就电影行业自救、政策扶持建议、疫情后产业发展方向等热门话题展开讨论。

【2019 年度"中国电影国际传播调研"线上发布会】

2020 年 4 月 3 日，北京师范大学中国文化国际传播研究院举行 2019 年度"中国电影国际传播调研"线上发布会，公布《日韩观众电影接触与偏好对其认知中国的影响——2019 年度中国电影日韩地区传播调研报告》的研究成果。

"中国电影国际传播调研"选取日韩受访者作为样本进行问卷调研，选取两组影片，即《红海行动》《战狼 II》《流浪地球》等 20 部中国电影，《东京家族》《犯罪都市》《功夫熊猫》等 30 部包含中国元素、展现中国形象的日韩电影与美国电影，调研共收回 1500 份有效问卷，其中日本和韩国各占 750 份，重点考察了受访者对中国电影的观影频率、观影渠道、观影偏好与他们对华印象的关系，并围绕"电影接触与偏好对日韩受众认知中国的影响"这一核心命题，探讨中国电影以及包含中国元素的外国电影对日韩观众认知中国产生的影响。

基于调研结果，调研组给出建议，为减少中国电影海外传播中的文化折扣，有效传播正面国家形象，需加强对海外观众文化特色的细分了解，提升电影创作质量，进一步健全海外发行网络，拓展中国电影海外传播渠道，让优质的中国文化真正以电影为载体"走出去"。

该项目由北京师范大学中国文化国际传播研究院主持并实施，自 2011 年启动以来，已连续开展 9 届，形成了 20 余万字的调研报告和 8 部《银皮书：中国电影国际传播年度报告》。

【电影应对疫情工作视频会议】

2020 年 4 月 29 日，国家电影局召开电影系统应对疫情工作视频会议，传达学习习近平总书记关于统筹推进疫情防控和经济社会发展工作的重要讲话精神，分析疫情对电影行业带来的冲击和深刻影响，对下一步推动我国电影在疫后更好更快发展做出安排部署。国家电影局和直属电影企事业单位、中国电影家协会和有关电影行业组织、部分在京电影企业的负责同志在主会场参加会议，各省、自治区、直辖市党委宣传部分管电影工作的负责同志和有关电影企事业单位的代表在分会场参加会议。

【“中国艺术学派与中国电影学派交流、研讨和分析”研讨会】

2020 年 5 月 12 日，由北京电影学院未来影像高精尖创新中心主办的“中国艺术学派与中国电影学派交流、研讨和分析”研讨会在线上举行。与会专家围绕“中国电影学派时代建构的双向阐释”“舞蹈中国学派的提出与建设方向”“‘共同体美学’与建构电影理论批评的中国学派”“中国艺术理论学”“中国乐派的时代意义与核心观念”“书法的身份——从艺术分类谈起”“中国传统文化是建构中国电影民族特色的丰厚资源”“中国电影学派理论认知：‘沉郁顿挫’的影像抒情审美”“关于‘中国动画学派’经验与传承的思考”“表演学派：表演业界的自觉和自强”“大后方电影特殊历史作用再认知”“中国电影学派新的美学原则”“东北电影资源与东北电影产业发展”“中国艺术传统与中国西部电影”“中国电影学派的整体观”等议题展开交流、分析和探讨。

【新背景：中国高校影视与传媒学科专业建设发展研讨会】

2020 年 5 月 23 日，由中国高校影视学会影视教学专业委员会主办，北京师范大学艺术与传媒学院影视传媒系、成都理工大学传播科学与艺术学院协办的中国高校影视学会影视教学专业委员会第五届影视教学高端论坛“新背景：中国高校影视与传媒学科专业建设发展研讨会”在线上举行。突如其来的新冠肺炎疫情改变了中国高等教育教学运行基本形态，加速了互联网 + 智能 + 技术与教育教学深度融合的进程，影视传媒学科如何适应新时代的发展，积极把握国家新文科建设的机遇，主动成为艺术教育进入新发展阶段的凸显力量，成为学科发展的重要命题。与会专家学者围绕新形势下中国高校影视与传媒教育所面对的现状、问题和建设性的展望话题进行了探讨。同时还在新文科建设背景下，解读并回应了当下戏剧与影视学科在专业发展、课程体系建设、人才培养等前沿问题上的发展方向。

【拔尖人才培养研讨会暨 2016 级阿达班优秀毕业作品展映】

2020 年 7 月 17 日，北京电影学院举办“拔尖人才培养研讨会暨 2016 级阿达班优秀毕业作品展映”活动。本次优秀毕业作品展映活动展示 8 部作品，包括 5 部动画短片作品和 3 部漫画作品。孙立军、周星、史蒂文・布朗、昆特・克里斯蒂安、陈向农、速达等国内外专家与阿达实验班的教学团队教师及同学通过线上交流的形式进行了观摩与研讨。

2016 年，北京电影学院以为中国动画事业做出杰出贡献的动画导演阿达命名建立阿达实验班，秉承“导师制、个性化、小班化、国际化”的原则，在高等艺术院校教育中不断深化教学改革和人才培养模式的探索和创新，从人才选拔方式、课程体系及实践教学环节等方面，进行高质量、多维度的创新突破，旨在为我国高等艺术教育发展提供有益的实践经验与研究基础，培养具备深厚文化艺术底蕴和电影观念、拥有良好职业道德与个人素养、具有国际视野和团队合作精神的优秀动画创作型人才。

作为首届阿达实验班，2016 级阿达实验班学生创作的作品，曾获得“中国好创意”暨第 13 届全国数字艺术设计大赛二维动画组金奖、第四届美丽乡村国际微电影艺术节大学生单元“最佳微动漫”大奖等 20 余个奖项。

【少数民族题材系列电影研讨会】

2020年8月27日，由中国电影家协会、中国电影评论学会、湖南省电影局主办的“少数民族题材系列电影研讨会”在湖南省邵阳市举行。与会专家学者与创作者围绕少数民族题材电影展开讨论，交流少数民族题材电影创作经验，探讨少数民族题材电影发展规律，强调在讲好中国故事的大背景下讲好中国少数民族的故事，讲好中国少数民族“人”的故事。专家还结合具体影片和创作思路，分别就少数民族题材电影创作，在情节、人物、结构等方面进行交流探讨，并提出建议。

【2020年致敬经典·修复电影主题论坛】

2020年9月26日，由中国电影资料馆（中国电影艺术研究中心）、江苏省电影局主办，中共苏州市委宣传部承办的“2020年致敬经典·修复电影主题论坛”在江苏省苏州市举行。

中国电影资料馆、国家电影局技术处、江苏省电影局等相关负责人，以及修复电影的专家，导演、摄影师等参加论坛，将“电影修复”背后的岁月故事、尖端科技、未来展望进行分享。论坛分为4个主题，分别从工匠精神、电影修复的价值、修复师的传承以及利用现代科技的创新4个角度展开研讨。

除论坛外，展映环节放映《祝福》《大闹天宫》《满意不满意》《美食家》《小小得月楼》5部国产影片和《红菱艳》（英国）、《象人》（英国）、《雁南飞》（苏联）、《白蛇传》（日本）、《柏林苍穹下》（德国/法国）5部外国影片，共计40场。

【新中国电影教育七十周年暨北京电影学院建校七十周年纪念活动】

2020年10月17日，北京电影学院举办“新中国电影教育七十周年暨北京电影学院建校七十周年纪念活动”。

活动由新中国电影教育的历史演进与发展前瞻暨北京电影学院建校70周年学术论坛、新中国电影教育70周年暨北京电影学院建校70周年“光影盛典”纪念晚会等组成。

新中国电影教育70周年暨北京电影学院建校70周年“光影盛典”纪念晚会颁发奖励教职工的“金烛奖”，张昕、刘淑华、程振钧等17名90岁以上的教职员工获颁建校70周年“金烛奖”荣誉奖，徐燕、谢飞、郑洞天等69名老教师获颁“金烛奖”特别奖。周冬雨凭借在电影《少年的你》中的演出获颁第二届北京电影学院奖“电影表演奖”，王小帅、姚晨、万玛才旦等分别获得北京电影学院奖“电影导演奖”“长篇剧集表演奖”“电影编剧奖”等奖项，电影《天长地久》获颁“电影故事片奖”。

活动期间，国家电影智库发布“中国电影产业指数（2020版）”成果。中国电影产业指数课题组自2014年开始进行指数理论建构与试算工作，2020版指数研究进一步完善了理论体系和指标体系，新构了基础理论，即采用复杂生态系统模型，分解为4个方面：产业基础与环境、产业规模、产业效益（包括泰尔指数、勒纳指数等）、产业竞争力。

10月17日，“电影工业化研究”系列联合实验室揭牌仪式在北京电影学院未来影像高精尖创新中心正式启动。首批揭牌的三家联合实验室为电影工业化实验室、电影智慧放映实验室、影像传输实验室。

【第九届中国电影史年会】

2020年10月22日，由中国电影资料馆（中国电影艺术研究中心）与北京电影学院主办，中国电影艺术研究中心电影史学研究室与北京电影学院未来影像高精尖创新中心承办的“第九届中国电影史年会”在北京市举行。年会主题为“1980年代的中国电影：解放思想、探索艺术、振兴文化”。年会有国内外高校、科研机构、文化机构的专家学者报名参会人数335人，收到论文124篇，评选出79篇论文入选年会论坛。年会包括主论坛、分论坛、学术放映等环节，参会专家学者从理论梳理、产业研究、文本分析、类型电影、港台电影、女性婚恋等多个主题出发，对20世纪80年代的中国电影展开讨论。

【中国高等院校影视学会第二十届年会暨第十三届中国影视高层论坛】

2020年10月30日至11月1日，由中国高等院校影视学会、四川电影电视学院主办的“中国高等院校影视学会第二十届年会暨第十三届中国影视高层论坛”在四川电影电视学院举行。来自国内外200余所高校及科研机构的400余名专家学者围绕“新文科与新技术：中国影视教育的机遇与前景”主题进行交流与研讨。此次活动主要包括第二十届年会开幕式，第十三届中国影视高层论坛主题论坛、专题论坛，2019—2020年度学术成果、影视作品推优活动颁奖仪式及论坛闭幕式。

【第六届中国民族影视高层论坛暨民族影视与影视人类学作品展映】

2020年11月6日至8日，由中国高校影视学会民族影视专业委员会、中国人类学民族学研究会民族影视与影视人类学专业委员会主办的“第六届中国民族影视高层论坛暨民族影视与影视人类学作品展映”在中央民族大学举行。论坛以“对话与超越”为主题，来自全国90余所高校、科研院所、传媒公司的近150名专家、学者、制作人等参加论坛。论坛包括8场大会发言和28场主题发言，学者从影视学、人类学、传播学、社会学、文学、文化学等多学科背景展开对话与交流。论坛期间设有两场民族影视及影视人类学作品展映和导演工作坊。组委会从50余部投稿作品中遴选出31部作品入围，选出《一直看着你来的路口》《皮影，电影和快手》《库斯别克》《在一起》《布朗医生》5部获奖影片现场展映。

论坛开幕式上，宣读了《中国高等院校影视学会关于民族影视专业委员会换届暨成立第二届理事会的批复》。论坛期间，中国高校影视学会民族影视专业委员会完成换届，并通过线上线下方式举行了第二届理事会第一次全体理事会议。

【“电影的过去与未来：数字技术、视听叙事与影像文化”大型学术研讨会】

2020年11月6日至8日，由上海戏剧学院电影文化研究中心、《当代电影》杂志社主办的“电影的过去与未来：数字技术、视听叙事与影像文化”大型学术研讨会在上海戏剧学院举行。来自北京电影学院、北京大学、清华大学、北京师范大学、中国传媒大学等30余所高校、科研院所及部分海外高校的近百名专家学者参会。专家学者围绕“技术”这一关键词，就技术与美学、技术与叙事、技术与产业、技术与视听媒介及表演、技术与影像文化等8个单元展开讨论，对当下数字技术进步带来的电影创作变化和产业革新进行了多维度的梳理总结，并从学理与实践出发，对其间的美学矛盾提出了相应的解决思路。

【第四届（2020）中国电影伦理学学术论坛】

2020年11月8日，由西南大学和北京电影学院主办，西南大学影视传播与道德教育研究所、北京电影学院未来影像高精尖创新中心承办的“第四届（2020）中国电影伦理学学术论坛”在西南大学举行。来自全国10余个省市的高校和研究机构的100余名学者通过线上线下的方式参与会议，其中有30名学者参与线下会议，70余名学者参与线上会议。论坛以“中国电影伦理学的学科研究与学派建设”为主题，与会学者就中国电影伦理的历史考察及其学科审视、电影伦理学与相关学科（伦理学、教育学、传播学等）的关系研究、电影的伦理叙事与叙事伦理及其批评、中国伦理道德文化在影像文化中的当代性研究、中国电影伦理学派研究、电影伦理视角的文本批评及其个案研究6个议题进行交流和探讨。

【2020·中国艺术研究院电影电视评论周】

2020年11月9日至13日，由中国艺术研究院电影电视艺术研究所主办的“2020·中国艺术研究院电影电视评论周”在中国艺术研究院举行。评论周为期5天，共设5个分论坛，主题分别为“新时代中国影视学术发展与‘三大体系’建设”“中国特色影视产业和技术的创新与发展”“新语境下中国影视民族化探索”“青年编剧的新挑战与新机遇”“城市变迁与文化记忆”。与会专家学者及影视从业人员分别从政策、产业、技术、民族化等角度进行探讨，为中国电影发展出谋划策。

【第七届全国电影学青年学者论坛】

2020年11月12日至13日，由北京电影学院研究生院主办的“第七届全国电影学青年学者论坛”在北京电影学院举行。论坛围绕“中国故事：理论与实践”和“影院史/放映史：电影观看的历史与未来”两个议题展开4场讨论。本届论坛收到来自全国多所高校和学术科研机构青年学者的论文260余篇，入围投稿26篇。经评委会的无记名投票，来自中国传媒大学/哥伦比亚大学的明朝凭借论文《观察者的逻辑——互动电影的媒介考古学》获得“第七届全国电影学青年学者论坛”论文金奖。

【首届5G产业峰会——象山影视城5G+数字影视高峰论坛】

2020年11月14日至15日，由中国通信工业协会、中国广播电视社会组织联合会电视制片委员会、北京电影学院未来影像高精尖中心等主办，象山影视城与中国通信工业协会5G专委会承办的“首届5G产业峰会——象山影视城5G+数字影视高峰论坛”在浙江省宁波市象山县举行。论坛以“拥抱5G新时代，打造影视新高地”为主题，由开幕式、签约揭牌仪式、主旨演讲、论坛对话4个板块构成。论坛的五大成果包括成立“象山影视城5G+影视制作示范基地”、成立“象山影视城国家新媒体联合实验室”、合资引进“加拿大LED电影特效团队及技术”、成立“华为—象山5G数字影视科技创新中心”，以及引进光大集团新科技板块光控特斯联（上海）信息科技有限公司共同建设AI Studios人工智能影视基地（AI Citywalk人工智能商业街区项目）。

【“影像北京与‘北京制造’：历史、现状与未来”高端论坛暨第二届中国影视史学年会】

2020年11月14日至15日，由北京电影学院、中国艺术研究院电影电视艺术研究所、中国高校影视学会主办，中国高校影视学会影视史学专业委员会、北京电影学院未来影像高精尖创新中心、广州大学新闻与传播学院等承办的“影像北京与‘北京制造’：历史、现状与未来”高端论坛暨第二届中国影视史学年会举行。本届年会设立一个中国艺术研究院主论坛，中国艺术研究院、北京电影学院和广州大学3个分论坛，在北京市和广州市同时举行。11月14日上午，广州分论坛在广州大学新闻与传播学院举行，主题为“影视史学的多元呈现”。下午，北京电影学院分论坛，中国艺术研究院分论坛和广州大学 3 个分论坛同时开展。

【第八届亚洲电影论坛】

2020 年 11 月 17 日，由北京师范大学亚洲与华语电影研究中心、《当代电影》杂志社、浙江师范大学文化与创意传播学院等主办的“第八届亚洲电影论坛”以远程会议和线上平台直播的形式举行。论坛以“现实与展望——亚洲电影再出发”为主题，包含两场主题论坛、两场青年论坛。与会专家与青年学者就 2020 年在全球新冠肺炎疫情肆虐与世界时局变化的背景下亚洲电影的发展现状与前景展开讨论。

【“后疫情时代的影视业发展”研讨会】

2020 年 11 月 21 日，由浙江大学传媒与国际文化学院主办的“后疫情时代的影视业发展”研讨会在浙江省杭州市举行。会议聚焦后疫情时代的影视行业热点问题，与会专家结合文化强国战略，就新时代中国电影发展面临的新问题进行了学术阐述，特别是针对“新基建”“新业态”和“新发展”3 个关键词，对行业的发展趋向进行研讨。

【第二届新时代戏曲电影发展论坛】

2020 年 11 月 21 日至 23 日，由中国戏剧家协会、广东省文学艺术界联合会、广东省戏剧家协会等主办，1978 电影小镇、广州市大为影视文化有限公司承办的“第二届新时代戏曲电影发展论坛”在广东省广州市举行。戏剧界、电影界专家、从业者 300 余人参加本届论坛。

论坛举办期间，粤剧电影《花月影》、锡剧电影《三三》、眉户剧电影《父亲啊父亲》、广东汉剧电影《白门柳》在 1978 电影小镇展映。崔伟、杨步亭、王晓、饶曙光、丁亚平等业界专家在论坛上以“电影的创造力——当下中国戏曲电影的首要课题”“戏曲电影美学再思考”“戏曲电影的美学传统、重构与传播”“力争戏曲与电影的双赢”“戏曲电影创作实践与探索”等为题发言，从戏曲电影的选材、创作、传播、评论等方面进行探讨。

【第 28 期中国电影学博士论坛】

2020 年 11 月 26 日，由《当代电影》杂志社主办、厦门大学人文学院承办的“第 28 期中国电影学博士论坛”在厦门大学举行。本期论坛以“现实与想象中的电影与城市”为议题，以“电影”“城市”“文化”为关键词，探讨电影与城市的互动与想象。论坛收到 84 篇稿件，来自清华大学、北京大学、北京电影学院、中国传媒大学、中国艺术研究院、香港城市大学、澳门科技大学等高校的 35 名博士研究生及博士后参加论坛并发言。论坛围绕中心议题，分为“电影中的城市”“城市中的电影”“电影与影院”“电影、城市与文化”4 个主题单元进行研讨。

【2020 中国电影美学年会】

2020 年 12 月 15 日至 16 日，由中国电影资料馆（中国电影艺术研究中心）主办，中国电影艺术研究中心电影文化研究室、暨南大学珠江电影学院、安溪县人民政府承办的“2020 中国电影美学年会”在福建省泉州市举行。本届年会以“中国电影的本土美学与类型生产”为主题。“中国新主流大片”成为学术界讨论热度最高的话题。专家认为，以《战狼II》为代表的一批“新主流大片”的崛起是中国电影工业化的必然，但新主流大片尚未改变中国电影海外萧条的现状，专家建议，学习“与世界对话的能力”是当下中国新主流大片在国际影坛“破圈儿”的第一课。

【中国电影基金钟惦棐电影评论发展专项基金发布仪式暨2020中国电影评论高峰论坛活动】

2020年12月18日，“中国电影基金钟惦棐电影评论发展专项基金（以下简称‘钟惦棐基金’）发布仪式暨2020中国电影评论高峰论坛活动”在重庆市举行。“钟惦棐基金”是继“吴天明青年电影基金”之后，中国电影基金会第二支以个人名义命名的专项基金，将用于助推钟惦棐付出毕生心血的电影评论工作发展，弘扬其电影理论与批评的学术精神，搭建专业性电影评论工作交流平台，开展全国性电影评论学术活动、培训工作及相关公益活动等。以本次活动为契机，“中国电影评论高峰论坛”和“中国电影评论年度评选”两项电影活动将永久落户重庆市江津区。

【第十一届中国电影科技论坛】

2020年12月20日，由中国文学艺术界联合会电影艺术中心、中共上海市松江区区委区政府、中国电影科学技术研究所等主办的“第十一届中国电影科技论坛”在北京市、上海市举行。本届论坛以“中国电影新基建”为主题，旨在讨论在当前5G技术、人工智能、工业互联网等科技“基建”迅猛发展的趋势下，科技对电影发展的价值和意义、科影融合以及高新科技在电影行业的应用等重要议题，并探讨电影科技产业基地的创新模式。

在北京举办的主论坛上，专家表示，电影是科技创新的产物，科技的每一次进步，对电影产业链的各个环节都产生深远影响。同时，与会专家也认为国产高精尖电影软硬件设备的研发生产和推广应用，迫切需要国家、高校、企业等多方联动，同向发力才能做到。中国电影要进入高质量发展阶段，就要高度重视电影产业链条的自主可控能力，要提前做好战略性布局与可替换技术备案，鼓励研发具有自主知识产权的电影技术和应用。

在上海举办的分论坛，与会专家围绕如何深化科技自主创新，新科技如何应用于电影行业等问题进行探讨。专家认为，目前中国科技和电影融合方面，出现的几大问题聚焦在电影行业和科技行业缺乏沟通交流，很多比较成熟的科技产品无法应用于电影行业，缺乏有效落地应用。

业态

【中国电影家协会发布《疫情影响下的电影行业发展对策研究（一）观众观影意愿调研报告》】

2020 年 4 月 13 日，中国电影家协会发布《疫情影响下的电影行业发展对策研究（一）观众观影意愿调研报告》，解读了电影院全面停摆两个半月后，观众走进电影院的观影期待。本次调研数据来源于猫眼数据平台影院购票观众的有效问卷，共回收有效样本 1530 份，性别、年龄比例及城市分布参照了院线观众的总体分布。其中，受访者男性占比 52%，女性占比 48%；一线城市占比 19%，二线城市占比 47%，三、四线城市占比 34%；25 岁以下观众占比 36%，25 岁及以上观众占比 64%。

【“中影青年电影人计划”启动】

2020 年 9 月 1 日，由中国电影股份有限公司发起，旨在挖掘、孵化和培养华语新生代电影人的“中影青年电影人计划”在北京市正式启动。“中影青年电影人计划”每年择优 5 部项目，直接进行院线电影或网络电影的投拍，并联合各大电影机构、技术设备公司、投资基金、头部院线和知名导演、制片人一起，以资金实力和资源优势形成产业链的全维度整合，助推青年电影人充分发挥自身的创意和风格，实践其电影理想。

【中国文学艺术基金会主旋律影视专项基金成立】

2020 年 9 月 28 日，中国文学艺术基金会主旋律影视专项基金在北京市成立，其支持的改革开放题材电视剧《大门从这里打开》启动仪式同时举行。

专项基金于 2019 年 11 月开始筹备，2020 年 3 月得到正式批复，旨在为企业和影视创作机构搭建高效、精准、管理规范、特色鲜明的可信赖的互动平台，让更多社会力量参与到主旋律影视创作中，讴歌党、讴歌祖国、讴歌人民、讴歌英雄，为新时代主旋律文艺精品创作汇聚磅礴力量。

目前主旋律影视专项基金已与多家企业和社会组织建立了互通机制，与多家商会、协会商定了参与模式。在创作方面，与中国传媒大学、河南影视集团等多家专业机构建立了合作。未来，主旋律影视专项基金还将启动主旋律电影工程，以全面建成小康社会、脱贫攻坚中的精彩故事和时代先进人物为主要创作方向。

【电影界职业道德建设委员会成立大会】

2020 年 12 月 29 日，电影界职业道德建设委员会成立大会在北京市举行。会议宣读委员会组织机构名单，委员会办公室设在中国电影家协会行风建设与维权处。全体委员签署了委员履职承诺书，就《电影界职业道德建设委员会章程》在适用范围、实施细节等方面展开讨论，并将《章程》审议通过。

电影界职业道德建设委员会的成立既是贯彻落实党的十九届五中全会精神和习近平总书记关于电影工作的重要指示精神的具体实践，也是中国影协进一步加强电影工作者职业道德建设、推动电影行业健康发展的重要举措。委员会将致力于引导电影工作者积极践行社会主义核心价值观和文艺界核心价值观，遵守法律法规，恪守职业道德，承担社会责任，树立良好社会形象，积极维护电影行业的健康发展生态，进一步发挥影协在行业管理、行业服务、行业自律等方面的引领作用。

人物纪念

【电影表演艺术家曲云逝世】

2020年3月23日，电影表演艺术家曲云在北京市逝世，享年92岁。

曲云（1928—2020），山东省烟台市人。13岁起参加抗日宣传活动。1946年加入胶东文协文工团。1956年进入八一电影制片厂，1960年在《奇袭》中饰演阿玛妮，1965年在《苦菜花》中饰演冯大娘。曲云还参演过《林海雪原》《英雄虎胆》《突破乌江》《哥俩好》《布谷催春》《孔繁森》等影片。2003年获第九届中国电影表演艺术学会奖（金凤凰奖）特别荣誉奖。

【电影表演艺术家刘江逝世】

2020年5月1日，电影表演艺术家刘江在北京市逝世，享年95岁。

刘江（1925—2020），黑龙江省哈尔滨市人。早年参加哈尔滨北斗业余实验剧团，在多部话剧中扮演角色。1946年，参加松江军区政治部文艺工作团。先后在《白毛女》《军民互助》等歌剧和秧歌剧中，扮演战士、班长、指导员，以及地主、敌伪军官等各种不同类型的正反面角色。1958年，由广州军区话剧团调到八一电影制片厂。刘江先后参加《海鹰》《回民支队》《赤峰号》《突破乌江》《鄂尔多斯风暴》《苦菜花》《地道战》《闪闪的红星》《火娃》等10余部影片的拍摄，尤其在《地道战》中饰演汤司令、在《闪闪的红星》中饰演胡汉三，给观众留下深刻印象。

【电影表演艺术家、事业家于蓝逝世】

2020年6月27日，电影表演艺术家、事业家于蓝在北京市逝世，享年99岁。

于蓝（1921—2020），辽宁省岫岩满族自治县人。中国电影家协会原副主席、中国文学艺术界联合会荣誉委员。1938年由北平奔赴革命圣地延安，先后进入延安抗日军政大学、女子大学学习。1939年加入中国共产党。1940年进入延安鲁迅艺术学院实验剧团任演员。1946年加入东北电影制片厂，主演影片《白衣战士》。1950年转入北京电影制片厂，主演《龙须沟》《翠岗红旗》《林家铺子》《烈火中永生》《革命家庭》等影片。在《烈火中永生》中饰演革命烈士江姐；在《革命家庭》中饰演革命母亲周莲，凭借该片获得第二届莫斯科国际电影节最佳女演员奖。

1981年，时年60岁的于蓝组建中国儿童电影制片厂，并出任首任厂长。期间拍摄的《四个小伙伴》获1982年意大利第12届季福尼国际青少年电影节最佳荣誉奖、共和国总统银质奖章；《应声阿哥》获文化部1982年优秀影片奖儿童故事片奖；《少年彭德怀》获1986年第6届“金鸡奖”最佳儿童片奖。1987年任中国儿童电影制片厂艺术指导。曾担任中国儿童少年电影学会会长，1989年创办中国国际儿童电影节。1998年从中国儿童电影制片厂离休，在她的直接关心下，中国儿童电影制片厂恢复品牌，拍摄了儿童励志影片《旋风女队》，影片深受少年儿童喜爱，并获得多项国内外大奖。

于蓝曾获得国家有突出贡献电影艺术家、全国先进工作者、中国国际儿童电影节杰出贡献奖、中国电影“金鸡奖”终身成就奖等众多荣誉，2019年获“新中国最美奋斗者”称号、“庆祝中华人民共和国成立70周年”纪念章。

【电影理论家、翻译家郑雪来逝世】

2020 年 7 月 19 日，电影理论家、翻译家，中国艺术研究院原外国文艺研究所负责人、中国艺术研究院影视研究所研究员郑雪来在北京市逝世，享年 95 岁。

郑雪来（1925—2020），出生于福建省福州市长乐区。1943 年暨南大学外文系肄业。中华人民共和国成立后，开始从事电影、戏剧理论翻译及研究工作。曾担任中国电影家协会理事、中国世界电影学会副会长、中国电影艺术研究中心学术委员、中国电影表演艺术学会名誉理事、文化部翻译系列高级职称评委会主任等职。

郑雪来主持了《斯坦尼斯拉夫斯基全集》（全 6 卷，中央编译出版社 2012 年版）的翻译、校订工作；翻译了《斯坦尼斯拉夫斯基论文讲演谈话书信集》（中国电影出版社 1981 年版）、《斯坦尼斯拉夫斯基体系论集》（中国戏剧出版社 1984 年版）、《斯坦尼斯拉夫斯基论导演与表演》（中国戏剧出版社 2005 年版）等文集；以及《告密者》（1935）、《乡村女教师》（1947）、《乌克兰诗人舍甫琴珂》（1951）、《海之歌》（1959）等 20 余部电影剧本和其他文艺作品；出版有《电影美学问题》（文化艺术出版社 1983 年版）、《电影学论稿》（中国电影出版社 1986 年版）、《艺术鉴赏概要》（求实出版社 1988 年版）等专著；主编有《当代外国艺术》（第 4 辑）、《世界艺术与美学》（第 8 辑）、《当代外国影视艺术》（第 8—15 辑）等多辑关于外国文艺引介及研究的期刊。1989 年，郑雪来开始主编大型学术工程《世界电影鉴赏辞典》。1996—2003 年，主持《20 世纪中国学术大典》艺术学卷的编撰工作。

【中国电影评论学会名誉会长罗艺军逝世】

2020 年 7 月 27 日，中国电影家协会书记处原书记、《电影艺术》原主编（创刊人）罗艺军在北京市逝世，享年 94 岁。

罗艺军（1926—2020），曾名毅军，出生于湖北省新洲县。1944 年进入西南联大外文系学习。1946 年转入北京大学西语系学习，1949 年进入中南文工团任创作员。1953 年，罗艺军调到北京中央电影剧本创作所。1958—1960 年调入《中国电影》（后改名《电影艺术》）杂志任编辑、编辑部副主任等职。1973—1978 年任文艺研究机构编译室编译，与他人合译了贝拉·巴拉兹的《电影美学》《七十年代美国电影》等著作。1978 年调任《人民电影》负责人。1979—1982 年，回到《电影艺术》担任副主编。

罗艺军协助钟惦棐于 1981 年创办中国电影评论学会，担任副会长，1988—1999 年担任中国电影评论学会会长，从 2000 年起一直担任中国电影评论学会名誉会长。主编有《20 世纪中国电影理论文选》等。著有《中国电影与中国文化》《中国当代电影：补阙与反思》《风雨银幕》等电影理论批评著作。

【电影导演姜树森逝世】

2020 年 8 月 4 日，电影导演姜树森在吉林省长春市逝世，享年 90 岁。

姜树森（1930—2020），生于黑龙江省肇东市。1947 年在部队文工团担任演员兼编导。1958 年后陆续在《刘三姐》《朝阳沟》《三关排宴》《青松岭》《路考》等长春电影制片厂摄制的影片中担任副导演。20 世纪 70 年代末开始独立执导影片，代表作有故事片《残雪》《赤橙黄绿青蓝紫》《花园街五号》《女人的力量》《嗨！姐们儿》《爱并不遥远》《赣水苍茫》《豹子湾战斗》以及译制片《卖花姑娘》《勇敢的米哈伊》等 30 余部。其中，《残雪》获 1980 年文化部优秀影片奖；《花园街五号》获 1984 年文化部优秀影片二等奖；《女人的力量》获 1985 年中国广播电影电视部优秀影片奖。

【电影演员谢园逝世】

2020 年 8 月 18 日，电影演员谢园因病在北京市逝世，享年 61 岁。

谢园（1959—2020），生于北京市。1978 年考入北京电影学院。1982 年毕业留校任教，先后担任表演 85 干专班、表演 87 班、表演 88 班、表演 89 班、表演 95 班专任教师。谢园参与的作品有《新兵马强》《孩子王》《棋王》《大喘气》《疯狂的代价》《上海一家人》等。先后获得中国电影第 9 届“金鸡奖”最佳男主角奖、第 2 届中国电影表演艺术学会金凤凰奖、第 11 届电影“金鸡奖”最佳男配角奖提名、第 3 届中国电影表演艺术学会金凤凰奖、第 10 届大众电视金鹰奖最佳男配角奖、第 12 届中国电视剧飞天奖最佳男配角奖、第 18 届大众电影百花奖最佳男配角奖等。

【电影导演陈木胜逝世】

2020 年 8 月 23 日，电影导演陈木胜因病在中国香港逝世，享年 59 岁。

陈木胜（1961—2020），出生于中国香港。电影监制、电影导演、电视台编剧。1990 年导演电影《天若有情》。1997 年后陈木胜全身投入电影圈，代表作有《特警新人类》（1999）、《双雄》（2003）、《新警察故事》（2004）、《三岔口》（2005）、《宝贝计划》（2006）、《保持通话》（2008）、《新少林寺》（2011）、《扫毒》（2013）等。

【电影美术师刘学尧逝世】

2020 年 8 月 31 日，电影美术师刘学尧在吉林省长春市逝世，享年 98 岁。

刘学尧（1922—2020），出生于黑龙江省哈尔滨市，原籍山东省安丘市。代表作有《白衣战士》《刘胡兰》《葡萄熟了的时候》《神秘的旅伴》《上甘岭》《党的女儿》《边寨烽火》《小姑贤》《窦娥冤》《墙头马上》等 40 余部影视剧、戏曲片。1948 年，他担任东北电影制片厂（长春电影制片厂前身）美术师时，参加故事片《桥》的美术工作。在当时没有特技摄像的情况下，他采用“透视”和“缩尺”手法，在摄影棚内完成了“大部队过江”“工人抢修桥梁的高空作业”两场重头戏的拍摄。2013 年，刘学尧获第 29 届中国电影“金鸡奖”终身成就奖。

【表演艺术家黄宗英逝世】

2020 年 12 月 14 日，表演艺术家黄宗英在上海市逝世，享年 95 岁。

黄宗英（1925—2020），出生于北京市。1941 年，主演话剧《甜姐儿》。1946 年，主演电影《追》。分别在《幸福狂想曲》《丽人行》《鸡鸣早看天》《街头巷尾》《乌鸦与麻雀》等影片中出演主要角色。1950 年，主演剧情电影《武训传》。1954 年，创作电影剧本《平凡的事业》。1960 年，担任剧情电影《六十年代第一春》编剧。1965 年后，专门从事文学创作，曾连续三次获得全国优秀报告文学奖，著有报告文学《大雁情》《美丽的眼睛》《桔》《小木屋》等，随笔集《故我依然》《上了年纪的禅思》，与徐迟、肖复兴共同创作报告文学集《为了你，我的祖国》，与丁玲共同创作报告文学集《一代天骄》，2016 年出版《黄宗英文集》。2019 年，获第七届上海文学艺术奖“终身成就奖”。

大事记

1 月 10 日，《中国影视蓝皮书》“2019 年中国电影十大影响力榜单”发布。

1 月 11 日，首届“光影中国”电影荣誉盛典在人民日报社举行。

1 月 15 日，“数字时代胶片电影的魅力与价值”研讨会在北京市举行。

1 月 23 日，《姜子牙》《熊出没·狂野大陆》《囧妈》《夺冠》《紧急救援》《急先锋》《唐人街探案》7 部春节档影片发布撤档声明，其后全国 1.2 万家电影院因新冠肺炎疫情暂停营业。

3 月 12 日，“疫情之下影视行业如何突围”研讨会在线上举行。

3 月 23 日，电影表演艺术家曲云在北京市逝世，享年 92 岁。

3 月 26 日，“电影行业应对疫情影响”专题网络会议举行。

4 月 3 日，2019 年度“中国电影国际传播调研”线上发布会举行。

4 月 10 日，“后疫时代‘互联网 + 影视’的破局之路”云沙龙举行。

4 月 13 日，中国电影家协会发布《疫情影响下的电影行业发展对策研究（一）观众观影意愿调研报告》。

4 月 29 日，国家电影局召开电影系统应对疫情工作视频会议。

5 月 1 日，表演艺术家刘江在北京市逝世，享年 95 岁。

5 月 6 日，“第 39 届香港电影金像奖”取消实体颁奖礼，改为线上公布获奖名单。

5 月 12 日，“中国艺术学派与中国电影学派交流、研讨和分析”研讨会在线上举行。

5 月 23 日，“新背景：中国高校影视与传媒学科专业建设发展研讨会”在线上举行。

6 月 23 日，“第 28 届上海电影评论学会奖”颁奖礼线上举行。

6 月 27 日，电影表演艺术家于蓝在北京市逝世，享年 99 岁。

7 月 17 日，北京电影学院举办“拔尖人才培养研讨会暨 2016 级阿达班优秀毕业作品展映”活动。

7 月 19 日，电影理论家、翻译家郑雪来在北京市逝世，享年 95 岁。

7 月 25 日至 8 月 2 日，“第二十三届上海国际电影节”在上海市举行。

7 月 26 日至 8 月 3 日，“第 14 届 FIRST 青年电影展”在青海省西宁市举行。

7 月 27 日，中国电影家协会书记处原书记罗艺军在北京市逝世，享年 94 岁。

8 月 4 日，电影导演姜树森在吉林省长春市逝世，享年 90 岁。

8 月 18 日，电影演员谢园因病在北京市逝世，享年 61 岁。

8 月 22 日至 29 日，“第十届北京国际电影节”在北京市怀柔区举行。

8 月 23 日，电影导演陈木胜因病在香港去世，终年 59 岁。

8 月 26 日至 9 月 19 日，“北京国际电影节·第 27 届大学生电影节”在线上举行。

8 月 27 日，“少数民族题材系列电影研讨会”在湖南省邵阳市举行。

8 月 31 日，电影美术师刘学尧在吉林省长春市逝世，享年 98 岁。

9 月 1 日，“中影青年电影人计划”在北京市正式启动。

9 月 5 日至 10 日，“第十五届中国长春电影节”在吉林省长春市举行。

9 月 19 日，“第 11 届中国电影导演协会 2019 年度表彰大会”在北京市举行。

9 月 24 日至 26 日，“2020 年中国金鸡百花电影节（第 35 届大众电影百花奖）”在河南省郑州市举行。

9 月 26 日，“2020 年致敬经典·修复电影主题论坛”在江苏省苏州市举行。

9月28日，中国文学艺术基金会主旋律影视专项基金在北京市成立。

10月10日至19日，“第四届平遥国际电影展”在山西省晋中市举行。

10月11日至16日，“第七届丝绸之路国际电影节”在陕西省西安市举行。

10月17日，北京电影学院举办“新中国电影教育七十周年暨北京电影学院建校七十周年纪念活动”。

10月22日，“第九届中国电影史年会”在北京市举行。

10月23日至25日，“首届IM两岸青年影展”在福建省福州市举行。

10月24日至27日，“第十五届华语青年电影周”在湖北省武汉市举行。

10月28日至11月5日，“2020中国·横店影视节”在浙江省东阳市举行。

10月30日，第十五届“夏衍杯”优秀电影剧本征集活动暨第十一届“扶持青年优秀电影剧作计划”证书颁授仪式在北京市举行。

10月30日至11月1日，“中国高等院校影视学会第二十届年会暨第十三届中国影视高层论坛”在四川电影电视学院举行。

11月6日至8日，“第六届中国民族影视高层论坛暨民族影视与影视人类学作品展映”在中央民族大学举行。

11月6日至8日，“电影的过去与未来：数字技术、视听叙事与影像文化”学术研讨会在上海戏剧学院举行。

11月8日，“第四届（2020）中国电影伦理学学术论坛”在西南大学举行。

11月9日至13日，“2020·中国艺术研究院电影电视评论周”在中国艺术研究院举行。

11月11日至13日，“第二届中国网络电影周”在四川省成都市举办。

11月12日至13日，“第七届全国电影学青年学者论坛”在北京电影学院举行。

11月14日至15日，“首届5G产业峰会——象山影视城5G+数字影视高峰论坛”在浙江省宁波市象山县举办。

11月14日至15日，“影像北京与‘北京制造’：历史、现状与未来”高端论坛暨第二届中国影视史学年会在北京市、广州市举行。

11月14日至20日，“第五届深圳（国际）科技影视周暨第11届中国国际科教影视展评制片人年会（CICSEP）”在广东省深圳市举行。

11月17日，“第八届亚洲电影论坛”在远程会议和线上举行。

11月19日，“第五届中国电影编剧荣誉表彰颁奖典礼”在上海戏剧学院举行。

11月21日，“后疫情时代的影视业发展”研讨会在浙江省杭州市举行。

11月21日至23日，“第二届新时代戏曲电影发展论坛”在广东省广州市举行。

11月25日至28日，“第33届中国电影金鸡奖颁奖盛典”系列活动在福建省厦门市举行。

11月26日，“第28期中国电影学博士论坛”在厦门大学举行。

11月27日至12月1日，“中国·秦皇岛第二届残障人士电影周”在河北省秦皇岛市举行。

12月2日，“中国微电影历史使命与国学优秀文化传承研讨会”在北京市举行。

12月5日至12日，“第三届海南岛国际电影节”在海南省三亚市举行。

12月14日，表演艺术家黄宗英在上海市逝世，享年95岁。

12月15日至16日，“2020中国电影美学年会”在福建省泉州市举行。

12月16日，第十一届“中国影协杯”年度优秀电影剧作推选活动在北京市举行。

12月18日，“中国电影基金钟惦棐电影评论发展专项基金发布仪式暨2020中国电影评论高峰论坛活动”在重庆市举行。

12月20日，“第十一届中国电影科技论坛”在北京市、上海市举行。

12月29日，电影界职业道德建设委员会成立大会在北京市举行。

中国艺术年鉴·2021

电视艺术卷

分卷主编：耿春晓

年度述评

2020年度中国电视艺术发展研究报告

◎ 许婧

2020年，新冠肺炎疫情蔓延，中国电视业发展“喜忧参半”，然而，这也是迫使全行业迅速调整、脱水，变被动为主动，重新划定起跑线的良好肇始。

从传播角度看，由于长时间抗疫防疫，全民居家，各种活动向线上转移，作为家用媒体的电视、便携终端和视频网站的优势凸显。早已嵌入国人日常生活场景的“互联网+”继续承载了更多的生活方式、艺术活动和娱乐方式之变，“云模式”流行，台网两端的节目、专题、纪录片、剧集的收视率/点击量拉升明显。

从创作和生产层面看，电视剧、网剧在类型刷新和内容表达上，凸显创新意识，用主流视角讲述类型故事的能力日臻成熟，网剧拓宽了现实主义表达的视域，“优爱腾”（优酷、爱奇艺、腾讯的简称）剧场化实践推动了中国电视剧内容的创新。其一，现实题材和现实主义创作在台网两端成燎原之势。自国家广播电视总局（以下简称“广电总局”）明确了“重大现实题材”“重大革命题材”“重大历史题材”的“三重”题材后，为纪念重要时间节点或重大历史事件而生的“周年献礼剧”，扩容了主旋律创作集群，填补了以往没有同步记录时代发展和国家大事的空白。其二，伴随主旋律献礼剧的多元化，年度诞生的“时代报告剧”重启并推动了集锦式创作的当代深化发展，这种集中调配优质资源、采用单元分工、集体攻关的生产模式，解决了快速反映时代最新面貌的方法论。其三，时代报告剧和主旋律献礼剧等“中国式”生产模式在新时代的发扬光大，彰显了中国优良的文艺传统——“文章合为时而著，歌诗合为事而作”。

从剧集发展趋势看，“白玉兰奖”“飞天奖”“金鹰奖”三大电视奖项将取得《国产电视剧发行许可证》的网剧纳入参评范围。“白玉兰奖”率先于2019年年底宣布“重点视频网站首播电视剧”可参选评奖，6部网剧入围。2020年第26届“白玉兰奖”获奖名单中，《破冰行动》获得最佳电视剧和最佳编剧（原创）奖，网剧《庆余年》斩获最佳男配角和最佳编剧（改编）奖，《长安十二时辰》获得最佳摄影、最佳美术、国家传播奖；随后，“飞天奖”也向网剧敞开大门，《长安十二时辰》《破冰行动》《忽而，今夏》《你好，对方辩友》等入围，虽未有作品最终摘得奖项，但毕竟是可贵的“破冰”之举，在一个官方奖项赛事中获得与上星剧一视同仁的资格入场；“金鹰奖”更为开放，直接将深受大众尤其是年轻观众喜爱的、在电视台/视频网站首次播出/首次上线的作品纳入，初选名单上赫然可见纯网剧《重生》《全职高手》《悍城》和竖屏短剧《生活对我下手了》，最终，《长安十二时辰》《破冰行动》获得“优秀电视剧奖”。

一、擘画契合时代精神的主题内容

2020年是重大献礼主题叠加“三重”题材创作与播出的“主旋律大年”。广电总局重点部署了脱贫攻坚、抗战、抗疫、抗美援朝等主题的重大题材电视剧的排播工作。其中，聚焦脱贫攻坚的重大现实题材电视剧年度播出数量最多，达10部之多（见表1）。广电总局办公厅3月17日下发《关于做好脱贫攻坚题材电视剧创作播出工作的通知》，推介扶贫剧22部；7月16日发布《关于做好纪念抗战胜利75周年电视剧播出安排的通知》，遴选推荐了24部老剧。脱贫攻坚题材剧由卫视首播，网络平台同步播出，央视综合频道（CCTV-1）播出数量最多，这些剧通过不同视角全面反映了当代农村真实变迁的过程，给日益萎缩、边缘化的农村剧创作注入了新的生机。抗疫题材剧、抗战剧、抗美援朝纪录片及电视剧等“三抗”题材电视节目成为下半年播出的重头和热门。

表 1 2020 年央视、卫视已播重大题材电视剧（时代报告剧、脱贫攻坚剧）①

剧名	集数	首播时间	播出频道	收视量（亿户次）	豆瓣评分
时代报告剧(2部)					
《最美逆行者》	14	2020.9.17	CCTV-1	1.93	暂无
《在一起》	20	2020.9.29	东方、浙江、江苏、广东、北京、湖南、天津、吉林、湖北、辽宁、深圳11个卫视	5.70	8.7
脱贫攻坚剧(10部)					
《一个都不能少》	36	2020.3.16	CCTV-1、安徽、广东、湖北、河南、新疆、青海、黑龙江、宁夏、深圳等卫视	7.66	暂无
《绿水青山带笑颜》	44	2020.3.18	湖南、山东、四川、天津、吉林、东南、陕西等卫视	5.12	4.1
《我们在梦开始的地方》	45	2020.4.10	江苏、浙江、四川、江西、重庆、辽宁、内蒙古等卫视	4.89	暂无
《我的金山银山》	38	2020.5.8	东方、东南、黑龙江等卫视	2.40	暂无
《遍地书香》	38	2020.5.8	北京、广西、山西、云南等卫视	1.59	暂无
《花繁叶茂》	34	2020.5.11	CCTV-1、CCTV-8、贵州、陕西等卫视	8.49	7.4
《最美的乡村》	30	2020.6.6	CCTV-1、CCTV-8、天津、河北等卫视	10.24	暂无
《枫叶红了》	34	2020.8.5	CCTV-1、CCTV-8、安徽、内蒙古等卫视	7.19	6.2
《石头开花》	20	2020.11.17	湖南、江苏、浙江、北京、东方、安徽、广东等卫视	2.78	7.4
《金色索玛花》	20	2020.12.8	CCTV-1	2.12	暂无

（一）紧扣重要时间节点，推进“新时代精品工程”

2017 年以来，国家重大节庆与历史节点接踵而至，主旋律作品创作密集，优质内容产能和传播效果双涨。这得益于题材表现空间的拓展与脱敏，以及内容表现形式的创新，与行政管理部门紧扣重要时间节点，在全系统深入推进“新时代精品工程”密不可分。具体而言，广电总局对主题主线内容的创作和生产加强了“靶向性”选题规划、创作引导、资源调配组织、跟踪指导和监督管理。一方面，重点筹建电视剧精品项目库，对重点项目分类指导，全程统筹协同，确保高质量内容的产出、落地；另一方面，针对重大题材重点项目，强化创作指导和保障服务，未雨绸缪，全程介入，集全行业之力实现顶尖资源的优化配置，提速产出。

单元剧、时代报告剧是 2020 年令人瞩目的亮点。年初，广电总局电视剧司提出“时代报告剧”的新概念，这是电视剧产业在新时代进行类型创新的新生事物，以各行各业的真实人物、真实故事为基础，从不同侧面反映时代新貌、展现时代精神，充分发挥电视快速反映生活的特性和文艺创作“轻骑兵”的优良传统。5 月开始，多个时代报告剧陆续投拍，诸如《在一起》《脱贫先锋》《我们的新时代》《功勋》等，均是快速创作，以真实为基础纪实风格、采取单元叙事结构，由多位导演、多个主创团队分组同步摄制，共同完成一部作品。

同时，创新播出方式，不拘泥于网台频道和“一剧两星”的规章，集中时间最多采用“六星三网”（六家卫视 +“优爱腾”视频网站）多频道联播、多轮次重播的模式，让优质内容和重点剧目“多点开花”。《在一起》继东方、江苏、浙江、广东 4 家卫视首播后，进入湖北、辽宁等卫视，先后共 11 家卫视播放，每集平均综合收视率为 2.531%，全剧综合收视率为 28.520%；《石头开花》（原名《脱贫十

① 资料来源：CCData 官网，表格自制。

难》）继东方、江苏、浙江 3 家卫视首播后，进入北京、湖南、安徽、广东等卫视播出，每集平均综合收视率为 1.320%，全剧综合收视率为 17.576%[①]。优质内容的双平台多频道发行，能使传播效应最大化，这将是未来重大题材播出的常态。

7 月，广电总局电视剧司部署“三抗”题材电视剧的播出工作，一度受限的抗美援朝题材正式脱敏。以往出于外交关系考虑而有所限制的抗美援朝电视剧创作，高规格纳入广电重大题材规划。10 月底，CCTV-8 和优酷播出电视剧《战火熔炉》，该剧是优酷 2019 年出品但未播出的网剧，是当时抗美援朝题材影视剧“唯一一部拍摄素材完整的剧集”。年底播出的《跨过鸭绿江》是迄今为止唯一一部全景再现抗美援朝始末的重大革命题材电视剧。

对重点项目提前介入，全程指导是广电总局近两年的工作方式。2019 年下半年启动了“4+2+1”的重点项目。其中，4 部重大题材电视剧是：脱贫攻坚剧《山海情》（2021 年年初播出）、革命史诗剧《光荣与梦想》、共和国功臣系列剧《功勋》、援非医疗剧《大国担当之埃博拉前线》；2 部时代报告剧是《在一起》《石头开花》；1 部系列短剧是《理想照耀中国》。

针对 2021 年建党 100 周年的主题文艺创作，广电系统在 2020 年就按照“找准选题、讲好故事、拍出精品”的目标提前介入，成立重大题材创作生产协调领导小组，从选题策划，到优质资源集中调配，全程指导推进。重点作品逾百部，包括《理想照耀中国》《光荣与梦想》《时间的答卷》《百炼成钢：中国共产党的 100 年》《红船》《闪亮的记忆》《太阳出来了》等电视剧、文艺节目、纪录片、动画片和网络视听作品。

媒介融合的大环境下，广电总局对内容的管理一直持续收紧。自 2017 年确立为“内容品质提高年”，制定 2017—2021 年 5 年创作生产规划，鼓励以改革开放 40 周年、中华人民共和国成立 70 周年、全面建成小康社会、建党百年等重要时间节点为坐标的献礼剧创作。2020 年继续提前部署下一个五年（2021—2025）重点电视剧选题，“三重”题材电视剧创作迎来主场，打造“新时代精品工程”，包括脱贫攻坚、战疫抗疫、抗美援朝、建党百年、北京冬奥会、“一带一路”倡议 10 周年、中华人民共和国成立 75 周年、抗战胜利 80 周年等主题性献礼剧。未来 5 年电视剧创作的大方向是“四个聚焦”：聚焦新时代史诗般的伟大实践，把反映新时代作为重中之重；聚焦党史、新中国史、改革开放史、社会主义发展史，构筑新时代电视剧精神高地；聚焦群众生产生活，讲好中国人民的故事；聚焦经济社会发展新趋势新变革、人民群众新期待，积极开展题材创新。[②] 正像广电总局对《闽宁镇》提出的要求：“平民视角、国家叙事、国际表达”，这也是近年来献礼剧被市场认可的主流叙事方向。

电视是大众媒介，是大众文化的主要寄宿场域，电视剧是达成社会认同最具通约性的文化商品，永远处在不断生成“新意义”的过程中。从通俗角度看，由于大众文化的艺术普遍被视作“怎么都行的艺术”，之所以被消费是“因其具有的意义、认同感和快乐”[③]。那么，中国社会体系所需要的有意义的文化体系便是关于民族文化传统和中国特色社会主义价值观的认同，“三重”题材和周年献礼剧持续走强生产的意义无疑关乎创造并巩固一种社会认同。打造更多“思想精深、艺术精湛、制作精良”的精品佳作，平衡好电视剧在政治属性、艺术属性和商品属性之间有机的内在联系，为国家写史、为民族塑像、为时代铸魂。讲政治，也遵循艺术创作规律、兼顾受众快乐接受的趣味、贯穿核心价值引领，发挥电视剧艺术“润物细无声”的通俗文化魅力。

（二）打击收视造假、优化内容产能、云上节展亮点多

2020 年开年，广电总局一面部署电视台做好抗疫宣传工作，一面加强管束收视率乱象。5 月 5 日，

① 国家广播电视总局中国视听大数据：《中国视听大数据 2020 年年度收视综合分析》，《影视制作》2021 年第 1 期。

② 参见《广电总局召开 2021—2025 年重点电视剧选题规划推进会议》，国家广播电视总局官网。

③ ［美］约翰·菲斯克：《解读大众文化》，杨全强译，南京大学出版社 2006 年版，第 3 页。

广电总局颁发的《广播电视行业统计管理规定》正式实施，明确了广播电视主管部门依托大数据统计信息系统统筹收视收听率（点击率）的统计工作，并监督数据的采集、发布。对收视率统计造假、弄虚作假的情况采取“谁主管、谁负责，谁经办、谁负责”的原则，直接问责“所在单位的主要负责人承担第一责任，分管负责人承担主要责任，统计人员承担直接责任”[①]。由于视听数据能够满足“强烈的社会需求”，因此，这种传播学经验性的定量研究在广播电视业和网络视频中始终占据强势话语地位。全球范围内，无论是商业还是非商业的传媒体制，“在任何一种媒介业的游戏规则中，即使不牵涉利润问题，视听率也为节目成功与否提供了主要标准”[②]。这解释了多年来收视率、点击量、豆瓣评分尽管始终被质疑真伪但仍大行其道的缘由。新规也许不可能从根本上杜绝数据造假的现象，其意义在于，结束了过去收视率造假这一灰色地带在法律上的“零成本”行为。

注水剧、老剧翻拍、高价片酬等一直是妨碍精品创作的行业痛点，广电总局加快了建章立制的步伐。2月6日，发布《国家广播电视总局关于进一步加强电视剧网络剧创作生产管理有关工作的通知》。要求制作机构在申报剧集备案公示时，必须承诺已基本完成剧本创作，通过完善拍摄制作备案公示管理加强源头引导；坚决反对拉长集数，人为内容注水，规范剧集的体量和密度，提倡集数不超过40集，鼓励30集以内的短剧创作；重申做好制作成本配置比例合理，优化演员片酬分配机制，每部电视剧、网络剧全部演员总片酬不超过制作总成本的40%，其中主要演员片酬不超过总片酬的70%。新规在一定程度上会刺激行业重视“一剧之本”，改变业界“魔改”剧本的不良倾向，对剧集长度的警示已经有立竿见影之效。不足之处是，面对无法兑现承诺的片方缺乏明确的监督、惩罚条款，落实效果或有折扣。

网络为影视业的交流沟通打开了新的平台空间。每年春秋两季举办的北京电视节目交易会（简称“春交会”“秋交会”）作为“中国电视剧风向标”，是我国电视节目制作、传播、管理、学术等专业人士高度聚集的行业盛会。由于疫情，第26届“春交会”首次线上举办，第27届“秋交会”采用了“线下现场推介+线上直播推介”的方式，也是2020年第一次线下大型电视节目交易会和电视人的“线下重聚”。相较以往，会展参展剧集数量减少，亮点增多。电视剧创作趋向主旋律、现实题材和重大革命历史题材，难觅古装、宫廷等类型剧，各大视频平台的自制剧内容集中暴发，精品剧、头部剧多集中在三大视频网站和一线实力制作公司中，电视台端的作品变化较少。

“春交会”的亮点之一是首次推出“筹备期电视剧项目推优”活动；亮点之二是，相比往年会上发布的年度电视剧发展报告，首次将网剧纳入，统称“电视/网络剧”。四大论坛照常举办，并发布产业报告。一般来说，论坛关切话题是年度市场主流，与学界研究动态较为一致。即“献礼剧——从历史到未来”“类型剧——创新与突破”“中国电视剧网剧创作新趋势”“如何在ToB守正创新的同时开拓To C新局面”“如何打造爆款IP，实现网文与影视产业链高效联动”。“秋交会”发布了《2020中国电视剧风向标报告》。会展上，现实题材剧集稳居C位，悬疑短剧和女性题材异军突起，类型化、短剧化、垂直化剧集成为年度创播主流。女性题材创作从过去热衷古装剧大女主和甜宠剧中抽身，转向聚焦现实题材剧和有独立意识的中年女性群像，不再津津乐道婆媳关系、家长里短，从更高视角关注女性命运、女性独立及自我价值实现。

（三）这就是中国：全球疫情肆虐时的“最美逆行者”

广电总局自2009年开始，每年从播出的电视剧中遴选代表着中国电视剧创作和制播水准的20部电视剧。2020年入选中国电视剧年选集的作品，涉及年度重大题材和献礼剧，兼顾年代、公安、都市、古装历史等题材和类型，体现了主旋律和现实题材并驾齐驱的良好趋向。具体是：革命历史剧

---

① 参见国家广播电视总局网站。

② D. McQuail，*Audience Analysis*，London：Sage Publications，1997，p.14. 转引自［英］丹尼斯·麦奎尔《受众分析》“译者前言”，刘燕南、李颖、杨振荣译，中国人民大学出版社2011年版，第9页。

《绝境铸剑》（暂无），抗战剧《太行之脊》（暂无），影视剧汇编特别专题《记忆的力量·抗美援朝》（暂无），扶贫题材献礼剧《最美的乡村》（暂无）和《石头开花》（7.4），抗疫题材时代报告剧《在一起》（8.7），年代剧《湾区儿女》（4.1）、《创业年代》（4.7）、《什刹海》（5.6）、《幸福里的故事》（5.3）、《隐秘而伟大》（8.2）、《大江大河 2》（9.0），公安刑侦、经侦题材剧《猎狐》（7.1）、《三叉戟》（7.7），都市生活剧《安家》（6.3）、《三十而已》（6.8）、《以家人之名》（7.0）、《装台》（8.4），历史剧《大秦赋》（5.5）、《清平乐》（6.5）等①。

此外，还公布了 2020 年度优秀海外传播作品，包括电视剧、纪录片、动画片和网络视听节目。其中，抗疫题材占三席：电视剧《在一起》、纪录片《武汉战疫纪》、短视频《武汉莫慌，我们等你》。5 部电视剧入选（见表 2）。

表 2　2020 年度优秀海外传播作品②

序号	艺术形态	作品名称	首播时间	申报单位
1	电视剧	《在一起》（20集）	2020.9.29	上海耀客传媒股份有限公司
2	电视剧	《老酒馆》（46集）	2019.8.26	上海儒意影视制作有限公司
3	电视剧	《三十而已》（43集）	2020.7.17	上海柠萌影视传媒股份有限公司
4	电视剧	《庆余年》（46集）	2019.11.26	腾讯影业文化传播有限公司
5	电视剧	《以家人之名》（46集）	2020.8.10	华策影业（天津）有限公司
6	纪录片	《南京之殇》（46分钟）	2017.12.12	江苏省广播电视总台（集团）（A+E美国电视网络合作拍摄）
7	纪录片	《我们的男孩》（2集，50分钟/集）	2019.10.2	黑龙江广播电视台（中央广播电视总台央视纪录频道联合出品）
8	纪录片	《武汉战疫纪》（33分钟，英语）	2020.2.28	中国国际电视台（CGTN）
9	纪录片	《星空瞰华夏》（3集，45分钟/集，英语）	2020.9.2	五洲传播出版社（美国国家地理频道、英国Wild Blue Media联合出品）
10	纪录片	《杜甫：中国最伟大的诗人》（58分钟，英语）	2020.7.2（中） 2020.4.6（英）	中央广播电视总台影视剧纪录中心
11	动画片	《熊熊乐园》系列片		华强方特（深圳）动漫有限公司
12	动画片	《口袋森林》（第一季，26集）	2019.7.1	杭州蒸汽工场文化创意有限公司
13	动画片	《艾米咕噜》（第一季，52集）	2017.7.18	上海左袋文化传播有限公司
14	动画片	《天天成长记》（1—4季）	2017.7.28	深圳天天成长影视有限公司
15	动画片	《梦娃》系列片（26集）	2017	天津北方动漫集团股份有限公司
16	网络视听节目	《这！就是街舞》（第三季）	2020.7.18	优酷信息技术（北京）有限公司
17	网络视听节目	《武汉莫慌，我们等你》（2分2秒）	2020.2.3	湖北广播电视台垄上频道
18	网络视听节目	《乘风破浪的姐姐》	2020.6.12	湖南快乐阳光互动娱乐传媒有限公司
19	网络视听节目	《这就是中国》	2019.1.7	上海广播电视台东方卫视中心
20	网络视听节目	《有一种生活美学叫成都》（熊猫篇·美食篇·历史文化篇）全英文系列短视频		成都市广播电视台

① 榜单中剧集后附豆瓣评分，其中 4 部暂无评分，计分截至 2021 年 2 月 28 日。
② 资料来源：国家广播电视总局官网。

近年来，越来越多的中国电视剧走出国门。2020 年，《三十而已》在韩国上线，《隐秘的角落》在日本收费电视台播出，并入选美国《综艺》杂志“2020 全球 15 部最佳国际剧集”榜单第 2 位。

2020 年热播的纪录片涵盖军人、医疗卫生、抗美援朝和文化历史等领域。10 集《大国仪仗》将镜头对准承担国事活动司礼任务的中国人民解放军仪仗大队，巧妙而生动地呈现了共和国记忆中熠熠生辉的闪光时刻；9 集大型医疗人文纪录片《中国医生》是展现全国 6 家大型三甲医院 30 名医护工作者温暖人心的医患故事；5 集纪录片《战“疫”》讲述了面对严重危害人类健康的疾病做出杰出贡献的 5 位科学家的防治历程；慰问医护工作者的《天使礼赞》是演艺界人士以诗朗诵、歌舞剧等形式再现 12 个动人情境的特别节目；20 集《抗美援朝保家卫国》首次全景而真实地回顾了抗美援朝的完整历程、权威解密了艰难而辉煌的“这一战”的决策内幕和历史细节；首部以“中国”命名的 36 集《中国》，是从当代视角回溯历史、探寻民族精神和文化身份力量源泉的大型历史纪录片；大型纪录片《国家荣光》(第一季) 致敬英雄，从百年中国历史上选取了 20 位杰出人物；《你好生活》则是传递美好生活价值观的新青年生活示范节目；年末最后一天在央视纪录频道开播的《我在故宫六百年》，纪念紫禁城建成 600 年，是纪录片《我在故宫修文物》的姊妹篇。

10 月 25 日是抗美援朝纪念日，10 月底，卫视晚黄金档优先排播了纪念抗美援朝 70 周年纪录片，相继播出时长超过 4 小时的史诗级纪录片《伟大的抗美援朝》、20 集完整展现抗美援朝历史的特别专题节目《记忆的力量 · 抗美援朝》、6 集《为了和平》、6 集《英雄儿女》、6 集《英雄 · 精编版》(取材于北京卫视《档案》栏目《伟大的抗美援朝》) 等。浙江卫视、东方卫视播出了电视剧《彭德怀元帅》(特供版)，也即从彭德怀告别西北建设，挂帅出征朝鲜的抗美援朝战争的情节版。贵州卫视播出了中国首部以抗美援朝为主题的 14 集动画片《最可爱的人》，讲述的是 7 个抗美援朝英雄的真实故事。

如今，电视持续发挥着影响、培养观众感知并认知世界的能力，其改变社会“精神结构”和人们思维方式的潜移默化的作用已被公认。伯明翰学派创始人雷蒙 · 威廉斯对电视文化研究的重要贡献之一，是提出了文化是“全部生活方式”的观点。他认为，电视从来不仅仅是技术手段和技术的进步，电视的出现直接导致了“戏剧化社会”的出现，看电视变成现代人生活的一部分，实际是对“形象的需要”“再现的需要”的体验，是被一种“高度仿真”的社会实践活动再现的吸引。这种“戏剧生活化”和“生活戏剧化”的观点，回答了“观众”爱看电视的内在原因，或者说电视对观众的黏性。[①]2020 年，观众对抗疫战疫、脱贫攻坚、抗美援朝题材电视剧、专题片、纪录片的追捧，正是对现实英雄、优秀党员、共和国英烈、伟大历史“再现的需要”。而在相对集中的时间段内高强度播出系列主题电视节目，有利于观众形成对事件、现象的强烈记忆，也更能激发观众今后对相关主题艺术作品的期待。正如威廉斯在他 1974 年的著述《电视：科技与文化形式》中提出的重要概念“电视的流程”(又译作“电视流”，Television Flow)，把各种类型的节目按照“流程”有意识地穿插排播，“犹如车道，自有它的告示站牌与吸引注意力的内在结构”[②]。

或许，还应该从另一个战略高度看待国家对“讲述中国故事”、中国文化产品“走出去”、强化本土“重大题材”标的、持续推进媒介融合并掌握新媒体话语权的意义认知。“电视”不仅仅是节目的“容器”，更重要的是内容发送方式——信息，能够随时随地覆盖全球的特质，以及“创造共同体或促进个体对群体的归属作用”。当然，还有“异化、操纵和分裂”的作用。[③] 中国电视节目和文化产品的推优创优传播是完善“中国特色”文化体系的时代使命，以保有中国人对自己传统文化、民族身份、行为规范和情感空间的纯粹性认知。

---

① 参见 [英] 雷蒙 · 威廉斯《电视：文化形式与政治》，赵国新译，载王逢振主编《电视与权力》，天津社会科学院出版社 2000 年版，第 8—14 页。

② [英] 雷蒙 · 威廉斯：《电视：科技与文化形式》，冯建三译，台湾远流出版事业股份有限公司 1994 年版，第 133 页。

③ [英] 迈克 · 克朗：《文化地理学》(修订版)，杨淑华、宋慧敏译，南京大学出版社 2005 年版，第 87、91 页。

二、新媒体时代内容生态和制播格局的价值重构

2020年，制播生态和内容价值的重构，表现在视频网站短剧制作及其剧场化运营的带动效应。“优爱腾”以系列悬疑短剧为代表的剧场化运营模式，推动了电视剧内容价值的提升，电视剧、网剧都自觉地趋近“三重”题材和中国故事、新时代故事、党的故事的“三故事”创作。这奠定了未来内容创作的六大基本格局：优质剧集双平台多渠道发行常态化、网剧在题材和类型上更多元的拓展和创新、现实题材创作不再是电视台的专享、每年的重点剧目都有主旋律色彩的周年献礼剧、古装剧向高投入大制作的商业类型发展、新时代职场剧越来越多地同步反映不断进入大众视野的新兴职业。

至此，内容生产正式开启了从“ToB”到“ToC”的转变，从以往研究购片人心理向研究用户心理转变。在“ToC”时代，呼唤的是既懂导演思维又深谙运营的专业型、创作型的出品人、制片人，“剧组型公司”将会被淘汰。

（一）“向网而生”的制播趋势和“球土化”叙事转向

2020年的视听节目整体上呈现了“台退网进”的态势。据国家广电监管中心的数据显示：2020年网络视听平台全年上线的各艺术样态原创节目，均比2019年有不同程度的增长，网络剧230部、网络综艺229档、网络纪录片259部、网络动画片396部。其中，网络剧高于2019年的202部，192部在30集内，12集短剧占80部；改编剧本111部，原创剧本119部。另外，全年获得《电视剧发行许可证》并在互联网播出的80部“网络首播电视剧”中，截至2020年12月31日，仅在互联网播出的有64部，首先在互联网播出的有16部，超前点播的有47部。①

2020年，“优爱腾”都推出了“类型化剧场”。6月，爱奇艺和优酷分别推出12集悬疑短剧《十日游戏》《失踪人口》。爱奇艺“迷雾剧场”先后推出5部短剧②，豆瓣均分最高达到8.1分，《隐秘的角落》《沉默的真相》双双成为年度最高收视率的悬疑剧，实现了爱奇艺“以优质内容抓住付费会员”的商业逻辑。优酷“悬疑剧场”继首部科幻悬疑剧《失踪人口》后，上线了自制网剧《叹息桥》《白色月光》和“白夜”系列的《重生》。腾讯上线的是《摩天大楼》《风声》等自制剧。悬疑短剧风生水起，芒果TV跟进宣布2021年推出“芒果季风剧场”。“优爱腾芒”四大平台的悬疑剧竞赛帷幕拉开，标志是炙手可热的“80后”作家紫金陈的“社会派推理小说三部曲”悉数被爱奇艺改编并播出，从《无证之罪》（2017）到《隐秘的角落》《沉默的真相》，部部是精品和爆款，这也意味着“80后”作家创作的类型小说将是日后影视改编的富矿。

各大视频网站从早先拍摄古装、玄幻、武侠、传奇、探案、悬疑等题材，到成功试水都市、青春、甜宠等现实题材，以先锋性、实验性短剧的拍摄，实现了向现实生活深扎的力度，完成了自身“华丽的蜕变”。短剧集生态格局的形成，是网站立身发展和吻合用户心理的双重需要，相当于把剧场打造成一个IP，以类型内容的规模化、精品化效应，弥补短剧集市场关注度难以长时间持续的缺憾，收获长尾效应，兼有系列化开发的季播效果。比如，《无证之罪》《隐秘的角落》《沉默的真相》三部剧的故事虽无延续性，但都有一个名叫“严良”的人物，内在关联性强，会增加用户的平台黏性，形成持续期待。

值得注意的是，剧集制作需要时间，2020年短剧的集中暴发，是网站多年深耕短剧“厚积薄发”的周期性产物，2021年是否会出现2020年短剧播出的火热局面不好说。像《隐秘的角落》《沉默的真相》都是爱奇艺自2017年播出《无证之罪》后就启动的两个IP改编项目，果实结在了2020年。实际上，“优爱腾”和头部影视公司之前就厉兵秣马操刀12—20集的短剧。爱奇艺两年前提出“打造短剧时代”，致力于“让短的梦想照进长的现实”，因为只有短剧才能形成可持续的内容付费前景。毫无疑

---

① 钟新平：《广电总局监管中心公布2020网络原创节目关键数据》，2021年1月21日，搜狐网（http://www.sohu.com/a/445954601728306）。

② “迷雾剧场”5部短剧分别为：《隐秘的角落》《非常目击》《在劫难逃》《十日游戏》《沉默的真相》。

问，打造一个新短剧时代，是“优爱腾”一直不遗余力的努力方向。2018 年 5 月，爱奇艺推出“奇悬疑剧场”短剧计划，上线多部 12 集短剧，优酷也同时播出根据真实事迹改编的 12 集爱情短剧《假如没有遇见你》，但热度不够；爱奇艺在 2020 年年初播出 12 集网剧《唐人街探案》反响也不好，直到《我是余欢水》热播，才终成气候。

2020 年，疫情驱动了线上娱乐消费的高涨，“优爱腾”的“短剧 + 精品 + 剧场”策略大快人心。年度流量长剧和付费短剧并行并存，各有评价标准，相比而言，短剧更易得口碑。云合数据统计显示，2020 年播出的新剧中，豆瓣评分较高的大多是集数较少的短剧（见表 3）。

表 3　2020 年豆瓣评分 8 分以上的剧集（共 26 部）

排名	剧名	集数	类型	首播时间	播出平台	豆瓣
1	《沉默的真相》	12	网剧	2020.9.16	爱奇艺“迷雾剧场”	9.2
2	《大江大河 2》	39	献礼剧	2020.12.20	东方卫视、浙江卫视、“优爱腾”	9.0
3	《隐秘的角落》	12	网剧	2020.6.16	爱奇艺“迷雾剧场”	8.9
4	《叹息桥》	15	网剧	2020.3.28	优酷视频	8.9
5	《说的就是你 3》	9	网剧	2020.4.16	哔哩哔哩	8.9
6	《战火熔炉》	13	抗美援朝	2020.10.24	CCTV-8、优酷视频	8.8
7	《跨过鸭绿江》(1—7 集)	40	抗美援朝	2020.12.27	CCTV-1	8.8
8	《棋魂》	36	网剧	2020.10.27	爱奇艺	8.8
9	《别云间》(《鹤唳华亭》番外篇)	12	网剧	2020.9.22	优酷视频	8.8
10	《在一起》	20	时代报告剧	2020.9.29	先后 11 家卫视	8.7
11	《教室的那一间 3》	12	网剧	2020.10.10	爱奇艺	8.5
12	《装台》	33	先网后台	2020.11.29	芒果 TV、CCTV-1、央视网、央视频	8.4
13	《龙岭迷窟》	18	网剧	2020.6.10	腾讯视频	8.3
14	《如此可爱的我们》	16	网剧	2020.7.31	爱奇艺	8.3
15	《隐秘而伟大》	51	先网后台	2020.11.6	腾讯视频、芒果 TV、CCTV-8	8.2
16	《风犬少年的天空》	16	网剧	2020.9.24	哔哩哔哩	8.2
17	《我才不要和你做朋友呢》	24	网剧	2020.5.19	芒果 TV	8.2
18	《侠探简不知》	24	网剧	2020.4.8	优酷视频	8.2
19	《少年游之一寸相思》	43	网剧	2020.6.8	腾讯视频、优酷视频	8.2
20	《龙岭迷窟之最后的搬山道人》	6	互动短剧	2020.4.8	腾讯视频	8.2
21	《鬓边不是海棠红》	49	先网后台	2020.3.20/8.7	爱奇艺、北京卫视、安徽卫视	8.1
22	《摩天大楼》	16	网剧	2020.8.19	腾讯视频	8.1
23	《穿越火线》	36	网剧	2020.7.20	腾讯视频	8.1
24	《教室的那一间 2》	12	网剧	2020.10.3	爱奇艺	8.0
25	《怪你过分美丽》	36	先网后台	2020.6.8/8.5/11.20	爱奇艺、深圳卫视、东南卫视	8.0
26	《庆余年》	46	先网后台	2019.11.26/2020.1.30	腾讯视频、爱奇艺、浙江卫视	8.0

自从马歇尔·麦克卢汉将“电视化的社会”定义为“全球客厅”，这个预言就不断被互联网和媒介技术发展深刻地证实着，引发人们对媒介环境更深的思考。“电视创造了一个同时有着全球性视角范围和狭小的观看空间的相互矛盾的地理”，但它的的确确将“客厅”与全球“相互连接构成一个整体”。①媒介环境学派理论中电子媒介深刻影响人们社会行为的观点开始受到重视，虚拟空间打破了有形的地理疆域，淡化了社会角色，与其说电子媒介靠内容聚合不同地域不同类型的人，不如说是借助相似的“电子场景”隐蔽地替换了社会生活的“地理场景”，从而对人的行为施加无形影响，从而产生超越地理阻隔的幻觉，这是美国传播学家约书亚·梅罗维茨理论的核心观点。

随着电子媒介的普及，海外剧风行全球，以短小精悍、电影化制作、结构完整、叙事紧凑、快节奏著称的英剧、美剧季播“短剧”模式，吸引着互联网原住民和“Z 世代”年轻观众的目光，培养了他们带有“全球性”和“本土化”意味的“互文本性”混合审美趣味。也就是说，传媒产业和大众文化共同缔造了一种全球文化产品趋同、标准化趋近、喜好趋似、可复制的节目模式，一经与每个民族的文化相遇交糅，便衍生出一种富有新意的叙事文本。美国匹兹堡大学教授罗兰·罗伯逊在 20 世纪 90 年代，将“全球化”（Globalization）与“本土化”（Localization）两个概念合并，提出了“球土化”（Glocalization）的新概念，指出了媒介文化整合全球化和本土化不断交融，导致文化多元化并重构的事实。中国电视剧周播剧、季播剧的尝试，“优爱腾”季播模式和一战成名的悬疑剧场，绝非偶然，印证了“电视地理”对全球及其文化产品的“连接权力”，以网络和新媒体为交流基站，聚集并创造“观众共同体”，使“球土化”叙事转向变得顺理成章。

三大视频平台“剧场化”试水和悬疑 + 短剧模式，打造了中国电视剧、网剧在内容叙事上另辟蹊径的“新风口”，包括近年来主旋律电视剧、献礼剧通过“年轻态叙事”对年轻受众形成的吸引力，重大题材电视剧从“红头任务”转变为市场“刚需”和观众“内需”的现象，印证了一个观点：“以数字文化平台为代表的内容全球化已成为趋势，平台方需要在全球化和本土化的融合开放与多元共生中寻求认同和接受。”②

（二）逆势上行：年度收视扫描与剧集动向

2020 年，停工停产导致许多剧组拍摄停摆，电视剧备案数和获得发行许可证的数量双降。全年获得发行许可证的电视剧数量锐减为 159 部，相比 2018 年、2019 年的 323 部和 254 部，发行数量降幅显著，而版权交易额却逐年递增，从前两年的 271 亿元、297 亿元，稳步提升到 2020 年的 321 亿元，显示了质升量减的态势。③

得益于全民“宅家”，全年收视率超过 1% 的剧集数量较 2019 年增长 73%，超过 2% 的剧集达到 23 部，省级卫视联播剧有 12 部总收视率破 3%。湖南卫视 7 部独播剧平均收视超过 2%，《巡回检察组》创下 3.57% 的最高单集收视率，《安家》东方卫视单集最高收视率为 3.07%。央视综合频道年末播出的庆祝建党 100 周年重点剧目《跨过鸭绿江》前 7 集的平均收视率为 2.086%，《装台》的收视率为 1.963%。高收视剧集多集中在 CCTV-1、CCTV-8 和 5 家一线省级卫视。这些头部省级卫视晚黄金档剧目平均收视的提升逾四成，湖南卫视、东方卫视高达六成左右，安徽卫视、广东卫视、深圳卫视等对优质剧集的追播，实力明显上升。

据索福瑞媒介研究（CSM）数据显示，2020 年电视收视时间和观众规模都显著上升，有 20 个频道的观众“月活”规模超 5 亿，前三季度平均到达率为 49.8%，人均收视时长 137 分钟，是近五年来的首次上涨。④

---

① ［英］迈克·克朗：《文化地理学》（修订版），杨淑华、宋慧敏译，南京大学出版社 2007 年版，第 86—89 页。

② 司若、黄莺、孙怡、张鹏：《Netflix 为何能利用数据做出吸引观众的影视作品?》，参见公众号“电视剧鹰眼”，2021 年 2 月 4 日，来源：腾讯研究院（ID：cyberlawrc）。

③ 资料来自《艺恩发布〈2020 年国产剧集市场研究报告〉》，参见公众号“艺恩数据”，2020 年 12 月 28 日。

④ 资料来自《〈2020 年度电视综艺报告〉发布！》，参见公众号“传媒内参”，2020 年 12 月 16 日。

2020 年，台网在版权和播剧上深度融合，“先网后台”的播剧模式常态化，全年有 10 余部剧集晚黄金档上星播出。比如，北京卫视播出的《燕云台》《旗袍美探》《风声》和东方卫视播出的《三十而已》都是腾讯自制剧；北京卫视和安徽卫视二轮播出的《鬓边不是海棠红》是爱奇艺自制剧；央视也加入到“先网后台”播剧阵营中。央视具有提升作品商誉的实力，其显然是网络剧集自制、定制极佳的分销平台。《隐秘而伟大》11 月 6 日 19：30 在 CCTV-8、腾讯、芒果 TV 同时开播，会员享有与卫视同步更新并多看 6 集的权利。至此，台网彻底同步，奠定了等同“另外一星”的平台地位。《装台》11 月 29 日在芒果 TV 率先开播，会员始终比非会员和央视观众多看 2 集。这是芒果 TV 与央视继《咱们结婚吧》(2013）后，又一次在购剧、制剧、播剧上的深度合作（见表 4）。

表 4　2020 年“先网后台”播出剧集

序号	剧集	集数	播出平台	豆瓣
1	《三十而已》	43	腾讯视频、东方卫视	6.8
2	《旗袍美探》	34	腾讯视频、北京卫视	6.9
3	《燕云台》	48	腾讯视频、北京卫视	4.7
4	《风声》	38	腾讯视频、北京卫视	7.9
5	《庆余年》	46	腾讯视频、爱奇艺、浙江卫视	8.0
6	《大秦赋》	78	腾讯视频、爱奇艺、CCTV-8	5.5
7	《隐秘而伟大》	51	腾讯视频、芒果TV、CCTV-8	8.2
8	《鹿鼎记》	45	爱奇艺、CCTV-8	3.2
9	《鬓边不是海棠红》	49	爱奇艺、北京卫视、安徽卫视	8.1
10	《怪你过分美丽》	36	爱奇艺、深圳卫视、东南卫视	8.0
11	《了不起的女孩》	36	爱奇艺、江苏卫视	6.8
12	《装台》	33	芒果TV、CCTV-1	8.4

台网双方已度过了担心受众分流的初时恐慌，洞察了迭代受众在观剧心理差异和媒介使用习惯偏好上有很大分野的事实。至此，视频网站在步步为营中获得了播剧优先权。

“版权置换”继“版权分摊”“版权分销”后成为新趋势。不同于以往小体量内容间的置换，头部剧集成为主要置换内容，平台间综合评估内容后达成置换合作意向，独播变拼播。而同步播出卫视剧也成为三大视频网站的主流。例如，腾讯与爱奇艺联播《不完美的她》，“优爱腾”联播《我是余欢水》，哔哩哔哩注资腾讯后在影视方面的布局和转型越来越清晰，继打包上线老剧后，与央视同步播出《天涯热土》《花繁叶茂》、与东方卫视和北京卫视同步播出《燃烧》。16 集短剧《风犬少年的天空》是其第一部长视频，自此开始哔哩哔哩成为流媒体阵营中的一面旗帜，实力不容小觑。供需两旺的长短视频消费正在改变中国剧集的内容供给，剧集消费生态的全新构建重置了中国剧集内容生产的新起点！

（三）综艺节目：综 N 代、文化类、体验互动类迭代更新

2020 年，综艺节目多元化和类型创新的意识突出。对娱乐样式进行意义建构，是近年来综艺节目的根本性转向，它承接的是“寓教于乐”的中国文艺传统。中国综艺节目经历了引进海外节目模式、娱乐狂欢、本土转化后，终于开启了激活内生动力的创新之路，撬动转变的恰恰是中国传统文化的现代转化，而电视则成为优秀传统文化和前卫艺术的桥梁，最大限度地进行了价值转换和文化普及。

来自广电总局“中国视听大数据”(CVB）的统计显示，2020 年共有 383 档主题节目和 328 档周播综艺节目在全国卫视频道播出。收视率破 1% 的节目有 8 档，文化类节目比例最高，占据 3 席。央视综合频道的《中国诗词大会第五季》创下周播综艺节目的最高收视率 2.407%，也是年度唯一破 2% 的节目，《经典咏流传 4》和《故事里的中国第二季》分别位列第 2、4 位，大型文博探索节目《国家宝藏第三季》依然保持热度。[①] 可见，文化、文博、文旅、文创类节目的经年深耕，已经唤醒全民的文化身份密码，将娱乐自觉地变成一种有意义的、高雅的文化型生活方式，利用大众传媒传播知识、弘扬正能量。

几乎在各个类型的节目中，包括曾经门可罗雀的小众文艺或高居象牙塔里的艺术样式，在被大众文化收编后，虽然存在内涵弱化且向消费符号偏移的困境，但从高雅到通俗，是普及必然迈出的第一步。不应低估受众能动的接受和再生产的能力，文化的生产与传播离不开文本和受众的交互作用。文化类节目从场景呈现传统诗词、文学、典籍和影视艺术经典的《中国诗词大会》《见字如面》《故事里的中国》，打开观众回望过去致敬历史的视界，到以纪实和影视化结合的方式寻访英雄足迹的《闪亮的名字》，如同综艺版的《感动中国》；从《如果国宝会说话》《上新了·故宫》这类极难讲述的文物故事拟人化地"由物到人"，以"透物见人"的表现方式，彻底反转了博物馆学中"博物馆疲劳"的现象，到《我在颐和园等你》《了不起的长城》等实地实景文化体验类综艺，串起上下五千年灿烂文化的文明巡礼；从各类雅俗共赏的音乐竞技类节目，到高雅艺术通俗化的演艺类综艺《声临其境》《舞蹈风暴》的"出圈"，都得到了市场和观众的积极反馈，成为"季播"常青树。甚至，一些原本属于互联网青春文化圈层，曾是街头一景的嘻哈文化也登堂入室，声名远扬海外，比如优酷的《这！就是街舞》、爱奇艺的《热血街舞团》等。

《声入人心》《舞蹈风暴》曾招致专业人士的质疑，认为是资本操纵下的消费符号，对专业艺术有害无利。发生在专家和观众间的认知分歧，正如美国电影理论家乔治·布鲁斯东的观点："最电影化的东西和最小说化的东西，除非各自遭到彻底的毁坏，是不可能彼此转换的。"同理，剧场存在的高雅艺术在通向大众娱乐的转换时，这两种艺术形态注定只能在特定的"一点"上有交叉，在被跨领域转化前，彼此处在"相距最远的地方"，而且"像一切供观赏的艺术一样，在一个特定的读者（观众）所能理解的程式范围内，最大限度地利用它们的素材"。[②] 因此，没有解构，就无法建构新的审美和意义。《舞蹈风暴》与《故事里的中国》并列获得第 26 届上海电视节白玉兰奖"最佳电视综艺节目"奖，就是最好的例证。

尼尔森数据对 2020 年卫视综艺 TOP10 的统计显示，10 档节目 10 个类型，季播综艺的市场影响力和品牌竞争力稳定，占据 7 席。依次是：（1）《2020 歌手·当打之年》（2.59%）；（2）《向往的生活》（2.33%）；（3）《声临其境》（2.31%）；（4）《快乐大本营》（2.22%）；（5）《奔跑吧》（2.20%）；（6）《嘿！你在干嘛呢》（2.18%）；（7）《王牌对王牌 2020》（2.05%）；（8）《欢乐喜剧人Ⅵ·云端喜剧王》（2.04%）；（9）《元气满满的哥哥》（1.94%）；（10）《中国好声音》（1.91%）。[③] 除了浙江卫视 3 档综 N 代节目《奔跑吧》《王牌对王牌 2020》《中国好声音》，以及东方卫视 1 档"云录制"的《云端喜剧王》，湖南卫视包揽 6 档节目。

在新媒体语境下，植根本土的选秀节目模式在不断迭代更新。央视首档台网联动的少年成团选秀节目《上线吧！华彩少年》，是一档面向全球的选秀类节目，招募选手的首要条件就是"热爱中华文化，有坚定的文化自信"。为响应国家疫情期间疏导大众焦虑情绪，传播正能量的要求，卫视开始利用在线技术云录制突破时空局限的全新节目模式，如湖南卫视的首档原创分享互动生活创意秀《嘿！你

① 除了《中国诗词大会第五季》，其他收视率破 1% 的 7 档节目是：《经典咏流传 4》（1.495%，CCTV-1）、《挑战不可能 5》（1.270%，CCTV-1）、《故事里的中国第二季》（1.212%，CCTV-1）、《上线吧！华彩少年》（1.157%，CCTV-1），《越战越勇》（1.156%，CCTV-3）、《开门大吉》（1.154%，CCTV-3）和东方卫视的《云端喜剧王》（1.006%）。

② ［美］乔治·布鲁斯东：《从小说到电影》，高骏千译，中国电影出版社 1981 年版，第 69 页。

③ 资料来自《2020 年度综艺专题：电视综艺创新进行时，大小屏互动强化台网融合》，参见公众号 CCData 网联数科，2021 年 1 月 22 日。

在干嘛呢？》和代际互动观察类“新快综”《元气满满的哥哥》。东方卫视的《云端喜剧王》。2020年度还有以战疫抗疫、脱贫攻坚为主题的新综艺，如湖南卫视的《天天云时间》、浙江卫视的《奔跑吧》的公益衍生篇《奔跑吧·黄河篇》《宝藏般的乡村》、东方卫视的《极限挑战宝藏行》等。

真人秀节目在完成了类型化和精致化的两个阶段后，将重心更多地转向发掘“内容创意”的层面，“失控”理念逐渐成为节目制作的常态，它提升了真人秀的趣味性和游戏感。《中国好声音》导演金磊2015年接受《南方周末》采访时曾谈及这一重要理念“一个好的真人秀节目现场必须是失控的”。这种体现不确定性的极致创作既是出人意料的看点，在某种程度上也是真人秀的本质和魅力所在，有助于形成节目独有的“标签性印象”，而考验节目制作人的，是在不可控中稳住节目的正面走向。正是在“可控”的流程中所保持的新鲜感和期待值，才可持续吸引观众，《极限挑战》《王牌对王牌》《中国有嘻哈》等都是这种理念的践行者。已有7年历史，制作了7季的脱口秀《奇葩说》，稳行如昔，相对于“可控”的固定节目模式，谈话类节目“失控”的秘诀在于话题保鲜，时刻紧跟社会热点，输出个性观点。

2020年，把“失控”发挥到极致的典型节目有两档。一档是四川卫视播出的成都交通警示类真人秀节目《谭谈交通》，每集5—10分钟，2005—2018年一直深受本地人喜爱，网络传播使它迅速出圈，甚至得到豆瓣9.5分的高分，贴近大众日常生活的真实、意外、幽默等接地气的“小事”，使节目的生活气息十足，令人捧腹不止，堪称现实版的春晚喜剧小品相声现场。另外一档是芒果TV播出的中国首档逆龄女团选秀节目《乘风破浪的姐姐》，这也是年度真正的现象级网综，成功地将芒果超媒总市值推高到1000亿元以上。相对于节目一反传统整齐划一的“白瘦幼”青春印象这种女团模式，真正令节目“出圈”的是节目中大龄熟女们的敢言敢怒，面对评审组说怼就怼，拒绝令她们不舒服的配合姿态。

法国哲学家米歇尔·福柯曾借用英国法理学家杰里米·边沁“全景敞视监狱”的建筑形象规训机制，在《规训与惩罚：监狱的诞生》中提出“全景监狱”的概念，来解析现代社会权力运作的思路，对互联网崛起后无处不在的“窥视”和“舆情”具有强烈的现实隐喻。波斯特进而升级为“超级全景监狱”，用于阐释媒介时代数据库更为隐蔽的权力运作方式，清晰地展示了个体构建自我的过程原则，是从“主体化”转变为“客体化”并被规训的。正因为《乘风破浪的姐姐》不走套路不服规训，将“失控”发挥到极致，才带来意外体验。成团后的姐姐们的打歌之旅《姐姐的爱乐之程》变得“不好看”，是因为个体完全臣服于节目设定，索然无味。从“失控”走向全面规训的“可控”，是其失利的原因。

三、题材拓展与内容表达的双主流审美创新

全年热度高、口碑好的剧集，分属台网两端的献礼剧、时代报告剧和网络悬疑剧。双平台不约而同地选择了用主流视角讲述类型故事，拓宽现实主义表达视域的路径。新题材、新内容、新视角、新手法、新审美，构成了年度剧集创作的共性，显示了对叙事的积极态度。

《隐秘的角落》《沉默的真相》类型外衣下主流价值的呈现既富商业性又有情怀，温暖和惊悚交织；《大江大河2》对坚定的改革者的描述依然回肠荡气，富有史诗气质；《装台》是陕西地域方言剧，现实主义创作的又一精品；《怪你过分美丽》《平凡的荣耀》对职场和行业的描述更为专业，难得地开始为行业画像；《我是余欢水》《不完美的她》对中年“社畜”人生和“被侮辱与被损害者”的描写，如鲠在喉；《风犬少年的天空》描写了另类、残酷而真实的青春，符合很多人对青春的记忆，提供了青春剧创作新坐标；《二十不惑》《三十而已》换了一种视角聚焦女性话题，以年龄断代描绘女性的痛与爽；《三叉戟》另辟警察题材蹊径，有生活质感，人设新颖，让三个老警察披荆斩棘地中年翻盘“老树发新芽”，给公安剧提供了生活、传奇、励志的新内涵：中年，不只有危机和困境，更有人生感悟和不惑；根据公安部“猎狐行动2014”创作的经侦剧《猎狐》，不只体现了相关金融行业和经侦工作的专业细节，更是跳出“猎狐”写猎狐，反映中国经济变化中复杂的社会关系和人性蜕变，对正反人物的塑造

摆脱了二元性和脸谱化；《鬓边不是海棠红》讲述一代梨园名伶和爱国商人的传奇年代故事，正确地打开了耽改剧影视化改编“政治正确”的方向，糅合了乱世风云、京剧国粹、近代商战、宅门故事、爱国主义、兄弟情谊等年代剧屡试不爽的热点元素。

2020 年度值得一提的是古装言情剧《清平乐》，改编自米兰 Lady 的小说《孤城闭》，与《天盛长歌》《鹤唳华亭》一样，将原著女性视角改成男性。修正了古装剧的“君王形象”，塑造了一位有所畏惧、经常无奈、恪守规制、修身齐家治国皆如履薄冰的皇帝。该剧将历史与言情、治国与友情、帝王与文人做出了格调，所谓“在言情剧中做出最弘大的格局，在历史剧中又拍出最细腻情感”[①]。当然，电视剧对宋仁宗有一定的拔高和美化之嫌，对他与皇后曹丹姝“半生疏离，一世知己”的相守处理得既虐又痛。该剧重现了北宋盛世，宋词、宋画、宋朝服饰、宋代名家和庭院建筑，流露出浓浓的宋风、宋韵、宋味，生动地再现了宋代这个中国历史上文人气质最盛的时代。

（一）“怎么讲”永远比“讲什么”更重要

人一生都在“叙事”也被叙事包围，而“电视是绝妙的叙事媒体”[②]。叙事本身不复杂，但明白叙事的意义，让叙事变得“动听”，打动和感染更多的人，则是极其复杂的事，它能影响人们对自身所处的时代、变迁中的社会、行进的生活和文化流动方向的意义认知。

2020 年是重大现实题材电视剧创作的一次民意大考。“三重”题材的创作，归根到底是解决创作观念和创作手法与时俱进的问题。换言之，“重大现实题材”提倡的是深入火热的现实生活，“重大历史题材”追求的是尊重历史真实和历史逻辑，“重大革命题材”强调的是面对新受众和新语境必须更新创作语态。

《在一起》是首部投拍的“时代报告剧”，全剧 10 个故事，每两集一个独立故事。据中国视听大数据统计显示，该剧播出 10 天，全剧到达率为 15.326%，每集平均综合收视率为 1.045%，连续两周进入当周黄金档电视剧综合收视率前三。《石头开花》是脱贫攻坚题材的时代报告剧，由 10 个单元组成，讲述了 10 位脱贫先锋的真实事迹，每两集讲述一个“难点”，着重表现了 10 个扶贫脱贫难点。用真实的故事再现中国精神和中国力量的源泉，告诉观众“没有哪一个国家能在这么短时间内帮助那么多人脱贫”的意志所在。

从电影《我和我的祖国》到电视剧《在一起》《石头开花》，显示了拼盘结构多角度反映现实生活的优势，印证着时代报告剧以“中国速度”锻造的新制片模式——“中国制造”。在特殊情况下缩短创作周期给重大题材的创作带来启发，文艺创作应该紧跟时代，加快跟生活的短兵相接，更是一种围绕剧作中心制的精英集结的团队合作模式，“内容决定形式，题材形成风格”[③]，记录新时代、反映新风尚、突出新精神，是现实题材创作最重要的一项任务，“新中国”如何新、新在哪里、怎样表达也是创作首要解决的叙事问题。

《大江大河 2》作为续集，依然出色，仍是采用编年体叙事，以及“以小见大，为时代立传，赋予历史温度”的叙事模式，延续第一季内容，以宋运辉、雷东宝、杨巡等人的奋斗历程为主线，充分展现了中国 20 世纪 80 年代末到 90 年代初经济领域的改革、社会生活的嬗变、政治领域的变革，刻画改革实践者们的挣扎、觉醒和变化，塑造了一群时代改革先行者的典型——和光同尘的理想主义者。该剧除了刻画“成大事者”登顶前苦其心志劳其筋骨的磨砺，还增加了家庭关系和婚姻情感形成的考验与掣肘的正反两股力量。对东海化工厂领导班子层怀揣微妙心态各色人等的画像、负债累累的小雷家村办集体经济在县乡两级权力关系更迭中的前途莫测、凭借“挂靠”起家的民营批发市场在经济改革

① 《通篇全“抄”，还被夸，不愧是国剧门脸》，头条号“肉叔电影”，2020 年 4 月 16 日。

② ［美］阿瑟·阿萨·伯格：《通俗文化、媒介和日常生活中的叙事》，姚媛译，南京大学出版社 2006 年版，第 2 页。

③ 仲呈祥：《荧屏上的抗疫群英谱——赞首部抗疫题材电视剧〈最美逆行者〉》，《中国艺术报》2020 年 9 月 16 日。

大潮中遭遇颠簸飘摇的命运，浓缩了改革开放的复杂性和社会嬗变的丰富性，触及改革的阵痛和代价。

《一个都不能少》既直面当下农村存在的矛盾、问题，也让人看到了一个不再贫瘠落后的中国新农村的小康生活图景，将传统文化、革命文化、社会主义先进文化通过三代典型人物的塑造编织进剧情，朴实、亲切、感人；《遍地书香》富有创意地选取了文化扶贫的视角，是国内第一部表现文化脱贫攻坚内容的电视剧，回答了怎样有效扶贫的核心问题，契合中国建设文化大国和全民阅读战略，特别是“送书下乡”已是很多地区文化扶贫措施之一。

献礼剧、时代报告剧这些有着浓郁主旋律色彩的“命题作文”的好看之处在于，生动地记录了奋发向上的国人群像，表现出各阶层人们追求幸福和国家富强的心声，是无数鲜活的人生和创业史，有每个中国人的影子和记忆。

（二）台网剧植根现实题材和类型意识的发力

2020 年，现实题材创作颇丰，悬疑短剧、女性话题、行业题材依然是最受欢迎的类型。讴歌平凡可贵的现实主义创作在 2020 年格外有突破意义，以《装台》《平凡的荣耀》《隐秘而伟大》为代表的剧集，在类型框架下，将职业经历与平凡人生深度绑定，从而超越了单一类型狭窄的形式层面，最大限度地还原了有生活质感的时代和人物。

从表 3 可以发现一个现象：2020 年豆瓣评分 8 分以上的剧集，除了《大江大河 2》《跨过鸭绿江》《战火熔炉》《在一起》是纯电视剧，其他 22 部都是网剧或带有鲜明互联网基因的剧集，内容制作“向网而生”从潮流晋升主流，“长在热搜上”的《沉默的真相》《隐秘的角落》尤其是年度绕不过去的两座山峰，分别改编自紫金陈的小说《长夜难明》和《坏小孩》。

《沉默的真相》的精彩不在于寻找真凶的破案过程，而是还弱者和小人物以公道、还正义以尊严的深刻，主人公以生命为赌注回答了“天理昭昭，长夜难明，为了信念，你愿意付出多大的代价”？该剧全员演技在线，讲述的是纵然长夜难明，依旧信念如初，不惜飞蛾扑火的赤子情怀的故事。剧中，检察官江阳、刑警朱伟、法医陈明章、律师张超、记者张晓倩等 6 个人用死亡下套、引导公检法重新调查冤案，貌似犯罪，实则是不惜声名和身家的破釜沉舟之举。每个角色都怀揣“使命”向死而生，艰难地掀开了“冰山一角”下的黑洞，哪怕身处长夜，仍然相信黎明将至。该剧令人触目惊心的是对诸多社会问题的反映，比如，明星企业卡恩集团背后残暴的恶势力、落后的农村教育、不健全的法治和艰难的维权申冤等。该剧对理想主义者的塑造纯粹、感人，播出后的热度催生了一个新词——“高开炸走”。

《隐秘的角落》讲述的是少年与成人在对抗中不知不觉卷入犯罪并参与其间的故事，由一个勒索杀人犯的计划开始，渐渐掀开人性的潘多拉魔盒，交织着冷酷和温情，正如导演一再强调的，“这是个以爱之名行恶的故事”。通过三个小孩在暑假目睹的一场谋杀，呈现了善恶背后复杂的人性。“突出人物情绪，刻画人性”的叙事风格，彻底拉开了该剧与以往破案为主、感情为辅、诉诸强情节快节奏的刑侦悬疑剧集的距离。《隐秘的角落》对不完整家庭导致的少年犯罪故事只是表象，真正触碰的是成人和少年与恶的距离。好孩子成长中的阴影，好老师生活中的被边缘化，单亲家庭和重组家庭中无法消除的敌视和嫌隙，一念之差下的命运逆转，种种对人性最隐秘角落的呈现惊心动魄，细思极恐。源于“害怕失去”的恐惧和欲望支配着人物关系的细密构建，小心严谨地驱动着情节在貌似失控中生发无限悲凉，对“好”与“坏”的颠覆性思考为以往剧集少见。

《风犬少年的天空》里的少年全然不同于《隐秘的角落》里的少年。看着《海贼王》《龙珠》漫画长大、深受周星驰影响的编剧，醉心讲述的是一群少年跌跌撞撞的成长时光，让他们在短短一年里经历了从少年到成年的心理变化、人情冷暖和世事无常。导演将其定义为“社会派青春片”，全无青春片套路，呈现了偶像光环和残酷成长交织的另类青春，一种“丢人现眼，蠢事做尽，生离死别”的青春，杂糅了港式无厘头喜剧和川渝味道的影子。

《装台》改编自陈彦同名小说，文学基础扎实，是一部为普通劳动者立传，讴歌平凡的作品。剧本改编打磨长达四年，没有强烈的戏剧冲突，以蕴含大量荒诞的黑色幽默的元素，以及隐喻和象征的手法，塑造了一群再苦再累也“不跟生活认怂”的、顽强生活在底层的职业人群像，被视为“2020年离生活最近的都市剧”。剧中，“人就是你给我装台，我给你装台”的台词点中了相互帮扶、相互取暖的主题，这是中国人朴素的人生哲学。片头曲中“生活虐我千遍万遍，我待它如同初恋”的乐观精神，让人想起久违的《贫嘴张大民的幸福生活》《空镜子》《浪漫的事》等散发着浓郁人文色彩，张扬平民意识、底层生活的都市剧。

《隐秘而伟大》是一部现实主义风格的年代戏，讲述了一个旧时代的新人警察顾耀东如何在乱世中抉择与坚守，最终成就了一个平凡人的伟大事业的故事。《席勒诗集》里的一句话“人要忠于自己年轻时的梦想”，激励了这个当警察只为匡扶正义保护百姓的善良男孩矢志不渝地前行。该剧风格沉稳，没有强情节快节奏，也没有民国剧中花里胡哨的都市场景和传奇疯癫，诚意十足地还原复现了民国时期的众生百态和充满烟火气的市井生活。网友评价“乍看像年代剧，看后像职场剧，还有着谍战的剧情主线”，类型元素的杂糅了无痕迹。

以上剧集无不是将“人生”置于极致情境下的价值观考验，是关于成长、信念和选择的故事，但却呈现了与“歌剧”截然不同的人生况味、静水流深，如果将爽剧的火爆归咎于社会的麦当劳化，那么，真诚的现实主义创作将会净化心灵，激浊扬清。

（三）不一样的“女性表述”和男性依然危机的中年

“她经济”盛行，2020年是女性题材崛起的一年，电视剧和综艺都围绕女性展开多角度的话题挖掘。从综艺《乘风破浪的姐姐》，到《二十不惑》《三十而已》《他其实没有那么爱你》《下一站是幸福》《谁说我结不了婚》《了不起的女孩》《爱的厘米》《流金岁月》等电视剧，几乎全方位地关注女性生存焦虑的各种现实话题。《不完美的她》改编自日剧《母亲》，超越了原生家庭议题，将目光投向对家暴幸存女性的关照。其他像《摩天大楼》对“被剩下的女性”的关心，《三十而已》《怪你过分美丽》《流金岁月》中彼此守护抚慰的闺密，展现了不一样的“女性表述”。

《三十而已》和《隐秘的角落》是2020年真正称得上爆款的两部剧集。从开播到收官拿下200余个热搜，横扫腾讯视频、猫眼、豆瓣等多个平台榜单，网络热度远远高于卫视。该剧颠覆了以往同类题材“全职太太＝家庭主妇”的人设，截然不同于《我的前半生》中罗子君带来的价值观争议，是围绕特殊人设展开的“离地半尺的传奇”或“离地半尺的人间现实”的叙事。对社会话题的提炼和表现，并非处在客观而间离地观察两性的立场上，绝不套路也不功利地逢迎热点，展现矛盾冲突后总能迅速提供富有“爽点”的解决方案，有人界定为“粉红色现实主义”，有人欣赏其毫不琐碎的叙事格局。女主角顾佳集合了世俗眼中“完美女性”的所有想象——特立独行，双商在线，能文能武，生活事业平衡得当，母亲妻子身份转换游刃有余，是“十项全能”的完美人妻，视野开阔的全职太太，站在成功丈夫背后的伟大女性，上得厅堂下得厨房的独立女性。顾佳频上热搜，甚至诞生了年度新词“顾学”。其实，该剧打造的完美不过是骗局，女性形象完美与否既不重要也不必要，整部剧的核心在“而已”，旨在传递“不低头、不妥协”的人生态度。

人设叙事是年度创作的一个特点，《我是余欢水》集大成了“社畜人生”“中年社畜”“窝囊男人”的窘况，《三叉戟》和《如果岁月可回头》都是三个男人一台戏。《我是余欢水》改编自余耕的小说《如果没有明天》，是网剧创作中有先锋意义的短剧，也是以往罕见的有突破性的男性现实题材，借鉴了许多中外电影中“误诊后重生”这一建立在“假定性叙事”类型上的老梗。在余欢水经历了一系列从云端坠入地狱的人生突变、下沉、反转后，现实的荒诞莫测跃然荧屏，灵魂再现了“人人皆笑余欢水，人人皆是余欢水”的生活真谛。不同年龄观众可以对号入座，看到生活不易的各个侧面，年轻受众看到的是无法掌控人生的无奈，还有人性的飘摇和人际关系的复杂；中年人感同身受“中年危机”的落魄无助四面楚歌。这似乎也折射了独立女性光环下卑微男性逼仄的生存空间，以及新时代强势的“女权话语”。该剧对所谓成功的反讽和“重走人生路”的想象贴地，完全不同于《如果岁月可回头》

中三个中年男人为颠覆过去而近乎“胡闹”的“放飞”和“作”，过犹不及，反而造成深刻立意的轻浮表象，痛并爽的叙事风格正在成为现实题材脚踏两只船的新路径。相比之下，《我是余欢水》更能让人感受生活的不易。

（四）中国行业剧创作的本土视角和高级的“戏剧性”

年度热播的职场剧大多为原创故事，如《精英律师》《决胜法庭》《完美关系》《怪你过分美丽》等。也有 IP 改编作品，如《安家》改编自日剧《卖房子的女人》，《平凡的荣耀》改编自韩剧《未生》。不少剧目打通了泛类型化叙事，严格地说是有鲜明职场环境的生活剧。《精英律师》《安家》《完美关系》并非纯行业剧，在行业写实上照例陷入被吐槽、挑错、质疑的境地，呈现了热播、热议和口碑逆向的关系。这三部剧都是靠价值观和人物关系驱动叙事的模式，带有爽剧意味，主人公跳脱凡人常态，不乏精英身份和传奇经历，偶像、甜宠、虐爽等元素稀释了职场和行业的本质。但在“戏剧真实性”上与现实不违和，反映了大量硬核社会信息，触碰了人性善恶、陈规陋俗、社会偏见、网络暴力等并不浅层的各种现实问题，内容并不悬浮，也不缺少生活细节和情怀，是折射社会焦虑和现代困境的窗口，作品抓取真实后放大夸张的表演、表达和视觉呈现，并不能遮掩其生活肌理和真诚情感的投射。

《安家》对房子和家的关系的思考富有新意。静宜门店的店名“安家天下”，和 7 个店员如同“一家人”的日常相处，都指向了汉文化推崇的“家”的意向，这种家的隐喻正是中华民族“集体主义精神”的精髓。在“何处为家”的心灵困惑中漂泊的房似锦，终于在陌生人间找到家的感觉，并获得爱情。爱、温暖、治愈是这家门店对他们的每一位客户提供服务的宗旨，“安家天下”的意义也串联起了小家—大家—国家的意向——“家”是每个人栖息的港湾，“国”是无数家汇聚而成的天下和谐。从《安居》《蜗居》到《安家》，房子的买和租是观念的变化，也是物质空间价值转移到精神慰藉后的情感投射，房子回归了“家”和“幸福”的本质，表面是“卖房子”，实则是通过卖房背后的一个个故事，折射时代变迁和多元价值碰撞。陷入“黑红口碑”的《完美关系》对丈夫出轨、年下恋、职场压力、码农生态、“me too”（反性骚扰运动）、贫富分化、原生家庭的反映，直戳当下社会情绪的痛点。《精英律师》关于信仰法律还是擅长技巧的诘问，对法律的公平正义与证据、合同有效性孰重孰轻的思考，程序正义 / 职业精神与结果正义 / 终极正义的碰撞等话题都很尖锐。在新媒体语境下的舆论环境喧哗嘈杂、价值多元、标准变迁，并非所有的看客都能静心沉思，透过现象看到本质。

《怪你过分美丽》被称作“娱乐圈入行指南”“娱乐圈的《纸牌屋》”，首次全景记录了资本横行泡沫丛生时期娱乐圈的怪现状，讲述经纪人、明星、粉丝之间微妙的共生关系，以及相互成全与覆灭的故事。《平凡的荣耀》是一部不谈恋爱、直面现实、透视职场本质的“老老实实的真职场剧”。导演拍出了职场细节及各个层级人物真实的心理状态和流动的情绪起伏，却完全感受不到人为的“对手”和戏剧化的“商战”痕迹。该剧对现实议题的探讨比较真诚，包括诸如实习生转正的曲折、学历和能力的冲突、职场派系之争和站队、创始人的梦想和公司利益权衡、人到中年的晋升天花板、恋爱和养家的困境、中年女性面对家庭和工作的顾此失彼，职场女性歧视等。

优秀行业剧的叙事重心是表现行业精神、生存规则、职场生态、价值选择，强化职场真实感，展现角色的生活化细节和心理状态，绝不会以“爽”替代职场竞争的残酷与压力。凡是高级的蕴含生活哲理的“戏剧性”，一定是现实主义的。

中国行业剧创作一直呼吁强化行业细节真实，言必称美、日、韩剧。从中国悠久历史的黏附性及建立其上的国情、体制、文化的差异考量，效仿美剧的行业叙事并非我们这个注重人伦亲情、传统文化、熟人社会的民族的审美惯性，固然要求新图变，但不应只是为行业背书。

四、年度问题与现象思考

2020 年中国电视艺术在创作、生产、收视上的良好面和成绩值得肯定。同时，也应该清醒地认识到其中的特殊性和偶然性，正视制约行业发展的深层次问题。比如，恶意竞争、收视造假、粉圈控评、精品剧集供给的周期性短板、类型不均衡、内容创作模式化等。

在当下及未来几年密集献礼的赛道中，跟风创作“搭顺风车”的隐忧不得不防。“重大题材”未必对标“思想精深”，“政治正确”不意味着“艺术精湛”，“有意义”不一定能“有意思”。献礼创作扎堆面临新积压剧的风险，毕竟，产能过剩是中国电视剧至今没有彻底根除的痼疾。任何一种题材的创作引导，都应该未雨绸缪地控制数量、提升质量，谨防以往“一放就乱”的过犹不及，“一管就死”的市场沉寂等恶性循环症候，防止重大现实题材在市场机制、创作模式、生产制作、产能平衡等方面衍生新的困境和审美疲劳。

广电总局针对纪念抗战胜利 75 周年电视剧播出下发的通知中，明令相关播出机构“不得播出违背常识常理、随意戏说解读历史、过度娱乐化的抗战题材电视剧”①。但 2020 年度仍有“雷剧”，湖南卫视和多个视频网站于 11 月 3 日同步播出的《雷霆战将》，13 天后被紧急叫停，豆瓣评分 2.7 说明了观众的态度。可见，从资方、主创、平台到行政管理、播前审查存在的问题和漏洞，是一种缺乏常识和底线的功利操作。

12 月 21 日开始，先后有 156 名编剧、导演、制片人、作家联名签署公开信，谴责有抄袭劣迹者上综艺进行话题炒作追逐收视率的行为，呼吁行业和社会“严厉打击和惩处有抄袭剽窃违法行为的编剧、导演，媒体平台应弘扬时代正气，多宣传德艺双馨的艺术家，主动拒绝这些有劣迹且不加悔改的创作人，不给抄袭剽窃者提供舞台，将他们从公众媒体中驱逐出去”。12 月 31 日，郭敬明和于正先后发微博长文向被抄袭者道歉，郭敬明承诺将抄袭小说的全部收益用于赔偿或捐献并接受公众监督，于正宣布离开《我就是演员 3》。之后，于正此前参与录制的《我就是演员 3》视频下架重剪，1 月 4 日《晴雅集》撤出院线。此举与官方以往对待“劣迹艺人”的态度一致，初衷是惩治行业不良现象，让行业越来越规范、健康。

吊诡的是，郭敬明因小说《梦里花落知多少》，于正因电视剧《宫锁连城》的抄袭行为，被法院判决已分别是距今 15 年前和 6 年前的事情了，二人此前并未向庄羽和琼瑶道歉。一向以传播正能量和健康价值观立身的官方、媒体为何也能熟视无睹地任其逍遥多年？非要等不得已的“逼宫”行为出现，才肯被动地跟进处理？低头、洗白、下架、下线变得像是权宜之计，道歉毫无意义，形式大于内容。这种不正常的现象背后折射的是不容乐观的现状：资本依然强势，行业浮躁之气不减，一些平台还在唯收视率、唯点击量地盲目追捧恶意炒作，官方对“劣迹艺人”准确的划定范围和惩治措施能否再透明些？近年来，影视界的抄袭事件不绝于耳，已成公害，屡禁不止、判而不行，制止抄袭到底难在什么地方？如果行业不就此立法，制定明确的行业标准，对行业“劣迹行为”一视同仁不仅仅限于“艺人”，那么，“郭于现象”不会是最后一次，“尊重原创”形同空话，不利于行业净化，也不是一个本应该遵守并传播健康价值观的行业应有的底线和立场。

结　语

2020 年的中国电视荧屏形象地呈现了中国人站起来、富起来、强起来的坚实足迹，不仅赢得各年龄层观众的击掌点赞，增强了民族凝聚力，还显示了可贵的“话语自信”。以自信的中国话语呈现“中国故事”，讲述一个民族、政党和国家的光荣与梦想，剔除外媒“滤镜”和西方故事话语体系带来的“影响的焦虑”，是摆在电视工作者面前的使命。

在开启下一个百年的时刻，从中华民族更为宏观的维度思考，相对于中国在世界上创造的经济奇迹、中国共产党 40 年间带领 7 亿多贫困人口告别绝对贫困缔造人类减贫史上奇迹的壮举、人均国民收入超 1 万美元和中国正在跨越中等收入阶段等一系列令人振奋的成果，我们文化产业的发展相伴中国社会全面建成小康社会之际尤其不能忽略一个严峻事实：物质中产不等于文化中产！文化产业从数量

① 参见国家广播电视总局官网。

增长向质量增长转型，意味着不仅要更加重视标准、原创和格调，还要在人民群众日益增长的文化消费能力和需求的大环境下，全面提升国民的艺术品位和人文素质，培养崇尚“仰望星空”的群体基数。如此文化产业的战略目标，无疑更具备一种事业内在的精神指标，足以匹配一个“文明型国家”的崛起。

目前，在所有的大众媒介中，电视仍然是凝聚、提升全民道德水平和文化素养的最有力的介质，理应发挥电视节目在传达思想、教化社会、达成共识、结成民族共同体方面的巨大作用。2021 年的电视荧屏上仍会延续书写中国共产党、中国人“光荣与梦想”的主旋律。

许婧　中国艺术研究院电影电视艺术研究所研究员

2020年中国广播电视产业发展状况综述

◎ 李岚

一、广播电视产业持续增长，呈现新亮点新突破

2020年全国广播电视行业总收入9214.60亿元，同比增长13.66%。其中，广播电视和网络视听业务实际创收收入7711.76亿元，同比增长13.96%；财政补助收入968.33亿元，同比增长20.74%；其他收入534.51亿元，同比下降0.76%。

（一）广播电视产业结构不断优化保持收入增长

传统广播电视广告收入下降，新媒体广告收入增长。全国广告收入1940.06亿元，同比下降6.52%。其中，传统广播电视广告收入789.58亿元，同比下降20.95%；广播电视和网络视听机构通过互联网取得的新媒体广告收入889.96亿元，同比增长7.38%；广播电视和网络视听机构通过楼宇广告、户外广告等取得的其他广告收入260.52亿元，同比增长5.19%。

有线电视网络业务收入略有增长，收视维护费等传统业务收入降幅较大。有线电视网络收入756.98亿元，同比增长0.48%。其中，收视维护费、付费数字电视、落地费等传统有线电视网络业务收入520.61亿元，同比下降18.30%。

广播电视节目销售收入和其他创收收入总体下降。广播电视节目销售收入411.82亿元，同比下降17.25%；电视购物频道收入135.47亿元，同比下降35.63%；技术服务、演出等其他创收收入1192.33亿元，同比下降8.86%；付费数字电视内容与播控收入14.02亿元；节目制作相关服务收入110.23亿元。

持证及备案机构网络视听收入持续快速增长。573家持证及70家备案机构网络视听收入2943.93亿元，同比增长69.37%。其中，用户付费、节目版权等服务收入大幅增长，达830.80亿元，同比增长36.36%；短视频、电商直播等其他收入增长迅猛，达2113.13亿元，同比增长87.18%。

广播电视机构智慧广电及融合业务收入显著增加。广播电视机构大力推进智慧广电建设，推进媒体深度融合，有效整合优质资源、生产要素，向互联网主阵地聚合、向移动端倾斜，广播电视机构智慧广电及融合业务收入显著增加。在实际创收收入中，广播电视机构智慧广电及融合业务收入893.78亿元，同比增长38.14%，主要收入构成包括：广播电视机构新媒体广告收入204.96亿元，同比增长5.48%；有线电视网络宽带、集团客户等增值业务收入236.37亿元，同比增长12.67%；IPTV平台分成收入135.82亿元，同比增长12.03%；OTT集成服务业务收入71.10亿元，同比增长13.71%；广播电视机构网络视听收入245.53亿元，同比增长60.67%。

（二）广播电视服务能力和水平不断提高

持续推进广播电视重点惠民工程，广播电视节目综合人口覆盖率稳步提升。截至2020年年底，全国广播节目综合人口覆盖率99.38%，电视节目综合人口覆盖率99.59%，分别比2019年提高了0.25和0.20个百分点。农村广播节目综合人口覆盖率99.17%，农村电视节目综合人口覆盖率99.45%，分别比2019年提高了0.33和0.26个百分点。农村有线广播电视实际用户数0.71亿，在有线网络未通达的农村地区直播卫星用户1.47亿，同比增长2.80%，农村广播电视网络基础设施持续改善。

深化广播电视与新一代信息技术融合创新，数字内容生产、高新视频发展、广电5G建设等加快转型升级。全国高清电视频道750个，4K超高清电视频道6个，新闻资讯类、专题服务类、综艺益智

类电视节目高清、超高清制作比例分别达到49.6%、35.2%和45.2%。全国有线电视网络整合与广电5G建设一体化加快发展，全国有线电视实际用户数2.07亿，高清和超高清用户突破1亿，智能终端用户2985万，同比增长25.16%。有线电视双向数字实际用户数9551万，同比增长37.58%，高清、超高清视频点播用户3638万，占点播用户的比例达到93.5%。全国交互式网络电视（IPTV）用户超过3亿，互联网电视（OTT）用户9.55亿，互联网视频年度付费用户6.9亿，互联网音频年度付费用户1.1亿，短视频上传用户超过5亿；平均每个网民每天观看互联网视频节目（含短视频）约100分钟，收听互联网音频节目约20分钟。

（三）广播电视节目制作播出时间稳步增长

2020年全国制作广播节目时间821.04万小时，同比增长2.39%；播出时间1580.72万小时，同比增长1.76%。制作电视节目时间328.24万小时，同比下降5.02%；播出时间1988.31万小时，同比增长1.91%。

新闻资讯类广播电视节目制作播出时间稳中有升。2020年全国制作新闻资讯类广播节目时间145.27万小时，同比增长2.39%；播出时间313.55万小时，同比增长3.77%。制作新闻资讯类电视节目时间109.75万小时，同比增长1.05%；播出时间285.55万小时，同比增长2.08%。开辟“辉煌‘十三五’跨步新征程”等专栏，推出《思想的田野》（第二季、第三季）、《而立浦东再出发》等理论节目和系列报道，大力营造奋进新征程的浓厚氛围。

2020年全国制作专题服务类广播节目时间224.18万小时，同比增长2.84%，播出时间333.90万小时，与2019年基本持平；制作专题服务类电视节目时间89.98万小时，同比增长3.39%，播出时间262.00万小时，同比增长2.26%。开设“众志成城　共同战疫”专栏专区，涌现出《逆行者》《在武汉》等优秀节目和作品。播出广播公益广告节目时间54.99万小时，同比增长42.76%，占播出广播广告节目时间的38.89%，比2019年提高了10.25个百分点；播出电视公益广告节目时间98.47万小时，同比增长42.65%，占播出电视广告节目时间的43.77%，比2019年提高了11.20%，推出了《口罩的一切》《因为你改变了我》等公益广告，有力服务了疫情防控等工作。

聚焦脱贫攻坚，农村节目制作播出时间持续增加。2020年全国制作农村广播节目时间139.00万小时，同比增长8.02%，占制作广播节目时间的16.93%；播出时间459.26万小时，同比增长1.69%，占播出公共广播节目时间的29.05%。制作农村电视节目时间71.38万小时，同比增长5.59%，占制作电视节目时间的21.75%；播出时间452.02万小时，同比增长6.40%，占播出公共电视节目时间的22.73%。涌现出《脱贫大决战》《我们在行动》《青春在大地》等脱贫攻坚节目，热情讴歌脱贫攻坚的伟大实践、伟大成就。

（四）新时代精品内容创作生产持续繁荣

抗击疫情、决胜全面小康主题创作浓墨重彩。受疫情影响，2020年全国制作发行电视剧202部、7476集，制作发行部数同比下降20.47%，制作影视剧类电视节目时间9.54万小时，同比下降20.70%。全国播出电视剧21.27万部，播出影视剧类电视节目时间873.12万小时，同比增长2.91%。各类题材创作百花齐放，组织推出《在一起》《石头花开》《大江大河2》等精品剧目。

扎实推进“记录新时代”纪录片创作传播工程，用镜头和话筒记录新时代的故事。2020年全国制作纪录片8.70万小时，同比增长2.96%，播出时间62.10万小时，同比增长23.73%。推出了《为了和平》《不朽的丰碑》《英雄》《花开中国》等优秀纪录片。

持续推进中国经典民间故事动漫创作等国产动画系列重点工程，传承弘扬中华优秀传统文化。全国制作发行电视动画片374部、11.67万分钟，制作时间同比增长23.23%，播出电视动画片时间44.61万小时，同比增长11.89%。播出少儿广播节目时间28.75万小时，同比增长7.92%，播出少儿电视节目时间63.12万小时，同比增长9.95%。涌现了《动物合唱团》《石山石猴石娃子》《熊猫和卢塔》《梦娃第二季》等优秀动画片。

加强网络视听节目精品创作，网络视听节目和短视频快速发展。2020年全国互联网音视频节目增量2.2亿小时，其中获得上线备案号重点网络电影745部、网络剧211部、网络动画片112部、网络纪录片25部、网络综艺251部。推出《毛驴上树2：倔驴搬家》《中国飞侠》等网络视听作品，丰富人民群众精神文化生活。

推进广播电视节目创新创优，制作播出正能量、高品质、有文化的原创节目。2020年全国制作综艺益智类广播节目时间197.78万小时，同比下降0.87%，播出时间364.24万小时，同比下降3.07%；制作综艺益智类电视节目时间34.19万小时，同比下降14.48%，播出时间115.92万小时，同比下降11.17%；全国制作广播剧类节目时间21.86万小时，同比下降2.45%，播出时间97.44万小时，同比下降2.77%。推出《还有诗和远方》《似是故人来》等文艺节目。

（五）视听产业集群发挥集聚辐射效应

入驻广电视听产业基地（园区）的企业各项经济指标良好。截至2020年年底，广电总局批复成立的广电视听产业基地（园区）共27个，规划建筑面积达3.84亿平方米，入驻广电视听各类企业6246家，实际投资额319.55亿元，就业人数超17万，营业收入881.53亿元，营业利润87.13亿元，应缴税金42.26亿元。

广电视听产业基地（园区）建设带动相关行业发展作用明显。广电视听产业基地（园区）吸引上下游等其他相关企业入驻超过8000家、就业人数超过10万人，带动实际投资额超过350亿元，营业收入超过1200亿元，应缴税金超过160亿元。广电视听产业基地（园区）的建设发展对于推进数字经济等战略性新兴产业、培育数字经济新业态、拉动就业和经济增长起到了积极的促进作用。

（六）高素质专业化干部人才队伍建设加强

截至2020年年底，全国开展广播电视和网络视听业务的机构约4.8万家。其中，广播电台、电视台、广播电视台等播出机构2543家，持证及备案网络视听机构643家，近千家县级融媒体中心取得《信息网络传播视听节目许可证》，从事广播电视节目制作经营机构约3.7万家。

全国广播电视从业人员101.10万人，同比增长1.67%。其中，女职工42.58万，占比42.12%。从岗位上看，管理人员17.15万人，专业技术人员52.40万人（含播音员、主持人3.00万人，编辑、记者17.57万人，艺术人员3.16万人，工程技术人员14.96万人），其他人员31.55万人，专业技术人员占比51.82%。从学历上看，研究生及以上学历6.20万人，本科及大专学历78.86万人，高中及以下学历16.04万人，大专及以上学历人员占比84.13%。从年龄上看，35岁以下人员44.65万人，36岁至50岁人员43.48万人，51岁及以上人员12.97万人，35岁以下人员占比44.16%。高学历、年轻化的人才队伍成为支撑广播电视高质量发展的重要保障。

二、广播电视产业服务大局，加快向大视听产业转型

2020年，全国广播电视行业积极应对传媒变革带来的挑战，积极应对新冠肺炎疫情，转变发展方式、优化产业结构、转换增长动力，较好地实现了广电“十三五”规划目标，为广电“十四五”发展，服务全面建设社会主义现代化国家新征程奠定了坚实的基础，逐步向大视听全产业链市场发展格局转型升级。

面临复杂严峻的国际国内形势，2020年中国经济运行逐季改善、逐步恢复常态，在全球主要经济体中唯一实现GDP正增长，2020年全国广播电视和网络视听业务实际创收收入同比增长13.96%，继续保持两位数增长，是GDP增速2.3%的6倍，实属难能可贵。这“含金量”较高的增速，既是广播电视行业结构调整稳步推进、高质量发展的结果，也是广播电视新产业新业态新产品加快孕育并迅速发展的产物。

（一）调结构，转方式，广电行业向高质量发展转型

随着中国经济已由高速增长阶段转向高质量发展阶段，广电行业一方面加快体制机制改革，更好

地发挥市场在文化资源配置中的积极作用，利用市场机制优化资源要素的流向和配置；另一方面更好地发挥政策杠杆作用，坚定不移地调结构、转方式，既降低传统产业落后产能，又加大对符合结构调整和转型升级方向重点领域的支持力度，产业结构加速优化，更趋协调。

一是广播电视节目供给侧结构性改革成效显著，节目供给能力和水平进一步提高。通过加强政策扶持调控，不断引导节目制作方向，准确把握受众需求，主动对接人民日益增长的美好生活需要，促进节目结构优化，提供精准化垂直化内容与服务。2020 年全国播出广播、电视公益广告节目时间分别同比增长 42.76%、42.65%；2020 年全国制作农村广播、电视节目时间分别同比增长 8.02%、5.59%，全国播出农村广播、电视节目时间分别同比增长 1.69%、6.40%，广播电视公共服务能力进一步提升。2020 年全国制作、播出纪录片分别同比增长 2.96%、23.73%；2020 年全国制作、播出电视动画片时间分别同比增长 23.23%、11.89%，播出少儿广播、电视节目时间分别同比增长 7.92%、9.95%，记录新时代、涵育下一代的文化传承不断加强。与之相对应，制作综艺益智类电视节目同比下降 14.48%。以往节目生产结构不平衡、不协调的状况得到明显改善。

二是广播电视传统业务收入继续下降，新兴业务收入持续增长，展现出旺盛生命力。广电行业高质量发展的要义，就是要在广电传统动力减弱的背景下重新培植事业产业发展新动力新优势，将传统要素驱动力转变为创新驱动力。2020 年传统广播电视广告收入同比下降 20.95%，而广播电视和网络视听机构通过互联网取得的新媒体广告收入同比增长 7.38%，广播电视机构新媒体广告收入同比增长 5.48%。广告经营在调整中创新发展。2020 年有线电视网络收视维护费、付费数字电视、落地费等传统有线电视网络业务收入同比下降 18.30%，而新兴业务有线电视网络宽带、集团客户等增值业务收入同比增长 12.67%。有线网络运营实现“有线网络 +”，逐步形成更具价值更有活力的新型业务系统。广电产业迎来实现新跨越的关键时期，广电媒体进入重塑产业支撑的新阶段。

（二）育新机，开新局，广电产业向大视听产业升级

新一轮信息技术革命推动的媒体格局、传播方式、产业生态深刻变化，也催生了视听领域的新应用新业态，不断推动广电产业迭代升级。在 5G、人工智能、大数据中心、云计算、物联网、区块链等“新基建”的加持赋能之下，广电正在以“网络视听 +”为中心建构大视听产业生态圈，打造全新的生态产业链。国家广播电视总局印发的《关于推动广播电视和网络视听产业高质量发展的意见》提出，到 2025 年广播电视和网络视听产业结构和布局更加优化，形成新时代大视听全产业链市场发展格局，这一战略目标也已被纳入国家战略性新兴产业投资领域。当前，广播电视和网络视听融合发展的大视听已成为最具活力的消费领域，用户覆盖率逐年提升，服务收入大幅增加，大视听产业大有可为。

其一，广播电视不断深化与新一代信息技术融合创新，加快数字内容生产、高新视频发展、广电 5G 建设、智慧广电建设，促进行业转型升级。以智能化新技术为支撑的产品创新和“广电 + 政务服务商务”型的服务创新成为广电产业创收的重要源泉。2020 年广播电视机构智慧广电及融合业务收入已占到实际创收收入的一成以上。

其二，广电行业抓住新经济新基建机遇，以新业态打造新引擎，以新模式形成新动力，提升拓展广播电视和网络视听服务，拉动消费、扩大内需。当疫情给国内经济带来较大冲击时，各类线上业务成为拉动广电产业增长的重要力量。2020 年持证及备案机构网络视听收入在实际创收收入占比已近四成，70% 以上的贡献来自增长迅猛的短视频、电商直播等其他收入。

其三，广电视听产业基地（园区）建设带动相关行业发展作用明显，对于推进数字经济等战略性新兴产业、培育数字经济新业态、拉动就业和经济增长起到了积极的促进作用。这些产业园区正在打造集广播电视和网络视听节目采集制作播出分发、智能网络传输、智能终端接收、提供高新视听节目和融合服务的全产业链，贯通内容生产传播价值链和电子信息设备产业链，形成现实生产力，为广电高质量创新性发展提供持续动能。

习近平总书记在马栏山视频文创产业园考察时指出，文化产业是一个朝阳产业。随着广电 5G 网络和智慧广电建设不断取得重要成果，广电将进一步聚焦重点产业领域，着力扬优势、补短板、强弱项，加快适应、引领、创造新需求，推动重点产业领域形成规模效应，优化产业结构和布局，形成新时代大视听全产业链市场发展格局，以高质量发展的广播电视和网络视听拉动文化信息和电子设备消费，成为繁荣文化产业、发展数字经济、扩大内需的强力引擎，不断提升人民群众精神文化生活和信息消费的获得感、幸福感，更好地建好守好意识形态阵地，更好地服务党和国家工作大局。

李岚　国家广播电视总局发展研究中心研究员

2020 年中国电视动画发展研究综述

◎ 裴旖旎

2020 年是中国全面建成小康社会、全面打赢脱贫攻坚战的决胜之年，是完成“十三五”规划、实现民族复兴征程上第一个百年奋斗目标的不凡之年。同时，这一时间节点也是中国抗击新冠肺炎疫情取得关键性胜利的特殊一年。在突如其来的疫情面前，全国上下齐力一心，各行业各领域的建设和发展仍保持了正常有序的运行态势，甚至在疫情大考面前克服困难、砥砺奋进，迸发出更顽强的生机和活力。

在文化领域方面，根据智研咨询发布的《2021—2028 年中国文化产业行业发展规划建议及未来发展潜力报告》数据显示，在全面深化文化体制改革、不断提升文化消费需求的背景下，2020 年中国文化产业继续保持平稳较快发展，文化及相关产业企业营业收入为 98514 亿元，同比增长 13.7%①，总体显示出产业较快增长与结构持续优化、融合发展态势更广更深、新技术赋能文化产业进阶、文化新业态发展势头强劲、文化消费市场持续扩大、文化产业成为拉动就业主力军等特点。

作为文化产业领域的一个重要分支，2020 年国产电视动画在内容创作层面仍坚持以习近平新时代中国特色社会主义思想为指导，坚持以人民为中心的工作导向，坚定文化自信，弘扬中国优秀传统文化，贴近青少年儿童，紧紧围绕时代主题和人民群众需要，深耕原创、打造精品、寻求突破，创作播出了一大批优秀作品；在产业发展层面，国产电视动画行业克服新冠肺炎疫情影响，发行量逆势上扬，全年共计制作发行 374 部、116687.5 分钟，同比 2019 年增长了 23%，② 收视情况进一步向好，经典作品口碑和受众黏性仍保持高点，原创新作品精准对标受众群体，传统媒体与新媒体播放平台互为补充，多行业跨界投资动漫行业趋势明显，人才队伍建设和国际传播能力进一步提升，全行业呈现高质量创新性发展的良好态势。（见表 1）

表 1　2018—2020 年全国电视动画备案和制作发行一览

年份	备案（部）	制作发行（部）
2018	439	241
2019	472	305
2020	571	374

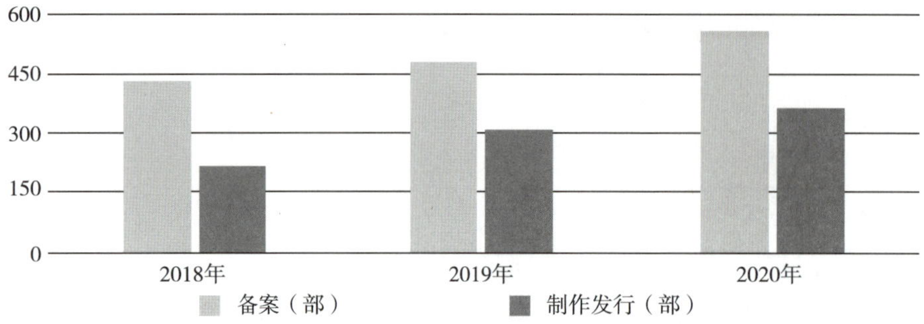

① 资料来源于智研咨询《2021—2028 年中国文化产业行业发展规划建议及未来发展潜力报告》，https://www.chyxx.com/research/202010/898864.html#catalogue。

② 数据根据国家广播电视总局网站（http://www.sapprft.gov.cn/）信息整理。

一、全国电视动画生产总量持续增加，作品质量不断提升

2020 年，国产电视动画备案作品总数量达到 571 部，共计 19494 集，总时长达 175423.6 分钟。相较于 2019 年的备案数量增加了 99 部。据广电总局网站数据显示，2020 年电视动画 12 个月中备案的童话题材、教育题材、科幻题材、现实题材、历史题材、神话题材和其他题材备案数分别为 207 部、184 部、59 部、39 部、19 部、6 部和 57 部。其中，童话和教育题材两类共计 391 部，占比超过了 68%。（见表 2）

表 2　2020 年 12 个月电视动画题材分布

单位：部

月份	童话	教育	科幻	现实	历史	神话	其他
1月	19	13	3	2	1	1	3
2月	14	13	9	3	4	1	4
3月	19	13	6	6	2	0	4
4月	15	19	1	3	3	0	4
5月	21	16	7	2	0	0	2
6月	18	18	5	3	1	2	6
7月	31	25	5	6	4	1	9
8月	15	27	7	5	1	0	4
9月	17	11	2	4	0	0	6
10月	17	7	6	1	1	0	8
11月	13	10	2	2	1	0	3
12月	8	12	6	2	1	1	4

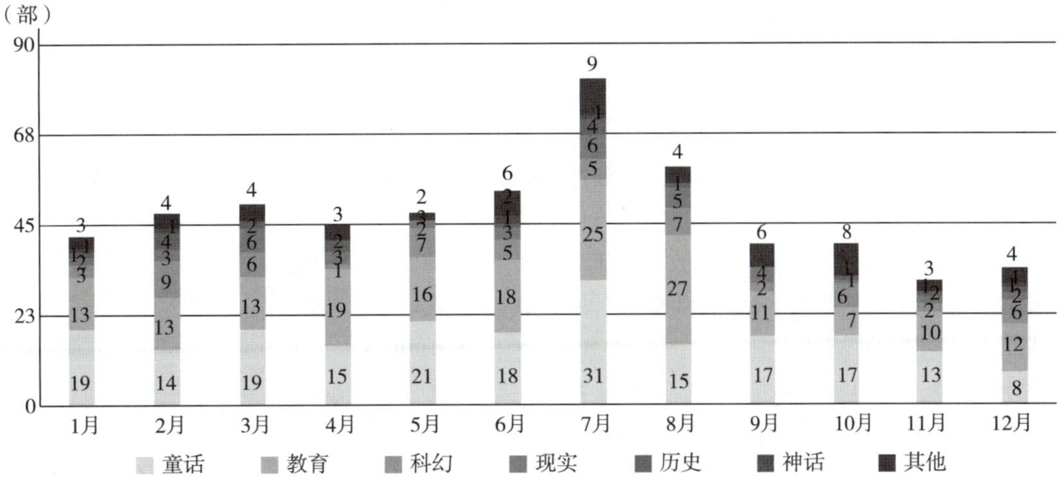

（一）童话及教育题材仍占据创作主体，电视动画受众亟待细分和扩展

从 2020 年备案题材占比数据中可以看出，主要面向儿童的童话和教育类低幼题材仍然占据国产电视动画创作的主体地位，并始终保持稳定增长。这样的构成比例有以下五个原因。第一，电视动画的受众群体主要为青少年儿童，数量稳定并逐年增加。随着二胎政策的放开和鼓励，近年来国内生育浪潮又迎来一个小高峰。适龄学前儿童和已成为固定受众群体的青少年基数逐年增加。同时，传播渠道的多样化，播放媒介的普及化也为各城镇乡村及相对偏远地区的受众群体提供了更多选择，为更多适龄儿童及青少年收看或点播实时更新的国产电视动画创造了硬件上的便利，因此需求决定了创作的主体方向仍集中于童话及教育题材。第二，低幼型动画的内容创作多以儿童及青少年的日常生活（教育）和喜好特点（童话）为基点，主题思想倡导积极阳光、健康向上、乐观美好，并承载着知识普及和人生观、价值观、世界观引导功能，题材的选择、框架的构建、角色的塑造相对简单并具有一定模式化

特征，创作生产的难度和复杂性相对较低。第三，基于经典 IP 品牌打造的国产动画系列剧集已具备成熟的商业价值和完整的产业链条，生产企业把创作重心放在童话和教育题材动画类型上，商业投资回报率高且具备安全性。第四，各大少儿教育类 APP 及音视频媒体纷纷通过推出和自身形象代言相符的电视动画片进一步全方位塑造形象 IP。例如“宝宝巴士”（Baby Bus）本是专注 0—6 岁儿童启蒙教育产品的互联网早教品牌，其依托于自身创造的奇奇、妙妙这些熊猫动画形象，已为学龄前儿童研发出 130 多款 APP、500 首儿歌，全面满足了学龄前各个阶段儿童的成长需求。[①] 但是近年来，“宝宝巴士”并未止步于早教启蒙行业，它依托自身的用户黏性，将 3D 动画片作为一个重要的突破口，为进军动画市场奠定了一定基础，编织早教课程、产品、动画衍生品和亲子乐园等儿童市场各领域为一体的商业网络。第五，部分网络动画制作企业觉察到儿童及青少年电视动画的利好趋势，也主动转向童话教育题材的创作并积极寻求推出渠道。近年来，网络动画创作企业制作的视频内容在经过相关审查部门的多轮规范之后，也逐步找到输入电视播出渠道的各种路径，因此积极尝试制作全年龄向内容，其作品可在网络平台和电视台同时播出，一举两得。因而无论从受众群体的特点和发展趋势，还是从生产机构的创作倾向、收入结构角度观察，动画创作机构积极面向儿童及青少年电视动画市场深耕，在收视占有率、利用 IP 改编新作品的票房收入，以及动画衍生品收益等方面，都具备可观稳定的利益回报和持续的发展空间。并且，儿童及青少年动画在周边衍生品消费市场占有的极大份额，决定了学龄前后儿童向的动画作品生产趋势仍是电视动画创作的主体。

与网络动画创作相较而言，当前在电视媒体平台播出的非青少年儿童动画创作仍属空白状态，适宜成年人观看的动画剧集基本通过网络长视频平台播出。在随后的产业化布局中，电视动画的观看对象可针对全年龄段受众进行策略设计，在立项和制作环节就做好前期准备，将目标细分为幼儿、儿童、青少年、成年人等不同受众市场，为动画产业提供更多经济增长的可能性。

（二）利好政策持续释放，为国产电视动画发展引航助推

2000 年以来，国家相关各部委及国家广播电视总局在宏观层面相继制定并敦促落实各项扶持政策和条例，积极加强创作指导和扶持引导，实施以需求拉动增长的战略，为奠定动画行业基础、优化动画发展环境、引导动画创作内容做出了明确指示和有力支持。如 2004 年出台的《关于发展我国影视动画产业的若干意见》、2005 年出台的《关于促进我国动画创作发展的具体措施》、2006 年发布的《广电总局关于进一步规范电视动画片播出管理的通知》、2008 年出台的《关于扶持我国动漫产业发展的若干意见》、2010 年出台的《关于金融支持文化产业振兴和发展繁荣的指导意见》、2011 年发布的《动漫企业进口动漫开发生产用品免征进口税收的暂行规定》、2012 年发布的《文化部“十二五”时期文化产业倍增计划》，以及 2014 年起，国家广播电视总局相继发布的《关于进一步加强和改进电视动画片创作和播出工作的通知》《2015 年扶持成长型小微文化企业工作方案》、2018 年财政部和税务总局发布《关于延续动漫产业增值税政策的通知》、2019 年发布的《文化体制改革中经营性文化事业单位转制为企业的规定》和《进一步支持文化企业发展的规定》等相关政策，分别对发展动漫产业的硬件和软件建设给予了落地的实施指导意见，为动画片的题材规划、发行许可、播出时间和比例等方面制定了详尽的政策措施，有效缓解了国产电视动画片所面临的市场压力；在具体实施上建立激励机制，以行之有效的优惠政策鼓励动画企业进行原创动漫的创作和生产，培育民族动漫品牌 IP；大力推荐优秀电视动画播出项目，不断加强行业管理和审批审查力度，为国产电视动画创造良好的发展空间，并通过扩大文化产业发展专项资金规模、政府组织购买、进行消费补贴等途径引导和促进文化消费，同时加大对文化科技创新的支持，促进文化企业、文化产业转型升级。

2019 年 8 月，为深入贯彻落实党中央、国务院关于推动高质量发展的决策部署，结合广播电视行

① 资料来源于《数学启蒙小目标宝宝巴士来实现》，2017 年 2 月 7 日，https://www.sohu.com/a/125655173_221083。

业实际，国家广播电视总局发布了《关于推动广播电视和网络视听产业高质量发展的意见》，分别从加速升级新型产业体系、大力优化产业布局、大力完善市场体系和加强政策支撑几个方面对广播电视和网络视听产业提出了发展要求和目标，并以实施“新时代精品工程”为抓手，谋划实施好电视剧、纪录片、动画片、广播电视节目、网络视听节目等重点创作规划，完善优秀选题项目储备库，加强动态调整管理，加大专项资金扶持力度。其中在加强政策支撑方面，又从加强组织领导、用足用好财税优惠政策、争取政府购买服务支持、建立完善产业项目库、强化人才保障、完善统计支撑几个层面分别提供了具体而有力的建议和措施，为推动广播电视和网络视听产业高质量创新性发展做出了明确的指引。在各项利好政策的扶持和引导下，2020年国产电视动画作为广播电视产业中的关键一环借势发展，在创作、发行和传播方面，用有力的数据展示出蓬勃的生命力。

二、立足中华优秀传统文化，聚焦时代主题，推出创造性转化和创新性发展的精品力作

2020年，随着文化与旅游、文化与科技的进一步融合与互鉴，文化创意作品的主题和类型更加多样纷呈、百花齐放，涌现出一批契合当前时代潮流的电视动画作品。2020年度优秀电视动画作品继续关注、记录、书写新时代，力求在作品中实现思想精深、艺术精湛、制作精良的统一，反映当前中国发展的现状和人民群众的生活。此外，弘扬社会主义核心价值观，展示推动中华优秀传统文化创造性转化、创新性发展，以打赢脱贫攻坚战、抗击新冠肺炎疫情、迎接中国共产党成立100周年为主题的优秀作品也层出不穷。

为鼓励国产电视动画片创作生产原创精品，充分发挥优秀电视动画片的示范带动作用，经省级广播电视主管部门、中央广播电视总台初选，国家广播电视总局组织专家评审，共评选出2020年度48部推荐播出优秀片目，约占全年电视动画片总量的12.8%，为优秀电视动画能够获得优质播出机会，维护品牌忠实受众黏性提供了有力支持。其中，《动物合唱团》《熊猫和卢塔》《小凉帽之魔法凉帽》《豆小鸭神奇小分队》《中医故事》《挑战大魔王》《阿U爱发明》《三国演义》《奇趣特工队》《土波兔之酷酷智能》10部国产电视动画片为第一季度推荐播出优秀片目；《23号牛乃唐第一季》《新大头儿子和小头爸爸之福鼠送吉》《天天成长记第四季》《梦娃第二季》《棉花糖和云朵妈妈福鼠送吉》《阿优的日常》《疫战到底》《无敌鹿战队第一季》《宝宝巴士启蒙音乐剧之预防新冠肺炎》《乌龙院之活宝传奇7》《喜羊羊与灰太狼之羊羊趣冒险》《超级飞侠8》12部国产电视动画片为第二季度推荐播出优秀片目；《奇妙环游记》《宇宙护卫队3》《舒克贝塔2》《熊出没之怪兽计划》《奇奇和努娜》《纸朋友第一季》《猪猪侠之恐龙日记4》《探探猫奇妙世界2》《麦冬寻药记》《八桂奇遇记》《百变校巴之超学先锋1》《爆冲火箭车之飞擎的召唤》《州洲绿之梦——家园守护》13部国产电视动画片为第三季度推荐播出优秀片目；《幸福路上》《大王日记》《中国神话故事》《海底小纵队第五季》《熊熊乐园4》《口袋森林第二季》《灵草小战士第一季》《叽哩与咕噜》《彩虹宝宝4》《汉字侠·神奇汉字星球》《我为歌狂之旋律重启》《叮叮咚咚毛毛镇》12部国产电视动画片为第四季度推荐优秀作品。这些作品聚焦主题主线，弘扬中华优秀传统文化，坚持正确导向和价值引领，贴近少年儿童日常生活和审美情趣，展示出积极向上的思想内涵，具备较高艺术水准和制作水平。

（一）依托中华优秀传统文化，打造民族意蕴精品动画

2020年，动画生产创作涌现出一批以中华民族历史人物为原型的优秀作品，如《红色骆驼任弼时》《孔子归来》《孔子之道》《小智慧国学课堂之中华名人故事（第二季）》《柳毅传奇》等，选取受众熟知、兼具品德与才华的著名历史人物故事为题材，既易于引起受众观看兴趣，也有助于引导少年儿童树立正向的价值观和人生观，而《中国神话故事》《百鸟朝凤——特别篇》《三国演义》则是以经典神话故事、民间故事为题材，展现中华民族传统文化精髓的动画佳作，既深入挖掘了中国经典神话和民间故事的文化内涵和精神价值，并结合时代特征进行创新表达，赋予其新的时代内涵，也以实际行动践行了传统文化的创造性转化和创新性发展。

《大运河奇缘》是第一部聚焦大运河文化带保护建设的原创动画作品，由北京广播电视台卡酷少儿频道原创出品，于 2019 年 12 月 28 日起在 BTV 卡酷少儿频道全国首播，在 2020 年先后登录优酷、腾讯、好看等视频平台播出，收获无数好评。① 大运河作为“活着的、流动着的人类遗产”，在 2014 年成功入选世界文化遗产名录。它是中华文明的瑰宝，流淌在华夏大地的史诗，展现了人与自然相互适应的过程，是人类勇气、毅力和智慧的汇集，承载着中华民族悠久的历史和文化记忆，体现出中国文化的品格与气质。为了将大运河承载的历史景深和文化内涵以小体量、生动活泼的动画形式展示给孩子们，卡酷少儿动画制作团队巧妙地采用章回体形式，精选出 13 个具有代表性的小故事，从有趣的细节着手，以小见大，展现大运河建设过程中涵盖的历史文化、民间故事、风土人情和传统节日等。其中既包括乾隆、吴承恩、贺知章等历史人物，也涵盖了南旺枢纽、瓜洲堰、清明上河园等表现劳动人民智慧和丰厚历史文化的内容。

为了追求历史事件和场景的真实性与准确性，制作团队专门邀请北京社会科学院历史所副所长尹钧科，运河文化专家、《人民日报》高级编辑齐欣，运河文化研究所所长陈喜波等专家作为顾问团，共同对运河历史、经典事件、典故人物进行了梳理，尤其对其中包含的水利设施结构、原理共同设计把关。同时，制作团队专门前往河南开封、北京通州等地进行采风，对大运河沿岸“城摞城”顺天门遗址博物馆、清明上河园、相国寺进行实地考察，探访大运河沿线遗迹，为剧本撰写和美术设计提供了现实参考。在创作过程中，团队凭借实地考察的翔实素材为动画片制作了 30 个场景沙盘，213 个道具，② 无论是传至今日的清明上河园、通州燃灯塔、颐和园盛景、绍兴老街，还是现代建筑通惠河、CBD 和老北京胡同，在片中都予以高度还原，让观众找到和真实历史的贴近感，并以时尚、有趣、灵动的方式呈现在画面中，讲述大运河所蕴含的文化底蕴，讲述让世界都接受的“中国故事”，塑造孩子们的文化归属感与文化自信心。

立足本土文化创作、传递民族文化价值的《小凉帽之白鹭归来》和《小凉帽之魔法凉帽》，则将目光聚焦于客家小镇和自然山林，以当地的非物质文化遗产——凉帽为线索，讲述了拯救珍稀动物和自然环境的“小凉帽姐妹”的生动故事。这两季动画系列片由深圳华侨城文化集团有限公司出品，改编自热门原创童话《会飞的小凉帽》。其中第一季《小凉帽之白鹭归来》于 2019 年 12 月 25 日在广东嘉佳卡通卫视首播，后陆续上线央视少儿、广东少儿、深圳卫视等，收视率位居全国第三。随后，在腾讯视频、爱奇艺视频、优酷视频、芒果视频、咪咕视频、搜狐视频、B 站、A 站、IPTV 等平台上线，全网覆盖约 2 亿人次。2020 年，第二季《小凉帽之魔法凉帽》在孩子们的翘首企盼下于当年 5 月 1 日在嘉佳卡通和优酷视频首播，并再次上线各大平台持续热播。③

小凉帽的故事讲述了在美丽的赤竹镇，勇敢善良的小女孩阿凉和家人一起快乐地生活着。在第一季故事中，客家小姐妹阿凉和阿妹发现栖息在此的白鹭一家遭遇了稻草龙的偷袭，拥有魔法凉帽的阿凉打败了稻草龙，并在第二年与长大的小白鹭相遇相熟，恪守了黎家人和白鹭祖先订立的世代守护自然生灵的契约。在第二季故事中，阿凉在黎凉奶奶的指引下，用魔法凉帽帮助小动物们逃亡避难，和黑商役使的猫头鹰、黄鼠狼、四叶鼠一伙斗智斗勇，识破了它们的阴谋，在凤凰山危难之际保护了自然和家园，并与阿妹一起展开了充满童趣和奇幻的旅途，也越来越深入地了解大自然与万物之爱，重新认识到凉帽魔法的意义。这两季动画皆以充满童趣和幽默欢快的手法呈现出自然万物与农耕生活的和谐统一，为孩子们展开了一幅幅生动美丽的东方田园生活画卷，并始终传递着真善美的正能量，尊

---

① 资讯来源于《首部大运河文化主题动画片〈大运河奇缘〉举办发布会》，中国运河网（http://www.capcc.com.cn/cultureshow.aspx？a=2099）。

② 资料来源于《动画片〈大运河奇缘〉讲述运河流动与文化传承》，大运河遗产网（http://www.chinagrandcanal.com/view.php？id=7235）。

③ 资讯来源于《小凉帽动画第二季“五一”强势登陆嘉佳卡通，开启“魔法假期”》，https://www.sohu.com/a/391544369_124752。

重生命的价值和意义，寓教于乐，潜移默化地引导少年儿童认知自然、友爱互助，完善自己的人格与价值观。

第一季《小凉帽之白鹭归来》被广东省推荐为国家广电总局重点题材创作项目，其后凭借着作品较高的艺术水准和制作水平又被国家广电总局评为2019年第三季度推荐播出优秀片目，并荣获第十四届加拿大中国电影节“最佳儿童片奖”。在获得国内外一系列奖励后，小凉帽IP快速崛起，展现了不俗的国际影响力，成为讲好中国故事的代表作品。小凉帽故事的创作原生地甘坑客家小镇是我国非物质文化遗产手工凉帽的最大原产地，曾经因为地势低洼、雨涝成灾等使发展受限。动画片一经播出，喜爱小凉帽这一动画形象的小朋友们对于故事周边热情高涨，由小凉帽IP衍生的小凉帽农场、小凉帽亲子主题乐园、小凉帽益生菌等各种类衍生品人气爆棚。2020年“五一”假期期间，位于动画故事发生地甘坑客家小镇的小凉帽酒店预订爆满，足见热门动画IP的人气和魅力。甘坑客家小镇也焕发出新活力，从名不见经传的破旧老村镇转化为深圳十大文化街区之一，如今山明水秀、商家鳞次栉比，成为深圳文化的新地标。

小凉帽系列动画的出品方华侨城文化集团正是通过深入挖掘甘坑凉帽的文化内涵，首创“IP Town”特色小镇发展模式，并率先探索文化集群创意产业发展方向，搭建文化创意产业生态链。基于该动画IP的衍生品市场反响热烈，与动画品牌相得益彰，进一步夯实了华侨城文化集团主推的内容IP、特色小镇、文化基金等三大主业，成为其“文化＋旅游＋城镇化”战略的有力抓手。

（二）紧扣时代主题，脱贫攻坚动画作品令人耳目一新

由江苏广电影视动漫传媒有限责任公司制作的动画片《大王日记》以脱贫攻坚任务中的“教育扶贫”为切入口，讲述了支教老师小王到贫困的红旗村小学，给乡村的孩子们带来春天般希望的故事。该动画片于2020年年底在江苏卫视、优漫卡通频道等平台播出，凭借其紧贴时代的主题、生动接地气的演绎、充满温情的气氛，成功入选了2020年国家广播电视总局爱国主义题材纪录片、动画片推荐片目。

《大王日记》分上、下两集，每集25分钟。作为一部反映脱贫攻坚主题的动画片，该片巧妙发挥了动画独有的优势，以一只可爱肥胖的大脸橘猫视角来展开故事：一只祖孙三代皆盘踞于贫困地区红旗小学的橘猫“大王”，在新的支教老师“小王”到来后感到自己的地位岌岌可危，于是主动挑战，处处捣乱。但没想到在一次次碰撞后，“大王”逐渐观察到王老师用自己的能力和知识努力帮助贫困的孩子和家庭摆脱贫苦，并潜移默化地使他们意识到教育和学习的重要性，于是对小王老师的态度渐渐改观，化“敌”为友。《大王日记》以青少年儿童乐于接受的动画形式，描绘了乡村教师的付出、村民和学生的转变，既展现了教育扶贫战线中基层工作者的辛勤与伟大，也表现出扶贫工作者们的浪漫情怀，在寓教于乐中还隐含了深层的“扶贫先扶智，扶贫必扶智”的扶贫理念。为了展现绿水青山的乡村美景和暖心浪漫的氛围基调，《大王日记》全片采用了清新亮丽的水彩画风格。水彩画风格以往多用于艺术短片，仅仅持续几分钟，而在较长篇幅动画片中采用这样的美术形式，并保持整体风格统一、效果稳定，对制作来说是一项不容易的挑战。制作团队顶住周期、资金等压力，前期精心打磨研发，后期克服了水彩背景与二维人物融合的技术难题，每一张场景都经过多次上色和描绘，达到了自然且真实的水彩画效果。

《石山石猴石娃子》也是一部以决胜全面小康、决战脱贫攻坚为主题的动画作品。该片由广西广播电视台制作，将广西特有的珍稀动物“白头叶猴”小白头、留守儿童石娃、驻村书记小文生活中的点点滴滴展示出来，生动讲述了农村脱贫攻坚路上的动人故事。此部动画片于2020年4月入选广西壮族自治区广电局2020年至2022年广播电视和网络视听内容生产重点选题三年规划，承载着表现扶贫脱困主题的使命，最终凭借扎实的故事内容和人物刻画入选了2020年国家广电总局脱贫攻坚题材重点动画片片目。

（三）紧贴社会生活，抗疫科普为提高公共卫生知识献计献策

由安徽英速网络科技有限公司制作、中国关心下一代工作委员会事业发展中心出品的《疫战到底》是一部在 2020 年新冠肺炎疫情发生后，根据国家广电总局要求，以抗击新冠肺炎疫情为主题创作的电视动画片。该片 3 月备案立项，6 月即通过安徽省广播电视局审查并正式对外播出，并授权国家广电总局译制对外输出，短短几个月内完成了立项备案和制作发行等工作，时间紧任务重，充分体现了动画片制作机构的文化情怀和社会责任担当。该片采用动漫 + 防疫知识科普的独特形式，真实而生动地展现了疫情期间志愿者服务的一系列场景，为青少年儿童讲述了全国上下团结一致，众志成城，医护人员逆行奉献，载誉而归的故事。动画片不仅呈现了抗疫一线工作者的感人事迹，也致敬了医者仁心和一线英雄，展现出终将打败疫情的人间大爱与真情。同时，每集动画片的片尾均以小贴士的方式普及如何正确佩戴口罩、如何正确洗手等防疫知识，贴心又实用。

《宝宝巴士启蒙音乐剧之预防新冠肺炎》是由福州智永信息科技有限公司制作发行的 11 集动画片，通过生动活泼的儿歌形式和动画形象，普及预防新冠肺炎知识，让小朋友们自觉养成卫生好习惯，远离细菌和病毒。该片每一分集时间仅为 2—3 分钟，既简洁明了，又重点突出，选择小朋友们喜爱的 Q 萌风格设计片中的生活场景和环境，以小朋友的视角提出问题并在片中为他们答疑解惑，引导家长和少年儿童正视并正确应对新冠肺炎疫情。

此外，《酷杰的科学之旅》系列动画在 2020 年制作并推出了《酷杰的科学之旅：流感病毒》这一部科普动画。该动画改编自以中国科学院院士、中国疾病预防控制中心主任高福领衔编著的“流感”科学著作《流感病毒：躲也躲不过的敌人》，讲述了三个小主人公酷杰、安娜、糊涂蔡进入了一个能够再现病毒历史和人体内部的神奇世界，并与病毒大军英勇战斗的故事。剧中每一个小故事都以通俗易懂，寓教于乐的方式，向小朋友们全方位科普流感病毒的相关知识，并向他们传播科学应对流感的方法。

三、电视动画播出渠道进一步拓展，传统媒体与新媒体互为补充

据统计，2020 年全国播出少儿广播节目时间 28.75 万小时，同比增长 7.92%，播出少儿电视节目时间 63.12 万小时，同比增长 9.95%，国产电视动画片播出时间为 44.61 万小时，同比增长 11.89%。[①] 自 2013 年以来，国家广电总局建立了每季度推选和播出优秀动画剧集的工作机制，并专门设置了邀请各少儿动画频道负责人参与优秀动画片评选的环节，在评选完成后鼓励各动画频道购买、播出评选出的优秀作品，为优秀国产电视动画片的播出设立了直通渠道。

在行政管理方面，国家广电总局于 2013 年即出台相关政策，要求每个电视上星综合频道平均每天 8 : 00 至 21 : 30 至少播出 30 分钟国产动画或少儿节目，[②] 并积极开办少儿频道和上星动画频道，构建全国各级电视台与网络平台互为补充的动画播映体系。近年来，电视动画的播出机构和平台不仅作为传播介质和窗口，在动画作品播出和内容管理方面起着至关重要的作用，并且作为动画作品的制作方和出品方参与了大量优质动画精品的创作活动。譬如各级广播电视局也积极承担了诸多所属地区动画经典 IP 的策划、制作和出品工作，不仅提出预案，组织实施，并积极搭建团队，监督项目进程，高效并落地地发挥了自上而下，带动全盘的作用。

同时，随着网络视频平台的迅速发展和逐步成熟，播放硬件不断升级和推新，相较于前几年以电视渠道为主、网络平台为辅的动画播出模式，当前呈现出电视渠道与网络平台分庭抗礼又互为补充的播放趋势。相较而言，网络长视频平台（如优酷、爱奇艺、腾讯等）、短视频平台（如抖音、快手、小红书、微视等）播放的动画片内容丰富性、类别多样性以及受众选择自由度比电视渠道更广更高，其

---

① 资料来源于国家广播电视总局《2020 年全国广播电视行业统计公报》，2021 年 4 月 19 日。

② 参见原国家新闻出版广电总局 2013 年 10 月 12 日下发的《关于做好 2014 年电视上星综合频道节目编排和备案工作的通知》。

制作并播出的动画范畴包含全年龄向作品，包括漫改动画、小说改编动画及网文改编动画，因此受众范围不仅由学龄前扩展到全年龄段，而且通过网络的便捷性和交互性，在动画企业和动画片的相应网站、公众号、微博上和观众形成了互动，进一步拓宽了动画作品的播放空间，延续了口碑效应，从而加大了作品的影响力，为构建核心品牌、保持消费黏性和培养观众忠诚度提供了有利条件。此外，平台可以运用大数据统计充分反映出用户对动画内容的偏好，同时反馈于平台的动漫制作部门或合作方，形成针对用户特点和喜好开发动漫内容和品牌的良性机制，从而满足不同年龄层次和观看渠道的受众需求。据艾瑞咨询统计，目前从 PC 端和移动端在线播放的数据分析，面向低幼和非低幼向制作的国产原创动画剧集播放时长已占整体的 30% 以上，说明国产原创动画的水平和影响力已有所提升，并越来越为广大受众所喜爱和支持。可以说，从宏观政策层面和市场调节方面来说，国产电视动画的传播渠道已形成上星频道和地面频道、专业频道和非专业频道、传统媒体和新媒体共同发展、互为补充的动画播出体系。

裴旖旎　中国艺术研究院文化发展战略研究中心副研究馆员

2020年度中国纪录片创作传播综述

◎ 张啸涛

2020年是不平凡的一年，突如其来的新冠肺炎疫情给人类的生活带来了巨大的影响，也使中国纪录片的创作和传播呈现不同以往的形态。在创作题材上，"抗疫"纪录片成为凝聚民族力量的重要类型；反映国家政策和时代精神的"脱贫攻坚"题材纪录片也成为年度主题；"抗美援朝"和"抗战"题材纪录片凝结着国家记忆，引领观众以史为鉴、迈向未来；"文学"与"历史、文化"类型纪录片展现人文历史，承载民族文脉；"社会"题材纪录片，利用"小切口"，呈现大世界；"科学""工业"类型纪录片，通过对科技与工程的展现，讲述新时代中国故事；商业类型纪录片仍以"美食"题材最受观众的欢迎。

新冠肺炎疫情对中国纪录片的创作生产造成了一定的影响，根据北京师范大学纪录片研究中心"中国纪录片发展研究报告"课题组的不完全统计，"2020年中国纪录片生产总投入约为49.19亿元，同比下降2.3%；年生产总值约为64.33亿元，同比下降3.4%"①。但是，与2019年相比，不同媒介平台的传播形态发生了很大的变化，据不完全统计，"全年累计生产播出纪录片350余部；据国家广播电视总局监管中心数据显示，2020年仅在互联网上线的纪录片就达259部，相比2019年的150部大幅增长70%"②。由此可见，生产量虽然局部下滑，但是新媒体平台对纪录片的需求却日益旺盛。

一、题材的拓展推动中国纪录片创作持续发展

2020年的纪录片制作，在下半年得以恢复正常，制播资源高度集中在重大题材项目上，其中，对疫情发展的关注及"抗疫"题材纪录片的创作，几乎成为所有制播机构的创作重点。

（一）"抗疫"题材纪录片创作

2020年，从央视频道到地方卫视，从传统媒体到新媒体平台，"抗疫"纪录片的创作播出贯穿全年。由刘鸿彦等导演，中央广播电视总台影视剧纪录片中心纪录频道制作的《武汉：我的战"疫"日记》于2020年2月3日开始播出，及时地回应了公众对武汉疫情的关切，该纪录片采用Vlog（视频日记）的形式，每集只有5分钟，以亲身经历武汉疫情的医护人员、志愿者及普通市民的主观视角，带领观众回归现场，将当时的抗疫故事及时传递给广大观众，生动灵活地展现出抗疫现场的方方面面。该片每集的篇幅虽然短小，但传递的信息和蕴含的感情却非常丰富，发挥出反映真实情况、安抚公众情绪的社会功能。由刘美佳导演，中共中央宣传部、中央广播电视总台联合制作的6集纪录片《同心战"疫"》，展现了从中央到地方，从指挥中心到抗疫前线的抗疫斗争的全景画面。该片的创作团队从2020年2月下旬开始全力投入工作，派遣深入武汉抗疫前线的摄制团队，并要从海量的新媒体资料中选取素材，在对抗疫情犹如"战时"状态中的创作，能够使观众感同身受，该片展现了中华民族波澜壮阔的抗疫历程和中国人民从艰难的处境中奋起的民族精神。由刘鸿彦导演，中央广播电视总台影视剧纪录片中心制作，中央电视台纪录频道播出的《2020春天纪事》，使用现场采访病毒学家及抗疫前线的医护人员的方式，以实景拍摄和动画制作相结合的形式，从病毒学、流行病学、临床救治、疫苗研制等具体问题详细阐述了病毒的发现、研究及救治历史，结合人类面对2020年新冠肺炎疫情所遇到的情况，以严谨的科学态度反思了人类与疾病的相互关系，以及在病毒肆虐的情况下，人类应该采取

① 樊启鹏：《2020年中国纪录片产业观察》，《电影艺术》2021年第3期。

② 张延利：《2020年，中国纪录片迈入高质量发展关键期》，《光明日报》2021年1月27日。

的措施，并具体结合“武汉封城”之后，主管部门采取的疫情阻断措施、危机心理干预机制及社会援助支持机制等科学措施，记录了处在疫情中的人们，从混乱恐慌到安定坚强的心理发展过程。制作团队派出50余人的拍摄人员，采访了近百人，既有院士专家，也有身处一线的医护人员、社区工作人员和运送物资的志愿者，制作出一部中国科学抗疫的影像志。

由上海广播电视台融媒体中心拍摄，东方卫视播出的《生命·方舱》，采用亲历者口述的方式，展现建立武汉方舱医院的决策过程、收治程序及维护标准等收治病患、进行治疗的全部过程，记录了中国医疗救治史上的一个具有标志意义的创举。由中国人口宣传教育中心联合中国传媒大学中国纪录片研究中心等机构制作的《生命至上》，完整地记录了从“武汉封城”到全国各地的医护人员及支援物资全力援助，直至武汉恢复常态的过程，该片具备极高的影像品质及学术水准，通过现场拍摄记录历史，传递人间真情。《生命至上》先在流媒体平台优酷网播出，受到极大的关注后，经过再次剪辑，在中央电视台社会与法频道播出。由王冰笛执导，新华通讯社出品的纪录片《英雄之城》采用主观视角及影片角色自拍的方式展现每个生命个体在“抗疫”前线的自觉选择，影片中使用的大量医院治疗第一线的素材，也是来自医护人员的自拍，因而整部作品显得真实可信。该片的制作团队经历过2003年的“非典”疫情，所以在抗疫的深入报道方面比较有经验，《英雄之城》在新华网线上播出。由谭海燕执导，湖北卫视制作播出的《金银潭实拍80天》，记录了新冠肺炎疫情肆虐初期的“暴风眼”武汉市金银潭医院红区（隔离区）的真实情况，创作团队在最危险的时刻进驻武汉市金银潭医院、武汉市东西湖人民医院和武汉雷神山医院，拍摄医护人员在ICU病房抢救新冠肺炎患者的画面。创作人员在3个多月的采访拍摄中，共访问了100多人，主要追踪了5位患者及家人面对病痛和灾难，奋力抗争的真情实感，该片的拍摄手法和结构设计单纯而有力，用真实的影像和情感触动人心。由浙江卫视制作播出的《逆行无悔》，记录了奋战在抗疫一线医护工作者的救死扶伤和情感生活，创作团队以新冠肺炎疫情的发展轨迹和医护人员的抗疫事迹为叙事主线，表现浙江省60余万名医护人员守护病患、驰援疫情重灾区的英雄气概，以及他们作为普通人所面对的恐惧、思念、悲痛的真情实感。

2016年引起社会广泛关注的社会纪实类纪录片《人间世》在2020年推出了《人间世·抗疫特别节目》，由上海市卫生健康委员会和上海广播电视台制作的《人间世》将纪录镜头对准医院这个关乎人类的生、老、病、死，反映最真实人性的场域，也是社会及家庭矛盾集中暴发之地，《人间世》采取的冷静与客观的纪录影像，引发社会大众强烈的情感共鸣。由范士广执导的《人间世·抗疫特别节目》同样采取冷静客观的拍摄态度，直面疫情暴发期间ICU病房中医护人员与死神的殊死较量，记录100位支援武汉的上海医护人员的经历与感受，该片对残酷现实的忠实记录，烘托出人性的柔软与坚韧。拍摄过程中，因为需要大量的“红区”（感染区）拍摄，反复消毒容易损害大型拍摄机器，所以50%的影像是用手机拍摄的。2014年，由北京卫视制作播出的医疗纪实节目《生命缘》，在2020年也推出了《生命缘·抗击疫情特别节目》，创作团队记录采访了大量的医护人员和抗疫事件。拥有广泛社会影响的医疗纪实及纪录片IP品牌推出的抗击疫情特别节目，在品牌影响力的号召下取得了很大的社会效益及关注度。

中国的抗疫历程也引起了全世界的关注，《武汉战疫纪》《生死之间》《我们在一起——中意携手同心抗“疫”》等纪录片通过在海外的播出，让世界观众看到了中国人民对抗疫情的努力和艰辛。《武汉战疫纪》是中国国际电视台（CGTN）制作播出的英语纪录片，首次向海外观众介绍了武汉这座千万人口量级的超级城市，从疫情暴发到全面遏制的过程。同样是中国国际电视台（CGTN）制作播出的英语纪录片《生死之间》，则将镜头深入到武汉市第十一医院的重症监护室（ICU）中，记录了从初期医疗资源缺乏到全国援助与协作，再到患者清零的过程，真实地反映了生命个体的脆弱与坚韧，以及全国人民同舟共济、共克时艰的努力；由中央电视台中文国际频道与意大利TGCOM24电视台合作制作的纪录片《我们在一起——中意携手同心抗“疫”》，表现了中国和意大利携手抗击新冠肺炎疫情的过程。该片记录了新冠肺炎疫情在意大利的暴发和蔓延，在欧洲成为“风暴中心”的时刻，中、意携手进行国际间的合作，共同面对危急时刻的故事。主创团队在短时间内采访了两国的专家学者、艺术家、官员、商人、医护人员及大量普通民众，真实呈现出人类面对新冠肺炎疫情时的协作与互助。

2020 年，新冠肺炎疫情袭击了人类，在抗疫过程中，人们展现出非凡的团结、坚毅和智慧，"抗疫"题材纪录片的创作，在各个层面真实地展现出全国人民在党中央领导下群策群力、共克时艰的英雄历程。

（二）"脱贫攻坚"题材纪录片创作

2020 年是中国"脱贫攻坚"，全面进入小康社会的收官之年，"脱贫攻坚"题材纪录片创作采取多元的视角、典型的事迹，生动地记录了中华民族发展进步的历程。由中央广播电视总台制作，中央电视台播出的《2020 我们的脱贫故事》，以宏大的叙事风格，展现全国范围内的脱贫攻坚总体面貌。该片主创团队历时 4 年，长期蹲点驻守和跟踪拍摄，将关注焦点集中于 9 个有"老、少、边、穷"属性的深度脱贫区域，用纪实影像拍摄了"脱贫攻坚"区域政策的制定者、参与人员和受益群众，每一位拍摄人员都成为历史进步的见证人。该片使用创作者阐述故事细节作为影像叙事的深入补充，将科学扶贫的方法、执行情况及最终结果完整地呈现给广大观众，具有以影像记录历史的影像档案功能。由中央广播电视总台制作，中央电视台纪录频道播出的《承诺》以"精准扶贫"为表达主线，使用平行叙事，将不同区域的典型扶贫案例展现给观众，分析具有代表性或普遍性的扶贫重点，反思"精准扶贫"的难点及重要意义，记录了大时代背景下推动历史车轮前进的普通人的形象。由人民日报社出品，在《人民日报》全媒体平台播出的《中国扶贫在路上》，溯源中国扶贫的历史并与现实情况相结合，主创团队历时 3 年追踪拍摄，选取不同的产业领域，呈现给观众遍布全国各个地区的 21 个扶贫案例，为精准扶贫政策的实施提供了珍贵的素材。由优酷信息技术（北京）有限公司出品，优酷网播出的《追光者：脱贫攻坚人物志》使用灵活多样的形式，吸引了新媒体平台用户的关注。"脱贫攻坚"不是一个响亮的口号，而是关乎广大人民群众每天面对的具体生活，投入其中的每一个人、每一个群体决定了这一伟大事业的成败，《追光者：脱贫攻坚人物志》将努力拼搏的普通人呈现给观众，他们每天面对的生活真实、具体，但是，这些行动者却形成了一股伟大的力量，推动着历史的前行。该片以每集 6—8 分钟的长度，只表现一个人或一件事，并为移动端用户设计了竖屏开场、来电通话等新媒体的表现形式，创作团队为了突出"追光者"的个性，为每一位主要人物设计了卡通肖像，新媒体平台充满创意的纪录片创作，为主题主线的传播提供了新颖的范式。此外，由中国农业电影电视中心制作的《脱贫大决战》、新华社全媒编辑中心与《中国扶贫》杂志社共同制作的《第一书记》、爱奇艺制作播出的《劳生不悔》、湖南卫视与金鹰纪实卫视共同制作的《扶贫村里的年轻人》、遵义市广播电视台制作的《出山记》等，从多视角、多维度展现全国各地脱贫攻坚的真实情况，以及面对的具体问题和取得的伟大成就。

（三）"抗美援朝"和"抗战"题材纪录片创作

为纪念中国人民志愿军抗美援朝出国作战 70 周年，各制播平台集中创作出形式多样、探究历史的纪录片。由中央广播电视总台制作，中央电视台综合频道播出的《英雄儿女》首次披露了一些珍贵的历史影音资料，还对百位进入耄耋之年的志愿军战士进行了采访，根据每个人的故事特别制作了系列微纪录片《我的抗美援朝故事》，以短视频的形式在各短视频平台进行先导性、矩阵式传播。《英雄儿女》以中国人民志愿军出国作战的时间线作为叙事框架，展现了为了祖国，英雄儿女们不怕牺牲、艰苦战斗的英雄气概，以历史观照现实，振奋了民族精神，弘扬了爱国主义热情。由中央军委政治工作部、国家广播电视总局和中央广播电视总台等联合制作，中央电视台综合频道播出的《为了和平》，采用历史政论的形式，回顾抗美援朝战争的历史意义，表现为了民族的安定和平，全国人民众志成城的民族精神和国际主义情怀。在中央电视台中文国际频道播出的，以记录国家重大历史事件为内容的《国家记忆》栏目，在 2020 年制作播出了《抗美援朝保家卫国》，该片使用了大量历史影像资料，解密了部分档案，查找到近百件抗美援朝时期的文物，用真实的影像和亲历者的陈述，以开阔的视角回顾了抗美援朝战争的全部过程。此外，还有《英雄》《不朽的丰碑——中国人民志愿军英烈故事集》《不朽的英雄赞歌》《保家卫国——抗美援朝光影纪实》《刀锋》等以不同角度展现抗美援朝战争的纪录片创作，这些作品或是表现为了民族自强奋勇战斗的英雄人物及英雄团体，或是以政论形式结合历史文献，尽力挖掘历史遗存，经过深入的分析，给观众还原历史面貌，以此建构国家记忆，凝聚民族向心力。

2020年是中华人民抗日战争暨世界反法西斯战争胜利75周年，纪念这一重要历史节点的高品质纪录片创作同样表现出色。由河北省委宣传部和北京探索之光电视制作中心等联合制作的《晋察冀边区》在中央电视台中文国际频道的《国家记忆》栏目播出，该片以中国共产党建立、发展晋察冀边区的时间线为叙事结构，根据翔实的史料，全景式地呈现晋察冀边区的抗日历史，通过挖掘抗日游击队的建立、发展、壮大，最终赢得胜利的真实情况，让观众了解先辈们为了民族的独立，艰苦奋战的峥嵘岁月，从而建构民族记忆，凝聚共识。由江苏省广播电视总台制作播出的《正义之剑——战后中国对日战犯审判档案揭秘》，首次将中国国民政府时期及中华人民共和国成立后对日军战犯的审判过程，进行历史考证和视觉呈现。主创团队采访了大量的当事人、见证者和专家学者，将这段重要的历史事件还原并呈现给观众。由北京卫视制作播出的《伟大的贡献》，通过对大量真实影像和文献资料的挖掘和梳理，展现了中国共产党领导下的艰苦卓绝的抗战历程，以及为世界反法西斯战争胜利做出的努力，该片主创团队深入国内外的档案馆及抗战纪念馆，发掘出很多从未公开的文件资料，为中国抗战过程关键时刻的历史研究补充了大量的细节。此外，还有《一块手表与“九一八”事变》《亚太战争审判》《抗联从此过，子孙不断头》等品质优良的抗战纪录片，从不同角度、不同层面展现日本军国主义的血腥侵略及彻底失败，以中国人民艰苦抗战的伟大历程和为人类和平做出的巨大贡献，铸造昂扬奋进的民族精神。

（四）“文学”与“历史、文化”类型纪录片创作

2020年，中国“文学”类型纪录片创作在分众领域引起极高的关注度，因为创作者与被拍摄者都具备深厚的文化底蕴，所以此类型的纪录片制作品质优异，成为近年纪录片创作中最为突出的类型。由陈传兴执导，广州行人文化传播有限公司等出品的纪录电影《掬水月在手》引起非常大的轰动，《掬水月在手》是陈传兴导演纪录电影“诗词三部曲”的最终篇，表现诗词大家叶嘉莹的人生经历、心理历程、学术（教育）经历和创作心路，并且与大时代的世事变迁互相映照，展现叶嘉莹饱经忧患的人生与中国古典诗词之美的重叠和融入。陈传兴使用复杂的时空叙事以及趋于“意象”的影音美学，将自述、他述、图片、史料、音乐、静态空景、历史影像、现实拍摄、诗词吟诵等复杂元素跨媒介意义互文，产生意蕴丰富的影音结构，将叶嘉莹的人生、吟诵的诗词、诗化的影像及音乐表达熔于一炉，影片使用佐藤聪明以杜甫《秋兴八首》为创作主题的配乐触发观众对叶嘉莹学术著作《杜甫秋兴八首集说》的直觉性感受，此类跨媒介“通感”传达，是陈传兴的勇敢尝试。叶嘉莹将诗作、诗论、诗教融会贯通，自成一家，诗之于叶嘉莹既是人生进路的方向，也是精神苦难的栖息之所，《掬水月在手》的“诗化”影音对纪录片的纪实性表达有所超越。由张同道执导，中央电视台纪录频道、北京师范大学纪录片中心制作，中央电视台纪录频道播出的《文学的故乡》，将当代中国文学、著名作家和培养作家的乡土做了一次观念上的联结。作为学者的张同道，他的创作风格一直有“观念叙事”的倾向，《文学的故乡》表现的是来自中国不同地域的6位代表性当代作家，该片的创作特色正如张同道所言：“《文学的故乡》并非作家传记，也不是作品的读解，而是讲述作家如何把生活的故乡转化为文学的故乡。”[①] 创作团队历时两年拍摄作家们回到故乡的感受，将作家们的代表作品与故乡的风物、人物相映照，记录作家与乡土的情感缠绕。该片结构的另一部分，则是主创团队采访了作家们的文学编辑、读者、专家学者以及国外的出版机构、翻译者、文学奖的评委、中国当代文学的研究者等，国内外专业人士与读者对这6位作家的赞扬，表现出当代中国文学的世界性影响和社会价值层面的认同，所以

① 张同道主编：《文学的故乡访谈录》，中国广播影视出版社2020年版，第1页。

《文学的故乡》是用作家/文学的精神属性拓展中国文学的社会价值，由此可见，创作观念与表现形式的形态杂糅是该片的美学特点。由王圣志导演，优酷视频、海峡卫视联合制作的《文学的日常》，用轻松的拍摄形式探索作家们的精神世界，每一位作家通过与朋友的对话，且谈且行在其精神与创作的归属之地，谈话内容无所不包，平淡中透着深刻，日常中闪耀着智慧。

2020 年“历史、文化”类型纪录片创作，经典 IP 品牌仍然占据着最大的关注度。由中央广播电视总台制作，中央电视台综合频道播出的《航拍中国第三季》，继续拓展拍摄地域。由中央广播电视总台制作，中央电视台纪录频道播出的《如果国宝会说话第三季》，根据不同的文物，采用新的技术和动画表现形式，不但要细致入微地呈现文物的形态，还要表现文物的形成渊源和使用环境。由中央电视台中文国际频道制作播出的《记住乡愁第六季》，将拍摄主题定位在遍布于中华大地上的古城，呈现古典文明的积淀与现代文明的碰撞。在新播作品中，由中央广播电视总台等制作，中央电视台纪录频道播出的《蔚蓝之境》，是国内首部记录中国海洋生态、资源和生物的纪录片，主创团队历时 4 年，对中国广阔的海洋领域进行了全面、系统的拍摄。由浙江广播电视集团制作，浙江卫视播出的《西泠印社》，介绍了西泠印社的成立缘起和百年发展，以及社内各位艺术大师的艺术成就。

（五）“社会”“美食”题材和“科学”“工业”类型等纪录片创作

改革开放以来，中国社会一直处于快速发展的时期，人们的价值观念、生活状态及身处的环境不断变化发展，给“社会”题材纪录片创作提供了丰富的素材，因此，该题材的创作是积淀最为成熟的纪录片类型之一，具有高度影响力的作品和创作者不断出现。由张琳导演，腾讯视频播出的《真实生长》，跟踪拍摄 3 个孩子 8 年，从他们进入高中到大学毕业，不但记录了不同家庭环境、不同性格的 3 个孩子的成长，也记录了社会的发展变迁。曾经执导《生门》引起社会关注的陈为军，再次导演纪录电影《城市梦》，于 2020 年进入主流院线公映，该片由北京中视文公文化传播有限公司和腾讯视频联合制作，用非常客观的角度呈现远离土地，从农村进入现代大都市的务工群体。作为“底层群体”，他们在现代城市中的真实生存状态，以及与城市管理制度的碰撞，表现了为城市发展做出巨大贡献的“流动”阶层，在城市中扎根，企图实现阶层流动的“城市梦”的艰难。由许慧晶导演，爱奇艺出品的纪录电影《棒！少年》，讲述一支由来自偏远地区的留守儿童和孤儿组成的棒球队，以及这些小队员面对的人生困境与这支球队面对的现实困境。该片不是展现青春热血的胜利，而是直面人生的真实与残酷，以及这支棒球队的灵魂人物——中国国家棒球队前队长孙岭峰的初心。《棒！少年》虽然以体育和励志为叙事的表述层面，但被表述层面却是对社会现实的观照与思考。此外，还有《生生》《天时·戊戌志》等记录普通人生老病死、喜怒哀乐的作品。

从《舌尖上的中国》开始，“美食”题材纪录片成为中国最具商业价值且开发最为成熟的纪录片类型。在新媒体平台，“美食”纪录片的点击量常年居高不下，2020 年的头部作品分别是：《风味人间第二季》《早餐中国第三季》《沸腾吧火锅》《向着夜宵的方向》《风味原产地·甘肃》等。该类型纪录片不断衍生亚类型，而且在创作形态上进行跨界尝试，在内容上与综艺节目、真人秀，甚至电商合作，成为资本最为关注的纪录片类型，获得的经济回报也最为稳定。

作为世界第二大经济体，中国已经成为制造业的强国，不断建设出举世瞩目的工程奇迹，并在重大科技的研究上取得了长足的发展和突破，“科学”与“工业”类型纪录片创作成为讲好中国故事、塑造现代中国形象的重要叙事。由腾讯视频制作播出的《Hi，火星》，以火星探测器的发射过程为叙事线，其间穿插着天文学、航天科技、地质构造等科普性知识点，通过采访一线科技人员的思想和生活，加之以工程动画的生动展示，拉近了尖端科学与普通观众的距离。由中央广播电视总台制作，中央电视台纪录频道播出的《飞吧　嫦娥》，以“嫦娥 5 号”的探月及归程为表现内容，展现中国探月科技的特色和亮点，通过科技人员的权威解读，为观众呈现了中国航天人的努力进取与不懈奋斗。同样由中央广播电视总台等制作，中央电视台纪录频道播出的《北斗》，从各个角度介绍了中国北斗卫星导航系统的研制过程、其重要价值和意义以及与每一个人的关系等，该片也以世界导航史为线索，诠释了中国北斗卫星导航系统对人类未来的贡献。由中央电视台制作播出的《天眼》，介绍了中国制造的世界最大射电望远镜“FAST”，以及这一重要科技工程为世界进步做出的不可替代的贡献。2019年，中国又一座超级工程——北京大兴国际机场顺利竣工，时隔一年，由中央广播电视总台制作，中央电视台综合频道等播出的《大工告成——北京大兴国际机场》，全景式介绍了这个达到基建工程新高度的庞然大物背后的故事。

二、传播格局的深化与变化

疫情期间，民众有相当一部分时间在家中隔离，生活方式改变，并由于对疫情发展状况信息的渴求，接触新媒体平台的时间普遍变长，全球疫情的反复，加重了人们的焦虑情绪和对现实的关注，对纪实性作品的需求显著增加。

疫情带来的交通不便，迫使纪录片的制作模式也因之改变。“合作”成为2020年纪录片制作和传播的关键词。首先，主流媒体与商业新媒体平台的合作更为普遍，不但在制作阶段如此，在传播形态上，主流媒体出品的作品基本上都会采取流媒体平台与电视台多渠道分发播出的模式。其次，由于社交媒体的功能性更为多样和短视频平台的爆发式增长，影像记录与传播已经去中心化，每一位社交媒体和短视频平台的用户在不违反法律规定的情况下，都可以成为纪录影像的创作者和传播平台，因而，新媒体平台拥有大量的第一手纪录影像素材，在交通不便的情况下，主流媒体和商业制作公司不约而同地将自媒体素材作为纪录片创作的重要资料。再次，由于紧急情况的出现，为了满足公众的情感需求和信息需求，很多项目没有时间经过充足的论证和准备，很多创作团队进入现场后，根据现实情况和一线工作人员的协作，才逐渐形成选题方向，并且，为了更快地产生社会效益和价值功能，在充分考虑短视频平台的传播速度和影响力后，主流媒体的创作也相应地改变了作品形态。最后，在商业纪录片传播形态的变化上，部分头部经典IP与综艺节目和商业公司合作，逐渐形成多形态的矩阵式传播。

由于新媒体平台在传播形态上不断地衍进与发展，纪实与记录成为其影像传播的重要组成部分，2020年，新媒体平台成为纪录片传播的主要形式。首先，各大流媒体平台都在打造自己的经典IP品牌，并不断拓展亚类型，将IP不断细化，形成营销和传播的矩阵；其次，新媒体平台在纪录片的制作上更为灵活，更为适应传播形式的变化，在“短视频”形成风潮后，2020年，“中视频”概念又异军突起，“短视频”和“中视频”的出现与智能手机的拍摄和制作功能越来越强大密不可分，所以，“桌面纪录片”也成为一个传播概念；最后，跨媒体传播也成为新媒体打造IP的媒体叙事策略，同样的素材，可以同时制作成纪录电影、线上纪录剧集、短视频内容并出版纸质书籍，建立多渠道的传播和效益回收体系。

三、结语

科学技术的快速发展和产业政策的赋能，对中国纪录片创作起到了至关重要的作用。在2020年，制作方式与传播形式的变革让纪录片的社会效益和价值功能得到充分的运用，在传递真实信息、舒缓民众焦虑、凝聚社会共识、建构国家形象等方面发挥了不可替代的作用。同时，纪录片的商业价值受到资本的充分关注，“纪录片+”的IP拓展，丰富了纪录片产业形态，“动画纪录片”“扮演纪录片”等形式的出现，在创作美学上，引发了不同的观点，但在客观上扩展了纪录片的创作形式。在主题主线的表达上，主流意识形态得到更人性化的表述，在强调主流价值导向的“社会功能”作用的同时，纪录片记录时代、关注社会、表达社会反思的核心价值也得到了基本的尊重。

张啸涛　中国艺术研究院电影电视艺术研究所副研究员

文件辑录

【国家广播电视总局办公厅关于设立重大题材网络影视剧项目库暨公布首批入选项目的通知（广电办发〔2020〕10号）】

各省、自治区、直辖市广播电视局，中央直属单位《信息网络传播视听节目许可证》持证机构：

为深入学习贯彻落实习近平新时代中国特色社会主义思想，落实习近平总书记文艺工作座谈会重要讲话精神和关于文艺工作的重要论述要求，大力加强网络视听精品节目创作，广电总局设立重大题材网络影视剧项目库。广电总局将依托重大题材网络影视剧项目库，加强顶层设计，制定创作规划，指导网络视听行业牢牢把握正确的政治方向、舆论导向和价值取向，始终坚持以人民为中心的创作导向，紧紧围绕党和国家重大宣传时间节点，守正创新、培根铸魂，做好重大现实、重大革命、重大历史题材创作工作，倾力打造重大题材网络视听原创精品力作。

一、选题要求

1. 围绕重大节点策划重大选题。紧扣2020年全面建成小康社会和2021年建党100周年等重大节点，深入挖掘中国共产党领导的革命、建设、改革时期发生的重大事件，弘扬革命文化，发扬优秀革命传统；弘扬社会主义先进文化，聚焦中国梦主题；弘扬以爱国主义为核心的民族精神，以改革创新为核心的时代精神。

2. 聚焦现实生活策划选题。抒写改革开放和社会主义现代化建设的蓬勃实践，抒写多彩的中国、进步的中国、团结的中国，激励全国各族人民朝气蓬勃迈向未来。要积极反映人民生活，聚焦民生、创业、城市变化、乡村振兴、脱贫攻坚和边疆题材、军事题材、企业题材、女性题材等，抓住当下老百姓最关注的问题进行创作。

3. 围绕先进文化策划选题。要弘扬正能量，用文艺的力量温暖人、鼓舞人、启迪人。要加强对中华优秀传统文化的挖掘和阐发，坚持创造性转化、创新性发展，大力弘扬讲仁爱、重民本、守诚信、崇正义、尚和合、求大同等核心思想理念，大力弘扬自强不息、敬业乐群、扶危济困、见义勇为、孝老爱亲等中华传统美德，大力弘扬有利于促进社会和谐、鼓励人们向上向善的思想文化内容。

二、首批入选项目情况

2019年，依托网络视听节目精品创作传播工程征选工作，发掘重大题材作品选题线索，现将《北斗》等13部作品确定纳入广电总局重大题材网络影视剧项目库（项目名单见附件）。这些作品均为反映国家经济社会民生、国防军事科技等领域重大进展，反映当代中国各项事业发生历史性变化和取得历史性成就，反映新时代奋斗者昂扬向上、砥砺奋进精神面貌的重大现实题材作品。

广电总局将从项目论证、剧本打磨、团队组建、平台对接、资源调配、宣传推广等各个方面，对入选项目进行全方位指导，培育思想性艺术性观赏性相统一的高峰之作、扛鼎之作。相关省级广电行政部门要在广电总局统一部署下，积极发挥引导组织作用，协调配置资源，对入选作品创作播出提供服务保障，并向总局定期报送创作进展情况。

三、下一步工作

2020年，广电总局将全面推进重大题材网络影视剧创作规划工作，引导网络视听行业攀登正能量"高峰"，为服务大局作出新贡献。

从现在起，广电总局面向全国网络视听机构与影视制作机构，继续征集策划、创作阶段的重大题材网络影视剧选题。网络视听机构与影视制作机构如有符合选题要求的作品，可向所在地省级广电行政部门报送。

各省级广电行政部门要高度重视、严格把关，广泛动员和组织本辖区内有实力的网络视听与影视制作机构认真报送符合选题要求的网络影视剧项目，做好初选工作并按季度向广电总局报送。请各省局于每季度的最后一周前，报送当季度材料，原则上各省、自治区、直辖市每季度报送项目不超过2个。

今年第一季度通过初选的选题申报材料，请各省局于3月27日前，以中国邮政特快专递（EMS）

方式寄送广电总局网络司（含电子版）。中央直属单位《信息网络传播视听节目许可证》持证机构请按照上述要求将材料直接报送广电总局网络司。

附件：重大题材网络影视剧项目库首批入选项目（略）

国家广播电视总局办公厅
2020 年 1 月 13 日

【国家广播电视总局关于进一步加强电视剧网络剧创作生产管理有关工作的通知（广电发〔2020〕10 号）】

各省、自治区、直辖市广播电视局，新疆生产建设兵团文化体育广电和旅游局，中央广播电视总台办公厅、中央军委政治工作部宣传局、中直有关单位、中国广播电影电视社会组织联合会、中国网络视听节目服务协会：

党的十八大以来，在习近平新时代中国特色社会主义思想特别是习近平总书记关于文艺工作的重要论述指引下，广大文艺工作者坚持以人民为中心的创作导向，面向新时代，辛勤耕耘、精心创作，优秀作品不断涌现，电视剧网络剧事业产业呈现出全新面貌。同时也要看到，电视剧网络剧还存在有“高原”缺“高峰”、原创能力不足、故事情节“注水”、行业秩序有待规范等问题。为深入贯彻落实党的十九大和十九届二中、三中、四中全会精神，落实《关于深化影视业综合改革促进我国影视业健康发展的意见》，推动电视剧网络剧高质量发展，推出更多群众喜爱的精品力作，现就进一步加强相关管理工作通知如下：

一、加强源头引导，完善拍摄制作备案公示管理

当前，一些电视剧网络剧在创作生产过程中，盲目追赶进度，在前期没有充分筹备的情况下仓促开机拍摄制作，导致作品质量不高。为促进制作机构严肃创作态度，夯实剧作基础，祛除浮躁之风，杜绝利用题材“跑马占地”、急功近利等不良倾向，自本通知印发之日起，在申报备案公示时，制作机构须向有关广播电视主管部门承诺已基本完成剧本创作；内容涉及政治、军事、外交、国家安全、统战、民族、宗教、司法、公安、反腐等敏感内容的，申报拍摄制作备案公示前须征得省、自治区、直辖市以上人民政府有关主管部门或者有关方面的书面同意意见。

二、反对内容“注水”，规范集数长度

目前，一些电视剧网络剧在创作生产过程中，过度强调商业属性、经济效益，出现人为拉长集数、故事情节明显“注水”，客观上造成叙事节奏拖沓、拉低艺术水准、影响观看审美等问题，受到观众批评。要增强问题意识，推动电视剧网络剧创作生产从规模数量扩大向整体质量提升转变，坚决反对人为“注水”、拉长集数等行为。为促进形成严肃、严谨的创作风尚，自本通知印发之日起，电视剧网络剧拍摄制作提倡不超过 40 集，鼓励 30 集以内的短剧创作。要加强对“注水”问题的综合施策、协同治理，相关行业协会要进一步研究制定更加科学合理、符合实际的行业标准。

三、做好制作成本配置比例情况报备工作

自 2017 年中广联电视制片委员会等行业协会印发《关于电视剧网络剧制作成本配置比例的意见》（以下简称《意见》），2018 年广电总局印发《国家广播电视总局关于进一步加强广播电视和网络视听文艺节目管理的通知》（广电发〔2018〕60 号）（以下简称《通知》）以来，广大制作机构和主创人员严格遵守《意见》和《通知》要求，电视剧网络剧制作成本配置比例更加合理，演员片酬分配机制更加优化。为完善长效机制，加强日常监管，自本通知印发之日起，在电视剧网络剧完成片审查阶段，制作机构须将制作成本决算配置比例情况报告、演员片酬合同复印件，提交至有关广播电视主管部门备案。每部电视剧网络剧全部演员总片酬不得超过制作总成本的 40%，其中主要演员片酬不得超过总片酬的 70%。

请接到本通知后，立即转发至本辖区、本系统内制作机构并督促遵照执行。负有电视剧网络剧审查职责的广播电视主管部门，要按照本通知精神完善制度，优化流程，切实履行好相关职责。

国家广播电视总局

2020 年 2 月 6 日

【国家广播电视总局关于统筹疫情防控和推动广播电视行业平稳发展有关政策措施的通知（广电发〔2020〕17 号）】

各省、自治区、直辖市广播电视局，新疆生产建设兵团文化体育广电和旅游局，总局机关各部门、直属各单位，中央广播电视总台办公厅，中国教育电视台，电影卫星频道节目制作中心：

为深入贯彻落实习近平总书记在统筹推进新冠肺炎疫情防控和经济社会发展工作部署会议上的重要讲话精神以及党中央、国务院各项决策部署，支持广播电视和网络视听行业积极开展疫情防控、有序做好复工复产、实现行业平稳发展，现就有关政策措施通知如下：

一、加强疫情防控和复工复产的宣传舆论引导支持。加强顶层设计和科学策划，统筹全国广播电视和网络视听媒体，用好全国广播电视宣传工作例会、舆情会商、议题设置、宣传调控等机制，深度聚焦主题，通过新闻报道、专题节目、纪录片、短视频、公益广告和文艺作品等多种形式，综合运用多媒体、多元素、新手段、新技术，全方位、全过程宣传阐释习近平总书记重要讲话和指示批示精神，宣传解读党中央、国务院统筹推进疫情防控和经济社会发展重大决策部署、各地疫情防控举措、复工复产进展、科学防疫知识、抗疫一线工作者感人事迹等。有步骤、有重点地开展系列宣传报道，递进式深化、立体式推动，打总体战、出组合拳，做亮主题宣传，做活典型宣传，做深成就宣传，为夺取疫情防控和实现经济社会发展目标双胜利提供有力支持、营造良好氛围。

二、加大对内容创作生产传播的支持力度。围绕统筹推进疫情防控和经济社会发展重大决策部署，指导创作生产一批优秀的电视剧、纪录片、动画片、网络影视剧、电视节目、公益广告、MV、短视频等，优先列入重点选题和资金扶持范围，并通过现有资金渠道，调整优化结构，统筹存量资金，加大资金扶持力度。加强对外宣传，讲好中国抗疫故事，通过“丝绸之路影视桥工程”“中国当代作品翻译工程”等项目，将抗击疫情的优秀作品纳入对外译制推广的支持范畴。加大扶持力度，继续做好优秀电视剧、动画片、纪录片、广播剧、少儿节目等的捐赠工作。

三、优化业务审批流程和方式。进一步推进“互联网＋政务服务”，加快推进“不见面审批”，促进“线下办”为主向“网上办”“掌上办”为主转变，逐步实现重点电视剧、网络影视剧等通过“线上＋邮寄”办理备案审批。研究推进广播电视节目制作机构、电视剧制作机构审批改革，更好地引导、管理和服务制作机构。进一步加强节目制作统筹管理，研究对突发事件等特殊题材电视剧审批的绿色通道。做好广播电视设备器材入网认定审批，进一步推行网上办理，优化办理流程，缩短审批时限，对在疫情防控期间广播电视设备器材入网认定证书到期的，有效期顺延至申请企业所在地疫情解除。探索推行“告知承诺”“容缺受理”等审批方式，推进简化审批程序、压缩审批时限、延长许可证有效期等优化审批服务的举措。强化事中事后管理，创新监管手段，建立健全信用监管制度。充分运用数字版权保护、区块链、人工智能等技术，提升内容审核效率，实现在线安全智能审核。

四、进一步提升政务服务效率和水平。通过网上办公、视频会议等方式，做好电视剧、纪录片、动画片、网络视听节目等的主题策划、创作研讨、专家评议、专题培训等工作。加快各类行政审批服务平台的统一和规范化，加快政务大厅办理平台与行政审批平台的对接。推进广播电视编辑记者播音员主持人资格考试合格证、播音员主持人资格证对接广电总局电子证照平台工作，开通电子证照网上查询下载功能，取消纸质资格考试合格证。建设“飞天奖”“星光奖”评奖评审应用系统，组织开展线上申报评奖工作。探索和推进“广电智慧学院”建设，充分利用“互联网 +”组织开展培训，丰富和拓展网络培训资源和精品课程。

五、统筹提升广播电视应急能力。及时对接国家应急管理、公共卫生防疫、生物安全、野生动物保护等法律法规的修订，将此次疫情防控中广电领域相关经验和举措体现在国家层面立法之中。在《广播电视管理条例》和《信息网络传播视听节目管理条例》制修订中，增加完善应急管理相关内容。充分利用广电总局高清电视电话会议系统、安全播出指挥调度平台等网络化、信息化手段，拓展指挥调度平台应用场景，加强在全国广播电视安全保障工作季度例会、重大事件事故调查、安全播出操作备案等日常安全播出工作中的使用力度。加强一线安全播出场所的疫情防控措施，完善应急预案。

六、加快完善应急广播体系建设。研究制订《应急广播管理暂行办法》。加快深度贫困县应急广播体系建设，克服疫情影响，尽早建成发挥效益。进一步完善国家应急广播调度控制平台，尽快实现应急广播平台与应急发布部门之间、国家级和省级平台之间的对接和联通。积极争取中央财政扩大基层应急广播建设补助范围。积极推动地方各级广电部门建设完善本级应急广播平台和传输覆盖系统，满足各级党委政府和行业部门管理和服务需要，助力提升基层治理体系和治理能力。

七、加快推动全国有线电视网络整合和广电 5G 建设一体化发展。贯彻落实《全国有线电视网络整合发展实施方案》，加快推动全国有线电视网络整合和广电 5G 建设一体化发展，抓紧组建“全国一网”股份公司，加快推进广电 5G 核心网、承载网、城市试验网建设和商用步伐，支持利用 5G 技术对有线电视网络进行改造升级，实现居民家庭有线无线交互，大屏小屏互动，加快形成富有广电特色的市场应用场景和可持续的盈利模式，形成行业发展新增长点。贯彻落实加快 5G 网络、数据中心等新型基础设施建设决策部署，积极争取国家政策支持。根据疫情防控和复工复产助学需要，指导中国广电优先在疫情严重和相关重点地区布局推动广电 5G 建设。

八、强化“智慧广电”新产品、新业态、新模式支持。紧紧抓住疫情防控带来的数字文化、在线消费、智慧管理等方面的迭代升级、变革重构机遇，深入实施“智慧广电”战略，以加快推进全国有线电视网络整合和广电 5G 建设一体化发展、建设新一代战略文化基础设施为突破口，充分利用物联网、大数据、云计算、人工智能等技术，促进高新视听业务、内容、平台、网络、终端的共融共通，全面提升综合信息服务能力。加快发展超高清视频、虚拟现实、可穿戴设备等新型信息产品，推动居民家庭文化消费升级。鼓励各级广电部门更好发挥政府作用，支持引导广电企业在“雪亮工程”、空中课堂、智慧城管、智慧养老、电视会议、远程医疗等业务场景应用中，更多更好链接融合政府资源、社会资源、生产资源、生活资源，拓展政用、民用、商用领域的服务形态，在疫情防控和复工复产中多渠道发挥作用。

九、加强产业政策支持引导。鼓励广电总局认定命名的湖北等地国家级产业基地（园区）在疫情期间为入驻企业提供减免租金、困难帮扶等优惠措施，对正在向广电总局申报且符合条件的产业基地（园区）在认定管理中予以优先支持。鼓励支持疫情防控中发挥特殊作用的新业态、新模式相关产业项目申报国家广播电视和网络视听产业发展项目库，采取多种方式推动项目合作和资金对接，为优质项目建立多元投融资渠道。指导有关展会活动主办方组委会做好应对疫情的工作预案，在举办时间、场馆条件、招商招展、配套活动、宣传引导等方面积极协调支持。向国家有关部门积极反映行业制作机构、播出机构、传输机构等在疫情防控中发挥的重要作用、面临的实际困难，积极争取专项扶持政策。

十、加强对公共服务体系建设和脱贫攻坚的支持。积极争取中央预算内投资支持，推动智慧广电公共服务设施提档升级，提升广播电视惠民工程实施效果。加强对各类广播电视设施设备的检查、维护、维修、监测，确保安全播出和正常运转，确保广播电视基本公共服务有效提供。鼓励采取政府购买服务、联合采购等多种形式，支持各级广播电视和网络视听服务机构在一定期限内通过增加节目、开放权限、节目联播等方式增加公共服务供给，满足疫情防控期间人民群众显著增长的精神文化需求。

充分发挥广播电视和网络视听优势，充分利用“公益广告、节目 + 扶贫”“短视频、直播 + 扶贫”开拓产业扶贫、消费扶贫渠道，帮助贫困地区解决生产发展和产品积压难题。

十一、用足用好中央和地方减税降费、金融扶持、社会保障等扶持政策。积极贯彻落实、用足用好中央和地方出台的各类扶持政策，指导各类广电企事业单位协调落实有关减免缓缴税款、社会保险费、住房公积金、房租等各项优惠帮扶政策措施，积极做好有关政策宣传、沟通对接，主动做好服务，进一步减轻企事业单位负担。落实好有关延期分期还款、贷款展期、减免小微企业贷款利息等政策措施，纾解企业资金压力。落实国有企业承担政府疫情防控保障任务的工资分配激励、经营业绩考核政策，充分调动和发挥国有企业积极性和作用。支持各级各类行业协会充分发挥专业优势和会员单位资源优势，加强政策宣传、搭建沟通渠道、提供咨询服务，充分调动各个渠道力量投入疫情防控和复工复产工作。

十二、鼓励激励党员干部担当作为。充分发挥基层党组织战斗堡垒作用和党员先锋模范作用，带头做好舆论引导，带头落实防控措施，带头服务职工群众，带头严格遵守纪律，让党旗在疫情防控斗争第一线高高飘扬。推动实施广播电视和网络视听行业领军人才和青年创新人才工程，在推荐选拔中充分考察人选在疫情防控期间工作表现，优先推荐在疫情防控一线做出突出贡献的人选。

国家广播电视总局
2020 年 3 月 12 日

【国家广电总局办公厅关于做好脱贫攻坚题材电视剧创作播出工作的通知（广电办发〔2020〕50 号）】

各省、自治区、直辖市广播电视局，新疆生产建设兵团文化体育广电和旅游局，中央广播电视总台办公厅、中国教育电视台：

为深入贯彻落实习近平总书记在决战决胜脱贫攻坚座谈会上的重要讲话精神，充分发挥电视剧特色和优势，讲好脱贫攻坚故事，为如期完成脱贫攻坚目标任务、全面建成小康社会营造浓厚氛围，现就做好脱贫攻坚题材电视剧创作播出工作通知如下：

一、提高政治站位，全力服务脱贫攻坚工作大局。各级广播电视行政管理部门和播出机构要进一步提高政治站位，增强“四个意识”，坚定“四个自信”，做到“两个维护”，深入学习贯彻习近平总书记在决战决胜脱贫攻坚座谈会上的重要讲话精神，深刻认识讲好脱贫攻坚故事的重要意义，切实增强使命感、责任感、紧迫感，抓紧部署、倒排工期、跟踪督促，积极做好脱贫攻坚题材电视剧创作播出各项工作，为决战决胜脱贫攻坚发挥更大作用。

二、迅速启动脱贫攻坚题材电视剧播出，发挥合力形成声势。自即日起，各级电视台特别是电视上星综合频道要加大脱贫攻坚题材电视剧购买、排播力度，整体布局，科学规划，分批次、有节奏地推出，做到主题鲜明、高潮迭起，实现最佳播出效果。要把好选剧关、品质关，确保好作品进入好平台、好时段。各级电视台要拿出重点频道和时段，做好重点剧目播出和宣传，省级卫视黄金时段要优先排播广电总局推荐的重点剧目。广电总局在深入摸排各省、各主要影视机构脱贫攻坚题材电视剧创作情况基础上，综合考虑选题立意、艺术品质、团队实力、创作进展等因素，研究确定了 22 部脱贫攻坚题材重点电视剧（剧目名单见附件）。重点剧目播出时要统一在剧名画面中加上“国家广播电视总局脱贫攻坚重点剧目”标识。

三、强化组织协调，加快脱贫攻坚题材电视剧推出进度。重点剧目中已经成片的电视剧要尽快启动发行和宣传；还在拍摄制作阶段的电视剧要在防控到位的前提下倒排工期，抢时间抢进度。各省局要跟进督导协调，认真研究剧组需求，加大支持服务力度，积极推动解决困难和问题，为剧组复工复产和完成片发行宣传创造有利条件。

四、用心用情用功推出精品力作，讲好脱贫攻坚的中国故事。仍在创作中的脱贫攻坚题材电视剧要在回望贫困之态、凸显扶贫之难、激发脱贫之志上下功夫，生动诠释精准扶贫战略的重大意义和艰难过程；要坚持以人民为中心的创作导向，深入生活、扎根人民，在火热的脱贫攻坚战场和真实的脱贫攻坚故事中寻找素材、激发灵感；要用富有感染力的人物、故事、情节、细节打动人，防止生硬空洞地喊口号、贴标签；要坚决避免同质化倾向，在脱贫攻坚主题下，从不同风格、角度、地域进行多样化开掘，形成百花齐放的多样化格局。

五、严格履行意识形态工作责任制。各级广播电视行政管理部门要及时将本通知精神传达给相关播出机构、制作机构，对脱贫攻坚题材电视剧加强指导把关，认真做好完成片审查，严把内容关、导向关、播出关，切实做到守土有责、守土负责、守土尽责。各级电视台要做好播前审查、重播重审，陆续播出一批思想性艺术性兼备、传播力影响力俱佳的优秀脱贫攻坚题材电视剧，为鼓舞激励全党全国人民打赢脱贫攻坚战提供坚强有力的精神支持。

特此通知。

附件：国家广播电视总局脱贫攻坚重点剧目（略）

国家广播电视总局办公厅

2020 年 3 月 16 日

【国家广播电视总局令第 6 号：《广播电视行业统计管理规定》】

《广播电视行业统计管理规定》已经 2020 年 3 月 20 日国家广播电视总局局务会议审议通过，现予公布，自 2020 年 5 月 5 日起施行。

国家广播电视总局局长：聂辰席

2020 年 4 月 3 日

广播电视行业统计管理规定

第一章 总则

第一条 为加强对广播电视行业统计工作的管理，充分发挥广播电视统计的信息咨询与监督作用，提升广播电视统计服务水平，根据《中华人民共和国统计法》《中华人民共和国统计法实施条例》和国家有关规定，制定本规定。

第二条 本规定适用于广播电视主管部门依法调查、搜集、整理、研究和提供广播电视、网络视听节目服务统计资料（包括大数据统计资料）的广播电视行业统计活动。

第三条 本规定所称广播电视行业各单位，是指从事广播电视、网络视听节目服务相关业务活动的各类法人单位。

第四条 广播电视行业统计工作要坚持和加强党的全面领导，增强“四个意识”，坚定“四个自信”，做到“两个维护”，切实发挥统计工作在广播电视高质量创新性发展中的重要基础性作用。

广播电视行业统计工作要依法统计，建立健全与行业发展要求相适应的统计指标体系、统计标准和统计调查制度，保障统计资料的真实性、准确性、完整性和及时性。

第五条 国务院广播电视主管部门主管全国范围内的广播电视行业统计监督和管理工作，并接受国务院统计主管部门的业务指导。

县级以上地方人民政府广播电视主管部门主管本行政区域内的广播电视行业统计监督和管理工作，

同时接受本级人民政府统计机构的业务指导。

第六条 广播电视行业各单位负责本单位的综合统计工作。

广播电视行业各单位的年度预算中应当列有必要的统计工作经费。

第七条 广播电视行业各单位应当加快推广和应用现代信息技术，建立健全统计信息系统，拓展数据采集方式和服务渠道，推进统计信息公开和数据共享利用，提高广播电视统计工作效率和服务质量。

第二章 统计机构与统计人员

第八条 广播电视行业统计工作实行统一领导、分级负责。

第九条 国务院广播电视主管部门设立综合统计机构，履行下列职责：

（一）按照国家有关规定，制定广播电视行业统计工作管理办法、统计标准、统计调查制度、调查任务和调查方案，监督统计法律、行政法规、规章以及统计标准、统计调查制度的实施情况；

（二）搜集、整理全国广播电视行业统计资料，组织推进全国广播电视统计调查任务，对广播电视行业的发展情况进行统计分析、预测和监督；

（三）组织建立、管理全国广播电视统计信息系统（含大数据统计信息系统），建立完善全国广播电视统计信息数据库；

（四）审定、管理、公布、出版、提供广播电视行业统计资料，定期发布全国广播电视行业发展统计公报；

（五）组织培训中央和国家机关、省级部门所属广播电视单位的统计人员。

第十条 县级以上地方人民政府广播电视主管部门履行下列职责：

（一）组织、协调、指导、监督本地区的广播电视统计工作，监督统计法律、法规、规章在本地区广播电视单位的实施情况。

（二）搜集、整理本地区的广播电视统计资料，完成国家广播电视统计调查制度确定的调查任务和地方统计调查任务。按规定向上级广播电视主管部门报送本地区的统计报表、统计分析报告和其他统计资料，对本地区的广播电视发展情况进行统计分析、预测和监督。

（三）管理本地区的广播电视统计信息系统，完成统计数据采集、处理、传递、存储等工作，配合上级部门建立、管理地区性的广播电视统计信息数据库。

（四）审定、管理、公布、出版、提供本地区的广播电视统计资料。

（五）组织培训本地区广播电视单位的统计人员。

第十一条 广播电视行业各单位履行下列职责：

（一）组织、协调本单位和所属机构的统计工作，完成广播电视统计任务，按时报送本单位统计报表、统计分析报告和其他统计资料；

（二）对本单位的业务和管理情况进行统计分析，开展统计咨询和统计监督；

（三）加强统计基础工作，建立健全原始记录和统计台账，严格统计工作责任制，加强统计人员培训；

（四）管理本单位的统计调查表、统计资料和数据库。

第十二条 广播电视主管部门应当统筹各项行政管理职能和流程，加强内部联动、协同配合，共同推进广播电视统计工作。

第十三条 广播电视主管部门应当依托大数据统计信息系统，统筹收视收听率（点击率）统计工作，对数据的采集、发布进行监督。

任何机构和个人不得干扰、破坏广播电视主管部门依法开展的收视收听率（点击率）统计工作，不得制造虚假的收视收听率（点击率）。

第十四条 广播电视行业各单位应当依法加强统计力量，配备专职或者指定兼职统计人员，保持统计人员的相对稳定。统计人员应当具备完成统计任务的专业知识。

第十五条 统计机构、统计人员依法独立行使统计调查权、统计报告权、统计监督权及其他法定权利。

第三章 统计调查制度

第十六条 国务院广播电视主管部门负责制定、调整、修改全国广播电视统计调查制度，报国务院统计主管部门批准后实施。

县级以上地方人民政府广播电视主管部门负责制定补充性的地方广播电视统计调查制度，报上一级广播电视主管部门和本级人民政府统计机构备案后实施。

地方广播电视主管部门自行开展的广播电视统计调查的主要内容不得与全国性广播电视统计调查内容重复。

第十七条 根据广播电视行业管理工作需要可以开展广播电视专项统计调查。

广播电视专项部门统计调查项目（含大数据统计调查项目），由国务院广播电视主管部门制定并报国务院统计主管部门批准或者备案后实施。

地方性广播电视专项地方统计调查项目，由本级人民政府广播电视主管部门制定并报本级人民政府统计机构批准后实施。

专项调查能够满足需要的不做全面统计调查，一次性调查能够满足需要的不做经常性调查，专项调查的内容原则上不与全面统计调查的内容重复。

第十八条 广播电视行业各单位应当认真组织本单位有关机构、人员完成国家广播电视统计调查任务和其他专项统计调查任务，并配合统计机构和统计人员开展统计检查工作。

第十九条 广播电视行业各单位应当建立健全统计工作责任制，并按照“集体领导与个人分工相结合”、“谁主管、谁负责，谁经办、谁负责”的原则，完善落实防范和惩治统计造假、弄虚作假责任体系。

出现统计造假、弄虚作假行为的，所在单位的主要负责人承担第一责任，分管负责人承担主要责任，统计人员承担直接责任。

第二十条 广播电视行业各单位应当建立统计数据质量控制责任制，对原始记录和原始台账进行归纳和整理，对所填报统计报表的完整性、真实性和有效性进行审查、复核，并由单位负责人审核签署盖章，在规定时限内报送广播电视主管部门。报表报送后发现有误的，应当在规定期限内予以更正。

第二十一条 广播电视行业各单位负责人不得擅自修改统计人员依法搜集、整理的统计资料，不得以任何方式要求统计人员伪造、篡改统计资料，不得对依法履行职责或者拒绝、抵制统计违法行为的统计人员打击报复。

第四章 统计资料的管理和公布

第二十二条 广播电视行业各单位应当建立健全广播电视统计资料审核制度，保障统计资料的准确性和及时性。统计资料由相关职能机构分工负责，综合统计机构统一管理。

统计调查中取得的原始资料应当至少保存 2 年。汇总性统计资料应当至少保存 10 年，重要的统计资料应当永久保存。

第二十三条 全国性广播电视行业统计资料由国务院广播电视主管部门审核后，向社会公布。

全国性广播电视行业统计数据以国务院广播电视主管部门公布的数据为准。

地方性广播电视行业统计资料由本级人民政府广播电视主管部门审核后，向社会公布。

第二十四条 广播电视行业各单位应当依法加强对统计资料的保密管理。

任何单位和个人对在统计调查中获得的能够识别和推断单个统计调查对象身份的资料，依法负有保密责任。

统计机构和统计人员对在统计工作中知悉的国家秘密、商业秘密和个人信息，应当依法予以保密。

第二十五条 广播电视行业各单位应当建立统计档案制度。统计数据文件的保管、调用、移交，应当遵守国家有关规定。

第二十六条 广播电视行业各单位应当做好统计信息咨询工作，为社会公众提供服务。

第五章 统计监督与奖励处罚

第二十七条 广播电视主管部门应当对广播电视行业统计工作情况进行监督，主要内容包括：

（一）统计法律、法规、规章和有关制度的执行情况；

（二）统计机构和统计人员的配置情况；

（三）统计原始记录与台账建立管理情况；

（四）统计资料的真实、准确、完整程度等；

（五）统计资料的使用与公布情况；

（六）其他与统计工作有关的情况。

广播电视主管部门应当支持配合国务院统计主管部门的统计督察工作，并提供必要的条件保障。

第二十八条 广播电视主管部门应当定期对广播电视行业统计工作情况进行考核评定，并依据有关规定对统计机构和统计人员给予奖惩。

广播电视行业各单位应当依据本规定，建立统计工作奖惩制度。

第二十九条 违反本规定的，依照《中华人民共和国统计法》《中华人民共和国统计法实施条例》等有关法律、法规进行处罚、处理。

第六章 附则

第三十条 境外组织、个人需要在中华人民共和国境内进行广播电视统计调查活动的，应当按照国家有关规定，委托境内具有涉外统计调查资格的机构进行。

第三十一条 本规定自 2020 年 5 月 5 日起施行，2005 年 1 月 27 日原国家广播电影电视总局发布、2016 年 5 月 4 日原国家新闻出版广电总局修订的《广播电影电视行业统计管理办法》（国家广播电影电视总局令第 47 号）同时废止。

【国家广播电视总局办公厅关于印发《广播电视和网络视听统计调查制度》的通知（广电办发〔2020〕74 号）】

各省、自治区、直辖市及计划单列市、新疆生产建设兵团广播电视局，总局机关各部门、直属各单位，中央广播电视总台办公厅、中国教育电视台、有关单位：

为贯彻落实中央关于推动高质量发展的意见，全面反映广播电视和网络视听行业高质量创新性发展情况，依据统计法及相关规定，广电总局重新修订了《广播电视和网络视听统计调查制度》（以下简称《制度》）。经国家统计局批准（批准文号：国统制〔2020〕21 号），现将《制度》印发给你们，请遵照执行，并就有关事项通知如下：

一、深刻认识统计工作新要求

广播电视统计是国家统计工作的重要内容，是推进广播电视和网络视听行业治理体系和治理能力现代化的一项基础性综合性工作。广播电视统计数据直接反映人民群众在精神文化生活方面的客观需求，是人民群众对精神文化生活满意度的晴雨表。广播电视和网络视听在数字化、智能化、移动化发展过程中，因技术创新、产业革命和媒体融合不断产生新产业、新业态和新商业模式，对统计工作提出了新的要求。《制度》深入贯彻落实党中央、国务院建立高质量发展统计体系精神，增加了广播电视和网络视听产业相关的统计内容，完善了广播电视和网络视听公共服务事业统计指标，以全面反映广播电视行业改革创新发展情况。各级广播电视部门和单位要充分认识新时期广播电视统计工作的重要意义，坚持以习近平新时代中国特色社会主义思想为指导，增强“四个意识”，坚定“四个自信”，做到“两个维护”，强化统计工作的使命感和责任感，全面贯彻《制度》改革精神和要求，确保《制度》落地实施。

二、准确把握《制度》新变化

《制度》对广播电视和网络视听统计范围、报表和指标等进行了调整。一是根据广播电视部门的新职责新定位，明确统计对象和范围为全国广播电视和网络视听行政事业单位、企业单位以及产业活动单位。二是贯彻党中央、国务院关于高质量发展的要求和广电总局《关于推动广播电视和网络视听产业高质量发展的意见》，调整网络视听节目服务、IPTV、互联网电视（OTT）和短视频等网络视听报表，新增对产业基地（园区）的统计，并强化高清超高清、智能终端等内容。三是为反映广播电视公共服务成效，调整播出和传输覆盖相关报表，增加开播手语栏目、卫星地球站传输系统等指标，并将制度中与农业、农村有关的农村节目播出、农村广播电视覆盖、农村有线电视等指标，统一调整为对农节目播出、乡村广播电视覆盖、乡村有线电视等。四是根据政府会计制度等改革的要求，调整财务、经营相关报表，按照新会计制度关于资产折旧的要求，增加固定资产折旧指标，补充网络视听节目的制作投资额、销售额以及县级融媒体中心建设投资额等指标，并对创收收入进行细分。各级广播电视部门和单位要认真学习《制度》，准确把握《制度》要求，着力推进广播电视和网络视听统计工作依法规范开展。

三、积极推进统计工作全覆盖

各级广播电视部门和单位要根据《制度》的新精神、新内容，积极开展多种形式的宣传，深入企事业单位和产业园区（基地）等介绍广播电视和网络视听政策和统计工作要求。要加强对统计人员培训，做好对所辖区域、所辖单位的统计报表填报、报告编制、指标解释等宣贯工作。要依据《全国广播电视行业统计基本单位信息库管理暂行办法》认真抓好统计工作“全覆盖”，将各类广播电视、网络视听机构和产业活动单位，特别是《制度》明确纳入统计范围的持证及备案网络视听机构、重点新媒体机构以及各级各类部门、单位设立的广播电视和网络视听产业园区（基地）等，纳入行业统计基本单位信息库，做到应统尽统，不缺不漏。

四、切实保障统计数据高质量

各级广播电视部门和单位要坚决贯彻落实中央关于防范和惩治统计造假、弄虚作假重要文件精神，全面提升统计数据质量，坚决杜绝数据作假、信息造假。要做好所辖区域、所辖单位统计工作的组织、指导、管理和监督，严格执行广播电视统计数据逐级汇总审核上报的工作制度。各级填报单位要认真履行法定义务，主动提供真实情况，避免漏报、虚报和瞒报，切实承担数据质量的主体责任。各级汇总单位要强化报表数据审核，对每一项指标都要分区域、分单位认真进行比对和核查，确保数据真实准确。

五、不断提升统计服务上台阶

各级广播电视部门和单位要进一步加强统计数据分析，提升统计服务能力，为广播电视高质量创新性发展提供支持。统计分析既要充分反映广播电视公共服务事业发展情况，也要科学反映产业发展现状，尤其要抓好电视剧、动画片、纪录片、园区基地等具有广播电视产业发展特点的数据分析，以及网络视听等对广播电视行业发展具有引领性带动作用的新增长点分析。要通过统计分析，研判广播电视发展趋势和规律，引导广播电视和网络视听高质量创新性发展。

《制度》自 2020 年 5 月 1 日起实施。

附件：广播电视和网络视听统计调查制度（略）

国家广播电视总局办公厅

2020 年 4 月 10 日

【国家广播电视总局办公厅关于公布第三批 2018—2022 年重点电视剧规划选题的通知（广电办发〔2020〕145 号）】

各省、自治区、直辖市广播电视局，新疆生产建设兵团文化体育广电和旅游局，中央广播电视总台办公厅、中央军委政治工作部宣传局、中国教育电视台，中直有关单位，中国广播电影电视社会组织联合会、中国电视剧制作产业协会：

为深入贯彻落实习近平新时代中国特色社会主义思想，加快推动新时代电视剧创作生产高质量发展，围绕党和国家重大宣传期和重要宣传节点，源源不断推出标志性的精品力作，更加有力有效地服务党和国家工作大局，更好地满足人民日益增长的美好生活需要，国家广播电视总局根据各省级广播电视行政管理部门、广播电视台和重点制作机构的申报推荐，综合考虑选题立意、艺术品质、团队实力、项目进展等因素，经认真遴选，研究确定了《功勋》等 100 个第三批 2018—2022 年重点电视剧规划选题（名单见附件），现予以公布，并就做好相关工作通知如下：

一、坚持正确方向导向，弘扬社会主义核心价值观。各级广播电视行政管理部门、广播电视台，各电视剧制作机构要增强“四个意识”、坚定“四个自信”、做到“两个维护”，在重点电视剧规划选题剧目创作生产中，坚持以习近平新时代中国特色社会主义思想为指导，深入学习贯彻习近平总书记关于文艺工作的重要论述，牢牢坚持正确政治方向、舆论导向、价值取向。要大力弘扬和践行社会主义核心价值观，把社会主义核心价值观要求体现到重点规划选题剧目创作生产全过程，唱响爱国主义主旋律，传递向上向善正能量；要在贯穿、结合、融入上下功夫，用温暖明亮的故事情节、可亲可爱的人物形象、充满感染力的声画语言，潜移默化引导人们追求美好崇高的道德境界，让“好人好报，有德有得”理念深入人心，为社会明德立德。

二、端正创作理念，引领行业风气。重点电视剧规划选题剧目创作生产要坚持讲品位、讲格调、讲责任，自觉抵制低俗、庸俗、媚俗，在树立行业正气、展示行业形象上作出表率。要坚持“小成本、大情怀、正能量”的创作理念，倡导小切口反映大主题、小人物折射大时代、小故事讲述大道理。要加强成本控制管理，厉行勤俭节约。要控制体量，压紧密度，坚决反对“注水”。要在创作中努力实现个体命运与国家命运、个体经历与时代变迁、个体情感与集体情感的同频共振，为作品注入大格局和大情怀，大力讴歌党、讴歌祖国、讴歌人民、讴歌英雄，彰显信仰之美、崇高之美。

三、用心用情用功讲好故事，精益求精打造精品。重点电视剧规划选题剧目创作生产要牢牢坚持以人民为中心的工作导向，坚持深入生活、扎根人民，把“下生活”作为重要的工作方式，组织创作人员在脱贫攻坚一线、改革建设前沿真正住下来、扎进去，做到身到、心到、情到，把新时代中国史诗般的伟大实践和人民群众的火热生活转化成生动的剧情内容和动人的荧屏形象。要积极开展艺术创新，选取最合适的、创新性的切入点，对主流题材进行符合时代审美的表达，增强电视剧作品的吸引力、感染力，引起观众在思想、情感上的共鸣。要高度重视叙事结构、风格形态、技术特效的磨炼精进，发扬精益求精、追求极致的工匠精神，实现思想精深、艺术精湛、制作精良的有机统一，真正做到以精品奉献人民。

四、加强组织协调，高效有序推进重点选题创作生产。各级广播电视行政管理部门要及时将本通知精神传达给本辖区、本系统内播出机构、制作机构，指导创作团队深刻认识电视剧工作的责任使命，深刻认识重点电视剧选题规划工作的重要意义，选优配强创作班底和制作力量，倒排工期，挂图作战，高效有序推动创作生产。要加强组织协调，通过“课题式设计、项目式管理、工程式推进、台账式督查、绩效式考核”的“五式工作法”推进落实，做好全流程跟进督导和协调服务，促进各类优质资源向重点规划选题剧目集聚。重点规划选题作品推出进度要与决胜全面建成小康社会、决战脱贫攻坚，中国共产党成立 100 周年等重大宣传节点有机配合，充分发挥电视剧特色和优势，为党和国家中心工作积极营造浓厚舆论氛围。

特此通知。

附件：第三批 2018—2022 年重点电视剧规划选题名单（略）

国家广播电视总局办公厅

2020 年 6 月 19 日

【2019 年全国广播电视行业统计公报】

2020 年 7 月 8 日，国家广播电视总局发布《2019 年全国广播电视行业统计公报》，全文如下：

2019 年，在以习近平同志为核心的党中央坚强领导下，全国广播电视行业深入学习宣传贯彻习近平新时代中国特色社会主义思想，增强“四个意识”、坚定“四个自信”、做到“两个维护”，聚焦“举旗帜、聚民心、育新人、兴文化、展形象”使命任务，围绕庆祝新中国成立 70 周年工作主线，大力实施“舆论引导能力提升”、“新时代精品”、“智慧广电”建设、“视听中国”播映、“管理优化”五大工程，广播电视和网络视听总体保持稳中向好的发展态势，加快高质量创新性发展。

一、广播电视节目制作播出情况

广播电视行业紧扣党和国家中心工作，加强舆论引导，大力创新创优，唱响新时代主旋律。2019 年全国广播节目制作时间 801.87 万小时，与 2018 年基本持平；播出时间 1553.40 万小时，同比增长 1.75%。电视节目制作时间 345.58 万小时，同比下降 3.40%；播出时间 1950.99 万小时，同比增长 1.35%。

（一）深入实施“舆论引导能力提升”工程，做大做强主流思想舆论

新闻资讯类广播电视节目制作播出时间稳中有升。2019 年全国新闻资讯类广播节目制作时间 141.88 万小时，同比下降 0.93%；播出时间 302.15 万小时，同比增长 0.91%。新闻资讯类电视节目制作时间 108.61 万小时，同比增长 0.61%；播出时间 279.72 万小时，同比增长 0.27%。

加强脱贫攻坚宣传报道，农村节目制作播出时间持续增加。全国农村广播节目制作时间 128.68 万小时，同比增长 3.24%，占广播节目制作总时长的 16.05%；播出时间 451.64 万小时，同比增长 2.31%，占公共广播节目播出总时长的 29.07%。农村电视节目制作时间 67.60 万小时，同比增长 1.59%，占电视节目制作总时长的 19.56%；播出时间 424.83 万小时，同比增长 1.69%，占公共电视节目播出总时长的 21.78%。

聚焦群众关切，加强专题服务类节目制作播出。全国专题服务类广播节目制作时间 217.99 万小时，同比增长 0.60%，播出时间 333.29 万小时，同比增长 2.30%；专题服务类电视节目制作时间 87.03 万小时，同比下降 3.00%，播出时间 256.20 万小时，与 2018 年基本持平。全国少儿广播节目播出时间 26.64 万小时，同比增长 0.23%，少儿电视节目播出时间 57.41 万小时，同比增长 0.14%。全国广播剧类节目制作时间 22.41 万小时，同比增长 2.80%，播出时间 100.22 万小时，同比增长 3.15%。

扎实推动公益广告宣传，制作播出时间大幅增长。全国广播广告节目制作时间 71.92 万小时，同比下降 4.00%，播出时间 134.49 万小时，同比下降 1.05%；电视广告节目制作时间 43.74 万小时，同比下降 7.37%，播出时间 211.97 万小时，同比下降 0.80%。其中，广播公益广告节目制作时间 10.73 万小时，同比增长 3.67%，占广播广告节目制作时间的 14.92%，播出时间 38.52 万小时，同比增长 17.51%，占广播广告节目播出时间的 28.64%；电视公益广告节目制作时间 6.35 万小时，同比增长 0.32%，占电视广告节目制作时间的 14.52%，播出时间 69.03 万小时，同比增长 29.44%，占电视广告节目播出时间的 32.57%。

（二）深入实施“新时代精品”工程，加强创作规划引导

围绕庆祝新中国成立 70 周年、全面建成小康社会等主题加强创作，用优秀作品丰富人民群众精神

文化生活。2019 年全国制作发行电视剧 254 部、1.06 万集，影视剧类电视节目制作时间 12.03 万小时，同比增长 2.12%。全国电视剧播出 21.11 万部，影视剧类电视节目播出时间 848.45 万小时，同比增长 3.21%。

扎实推进“记录新时代”纪录片创作传播工程，推出时代印记鲜明、彰显民族精神的精品纪录片。全国制作纪录片 8.45 万小时，同比增长 11.33%，播出时间 50.19 万小时，同比增长 12.36%。

统筹推进中国经典民间故事动漫创作工程等国产动画系列重点工程，推动传承中华文化基因、具有大众亲和力的动画片繁荣发展。全国制作发行电视动画片 305 部、9.47 万分钟，制作时间同比增长 9.86%，电视动画片播出时间 39.87 万小时，同比增长 6.46%。

（三）深入实施“管理优化”工程，加强阵地管理

加强综艺节目管理，坚持把社会效益放在首位，鼓励创新创优，制作播出格调积极健康、具有文化内涵的原创节目。2019 年全国综艺益智类广播节目制作时间 199.51 万小时，同比下降 4.09%，播出时间 375.76 万小时，同比下降 2.19%；综艺益智类电视节目制作时间 39.98 万小时，同比下降 8.95%，播出时间 130.50 万小时，同比下降 8.21%。

加强网络视听节目精品创作，坚持网上网下统筹建设和管理。全国持证及备案的 620 家网络视听服务机构新增购买及自制网络剧 1911 部，同比下降 10.41%。其中，新增自制网络剧 498 部，同比下降 16.02%。网络视听机构用户生产上传节目（UGC）存量达到 16.73 亿，同比增长 61.64%。网络视听付费用户 5.47 亿户。

二、广播电视传输覆盖情况

坚持“补短板、强弱项、提质量”，统筹有线、无线、卫星等多种方式，实施“智慧广电”建设工程，广播电视公共服务提质增效，电视终端用户总体规模持续扩大。

持续推进广播电视无线发射台站基础设施建设工程二期、贫困地区县级广播电视播出机构制播能力建设等重点惠民工程，广播电视节目综合人口覆盖率稳步提升。截至 2019 年底，全国广播节目综合人口覆盖率 99.13%，电视节目综合人口覆盖率 99.39%，比 2018 年分别提高了 0.19 和 0.14 个百分点。

围绕决战决胜脱贫攻坚重大部署，对接乡村振兴战略，深入实施广播电视户户通。2019 年农村广播节目综合人口覆盖率 98.84%，农村电视节目综合人口覆盖率 99.19%，比 2018 年分别提高了 0.26 和 0.18 个百分点。农村有线广播电视实际用户数 0.73 亿户，其中，农村数字电视实际用户数 0.67 亿户，同比增长 1.52%。在有线网络未通达的农村地区直播卫星用户 1.43 亿户，同比增长 3.62%。

加快有线电视网络升级改造，有线电视网络高清化、智能化发展态势良好。全国有线广播电视实际用户数 2.07 亿户，同比下降 5.05%。其中，全国有线数字电视实际用户数 1.94 亿户，占有线电视实际用户数比例为 93.72%，比 2018 年提高了 1.52 个百分点。高清有线电视用户突破 1 亿户，同比增长 9.16%；有线电视智能终端用户 2385 万户，同比增长 26.59%。

IPTV、OTT 用户规模持续扩大。全国交互式网络电视（IPTV）用户 2.74 亿户，互联网电视（OTT）用户 8.21 亿户。

三、广播电视行业收入情况

（一）深入贯彻新发展理念，推动高质量发展，广播电视行业总收入持续增长，实际创收收入增幅较大

2019 年全国广播电视行业总收入 8107.45 亿元，同比增长 16.62%。其中：财政补助收入 801.97 亿元，同比增长 3.48%；广播电视和网络视听业务实际创收收入 6766.90 亿元，同比增长 19.99%；其他收入 538.58 亿元，同比增长 0.19%。

（二）积极推动媒体融合发展，持续拓展新业务、新业态，广播电视实际创收收入结构进一步调整优化

传统广播电视广告收入下降，新媒体广告收入增长明显。2019 年全国广告收入 2075.27 亿元，同

比增长11.30%。其中：传统广播电视广告收入998.85亿元，同比下降9.13%；广播电视和网络视听机构通过互联网取得的新媒体广告收入828.76亿元，同比增长68.49%，其中广播电视机构新媒体广告收入194.31亿元，同比增长25.11%；广播电视和网络视听机构通过楼宇广告、户外广告等取得的其他广告收入247.66亿元，同比下降9.41%。

传统有线电视网络业务收入小幅下降，有线电视三网融合业务收入平稳增加。有线电视网络收入753.35亿元，同比下降3.35%。其中：收视维护费、付费数字电视、落地费等传统有线电视网络业务收入637.23亿元，同比下降4.62%；有线电视网络宽带、智慧城市等三网融合业务收入116.12亿元，同比增长4.23%。

传统广播电视销售收入总体下降，广播电视机构其他创收收入增幅较大。传统广播电视节目销售收入497.66亿元，同比下降22.55%；电视购物频道收入210.47亿元，同比下降13.65%。委托制作、技术服务、演出等其他创收收入1308.21亿元，同比增长14.82%。

广播电视机构通过IPTV、OTT业务取得的收入持续增加。交互式网络电视（IPTV）平台分成收入121.23亿元，同比增长20.69%；互联网电视（OTT）集成服务业务收入62.53亿元，同比增长33.16%。

持证及备案机构网络视听收入持续增长，已经成为广播电视行业发展的生力军。持证及备案机构网络视听收入1738.18亿元，同比增长111.31%，其中广播电视机构网络视听收入152.82亿元，同比增长49.38%。在网络视听收入中：用户付费、节目版权等服务收入增长迅猛，达609.28亿元，同比增长172.07%；短视频、电商直播等其他收入大幅增长，达1128.90亿元，同比增长88.58%。

值得关注的是，广播电视机构积极推进媒体融合，推进智慧广电建设，推进三网融合，不断应用新技术、打造新业态，为事业产业发展注入新动能，广播电视机构媒体融合发展取得新成效，融合发展业务收入显著增加。在实际创收收入中，2019年广播电视机构融合发展业务收入647.01亿元，同比增长25.29%，主要收入构成包括：广播电视机构新媒体广告收入194.31亿元，有线电视网络宽带、智慧城市等三网融合业务收入116.12亿元，交互式网络电视（IPTV）平台分成收入121.23亿元，互联网电视（OTT）集成服务业务收入62.53亿元，广播电视机构网络视听收入152.82亿元。

四、广播电视机构和从业人员情况

截至2019年底，全国开展广播电视和网络视听业务的机构约4.7万家。其中，广播电台、电视台、广播电视台等播出机构2591家，从事广播电视节目制作经营机构约3.3万家。

全国广播电视从业人员99.44万人，同比增长1.57%，其中，女职工41.37万，占比41.60%。从岗位上看，管理人员16.64万人，专业技术人员52.33万人（含播音员、主持人3.10万人，编辑、记者17.22万人，艺术人员3.08万人，工程技术人员15.26万人），其他人员30.47万人；专业技术人员占比52.62%。从学历上看，研究生及以上学历5.67万人，本科及大专学历76.29万人，高中及以下学历17.48万人；大专及以上学历人员占比82.42%。从年龄上看，35岁以下人员44.67万人，36岁至50岁人员42.48万人，51岁及以上人员12.29万人；35岁以下人员占比44.92%。

五、广播电视产业基地（园区）情况

截至2019年底，全国首次纳入试点统计范围的国家级广播电视和网络视听产业基地（园区）共有41个，入驻广播电视和网络视听相关企业4015家（含补充统计的广播电视相关工业制造业企业），就业人员12.74万人。产业园区总收入约1120亿元，应交税金约82亿元。

2020年，广播电视行业将坚持以习近平新时代中国特色社会主义思想为指导，深入贯彻落实党的十九大和十九届二中、三中、四中全会精神，继续正本清源、坚持守正创新，深入实施"舆论引导能力提升"、"新时代精品"、"智慧广电"建设、"视听中国"播映、"安全播出"、"管理优化"六大工程，以工程带项目、抓重点带整体，创新创优出亮点、见实效，为夺取全面建成小康社会伟大胜利做出更大贡献。

【国家广播电视总局办公厅关于做好纪念抗战胜利75周年电视剧播出安排的通知（广电办发〔2020〕170号）】

各省、自治区、直辖市广播电视局，新疆生产建设兵团文化体育广电和旅游局，中央广播电视总台办公厅、中国教育电视台：

2020年是中国人民抗日战争暨世界反法西斯战争胜利75周年。中国人民抗日战争的伟大胜利，彻底粉碎了日本军国主义殖民奴役中国的图谋，重新确立了中国在世界上的大国地位，开辟了中华民族伟大复兴的光明前景，形成了伟大的抗战精神。为铭记历史、缅怀先烈，大力弘扬伟大抗战精神，激励动员全党全国各族人民更加紧密团结在以习近平同志为核心的党中央周围，克服一切艰难险阻、为实现中华民族伟大复兴而奋斗，现就做好纪念抗战胜利75周年电视剧播出安排通知如下：

一、提高政治站位，充分认识做好纪念抗战胜利75周年电视剧播出安排的重大意义。各级广播电视行政管理部门和播出机构要深入学习贯彻习近平新时代中国特色社会主义思想，学习领会习近平总书记关于抗战精神的重要论述，进一步提高政治站位，增强“四个意识”，坚定“四个自信”，做到“两个维护”，高度重视、认真做好纪念抗战胜利75周年电视剧播出安排，展播一批反映中国人民抗日战争壮阔进程、有较高思想艺术水平的电视剧，引导人民群众牢记由鲜血和生命铸就的中国人民抗日战争的伟大历史，牢记中国人民为维护民族独立和自由，捍卫祖国主权和尊严建立的伟大功勋，牢记中国人民为世界反法西斯战争胜利做出的伟大贡献，传承和弘扬伟大抗战精神。

二、突出思想价值，精心遴选播出抗战题材优秀电视剧。自即日起，各级电视播出机构特别是电视上星综合频道要精心遴选播出抗战题材优秀电视剧，深刻诠释以爱国主义为核心的伟大民族精神是中国人民抗日战争胜利的决定因素，中国共产党的中流砥柱作用是中国人民抗日战争胜利的关键，全民族抗战是中国人民抗日战争胜利的重要法宝，大力弘扬天下兴亡、匹夫有责的爱国情怀，视死如归、宁死不屈的民族气节，不畏强暴、血战到底的英雄气概，百折不挠、坚忍不拔的必胜信念。要进行科学合理编排，分批次、分层次、有节奏地推出，注意与9月3日中国人民抗日战争胜利纪念日重要时间节点相结合，与脱贫攻坚题材电视剧播出安排融合协同，把握好播出的时、度、效，实现最佳播出效果。广电总局在综合考虑思想价值、选题立意、艺术品质、团队实力、播出效果的基础上，从新创作和已播出抗战题材电视剧中精选出部分剧目（名单详见附件），作为各级电视台播出参考。

三、强化统筹谋划，多形态编播呈现抗战题材优秀电视剧。各级广播电视行政管理部门和播出机构要加强抗战题材电视剧播出和宣传整体谋划，统筹线上线下、创新理念手段、打造传播矩阵，积极探索多种艺术呈现方式，通过文艺专题节目、经典剧目汇编、主创人员访谈等形态，深层次、多角度挖掘展示抗战题材优秀电视剧的思想内涵和艺术价值，让优秀电视剧中气壮山河的民族精神、可歌可泣的人物形象、感天动地的英雄壮举更加深入人心，与主题电视剧播出相互呼应、相得益彰，更好地满足观众多样化收视需求，提高抗战题材优秀电视剧的播出影响和宣传效果。

四、严格审查管理，认真落实意识形态工作责任制。各级广播电视行政管理部门要及时将本通知精神传达给相关播出机构，加强纪念抗战胜利75周年电视剧播出指导和检查，督促各播出机构把好导向关、内容关、播出关，严格落实播前审查、重播重审制度，不得播出违背常识常理、随意戏说解读历史、过度娱乐化的抗战题材电视剧，切实做到守土有责、守土负责、守土尽责，确保纪念抗战胜利75周年电视剧播出工作牢牢坚持正确政治方向、舆论导向、价值取向，为如期完成脱贫攻坚目标任务、全面建成小康社会，实现“两个一百年”奋斗目标和中华民族伟大复兴中国梦增强团结一心的精神纽带、自强不息的精神动力。

特此通知。

附件：纪念抗战胜利 75 周年播出参考剧目（略）

国家广播电视总局办公厅
2020 年 7 月 15 日

【国家广播电视总局办公厅关于做好重点广播电视节目、纪录片、动画片创作播出工作的通知（广电办发〔2020〕191 号）】

各省、自治区、直辖市广播电视局，新疆生产建设兵团文化体育广电和旅游局，中央广播电视总台办公厅，中国教育电视台：

当前，决胜全面小康、决战脱贫攻坚处在关键阶段，中国人民抗日战争暨世界反法西斯战争胜利 75 周年、中国人民志愿军抗美援朝出国作战 70 周年等重要时间节点日益临近；明年，我们将迎来中国共产党成立 100 周年。各级广播电视制作播出机构要坚持以习近平新时代中国特色社会主义思想为指导，切实提高政治站位，围绕主题主线，加快推进重点作品创作，加大相关作品编排播出力度，唱响主旋律，打好主动仗，进一步营造良好氛围。现就有关事项通知如下：

一、形成主题主线作品创作播出热潮。各级广播电视行政管理部门和播出机构要坚持以习近平新时代中国特色社会主义思想为指导，增强“四个意识”，坚定“四个自信”，做到“两个维护”，牢牢把握广播电视作品创作播出正确政治方向、价值导向、审美取向，忠诚履行好“举旗帜、聚民心、育新人、兴文化、展形象”的使命任务。要紧紧围绕中心、服务大局，按照“找准选题、讲好故事、拍出精品”的要求，抓紧推进脱贫攻坚、抗战、抗美援朝、建党 100 周年主题重点节目、纪录片、动画片创作。要紧扣重要时间节点，分批次、有节奏地做好节目排播，加强专题化聚合、立体化呈现、多样化输出，构建全平台联动、全媒体覆盖的宣传矩阵，做到主题鲜明、高潮迭起、氛围浓厚。

二、抓好爱国主义题材作品编排展播。纪念中国人民抗日战争暨世界反法西斯战争胜利 75 周年、纪念中国人民志愿军抗美援朝出国作战 70 周年是今年党和国家重大活动。各级广播电视播出机构要抓住重要契机，深入开展爱国主义教育，精心编排播出一批反映抗日战争、抗美援朝伟大历程，展现伟大的抗战精神、伟大的抗美援朝精神，具有较高思想艺术水准的节目、纪录片、动画片，引导广大群众永远铭记历史、缅怀先烈、珍爱和平。广电总局从近年来创作的爱国主义题材纪录片、动画片中选择了《东方主战场》《最可爱的人》等一批优秀作品（片目附后），各级广播电视播出机构要积极安排展播。

三、加快推进脱贫攻坚作品创作播出。广播电视新闻、文艺、纪录片、动画片等各类作品要进一步加强联动、形成声势，持续深入宣传习近平总书记关于脱贫攻坚的重要论述、党中央脱贫攻坚决策部署、各地脱贫攻坚取得的重大成就和典型经验，用生动的形式讲好脱贫攻坚故事，用群众喜闻乐见的方式推动脱贫攻坚宣传往实处走、往深里走、往心里走。要在脱贫攻坚作品创作冲刺阶段进一步强化精品意识，更加精益求精，把好政治关、艺术关、技术关，用心用情用功，力争推出重量级、标杆性作品。广电总局确定了《极限挑战·三区三州公益季》《我们在行动（第五季）》《奔跑吧（黄河篇）》《脱贫大决战》《落地生根（第二季）》《幸福路上》等脱贫攻坚重点广播电视节目、纪录片、动画片（片目附后），相关单位要抓紧推进完成，已完成的要及时做好排播，并加大播出频次力度，为坚决打赢脱贫攻坚战提供强大精神动力。

四、加强暑期优秀少儿作品供给。各级广播电视制作播出机构要针对未成年人收听收视和暑期生活需要，制作播出一批内容健康、积极向上的历史文化、生活服务、公益类和青少年节目，积极弘扬社会主义核心价值观，传播中华优秀传统文化、革命文化、社会主义先进文化，坚持讲品位、讲格调、讲责任，坚决抵制低俗、庸俗、媚俗，防止不良内容侵害青少年身心健康。各卫视、各少儿频道频率、各动画频道要积极播出近年来广电总局少儿节目推优、动画推优作品，持续加强爱国主义、集体主义、社会主义教育，用正能量作品丰富青少年暑期生活，用中国精神滋养青少年心灵。

五、精心组织建党100周年作品创作。各级广播电视制作播出机构要聚焦庆祝中国共产党成立100周年，抓紧组织相关节目、纪录片、动画片创作，聚焦党史、革命战争史、新中国史、改革开放史和新时代中国特色社会主义建设伟大实践，深入挖掘能够充分反映中国共产党初心与使命、光荣与梦想的题材和素材，生动展示中国共产党带领中国人民从站起来、富起来到强起来的历史性飞跃，深刻诠释中国共产党百年光辉历程、伟大成就和宝贵经验。要尽早着手、提前谋划，按照课题式设计、项目式管理、工程式推进、台账式督查、绩效式考核的要求，建立重点节目台账，明确任务书、时间表、路线图，精准实施，扎实推进，确保为庆祝建党100周年呈现精品佳作。广电总局将根据各地创作生产情况，筛选一批思想性、艺术性、观赏性俱佳的作品，适时向社会公布，并给予相应扶持。

六、切实维护广播电视创作播出秩序。各级广播电视行政管理部门要切实履行意识形态工作责任制，落实属地管理责任，指导督促所属广播电视播出机构按照本通知要求做好重点节目、纪录片、动画片创作播出安排，及时向广电总局报告播出情况和效果。各级广播电视播出机构要增强使命感、责任感，主动作为，精心组织，安排优质频率频道和时段，加大排播力度，尽快掀起重点作品播出热潮。要把握时度效，把好创作播出导向关、内容关、安全关，严格执行播前审查、重播重审等各项制度，切实做到守土有责、守土负责、守土尽责。

特此通知。

附件：1. 爱国主义题材纪录片、动画片推荐片目（略）

2. 脱贫攻坚题材重点节目、纪录片、动画片片目（略）

国家广播电视总局办公厅

2020年7月31日

【国家广播电视总局印发《国家广播电视总局关于推动新时代广播电视播出机构做强做优的意见》的通知（广电发〔2020〕66号）】

各省、自治区、直辖市广播电视局，新疆生产建设兵团文化体育广电和旅游局，总局直属各单位，中央广播电视总台办公厅，中国教育电视台：

《国家广播电视总局关于推动新时代广播电视播出机构做强做优的意见》已经中央文化体制改革和发展工作领导小组会议审议通过，现印发给你们，请结合实际认真贯彻落实。

国家广播电视总局

2020年10月15日

国家广播电视总局关于推动新时代广播电视播出机构做强做优的意见

为深入贯彻习近平新时代中国特色社会主义思想和党的十九大精神，落实《关于深化影视业综合改革促进我国影视业健康发展的意见》，推动广播电视播出机构深化改革、完善制度、做强做优、创新创优，加快向新型主流媒体转型发展，切实增强广播电视媒体的传播力、引导力、影响力、公信力，现提出如下意见。

一、总体要求

（一）指导思想

高举习近平新时代中国特色社会主义思想伟大旗帜，深入学习贯彻党的十九大和十九届二中、三中、四中全会精神，贯彻落实习近平总书记关于宣传思想工作的重要论述，落实全国宣传部长会议精神，落实《关于深化影视业综合改革促进我国影视业健康发展的意见》，增强“四个意识”，坚定“四个自信”，做到“两个维护”。紧紧围绕“举旗帜、聚民心、育新人、兴文化、展形象”的使命任务，坚持稳中求进总基调，坚持新发展理念，坚持正本清源、守正创新，牢牢把握正确政治方向、舆论导向、价值取向，聚焦加快融合发展步伐，加快提升内容产品竞争力，加快释放事业产业活力，加强阵地建设和管理，解放思想，开拓进取，建设全媒体服务、智慧化传播、具有强大影响力和竞争力的新型主流媒体，推动广播电视高质量创新性发展，推动广播电视工作进一步实起来强起来，牢牢占据舆论引导、思想引领、文化传承、服务人民的传播制高点，更好地服务党和国家事业全局。

（二）基本原则

——坚持旗帜鲜明讲政治。始终把讲政治作为第一要求，把忠诚可靠作为第一标准，坚持以党的政治建设为统领，始终在政治立场、政治方向、政治原则、政治道路上同以习近平同志为核心的党中央保持高度一致。坚持党的领导，坚持党管媒体，坚持政治家办台、办网，牢牢掌握意识形态工作领导权，始终让党的旗帜在广电行业高高飘扬。

——坚持以人民为中心。坚持“人民至上”理念，牢记全心全意为人民服务的根本宗旨，站稳人民立场，提升广播电视服务人民群众，特别是农村地区、贫困地区、少数民族地区人民群众的能力和水平，持续完善城乡广播电视公共服务体系，着力解决新时代人民日益增长的美好生活需要与广播电视文化供给不充分不平衡之间的矛盾，不断增强人民群众的文化获得感、幸福感、安全感。

——坚持新发展理念。适应新时代要求，坚定不移深化改革，抓住痛点、难点，坚持创造性转化、创新性发展，加快关键领域、重要环节的变革重塑，以智慧广电建设为战略引擎，提高智慧化发展水平，加快打造智慧广电体系，推动广播电视行业高质量创新性发展。

——坚持融合发展。坚持一体化发展方向，坚持移动优先策略，建立以内容建设为根本、先进技术为支撑、创新管理为保障的全媒体传播体系，推动广播电视向全程媒体、全息媒体、全员媒体、全效媒体发展。坚持网上网下统筹管理、同一标准，营造公平有序发展的良好环境，加快构建网上网下一体、内宣外宣联动的主流舆论格局。

——坚持推进治理现代化。深入贯彻党的十九届四中全会精神，着力固根基、扬优势、补短板、强弱项，及时把行之有效的治理观念、治理方式、治理手段转化为制度机制，构建系统完备、科学规范、行之有效的制度体系。强化制度执行，自觉对标制度，严格按制度办事，不断提高治理效能。

二、打造新型传播平台，建设新型主流媒体

（三）加快媒体融合发展。加快广播电视播出机构流程再造，推动制作生产、传播分发、运行管理和体制机制等各环节共融互通，催化融合质变，提高深度融合、一体化发展水平。深度参与各级融媒体中心建设，强化在内容、技术、平台等方面的支持。全面增强优质产品供给能力，加大广播电视对县级融媒体中心的节目供给力度，更好地发挥引导群众、服务群众的作用。

（四）加快广播电视服务升级。把握“智慧广电”发展方向，以智慧化应用加快提质升级，在新时代基层群众工作中发挥更大作用。立足基层实际和群众需求，挖掘行业潜力，更多更好地链接政府资源、社会资源、生产资源、生活资源，拓展在政用、民用、商用领域的服务形态，服务群众生活“最后一公里”。紧紧抓住数字文化、在线消费、在线教育、在线医疗、智慧管理等方面的迭代升级，准确把握新消费趋势，培育社会服务、医疗健康、数字娱乐、智能家庭等新产品、新业态、新模式，推出更多有特色的广播电视服务，推动家庭文化消费升级，更好地黏住受众。加快完善广电应急监测体系，补齐基层广播电视应急服务短板，切实提升突发事件和公共危机应急管理能力。加快推进高清、超高清电视制作播出能力建设，推动电视频道高清转换，鼓励有条件的广播电视播出机构开展 4K 超高清内容制作生产，抓紧开展 8K 标准体系建设，支持广播电视播出机构研发 5G 高新视频新业态内容产品，支持省级广播电视播出机构探索开办适应 5G 应用场景、满足多终端需求的 5G 频道，为人民群众提供更高端、更优质、更便捷的视听服务。

（五）加强新技术应用和创新。顺应技术发展趋势，善于用好成熟技术，勇于研发体现广播电视特色、具有引领性的核心技术，用主流价值导向驾驭核心技术手段，全面提高舆论引导能力。积极将人工智能、云计算、大数据、区块链、虚拟现实、物联网等技术成果运用于内容采集、创作、生产、分发、传输、接收、反馈中，提升正面宣传质量和效果。积极融入广电5G发展，聚焦广电5G应用提供的新场景，深入开发融合产品，强化大屏小屏互动，通过移动化传播、精准投放，在多屏终端积极培育更广泛的收听收视群体，扩大主流舆论影响力版图，让主流价值传得更开、传得更广、传得更深入。

三、深化创新创优，提升产品内容竞争力、引导力

（六）提升新闻舆论引导能力。深化广播电视媒体“头条工程”建设，各省级广播电视台的省（区、市）新闻联播头条都要紧紧围绕核心、宣传核心、维护核心。完善坚持正确导向的舆论引导工作机制，深入推进新闻宣传理念创新、内容创新、方式手段创新，多运用媒体融合的成果，瞄准年轻一代，通过个性化定制、可视化呈现、互动化传播，推出更多体现社会主义核心价值观、为群众喜闻乐见的融媒体新闻产品，让正面宣传更加鲜活、更接地气、更有人气。深入践行“脚力、眼力、脑力、笔力”要求，多挖掘普通人与国家同成长、共命运的生动典型，多用讲故事的方式，用小切口反映大主题，用小故事反映大时代，不断推出有思想内涵、有道德温度、有文化品位的新闻作品。增强议题设置能力，把握时度效，不断提高应对和引导舆论事件、热点问题的能力和水平，坚持守土有责、守土尽责，及时提供更多真实客观、观点鲜明的信息内容，杜绝虚假新闻、有偿新闻，切实增强公信力。

（七）推动文艺创作“双效统一”。建立健全把社会效益放在首位、社会效益和经济效益相统一的创作生产体制机制。牢牢把握文艺创作生产播出的正确导向，加强引导，完善倡导讲品位讲格调讲责任、抵制低俗庸俗媚俗的工作机制，坚决防止追星炒星、过度娱乐化、高价片酬、唯收听收视率等不良倾向。按照好节目进入好时段原则，进一步优化电视上星综合频道黄金时段节目宏观调控手段，推动更多公益、文化、原创节目在卫视黄金时段播出，鼓励社会效益和经济效益俱佳的优秀节目进入卫视黄金时段播出。坚持“小成本、大情怀、正能量”方向，探索将百姓喜爱的节目形式与形势政策宣传教育、文化、科技、扶贫、普法、公益等主题深入结合，不断推出思想性、艺术性、观赏性有机统一的好节目。鼓励开办传播文明生活理念、健康生活方式、实用生活知识技能的服务类节目，引导人民自觉追求高尚生活，努力用双手创造美好生活。支持广播电视媒体与网络视听新媒体在内容创意、制作生产、节目播出、运营开发等方面加快深度合作，打通资金、人才、平台，推动强强联合，探索更加有利于解放生产力、扩大融合传播效果的创作播出新模式。坚持星素结合，让更多普通奋斗者、各行各业奉献者、时代楷模、最美人物通过广播电视节目传播正能量。严格控制演员、嘉宾片酬，倡导演员、嘉宾以社会责任心和使命感零片酬参与公益性节目。

（八）完善扶持引导举措。坚持以人民为中心的工作导向，完善创作生产传播的引导激励机制。广播电视主管部门要主动作为，建立健全各级“广播电视节目创新创优”“新闻作品评优扶持”等扶持引导机制，完善政策引导、宣传推广、评论解读等多种手段，工作下沉，进一步提高扶持引导效果，营造创新创优良好氛围。深入实施“舆论引导能力提升工程”“新时代精品工程”“中华文化广播电视传播工程”“中国经典民间故事动漫创作工程”“革命文物宣传传播工程”等广播电视重点工程，广播电视主管部门对重点选题要提前介入、充分论证、精心组织、积极推动，积极组织专家资源，加强对创意、剧本的扶持引导，提高原创水平，不断推出精品力作。探索采购版权、赠送展播等方式，加强优秀纪录片、动画片和广播电视节目供给，支持广播电视机构公益性播出。

四、推进体制机制改革，释放事业产业发展活力

（九）深化结构性调整。推动精简精办频率频道，加强专业频道管理，坚决实施退出管理，优化结构布局，切实改变电视频道粗放式、低水平、低效益的发展方式，加快向质量效益型发展模式转变。加强频率频道差异化定位，深耕垂直领域，避免同质化，优化发展模式。

（十）增强市场竞争力。打造市场主体，进一步加快广播电视经营性资产转企改制，鼓励制播分离，加快构建有文化特色的现代企业制度，建立完善灵活高效的市场化经营机制，形成事业支撑、产业发展、一体两翼的良性发展格局。加快内部机制改革，规范建立内部创业平台，形成经营风险共担、经营利润共享的良性机制。建立以绩效为原则、以两个效益为内容的人才价值评估体系，加快探索报酬激励、成就激励、机会激励三位一体的人才激励机制，奖勤罚懒，打破平均主义，激发人才队伍创新创造活力，加大全媒体人才培养力度。探索对核心骨干的股权激励机制，允许关键岗位关键人才、做出突出贡献的人才在政策允许范围内获取相匹配的高薪酬回报，增强广播电视机构对优秀人才的吸引力。

（十一）推进产业聚合发展。鼓励协同协作，围绕“一带一路”建设、京津冀协同发展、长江经济带发展、粤港澳大湾区建设、长江三角洲一体化发展、黄河流域生态保护和高质量发展、大运河文化保护传承利用，以及西部大开发、东北全面振兴、中部崛起等国家重大战略，探索区域联合、网台合作等多种形式的协作联合，制作推出高水平的区域主题广播电视节目，提高协同发展水平。探索建立区域产业协作体或视听产业联盟，打造面向5G的高新视频产业园区，引导优势资源和要素向优势领域、优秀企业、优质项目聚集，做强做优国家级广播电视和网络视听产业基地（园区），增强集聚辐射效应，真正形成发展高地、创新高地。充分发挥产业扶持政策作用，提高各类专项资金、补助资金的使用效益。

五、加强党的领导，为做强做优提供坚强保证

（十二）强化组织领导。加大对广播电视转型发展的政策支持力度，建立广播电视播出机构改革创新的容错机制，助推广播电视播出机构转型发展。通过政府购买、项目补贴、定向资助等方式，合理保障经费需求，向社会提供更多的公共产品和服务。推动广电＋政务发展模式，广播电视融媒体平台积极争取政务信息优先发布权，发展新服务新业态，更好服务人民群众。

（十三）落实意识形态工作责任制。要把做强做优广播电视播出机构作为落实意识形态工作责任制的重要考核指标，层层传导、层层压实。主要领导干部要加强对广播电视播出机构面临形势和问题的研判，加强对关键问题、要害问题的研究部署、统筹指导、督促落实，充分发挥在重大决策、导向把控等方面的决定性作用，确保广播电视事业产业稳步发展、做强做优。

（十四）落实属地管理责任。各级广播电视主管部门要认真落实中央重大决策部署和广电总局各项工作要求，切实担负起属地管理责任，履职尽责，主动作为。要主动对接各地党委政府和发改、财政、经信、税务、人社等部门，用好各项优惠政策，为广播电视机构发展提供支持。加快“互联网＋政务服务”建设，进一步提升行政审批等政务服务的效率和水平。统筹考虑辖区内广播电视机构的发展，因地制宜、因台施策，积极整合资源、汇聚力量，推动设计、开展相关工程和项目，为转型升级、做强做优创造良好环境，提供必要支持。

【国家广播电视总局关于印发《防范和惩治广播电视和网络视听统计造假、弄虚作假责任制规定》的通知（广电发〔2020〕71号）】

各省、自治区、直辖市及计划单列市、新疆生产建设兵团广播电视局，广电总局直属各单位，中央广播电视总台办公厅：

为贯彻落实党中央、国务院关于加强统计工作的决策部署，落实中办、国办《关于深化统计管理体制改革提高统计数据真实性的意见》等文件精神，全面防范和严肃惩治统计造假、弄虚作假，健全落实广播电视和网络视听统计工作责任制，广电总局制定了《防范和惩治广播电视和网络视听统计造假、弄虚作假责任制规定》，现印发给你们，请遵照执行。

国家广播电视总局

2020 年 10 月 28 日

防范和惩治广播电视和网络视听统计造假、弄虚作假责任制规定

第一条 为贯彻落实党中央、国务院关于加强统计工作的决策部署，落实中办、国办《关于深化统计管理体制改革提高统计数据真实性的意见》等文件精神，全面防范和严肃惩治统计造假、弄虚作假，健全落实广播电视和网络视听统计工作责任制，根据《中华人民共和国统计法》《中华人民共和国统计法实施条例》《行政机关公务员处分条例》《统计违法违纪行为处分规定》《广播电视行业统计管理规定》等法规及其他有关规定，制定本规定。

第二条 本规定适用于从事广播电视和网络视听统计管理和统计工作的各级广播电视主管部门、国有企业、事业单位、社会团体（以下简称各单位）的领导干部和有关工作人员。

第三条 坚持以习近平新时代中国特色社会主义思想为指导，增强“四个意识”，坚定“四个自信”，做到“两个维护”，建立健全防范和惩治统计造假、弄虚作假责任制。

第四条 防范和惩治统计造假、弄虚作假，应当坚持党的领导，坚持标本兼治、惩防并举，注重预防、严惩造假，按照“集体领导与个人分工负责相结合”的原则，建立“谁主管、谁负责，谁统计、谁负责”“一级抓一级、层层抓落实”的责任体系。

第五条 各单位领导班子对防范和惩治统计造假、弄虚作假工作承担全面领导责任，主要包括：

（一）制定本单位防范和惩治统计造假、弄虚作假措施，明确班子成员及各职能部门在防范和惩治统计造假、弄虚作假工作中的责任；

（二）建立本单位防范和惩治统计造假、弄虚作假责任体系，督导检查本单位防范和惩治统计造假、弄虚作假责任制的落实；

（三）对统计造假、弄虚作假实行“零容忍”，严格落实统计违纪违法责任人处分处理建议制度，严肃追究统计人员统计造假、弄虚作假党纪政务责任；

（四）组织开展领导干部、统计人员、调查对象和社会公众的统计法治宣传教育，加强对统计工作领导，配强统计人员，提高统计人员素质和装备水平，保障统计工作经费和条件。

第六条 各单位主要负责人对防范和惩治统计造假、弄虚作假工作承担第一责任，主要包括：

（一）坚持以身作则、以上率下，带头遵法学法、守法用法；

（二）督促班子成员依纪依法履行职责，加强对下级单位领导班子及其成员的统计教育监督管理；

（三）推动建立责任体系，建立健全从上到下防范统计造假、弄虚作假责任机制；

（四）监督防范统计造假、弄虚作假工作任务落实；

（五）健全统计工作机制，加强统计人员队伍建设。

第七条 各单位分管统计工作的负责人、涉及统计职能的内设机构负责人对防范和惩治统计造假、弄虚作假工作承担主要责任，主要包括：

（一）制定落实防范统计造假、弄虚作假的具体任务和措施；

（二）督促指导切实履行防范和惩治统计造假、弄虚作假责任；

（三）组织严格依照统计法律法规规章和统计调查制度开展统计调查；

（四）加强对统计人员专业培训和职业道德教育，确保统计人员守住统计法律法规的底线；

（五）健全统计数据采集、处理、核查、报送和发布等环节的数据质量控制制度；

（六）组织对数据质量进行核查。

第八条 统计人员对防范和惩治统计造假、弄虚作假工作承担直接责任，主要包括：

（一）依法履行职责，坚持实事求是，如实采集、处理、核查、报送统计资料；

（二）做好统计基本单位信息库建设、维护与使用管理工作，保障单位基本信息完整和及时更新；

（三）按规定布置统计调查任务，告知统计调查对象相关权利和义务。

第九条 人事、党委（纪委）部门要加强对领导干部统计工作的考核管理，完善政绩考核指标，改进考核方法，树立正确政绩观和用人导向，在对各单位主要负责人、分管负责人和涉及统计职能的相关负责人、工作人员进行任职考察和干部考核时，要对有关人选是否支持统计机构和统计人员依法独立开展工作，是否存在统计数据造假、弄虚作假问题进行深入了解，必要时征求统计工作有关主管部门意见，要对干部是否善于利用统计数据进行考核；人事部门要将统计法规作为干部教育培训的重要内容。

第十条 信息技术支持、数据处理单位应保障统计工作有关信息系统和信息技术支持的科学性、准确性、完备性，严格按照统计调查制度规定的方法进行数据处理，确保统计工作的信息技术支持和数据处理不受干扰。

第十一条 各单位领导班子负责组织落实防范和惩治统计造假、弄虚作假责任制，按照管理权限追究责任制落实不力人员的责任。

第十二条 各单位领导班子及其班子成员有下列情形之一的，认定为未能严格履行防范和惩治统计造假、弄虚作假责任制，应当按照干部管理权限予以通报：

（一）贯彻落实党中央、国务院关于依法统计的各项部署不力，落实上级部门关于防范和惩治统计造假、弄虚作假的工作安排不到位。

（二）未将防范和惩治统计造假、弄虚作假纳入部门统计人员依法履职责任范围，未建立本单位防范和惩治统计造假、弄虚作假责任制。

（三）未严格落实统计违纪违法责任人处分处理建议制度。对本地区、本部门发现的统计违纪违法行为隐瞒不报、压案不查，对统计数据造假行为查处不力，对责任人责任追究不到位。

（四）本地区、本部门、本单位发生大面积或者连续发生统计数据造假问题，明知统计数据不实而不组织进行调查核实。

（五）参与篡改统计资料、编造虚假数据，授意统计调查对象或者其他人员在统计上弄虚作假。

（六）对依法履行职责的统计执法人员、纪检监察人员等打击报复。

（七）其他未能严格履行防范和惩治统计造假、弄虚作假责任制的情形。

第十三条 统计人员未能严格履行本规定第八条所列责任，明知统计数据不实而不进行调查核实，参与篡改统计资料、编造虚假数据，授意统计调查对象或者其他人员在统计上弄虚作假，不支持、不配合依法查处统计违纪违法行为，应该认定为未能严格履行防范和惩治统计造假、弄虚作假责任制，应当予以通报。

第十四条 各单位负责人不得自行修改统计人员依法搜集、整理的统计资料，不得以任何方式要求统计人员伪造、篡改统计资料，不得对依法履行职责或者拒绝、抵制统计违法行为的统计人员打击报复。

第十五条 各级广播电视主管部门要依法开展统计监督，定期对下级部门、单位落实防范和惩治统计造假、弄虚作假责任制情况和统计数据的真实性、完整性进行抽查和检查。

第十六条 防范和惩治统计造假、弄虚作假责任制落实情况要作为各单位领导班子成员述职述廉、年度考核的重要依据。统计部门应与人事、党委（纪委）部门共享共用统计工作中发现的问题与线索。

第十七条 对违反统计法律法规及本规定的，由有关部门按照党中央、国务院有关要求，依据《中国共产党纪律处分条例》《中国共产党问责条例》《中华人民共和国统计法》《中华人民共和国统计法实施条例》《行政机关公务员处分条例》《统计违法违纪行为处分规定》《事业单位工作人员处分暂行规定》追究责任。

第十八条 本规定自印发之日起施行。

【国家广播电视总局办公厅关于进一步推动电视剧精品生产创作的通知（广电办发〔2020〕304号）】

各省、自治区、直辖市广播电视局，新疆生产建设兵团文化体育广电和旅游局，中央广播电视总台办公厅，中央军委政治工作部办公厅：

为深入贯彻落实习近平新时代中国特色社会主义思想和习近平总书记关于文艺工作的重要论述，落实党的十九届五中全会精神，按照“找准选题、讲好故事、拍出精品”要求，抓好“十四五”期间重点电视剧选题规划，加速推动形成优化资源配置的电视剧高质量发展格局，现将推动电视剧精品生产管理工作通知如下：

一、各省（区、市）广电局要切实履行属地管理责任，加强选题规划、创作引导、跟踪指导和监督管理，进一步完善行业治理体系，提高行业治理能力和治理水平，创新管理、改进服务、挖掘潜力，确保好选题转化为好作品，加快推动电视剧创作由高原向高峰迈进。

二、各省（区、市）广电局要注意从创意或剧本阶段挖掘和关注有潜力的电视剧项目，做到规划一批、创作一批、储备一批。符合下列条件和要求的，可随时向广电总局推荐上报，申请纳入电视剧精品项目库。各省（区、市）党委宣传部、广播电视台也可作为推荐单位。

（一）精品项目库重点关注展现新时代中国特色社会主义伟大事业、抒写中华民族伟大复兴中国梦生动实践的现实题材，重点关注弘扬革命精神和斗争精神的革命历史题材、弘扬中华民族优秀传统文化的历史题材，重点选取创新驱动发展、人工智能、科学探索等创新题材，以及关注百姓生活等人民群众喜闻乐见、有培养潜力的各类题材，广泛吸纳类型多样、风格各异的用心用情用功之作，实现更高质量、更加丰富、更为均衡的精品项目储备，更好满足人民群众多样化精神文化需求，增强人民精神力量。

（二）精品项目要准确把握新时代电视剧工作新形势新特点，既要注重深耕主题主线创作，也要尊重艺术规律、注重文化含量，善于在艺术形式和叙事技巧上推陈出新，用符合时代审美、满足观众现实需求的文艺形式，展现思想力量和历史伟业，既要弘扬正能量，又要充满艺术性。

上报项目材料时，推荐单位应认真按照推荐表要求，客观、准确填写所推荐项目的主题立意、主创团队等相关情况，报送广电总局电视剧司。

三、广电总局根据推荐项目的主题立意、主创团队实力、示范效应等情况，综合研判、择优选取。对纳入精品项目库的作品，广电总局将采取分类指导和精准扶持的工作方法，给予切实的政策支持，协调配置优质资源，全力打造时代精品。广电总局也将根据项目实际推进情况，不定期对精品项目库进行动态调整，对推进工作不力的项目及时督导，进一步择优汰劣，使精品项目做到思想精深、艺术精湛、制作精良。

四、各省（区、市）广电局要对本辖区的精品项目保持关注，切实加大组织与保障力度，结合各地实际情况配备必要的人力、资金，落实精品电视剧创作生产播出全流程管理要求，确保精品项目顺利推进，取得良好的社会效益。

附件：电视剧精品项目推荐表（略）

国家广播电视总局办公厅

2020年11月5日

【国家广播电视总局印发《关于加快推进广播电视媒体深度融合发展的意见》的通知（广电发〔2020〕79号）】

各省、自治区、直辖市广播电视局，新疆生产建设兵团文化体育广电和旅游局，总局机关各部门、直属各单位，中央广播电视总台办公厅、电影频道节目中心、中国教育电视台：

现将《关于加快推进广播电视媒体深度融合发展的意见》印发给你们，请结合实际认真贯彻落实。

国家广播电视总局

2020年11月13日

关于加快推进广播电视媒体深度融合发展的意见

推动全媒体时代媒体深度融合，事关广播电视高质量创新性发展，事关壮大主流舆论，事关国家长治久安。党的十八大以来，以习近平同志为核心的党中央作出推动媒体融合发展的重大决策部署，各级广播电视机构积极落实，媒体融合取得重要进展。为加快推进广播电视媒体深度融合发展，提出如下意见。

一、总体要求和目标任务

坚持以习近平新时代中国特色社会主义思想为指导，全面贯彻党的十九大和十九届二中、三中、四中、五中全会精神，增强“四个意识”、坚定“四个自信”、做到“两个维护”，全面贯彻落实习近平总书记关于媒体融合发展的重要论述，特别是在十九届中央政治局第十二次集体学习时重要讲话精神，深入贯彻落实中央《关于加快推进媒体深度融合发展的意见》，加强党的全面领导，坚持正能量是总要求，管得住是硬道理，用得好是真本事，坚持深化改革、激发活力，坚持深度融合、整体转型，坚持科技引领、创新驱动，坚持移动优先、一体发展，坚持多屏互动、矩阵传播，坚持平台与网络并用、内容与服务并重，加快推进广播电视媒体深度融合发展，打造一批具有强大影响力和竞争力的新型广播电视主流媒体，占据舆论引导、思想引领、文化传承、服务人民的传播制高点。力争用1至2年时间，新型传播平台和全媒体人才队伍建设取得明显进展，主流舆论引导能力、精品内容生产和传播能力、信息和服务聚合能力、先进技术引领能力、创新创造活力大幅提升。用2至3年时间，在重点领域和关键环节的改革创新取得实质突破。着眼长远，广播电视行业逐步建立以内容建设为根本、先进技术为支撑、创新管理为保障的全媒体传播体系。

二、打造具有强大影响力和竞争力的新型主流媒体

1. 优化资源配置。按照主力军全面挺进主战场的要求，以互联网思维优化媒体资源配置，加快把分散的、优质的资源要素向互联网主阵地聚合、向移动端倾斜。加快推进频率频道和节目栏目的供给侧结构性改革，坚决解决同质化过剩供给问题，强化需求导向、服务实效。精办频率频道、优化节目栏目、整合平台账号，对定位不准、影响力小、用户数少的坚决关停并转。打通各个领域、统筹各种资源、形成建设新型主流媒体的整体合力。

2. 大力建设新型传播平台。积极支持广电机构发挥整体优势和视听特长，运用市场机制加快打造技术先进、特色突出、用户众多、自主可控的新型传播平台，引入多方资源，加强多方合作，面向各类终端，形成强大聚合力引领力。大力增强平台信息服务聚合与精准分发能力，提供专业性、针对性、亲民性强的媒体服务，拓展广电 + 政用、民用、商用服务，提高平台价值和用户活跃度。

3. 完善全媒体传播格局。推进各级广电媒体协同联动，整合网上网下资源渠道，一体运营网上网下业务，集中力量做优主平台、拓展主渠道、做强主账号，建立健全资源集约、协同高效、方式创新、内宣外宣联动的全媒体传播矩阵，占据全媒体传播主流地位。中央级广电媒体围绕自身定位，加快打造新型主流媒体“旗舰”，形成引领效应和示范效应。省级广电媒体立足服务地方经济社会发展，加快资源整合步伐，推进品牌化和规模化运营，打造区域性传播平台。市级广电媒体因地制宜，加强上下联动和横向合作，加快自身融合发展步伐。发挥广电媒体的特色和优势，积极参与县级融媒体中心建设。以有条件、有实力的广电媒体为龙头，推进多种形式的集群化发展，建设形态多样、手段先进、优势突出、竞争力强的新型主流媒体“航母”。

4. 协同推进融媒体中心建设。加快省级和地市级广电融媒体建设，建立长效运营机制，健全与县级融媒体中心的协同发展机制。充分发挥广播电视行业优势，加强广电播出机构与传输网络的深度协作，落实标准规范，做省级技术平台和地市、县级融媒体中心建设的主力军、排头兵，提高省级、地市级广电机构对县级融媒体中心的人才培养、技术支撑、内容供给能力。探索“一云多厨房”，构建统分结合、互为支撑、纵横联通、协同发展、充满活力的业务体系。鼓励地市广电机构和县级融媒体中心精耕本地内容，强化本地服务和社交互动，建成本地主流舆论阵地、综合服务平台和社区信息枢纽，做强做实基层党的宣传思想工作新平台、新载体、新阵地。

5. 塑造全媒体知名品牌。保持战略定力和发展自信，完善自有平台功能，一体推进优质内容、优质平台和优质全媒体品牌建设，大力发展新业态新应用。完善品牌管理体系，深度挖掘传统媒体品牌价值，全面加强新媒体领域品牌创建，发挥品牌引领作用，扩大主流价值影响力版图。构建涵盖内容和服务、技术和平台等的全业务链品牌矩阵，增强在主阵地和新兴传播阵地的综合优势，提升核心竞争力、品牌辐射力、社会影响力。

三、满足人民群众美好生活新需要

6. 贴近群众服务群众。坚持以人民为中心的工作导向，充分发挥广电媒体作为党和政府联系群众的桥梁纽带作用，强化媒体与用户的连接，建构群众离不开的平台和渠道。深入生活、扎根人民，生产和传播群众喜闻乐见的精品内容，提倡求实求新，高质量满足人民群众精神文化生活需求。大力推行“开门办台”，用好客户端、用户社群、网络问政等联系群众平台，加强深度互动，吸引用户参与新闻信息等内容生产传播，提供线索素材、分享交流评论。加强舆情收集分析研判，更好服务党政部门。充分尊重和发挥基层干部群众拓展媒体融合实践的积极性创造性。

7. 持续提高服务能力水平。完善应急广播体系，全面推进“智慧广电＋公共服务”，提升惠民工程实效。加快广播电视服务升级，健全全媒体公共服务体系，完善公共服务网络，推进基本公共服务均等化。更多更好链接融合各类资源，统筹线上线下、公共服务与市场运营，全场景提供高质量综合服务，协调发展空中课堂、智慧城市、电视会议、远程医疗、物联网等消费性服务和生产性服务，主动对接新时代文明实践中心和智慧城市建设、乡村振兴战略、新型城镇化战略等，加快成为服务经济社会治理和发展的“枢纽”平台，在拓展服务供给中育新机开新局。支持立足优势，提供政务新媒体等平台账号托管运营、内容审核、舆情应对和媒介素养培训等专业化服务。

8. 全面提升用户体验。坚持为民、惠民、便民，顺应万物互联、万物皆屏、万物皆媒趋势，创造更好体验。推动固移融合、台网协同，加快新型广电智能终端和应用的研发推广部署，优化互动体验，发展大屏连小屏、小屏回大屏、多屏连用户等新模式，加快推动高质量视听和综合服务终端通、人人通、时时通，推动服务的智慧化、便捷化、个性化，满足用户跨屏、跨域、跨网、跨终端无缝衔接服务的需求。

四、全面加强内容建设与供给

9. 提高精品内容的持续供给能力。深入实施舆论引导能力提升工程和新时代精品工程，从创作生产的源头发力，做精做强做专全媒体内容，不断创新新闻宣传和文艺宣传。强化主题主线宣传，多层次、多角度、多方式宣传阐释习近平新时代中国特色社会主义思想，推动党的声音传得更开更广更深入。准确及时发布融媒体新闻信息，为其他媒体转载提供新闻信息源，牢牢掌握网络舆论场主动主导权。加强现实题材创作生产，运用新方法讲好故事，提高亲和力表现力感染力，推出更多讴歌党、讴歌祖国、讴歌人民、讴歌英雄的扛鼎之作。提高定制化、个性化、精准化供给能力，提升内容传播效果。深耕专业化、垂直化、场景化内容服务，推动视听科创与文创应用，提高精品内容成果转化率、社会影响力和市场占有率。

10. 加大高新视听内容供给。加快建设全媒体内容供给体系，统筹考虑音频节目、短视频、竖屏节目等形式，针对不同场景和需求提供丰富多彩的内容。强化艺术与技术深度融合，加大移动端内容产品制播力度，加强超高清视频、沉浸式视频、互动视频、VR/AR/MR 视频等高新视听内容供给，提供全息化、沉浸式、交互式视听体验。用新理念新技术支持云端化、智能化、专业化、社会化生产，提高内容质量和供给效率。

11. 充分开发利用版权。加强对品牌、版权和数据等无形资产的合理开发、规范使用，防范侵权盗用。保护原创积极性，保护开发内容创意、工作室团队、播音员主持人等核心资源。加强媒体资产智能化、规范化开发利用，统筹建设高效信息发布和交易平台，综合利用区块链等先进保护技术，创新完善收益分享制度。

五、强化先进技术创新引领

12. 加快升级传播体系。深入实施智慧广电战略，打造智慧广电媒体，发展智慧广电网络，一体化推动广电 5G 网络建设和全国一网整合。围绕高新视听、多终端融合传播等典型场景，推出一批应用示范标杆项目，加快广电新基建和 5G 应用，打造广电 5G 应用平台，建设智慧广电数据中心，推进相关工程建设标准化。加快有线、地面无线、卫星等相互融通、智能协同，构建高速、泛在、智慧的新型传输覆盖体系，形成广播通信协同、大塔小塔联动、有线无线融合、大中小屏互动的全媒体传播格局和用户服务体系。智能配置“云、网、边、端、业”要素，提升综合业务承载能力。

13. 加快大数据创新应用。构建数字经济环境下以数据为关键要素的新业务模式，加快用户服务、政务服务、社会服务等大数据汇聚应用，构建互联互通互用的大数据系统，做好各类数据保护，丰富开源工具和数据服务，推动内容生产、服务、流程和运营的转型升级，增强传播平台一站式服务和灵活应对新业务场景能力。建立行业大数据基础信息平台，打通广播电视和互联网传播之间、视听节目制作传播各环节之间的信息孤岛，加快行业信息服务的网络化、数据化、智能化。

14. 提升核心技术能力。大力实施“广播电视迭代行动计划”，坚持需求牵引、适合管用、安全可靠原则，运用新一代信息技术革命成果，多技术集成创新，加强关键技术自主创新和专业团队培养，注重关键技术标准、专利转化，构建新技术生态。引导多元主体参与智慧广电科技创新体系建设，产学研用深度结合、全产业链协同推进，鼓励技术工具和平台能力共享，深化与高校、科研机构、科技企业、行业组织等协同创新，补齐短板，加强成果转化和优势输出，为高质量创新性发展提供持续动能。

15. 保持对新技术的战略主动。高度关注新技术发展，深入研究颠覆性技术可能带来的技术变革，主动跟进、兴利除弊、为我所用，防范新技术应用引发风险，确保技术和内容安全。将技术应用与行业需求有机结合、业务研发与产品开发有机结合，运用主流价值导向驾驭“算法”。培育更高技术格式、更新应用场景、更美视听体验的高新视听新业态，拉动相关设备生产及消费。加强 5G、4K/8K、大数据、云计算、物联网、区块链、人工智能等在全流程各环节的综合应用，抢占全媒体时代战略高地。

六、加快深化体制机制改革

16. 优化媒体组织架构和运行机制。以全媒体思维重塑广电媒体组织架构，以全媒体产品和服务为核心，以互联网为主阵地，优化生产传播各环节，整合采编制作力量，构建集约高效的新型采编制作播发流程，建立全媒体指挥调度体系。健全全媒体绩效考核，移动端首发、优发相关指标权重总和一般应高于 50%。用好项目制、工作室、产品事业部等各种内容生产组织和运营方式，实行灵活运行机制，赋予必要的人财物使用支配等自主权，打造自有优质网生内容、网红队伍和社交圈，形成个性化品牌集群，具备条件的可以全资或控股形式公司化运营。

17. 用好市场机制。增强市场竞争意识和能力，鼓励通过合资合作、兼并重组、利用多层次资本市场融资上市等打造形成一批拥有知名品牌、主业突出、核心能力强的新型广电企业。创新完善多渠道投融资机制，支持广电机构控股或参股互联网企业、科技企业，推动媒体融合项目技术研发、市场开拓与金融资本、社会资源有效对接。支持符合条件的广电企业混合所有制改革，积极稳妥开展跨所有制并购重组。开展“媒体 +”多元业务，构建“广电 +”生态体系，实现事业产业有机统一、良性互动，增强自我造血机能，推动可持续发展。

18. 构建区域协同发展新格局。积极对接国家重大区域战略，在宣传、技术、产业、对外合作交流上整合资源、协同发展，服务国内大循环为主体、国内国际双循环相互促进的新发展格局。强化制度保障，支持结合区域优势特点，推进节目联合制播、服务便利互通、产业联动发展，共建共享新平台、新品牌、新业态。鼓励建立区域协作体，有序推进跨地区、跨层级、跨行业、跨媒体资源整合，逐步建成几家区域级乃至全国性、骨干型新型主流媒体集团，充分发挥规模效应，提高行业整体竞争实力。

七、推动全媒体人才队伍建设

19. 创新人事和分配制度。健全成就、机会、报酬三位一体的激励机制。支持建立首席制、领衔制等岗位聘用制度，拓宽各类人才发展通道。落实中央有关事业单位改革政策，支持广播电视企事业单位建立符合政策精神和行业特点的薪酬分配制度和人才管理制度。支持建立全员岗位聘用制度，实行定岗定责、同工同酬、能上能下、能进能出，强化轮岗交流、双向选择机制，优化队伍结构。实行分类绩效考核，与评先选优、职称晋级等挂钩，多劳多得、优劳多得、奖优罚劣、奖勤罚懒。鼓励实施高层次人才工资分配激励、科研成果转化奖励。坚持业绩导向，向一线岗位倾斜，拉开二次分配差距。支持广播电视企业实行股权、期权、分红等中长期激励，激发内生活力。

20. 优化人才发展环境。落实人才激励政策，坚持德才兼备、唯才是用，拓宽选人用人渠道，打破身份等限制，建立健全全媒体人才职称制度体系，畅通广电企事业单位人才流动。为高端人才、急需紧缺人才引进提供特殊支持、开辟绿色通道，对特殊人才给予特殊待遇。支持以有效形式吸引外部人才加入各类广电工作室。采取对口支援省市“传帮带”、合法兼职创业等积极措施，加快改善艰苦边远地区、基层一线专业人才匮乏状况。

21. 健全人才培养体系。深化增强“脚力、眼力、脑力、笔力”教育实践工作及全媒体采编制作能力的培训，提高政治能力和专业本领。全面加强培训供给，加大培训投入预算，强化系统性技能培训，匹配不同岗位需求、支持员工转型和技能提升。综合运用线上线下培训、实操演练、比赛选拔等方式，分层分类、按需定制，提高培训效能。深入实施行业“领军人才工程”和“青年创新人才工程”，建好用好专家库，发挥高端人才引领作用，提供干事创业平台，大力培养青年业务骨干、复合型人才。鼓励与高校、科研院所等外部机构规范建立联合培养机制，壮大行业人力资源储备。

八、大力推进管理创新

22. 建立健全一体化管理体系。坚持广播电视和网络视听实行一个标准、一体管理，落实导向管理全覆盖要求，强化主管主办责任和属地管理责任，压实传播平台对内容管理、安全管理的主体责任，推动建立行业从业主体信用激励和惩戒管理机制。引导行业组织在服务媒体融合、规范行业秩序、开展行业自律等方面发挥积极作用。落实“放管服”改革要求，优化完善资质管理。推进广播电视媒体融合智慧监管体系建设，加强监管信息互联互通、资源共享。坚持法治与技术手段并重，提升管理科学化、精细化水平，营造统一、公平、有序的良性竞合环境。

23. 突出改革实效。鼓励广播电视媒体融合改革创新，支持先行先试、应用示范，推动部际合作、部省共建融合发展项目，建好用好广播电视媒体融合发展创新中心、各类实验室、各类支撑服务平台、产业基地（园区）。放大广播电视媒体融合优秀案例和产业重点项目的示范引导效用和带动作用，发挥创新中心、实验室的孵化效应和产业基地（园区）的集聚效应、规模效应，推动产业聚合发展和全产业链发展，支持融媒体产品服务走出去。编制广电媒体融合发展指数，支撑行业管理和服务。

24. 加强媒体融合考评。把推进深度融合发展成效纳入广电机构领导班子和个人考核体系，与年终考核、双先评选、领军人才评选等挂钩。推动建立健全改革创新容错纠错机制，给予新媒体业务和融合平台必要的培育周期，保护推动深度融合的积极性创造性和担当作为。充分利用节目收视综合评价大数据系统、广电视听融合传播基础信息平台，科学评价视听内容融合传播效果。

九、加强组织保障和政策支持

25. 强化党的领导。各级广电部门机构党委（党组）要将推进广播电视媒体深度融合作为落实意识形态工作责任制的重要内容，主要负责同志亲自抓、负总责，加强研究部署、统筹规划、政策制定和工作落实，压紧压实责任。主动争取当地党委宣传部门的指导和政策支持，把好广播电视媒体融合发展的方向导向。

26. 用足用好财税金融政策。强化财政资金引导带动作用，创新现有资金渠道对广电媒体深度融合发展的支持方式，争取各级财政资金对广电媒体融合发展业务的扶持，专款专用，提高配置效率、使用效益。推动财税优惠政策落到实处，为巩固宣传舆论阵地、提升媒体融合效果提供保障。加强要素市场化配置，增加有效金融服务供给，更好发挥各类基金作用，增强发展动能。

27. 强化督察指导。将党的领导的制度优势转化为治理效能，加强媒体融合发展的督察指导。把媒体融合发展作为“一把手”工程，班子成员全员参与、协同配合。深入实际、深入基层，分类指导、强化落实，坚持台账式督察，指导监督与正向激励结合，增强发现问题、解决问题的实效。

28. 加强组织保障。各地积极创造条件，加强辖区内配套政策和具体举措的出台落实，及时向党委政府汇报广播电视媒体融合工作情况，积极纳入各级党委政府发展规划。加强同各部门沟通协调，配套完善联络会商机制，积极争取政策、资金、人才、数据等支持，完善政策法规，优化审批服务，加强扶持引导，面向发展需求不断加强和改善政策供给。

【国家广播电视总局办公厅关于公布2021—2025年“十四五”纪录片重点选题规划（第一批）的通知（广电办发〔2020〕354号）】

各省、自治区、直辖市广播电视局，新疆生产建设兵团文化体育广电和旅游局，中央广播电视总台办公厅、电影频道节目中心、中央新影集团、中国农业电影电视中心、中国教育电视台、中央军委政治工作部宣传局：

为深入学习宣传贯彻党的十九届五中全会精神，围绕“十四五”文化建设发展目标，进一步加强纪录片创作统筹规划，推动国产纪录片精品创作，根据《国家广播电视总局关于实施“记录新时代”纪录片创作传播工程的通知》总体安排，围绕2021—2025年党和国家重要时间节点、重大活动安排，国家广播电视总局在前期发动、组织选题申报基础上，经认真遴选，确定第一批2021—2025年重点纪录片选题规划，现予公布。

本选题规划实行动态管理，将根据规划选题完成情况、制作水准进行调整，并及时更新发布。

各单位要认真落实工作部署，切实做好本地区、本单位重点纪录片选题组织申报、创作指导工作，按照“课题式设计、项目式管理、工程式推进、台账式督查、绩效式考核”的“五式工作法”抓好落实，在资金、政策上对重点选题予以倾斜和扶持，并将选题推进、创作进展等情况及时上报总局。

选题目录可在国家广播电视总局政府网站公告公示区中查询。

特此通知。

附件：2021—2025年“十四五”纪录片重点选题规划（第一批）(略)

国家广播电视总局办公厅

2020年12月9日

作品

【电视剧《安家》】

电视剧《安家》53 集，导演：安建，编剧：六六，制片人：王柔媗、方芳，主演：孙俪、罗晋、张萌、王自健、田雷等，出品：上海耀客传媒股份有限公司、企鹅影视、霍尔果斯橙子映像影业有限公司。2020 年 2 月 21 日国内首播。

该剧讲述了安家天下中介公司大区经理房似锦空降到静宜门店，与徐文昌形成双店长竞争局面的过程中，作为房产中介的他们在帮助客户安家之余，也见证了客户生活中的喜怒哀乐故事。

【电视剧《鬓边不是海棠红》】

电视剧《鬓边不是海棠红》49 集，导演：惠楷栋，编剧：渝州、水如天儿、久任，总制片人：戴莹、于正、杨乐，主演：黄晓明、尹正、佘诗曼，出品：北京爱奇艺科技有限公司。2020 年 3 月 20 日国内首播。

该剧改编自水如天儿的同名网络小说，讲述 20 世纪 30 年代的北平，一代天才京剧名伶商细蕊与爱国热血商人程凤台因戏结缘相知，两人在梨园百态和战火动乱中并肩奋斗前行，坚定了振兴京剧国粹的信念和定倾扶危以身救国的崇高理想，最终携手与残酷命运砥砺抗争的传奇故事。

获奖记录：

1.2020 中国・横店影视节第七届“文荣奖”电视剧奖项最佳美术指导、最佳电视剧编剧（水如天儿、渝州、久任）；

2. 第 16 届中美电视节年度金天使奖电视剧、年度最佳女主角奖（佘诗曼）。

【电视剧《我是余欢水》】

电视剧《我是余欢水》12 集，导演：孙墨龙，编剧：王三毛、磊子，制片人：侯鸿亮、杨蓓，主演：郭京飞、苗苗、岳旸、高叶、冯晖等，出品：得闲影业（北京）有限公司、东阳正午阳光影视有限公司、北京爱奇艺科技有限公司。2020 年 4 月 6 日国内首播。

该剧改编自余耕小说《如果没有明天》，以诙谐荒诞的方式描写了社会底层小人物余欢水的艰难境遇与心路历程。

【电视剧《清平乐》】

电视剧《清平乐》70 集，导演：张开宙，编剧：朱朱，制片人：侯鸿亮、方芳，主演：王凯、江疏影、任敏、杨玏、边程，出品：东阳正午阳光影视有限公司、深圳市中汇影视文化传播股份有限公司、腾讯视频、广州金逸影视传媒股份有限公司。2020 年 4 月 7 日国内首播。

该剧改编自米兰 Lady 的小说《孤城闭》，以北宋为背景，在风起云涌的朝堂之事与剪不断理还乱的儿女情长之间，塑造了一个复杂而真实的宋仁宗。

获奖记录：

1. 第七届“文荣奖”年度最佳电视剧、年度最佳男主角（王凯）；

2.2020 东京国际电视剧节海外作品特别奖。

【电视剧《隐秘的角落》】

电视剧《隐秘的角落》12集，导演：辛爽，编剧：胡坤、潘依然、孙浩洋，总制片人：戴莹、何俊逸，主演：秦昊、王景春、荣梓杉、史彭元、王圣迪、张颂文等，出品：北京爱奇艺科技有限公司。2020年6月16日国内首播。

该剧改编自紫金陈的小说《坏小孩》，主要讲述沿海小城的三个孩子在景区游玩时无意拍摄记录了一次谋杀，他们的冒险也由此展开。扑朔迷离的案情，将几个家庭裹挟其中，带向不可预知的未来。

获奖记录：

1. 第16届中美电影节中美电视节年度最佳网剧；
2. 第25届釜山国际电影节第2届亚洲内容大奖最佳新人男演员奖（荣梓杉）、最佳创意奖（戴莹）；
3. 第16届首尔国际电视节迷你电视剧优秀作品奖。

【电视剧《三十而已》】

电视剧《三十而已》43集，导演：张晓波，编剧：张英姬，总制片人：陈菲、徐晓鸥，主演：江疏影、童瑶、杨玏、毛晓彤、李泽锋，出品：上海柠萌影视传媒有限公司。2020年7月17日国内首播。

该剧以三位30岁的都市女性的视角展开，讨论这一年龄节点的女性在职场与生活中的困境。三个女性，不同的身份背景，不同的生活环境，分别代表三个不同的阶层，也分别代表未婚未育、已婚未育和已婚已育这三种状态的女性群体。

获奖记录：

第27届上海电视节白玉兰奖最佳女主角（童瑶）、国际传播奖。

【电视剧《沉默的真相》】

电视剧《沉默的真相》12集，导演：陈奕甫，编剧：刘国庆，总制片人：戴莹、路汶翰，主演：廖凡、白宇、谭卓、宁理、黄尧等，出品：北京爱奇艺科技有限公司。2020年9月16日国内首播。

该剧根据紫金陈的小说《长夜难明》改编，讲述了检察官江阳历经多年，付出无数代价查清案件真相的故事。

获奖记录：

第26届釜山国际电影节第3届亚洲内容大奖最佳流媒体原创剧集。

【电视剧《在一起》】

电视剧《在一起》20集，导演：张黎、韩晓军、沈严、刘海波、滕华涛等，编剧：梁振华、董哲、高璇、任宝茹、黄彦威等，制片人：孙昊、侯宇静，主演：张嘉益、周一围、谭卓、张天爱、雷佳音等，出品：上海广播电视台、上海耀客传媒股份有限公司、上海尚世影业有限公司。2020年9月29日国内首播。

该剧以“抗疫”期间各行各业真实的人物、故事为基础，由单元故事组成，讲述了平凡人挺身而出参加全民武汉抗疫的故事。该剧是广电总局策划的重点剧目之一，也是第一部时代报告剧形式的重大现实题材电视剧作品，是新时代中国电视剧创作类型创新的一次积极探索。

获奖记录：

第 27 届上海电视节白玉兰奖国际传播奖。

【电视剧《装台》】

电视剧《装台》33 集，导演：李少飞，编剧：马晓勇，制片人：武刚、陶勇，主演：张嘉益、闫妮、凌孜、尤勇智、孙浩等，出品：中央电视台、西安兆麦影视传媒有限公司、霍尔果斯贰零壹陆影视传媒有限公司。2020 年 11 月 29 日国内首播。

该剧根据陈彦的同名小说改编，讲述了以刁顺子为首的舞台搭建者生活中发生的酸甜苦辣的故事。

获奖记录：

第 27 届上海电视节白玉兰奖最佳编剧（改编）马晓勇。

【电视剧《大江大河 2》】

电视剧《大江大河 2》39 集，导演：李雪、黄伟，编剧：唐尧，制片人：侯鸿亮，主演：王凯、杨烁、董子健、杨采钰，出品：上海广播电视台、东阳正午阳光影视有限公司、SMG 尚世影业出品。2020 年 12 月 20 日国内首播。

该剧延续第一季内容，以宋运辉、雷东宝、杨巡等人的际遇和奋斗历程，展现中国 20 世纪 80 年代末到 90 年代初经济领域的改革、社会生活的嬗变、政治领域的变革，刻画改革实践者们的挣扎、觉醒和变化。

获奖记录：

第 8 届文荣奖最佳青年摄影师（剧集类）雷鸣、最佳青年美术师（剧集类）吕峰。

【电视纪录片《如果国宝会说话　第三季》】

电视纪录片《如果国宝会说话　第三季》25 集，导演：徐欢，总制片人：史岩、陈培军，制片人：徐欢、范伊然，联合制作：中央电视台、国家文物局。2020 年 6 月 13 日国内首播。

该片每集用 5 分钟的时间讲述一件国宝的故事。从魏晋南北朝到隋唐的 25 件国宝，涵盖了书法、绘画、壁画、画像砖、雕塑、造像、金银器、兵器、文书等多个门类，多维度展示了当时的技艺、审美、文化和生活方式。这些文物蕴含着丰富的历史信息，每一件都是文明的物证，是中华文明在历史时空中的印迹。

纪事

国家扶持项目

【国家广播电视总局办公厅公布 2019 年度广播电视创新创优节目】

2020 年 7 月 10 日，根据《国家广播电视总局办公厅关于公布 2019 年度广播电视创新创优节目的通知》（广电办发〔2020〕166 号），为表彰创新创优节目，发挥优秀广播电视节目的示范引领作用，经评议，确定中央广播电视总台《共和国声音日历》、北京广播电视台《中共中央在香山》等 6 个广播节目，中央广播电视总台《故事里的中国》《中国地名大会》、上海广播电视台《这就是中国》、江苏电视台《从地球出发》等 24 个电视节目为“2019 年度广播电视创新创优节目”，每个节目给予 5 万元的资金扶持；确定《我家住在解放路》《思想的田野》2 个集体创作的节目为“2019 年度广播电视创新创优特别节目”。节目扶持资金由广电总局拨付至各省广播电视局、中央广播电视总台、中国教育电视台，各省广电局负责将扶持资金分发至所属获奖单位。

详细信息见国家广播电视总局官网。

【国家广播电视总局办公厅公布 2019 年中国经典民间故事动漫创作工程（网络动画片）重点扶持项目】

2020 年 8 月 4 日，国家广播电视总局官网发布《国家广播电视总局办公厅关于公布 2019 年中国经典民间故事动漫创作工程（网络动画片）重点扶持项目的通知》（广电办发〔2020〕193 号），根据中办、国办《关于实施中华优秀传统文化传承发展工程的意见》中关于“实施中国经典民间故事动漫创作工程”的要求和有关工作部署，国家广播电视总局积极组织开展“中国经典民间故事动漫创作工程（网络动画片）”征集评选工作，各相关机构积极参与。经专家评审，国家广电视总局确定了 10 部网络动画片作为 2019 年重点扶持项目，并将重点扶持项目予以公布。

详细信息见国家广播电视总局官网。

【国家广播电视总局办公厅公布 2019 年度优秀国产动画片及创作人才扶持项目评审结果】

2020 年 8 月 17 日，根据《国家广播电视总局办公厅关于公布 2019 年度优秀国产动画片及创作人才扶持项目评审结果的通知》（广电办发〔2020〕200 号），广电总局组织开展了 2019 年度优秀国产动画片及创作人才扶持项目评审，经各省级广播电视行政管理部门、中央广播电视总台推荐，总局组织专家进行评审，最终评选出《大禹治水》《愚公移山》《八仙过海》《篮球旋风》等 20 部优秀作品、杨毅等 3 名优秀导演、张忆翔等 3 名优秀编剧、魏星等 3 名优秀美术、央视动漫集团有限公司等 3 个优秀制作机构、中央广播电视总台央视综合频道等 3 个优秀播出机构、《丝路传奇》等 3 部优秀国际传播作品，经公示无异议，正式公布并予以表扬。同时，经总局评议，对 2019 年度动画管理工作表现优秀的北京市广播电视局宣传管理处等 5 个省级动画主管部门予以表扬。广电总局将给予每部优秀作品 10 万元、优秀人才和优秀制作播出机构各 5 万元的扶持资金（曾获得总局重点项目资金扶持的作品不再发放扶持资金）。

详细信息见国家广播电视总局官网。

【国家广播电视总局办公厅公布 2019 年度国产纪录片及创作人才扶持项目评选结果】

2020 年 9 月 3 日，根据《国家广播电视总局办公厅关于公布 2019 年度国产纪录片及创作人才扶持项目评选结果的通知》(广电办发〔2020〕222 号)，2019 年国产纪录片蓬勃发展，涌现出一批思想性、艺术性、观赏性相统一的精品力作，社会影响力、美誉度不断提升。为了进一步从制作、播出、产业、人才等多个环节加大对国产纪录片的扶持引导力度，发挥优秀作品、制作机构、播出机构和创作人才的引领示范作用，国家广播电视总局经评审委员会评审，并通过广电总局政府网站公示，最终确定 12 类 89 个优秀作品、人才、栏目和机构等获评 2019 年度国产纪录片及创作人才扶持项目并予以公布。优秀国产纪录片扶持项目获评作品由广电总局安排，在中国纪录片网平台展播。中国纪录片网须按国家法律规定确保广电总局扶持项目版权不因展播受到侵犯。广电总局以专项资金扶持鼓励获评 2019 年度国产纪录片及创作人才扶持项目。扶持资金由广电总局拨付至相关报送单位，由报送单位严格按照国家有关政策规定，分发至入选扶持项目的单位和个人。

详细信息见国家广播电视总局官网。

【国家广播电视总局办公厅公布 2020 年上半年网络视听节目精品创作传播工程评选结果】

2020 年 9 月 4 日，根据《国家广播电视总局办公厅关于公布 2020 年上半年网络视听节目精品创作传播工程评选结果的通知》(广电办发〔2020〕226 号)，为持续加强网络视听精品创作生产，推动网络视听节目内容建设全面深入，2020 年广电总局继续实施网络视听节目精品创作传播工程征选推广工作，得到社会各界的积极响应。2020 年网络视听节目精品创作传播工程在上、下半年分两次举行。在上半年的活动中，经各中央直属单位和省级广电行政部门推荐，广电总局组织专家进行多轮评审，最终评选出 10 部优秀网络视听作品作为 2020 年网络视听节目精品创作传播工程重点扶持作品。广电总局将评选结果予以公布，将对重点作品提供资金扶持，并对其创作播出进行全方位指导帮助。

详细信息见国家广播电视总局官网。

【国家广播电视总局办公厅公布 2019 年度优秀网络视听作品推选活动评审结果】

2020 年 9 月 28 日，根据《国家广播电视总局办公厅关于公布 2019 年度优秀网络视听作品推选活动评审结果的通知》(广电办发〔2020〕253 号)，为深入学习贯彻习近平新时代中国特色社会主义思想，落实习近平总书记关于宣传思想工作和文艺工作的重要论述要求，引导和鼓励优秀网络视听节目制作播出，不断提升网络视听节目内容品质，国家广播电视总局 2020 年继续开展年度优秀网络视听作品推选活动评审工作。经省级广电行政部门和中央直属单位等推荐，专家评审委员会审核，最终确定 2019 年优秀网络视听作品推选活动优秀作品名单，并将结果予以公布。

详细信息见国家广播电视总局官网。

【国家广播电视总局办公厅公布 2019 年度少儿节目精品发展专项资金扶持项目评审结果】

2020 年 10 月 16 日，根据《国家广播电视总局办公厅关于公布 2019 年度少儿节目精品发展专项资金扶持项目评审结果的通知》（广电办发〔2020〕270号），为扶持全国少儿广播电视节目制作播出，鼓励和引导少儿节目精品创作，国家广播电视总局设立“少儿节目精品发展专项资金”。广电总局组织专家进行评审，确定了2019年度少儿节目精品发展专项资金扶持项目共66个，扶持资金共计314万元，评审结果经过公示，现正式向社会公布。这些少儿节目坚持价值引领，坚持童真童趣，坚持创新创优，紧扣主题主线，时代气息鲜明，播出后反响良好。各级广播电视播出机构要认真学习借鉴这些节目的经验，制作播出更多优秀少儿广播电视节目，为少年儿童健康成长营造良好氛围。

详细信息见国家广播电视总局官网。

【国家广播电视总局办公厅公布“2017—2018年度中国广播电视大奖·广播电视节目奖”评选结果】

2020年11月11日，根据《国家广播电视总局办公厅关于公布“2017—2018年度中国广播电视大奖·广播电视节目奖”评选结果的通知》（广电办发〔2020〕313号），由国家广播电视总局主办、中国广播电视社会组织联合会承办的“2017—2018年度中国广播电视大奖·广播电视节目奖”评选结果揭晓，本次终评共有96件作品获奖，其中新闻类（广播电视）90件，广播文艺类5件，广播剧类1件。

详细信息见国家广播电视总局官方网站。

【国家广播电视总局办公厅公布2020年度电视剧引导扶持专项资金剧本扶持项目评审结果】

2020年12月1日，根据《电视剧引导扶持专项资金项目评选办法》（广电发〔2020〕57号）和《国家广播电视总局办公厅关于2020年度电视剧引导扶持专项资金剧本扶持项目申报评审工作的通知》（广电办发〔2020〕224号）确定的原则和标准，2020年度电视剧引导扶持专项资金剧本扶持项目评审委员会最终确定了2020年度电视剧引导扶持专项资金剧本扶持项目24部。国家广播电视总局办公厅对评审结果予以公布。电视剧引导扶持专项资金剧本扶持项目将适当向“深入生活、扎根人民”的现实题材电视剧创作倾斜，最终确定2020年度电视剧引导扶持专项资金剧本扶持项目“深入生活、扎根人民”倾斜项目7部。

详细信息见国家广播电视总局官方网站。

【国家广播电视总局办公厅公布2020年下半年网络视听节目精品创作传播工程评选结果】

2020年12月4日，根据《总局办公厅关于公布2020年下半年网络视听节目精品创作传播工程评选结果的通知》（广电办发〔2020〕351号），经各中央直属单位和省级广电行政部门推荐，广电总局组织专家进行多轮评审，最终评选出15部优秀网络视听作品作为网络视听节目精品创作传播工程重点扶持作品。

详细信息见国家广播电视总局官方网站。

【国家广播电视总局办公厅公布“理想照耀中国——第四届社会主义核心价值观动画短片扶持创作活动”优秀创意】

2020年12月4日，根据《总局办公厅关于公布“理想照耀中国——第四届社会主义核心价值观动画短片扶持创作活动”优秀创意的通知》(广电办发〔2020〕349号)，国家广播电视总局联合教育部高等学校动画与数字艺术专业教学指导委员会，于2020年7月启动了“理想照耀中国——第四届社会主义核心价值观动画短片扶持创作活动”，在作品创意征集阶段，共收到来自全国85所高校和66个制作机构的581个创意提案。共评出100个优秀创意。国家广播电视总局办公厅公布优秀创意，并予以每个创意1万元扶持资金，扶持下一步创作。作品创作完成后，广电总局将组织下一阶段评审，对评出的优秀作品予以表彰奖励。

详细信息见国家广播电视总局官方网站。

【国家广播电视总局办公厅公布2020年度全国广播电视媒体融合先导单位、典型案例、成长项目征集评选结果】

2020年12月16日，根据《国家广播电视总局办公厅关于公布2020年度全国广播电视媒体融合先导单位、典型案例、成长项目征集评选结果的通知》(广电办发〔2020〕362号)，广电总局组织专家学者，对各地选送的推荐材料进行认真评审，共评出2020年度全国广播电视媒体融合先导单位10家、全国广播电视媒体融合典型案例15个、全国广播电视媒体融合成长项目15个。

详细信息见国家广播电视总局官方网站。

节展·评奖

【2019年度中国最具影响力十大纪录片系列推选活动】

2020年1月17日，由中国广播电视社会组织联合会纪录片委员会、《光明日报》文艺部主办，纪录中国理事会承办的“2019年度中国最具影响力十大纪录片系列推选活动”在北京市举行。活动现场揭晓了2019年度最具影响力的十大纪录片、十大入围作品以及播出机构、制作人、撰稿人、特别贡献人物、杰出贡献人物等多个推选项目。

[获奖名单]

2019年度中国最具影响力十大纪录片作品：

《我们走在大路上》

《见证初心和使命的“十一书”》

《手术两百年》

《变化中的中国：生活因你而火热》

《航拍中国（第二季）》

《世界上最大的生日庆典》

《城市24小时（第一季）》

《长江之恋》

《他乡的童年》

《水果传（第二季）》

2019年度中国最具影响力十大纪录片入围作品：

《淮海战役启示录》

《人间世（第二季）》

《早餐中国（第一、二季）》

《城门几丈高》

《稻米之路》

《零零后》

《影响世界的中国植物》

《你好AI》

《从〈中国〉到中国》

《海昏侯》

2019年度中国最具影响力纪录片制作人：

张旭、曹海滨、朱乐贤、赵琦、龚卫

2019年度中国最具影响力纪录片撰稿人：

邓建永、周艳、曾辉

2019年度特别贡献人物：

闫东、马志丹、沈书

中国纪录片杰出贡献人物：

黎瑞刚

2019 年度中国最具影响力纪录片播出机构：
央视纪录频道、优酷

【第 26 届北京电视节目交易会（2020・春季）】

2020 年 4 月 26 日至 30 日，由中共北京市委宣传部、北京市广播电视局、中共怀柔区委区政府主办的“第 26 届北京电视节目交易会（2020・春季）”（以下简称：春交会）举行。受新冠肺炎疫情影响，春交会由线下转至云端，除开幕式外，还线上举办了剧目推介会、主题论坛等活动。

本届春交会以“云端推介，推动电视剧平稳提质”为主题，参展项目共 1185 个，其中电视剧 755 部，网剧 84 部，电影 19 部，纪录片、电视栏目 59 部，动画片 52 部，网络文学作品 216 部。参展项目题材类型丰富，涵盖了年代、军旅、古装、家庭、都市等多种题材。

本届春交会的“脱贫攻坚题材重点电视剧片单”主题展推介了 32 部脱贫攻坚题材作品；“京榜剧献”暨新剧发布活动，邀请了一批主创以云端直播推介的形式，与网友在线上进行交流；4 月 26 日，在春交会上发布的《中国电视 / 网络剧产业报告（2020）》，报告名称首次将电视剧和网络剧合在一起，这表示网剧的影响力已不容小觑，其在整个剧集生产和传播过程中的作用越来越大；4 月 27 日，举办的“中国电视剧网剧创作趋势沙龙”活动上，业内人士指出，短剧集对作品的内容提出了更高的要求，满足了观众对高品质影视剧的硬性需求。

【第 26 届上海电视节】

2020 年 8 月 3 日至 7 日，由中国国家广播电视总局、中央广播电视总台、上海市人民政府主办，上海市广播电视局、上海广播电视台承办的“第 26 届上海电视节”在上海市举行。本届电视节包括“白玉兰奖”评选、“白玉兰奖”国际电视节目展播、“白玉兰”电视论坛、国际影视市场、互联网影视峰会等主体活动。

8 月 4 日至 5 日，上海电影节互联网影视峰会举办“破圈与破局”主题论坛，邀请行业人士围绕网生内容的精品化创制进行讨论，并发布《中国视听新媒体发展报告》《2019 网络原创节目发展分析报告》《中国网络视频精品原创报告（2020）》，揭晓 2020 互联网影视精品排行榜。

8 月 7 日，第 26 届上海电视节“白玉兰奖”颁奖典礼举行并揭晓获奖名单。本届“白玉兰奖”首次将网络首播电视剧纳入评奖范围，共收到来自全球 48 个国家和地区的 800 多部报名作品。

[第 26 届上海电视节“白玉兰奖”获奖名单]

电视剧单元

最佳中国电视剧：《破冰行动》
最佳导演：汪俊（《小欢喜》）
最佳编剧（原创）：陈育新、李立、秦悦（《破冰行动》）
最佳编剧（改编）：王倦（《庆余年》）
最佳男主角：陈宝国（《老酒馆》）
最佳女主角：闫妮（《少年派》）
最佳男配角：田雨（《庆余年》）
最佳女配角：陶虹（《小欢喜》）
最佳美术：杨志家、金杨（《长安十二时辰》）
最佳摄影：荆冲（《长安十二时辰》）

最佳海外剧（短）：《第二十二条军规》[美国]

最佳海外剧（长）：《我的天才女友第二季：新名字的故事》[意大利]

综艺单元

最佳电视综艺节目：《舞蹈风暴》《故事里的中国》

纪录片单元

最佳纪录片：《热流》

最佳系列纪录片：《人类纪元——人类的崛起》[德国]

动画片单元

最佳动画片：《咻咻的奇幻之旅》[法国 / 比利时]

最佳动画剧本奖：《伍六七之最强发型师》

其他

国际传播奖：《长安十二时辰》《都挺好》

组委会特别奖：《我们走在大路上》

中国电视剧海外推广大使：刘涛

【第 29 届北京国际广播电影电视展览会（BIRTV2020）线上展】

2020 年 8 月 18 日至 21 日，由中国广播电视国际经济技术合作总公司主办的“第 29 届北京国际广播电影电视展览会（BIRTV2020）线上展”举行。展览通过在线展馆、在线论坛、在线直播推介及互动交流等形式举行，这是创办于 1987 年的 BIRTV 展览会首次以纯线上方式全景呈现，也是中国举办的首次广电行业国际线上展览。本届线上展以“智慧引领　融合驱动　产业赋能”为主题，重点推出三大主题展：国家广播电视总局“智慧广电发展成果展”、中央广播电视总台“5G+4K/8K+AI”战略发展成果展、北京 2022 年冬奥会“科技冬奥”展区等，集中展示 4K/8K 超高清、智慧广电、媒体融合、5G、人工智能、VR 等新技术新应用，共有 385 家中外厂商参展。

【第八届优秀国产纪录片及创作人才推优活动暨第四届纪实影像周】

2021 年 9 月 15 日，“第八届优秀国产纪录片及创作人才推优活动暨第四届纪实影像周启动式”在北京广播电视台大剧院举行。

国产纪录片及创作人才推优活动由国家广播电视总局主办，北京市广播电视局、北京广播电视台承办，本届优秀国产纪录片及创作人才推优活动共有 12 类 89 项国产纪录片、人才、机构入选。

9 月 15 日至 22 日，由北京市广播电视局主办，首都纪录片发展协会、北京歌华展览有限公司承办的“第四届北京纪实影像周”在北京市举行。本届纪实影像周以“记录 · 美好生活”为主题，共举办 1 场政策及提案发布会，推出 1 场线上主题展览、3 次行业培训活动、3 个特别活动、6 场学术论坛，达成 5 项市场签约合作，推动 20 部优秀纪录片提案作品交流交易，展映 50 部优秀纪录片。

【第九届中国大学生电视节】

2020 年 9 月 18 日至 19 日，由中国文学艺术界联合会、中国电视艺术家协会、中国传媒大学主办，成都市人民政府承办的“第九届中国大学生电视节”在四川省成都市举行。

本届电视节以“时代传承 · 青春不悔”为主题，以“大学生欣赏、大学生创作、大学生参与”为特点，电视节期间举办了开闭幕式、“新时代 · 新语境 · 新征程——高等院校戏剧影视教育论坛”、“致敬青春——第九届中国大学生电视节青春题材电视精品创作论坛”、大学生优秀原创作品展映、“艺术家进校园”等活动。

9月19日，第九届中国大学生电视节闭幕式盛典举行。闭幕式公布了电视节大学生原创优秀作品名单和大学生赏析推荐作品。

【2020青岛影视博览会】

2020年9月26日至28日，由中共山东省委宣传部、山东省广播电视局、青岛市人民政府主办的“2020青岛影视博览会”在山东省青岛市举行。2020青岛影视博览会以“梦圆小康·光影同行”为主题，采取“线下+线上”相结合的方式，开展了5G高新视频、影视主题、市场交易、成果发布四大单元15项主题活动。其中，5G高新视频单元举办了5G高新视频系列白皮书发布会、5G高新视频高峰论坛、5G高新视频内容技术创新展、中国影视数码剪辑大赛等活动。

【第32届电视剧“飞天奖”、第26届电视文艺“星光奖”颁奖典礼】

2020年9月28日，由国家广播电视总局、河北省人民政府主办，中国电视艺术委员会、河北省广播电视局、衡水市人民政府承办的“第32届电视剧‘飞天奖’、第26届电视文艺‘星光奖’颁奖典礼”在河北省衡水市举行。第32届电视剧“飞天奖”共评出优秀电视剧奖获奖作品16部、优秀电视剧奖提名作品34部，以及优秀导演奖、优秀编剧奖、优秀男演员奖、优秀女演员奖4个单项奖；第26届电视文艺“星光奖”共评出特别奖获奖作品6部、优秀电视节目奖获奖作品14部、优秀电视节目奖提名作品55部。

[第26届电视文艺“星光奖”获奖名单]

特别奖：

《中央广播电视总台春节联欢晚会（2018年、2019年）》

《庆祝新中国成立七十周年特别节目——中国歌剧　光荣绽放》

《我们走在大路上》

《中国脱贫攻坚》

《故园长歌（中国出了个毛泽东）》

《我们在行动（第四季）》

电视纪录片奖：

《淮海战役启示录》

《长江之恋》

《海兰江畔稻花香》

《影响世界的中国植物》

电视综艺节目奖：

《国家宝藏（第一季）》

《〈跨域时空的回信〉之“父亲”》

《中国地名大会》

电视文艺栏目奖：

《经典咏流传》

《闪亮的名字》

《上新了・故宫》

电视戏曲节目奖：

《谁与争锋——京津冀河北梆子名旦大会》

少儿电视节目奖：

《我同祖国共成长——庆祝新中国成立七十周年少儿晚会》

电视动画节目奖：

《大禹治水》

《丝路传奇》

[第 32 届电视剧“飞天奖”获奖名单]

优秀电视剧奖：

《外交风云》

《大江大河》

《绝境铸剑》

《最美的青春》

《情满四合院》

《伟大的转折》

《右玉和她的县委书记们》

《共产党人刘少奇》

《换了人间》

《老酒馆》

《可爱的中国》

《特赦 1959》

《激情的岁月》

《急诊科医生》

《小欢喜》

《岁岁年年柿柿红》

优秀导演奖：

刘江（《老酒馆》）

优秀编剧奖：

马继红（《外交风云》）

优秀男演员奖：

何冰（《情满四合院》）

优秀女演员奖：

秦海璐（《老酒馆》）

【第八届中国网络视听大会】

2020 年 10 月 13 日至 19 日，由国家广播电视总局和四川省人民政府主办，中国网络视听节目服务协会和成都市人民政府承办的“第八届中国网络视听大会”在四川省成都市举行。本届大会通过“云上大会”和“线下大会”相结合的方式举行。“云上大会”部分包含云展览、云展映、云发布、云市场等内容，“线下大会”包括 10 余场活动，内容涵盖视听精品创作、全媒体融合发展、视听扶贫与抗疫、5G 与 AI 技术应用创新等。会议发布 2019 年度优秀网络视听作品，进行“共同战疫”网络视听宣传表彰，举办“国家广播电视总局网络影视剧 IP 征集平台”上线活动，举行“庆祝中国共产党成立 100 周年”精品网络视听节目创作展播启动仪式。

【第 13 届中国金鹰电视艺术节】

2020 年 10 月 16 日至 18 日，由中国文学艺术界联合会、湖南省人民政府、中国电视艺术家协会主办，长沙市人民政府、湖南省新闻出版广电局、湖南广播电视台承办的“第 13 届中国金鹰电视艺术节”在湖南省长沙市举行。艺术节期间，举办了开幕式暨文艺晚会、金鹰论坛、颁奖晚会、提名荣誉颁授典礼、大型史诗歌舞剧《大地颂歌》、“芒果季风”计划及纪念建党 100 周年百集红色文化讲演节目《闪亮的坐标》发布会等多项活动。10 月 18 日，第 13 届中国金鹰电视艺术节闭幕式暨第 30 届中国电视金鹰奖颁奖晚会举行，第 30 届中国电视金鹰奖各奖项揭晓。

[第 30 届中国电视金鹰奖暨第 13 届中国金鹰电视艺术节获奖名单]

“中国文联终身成就电视艺术家”荣誉称号：李保田、陈铎、刘效礼

最佳电视剧奖：《外交风云》

优秀电视剧奖：《大江大河》《长安十二时辰》《破冰行动》《知否知否应是绿肥红瘦》《小欢喜》《共产党人刘少奇》《都挺好》

最佳导演奖：孔笙（《大江大河》）

最佳编剧奖：马继红（《外交风云》）

最佳摄影奖：荆冲（《长安十二时辰》）

最佳音乐奖（原创主题歌曲）：《永生不忘》（《国家孩子》）

最佳男演员奖：任达华（《澳门人家》）

最佳女演员奖：童瑶（《大江大河》）

观众喜爱的男演员奖：王一博（《陪你到世界之巅》）

观众喜爱的女演员奖：赵丽颖（《知否知否应是绿肥红瘦》）

最佳电视纪录片奖：《中国出了个毛泽东》《但是还有书籍》

最佳电视综艺节目奖：《江苏卫视 2019—2020 跨年演唱会》

最佳电视动画片奖：《丝路传奇》

评委会特别推荐作品：综艺节目《亚洲文化嘉年华》、纪录片《同心战“疫”》

【IDF2020 第四届西湖国际纪录片大会】

2020 年 10 月 17 日至 19 日，由浙江省广播电视局与中国美术学院主办的“IDF2020 第四届西湖国际纪录片大会”在中国美术学院举行。

会议年度主题为“生・活”，设有：“D20 提名”评优单元、“纪录之光”展播单元、“IDF 论坛”峰会单元、“IDF 创投”提案单元、“IDF 公共活动”（开 / 闭幕式、主题分享会、媒体发布会等活动）五大内容板块，国内外专业纪录片作者、学者、产业投资人等国际专业人士线上、线下同步参与大会。

“D20 提名”评优单元共收到来自 72 个国家和地区 496 项报名，472 项为有效报名。其中，纪录长片 249 部，纪录短片 179 部，系列纪录片 44 部，疫情题材有 36 部。“纪录之光”展播单元共展播纪录片 32 部，其中纪录长片 17 部、纪录短片 9 部，系列纪录片 6 部。“IDF 创投”提案单元征得纪录片项目 128 项，有效报名 115 项。其中，长片项目 102 个，系列纪录片项目 13 个，最终有 13 个项目

入选本届提案单元并与活动现场进行提案。“IDF 论坛”单元举办学术讲座、学者论坛、作者论坛共 6 场，800 余名听众参与学术交流。

【第 13 届中国旅游电视周暨第二届中国大运河文化国际电视周】

2020 年 10 月 26 日至 29 日，由中国电视艺术家协会、扬州市人民政府主办，扬州广播电视传媒集团（总台）承办的“第 13 届中国旅游电视周暨第二届中国大运河文化国际电视周”在江苏省扬州市举行。本次电视周的主题是“美食与旅游”和“小康路上风景美”，其间举行了专家论坛、世界美食之都采风行直播活动、世界美食之都主题曲发布、青年编导主播训练营、“送欢乐下基层”等系列活动。来自全国各省、自治区、直辖市报送的 305 部旅游电视作品参与最佳荣誉的角逐，最终产生了最佳作品 15 部、优秀作品 28 部、好作品 58 部，最佳旅游电视节目主持人 1 人、优秀旅游电视节目主持人 3 人。

【第 27 届北京电视节目交易会（2020・秋季）】

2020 年 10 月 27 日至 30 日，由中共北京市委宣传部、北京市广播电视局、中共怀柔区委区政府主办，首都广播电视节目制作业协会、北京京视传媒有限责任公司承办的“第 27 届北京电视节目交易会（2020・秋季）”（以下简称：秋交会）在北京市举行。本届秋交会共收集参展节目 800 余部，参会人员近 2500 人。秋交会以“聚心聚力剧精彩”为主题，通过“线上＋线下”双线并行的办会模式，举办了开幕式、节目交易、新剧发布、新剧云推荐、国际论坛、网络文学论坛、专项推介会、IP 交易集市、技术论坛、表彰活动等多项活动，并设有大型影视节目展示区，分为“庆祝中国共产党成立 100 周年北京市重点电视剧片单”及“脱贫攻坚题材重点电视剧片单”两个板块。

秋交会开幕式上，首都广播电视节目制作业协会创作规划指导委员会、产业发展促进委员会正式成立。

【2020 世界超高清视频（4K/8K）产业发展大会】

2020 年 11 月 2 日至 3 日，由工业和信息化部、国家广播电视总局、中央广播电视总台等主办的“2020 世界超高清视频（4K/8K）产业发展大会”在广东省广州市举行。此次大会以“超清视界，5G 赋能”为主题，主要内容包括一场主论坛、八场分论坛、一个超高清视频（4K/8K）小型展示和一系列签约发布活动。11 月 2 日举行中国广播电视网络有限公司与广州市人民政府战略合作签约仪式和“中国（广州）超高清视频创新产业示范园区”揭牌仪式。

【第八届亚洲微电影艺术节】

2020 年 11 月 6 日至 9 日，由中国电视艺术家协会、中央新闻纪录电影制片厂、中共云南省委宣传部等主办的“第八届亚洲微电影艺术节”系列活动（以下简称“亚微节”）在云南省临沧市举办。本届亚微节以“亚洲风、中国梦、临沧情”为主题，设“国际单元”“平安中国”“能源中国”“中国税收”等单元以及开幕式暨群众文艺演出、高峰论坛、年度盛典、文艺志愿服务队演出、非物质文化遗产展等一系列活动。

11 月 7 日，“第八届亚洲微电影艺术节高峰论坛暨亚洲微电影学院开班仪式”举行。论坛邀请业内专家对亚洲微电影艺术节举办 8 年以来我国微电影微视频行业发展趋势和作品特征进行了系统性的总结，并邀请创作者代表分享了各自的创作经验。

同日，以“脱贫攻坚迎小康致敬新时代、众志成城致敬抗疫英雄、奋进新时代致敬祖国”为主题的第八届亚洲微电影艺术节年度盛典举行，揭晓了第八届亚洲微电影艺术节“金海棠奖”。演员邢家栋和王艺禅凭借作品《苗岭密码》《生死坚守》分别获得最佳男演员奖和最佳女演员奖。《英雄之城》《古寨新传》等40部作品获得最佳作品奖。

本届亚洲微电影艺术节共征集到20余个国家和地区的5019部参评作品，共评选出40部最佳作品奖、80部优秀作品奖、120部好作品奖及相关单项奖。2020年增设“抗击疫情”和“扶贫攻坚”单元，共有《边疆抗疫》《咱是一家人》等10部微电影入选最佳作品奖。此外，本届亚洲微电影艺术节上，在参评的79部国外微电影作品中，评选出《听障者》《改变》等“国际单元”优秀作品奖5部，分别来自塔吉克斯坦、哈萨克斯坦、巴基斯坦等5个国家。

【首届中国（北京）国际视听大会】

2020年11月19日至22日，由北京市广播电视局主办的“首届中国（北京）国际视听大会”在北京市举行。本届大会以“视听改变生活，文化引领未来”为主题，以“云端＋线下”结合的形式举行。大会设置线上云展览平台，支持数千种产品在线展示，搭建视听产业馆电商平台；线下展览由11个专业展区构成，200家企业参展，展览面积达2万平方米，展示国内外视听领域产业链上下游发展与创新现状；举办30余场国际化专业论坛活动，近300名专家学者参加，聚焦视听产业高质量发展，还开辟投资板块，路演项目总市值超过千亿元。闭幕式上，举行北京市推动智慧广电发展专项资金奖励项目发布仪式，为遴选出的“2020北京市智慧广电重大项目”“2020北京市智慧广电重点项目”颁发奖杯和证书，其中10个重大项目，20个重点项目。这30个项目涵盖大数据、5G、4K/8K超高清、AI、VR/AR、IPTV、IC设计、融合媒体、视听场景应用等多个领域。

【第九届海峡两岸电视艺术节】

2020年11月20日至25日，由中国电视艺术家协会、台湾“中华广播电视节目制作商业同业公会”、福建省文学艺术界联合会等主办的“第九届海峡两岸电视艺术节”在福建省福州市举行。本届电视艺术节包括“声耀平潭·第十二届海峡两岸电视主持新人大赛”、“‘情深艺长’第六届海峡两岸艺术家书画作品展”、以“合作·创新·共赢——新时代两岸电视艺术新空间”为主题的海峡两岸电视论坛等系列活动。

【第二届中国—东盟电视周】

2020年11月23日至29日，由国家广播电视总局、广西壮族自治区人民政府和中国—东盟中心主办的“第二届中国—东盟电视周”在广西壮族自治区桂林市举行。本届电视周以“合作、创新、互通、共融”为主题，举办中国—东盟优秀视听节目展播推优、电视周开幕式暨中国—东盟优秀传播案例发布典礼、视听传播峰会及产品展示交易会等系列活动，并发布《中国—东盟电视周视听传播智库报告》。

【第26届中国纪录片学术盛典暨第13届深圳青年影像节】

2020年12月10日至13日，由中国电视艺术家协会、中共深圳市委宣传部、深圳市文学艺术界联合会主办，中国电视艺术家协会电视纪录片学术委员会、深圳市电影电视家协会承办的“第26届中国纪录片学术盛典暨第13届深圳青年影像节”在广东省深圳市举行。本届盛典以“责任担当、守正创新”为主题，包括开幕式、第13届深圳青年影像节盛典、“纪录片讲故事·2020”学术论坛、青年影像节论坛、第26届中国纪录片学术盛典等系列活动。“中国纪录片学术盛典”自2016年起在深圳举办，创办于2007年的“深圳青年影像节”，前身为“深圳DV大赛”，旨在为青年影视人才搭建影视创作和展示的平台，目前已成为深圳城市文化菜单的专项活动。

【2020中国（广州）国际纪录片节】

2020年12月14日至17日，由国家广播电视总局、广东省人民政府主办，广州市人民政府、广东省电影局和广东省广播电视局承办的“2020中国（广州）国际纪录片节”在广东省广州市举行。

本届纪录片节线上线下同步举行，包括金红棉优秀纪录片评选、金红棉影展、产业论坛、“中国故事”国际提案大会、“畅想2030”联合国可持续发展议题特别活动广州纪录片研究展示中心“纪实影像：对话历史与未来”系列研讨等主体活动。来自126个国家和地区的3227部（集）作品参评参展，最终评选出优秀纪录长片等11项、15部“金红棉”优秀作品。

12月15日，广电总局宣传司、广电总局发展研究中心及纪录中国三方课题组发布《中国纪录片发展报告（2020）》。

[获奖名单]

优秀纪录长片：《爱在日暮》

优秀纪录片导演：《我的章鱼老师》导演皮帕·埃尔利希、詹姆斯·里德

优秀纪录短片：《为我哼首摇篮曲》

优秀系列纪录片：《海上来客》

优秀首作纪录片：《巴班克：当我死时告诉我》

评审团特别推荐优秀纪录片：《棒！少年》

中国故事优秀纪录长片：《金银潭实拍80天》

中国故事优秀纪录短片：《冬去春归》

中国故事优秀系列纪录片：《真实生长》

优秀中外联合制作纪录片：《与古为友》

组委会特别推荐优秀纪录片：《为了和平》《同饮一江水》《同心战“疫”》《2020我们的脱贫故事》《影响世界的中国植物》

“中国故事”提案大会最具市场潜力纪录片方案：《暴走风尘》

【2020中国（深圳）国际电视剧节目交易会】

2020年12月21日至23日，由中国电视剧制作产业协会、深圳市影视产业联合会主办的“2020中国（深圳）国际电视剧节目交易会”在广东省深圳市举行。会上发布由2020年度《中国电视剧（网络剧）产业调查报告》，并围绕“电视剧（网络剧）的创新模式及市场运行新规则”等议题举办产业发展高峰论坛。

2020年度《中国电视剧（网络剧）产业调查报告》（以下简称《报告》）由中国电视剧制作产业协会和首都广播电视节目制作业协会组织实施。《报告》指出，受新冠肺炎疫情等因素影响，2020年1月至11月，全国电视剧备案630部，较2019年降幅达到22%；前三季度电视剧获准发行许可119部，较上年同期减少26%。虽然剧集生产数量有所缩减，但该产业已进入“高质量发展”为主导方向的阶段。

【第十届“光影纪年”——中国纪录片学院奖颁奖典礼】

2020年12月26日，由中国传媒大学主办、中国传媒大学中国纪录片研究中心承办的“第十届‘光影纪年’——中国纪录片学院奖颁奖典礼”在北京市举行。本届中国纪录片学院奖以“真实高于月亮”为主题，对学院奖十年历程进行了盘点，设置“一束光：致敬纪录精神”“抗疫影像巡礼”等特别环节。本届学院奖收到1500余部（集）参评作品。其中，表现抗击疫情、抗美援朝、脱贫攻坚等主题的“新主流”纪录片成为重点，多部作品入围。活动现场颁发最佳纪录电影奖、最佳历史文献纪录片奖、最佳长纪录片奖以及评委会大奖等17个奖项，分别由纪录片《棒！少年》《英雄儿女》《两个人的合作社》《金银潭实拍80天》等获得。

［获奖名单］

最佳新人纪录片奖：《归去来兮》
最佳大学生纪录片奖：《翻过那座山》
最佳创新纪录片奖：《烟火人间》
最佳摄影奖：《金银潭实拍80天》
最佳剪辑奖：《老王一家的城市梦》
最佳音乐音响奖：《光语者》
最佳手机纪实作品奖：《手机里的武汉新年》
最佳网络纪录片奖：《温暖的一餐》
最佳纪录电影奖：《棒！少年》
最佳国际传播奖：《巍巍天山——中国新疆反恐记忆》
最佳外语纪录片奖：《寻找莹颖》
最佳系列纪录片奖：《往事如歌》
最佳历史文献纪录片奖：《英雄儿女》
最佳微纪录片奖：《从长安到罗马》
最佳短纪录片奖：《小巷管家》
最佳长纪录片奖：《两个人的合作社》
评委会大奖：《金银潭实拍80天》

会议·论坛

【2020年全国广播电视工作会议】

2020年1月3日至4日，国家广播电视总局在北京市举行2020年全国广播电视工作会议。会议高举习近平新时代中国特色社会主义思想伟大旗帜，深入贯彻落实党的十九大和十九届二中、三中、四中全会精神，落实全国宣传部长会议精神，总结工作，分析形势，部署2020年广播电视工作，包括深入实施“舆论引导能力提升”工程、“新时代精品”工程、“智慧广电”建设工程、“视听中国”播映工程、“安全播出”工程、“管理优化”工程等。

【2019中国电视剧创作研讨会】

2020年1月10日，由中国电视艺术家协会主办，中国文学艺术界联合会电视艺术中心理研处、中国电视艺术家协会电视剧（网剧）制作播出合作促进委员会承办的“2019中国电视剧创作研讨会”在北京市举行。本次会议是中国电视艺术家协会第一次以年度电视剧创作特点、得失以及来年展望为主题的研讨会。会议回顾2019年电视剧创作，结合2020年全面小康、2021年党的百年华诞座谈现实主义电视剧创作大主题，参会的业内专家、学者、电视和网络媒体工作者从政策、产业、质量等多个方面总结了2019年中国电视剧所取得的成绩，介绍了2020年即将展开的电视剧拍摄制作计划，展望了2021年中国电视剧事业的发展前景。

【国家广播电视总局宣传司策划确定一批“三个重大”项目】

2020年1月14日，国家广播电视总局宣传司举行专题会议，研究规划重大现实、重大革命、重大历史题材纪录片、动画片和广播电视节目。按照“找准选题、讲好故事、拍出精品”的思路，聚焦未来几年重大主题和重要时间节点，策划确定了《小康之路》《小康路上的奋斗者》《脱贫大决战》《落地生根（第二季）》等20多部纪录片项目，《小羊莫吉》《中国神话故事》《良渚》《丝路敦煌》《岳飞》《红船》等近20部动画片项目，《极限挑战（三区三州篇）》《奔跑吧（黄河篇）》等品牌综艺重大主题宣传项目。

【国家广播电视总局研究部署电视剧行业复工复产措施】

2020年2月24日，国家广播电视总局电视剧司举行网上视频会议，传达学习习近平总书记在统筹推进新冠肺炎疫情防控和经济社会发展工作部署会议上的重要讲话精神，落实广电总局党组部署，研究部署帮助电视剧行业应对疫情影响有序复工复产的工作措施。会议要求，一是继续做好向湖北省、武汉市捐赠优秀电视剧播出版权的工作，用优秀作品凝聚力量、抚慰人心，落实好第二批15部作品捐赠具体事项。二是组织系列网上视频会议，与编剧和制片方研究推进脱贫攻坚、建党100周年等重大题材主题重点项目创作，狠抓剧本创作，努力提高作品质量。三是充分利用网上办公手段，为行业企业申报备案、内容报审、上星播出等提供方便迅捷的政务服务。四是积极研究制定工作方案，在确保疫情防控到位的前提下，推动非疫情防控重点地区有序恢复电视剧创作生产。五是组织“讴歌新时代”

主题创作培训班，采用网上视频会议方式动员引导制作机构投身现实题材重大主题策划创作。六是利用网上视频策划会的方式，积极引导防控疫情题材电视剧创作。

【电视行业应对疫情专题研讨视频会】

2020年4月3日，中国电视艺术家协会举行电视行业应对疫情专题研讨视频会。地方卫视、影视公司、行业协会、新媒体平台等方面的负责人参加会议，参会人员就电视行业为抗击疫情所做贡献，以及对当前和疫情过后如何更好地推进电视行业发展进行交流。

【《中国纪录片发展研究报告（2020）》发布会】

2020年4月18日，由北京师范大学纪录片研究中心、五洲传播中心、哔哩哔哩主办的《中国纪录片发展研究报告（2020）》发布会通过视频在线方式举行。据课题组不完全统计，2019年中国纪录片生产总投入为50.36亿元，同比增长9.4%。年生产总值约66.60亿元，同比增长3.3%。然而，增幅却为近10年来最低值。2019年宏观经济形势严峻，对纪录片产业有局部影响。增幅降低主因是纪录电影票房大滑坡，由2018年5.34亿元降至2019年的1.49亿元，降幅达72%。如果只统计电视和新媒体纪录片总产值，2019年同比增长10%。纪录片产业实际上仍处在良性上升通道，但增速较2016年之前有所放缓。

【中国电视艺术家协会举行2020年工作视频会议】

2020年5月14日，中国电视艺术家协会举行2020年工作视频会议，中国电视艺术家协会各团体会员、各专业委员会相关负责人以及中国电视艺术家协会全体干部等100余人在线出席会议。会议总结中国电视艺术家协会2019年工作并部署2020年重点工作。会议指出，2020年，要高度重视、精心组织好中国电视金鹰奖评选、举办好中国金鹰电视艺术节；依托重点现实题材电视剧剧本创作扶持项目促进精品创作；进一步加强会员入会和管理服务工作；发挥好新文艺群体和新文艺组织委员会的作用，通过开展行业大调研、建立培训体系及维权机制、探索开展党建试点工作、启动实施电视新文艺群体英才培养“登攀计划”等，推动“新文艺群体”工作全面开展；成立行业行风建设委员会，推动行业管理、行业自律；加强专委会建设管理，突出学术性、非营利性，围绕协会中心开展工作；加强协会自身建设，全面提升协会影响力，切实增强“全国一盘棋”观念，通过交流协作共同推进各级视协工作迈上新台阶。

【电视剧精品创作生产调研座谈会】

2020年8月7日，国家广电总局在上海市举行电视剧精品创作生产调研座谈会，全国部分重点电视剧制作机构代表交流了参与重大题材创作推进情况和围绕重要时间节点的创作规划，同时对电视剧行业进一步提质增效、促进行业健康发展提出意见和建议。

【中国广电媒体融合发展大会】

2020年9月8日至9日，由中共北京市委宣传部、北京市广播电视局主办的“中国广电媒体融合发展大会”在北京市举行。

大会以“共融·共生·共美好”为主题，主体活动包括：启动式暨高端峰会、全国广播电视媒体融合典型案例交流会、京津冀广电媒体融合协同发展推进会、媒体融合创新技术应用推介会，“短视频MCN生态与媒体融合峰会”“融媒体时代的内容创新峰会”“媒体融合与国际传播能力建设峰会”“媒体融合与社会治理研讨会”“融媒体产业合作峰会”“媒体+精准扶贫研讨会”六场主题研讨。

中国社会科学院、中国电视艺术家协会媒体融合推进委员会和中国电影电视技术学会、北京市新闻工作者协会、中国广视索福瑞媒介研究（CSM）分别在大会上发布专业报告：《2020年国际文化科技前沿趋势报告》《2019—2020年中国电视媒体融合发展报告》《中国媒体融合发展报告》《2019—2020年短视频用户价值研究报告》。

【2021—2025年重点电视剧选题规划推进会】

2020年10月16日，国家广播电视总局举行2021—2025年重点电视剧选题规划推进会。会议指出，选题规划是电视剧创作生产的最前端，要按照习近平总书记关于相关工作的一系列重要要求，把握未来五年电视剧工作形势任务。会议强调，一是高举思想旗帜，聚焦主题主线，在“两个大局”中为电视剧创作生产谋篇布局。二是坚持马克思主义的思想方法和工作方法，提高重点电视剧选题规划的战略性、科学性、操作性。三是提高政治站位，加强组织领导，完善工作机制，增强主动性、打好主动仗。

【首届电视制片大会暨第三届影视基地峰会】

2020年10月20日至23日，由中国广播电视社会组织联合会、中国电影制片人协会、福建省广播电视局等主办，中国广播电视社会组织联合会电视制片委员会、厦门市文化和旅游局等承办的以“育新机开新局，共谋影视发展”为主题的“首届电视制片大会暨第三届影视基地峰会”在福建省厦门市举行。峰会主体内容：一是举办主论坛、三个专题分论坛，围绕广电总局“四个聚焦”选题要求，就影视业发展趋势、电视内容创作生产等热点和前沿课题进行交流，探讨推进影视业发展的新理念、新路径；二是开展优质电视剧项目及影视基地推介、厦门影视产业招商、全国电视剧名家福建故事采风行等活动；三是发布《拍在福建》电视剧拍摄服务指南暨拍摄云勘景平台，授予厦门市、泰宁县“全国影视指定拍摄景地”。

【见微知中国：新媒体影像助建国家形象研讨会】

2020年10月21日，由北京电影学院与微博智库、北京中视雅韵文化传播中心主办的“见微知中国：新媒体影像助建国家形象研讨会”在北京电影学院举行。与会专家围绕新的传播时代背景，对高质量的影像内容生产、社交媒体的影像传播、国家形象构建等内容展开讨论。

【2020年“金熊猫”国际传播高峰论坛】

2020年11月11日至12日，由中国电视艺术家协会、中共四川省委宣传部、四川省广播电视局等主办的“2020年‘金熊猫’国际传播高峰论坛”在四川省成都市举行。本届论坛以“中国故事·国际传播”为主题，包含一场主论坛（高峰论坛）、四场分论坛（纪录片、电视剧、电影、新媒体）及大师班对话、沙龙分享、展播展映周等配套活动。国家广播电视总局主办的“电视节目制作与营销国际研讨班”“优秀国际传播纪录片季度发布会”同步举办。

【2020 中国电视艺术创新峰会暨第八届中国电视产业推介会】

2020 年 11 月 14 日至 15 日，由中国电视艺术委员会、中国电视艺术交流协会、浙江省广播电视局等主办的“2020 中国电视艺术创新峰会暨第八届中国电视产业推介会”在浙江省杭州市举行。本届峰会以“拥抱全媒体时代，推动高质量发展”为主题，专家学者、导演、编剧及新媒体业界等近 500 人，聚焦电视剧内容创作，探索创新、分析趋势、交流观点，为推动行业高质量发展出谋划策，为电视剧和电视文艺创新注入强劲活力。会上发布《中国电视与网络视听艺术发展报告第六卷（2020）》，颁布首届中国电视创新影响力推优结果，举办了“飞天奖”“星光奖”高峰论坛。

【第六届“世界电视日”中国电视大会】

2020 年 11 月 20 日至 21 日，由中国电视艺术家协会、北京市广播电视局主办，中国电视艺术家协会媒体融合推进委员会、中广互联承办的以“视界触手可及”为主题的第六届“世界电视日”中国电视大会在北京市举行。大会举办一场主旨峰会、10 场专题峰会，内容涵盖 5G 大屏产业、跨界融合创新、视听人工智能、广电 + 数字城市等广电行业热点。

开幕式上，北京广播电视局与北京市海淀区、石景山区、通州区、延庆区共同签署了《北京新视听示范应用试点战略合作框架协议》，启动首届广播电视和网络视听人工智能应用创新大赛。

【2020 第五届中国动画学年会暨中国高校影视学会动画与数字媒体艺术专委会年度峰会】

2020 年 12 月 5 日，由中国传媒大学、中国—东盟艺术学院、当代电影杂志社主办，中国—东盟艺术学院影视与动画学院、四川动漫研究中心、国家动漫游戏产业（四川）振兴基地等承办的“2020 第五届中国动画学年会暨中国高校影视学会动画与数字媒体艺术专委会年度峰会”在中国—东盟艺术学院凤凰山校区举行。来自中国传媒大学、北京电影学院、中国美术学院、中国—东盟艺术学院、四川美术学院、华中科技大学等国内 60 余所高校百余名学者及行业专家参加年会。年会围绕“跨界 · 融合——国产动画的学院派与工业化”主题，分为动画学年会开幕式、开幕式主论坛、专委会年度峰会、新文科背景下的动画与数字媒体技术融合论坛、研究生教育与研究生论坛等环节展开。

【新文科背景下第二届国际数字媒体艺术与科技大会】

2020 年 12 月 24 日至 25 日，由北京电影学院主办，数字影视动画创作教育部工程研究中心、北京电影学院数字媒体学院、清华大学未来实验室等承办的“新文科背景下第二届国际数字媒体艺术与科技大会”在北京市举行。来自中国、美国、加拿大、韩国、澳大利亚等国家的 50 余名专家学者就“数字媒体艺术与技术的未来探讨”“数字媒体专业建设与人才培养”“数字媒体艺术创作与产业融合”“数字媒体技术创新与理论突破”4 个主题进行讨论，国内外超过 500 所高校的师生通过“线下 + 线上”的方式参与会议。

业态

【2019年度中国广播电视行业十大科技关键词评选结果公布】

2020年4月17日，2019年度中国广播电视行业十大科技关键词评选结果公布，分别是：媒体融合、智慧广电建设、国庆70周年庆祝活动安全播出、广电5G、全国一网、高新视频、中国视听大数据、区块链、人工智能、IPTV。中国广播电视行业十大科技关键词评选活动是由国家广播电视总局广播电视规划院主办、《广播与电视技术》杂志和“广电猎酷”微信公众号承办的年度品牌活动。

【中国电视艺术家协会网络直播专业委员会成立大会】

2020年9月24日，中国电视艺术家协会网络直播专业委员会成立大会在中国文艺家之家举行。

中国电视艺术家协会网络直播专业委员会，是中国电视艺术家协会服务数字化经济转型，适应行业融媒发展，最新成立的专业委员会。会员组成涵盖了全国主要的互联网直播平台及相关业务机构、广电媒体MCN团体、智能传播有关的高校科研机构与专家学者，以及数据分析、培训、投资等第三方服务机构。

成立大会介绍了网络直播专业委员会的组织机构人员名单，并举办了以“价值引导，守正创新——网络直播从追求增量到立足质量”“广电媒体融合转型成功案例分享”为主题的交流论坛。

【电视界职业道德建设委员会成立大会】

2020年12月18日，中国电视艺术家协会举行电视界职业道德建设委员会成立大会。会议审议通过《电视界职业道德建设委员会章程》。

中国电视艺术家协会电视界职业道德委员会的成立既是贯彻落实习近平新时代中国特色社会主义思想的重要举措，也是中国电视艺术家协会进一步加强电视界职业道德建设，营造风清气正创作氛围和行业风气的具体实践。委员会将通过开展形式多样的电视艺术交流活动及业务培训、加强宣传引导、开展专项调研等方法，强化电视艺术工作者的职业道德意识，遏制行业不正之风，积极营造新时代电视界行业新规范。

人物纪念

【表演艺术家田成仁逝世】

2020 年 1 月 30 日，影视表演艺术家田成仁逝世，享年 94 岁。

田成仁（1926—2020），出生于辽宁省大连市庄河市。毕业于中央戏剧学院。1945 年，田成仁加入辽宁省庄河市文工团。1954 年，担任辽宁省文工团副团长。同年，参加中央戏剧学院第一批导演干部训练班。1955 年，留在中央实验话剧院工作。1975 年，参演其个人首部电影《红雨》。1982 年，主演剧情电影《春晖》。1984 年，凭借电视剧《道是无情却有情》获得第 4 届中国电视剧“飞天奖”优秀男主角奖。1989 年至 1993 年，主演了“农村三部曲”电视剧《篱笆・女人和狗》《辘轳・女人和井》《古船・女人和网》。曾参与《金婚》《暖春》《动什么，别动感情》《欢喜亲家》《龙门村的故事》等影视作品的演出。

【表演艺术家鲁园逝世】

2020 年 2 月 8 日，影视表演艺术家鲁园在天津市逝世，享年 92 岁。

鲁园（1928—2020），1950 年毕业于南开大学。1950 年至 1970 年在天津人民广播电台担任播音员、广播剧编导。1970 年调入天津电视台担任演员及译制片导演。鲁园曾参加《麻辣婆媳》《一仆二主》《情满四合院》等近百部（集）影视片的拍摄。77 岁时，鲁园在电视剧《守望幸福》中饰演的身患“阿尔茨海默症”的老人给观众留下了深刻的印象，并凭借这个角色获得第 25 届中国电视剧“飞天奖”优秀女演员奖。2006 年，又凭《守望幸福》获得第一届首尔电视剧盛典最佳女演员奖。

【配音演员陈阿喜逝世】

2020 年 8 月 27 日，配音演员陈阿喜逝世，享年 79 岁。

陈阿喜（1941—2020），原籍辽宁省大连市。话剧演员，中国第一批直播电视剧演员、中国第一代电视播音员、资深配音演员。1981 年被载入《中国艺术家辞典》。1987 年被文化部评定为“尖子演员”。陈阿喜曾出演《桥》《全家红》《姚大娘》等早期直播电视剧，在中国首部电视连续剧《敌营十八年》中扮演宣司令太太。20 世纪 80 年代之后，担任大量影视剧的配音工作。主要配音角色有《西游记》中大部分的女性角色（白骨精、金圣娘娘、铁扇公主、万圣公主、百花羞公主、玉兔精、王母娘娘、玉鼠精、嫦娥等）、《红楼梦》王熙凤（《大闹宁国府》开始）、《末代皇帝》婉容、《唐明皇》太平公主、《四世同堂》尤桐芳、《篱笆・女人和狗》农村三部曲里的巧姑等。

大事记

1月3日至4日，国家广播电视总局在北京市举行2020年全国广播电视工作会议。

1月10日，“2019中国电视剧创作研讨会”在北京市举行。

1月13日，国家广播电视总局办公厅印发《关于设立重大题材网络影视剧项目库暨公布首批入选项目的通知》。

1月14日，国家广播电视总局宣传司策划确定一批“三个重大”项目。

1月17日，“2019年度中国最具影响力十大纪录片系列推选活动”在北京市举行。

1月30日，影视表演艺术家田成仁逝世，享年94岁。

2月6日，国家广播电视总局印发《关于进一步加强电视剧网络剧创作生产管理有关工作的通知》。

2月8日，影视表演艺术家鲁园在天津市逝世，享年92岁。

2月24日，国家广播电视总局电视剧司举行网上视频会议研究部署帮助电视剧行业应对疫情影响有序复工复产的工作措施。

3月2日，国家广播电视总局举行电视电话会议，启动全国有线电视网络整合和广电5G建设一体化发展工作。

3月12日，国家广播电视总局印发《国家广播电视总局关于统筹疫情防控和推动广播电视行业平稳发展有关政策措施的通知》。

3月16日，国家广播电视总局办公厅印发《关于做好脱贫攻坚题材电视剧创作播出工作的通知》。

3月25日至26日，国家广电总局电视剧司举行三场重点剧目创作策划网络视频会。

3月31日，“5G高新视频多场景应用国家广播电视总局重点实验室”在中国（长沙）马栏山视频文创产业园举行挂牌仪式。

4月3日，国家广播电视总局印发《国家广播电视总局令第6号:〈广播电视行业统计管理规定〉》。

4月3日，中国电视艺术家协会举行电视行业应对疫情专题研讨视频会。

4月10日，国家广播电视总局办公厅印发《广播电视和网络视听统计调查制度的通知》。

4月17日，2019年度中国广播电视行业十大科技关键词评选结果公布。

4月18日，《中国纪录片发展研究报告（2020）》发布会通过视频在线方式举行。

4月26日至30日，“第26届北京电视节目交易会（2020·春季）”在云端举行。

5月14日，中国电视艺术家协会举行2020年工作视频会议。

6月19日，国家广播电视总局办公厅印发《关于公布第三批2018—2022年重点电视剧规划选题的通知》。

7月7日至9日，“三个重大”主题电视剧创作暨2020年电视剧高端策划制作人和导演编剧培训班线上举行。

7月8日，国家广播电视总局发布《2019年全国广播电视行业统计公报》。

7月10日，国家广播电视总局办公厅印发2019年度广播电视创新创优节目。

7月15日，国家广播电视总局办公厅印发《关于做好纪念抗战胜利75周年电视剧播出安排的通知》。

7月31日，国家广播电视总局办公厅印发《关于做好重点广播电视节目、纪录片、动画片创作播出工作的通知》。

8月3日至7日，“第26届上海电视节”在上海市举行。

8月4日，国家广播电视总局办公厅公布2019年中国经典民间故事动漫创作工程（网络动画片）重点扶持项目。

8月7日，国家广电总局在上海市举行电视剧精品创作生产调研座谈会。

8月17日，国家广播电视总局办公厅公布2019年度优秀国产动画片及创作人才扶持项目评审结果。

8月18日至21日，“第29届北京国际广播电影电视展览会（BIRTV2020）线上展”举行。

8月27日，配音演员陈阿喜逝世，享年79岁。

9月3日，国家广播电视总局办公厅公布2019年度国产纪录片及创作人才扶持项目评选结果。

9月4日，国家广播电视总局办公厅公布2020年上半年网络视听节目精品创作传播工程评选结果。

9月8日至9日，“中国广电媒体融合发展大会”在北京市举行。

9月15日，“第八届优秀国产纪录片及创作人才推优活动暨第四届纪实影像周启动式”在北京广播电视台大剧院举行。

9月18日至19日，“第九届中国大学生电视节”在四川省成都市举行。

9月24日，中国电视艺术家协会网络直播专业委员会成立大会在中国文艺家之家举行。

9月26日至28日，“2020青岛影视博览会”在山东省青岛市举行。

9月28日，国家广播电视总局办公厅公布2019年度优秀网络视听作品推选活动评审结果。

9月28日，“第32届电视剧‘飞天奖’、第26届电视文艺‘星光奖’颁奖典礼”在河北省衡水市举行。

10月13日至19日，“第八届中国网络视听大会”在四川省成都市举行。

10月15日，国家广播电视总局印发《〈国家广播电视总局关于推动新时代广播电视播出机构做强做优的意见〉的通知》。

10月16日，国家广播电视总局办公厅公布2019年度少儿节目精品发展专项资金扶持项目评审结果。

10月16日，国家广播电视总局举行2021—2025年重点电视剧选题规划推进会。

10月16日至18日，“第13届中国金鹰电视艺术节”在湖南省长沙市举行。

10月16日至18日，“2020长三角高新视听博览会”在江苏省南京市举行。

10月17日至19日，“IDF2020第四届西湖国际纪录片大会”在中国美术学院举行。

11月20日至21日，第六届“世界电视日”中国电视大会在北京市举行。

10月20日至23日，“首届电视制片大会暨第三届影视基地峰会”在福建省厦门市举行。

10月21日，“见微知中国：新媒体影像助建国家形象研讨会”在北京电影学院举行。

10月26日至29日，“第13届中国旅游电视周暨第二届中国大运河文化国际电视周”在江苏省扬州市举行。

10月27日至30日，“第27届北京电视节目交易会（2020·秋季）”在北京市举行。

10月28日，国家广播电视总局印发《〈防范和惩治广播电视和网络视听统计造假、弄虚作假责任制规定〉的通知》。

11月2日，国家广播电视总局办公厅印发《广播电视和网络视听统计基本单位信息库管理办法的通知》。

11月2日至3日，“2020世界超高清视频（4K/8K）产业发展大会”在广东省广州市举行。

11 月 5 日，国家广播电视总局办公厅印发《关于进一步推动电视剧精品生产创作的通知》。

11 月 6 日至 9 日，“第八届亚洲微电影艺术节”系列活动在云南省临沧市举办。

11 月 11 日至 12 日，“2020 年‘金熊猫’国际传播高峰论坛”在四川省成都市举办。

11 月 11 日，国家广播电视总局办公厅公布“2017—2018 年度中国广播电视大奖·广播电视节目奖”评选结果。

11 月 13 日，国家广播电视总局发布《国家广播电视总局印发〈关于加快推进广播电视媒体深度融合发展的意见〉的通知》。

11 月 14 日至 15 日，“2020 中国电视艺术创新峰会暨第八届中国电视产业推介会”在浙江省杭州市举行。

11 月 19 日至 22 日，“首届中国（北京）国际视听大会”在北京市举行。

11 月 20 日至 21 日，第六届“世界电视日”中国电视大会在北京市举行。

11 月 20 日至 25 日，“第九届海峡两岸电视艺术节”在福建省福州市举行。

11 月 23 日至 29 日，“第二届中国—东盟电视周”在广西壮族自治区桂林市举行。

12 月 1 日，国家广播电视总局办公厅公布 2020 年度电视剧引导扶持专项资金剧本扶持项目评审结果。

12 月 4 日，国家广播电视总局办公厅公布 2020 年下半年网络视听节目精品创作传播工程评选结果。

12 月 4 日，国家广播电视总局公布“理想照耀中国——第四届社会主义核心价值观动画短片扶持创作活动”优秀创意评审结果。

12 月 5 日，“2020 第五届中国动画学年会暨中国高校影视学会动画与数字媒体艺术专委会年度峰会”在中国—东盟艺术学院凤凰山校区举行。

12 月 9 日，国家广播电视总局办公厅印发《关于公布 2021—2025 年“十四五”纪录片重点选题规划（第一批）的通知》。

12 月 10 日至 13 日，“第 26 届中国纪录片学术盛典暨第 13 届深圳青年影像节”在广东省深圳市举行。

12 月 14 日至 17 日，2020 中国（广州）国际纪录片节在广东省广州市举行。

12 月 16 日，国家广播电视总局办公厅公布 2020 年度全国广播电视媒体融合先导单位、典型案例、成长项目征集评选结果。

12 月 18 日，中国电视艺术家协会举行电视界职业道德建设委员会成立大会。

12 月 21 日至 23 日，“2020 中国（深圳）国际电视剧节目交易会”在广东省深圳市举行。

12 月 24 日至 25 日，“新文科背景下第二届国际数字媒体艺术与科技大会”在北京市举行。

12 月 26 日，“第十届‘光影纪年’——中国纪录片学院奖颁奖典礼”在北京市举行。

中国艺术年鉴·2021

+

美术卷

+

分卷主编：周进生

年度述评

2020 年度中国美术发展研究报告

◎ 杭春晓　刘畅　刘昕　张皓明

一、现象、热点与政策导向及相关建议

2020 年，由于疫情限制聚集，国内外临时展览项目或延期或提前结束，少有引起全社会广泛关注的现象级大展，但由国家主导的创作及展示活动则大量涌现。一是抗击疫情主题。疫情初期打响防控阻击战期间，中国美术家协会、各地高校、各地画院纷纷发出倡议，广大美术工作者积极响应，创作出了大量以抗击疫情为主题的美术作品，并以报纸刊登、网站展览等方式进行了展览展示。疫情之后，多地博物馆响应国家文物局号召，又开启了疫情相关文物的征集活动，将宣传普及抗疫防疫的绘画作品纳为征集对象，在客观上促进了该题材的创作。二是扶贫以及全面建设小康主题。2020 年是脱贫攻坚战的决胜年，扶贫工作如火如荼，美术工作者用创作的方式参与其中，多地高校、画院围绕扶贫开展了采风活动并进行相关主题的创作，美术馆举办农民画、劳动者题材等有着身份指向的展览。三是迎接建党百年主题。2021 年将迎来中国共产党建党 100 周年，相关展览展示的准备工作已经铺开。2020 年，由国家政策导向的创作及展览行为获得绝大多数的社会关注。就疫情主题而言，中国美术家协会自 2020 年 1 月 30 日发布《致全国美术家和美术工作者的倡议书》以来，收到不同体裁的美术作品 75147 件，其中漫画占比突出。大众美术重回视野，写实主义手法被大量讨论，虽然这类作品的呈现效果有因创作者隔离在家搜集材料造成渠道单一的客观原因，也与其较固化的社会认知有关，使得创作照片化、同质化等问题并不少见。

除重大主题之外，依然不乏有文献梳理作理论支持的展览。2020 年，出现许多立足自身或某个历史对象以观历史发展变化的展览。立足自身的有各博物馆、高校的回顾展（文献展），其中包括故宫博物院的“丹宸永固：紫禁城建成六百年”，接待观众 74 万人，比同期甚至更早开幕的“千古风流人物——故宫博物院藏苏轼主题书画特展”的观展量超出一倍有余；中国戏曲学院于 12 月 26 日在中国国家博物馆举办的建校纪念展“薪火相传——中国戏曲学院建校暨新中国戏曲教育 70 年成就展”。以历史对象为脉络的展览有中国国家博物馆主办的“中国素描”，探讨了素描自近代进入中国以来对画家创作技法以及创作观念的流变。此外，还有大量关于 20 世纪名家或者群体的展览，包括黄永玉、关山月、叶浅予、高剑父、陈半丁、古元、黄宾虹、吴作人、庞薰琹、胡一川等，在当代的语境中再次整理这批画家史料，建立基于时代整体背景下的认识框架。

无论是重大主题，还是文献梳理，2020 年的展览通过虚拟展厅或是其他媒介手段，实现了线上线下结合的观展模式。除了实现足不出户的观展体验，也有益于将展览工作成果化，实现更大范围内、更长时间内的观看效应。虚拟展厅虽然不是 2020 年的新生事物，却是 2020 年展览展示的主要模式，即使是下半年全国解除居家隔离，博物馆、美术馆也延续采用了线上线下结合进行展示的方式，这不仅显示了由于疫情影响美术馆、博物馆对其展示工作做出的调整，也说明数字媒体技术的应用将为政府推动藏品共享提供持续的动力。据国家文物局统计，仅春节期间，博物馆系统便推出“云展览”2000 余项，阅读量超过 50 亿人次。虚拟展厅在扩大传播范围的同时，也为博物馆展示工作提出新的挑战。由于云展览获得大量点击的依然是内涵丰富的优秀展览，所以线上展览并不是一个简单的由线下转为线上的过程，博物馆在打造展览内容时不能掉以轻心，同时还要打磨技术，对作品本身而不是展厅环境进行原境还原。

疫情迫使艺术院校在上半年教学工作的开展全部转为线上，通过云端的方式进行艺考、上课、毕业等教学流程。中央美术学院“永不下线的毕业展”首日访客突破 53 万人次，引发大量关注。

2020 年下半年，由中共中央办公厅、国务院办公厅发布的《关于全面加强和改进新时代学校美育工作的意见》中提到要构建德、智、体、美、劳全面培养的教育体系，美育重要性被凸显，这将使艺术院校、博物馆与美术馆、艺术平台等各司其职，以各自优势发挥作用，共同推进美育工作在新时代的革新。

二、当代美术创作与展览

2020 年，美术工作者围绕决胜小康、脱贫攻坚、建党百年等重要事件积极创作。各地方紧扣抗击新冠肺炎疫情的时代主题举办专题展览，不同门类、题材、风格的创作成果在国际展览、别展、个展等领域得以精彩呈现。

（一）中国美术界以线上、线下双重形式助力抗击新冠肺炎疫情

2020 年，在全社会众志成城打响疫情防控阻击战时，全国美术工作者在中国文学艺术界联合会、中国美术家协会的号召下，在各省、市美术家协会的组织下，用手中的画笔凝聚起抗击疫情的强大动力。中国美术家协会、高等美术院校、各地画院等纷纷发出倡议，广大美术工作者积极响应，创作出一幅幅作品，绘画感人的瞬间，展现磅礴的力量。8 月 1 日，由中国国家博物馆、中国美术家协会、中国书法家协会主办的“众志成城——抗疫主题美术作品展”，分为“抗疫·美术家在行动”“抗疫·书法家在行动”“抗疫·全国群众在行动”3 个单元，展出在疫情背景下创作的美术作品近 200 件（套）。

各个地方响应美术家协会号召，也举办了抗击疫情的专题展览：4 月 7 日至 26 日在关山月美术馆举行“我们在一起——深圳抗疫主题艺术展”；4 月 8 日至 5 月 8 日在中华艺术宫举行“召唤——上海市抗击新冠肺炎疫情美术、摄影主题展”；4 月 30 日至 5 月 20 日，由中共江苏省委宣传部、江苏省文化和旅游厅主办“江苏省抗疫主题美术书法精品展”；5 月 6 日至 6 月 6 日，“中国力量——四川美术学院新冠肺炎疫情防控主题创作展”在四川美术学院大学城校区美术馆举行；5 月 10 日至 7 月 10 日，在杭州博物馆举办“艺术的温度——全国抗疫主题艺术作品展”；5 月 12 日至 26 日，在天津美术学院美术馆举行“以艺战疫——2020 天津美术学院抗击疫情主题美术作品展”；5 月 16 日至 6 月 2 日，在广州图书馆举办“生命的赞歌——广州市抗击新冠肺炎疫情主题美术作品展”；6 月 5 日至 7 月 5 日，在广州艺术博物院举办“大爱无疆　艺路战疫——广东省抗击新冠肺炎疫情优秀美术作品展”；6 月 16 日至 20 日，山西省文学艺术界联合会、山西省卫生健康委员会主办了“‘众志成城　春暖花开’摄影、美术、书法作品展（美术展）”；6 月 16 日至 7 月 5 日，在浙江美术馆举办“看见·她们的面容——疫·情绘画主题展”；7 月 7 日至 14 日，在宁夏西部美术馆举行“笔随心动　致敬英雄——抗疫主题作品展”；7 月 7 日至 14 日，在珠海市古元美术馆举行“大爱无疆——珠海市抗击新冠肺炎疫情优秀美术书法作品展”；7 月 9 日至 18 日，在澳门回归贺礼陈列馆举行“文化抗疫莲一心——澳门美术作品展”；7 月 9 日至 8 月 5 日，在吉林省工艺美术馆举行“大爱无疆——吉林省抗疫主题美术·摄影作品展”等。

（二）脱贫攻坚战、建党 100 周年等主题展览体现美术创作主旋律

在决胜全面建成小康社会、决战脱贫攻坚的 2020 年，美术界举办了“聚焦脱贫攻坚、走向小康生活”等系列活动，体现了美术创作的主旋律。

8 月 11 日至 10 月 11 日，由中国美术馆主办的“以美扶智——中国美术馆脱贫攻坚美术作品展”，分为“生产劳动”“建设、教育、医疗、救灾与新貌”“脱贫攻坚·影像记录”“脱贫攻坚·书法篆刻”“抗疫复工·绘画雕塑”“民间美术助力乡村振兴”“中国美术馆扶持地方文化建设·西藏青海唐卡”“中国美术馆扶持地方文化建设·松溪版画、荣昌陶瓷”“中国美术馆近 5 年扶持地方文化建设的探索与实践”9 个篇章，展出 550 余件（套）作品，其中大部分为中国美术馆馆藏作品。

此外，关于建党、建军等主题的展览有：7 月 1 日至 31 日，由成都画院主办的“向建党 100 周年

献礼·成都画院建院40年艺术季1980—2020：德厚艺精——成都画院建院40周年作品展”（下篇）；7月1日，由中国美术馆主办的“崇高的信仰——中国美术馆庆祝中国共产党成立99周年美术作品展”；7月1日至8月30日，在苏州高新区国画院举行的“庆祝中国共产党建党99周年——全国中国画名家写生作品展”；7月26日至8月25日，在湖南美术馆举行的“庆祝中国人民解放军建军93周年：绿色时空——新时代军事题材美术作品展”；2020年12月15日至2021年1月9日，由《艺术市场》杂志社等主办的“笔墨当随时代——庆祝中国共产党成立100周年书画精品交流展”；12月18日至27日，由浙江省美术家协会、浙江省中国花鸟画家协会、中国美术学院中国画与书法艺术学院等主办的“庆祝中国共产党成立100周年——第九届浙江花鸟画展”；2020年12月18日至2021年2月28日，由上海中国画院主办的“庆祝中国共产党成立100周年·2020上海中国画院年展”；等等。

（三）国际交流项目集中体现中国美术走向世界的多元姿态

9月26日至11月22日，由中共北京市海淀区委宣传部、北京国际设计周组委会支持，北京市海淀区融壹数字文化发展中心发起并主办的“2020亚洲数字艺术展”在北京时代美术馆举行，以“亚洲话语”为语境，用数字手段诠释了亚洲文明语境中的中国文化内涵。展览展出11个国家和地区33名艺术家（团队）的32件数字艺术作品。10月18日至20日，国际学院版画联盟首次推出“国际学院版画联盟第三届版画双年展”云上展览，对近30个国家和地区、40余所美术学院的艺术家创作的470余幅作品进行线上展示，不仅包含传统的木版、铜版、石版、丝网版画，还涉及数码版画、装置艺术以及其他一些新的艺术形式。

此外，2020年度还有一些展览体现了国内外创作艺术的交流，其中包括当地时间2月5日至16日，在乌克兰基辅国立美术博物馆举办的“大美至纯——韩玉臣西藏题材油画作品展”；5月26日至6月17日，由苏州美术馆主办的“放飞的童真——国际少儿美术暨日本动漫大师动漫原稿作品特展”；5月30日，由国际儿童读物联盟（IBBY）官方授权，中信出版集团股份有限公司、上海艺笙文化传播有限公司主办的“世界插画大展——国际安徒生奖（终生成就）50周年展”；5月23日至8月22日，由长江美术馆等主办，汇集中、日、韩当代艺术家作品的展览“密码重组”；6月24日至7月10日，由深圳画院主办的“异域·艺象——深圳画院院藏客座艺术家作品暨蒙古国艺术家莫德格玛创作展”；9月26日至12月31日，在上海市静安雕塑公园举行的“空间重塑——2020中国·上海静安国际雕塑展”；10月3日，在广东省佛山市举行的“2020艺术广东·国际艺术交流展”；11月26日至12月20日，在深圳市罗湖美术馆举行的“第二届深圳国际水彩画双年展”；12月12日至16日，在广西壮族自治区南宁市举行的“中国—东盟国际城市雕塑与公共艺术活动周”；等等。

（四）各类别展、优秀作品展等以不同形式呈现多样化美术生态

2020年度，各美术类别通过举办多种展览，以不同角度呈现了各自领域的新成果，体现了本类别创作的新进展。

在中国画领域，主要包括：1月4日至8日，在民族文化宫举行的“时代丹青·全国第三届现代工笔画展”；11月19日至12月19日，由南京艺术学院美术馆、中国当代水墨年鉴组委会主办的“档案：逐渐形成的闭环——2020中国当代水墨年鉴五周年特展”等。此外，1月15日至3月15日，由中国美术家协会和中国工笔画学会主办的“2020丹青盛会——迎新春中国画名家邀请展”；9月29日至10月15日，在浙江展览馆举行的“‘绿水青山就是金山银山’理念提出15周年中国画展”；12月10日至20日，在炎黄艺术馆举行的“匠心墨色——全国中国画名家学术邀请展”；12月26日，在浙江美术馆举行的“雅集兴答——第六届杭州中国画双年展”；12月29日，在雨花美术馆举行的“2020雨花满天——全国山水画作品展”；等等。

油画领域展览主要包括：9月4日至20日，由中国美术学院、杭州市外办（港澳办）、杭州市滨江区人民政府等承办的“世界风情绘画展”；10月30日至11月12日，由中国写实画派、宁波市文学艺术界联合会主办的“纳得美术经典传承杯——2020中国青年新写实绘画艺术大展”；等等。

版画领域的展览主要有：1月7日至12日，由中央美术学院主办的国家艺术基金2019项目“‘水印版画重大题材人才培养计划’结项汇报展”；9月25日至11月15日，由中国美术家协会版画艺术委员会、江苏省美术家协会、中共苏州市委宣传部等主办的苏州桃花坞木刻年画社“桃坞镌印——2020全国版画（木版）学术邀请展”等。水粉、水彩画领域的展览主要有：3月28日至5月3日，由粉画艺术联盟（中国）、苏州市美术家协会主办的“2020粉画艺术（中国）年度展”。雕塑领域的展览主要有：9月8日至10月8日，由广州美术学院主办的“烽火红棉——新中国革命历史题材雕塑作品展”；2020年11月21日至2021年1月10日，由中国城市雕塑家协会、南方科技大学主办的“科技 人文 未来——大学校园雕塑邀请展”；等等。漫画展览主要有：9月13日至25日，由广东省美术家协会、中共肇庆市委宣传部、肇庆学院主办的“广东省首届漫画大展”；9月20日至22日，由中国美术家协会漫画艺术委员会、邱县人民政府主办的“庆祝2020年中国农民丰收节‘全面建成小康社会’漫画大展”等；11月10日至30日，由中国美术家协会漫画艺术委员会、浙江省海盐县人民政府、上海三毛形象发展有限公司主办的“第六届‘三毛杯’（2020）中国漫画大展”；等等。漆画展览主要有：11月21日至29日，由中国美术家协会漆画艺术委员会、广西美术家协会、桂林理工大学主办的“2020全国漆画作品邀请展”等。其他类别展览主要有：8月8日至30日，由陕西省美术博物馆、内蒙古·呼和浩特民族美术馆主办的“大地花开——陕西省美术博物馆馆藏安塞农民画作品展巡展（呼和浩特站）”；9月30日至10月6日，由中国民间文艺家协会等主办的“小康大美——第二届中国（南京）农民画优秀作品双年展”；等等。

（五）各基金支持项目、资助计划、研修工程助力创作发展

1月7日至12日，由中央美术学院主办的国家艺术基金2019项目“‘水印版画重大题材人才培养计划’结项汇报展”，展出自2019年10月15日开班以来，15名学员创作的版画作品。7月17日至8月5日，由中共广东省委宣传部指导，广东画院、广东省美术家协会、广东美术馆主办的“第二届‘1荐1——广东省美术名家荐才行动’展”，展出10名青年艺术家的100余件作品。

9月24日至10月4日，由中国美术家协会主办的“中国美术世界行暨海外研修工程成果汇报展”在北京市炎黄艺术馆举行。该展梳理回顾10余年中国美术家协会实施“中国美术世界行”“中国中青年美术家海外研修工程”等对外美术交流品牌项目的现实成果。展出130件中外美术作品，涵盖中国画、油画、版画、雕塑、水彩画、综合材料等画种。

三、古代、近现代美术作品展览，艺术市场及美术教育

2020年度，艺术界对于新冠肺炎疫情带来的诸多挑战反应迅速，积极探索搭建新的公共交流渠道，在展览展示与藏品研究的数字可视化等方面进行了诸多实践，依托高科技手段，线上展览显著增多，展览形式趋于多样化，博物馆和美术馆的展览叙事发生变化。美术教育方面的现象则显著体现于在全社会范围内打响的、疫情背景下的“教学保卫战”。多家艺术机构与艺术院校纷纷开办“云课堂”，开启全新授课模式，理论类课程成为授课重点，但不容忽视的问题是在线课堂面临技术挑战，实践类课程受到影响较大。总体来看，美术教育市场在美术培训与提升公众审美方面取得了进展，业内人士对在线美术教育的前景较为乐观。

（一）中国古代、近现代美术作品及中外交流性作品展览

疫情防控期间，在国家文物局的指导下，中国国家博物馆、山西博物院、敦煌研究院、南京博物院、湖南博物馆、浙江省博物馆、辽宁省博物馆、山东博物馆、广东省博物馆联合在抖音平台推出“在家云游博物馆”活动，通过直播、全景逛展等形式，丰富了大众的精神文化生活。故宫博物院推出春节活动“紫禁城里过大年”，数字文物库里汇集超过5万件馆藏珍品。中国国家博物馆提供如“大唐风华”“秦汉文明”等17个古代美术展览的虚拟展厅。

综观2020年度中国美术界的展览，主要的古代文明展览有：中国国家博物馆举办“宅兹中国——

宝鸡出土青铜器与金文精华”展，以140余件青铜器文物展示了宝鸡及其周边地区出土青铜器铭文中的艺术、故事和智慧。故宫博物院举办“丹宸永固：紫禁城建成六百年”，展出450余件文物及史料照片，不仅梳理了紫禁城600年来的变迁，更着重展示了故宫博物院成立95年来，特别是中华人民共和国成立以来，为文化遗产保护所做的努力。国家文物局举办“百年梦圆——圆明园马首铜像回归展”，展出文物、照片等约100件（组）。清华大学艺术博物馆举办“吉祥圣域——藏传佛教绘画与造像艺术展”，将本馆收藏唐卡与首都博物馆收藏造像并置展出。浙江大学艺术与考古博物馆举办“魏风堂堂：云冈石窟的百年记忆和再现”特展，展出云冈石窟研究院所藏石雕造像、碑刻等文物112件（套），许多展品为首次向公众集中展出，社会公众也可通过线上渠道“云观展”。河南洛阳博物馆举办“草长鹰飞——北方草原汉墓壁画珍品展”，展出鄂尔多斯青铜器博物馆与鄂尔多斯博物馆藏的壁画60余幅。深圳博物馆历史民俗馆举办“星龛奕奕翠微边——洛阳龙门石窟魏唐造像艺术展”，展出76件（组）龙门石窟藏品。

主要的中国古代书画展览有：台北“故宫博物院”举办“笔歌墨舞——故宫绘画导赏”展览，集中展示了唐朝至民国时代的26件书画作品。此外，围绕院藏女性题材作品，台北“故宫博物院”举办了“她——女性形象与才艺”特展，展出71组古代书画。中国国家博物馆举办“妙合神形——中国国家博物馆藏明清肖像画展”，展出该馆收藏的50件（套）明清时期肖像画作品。故宫博物院举办“千古风流人物——故宫博物院藏苏轼主题书画特展”，展出78件（套）文物。沈阳故宫博物馆举办“沈阳故宫藏珍宝展”，其中方士庶《江山佳胜图》为首次对外公开展出。时值国际博物馆日，上海市刘海粟美术馆以“晒宝节”名义晒出文徵明《五瑞图》。上海市龙美术馆举办“心不为形役——从孤舟草堂到桃源江南”展，展出作品近30件（套），其中古代作品包括赵孟頫、吴伟、张路、文嘉、陆治等画作。山东博物馆举办“妙染寻幽——山东省古代绘画精品展”，展出来自山东省内6家博物馆馆藏的元明画家绘画作品74件（组）。浙江省博物馆举办“古物影·黄宾虹书法收藏展”，展出黄宾虹旧藏的书法作品67件。山西博物院举办“一筇万里——担当书画艺术展”，展出明代禅师担当的150余件书画作品。辽宁省博物馆、扬州博物馆、广州艺术博物院举办“领异标新——清代扬州画派精品展”，展出126件（实物230件）扬州画派书画精品。此外，辽宁省博物馆举办“山高水长——唐宋八大家主题文物展”，展览集聚多家博物馆馆藏文物，展出主题相关书画、碑帖拓片、古籍等展品100余件。

2020年度举办的近现代书画展作品数量丰富、品质精良，所涉近现代书画家包括但不限于任伯年、吴昌硕、高剑父、齐白石、黄宾虹、徐悲鸿、林风眠、刘海粟、何香凝、陈半丁、吴湖帆、程十发、谢之光、关良、汪慎生、李苦禅、王雪涛、吴茀之、张书旂等。由各收藏机构举办的相关展览主要有：北京画院美术馆推出“灼灼其华——北京画院藏写意花鸟画精品展”，聚焦近现代写意花鸟题材，展出包括吴昌硕、齐白石、陈半丁、汪慎生、李苦禅、王雪涛等11名画家的近60幅珍品。此外，北京画院美术馆举办“知己有恩——齐白石的师友情缘”展，展出齐白石及胡沁园、王闿运、陈师曾、瑞光、梅兰芳、徐悲鸿6名师友书画、文献作品100余件（套）。上海中国画院美术馆举办“海上风标——纪念谢之光、林风眠、关良诞辰120周年作品展”“丹青相照·真挚友情——纪念赖少其诞辰105周年、唐云诞辰110周年文献作品展”等。徐悲鸿纪念馆举办“弦歌一堂——徐悲鸿及友人作品展”，展出徐悲鸿与李苦禅、宋步云、孙宗慰等14名友人的作品40余幅。中国国家画院美术馆举办“自强不息——叶浅予自选速写作品研究展”，展品均系捐赠后首次展出。中华艺术宫举办“海上明月共潮生——中华艺术宫藏华人美术名家捐赠作品展”，展出作品150余件，涉及谢稚柳、陆俨少、吴湖帆、程十发、林风眠、关良、吴冠中、徐匡、丰子恺、杨可扬、萧勤、陈澄波等现代美术家。上海市龙美术馆举行“心不为形役——从孤舟草堂到桃源江南”，展出作品近30件（套），其中包括黄宾虹、溥儒等近代画家的作品。由关山月美术馆、敦煌研究院主办的“塞外驼铃——馆藏关山月1940年代西北写生与敦煌临画专题展”在敦煌研究院陈列中心举行，展出关山月画作和临摹敦煌壁画的作品63幅。何香凝美术馆举办“长松山房之约——何香凝与经亨颐艺术及文献展”，展出两名艺术家近60

件艺术作品。吉林省博物院举办“黄花为友 莫负此生——吉林省博物院藏陈半丁花鸟画展”，展出院藏的陈半丁花鸟画作品 43 件。辽宁省博物馆举办“天半人半——纪念陈半丁逝世五十周年特展”，展出陈半丁书画作品 82 件（组）。浙江美术馆举办“仙华双甲——吴茀之、张书旂诞辰 120 周年特展”，展出吴茀之、张书旂的绘画作品和文献资料 140 余件。清华大学艺术博物馆举办“立象尽意——白雪石中国画作品展”，展出白雪石绘画作品 137 件以及绘画草图若干。吴作人艺术馆举办“艺夺天工——吴作人中国画金鱼作品研究展”，展出吴作人的 42 件金鱼题材作品。中国国家博物馆举办“疏影暗香——纪念张书旂诞辰 120 周年艺术展”，展品包括作品 86 件（套）及辅助展品 30 余件。“汲登百丈路迢迢——徐悲鸿与民族美育的时代理想”艺术展开幕式暨徐悲鸿美术馆・重庆馆开馆仪式，展出 23 幅徐悲鸿在重庆时期的绘画原作，以及李可染、李斛、宗其香、张安治等艺术家的 22 幅原作。东京国立博物馆举办“定静堂收藏：林宗毅先生捐赠的中国书画”展览，展出徐悲鸿《驴图轴》、张大千《绿荷图轴》等中国书画佳品。

2020 年，中国举办的中外交流性质的展览亦不容忽视，主要包括：由湖南省博物馆、美国纽菲尔兹印第安纳波利斯艺术博物馆合作，在湖南省博物馆举办的“从文艺复兴到印象派——欧洲绘画五百年”，展出包括提香、鲁本斯、伦勃朗、格列柯、戈雅、特纳、莫奈、高更、雷诺阿等作品 60 件。由中华世纪坛艺术馆与意大利驻华使馆文化处等多家机构主办的“拉斐尔的艺术・不可能的相遇”，以国际领先的收藏级数字采集和制作还原技术，呈现了包括《自画像》《圣母的婚礼》等在内的 36 幅拉斐尔作品。北京 798 桥艺术空间举办“萨尔瓦多・达利——超现实主义的记忆”，展出达利的版画创作近 100 幅。“马克・夏加尔”中国首展在中央美术学院美术馆廊坊馆举行，展出夏加尔的 155 件作品。“日出・光明——莫奈《日出・印象》”特展在上海市举行，这是《日出・印象》自创作 150 年来首次亮相于中国。展览围绕《日出・印象》，展出了相关作品 47 件。上海市久事美术馆举办“呐喊与回响——爱德华・蒙克版画与油画展”，展出蒙克作品 53 件。杭州市全山石艺术中心举办“从库尔贝到印象主义油画及纸上作品展”，展出库尔贝、欧仁・布丹、莫奈、雷诺阿、塞尚、博尔蒂尼、曼契尼、凯绥・珂勒惠支等人的作品。由中国美术馆主办的“异域同绘——中国美术馆藏日本浮世绘和清代木版年画精品展”，展出作品 129 套（138 件），其中日本浮世绘 75 件、清代木版年画 52 套（61 件）、明清时期中国画 2 件，旨在从渊源、技术、发行及风格等方面探讨日本浮世绘和清代木版年画的异同。

（二）艺术市场

2020 年度，艺术市场面临疫情压力，无论是拍卖业还是画廊业，都使用了更加积极的策略去应对，就数据而言，这些策略被证明是有效的。

1. 拍卖行业：线上线下互补，危中求机，逆势上扬

新冠肺炎疫情给以人群密集形式进行竞价交易的拍卖行业带来前所未有的影响：拍卖企业无法面见客户、征集看货，春拍秋拍间隔缩短。但就 2020 年整年交易数据来看，情况并不太糟，主要有以下几方面原因：一是由于拍卖行积极应对，在较为准确的预判中改变了经营策略，采取了线上线下结合的拍卖方式，并且调整了拍品规模；二是 2020 年度成交的高价拍品均为熟货成交，不仅反映了藏家对精品的关注和追求，也反映了艺术市场日趋理性的态势。

2020 年度，线上拍卖的涌现起于嘉德。中国嘉德率先举办了一场“至诚——中国嘉德网络公益拍卖”，168 件拍品悉数成交，总成交额高达 1574.56 万元，全数捐赠给“抗击疫情突出贡献医护人员保障和子女教育专项基金”。匡时在线、北京荣宝、北京华辰、广州华艺等拍卖公司也纷纷开展线上公益拍卖。通过提升拍品品质、专家直播讲解拍品、全力推广宣传、线下辅助预展等手段，网拍出现单价上百万元的业绩。据中国嘉德数据显示，其 2020 年度网络新增客户同比增长 400%，网络端总成交额达 7.6 亿元，同比增长 936%。线上已然成为拍卖行业的主要阵地。此外，全球首场艺术品联合夜拍“ONE：现当代全球联合夜拍”在中国香港，以及巴黎、伦敦、纽约接力举行，首创四场拍卖会同时在线上举办的盛况。

据统计，2020年度书画及现当代艺术品拍卖记录显示，中国境内诞生了33件亿元拍品，这一数据为近10年之最，综观全年，各个板块呈现出不同的特点。书画艺术拍品成交价超过5000万元的作品有26件，其中包括14件亿元以上的拍品。而现当代艺术拍卖市场则连续第六年实现增长，再创历史新高。与香港市场不同，中国嘉德、北京保利等拍卖公司的20世纪及当代艺术作品的专场用较为稳定和扎实的成交形成了对于该板块的独立价值判断标准，这种市场标准正逐渐回归中国本土艺术作品的美术史价值判断。

除此之外，以往作为纸杂类拍品的名人手稿、文献在2020年的拍卖市场异军突起。18册《胡适留学日记》拍出将近1.4亿元，成为“史上最贵日记”；陈独秀《科学与人生观》“序”拍出2185万元；19米长《赵城金藏》妙法莲华经文句卷八拍出5692.5万元；茅盾《谈最近的短篇小说》手稿拍出2875万元。名人手稿、文献的大热，既是传统艺术收藏审美疲劳后的转向，也体现出藏家对于名人手稿的关注和研究。

尽管拍卖征集受限于疫情下的“内循环”，各场拍卖会仍呈现众多不错的拍品，表现出委托人对于市场前景的信心。从成交结果来看，古代书画、古籍善本、信札写经、近现代书画等拍品创下新高，尤其学术研究到位、传承著录清晰的精品更受追捧。20世纪及当代艺术板块中创下拍场新纪录，新人、新作品的涌现也使市场更显生机勃勃。此外，对于文物艺术品拍卖界的重磅利好政策——文物艺术品拍卖可以全额开具发票，也于2020年落地，这为整个行业注入一针强心剂，顺应了艺术品拍卖市场既有的交易习惯，将有效化解当前艺术品拍卖交易中个人卖家信息保护的困境，减少交易违约风险，也将有利于激发文物艺术品市场活力、为企业减负、促进市场流通，对疫情之下拍卖市场信心的恢复起到积极作用。

2. 画廊：以线上运营深耕国内市场

2020年，画廊作为一级艺术品市场的主要支柱，在疫情期间首当其冲，即使在2020年度国内疫情防控常态化时期仍面临严峻挑战。国际博览会大多取消举办，国内画廊几乎失去进入国际市场的机会，只能将目光聚焦于国内市场。因此，多数画廊选择利用互联网和线上技术进行线上宣传，基于微信公众号、小程序以及直播实现线上展览和销售。虽然疫情加速改变了艺术品的销售模式，但只是增加了一种销售的渠道、体验的方式，线上不会完全取代线下。北京798艺术区举办第四届“画廊周北京”，是全球疫情暴发后举办的第一个画廊周，22家参展画廊和非营利机构通过一系列的展览、公共艺术装置、学术论坛活动为国内艺术产业的复苏共同开启大门。

此外，“2020第六届上海对话——艺术开启未来高峰论坛”围绕“新时代全球化背景下建设上海国际艺术品交易中心的新机遇”“产业链＋创新链——艺术品在线交易发展的新模式”“艺术IP的活化运营与版权保护”三大主题展开讨论，立足于“以国内大循环为主体、国内国际双循环相互促进”的新发展格局，坚持开放性、专业性和互动性原则，以推动上海成为亚太地区新兴的国际艺术品交易中心为目标。在2020年受疫情影响的全球文化艺术市场背景下，论坛探讨了文化产业热点话题，解析了艺术市场发展趋势，分享了文化艺术发展的创新模式，展望了新时代全球化背景下建设上海国际艺术品交易中心的新机遇，推动了国内国外艺术市场双向交流，促进了国内国外艺术市场和文化产业的健康发展。

3. 政策法规保护市场发展

2020年度，一系列促进和规范艺术市场的法规和政策相继出台，为国内艺术市场的后续发展保驾护航。“十四五规划”将健全现代文化产业体系列为未来发展的主要目标，提出深化文化体制改革，完善文化产业规划和政策，加强文化市场体系建设的主要方向。国家税务总局签发2020年第9号公告，解决了增值税改革以来，拍卖企业在开具增值税发票时所面对的税务难题，允许拍卖行就代为收取的货物价款向买方开具增值税发票，而对应货款不计入拍卖行的增值税应税收入。财政部、海关总署、税务总局三部委联合发布《关于中国国际进口博览会展期内销售的进口展品税收优惠政策的通知》（下简称“进博会”)，进博会展期税收优惠政策，艺术品、收藏品及古物类展品可享受5件以内的税收优惠。随后，国家文物局及时支持相关税收优惠政策落地，并鼓励享受税收优惠政策的文物类展品在国有文物收藏单位进行不少于3年的公益性展示服务。通关、进境、展示、交易、代理、免税、交割、结算等一整套流程的顺利完成，标志着在进博会展期内购买文物类展品的消费者真正享受到了税收优惠政策，也为今后进博会文物类展品的进境申报、展示交易、监管服务等工作积累了可复制经验。

（三）美术教育

1. 高校、机构合力推进社会美育进程

2020年，国家有关《深化新时代教育评价改革总体方案》的出台和“十四五”时期教文卫体发展规划的酝酿，都把人的全面发展，尤其是美育建设提升到前所未有的高度。让民众走进博物馆、美术馆，正是美育最日常与直接的方式。尽管受疫情影响，展馆关闭或限流开放，但线上数字美术馆、博物馆的浏览量却与日俱增。

2020年度，国家相继推出了一系列的政策组织进行美术教育系列活动并持续推动发展，主要包括：文化和旅游部艺术司在“十三五”期间实施“全国画院创作人才培养和扶持计划”。作为该计划的重要内容；艺术司与中国国家画院举办了“2020文化和旅游部全国画院创作人才高级研修班”。文化和旅游部继续实施“全国美术馆青年策展人扶持计划”，发布“关于开展2020年全国美术馆青年策展人扶持计划的通知”。中国文学艺术界联合会面向全国活跃在创作一线的文艺工作者征集青年文艺创作扶持计划项目。由中国美术家协会美术教育委员会主办的“面向未来的美育之路”高端论坛在中央美术学院举行。论坛探讨了如何弘扬中华美育精神、加强和改进美育工作，把握新时代美育工作的要求和方向，探讨新的世界格局和历史方位之下，美育在中华民族伟大复兴战略进程中的使命与担当。此外，“新境况下中国高校美育工作的现状和对策高端研讨会”也在线举办。

2. 数字资源增益美术教育

自疫情发生以来，博物馆、出版单位、文化企业等免费开放数字资源，推出“云展览”的同时，也在推广线上公教活动，让公众享受不同形式的在线服务。“在家云游博物馆”活动特意邀请全国各大博物馆的官方讲解员，观众在观看直播的过程中，除了能够听到专业、有趣的讲解外，还可通过抖音直播平台与讲解员互动交流，增强“云游博物馆”的代入感，解锁逛博物馆的新方式。九家一级博物馆“联手”带网民“云游博物馆”，能够让民众感受到文物之美、文化底蕴之深，对接人们特殊时期的文化消费需求，还能激发人们等待疫情过后去实地感受的兴趣，起到线下引流的作用，博物馆的文化共享价值也由此提升。此外，上海刘海粟美术馆围绕馆藏作品《五瑞图》，同步开启名为“存天雅集·博物赏识”系列的线上直播与线下雅集；苏州博物馆的线上展厅设有单独的讲座板块；“疫情常态下的高校美术馆：策略与应对——2020全国高校艺术博物馆联盟年会”在中央美术学院举办，第二场分论坛“美术馆社会传播与公共教育”的主题围绕疫情时代下高校美术馆面临社交限制如何应对展开，交流高校美术馆依托自身特色与定位，在线上和线下进一步探索美术馆社会传播与公共教育的无限可能。

3.“云课堂”作为补充

全国各艺术院校在2020年度春季学期开学之际纷纷启动线上教学，通过中国大学MOOC、专属在线课程（SPOC）、雨课堂、超星、学习通等在线课程平台，腾讯课堂、钉钉直播、ZOOM等直播平台，以及微信、QQ等网络社交工具，形成了多种信息手段相结合的在线授课模式。学生可以通过互联网进入“云课堂”，自主选择优质课程并拓展优化知识结构。由于“云课堂”无法实现师生之间的直接面对面交流，尤其对于艺术实践类学生而言，无法直观感受和切身体会老师的课堂示范，因此，如何高效、有序地开展网络教学工作，是疫情期间各大美术类院校工作的重点，需要针对艺术类课程的特殊性对教学规划、课程安排作出调整。

（四）论坛与事件

2020年度，中国美术界举办了众多美术论坛，主要包括：由重庆市中国画学会主办、在重庆美术馆举行“重庆市中国画学会成立六周年学术展暨学术论坛”，围绕“我的中国画创作观”为话题展开。由书画频道策划的“仰山论坛”系列学术论坛活动“高山仰止——一代宗师方增先”仰山论坛在北京市书画频道艺术交流中心举行。与会专家对方增先一生的艺术追求、创作理念、美育思想等进行了探讨。南京博物院举办2020年“国际博物馆日”中国主会场活动，活动期间举行十大精品终评汇报会、“青年视角——多元和包容的博物馆”论坛、中国主会场活动开幕式、主旨论坛以及博物馆之夜活动，并正式公布第十七届全国博物馆十大陈列展览精品推介活动终评结果。由中央美术学院与景德镇陶文旅集团主办，中央美术学院艺术管理与教育学院承办的“第五届艺术产业园区发展论坛”，以“文化产业与高质量发展”为主题，探讨了时代机遇下数字文化产业的未来。书画频道艺术交流中心举办“形态与演进——探析中国花鸟画之发展”仰山论坛，围绕中国花鸟画的发展展开深入讨论，从绘画技艺、文化内涵等层面分析了花鸟画的发展脉络与未来趋势。深圳大学文化产业研究院举办“深圳大学艺术学理论2020‘云’中相‘会’系列网络学术论坛”，通过互联网深入探讨艺术学理论的发展与创新问题。第二届中国国家艺术网艺术家发展论坛开幕式在线举行，40余名艺术家参会。由《雕塑》杂志社主办的“‘后疫情·谋发展’:《雕塑》杂志·第二十二届中国雕塑论坛”在北京以云平台的形式举行。中国城市雕塑、公共艺术、艺术设计、工艺美术等多个领域的专家学者，以及大专院校师生、工艺美术生产一线的雕塑从业者近200人参与论坛，以期推动跨界融合、行业创新。首届中国国际新意象艺术节暨康养聚居生态环境发展论坛在腾冲举行。此次论坛以“新意象艺术融入生态文明建设”为主题。由中国美术家协会、重庆市文学艺术界联合会、四川美术学院主办的“全国美术高峰论坛·重庆”，旨在进一步研讨新时代中国美术创作态势和美术理论的重要问题，以加强当代中国美术的理论建设及美术批评。

2020年度，美术界发生的主要事件包括：联合国教科文组织与国际博物馆协会发布报告表示，受疫情影响全球85000余座博物馆已经关闭。西岸艺术与设计博览会作为2020年度全球首场国际艺博会，在VIP开幕当天的3小时内80%画廊成交达6000万元。作为全球唯一艺术市场全面重启的城市，上海已形成对标纽约、巴黎、伦敦、巴塞尔的全球艺术品新的交易时间。68件流失英国25年的走私文物被追索回国，埃及向中国返还31件文物艺术品，5件流失海外的古画通过上海进博会回流，圆明园马首铜像归藏圆明园等一系列文物回流事件。故宫博物院推出“丹宸永固：紫禁城建成六百年”等展览庆祝紫禁城建成600周年。北京保利拍卖会上，吴彬《十面灵璧图卷》荣登最贵古代书画之巅，以5.129亿元的拍价成为2020年度最贵中国艺术品，刷新了最贵古代书画的世界纪录。中国美术家协会发布《致全国美术家和美术工作者的倡议书》，共收到投稿75147件，从中选出近200件（套）在中国国家博物馆举办“众志成城——抗疫主题美术作品展”中进行了展示。由中国文学艺术界联合会组织编写的《2019中国艺术发展报告》进行了云发布。“浙江现代美术名家年谱·第一辑”计划编撰黄宾虹、潘天寿、林风眠等8名浙江现代美术名家年谱，旨在从发掘、整理和研究基本史料入手，进而持续建构、扩展和深化浙江现代美术研究的学术基础。由黑龙江省美术馆主办、中央美术学院美术馆协（联）办的美术馆学科专业性学术期刊《美术馆》杂志创刊。建党百年美术工程工作持续推进，党史纪念馆馆外主题性群雕已完成原大泥塑创作，诸多相关题材的美术创作巨制已在打磨收尾。

四、研究与学术

2020年度，美术学领域的主要研究成果和学术发展方向在该领域学术会议、学术讲座、学术出版物中有所体现。由于疫情影响，往年在线下举办的学术活动大多以腾讯会议、B站直播间等线上方式进行。疫情对刊物影响不明显，却催生了对于疾病题材、现实主义手法的讨论。

（一）学术会议

疫情使得2020年度学术会议大量集中于下半年，即使这样由会议主题体现出的学术关注也呈现多元化特征。

2020年度，多个会议围绕视觉文化研究展开，立足于各学科，就采用视觉文化研究方法而取得的研究进展进行了交流。10月31日至11月1日，由中央美术学院人文学院主办的"汉唐陵墓视觉文化学术研讨会"在中央美术学院和线上腾讯会议同时举行，国内高校、研究机构、博物馆的40名学者参会，围绕"陵墓空间的视觉建构""陵墓图像的思想意涵""陵墓物质文化及交流互动""陵墓视觉文化的传统与变革"4个议题展开讨论。11月13日，由中国艺术研究院美术研究所主办的"2020中国传统色彩学术年会"，主题为"探源·滋新"，在深入探寻东方色彩的演变脉络的基础上，揭示东方色彩经验的理性结构，进而建构现代东方色彩的应用体系。12月13日，由中国艺术研究院美术研究所主办的"美研所大学堂第三期——多元视角下的书法史"通过视频直播的方式举行，与会专家结合各自研究领域对书法的认识和反思做了发言。

2020年度，多个会议强调了文艺批评的重要性。12月12日，第14届中国美术批评家年会"2000—2020：当代艺术20年"在江苏省宜兴市举行；12月22日，由中国艺术研究院和中国文化传媒集团主办，以"文艺批评的现状与对策"为主题的第33期"艺海问道"文化论坛在中国文化报社举行。与会高校学者、文化艺术界专家，以及《文艺研究》《美术观察》等报刊负责人，共同探讨媒体在艺术批评中的责任与担当。

此外，以10月16日至18日举办的第十四届全国高等院校美术史学年会为例，2020年度学术会议强调了艺术史跨文化的趋势，由全国高校美术史年会组委会、内蒙古师范大学主办，内蒙古师范大学美术学院承办的"'从北方走向世界开放视野的跨文化美术史'第十四届全国高等院校美术史学年会"在外国美术史、中国美术史、跨文化美术史、美术理论与批评、宗教美术史、少数民族美术史等议题下具体讨论了图像在全球化语境中的知识生成。

（二）学术讲座

疫情使得部分讲座时间推迟，比如原定于2020年9月举办由瑞士日内瓦大学艺术史教授达瑞奥·冈博尼（Dario Gamboni）主讲的OCAT年度讲座推迟至2021年1月才开展。虽然如此，2020年度开展的学术讲座依然保持了高水准的知识输出，显示了高校、艺术机构等讲座主办方的学术关注和研究眼光。

1. 视觉文化

视觉文化是近年来的研究热门，在2020年度讲座话题中占比最高。其中包括：8月14日，由中国艺术研究院美术研究所主办，意大利汉学家毕罗（Pietro De Laurentis）主讲的讲座"书法史研究与文史研究：以《集王圣教序》为中心"在腾讯会议举办。讲座拟通过跨领域的视角和实物之间的比较，获得更符合事实的关于文化现象的真相。11月17日，由中央美术学院建筑学院主办，王铁华主讲的"看见园林：艺术史中的园林、图像和观念"于腾讯会议举办。讲座以艺术史古代园林图像文本出发，希望探寻园林的深层观念含义，而对当下的造园实践提供新见。12月11日，由复旦大学文物与博物馆学系主办，郑岩主讲的"观者、雇主与工匠——谁是推动汉画像石艺术发展的主要力量？"在复旦大学邯郸校区举办。

2. 观念、方法论

对观念、方法论的关注，在2020年度学术讲座话题占有较大比重，其中包括：9月8日，由江苏凤凰美术出版社主办，张晓剑、诸葛沂主讲的"现代主义的二重奏：从迈克尔·弗雷德到T.J.克拉克"在腾讯会议开讲。讲座围绕迈克尔·弗雷德和T.J.克拉克关于现代主义的纷争展开，讨论了两名批评家各自的理论立场以及各自对于现代主义理论的贡献。10月17日，由南京师范大学美术学院主办，杭春晓主讲的"石涛的'民国声誉'：基于全球视野的知识考察"在南京师范大学仙林校区举办。通过梳理书信等文献材料，推定常识之石涛源于民国画史认知，而民国话语受跨文化的语际实践影响。12月10日，由中央美术学院人文学院主办，方振宁主讲的“策展的艺术和策略”在腾讯会议举办。讲座以具体的策展案例分析，分享了主讲人对策展的认识和思考。12月27日，由中央美术学院人文学院主办，吴功青主讲的“文艺复兴与现代性的诞生”在腾讯会议和B站直播间举办。

（三）学术出版物

2020年度，出版的主要学术出版物包括文献、图录、美术史著、译介成果、学术论文、教材等几个方面。

1. 文献集

2020年度，主要美术文献集包括：唐薇、黄大刚编《张光宇小集》（上海人民出版社，2020年3月）；《中国书画基本丛书四种》（上海书画出版社，2020年7月）；陈文平、牛梦沉编译《山中定次郎与山中商会》（上海书画出版社，2020年6月）；唐志波、秦晓磊编《沈周六记》（浙江古籍出版社，2020年9月）；《陈之佛全集》（南京师范大学出版社，2020年3月）等。

2. 图录

2020年度，出版的主要图录包括：刘传俊《文房》（文物出版社，2020年1月）；上海书画出版社编《西泠八家印选》（上海书画出版社，2020年4月）；李经国、马克编《过云楼旧藏名贤书翰》（北京联合出版公司，2020年5月）；张珩《木雁斋书画鉴赏笔记》（上海书画出版社，2020年4月）；［日］山中让监制《山中商会经手中国艺术品资料汇编》（上海书画出版社，2020年4月）；仲威编著《纸上吉金：钟鼎彝器善本过眼录》（文物出版社，2020年10月）；上海书画出版社编《吴让之印存》（上海书画出版社，2020年5月）；薛龙春主编《三吴墨妙：近墨堂藏明代江南书法》（浙江大学出版社，2020年9月）；陈介祺鉴藏考释《二百镜斋古镜拓本》（上海书画出版社，2020年7月）；吴国豪主编《健笔凌云：何创时书法艺术基金会藏王铎傅山精粹》（浙江大学出版社，2020年9月）等，为相关研究的进一步进行打下了基础。

伴随博物馆大型临展、拍卖预展等展览活动也会进行一些主要图录的编纂工作。2020年度，由博物馆、美术馆、艺术机构主持出版的主要图录有：［美］巫鸿编著《中国当代摄影四十年》（浙江摄影出版社，2020年1月）；上海博物馆编《上海博物馆藏楹联》（上海书画出版社，2020年4月）；故宫博物院编《董其昌书画全集》（浙江摄影出版社，2020年4月）；嘉德艺术中心编著《嘉德经眼录：石渠宝笈珍品》（上海书画出版社，2020年5月）；［英］马科斯·弗拉克斯编《片云：吴彬的十面灵璧》（佳作书局，2020年9月）；深圳南山博物馆、荆州博物馆编《南有嘉鱼：荆州出土楚汉文物展》（文物出版社，2020年6月）；上海博物馆编《上海博物馆藏碑帖珍本丛刊一、二辑》（上海书画出版社，2020年6月）；浙江省博物馆编《古物影：黄宾虹书法收藏特展图录》（上海书画出版社，2020年6月）；故宫博物院编《千古风流人物：故宫博物院藏苏轼主题书画特展》（故宫出版社，2020年8月）；故宫博物院编《往昔世相：故宫博物院藏历代人物画特展》（故宫出版社，2020年8月）；上海博物馆编《宝历风物：“黑山号”沉船出水珍品》（上海书画出版社，2020年9月）；辽宁省博物馆编《山高水长：唐宋八大家主题文物》（辽宁美术出版社，2020年10月）；故宫博物院、嘉德艺术中心编《妙宝庄严：故宫博物院藏法器展》（河北教育出版社，2020年12月）。这些图录在一定程度上扩大了展览的宣传范围，并作为文献史料体现了主办单位在该领域的研究现状。

3. 史论专著及评论文章

虽然疫情限制了大量线下活动，2020年度依然出版了数量不小的史论专著及评论文章。（1）通史类著作有：［英］贡布里希《艺术史的故事·英文版》（湖南美术出版社，2020年3月）；［美］巫鸿《第一堂课：在哈佛和芝大教中国美术史》（湖南美术出版社，2020年5月）；范景中《艺术与文明：西方美术史讲稿（原始艺术——中世纪艺术）》（上海书画出版社，2020年6月）；陈平《西方艺术史学史》（北京大学出版社，2020年9月）。（2）断代史类著作有：耿朔《层累的图像：拼砌砖画与南朝艺术》（人民美术出版社，2020年4月）；朱青生《中国当代艺术导论十三种》（商务印书馆，2020年7月）；郎绍君《探问集：20世纪中国画学研究》（商务印书馆，2020年8月）。（3）鉴藏类著作有：徐邦达口述、薛永年整理《徐邦达讲书画鉴定》（上海书画出版社，2020年3月）；傅申《宋代文人书画评鉴》（上海书画出版社，2020年3月）；朱万章《画外乾坤：明清以来书画鉴藏琐记》（生活·读书·新知三联书店，2020年6月）；潘文勰《听松山人：陆时化〈书画说钤〉之鉴定观研究》（中国美术学院出版社，2020年7月）；朱良志《一花一世界》（北京大学出版社，2020年8月）；谢明良《陶瓷手记Ⅱ：亚洲视野下的中国陶瓷文化史》（浙江大学出版社，2020年12月）。（4）个案研究著作有：陈葆真《乾隆皇帝的家庭生活与内心世界》（北京大学出版社，2020年3月）；高木森《清溪远流：清代绘画思想史》（浙江人民美术出版社，2020年3月）；单国霖《张择端、仇英〈清明上河图〉释惑解读》（文物出版社，2020年3月）；余辉《百问千里：王希孟〈千里江山图〉卷问答录》（人民美术出版社，2020年5月）；朱琪《蓬莱松风：黄易与乾嘉金石学》（上海古籍出版社，2020年5月）；邢义田《画外之意：汉代孔子见老子画像研究》（生活·读书·新知三联书店，2020年6月）；孔令伟《悦古：中国艺术史中的古器物及其图像表达》（上海书画出版社，2020年6月）；薛龙春《王铎四题》（四川人民出版社，2020年9月）；余辉《清明上河图面面观》（故宫出版社，2020年10月）；赵华《赵孟頫闲居考》（四川人民出版社，2020年12月）；衣若芬《云影天光：潇湘山水之画意与诗情》（北京大学出版社，2020年11月）。（5）方法论研究著作有：吕澎《艺术史研究与写作入门》（北京大学出版社，2020年3月）；李军《跨文化的艺术史：图像及其重影》（北京大学出版社，2020年10月）。

在2020年度里举行的各论文奖征稿活动客观上促进了史著及评论文章的整理和发表。自2020年5月启动的“王朝闻美术学论文奖提名”于2020年12月28日揭晓提名结果。从来自国内高校、研究机构及香港、台湾地区的400篇投稿中选出10篇提名论文，获提名的文章涉及中国古代美术史、中国近现代美术史、美术理论和外国美术4个研究领域，在一定程度上体现了各个领域的最新成果。

4. 译介成果

2020年度，海外美术史论著作的译介亦非常丰富。通史类著作有：［英］朱利安·贝尔著，周渝译《世界的镜像：一部新艺术史》（浙江人民美术出版社，2020年1月）；［美］弗雷德·S. 克莱纳著，李建群等译《加德纳艺术史》（湖南美术出版社，2020年3月）；［英］费顿出版社编，夏海宁译《艺术三万年》（四川美术出版社，2020年9月）。专门类著作有：［法］埃玛纽埃尔-爱德华·沙畹著，袁俊生译《华北考古记》（中国画报出版社，2020年5月）；［英］玛吉·凯瑟克著，丁宁译《中国园林：历史、艺术和建筑》（北京大学出版社，2020年6月）；［美］道格拉斯·克林普著，汤益明译《在博物馆的废墟上》（江苏凤凰美术出版社，2020年6月）；［日］大村西崖著，范建明译《中国雕塑史》（中国画报出版社，2020年7月）；［英］迪恩·霍克斯著，刘文豹、周雷雷译《建筑的想象：建筑环境的技术与诗意》（北京大学出版社，2020年10月）。个案类著作有：［意］莱奥纳多·达·芬奇著，邢啸声译《莱奥纳多·达·芬奇：绘画论》（广西师范大学出版社，2020年2月）；［英］理查德·西奥多·尼尔著，翁海贞译《希腊世界的艺术与考古》（华中科技大学出版社，2020年3月）；［荷兰］亨克·特伦普著，陈毅平、安静译《梵高身后事：一场艺术真伪的旷世之争》（北京大学出版社，2020年10月）。方法论类著作有：［美］包华石主讲，王金凤译《西中有东：前工业时代的中英政治与视觉》（上海人民出版社，2020年1月）；［英］柯律格著，梁霄译《谁在看中国画》（广西师范大学出版社，2020年4月）；［美］迈克尔·安·霍利著，王洪华译《回视：历史想象与图像修辞》（重庆大学出版社，2020年5月）。断代史类著作有：［美］托马斯·克洛著，蒋苇、邓天媛译《60年代的兴起：异见时代的美国与欧洲艺术》（江苏凤凰美术出版社，2020年6月）；［瑞士］汉斯·乌尔里希·奥布里斯特著，王乃竹译《当代艺术的十九副面孔：大师与我们的时代》（广西师范大学出版社，2020年7月）；［美］H.H. 阿纳森、［美］伊丽莎白·C. 曼斯菲尔德著，钱志坚译《现代艺术史》(湖南美术出版社，2020年8月)；[法]卡罗尔·弗里兹主编，颜宓译《史前艺术》(华中科技大学出版社，2020年8月)。

杭春晓　中国艺术研究院美术研究所研究员
刘畅　中国艺术研究院研究生院博士研究生
刘昕　中国艺术研究院研究生院硕士研究生
张皓明　中国艺术研究院研究生院硕士研究生

2020 美术：自觉的主体

◎ 郑工

一、主题、主体与整体性

2020 年，从新冠病毒横行到众志成城抗疫，中国民众经受了一场非同寻常的人生体验。人性之善与生命之重，成为中国人乃至世界人民的共同话题。对于 2020 年的中国，抗疫与防疫、危机与生机、线上与线下、实体与虚空，都以互动的方式构成整一的世界。整体性关系，包括整体利益、整体诉求、整体目标、整体行动，以及对事物的整体认知，覆盖了所有的个体性。当然，这并不等于所有的个体性都被整体取代。而且，个体的活跃程度并没有衰减，只是因种种缘故被纳入一个个特定的话语场域，可见所谓的整体关系同样具有相对性。对于中国美术界而言，主题性创作出现了前所未有的发展态势，这也为整体性提供了明证，因为主题性创作强调的是现实关怀。

人与现实的整体关系，在 2020 年的中国达到了前所未有的高度，这对中国美术界的影响不容忽视。颇具个性的美术家，都有着较为强烈的主体意识，以往这种主体性只是不断地强化其个体性，进而形成其在艺术创作上的个人范式。但在 2020 年，人与人之间相互依赖、互为主体的观念被人们普遍接受。尊重每一个个体生命的存在，形成主体自觉的基本内涵。对美术而言，主体的自觉还意味着在创作主题与表现形式关系上的重新调整，美术家的视野更为扩大了，不再将艺术的形式问题置于一切之上，这与改革开放 40 余年来成长起来的这一代艺术家的成熟度有关。同时也说明，对艺术个性的追求到达一定程度，手法与风格就不再是主要问题，艺术的主题再度受到关注，而艺术家对主题的阐释，将个人创作动机与社会文化背景一并带入，图像学的社会意义大于形式语言本身的审美要求。过去谈主体性，多指人的能动性，即在认知的主体性理论框架下，论及人对自然界及对象世界的介入，其干预程度高。而在当下谈主体性的自觉，则是基于人的生命意识，是生存论的转向，也是人本主义的转向。人的生命的感性形式不断地与相关主题论述结合在一起，使得 2020 年的中国美术获得一个新的观照点。

主题性美术创作以题材为重。同一题材可以派生出不同的主题，同一主题也可以涉及多种题材。当我们强调创作中的主题时，不会因为手法或风格问题而忽略创作者的创作动机，更不会因为题材问题而影响创作者的创作灵感和艺术个性的表达。2020 年，中国美术主题性创作兴起的最重要原因，在于创作者不断增强的主体性，而这个主体性与民族国家意识又紧密联系在一起，使当下性与传统精神融会贯通。由于疫情的蔓延，也因数字技术等高科技的发展，传统美术的存在形态及传播方式发生了很大变化，也触动人们时空观念的转换，直接影响了美术界的生态环境，大众审美教育问题也随之而出。2020 年的中国美术，是各种观念碰撞融合年，是文化主体的自觉时代，是在社会性主题引导下创作蓬勃发展的一个特殊时期。以作品论，有质有量，且量大于质；以主题论，社会的人文主题大于艺术的形式主题；以题材论，公共性的事件大于日常性的叙事。个体视角成为观察社会的窗口，而集体性的发声在 2020 年也成为一种不约而同的行为。

二、艺术抗疫中的主体多元

突如其来的新冠肺炎疫情，从 2020 年年初一直延续至岁末。这是一段令人难以忘却的生命之痛。有不少人在这一场疫情中离去，包括一些知名美术家。如湖北美术学院教授刘寿祥，于 2020 年 2 月 13 日凌晨因感染新冠肺炎不治病逝。他是一名出色的水彩画家，不久前，即 2019 年 6 月 6 日，刘寿祥才在武汉美术馆举办首次个人画展，现场观者云集，其主题为“大美见易”。生命之无常，让无数人扼腕感叹，一场巨大的伤痛压在国人的心头，美术家又能做些什么？这是一个敏感的群体，心怀悲悯之情，又有以真切感人的形象倾诉情感的技能。对此公共事件，他们不会没有反应，从中国美术家协会（以下简称“中国美协”）到各省市自治区美术家协会，从美术院校到各级画院，从地方到部队，东南西北中，几乎是全体发动，全面展开。不分画种，不论形式，不谈身份，借助当代数字传播媒介的便捷快速，各种抗疫主题的美术作品得以迅速汇集，网络成为最佳的沟通渠道和交流平台。

网络美术（Internet Art 或 Online Art）必须是数字作品，而 2020 年在网络上传播的美术作品，主要还是以传统媒介进行创作，真正利用网络媒介进行互动性创作的作品几乎没有。不过，在整体性关系上，我们可以看到网络的作用与力量，“助力抗疫”成为中国美术界的一句响亮口号。自从 2020 年 1 月 28 日国家卫生健康委员会发布疫情公告后，全国各地派出的第一批医疗队奔赴武汉，中国美协组织画家创作了一批作品，有钟南山、李兰娟等人的肖像，也有普通医护人员、记者等人的群体形象，以“致敬最美逆行者”。随之，中国美协推出“众志成城，抗击疫情——美术家在行动”系列网上展览，利用美协官网和官微，以漫画、宣传画为先，相继推出中国画、水彩·粉画、油画及综合材料绘画等作品，还有速写、连环画、儿童画等系列，专设港澳台篇，涉及面广、形式多样。至 2020 年 2 月 24 日，不到一个月即组织图文 100 辑，作品 1325 件（组），形成极大的宣传效应。2020 年 2 月 8 日，山东省中国画学会和山东画院也组织策划了“新型冠状病毒疫情防控主题创作”网络展，聚集山东省内画院系统的书画作品，分批分期上网，至第 25 期又将征稿范围扩大到全国，形成“速写”的专题展，作者年龄从 30 多岁到 80 多岁。这些网络美术展，一不受展出场地限制，二不受作品运输限制，三不受题材范围限制，四不受体裁形式限制，突出展览主题的应时性，以及创作主体参与的广泛性，美术宣传的社会效能被充分地发挥。

由于抗疫主题的特殊性，美术家参与的热情高、动员面广、宣传阵势大，其多元性不仅体现在表现形式上，更重要的在于参与者主体的多元化，其中，美术院校师生共创就是一大景观。在四川美术学院，学校师生从正月初二开始，便启动新冠肺炎疫情防控主题艺术作品的创作。众多知名教授带头创作，很多因为疫情没能回到学校的学子利用宅家时机，与老师深入交流，不断提升作品质量，短短几周，上千名师生共创作主题艺术作品 1000 余幅，这正是抗疫中国力量的重要组成部分。2020 年 2 月 1 日，中央美术学院发出“抗疫创作征集令”，其主题为“绘众志成城，展中华之美”，作品种类形式不限，绘画、雕塑、装置、摄影摄像、海报、剪纸、书法均可，且均采取线上投稿方式。2020 年 3 月 23 日，《人民日报》“美术副刊”推出中央美术学院和中国美术学院两校青年师生表现抗疫斗争的作品，如马刚的油画《青春》、蔡俊杰的油画《联防联控——我们在行动》，刘丽萍的水彩画《点亮火神山医院》，张晓锋和周崇涨的版画《接力》，黄晓光的数字艺术《青春集结号》等。广州美术学院的官微从 2020 年 2 月 6 日起陆续推出师生抗疫作品专辑，其口号为“同心‘艺’力，共克时艰”，并于 6 月 10 日开办“广州美术学院抗疫主题作品云展览”，展出 148 件作品，其中有张彦的水墨画《雨夜空援》、杨学军的雕塑《逆行者》、章犇的油画《天使》，还有黄瑾钰的招贴画《众人》以及司徒颖怡、罗文艺的《辟谣系列小漫画》，等等。这些作品不仅及时反映全国人民抗疫防疫的战时状态，更能充分地体现美术家对现实生活的敏感，以及在艺术表现上的激情与创作冲动，艺术的灵感一触即发，应声而起，合时而作。

作为实体的线下展览，先是 2020 年 5 月 6 日在四川美院美术馆开幕的“中国力量——四川美术学院新冠肺炎疫情防控主题创作展”，其重在油画与雕塑，有个人作品，也有集体创作。此时，国内疫情基本缓解，也给了艺术家时间，让他们沉下心思考，推敲构思，深化主题。庞茂琨的《永恒与短暂》是一幅三联画，表现白衣战士在救治病人过程中过度劳累后的三种不同状态。同样是表述生命，就在那一瞬间，你看到那个她，而她却没有时间想到自己的存在。当无边的疲惫蔓延上来时，看似顽强的生命显得那般脆弱。这样一个静止的画面，在暗色的背景里会幻化出许许多多场面，且都是动着的画面。艺术家的智慧，就在这静与动之间，在多与少之间，在个别与一般之间，恰如其分地把握着那个转换的瞬间。

木刻版画《静静的方舱》的作者是付继红、韦嘉、舒莎和臧亮，画面只见病床未见病人，也是一种比较巧妙的叙事手法。在主题性美术创作中，叙事是最常用的手法，但也最容易陷入平铺直叙。面对大规模的疫情暴发，并不缺乏创作素材，问题是如何提炼，如何一以当十，创作出精品，以少少许胜多多许。回到事件本身，各地的疫情多具有相似性，抗疫救治工作也一样，而在人物的形象刻画上，一身防护服又遮蔽了人物个体的差异性。显然，深入到创作的问题上，多元化的艺术表达似乎被挤迫到艺术自身的语言空间，甚至让艺术家在材料媒介上做文章。

黄山的工笔画《新生》中，身着防护服的护士小心呵护着一个新生儿，其母亲在哪？答案可想而知，作者也没有在这一问题上继续发问，而将注意力落在人物衣褶的线条上，形成其特有的绘画表情，既呈现了艺术个性，也突出了作品的主题。防护服不再是抗疫主题中的一个图像符号，而成为艺术多元化表达的母题，艺术家的个人手法及创造性的智慧借此加以发挥。

这在诸多抗疫主题的作品中都能获得印证，如赵晓东的油画《公元 2020——众志成城》即为一例。另一个抗疫的图像母题就是口罩。何剑的《面孔 2020》，画的主题就是“罩”，画家的着眼点在于民众自创的“口罩”，突出疫情中的民间智慧，而画家却采用传统的线描方式，让人联想到永乐宫壁画；赵柳青的《最短的距离》，造型即为最常见的“口罩”，可用的材料是金属镶嵌，近看是一块块手机面板吊着两根带；唐勇的《伤墙》是一件装置作品，用纸媒介仿制各种呼吸状态中的“口罩”，一个个贴在板上，上端再画上各种凝视的双眼。这些作品都独具创意，在同一个形意上变幻出各自不同的主题，引申出不同的意义指向。

2020 年 8 月 1 日，中国国家博物馆联合中国美术家协会、中国书法家协会共同举办“众志成城——抗疫主题美术作品展”，展出作品近 200 件（套），其中一半是从 75147 件的征稿作品中精选出来，其余为特邀作者的作品，上述作品多在其中。参展作品的题材十分广泛，除了表现救治病患场景和疫情防控工作外，兼及疫区人民生活保障、复产复工、对外医疗援助等方面的内容。2020 年 12 月底，“携手同心　命运与共——全球抗疫书画艺术主题特展”在炎黄艺术馆举办。此展由中国国际书画艺术研究会联合相关艺术机构共同组织，以“人类命运共同体”的理念为主题，以世界各国特别是中国抗疫为题材，分为四个部分：中华决胜篇、友谊互助篇、全球命运篇、发展共建篇。此次活动也是采取特邀与征集相结合的方式，既保证作品的专业水准，又能够吸引广大群众的参与，且有法国、意大利、新西兰、加拿大、斯里兰卡、印度、古巴等 10 余个国家和地区的艺术家作品参展。其实，在“特邀”与“征集”的形式背后，透露出的依然是主体的多元化问题。

三、传统与当代的主体构建

2020 年的新冠肺炎疫情引发了不少问题，如人与自然的关系、人与社会的关系以及人与自身文化的关系。在社会现代化进程中，这种关系往往是矛盾的、对立的，甚至是对抗性的。如人对自然界的征服甚至于掠夺，破坏了原本的和谐关系；在不同区域，人的世界观和社群观念导致意识形态的对立；人的知识理性促进现代科学技术的发展，而现代科技又成了文化的异己力量压迫自身。人类开始反思现代社会的协调发展问题，如绿色文明、生态文明、自然资源的保护与开发等。传统文化的当下性发展，成为中国当代艺术主体性建构的一项重要指标。

“人类命运共同体”与“人类文化共同体”两概念，其区别在于“文化”与“命运”，而联系也在于此。共同体强调的就是联系，在全球化时代，文化的同质化现象比比皆是，而跨文化的研究在当代学术界也成为一门显学。但是，跨文化并非去除文化的差异性，而是强调不同文化间的对话。当代艺术也一样，需要建构一个对话的平台，并充分使用各种物质媒介进行各自的文化表述。国际双年展或三年展在世界各地不断推出，其最重要的作用就是加强文化对话及相互间的理解。2020 年，中国美术并没有因疫情而阻断与世界的联系，尤为突出的是下半年的双年展现象。双年展是舶来品，为一种制度化的展出方式，以所在城市命名，多为跨国界的视觉文化交流，关注前沿问题。1895 年，威尼斯双年展首开先河；1952 年，东京双年展为亚洲首例。20 世纪 90 年代，世界出现了“双年展风潮”，而揭开中国双年展序幕的则是 1992 年“广州首届艺术双年展（油画）”。随之，上海美术馆策划并由上海市人民政府出资主办的“上海美术双年展”于 1996 年推出，其主题为“开放的空间”。

据统计，2020 年下半年国内各地相继推出的双年展有 12 项（含“台北双年展”与“香港亚太艺术双年展”）。虽然不少是接续往届的展览，但也有一些是新开张的双年展。论主题，大致有三种类型：第一，以城市文化为主题，如“北京青年美术双年展”，其主题为“推进北京全国文化中心建设——助力首都艺术青年成长成才”，强调创意设计、公共艺术与城乡建设的“大美术”概念，又如“第五届昆明美术双年展”，其主题为“城市之上”，以昆明、上海、深圳三个城市的历史变迁、当下景观及未来遐想分别设定三个单元。第二，以行业文化为主题，如“第五届中国国际建筑艺术双年展”（北京奥林匹克公园中心）、“第五届中国当代工艺美术双年展”（中国艺术研究院）、“江西省数字艺术双年展”（江西景德镇陶瓷大学）等。第三，结合全球暴发的新冠肺炎疫情，讨论人类生存文化问题。如第 13 届上海双年展，其主题为“水体”（Bodies of Water），主策展人安德烈斯·雅克（Andrés Jaque）有一解释：“从细胞到人，到人与人的连接；从管道到腮室，到实验室，到气候变化，本届双年展的灵感来自这些跨种群的联盟。从一次呼吸到一个生态系统的构成，我们是如此地相互连接，相互依赖，相互牵动。面对全人类共同经历的挑战，本届上海双年展将通过挖掘多样的流通和交融形态，证明人与人的关联和不可分隔。”人的生命不可缺乏水，任何一个细胞的存在与活动都离不开水，这是从微观的视角看待人的生命存在的共通性。如果回到上海这一特定的地域，那是长江的入海口。其水体从上游的雪山一路而来，其间不知汇入多少来自不同地域环境的水流，从西到东，浩浩荡荡，孕育了长江三角洲以及上海这座现代化城市。这是从宏观的视角将水流与自然环境的生成联系起来看人的生命存在，同时看到文化的历史与历史的文化，总是在流动的状态中被一次次地塑造。过去与现在，传统与当代，就是不断地融汇而成的。所以，这一展览也被设计为渐次增强的三段式，从“高峰对话”到“生态联盟”，最后形成“一个展览”，前后跨度近八个月（2020 年 11 月 10 日至 2021 年 6 月 27 日），通过线上线下的各种媒体和网络，联动长江沿线的艺术空间，孕育新的社会交往模式与公共生活。策展人的思路也从结果返回到过程，而过程的呈现更具有扩散性与影响力，能将展览的主题演化为一个个话题，唤醒人们的记忆与思考，形成新的观念性表述。

过程性的表述不仅体现在策展人的意识中，也表现在艺术家的创作中。比如“当下”指的是时间维度上的当下性存在，一个片段出现了，“在场”的问题推出了。传统与当代的关系也因主体性而获得新的连接。在造型的视觉化的艺术表述中，空间的重新建构问题再次被引入了。

第 12 届台北双年展也是一个跨年展（2020 年 11 月 21 日至 2021 年 3 月 14 日），其主题是“你我不住在同一星球上”，针对 2020 年因疫情引发的人类生存问题，假设了“五大星球”（全球化星球、逃脱星球、维安星球、实地星球和另类重力星球），将美术馆变成一座虚构的星象馆。作品以装置和影像为主，并开设论坛，邀请专家根据预设的论题展开对话，还有朗读、行走等行为艺术，提高观众的参与度，增加作品的可变性，突显了“重构”的策展观念，引发人们对全球化与逆全球化、左倾与右倾、封闭与沟通、高科技发展与原生态环境等各种对立状态的思考，形成建设性的协商与对话，其目的是“如何让世界保持宜居”。其中，有两件装置作品值得关注：一是《牡蛎间 2020》，作者为丹尼尔·费南多·巴斯克瓦与阿隆·夏贝，艺术家以台湾西南海岸养殖场废弃的牡蛎壳磨碎，混合糯米、麦芽糖制成的黏合剂重新塑形，成为一张休闲的躺椅，其背后的故事却是近海养殖业的过度开发造成整个区域地层下陷。二是台湾艺术家武玉玲的系列作品《生命轴 2018》《绽放在当下 2018》《我自己 2020》《呼吸 2015》《山林中的藤曼 2020》，作者是台湾排湾人，她回收了当地的布、羊毛、棉、铜、丝、琉璃珠等材料，采用排湾传统的编织技术与图案创作一组软雕塑，背后的故事是排湾人的生命记忆。前者是以外来者的主体身份观看人与自然的关系，后者却是以在场者的主体身份反思当下与自我文化传统的关系。

首届济南国际双年展于2020年12月13日开幕，展期至2021年3月12日，主题为“和动力”，范迪安与张望任总策展人。展览分两个展区，主展区为策展人提名作品展，设在山东美术馆；分展区为青年策展项目，设在济南美术馆。“和动力”是一组合词，即和＋动力。范迪安对“和”解释为三层立意：“一是人与社会的和谐，二是人与自然的和谐，三是不同文化之间的和合。”张望以为“和”是传统儒家文化最重要的理念，“‘和’与现代的形式‘动力’结合在一起，更显年轻、活力和当代性，也更有艺术气质”。在这一话题上，有两件作品值得关注，一是井士剑的《生态纪》，其采取版画技术，图式也接近中国传统版画，却是综合材料绘画作品，语言是跨界的，作品尺幅很大，创作着眼点在生态，主题是人与自然的相处之道。二是高世强的多媒体影像装置《山水宣言2.0：云山六章》，大屏幕，高视点，满构图，影像是动的，水浪汹涌，仿佛从天而降，未见山峦，但有着站立在岸边的感觉。中国传统文化中的人，与水有着亲和感，其山水画之盛，从宋元直至当下，而水墨画的样式，其氤氲泛漫，流畅而灵动，直接关乎生气与生机，所谓“气机”者，无不从此而来。形式不重要了，精神上来了。传统与当代，在此融合。在他的影像世界里，传统的“水墨”是作为一个概念介入，其寻觅的是自我文化的主体性，重构的意图十分明确。分展区的“青年策展论坛”，话题的展开面更宽，诸如“人类情感与机器情感”“和实生物，同则不继”“新工笔的边界与秩序”“从‘地域’到‘场域’——‘艺术在他方：当代艺术的游牧’策展的定位与思考”“同胚——山东当代艺术切片”“我们今天需要什么样的水墨艺术”“世界世界着——当代创作与社会文化参与”等，文化的主体性与自我存在的定位思想，几乎无处不在，体现着青年人思维的活跃程度以及艺术探索的深度与广度。

人与自然的和谐关系是历史形成的，文化必然贯彻其中。当代艺术的文化溯源，在2020年中国美术中也构成一个热点，其要义在精神而不是形式，文化的主体问题讨论超乎有关艺术形式的本体性。2020年10月9日，在宁夏银川当代美术馆开幕的“生生不息——叙事的黄河”大型当代艺术展，策展人范迪安，展出66名艺术家的172件作品，其形式涵盖绘画、雕塑、装置、影像等。艺术家的个体视角相异，表现手法多样，但主题只有一个“黄河”。黄河成为艺术家创作的精神来源，不论你从任何一个时段或任何一个地点贴近黄河，用任何一种方式表现黄河，作为创作者的个体都会与这一历史形成的文化母体产生关联，因为那里都有着特殊历史文化的沉积，从物质到精神，从形态到气息。无论精神还是气息，都会被敏感的艺术家捕捉。当代艺术的多元表达，其意义指向形式，而观念的表述在于主体的认知，转向艺术即在思想层面上对自我精神的把握。

四、公共空间的大众审美

美育工作绝不仅限于学校的审美教育，其更为广大的空间在社会，尤其是广大农村。美育是全民整体素质教育的一个重要部分，其教育的主要方法不仅是灌输美学知识，更要以“润物细无声”的方式让教育对象在日常生活中耳濡目染，愉快地接受各种赏心悦目的事物，提高其审美趣味与审美能力。如此而言，美育工作的目标与范围就扩大到社会的整体环境以及人们生活的方式，涉及衣食住行及文化的惯习，从私密空间到公共空间，从器具造物到造物文化，一切以人为本，以品质为先。而作为美育工作其中一部分的艺术创作，从提升人们的生活质量入手，设计先行，进而在城市与乡村推广公共艺术，改善人居环境，与城市化和现代化的发展同步。新时代以来，公共艺术与环境艺术的兴盛，以至于艺术乡村建设的推广，让我们身处其中，重塑我们的生活认知，提高我们的审美水平，更重要的是通过“美丽乡村”的建设，留住我们的“乡愁”，让传统文化在现代化建设中得以保护和延续。这些，都离不开主体的自觉意识与自觉行为。

讨论“大众审美”的主体性，无法离开主体互动问题，其自觉性也是双方的而不在单方主体。如公共空间的设计者与生活者，二者之间的关系如何协调？又如文化主体中的传统与当代，二者之间的关系又如何协调？此时，文化场域的问题浮现了，那是主体活动并存在着的空间。公共空间的公共性决定了大众审美的主体性存在方式，公共空间的审美品格既体现存在者的人文特性，也改变存在者的生存经验。

2020 年是脱贫攻坚决胜之年，“艺术乡村”的建设工作就显得特别突出。时值 7 月，“第一届‘美丽乡村’大学生艺术设计大赛”拉开帷幕，指导方为农业农村部、中共陕西省委宣传部等单位，承办方为西安建筑科技大学，其征集范围有三大类：1. 景观规划类（村镇规划、农居建筑、乡村景观等）；2. 产品设计类（特色农产品包装、工艺品）；3. 公共艺术类（雕塑、文化小品、公共设施等）。其竞赛宗旨十分明确：“关注传统村落发展现状，分析传统村落景观的价值，探究美丽乡村建设背景下传统村落景观的保存与活化措施。”同时，希望参赛者在深入剖析乡村建设所面临的困境和难题的同时，提出破解的对策及相应的方案。对作品的具体要求，则是东方文化内涵、国际化视野以及切合民众需要。经过征集与评审几个环节，最终从 993 份有效参赛作品中评出 124 件入围作品，再评出 25 件获奖作品，另有佳作奖 18 件。同样是动员大学生参与美丽乡村建设的另一项活动“2020 百校百村百艺：中国乡村美育行动计划”展览，2020 年 12 月 18 日在重庆北碚柳荫艺库举办，主办方为四川美术学院和重庆市美术家协会，参与者有北京大学、中央美术学院及英国皇家美术学院等数十所高校，参展作品上千件。所谓“百校百村百艺”，可简称“一村一艺”，即每一村庄都有各自的文化特征及现实需求，希望艺术家能根据特定的对象拿出相应的改造方案。这次活动聚集了国内外 60 余个艺术助力乡村建设的案例，还有国内 30 余所美术院校艺术写生和乡村研学的作品，重点展出四川美术学院以乡村为场域而开展的视觉设计与空间重塑等教学成果。

2020 年 12 月 19 日，重庆市柳荫镇举行了“2020 百校百村百艺：中国乡村美育行动计划”国际学术论坛，分设 5 个主题：（1）空间重塑，乡村建筑改造实践案例分享与讨论；（2）正在衍生，中国乡村公共艺术的实践与反思；（3）乡村美育，资源、方法与路径；（4）跨际对话，多方会谈与案例分享；（5）柔韧的变革，文化遗产与乡村美育的互动与探索。在论坛上，参会者相互交流了各自的乡村建设经验，其所列举的案例都具有典型意义。如中央美术学院侯晓蕾教授的《乡村园林与社区营造之于乡村公共空间的意义》，以其团队多年的研究成果和实践经验，分析乡村的自然格局与空间层次，讨论微观介入与整体更新的可能性。中央美术学院的雷大海则讲述了偏远山区一个布依族村落戏台的搭建故事，还有几名来自不同院校的博士候选人的发言，都能从乡建的现实出发阐释有关概念，强调有关场所精神重塑的重要性。论述的嘉宾中有不少青年教师及在读研究生，他们有一个共同特点，即论及乡建问题时，多关注其关系的研究，如“家园共生”，有地缘关系，也有人际关系，还有专业角度的差异与互补关系，还有一些学者热衷于理论及历史的讨论，试图在研究范式与方法的建构上能相互启发。有的说“艺术下沉”，有的说“共同缔造”，还有的说“地方转向”，虽然前提不一，但还是说明了各自不同的视角以及因相关对象所引发的处置方案的特殊性，说明乡建及乡村美育工作所存在的问题的多样性，正因为多样而复杂的乡村文化形貌，整体的生态观尤为重要，但对于研究者，还是有必要分门别类加以对待。研究的维度问题在分会场结束之后的总结会上被提出，如“自然生态”“文化生态”“社会生态”“心灵生态”“产业生态”5 个维度。在某种程度上，这些划分也呼应了 5 个分会场的论述主题。

艺术如何介入美丽乡村建设，既需要实践也需要理论。在 2020 年，理论上的探讨似乎多于实践活动，这可能与疫情有关，也与前一阶段不断展开的实践更有关系。以艺术形式介入乡村改造，有效地带动了本土文化产业发展，在不同地区出现了各式各样的艺术小镇及艺术文化产业园区，进一步深化发展的问题也随之而来。2020 年 12 月 11 日，“2020 国际公共艺术研究员会议”在青岛西海岸新区开幕，来自 20 余个国家和地区的公共艺术领域的专家学者共 30 余人，分别以线上或线下的方式参会。他们的研究领域集中在城市规划、建筑设计、空间设计、公共艺术和乡村建设。这是在国际公共艺术协会（IPA）推进下，由上海大学上海美术学院举办的国际公共艺术智库网络例会。此次会议的主题是提升城市公共空间品质和文化内涵，并讨论公共艺术与乡村振兴。线上网络会议向大家分享了最新的公共艺术案例研究，线下邀请了国内公共艺术领域研究者及常驻中国的海外公共艺术研究者进行现场交流。会议还发布了《中国青岛西海岸新区公共艺术方案国际征集任务书》及《国际公共艺术青岛倡议》。

乡村美术馆或乡村博物馆是艺术乡建的一项重要内容。近几年，国内各地陆续建成不少乡村美术馆，并承接一些大型的美术展览，活跃了农村的艺术气氛，改善了乡村的文化条件。2020 年 9 月 21 日，浙江衢州市柯城区余东乡村美术馆不仅成为全国农民画展的分展区，而且还承办了“决胜全面小康——全国农民画研讨会”，主办方为中国美术家协会、浙江省文学艺术界联合会、中共衢州市委宣传部，同时启动“南孔画乡・余东乡村未来社区”项目，浙江省美术家协会与柯城区沟溪乡人民政府签约成立“浙江省美术家协会余东农民画创作中心”，骆献跃、郑巨欣、罗剑华、邓涛 4 名“新村民”接过聘书，扎根、入驻余东村。在主体身份上，这几名“新村民”是专业画家而非农民画家。余东村以农民画知名，名列“全国十大画村”，其中不少村民开始以画谋生。可见，在主体互动的关系上，余东村的“新村民”开始实现了身份置换，而在公共空间的处置上，除了两层展厅外，余东乡村美术馆专门设有画家工作室及公寓，艺术家的专属空间也出现了。中共余东村支部书记余良耀说，余东村将以此次全国农民画研讨会为新起点，着力打造“未来村居、未来村业、未来村文、未来村智（治）、未来村民”五大图景。

乡村美术馆与艺术园区的联系比较紧密。如北京宋庄的私人美术馆不少，但不是真正意义上的乡村美术馆，商业气息比较浓厚，与村民的日常生活没有太大的联系。地处乡村而建的美术馆，其自身的发展必然面临着许多经营上的问题，需要政府扶持，需要民间资本的注入，可如何与乡村文化建设共生长，充分发挥美术馆公共教育的功能，开启新生活的窗口，却是一道难题。2020 年 5 月，上海青浦区练塘镇的可・美术馆举办“练塘田园艺术季”，展出 35 名当代艺术家的作品。那些作品不仅陈列在展厅，也分散在田间乡野，实现艺术与自然的对话。上海艺术家杨冬白为这次活动专门创作了一件作品《天风吹拂系列》，为不锈钢材质，总长 6 米，并在局部涂上淡淡的梦幻般的紫色或黄色。他以为“艺术家走入生活，是理所当然的。以前的艺术形式和呈现方式可能有些单一，与乡村联系在一起发展新型业态，既是艺术家的社会责任，也是艺术贴近生活的本来姿态”。他有着乡村生活与创作的体验，这种发自内心的表述十分真切。更有创意的是，2020 年 6 月 27 日，一些职业艺术家到当地，每人与三名没有任何艺术经验的村民合作，艺术家只在技术上指导，不干涉太多，最终作品在美术馆展出。这种合作的模式有互动关系，其中的主导性问题可再行讨论，但不容忽视作品的主体性在公共空间中的作用。

一场疫情改变了许多人的人生轨迹，同时也影响了许多工作的正常秩序。2020 年上半年的中国美术，几乎都围绕着抗疫防疫工作，形成主题鲜明的创作倾向。因为“不聚集”的防疫要求，原计划的美术展览和各种专业会议，大多转换了形式，以线上的网络传播方式进行交流。然而造型艺术的作品具有极强的感性特征，现场观看实体物件与网上的电子文本，其差异是非常大的。所以，下半年疫情刚一缓解，各种展览与会议就陆续推出，且多集中在最后的三个月，12 月份最为繁多，以致形成大量的跨年度现象。

主题突出、问题集中，是 2020 年中国美术发展的总体特征。个别的细小问题容易被忽略，整体的关键性问题容易凸现，由此而论及主体的自觉，其涉及“艺术抗疫中的主体多元”以及“传统与当代的主体建构”，并在“公共空间的大众审美”论题下看到艺术乡建中的主体互动及关系置换。这些都可构成年度现象。集中是一种聚焦方式，问题并不在于我们看到了什么，还在于忽略了什么，集中了哪些现象，又遗漏了哪些现象。比如我们抓住哪几个要素去论述“多元化”的存在？为什么在谈论传统与当代的主体建构时将问题引向双年展？是因为双年展具有国际化的形象，还是因为双年展具有当代性的品格？即便如此，我们又如何从中发现与传统文化的关联？这些问题可能都是假设，但 2020 年下半年双年展的集中出现却是事实，我们应该面对并加以解释，再如公共空间的广泛性与大众审美存在怎样的联系？而美育的话题为什么仅仅落在艺术乡建的问题上？在 2020 年“两会”上，参加全国政协会议的范迪安委员提交了一份“美育学”提案，建议在“艺术学”门下设立“美育学”，将美育知识系统化、美育工作学科化。至 2020 年 12 月，有关当代美育建设的理论会议也集中推出，特别是中国美协美术教育委员会主办的“面向未来的美育之路”在中央美术学院举行，并通过《美育行动宣言》。这些理论上的问题并非不重要，只是艺术介入美丽乡村建设，与 2020 年中国脱贫攻坚的工作联系更为紧密，也更能集中地反映新时代中国经济与文化建设的新面貌。

超越，在中国美术界一直是个热词。中国美术的现代发展都具有超越性，诸如超越自我、超越他人、超越时代。疫情来了，人的局限被暴露出来了，人类知识的局限性也被暴露出来了。于是，人们寻求合作，强调合作共赢，以跨界的方式实现其跨越式的发展。从超越到跨越，成为一个时代的特征。如从绘画跨越到数字绘画再及影像制作，技术系统变了，是跨越而不是超越，不是质的提升而是质的转换。从雕塑到装置再到公共艺术，也是跨越而不是超越，不仅技术系统变了，艺术评价的指标也不同了。之前我们将美术学科限定在绘画、雕塑及工艺美术等领域，后随着设计学科的兴起与发展，工艺美术呈现游离的状态，靠往设计学科。而绘画和雕塑自身的学科内限性也发生变化，这种变化在 2020 年显得尤为突出。其中有两大因素：一是科学技术的介入，表现为跨学科问题；二是他文化的介入，表现为跨文化问题。前者主要表现为材料革命，后者主要在于观念革新，二者都迅速地反映到当代艺术创作中，“科技艺术”这一概念出现了。2020 年 8 月 15 日，中央美术学院科技艺术研究院主办的“挑战 × 机遇 2020”——科技艺术在中国系列论坛是一场艺术与科学的跨学科对话，演讲专家以中央美术学院教师为主，召集人为邱志杰教授和张鹏教授。邱志杰认为，科技艺术不仅仅是媒介、工具和手段，而且是一种正在来临的艺术范式。对此，他提出科技艺术的知识图谱、理论构架和实践形式。因为这些交叉的边缘学科出现，美术的范畴扩大了，至少让我们有了大美术的观念。

2020 年是一场大变局。美术学科也在变，变得与我们的生活更为贴近。传统的精神被保留下来，而存在方式却在改变。因为变化也就产生了不同的意见，特别是学科范式的新旧之争、内变性之争，在美术学科的不同研究领域都出现了。《美术观察》杂志 2020 年第 10 期刊发一组热点讨论文章，话题是“艺术史研究，与‘艺术’无关?”，发言者的角度各不相同，观点也不甚一致。正因为当下美术史学科开放的学术状态，才让我们反思学科的本体性存在。本体与主体的关系，在 2020 年中国美术界突然成为一个引人关注的话题。究其原因，还是主体的活跃程度比较高。且主体具有扩张性，愈是自觉的主体，在艺术领域的创造性也愈强，对于学科的发展也具有相应的推动力。

原载《中国文艺评论》2021 年第 2 期
郑工　中国艺术研究院研究员

专题

抗击新冠肺炎疫情美术作品系列展览

【概况】

2020年年初，新冠肺炎疫情暴发。在党和政府的正确领导下，全国人民为抗击疫情，同舟共济，众志成城。美术界响应国家号召，全国上下围绕“抗击新冠肺炎疫情”主题，通过线上线下等多种方式举办了美术作品系列展览，为抗疫工作留下了浓墨重彩的一笔。

【“艺术战‘疫’·心手相牵”云展览】

2020年3月2日，由湖北省美术家协会、湖北美术学院主办，湖北省人文社科重点研究基地时尚艺术研究中心承办的“艺术战‘疫’·心手相牵”云展览分三期在湖北美术学院IFA时尚艺术研究中心平台举行。展览展出100余名全球时尚创意设计人士及全国二三十所高校师生运用可穿戴设计、时尚插画、海报设计以及其他绘画作品多件。

【感悟生活——2019江苏省美术馆艺术家作品展】

2020年4月1日至15日，由江苏省文化和旅游厅主办、江苏省美术馆承办的“感悟生活——2019江苏省美术馆艺术家作品展”在江苏省美术馆举行。展览展出江苏省美术馆全体创作人员抗击新冠肺炎疫情主题作品多件，涵盖中国画、书法、油画、版画、雕塑、线描等。

【召唤——上海市抗击新冠肺炎疫情美术、摄影主题展】

2020年4月8日至5月8日，由上海市文化和旅游局、上海市文学艺术界联合会、上海市卫生健康委员会等主办的“召唤——上海市抗击新冠肺炎疫情美术、摄影主题展”在上海市中华艺术宫举行。展览分为“严峻的疫情”“一线的勇士”“后方的保障”等5个部分，展出全市800余件作品。

【江苏省抗疫主题美术书法精品展】

2020年4月30日至5月20日，由中共江苏省委宣传部、江苏省文化和旅游厅主办，江苏省国画院、江苏省美术馆、江苏省书法院承办的“江苏省抗疫主题美术书法精品展”在江苏省美术馆举行。展览展出从全省697件征稿作品中评选出的170件美术作品、70件书法作品（含评委及特邀作品）。

【大美劳动者——中国美术馆藏作品中的劳动者形象】

2020年5月1日，由中国美术馆主办的“大美劳动者——中国美术馆藏作品中的劳动者形象”展览在线上举行。展览分为“淳朴的心灵图像”“同心的劳动号子”“美丽的大地风景”“英勇的抗疫战士”4个篇章。展出从该馆收藏的11万余件作品中梳理出刻画劳动者形象美术作品117件，涵盖中国画、油画、版画、雕塑、水彩·粉画、素描、漫画、宣传画等。

【中国力量——四川美术学院新冠肺炎疫情防控主题创作展】

2020 年 5 月 6 日至 6 月 6 日，由中共重庆市委宣传部、中共重庆市委教育工委、重庆市教育委员会等主办，四川美术学院承办的“中国力量——四川美术学院新冠肺炎疫情防控主题创作展”在四川美术学院大学城校区美术馆举行。展览展出从四川美术学院师生 1000 余幅主题艺术作品中选出的近 300 件。

【生命的力量——全国“抗疫”主题美术、书法、摄影作品展】

2020 年 5 月 9 日至 7 月 12 日，由深圳市文学艺术界联合会、深圳市卫生健康委员会主办的“生命的力量——全国‘抗疫’主题美术、书法、摄影作品展”在大芬美术馆举行。展览展出全国投稿与特邀作品 313 件（套），涵盖中国画、油画、版画、水彩画、雕塑、摄影、书法等。

【艺术的温度——全国抗疫主题艺术作品展】

2020 年 5 月 10 日至 7 月 10 日，由《浙江日报》报业集团、杭州西湖风景名胜区管委会、杭州市园林文物局等主办的“艺术的温度——全国抗疫主题艺术作品展”在杭州博物馆举行。展览分为“彩墨礼赞：战疫形象篇”“刀笔真情：战疫书篆篇”两个单元，展出全国近 100 名书画家中国画、书法、油画、版画、水彩画、剪纸、漫画作品 100 余幅。

【众志成城　抗击疫情——“山东美术家在行动”作品展暨公益捐赠仪式】

2020 年 5 月 12 日至 22 日，由山东省文学艺术界联合会、大众报业集团、山东省卫生健康委员主办的“众志成城　抗击疫情——‘山东美术家在行动’作品展暨公益捐赠仪式”在济南市美术馆、山东新闻美术馆举行。展览展出从“众志成城　抗击疫情——山东美术家在行动”“图战疫情”“抗疫英雄谱”“白衣披甲　决胜疫情”主题展播中选出的 200 余幅作品。

【以艺战疫——2020 天津美术学院抗击疫情主题美术作品展】

2020 年 5 月 12 日至 26 日，由中共天津美术学院党委宣传部、中共天津美术学院党委学工部、天津美术学院美术馆等主办的“以艺战疫——2020 天津美术学院抗击疫情主题美术作品展”在天津美术学院美术馆举行。展览展出天津美术学院师生作品 200 余幅，涵盖中国画、平面设计、油画、书法、素描等。

【生命的赞歌——广州市抗击新冠肺炎疫情主题美术作品展】

2020 年 5 月 16 日至 6 月 2 日，由广州市文化广电旅游局主办，广州画院、广州雕塑院承办的“生命的赞歌——广州市抗击新冠肺炎疫情主题美术作品展”在广州图书馆举行。展览展出全市 90 余件作品，涵盖中国画、油画、水彩画、雕塑等。

【众志赞歌——致敬抗疫英雄暨中国美术学院线上教学展】

2020年5月16日至6月6日，中国美术学院在线上线下推出“众志赞歌——致敬抗疫英雄暨中国美术学院线上教学展”。线下展览于5月18日起在中国美术学院美术馆举行。展览分为“众志成城”“国美战疫”“线上金课”3个板块，展出200余件主题创作、130余组小型作品和30余门线上专业课程。

【文豪故里——绍兴·桐乡抗疫漫画联展】

2020年5月16日至6月16日，由浙江省漫画家协会、桐乡市文学艺术界联合会、嘉兴市美术家协会漫画艺术委员会等主办的“文豪故里——绍兴·桐乡抗疫漫画联展”在桐乡市子恺画院举行。展览展出从绍兴和桐乡1500余幅投稿作品中评选出的100件。

【众志成城　抗击疫情——全国漫画艺术作品展览】

2020年5月31日至7月15日，由中国灾害防御协会、浙江省漫画家协会等主办的“众志成城　抗击疫情——全国漫画艺术作品展览”在浙江省杭州市举行。展览展出200余幅“抗疫”漫画作品，其中包含近40幅表现防灾避险的“震道杯”漫画大赛作品，以及儿童“抗疫”漫画。

【大爱无疆　艺路战疫——广东省抗击新冠肺炎疫情优秀美术作品展】

2020年6月5日至7月5日，由广东省文学艺术界联合会、广州市文化广电旅游局、广东省美术家协会主办的“大爱无疆　艺路战疫——广东省抗击新冠肺炎疫情优秀美术作品展”在广州艺术博物院举行。展览展出全省400余件（套）作品，涵盖中国画、油画、版画、雕塑、水彩画、漫画、海报、速写、漆画、通草画、陶泥、钢笔画、插画等。

【“众志成城　春暖花开”——摄影、美术、书法作品展（美术展）】

2020年6月16日至20日，由山西省文学艺术界联合会、山西省卫生健康委员会联合主办的“‘众志成城　春暖花开’摄影、美术、书法作品展（美术展）”在山西美术馆举行。展览展出全省350件美术作品。

【看见·她们的面容——疫·情绘画主题展】

2020年6月16日至7月5日，由浙江美术馆、浙江省妇女联合会、浙江大学医学院附属邵逸夫医院等主办的“看见·她们的面容——疫·情绘画主题展”在浙江美术馆举行。展览分为“以艺抗疫”“笔颂英雄”“青春有为”3个板块，展出110余件作品，涵盖版画、油画、速写等。

【笔随心动　致敬英雄——抗疫主题作品展】

2020年7月7日至14日，由宁夏书画院（宁夏回族自治区美术馆）主办的“笔随心动　致敬英雄——抗疫主题作品展”在银川市西部美术馆举行。展览展出宁夏书画院17名画家作品51幅。

【文化抗疫莲一心——澳门美术作品展】

2020年7月9日至18日，由澳门特别行政区文化局、中央人民政府驻澳门特别行政区联络办公室宣传文化部主办的“文化抗疫莲一心——澳门美术作品展”在澳门回归贺礼陈列馆举行。展览展出100余幅作品，涵盖绘画、书法、篆刻和海报等。

【大爱无疆——吉林省抗疫主题美术·摄影作品展】

2020年7月9日至8月5日，由吉林省文化和旅游厅、吉林省卫生健康委员会、吉林省教育厅等主办，吉林省美术馆承办的“大爱无疆——吉林省抗疫主题美术·摄影作品展”在吉林省工艺美术馆举行。展览展出全省367件（组）作品，涵盖书法、中国画、油画、水彩画、儿童画、摄影等。

【众志成城——抗疫主题美术作品展】

2020年8月1日，由中国国家博物馆、中国美术家协会、中国书法家协会主办的“众志成城——抗疫主题美术作品展”在中国国家博物馆开幕。展览分为“抗疫·美术家在行动”“抗疫·书法家在行动”“抗疫·全国群众在行动”3个单元，展出全国200件（套）作品。展期两个月。

【以美扶智——中国美术馆脱贫攻坚美术作品展】

2020年8月11日至10月11日，由中国美术馆主办的“以美扶智——中国美术馆脱贫攻坚美术作品展”在中国美术馆举行。展览分为“生产劳动”“建设、教育、医疗、救灾与新貌”“脱贫攻坚·影像记录”等9个篇章，展出全国550余件（套）作品。

【共画同心圆——国家民族画院抗疫主题美术作品展】

2020年8月26日至10月10日，由民族文化宫国家民族画院主办的“共画同心圆——国家民族画院抗疫主题美术作品展”在北京市民族文化宫举行。展览展出民族文化宫国家民族画院汉、满、回、东乡、土家、赫哲等各民族画家抗疫主题作品50余幅。

【云观展·童抗疫——少年儿童美术书法作品展】

2020年11月26日至12月2日，由江苏省美术馆、南京市青少年宫主办，江苏省美术馆公共教育部承办的“云观展·童抗疫——少年儿童美术书法作品展”在江苏省美术馆举行。展览展出从全省1000余件书画作品中评选出的抗疫主题作品200件。

纪事

综合展览

【民族的力量无穷大——第八届西部少数民族青年美术家高级研修班创作作品展】

2020年1月7日，由中国文学艺术界联合会、中国美术家协会、中国文学艺术基金会等主办的“民族的力量无穷大——第八届西部少数民族青年美术家高级研修班创作作品展”在北京市81美术馆开幕。展览展出第八届西部少数民族青年美术家创作高研班学员结业作品100件。

【江苏省第七届新人美术作品展览】

2020年1月8日至12日，由江苏省美术家协会、南通市文化广电和旅游局、南通市文学艺术界联合会主办，南通市美术家协会、南通大学艺术学院、南通书法国画研究院承办的“江苏省第七届新人美术作品展览”在江苏省南通市举行。展览展出全省499件作品，涵盖中国画、油画、版画、水彩·粉画、漆画、雕塑、综合材料等。

【新时代　新使命：守正创新——2020年中国国家画院迎春展】

2020年1月13日至2月9日，由中国国家画院主办的“新时代　新使命：守正创新——2020年中国国家画院迎春展”在中国国家画院美术馆举行。展览展出中国国家画院山水画所、人物画所、花鸟画所、书法篆刻所、油画所、版画所、雕塑所56名艺术家作品100余件，涵盖中国画、书法、篆刻、油画、版画、雕塑等。

【花开幸福年——深圳美术馆馆藏花卉题材迎春作品展】

2020年1月15日至2月2日，由深圳美术馆主办的深圳美术馆馆藏系列展“花开幸福年——深圳美术馆馆藏花卉题材迎春作品展”在深圳美术馆举行。展览展出从深圳美术馆馆藏作品中选取的花卉题材美术作品多幅，涵盖中国画、水彩画、版画等。

【深入生活　扎根人民——中国艺术研究院2015—2019主题实践活动汇报展】

2020年1月15日至2月4日，由中国艺术研究院文学艺术院主办的“深入生活　扎根人民——中国艺术研究院2015—2019主题实践活动汇报展”在北京市炎黄艺术馆举行。展览展出中国艺术研究院7个艺术创作学术机构的80余名艺术家作品500余件。

【瑞彩平安——2020新春展】

2020年1月16日至2月29日，由中国国家博物馆、中国美术家协会、中国书法家协会主办的“瑞彩平安——2020新春展”在中国国家博物馆举行。展览展出37件中国国家博物馆馆藏文物以及

100余名当代书画家的120余幅新春楹联和绘画作品，涵盖中国画、油画、书法等。

【花语@春风——迎春花木主题特展】

2020年1月17日至2月26日，由广东美术馆主办的“花语@春风——迎春花木主题特展”在广东美术馆举行。展览展出广东美术馆馆藏美术作品，以及引入的雕塑、装置、互动多媒体艺术作品多件。

【向往经典——中国当代著名艺术家邀请展】

2020年1月17日至10月18日，由中国国家博物馆、中国美术家协会主办的“向往经典——中国当代著名艺术家邀请展”在中国国家博物馆举行。展览展出全国42名中国画家、9名书法家书画作品90余件。

【海上风华——贺友直画上海】

2020年1月18日至3月31日，由中华艺术宫、上海市历史博物馆主办的“2020—上海—你好”迎春系列展“海上风华——贺友直画上海”在上海市中华艺术宫举行。展览分为海上画家画上海、“海上风华”贺友直画上海、“曾经的印记”馆藏上海风貌摄影作品展、新时代上海即时摄影优秀作品展、“稚真稚美”儿童画上海5个分展，展出艺术作品多件。

【向捐赠者致敬——中国美术馆藏捐赠作品展】

2020年1月19日至8月2日，由中国美术馆主办的中国美术馆新年展“向捐赠者致敬——中国美术馆藏捐赠作品展”在中国美术馆举行。展览分为“中国画”“油画”“版画”等9个板块，展出从1200余名捐赠者捐赠的3万余件作品中选出的700余名艺术家作品850余件。

【春和景明·2020年江苏省文艺迎春大展】

2020年1月20日至2月8日，由江苏省文学艺术界联合会主办的“春和景明·2020年江苏省文艺迎春大展”在江苏省文学艺术界联合会举行。展览分为“盛世典藏”“时代光影”“大美民间”3个部分，展出全省174件作品，涵盖书法、中国画、油画、摄影、农民画等。

【第十三届全国美术作品展览进京作品、中国美术奖作品展巡展·上海】

2020年1月20日至5月5日，由文化和旅游部、中国文学艺术界联合会、中国美术家协会主办的“第十三届全国美术作品展览进京作品、中国美术奖作品展巡展·上海”在上海市中华艺术宫举行。展览展出全国513件作品。6月6日至20日，该展巡展在湖南美术馆举行。10月1日至31日，巡展在内蒙古美术馆举行。

【周而复始——综合材料绘画学术邀请展（盘锦站）】

2020年4月3日至5月4日，由中央美术学院、辽宁省美术家协会、盘锦市文学艺术界联合会等主办的国家艺术基金2019年度传播交流推广资助项目“周而复始——综合材料绘画学术邀请展（盘锦站）”在盘锦市辽河美术馆举行。展览展出全国综合材料绘画作品100余幅。

【时代写意：首届广东大城市专业画院学术邀请展、首届广东大城市专业画院学术年会（深圳站）】

2020年4月12日至5月5日，由岭南画院、深圳画院、广州画院等主办的“时代写意：首届广东大城市专业画院学术邀请展、首届广东大城市专业画院学术年会（深圳站）”在深圳画院美术馆举行。展览展出广东画院等粤港澳大湾区5个画院的35名画家作品90余幅。

【深入生活·扎根人民——中国国家画院采风写生作品展】

2020年5月13日，由中国国家画院主办的“深入生活·扎根人民——中国国家画院采风写生作品展”在中国国家画院美术馆开幕。展览展出中国国家画院50余名在职及返聘艺术家2019年采风写生作品200余件，涵盖中国画、油画、版画等。

【山东美术馆馆藏系列精品展】

2020年5月16日，由山东美术馆主办的馆藏系列精品展“时代叙事——山东美术馆馆藏精品展（2015至2017）”“时代叙事——山东美术馆馆藏精品展（2018至2019）”在山东美术馆开幕。展览展出山东美术馆收藏的2015年至2017年部分美术作品105件、2018年至2019年部分美术作品75件，涵盖中国画、油画、版画、雕塑、水彩·粉画、综合材料等。

【风华——山东美术馆馆藏第十三届全国美展精品展】

2020年5月19日，由山东美术馆主办的“风华——山东美术馆馆藏第十三届全国美展精品展”在山东美术馆开幕。展览展出未在山东展示的第十三届全国美术作品展览的油画、版画、雕塑、综合材料、水彩·粉画、漆画、陶艺、动漫、插画、漫画、连环画、实验艺术作品64件（套）。

【彼时·此时——2020中央美院线上毕业季】

2020年5月20日至8月31日，由中央美术学院主办的“彼时·此时——2020中央美院线上毕业季”在中央美术学院虚拟美术馆9个虚拟展厅举行。展览展出该院13个教学单位的31名博士研究生、375名硕士研究生、846名本科生作品1万余件。

【“致美·百年”湖北美术学院2020届本科生毕业作品云展览】

2020年5月22日至7月22日，由湖北美术学院主办的“‘致美·百年’湖北美术学院2020届本科生毕业作品云展览”在线上举行。展览展出该院12个院系25个本科专业34个专业方向1699名本科毕业生作品 1700 余件（组），涵盖中国画、书法、油画、版画、插画、壁画与综合材料绘画、公共艺术、雕塑、陶瓷艺术、水彩画、动画等。

【灼灼其华——天津美术学院 2020 毕业季】

2020 年 5 月 27 日至 6 月 30 日，由天津美术学院主办的“灼灼其华——天津美术学院 2020 毕业季”在天津美术学院线下线上举行。线下展览分为 8 个场次，展示 7 个学院 15 个专业 22 个专业方向的 1110 余名本科生和美术学、设计学 2 个学科的 170 余名研究生作品 3000 余件；线上展览展出 230 余件优秀作品。

【西南新风——云贵川渝省级画院学术交流展】

2020 年 6 月 5 日至 7 月 10 日，由云南画院、贵州画院、四川省诗书画院、重庆画院主办的“西南新风——云贵川渝省级画院学术交流展”在贵州美术馆举行。展览展出三省一市 4 家省级画院艺术家中国画、油画、书法作品 124 件，雕塑作品 3 件。

【大美藏真——江苏省美术馆 2019 年度收藏作品展】

2020 年 6 月 9 日，由江苏省美术馆主办的“大美藏真——江苏省美术馆 2019 年度收藏作品展”在江苏省美术馆新馆开幕。展览展出从 2019 年度江苏省美术馆 267 件收藏作品中遴选的近 200 件。

【时空留痕：开放的西美 2020 西安美术学院毕业季】

2020 年 6 月 10 日，由西安美术学院主办的“时空留痕：开放的西美 2020 西安美术学院毕业季”在西安美术学院美术馆开幕。展览采取线上展览方式，展出该院 13 个教学院系、1700 余名毕业生作品 7000 余件（幅），涵盖绘画、雕塑、设计、工艺、实验艺术、建筑环艺、艺术理论等 25 个专业领域。

【开放的六月——2020 年四川美术学院艺术游】

2020 年 6 月 10 日至 7 月 10 日，由四川美术学院主办的“开放的六月——2020 年四川美术学院艺术游”在重庆大学城线上线下举行。展览展出该院 21 个专业 1615 名本科生、4 个一级学科以及专业学位 323 名研究生毕业作品多件，涵盖综合材料、油画、中国画、版画、水彩画、装置、实验艺术等。

【清华大学美术学院 2020 届线上毕业作品展】

2020 年 6 月 12 日，由清华大学美术学院主办的“清华大学美术学院 2020 届线上毕业作品展”在线上举行。展览展出该院染织服装艺术设计系、陶瓷艺术设计系、视觉传达设计系、环境艺术设计系、工业设计系、工艺美术系、信息艺术设计系、绘画系、雕塑系、艺术史论系、基础教研室 11 个培养单位 282 名本科毕业生和 167 名硕士毕业生作品 1000 余件。

【广州美术学院 2020 毕业季】

2020 年 6 月 16 日至 7 月 15 日，由广州美术学院主办的“广州美术学院 2020 毕业季”在线上举行。展览展出广州美术学院 1373 名本科生、257 名研究生毕业作品多件。

【共同生活・第二届之江国际青年艺术周】

2020 年 6 月 28 日至 7 月 4 日，由中国美术学院主办的“共同生活・第二届之江国际青年艺术周”在浙江省杭州市举行。艺术周包括“线上开幕式”“展览展映”“专业论坛”“艺术演出”“设计工坊”5 个板块、30 余项艺术活动。展览分为线上和线下，展出 2020 届中国美术学院 2265 名毕业生作品 3000 余件。

【荷之清风——江苏省文化和旅游厅系统廉政主题美术、书法、摄影展】

2020 年 6 月 28 日至 7 月 9 日，由江苏省文化和旅游厅主办，江苏省美术馆、江苏省文化馆承办的“荷之清风——江苏省文化和旅游厅系统廉政主题美术、书法、摄影展”在江苏省美术馆举行。展览展出从江苏省文化和旅游厅系统 391 件征集作品中评选出的 135 件作品，其中美术作品 47 件、书法作品 26 件、摄影作品 62 件。

【崇高的信仰——中国美术馆庆祝中国共产党成立 99 周年美术作品展】

2020 年 7 月 1 日，由中国美术馆主办的“崇高的信仰——中国美术馆庆祝中国共产党成立 99 周年美术作品展”在线上举行。展览以中国美术馆馆藏作品为主，以时间为叙事线索，分为“人民解放”“国家建设”“改革开放”“民族复兴”4 个篇章，展出 229 件作品，涵盖中国画、油画、版画、雕塑、水彩・粉画、宣传画、年画等。

【长三角视觉艺术青年艺术家作品展】

2020 年 7 月 1 日至 9 日，由长三角文艺发展联盟主办，沪苏浙皖美术家协会、沪苏浙皖书法家协会、沪苏浙皖摄影家协会等承办的“长三角视觉艺术青年艺术家作品展”在浙江展览馆举行。展览展出上海市、江苏省、浙江省、安徽省的美术、书法、摄影、民间工艺 4 个艺术门类作品 320 幅。

【2020 湖南高校毕业季美术作品展】

2020 年 7 月 4 日至 18 日，由湖南美术馆、湖南省美术家协会、湖南师范大学美术学院主办的“2020 湖南高校毕业季美术作品展”在湖南美术馆举行。展览展出从全省 20 余所高校近 500 件应征作品中评选出的美术毕业生作品近 200 件、教师作品 120 余件，涵盖中国画、油画、版画、雕塑、水彩画、书法、综合材料等。

【青春盛绘——2020 江苏省青年美术家协会年度大展】

2020 年 7 月 9 日至 25 日，由江苏省青年美术家协会、南京书画院、金陵美术馆主办的“青春盛绘——2020 江苏省青年美术家协会年度大展”在南京市金陵美术馆举行。展览展出全省 100 件作品，涵盖中国画、油画、版画、雕塑、水彩画、综合材料 6 个门类。

【致敬传统——当代纸艺术作品巡展】

2020 年 7 月 12 日至 8 月 3 日，由吉林师范大学主办的国家艺术基金传播交流推广项目“致敬传统——当代纸艺术作品巡展”在北京市今日美术馆举行。展览分为“致敬传统”“承前启后”“边界拓展”“百花齐放”4 个板块，展出 58 名艺术家作品 120 余件。8 月 8 日至 23 日，该展巡展在山东美术馆举行。9 月 6 日至 10 月 6 日，巡展在江苏省现代艺术馆举行。10 月 12 日，巡展在西安美术学院举行。11 月 18 日至 12 月 7 日，巡展在鲁迅美术学院举行。

【春华秋实——中国国家画院扶贫主题采风写生作品展】

2020 年 7 月 15 日至 25 日，由中国国家画院主办的“春华秋实——中国国家画院扶贫主题采风写生作品展”在中国国家画院美术馆举行。展览展出该院 61 名艺术家作品 200 余件，涵盖中国画、油画、版画、书法篆刻等。

【第二届“1 荐 1——广东省美术名家荐才行动”展】

2020 年 7 月 17 日至 8 月 5 日，由广东画院、广东省美术家协会、广东美术馆主办的“第二届‘1 荐 1——广东省美术名家荐才行动’展”在广东美术馆举行。展览展出 10 名导师推荐的 10 名青年艺术家作品 100 余件，涵盖中国画、油画、版画、雕塑、综合画种等。

【小康路上——广东基层美术创作展】

2020 年 7 月 17 日至 8 月 13 日，由广东美术馆、广东省美术家协会策展委员会主办的“小康路上——广东基层美术创作展”在广东美术馆举行。展览展出全省近 100 件作品，涵盖中国画、版画、油画、雕塑、水彩画、综合媒材等。

【一幅画的诞生——北京画院画家作品展】

2020 年 7 月 21 日至 8 月 16 日，由北京画院主办的“一幅画的诞生——北京画院画家作品展”在北京画院美术馆举行。展览展出北京画院 31 名在职画家作品 100 余件，涵盖中国画、油画、装置、影像等。

【第二届山东画院年展】

2020 年 7 月 25 日至 8 月 2 日，由山东画院、山东美术馆主办的“第二届山东画院年展”在山东美术馆举行。展览展出山东省 53 名画家 2019 年以来创作的 160 件书画作品。

【“一带一路”国际美术工程作品展】

2020年7月25日至8月4日，由文化和旅游部主办、中国国家画院承办的“‘一带一路’国际美术工程作品展”在中国美术馆举行。展览展出“一带一路”国际美术工程评选出的188名艺术家作品197件，涵盖中国画、油画、版画、雕塑、综合材料等。9月12日至10月31日，该展巡展在浙江美术馆、西安美术馆举行。

【绿色时空——新时代军事题材美术作品展】

2020年7月26日至8月25日，由中国美术家协会、湖南省文学艺术界联合会、湖南省美术馆等主办的庆祝中国人民解放军建军93周年“绿色时空——新时代军事题材美术作品展”在湖南美术馆举行。展览展出80余名老、中、青三代军旅美术家主题性美术作品150余件。

【纪念海南解放70周年——海南省历史文化重大题材美术创作工程作品展】

2020年7月31日至8月6日，由中共海南省委宣传部、海南省文学艺术界联合会主办，海南省美术家协会承办的“纪念海南解放70周年——海南省历史文化重大题材美术创作工程作品展”在海南省博物馆举行。展览展出“海南历史文化重大题材美术创作工程”项目50余名海南画家作品57件。

【窗口效应——深圳美术馆建馆初期的经营与收藏专题研究展】

2020年8月1日至31日，由深圳美术馆主办的文化和旅游部2020年全国美术馆馆藏精品展出季项目庆祝深圳经济特区成立40周年“窗口效应——深圳美术馆建馆初期的经营与收藏专题研究展”在深圳美术馆举行。展览展出该馆馆藏美术作品及老照片、书信、账本等文献资料多件。

【闽南风情——山东画院赴福建采风写生作品展】

2020年8月5日至12日，由山东画院、山东省中国画学会主办，山东新闻美术馆承办的“闽南风情——山东画院赴福建采风写生作品展”在山东新闻美术馆举行。展览展出“山东画院赴福建写生采风团”18人赴福建写生采风作品75件。

【中国北京国际美术双年展第八届收藏作品宜兴巡展】

2020年8月6日至30日，由中国美术家协会、宜兴市人民政府主办的“中国北京国际美术双年展第八届收藏作品宜兴巡展”在宜兴市美术馆举行。展览展出五大洲44个国家和地区的135件藏品，其中中国作品71件、外国作品64件，均来自第八届北京双年展所收到的捐赠收藏。

【内蒙古2020“打赢脱贫攻坚战”暨“弘扬蒙古马精神”文艺精品创作工程美术、书法、摄影作品展览】

2020年8月9日至31日，由中共内蒙古自治区党委宣传部、内蒙古自治区文学艺术界联合会主办的“内蒙古2020‘打赢脱贫攻坚战’暨‘弘扬蒙古马精神’文艺精品创作工程美术、书法、摄影作品展览”在内蒙古美术馆举行。展览分为8个展区，展出1100余件作品。其中“打赢脱贫攻坚战”展出148件美术作品、147幅摄影作品、172幅书法篆刻作品；“弘扬蒙古马精神”展出325件美术作品、189幅摄影作品、195幅书法篆刻作品。

【水墨进行时：2000—2019】

2020年8月11日至9月12日，由广东美术馆主办的“水墨进行时：2000—2019”在广东美术馆线上线下举行。展览分为“对新老传统的借鉴”“另类水墨”“对现实的积极介入”3个板块，展出全国57名艺术家作品多件，涵盖水墨、油画、影像、装置、动画、行为等。

【“庆祝全面建成小康社会”第四届群众美术书法摄影省际巡回展】

2020年8月13日至20日，由天津市文化和旅游局主办的“‘庆祝全面建成小康社会’第四届群众美术书法摄影省际巡回展”在云南美术馆举行。展览展出8省、区、市的160幅作品，涵盖现代民间绘画、漫画、陶印、摄影、油画等。9月23日至28日，该展巡展在黔西南州民族文化中心举行。

【巨变——新中国成立70周年浙江美丽乡村艺术生态展】

2020年8月15日至9月10日，由浙江师范大学、浙江省美术家协会主办的国家艺术基金传播推广交流资助项目“巨变——新中国成立70周年浙江美丽乡村艺术生态展”在周浦美术馆举行。展览分为“美丽故园（中国画、油画、版画、水彩画、汉字水墨等）”“缤纷乡土（农民画、渔民画等）”“多元村落（当代艺术）”3个板块，展出200件作品。10月14日至28日，该展巡展在金华美术馆举行。

【繁花似锦——中国国家画院创研新楼启用特展】

2020年8月15日至9月15日，由中国国家画院主办的“繁花似锦——中国国家画院创研新楼启用特展”在中国国家画院明德楼举行。展览展出中国国家画院和外聘艺术家与研究员美术作品近300幅（部），涵盖中国画、书法、油画、版画、雕塑、理论著作等。

【决胜脱贫——2020脱贫攻坚的赞歌主题书画作品邀请展】

2020年8月18日至30日，由贵州省文化和旅游厅主办、贵州画院（贵州美术馆）承办的“决胜脱贫——2020脱贫攻坚的赞歌主题书画作品邀请展”在贵州美术馆举行。展览展出全省书法、中国画、油画作品91幅。

【春华秋实——2019江苏省书画院年度写生创作汇报展】

2020年8月20日至9月17日，由江苏省文学艺术界联合会主办，江苏省书画院、陆俨少艺术院等承办的“春华秋实——2019江苏省书画院年度写生创作汇报展”在上海市陆俨少艺术院举行。展览展出江苏省书画院画家作品50余件，涵盖中国画、油画、书法等。

【楚韵湘魂——湖南美术馆藏湖南重大历史题材作品展】

2020年8月20日至10月20日，由湖南美术馆主办的“楚韵湘魂——湖南美术馆藏湖南重大历史题材作品展”在湖南美术馆举行。展览分为“三湘史诗”“红色记忆”两个篇章，展出全省主题性美术作品72件，其中中国画35件、油画23件、版画9件、水彩画5件。

【大道景行——江苏省美术馆藏作品中的小康图景（中国画、版画）精品展】

2020年8月30日至11月3日，由江苏省美术馆主办的2020年全国美术馆馆藏精品展出季入选项目“大道景行——江苏省美术馆藏作品中的小康图景（中国画、版画）精品展”在江苏省美术馆举行。展览分为“砥砺奋进”“美好生活”“绿水青山”3个板块，展出馆藏20世纪五六十年代至今中国画、版画作品120幅。

【幸福的家——第二届全国少儿美术作品展】

2020年9月5日至19日，由中国美术家协会、中国民族文化艺术基金会主办的“幸福的家——第二届全国少儿美术作品展”在北京市时代美术馆举行。展览展出从全国近13万件投稿作品中评选出的813件。

【浙江风采——决胜全面小康全省美术作品展】

2020年9月10日至24日，由浙江省文化和旅游厅主办，浙江美术馆、大运河浙江段美术馆联盟承办的“浙江风采——决胜全面小康全省美术作品展”在浙江美术馆举行。展览展出70名艺术家作品70件（组），涵盖中国画、油画、版画、水彩画等。

【助力乡村振兴　决胜脱贫攻坚——山东省农民画作品展】

2020年9月12日至20日，由山东省文学艺术界联合会、山东国际大众艺术节组委会主办，山东省美术家协会、菏泽市文学艺术界联合会、菏泽市美术家协会等承办的“助力乡村振兴　决胜脱贫攻坚——山东省农民画作品展”在山东省菏泽市举行。展览展出从全省选送作品中评选出的102幅。

【“聚力脱贫攻坚·决胜全面小康”吉林省美术写生作品展】

2020年9月19日至10月6日，由吉林省文学艺术界联合会、吉林省美术家协会主办，长春世界雕塑园承办的“‘聚力脱贫攻坚·决胜全面小康’吉林省美术写生作品展”在长春世界雕塑园雕塑艺术馆举行。展览展出从全省500余件投稿作品中评选出的近200件，其中优秀作品60余件，涵盖中国画、油画、版画、雕塑、水彩画等。

【美丽乡村行——助力脱贫攻坚美术作品展】

2020年9月22日至28日，由新疆美术家协会主办的“美丽乡村行——助力脱贫攻坚美术作品展”在木垒县英格堡乡国学大讲堂举行。展览展出22名美术家作品40余幅，皆为全区艺术家通过英格堡乡脱贫攻坚前沿和美丽乡村建设一线采风创作的作品。

【决胜全面小康——第二届全国农民画作品展】

2020 年 9 月 22 日至 10 月 21 日，由中国美术家协会、浙江省文学艺术界联合会、杭州市富阳区人民政府主办，浙江省美术家协会、中共杭州市富阳区委宣传部、杭州市富阳区文学艺术界联合会承办的“决胜全面小康——第二届全国农民画作品展”在杭州市公望美术馆举行。展览展出全国 30 余个省市区的 299 件作品。

【中国美术世界行暨海外研修工程成果汇报展】

2020 年 9 月 24 日至 10 月 4 日，由中国美术家协会主办的“中国美术世界行暨海外研修工程成果汇报展”在北京市炎黄艺术馆举行。展览分为“中国美术世界行十周年”“中国中青年美术家海外研修工程十周年”“中国美术家眼中的世界”“中外画家共绘中国美丽乡村”“香港画家画香港”5 个板块，展出中外美术作品 130 件。“中国美协中青年艺术家海外研修成果汇报会暨中国美术世界行汇报展研讨会”同期举行。

【小康・小康——陕西美术作品展】

2020 年 9 月 25 日至 30 日，由中共陕西省委宣传部、陕西省文学艺术界联合会主办，陕西省美术家协会、陕西省民间文艺家协会、陕西美术馆承办的“小康・小康——陕西美术作品展”在陕西美术馆举行。展览展出全省 134 幅作品，涵盖中国画、油画、版画、雕塑等。

【大美“双区”——广东省庆祝经济特区建立 40 周年美术作品展】

2020 年 9 月 25 日至 10 月 10 日，由中共广东省委省政府、中国文学艺术界联合会等主办的“大美‘双区’——广东省庆祝经济特区建立 40 周年美术作品展”在广东美术馆举行。展览分为“逐梦先行”“扬帆奋进”“多彩画卷”3 个板块，展出全省 198 件作品，涵盖中国画、油画、版画、雕塑、水彩画、宣传画、影像、装置作品等。10 月 9 日至 31 日，该展巡展在深圳市关山月美术馆举行。

【决胜全面小康　决战脱贫攻坚——2020 广西艺术作品展览】

2020 年 9 月 29 日，由广西壮族自治区人民政府主办，中共广西壮族自治区党委宣传部、广西壮族自治区文学艺术界联合会、广西壮族自治区工业和信息化厅等承办的“决胜全面小康　决战脱贫攻坚——2020 广西艺术作品展览”在广西美术馆开幕。展览分为“美术”“书法（含篆刻）”“摄影”“工艺美术”4 个门类，展出 793 件作品。

【小康大美——第二届中国（南京）农民画优秀作品双年展】

2020 年 9 月 30 日至 10 月 6 日，由中国民间文艺家协会、中共江苏省委宣传部、江苏省文化和旅游厅等主办，江苏省民间文艺家协会、江苏省现代美术馆承办的“小康大美——第二届中国（南京）农民画优秀作品双年展”在江苏省现代美术馆举行。展览展出从全国 1000 余件应征作品中评选出的

149 幅作品，其中收藏作品 10 件。

【湖南百年——重大历史题材美术作品巡展】

2020 年 9 月 30 日至 10 月 10 日，由湖南省文化馆主办的国家艺术基金 2019 年度传播交流推广资助项目“湖南百年——重大历史题材美术作品巡展”在湘潭市齐白石纪念馆、齐白石美术馆举行。展览展出从全国 400 余名艺术家 348 件作品中评选出的 87 件作品。10 月 14 日至 24 日，该展巡展在株洲市文化馆举行。

【美丽的事业——中国国家画院扶贫主题美术作品展】

2020 年 9 月 30 日至 10 月 18 日，由中国国家画院主办的“美丽的事业——中国国家画院扶贫主题美术作品展”在中国国家画院美术馆举行。展览展出该院 60 余名艺术家扶贫主题美术作品 100 余件，涵盖中国画、油画、版画、雕塑、书法篆刻等。

【小康之路——全面建成小康社会湖北 9 ＋ 1 美术馆馆藏作品展】

2020 年 10 月 1 日至 11 月 22 日，由湖北省文化和旅游厅主办，湖北美术馆、武汉美术馆、湖北美术学院美术馆等承办的“小康之路——全面建成小康社会湖北 9+1 美术馆馆藏作品展”在湖北美术馆举行。展览展出湖北美术馆、武汉美术馆、湖北美术学院美术馆等全省 10 个收藏机构馆藏作品 200 余件，涵盖中国画、油画、版画、雕塑、水彩画、漆艺等。

【艺动青春——江苏优秀青年美术、书法家提名展】

2020 年 10 月 8 日至 14 日，由中共江苏省委宣传部、江苏省文化和旅游厅、江苏省文学艺术界联合会主办的“艺动青春——江苏优秀青年美术、书法家提名展”在江苏省现代美术馆举行。展览展出从“首届紫金优青”获得者选出的 10 名美术家、10 名书法家作品多幅，涵盖书法、中国画、油画、漆画、雕塑等。

【意韵咸集——第二届“宿迁美术奖”作品展】

2020 年 10 月 14 日至 21 日，由江苏省文化和旅游厅主办，江苏省美术馆、宿迁市文化广电和旅游局承办的 2020 年江苏省基层优秀美术作品系列展“意韵咸集——第二届‘宿迁美术奖’作品展”在江苏省美术馆举行。展览展出从近 300 幅投稿作品中评选出的“宿迁美术奖”4 名、“宿迁美术提名奖”5 名、入展作品 72 件。

【守望乡愁——黔东南苗族侗族自治州民族文化暨脱贫攻坚主题美术作品展】

2020 年 10 月 15 日至 25 日，由中国美术馆主办的中国美术馆文化扶贫项目“守望乡愁——黔东南苗族侗族自治州民族文化暨脱贫攻坚主题美术作品展”在中国美术馆举行。展览展出表现苗乡侗寨脱贫故事的中国画和油画等作品 50 余件。

【宏拓——湖北高校院长美术作品邀请展】

2020 年 10 月 15 日至 11 月 10 日，由湖北省美术家协会、汤湖美术馆主办，汤湖美术馆承办的“宏拓——湖北高校院长美术作品邀请展”在武汉市汤湖美术馆举行。展览展出湖北省综合性高校 7 名院长艺术家作品 105 件，涵盖中国画、油画、水彩画以及手稿等。

【京城之脊　一脉绵延——北京中轴线申遗主题创作作品展】

2020 年 10 月 16 日至 25 日，由中共北京市委宣传部、北京市文学艺术界联合会主办，北京美术家协会承办的“京城之脊　一脉绵延——北京中轴线申遗主题创作美术作品展”在中国美术馆举行。展览展出 111 幅作品，其中国画 47 幅、油画 54 幅、版画 10 幅。

【新时代图景——决战脱贫奔小康青年美术作品展】

2020 年 10 月 16 日至 26 日，由国家艺术基金管理中心、青海省美术家协会、青海美术馆主办的“新时代图景——决战脱贫奔小康青年美术作品展”巡展在青海美术馆举行。展览展出从全国 800 余组（件）投稿作品中评选出的 80 余组（件），涵盖中国画、油画、版画、雕塑和摄影、工艺美术等。11 月 5 日至 10 日，该展巡展在西南大学博物馆举行。

【2020 庆祝建党九十九周年北京美协第十九届新人新作美术作品展】

2020 年 10 月 16 日至 11 月 16 日，由北京市文学艺术界联合会、北京美术家协会、房山区文化和旅游局等主办的“2020 庆祝建党九十九周年北京美协第十九届新人新作美术作品展”在北京市举行。展览展出全市 141 件作品，涵盖中国画、油画、雕塑、综合材料等。

【中国梦・2020 艺术草原全国美术作品展】

2020 年 10 月 17 日，由中国文学艺术基金会、内蒙古自治区文化和旅游厅、内蒙古自治区美术家协会等主办的“中国梦・2020 艺术草原全国美术作品展”巡展在内蒙古展览馆开幕。展览展出从全国 2186 件来稿作品中评选出的 268 件。11 月 14 日至 24 日，该展巡展在内蒙古自治区鄂尔多斯市举行。

【走进我们的小康——江西省脱贫攻坚主题美术书法摄影农民画创作展】

2020 年 10 月 17 日至 30 日，由江西省文学艺术界联合会、江西省扶贫办公室、江西省文化和旅游厅主办的江西文化艺术基金资助项目“走进我们的小康——江西省脱贫攻坚主题美术书法摄影农民画创作展”在江西省美术馆举行。展览分为“丹青绘出新画卷”美术作品展、“同心书写奋斗路”书法作品展、“小康照亮新生活”摄影作品展、“大道小康幸福长”农民画作品展、“小康在身边”青年美术家作品展 5 个部分，展出全省 400 件作品。

【第十届“民族百花奖”——中国各民族美术作品展（中国画、油画、版画）】

2020 年 10 月 18 日至 26 日，由中国美术家协会、中国少数民族美术促进会、中央民族大学等主办的“第十届‘民族百花奖’——中国各民族美术作品展（中国画、油画、版画）”在山东省高唐县举行。展览展出从全国8890件投稿作品中评选出的315件作品。11月1日至6日，该展巡展在北京市民族文化宫展览馆举行。

【九九重阳——江苏省国画院中国画书法名家作品展】

2020年10月25日至11月3日，由江苏省国画院主办的“九九重阳——江苏省国画院中国画书法名家作品展”在江苏省国画院美术馆举行。展览展出江苏省国画院离退休书画家作品40余件。

【新风入南国——新中国广东美术中的珠三角水乡建设】

2020年10月25日至11月27日，由广州美术学院主办的文化和旅游部2020年全国美术馆馆藏精品展出季项目“新风入南国——新中国广东美术中的珠三角水乡建设”在广州美术学院美术馆举行。展览分为“金色稻田”“香风乡情”“纵横交通”3个主题，展出多件作品，涵盖中国画、油画、版画、水彩画、素描等。

【小康颂·第三届江苏美术奖作品展】

2020年10月26日至11月4日，由中共江苏省委宣传部、江苏省文化和旅游厅、江苏省文学艺术界联合会主办，江苏省美术家协会、江苏省现代美术馆承办的“小康颂·第三届江苏美术奖作品展”在江苏省现代美术馆举行。展览展出从全省近3000件投稿作品选评出的400件，涵盖中国画、油画、版画、水彩·粉画、综合画种及美术理论6个类别。

【美好生活——广东省美术作品展】

2020年10月28日至11月13日，由中共广东省委宣传部、广东省文学艺术界联合会主办，广东省美术家协会、广东美术馆承办的“美好生活——广东省美术作品展”在广东美术馆举行。展览展出全省320件作品，涵盖中国画、油画、版画、水彩画等。

【与历史同行：四川美术学院建校八十周年展（1940—2020）】

2020年10月28日至12月28日，由四川美术学院美术馆主办的“与历史同行：四川美术学院建校八十周年展（1940—2020）”在四川美术学院美术馆举行。展览分为两个部分、11个专题展出四川美术院461名师生作品603件及文献资料。

【世纪美育——湖北美术学院办学100周年艺术文献作品展】

2020年10月30日至11月7日，由中国美术馆、湖北省教育厅、湖北省文化和旅游厅等主办的“世纪美育——湖北美术学院办学100周年艺术文献作品展”在中国美术馆举行。展览分为“美术类”“设计类”“文献史料类”3个部分，展出252件绘画作品、52件设计类作品、11件雕塑作品以及300余件文献史料。

【共同的家园——“一带一路”国家美术作品展】

2020年11月3日至2021年3月31日，由中国美术家协会、中华艺术宫主办的“共同的家园——‘一带一路’国家美术作品展”在上海市中华艺术宫举行。展览分为“美丽丝路”“美好家园”“美美与共”3个篇章，展出与中国签订共建“一带一路”合作文件的69个国家和地区141名艺术家作品145件，以及71名中国艺术家作品63件。

【“戏曲百戏百人百画”作品展】

2020年11月6日至31日，由江苏省文化和旅游厅、昆山市人民政府主办，江苏省国画院、江苏省美术馆承办的2020年戏曲百戏（昆山）盛典“‘戏曲百戏百人百画’作品展”在昆山市艺术宫举行。展览展出全国艺术家围绕家乡戏曲剧种创作的124幅征稿作品，以及8幅特邀作品。

【第三届广西青年美术家作品提名展】

2020年11月12日至19日，由广西美术家协会、广西书画院主办的“第三届广西青年美术家作品提名展”在广西书画院美术馆举行。展览展出51名艺术家以及2个创作团队作品103件，其中53件2019年入选第十三届全国美术作品展览。作品涵盖中国画、油画、版画、雕塑、水彩画、陶艺、综合材料、插图、动漫、平面设计、服装设计、建筑艺术等。

【第四届“朝圣敦煌”全国美术作品展】

2020年11月15日至12月5日，由中国美术家协会、中共甘肃省委宣传部、甘肃省文学艺术界联合会主办，中国文学艺术界联合会美术艺术中心、甘肃省美术家协会、敦煌市人民政府等承办的“第四届‘朝圣敦煌’全国美术作品展”在甘肃省敦煌市举行。展览展出从全国6688件征集作品中评选出的175件作品，其中中国画86件、油画89件。

【中国素描——现当代著名美术家作品邀请展（第一回）】

2020年11月19日至2021年1月30日，由中国国家博物馆、中国美术家协会主办的“中国素描——现当代著名美术家作品邀请展（第一回）”在中国国家博物馆举行。展览分为“中西一治”“关怀现实”“兼收并蓄”“民族意韵”“多元共存”5个单元，展出120余名现当代艺术家作品280余件。

【大美之艺　厚德之行——2020天津美术学院教师作品双年展·美术学类】

2020年11月20日至12月3日，由天津美术学院主办的“大美之艺　厚德之行——2020天津美术学院教师作品双年展·美术学类”在天津美术学院美术馆举行。该双年展分美术学与设计学两大学科类别隔年交替举办。展览展出该院美术学类173名教师作品330余件。

【第十四届广东省艺术节优秀美术作品展】

2020年11月20日至12月13日，由广东省文化和旅游厅主办的“第十四届广东省艺术节优秀美术作品展”在广东美术馆举行。展览展出从全省 493 件推送作品中评选出的 196 件作品，涵盖中国画、油画、版画、雕塑、水彩画、综合媒材、书法篆刻和其他画种 8 个类别。

【第四届中国民族美术双年展】

2020 年 11 月 23 日至 12 月 2 日，由中国美术家协会、中共甘肃省委宣传部、甘肃省文化和旅游厅等主办，中国美术家协会民族美术艺术委员会、甘肃省美术家协会、中共兰州市委宣传部等承办的“第四届中国民族美术双年展”在甘肃省兰州市举行。展览展出从全国 4932 件投稿作品中评选出的中国画、油画 261 件。12 月 22 日，该展巡展在内蒙古美术馆举行。

【2020 重庆画院艺术家年度作品展】

2020 年 11 月 24 日至 12 月 9 日，由重庆美术馆、重庆画院主办的“2020 重庆画院艺术家年度作品展”在重庆美术馆举行。展览展出重庆画院 12 名艺术家作品 90 余件。

【建设美丽乡村　脱贫攻坚奔小康——第三届广东农民画展】

2020 年 11 月 24 日至 12 月 13 日，由广东省民间文艺家协会、广东省美术家协会、中山市文学艺术界联合会主办的“建设美丽乡村　脱贫攻坚奔小康——第三届广东农民画展”在广东省中山市举行。展览展出全省农民画作品 130 余幅。

【全面建成小康社会暨第二届“香凝如故”全国美术作品展】

2020 年 11 月 26 日至 12 月 26 日，由民革中央、中国美术家协会主办的“全面建成小康社会暨第二届‘香凝如故’全国美术作品展”在中国美术馆和北京市上方美术馆举行。展览展出从全国近 9000 件投稿作品评选出的 140 件中国画作品、48 件油画作品，以及从中国美术馆借展的何香凝等民革前贤作品、特邀作品。

【辉煌七十年　致敬新时代——首都文联系统美术、书法优秀作品展】

2020 年 11 月 27 日至 12 月 3 日，由北京市文学艺术界联合会主办，北京市文学艺术界联合会组联部、北京美术家协会、北京书法家协会承办的“辉煌七十年　致敬新时代——首都文联系统美术、书法优秀作品展”在北京市中华世纪坛举行。展览展出从全市 230 幅作品中评选出的 100 余幅。

【为时代楷模立像——八步沙“六老汉”三代人专题美术作品展】

2020 年 12 月 4 日至 6 日，由中共甘肃省委宣传部、中国美术家协会、国家林草局宣传中心主办的“为时代楷模立像——八步沙‘六老汉’三代人专题美术作品展”在中国文艺家之家展览馆举行。展览展出 104 件作品，涵盖中国画、油画、综合材料等。该展巡展此前于 8 月、9 月分别在甘肃省武威市、兰州市举行。

【美美与共——中国国家画院与澳门艺术家交流展】

2020年12月5日至12日，由中国国家画院、澳门美术协会、圣若瑟大学主办的文化和旅游部2020年度内地与港澳台交流重点项目“美美与共——中国国家画院与澳门艺术家交流展”在圣若瑟大学举行。展览展出中国国家画院艺术家中国画作品41件，澳门艺术家中国画作品12件。

【不朽的传承——中国美术馆藏法兰西艺术院院士作品选展】

2020年12月11日至20日，由中国美术馆主办的中国美术馆“典藏活化”系列展“不朽的传承——中国美术馆藏法兰西艺术院院士作品选展”在中国美术馆举行。展览展出从中国美术馆馆藏163件法兰西艺术院院士作品中选出的118件，涵盖中国画、油画、版画、摄影、综合材料等。

【艺心同音——国际视野下的中国美术馆藏作品研究展】

2020年12月11日至20日，由中国美术馆主办的文化和旅游部2020年全国美术馆青年策展人扶持计划入选项目、中国美术馆“典藏活化”系列展“艺心同音——国际视野下的中国美术馆藏作品研究展”在中国美术馆举行。展览展出该馆馆藏20世纪以来中外艺术家作品近50件，涵盖中国画、油画、版画、雕塑、水彩画、摄影等。

【决胜脱贫在今朝·丹青共筑中国梦——湖南省美术作品展览】

2020年12月11日至2021年1月13日，由湖南省文学艺术界联合会主办，湖南省美术家协会、湖南省画院等承办的“决胜脱贫在今朝·丹青共筑中国梦——湖南省美术作品展览”在湖南美术馆举行。展览展出从省内外535件投稿作品中评选出的202件（含27件特邀作品）。

【2020第三届北京青年美术双年展】

2020年12月14日，由共青团北京市委员会主办的“青春志”系列青年美展活动“2020第三届北京青年美术双年展”在中央美术学院美术馆开幕。展览展出从1200余名艺术家2000余件作品中评选出的267名艺术家作品300余件，涵盖中国画、油画、版画、雕塑、漆画、海报设计、摄影、影像装置等。

【河北省决胜全面小康　决战脱贫攻坚主题文艺创作美术摄影作品展】

2020年12月14日至20日，由河北省文学艺术界联合会主办，河北省美术家协会、河北省摄影家协会承办的“河北省决胜全面小康　决战脱贫攻坚主题文艺创作美术摄影作品展”在河北省石家庄市举行。其中，石家庄市美术馆展区展出260件美术作品，裕西公园展区展出50个摄影专题、100幅单件作品。

【2020文化和旅游部全国画院创作人才高级研修班结业作品展暨结业仪式】

2020年12月15日至18日，由文化和旅游部艺术司主办、中国国家画院承办的“2020文化和旅游部全国画院创作人才高级研修班结业作品展暨结业仪式”在中国国家画院美术馆举行。展览展出全国 30 名学员作品 111 件。

【可触摸的记忆——馆藏艺术档案文献展】

2020 年 12 月 15 日至 2021 年 3 月 20 日，由江苏省美术馆主办的“可触摸的记忆——馆藏艺术档案文献展”在江苏省美术馆举行。展览分为“记录历史”“征集成果”“珍档共享”“多元链接”4 个部分，展出档案、名家信札、珍本图书等多件，涵盖江苏省美术馆建馆前历史，以及自 1960 年以来艺档资料的系列收藏、归档和使用成果及历史档案和图书等。

【丝路丹青——甘肃美术馆馆藏精品展】

2020 年 12 月 16 日至 2021 年 1 月 14 日，由甘肃省文化和旅游厅、甘肃画院主办，甘肃美术馆承办的文化和旅游部 2020 年全国美术馆馆藏精品展出项目“丝路丹青——甘肃美术馆馆藏精品展”在甘肃省美术馆举行。展览展出从该馆馆藏 1000 余件书画作品中选出的绘画和书法作品 108 幅。

【甘肃画院建院三十周年作品展暨全国美术名家作品邀请展】

2020 年 12 月 22 日至 26 日，由甘肃省文化和旅游厅主办、甘肃画院承办的“甘肃画院建院三十周年作品展暨全国美术名家作品邀请展”在甘肃省艺术馆举行。展览展出各类风格的美术作品 106 幅。甘肃画院书法院、甘肃画院青年画院、甘肃画院美术研究院、甘肃画院国画院、甘肃油画院暨甘肃省画院美术馆联盟同期成立。

【行千里　致广大——第十一届中国西部大地情中国画、油画作品展】

2020 年 12 月 23 日至 2021 年 1 月 15 日，由中国美术家协会、中共重庆市委宣传部、重庆市文学艺术界联合会主办的“行千里　致广大——第十一届中国西部大地情中国画、油画作品展”在重庆美术馆举行。展览展出从全国 7870 件投稿作品中评选出的 237 件，其中中国画 123 件、油画 114 件。

【中原风　黄河魂——河南省美术作品展】

2020 年 12 月 24 日至 2021 年 1 月 3 日，由中国美术家协会、中国美术馆、中共河南省委宣传部等主办，河南省美术家协会承办的“中原风　黄河魂——河南省美术作品展”在中国美术馆举行。展览展出从全省 880 余幅征集作品中评选出的 103 幅，以及中国美术家协会主席团、在北京河南籍艺术家和评委作品 117 幅，涵盖中国画、油画、版画、雕塑等。

【回长安——中国美术馆藏陕西作品精选展】

2020 年 12 月 25 日至 2021 年 3 月 14 日，由中国美术馆、陕西省美术博物馆主办的“回长安——中国美术馆藏陕西作品精选展”在陕西省美术博物馆举行。展览分为“开派拓新”“传承创变”“多元融汇”3 个板块，展出中国美术馆馆藏陕西艺术家及曾在陕西生活工作过的 78 名艺术家作品 85 件，涵盖中国画、油画、版画、雕塑、宣传画等。

【2020·第三届全国（宁波）综合材料绘画双年展】

2020年12月28日至2021年2月28日，由中国美术家协会主办的“2020·第三届全国（宁波）综合材料绘画双年展”在宁波美术馆举行。展览展出从全国2000余件投稿作品中评选出的253件。中国美术家协会综合材料绘画与美术作品保存修复艺术委员会成立10周年学术研究展同期举行。

【第二届西部民族高校师生美术作品联展】

2020年12月29日至2021年1月13日，由四川省美术家协会、西南民族大学、北方民族大学等主办的“第二届西部民族高校师生美术作品联展”在西南民族大学艺术学院美术馆举行。展览展出100余件作品，涵盖中国画、油画、版画、雕塑、水彩画、唐卡等。

【2020年江苏省优秀美术家系列展】

2020年12月31日至2021年1月10日，由中共江苏省委宣传部、江苏省文化和旅游厅、江苏省文学艺术界联合会主办的“2020年江苏省优秀美术家系列展”在江苏省美术馆举行。展览展出9名美术家作品多件，涵盖中国画、油画、版画、雕塑、水彩·粉画、书法等。

中国画展览

【美意延年——齐白石的艺术世界】

2020年1月1日至3月22日，由广州艺术博物院、北京画院主办的“美意延年——齐白石的艺术世界”在广州艺术博物院举行。展览分为“大匠之门”“花好年丰”两个部分，展出齐白石作品100余件，涵盖书法、山水、人物、水族、蔬果、禽鸟、花木、虫草、篆刻等。

【时代丹青·全国第三届现代工笔画作品展】

2020年1月4日至8日，由中国美术家协会、现代工笔画院、中共中山市委宣传部主办的“时代丹青·全国第三届现代工笔画作品展”在北京市民族文化宫举行。展览展出全国近300名艺术家入选作品257件、特邀作品40件。1月15日至2月16日，该展巡展在中山市中山美术馆举行。

【第八届湖北省中国画高级研修班作品展】

2020年1月4日至15日，由湖北国画院主办的“第八届湖北省中国画高级研修班作品展”在湖北省国画院举行。展览展出全省33名第八届研修班学员作品70余件，涵盖山水、花鸟、人物等。

【灼灼其华——北京画院藏写意花鸟画精品展】

2020年1月10日至2月10日，由北京画院主办、北京画院美术馆承办的“灼灼其华——北京画院藏写意花鸟画精品展”在北京画院美术馆举行。展览展出吴昌硕、齐白石、陈半丁、汪慎生、李苦禅、王雪涛、崔子范等11名画家作品近60幅。

【盛世春光——2020江苏省国画院新春献礼·贺岁大展】

2020年1月14日至2月13日，由江苏省文化和旅游厅主办，江苏省国画院、江苏省美术馆等承办的“盛世春光——2020江苏省国画院新春献礼·贺岁大展”在江苏省美术馆新馆举行。展览展出江苏省国画院画家新作近300件。

【2020丹青盛会——迎新春中国画名家邀请展】

2020年1月15日至3月15日，由中国美术家协会、中国工笔画学会联合主办的“2020丹青盛会——迎新春中国画名家邀请展”在北京市81美术馆举行。展览展出全国30名当代画家、160余名中国工笔画学会画家和近40名军旅画家作品多幅。

【笔歌墨舞——故宫绘画导赏】

2020 年 4 月 8 日至 7 月 5 日，由台北“故宫博物院”主办的“笔歌墨舞——故宫绘画导赏”展览在台北“故宫博物院”举行。展览展出从唐代至民国时期书画作品 26 件。

【坐看云起时——江苏省美术馆藏二十世纪中国画专题展】

2020 年 5 月 16 日至 8 月 16 日，由江苏省美术馆主办的“坐看云起时——江苏省美术馆藏二十世纪中国画专题展”在江苏省美术馆陈列馆举行。展览展出从 2000 件江苏省美术馆馆藏 20 世纪中国画作品中选出的 200 件。

【塞外驼铃——馆藏关山月 1940 年代西北写生与敦煌临画专题展】

2020 年 7 月 10 日至 8 月 1 日，由关山月美术馆、敦煌研究院主办的 2020 年全国美术馆馆藏精品展出季活动项目“塞外驼铃——馆藏关山月 1940 年代西北写生与敦煌临画专题展”在敦煌研究院举行。展览分为“一个展览和一本书”“向远西行”“河西走廊”“敦煌烛光”“冰雪生活”“回望”6 个板块，展出 20 世纪 40 年代关山月赴敦煌途中的画作和 63 幅临摹敦煌壁画作品。2020 年 8 月 20 日至 2021 年 6 月 26 日，该专题展在深圳市关山月美术馆举行。

【妙合神形——中国国家博物馆藏明清肖像画展】

2020 年 7 月 15 日至 2021 年 6 月 10 日，由中国国家博物馆主办的“妙合神形——中国国家博物馆藏明清肖像画展”在中国国家博物馆举行。展览分为“帝王・皇族”“雅集・行乐”“名臣・名士・闺秀”“学者像传”4 个单元，展出中国国家博物馆馆藏作品 50 余件（套）。

【2020 江苏十佳优秀青年美术家作品展（中国画）】

2020 年 7 月 16 日至 8 月 16 日，由江苏省文学艺术界联合会主办，江苏省美术家协会、江苏省现代美术馆承办的“2020 江苏十佳优秀青年美术家作品展（中国画）”在江苏省现代美术馆举行。展览展出全省 10 名画家作品近 100 幅，涵盖山水、花鸟、人物等。

【青春心印——第七届关山月美术馆青年工笔画展】

2020 年 7 月 18 日至 8 月 2 日，由关山月美术馆、中国工笔画学会主办的“青春心印——第七届关山月美术馆青年工笔画展”在深圳市关山月美术馆举行。展览展出从全国 400 余名艺术家约 1300 件作品中评审出的 57 名艺术家作品 130 余件。

【长松山房之约——何香凝与经亨颐艺术及文献展】

2020 年 7 月 18 日至 9 月 6 日，由何香凝美术馆主办的“长松山房之约——何香凝与经亨颐艺术及文献展”在深圳市何香凝美术馆举行。展览分为“新知与旧学”“湖山之间”“书画喻志”3 个部分，展出两名艺术家作品近 60 件。

【黄花为友　莫负此生——吉林省博物院藏陈半丁花鸟画展】

2020年7月29日至9月29日，由吉林省博物院主办的“黄花为友　莫负此生——吉林省博物院藏陈半丁花鸟画展”在吉林省博物院举行。展览展出该院院藏陈半丁花鸟画作品43件，其中立轴21件、册页17件、成扇4件、长卷1件，内容以牡丹、水仙、芙蓉、紫藤等花卉为主，间辅之以巨石、松树、飞禽。

【自强不息——叶浅予自选速写作品研究展】

2020年7月30日至8月31日，由中国国家画院主办的2020年全国美术馆馆藏精品展出季活动项目、中国国家画院典藏研究系列“自强不息——叶浅予自选速写作品研究展”在中国国家画院美术馆举行。展览分为“各地采风”“戏曲人物”“舞蹈形象”等8个部分，展出从叶浅予700余件速写作品中选出的380件，以及院藏中国画20件。

【闽画里的故实——福建省美术馆馆藏中国画作品展】

2020年8月1日至9月1日，由福建省美术馆主办的文化和旅游部2020年全国美术馆馆藏精品展出季项目“闽画里的故实——福建省美术馆馆藏中国画作品展”在福建省美术馆举行。展览分为“烟霞有期——闽域风物的述说”“东山岁晚——渔樵耕读的向往”“敬天追远——神仙佛道的信仰”3个篇章，展出该馆馆藏作品70余件。

【水墨缘——近现代海派艺术大家系列展（一）】

2020年8月1日至2021年1月17日，由中华艺术宫主办的“水墨缘——近现代海派艺术大家系列展（一）”在上海市中华艺术宫举行。展览分为“借古开新”“中西兼道”“现代标程”3个部分，展出任伯年、吴昌硕、吴湖帆、黄宾虹、林风眠、刘海粟、吴大羽、倪贻德8名近现代画家作品多件。

【春睡梦先觉——高剑父作品展】

2020年8月5日至16日，由广州艺术博物院、关山月美术馆主办的文化和旅游部2019年全国美术馆馆藏精品展出季巡展“春睡梦先觉——高剑父作品展”在深圳市关山月美术馆举行。展览展出广州艺术博物院院藏高剑父书画作品103件。

【弦歌一堂——徐悲鸿及友人作品展】

2020年8月9日至9月3日，由徐悲鸿纪念馆主办的“弦歌一堂——徐悲鸿及友人作品展”在北京市徐悲鸿纪念馆举行。展览展出徐悲鸿与李苦禅、宋步云、孙宗慰等14名友人作品40余幅，涵盖中国画、油画、水彩·粉画、素描、书法等。

【真形妙境——2020浙派水墨作品邀请展】

2020年8月22日至9月8日，由中国美术学院美术中心主办、京运浙窑美术馆承办的“真形妙境——2020浙派水墨作品邀请展”在杭州市京运浙窑美术馆举行。展览分为“人物”“山水”“花鸟”3个板块，展出10名浙派水墨画家作品40幅。

【一筇万里——担当书画艺术展】

2020年8月25日至11月22日，由山西博物院、云南省博物馆主办的“一筇万里——担当书画艺术展”在山西博物院举行。展览分为“担当的生平与志节”“担当绘画的学古”“担当绘画中的禅意”“担当的书法艺术”4个单元，展出云南省博物馆收藏的明代禅师担当书画作品150余件。

【高峰之路——当代中国画探索研究展】

2020年8月28日，由中国美术报社主办、《中国美术报》艺术中心承办的“高峰之路——当代中国画探索研究展”在《中国美术报》艺术中心开幕。展览分为“山水篇”“人物篇”“花鸟篇”3个专题展。其中8月28日至9月6日“山水篇”展出14名画家作品56幅。9月9日至18日“人物篇”展出11名画家作品57幅。9月21日至30日“花鸟篇”展出12名画家作品57幅。

【领异标新——清代扬州画派精品展】

2020年8月28日至11月28日，由辽宁省博物馆、扬州博物馆、广州艺术博物院主办的文化和旅游部2020年全国美术馆馆藏精品展出季活动项目“领异标新——清代扬州画派精品展”在广州艺术博物院举行。展览分为“扬州八怪”“扬州画派其他画家”“岭南回响”3个单元、两期展出扬州画派书画作品70件，以及广州艺术博物院藏品126件（实物230件）。

【会当凌绝顶——中国国家画院资深艺术家学术联展】

2020年9月2日至10日，由中国国家画院主办的“会当凌绝顶——中国国家画院资深艺术家学术联展”在中国国家画院美术馆举行。展览展出中国国家画院10名老艺术家作品170件。

【秋蕊香——齐白石黄宾虹花鸟画展】

2020年9月8日至10月18日，由浙江美术馆、北京画院、浙江省博物馆主办的“秋蕊香——齐白石黄宾虹花鸟画展”在浙江美术馆举行。展览分为“神逸并美”“不似之似”“画之真诀”3个板块，展出齐白石、黄宾虹晚年花鸟画作品及画稿170余件，以及艺术年表、画语录、老照片等文献资料。

【立象尽意——白雪石中国画作品展】

2020年9月10日至11月1日，由清华大学艺术博物馆、清华大学美术学院主办的“立象尽意——白雪石中国画作品展”在清华大学艺术博物馆举行。展览分为“传神写照”“奇山秀水”“漓江烟雨”“艺术人生”4个板块，展出白雪石作品137件，以及绘画草图等。白雪石家属同期向清华大学捐赠白雪石6幅绘画作品。

【三星在隅——赖少其、丰子恺、程十发艺术展】

2020年9月11日至11月15日，由上海中国画院、合肥市赖少其艺术馆主办的“三星在隅——赖少其、丰子恺、程十发艺术展”在上海中国画院程十发美术馆举行。展览分为“筹建·流连上海——赖少其”“成立·一派新气象——丰子恺”“中兴·跃上新高度——程十发”3个部分，展出赖少其作品33件及其藏品16件、丰子恺作品14件、程十发作品27件，以及文献史料等。

【湖南著名美术家推介工程·陈白一艺术展】

2020年9月15日至10月15日，由湖南省文学艺术界联合会主办，湖南美术馆、湖南省美术家协会、湖南省画院承办的“湖南著名美术家推介工程·陈白一艺术展”在湖南美术馆举行。展览分为“湘情湘韵入画图”“绚烂之极归素朴”“民间写意成心象”“志洁行芳得真淳”4个部分，展出170余件作品和文献资料。

【大国脊梁·圣境峰光——高原雪山画派作品展（陕西站）】

2020年9月19日至25日，由陕西、四川、浙江、重庆、贵州、山东6省市美术家协会主办的“大国脊梁·圣境峰光——高原雪山画派作品展（陕西站）”在西安中国画院美术馆举行。展览展出40余名艺术家作品多件。9月30日至10月13日，该展巡展在浙江美术馆举行；10月18日至23日，巡展在重庆美术馆举行；11月27日至12月2日，巡展在济南市美术馆举行。

【诗意江南——全国工笔画作品展】

2020年9月19日至11月20日，由中国美术家协会、中共苏州市委宣传部主办，中国文学艺术界联合会美术艺术中心、江苏省美术家协会、苏州市文学艺术界联合会等承办的“诗意江南——全国工笔画作品展”在苏州市尹山湖美术馆举行。展览展出从全国4280件投稿作品中评选出的99件。“当代工笔画的创作生态和精神指向”研讨会同期举行。

【家在娄水边——从“四王”到近代娄东专题展】

2020年9月20日至11月20日，由南京博物院、何香凝美术馆主办的“家在娄水边——从‘四王’到近代娄东专题展”在深圳市何香凝美术馆举行。展览分为“华亭血脉”“集古大成”“金针微度”“麓台精神”“麓台正脉”“传古与新风”6个单元，展出包括“四王”“小四王”“后四王”以及近现代冯超然、朱屺瞻、吴湖帆、张石园、陆俨少等人作品68件。

【决战脱贫攻坚　决胜全面小康——2020山西省山水画名家作品邀请展】

2020年9月24日至30日，由山西省美术家协会、阳泉市文化和旅游局主办，山西省美术家协会山水画艺术委员会、阳泉美术院等承办的“决战脱贫攻坚　决胜全面小康——2020山西省山水画名家作品邀请展”在阳泉展览馆举行。展览展出全省100名画家作品100幅。

【八荒通神——第五届哈尔滨美术双年展（中国画）】

2020年9月25日至10月10日，由中国美术家协会、中共哈尔滨市委宣传部主办，中国文学艺术界联合会美术艺术中心、黑龙江禹舜文化艺术研究院、黑龙江省美术家协会等承办的“八荒通神——第五届哈尔滨美术双年展（中国画）”在哈尔滨市禹舜美术馆举行。展览展出从全国4168件投稿作品中评选出的212件，以及特邀作品60件。

【万年浦江·全国中国画手卷作品展】

2020年9月26日至10月8日，由中国美术家协会、浙江省文化和旅游厅、浙江省文学艺术界联合会主办，中国文学艺术界联合会美术艺术中心、浙江省美术家协会、浦江县人民政府承办的“万年浦江·全国中国画手卷作品展”在浙江省浦江县举行。展览展出从全国2461件投稿作品中评选出的217件。

【在神不在貌——从任伯年到徐悲鸿】

2020年9月26日至2021年2月28日，由徐悲鸿纪念馆主办的“大师眼中的大师”系列展“在神不在貌——从任伯年到徐悲鸿”在北京市徐悲鸿纪念馆举行。展览分为“沉酣矫变”“雅丽丰繁”“未竟之作”3个板块，展出该馆馆藏徐悲鸿收藏的任伯年花鸟画、遗墨50余件。

【湖南著名美术家推介工程·王憨山艺术展】

2020年9月27日至10月25日，由湖南省文学艺术界联合会主办，湖南美术馆、湖南省美术家协会承办的“湖南著名美术家推介工程·王憨山艺术展”在湖南美术馆举行。展览分为“不辞日暮重抖擞”“田园宰相”“困而知之”“鱼为奔波始化龙”4个部分，展出230余件王憨山作品和艺术文献。

【漾兮九阕——张漾兮艺术研究展】

2020年9月28日至10月28日，由中国美术学院、浙江省文学艺术界联合会、浙江省美术家协会主办的2020年文化和旅游部国家美术作品收藏和捐赠奖励项目“漾兮九阕——张漾兮艺术研究展”在中国美术学院美术馆举行。展览展出捐赠作品，包括原版、手稿、版画、水彩画、水墨等200余件，以及照片、档案、笔记、访谈视频等文献。

【第三届邮驿路运河情全国美术作品展】

2020年9月28日至10月28日，由中国美术家协会、高邮市人民政府主办，中国文学艺术界联合会美术艺术中心、江苏省美术家协会等承办的“第三届邮驿路运河情全国美术作品展”在江苏省高邮市举行。展览展出从全国4191件投稿作品中评选出的208件，并从中评选出10件典藏作品。

【浑无斧凿痕——对话齐白石北京画院典藏作品展】

2020年9月28日至12月28日，由八大山人纪念馆、北京画院主办的“浑无斧凿痕——对话齐白石北京画院典藏作品展”在南昌市八大山人纪念馆举行。展览分为“雪个同肝胆”“变法皆灵气”“神似天然趣”3个篇章，展出北京画院院藏齐白石作品85幅。

【“绿水青山就是金山银山”理念提出15周年中国画展】

2020年9月29日至10月15日，由中共浙江省委宣传部、浙江省文学艺术界联合会主办，浙江画院等承办的“‘绿水青山就是金山银山’理念提出15周年中国画展”在浙江展览馆举行。展览展出浙江画院在职画师、创研员、学员以及部分省内外60余名艺术家作品200余幅。

【自然的吟唱——重庆中国三峡博物馆馆藏花鸟画艺术展】

2020年9月30日，由国家图书馆（国家典籍博物馆）、重庆中国三峡博物馆主办的“自然的吟唱——重庆中国三峡博物馆馆藏花鸟画艺术展”在国家典籍博物馆开幕。展览展出重庆中国三峡博物馆馆藏明清时期及近代传统绘画中花鸟题材作品60余件。

【此中真味——齐白石艺术里的中国哲思】

2020年9月30日至10月18日，由北京画院美术馆主办的“此中真味——齐白石艺术里的中国哲思”在北京画院美术馆举行。展览分为“不似之似”“象外之意”“物我之际”3个部分，展出齐白石艺术作品近100件。

【大千气象——中央美术学院美术馆精品展】

2020年10月10日至2021年4月18日，由中央美术学院美术馆主办的“大千气象——中央美术学院美术馆精品展”在中央美术学院美术馆·廊坊馆举行。展览分为“传神阿堵”“质有趣灵”“雅俗同芳”3个板块，展出中央美术学院美术馆中国画藏品51件（套），时间跨度自乾嘉时期至20世纪上半叶。

【第二届“乡风墨韵”全国中国画作品展】

2020年10月17日至11月30日，由中国美术家协会、菏泽市人民政府主办，中国文学艺术界联合会美术艺术中心、菏泽市文化和旅游局承办的“第二届‘乡风墨韵’全国中国画作品展”在山东省菏泽市举行。展览展出从全国6448件征集作品中评选出的174件。

【第三届“白山黑水·美丽四平”全国中国画作品展】

2020年10月21日至27日，由中国美术家协会、吉林省四平市政协主办，中国文学艺术界联合会美术艺术中心、吉林省四平市政协书画院承办的“第三届‘白山黑水·美丽四平’全国中国画作品展”在吉林省四平市举行。展览展出从全国近4000件投稿作品中评选出的218件。

【丝路豪情　西部放歌——川陕中国画作品交流展】

2020年10月23日，由陕西省美术家协会、四川省美术家协会主办的“丝路豪情　西部放歌——川陕中国画作品交流展”在陕西美术馆开幕。展览展出四川省、陕西省各60名中青年画家中国画作品120幅。

【脊梁——庞薰琹的艺术强国之路文献展】

2020年10月23日至11月15日，由福建省美术馆、庞薰琹美术馆、常熟美术馆主办的“脊梁——庞薰琹的艺术强国之路文献展”在福建美术馆举行。展览分为“决澜赤子的家国情怀”“商业美术的实业振兴”“国族观念的艺术表达”“工艺美术的国家事业”4个方面，展出庞薰琹艺术成果、著作手稿、文献资料及出版物等多件。

【湖南当代书画名家作品展】

2020年10月24日至26日，由湖南省文化改革发展领导小组办公室、湖南省文化和旅游厅、湖南日报社等主办，湖南省文物总店、联合利国文化产权交易所承办的2020湖南（金秋）文物博览会项目“湖南当代书画名家作品展”在湖南省长沙市举行。展览展出王憨山、莫立唐、陈白一等6名书画家作品61幅。

【2020首届广西工笔画作品展】

2020年10月25日至11月2日，由广西美术家协会主办、广西工笔画学会承办的“2020首届广西工笔画作品展”在广西美术出版社美术馆举行。展览展出从全区457件征稿作品中评选出的60件。

【立本崇元——中国工笔画学术邀请展】

2020年10月28日至31日，由首都师范大学美术学院、北京工笔重彩画会主办的“立本崇元——中国工笔画学术邀请展”在中国国家画院美术馆举行。展览展出全国69名艺术家工笔画作品69件。

【新维度·2020中央美术学院中国画作品展】

2020年10月30日至11月14日，由中央美术学院主办，山东美术馆、山东省美术家协会、中央美术学院中国画学院承办的“新维度·2020中央美术学院中国画作品展”在山东美术馆举行。展览展出中央美术学院中国画学院教师作品100余件。“与时俱进——当代学院中国画教育与人才培养”学术研讨会同期举行。

【公望富春——第二届中国山水画作品展】

2020年11月3日至30日，由中国美术家协会、浙江省文学艺术界联合会、杭州市富阳区人民政府主办，浙江省美术家协会、中共杭州市富阳区委宣传部等承办的“公望富春——第二届中国山水画作品展”在杭州市公望美术馆举行。展览展出从全国4100余件投稿作品中评选出的101件。

【知己有恩——齐白石的师友情缘】

2020年11月13日至2021年2月28日，由北京画院、辽宁省博物馆、梅兰芳纪念馆等主办的2020年文化和旅游部全国美术馆馆藏精品展出季活动项目“知己有恩——齐白石的师友情缘”在北京画院美术馆举行。展览展出主办方各馆收藏齐白石及胡沁园、王闿运、陈师曾、瑞光、梅兰芳、徐悲鸿6名师友书画、文献100余件（套）。

【匠心　构造——2020首届重庆工笔画双年展】

2020年11月15日至12月15日，由重庆市美术家协会、重庆市工笔画学会主办的“匠心　构造——2020首届重庆工笔画双年展”在重庆市工笔画学会美术馆举行。展览展出从全市294件投稿作品中评选出的101件入选作品、10件学术奖作品，以及23件特邀作品。

【青年视野——当代山水画提名展】

2020年11月17日至28日，由广东省美术家协会、广州艺术博物院、当代岭南艺术研究院主办的广州艺术博物院“院风力量”系列展首展“青年视野——当代山水画提名展”在广州艺术博物院举行。展览展出10名当代青年艺术家的多件作品、手稿、创作心得等。

【同源——第二届中国画作品展】

2020年11月23日，由中国美术家协会、临沂市人民政府主办，中国文学艺术界联合会美术艺术中心、山东省美术家协会、临沂市文化和旅游局等承办的“同源——第二届中国画作品展”在临沂市美术馆举行。展览展出从全国4986件投稿作品中评选出的239件。

【苏州国画院建院60周年——中国画作品展（晋京展）】

2020年11月26日至12月1日，由苏州国画院主办、中国国家画院美术馆承办的“苏州国画院建院60周年——中国画作品展（晋京展）”在中国国家画院美术馆举行。展览展出苏州国画院建院以来老、中、青三代专职画家作品110幅。

【与时偕行——2020中国艺术研究院工笔画院学术邀请展】

2020年12月16日至2021年1月5日，由中国艺术研究院工笔画院主办的“与时偕行——2020中国艺术研究院工笔画院学术邀请展”在北京市上方美术馆举行。展览展出22名艺术家作品66幅。

【第九届浙江花鸟画展】

2020年12月18日至27日，由浙江省美术家协会、浙江省中国花鸟画家协会、中国美术学院中国画与书法艺术学院等主办的喜迎中国共产党成立100周年“第九届浙江花鸟画展”在浙江展览馆举行。展览展出从全省 800 余件投稿作品中评选出的优秀作品 50 件、入展作品 290 余件。

【运河画脉　南田风骨——2020 恽南田艺术双年展】

2020 年 12 月 18 日至 2021 年 1 月 10 日，由中国美术家协会、中共常州市委宣传部主办，中国文学艺术界联合会美术艺术中心、江苏省美术家协会等承办的“运河画脉　南田风骨——2020 恽南田艺术双年展”在江苏省常州市举行。展览展出从全国近 4500 件投稿作品中评选出的 193 件。

【流水高山写新图——何香凝与新中国时期的北京画坛】

2020 年 12 月 18 日至 2021 年 2 月 28 日，由中国美术家协会、何香凝美术馆、北京画院主办，北京画院美术馆承办的 20 世纪中国美术大家系列展“流水高山写新图——何香凝与新中国时期的北京画坛”在北京画院美术馆举行。展览展出以“集体创作”为主题，展出何香凝和北京画坛艺术家作品，以及双方合作作品等 65 件。

【图像检验——2020 全国高等院校艺术类研究生中国画邀请展】

2020 年 12 月 19 日至 2021 年 3 月 1 日，由江苏省艺术学类研究生教育指导委员会主办、南通大学承办的“图像检验——2020 全国高等院校艺术类研究生中国画邀请展”在江苏省南通市举行。中央美术学院、中国美术学院、南京师范大学等师生作品近 50 件参展。“2020 江苏省研究生中国画大赛优秀作品展”同期举行，展览展出全省近 20 所院校作品 120 件。

【闲情偶寄——中国国家画院美术馆迎春小品邀请展】

2020 年 12 月 21 日至 2021 年 1 月 9 日，中国国家画院主办、中国国家画院美术馆承办的“闲情偶寄——中国国家画院美术馆迎春小品邀请展”在中国国家画院美术馆举行。展览展出中国国家画院艺术家案头小品 167 件。

【伯年国艺——全国山水画作品展暨首届伯年文化艺术节】

2020 年 12 月 22 日至 2021 年 1 月 21 日，由中国美术家协会、浙江省文学艺术界联合会、萧山区人民政府主办的“伯年国艺——全国山水画作品展暨首届伯年文化艺术节”在浙江省杭州市举行。展览展出从全国 2061 件投稿作品中评选出的 116 幅。“纪念任伯年先生诞辰 180 周年暨萧山海派画家对近现代中国画的影响研讨会”同期举行。

【第二届“神圣长白”全国中国画作品展】

2020 年 12 月 23 日至 2021 年 1 月 10 日，由中国美术家协会、吉林省文学艺术界联合会等主办，中国文学艺术界联合会美术艺术中心、吉林省美术家协会等承办的“第二届‘神圣长白’全国中国画作品展”在长春市长白山美术馆举行。展览展出从全国 3000 余件征集作品中评选出的 193 幅。

【黑龙江省第三届·中国画作品双年展】

2020年12月24日至2021年1月2日，由黑龙江省文学艺术界联合会、黑龙江省美术家协会主办，黑龙江省美术家协会中国画艺术委员会、红场美术馆承办的“黑龙江省第三届·中国画作品双年展”在哈尔滨市红场美术馆举行。展览展出从全省近700件参评作品中评选出的171件。

【雅集兴答——第六届杭州中国画双年展】

2020年12月26日至2021年2月28日，由中国美术家协会、浙江省文学艺术界联合会、浙江省文化和旅游厅等主办的“雅集兴答——第六届杭州中国画双年展”在浙江美术馆开幕。展览分为5个单元，展出全国46名艺术家巨幛、中堂、屏风、手卷、册页、扇面等不同形制作品多件。

【梅花品质　中国精神——中国名家画梅大展】

2020年12月27日至31日，由中国画学会、中国民间文艺家协会、中国油画学会等主办的“丹青歌盛世　妙笔颂祖国——第十届中国画节”主题展“梅花品质　中国精神——中国名家画梅大展”在山东省潍坊市举行。展览展出全国近200名艺术家作品2000余幅。

【2020雨花满天——全国山水画作品展】

2020年12月29日，由中国美术家协会、南京市人民政府主办，中国文学艺术界联合会美术艺术中心、江苏省美术家协会、南京市文化和旅游局等承办的“2020雨花满天——全国山水画作品展”在南京市雨花美术馆举行。展览展出从全国2509件征稿作品中评选出的240件。

油画展览

【断面景观——2019—2020 山东青年油画展】

2020 年 5 月 30 日至 6 月 22 日，由山东省文化和旅游厅主办的“断面景观——2019—2020 山东青年油画展”在山东省滕州市举行。展览展出从全省 100 余名画家 2000 余件作品中评选出的 100 余件，从中选出 81 件作品参加全省巡展。该展巡展在山东临沂、日照、青岛、威海、潍坊、德州等地举行。

【真予不夺——吕洪仁绘画艺术展】

2020 年 7 月 16 日至 8 月 4 日，由浙江美术馆、浙江省美术家协会、中国美术学院绘画艺术学院主办的“真予不夺——吕洪仁绘画艺术展”在浙江美术馆举行。展览分为“正声雅音”（早期作品）、“传神写照”（人物画）、“妙造自然”（风景画）、“素以为绚”（素描）4 个板块，展出吕洪仁作品及文献 120 余件。

【隐秘的现实——上海美术学院具象实验工作室全国邀请展】

2020 年 9 月 30 日至 10 月 7 日，由上海大学上海美术学院主办的“隐秘的现实——上海美术学院具象实验工作室全国邀请展”在上海市中华艺术宫举行。展览展出 10 余名上海美术学院具象实验工作室以及西安美术学院、南京艺术学院、吉林艺术学院等专业院校作品 100 件，涵盖布面油画、纸本作品、艺术家手稿草图等。

【大成之境——2020 浙江省油画大展】

2020 年 10 月 31 日至 11 月 30 日，由浙江省美术家协会、台州市椒江区人民政府、浙江省油画家协会等主办的“垦荒精神立心红十月”“大成之境——2020 浙江省油画大展”在台州市当代美术馆、台州书画院举行。展览展出全省油画家、艺术爱好者作品 300 余幅，以及特邀作品。

【百年梦圆——2020・中国百家金陵画展（油画）】

2020 年 11 月 17 日至 29 日，由中国美术家协会、中共江苏省委宣传部、江苏省文化和旅游厅等主办，江苏省美术家协会、江苏省美术馆、江苏省书画院承办的“百年梦圆——2020・中国百家金陵画展（油画）”在江苏省美术馆举行。展览展出从全国 3920 件参评作品中评选出的 100 件，其中 10 件典藏作品、10 件收藏作品。

【新时代　新气象　新作为——第九届全国（大芬）中青年油画展】

2020 年 12 月 2 日至 2021 年 2 月 28 日，由中国美术家协会、中共深圳市委宣传部主办，中国文学艺术界联合会美术艺术中心、深圳市文学艺术界联合会、中共深圳市龙岗区委员会等承办的“新时

代　新气象　新作为——第九届全国（大芬）中青年油画展”在广东省深圳市举行。展览展出从全国2365件投稿作品中评选出的196件。

【第十一届江苏省油画展】

2020年12月3日至18日，由江苏省文化和旅游厅主办，江苏省美术馆、江苏省油画学会承办的“第十一届江苏省油画展”在江苏省美术馆举行。展览展出从全省800余件应征稿件中评选出的232件（含评委及特邀作品）。

【北回归线油画群体作品展】

2020年12月12日至21日，由中国美术家协会民族美术艺术委员会、中国艺术研究院油画院、广西美术家协会主办的“北回归线油画群体作品展”在中国艺术研究院油画院博物馆举行。展览展出广西北回归线油画群体成员16名油画家作品108件。

【广东第七届当代油画艺术展】

2020年12月13日至29日，由广东省美术家协会主办的“广东第七届当代油画艺术展”在广州美术学院美术馆举行。展览分为“观物之境”“人文之象”“观念之维”“抽象·表现”“综合·实验”5个板块，展出从全省800余件投稿作品中评选出的240余件，以及38名艺术家特邀作品。同期颁发“李铁夫艺术奖”“李铁夫学术奖”“李铁夫创作奖”。

版画展览

【“水印版画重大题材人才培养计划”结项汇报展】

2020年1月7日至12日，由中央美术学院主办的国家艺术基金2019项目“‘水印版画重大题材人才培养计划’结项汇报展”在中央美术学院研究生院举行。展览展出自2019年10月15日开班以来，全国15名学员历经理论课程学习、扬州写生、创作指导草图汇看、自我创作等环节创作的版画作品多幅。

【金鼠闹春——庚子迎新版画小品展】

2020年1月17日至2月29日，由浙江省美术馆主办的“金鼠闹春——庚子迎新版画小品展”在浙江省美术馆举行。展览以肖鼠形象为创作元素，展出全国版画艺术家作品近60幅。

【卢浮印象——黑龙江省美术馆藏卢浮宫经典版画作品展】

2020年5月9日至26日，由深圳画院、黑龙江省美术馆、黑龙江省版画院主办的“卢浮印象——黑龙江省美术馆藏卢浮宫经典版画作品展”在深圳画院美术馆举行。展览展出黑龙江省美术馆馆藏欧洲版画作品120件。

【第二十三届全国版画作品展辽宁巡展】

2020年7月3日至8月9日，由中国美术家协会、深圳市文学艺术界联合会、深圳市龙华区人民政府等主办，中国美术家协会版画艺术委员会、中国版画博物馆、中山美术馆承办的“第二十三届全国版画作品展辽宁巡展”在大连市中山美术馆举行。展览展出版画作品100幅，涵盖凸版、凹版、平版、丝网版以及综合版和数码技法等。

【日新月异——武汉美术馆藏工业版画作品展】

2020年7月24日至8月23日，由武汉美术馆主办的2020年全国美术馆馆藏精品展出季入选项目“日新月异——武汉美术馆藏工业版画作品展”在武汉美术馆举行。展览分为“工业与艺术——武汉工业版画的缘起”“火热的年代——20世纪50年代至70年代的工业版画”“工业版画的转型——改革开放以来的工业版画”“日新月异——工业版画的新篇章”4个部分，展出该馆馆藏100余件作品。

【异域同绘——中国美术馆藏日本浮世绘和清代木版年画精品展】

2020年8月5日至10月18日，由中国美术馆主办的文化和旅游部2020年全国美术馆馆藏精品展出季项目、中国美术馆“典藏活化”系列展览“异域同绘——中国美术馆藏日本浮世绘和清代木版年画精品展”在中国美术馆举行。展览分为“同源与流变”“形象与风格”“技艺与受众”“生产与发行”4个部分，展出该馆馆藏作品129套（138件）。

【向前进——重庆美术馆藏《一二〇师在华北》木刻组画展】

2020年8月22日至9月16日，由重庆美术馆主办的2020年全国美术馆馆藏精品展出项目“向前进——重庆美术馆藏《一二〇师在华北》木刻组画展”在重庆美术馆举行。展览展出李少言抗战时期创作的《一二〇师在华北》木刻组画（一套32件）及相关文献材料30余件。11月24日至12月20日，该展巡展在陕西省美术博物馆举行。

【回漪·展觐——西安美术学院版画60年文献展】

2020年9月12日至10月12日，由西安美术学院、中国美术家协会版画艺术委员会、西安美术馆主办的“回漪·展觐——西安美术学院版画60年文献展”在西安美术馆举行。展览分为“版画”“摄影”2个板块，展出该院版画系60年来不同时期的作品、文献200余件，摄影作品45件及影视作品2件。

【第二届鲁迅版画大展】

2020年9月18日至11月18日，由鲁迅文化基金会、中国美术家协会版画艺术委员会、中央美术学院等主办，南京书画院、金陵美术馆承办的庆祝中华人民共和国成立71周年“第二届鲁迅版画大展”在南京市金陵美术馆举行。展览展出全国85名艺术家版画作品100余件。

【桃坞镌印——2020全国版画（木版）学术邀请展】

2020年9月25日至11月15日，由中国美术家协会版画艺术委员会、江苏省美术家协会、中共苏州市委宣传部等主办的“桃坞镌印——2020全国版画（木版）学术邀请展”在张家港市美术馆举行。其中“苏州文献展区”展出当代江苏、苏州水印版画文献及大事记，清代桃花坞传统版画作品，当代苏州版画家作品等；“学术邀请展区”展出全国30名版画家作品近100件。2020年12月3日至2021年1月5日，该展巡展在江苏省苏州市举行。

【画说龙江——黑龙江风情版画主题创作展】

2020年10月15日至11月5日，由黑龙江省美术馆、黑龙江省版画院主办的庆祝中华人民共和国成立71周年“画说龙江——黑龙江风情版画主题创作展”在黑龙江省美术馆举行。展览展出从70余件参评作品中评选出20余名画家的20余件。

【2020第四届中国版画大展】

2020年10月29日至11月29日，由中国版画博物馆主办的“2020第四届中国版画大展”在广东省深圳市举行。展览主题为“艺术课／艺术教育方法论”，由14个板块构成，其中12个板块展出12个与版画相关课程，2个板块涉及公共艺术教育。“国际艺术教育——2020观澜论坛”同期举行。

【相约草原丝路　共建美好家园——内蒙古 2020“一带一路”版画作品展览】

2020 年 11 月 6 日至 29 日，由中国美术家协会版画艺术委员会、内蒙古自治区文学艺术界联合会、内蒙古师范大学主办的“相约草原丝路　共建美好家园——内蒙古 2020‘一带一路’版画作品展览”在内蒙古美术馆举行。展览展出 263 件作品，其中全国征稿入选作品 104 件、国内特邀作品 58 件、国外特邀作品 101 件。

雕塑展览

【“百年开渠——刘开渠与二十世纪中国美术”展】

2020年6月12日至24日，由中国美术家协会、中国美术学院、中国美术馆主办的“百年开渠——刘开渠与二十世纪中国美术”展在中国美术学院美术馆举行。展览分为“艺术启蒙与专业学习（1904—1933）”“为中国现代雕塑艺术‘开渠’（1933—1949）”“立民族之碑——共和国开篇之作人民英雄纪念碑（1949—1958）”“向新时代致敬（1959—1993）”4个单元，展出刘开渠近50件雕塑原作和相关历史文献。刘开渠家属同期向中国美术学院捐赠4件作品。

【“魏风堂堂：云冈石窟的百年记忆和再现”特展】

2020年6月12日至11月30日，由浙江大学、山西省文物局主办，浙江大学艺术与考古博物馆、云冈石窟研究院承办的“魏风堂堂：云冈石窟的百年记忆和再现”特展在浙江大学艺术与考古博物馆举行。展览分为“岁月留菁华”“瑰宝再发现”“考古新发现”“数字化再现”4个单元，展出云冈石窟研究院藏石雕造像、碑刻、陶瓷器具、建筑构件等文物112件（套）。

【第七届安徽美术大展雕塑作品展】

2020年7月8日至12日，由安徽省文学艺术界联合会、安徽省美术家协会主办，安徽省美术家协会雕塑艺术委员会、安徽新闻出版职业技术学院承办的“第七届安徽美术大展雕塑作品展”在安徽出版职业技术学院线上线下举行。展览展出从全省100余件送评作品中评选出的51件、11件优秀作品。

【冬奥艺术系列展——飞翔的梦·情系冬奥】

2020年7月13日，由北京2022年冬奥会和冬残奥会组委会主办的“冬奥艺术系列展——飞翔的梦·情系冬奥”首展在北京2022年冬奥会和冬残奥会组委会办公区开幕。展览展出40件冬奥运主题雕塑作品。主办方还计划结合筹办工作时间节点，与艺术家、文化机构等在北京冬奥组委办公区举办8场系列展览和主题艺术活动。

【2020第三届中国青少年雕塑大展】

2020年8月8日至30日，由中央美术学院、中国美术家协会雕塑艺术委员会、中国美术家协会少儿美术艺术委员会等主办的“2020第三届中国青少年雕塑大展”在大同市中国雕塑博物馆举行。展览展出从全国2136人报送的4605件（组）作品中评选出的475件（组），涵盖传统架上雕塑，空间、环境、材料作品，装置性作品，数码3D造型作品等。

【烽火红棉——新中国革命历史题材雕塑作品展】

2020 年 9 月 8 日至 10 月 8 日，由广州美术学院主办的国家艺术基金 2019 年度传播交流推广资助项目“烽火红棉——新中国革命历史题材雕塑作品展”在广州美术学院大学城美术馆举行。展览展出广州美术学院雕塑与公共艺术学院师生、校友作品 70 余件，并通过数字雕塑技术设置 VR 体验观展区还原大型公共雕塑实景。

水彩·粉画展览

【北部湾海丝路风情水彩画展】

2020年6月25日至7月9日，由中共广西壮族自治区党委宣传部主办的广西当代文学艺术创作工程第一批扶持项目成果展示“北部湾海丝路风情水彩画展”在广西美术馆举行。展览展出9名当代北海水彩画家作品79幅。

【山高水长——深圳·哈尔滨水彩画作品交流展】

2020年7月3日至12日，由深圳美术馆、深圳市美术家协会、广东省美术家协会水彩画艺术委员会等主办的“山高水长——深圳·哈尔滨水彩画作品交流展”在深圳美术馆举行。展览展出深圳和哈尔滨两个城市艺术家水彩画作品120幅。

【润物无声——李永海与新中国初期河南水彩画】

2020年7月15日至10月31日，由河南省美术馆主办的文化和旅游部2020年度全国美术馆馆藏精品展出季项目“润物无声——李永海与新中国初期河南水彩画”在河南省美术馆举行。展览分为“镜像：李永海画作中的河南记忆”“薪火：李永海与新中国河南水彩画教育”两个单元。第一单元展出个人作品，第二单元展出同时代师友、学生作品。

【热土夯歌——当代水彩画家作品展】

2020年7月31日至8月23日，由深圳美术馆主办的庆祝深圳特区成立40周年“热土夯歌——当代水彩画家作品展”在深圳美术馆举行。其中“相聚热土·创深圳辉煌”展出深圳老、中、青三代艺术家作品多件。“八方助力·显祖国力量”展出深圳美术馆承办“第七届全国美展（水彩·粉画）”“全国中青年水彩家作品展”收藏的部分作品。

【向史而新——浙江百年水彩画作品展】

2020年8月5日至9月3日，由浙江美术馆、浙江省美术家协会、中国美术学院美术馆主办的“向史而新——浙江百年水彩画作品展”在浙江美术馆举行。展览分为“民族先声：从西学东渐到浙江风貌”“时代转化：从写实写生到托物寓感”“观念生长：从个性回荡到观念现场”3个单元，展出1905年至2020年艺术家作品140余件，涵盖风景、静物、人物等。

【第十二届全国水彩·粉画作品展】

2020年11月10日至19日，由中国美术家协会、浙江省文学艺术界联合会主办，中国美术家协会水彩画艺术委员会、浙江省美术家协会、浙江省文化会堂承办的“第十二届全国水彩·粉画作品展”

在浙江展览馆举行。展览展出从全国 3265 件投稿作品中评选出的 255 件。

【第三届全国小幅水彩画展】

2020 年 12 月 19 日至 2021 年 1 月 4 日，由中国美术家协会、安徽省文学艺术界联合会主办，中国美术家协会水彩画艺术委员会、安徽省美术家协会等承办的“第三届全国小幅水彩画展”在安徽省合肥市举行。展览展出从全国 4303 件投稿作品中评选出的 298 件。

连环画、壁画、漫画、漆画展览

【江西省第六届漫画展】

2020年1月4日至2月8日，由江西省美术家协会、赣州市文化广电新闻出版旅游局主办的“江西省第六届漫画展”在赣州美术馆举行。展览展出全省80余名艺术家以“庆祝新中国成立70周年”“精准扶贫和庚子年生肖”为主题创作的120余幅作品。

【第七届安徽美术大展壁画展】

2020年6月30日至7月10日，由安徽省文学艺术界联合会、安徽省美术家协会主办的“第七届安徽美术大展壁画展”在安徽艺术学院举行。展览展出从全省76件征集作品中评选出的53件。

【黑龙江省首届架上连环画作品展】

2020年7月16日至31日，由黑龙江省文学艺术界联合会、黑龙江省美术家协会主办的“黑龙江省首届架上连环画作品展”在哈尔滨市红场美术馆举行。展览展出全省45件作品，其中特邀作品2件、获奖作品20件、入选作品23件。

【广东省首届漫画大展】

2020年9月13日至25日，由广东省美术家协会、中共肇庆市委宣传部、肇庆学院主办，广东省美术家协会漫画艺术委员会、肇庆市文学艺术界联合会、肇庆美术馆承办的“广东省首届漫画大展”在肇庆美术馆举行。展览展出全省近120幅作品。“北岭三人——肇庆学院校友朱松青、陈春鸣、邝飚漫画联展”同期举行。

【庆祝2020年中国农民丰收节“全面建成小康社会”漫画大展】

2020年9月20日至22日，由中国美术家协会漫画艺术委员会、邱县人民政府主办，中共邱县县委宣传部、邱县文化广电和旅游局等承办的“庆祝2020年中国农民丰收节‘全面建成小康社会’漫画大展”在河北省邱县举行。展览展出从全国613幅投稿作品中评选出的150件。“漫画艺术与产业发展研讨会”同期举行。

【镶嵌中国——马赛克艺术邀请展】

2020年10月10日至11月8日，由中国美术家协会、中央美术学院主办，中国美术家协会壁画艺术委员会、中央美术学院美术馆等承办的“镶嵌中国——马赛克艺术邀请展”在中央美术学院美术馆举行。展览展出全国98名艺术家镶嵌作品111幅（组）。

【“光辉历程　红色经典——庆祝新中国成立 70 周年”第六届全国架上连环画展（兰州站）】

2020 年 11 月 8 日，由中国美术家协会主办的“‘光辉历程　红色经典——庆祝新中国成立 70 周年’第六届全国架上连环画展（兰州站）”在甘肃省兰州市开幕。“民族团结　同心筑梦——第七届全国架上连环画展”同期启动。展览展出从全国 412 组（4120 件）征集作品中评选出的 100 组。11 月 28 日至 12 月 15 日，该展巡展在西宁当代艺术馆举行。2020 年 12 月 29 日至 2021 年 1 月 10 日，巡展在周口文化艺术中心举行。

【第六届“三毛杯”（2020）中国漫画大展】

2020 年 11 月 10 日至 30 日，由中国美术家协会漫画艺术委员会、浙江省海盐县人民政府、上海三毛形象发展有限公司主办的纪念张乐平诞辰 110 周年“第六届‘三毛杯’（2020）中国漫画大展”在海盐县张乐平纪念馆举行。展览展出从全国 110 套征集作品中评选出的 41 套原创手绘连环故事漫画作品。

【江西现代漆画文献展】

2020 年 11 月 12 日至 22 日，由南昌画院、南昌美术馆主办的江西文化艺术基金 2018—2019 年度传播交流推广项目“江西现代漆画文献展”全省巡展在南昌美术馆举行。展览展出近 50 年江西现代漆画发展中的各类视觉、学术材料，实物、作品和图片等。该展巡展在赣州美术馆、九江美术馆、萍乡市美术馆举行。

【“子恺杯”第十三届中国漫画大展暨桐乡市第六届丰子恺漫画艺术节】

2020 年 11 月 17 日至 12 月 16 日，由中国美术家协会、桐乡市人民政府主办的“‘子恺杯’第十三届中国漫画大展暨桐乡市第六届丰子恺漫画艺术节”在浙江省桐乡市举行。展览展出全国 245 件漫画作品。

【2020“华腾猪舍里”第三届全国漫画大赛颁奖盛典暨作品展览】

2020 年 11 月 18 日，由浙江省漫画家协会等主办、《讽刺与幽默》报等承办的“2020‘华腾猪舍里’第三届全国漫画大赛颁奖盛典暨作品展览”开幕式在浙江省桐乡市举行。展览收到全国参赛作品 1200 幅，评出成人组特等奖 1 名、一等奖 1 名、二等奖 2 名、三等奖 3 名，少儿组特等奖 1 名、一等奖 1 名、二等奖 2 名、三等奖 3 名，以及 IP 组采纳奖 1 名。

【2020 全国漆画作品邀请展、第二届广西漆画作品展】

2020 年 11 月 21 日至 29 日，由中国美术家协会漆画艺术委员会、广西美术家协会、桂林理工大学主办的“2020 全国漆画作品邀请展”和“第二届广西漆画作品展”在桂林美术馆举行。其中“2020 全国漆画作品邀请展”展出全国近 50 名艺术家作品多幅。“第二届广西漆画作品展”展出从全区 169 件投稿作品中评选出的 112 件。

【学习用典——中国优秀经典故事全国连环画作品展】

2020 年 12 月 26 日至 2021 年 3 月 20 日，由中国美术家协会主办，中国文学艺术界联合会美术艺术中心、中国美术家协会连环画艺术委员会、鲁迅美术学院等承办的“学习用典——中国优秀经典故事全国连环画作品展”在滨海美术馆举行。展览展出全国近 100 名连环画家作品 1030 幅，表现手法涵盖中国画、素描、水彩画、油画等。

【广东省第七届漆画作品展】

2020 年 12 月 30 日至 2021 年 1 月 29 日，由广东省美术家协会、广东培正学院主办，广东省美术家协会漆画艺术委员会、广东培正学院艺术学院承办的“广东省第七届漆画作品展”在广东培正学院美术馆举行。展览展出从全省 528 件投稿作品中评选出的 135 件，其中 36 件获奖作品。

个人展览

【西游南行——丁立人个展】

2020 年 1 月 17 日至 2 月 26 日，由广东美术馆主办的“西游南行——丁立人个展”在广东美术馆举行。展览展出丁立人《戏曲人物》《西游记》重彩系列作品 100 余幅及各个时期文献手稿多件。

【尘土——邵增虎风景油画展】

2020 年 6 月 9 日至 7 月 12 日，由广东美术馆、广东省美术家协会主办的“尘土——邵增虎风景油画展”在广东美术馆举行。展览分为“石水记”“致树木”“看人间”“老朋友”4 个部分，展出邵增虎风景油画作品 46 件。

【漆迹——张玉惠漆画作品展】

2020 年 7 月 7 日至 15 日，由中国美术家协会漆画艺术委员会、福建省美术家协会、厦门大学艺术学院主办，福建省美术家协会漆画艺术委员会、厦门大学艺术学院美术系承办的“漆迹——张玉惠漆画作品展”在厦门大学艺术学院举行。展览展出张玉惠漆画作品 35 件。

【蝉蜕今魅——俞启慧版画精粹展】

2020 年 7 月 10 日至 31 日，由浙江美术馆主办的“蝉蜕今魅——俞启慧版画精粹展”在浙江美术馆举行。展览分为“缘起—鲁迅”“神驰—拓彩”“更生—家园”3 个板块，展出俞启慧 80 件版画作品及部分文献。

【重山和畅——苗重安绘画展】

2020 年 8 月 4 日至 9 月 4 日，由中国国家博物馆、中国美术家协会、中国国家画院等主办的“重山和畅——苗重安绘画展”在中国国家博物馆举行。展览分为“师与心”“墨与色”“光与情”“思与境”4 个部分，展出苗重安作品 85 件。

【入木——黄永玉版画艺术展】

2020 年 8 月 26 日至 9 月 26 日，由北京画院主办、广西师范大学出版社集团有限公司协办、北京画院美术馆承办的 20 世纪中国美术大家系列展“入木——黄永玉版画艺术展”在北京画院美术馆举行。展览展出黄永玉从 20 世纪 40 年代至 90 年代版画作品近 200 件。

【碧海连云一沙鸥——穆家善中国画国际巡回展故乡连云港展】

2020年9月20日至10月8日，由中共连云港市委宣传部、中国艺术研究院国画院、连云港市文化广电和旅游局主办的“碧海连云一沙鸥——穆家善中国画国际巡回展故乡连云港展”在连云港市美术馆举行。展览展出穆家善焦墨山水画作品60余幅。

【大道真意——郭绍纲从艺七十周年作品展】

2020年9月29日至10月18日，由广东省文学艺术界联合会、广东省人民政府文史研究馆、广州美术学院主办的“大道真意——郭绍纲从艺七十周年作品展”在广州美术学院美术馆举行。展览分为“时代肖像”“生活之美”“美育人生”3个部分，展出郭绍纲数十幅油画与素描作品，涵盖人物肖像画、风景写生、静物画、工业题材作品等。

【黄河魂　赤子心——王克举百米油画长卷展】

2020年10月15日至25日，由中国美术馆主办的中国美术馆捐赠与收藏系列展“黄河魂　赤子心——王克举百米油画长卷展”在中国美术馆举行。展览展出王克举向中国美术馆无偿捐赠的《黄河》油画长卷，长卷的素描稿、色彩稿，围绕长卷创作同时完成的另外50件作品，以及部分影像、装置形式的文献资料等。

【如歌南方——刘绍昆油画作品展】

2020年10月23日至11月15日，由广西美术馆、广西美术家协会、中国油画学会主办的文化和旅游部2020年全国美术馆馆藏精品展出季活动项目“如歌南方——刘绍昆油画作品展”在广西美术馆举行。展览分为“心生”“启喻”“歌者”“不倦”4个板块，展出刘绍昆各个时期创作的60件作品及相关手稿。

【淳朴至真——高潮绘画艺术展】

2020年11月13日至22日，由中国美术馆主办的文化和旅游部2020年度国家美术作品收藏和捐赠奖励项目、中国美术馆捐赠与收藏系列展“淳朴至真——高潮绘画艺术展”在中国美术馆举行。展览分为“主题创作”“风景画创作”“风景写生”“人物写生”“创作构思”5个部分，展出200余件作品。同期，高潮向中国美术馆捐赠油画、素描、速写作品30件（套）。

【绿水青山——郑百重中国画展】

2020年11月17日至12月13日，由中国文学艺术界联合会、中国美术家协会、中国国家画院等主办，福建省美术家协会、福建省画院承办的“绿水青山——郑百重中国画展”在福建博物院举行。展览展出郑百重中国画作品38件（套）。

【与时代同行——孔维克水墨人物画展】

2020年11月21日至29日，由民革中央画院、民革河南省委会、民革山东省委会等主办，河南省美术家协会、山东省美术家协会、河南省中国画学会等承办的“与时代同行——孔维克水墨人物画展”在河南省郑州市举行。展览展出孔维克作品200余幅。

【水路西东——宋跃林水彩·水墨作品展】

2020年12月9日至20日，由中国美术家协会水彩画艺术委员会、江西省文学艺术界联合会、九江市人民政府等主办的“水路西东——宋跃林水彩·水墨作品展”在中国美术馆举行。展览展出宋跃林水彩画、水墨画作品80余件。

【景·色——牛克诚山水画作品展】

2020年12月27日至2021年1月10日，由全国政协书画室、中国美术馆、中国艺术研究院等主办的文化名家暨“四个一批”人才工程自主选题资助项目、中国美术馆学术邀请系列展“景·色——牛克诚山水画作品展”在中国美术馆举行。展览展出牛克诚作品近50件（套）。

纪念展览

【海上风标——纪念谢之光、林风眠、关良诞辰 120 周年作品展】

2020 年 6 月 12 日至 7 月 12 日，由上海中国画院、文汇报社主办的“海上风标——纪念谢之光、林风眠、关良诞辰 120 周年作品展”在上海中国画院美术馆举行。展览展出 3 名海派艺术家作品 100 件。

【春风又绿——朱葵艺术回顾展暨作品捐赠仪式】

2020 年 7 月 15 日至 29 日，由江苏省美术馆主办的“春风又绿——朱葵艺术回顾展暨作品捐赠仪式”在江苏省美术馆新馆举行。展览展出朱葵家人捐赠江苏省美术馆的 62 件作品，其中中国画 40 件、版画 19 件、宣传画 3 件。

【丹青相照·真挚友情——纪念赖少其诞辰 105 周年唐云诞辰 110 周年文献作品展】

2020 年 8 月 7 日至 9 月 6 日，由上海中国画院、合肥市文化和旅游局主办的“丹青相照·真挚友情——纪念赖少其诞辰 105 周年唐云诞辰 110 周年文献作品展”在上海中国画院美术馆举行。展览展出赖少其作品约 30 件，唐云作品 47 件，以及两人往来信札、照片等文献史料 160 余件。

【天半人半——纪念陈半丁逝世五十周年特展】

2020 年 8 月 8 日至 11 月 8 日，由辽宁省文化演艺集团（辽宁省公共文化服务中心）、大连市公共文化服务中心主办，辽宁省博物馆、旅顺博物馆承办的“天半人半——纪念陈半丁逝世五十周年特展”在辽宁省博物馆举行。展览分为“惠我良深——承继篇”“花草精神——花卉篇”“笔底河山——山水篇”“半丁弄翰——书法篇”“合众共济——师友后学篇”5 个板块，展出陈半丁及相关书画作品 82 件（组）。

【仙华双甲——吴茀之、张书旂诞辰 120 周年特展】

2020 年 8 月 9 日至 9 月 8 日，由浙江美术馆、浦江县人民政府主办的文化和旅游部 2020 年全国美术馆馆藏精品展出季活动项目“仙华双甲——吴茀之、张书旂诞辰 120 周年特展”在浙江美术馆举行。展览分为“仙华双甲”“纵横求索”“各擅胜场”3 个板块，展出吴茀之、张书旂绘画作品和文献资料 140 余件。

【斯人未远去——宋雨桂艺术纪念展】

2020 年 9 月 30 日至 10 月 13 日，由中央文史研究馆、中国美术家协会、辽宁省文学艺术界联合会等主办，宋雨桂艺术馆承办的“斯人未远去——宋雨桂艺术纪念展”在北京画院美术馆举行。展览分为“巨制山水”“乡水篇”“长跋作品”3个系列，展出宋雨桂作品80幅。

【疏影暗香——纪念张书旂诞辰120周年艺术展】

2020年10月1日至12月16日，由中国国家博物馆、浙江美术馆主办的“疏影暗香——纪念张书旂诞辰120周年艺术展”在中国国家博物馆举行。展览展出张书旂作品86件（套）以及30余件辅助展品。

【赤诚之光——纪念杨之光诞辰90周年作品展】

2020年10月23日至11月29日，由广州艺术博物院、广州美术学院、广东省杨之光艺术教育基金会主办，高剑父纪念馆、杨之光美术承办的“赤诚之光——纪念杨之光诞辰90周年作品展”在广州艺术博物院举行。展览分为“师承与出师”“历史的叙述”“讴歌建设者”“民族大家庭”“异域风情录”“优美的化身”“翰墨的印记”“火红的岁月”8个单元，展出广州艺术博物院院藏杨之光作品100余幅。

【黑白灰中飞出的彩虹——徐希艺术回顾展】

2020年11月6日至22日，由北京画院主办的“黑白灰中飞出的彩虹——徐希艺术回顾展”在北京画院美术馆举行。展览展出徐希自20世纪70年代起创作的速写、水墨等作品70余件。

【回眸——张乐平诞辰110周年纪念特展】

2020年11月10日至2021年2月28日，由中华艺术宫主办的“回眸——张乐平诞辰110周年纪念特展”在上海市中华艺术宫举行。展览展出张乐平作品400余件，涵盖漫画、中国画、剪纸、时装设计、战地速写、彩塑、小说插图等。

【站在人生的前线——胡一川艺术与文献展】

2020年11月18日至12月23日，由中央美术学院、广州美术学院主办的百年辉煌·中央美术学院艺术名家项目、广州美术学院·纪念胡一川诞辰110周年活动“站在人生的前线——胡一川艺术与文献展”在中央美术学院美术馆举行。展览分为5个板块，展出胡一川500余件作品、手稿，以及前期收集、整理的口述史和文献资料等。

【云水襟怀——宋步云诞辰110周年纪念展】

2020年11月25日至12月27日，由中央美术学院主办的“百年辉煌·中央美术学院艺术名家”系列“云水襟怀——宋步云诞辰110周年纪念展”在中央美术学院美术馆举行。展览分为“烽烟岁月”“巴山蜀水”“家国新貌”“河山胜境”“灼灼其华”“光影流年”6个板块，展出宋步云绘画作品150余件，以及宋步云木刻和摄影文献资料。

【贵自然——柳村百年诞辰纪念作品展】

2020年11月28日至12月19日，由中国美术家协会、中国美术学院、浙江省文学艺术界联合会等主办的“贵自然——柳村百年诞辰纪念作品展”在浙江美术馆举行。展览展出浙江美术馆馆藏和家属收藏的部分柳村作品，包括中国画、书法、水彩画、版画和速写等200余件。

【江苏省美术馆藏李剑晨捐赠作品展】

2020年12月24日至2021年3月20日，由江苏省美术馆主办的纪念李剑晨诞辰120周年“江苏省美术馆藏李剑晨捐赠作品展”在江苏省美术馆陈列馆举行。展览展出李剑晨水彩画、水粉画、中国画、油画作品80件。

【“漫坛济公”纪念庸非先生逝世二十周年回顾展】

2020年12月26日至2021年1月8日，由浙江省漫画家协会主办的“‘漫坛济公’纪念庸非先生逝世二十周年回顾展”在浙江省杭州市举行。展览展出庸非漫画原作30余件、复印件50余件。

通知

【关于 2020 年度全国画院创作人才培养和扶持计划相关事宜的通知】

2020 年 2 月 18 日，《文化和旅游部艺术司印发关于 2020 年度全国画院创作人才培养和扶持计划相关事宜的通知》。《通知》指出，2020 年艺术司与中国国家画院举办“2020 文化和旅游部全国画院创作人才高级研修班”。培训对象为全国省级国有画院及本系统相关美术机构在编的创作人员，原则上年龄不超过 50 岁。限于中国画门类，计划招生 30 人。课程采用脱产学习方式。招生简章在文化和旅游部政府门户网站和中国国家画院官方网站查询和下载。教学时间从 2020 年 5 月至 12 月。详细信息见文化和旅游部官网。

【关于开展 2020 年全国美术馆青年策展人扶持计划的通知】

2020 年 3 月 3 日，《文化和旅游部办公厅印发关于开展 2020 年全国美术馆青年策展人扶持计划的通知》（办艺发〔2020〕12 号）。《通知》要求，各级各类国有美术馆、美术名家艺术馆（纪念馆）以及在民政部门登记注册的民营美术馆，均可推荐在本单位任职的 1 名青年策展人员作为候选人参与申报。候选人年龄应在 45 岁以下，须提交 1 份完整的展览策划方案，展览方案能够在 2021 年 4 月之前实施完毕；评选由文化和旅游部艺术司聘请相关领域专家、学者组成专家小组开展，相关评审结果在文化和旅游部政府门户网站公布。申报截止时间为 2020 年 3 月 29 日。详细信息见文化和旅游部官网。

【关于公布 2019 年度全国美术馆优秀项目评选结果的通知】

2020 年 6 月 17 日，《文化和旅游部办公厅关于公布 2019 年度全国美术馆优秀项目评选结果的通知》（办艺发〔2020〕69 号）。《通知》指出，2019 年度全国美术馆优秀项目评选工作已经顺利完成。经过专家小组认真评审，并经文化和旅游部审核与公示，评选出优秀展览项目 10 个，优秀公共教育项目 10 个，优秀展览提名项目 20 个，优秀公共教育提名项目 10 个。上海市文化和旅游局、江苏省文化和旅游厅、湖北省文化和旅游厅、广东省文化和旅游厅、甘肃省文化和旅游厅 5 家单位在此次活动的组织工作方面表现突出，被评为优秀组织单位。《通知》后附“2019 年度全国美术馆优秀项目名单”。详细信息见文化和旅游部官网。

【关于举办“新生活·新风尚·新年画”——我们的小康生活主题美术创作征集展示活动的通知】

2020 年 11 月 24 日，《文化和旅游部公共服务司印发关于举办“新生活·新风尚·新年画”——我们的小康生活主题美术创作征集展示活动的通知》（公共函〔2020〕8 号）。《通知》要求，定于 2020 年 11 月至 2021 年 3 月举办“新生活·新风尚·新年画”——我们的小康生活主题美术创作征集展示活动。发动艺术院校师生、专业画家、设计师、插画家等创作一批木版年画、新年画、农民画以及具有年画元素的插画创意设计作品等优秀民间美术作品。举办“云上年画展”和线下主题展。各牵头单位应于 2020 年 12 月 15 日前将作品电子版、作品征集表、授权书等相关材料上传至国家公共文化云平台。《通知》后附“作品申报表、作品授权书”。详细信息见文化和旅游部官网。

【关于公布《2020年全国美术馆馆藏精品展出季活动优秀项目名单》的通知】

2020年12月22日,《文化和旅游部办公厅印发关于公布〈2020年全国美术馆馆藏精品展出季活动优秀项目名单〉的通知》(办艺发〔2020〕167号)。《通知》指出，根据《文化和旅游部办公厅关于印发〈2020年全国美术馆馆藏精品展出季活动方案〉的通知》(办艺发〔2020〕13号)要求，2020年全国美术馆馆藏精品展出季活动验收工作已经顺利完成，经专家小组认真评审，并经文化和旅游部审核，评选出10个优秀项目。在此次活动中，上海市文化和旅游局、江苏省文化和旅游厅、广东省文化和旅游厅组织工作表现突出，被评为优秀组织单位。《通知》后附“2020年全国美术馆馆藏精品展出季活动优秀项目名单”。详细信息见文化和旅游部官网。

会议 · 论坛

【新境况下中国高校美育工作的现状和对策】

2020年5月31日，由中国高教学会美育专业委员会主办的“新境况下中国高校美育工作的现状和对策”高端研讨会在线上举行。研讨会围绕“中国高校美育工作的现状和对策”议题展开学术探讨，在会议形态上也迎合网络时代的发展需求，通过B站直播的方式，将会议学术成果实时传播，在云端惠及全国各地的学生、教师以及对美育感兴趣的研究者与工作者，共同参与此次对当下美育工作的反思和建设中，也为美育工作的落实与拓展提供了学术交流渠道。与会专家学者对高校美育工作的展开提出了建议。研讨会设有专家学者与在线观看直播的观众的互动提问环节，专家学者解答了B站在线旁听会议网友的问题。

【全球与本土：2020“策展与未来”青年策展人系列学术座谈活动】

2020年9月3日，由中国美术家协会策展委员会、中华世纪坛艺术馆主办，吴作人国际美术基金会“青年策展人专项基金”主办的“全球与本土：2020‘策展与未来’青年策展人系列学术座谈活动”启动仪式暨第一场座谈在北京市中华世纪坛举行。座谈分为4场活动，8名学术召集人、8名学术评议人及41名青年策展人参会。会议采取线上、线下两种方式。第一场学术座谈“全球语境下的中国文化表达”，上半场学术召集人结合威尼斯双年展中国馆策展，以及近期在苏州策划的“自 · 长物志”展览，做题为《让策展照鉴现实》的发言；下半场学术召集人结合中国美术学院收藏包豪斯作品并结合其他艺术机构展览的例子，做题为《“文化遗产”的动态价值与发展性表达》的发言。另外3场“建筑、设计类展览的公共性与社会责任”“科技创新与策展未来”“全球与本土”于9月6日、9月13日和9月23日举行。

【第九届中国北京国际美术双年展第一次策委会】

2020年9月15日，由中国文学艺术界联合会、北京市人民政府、中国美术家协会主办的“第九届中国北京国际美术双年展第一次策委会”（以下简称“北京双年展”）在中国文学艺术界联合会报告厅举行。北京双年展策展委员会成员与会。会议讨论了北京双年展主题。委员会此前已将意见反馈主办单位，包括主题方向的关键词、有关阐释内容的撰写、文本出处的查考、有关展览板块的构化等。会议初步确定了北京双年展主题方案。其后展览章程修订、艺术家推荐名单提交等环节依次有序进行。按照北京双年展工作惯例，第一次策委会上确定的展览主题和章程等基本展览信息和文本待向主管部门报批后，通过新闻发布会面向全球发布并开展征稿工作。

【2020全国高等艺术院校壁画教学研讨会】

2020年9月24日至25日，由中国美术家协会壁画艺术委员会、四川美术学院、重庆市美术家协会主办的“2020全国高等艺术院校壁画教学研讨会”在四川美术学院举行。包括全国八大美院在内的30余所高等艺术院校及研究院所和艺术机构负责人与会。研讨会以实践“科教融合”“协同创新”“跨界交流”“成果传化”为研究目的，设置了“壁画教学存在的问题与面临的挑战”“新时代壁画教学理念与教学方法”“壁画人才的培养如何适应新时代公共文化诉求和大众审美需要”“壁画专业如何实现更好的成果转化与应用”等8个主题。专家学者围绕各自院校壁画历史发展、专业课程、教学宗旨、课程特色、存在的问题、改革的举措等进行发言。中国美术家协会壁画艺术委员会第一次工作会议同期举行，会议对2019年工作进行总结，对2020年活动进行部署，并对2021年计划进行讨论。

【第十四届全国高等院校美术史学年会】

2020年10月16日至18日，由全国高校美术史年会组委会、内蒙古师范大学主办的“第十四届全国高等院校美术史学年会”在内蒙古师范大学美术学院举行。中央美术学院、四川美术学院、内蒙古艺术学院等全国高等院校的110余名师生与会。年会以“从北方走向世界——开放视野的跨文化美术史”为主题，围绕外国美术史、中国美术史、跨文化美术、美术理论与批评、宗教美术史、少数民族美术史6个方面展开交流与研讨。

【盛世儒风　天下泉城——中国大城市专业画院优秀作品联展暨中国大城市专业画院学术年会（第十回）】

2020年10月17日至11月8日，由中共济南市委宣传部、济南市文化和旅游局、中国大城市专业画院学术年会组委会主办，济南市美术馆（济南画院）承办的“盛世儒风　天下泉城——中国大城市专业画院优秀作品联展暨中国大城市专业画院学术年会（第十回）”在济南市美术馆举行。展览展出全国各专业画院艺术家的256件作品。全国23家专业画院院长、艺术家等与会，会议探讨了画院发展之路，开展学术研讨、作品联展、采风写生等系列活动等问题。中国沿黄九省区省会画院联盟成立仪式同期举行。

【艺术史家的艺术——第二届中国当代美术史论家艺术作品展暨艺术史的文本与图像学术研讨会】

2020年10月18日至11月1日，由广西师范大学出版社集团主办，广西师范大学出版社美术馆、桂林市美术家协会、广西师范大学美术学院承办的“艺术史家的艺术——第二届中国当代美术史论家艺术作品展暨艺术史的文本与图像学术研讨会”在广西壮族自治区桂林市举行。在广西师范大学出版社美术馆举行的“第二届中国当代美术史论家艺术作品展”展出全国高校、科研院所、博物馆、美术馆16名美术史论家的近80幅作品，涵盖中国画、书法、水彩画等。10名美术史论家先后发言，从各自的研究领域出发，每人提交一篇学术论文，评议人进行评议。

【全国美术高峰论坛·重庆】

2020年10月28日至30日，由中国美术家协会、重庆市文学艺术界联合会、四川美术学院主办，重庆市美术家协会、中国美术家协会理论艺术委员会承办的“全国美术高峰论坛·重庆”在四川美术学院虎溪校区举行。论坛旨在进一步研讨新时代中国美术创作态势和美术理论面临的问题，以加强当代中国美术的理论建设及美术批评。与会专家学者围绕“美术思潮与学术方位”“美术创作”“美术理论”“重庆美术”等展开研讨。

【中国美术家协会动漫艺委会年会暨5G时代中国动漫传承与发展路径研讨会】

2020 年 10 月 31 日，由中国美术家协会动漫艺术委员会主办的“中国美术家协会动漫艺委会年会暨 5G 时代中国动漫传承与发展路径研讨会”在上海电影学院举行。会议分为两个部分：一是进行 5G 时代中国动漫传承与发展路径研讨，二是对“第二届全国动漫美术作品展”相关征集、评审、展览和出版等相关事宜进行讨论。会议从艺术创作、专业教育、动画制作、动画产业等方面讨论了 5G 时代为中国动漫带来的机遇与挑战，为新时代中国动漫民族化和本土化创作提供了思路；确定“第二届全国动漫美术作品展”等相关事宜，落实和完善作品展筹划阶段的工作。

【自主空间——全国高等艺术院校人物画教学研讨会暨师生作品展】

2020 年 11 月 1 日至 10 日，由西安美术学院主办的“自主空间——全国高等艺术院校人物画教学研讨会暨师生作品展”在西安美术学院美术馆举行。展览展出西安美术学院、中央美术学院、中国美术学院等全国 17 所高等艺术院校和创作研究机构的 325 幅师生作品。各院校教师及学科带头人、专家学者就中国人物画艺术发展与教学问题进行主旨发言与探讨。与会专家以院校为主线，总结、展示近年来在不同地域、不同风格、不同理念下所形成的全国高等艺术院校人物画教学的创作状态与最新成果。

【黄河文化主题美术创作工作会】

2020 年 11 月 3 日，由文化和旅游部艺术司联合黄河流域九省（区）文化和旅游厅、中国艺术研究院、中国国家画院主办的“黄河文化主题美术创作工作会”在北京市举行。会议以现场会议和视频会议两种形式举行，中国艺术研究院、中国美术馆、中国国家画院相关负责人、该项目专家委员会有关专家及在北京作者参加现场会议，黄河流域九省（区）文化和旅游厅相关负责人及作者参加视频会议，该项目专家委员会及承办单位在会上发言。

【“2020 第六届上海对话——艺术开启未来”高峰论坛】

2020 年 11 月 9 日，由中共上海市委宣传部等发起承办的“2020 第六届上海对话——艺术开启未来”高峰论坛在上海国际艺术品交易月期间举行。论坛围绕“新时代全球化背景下建设上海国际艺术品交易中心的新机遇”“产业链 + 创新链——艺术品在线交易发展的新模式”“艺术 IP 的活化运营与版权保护”3 个主题展开讨论。《艺术品及贵重物品储存安全技术规范》《2019 中国文物艺术品拍卖全球统计年报》《2019 中国文物艺术品拍卖市场统计年报》《雅昌指数报告——疫情下的中国艺术品艺术市场》等艺术行业权威指数同期首发。

【第五届“一带一路”壁画论坛暨绝学之路·中国壁画艺术展】

2020 年 11 月 10 日至 24 日，由中国美术学院、中国美术家协会壁画艺术委员会、浙江省美术家协会等主办的“第五届‘一带一路’壁画论坛暨绝学之路·中国壁画艺术展”在浙江美术馆举行。展览展出 60 余件作品。50 余名国内高校及丝绸之路考古领域、壁画研究、佛教艺术、中国传统造像领域专家学者与会。论坛围绕中国壁画现代性研究与国际化发展，中国传统造像、壁画传承保护与虚拟数字技术运用，印度佛教艺术与中国佛学艺术的多向交流发展研究 3 个领域展开学术交流。

【中国美术家协会壁画艺术委员会 2020 年度工作会议】

2020 年 11 月 11 日，由中国美术家协会壁画艺术委员会主办的“中国美术家协会壁画艺术委员会 2020 年度工作会议”在中国美术学院举行。会议回顾总结了 2020 年壁画艺术委员会的工作，对壁画艺术委员会 2021 年的工作进行安排部署。讨论了关于 2021 年壁画艺术委员会举办首次届展“中国壁画艺术展暨学术论坛”，以及筹备壁画界前辈联展等工作。会议还围绕 2021 年工作计划和壁画艺术委员会的发展问题发表意见并对项目执行工作进行讨论。

【敦煌艺术与 20 世纪中国美术研讨会】

2020 年 11 月 13 日，由中国美术家协会美术理论委员会、美术杂志社、中共甘肃省委宣传部等主办，西北师范大学美术学院、敦煌学院承办的中国当代美术理论建设系列专题“敦煌艺术与 20 世纪中国美术研讨会”在西北师范大学举行。中央美术学院、中国艺术研究院、清华大学美术学院等教育与研究机构的 68 名专家学者与会。研讨会分为“主旨发言”“古代敦煌美术研究”“丝绸之路中的敦煌”“敦煌艺术的现代转化・西部之旅”“敦煌艺术的现代转化・创新之思”5 个单元，一方面展示了当下对古代敦煌美术研究的最新成果，探讨了敦煌艺术与古代丝绸之路中各种文明的交互作用，另一方面讨论了敦煌艺术在 20 世纪的现代性转化以及敦煌艺术在当代创新性发展问题。

【2020 中国传统色彩学术年会】

2020 年 11 月 13 日至 14 日，由中国艺术研究院美术研究所主办的“2020 中国传统色彩学术年会”在中国艺术研究院（北区）学术报告厅举行。年会设 9 场主题演讲与学术讨论。会议采取国内专家现场研讨、境外专家视频会议相结合的形式举行。专家学者围绕色彩观念、媒材、工具、技法、应用等领域问题进行了探讨，为传统色彩学术研究贡献了新的成果。同期，开设“王朝闻学术讲坛”特别专场，北京服装学院教授崔唯做题为《北京地区传统色彩研究》学术报告。年会在线观看人数多达 2 万余人次。年会论文集《2020 中国传统色彩学术年会论文集》同期出版发行。

【中国美术家协会民族美术艺委会 2020 年工作会议】

2020 年 11 月 22 日，由中国美术家协会民族美术艺术委员会等主办的“中国美术家协会民族美术艺委会 2020 年工作会议”在甘肃省兰州市举行。会议回顾总结 2020 年民族美术艺术委员会开展的工作，并对 2021 年工作计划进行部署。与会人员围绕工作计划和民族美术艺术委员会的发展等问题，分别发表意见并对项目执行工作进行讨论。此外，与会人员还围绕民族美术的优势和特色、小规模的单项展览及委员邀请展、深入基层的采风写生、与其他艺术委员会和民族院校联动、西部民族地区与东部沿海地区的开放交流和赴外活动交流等方面进行讨论。

【盛世华章・新中国中国画主题性创作研讨会】

2020 年 11 月 26 日，由中国艺术研究院工笔画院、江苏省文化艺术研究院主办的“盛世华章・新中国中国画主题性创作研讨会”在江苏省南京市举行。与会专家围绕“主题性创作的方法及经验”“主题性创作作用意义”等议题展开讨论，并对主题性创作概念、目的、方法、要求、特征，以及新时代主题性创作方向等问题进行探讨。

【第二届青年美术论坛】

2020 年 11 月 27 日，由中国美术家协会主办，中国美术家协会美术理论委员会、上海大学上海美术学院承办的新时代中国美术理论建设系列、上海大学文科季系列活动“第二届青年美术论坛”在上海美术学院举行。论坛萃取 2017 年第一届举办之后至 2020 年发表的青年学者研究成果。本届论坛变第一届自由投稿为专家推荐，专家由中国美术家协会美术理论委员会成员和全国重点美术院校专家组成，共推荐成果 66 篇，评选出 20 篇为入会资格论文。论坛呈现了当代青年学者在学术研究上取得的新成果，尤其是在史学研究方面的学术成果。

【当代中国工笔画发展学术研讨会】

2020 年 12 月 2 日，由中国美术家协会美术理论委员会、深圳市社会科学联合会、深圳大学主办的“当代中国工笔画发展学术研讨会”在深圳大学举行。会议采用线上和线下相结合的形式。学术研讨会围绕中国工笔画研究、对如何推进粤港澳大湾区的文化艺术发展、深圳艺术发展对深圳市城市发展提出新定位等问题开展多角度、全方位探讨。“工笔时代——中国工笔画学术邀请展”云展览同期举行，展览展出 100 余幅作品。

【2020 年全国美术馆馆藏精品展出季活动验收评审会】

2020 年 12 月 7 日，由文化和旅游部艺术司主办的“2020 年全国美术馆馆藏精品展出季活动验收评审会”在北京市举行。入选展出季活动目录已实施展览项目的美术馆汇报了展览及公共教育活动开展情况，专家小组进行验收评审。2020 年，有 35 个项目入选《2020 年全国美术馆馆藏精品展出季活动目录》，参加活动的美术馆涵盖国家、省、市、县级美术馆以及院校美术馆、画院美术馆、名家纪念馆等，内容涵盖中国画、油画、版画、雕塑、水彩画、摄影、剪纸等，展出作品 3771 件（套），其中本美术馆藏品 3111 件（套），占总展出作品数量的 82.5%，首次展出的藏品 2020 件（套），占总展出作品数量的 54%，吸引观众 147 万人次。在举办常规展览之外，有 20 个项目计划开展或已经举办巡展。

【中国高校美术教师教育联盟 2020 年会】

2020 年 12 月 12 日，由中国高校美术教师教育联盟组委会、新疆师范大学、南京艺术学院主办，西北师范大学敦煌学院、新疆师范大学美术学院、南京艺术学院艺术教育高等研究院承办的“中国高校美术教师教育联盟 2020 年会”在西北师范大学敦煌学院举行。全国联盟单位的 45 所高校 100 余名美术教师与专家学者以及敦煌各艺术机构负责人、敦煌学院师生参会。主旨发言环节 6 名专家围绕“全民美育与美术教师的责任”发表演讲。研讨会围绕年会所设 6 个分议题：美育与艺术教育、美育与艺术教师的专业素养、艺术感知与审美经验、“课程美育”的可能性、全民美育与美术教师的担当、敦煌石窟艺术与美术教育展开研讨。

【第 14 届中国美术批评家年会“2000—2020：当代艺术 20 年”】

2020 年 12 月 12 日至 13 日，由中国美术批评家年会组委会等主办的“第 14 届中国美术批评家年会‘2000—2020：当代艺术 20 年’”在江苏省宜兴市举行。中国当代艺术批评家、学者 50 余人与会，年会主题为“2000—2020：当代艺术 20 年”，旨在针对过去 20 年的中国当代艺术创作与批评展开探讨。会议确定第 15 届中国批评家年会计划于 2021 年在湖南省长沙市举办。

【面向未来的美育之路】

2020 年 12 月 18 日，由中国美术家协会美术教育委员会主办的“面向未来的美育之路”高端论坛在中央美术学院举行。论坛探讨了如何弘扬中华美育精神、加强和改进美育工作，把握新时代美育工作的要求和方向，以及新的世界格局和历史方位之下，美育在中华民族伟大复兴战略进程中的使命与担当。在中国美术家协会美术教育委员会全体委员的探讨与研究下，大会通过《美育行动宣言》，并面向全社会发布，从美育共识、基本遵循、行动计划三个层面，倡导建立全国美育互动互通互联机制，为面向未来的美育之路铺垫智力支持和行动指引。

机构 · 创刊

【《美术馆》杂志创刊】

2020 年 7 月 26 日，经国家新闻出版署批准，由黑龙江文学艺术界联合会主管、黑龙江省美术馆主办的美术馆学科专业性学术期刊《美术馆》杂志在北京市正式发布。《美术馆》杂志依托中央美术学院和中央美术学院美术馆在美术馆学研究领域的专家学者资源、研究资源和研究成果，以“专业性、思想性、前沿性”为办刊宗旨，以服务美术馆行业为目标，追求“学术性、思想性、文化性、信息性”的统一，致力将刊物办成美术馆学科研究的阵地、探讨美术馆理论方法与文化政策的媒介、美术馆行业专业交流的空间。

【中国美术家协会油画、插图装帧、中国画艺术委员会换届大会暨重大题材美术创作艺术委员会成立大会】

2020 年 11 月 3 日，“中国美术家协会油画、插图装帧、中国画艺术委员会换届大会暨重大题材美术创作艺术委员会成立大会”在北京市举行。会议聘任杨飞云为油画艺术委员会名誉主任，庞茂琨为主任；聘任田忠利为插图装帧艺术委员会主任；聘任龙瑞为中国画艺术委员会名誉主任，田黎明为主任。

交流

【从文艺复兴到印象派——欧洲绘画五百年】

2020 年 5 月 29 日至 9 月 13 日，由湖南省博物馆、美国纽菲尔兹印第安纳波利斯艺术博物馆主办的“从文艺复兴到印象派——欧洲绘画五百年”在湖南博物馆举行。展览展出 14—19 世纪的欧洲绘画作品 60 幅。

【第三届平遥国际雕塑节】

2020 年 7 月 20 日，由平遥国际雕塑节组委会主办的“第三届平遥国际雕塑节”在平遥县、北京市及线上全媒体平台举行。雕塑节采用线上“云展”与线下体验相结合的方式，展出全球 100 余名雕塑家作品 200 件，并对前两届平遥国际雕塑节参展作品进行线上回顾。雕塑节特设“抗疫特展”板块，以雕塑艺术的表现形式将 2020 年的个人记忆、集体记忆、民族记忆写入当代人类的生存叙事，致敬中国战“疫”英雄。

【记录与传承——嘉兰德俄罗斯油画作品展】

2020 年 9 月 10 日，由黑龙江省文化和旅游厅主办、哈尔滨美术馆承办的“记录与传承——嘉兰德俄罗斯油画作品展”在哈尔滨美术馆开幕。展览展出俄罗斯远东地区和西伯利亚、圣彼得堡、莫斯科的艺术家，以及嘉兰德画廊收藏的多名俄罗斯艺术家油画作品 121 幅，涵盖人物、风景、静物等。

【一路水韵——2020 南宁国际水彩精品展】

2020 年 9 月 22 日至 10 月 11 日，由广西美术馆、广西美术家协会主办的“一路水韵——2020 南宁国际水彩精品展”在广西美术馆举行。展览展出全球五大洲 35 个国家和地区 51 名艺术家作品 65 幅。

【第十三届中国国际漫画节】

2020 年 9 月 28 日至 10 月 11 日，由中国国际漫画节组委会主办的“第十三届中国国际漫画节”在广州市越秀区举行。漫画节推出中国动漫金龙奖、中国漫画家大会、中国国际漫画节动漫游戏展、“美好中国·幸福时代”主题画展及“漫画节在身边”等活动。本届展会有 100 余个海内外知名动漫游戏、品牌参与，展示动漫游戏相关衍生品达 3000 余种，500 余名动漫游戏行业专家与会，举办 30 余场动漫游戏活动。

【从不可见开始：埃乌琴·博巴与中国当代绘画】

2020 年 9 月 28 日至 10 月 28 日，由中国美术学院、浙江省文学艺术界联合会、浙江省美术家协会主办的 2019 年文化和旅游部国家美术作品收藏和捐赠奖励项目、2020 年文化和旅游部全国美术馆馆藏精品展出季项目“从不可见开始：埃乌琴·博巴与中国当代绘画”在中国美术学院美术馆举行。中国美术学院接受博巴夫妇 60 年前在杭州教学期间的教学笔记及研究文献 2 套、代表作品 60 件，以及罗训班时期创作 28 件、文献 3 件（套）。展览展出博巴夫妇作品 134 件，罗训班学员作品 43 件，馆藏现当代绘画作品 15 余件，以及相关公文、笔记、书信、照片、明信片等文献资料原件及复制品。

【2020 第四届中国苏州国际粉画双年展】

2020 年 10 月 17 日至 11 月 15 日，由中国（苏州）国际粉画双年展组委会、苏州市美术家协会、苏州工业园区文学艺术界联合会主办的“2020 第四届中国苏州国际粉画双年展”在江苏省苏州市举行。展览展出 100 幅作品，其中包括全球 8 个国家和地区的 20 幅作品（线上展）及国内艺术家作品 80 幅。

【国际学院版画联盟第三届版画双年展暨学术论坛】

2020 年 10 月 18 日至 20 日，由中央美术学院、国际学院版画联盟主办的“国际学院版画联盟第三届版画双年展暨学术论坛”在中央美术学院美术馆举行。国内外 30 余名版画学者和艺术家通过线上线下进行学术研讨和交流。会议产生新一届国际学院版画联盟组织机构成员。国际学院版画联盟首次推出“国际学院版画联盟第三届版画双年展”云上展览，展出近 30 个国家和地区 40 余所美术学院艺术家作品 470 余幅。展期至 2021 年 10 月 18 日。中央美术学院国际版画研究院成立揭牌仪式同期举行。

【匠心：当油彩邂逅自然——俄罗斯精品油画展】

2020 年 11 月 5 日至 12 月 5 日，由黑龙江省文化和旅游厅主办的“匠心：当油彩邂逅自然——俄罗斯精品油画展”在黑龙江省哈尔滨市举行。展览展出俄罗斯 26 名画家作品 100 幅，其中人民画家作品 33 幅、功勋画家作品 46 幅。

【澳门 2020 年“一带一路”陶艺与绘画艺术国际交流展暨研讨会】

2020 年 11 月 18 日至 12 月 1 日，由中国艺术研究院、澳门科技大学、澳门画院主办的 2020 年度内地与港澳文化和旅游交流重点项目“澳门 2020 年‘一带一路’陶艺与绘画艺术国际交流展暨研讨会”在澳门科技大学举行。展览展出中国、美国、意大利、日本、韩国等国家和地区 40 余名艺术家、学者及硕士、博士研究生作品多件。中国艺术研究院 8 名艺术家在澳门科技大学举办 8 场专题讲座以及研讨会，讨论了创作经历和当下艺术话题。

【第二届深圳国际水彩画双年展】

2020 年 11 月 26 日至 12 月 20 日，由中国美术家协会、深圳市文学艺术界联合会、罗湖区人民政府主办的“第二届深圳国际水彩画双年展”在罗湖美术馆举行。展览展出从中国、美国、英国、法国、日本等 14 个国家和地区艺术家提交的近 2800 件作品中评选出的 198 件。

【亲密的伙伴　光辉的历程——俄罗斯著名艺术家作品展】

2020年12月1日至31日，由黑龙江省文化旅游厅主办、哈尔滨美术馆承办的“亲密的伙伴　光辉的历程——俄罗斯著名艺术家作品展”在哈尔滨美术馆举行。展览展出俄罗斯美术家协会书记处书记、俄罗斯艺术科学院院士、俄罗斯人民艺术家、俄罗斯功勋艺术家和俄罗斯40余个州美术家协会主席作品120余幅。

【家园与共生——第二届深圳大芬国际油画双年展】

2020年12月10日至2021年3月7日，由中国美术家协会、中共深圳市委宣传部、深圳市文学艺术界联合会等主办的“家园与共生——第二届深圳大芬国际油画双年展”在大芬美术馆举行。展览展出从66个国家和地区4475件投稿作品中评选出61个国家和地区的268件，其中中国作品191件、国际作品77件。

【2020国际公共艺术研究员会议】

2020年12月11日至12日，由国际公共艺术协会（IPA）、山东工艺美术学院、上海美术学院主办的“2020国际公共艺术研究员会议”在山东省青岛市举行。会议采取线上线下举行，30余名国外公共艺术研究员以及国内的20余名城市规划、建筑设计、空间设计、公共艺术、乡村建设等方面专家学者与会。其中，线上会议是来自全球七大洲的研究员同步连线，用网络会议的形式按地域分享最新的公共艺术案例研究及发展动态；线下会议由中国公共艺术领域的研究者或驻地中国的海外公共艺术研究者，围绕“滨水空间与城市更新”“公共艺术运作机制”“公共艺术教育”“文化遗产的保护与利用”“社区营造”“公共艺术与乡村建设”6个方面，分享最新的实践经验与研究成果。会议发布《青岛倡议》、“中国青岛西海岸新区公共艺术创作国际征集任务书”，计划于2021年9月举办“第五届国际公共艺术奖颁奖典礼暨公共艺术论坛”活动。

【和动力——首届济南国际双年展】

2020年12月12日，由山东省文化和旅游厅、济南市人民政府主办的“和动力——首届济南国际双年展”在山东省济南市开幕。展览展出中国、美国、德国、韩国、日本、澳大利亚、阿根廷、刚果等30余个国家和地区385名艺术家作品596件（组）。展期3个月。

人物纪念

【油画家张洪祥逝世】

2020 年 1 月 5 日，油画家张洪祥因病在山东省济南市逝世，享年 79 岁。

张洪祥（1941—2020），山东省潍坊市人。毕业于浙江美术学院油画系。中国美术家协会会员、中国油画学会理事、山东艺术学院教授、山东油画学会名誉主席。作品曾获“第五届全国美术作品展览银奖”“第六届全国美术作品展览铜奖”等，并被中央军委、中国美术馆、中国人民革命军事博物馆等机构收藏。张洪祥是山东省第一代油画家，国家级优秀教学成果学术带头人，首批“山东省技术拔尖人才”。

【中国画家方骏逝世】

2020 年 1 月 18 日，中国画家方骏因病在江苏省南京市逝世，享年 77 岁。

方骏（1943—2020），江苏省灌云县人，原籍安徽省歙县。中国美术家协会会员，南京艺术学院美术系主任、教授，中国艺术研究院研究员，中国国家画院研究员，中国画学会理事。作品曾获联合国教科文组织颁发的国际“野间奖”“全国少儿图书创作一等奖”“88 国际水墨展优秀作品奖”等。1996 年获江苏省“优秀研究生指导教师”称号。1984 年创作组画《湖湾纪事》获“江苏省人物画作品展览一等奖”并被江苏省美术馆收藏。作品《朝采桑》入选第六届全国美展优秀作品展览并被中国美术馆收藏。

【美术史家杨新逝世】

2020 年 1 月 31 日，美术史家杨新因病在北京市逝世，享年 80 岁。

杨新（1940—2020），湖南省湘阴县人。1960 年于广州美术学院附属中等学校毕业后考入中央美术学院美术史论系。1965 年毕业到故宫博物院工作，从事中国古代书画的陈列与研究，师从徐邦达、启功学习书画鉴定。1984 年作为卢斯基金会访问学者，在美国柏克莱加州大学艺术史系研究和讲学一年。1985 年任故宫博物院陈列部副主任，1987 年至 2000 年任故宫博物院副院长。中国美术家协会会员、中国书法家协会会员、北京市博物馆学会副理事长。故宫博物院研究馆馆员、学术委员会委员，享受国务院政府特殊津贴。

【油画家李天祥逝世】

2020 年 2 月 5 日，油画家李天祥因病在北京市逝世，享年 92 岁。

李天祥（1928—2020），上海市人，原籍河北省景县。1946 年考入国立北平艺术专科学校，师从徐悲鸿、吴作人等。1950 年毕业创作《林祥谦就义》获一等奖，被徐悲鸿推荐给中国革命博物馆收藏。1953 年考取第一届赴苏联留学生，进入列宁格勒列宾美术学院油画系学习。归国后任中央美术学院油画系第二画室主任、教授，中国美术家协会理事、中国油画学会顾问、俄罗斯列宾美术学院名誉教授。1985 年任上海大学美术学院第一任院长，兼任上海美术家协会副主席。退休之后，他与赵有萍、徐庆平等在中国人民大学的支持下建立徐悲鸿艺术学院并持续任教。

【水彩画家刘寿祥逝世】

2020 年 2 月 13 日，水彩画家刘寿祥因病在湖北省武汉市逝世，享年 62 岁。

刘寿祥（1958—2020），湖北省武汉市人。1981 年毕业于湖北艺术学院美术系师范专业，并留校任教，从事水彩画教学与创作。中国美术家协会会员、武汉市文学艺术界联合会副主席、中国美术家协会水彩画艺术委员会副主任、湖北美术家协会水彩画艺术委员会主任、湖北美术学院教授。多幅作品被中国美术馆、上海美术馆、深圳美术馆、江苏美术馆等收藏。其作品连续在全国第六届至第八届全国美术作品展览中获奖。

【中国画家吴永良逝世】

2020 年 5 月 25 日，中国画家吴永良因病在浙江省杭州市逝世，享年 83 岁。

吴永良（1937—2020），浙江省鄞县人。1962 年毕业于浙江美术学院中国画系人物画科。中国美术学院教授、中国美术家协会会员。作品被中国美术馆、上海美术馆、浙江美术馆，以及北京、上海、绍兴三地的鲁迅纪念馆收藏。出版有《吴永良画集》《意笔线描人物画集》《吴永良书画集》《寄情抒怀——吴永良风景速写》《意笔线描人物画教程》《鲁迅小说人物百图》等。电视专题片《吴永良画鲁迅》《艺术与心灵——吴永良教授画牛》由中央电视台和浙江电视台播放并选送美国、日本、澳大利亚播映。业绩入编《中国美术全集・现代卷》《当代中国美术全集》。享受国务院政府特殊津贴。

【艺术理论家刘骁纯逝世】

2020 年 6 月 30 日，艺术理论家刘骁纯因病在广东省深圳市逝世，享年 79 岁。

刘骁纯（1941—2020），河南省洛阳市人。1966 年毕业于中央美术学院美术史系。1973 年至 1979 年，在陕西省群众艺术馆任美术组美术干部。1979 年至 1985 年，在中国艺术研究院研究生部攻读美术学硕士、博士学位。曾任《中国美术报》主编、中国艺术研究院美术研究所学术委员会副主任。发表论著、论文、评论 200 余篇（部），代表作有《致广大与尽精微——秦俑艺术略论》《从动物快感到人的美感》《解体与重建——论中国当代美术》等。

【中国画家朱理存逝世】

2020 年 9 月 8 日，中国画家朱理存因病在北京市逝世，享年 80 岁。

朱理存（1940—2020），女，江苏省宜兴市人。1959 年中央美术学院附属中学毕业，保送中央美术学院国画系学习。1964 年中央美术学院毕业到四川省美术家协会从事美术创作。一级美术师，享受国务院政府特殊津贴。中国美术家协会理事、中央文史研究馆书画院院部委员、北京文史馆馆员、中国工笔画会顾问。作品参加第五至第九届全国美术作品展览。作品《生命之歌》等曾在全国美术作品展览、中国体育美术作品展览、全国少数民族美术作品展览等展览中获奖。《秋实》《赶场天》等在国内外展出。曾任第八届、第九届全国美术作品展览，全国第一届中国画作品展览，全国中国画人物画作品展览评委。作品入选《现代中国美术全集》《中国新文化大系》《中国女画家选集》等画册，出版有《朱理存画集》，与丈夫马振声合作有《朱理存、马振声中国画选集》《重上井冈山》等。1986 年在新加坡和中国澳门地区举办“马振声、朱理存人物画展览”。作品《姑娘们的节日》《踏歌图》《叔叔喝水》

等被中国美术馆、天津博物馆收藏。

【中国画家刘泉义逝世】

2020 年 9 月 29 日，中国画家刘泉义因病在河北省保定市逝世，享年 56 岁。

刘泉义（1964—2020），河北省清苑县人。1983 年毕业于河北省工艺美术学校装潢专业，1989 年毕业于天津美术学院绘画系中国画专业并留校任教，2004 年中央美术学院首届博士课程班结业，2008 年特招入伍。中国美术家协会会员，中国美术家协会中国画艺术委员会委员，中国工笔画学会常务理事、专家委员会委员。曾任天津美术学院中国画系副主任，原解放军艺术学院美术系副主任，中国画学会常务理事，北京工笔重彩画会副会长。国防大学军事文化学院文化工作系教授、硕士研究生导师，中央美术学院中国画学院外聘教授，天津美术学院硕士研究生导师，享受国务院政府特殊津贴。

【雕塑家潘鹤逝世】

2020 年 11 月 22 日，雕塑家潘鹤因病在广东省广州市逝世，享年 95 岁。

潘鹤（1925—2020），别名潘思伟，广东省广州市人。1949 年后进入华南人民文艺学院学习。历任广州美术学院讲师、副教授、教授，中国美术家协会常务理事、广东美术家协会副主席和全国城市雕塑艺术委员会副主任。广州美术学院终身教授。曾被授予“国家级首批有突出贡献专家”称号并享受国务院政府特殊津贴，国家五一劳动奖章获得者。被中国国家画院授予首批“院士”称号。主要作品有《艰苦岁月》《开荒牛》《珠海渔女》《广州解放纪念像》等，其中《开荒牛》于 1984 年获第六届全国美术作品展览金质奖。著有《潘鹤雕塑作品选集》《潘鹤水彩纪游》等。创作大型雕塑 105 座，分别建立于 63 个城市广场。室内雕塑 18 座为国家级美术馆、博物馆收藏，20 座为市级美术馆等公共场所收藏。

【油画家秦征逝世】

2020 年 11 月 25 日，油画家秦征因病在天津市逝世，享年 96 岁。

秦征（1924—2020），河北省行唐县人。1938 年参加抗日队伍，1940 年在河北省平山县任“青救会”宣传部长，并从事木刻创作。1942 年在晋察冀边区群众社任美术队长，从事木刻及连环画创作宣传抗战。1946 年担任随军记者。1947 年任华北群众剧社创作组组长。1949 年在天津军管会宣传队任创作员。1950 年进入中央美术学院。1955 年参加苏联油画家马克西莫夫执教的油画训练班。1960 年到中国美术家协会天津分会工作。1973 年起在天津美术学院任教。2015 年获天津美术学院终身成就奖。1986 年受中国美术家协会委托，带领青年画家慰问发卡山前线战士，创作了大量反映战地生活的艺术作品。1987 年年底到西沙群岛部队写生作画。1983 年获天津市首届鲁迅文艺奖。1988 年创作天津新客站大型穹顶画《精卫填海》（合作），获“天津市鲁迅文艺奖”，并被铁道部、天津市人民政府记功表彰。历任中国美术家协会原书记处常务书记、驻会副主席，中国美术家协会顾问，天津市文学艺术界联合会副主席，天津美术家协会主席，天津美术学院教授。出版有《秦征速写选集》《秦征油画选集》等。

【中国画家陈国勇逝世】

2020 年 12 月 9 日，中国画家陈国勇因病在重庆市逝世，享年 72 岁。

陈国勇（1948—2020），重庆市丰都县人。1977 年毕业于四川美术学院中国画系。1978 年考入西安美术学院中国画系攻读山水画专业硕士研究生学位，1980 年毕业后留校任教。中国国家画院研究员，中国美术家协会会员，陕西省文史馆馆员，第十二届西安市政协委员，陕西省收藏家协会副会长、艺术鉴定委员会主任委员，陕西省美术博物馆艺术鉴定顾问。1980 年《巴山郁秀》获“第二届全国青年美术作品展览二等奖”。1986 年至 1996 年，作品 6 次入选中日书画联展。1992 年，分别在巴基斯坦、中国西安、广州举办个人画展。1993 年《卧云图》入选全国第二届中国山水画作品展览。1994 年《云横图》入选当代中国画邀请展。1996 年应邀访问法国、荷兰、比利时，并在法国拉比轩艺术博物馆举办法中文化艺术交流展。作品入选《中国现代美术全集》《中国当代美术图鉴》《中国当代山水画集》等，出版个人画集 3 部。

大事记

1月1日至3月22日，“美意延年——齐白石的艺术世界”在广州艺术博物院举行。

1月4日至15日，“第八届湖北省中国画高级研修班作品展”在湖北省国画院举行。

1月4日至2月8日，“江西省第六届漫画展”在赣州美术馆举行。

1月4日至2月16日，“时代丹青·全国第三届现代工笔画作品展”在北京市民族文化宫、中山市中山美术馆举行。

1月5日，油画家张洪祥因病在山东省济南市逝世，享年79岁。

1月7日，“民族的力量无穷大——第八届西部少数民族青年美术家高级研修班创作作品展”在北京市81美术馆开幕。

1月7日至12日，“‘水印版画重大题材人才培养计划’结项汇报展”在中央美术学院举行。

1月8日，《文化和旅游部办公厅印发关于开展2019年度全国美术馆优秀项目评选工作的通知》。

1月8日至12日，“江苏省第七届新人美术作品展览”在江苏省南通市举行。

1月10日至2月10日，“灼灼其华——北京画院藏写意花鸟画精品展”在北京画院美术馆举行。

1月13日至2月9日，“新时代　新使命：守正创新——2020年中国国家画院迎春展”在中国国家画院美术馆举行。

1月14日至2月13日，“盛世春光——2020江苏省国画院新春献礼·贺岁大展”在江苏省美术馆新馆举行。

1月15日至2月2日，“花开幸福年——深圳美术馆馆藏花卉题材迎春作品展”在深圳美术馆举行。

1月15日至2月4日，“深入生活　扎根人民——中国艺术研究院2015—2019主题实践活动汇报展”在北京市炎黄艺术馆举行。

1月15日至3月15日，“2020丹青盛会——迎新春中国画名家邀请展”在北京市81美术馆举行。

1月16日至2月29日，“瑞彩平安——2020新春展”在中国国家博物馆举行。

1月17日至2月26日，“花语@春风——迎春花木主题特展”在广东美术馆举行。

1月17日至2月26日，“西游南行——丁立人个展”在广东美术馆举行。

1月17日至2月29日，“金鼠闹春——庚子迎新版画小品展”在浙江省美术馆举行。

1月17日至10月18日，“向往经典——中国当代著名艺术家邀请展”在中国国家博物馆举行。

1月18日，中国画家方骏因病在江苏省南京市逝世，享年77岁。

1月18日至3月31日，“海上风华——贺友直画上海”在上海市中华艺术宫举行。

1月19日至8月2日，“向捐赠者致敬——中国美术馆藏捐赠作品展”在中国美术馆举行。

1月20日至2月8日，“春和景明·2020年江苏省文艺迎春大展”在江苏省文学艺术界联合会举行。

1月20日至5月5日，“第十三届全国美术作品展览进京作品、中国美术奖作品展巡展·上海”在上海市中华艺术宫举行。6月6日至20日，该展巡展在湖南美术馆举行。10月1日至31日，巡展在内蒙古美术馆举行。

1月31日，美术史家杨新因病在北京市逝世，享年80岁。

2月5日，油画家李天祥因病在北京市逝世，享年92岁。

2月13日，水彩画家刘寿祥因病在湖北省武汉市逝世，享年62岁。

2月18日，《文化和旅游部艺术司印发关于2020年度全国画院创作人才培养和扶持计划相关事宜的通知》。

3月2日，“艺术战‘疫’·心手相牵”云展览分三期在湖北美术学院IFA时尚艺术研究中心平台推出。

3月3日，《文化和旅游部办公厅印发关于开展2020年全国美术馆青年策展人扶持计划的通知》。

4月1日至15日，“感悟生活——2019江苏省美术馆艺术家作品展”在江苏省美术馆举行。

4月3日至5月4日，“周而复始——综合材料绘画学术邀请展（盘锦站）”在盘锦市辽河美术馆举行。

4月8日至5月8日，“召唤——上海市抗击新冠肺炎疫情美术、摄影主题展”在上海市中华艺术宫举行。

4月8日至7月5日，“笔歌墨舞——故宫绘画导赏”展览在台北“故宫博物院”举行。

4月12日至5月5日，“时代写意：首届广东大城市专业画院学术邀请展、首届广东大城市专业画院学术年会（深圳站）”在深圳画院美术馆举行。

4月26日，“窗口2020——疫情时期图像档案展”在清华大学艺术博物馆举行。

4月30日至5月20日，“江苏省抗疫主题美术书法精品展”在江苏省美术馆举行。

5月1日，“大美劳动者——中国美术馆藏作品中的劳动者形象”展览在线上举行。

5月6日至6月6日，“中国力量——四川美术学院新冠肺炎疫情防控主题创作展”在四川美术学院大学城校区举行。

5月9日至26日，“卢浮印象——黑龙江省美术馆藏卢浮宫经典版画作品展”在深圳画院美术馆举行。

5月9日至7月12日，“生命的力量——全国‘抗疫’主题美术、书法、摄影作品展”在大芬美术馆举行。

5月10日至7月10日，“艺术的温度——全国抗疫主题艺术作品展”在杭州博物馆举行。

5月12日至22日，“众志成城　抗击疫情——‘山东美术家在行动’作品展暨公益捐赠仪式”在济南市美术馆、山东新闻美术馆举行。

5月12日至26日，“以艺战疫——2020天津美术学院抗击疫情主题美术作品展”在天津美术学院美术馆举行。

5月13日，“深入生活·扎根人民——中国国家画院采风写生作品展”在中国国家画院美术馆开幕。

5月16日，“时代叙事——山东美术馆馆藏精品展（2015至2017）”“时代叙事——山东美术馆馆藏精品展（2018至2019）”在山东美术馆开幕。

5月16日至6月2日，“生命的赞歌——广州市抗击新冠肺炎疫情主题美术作品展”在广州图书馆举行。

5月16日至6月6日，“众志赞歌——致敬抗疫英雄暨中国美术学院线上教学展”在线上线下举行。

5月16日至8月16日，“坐看云起时——江苏省美术馆藏二十世纪中国画专题展”在江苏省美术馆陈列馆举行。

5月19日，“风华——山东美术馆馆藏第十三届全国美展精品展”在山东美术馆开幕。

5月20日至8月31日，“彼时·此时——2020中央美院线上毕业季”在中央美术学院虚拟美术馆举行。

5月22日至7月22日，“‘致美·百年’湖北美术学院2020届本科生毕业作品云展览”在线上举行。

5 月 25 日，中国画家吴永良因病在浙江省杭州市逝世，享年 83 岁。

5 月 27 日至 6 月 30 日，“灼灼其华——天津美术学院 2020 毕业季”在天津美术学院举行。

5 月 29 日至 9 月 13 日，“从文艺复兴到印象派——欧洲绘画五百年”在湖南博物馆举行。

5 月 30 日至 6 月 22 日，“断面景观——2019—2020 山东青年油画展”在山东省滕州市举行。该展巡展先后在山东临沂、日照、青岛、威海、潍坊、德州等地举行。

5 月 31 日，“新境况下中国高校美育工作的现状和对策”高端研讨会在线上举行。

5 月 31 日至 7 月 15 日，“众志成城　抗击疫情——全国漫画艺术作品展览”在浙江省杭州市举行。

6 月 5 日，《文化和旅游部办公厅印发〈2020 年全国美术馆馆藏精品展出季活动目录〉的通知》。

6 月 5 日至 7 月 5 日，“大爱无疆　艺路战疫——广东省抗击新冠肺炎疫情优秀美术作品展”在广州艺术博物院举行。

6 月 5 日至 7 月 10 日，“西南新风——云贵川渝省级画院学术交流展”在贵州美术馆举行。

6 月 9 日，“大美藏真——江苏省美术馆 2019 年度收藏作品展”在江苏省美术馆新馆开幕。

6 月 9 日至 7 月 12 日，“尘土——邵增虎风景油画展”在广东美术馆举行。

6 月 10 日，“时空留痕：开放的西美 2020 西安美术学院毕业季”在西安美术学院美术馆开幕。

6 月 10 日至 7 月 10 日，“开放的六月——2020 年四川美术学院艺术游”在重庆大学城线上线下举行。

6 月 12 日，“清华大学美术学院 2020 届线上毕业作品展”在线上举行。

6 月 12 日至 11 月 30 日，“魏风堂堂：云冈石窟的百年记忆和再现”特展在浙江大学艺术与考古博物馆举行。

6 月 12 日至 24 日，“百年开渠——刘开渠与二十世纪中国美术”展在中国美术学院美术馆举行。

6 月 12 日至 7 月 12 日，“海上风标——纪念谢之光、林风眠、关良诞辰 120 周年作品展”在上海中国画院美术馆举行。

6 月 16 日至 20 日，“‘众志成城　春暖花开’摄影、美术、书法作品展（美术展）”在山西美术馆举行。

6 月 16 日至 7 月 5 日，“看见・她们的面容——疫・情绘画主题展”在浙江美术馆举行。

6 月 16 日至 7 月 15 日，“广州美术学院 2020 毕业季”在线上举行。

6 月 17 日，《文化和旅游部办公厅关于公布 2019 年度全国美术馆优秀项目评选结果的通知》。

6 月 25 日至 7 月 9 日，“北部湾海丝路风情水彩画展”在广西美术馆举行。

6 月 28 日至 7 月 4 日，“共同生活・第二届之江国际青年艺术周”在浙江省杭州市举行。

6 月 28 日至 7 月 9 日，“荷之清风——江苏省文化和旅游厅系统廉政主题美术、书法、摄影展”在江苏省美术馆举行。

6 月 30 日，艺术理论家刘骁纯因病在广东省深圳市逝世，享年 79 岁。

6 月 30 日至 7 月 10 日，“第七届安徽美术大展壁画展”在安徽艺术学院举行。

7 月 1 日，“崇高的信仰——中国美术馆庆祝中国共产党成立 99 周年美术作品展”在线上举行。

7 月 1 日至 9 日，“长三角视觉艺术青年艺术家作品展”在浙江展览馆举行。

7 月 3 日至 12 日，“山高水长——深圳・哈尔滨水彩画作品交流展”在深圳美术馆举行。

7 月 3 日至 8 月 9 日，“第二十三届全国版画作品展辽宁巡展”在大连市中山美术馆举行。

7 月 4 日至 18 日，“2020 湖南高校毕业季美术作品展”在湖南美术馆举行。

7 月 7 日至 14 日，“笔随心动　致敬英雄——抗疫主题作品展”在银川市西部美术馆举行。

7 月 7 日至 15 日，“漆迹——张玉惠漆画作品展”在厦门大学艺术学院举行。

7月8日至12日，“第七届安徽美术大展雕塑作品展”在安徽出版职业技术学院举行。

7月9日至18日，“文化抗疫莲一心——澳门美术作品展”在澳门回归贺礼陈列馆举行。

7月9日至25日，“青春盛绘——2020江苏省青年美术家协会年度大展”在南京市金陵美术馆举行。

7月9日至8月5日，“大爱无疆——吉林省抗疫主题美术·摄影作品展”在吉林省工艺美术馆举行。

7月10日至31日，“蝉蜕今魅——俞启慧版画精粹展”在浙江美术馆举行。

7月10日至8月1日，“塞外驼铃——馆藏关山月1940年代西北写生与敦煌临画专题展”在敦煌研究院陈列中心举行。

7月12日至12月7日，“致敬传统——当代纸艺术作品巡展”在北京市今日美术馆、山东美术馆、江苏省现代艺术馆、西安美术学院、鲁迅美术学院举行。

7月13日，“冬奥艺术系列展——飞翔的梦·情系冬奥”首展在北京2022年冬奥会和冬残奥会组委会办公区开幕。

7月15日至29日，“春风又绿——朱葵艺术回顾展暨作品捐赠仪式”在江苏省美术馆新馆举行。

7月15日至25日，“春华秋实——中国国家画院扶贫主题采风写生作品展”在中国国家画院美术馆举行。

7月15日至10月31日，“润物无声——李永海与新中国初期河南水彩画”在河南省美术馆举行。

2020年7月15日至2021年6月10日，“妙合神形——中国国家博物馆藏明清肖像画展”在中国国家博物馆举行。

7月16日至31日，“黑龙江省首届架上连环画作品展”在哈尔滨市红场美术馆举行。

7月16日至8月4日，“真予不夺——吕洪仁绘画艺术展”在浙江美术馆举行。

7月16日至8月16日，“2020江苏十佳优秀青年美术家作品展（中国画）”在江苏省现代美术馆举行。

7月17日至8月5日，“第二届‘1荐1——广东省美术名家荐才行动’展”在广东美术馆举行。

7月17日至8月13日，“小康路上——广东基层美术创作展”在广东美术馆举行。

7月18日至8月2日，“青春心印——第七届关山月美术馆青年工笔画展”在深圳市关山月美术馆举行。

7月18日至9月6日，“长松山房之约——何香凝与经亨颐艺术及文献展”在深圳市何香凝美术馆举行。

7月20日，“第三届平遥国际雕塑节”在平遥县、北京市及线上全媒体平台举行。

7月21日至8月16日，“一幅画的诞生——北京画院画家作品展”在北京画院美术馆举行。

7月24日至8月23日，“日新月异——武汉美术馆藏工业版画作品展”在武汉美术馆举行。

7月25日至8月2日，“第二届山东画院年展”在山东美术馆举行。

7月25日至10月31日，“‘一带一路’国际美术工程作品展”在中国美术馆举行。该展巡展在浙江美术馆、西安美术馆举行。

7月26日至8月25日，“绿色时空——新时代军事题材美术作品展”在湖南美术馆举行。

7月29日至9月29日，“黄花为友　莫负此生——吉林省博物院藏陈半丁花鸟画展”在吉林省博物院举行。

7月30日至8月31日，“自强不息——叶浅予自选速写作品研究展”在中国国家画院美术馆举行。

7月31日至8月6日，“纪念海南解放70周年——海南省历史文化重大题材美术创作工程作品展”在海南省博物馆举行。

7月31日至8月23日，“热土夯歌——当代水彩画家作品展”在深圳美术馆举行。

8月1日，“众志成城——抗疫主题美术作品展”在中国国家博物馆开幕。

8月1日至31日，“窗口效应——深圳美术馆建馆初期的经营与收藏专题研究展”在深圳美术馆举行。

8月1日至9月1日，“闽画里的故实——福建省美术馆馆藏中国画作品展”在福建省美术馆举行。

2020年8月1日至2021年1月17日，“水墨缘——近现代海派艺术大家系列展（一）”在上海市中华艺术宫举行。

8月4日至9月4日，“重山和畅——苗重安绘画展”在中国国家博物馆举行。

8月5日至12日，“闽南风情——山东画院赴福建采风写生作品展”在山东新闻美术馆举行。

8月5日至16日，“春睡梦先觉——高剑父作品展”在深圳市关山月美术馆举行。

8月5日至9月3日，“向史而新——浙江百年水彩画作品展”在浙江美术馆举行。

8月5日至10月18日，“异域同绘——中国美术馆藏日本浮世绘和清代木版年画精品展”在中国美术馆举行。

8月6日至30日，“中国北京国际美术双年展第八届收藏作品宜兴巡展”在宜兴市美术馆举行。

8月7日至9月6日，“丹青相照·真挚友情——纪念赖少其诞辰105周年唐云诞辰110周年文献作品展”在上海中国画院美术馆举行。

8月8日至30日，“2020第三届中国青少年雕塑大展”在大同市中国雕塑博物馆举行。

8月8日至11月8日，“天半人半——纪念陈半丁逝世五十周年特展”在辽宁省博物馆举行。

8月9日至31日，“内蒙古2020‘打赢脱贫攻坚战’暨‘弘扬蒙古马精神’文艺精品创作工程美术、书法、摄影作品展览”在内蒙古美术馆举行。

8月9日至9月3日，“弦歌一堂——徐悲鸿及友人作品展”在北京市徐悲鸿纪念馆举行。

8月9日至9月8日，“仙华双甲——吴茀之、张书旂诞辰120周年特展”在浙江美术馆举行。

8月11日至9月12日，“水墨进行时：2000—2019”在广东美术馆线上线下举行。

8月11日至10月11日，“以美扶智——中国美术馆脱贫攻坚美术作品展”在中国美术馆举行。

8月13日至28日，“‘庆祝全面建成小康社会’第四届群众美术书法摄影省际巡回展”在云南美术馆、黔西南州民族文化中心举行。

8月15日至9月15日，“繁花似锦——中国国家画院创研新楼启用特展”在中国国家画院明德楼举行。

8月15日至10月28日，“巨变——新中国成立70周年浙江美丽乡村艺术生态展”在周浦美术馆、金华美术馆举行。

8月18日至30日，“决胜脱贫——2020脱贫攻坚的赞歌主题书画作品邀请展”在贵州美术馆举行。

8月20日至9月17日，“春华秋实——2019江苏省书画院年度写生创作汇报展”在上海陆俨少艺术院举行。

8月20日至10月20日，“楚韵湘魂——湖南美术馆藏湖南重大历史题材作品展”在湖南美术馆举行。

2020年8月20日至2021年6月26日，“塞外驼铃——馆藏关山月1940年代西北写生与敦煌临画专题展”在深圳市关山月美术馆举行。

8月22日至12月20日，“向前进——重庆美术馆藏《一二〇师在华北》木刻组画展”在重庆美术馆、陕西省美术博物馆举行。

8月25日至11月22日，“一筇万里——担当书画艺术展”在山西博物院举行。

8月26日至9月26日，“入木——黄永玉版画艺术展”在北京画院美术馆举行。

8月26日至10月10日，“共画同心圆——国家民族画院抗疫主题美术作品展”在北京市民族文化宫举行。

8月28日，“高峰之路——当代中国画探索研究展”在《中国美术报》艺术中心开幕。

8月28日至11月28日，“领异标新——清代扬州画派精品展”在广州艺术博物院举行。

8月30日至11月3日，“大道景行——江苏省美术馆藏作品中的小康图景（中国画、版画）精品展”在江苏省美术馆举行。

9月1日至10月30日，“千古风流人物——故宫博物院藏苏轼主题书画特展”在故宫博物院文华殿举行。

9月2日至10日，“会当凌绝顶——中国国家画院资深艺术家学术联展”在中国国家画院美术馆举行。

9月3日，“全球与本土：2020‘策展与未来’青年策展人系列学术座谈活动”启动仪式暨第一场座谈在北京市中华世纪坛举行。

9月5日至19日，“幸福的家——第二届全国少儿美术作品展”在北京市时代美术馆举行。

9月8日，中国画家朱理存因病在北京市逝世，享年80岁。

9月8日至10月8日，“烽火红棉——新中国革命历史题材雕塑作品展”在广州美术学院大学城美术馆举行。

9月8日至10月18日，“秋蕊香——齐白石黄宾虹花鸟画展”在浙江美术馆举行。

9月10日，“记录与传承——嘉兰德俄罗斯油画作品展”在哈尔滨美术馆开幕。

9月10日至24日，“浙江风采——决胜全面小康全省美术作品展”在浙江美术馆举行。

9月10日至11月1日，“立象尽意——白雪石中国画作品展”在清华大学艺术博物馆举行。

9月11日至11月15日，“三星在隅——赖少其、丰子恺、程十发艺术展”在上海中国画院程十发美术馆举行。

9月12日至20日，“助力乡村振兴　决胜脱贫攻坚——山东省农民画作品展”在山东省菏泽市举行。

9月12日至10月12日，“回漪·展觐——西安美术学院版画60年文献展”在西安美术馆举行。

9月13日至25日，“广东省首届漫画大展”在肇庆美术馆举行。

9月15日，“第九届中国北京国际美术双年展第一次策委会”在中国文学艺术界联合会举行。

9月15日至10月15日，“湖南著名美术家推介工程·陈白一艺术展”在湖南美术馆举行。

9月18日至11月18日，“第二届鲁迅版画大展”在南京市金陵美术馆举行。

9月19日至10月6日，“‘聚力脱贫攻坚·决胜全面小康’吉林省美术写生作品展”在长春世界雕塑园雕塑艺术馆举行。

9月19日至11月20日，“诗意江南——全国工笔画作品展”在苏州市尹山湖美术馆举行。

9月19日至12月2日，“大国脊梁·圣境峰光——高原雪山画派作品展（陕西站）”在西安中国画院美术馆、重庆美术馆、济南市美术馆举行。

9月20日至22日，“庆祝2020年中国农民丰收节‘全面建成小康社会’漫画大展”在河北省邱县举行。

9月20日至10月8日，“碧海连云一沙鸥——穆家善中国画国际巡回展故乡连云港展”在连云港市美术馆举行。

9月20日至11月20日，“家在娄水边——从‘四王’到近代娄东专题展”在深圳市何香凝美术馆举行。

9月22日至10月11日，“一路水韵——2020南宁国际水彩精品展”在广西美术馆举行。

9月22日至10月21日，“决胜全面小康——第二届全国农民画作品展”在杭州市公望美术馆举行。

9 月 24 日至 25 日，“2020 全国高等艺术院校壁画教学研讨会”在四川美术学院举行。

9 月 24 日至 30 日，“决战脱贫攻坚　决胜全面小康——2020 山西省山水画名家作品邀请展”在阳泉展览馆举行。

9 月 24 日至 10 月 4 日，“中国美术世界行暨海外研修工程成果汇报展”在北京市炎黄艺术馆举行。

2020 年 9 月 24 日至 2021 年 1 月 24 日，“水墨天：2020 中国水墨年鉴展”在北京市举行。

9 月 25 日至 30 日，“小康・小康——陕西美术作品展”在陕西美术馆举行。

9 月 25 日至 10 月 10 日，“大美‘双区’——广东省庆祝经济特区建立 40 周年美术作品展”在广东美术馆举行。

9 月 25 日至 10 月 10 日，“八荒通神——第五届哈尔滨美术双年展（中国画）”在哈尔滨市禹舜美术馆举行。

9 月 25 日至 11 月 15 日，“桃坞镌印——2020 全国版画（木版）学术邀请展”在张家港市美术馆举行。

9 月 26 日至 10 月 8 日，“万年浦江・全国中国画手卷作品展”在浙江省浦江县举行。

2020 年 9 月 26 日至 2021 年 2 月 28 日，“在神不在貌——从任伯年到徐悲鸿”在北京市徐悲鸿纪念馆举行。

9 月 27 日至 10 月 25 日，“湖南著名美术家推介工程・王憨山艺术展”在湖南美术馆举行。

9 月 28 日至 10 月 11 日，“第十三届中国国际漫画节”在广东省广州市举行。

9 月 28 日至 10 月 28 日，“从不可见开始：埃乌琴・博巴与中国当代绘画”在中国美术学院美术馆举行。

9 月 28 日至 10 月 28 日，“第三届邮驿路运河情全国美术作品展”在江苏省高邮市举行。

9 月 28 日至 10 月 28 日，“漾兮九阕——张漾兮艺术研究展”在中国美术学院美术馆举行。

9 月 28 日至 12 月 28 日，“浑无斧凿痕——对话齐白石北京画院典藏作品展”在南昌市八大山人纪念馆举行。

9 月 29 日，中国画家刘泉义因病在河北省保定市逝世，终年 56 岁。

9 月 29 日，“决胜全面小康　决战脱贫攻坚——2020 广西艺术作品展览”在广西美术馆开幕。

9 月 29 日至 10 月 15 日，“‘绿水青山就是金山银山’理念提出 15 周年中国画展”在浙江展览馆举行。

9 月 29 日至 10 月 18 日，“大道真意——郭绍纲从艺七十周年作品展”在广州美术学院美术馆举行。

9 月 30 日，“自然的吟唱——重庆中国三峡博物馆馆藏花鸟画艺术展”在国家典籍博物馆开幕。

9 月 30 日至 10 月 6 日，“小康大美——第二届中国（南京）农民画优秀作品双年展”在江苏省现代美术馆举行。

9 月 30 日至 10 月 7 日，“隐秘的现实——上海美术学院具象实验工作室全国邀请展”在上海市中华艺术宫举行。

9 月 30 日至 10 月 10 日，“湖南百年——重大历史题材美术作品巡展”在湘潭市齐白石纪念馆、齐白石美术馆举行。10 月 14 日至 24 日，该展巡展在株洲市文化馆举行。

9 月 30 日至 10 月 13 日，“斯人未远去——宋雨桂艺术纪念展”在北京画院美术馆举行。

9 月 30 日至 10 月 18 日，“此中真味——齐白石艺术里的中国哲思”在北京画院美术馆举行。

9 月 30 日至 10 月 18 日，“美丽的事业——中国国家画院扶贫主题美术作品展”在中国国家画院美术馆举行。

10 月 1 日至 11 月 22 日，“小康之路——全面建成小康社会湖北 9+1 美术馆馆藏作品展”在湖北美术馆举行。

10月1日至12月16日，“疏影暗香——纪念张书旂诞辰120周年艺术展”在中国国家博物馆举行。

10月3日至6日，“2020艺术广东·国际艺术交流展”在广东省佛山市举行。

10月8日至14日，“艺动青春——江苏优秀青年美术、书法家提名展”在江苏省现代美术馆举行。

10月10日至11月8日，“镶嵌中国——马赛克艺术邀请展”在中央美术学院美术馆举行。

10月14日至21日，“意韵咸集——第二届‘宿迁美术奖’作品展”在江苏省美术馆举行。

10月15日至25日，“黄河魂　赤子心——王克举百米油画长卷展”在中国美术馆举行。

10月15日至25日，“守望乡愁——黔东南苗族侗族自治州民族文化暨脱贫攻坚主题美术作品展”在中国美术馆举行。

10月15日至11月5日，“画说龙江——黑龙江风情版画主题创作展”在黑龙江省美术馆举行。

10月15日至11月10日，“宏拓——湖北高校院长美术作品邀请展”在武汉市汤湖美术馆举行。

10月16日至18日，“第十四届全国高等院校美术史学年会”在内蒙古师范大学美术学院举行。

10月16日至25日，“京城之脊　一脉绵延——北京中轴线申遗主题创作美术作品展览”在中国美术馆举行。

10月16日至11月10日，“新时代图景——决战脱贫奔小康青年美术作品展”巡展在青海美术馆、西南大学博物馆举行。

10月16日至11月16日，“2020庆祝建党九十九周年北京美协第十九届新人新作美术作品展”在北京市举行。

10月17日至30日，“走进我们的小康——江西省脱贫攻坚主题美术书法摄影农民画创作展”在江西省美术馆举行。

10月17日至11月8日，“盛世儒风　天下泉城——中国大城市专业画院优秀作品联展暨中国大城市专业画院学术年会（第十回）”在济南市美术馆（济南画院）举行。

10月17日至11月15日，“2020第四届中国苏州国际粉画双年展”在江苏省苏州市举行。

10月17日至11月24日，“中国梦·2020艺术草原全国美术作品展”巡展在内蒙古展览馆、内蒙古自治区鄂尔多斯市举行。

10月17日至11月30日，“第二届‘乡风墨韵’全国中国画作品展”在山东省菏泽市举行。

10月18日至20日，“国际学院版画联盟第三届版画双年展暨学术论坛”在中央美术学院美术馆举行。

10月18日至26日，“第十届‘民族百花奖’——中国各民族美术作品展（中国画、油画、版画）”在山东省高唐县举行。

10月18日至11月1日，“艺术史家的艺术——第二届中国当代美术史论家艺术作品展暨艺术史的文本与图像学术研讨会”在广西壮族自治区桂林市举行。

10月21日至27日，“第三届‘白山黑水·美丽四平’全国中国画作品展”在吉林省四平市举行。

10月23日，“丝路豪情　西部放歌——川陕中国画作品交流展”在陕西美术馆举行。

10月23日至11月15日，“脊梁——庞薰琹的艺术强国之路文献展”在福建美术馆举行。

10月23日至11月15日，“如歌南方——刘绍昆油画作品展”在广西美术馆举行。

10月23日至11月29日，“赤诚之光——纪念杨之光诞辰90周年作品展”在广州艺术博物院举行。

10月24日至26日，“湖南当代书画名家作品展”在湖南省长沙市举行。

10月25日至11月2日，“2020首届广西工笔画作品展”在广西美术出版社美术馆举行。

10月25日至11月3日，“九九重阳——江苏省国画院中国画书法名家作品展”在江苏省国画院美术馆举行。

10 月 25 日至 11 月 27 日，“新风入南国——新中国广东美术中的珠三角水乡建设”在广州美术学院美术馆举行。

10 月 26 日至 11 月 4 日，“小康颂·第三届江苏美术奖作品展”在江苏省现代美术馆举行。

10 月 28 日至 30 日，“全国美术高峰论坛·重庆”在四川美术学院虎溪校区举行。

10 月 28 日至 31 日，“立本崇元——中国工笔画学术邀请展”在中国国家画院美术馆举行。

10 月 28 日至 11 月 13 日，“美好生活——广东省美术作品展”在广东美术馆举行。

10 月 28 日至 12 月 28 日，“与历史同行：四川美术学院建校八十周年（1940—2020）”在四川美术学院美术馆举行。

10 月 29 日至 11 月 29 日，“2020 第四届中国版画大展”在广东省深圳市举行。

10 月 30 日至 11 月 7 日，“世纪美育——湖北美术学院办学 100 周年艺术文献作品展”在中国美术馆举行。

10 月 30 日至 11 月 14 日，“新维度·2020 中央美术学院中国画作品展”在山东美术馆举行。

10 月 31 日，“中国美术家协会动漫艺委会年会暨 5G 时代中国动漫传承与发展路径研讨会”在上海电影学院举行。

10 月 31 日至 11 月 30 日，“大成之境——2020 浙江省油画大展”在台州市当代美术馆举行。

11 月 1 日至 10 日，“自主空间——全国高等艺术院校人物画教学研讨会暨师生作品展”在西安美术学院美术馆举行。

11 月 3 日，“中国美术家协会油画、插图装帧、中国画艺术委员会换届大会暨重大题材美术创作艺术委员会成立大会”在北京市举行。

11 月 3 日，“黄河文化主题美术创作工作会”在北京市举行。

11 月 3 日至 30 日，“公望富春——第二届中国山水画作品展”在杭州市公望美术馆举行。

2020 年 11 月 3 日至 2021 年 3 月 31 日，“共同的家园——‘一带一路’国家美术作品展”在上海市中华艺术宫举行。

11 月 5 日至 10 日，“新时代图景——决战脱贫奔小康青年美术作品展”在西南大学博物馆举行。

11 月 5 日至 12 月 5 日，“匠心：当油彩邂逅自然——俄罗斯精品油画展”在黑龙江省哈尔滨市举行。

11 月 6 日至 22 日，“黑白灰中飞出的彩虹——徐希艺术回顾展”在北京画院美术馆举行。

11 月 6 日至 29 日，“相约草原丝路　共建美好家园——内蒙古 2020‘一带一路’版画作品展览”在内蒙古美术馆举行。

11 月 8 日，“‘光辉历程　红色经典——庆祝新中国成立 70 周年’第六届全国架上连环画展（兰州站）”巡展在甘肃省兰州市开幕。11 月 28 日至 12 月 15 日，该展巡展在西宁当代艺术馆举行。2020 年 12 月 29 日至 2021 年 1 月 10 日，巡展在周口文化艺术中心举行。

11 月 10 日至 24 日，“第五届‘一带一路’壁画论坛暨绝学之路·中国壁画艺术展”在浙江美术馆举行。

11 月 10 日至 19 日，“第十二届全国水彩·粉画作品展”在浙江展览馆举行。

11 月 10 日至 30 日，“第六届‘三毛杯’（2020）中国漫画大展”在海盐县张乐平纪念馆举行。

2020 年 11 月 10 日至 2021 年 2 月 28 日，“回眸——张乐平诞辰 110 周年纪念特展”在上海市中华艺术宫举行。

11 月 12 日至 19 日，“第三届广西青年美术家作品提名展”在广西书画院美术馆举行。

11 月 12 日至 22 日，“江西现代漆画文献展”全省巡展在南昌美术馆举行。

11 月 13 日，“敦煌艺术与 20 世纪中国美术研讨会”在西北师范大学举行。

11 月 13 日至 14 日，“2020 中国传统色彩学术年会”在中国艺术研究院举行。

11 月 13 日至 22 日，“淳朴至真——高潮绘画艺术展”在中国美术馆举行。

2020 年 11 月 13 日至 2021 年 2 月 28 日，“知己有恩——齐白石的师友情缘”在北京画院美术馆举行。

11 月 15 日至 12 月 5 日，“第四届‘朝圣敦煌’全国美术作品展”在甘肃省敦煌市举行。

11 月 15 日至 12 月 15 日，“匠心　构造——2020 首届重庆工笔画双年展”在重庆市工笔画学会美术馆举行。

11 月 17 日至 12 月 13 日，“绿水青山——郑百重中国画展”在福建博物院举行。

11 月 17 日至 28 日，“青年视野——当代山水画提名展”在广州艺术博物院举行。

11 月 17 日至 29 日，“百年梦圆——2020・中国百家金陵画展（油画）”在江苏省美术馆举行。

11 月 17 日至 12 月 16 日，“‘子恺杯’第十三届中国漫画大展暨桐乡市第六届丰子恺漫画艺术节”在浙江省桐乡市举行。

11 月 18 日，“2020‘华腾猪舍里’第三届全国漫画大赛颁奖盛典暨作品展览”在浙江省桐乡市开幕。

11 月 18 日至 12 月 1 日，“澳门 2020 年‘一带一路’陶艺与绘画艺术国际交流展暨研讨会”在澳门科技大学举行。

11 月 18 日至 12 月 23 日，“站在人生的前线——胡一川艺术与文献展”在中央美术学院美术馆举行。

2020 年 11 月 19 日至 2021 年 1 月 30 日，“中国素描——现当代著名美术家作品邀请展（第一回）”在中国国家博物馆举行。

11 月 20 日至 12 月 3 日，“大美之艺　厚德之行——2020 天津美术学院教师作品双年展・美术学类”在天津美术学院美术馆举行。

11 月 20 日至 12 月 13 日，“第十四届广东省艺术节优秀美术作品展”在广东美术馆举行。

11 月 21 日至 29 日，“2020 全国漆画作品邀请展”“第二届广西漆画作品展”在桂林美术馆举行。

11 月 22 日，雕塑家潘鹤因病在广东省广州市逝世，享年 95 岁。

11 月 23 日至 12 月 2 日，“第四届中国民族美术双年展”在甘肃省兰州市举行。

11 月 24 日，《文化和旅游部公共服务司印发关于举办“新生活・新风尚・新年画”——我们的小康生活主题美术创作征集展示活动的通知》。

11 月 24 日至 12 月 9 日，“2020 重庆画院艺术家年度作品展”在重庆美术馆举行。

11 月 24 日至 12 月 13 日，“建设美丽乡村　脱贫攻坚奔小康——第三届广东农民画展”在广东省中山市举行。

11 月 25 日，油画家秦征因病在天津市逝世，享年 96 岁。

11 月 25 日至 12 月 27 日，“云水襟怀——宋步云诞辰 110 周年纪念展”在中央美术学院美术馆举行。

11 月 26 日至 12 月 2 日，“云观展・童抗疫——少年儿童美术书法作品展”在江苏省美术馆举行。

11 月 26 日，“盛世华章・新中国中国画主题性创作研讨会”在江苏省南京市举行。

11 月 26 日至 12 月 1 日，“苏州国画院建院 60 周年——中国画作品展（晋京展）”在中国国家画院美术馆举行。

11 月 26 日至 12 月 20 日，“第二届深圳国际水彩画双年展”在罗湖美术馆举行。

11 月 26 日至 12 月 26 日，“全面建成小康社会暨第二届‘香凝如故’全国美术作品展”在中国美术馆、北京市上方美术馆举行。

11 月 27 日，“第二届青年美术论坛”在上海美术学院举行。

11 月 27 日至 12 月 3 日，“辉煌七十年　致敬新时代——首都文联系统美术、书法优秀作品展”在北京市中华世纪坛举行。

11 月 28 日至 12 月 19 日，“贵自然——柳村百年诞辰纪念作品展”在浙江美术馆举行。

12 月 1 日至 31 日，“亲密的伙伴　光辉的历程——俄罗斯著名艺术家作品展”在哈尔滨美术馆举行。

12 月 2 日，“当代中国工笔画发展学术研讨会”在深圳大学举行。

2020 年 12 月 2 日至 2021 年 2 月 28 日，“新时代　新气象　新作为——第九届全国（大芬）中青年油画展”在深圳市红立方公共艺术馆举行。

12 月 3 日至 18 日，“第十一届江苏省油画展”在江苏省美术馆举行。

12 月 4 日至 6 日，“为时代楷模立像——八步沙‘六老汉’三代人专题美术作品展”在中国文艺家之家展览馆举行。

12 月 5 日至 12 日，“美美与共——中国国家画院与澳门艺术家交流展”在圣若瑟大学举行。

12 月 7 日，“2020 年全国美术馆馆藏精品展出季活动验收评审会”在北京市举行。

12 月 9 日，中国画家陈国勇因病在重庆市逝世，享年 72 岁。

12 月 9 日至 20 日，“水路西东——宋跃林水彩 · 水墨作品展”在中国美术馆举行。

2020 年 12 月 10 日至 2021 年 3 月 7 日，“家园与共生——第二届深圳大芬国际油画双年展”在大芬美术馆举行。

12 月 11 日至 12 日，“2020 国际公共艺术研究员会议”在山东省青岛市举行。

12 月 11 日至 20 日，“不朽的传承——中国美术馆藏法兰西艺术院院士作品选展”在中国美术馆举行。

12 月 11 日至 20 日，“艺心同音——国际视野下的中国美术馆藏作品研究展”在中国美术馆举行。

2020 年 12 月 11 日至 2021 年 1 月 13 日，“决胜脱贫在今朝 · 丹青共筑中国梦——湖南省美术作品展览”在湖南美术馆举行。

12 月 12 日，“和动力——首届济南国际双年展”在山东省济南市开幕。

12 月 12 日，“中国高校美术教师教育联盟 2020 年会”在西北师范大学敦煌学院举行。

12 月 12 日至 13 日，“第 14 届中国美术批评家年会‘2000—2020：当代艺术 20 年’”在江苏省宜兴市举行。

12 月 12 日至 21 日，“北回归线油画群体作品展”在中国艺术研究院油画院博物馆举行。

12 月 13 日至 29 日，“广东第七届当代油画艺术展”在广州美术学院美术馆举行。

12 月 14 日，“2020 第三届北京青年美术双年展”在中央美术学院美术馆开幕。

12 月 14 日至 20 日，“河北省决胜全面小康　决战脱贫攻坚主题文艺创作美术摄影作品展”在河北省石家庄市举行。

12 月 15 日至 18 日，“2020 文化和旅游部全国画院创作人才高级研修班结业作品展暨结业仪式”在中国国家画院美术馆举行。

2020 年 12 月 15 日至 2021 年 3 月 20 日，“可触摸的记忆——馆藏艺术档案文献展”在江苏省美术馆陈列馆举行。

2020 年 12 月 16 日至 2021 年 1 月 5 日，“与时偕行——2020 中国艺术研究院工笔画院学术邀请展”在北京市上方美术馆举行。

2020 年 12 月 16 日至 2021 年 1 月 14 日，“丝路丹青——甘肃美术馆馆藏精品展”在甘肃省美术馆举行。

12 月 18 日，“面向未来的美育之路”高端论坛在中央美术学院举行。

12 月 18 日至 27 日，“第九届浙江花鸟画展”在浙江展览馆举行。

2020年12月18日至2021年1月10日，“运河画脉　南田风骨——2020恽南田艺术双年展”在江苏省常州市举行。

2020年12月18日至2021年2月28日，“流水高山写新图——何香凝与新中国时期的北京画坛”在北京画院美术馆举行。

2020年12月19日至2021年1月4日，“第三届全国小幅水彩画展”在安徽省合肥市举行。

2020年12月19日至2021年3月1日，“图像检验——2020全国高等院校艺术类研究生中国画邀请展”在江苏省南通市举行。

2020年12月21日至2021年1月9日，“闲情偶寄——中国国家画院美术馆迎春小品邀请展”在中国国家画院美术馆举行。

12月22日，《文化和旅游部办公厅印发关于公布〈2020年全国美术馆馆藏精品展出季活动优秀项目名单〉的通知》。

12月22日至26日，“甘肃画院建院三十周年作品展暨全国美术名家作品邀请展”在甘肃省艺术馆举行。

2020年12月22日至2021年1月21日，“伯年国艺——全国山水画作品展暨首届伯年文化艺术节”在浙江省杭州市举行。

2020年12月23日至2021年1月10日，“第二届‘神圣长白’全国中国画作品展”在长春市长白山美术馆举行。

2020年12月23日至2021年1月15日，“行千里　致广大——第十一届中国西部大地情中国画、油画作品展”在重庆美术馆举行。

2020年12月24日2021年1月2日，“黑龙江省第三届·中国画作品双年展”在哈尔滨市红场美术馆举行。

2020年12月24日至2021年1月3日，“中原风　黄河魂——河南省美术作品展”在中国美术馆举行。

2020年12月24日至2021年3月20日，“江苏省美术馆藏李剑晨捐赠作品展”在江苏省美术馆陈列馆举行。

2020年12月25日至2021年3月14日，“回长安——中国美术馆藏陕西作品精选展”在陕西省美术博物馆举行。

2020年12月26日至2021年2月28日，“雅集兴答——第六届杭州中国画双年展”在浙江美术馆举行。

2020年12月26日至2021年1月8日，“‘漫坛济公’纪念庸非先生逝世二十周年回顾展”在浙江省杭州市举行。

2020年12月26日至2021年3月20日，“学习用典——中国优秀经典故事全国连环画作品展”在滨海美术馆举行。

12月27日至31日，“梅花品质　中国精神——中国名家画梅大展”在山东省潍坊市举行。

2020年12月27日至2021年1月10日，“景·色——牛克诚山水画作品展”在中国美术馆举行。

2020年12月28日至2021年2月28日，“2020·第三届全国（宁波）综合材料绘画双年展”在宁波美术馆举行。

12月29日，“2020雨花满天——全国山水画作品展”在南京市雨花美术馆举行。

2020年12月29日至2021年1月13日，“第二届西部民族高校师生美术作品联展”在西南民族大学艺术学院举行。

2020年12月30日至2021年1月29日，“广东省第七届漆画作品展”在广东培正学院美术馆举行。

2020年12月31日至2021年1月10日，“2020年江苏省优秀美术家系列展”在江苏省美术馆举行。

中国艺术年鉴·2021

+

摄影卷

+

分卷主编：顾骁瑾

年度述评

2020 年度中国摄影艺术发展研究报告

◎ 李树峰　王保国　阳丽君

一、现象与趋势

与其他艺术门类受社会需要和时代问题制约，从而在精神特征和表现形式上发生变化的情形一样，摄影艺术在 180 余年的发展中，也受这些因素制约。而且，由于其与现实的强烈关联性，也由于“摄影式观看”对时间之流楔子般的铆定，摄影艺术内容与精神指向的变化在各个时期内观看的侧重对象和所关注内容的不同更加明显。因其关注对象和内容的不同，各个时期摄影艺术发展有时体现为外延的拓展，有时体现为本体的回归，具有鲜明的时代性。而且，对当时重要事件的强烈关注和记录的渴望，促使人类不断推进摄影技术变革，从而实现某种与时代题材和内容相契合的新摄影类型的出现；新的摄影类型的出现，反过来加深了时代内容的挖掘和积淀。就摄影艺术发展规律而言，每当人类遇到战争、自然灾害的年份，常常体现为本体的回归、影像记录价值的凸显。2020 年，中国的庚子年，人类的大疫之年，摄影艺术在这个年份最突出的表现就是直面这样的现实，发挥记录作用。

习近平总书记指出：“新冠肺炎疫情是百年来全球发生的最严重的传染病大流行，是新中国成立以来我国遭遇的传播速度最快、感染范围最广、防控难度最大的重大突发公共卫生事件。”全国各族人民在党中央领导下，进行了一场惊心动魄、艰苦卓绝的伟大斗争。医疗卫生、公共服务、社会管理、学校企业、水陆交通和党政机关及部队等各个行业、各条战线的干部群众都投入这场阻击战中，抢时间、争速度，夜以继日、英勇奋战。

面对这场疫情，全国摄影人积极响应习近平总书记关于疫情防控工作的重要讲话和指示批示精神，落实中宣部、中央文明办的相关部署，积极投入记录这场伟大斗争的使命中，拍摄了大批优秀作品，用影像方式展示了人民群众的精神力量。

习近平总书记说：“一线的医务工作者最辛苦，承受着难以想象的身体和心理压力，许多同志脸上和手上被磨出了血，令人感动，是新时代最可爱的人。”在武汉封城期间，《人民日报》、新华社、《光明日报》、《经济日报》、《中国日报》、中国新闻社等 10 余家中央媒体记者分几批奔赴一线，多角度去记录抗击疫情的过程。中国摄影家协会受命派出以主席李舸率领的小分队奔赴武汉，成员包括刘宇、柴选、曹旭等。2 月 20 日抵达武汉后，与人民画报社 4 名专职摄影记者、湖北省和河南省两支摄影志愿者小分队融合，在媒体记者、部分医疗队随队记者、宣传工作者的响应下，在武汉 66 天的时间里，为全国各地驰援武汉的 4.2 万医护人员拍摄肖像、拍摄各种生活情态、拍摄各条生活保障战线上工作人员的工作场面。与此同时，卫生和健康系统宣传部门也组织了本系统全国范围的拍摄记录工作。湖北省摄影家协会和武汉市的摄影人组织起来，发挥近距离的优势，长时段、多方位地拍摄了大量极具现场性的作品。全国各地不少摄影工作者都在当地拍摄抗击疫情的场景，如广东省摄影家协会主席李洁军深入医院，记录广东省抗疫一线实景；鹤岗市摄影家协会主席逯云峰拍摄疫情严重时火车上的抗疫行动，情形令人感动；已经从中山市卫生部门岗位退休多年的摄影家梁厚祥，疫情期间直奔医疗最前线拍摄了大量照片，反映了中山市在这场疫情中的所作所为；甘肃省老摄影家左竹林以一贯的执着，拍摄了当地疫情中的生活。此外，中国摄影家协会副主席、《法制日报》摄影部主任居杨拍摄了北京有关部门的抗疫工作；中国金融摄影家协会副主席徐波，以纪实手法，持续记录北京人疫情中的生活；《北京青年》摄影师郝羿以摄影语言聚焦关键地点的特殊场景，拍摄了不少有影像语言特点的照片；中国新闻社记者廖攀，在美国拍摄了大量疫情中社会动荡和日常生活的照片；等等。摄影人的努力令人印象深刻，体现了特殊时期的担当精神。2020 年年底，中国摄影家协会授予丁俊杰等 127 名同志以“抗击新冠肺炎疫情先进摄影工作者”称号。

疫情期间，大众参与日常影像记录的广度和深度得到进一步延伸。直接、生动、现场感较强的影像常常诞生于现场的业余摄影爱好者。最早网络上传出的影像纪录片《封城》(9 集）是一名身在武汉的年轻人拍摄的，后来的一部《方舱日记》是一名病人拍摄的。武汉交通职业技术学院应届毕业生甘俊超作为志愿者在武汉人民医院东院拍摄了上海援鄂医疗队队员刘凯和一名 87 岁新冠肺炎患者在楼下一起看夕阳的景象，在网络上广泛传播，成为武汉抗疫的代表之作。

从 2020 年下半年开始，各个行业、各个地区的抗击疫情摄影展相继举办，全国性摄影组织也组织了相关主题的展览，中国摄影家协会、中国艺术摄影学会、中国新闻摄影学会、中国女摄影家协会等也都征集会员作品，进行集中展示。其中比较大型的展览有 12 月 20 日在河南省三门峡市的中国摄影艺术节上举办的“见证・造像——抗击疫情影像展览”，9 月 27 日北京国际摄影周期间举办的“抗疫・脱贫”摄影展、“褶子——疫情中的自拍像”摄影展。应该说，在这样的展览中，摄影艺术所具有的技术性、客观性、现场性、瞬间性、机遇性和选择性等本体属性都各有侧重地得到了发挥。但是主办单位在抗疫作品展览征集的深度和广度上、展览内容的丰富性和角度的新颖性上，还明显存在不足，像 2003 年 SARS 疫情期间的摄影一样，存在一些观看方式和关注点雷同的现象，这也是当前摄影的问题所在。如 SARS 疫情期间的摄影作品，在室内外、院内外、栅栏内外各种人的“V”手势照片，几乎到泛滥程度；本次抗击疫情中那张武汉医生摘下口罩、正面脸上留下深痕的照片首次在网上传播后，相似者比比皆是。医护人员的精神令人敬佩，但摄影中观看和表现方式的单调也显而易见。一个不同的展览，是在北京国际摄影周期间，由国际摄影艺术联合会（FIAP）征集编辑的抗疫展，因其国家和地区的丰富、各民族生活情景的多元、拍摄手法艺术化而令人耳目一新。

2020 年，也是全面建成小康社会和“十三五”规划目标实现之年、决战脱贫攻坚收官之年。疫情的发生增加了全国范围的脱贫攻坚战的难度，但并没有能够阻止脱贫攻坚战的脚步。贫困地区党政干部驻村包户，发达地区与贫困地区直接帮扶，各行各业对口衔接，这场攻坚战是全国人民齐动员来完成的。全国各地的摄影组织，一方面记录抗击疫情的过程，一方面深入脱贫攻坚战一线，跟踪拍摄，有的以贫困户为线索，有的以扶贫干部为线索，有的以新村建设为线索，展开观察和记录。不少地方摄影人，把该地的老照片与新影像进行同机位、同框比较，效果强烈。比如，由中国文学艺术界联合会、中国摄影家协会、中国民间文艺家协会发起的“影像见证新时代　聚焦扶贫决胜期”2018—2020 大型影像跨界驻点调研创作工程，实施时间为 2017 年年底至 2020 年年底，呈现手段多样化；聚焦“希望的田野——脱贫攻坚　共享小康全国摄影展”项目，主要运用新旧对比的方法，从大处着眼，小处入手，反映脱贫攻坚所取得的伟大成就；各省市摄影家协会、各摄影专业媒体也相应开设征稿、展览和主题栏目，对脱贫攻坚进行了追踪报道和呈现。

新时代，摄影业已实现日常化、大众化，全国、全世界每日生产的摄影影像难以计数，其中关于本次新冠肺炎疫情相关内容的影像估计需要以亿为单位来计算，关于脱贫攻坚的影像也应不少于千万幅。影像的堆积和铺展，已经成为人类认知与物理现实之间的一道玻璃墙，也成为垫在历史文献之路上厚厚的一层电子化素材。今后的人类历史将面对这样的玻璃墙和电子化素材做出梳理、总结和提炼。非常时期，有意识地运用影像建构集体记忆、民族记忆和国家记忆，这是历史的责任与使命。

然而，将社会纪实影像加以梳理，涉及的学术话题会很多，总的来看，是影像与时间的关系问题，包括社会纪实摄影的价值和当代延续、影像与历史的相互嵌入和视域融合、影像生成中的意识和无意识、指涉现实与虚拟现实、集体意识与个体意识、影像与记忆建构、影像与文本和传播等问题。这样的讨论和研究，对于推进摄影艺术的学术积累大有裨益。

关于影像与时间的关系，不是 2020 年才开始被关注的，而是从 2018 年中国改革开放 40 年的影像梳理就已经开始了。之后是中华人民共和国成立70周年的2019年，又进一步加深了这种讨论。影像与时间、记忆的关系，是三年来摄影业界策展人和参与展览出版的纪实摄影家思考的中心点。大批从20世纪四五十年代走过来的人，面对众多摄影家这个时段同时拿出的系统化记录各个年代生活的照片而倍感温暖。不管出于什么原因和目的，部分人坚持面对现实生活拍摄了四五十年，他们的影像，作为“时间的遗址”，成为“曾在”的证明，成为各个年代人们记忆的引语。在大量类似的影像中，一批有全面、准确的文字说明的影像成为话语体系中支撑的力量。

面对来自不同方位的摄影家的影像，虽然很少有人去比较摄影家的个人叙事风格，但这样的影像，是摆在摄影评论家、图片编辑和策展人面前一个不可摆脱的难题，它们是散碎的生活切片，同时散发着个性思想的光芒；它们大多难以系统化地说明具体事物的发生发展过程，却铭刻着时间的划痕、积淀着生活的底色。在光刻和绵延的双重制约下，“过来人”能深深体悟其中透现出的中华民族砥砺前行的力量和生命存在的质感。面对现实实拍得来的影像，这样的影像有说明性，连接着物化存在与主观认知；它们一方面有对历史言说的成分，一方面又受制于电子的物理运动或胶片的化学变化。从摄影的本体属性来说，一个视点下的空间透视关系和具有整体感的主体选择，是生成影像空间维度上的张力；有意识的画面营造与无意识的客观信息流露，形成美学和历史学的张力；而以瞬间的方式凝冻永恒，则是影像与生俱来在时间维度上的第三种张力。

“历史”，实质上是关于历史的话语体系、文本、影片，其意义来自话语所指涉的现实。无论“历史”多么完备，它与现实之间总有缝隙和不能接续之处。艺术，把这些缝隙和不能接续之处的感觉、体验，以情感与形式一体化的方式加以补充、表述和呈现。历史文献不会停留在文字上和话语中，会越来越多地靠影像与影像的说明和编辑来完成，影像与语言文字双重叙事中的对抗和融合是需要认真对待的技术问题，也是艺术问题。如果说历史是框架和主干，那么艺术常常体现为血肉和气息。所以，历史文本与文学、影像等文本是互为语境的关系。从各种摄影机构比较单一的宏大叙事到大众摄影进入平凡、微观的日常生活，进行活性流变式的观察，无疑是社会的进步。那些更接近百姓内心感受的影像化的个人生活史，仿佛古代的笔记小说、稗官野史一样，可以作为正史的补充。社会纪实摄影的价值，就在于此。

影像生产和传播，关乎现实、历史的描述和大众记忆的生成、建构。在当代中国形象的建构中，在人类命运共同体的书写中，影像的生产和传播是很重要的环节。新时代急剧变革，我们不得不面对三个世界：一个是现实世界，一个是文字和话语中描述的世界，一个是影子世界。这三个平行的世界，相互作用和影响。个人的思维逻辑越来越多地被影像叙事替代，思维深度越来越多地让位于观看速度，现场自然光越来越多地让位于手机荧屏光。这不但在观看方式上深深地改变了我们，而且也在文献梳理方式上影响了我们。如何整理和编辑数不清的纪实性照片，如何让它们排队站好，结构成一个作品，言说一个故事，树立一个形象，有学术性，也有实践意义。以编辑来说，由于新时代影像数量几何级数般地增大，而立场和角度千差万别，所以在当下，如果让人们用影像述说过去，必然形成众声喧哗的广场效应，历史记忆逐步演变为数字化的影像文件包，很难不被弄成无法清晰阐释的一摊碎片而失去主题。解决这个问题，需要大众视觉素养的普遍提升，需要影像编辑学和传播学的研究进一步深化。

网络平台与手机，已经让我们把越来越多的时间交给了虚拟世界。我们沉浸在虚拟世界里，面对面、手拉手的交流越来越少，距离物理世界越来越远了。我们的心智与纷至沓来的信息融合在一起，对世界的感觉越来越虚化。而记录类的影像、面对现实拍摄得来的影像，越来越成为我们抓住现实感的依靠。一张照片，就像打入现实的一枚钉子，利用瞬间的凝冻，把一个事实钉牢，让我们抵抗住心中流变的感受；一幅影像，用光的尖刺，刺入迅速遁入黑暗的“曾经的存在”，又仿佛一条绳索，让我们系留住难以挽回的矢量存在。摄影艺术，其技术性连接着操控与被操控，现场性连接着物理现实，瞬间性连接着时间的切割，客观性连接着物理和化学，随机性连接着主观与客观的相遇，选择性连接着人的精神活动。最终，摄影的所有这些本体属性，凝聚成一枚钉子、一条绳索，抑或是一道点亮现实的光。从这个意义上说，从对50年后的预知判断来看，2020年的抗击疫情与脱贫攻坚之战，最终会汇聚成影像中的历史。虽然影像不是事实本身，但它是最具时代性和真实感的“遗址”和“面具”。那一张张医务人员的面庞，与驻村第一书记的身影，才是那时回看历史沉沉暗夜的星光，才是信息汪洋中昭示“曾在”的摆渡舟和激流迅变中可触摸的物化石。

就当下的摄影艺术而言，面对新时代的需要，我们要用光的力量更深地切入物性，在科技拓展的新范畴里，在物性与艺术性之间，增加张力，做创新探索；要在社会思想和传播方式的激变中找到视觉记录与创新表达的更好方式。所有的创新，都需在光明与黑暗、时间与空间、速度与深度、线索与方位、有与无、实与虚、在与不在、个人与群体、意识与存在中展开。此外，还有人与机器、人心与软件、效率与程序、管理与自由、病毒与生命等的对抗，都是要思考、表现的因素。也许我们永远都不能触摸到极点，但每个摄影人都会有自己的偏好，带着我们各自的偏好，从这些极性对立中锤炼观看方式和叙事方法，这是一个在技术与技术之间、物质与心灵之间相互融入、融解、融化的过程，也是一个在上述两极之间相互冲撞、相互斗争、相互摆脱的过程，而这个过程，就是艺术化、视觉化的提炼和呈现过程。

2020年的摄影记录功能的发挥，除了抗疫、脱贫两大主题外，在纪念抗美援朝战争的系列报道中也有突出表现，如中国摄影艺术节期间，“战争摄影与家国情怀——张崇岫抗美援朝摄影作品展”，战场上弥漫的硝烟和激烈的战斗场面，把观众带到当年现场，仿佛能听到隆隆炮声。此外，中铁四局——中国人民志愿军铁道工程总队的回顾展览，从艰苦卓绝的后勤运输角度记录了那场战争，成为不可替代的影像文献。

2020年的摄影艺术探索，除了记录功能的凸显之外，在传统画意摄影的方向上也有所探索。获得第十三届“中国摄影金像奖”的邵大浪，是近十几年这个方面的代表之一。近年来在直接摄影的方法上继续推进影像实验者，如杨剑川做影像山水的实验，超出了水墨感的追求限度，开始探索影像化的色彩构成；李刚用直接摄影方式，提炼马的意象和系列纯形式，尝试用影像建立“马”的个性化概念；陈大志在水墨山水的基础上进行影像化的笔触实验，获得很大进展；王昆峰利用超高像素视觉机器和堆栈方式对国色牡丹进行细节开掘和诗性展开；等等。这些都是直接摄影手法的拓展，艺术切入物性，构成了有新意的专题。

在航拍摄影方面，传统大型飞机的视角局限再次被突破。在传统大型飞机拍摄中，鸟瞰一般也以最大75度角斜视大地，因为人很少能越过机舱底部的遮挡。无人机航拍突破了这样的角度局限，出现了垂直于地表的近90度角的观看和拍摄，诞生了一批更加抽象化、图案化的作品，如武汉的方舱医院，就有垂拍的图案化影像在网上传播，让人对中国疫情期间基础设施建设速度之快而惊诧。无人机抵近高楼、在楼群之间爬升，沿着长城蜿蜒的身姿俯俯仰仰地观看，越过山脊和沟壑、大桥和云雾垂拍带来的视觉震撼，是过去无法实现的。人类在此技术的运用中又一次获得视觉解放。在这个方面，摄影技术专家刘宽新全力投入，有意识地在祖国各地景区拍摄，并编辑成视频，2021年春节在网上浏览量超过了1亿人次，可见机位仍是摄影的核心要素，机位的可控匀速变化是令人神往的摄影手段。

总的来说，面对新时代的需要，立足于中国大地上中国人的实践，摄影艺术不但要满足人民群众的需要，还要在增强人民的精神力量上下功夫。以影像方式如何增强人民的精神力量？首先，要多方位、多角度、立体化地挖掘和展示山河之美、历史之厚、人民之善，以增加文化自信；其次，要利用摄影的客观性、现场性深入反映和呈现中国社会进步的客观进程和根本需要，在宏观道路和微观情感的结合点上找到文化母题；最后，要以摄影的发现、开掘和“大写”能力从自然与人关系演化和相互适应的历史中寻找中华文化的基因，为人类文化多样化共存、文明互鉴提供资源。

二、活动与问题

2020年，中国摄影活动中以下四个现象令人印象深刻。

（一）摄影行业抱团谋生，机构收藏搅动摄影收藏市场

受新冠肺炎疫情影响，2020 年中国摄影行业受到很大冲击，画廊、照相馆、展览馆等闭馆数月，多个摄影博览会和摄影节取消，摄影设备少有人问津，照片打印店门可罗雀……原来的业务渠道断裂、摄影市场受到严重冲击，不少摄影人送外卖、摆小摊、开网店、上网课、办网展努力谋生，摄影商家也推出在线拍卖等新业务，帮助一些摄影师卖掉照片以解燃眉之急。2020 年撬动中国摄影市场的两个重要动力：一个是映画廊的在线拍卖活动，另一个是影易拍卖公司举办的在线拍卖与线下拍卖会。映画廊在 2020 年共举办在线拍卖 8 次，拍卖摄影作品 124 幅（组），总交易额达到 172 万元人民币，卖品主要是纪实摄影和当代摄影作品。影易拍卖公司线下拍卖 9 次，拍卖作品 634 件，总成交额约 190 万元人民币；2020 年 10 月的影易实体拍卖会共拍卖作品 221 件，总成交额约 350 万元人民币。二者各有线下交易额 10% 左右，线下线上总成交额约 600 万元人民币。以 2020 年作为视点回看近五年的中国照片收藏市场，有两个突出特点：第一个特点，是与西方摄影收藏市场相比，西方最畅销、最值钱的照片多是限版限量的当代摄影作品，而中国买家更喜欢收藏历史照片，影易的拍卖品中历史照片占比超九成。对这一特点，影易拍卖公司总经理李欣的分析是，中国摄影市场启动不过十几年，公众对摄影作品的价值认知很大程度上是依据了文物收藏传统，文物是越老越值钱，且老物件存世有限，所以买照片时老的优先，而在 2010 年前后十分热卖的当代摄影作品则遇冷。第二个特点，是机构藏家开始进入摄影收藏。据中国社会组织官网的统计数据，截至 2019 年年底，中国的博物馆数量超过 5300 家；截至 2020 年 11 月 2 日，中国地区国有美术馆数量超过 500 家，以“美术馆”为名成功申请到“民办非企业单位”的数量为 920 家，而 2017 年这个数量是 342 家，短短三年，中国的民营美术馆增加了 578 家！这是井喷式增长，而且其中绝大部分都是当代美术馆，要通过市场运营来盈利，其运营对象大都包括摄影。因此，机构（包括博物馆、美术馆、艺术馆、基金会等）携带资金进入摄影收藏市场是近三年中国摄影收藏的一个突出特点。据李欣介绍，现在全国投资收藏摄影作品超亿元的机构已经超过 10 家，不少是由当年率先收藏中国当代艺术作品的人开设；而一家机构投资亿元用于摄影收藏，这在 10 年前的中国是不可想象的。因此，从长远来看，无论是个人收藏还是机构收藏，中国摄影收藏市场潜力巨大。应该注意的是，这一市场潜力的充分释放需要三个条件：一是社会经济的持续发展与政策环境的不断完善，二是公众摄影文化修养和对摄影价值认知度的提升，三是摄影专业工作者在摄影史研究、摄影批评、摄影理论等方面的学术支撑，因为市场的背后是文化、是教育、是对摄影艺术价值的专业认定。

（二）对国际摄影文化表现出更深刻的理解，国际摄影交流中的“拿来”与取舍更加自信

这里有两个突出的例子，一个突出的例子，是国内摄影节在引入国际展览时表现出更加出色的学术眼光。1960 年，齐格弗里德·克拉考尔在《电影的本性——物质现实的复原》中指出，“电影按其本质来说是照相的一次外延，因而也跟照相手段一样，跟我们的周围世界有一种显而易见的近亲性。当影片纪录和揭示物质现实时，它才成为名副其实的影片”①。受克拉考尔等的影响，对摄影与电影之关系的研究成为 21 世纪西方摄影文化的重要领域，策划出一批高水平展览，涉及摄影与电影的历史渊源与跨界、二者的文本与观念借鉴、电影式风格的摄影（cinematography）等方面，但这些展览一直没有引入国内。2020 年，集美·阿尔勒国际摄影季推出的“新浪潮”特别展填补了这一空白。该展览的摄影师雷蒙德·考切提尔（Raymond Cauchetier，1920—2021，法国）是受亨利·卡蒂埃·布勒松、罗贝尔·杜瓦诺启发自学成才的街头摄影师，1958—1968 年作为剧照摄影师，与“新浪潮”的著名导演戈达尔（JeanLuc Godard）、特吕弗（François Truffaut）等人合作，以意大利新写实主义电影风格的现场抓拍手法拍摄了大量“新浪潮”电影的传神剧照，见证了法国电影“新浪潮”的黄金时代，具有独特

① ［德］齐格弗里德·克拉考尔：《电影的本性——物质现实的复原》，邵牧君译，中国电影出版社 1981 年版，第 3 页。

的艺术魅力和文献价值。影评人皮亚说“只要看过他替法国电影新浪潮拍过的剧照，都会知道他拥有的不是用不尽的财富，而是流芳百世的荣誉”。雷蒙德·考切提尔的作品不仅重新定义了“剧照摄影师”这个行当，而且成为“新浪潮”电影的核心部分：一些最有名的“新浪潮”电影海报的画面只是出现在雷蒙德·考切提尔的照片中，而从没有出现在电影里。集美·阿尔勒国际摄影季在雷蒙德·考切提尔百年诞辰之际，将对其作品的研究展引入国内确实极具眼光，不仅对研究中国电影与摄影的关系有所启发，更提醒摄影师去思考：当年法国电影人以“新浪潮”回应了急剧变化的现实，今日的艺术家应该以何种姿态回应当下的时代？中国摄影会创造自己的“新浪潮”吗？

另一个突出的例子，是对某些国际摄影组织颁发的名衔的态度发生了明显的变化，以前是膜拜，现在则是理性。中国国际摄影艺术展览（中国摄影家协会主办）和上海国际摄影艺术展览（上海市文联主办）是改革开放以来国内最有影响的两个国际影展，2000 年后两者经常设立国际摄影艺术联合会（FIAP）、英国皇家摄影学会（RPS）、美国摄影学会（PSA）的奖牌，比如中国国际影展长期设立 FIAP 金牌、银牌、铜牌，而上海国际影展则连续多届以 FIAP（成立于 1950 年）、PSA（成立于 1934 年，其前身美国联合照相机俱乐部成立于 1919 年）、RPS（成立于 1853 年）三家的名义设立奖牌，以增强其国际认可度。但笔者注意到，2020 年 9 月举办的上海国际影展和 2020 年 10 月开始征稿的第 18 届中国国际影展，都没有再以上述三家西方国际摄影组织的名义设立奖牌；2020 年度国内举办的大型国际影展中仍以欧美国际摄影组织挂名奖牌的，只有浙江西湖国际摄影大展（设立 PSA 奖牌）。这种变化，正是来自对国际摄影文化更为深刻的理解和中国摄影不断增长的文化自信。RPS、FIAP、PSA 均是国际知名的摄影组织，后两家名衔体制的设立均参考了 RPS；而 RPS 和 PSA 都是公司制运作（FIAP 在结构上也是公司形式），要通过不断吸收会员收取会费、举办比赛收取参赛费；在这个沙龙体系内，每年运行着 350 个左右的展览，会员升级别无窍门，就是不断地投稿参赛、入选、挣积分。在 PSA 体制中，一个摄影师从初级会员（QPSA）上升到铂金级摄影大师（GMPSA/P），其间要跨越九个级别，作品入选 / 获奖次数需要达到 11000 次！其间所耗费的时间与金钱可想而知。这种只鼓励参赛升级、忽视摄影自身及其与现实之创新性关系的创作方向显然与当下中国社会对摄影艺术的要求不合，中国国际影展和上海国际影展的表现值得肯定。

（三）地方摄影史编纂风生水起，成果初现

2020 年 12 月，安徽摄影史编纂工作推进会在合肥市举行。此前，这项工作已经紧锣密鼓地准备了三年：2017 年 9 月，“卢施福摄影暨安徽摄影——史料与史识研讨会”在合肥市举行，就安徽摄影史中摄影的传入、流布、演变和现状等问题进行了交流与探讨，并将摄影史料的考证列为工作重点；2018 年，结合安徽摄影史编纂的史料征集工作，安徽摄影家协会举办了“光阴·光影——安徽著名老摄影家致敬展”，展出卢施福、董青、马昭运、袁廉民、陈谋荃 5 名摄影家的近 200 幅作品，在史料研究、考证方面迈出坚实的一步；2020 年 12 月，安徽摄影家协会在河南省三门峡市举办了安徽老摄影家张崇岫的抗美援朝摄影作品展，体现了安徽摄影史料研究的最新成果，成为第十三届中国摄影艺术节上的一个亮点。随着史料准备的进展，安徽摄影史有望在 2021 年进入撰写阶段。而上海、广东、河北等省、直辖市的地方摄影史撰写已经先行一步。中国第一本摄影史《中国摄影史 1840—1937》出版于 1987 年，此后虽有五六种版本的中国摄影史出版，但无一例外都是侧重宏大叙事和国家视角，对摄影的微观发展，具有地域性重要影响的摄影事件、人物和现象缺少细致分析，某种程度上给人一种印象，似乎这些东西不够重要。法国历史学家皮埃尔·米盖尔曾谈到法国史的撰写长期存在两个倾向：第一个倾向是巴黎中心论，好像法国历史是以巴黎为中心展开的一个结构，这个结构上的每一个线索都通向巴黎圣母院的界石（圣母院是巴黎的中心），而在外省的丰富历史内容都不值得花费太多笔墨；第二个倾向是启蒙中心论，好像法国历史中有一种内在动力，推动历史朝着启蒙时代前进，只是到了启蒙时代法国历史的正史才真正展开，并以“自由、平等、博爱”的价值观之形成到达巅峰，而那些不那么具有“进步意义”的历史事件的重要性则被忽视。[①] 仔细琢磨一下，这两个倾向在中国摄影史的编纂中也存在。改革开放以来，随着各省、自治区、直辖市经济文化的发展，各地形成了一种文化驱动，希望从自然地理、方言韵味、饮食特点到生活方式、建筑风格、历史人文等方面更明确地描述所在地域的文化身份及其形成脉络，在2000年前后形成了研究、书写地域史和地域文化史、地域生活史等的潮流，地域摄影史的编纂正是此潮流的延伸。另一个驱动力在于摄影史内部：随着研究的深入，摄影史著作中被广为接受的某些结论现在面临挑战。比如多个版本的中国摄影史都认为邹伯奇（1819—1869，广东人）独立于西方影响之外，于1844年制作出了中国第一台照相机（邹伯奇称为“摄影之器”），梁启超在《中国近三百年学术史》中赞其为“无所承而独创”。因为实物已经不存，人们自然好奇邹伯奇做出的究竟是一个装有一片透镜、可以演示小孔成像原理的暗盒，还是一台装有光学镜头的照相机，如果是后者，镜头涉及精密机械加工和光学设计，1840年，维也纳大学数学教授约瑟夫·匹兹伐（Joseph Petzval）发明的匹兹伐镜头更涉及复杂的数学计算（当时有军方计算小组专为其承担球差、彗差、像散、场曲等计算），那么25岁的邹伯奇一个人是如何完成这些巨量工作的？再比如，《晋察冀画报》一向被描述为中国红色摄影经典，但在解放战争初期，其报道却出现了严重的“八股气”，个别记者编辑擅自离队归家，解放战争打响后编辑部两个月收不到前方稿件……这种情况何以会发生？这本画报后来又何以能重新建立摄影工作服务于革命战争的向心力？……这些关系到中国摄影史重要节点的问题需要通过“厚描”予以澄清，以树立中国摄影史叙事的全面性、真实性和权威性。而与邹伯奇和《晋察冀画报》有直接关系的广东省摄影家协会、河北省摄影家协会也希望通过系统梳理地方摄影发展脉络，对相关问题做出回答。2014年，广东摄影史、河北摄影史同时启动了史料征集工作，现在河北摄影史的初稿接近完成，广东摄影史正在编写之中。作为中国地方摄影史开山之作的《上海摄影史》（1992）的修订版已于2012年出版，更多省、市的摄影史编纂已被列入议事日程。

（四）当代摄影创作由“作品”向“文本”的转向趋势明显，展览中“文献展”异军突起

2020年1月，摄影家李洁军的展览“为了新中国前进！”引起广泛关注。这部作品与其此前完成的《复制战争》系列一样，采用仿制的拍摄手法：参照摄影、绘画、电影、电视中的原作，使用模型道具摆拍完成；题目则仿自同名电视剧。以前，我们仅仅将根据原作进行仿制视作手法实验，今日从更广的视野看来，这一变化内含了当代摄影形态的转变：从现代主义的“作品”转向了后现代主义的“文本”。在现代主义语境中，那些经典原作都有着确定的含义，其产生的历史条件（包括技术和工艺）、照片的内在逻辑，以及与摄影家的确定关系，使它们的意义是确定、唯一、封闭的实体，这是“作品”的基本概念。比如沙飞的《战斗在古长城》，中国抗战的背景、摄于1937年、作者是沙飞这三个元素锚住了这张照片的意义，使之非常明确。而在后现代主义语境中，正如罗兰·巴特讨论文学批评时在*S/Z*中所言，人们感兴趣的不是“可读的作品”，而是“可写的作品”，前者意味着一部作品有确定、唯一的含义，读者是被动的意义消费者：只需按照时代和作者意图的线索来复原作品的内在逻辑，就完成了一次正确的阅读（评论）。而面对“可写的作品”，读者成为意义的生产者，可对原作任意分割、组合，制造与原作意义不同的语义游戏；可根据符码的引导产生联想，旁征博引其他作品的片段、情节、符码来扩展所读作品的意涵，这时这部作品的意义就不再是确定、单一、封闭的，而是开放的，是多重意义复合存在的动态过程，巴特在*Image Music Text*中把这种作品形态称为“文本”：“文本不是释放单一‘神学’意义的一堆句子（‘作者’的意思相当于‘神’的‘训示’），而是一个多维度空间，多种写作在其中混合冲突，但没有一种是原作。”[②] 考察这种转变在中国当代摄影中的发生，早期最有影响的探索当从2000年王庆松完成《老栗夜宴图》算起，集体意识的形成在2008年前后，

---

① 参见［法］皮埃尔·米盖尔《法国史》，蔡鸿滨等译，商务印书馆1985年版，第7—8页。

② Roland Barthes，*Image Music Text*，Essays selected and translated by Stephen Heath，London：Fontana Press，1977，p.146.

今日已经相当成熟，王庆松、李洁军、姚璐等一批当代摄影家的仿制作品所具有的象征性、游戏性、互文性、开放性及跨界特征，都是原作所没有的；它们与原作的关系正可视为当代摄影形态从“作品”向“文本”转变的代表：从具有确定意义的封闭实体转向“不可还原的复合物和一个……本质或意义上无限的能指游戏”。（罗兰·巴特语）

与“作品”向“文本”转变相伴发生的，是文献展的异军突起。与“作品展”相比，文献展是视文献为作品，在对艺术现象进行文献研究的基础上构思视觉呈现，往往比作品展具有更多维的意义空间。这方面的一个范例是泰康空间（北京）2020 年的“文献年”实验，全年推出的三个文献展“自然观：十七年时期的艺术与水利工程”“孤军与坦克”“文献集：七个线索”都表现了较高的研究和策展水平，其共同特点是综合利用丰富的照片、纪录片、信件、邮票、报刊等档案文献，关注同期其他门类相同主题的艺术作品，结合委托艺术家进行的当下创作，利用多种媒介建构起纪实与虚构之间的文本关系，从而对主题做出创新性、想象性、实验性的诠释。虽然文献展在未来有巨大发展空间，但常有“文献压倒视觉”之感，导致观众不爱看，这是应该改进的。

2020 年中国影响较大的实体摄影活动（以开幕时间先后排列）：

1. 平遥国际摄影大展（开幕时间：2020 年 9 月 19 日）

2. 上海国际摄影节暨第十五届上海国际摄影艺术展览（开幕时间：2020 年 9 月 25 日）

3. 北京国际摄影周（开幕时间：2020 年 9 月 27 日）

4. 多彩贵州·第十三届中国原生态国际摄影大展（开幕时间：2020 年 9 月 27 日）

5. 中国民族影像志摄影双年展（开幕时间：2020 年 10 月 11 日）

6. 第四届深圳国际摄影大展（开幕时间：2020 年 11 月 22 日）

7. 集美·阿尔勒国际摄影季（开幕时间：2020 年 11 月 27 日）

8. 第四届宁波国际摄影周（开幕时间：2020 年 12 月 18 日）

9. 第十三届中国摄影艺术节暨第四届天鹅之城——中国三门峡自然生态国际摄影大展（开幕时间：2020 年 12 月 20 日）

10. 第八届济南国际摄影双年展（开幕时间：2020 年 12 月 22 日）

三、出版与研究

摄影理论的出版与研究同摄影在大众化道路上的蓬勃发展显得很不相称，摄影理论书籍依然以引进西方为主，中国摄影业界对摄影理论还处于消化与吸收的状态。随着一批年轻摄影师、摄影研究者去海外游学或留学，摄影创作，尤其是当代摄影艺术方面不断涌现一些新的创作理念和方式，年轻摄影家活跃在展览、摄影周、画廊、美术馆、出版、自媒体等业界生态之中，但做纯理论研究的并不多，这或许与摄影这门艺术本身的特质相关，也因此，优秀的摄影理论书籍总是那么稀缺。

随着这两年出版管理的进一步严格，摄影专业出版社的国书出版数量较之往年有所减少。传统的三家以“摄影”命名的专业出版社中，中国摄影出版社往年都有一些值得称道的摄影理论、研究方面的重要书籍，但 2020 年出版的摄影类书籍较往年明显要少；中国民族摄影艺术出版社于 2019 年改制之际，更名为中国民族文化出版社，摄影出版成为其中一个分支，2020 年出版的理论书籍以再版书为主；浙江摄影出版社一直走综合出版路线，但也推出了一些重要的系列书籍，2020 年依然延续其“系列”风格。除此之外，人民邮电出版社虽为综合类出版社，但这些年出版了大量摄影技术技法器材类的书籍，在大众普及和市场占有率方面做得较好。随着视觉文化、当代摄影艺术、文化研究中的图像加持，摄影以更广泛的姿态出现在一些综合类出版社的出版名录之中。同时，自出版的纸质书经过几年的发展，无疑成为正式出版的一个有益补充，这些出版物往往是摄影家个人的创作总结，制作精良，每本书单独看都像一个艺术品，在一定的小范围内传播，当然，受制于传播渠道，这类书籍鲜有畅销。像刘铮的彩虹书系都是比较成规模和系统的，在业界也形成了一定的影响。雅昌这些年也印制了许多制作精良、工艺精湛的画册，再加之摄影师们自行印制的各类作品集，这些出版物共同促进了摄影艺术的发展，丰富了摄影业态。

2020年，翻译引进的有学术含量和价值的外版书有：[美]托德·帕帕乔治的《摄影的核心》(中国摄影出版社)讨论了尤金·阿杰特、亨利·卡蒂埃-布列松、布拉塞、罗伯特·弗兰克、罗伯特·亚当斯、加里·温诺格兰德等现当代知名摄影师；[英]格里·巴杰的《好照片的愉悦》(中国摄影出版社)立足于他近30年关于摄影的写作和思考成果，对其本人所钟情的作品、艺术家(尤金·阿杰特、多萝西娅·兰格、马丁·帕尔、拉克·德拉海尔、苏珊·利佩尔、保罗·格雷厄姆等)，以及一些主题(摄影集、PS等)进行了深刻的分析；[英]布赖恩·迪尔格的《解码好照片》(中国摄影出版社)详细分析了好照片的机理、大脑感知的原理以及受众喜欢好照片的原因；[美]詹姆斯·埃尔金斯的《摄影理论》(湖北美术出版社)收录了众多艺术理论家和艺术史学家的对话和文章，讨论了摄影的本质问题和它发展至今的新的理论问题；[美]米歇尔·博格蕊的《行动主义摄影》(江苏人民出版社)提供了一个全面的行动主义摄影的理论和历史，包括对当代摄影师的采访；[美]马尼·欣德曼、[美]安尼·莱顿·马索尼的《当代摄影中的影像构建》(人民邮电出版社)思考了从1990年以来当代摄影中影像构建的发展历程；[英]马克·德登的《五十位大师论摄影》(北京美术摄影出版社)介绍了一些在对媒介的理解方面非常具有代表性的摄影学者；等等。

国内学者的研究文集和评论集有：顾铮的《城市表情——从19世纪到21世纪的城市摄影》(上海人民美术出版社)以包括中国在内的世界各国一共37名摄影家的摄影实践为具体内容，探讨作为艺术与文化的重要形式和手段的摄影与都市的复杂关系。杨健的《革命的凝视：政治·宣传·摄影维度下的〈晋察冀画报〉研究》(同济大学出版社)主要以由沙飞主持的摄影实践(包括其个人摄影实践)，尤以他编辑《晋察冀画报》的具体实践为切入口，对抗战时期中共领导下晋察冀边区政治、宣传与摄影的相互关系，进行了深入考察。李笑男的《1988年以来的中国影像艺术》(文化艺术出版社)从影像艺术的释义与历史、中国早期影像艺术(1991—1996)、中国影像艺术的本体建构(1997—2005)、中国影像艺术的延展与深化(2006年至今)四个部分展开论述。陈琦的《印象管理范式下的女性自拍》(人民日报出版社)从社交媒体时代的视觉媒介景观、社交媒体时代的自我呈现、社交媒体时代女性的视觉自我呈现等角度，针对印象管理维度下的女性自拍现象进行了深入探讨。陈丹青在影像评论集《影像杂谈》(四川人民出版社)中，以画家之眼，谈论时间对于摄影的参与，记忆对于影像的介入，其犀利的图像视角为读者提供了理解一张照片的平易切入点。陈传兴在《岸萤》(中信出版社)中，融诗性语言、回忆录、思想史、电影述评、摄影评论与精神自传于一体。

国内摄影业界一直以来都比较重视摄影史料的发掘和整理，不论是改革开放40周年、中华人民共和国成立70周年的各类展览，抑或是影像拍卖、图片销售中价值不菲的老照片，都在凸显老照片或老影像的价值和意义，对这些史料进行再发现、再研究，对摄影史或影像文化史的研究都有重要意义。赵省伟主编的《西洋镜：〈远东〉杂志记录的晚清1876—1878(全二册)》(广东人民出版社)为早期摄影史的写作提供了重要资料，《远东》杂志于19世纪70年代广泛流传于在华的外国人社区，是当时东西方文化交流主要的出版物之一。作为中国较早使用照片作为插图的杂志，它也是研究中国早期摄影史必不可少的一份刊物。由孙明经摄影、孙健三著的《孙明经纪实摄影研究——1939：茶马贾道》(浙江摄影出版社)以影像的方式记录了1939年孙明经为响应“茶税救国”的号召，从雅安出发，沿着茶马贾道一路经过康定、道孚、德格等地的科考行程，这些珍贵的纪实摄影照片全面而真实地还原了1939年茶马贾道的原貌，为抗战期间大后方的经济史学、历史学、社会学等方面的研究提供了重要资料。王海宝编著的《中国摄影先驱：从晚清至1978》(上海文化出版社)梳理了中国(华人)摄影界从晚清至1978年为中国摄影发展做出杰出贡献的先贤志士的生平事迹。中国摄影家协会自2007年召开的第八届全国摄影理论研讨会上将新中国摄影史列为重点工作以来，设立了“口述影像历史”项目，中国摄影出版社之前陆续出版了《透过硝烟的镜头——1937—1949中国战地摄影师访谈》《跨越时空——1949—2009西藏影像往事》《穿越历史的回声——1937—1949中国战地摄影师》，2020年出版的《口述影像历史——与共和国同行1949—1978》（三卷本）是“口述影像历史”项目的第二期，通过老一辈摄影师的口述，复活了他们生活其中的那个年代，分卷汇集摄影师的采访实录，并收录了他们在新中国成立后的30年间所拍摄的经典影像及他们的拍摄经历，延续对新中国摄影史的采集和梳理。

2020年的另一个突出现象是一些重要理论书籍的再版。中国民族摄影艺术出版社共出版摄影类图书近40种，理论书籍的再版占了重要一块。[英]保罗·希尔、[英]托马斯·库珀的影像文丛系列摄影理论图书《摄影对话录》，[巴西]威廉·弗卢塞尔的《摄影哲学的思考》，[英]彼得·内斯特鲁克的《黑白摄影的理论》，[日]大竹昭子的《日本摄影50年》，[比利时]希尔达·凡·吉尔德、[荷兰]海伦·维斯特杰斯特的《摄影理论：历史脉络与案例分析》，[新西兰]乔弗里·巴钦的《每一个疯狂的念头：书写、摄影与历史》等在2020年进行了加印再版，影像文化类如巫鸿的《关于展览的展览：90年代的实验艺术展示》等也实现了再版。人民邮电出版社也对[英]莉兹·威尔斯的《摄影批判导论（第5版）》，[英]露西·苏特的《为什么是艺术摄影（第2版）》，[美]芭芭拉·伦敦、吉姆·斯通、约翰·厄普顿的《美国摄影教程（第12版）》等书进行了再版。中国摄影出版社的[美]玛丽·华纳·玛瑞恩《100个改变摄影的伟大观念》推出了小开本。

与此同时，高校摄影教育方面的书籍也重出了修订版。“北京电影学院摄影专业系列教材”在国内高校摄影教育领域产生了持久影响力和良好口碑，2020年，浙江摄影出版社重新出版了该套书的修订版，包括《世界摄影史》《人像摄影》《摄影构图》《摄影画面语言》《黑白摄影》《大画幅摄影》《影视短片创作》《摄影曝光》《摄影光学与镜头》《时尚摄影》等，对教材品种、版式、装帧和部分内容做了有针对性的改进，以适应数字摄影时代的发展和广大读者的需求。邢千里的《中国摄影简史》（浙江摄影出版社）作为普通高校摄影专业系列教材之一，对百年中国摄影发展历程做了全景式描述，通过六大章内容清晰梳理了自19世纪末20世纪初摄影术从西方传入中国之后不同历史阶段的发展情况。于幸泽的《观念影像：影像教学与影像实践》（辽宁美术出版社）探讨了“观念影像”在综合性大学当代艺术教学中的可行性以及学生介入这项艺术活动的方式。

作为一门实践性强的艺术，摄影研究的对象始终是摄影作品，而各类作品集往往是一位摄影家的作品总结，有些还会收录一些一手的文本资料，是研究摄影、摄影史或研究摄影家不可或缺的重要资料。[英]大卫·奥库夫纳编著的《阿尔伯特·卡恩的理想国：黑白时代的彩色世界史》（金城出版社）用彩色照片记录了20世纪初叶，50余个国家的民众，在时代变迁的浪潮席卷下的日常劳动、娱乐、传统仪式以及各年代的代表性事件，让我们从新的角度来审视20世纪初的历史。《塞西尔·比顿：光彩年华》（湖南美术出版社）覆盖比顿整个职业生涯，包括青年时代的习作、著名人物的经典肖像、战地纪实摄影、难得一见的私人创作，对其摄影生涯进行了重新评定。[日]濑户正人的《亚洲家族物语》（湖南文艺出版社）记录了深濑昌久的日常，以及其人生最后的时光。《维姆·文德斯宝丽来电影笔记：即时影像》（北京联合出版有限公司）是维姆·文德斯20世纪70年代至80年代10年间的宝丽来摄影精粹集结。《我要上学：解海龙希望工程摄影纪实》（人民邮电出版社）收集了解海龙“希望工程”摄影纪实作品近100幅，全面反映了“希望工程”30年的发展过程和中国贫困地区教育的改变。王福春的《中国人的四十年影像志》（北京美术摄影出版社）以纪实影像的方式展现了40年中国人民生活的变迁。阮义忠的《都市速写簿》（浙江摄影出版社）以深切的人文关怀审视了台北这座城市的人和事，《有名人物无名氏（阮义忠经典摄影集）》（浙江摄影出版社）收录了阮义忠对林怀民、蒋碧微、郎静山、陈映真、张大春、张艾嘉等各界人物的刻画。钱江晚报编著、肖全摄影的《肖全·100种杭州》（浙江摄影出版社）以西湖为背景，将镜头对准了杭州普通百姓，为100名新时代的杭州人造像。孙京涛的《父亲的村庄》（浙江摄影出版社）记录了他在10多年的时间里，上百次返回家乡，用8×10大画幅相机拍摄下的亲人和乡亲。宁舟浩的《毛家工业园（中国摄影家典藏）》（浙江摄影出版社）展示了他从2010年至今，对黄河北岸一个有着600余年历史的毛家村的城镇化进程的记录。王琦的《高原·水源》（四川美术出版社）展示了俯瞰视角下青藏高原生命与自然的关系。王牧的《最短的长镜头》（光明日报出版社）集结了他 21 ：9 画幅拍摄完成的颇具实验色彩的作品，没有编排页码，也没有关于图片的说明性文字，探索摄影书非线性叙事的多种可能性。高原作为摇滚黄金时代的核心见证人和参与者，其《返场》（东方出版社）和《红磡 1994》（生活书店出版有限公司）全面展现了中国摇滚乐伊始不可复制也不会再有的传奇时代，为我们了解 20 世纪 90 年代的都市，以及大批理想化青年的文艺生存状态提供了珍贵资料。姚大伟的《来过》（五洲传播出版社）精选了他近 30 年新闻摄影生涯中拍摄的 91 幅精彩照片和 18 篇采访手记。徐大庆的《镜观：吴为山雕塑风景》（中国摄影出版社）艺术地呈现了 2019 年 4 月吴为山在中国国家博物馆举行的“丹心铸魂——吴为山雕塑艺术展”。阎雷的《歌海》（贵州人民出版社）较为完整地记录了 20 世纪 90 年代前后黔桂深山里传统侗族村落的原生态生活。牛红旗的《疼水：我的西海固》（中国民族文化出版社），全面反映西海固地区的人文风情和诗意的栖居。罗涵数十年如一日拍摄的《哈尼梯田记》（中国民族文化出版社），再现了哈尼族百姓几十年来的生产生活变迁。王奇杰的《我的田坝我的村：扶贫第一线摄影纪实》（中国民族文化出版社）汇集了作者近年来在四川省国家级贫困县叙永县水潦彝族乡田坝村定点帮扶过程中的所见所闻。第三只眼文化传播出品、那日松主编的“百年红色三部曲”系列和《百年红色文集——刘远和他的影像世界》四本书：第一部，关于苏联及其解体后独立的苏联体系内的国家；第二部，柏林墙倒塌后巨变的东欧，额外包含了亚洲的蒙古国；第三部，现存的仍然坚持社会主义道路的古巴、朝鲜、越南、老挝、中国这五个国家；“评论集”收集了过去各种关于刘远“红色影像”的评论，同时收录为“百年红色三部曲”新撰写的评论文章。其丰富的“红色影像”堪称集大成，在 2021 年中国共产党成立 100 周年这个节点，有着特别的意义。

浙江摄影出版社这些年对中国当代摄影艺术关注较多，出版了系列书籍。由刘铮主编的“中国当代摄影图录”丛书到 2020 年已累计出版 50 种，呈现众多的个体摄影创作案例，描绘出一幅中国当代摄影创作的全景画卷，2020 年出版的是《高岩》《蒋志》《金平》《李朝晖》《李舜》《李勇》《王宁德》《王攀》《王闻博》《余海波》，以及彭杨军的《可能的往事》。巫鸿编著的《中国当代摄影四十年》（浙江摄影出版社）作为三影堂摄影艺术中心举办的“中国当代摄影四十年”展览画册，是对中国当代摄影的一次整理与回顾，收录近 200 名中国当代摄影艺术家近 600 幅作品及艺术家个人简介，全景式地展现了中国当代摄影历史。三影堂摄影艺术中心编著的《共振：2020 年度三影堂摄影奖作品展》（浙江摄影出版社）是三影堂摄影艺术中心举办的“共振：2020 年度三影堂摄影奖作品展”画册，收录了白杉、迟磊、邸晋军、郭备华等 20 名参展艺术家的作品，并附作品介绍与评委阐述。这些艺术家的探索为我们对于当下的观看，以及对现代性问题的反思与表现提供了可贵且值得认真思考的案例。

还有一部分画册，不是摄影家的个人作品集，但由策展人或主编在同一主题下进行策划、编辑，形成了同一主题作品的集大成，这样的选集体现了编选者的眼光和水准，优秀的画册同样值得被关注。如李树峰主编的《时代与方位：中国当代纪实摄影家作品展》（人民邮电出版社）精选了 2018 年北京国际摄影周 39 名摄影家的摄影作品，他们从各自的方位出发，通过镜头记录着中国改革开放 40 年中不同的侧面和阶段特征，反映时代精神和摄影方位与摄影的关系，是摄影家们对改革开放 40 年的阶段性记录与探索。郑梓煜编著的《外国摄影师镜头里的中国》（中信出版社）以 120 名外国摄影师近 370 张作品展现 70 年来中国社会生活的变迁。

摄影的记录功能使得摄影在文献记录方面有其独特之处，在摄影与其他艺术门类或学科相碰撞中，摄影艺术更多地发挥了其文献价值。如《王璜生·珠江溯源记 1984》（广西师范大学出版社）集结了 1984 年王璜生与李毅骑行珠江流域，以写生、拍摄、写作等方式留下的大量带有个人独特视角的资料。李学立、白丁主编的《中国匠人：河洛手艺人图文录（一）》（中国摄影出版社）对河洛手艺人进行了深度的采写和梳理，每篇包括相关手艺的文化介绍、工匠口述（涉及个人经历和工艺特点、过程等）和主要工具准备、工艺特点等信息。楼美如的《农耕》（浙江摄影出版社）以家乡永康的农业耕种方式为基础，用镜头翔实记录家乡的农耕传统、农耕方式及劳作农具。晓华、汪政的《伫立虚构：毕飞宇影像》（辽宁美术出版社）以时间为经，事件为纬，介绍毕飞宇生平，辅以他的照片、书影等影像资料。钟黎明的《百年华丰》《石塘记》（浙江摄影出版社）运用历史文献（包括图像与文字）、现场视频及系统的、长时段的拍摄、调查，对杭州的华丰造纸厂、石塘村、农民工结成三个相互关联，且互为补充的影像田野调查文本。[英]林恩·帕克、基里·罗斯-琼斯的《邱园的故事》（上海文化出版社）以照片的形式记录了邱园成长为一个大型公共机构的历史，等等。

高校和研究机构的研究生是未来摄影艺术研究的后备力量和生力军，2020年博士毕业论文鲜有以摄影为主题，但硕士毕业论文从选题方面呈现出多元的态势，选题涉及面广，也有较强的学术含量。涉及中国摄影史方面研究的如：蒋秋雨的《中国早期"美术摄影"研究（1919—1937）》（杭州师范大学）、潘万里的《现代美育话语建构中的早期中国"艺术摄影"》（广西艺术学院人文学院）、朱靖江的《摄影与摄魂：中央研究院成立初期民族志影像考（1928—1929）》（中央民族大学）、刘昇的《光社摄影美学研究》（南京艺术学院）、王洁的《中国现代社会中的肖像摄影及其审美风格——以〈图画时报〉（1920—1937）中肖像摄影为中心的考察》（上海师范大学）等。对外国摄影潮流及摄影家进行研究的如：潘俊华的《西方20世纪60年代都市摄影的主观化视觉转向》（浙江农林大学）、黄蔚的《日本私摄影的视觉范式研究》（浙江农林大学）、张馨予的《探究杉本博司摄影风格及对创作的影响》（哈尔滨师范大学）、刘昶的《"挪用"在摄影表达中的应用——以理查德·普林斯的摄影作品为例》（中央美术学院）等。对纪实摄影、新闻摄影以文化研究、社会学、符号学等其他学科进行观看与研究的如：王逸凡的《真实性与艺术性相互关照的纪实摄影研究》（山东师范大学）、周维熙的《图像符号学视野下的王福春纪实摄影作品研究》（南京师范大学）、顾磊的《人文视域下纪实摄影的影像表现手法探究》（西安工程大学）、李东明的《基于类型学摄影的沂蒙老区红色主题影像创作实践探究》（山东艺术学院）、韩金杰的《王小亭新闻摄影实践研究》（湖南师范大学）、焦伟的《生命的微光——摄影艺术中的边缘人群》（中央美术学院）、余紫琦的《新闻摄影中农民工形象的表征研究（2010—2019）——以〈人民日报〉和腾讯〈活着〉为例》（浙江传媒学院）等。以女性主义的视角观看摄影的如：李静怡的《新时期中国女性摄影创作与理论研究》（中国艺术研究院）、栾霞的《浅析摄影艺术中的性别多元化》（上海师范大学）等。探索摄影的当代性及未来可能性的如：王昊海的《新时代摄影精神的理论探索与实践》（上海师范大学）、吴雨航的《"屏幕"作为现实——后摄影时代的图像生产路径探析》（四川美术学院）、杨心琪的《数字时代历史影像价值挖掘方法研究——以"影像历史"数据库为例》（南京艺术学院）、王泽瑛的《基于盐纸工艺的景观摄影创作研究》（湖北美术学院）、徐珊的《从传统图像文本比较浅析当代艺术观念化的必然》（四川美术学院）等。就肖像摄影进行各类话题探讨的如：李宣良的《人物摄影身份呈现的多元化探索》（上海师范大学）、曹玉丰的《当代艺术语境下自拍摄影创作研究：历史、分类与特征》（山东大学）、郑舒予的《当代肖像摄影中的拟像表达》（中央美术学院）、刘祖宏的《肖像摄影的理论探源与实践》（上海师范大学）等。跨界研究的如：苏晋弘的《视像与物像——当代摄影与绘画艺术的交互影响研究》（西北民族大学）、陈泓锦的《唯美主义的隐现：论摄影艺术对中国当代新诗的影响——以于坚、王寅、陈东东诗歌为例》（湖南师范大学）等。

专业报纸期刊中，《中国摄影报》与《人民摄影报》因其报纸的时效性和便捷性，能及时对业界的各类话题发声，多以评论为主。如《中国摄影报》刊发的《抗击新冠肺炎疫情的中国摄影行动》（杜江，2020年9月4日）、《脱贫攻坚与摄影的使命》（邢千里，2020年9月29日）、《摄影史上的小事件与摄影的大转向》（张楚翔，2020年7月21日）、《纪实摄影的文学表达与艺术联姻》（黄一鸣，2020年4月7日）、《现当代摄影实践中的美学转变》（高岩，2020年3月20日）、《从爵士阁楼回看尤金·史密斯的浮沉人生》（马列，2020年10月6日）、《世界摄影前浪史》（王阳阳，2020年11月13日）等。

《中国摄影》《大众摄影》《摄影世界》《摄影之友》《中国摄影家》等行业内杂志介绍了大量摄影家

和摄影作品。其中《中国摄影》和《中国摄影家》杂志始终坚持学术探索和学术话题。《中国摄影》的“图像事件”专栏由郑萍萍主笔，每期1页，对当下有关图像的热门话题进行分析和评论，如《刷屏的视频网站跨年晚会》《经典消失了？》《直播进入全民时代，摄影呢？》《“上帝”视角》《未来再见时》等。《中国摄影》每期的大量篇幅都贡献给了专题，相关专题下的摄影创作、摄影评论、学术探讨都集结于其中，如《回响与共振　致敬罗伯特·弗兰克》《我们如何有关系？从五个摄影公共艺术项目为例》《重心归位　中国影像收藏的本土化趋势》《超越与供奉　摄影中的电影逻辑》《看向风景》《动物显影》《观看即介入》《再见，袁毅平先生》《时尚天空》等。《中国摄影家》杂志以“摄影家”为主，2020年“年度中国摄影家”栏目推出李志良、周剑生、宋举浦、颜长江、黄利平、闫新法、邬毅、吴宗其、郑伟杰、罗韬、孙成毅、曾毅12名颇有成就的摄影师，回顾了他们的摄影生涯，整理了他们的代表作品，为当代摄影研究提供了丰富可靠的资料。“世界窗”栏目推出［美］史蒂夫·麦凯瑞、［美］布西·霍勒、［丹麦］雅各布·吉尔斯、［瑞士］娜塔莉·赫斯多弗、［美］桑德罗·米勒、［美］戴安·梅尔、［美］乔·安·卡里斯、［英］塞西尔·比顿、［美］格雷汉姆·豪、［美］托德·格雷、［英］亨利·斯凯格斯、［韩］柳银珪等10余名外国摄影师的作品和访谈，介绍他们的摄影理念和摄影新方法，给国内摄影界以有益的启迪。“青年十问”栏目推出邹京耀、吴雨航、蒋磊磊、尤达任、郑芳、杨柳、李宜蔚、杨泳梁等青年摄影师的作品和访谈，推动了摄影新生力量的发展。“史·论·评”栏目刊发了王翰林的《情感的回溯——关于中国城市景观摄影的考察与反思》，张雯、陈荣辉的《摄影的灾难叙事——以日本摄影师镜头下的3·11灾难为例》，吴悦的《“屏时代”图像艺术的具身性问题》，石战杰的《学科背景下的中国高等摄影教育——从课程、专业到学科的反思》，祖宇的《“摄影：1839—1937”——一部立体的摄影史》等学术文章。由阳丽君撰写的卷首语每期探讨摄影创作和研究中的一个小问题，如《影像真实性的流变》《说明性与诗性的再探讨》《有意味的形式》《风光摄影的风和光》《真实记录与作为媒介的摄影》等。

还有一些学术、评论文章散见于相关艺术类刊物，如郭春宁、孙雪浩的《“半透明”的媒介话语：透视迈克尔·沃尔夫的摄影艺术空间》（《艺术评论》2020年第8期）、惠天羽的《从摄影的本质到现象学—存在论立场：〈明室〉与罗兰·巴尔特后期思想的哲学转向》（《法国研究》2020年第1期）、黄碧赫的《从玛丽莲·梦露到三岛由纪夫——森村泰昌的表演和摄影艺术中的性别与文化身份（英文）》（《国际比较文学（中英文）》2020年第2期）、《叙事的景观——美国新色彩摄影家乔尔·斯坦菲尔德》（《青岛画报》2020年第1期）、顾铮的《各自有心与努力——在海德堡思考摄影史书写》（《上海艺术评论》2020年第6期）、林萌的《当代摄影与影像艺术中的“新山水”现象研究》（《旅游与摄影》2020年第2期）、王钰莹的《数字时代摄影艺术的新变——以创作与观看方式为例》（《中国民族博览》2020年第8期）、赵凤兰的《理论评论应成为摄影家的“第三只眼”》（《中国艺术报》2020年8月26日）等。

这些书籍、学位论文和学术评论文章共同构成了2020年摄影艺术发展的重要组成部分。总的来说，相较于其他学科，摄影艺术研究基础、队伍、深度等相对薄弱。随着多媒体技术、数字艺术的兴起，摄影的边界不断蔓延，其作为媒介的手段更加凸显出来，摄影作为图像的一种，对其进行跨学科、跨媒介的研究将越来越多。

李树峰　中国艺术研究院摄影艺术研究所所长、研究员
王保国　中国艺术研究院摄影艺术研究所编审
阳丽君　中国摄影家杂志社常务副社长、主编、副编审

文件辑录

【国家版权局关于规范摄影作品版权秩序的通知（国版发〔2020〕1号）】

各省、自治区、直辖市版权局：

为保护摄影作品著作权人合法权益，规范摄影作品版权秩序，推动摄影作品广泛有序传播，根据《中华人民共和国著作权法》《中华人民共和国著作权法实施条例》《信息网络传播权保护条例》等有关规定，现就有关问题通知如下。

一、摄影作品是著作权法保护的作品之一，应具有独创性，并符合著作权法实施条例第四条第（十）项的特征。

以新闻事件为主题的摄影作品不属于著作权法规定的时事新闻，受著作权法律法规保护。

二、新闻单位、互联网内容提供商、互联网公众账号、图库经营单位、非媒体机构和个人等使用他人摄影作品，应当严格遵守著作权法律法规，取得摄影作品著作权人许可并支付报酬。法律法规另有规定或者当事人另有约定的除外。

未经摄影作品作者许可，不得对摄影作品的构图、色彩等进行实质性修改，不得歪曲篡改摄影作品标题和作品原意。

使用著作权保护期届满的摄影作品，不得侵犯摄影作品作者依法享有的署名权、修改权、保护作品完整权。

三、摄影作品著作权人可以将难以有效行使的权利授权摄影著作权集体管理组织进行管理。著作权集体管理组织经授权后，可以以自己的名义主张权利，并可以作为当事人进行相关诉讼、仲裁活动。

未经批准的任何机构或个人不得擅自从事摄影作品著作权集体管理活动。

四、图库经营单位应当健全版权管理机制，规范版权运营活动，与摄影作品著作权人订立合同，在双方约定的权限范围内行使相关权利。

图库经营单位向用户提供的摄影作品应当权属清晰且获得合法授权，并指明作者及授权方式、授权期限和授权范围等必要信息。

图库经营单位应当合理收取版权许可使用费，并明示使用费价格。

五、图库经营单位应当本着诚实信用的原则开展授权和维权活动，不得对不享有版权的摄影作品虚构版权，不得向他人提供未获授权的摄影作品及主张权利，不得以投机性牟利为目的实施不正当维权行为。

六、图库经营单位对著作权保护期届满及著作权人放弃财产权的摄影作品进行收集、整理、编辑并向用户提供的，应当指明作者及可使用的权利范围等必要信息，且不得侵犯作者依法享有的其他权利，不得以版权许可使用费的名义收取费用。

七、为摄影作品的传播提供服务的网络服务商应当严格遵守《信息网络传播权保护条例》相关规定，提供公开、便捷的维权渠道，及时处理侵权纠纷投诉，切实履行“通知——删除”法律义务。

八、为实施九年制义务教育和国家教育规划而编写出版教科书，除作者事先声明不许使用的外，可以不经著作权人许可，在教科书中汇编已经发表的单幅摄影作品，但应当按照《教科书法定许可使用作品支付报酬办法》相关规定向著作权人或著作权集体管理组织支付报酬，指明作者姓名、作品名称，且不得侵犯著作权人依法享有的其他权利。

九、摄影作品著作权人及使用者、图库经营单位、摄影行业组织等应当共同探索合理、便捷的摄影作品授权体系，进一步完善摄影作品授权交易机制，促进摄影作品的合法有序传播。

摄影行业组织应当在推动版权自律、公平交易、争议调解、合法维权等方面发挥积极作用，并积极探索建设面向中小微企业等用户的微利图库和面向扶贫、科教等领域的公益图库。

十、摄影作品著作权人向著作权行政管理部门进行行政投诉时，应当提交申请书、权利证明、被侵权作品以及其他证据。摄影作品的原件、合法出版物、著作权登记证书、取得权利的合同等，可以作为取得著作权的证据。权利声明、摄影作品上的水印不能单独作为著作权权属的证据。

各级著作权行政管理部门要加强日常监管，加大惩处力度，依法严厉打击摄影作品侵权盗版行为，严肃查处虚构摄影作品版权、进行虚假授权的行为。

本通知自印发之日起实施。

版权局

2020 年 5 月 20 日

专题

2020 第 20 届平遥国际摄影大展

【概况】

2020 年 9 月 19 日至 25 日，由中共山西省委宣传部、山西省文化和旅游厅、中共晋中市委、晋中市人民政府主办的“2020 第 20 届平遥国际摄影大展”在山西省平遥县举行。

本届大展围绕“美好生活 · 守望相助”主题，设置展览、交易、评选 3 大板块，来自俄罗斯、德国等 17 个国家和地区及国内 27 个省、自治区、直辖市 75 所摄影院校的 2400 余名摄影师参展，展出 1 万余幅作品。展览包含专题展、学术展、院校展 3 个单元，按照社会生活、艺术观念、自然风光 3 个类别展出。大展还推出 20 周年文献展、纪实展、女性展、“扬帆——青少年摄影展”等。

【2020 第三届“清风正气”主题摄影作品展】

2020 年 9 月 19 日，“2020 第三届‘清风正气’主题摄影作品展”在山西省平遥县开幕。展览展出从全国 31 个省市约 4500 幅参评作品中评选出的约 430 幅作品，内容分为抗疫类、风采类、综合类 3 个板块。

【中华摄影报优秀摄影师作品联展】

2020 年 9 月 19 日，由德国艺术家托马斯 · 凯尔纳、中华摄影报社、马格兰摄影艺术文化传播有限公司主办的“中华摄影报优秀摄影师作品联展”在山西省平遥县举行。展览以“思想的空间”为主题，分为艺术观念、自然风光、社会生活三大类，展出 28 名《中华摄影报》社摄影师的 312 幅作品。

【2020 第 20 届平遥国际摄影大展颁奖典礼】

2020 年 9 月 21 日，“2020 第 20 届平遥国际摄影大展颁奖典礼”在山西省平遥县举行。本届大展揭晓了 7 个奖项，37 名摄影师和策展人获奖。其中，“平陶杯”优秀摄影大奖 1 名，“平陶杯”优秀作品奖 10 名，“平陶杯”多媒体优秀作品奖 3 名，“平陶杯”院校优秀作品奖 10 名，“平陶杯”凤凰卫视优秀摄影画册奖 6 名，“平陶杯”中国青年摄影推广计划鲲鹏奖 5 名，“平陶杯”组织策划奖 2 名。

北京国际摄影周2020

【概况】

2020年9月27日至2021年1月31日，由中华人民共和国文化和旅游部、北京市人民政府主办，中国摄影家协会、中国艺术摄影学会、中国新闻摄影学会等承办的“北京国际摄影周2020”在北京市举行。本届摄影周采用“专题轮换”和“搭建城市文化广场”模式，分阶段推出“抗击疫情”与“脱贫攻坚”2个主题展及一系列专题图片展。

【共渡——公元2020抗疫影像展】

2020年9月27日，由中华人民共和国文化和旅游部与北京市政府主办，中国新闻摄影学会、中国艺术摄影学会、中国通信摄影协会等承办的“共渡——公元2020抗疫影像展”作为“北京国际摄影周2020”的首个展览在中华世纪坛开幕。展览分为“中国抗疫新闻摄影展”“万象德彰”“医道济世”“影相载志”4个板块，展出从新闻纪实、人民视角和医护视角等记录这场新型冠状病毒肺炎疫情的作品多件。

【2020·中国民族影像志摄影双年展】

2020年10月11日至26日，由中国民族博物馆、中国人类学民族学研究会民族影视与影视人类学专业委员会主办的“2020·中国民族影像志摄影双年展”在中华世纪坛举行。展览展出从全国990名投稿人的1944组作品中评选出的20组入展作品。“第三届中国民族影像志摄影发展论坛”同期举行，影像志创作者、视觉人类学研究者、收藏机构、文化市场等行业主体，探究了摄影创作在保存人类历史记忆方面不可替代的价值和功能，研讨了影像收藏利用的现状及前景等问题。

【“神奇宁夏　星星故乡”专题摄影展】

2020年10月27日，由宁夏回族自治区文化和旅游厅、北京国际摄影周组委会、中国艺术摄影学会主办的北京国际摄影周2020“‘神奇宁夏　星星故乡’专题摄影展”在中华世纪坛开幕。展览分为“六盘山上”“贺兰山下”“长城内外”“黄河两岸”“沙海大漠”5个主题，展出宁夏风光摄影作品100余幅。

【2020丝路国家青少年国际摄影竞赛获奖作品展】

2020年10月27日至11月3日，由北京国际摄影周组委会、丝路国家摄影组织国际联盟、中国艺术摄影学会等主办的“2020丝路国家青少年国际摄影竞赛获奖作品展”在中华世纪坛举行。展览展出从25个国家和地区的108281名作者的254301幅（组）参赛作品中评选出的192件（组）作品。

【北京国际摄影周 2020“云影像”大众手机摄影活动暨“攻坚”题材手机摄影公益大展】

2020 年 11 月 7 日，“北京国际摄影周 2020‘云影像’大众手机摄影活动暨‘攻坚’题材手机摄影公益大展”在中华世纪坛开幕。展览展出包括“抗疫攻坚”“脱贫攻坚”和“抗洪攻坚”3 个部分的手机摄影作品 522 件。

【“书香中国·美丽人生”全国全民阅读摄影大展】

2020 年 11 月 10 日至 16 日，由中共中央宣传部传媒监管局主办、中国摄影报社承办的“‘书香中国·美丽人生’全国全民阅读摄影大展”在中华世纪坛举行。展览展出从全国 2 万余幅（组）参选照片中评选出的 100 余幅（组）照片。

第十三届中国摄影艺术节暨第四届天鹅之城——中国三门峡自然生态国际摄影大展

【概况】

2020 年 12 月 20 日至 29 日，由中国文学艺术界联合会、中共河南省委宣传部、中国摄影家协会主办，河南省文学艺术界联合会、三门峡市人民政府承办的“第十三届中国摄影艺术节暨第四届天鹅之城——中国三门峡自然生态国际摄影大展”在河南省三门峡市举行。

本届摄影节以“战疫脱贫润初心　培根铸魂谱金像”为主题，举办多种形式、不同规模的影展，包括“一个也不能少——全国脱贫攻坚摄影展览”“见证·造像——抗击疫情影像展览”“战争摄影与家国情怀——张崇岫抗美援朝摄影作品展”，以及品牌展、专题展、特色展，展出 1100 余名摄影家的 4000 余幅作品。本届金像奖获奖者作品展作为艺术节的品牌展亮相。此外，还举办了“金像面对面”学术交流活动、“金像直播间”等活动。

19 名摄影家分获第十三届中国摄影金像奖纪实类、艺术类、商业类 3 大类别奖项。颁奖现场颁发魏德忠、佟树珩“中国文学艺术界联合会终身成就摄影家”荣誉称号。中共中央宣传部授予中国摄影家协会赴湖北抗击疫情小分队“全国宣传文化系统抗击新冠肺炎疫情先进集体”，授予陈黎明、曹旭等为“抗击新冠肺炎疫情先进个人”。中国摄影家协会授予湖北省摄影家协会、河南省摄影家协会“抗击新冠肺炎疫情先进团体会员单位”；授予丁俊杰等 127 人为“抗击新冠肺炎疫情先进摄影工作者”。

本届摄影节推出“微信摄影时刻”短视频作品展播。展览分为 4 个部分：炷、诗、星和洞见。来自世界各地的拍摄者，用影音的方式呈现了自然景观和生活场景。

【第十三届中国摄影金像奖】

2020 年 12 月 20 日，第十三届中国摄影金像奖获奖名单在河南省三门峡市揭晓。获得第十三届中国摄影金像奖的有纪实摄影类：王大斌、王经春、毛建军、卢北峰、严志刚、范江怀、郭建设、曾毅、鲍永清；艺术摄影类：龙江、李馨、李志良、肖萱安、陈茂盛、邵大浪、郑伟杰、谢子龙；商业摄影类：马国彤、李嘉宾。

【中国摄影艺术馆揭牌暨摄影文化项目签约仪式】

2020 年 12 月 21 日，由中国摄影家协会、三门峡市人民政府主办的“中国摄影艺术馆揭牌暨摄影文化项目签约仪式”在河南省三门峡市举行。中国摄影艺术馆揭牌仪式后举行摄影文化项目签约仪式。“视觉中国”等多个企业参与其中，签约项目共计 18 个。

作为本届艺术节的一个展览场地，中国摄影艺术馆举办了一系列展览。“战争摄影与家国情怀——张崇岫抗美援朝摄影作品展”是为纪念中国人民志愿军抗美援朝出国作战 70 周年举办的致敬展，展出 40 幅作品。“‘黄河两岸是故乡’大型摄影主题展”展出黄河流域九省（区）的作品多幅。中国摄影艺术馆还举办了“街拍中国”“中国摄影图书榜”“中国摄影艺术馆馆藏作品”“‘绿水青山　生物多样’外籍摄影师作品展”“王琛经典限量版相机展”“伍振超、孙振军西沙记忆作品展”“刘远的 169 本摄影书”“百姓用过的照相机收藏展”等展览，以及摄影产业配套行业相关展示等。

理论研究

著作选目

肖全摄影，钱江晚报编著：《肖全·100种杭州》，浙江摄影出版社2020年版。

李笑男著：《1988年以来的中国影像艺术》，文化艺术出版社2020年版。

陈琦著：《印象管理范式下的女性自拍》，人民日报出版社2020年版。

高原著：《红磡1994》，生活书店出版有限公司2020年版。

刘铮主编：《“中国当代摄影图录”丛书》，浙江摄影出版社2020年版。

巫鸿编著：《中国当代摄影四十年》，浙江摄影出版社2020年版。

高琴主编：《口述影像历史——与共和国同行1949—1978（三卷本）》，中国摄影出版社2020年版。

阮义忠著：《都市速写簿》，浙江摄影出版社2020年版。

晓华、汪政著：《伫立虚构：毕飞宇影像》，辽宁美术出版社2020年版。

李学立、白丁主编：《中国匠人：河洛手艺人图文录（一）》，中国摄影出版社2020年版。

楼美如著：《农耕》，浙江摄影出版社2020年版。

解海龙著：《我要上学：解海龙希望工程摄影纪实》，人民邮电出版社2020年版。

顾铮著：《城市表情——从19世纪到21世纪的城市摄影》，上海人民美术出版社2020年版。

王奇杰著：《我的田坝我的村：扶贫第一线摄影纪实》，中国民族文化出版社2020年版。

三影堂摄影艺术中心编著：《共振：2020年度三影堂摄影奖作品展》，浙江摄影出版社2020年版。

郑梓煜编著：《外国摄影师镜头里的中国》，中信出版社2020年版。

顾铮著：《世界摄影史》，浙江摄影出版社2020年版。

宿志刚、崔畅著：《人像摄影》，浙江摄影出版社2020年版。

唐东平著：《摄影构图》，浙江摄影出版社2020年版。

冯建国著：《黑白摄影》，浙江摄影出版社2020年版。

冯建国著：《大画幅摄影》，浙江摄影出版社2020年版。

宋靖著：《影视短片创作》，浙江摄影出版社2020年版。

屠明非著：《摄影曝光》，浙江摄影出版社2020年版。

曹颋著：《时尚摄影》，浙江摄影出版社2020年版。

阮义忠著：《有名人物无名氏（阮义忠经典摄影集）》，浙江摄影出版社2020年版。

牛红旗著：《疼水：我的西海固》，中国民族文化出版社2020年版。

姚大伟著：《来过》，五洲传播出版社2020年版。

孙健三著，孙明经摄影：《孙明经纪实摄影研究——1939：茶马贾道（全四册）》，浙江摄影出版社2020年版。

杨健著：《革命的凝视：政治·宣传·摄影维度下的〈晋察冀画报〉研究》，同济大学出版社2020年版。

钟黎明著：《百年华丰》，浙江摄影出版社2020年版。

钟黎明著：《石塘记》，浙江摄影出版社2020年版。

钟黎明著：《八个冬夏》，浙江摄影出版社2020年版。

徐大庆著：《镜观：吴为山雕塑风景》，中国摄影出版社2020年版。

罗涵著：《哈尼梯田记》，中国民族文化出版社2020年版。

邢千里著：《中国摄影简史》，浙江摄影出版社2020年版。

于幸泽著：《观念影像：影像教学与影像实践》，辽宁美术出版社 2020 年版。

李树峰主编：《时代与方位：中国当代纪实摄影家作品展》，人民邮电出版社 2020 年版。

解海龙、王薇著：《捧起希望：解海龙自述》，山东画报出版社 2020 年版。

陈丹青著：《影像杂谈》，四川人民出版社 2020 年版。

高原著：《返场》，东方出版社 2020 年版。

王海宝编著：《中国摄影先驱：从晚清至 1978》，上海文化出版社 2020 年版。

唐东平著：《摄影画面语言》，浙江摄影出版社 2020 年版。

钱元凯著：《摄影光学与镜头》，浙江摄影出版社 2020 年版。

孙京涛著：《父亲的村庄（中国摄影家典藏）》，浙江摄影出版社 2020 年版。

宁舟浩著：《毛家工业园（中国摄影家典藏）》，浙江摄影出版社 2020 年版。

刘远著：《百年红色三部曲》，第三只眼文化传播 2020 年版。

[美] 芭芭拉・伦敦、吉姆・斯通、约翰・厄普顿著，陈欣钢译著：《美国摄影教程（第 12 版）》，人民邮电出版社 2020 年版。

[美] 米歇尔・博格蕊著，徐飚译著：《行动主义摄影》，江苏人民出版社 2020 年版。

[英] 布赖恩・迪尔格著，付党生译著：《解码好照片》，中国摄影出版社 2020 年版。

[美] 安妮・莱顿・马索尼、[美] 马尼・欣德曼著，范筱苑、刘冰心译著：《当代摄影中的影像构建》，人民邮电出版社 2020 年版。

[英] 马克・德登编著，米玲译著：《五十位大师论摄影》，北京美术摄影出版社 2020 年版。

[美] 詹姆斯・埃尔金斯著，初枢昊译著：《摄影理论》，湖北美术出版社 2020 年版。

赵省伟主编，邱丽媛、李姝姝、邹静译著：《西洋镜：〈远东〉杂志记录的晚清 1876—1878（全二册）》，广东人民出版社 2020 年版。

[德] 维姆・文德斯著，刘思宇译著：《维姆・文德斯宝丽来电影笔记：即时影像》，北京联合出版公司 2020 年版。

[英] 格里・巴杰著，阳丽君、翟希、胡渊译著：《好照片的愉悦》，中国摄影出版社 2020 年版。

[英] 莉兹・威尔斯编著，梁波译著：《摄影批判导论（第 5 版）》，人民邮电出版社 2020 年版。

[英] 露西・苏特著，毛卫东译著：《为什么是艺术摄影（第 2 版）》，人民邮电出版社 2020 年版。

[美] 托德・帕帕乔治著，郑晓红译著：《摄影的核心》，中国摄影出版社 2020 年版。

[英] 林恩・帕克、[英] 基里・罗斯 - 琼斯著，陈莹婷译著：《邱园的故事》，上海文化出版社 2020 年版。

论文选目

高岩著:《现当代摄影实践中的美学转变》,《中国摄影报》2020 年 3 月 20 日。

黄一鸣著:《纪实摄影的文学表达与艺术联姻》,《中国摄影报》2020 年 4 月 7 日。

张楚翔著:《摄影史上的小事件与摄影的大转向》,《中国摄影报》2020 年 7 月 21 日。

赵凤兰著:《理论评论应成为摄影家的“第三只眼”》,《中国艺术报》2020 年 8 月 26 日。

杜江著:《抗击新冠肺炎疫情的中国摄影行动》,《中国摄影报》2020 年 9 月 4 日。

邢千里著:《脱贫攻坚与摄影的使命》,《中国摄影报》2020 年 9 月 29 日。

马列著:《从爵士阁楼回看尤金·史密斯的浮沉人生》,《中国摄影报》2020 月 10 月 6 日。

王阳阳著:《世界摄影前浪史》,《中国摄影报》2020 年 11 月 13 日。

惠天羽著:《从摄影的本质到现象学—存在论立场:〈明室〉与罗兰·巴尔特后期思想的哲学转向》,《法国研究》2020 年第 1 期。

黄碧赫著:《从玛丽莲·梦露到三岛由纪夫——森村泰昌的表演和摄影艺术中的性别与文化身份》,《国际比较文学(中英文)》2020 年第 2 期。

李森著:《回响与共振　致敬罗伯特·弗兰克》,《中国摄影》2020 年第 2 期。

吴悦著:《“屏时代”图像艺术的具身性问题》,《中国摄影家》2020 年第 2 期。

林萌著:《当代摄影与影像艺术中的“新山水”现象研究》,《旅游与摄影》2020 年第 2 期。

潘盒著:《我们如何有关系?以五个摄影公共艺术项目为例》,《中国摄影》2020 年第 3 期。

祖宇著:《“摄影:1839—1937”——一部立体的摄影史》,《中国摄影家》2020 年第 3 期。

郑浓著:《重心归位　中国影像收藏的本土化趋势》,《中国摄影》2020 年第 4 期。

张雯、陈荣辉著:《摄影的灾难叙事——以日本摄影师镜头下的 3·11 灾难为例》,《中国摄影家》2020 年第 4 期。

李靖越著:《超越与供奉　摄影中的电影逻辑》,《中国摄影》2020 年第 5 期。

阳丽君著:《影像真实性的流变》,《中国摄影家》2020 年第 5 期。

石战杰著:《学科背景下的中国高等摄影教育——从课程、专业到学科的反思》,《中国摄影家》2020 年第 6 期。

钟华连著:《看向风景》,《中国摄影》2020 年第 6 期。

顾铮著:《各自有心与努力——在海德堡思考摄影史书写》,《上海艺术评论》2020 年第 6 期。

王翰林著:《情感的回溯——关于中国城市景观摄影的考察与反思》,《中国摄影家》2020 年第 7 期。

王江著:《动物显影》,《中国摄影》2020 年第 8 期。

郭春宁、孙雪浩著:《“半透明”的媒介话语:透视迈克尔·沃尔夫的摄影艺术空间》,《艺术评论》2020 年第 8 期。

王钰莹著:《数字时代摄影艺术的新变——以创作与观看方式为例》,《中国民族博览》2020 年第 8 期。

李森著:《观看即介入》,《中国摄影》2020 年第 10 期。

马夫著:《时尚天空》,《中国摄影》2020 年第 12 期。

郑萍萍著:《未来再见时》,《中国摄影》2020 年第 12 期。

纪事

综合展览

【首届中国（铜陵）长江摄影季】

2020年1月4日至27日，由中国摄影家协会、安徽省文学艺术界联合会、中共铜陵市委、铜陵市人民政府主办的“首届中国（铜陵）长江摄影季”在安徽省铜陵市举行。展览展出全国摄影作品近700幅。

【“白俄罗斯摄影师眼中的北京”图片展】

2020年1月6日至15日，由北京市人民政府新闻办公室、白俄罗斯共和国驻华大使馆主办的“‘白俄罗斯摄影师眼中的北京’图片展”在北京市举行。展览展出白俄罗斯5名摄影师的100幅作品。1月15日至26日，该展巡展在白俄罗斯首都明斯克举行。

【第二届中国·吉林市国际冰雪摄影大展】

2020年1月11日至31日，由中国摄影家协会、吉林市人民政府主办，中国摄影报社、中共吉林市委宣传部、吉林市文学艺术界联合会承办的“第二届中国·吉林市国际冰雪摄影大展”在辽宁省吉林市举行。展览分为7个展览展出1000余幅中外摄影作品。

【“我家最美一瞬间”全国儿童摄影作品展】

2020年1月10日至2月9日，由中国女摄影家协会、中国妇女儿童博物馆、中国妇女发展基金会主办的“‘我家最美一瞬间’全国儿童摄影作品展”在中国妇女儿童博物馆举行。展览展出全国6岁至18岁的少年儿童拍摄的224幅作品。

【“百年京张·见证辉煌”摄影展】

2020年1月19日至2月29日，由“百年京张·见证辉煌”组委会、河北省民俗摄影协会等主办的“‘百年京张·见证辉煌’摄影展”在河北省图书馆举行。展览展出从全国20000余幅作品中评选出的248幅作品。

【“来自‘疫’线的摄影纪实”展览】

2020年2月14日，由中国摄影家协会举办的“来自‘疫’线的摄影纪实”展览在中国摄影家协会开幕。展览展出来自新华社、《中国青年报》、《武汉晚报》等一线摄影记者和摄影人的20余幅作品。

【“万众一心”湖南省疫情防控纪实摄影展览】

2020年4月27日至5月26日，由湖南省文化和旅游厅主办的“‘万众一心’湖南省疫情防控纪实摄影展览”在湖南省文化馆举行。展览展出湖南省以抗击新型冠状病毒肺炎疫情为主题的摄影作品110组（幅）。

【第七届中国摄影年度排行榜上榜作品展】

2020年5月1日至7月31日，由浙江省丽水摄影博物馆主办的“第七届中国摄影年度排行榜上榜作品展”在丽水摄影博物馆举行。展览展出10组入选作品——《十年寻羌》《某年某月某日》《孤岛》《刘书彦—刘山保—刘书彤》《怀旧之邦》《平行世界》《内啡肽的火焰》《密集的打工生活》《一块玻璃》《网红打卡》。

【黑河市首届“OkYa—黑河！”摄影艺术网络联展】

2020年5月14日至6月22日，由黑河市摄影家协会联合黑河全市各县（市、区）9家摄影家协会主办的“黑河市首届‘OkYa—黑河！’摄影艺术网络联展”在人民网摄影网站、黑龙江省摄影家协会光影视觉网、黑河电视台“亲亲黑河”新媒体等网络媒体陆续展播。

【中国必胜　福建风采——福建省抗击疫情书画摄影视听作品展】

2020年5月17日至6月14日，由福建省文化和旅游厅、福建省政协文化文史和学习委员会主办的“中国必胜　福建风采——福建省抗击疫情书画摄影视听作品展”在福建省福州市举行。展览展出福建省419件作品，涵盖书法、美术、摄影以及戏曲、音乐、舞蹈、曲艺、杂技、朗诵等视听作品。展览展出的摄影作品，主要来自福建援鄂医疗队一线的医护工作者，他们以第一视角讲述了不一样的战疫历程。

【浙江省“众志成城　同心战疫”新闻摄影作品展暨颁奖仪式】

2020年5月18日，由浙江省新闻工作者协会、浙江日报报业集团、杭州西湖风景名胜区管委会等主办的“浙江省‘众志成城　同心战疫’新闻摄影作品展暨颁奖仪式”在浙江省杭州市举行。展览展出从浙江省2000余幅投稿作品评选出的300余幅作品。

【战“疫”——河南省抗击新冠肺炎疫情纪实摄影展】

2020年6月10日至30日，由河南省文化馆、河南省艺术摄影学会主办的“战‘疫’——河南省抗击新冠肺炎疫情纪实摄影展”在河南省文化馆举行。展览展出河南省拍摄于疫情防控期间的摄影作品150组（幅）。

【面对——钱捍抗疫生活影像日记摄影展】

2020年6月13日至7月5日，由山东美术馆、山东省新闻摄影学会、山东省互联网传媒集团主办的“面对——钱捍抗疫生活影像日记摄影展”在山东省济南市举行。展览展出 120 幅照片，从百姓视角切入，展示全民战“疫”的民间表情和故事。

【“疫·镜——国际抗疫影像纪实”云摄影展】

2020 年 6 月 29 日，由中国外文出版发行事业局联合韩国首尔市政府、亚洲新闻集团等主办的“疫·镜——国际抗疫影像纪实”云摄影展在北京市启动。展览分为“突如其来　全球暴发”“生命至上　人间大爱”“风雨同舟　守望相助”“社会停摆　经济下挫”“提振复苏　勇敢前行”5 个单元，展出来自中国、韩国、埃及、法国、意大利、俄罗斯、西班牙、巴西、墨西哥、秘鲁、美国等 27 个受疫情影响严重国家和地区媒体机构和摄影师作品 200 余幅。展期为 6 个月。此次云展览以新媒体新技术，向全球观众提供多语种、多终端观展体验。

【用镜头见证四川发展　以影像吹响前进号角——四川省第 17 届摄影艺术展】

2020 年 8 月 15 日至 31 日，由四川省摄影家协会主办的“用镜头见证四川发展　以影像吹响前进号角——四川省第 17 届摄影艺术展”在四川美术馆举行。展览展出从全省 1774 名作者的 8248 幅（组）20926 张作品中评选出的 199 幅（组）入选（获奖）作品。

【我们过上了好日子——“精准扶贫在阜平”主题摄影展】

2020 年 9 月 5 日至 12 日，由河北省摄影家协会等主办的“我们过上了好日子——‘精准扶贫在阜平’主题摄影展”在河北省保定市举行。展览分为“易地扶贫搬迁安置区建设”“讲述脱贫攻坚以来的普通故事”两个板块，展出 30 个摄影专题、638 幅图片。

【为天使造像——中国摄影家协会赴湖北抗击疫情摄影小分队汇报展】

2020 年 9 月 11 日，由中国文学艺术界联合会主办的“为天使造像——中国摄影家协会赴湖北抗击疫情摄影小分队汇报展”在北京市举行。展览展出中国摄影家协会赴湖北抗击疫情摄影小分队奔赴抗疫前线拍摄的影像多幅。

【阜平·中国风景摄影大展暨“追梦太行，寻味阜平”全国摄影大展】

2020 年 9 月 12 日，由中国摄影家协会、河北省文学艺术界联合会、中国摄影杂志社等主办的“阜平·中国风景摄影大展暨‘追梦太行，寻味阜平’全国摄影大展”在河北省阜平县开幕。其中，“阜平·中国风景摄影大展”评选出 10 名优秀摄影师。“追梦太行，寻味阜平”全国摄影大展评选出 98 幅入选作品。

【第八届“沣标杯”国际听障摄影展暨“关爱残障”主题公益摄影展】

2020 年 9 月 18 日，由中国聋人协会、中国文学艺术界联合会摄影艺术中心主办的“第八届‘沣标杯’国际听障摄影展暨‘关爱残障’主题公益摄影展”在广东省广州市开幕。本届影展分设听障组和社会组两个组别，展出从全国包括港、澳、台地区的来稿 11000 余幅中评选出的 100 幅作品，其中听障组相机类入选作品 40 幅、听障组手机类入选作品 20 幅、社会组入选作品 40 幅。

【“博门艺嘉杯”美丽视界全国摄影大展】

2020 年 9 月 19 日，由中国摄影杂志社、百成数码影业有限公司主办的“‘博门艺嘉杯’美丽视界全国摄影大展”在江苏省泰兴市开幕。展览展出 100 幅入选作品，还邀请 10 余名摄影名家携风光、鸟类、动植物等题材的作品参展。中国摄影家协会商业摄影委员会 2020 年工作会议暨“摄影创作与创意转化”研讨会同期举行，中国摄影家协会商业摄影委员会委员与百成数码影业有限公司董事长等人，以“摄影创作与创意转化”为题，就摄影创作与创意转化的相关问题进行探讨。

【见证・前行——广西环江毛南族实现整族脱贫摄影展】

2020 年 9 月 21 日至 25 日，由中国艺术报社、广西壮族自治区文学艺术界联合会、中共环江毛南族自治县委员会、环江毛南族自治县人民政府等主办的“见证・前行——广西环江毛南族实现整族脱贫摄影展”在中国文艺家之家展览馆举行。展览分为“奔小康”“谋幸福”“致富路”“换新颜”“峦到奈”5 个部分，展出 100 余幅摄影作品。“摄影聚焦脱贫攻坚，影像助力乡村振兴”研讨会同期举行，与会专家学者围绕影像如何助力乡村脱贫等议题展开讨论。

【“第二届吴印咸摄影艺术双年展暨纪念吴印咸诞辰 120 周年”活动】

2020 年 9 月 21 日至 10 月 8 日，由中国摄影家协会、江苏省文学艺术界联合会、江苏省沭阳县人民政府主办的“第二届吴印咸摄影艺术双年展暨纪念吴印咸诞辰 120 周年”活动在江苏省沭阳县举行。活动以“时代・记忆・初心・奋斗”为主题，举行“纪念吴印咸诞辰 120 周年摄影展”“晋察冀边区影像原作展”“为新中国而战——邹健东战地摄影作品展”“第 27 届全国摄影艺术展览精选展”“1960s’沭阳记忆——晓庄摄影作品展”“‘百名摄影家看沭阳’摄影展”6 个展览。其中，“纪念吴印咸诞辰 120 周年摄影展”展出吴印咸作品及工作生活照片 120 幅。

9 月 21 日，举办了“纪念吴印咸诞辰 120 周年摄影艺术研讨会”，回顾和探讨了吴印咸的人生经历和艺术历程。

9 月 22 日，中国摄影出版社联合北京电影学院等 10 余所院校，举办了中国高校影像教育联盟论坛，共同探讨国内高校摄影教育发展。

【2020 上海国际摄影节暨第十五届上海国际摄影艺术展】

2020 年 9 月 25 日至 10 月 7 日，由上海市文学艺术界联合会、上海市杨浦区人民政府、上海市摄影家协会主办的“2020 上海国际摄影节暨第十五届上海国际摄影艺术展”在上海市举行。摄影节以“遇见未来・上海维度”为主题，展出 54 名中外艺术家的 407 幅作品。展览期间还开展了 1 场学术报告会、3 场学术研讨会以及 12 场专题摄影讲座。

【拾光之书——阿拉巴斯特蛋白印相影集《中国》特展】

2020 年 9 月 25 日至 11 月 25 日，由南宋皇城小镇管委会、杭州清河坊资产管理有限公司主办的“拾光之书——阿拉巴斯特蛋白印相影集《中国》特展”在浙江省杭州市举行。展览分为“世纪记忆”“人文显影”“蛋白印相”等板块，从影像人文、印相工艺、摄影鉴藏等角度阐释影集《中国》的含义。

【2020 多彩贵州·第十三届中国原生态国际摄影大展】

2020 年 9 月 27 日至 10 月 7 日，由中共贵州省委宣传部、中国新闻社主办的“2020 多彩贵州·第十三届中国原生态国际摄影大展”在贵州省黔东南苗族侗族自治州举行。展览以“共同的世界——以山为语”为主题，分为国际展、国内展和贵州展 3 个板块，展出中外摄影师的 2500 余幅摄影。另举办 6 场学术活动及采风创作等系列活动。

【日常：生活的原生创作——中外青年摄影师多媒体展】

2020 年 9 月 28 日，由中国文学艺术界联合会摄影艺术中心主办的“日常：生活的原生创作——中外青年摄影师多媒体展”在贵州省黔东南苗族侗族自治州开幕。展览以“日常”为主题，展出中国、泰国、缅甸等国家和地区 13 名青年摄影师的作品多件。

【“建设美丽家园，精准脱贫攻坚”全国摄影大展】

2020 年 9 月 29 日，由中国文学艺术界联合会摄影艺术中心、武义县人民政府主办的“‘建设美丽家园，精准脱贫攻坚’全国摄影大展”在浙江省武义县开幕。展览展出从北京、广东、湖北、江苏、江西、四川、贵州、浙江等 13 个省市 1 万余人（次）在武义采风创作提交的 7000 余幅作品中评选出的 100 幅作品。

【人民至上·使命在肩——庆祝中华人民共和国成立 71 周年系列摄影作品展】

2020 年 9 月 30 日至 10 月 8 日，由中共石家庄市委宣传部、河北省摄影家协会、河北新闻网等主办的“人民至上·使命在肩——庆祝中华人民共和国成立 71 周年系列摄影作品展”在河北省石家庄市举行。展览分为“全民战‘疫’”“决战脱贫攻坚”“滹沱两岸是家乡”“合家欢庭院美”4 个部分，展出全国摄影作品近 1000 幅。

【“圆梦小康”全省摄影大展】

2020 年 10 月 15 日至 19 日，由湖北省摄影家协会等主办的“‘圆梦小康’全省摄影大展”在湖北省武汉市举行。展览征集作品 2300 余幅（组），评选出金奖 5 幅（组）、银奖 10 幅（组）、铜奖 14 幅（组）、优秀奖 119 幅（组）。展出作品内容为湖北在脱贫攻坚的奋斗实践中取得的成就。

【晴朗的天空——青藏高原各族人民的新生活主题摄影展览】

2020 年 10 月 16 日至 23 日，由中国文学艺术界联合会、中国摄影家协会主办的“晴朗的天空——青藏高原各族人民的新生活主题摄影展览”在中国文艺家之家展览馆举行。展览分为“阳光雨露”“绿水青山”“百花绽放”“大地芬芳”4 个部分，展出 101 幅作品。

【2020 影像见证脱贫攻坚主题公益摄影展】

2020 年 10 月 16 日至 12 月 25 日，由北京电影学院摄影学院、贵州省摄影家协会、北京玉渊潭公园管理处主办的“2020 影像见证脱贫攻坚主题公益摄影展”在北京市举行。展览展出作品 128 幅，展示了贵州在“打赢脱贫攻坚战”中取得的成果。

【点亮——100 名企业家摄影艺术作品展暨新书首发式】

2020 年 10 月 18 日，由企业家摄影协会（深圳）、雅昌文化集团、中国摄影出版传媒有限责任公司（中国摄影出版社）主办的“点亮——100 名企业家摄影艺术作品展暨新书首发式”在广东省深圳市举行。展览展出 200 幅摄影作品。《点亮——100 名企业家摄影艺术丛书》首发式同期举行。

【第十九届天津市摄影艺术展】

2020 年 10 月 25 日至 29 日，由天津市文学艺术界联合会、天津市摄影家协会、东丽区文化旅游体育局主办的“第十九届天津市摄影艺术展”在天津市举行。展览展出从天津市 627 名作者的 12355 幅投稿作品中评选出的 186 幅作品。

【“追梦在路上”——庆祝珠海经济特区建立 40 周年摄影作品展】

2020 年 11 月 4 日至 25 日，由中国文学艺术界联合会摄影艺术中心、中共珠海市委宣传部、珠海市文学艺术界联合会主办的“‘追梦在路上’——庆祝珠海经济特区建立 40 周年摄影作品展”在广东省珠海市举行。展览分为“南海明珠”“砥砺 40 年”“珠澳同辉”“壮丽新篇”4 个篇章，展出 200 件摄影作品。

【第四届深圳国际摄影大展】

2020 年 11 月 10 日至 29 日，由中国摄影家协会、深圳市文学艺术界联合会主办的“第四届深圳国际摄影大展”在广东省深圳市举行。展览以“城市 · 先行”为主题，分为“征稿主题展”“专题邀请展”“手机摄影展”“摄影企业展”“分会场平行展”“主题学术研讨会”6 个板块，展出近 3000 件摄影作品。

【浙江省第十八届摄影艺术展暨 2020“缙云仙都杯”瓯江行丽水摄影大展】

2020 年 11 月 14 日至 12 月 14 日，由浙江省文学艺术界联合会、浙江省摄影家协会、中共丽水市委宣传部主办的“浙江省第十八届摄影艺术展暨 2020‘缙云仙都杯’瓯江行丽水摄影大展”在浙江省丽水市举行。展览展出从浙江省 1777 名参赛者的 7532 件征集作品中评选出的 299 件作品。

【“中国 · 张家界”首届世界遗产摄影大展】

2020 年 11 月 16 日至 22 日，由中国摄影家协会、张家界市人民政府主办的“‘中国 · 张家界’首届世界遗产摄影大展”在湖南省张家界市举行。展览以“交流共享、保护传承”为主题，展出 9 大主题 3000 余幅影像作品，涵盖 71 个国家和地区的 115 处世界遗产影像作品。

【第二届全国七大产行业大型摄影联展】

2020 年 11 月 21 日，由中国电力、中国石化、中国铁路等七家行业摄影协会主办的“第二届全国七大产行业大型摄影联展”在陕西省西安市开幕。展览以“使命·担当”为主题，展出七大行业 2020 年在决战脱贫攻坚、抗击新冠疫情、战胜洪涝灾害等方面作品多件。

【第二十五届河北省摄影艺术展览】

2020 年 11 月 21 日至 2021 年 2 月 28 日，由河北省文学艺术界联合会、河北省档案馆、河北省摄影家协会等主办的“第二十五届河北省摄影艺术展览”在河北省保定市举行。展览展出从河北省 1106 名作者的 4882 件来稿中评选出的 139 件作品。

【2020 第六届集美·阿尔勒国际摄影季】

2020 年 11 月 27 日至 2021 年 1 月 3 日，由三影堂摄影艺术中心主办的“2020 集美·阿尔勒国际摄影季”在福建省厦门市举行。本届摄影季通过 26 场展览展出中外艺术家作品多件。

【“世界的开平”——摄影旅游自媒体峰会暨第二届沙飞摄影周】

2020 年 11 月 29 日，由中国摄影家协会纪实摄影委员会、广东省摄影家协会、中国摄影报社等主办的“‘世界的开平’——摄影旅游自媒体峰会暨第二届沙飞摄影周”在广东省开平市开幕。中国红色摄影家沙飞铜像雕塑揭幕仪式同期举行。本次活动分为 3 个板块、3 个展区、7 个展览，共展出 1000 余幅摄影作品，还举办摄影名家分享会、纪实摄影研讨会、摄影旅游自媒体峰会等活动。

【双城记——成都·重庆当代影像展】

2020 年 12 月 1 日至 2021 年 4 月 4 日，由成都市文学艺术界联合会、四川省摄影家协会、重庆市摄影家协会主办的“双城记——成都·重庆当代影像展”在四川省成都市举行。影像展展出蓉渝两地 12 名艺术家的作品。以“影像艺术节”和以“影像艺术现状及收藏”为主题的学术研讨会同期举办，会议围绕“国内外摄影艺术节的发源、现状以及未来发展”“成都举办高水平国际影像艺术节的必要性和可行性”“国内外影像艺术的现状及发展趋势”“国内外影像艺术品收藏”等议题进行讨论。

【踏上新征程　砥砺谱新篇——中国女摄影家协会作品展】

2020 年 12 月 7 日至 13 日，由中国女摄影家协会、中国妇女儿童博物馆主办的“踏上新征程　砥砺谱新篇——中国女摄影家协会作品展”在中华世纪坛举行。展览分为两部分，一部分以决战脱贫攻坚、抗击新型冠状病毒肺炎疫情及巾帼建设者的奋斗为主；另一部分由河北省、四川省、吉林省、湖北省、陕西省、浙江省和上海市“六省一市”女摄影家团体的主题展组成。展览展出以讲好中国妇女故事为主线作品近 1000 幅。

【“美丽中国　美丽印度——龙象共舞　相互成就”云图片展】

2020 年 12 月 8 日至 2021 年 3 月 8 日，由人民画报社主办的“美丽中国　美丽印度——龙象共舞　相互成就”云图片展在线上举行。展览展出 120 余幅图片。

【中国摄影先驱：从晚清至 1978】

2020 年 12 月 10 日至 15 日，由无锡市文化广电和旅游局主办的“中国摄影先驱：从晚清至 1978”展览在江苏省无锡市举行。展览通过梳理中国摄影文献，为 71 名中国摄影先驱编撰生平事迹。

【21 届安徽省摄影艺术展览】

2020 年 12 月 11 日至 15 日，由安徽省文学艺术界联合会、安徽省摄影家协会主办的“21 届安徽省摄影艺术展览”在安徽省合肥市举行。展览展出了从安徽省全省近 2000 名作者的 18000 余幅来稿作品中评选出的 300 幅作品，其中纪录类 135 幅、艺术类 135 幅、创意和商业类 23 幅、多媒体类 7 幅。

【江西省第 25 届摄影作品展】

2020 年 12 月 11 日至 20 日，由江西省文学艺术界联合会、中共鹰潭市委市政府、江西省摄影家协会主办的“江西省第 25 届摄影作品展”在江西省鹰潭市举行。展览展出从江西省 1493 人的 9221 件（组）15555 幅投稿作品中评选出的 360 幅作品。展览同期还举办“小康照亮新生活——2020 江西省脱贫攻坚摄影展”“美丽江西新画卷——江西主题风光摄影展”“鹰潭市第 7 届摄影作品展”“龙虎山风光摄影展”等摄影作品展以及 2020 江西摄影名家大讲堂、江西省第 25 届摄影作品展研讨会、江西省摄影展工作会暨六届三次常务理事扩大会、“百名摄影家聚焦鹰潭龙虎山”创作采风等 10 项活动。

【“北滘杯”广东省第 28 届摄影展览】

2020 年 12 月 12 日，由广东省摄影家协会、顺德区北滘镇人民政府主办的“‘北滘杯’广东省第 28 届摄影展览”在广东省佛山市开幕。展览展出了从广东省全省 11854 件投稿作品中评选出的 274 件作品。

【“聚焦新时代　奋进新征程”第 19 届辽宁省摄影艺术展】

2020 年 12 月 12 日，由辽宁省摄影家协会主办的“‘聚焦新时代　奋进新征程’第 19 届辽宁省摄影艺术展”在辽宁省沈阳市开幕。展览展出了从全省 1741 名摄影家及摄影爱好者的 17330 幅投稿作品中评选出的 200 幅作品，其中收藏作品 46 幅、入选作品 154 幅。第十三届中国摄影金像奖辽宁参评作品展与本届辽宁省展同期举行。

【向人民汇报——四川省脱贫攻坚主题摄影展】

2020 年 12 月 18 日至 2021 年 1 月 18 日，由四川省文学艺术界联合会、凉山州人民政府主办的“向人民汇报——四川省脱贫攻坚主题摄影展”在四川省西昌市举行。展览展出从全省 5 万余幅投稿作品中评选出的1153幅（组）作品。

【2020第四届宁波国际摄影周】

2020年12月18日至2021年2月26日，由宁波市文学艺术界联合会主办的“2020第四届宁波国际摄影周”在浙江省宁波市举行。本届宁波国际摄影周设有5个展览单元、17个影像展览、4场对话讲座以及1个专题书展。5个展览单元包括：特邀展“漫游中国”、抗击疫情主题展“武汉2020”、“城市影像”主题展、“严师傅和他的街拍中国”特邀展、摄影师群展。

【“浙能杯”第三届全国电力职工摄影大展、全国电力行业“抗疫保电”“脱贫攻坚”摄影作品展】

2020年12月22日至25日，由中国电力摄影家协会主办的“‘浙能杯’第三届全国电力职工摄影大展”“全国电力行业‘抗疫保电’‘脱贫攻坚’摄影作品展”在北京市民族文化宫举行。其中，“第三届全国电力职工摄影大展”展出了从全国1483名作者的10683幅（组）照片中评选出的120幅（组）作品。“抗疫保电摄影作品展”展出了从158名作者的4888幅（组）照片中评选出的65幅（组）摄影作品。“脱贫攻坚摄影作品展”展出了从108名作者的2058幅（组）照片中评选出的25幅（组）照片。

【第八届济南国际摄影双年展暨“丝路亚洲”国际摄影季】

2020年12月22日至2021年3月22日，由中国艺术摄影学会、山东工艺美术学院、中共济南市委宣传部等主办的“第八届济南国际摄影双年展暨‘丝路亚洲’国际摄影季”在山东省济南市举行。展览展出了30余个国家和地区600余名摄影家的1500余幅作品。“丝路亚洲”国际摄影季系列活动由摄影展、学术论坛、国际交流与合作等板块组成，涵盖国内外主题展、邀请展、学术展、试验展及影像展等60余个展览项目。

【“脱贫攻坚·圆梦小康”甘肃摄影展】

2020年12月27日至2021年1月3日，由中共甘肃省委宣传部、甘肃省扶贫办公室、甘肃省文学艺术界联合会主办的“‘脱贫攻坚·圆梦小康’甘肃摄影展”在甘肃省兰州市举行。展览展出了340幅（组）作品，其中，组照120组、单幅220幅。

个人展览

【吴国勇、薛云麾摄影展“深圳河 1997—2019”】

2020 年 1 月 1 日，吴国勇、薛云麾摄影展“深圳河 1997—2019”在广东省深圳市开幕。展览展出 2 名本土摄影师围绕深圳河这一主题创作的 20 余幅摄影和视频作品。

【荒木经惟・花幽摄影作品展】

2020 年 4 月 25 日至 7 月 26 日，由谢子龙影像艺术馆、南京艺术学院主办的“荒木经惟・花幽摄影作品展”在长沙市谢子龙影像艺术馆举行。展览以时间为线索，展出日本摄影家荒木经惟从 1990 年至 2019 年 30 年间拍摄的各类“花”主题作品九大系列 500 余幅作品。

【回望・富春山居——叶文龙摄影作品展】

2020 年 8 月 29 日至 9 月 4 日，由中国摄影家协会主办的中国文学艺术基金会中国文学艺术发展专项基金资助项目“回望・富春山居——叶文龙摄影作品展”在中华世纪坛举行。展览展出叶文龙以“新山水摄影”理念创作的作品多幅。

【陇上行——孙越峰摄影展】

2020 年 9 月 5 日至 25 日，由陕西省摄影家协会主办的“陇上行——孙越峰摄影展”在陕西省西安市举行。展览展出孙越峰作品 40 幅。

【何博个展】

2020 年 9 月 12 日至 10 月 21 日，由 L.A.P. 画廊主办的“何博个展”在湖北省武汉市举行。展览展出何博的 4 组作品，包括《延伸的刺点》(2013—2015)、《从此没人和你说话》(2016)、《自拍者：尺笺传影》(与许雷合作，2016)，以及《三月八日的若干回响》(2018)。

【深圳记忆——著名摄影家朱宪民携深圳影友纪实摄影作品展】

2020 年 9 月 19 日，由深圳市光明区文化广电旅游体育局主办的“深圳记忆——著名摄影家朱宪民携深圳影友纪实摄影作品展”在广东省深圳市开幕。展览分为“深圳往事”“铸造辉煌”和“光明蝶变”3 个部分，展出朱宪民及深圳影友纪实摄影作品多件。展览展期为 3 个月。

【“行将消逝的风景”薛华克大画幅银盐摄影展】

2020 年 12 月 6 日至 20 日，“‘行将消逝的风景’薛华克大画幅银盐摄影展”在浙江省杭州市举行。展览展出从20世纪90年代起薛华克用大画幅相机拍摄的作品中选出的40余幅作品，作品主要为三大类：一是藏北牧区人物，二是部分经典的国宝级佛像，三是古村落片段。

【昔年——赵羡藻摄影艺术展】

2020年12月31日至2021年1月20日，由岭南画派纪念馆、岭南美术教育研究院、广东省摄影家协会主办的“昔年——赵羡藻摄影艺术展”在广州美术学院举行。展览展出赵羡藻所摄粤港影像作品多幅。

会议 · 论坛

【《二十四节气与七十二物候——来自历法源头的影像物候报告》新书首发式暨研讨会】

2020 年 1 月 3 日，由中国摄影出版社、中共山西省临汾市翼城县委、山西省临汾市翼城县人民政府主办的“《二十四节气与七十二物候——来自历法源头的影像物候报告》新书首发式暨研讨会”在山西省翼城县举行。该书由农业及粮食领域专业作者李学峰著述、拍摄，中国摄影出版社出版。该书集气象科技与摄影艺术为一体，用 96 幅摄影作品解读了“中国古代第五大发明”的来龙去脉。研讨会上，相关专家学者从农业、气象、摄影与二十四节气的关系，世界遗产与中国文化自信，节气与文学、民俗等方面研讨了二十四节气和七十二物候的意义和重要性。

【“我家最美一瞬间”全国儿童摄影作品展研讨会】

2020 年 1 月 19 日，“‘我家最美一瞬间’全国儿童摄影作品展研讨会”在中国妇女儿童博物馆举行。研讨会专家以关注妇女儿童事业、推动家庭工作、传承良好家风、培养青少年爱国爱家的朴素情感以及搭建少年儿童摄影平台为议题展开交流与研讨。

【中国摄影家协会 2020 年全国摄影工作视频会议】

2020 年 4 月 27 日，“中国摄影家协会 2020 年全国摄影工作视频会议”以线上线下的方式举行。视频会议主会场设在中国摄影家协会。非在京的中国摄影家协会主席团成员、59 家团体会员单位，以及中国摄影家协会各单位负责人等百余人以视频的形式在“云端”参会。会议作题为《牢记初心使命　勇担使命任务——努力推动新时代社会主义摄影事业繁荣发展》工作报告。报告全面回顾总结了中国摄影家协会 2019 年的工作，对 2020 年的重点工作进行全面部署，提出了总体工作要求。会议传达习近平总书记在“不忘初心、牢记使命”主题教育总结大会上的重要讲话精神，习近平总书记在中央政治局会议上的重要讲话精神，中国文学艺术界联合会十届五次全委会会议精神。会议宣读《关于对中国摄影家协会团体会员单位表扬的通报》。甘肃省摄影家协会、湖北省摄影家协会、山东省摄影家协会、中国卫生摄影家协会 4 家中国摄影家协会团体会员单位在会上作交流发言。他们结合各自工作实际，与各团体会员单位分享摄影工作成果，交流日常工作经验。共有 54 家中国摄影家协会团体会员提交书面交流材料并汇编成册。

【理论评论工作专题座谈会】

2020 年 8 月 20 日，由中国摄影家协会主办的“理论评论工作专题座谈会”在北京市举行。座谈会邀请活跃在摄影理论评论界的专家学者、媒体从业人员就摄影理论评论工作的现状及开拓发展等进行研讨。来自中国艺术研究院、北京电影学院、中国美术学院的专家，《中国青年报》《中国文化报》《光明日报》等媒体，以及摄影家、艺术策展人、摄影培训机构教师等参加座谈会并作主题发言。

【通过修改《著作权法》决定座谈会】

2020年11月12日，中国摄影家协会、中国文学艺术界联合会权益保护部、中国摄影著作权协会在北京市举行“通过修改《著作权法》决定座谈会”。与会专家学者、收藏家、摄影家，积极回应《著作权法》修改后的新形势新需求，探讨《著作权法》在中国特色社会主义法律体系中的重要意义。

【京津冀区域大运河摄影高级研修班】

2020年11月26日，由廊坊市摄影家协会主办的“京津冀区域大运河摄影高级研修班”在河北省廊坊市举办。研修班以大运河历史文化、摄影项目、拍摄题材等系统性讲授为主要内容，理论高度与实践深度有机结合，知识与创作体系框架搭建完整，区域内各地摄影家协会负责人在学习的同时，又可广泛交流措施落地，为大运河摄影发展联盟成员单位在今后的交流活动中提供了借鉴。研修班安排3场名家讲座和2场大运河专题摄影展，讲座分别为“运河影像五十年”“大运河文化记忆的视觉表达与影像的构建——行走·运河”“关于新时代大运河摄影的思考”，展览包括“汤德胜先生大运河专题摄影展”“2020通武廊——印象北运河主题摄影展”。研修班上，京津冀区域大运河沿线各机构单位共同签署《京津冀区域大运河影像文化协作组织合作协议书》。

【2020年中国摄影教育论坛】

2020年12月5日，由中国摄影家协会摄影教育委员会、北京摄影函授学院主办的“2020年中国摄影教育论坛”在北京市举行。论坛以“新传播媒介下的摄影教育”为主题，旨在探讨中国摄影教育，以学术促进摄影教育实践发展。主论坛上，9名学者围绕主题就教育、传播、摄影、艺术等方面发表主旨发言。主旨发言的主题有“教育的核心是批判性思维的培养”“时尚传播对于社会的意义”“社会教育的分层和体系建设”“北京电影学院摄影教育体系”“摄影终结了？社交媒体时代的摄影危机与挑战”“青少年艺术教育普及性与通识性”“海派文化视域下的上海高校摄影教育”“假想‘摄影系’——‘新文科’概念与摄影教育的发展”“艺术家的战场：庞大而闲置的数千家美术馆”。来自北京师范大学社会学院、中国社会管理研究院、中国人民大学新闻传播学院、北京摄影函授学院、北京电影学院摄影学院、中国摄影家协会摄影教育委员会、中央美术学院美术馆影像艺术中心、上海美术学院摄影工作室、上海电影学院摄影系、中国人民大学新闻学院、中国美术学院中国摄影文献研究所、中国美术学院美术馆摄影部的专家学者发表主题演讲。

【2020年中国摄影教育论坛——社会（职业）摄影教育分论坛】

2020年12月5日，由中国摄影家协会摄影教育委员会、北京摄影函授学院主办的“2020年中国摄影教育论坛——社会（职业）摄影教育分论坛”在北京市举行。来自中国摄影家协会理论委员会、福建师范大学摄影系、中国摄影家协会纪实摄影委员会、北京电影学院、中国摄影家协会摄影教育委员会、中国摄影家协会商业摄影委员会、北京摄影函授学院深圳分院等机构的专家和负责人参会。论坛围绕社会（职业）摄影教育展开分享和深入探讨。有的以行业教材的摄影基础课程为例，分享了做线上基础课程的经验和心得；有的就职业培训技能做了分享；有的结合教学经验，分享了自己对职业教育课程设计的思考和见解；有的以新时代大众摄影教育的发展现状与思考、摄影教育之本传道授业解惑为主题，分享了大众摄影教育的诸多见解。

【2020年中国摄影教育论坛——青少年摄影教育分论坛】

2020年12月5日，由中国摄影家协会摄影教育委员会、北京摄影函授学院主办的“2020年中国摄影教育论坛——青少年摄影教育分论坛”在北京市举行。分论坛主题报告有：《文艺志愿服务助推青少年摄影特色教育》《做有温度的摄影教育》《影像城北·至善至美》《青少年摄影教育的探索与实践》《童眼看世界》《摄影伴我们成长》《摄影教育教学经验分享》《由学生的角度如何教》。

活动

【中国文学艺术界联合会、中国摄影家协会文艺志愿服务小分队走进河南淅川、宁夏西海固】

2020 年 1 月 11 日至 13 日，中国文学艺术界联合会、中国摄影家协会走进河南省淅川县慰问当地百姓，为村民拍摄全家福，并举行公益摄影讲座，分享摄影经历、传授摄影经验。1 月 17 日至 19 日，中国文学艺术界联合会、中国摄影家协会、宁夏回族自治区文学艺术界联合会摄影志愿服务小分队来到宁夏回族自治区西海固重点区域海原县、彭阳县，走村入户进行慰问，为当地群众拍摄全家福。

【安徽省文学艺术界联合会摄影小分队开展脱贫攻坚主题创作调研采风】

2020 年 4 月 12 日至 14 日，安徽省文学艺术界联合会带领摄影小分队，分别赴霍山县、石台县两地开展脱贫攻坚主题摄影创作调研采风。小分队先后深入霍山县大别山腹地太阳乡、单龙寺镇、磨子潭镇和石台县仁里镇、七都镇，实地察看两地扶贫车间和龙头企业、全域旅游和美丽乡村示范点，以及安徽省摄影家协会“深扎”创作联系点、重点摄影基地，记录两地精准扶贫、稳定脱贫、绿色减贫，以及通过打造摄影村、最佳摄影点、摄影主题民宿等探索摄影助力脱贫攻坚与乡村振兴等方面取得的成效。

【“聚焦决战脱贫攻坚、决胜全面小康”摄影创作团走进毕节·纳雍】

2020 年 6 月 25 日，贵州省摄影家协会“聚焦决战脱贫攻坚、决胜全面小康”摄影创作团 21 人走进纳雍县进行为期 3 天的调研和创作，用相机镜头呈现了脱贫攻坚以来纳雍县干部群众的风采和脱贫成果。毕节市摄影家协会和纳雍县摄影家协会的 30 余名骨干会员参加创作活动。6 月 27 日，贵州省摄影家协会与毕节市摄影家协会、纳雍县摄影家协会会员在鸽子花风情小镇开展摄影交流座谈，同期展出贵州省摄影家协会在晴隆县脱贫攻坚创作的部分摄影作品。

【“脱贫攻坚·圆梦小康”甘肃摄影采风创作走进陇南市】

2020 年 10 月 13 日至 20 日，由中共甘肃省委宣传部、甘肃省扶贫开发办公室、甘肃省文学艺术界联合会主办的“脱贫攻坚·圆梦小康”甘肃摄影采风创作走进陇南市，先后在礼县、西和县、武都县、康县、成县、两当县采风，开展主题拍摄创作活动。围绕重点脱贫乡村、产业扶贫、电商扶贫、易地搬迁、东西协作、美丽乡村、民俗文化、重点建设项目、典型人物等进行了全方位、多角度的拍摄记录，用摄影的形式讲好陇南脱贫故事，展现陇南决战决胜脱贫攻坚、奋力奔向小康的生动实践，记录脱贫攻坚显著成效和广大农民群众勤劳致富，逐步迈入小康生活的新气象、新风貌。

评奖

【2020 丝路国家青少年国际摄影竞赛】

2020年8月26日，2020丝路国家青少年国际摄影竞赛总决赛终评工作在北京市举行，终评获奖作品揭晓。竞赛从25个国家的108281名青少年选手提交的254301幅（组）作品中评选出1500余幅作品。从中评出A、B、C组（图片类）及新增D组（短视频类）金、银、铜及优秀奖获奖作品144幅。

人物纪念

【摄影家牛畏予逝世】

2020 年 6 月 3 日，摄影家牛畏予因病在北京市逝世，享年 93 岁。

牛畏予（1927—2020），祖籍河南。1945 年参加革命。1948 年从事摄影工作。曾任《华北画报》、《西南画报》、新闻摄影局摄影记者。新华社摄影记者，华北分社、北京分社、香港分社摄影组长。2018 年获“中国文学艺术界联合会终身成就摄影家”称号。作为新中国早期女性摄影师之一，牛畏予在 40 年的摄影生涯中，拍摄了《薄一波迎接邓颖超由西柏坡来北平》《蔡畅大姐抵北平》等广为流传的佳作。

【摄影家李英杰逝世】

2020 年 7 月 17 日，摄影家李英杰因病在加拿大多伦多逝世，享年 79 岁。

李英杰（1941—2020），祖籍山东即墨，生于吉林。曾任中国摄影家协会常务理事、河北省文学艺术界联合会副主席、河北省摄影家协会主席兼秘书长等。1989 年获首届中国摄影金像奖开拓杯奖。2018 年在河北省摄影家协会成立 60 周年纪念大会上获颁致敬奖。

【摄影家、摄影理论家袁毅平逝世】

2020 年 9 月 16 日，摄影家、摄影理论家袁毅平在北京市逝世，享年 94 岁。

袁毅平（1926—2020），生于江苏。1939 年开始摄影生涯。1949 年参加革命工作。历任《新华日报》摄影记者，《人民日报》摄影记者，《大众摄影》杂志编辑组长，《中国摄影》杂志编辑组长、主编，中国摄影家协会副秘书长、副主席，中国文学艺术界联合会第十届荣誉委员，中国摄影家协会顾问。代表作有《东方红》《振我国威》《拔地擎天》《70 年代村干部》《马路“天使”》等。曾获中国摄影金像奖终身成就奖、中国文学艺术界联合会造型表演艺术成就奖、国际摄影艺术联合会“杰出摄影活动家”等称号。

大事记

1月1日，吴国勇、薛云麾摄影展“深圳河 1997—2019”在广东省深圳市开幕。

1月3日，《二十四节气与七十二物候——来自历法源头的影像物候报告》新书首发式暨研讨会在山西省翼城县举行。

1月4日至27日，“首届中国（铜陵）长江摄影季”在安徽省铜陵市举行。

1月6日至15日，“‘白俄罗斯摄影师眼中的北京’图片展”在北京市举行。

1月10日至2月9日，“‘我家最美一瞬间’全国儿童摄影作品展”在中国妇女儿童博物馆举行。

1月11日至13日，中国文学艺术界联合会、中国摄影家协会走进河南省淅川县慰问。

1月11日至31日，“第二届中国·吉林市国际冰雪摄影大展”在辽宁省吉林市举行。

1月19日，“‘我家最美一瞬间’全国儿童摄影作品展研讨会”在中国妇女儿童博物馆举行。

1月19日至2月29日，“‘百年京张·见证辉煌’摄影展”在河北省图书馆举行。

2月14日，“来自‘疫’线的摄影纪实”展览在中国摄影家协会开幕。

3月27日，中共中央政治局委员、国务院副总理、中央指导组组长孙春兰与抗疫一线媒体记者代表座谈。

4月12日至14日，安徽省文学艺术界联合会带领摄影小分队，分别赴霍山县、石台县两地开展脱贫攻坚主题摄影创作调研采风。

4月25日至7月26日，“荒木经惟·花幽摄影作品展”在湖南省长沙市举行。

4月27日，中国摄影家协会2020年全国摄影工作视频会议举行。

4月27日至5月26日，“‘万众一心’湖南省疫情防控纪实摄影展”在湖南省文化馆举行。

5月17日至6月14日，“中国必胜　福建风采——福建省抗击疫情书画摄影视听作品展”在福建省福州市举行。

5月18日，“浙江省‘众志成城　同心战疫’新闻摄影作品展暨颁奖仪式”在浙江省杭州市举行。

6月3日，摄影家牛畏予因病在北京市逝世，享年93岁。

6月10日至30日，“战‘疫’——河南省抗击新冠肺炎疫情纪实摄影展”在河南省文化馆举行。

6月13日至7月5日，“面对——钱捍抗疫生活影像日记摄影展”在山东省济南市举行。

6月22日，“‘共向春光’武汉市抗击疫情主题摄影作品展”在湖北省武汉市开幕。

6月25日，贵州省摄影家协会“聚集决战脱贫攻坚、决胜全面小康”摄影创作团赴纳雍县调研创作。

6月29日，“疫·镜——国际抗疫影像纪实”云摄影展在北京市启动。

7月17日，摄影家李英杰因病在加拿大多伦多逝世，享年79岁。

8月9日至31日，“‘打赢脱贫攻坚战’‘弘扬蒙古马精神’文艺精品创作工程——2020美术作品展览”在内蒙古美术馆举行。

8月15日至31日，“用镜头见证四川发展，以影像吹响前进号角——四川省第17届摄影艺术展”在四川美术馆举行。

8月20日，中国摄影家协会“理论评论工作专题座谈会”在北京市举行。

8月26日，2020丝路国家青少年国际摄影竞赛总决赛终评工作在北京市举行。

8月29日至9月4日，“回望·富春山居——叶文龙摄影作品展”在中华世纪坛举行。

9月1日至10月8日，“和你在一起——北京市文联成立70周年成就展”在首都博物馆举行。

9月5日至12日，“我们过上了好日子——‘精准扶贫在阜平’主题摄影展”在河北省保定市举行。

9月5日至25日，“陇上行——孙越峰摄影作品展”在陕西省西安市举行。

9月11日，“为天使造像——中国摄影家协会赴湖北抗击疫情摄影小分队汇报展”在北京市举行。

9月12日至10月21日，“何博个展”在湖北省武汉市举行。

9月12日，“阜平·中国风景摄影大展暨‘追梦太行，寻味阜平’全国摄影大展”在河北省阜平县开幕。

9月16日，摄影家、摄影理论家袁毅平因病在北京市逝世，享年94岁。

9月18日，“第八届‘沣标杯’国际听障摄影展暨‘关爱残障’主题公益摄影展”在广东省广州市开幕。

9月19日，“深圳记忆——著名摄影家朱宪民携深圳影友纪实摄影作品展”在广东省深圳市开幕，展期3个月。

9月19日，“‘博门艺嘉杯’美丽视界全国摄影大展”在江苏省泰兴市开幕。

9月19日，“2020第三届‘清风正气’主题摄影作品展”在山西省平遥县开幕。

9月19日，“中华摄影报优秀摄影师作品联展”在山西省平遥县开幕。

9月19日至25日，“2020第20届平遥国际摄影大展”在山西省平遥县举行。

9月21日，“2020第20届平遥国际摄影大展颁奖典礼”在山西省平遥县举行。

9月21日至25日，“见证·前行——广西环江毛南族实现整族脱贫摄影展”在中国文艺家之家展览馆举行。

9月21日至10月8日，“第二届吴印咸摄影艺术双年展暨纪念吴印咸诞辰120周年”活动在江苏省沭阳县举行。

9月25日至10月7日，“2020上海国际摄影节暨第十五届上海国际摄影艺术展”在上海市举行。

9月25日至11月25日，“拾光之书——阿拉巴斯特蛋白印相影集《中国》特展”在浙江省杭州市举行。

2020年9月27日至2021年1月31日，“北京国际摄影周2020”在北京市举行。

9月27日至10月7日，“2020多彩贵州·第十三届中国原生态国际摄影大展”在贵州省黔东南苗族侗族自治州举行。

9月28日，“日常：生活的原生创作——中外青年摄影师多媒体展”在贵州省黔东南苗族侗族自治州开幕。

9月29日，“‘建设美丽家园，精准脱贫攻坚’全国摄影大展”在浙江省武义县开幕。

9月30日至10月8日，“人民至上·使命在肩——庆祝中华人民共和国成立71周年系列摄影作品展”在河北省石家庄市举行。

10月11日至26日，“2020·中国民族影像志摄影双年展”在中华世纪坛举行。

10月11日至26日，“第三届中国民族影像志摄影发展论坛”在中华世纪坛举行。

10月13日至20日，“脱贫攻坚·圆梦小康”甘肃摄影采风创作走进陇南市。

10月15日至19日，“‘圆梦小康’全省摄影大展”在湖北省武汉市举行。

10月16日至23日，“晴朗的天空——青藏高原各族人民的新生活主题摄影展览”在中国文艺家之家展览馆举行。

10月16日至12月25日，“2020影像见证脱贫攻坚主题公益摄影展”在北京市举行。

10月18日，“‘点亮’——100名企业家摄影艺术作品展暨新书首发式”在广东省深圳市举行。

10月25日至29日，“第十九届天津市摄影艺术展”在天津市举行。

10月27日，“‘神奇宁夏　星星故乡’专题摄影展”在中华世纪坛举行。

10月27日至11月3日，“2020丝路国家青少年国际摄影竞赛获奖作品展”在中华世纪坛举行。

11月，2020第六届“日常——青春”青年摄影师作品联展入展作者名单公布。

11月4日至25日，“‘追梦在路上’——庆祝珠海经济特区建立40周年摄影作品展”在广东省珠海市举行。

11月7日，“北京国际摄影周2020‘云影像’大众手机摄影活动暨‘攻坚’题材手机摄影公益大展”在北京市中华世纪坛开幕。

11月10日至16日，“‘书香中国·美丽人生’全国全民阅读摄影大展”在中华世纪坛举行。

11月10日至29日，“第四届深圳国际摄影大展”在广东省深圳市举行。

11月12日，“通过修改《著作权法》决定座谈会”在北京市举行。

11月14日至12月14日，“浙江省第十八届摄影艺术展暨2020‘缙云仙都杯’瓯江行丽水摄影大展”在浙江省丽水市举行。

11月16日至22日，“‘中国·张家界’首届世界遗产摄影大展”在湖南省张家界市举行。

11月21日，“第二届全国七大产行业大型摄影联展览”在陕西省西安市开幕。

2020年11月21日至2021年2月28日，“第二十五届河北省摄影艺术展”在河北省保定市举行。

11月23日，“‘龙华战疫颂’优秀摄影作品展”在广东省深圳市开幕。

11月26日，“京津冀区域大运河摄影高级研修班”在河北省廊坊市举办。

2020年11月27日至2021年1月3日，“2020集美·阿尔勒国际摄影季”在福建省厦门市举行。

11月29日，“‘世界的开平’——摄影旅游自媒体峰会暨第二届沙飞摄影周”在广东省开平市开幕。

2020年12月1日至2021年4月4日，“双城记——成都·重庆当代影像展”在四川省成都市举行。

12月5日，“2020年中国摄影教育论坛”在北京市举行。

12月6日至20日，“‘行将消逝的风景’薛华克大画幅银盐摄影展”在浙江省杭州市举行。

12月7日至13日，“踏上新征程　砥砺谱新篇——中国女摄影家协会作品展”在中华世纪坛举行。

2020年12月8日至2021年3月8日，“美丽中国　美丽印度——龙象共舞　相互成就”云图片展在线上举行。

12月10日至15日，“中国摄影先驱：从晚清至1978”展览在江苏省无锡市举行。

12月11日至15日，“21届安徽省摄影艺术展览”在安徽省合肥市举行。

12月11日至20日，“江西省第25届摄影作品展”在江西省鹰潭市举行。

12月12日，“‘北滘杯’广东省第28届摄影展览”在广东省佛山市开幕。

12月12日，“‘聚焦新时代　奋进新征程’第19届辽宁省摄影艺术展”在辽宁省沈阳市开幕。

2020年12月18日至2021年1月18日，“向人民汇报——四川省脱贫攻坚主题摄影展”在四川省西昌市举行。

2020年12月18日至2021年2月26日，“2020第四届宁波国际摄影周”在浙江省宁波市举行。

12月20日至29日，“第十三届中国摄影艺术节暨第四届天鹅之城——中国三门峡自然生态国际摄影大展”在河南省三门峡市举行。

12月21日，“中国摄影艺术馆揭牌暨摄影文化项目签约仪式”在河南省三门峡市举行。

12月22日至25日，“‘浙能杯’第三届全国电力职工摄影大展”“全国电力行业‘抗疫保电’‘脱贫攻坚’摄影作品展”在北京市民族文化宫举行。

2020年12月22日至2021年3月22日，“第八届济南国际摄影双年展暨‘丝路亚洲’国际摄影季”在山东省济南市举行。

2020年12月27日至2021年1月3日，“‘脱贫攻坚·圆梦小康’甘肃摄影展”在甘肃省兰州市举行。

2020年12月31日至2021年1月20日，“昔年——赵羡藻摄影艺术展”在广州美术学院举行。

中国艺术年鉴 · 2021

书法 · 篆刻卷

分卷主编：陈诗红

年度述评

2020年中国书法述评

◎ 刘宗超

2020年，中国书法的发展受到新冠肺炎疫情的很大影响。一方面，疫情的流行和防控极大地改变了人们的生活状态，隔离和限行长时间影响人们的正常交际活动，“线上”展览、研讨、教育、交流等已成为新方式；另一方面，围绕疫情防控，歌颂“逆行者”、弘扬抗疫精神的“抗疫书法”成为年度创作新内容。疫情在中国得到逐步控制后，正常书法活动在下半年逐渐恢复，线上与线下的交织成为本年度书法活动的新常态。同时，人际距离感和生活方式的改变有利于书法家们逐渐静下来，安心从事书法创作。可以说，突如其来的疫情有可能使本年度成为书法发展转型的关键一年而载入史册。

一、展览与创作

2020年的新冠肺炎疫情对展览活动和书法交流产生了重要影响，闭居在家线上工作成为上半年的状态，《书法报》因此休刊2个月。线下展览主要集中在4月以后，主要有：抗疫书法展（主要为线上）、全国书法展、当代名家个展、近现代名家书法展、古代经典大家展。本年度的众多展览举办得很辛苦，也更加令人珍惜。在这些展览中我们把握了创作的大致状态和走向。

1. 抗疫书法展

在辛丑春节来临之际，新冠肺炎疫情肆虐，书法界和艺术各界迅速行动起来，以艺抗疫。中国书法家协会（书法家协会以下简称“书协”）和各省市书协、行业书协、机关企事业单位、媒体机构等组织以及个人，或捐款捐物，或创作抗疫主题作品，歌颂一线医护人员和工作人员，以作品歌颂党中央带领人民群众防控疫情的坚定决心和必胜信念。由于防控疫情的需要，书法家居家创作，借助互联网线上传送展示作品。天津书协组织书法家仅仅用一天时间，在1月26日晚上率先推出以“万众一心，众志成城”为主题的新媒体书法展。1月28日，身处疫情中心的武汉市文学艺术界联合会（文学艺术界联合会以下简称“文联”）、武汉市书协以及武汉市青年书协在微信公众号发出《关于举办“众志成城、万众一心、夺取胜利——武汉书法篆刻网络媒体展”的通知》。1月29日，书法报社发出《书法人在行动！“抗击疫灾，我们同在”书法创作特别征稿》的启事。2月1日，中国书法出版传媒有限责任公司及书法出版社有限公司、中国书法报社、中国书法杂志社共同推出“‘防控疫情·万众一心’主题书法网络展”第一期。此后出现了各行各业、各级各类单位组织的微信平台上无法计数的书法作品，与其他门类一起汇成抗疫文艺的信息洪流，用艺术的方式凝聚人心、鼓舞斗志。

由于文字书写的实用性因素，书法成为抗疫文艺中意义最明确、作品生产最为便捷、速度最快、产量也最高的展示方式。这一形式有效鼓舞了士气，引导了舆论，展示了书法家的社会担当。但是，也在某些方面产生了一些负面因素。由于一些书家急于创作展示作品，加之居家自己用手机拍摄作品，图片质量不高，展示效果欠佳，出现了一些粗制滥造的应景之作。有的作品书写内容或为标语口号，或为领袖诗词，或为自作诗文，其中过于直白的书写内容影响了书法作品的艺术含量；而行草书体、篆书书体作品的不易识读，俗体、丑书风格的出现，都在一定程度上影响了抗疫书法作品在社会的美誉度。

在网络走红的是2月初应急写就的两块宣传牌，分别被网友称之为《疫情帖》和《别来我家帖》。当时村镇封闭防疫，传为一位贵州研究生在家乡应村寨之命路边应急所书。作品书写在一米左右的两块合成木板上，黄衣青年脚踩木板蹲地而书，写就的木板钉在横架在乡道的树木上。作品的书法传统气息先声夺人，书体为行书，章法恰到好处，笔墨有轻重疾徐之变，一派宋人苏黄米的风范，写得从容不迫，显露出作者在面对疫情时的果敢与责任。细看内容可见"探亲访友"缺一"亲"字，"谈笑风生"中"生"错为"声"。这都说明该作品是生活中的"急就章"。作品真实记录了抗疫生活，反映出独特的时代背景，无意出名却博得网友一片喝彩。只不过过于文气的传统格调的作品风格是近年来国展青年书家水平的反映，与所处的乡野环境显得不够合拍，有"混搭"意味。

2 月下旬，网络流传的行书集字《战疫帖》也成为一时热点。文曰："己亥末，庚子春，荆楚大疫，染者数万，众惶恐，举国防，皆闭户，道无车舟，万巷空寂。然外狼亦动，垂涎而候，华夏腹背芒刺。幸龙魂不死，风雨而立，医无私，警无畏，万民齐心。政者、医者、兵者，扛鼎逆行勇战矣。商客邻家，百姓仁义。邻邦献物捐资，叹山川异域，风月同天，岂曰无衣，与子同裳。能者竭力，万民同心！月余，疫除，终胜。此后百年，风调雨顺，国泰民安。"它不仅书法上为集"二王"一系书家字体，而且文字内容朗朗上口，胜似那些晦涩的自作诗词。

3 月 6 日，言恭达文化基金会抗疫百万义捐暨《满江红》书法长卷捐赠仪式在江苏省人民医院举行。捐赠仪式现场，言恭达将创作的饱含家国情怀和对白衣战士礼赞的《满江红・白衣天使出征》大草书法长卷赠送给江苏省人民医院。此前，言恭达文化基金会还向江苏省人民医院、江苏省中医院捐赠了 100 万元善款。言恭达的义举，彰显了艺术家的爱国情怀，备受赞誉。

全国疫情得到有效控制后，抗疫主题书法展也由线上转为线下。中国书协联合中国国家博物馆等单位共同举办"众志成城——抗疫主题美术书法作品展"，湖北省书协和山东省书协联合承办了"山河无恙・鄂鲁同心抗疫书法展"，江苏省书协举办了"望月楚山・江苏抗疫诗词书法展"，广东省书协举办了"同舟共济　艺起战疫——广东省抗击疫情主题书法作品展"……这些展览是全国广大书法工作者和书家对党、对祖国、对人民、对战疫群英的真情讴歌。

书法家面对危害人类生命安全的疫情，应该怎样用书法去表现去记录？张晓凌在反思抗疫美术创作时反问道："今日之美术界，有没有能力解读、呈现这场伟大'战疫'的价值，有没有能力创作出抚慰人心、见证时代的作品？""为何与每个人息息相关的生与死、良知、生命、亲情、爱情、悲悯、善恶、恐惧等，未能成为'抗疫'创作的关切与主题呢？""抗疫创作如何自我救赎？我的看法是，从反思开始，以建构抗疫事件的价值体系为核心，再塑抗疫创作的语言形态。"①反思抗疫书法创作，也应该有这种理性思考。如果书法家仅限于抄写宣传标语，创作无关痛痒的古体诗词，或不分场合地用"展览体"书写，就很难创造出有真情实感、震撼人心的优秀作品，书法家如果失去撰写有思想有感情的文本的语言能力，书法艺术就很难走进艺术表达的境地，失去本应承担的沉甸甸的社会责任。

2. 脱贫攻坚主题展

抗击疫情和脱贫攻坚是 2020 年书法创作的年度特点。2020 年是脱贫攻坚收官之年，"印记中国・2020——决战脱贫奔小康大众篆刻作品展"围绕脱贫攻坚和抗击疫情两大主题，以篆刻艺术的表现形式记录脱贫故事和抗疫进程，镌刻时代前进步伐。

11 月，由中国文联、中国书协主办的"中国力量——全国扶贫书法大展"在中华世纪坛开幕。228 名参展书家创作的作品，通过"记言录史""以小见大"的叙事手法、贴合时代的白话文本、面向大众的审美风格，为观众带来可读、可看、可感的沉浸观展体验，进而形成广泛的社会价值认同，为脱贫攻坚助力，为民族进步铸魂。展览共分三个篇章，第一篇章"人民至上"，50 件作品书写以奔小康为中心的相关政策、讲话、报告，以时间为线索展现消除贫困这一世界性难题的顶层设计。第二篇章"扶贫书赞"，112 件作品展现脱贫攻坚的亲历者、讲述者和书写者真情实录身边的扶贫事迹，以空间为线索再现党民同心矢志克艰的澎湃力量。第三篇章"九州同春"，66 件村名题写加《脱贫记》作品，全景深描中国减贫奇迹的历史进程。本次策展理念关注内容、文体、形式、观众、展厅等元素，

① 张晓凌：《"抗疫"美术创作的罪与罚》，《国画家》2020 年第 2 期。

装置与设计采用“悬镜装”这一全新装裱样式。展厅环境改造、新型装裱形式、新的装置材料等，在切片灯等视错觉介入下，为烘托主题创造了相得益彰的展厅效果。

中国书协在2018年、2019年先后策划了“现状与理想——当前书法创作学术批评展暨乌海论坛”和“源流·时代——以王羲之为中心的历代法书与当前书法创作暨绍兴论坛”两场重要展览。本次展览在前两次展览的基础上有新的突破：“在所聚焦的文本上，跳出‘现状与理想’展的古代书论文本、‘源流·时代’展的古代经典作品这个范围，而延伸到展现时代追求的领导人关于‘人民至上’的有关论述、当代人记录扶贫事迹以及与扶贫工作密切相关的若干村名。前两类文本，基本上是白话文，只有很少一部分采用了传统诗词体式。同时，进一步优化布展，为观众提供‘沉浸式’观展体验。”[①] 实际上，在“源流·时代”展有一项展览“我书我心——当代书家的文本表现”，展现的就是当代书家自作诗文作品，且多为白话散文。注重书家文化修为，增强自书诗文能力，增加书家表现生活和自我的能力，拒绝成为写字匠，是中国书协近年来明确的发展方向，在一次次的强化中，国展书家的文化修养逐步得以提高。

3. 全国性展览、群体展和名家展

2020年，全国性的大展、大赛依然备受瞩目。这些展览多在疫情得控的下半年举行，也是书法界较有分量的文化品牌。

8月，“兰亭雅集——第五届中国书坛兰亭书法双年展”在杭州举行。本次展览包括“行草42家展”“兰亭雅集42人展”两部分，既有特邀的名家作品，又有评选出来的优秀作品。

9月，“深入生活、扎根人民——第四届‘文质兼美’全国优秀基层书法家创作活动作品成果展”在中华世纪坛艺术馆举行，展览旨在选拔和扶持一批优秀基层书法人才。“第三届‘陈介祺奖’万印楼篆刻艺术大展暨当代篆刻名家邀请展”在潍坊举行。“2020中国文字·书法论坛暨第六届‘四堂杯’书法大展”在中国文字博物馆举行。2019“中国书法·年展”在新安县举行，年展包括“全国楷书作品展”“全国楷书名家邀请展”“唐代楷书研究与当代楷书发展学术论坛”三个部分。

11月，“‘云冈杯’首届全国魏碑书法双年展”决赛在大同举行。该展采取投稿评审、现场决赛的形式，体现了“用墨迹展示魏碑书法高度、以精品阐释魏碑独特美学”的目的。

12月，“全国第五届正体书法作品展览”新闻发布会在青岛举行。

区域性的展览中，长三角的两个大展较为突出：9月，“墨妙江南·相约龙湾——长三角四省市‘中国书法名城·中国书法之乡’作品联展”在温州开展，包括上海、江苏、浙江、安徽四省市的书法名家作品。10月，“守正创新——长三角优秀青年书法家精品邀请展暨长三角书法发展苏州大讲堂”在苏州举行。

11月，“首届‘中国恒美花都杯’全国书法大展”在河北永清开展。大展共收到全国32个省份以及美、日、韩等国作者来稿逾万件，投稿作者年龄从18岁至93岁，来稿中行草书占65%、楷书占19%、篆隶作品共占16%。共评出一、二、三等奖70人，颁发300万元创研经费。该展虽是社会力量办展，但评审机制、审美引领、展览规格都给当下带来了新鲜的气息。“此次展览主办方在鼓励个性方面立场鲜明：如果评审和展出的作品还以功夫地道而无味道，传统到位而无个人性情，面面俱到而无感染力为主流，那书法的生机也将停止。‘味道’‘性情’‘感染力’，将当代展览中需要加强的艺术人文素养作为针对性的评审标准，无疑针砭时弊。”[②] “虚实·情性——首届全国草书学术提名展”在南京举行。该展聚焦当代草书创作，并在展览期间设置“徐利明、刘洪彪有关草书的对话”环节，使展览增加了学术性。

---

① 叶培贵：《2020书法：生活召唤、多点掘进与文墨相生》，《中国文艺评论》2021年第1期。

② 杨沛沛：《观照·省思·展望——首届“中国恒美花都杯”全国书法展暨“中国书法当代发展与未来展望”学术研讨会述评》，《中国书法报》2020年12月8日。

12 月，“河南省书协成立四十周年——中原书法作品展”在郑州举行，共包括四个展览：“河南省已故知名书家遗作展”“墨海弄潮百人新作展”“河南省获奖（全国奖、兰亭奖）书家作品展”“中原书坛新一代作品展”，汇集老、中、青三代作者 318 件书法精品，是中原书法 40 年发展成就的回顾与展示。

在群体展中，部分书法家或以地域，或以书体，或以师门等形式组合在一起，集体亮相，其中也有已经组合多年的品牌展览。主要有：6 月，“潇湘风华——当代湖南书法十人作品展”在东莞举行。8 月，“沈门七子书法展”亮相南宁，王厚祥、李国胜、刘京闻、周剑初、李明、张志庆、方建光七人联手再展。9 月，“得意之作——当代篆书名家作品苏州邀请展暨守正创新——当代篆书发展苏州大讲堂”，展出包俊宜、仇高驰、刘德宏、刘颜涛、许雄志等 28 名篆书名家作品，这是当今篆书创作水平的一次集中展示。“‘得意之作’书法展”乃苏州市书协自 2005 年以来倡导的品牌活动。10 月，“老友记——八人书画篆刻作品联展”在杭州举行，邹涛、陈大中、朱培尔、王丹、王登科、许雄志、徐海、解小青，互题酬和，再现文人交谊之雅。11 月，“逸笔滇霞——行草十家展”在昆明开幕，胡传海、王春新、王厚祥、洪厚甜、李远东、张纬东、刘京闻、王乃勇、林峰等行草十家联展已经走过了 14 个年头。12 月，“三三见久——当代书法九人展”在淄博举行，刘新德、何开鑫、冷柏青、鄢福初、崔向君、胡紫桂、于明诠、赵长刚、燕守谷这 9 人联展已举办到第六回，体现出多元艺术观念的融合、碰撞、转化。

2020 年的当代名家展览与往年相比，数量大为减少，张海等人的展览备受瞩目：8 月，“天道酬勤　力耕不欺——张海八十初度新作展”在郑州举行。该展备受社会关注，已经年届 80 岁的张海依然创作不懈，让人感佩；他提出的“书法创作上超越前人一厘米，是书法人一生的马拉松”理念，值得深思。6 月，“大块文章——鲍贤伦书法展”在上海举行。该展从作品大小、文辞选择、隶变脉络寻绎、材料应用等，无不体现其在隶书创作领域的前沿探索。

还有一些书家在本年展示其最新创作成果：1 月，“翰逸神飞——石跃峰书法作品展”在太原举行。5 月，“不似之似——徐庆华肖形印展”在上海举行。7 月，“田树苌书画小品新作展”在太原举行。8 月，“汉关至雅·铸公金石书法展”在武汉举行。9 月，“闲庭信步·周俊杰书法作品展”在宜昌举行；“积翠重苍——朱培尔书画篆刻作品展”在杭州举行；“承古书怀——张坤山书法展”在济南举行。10 月，“庆云五色——童衍方金石书画展”在上海举行；“艺无止境——何奇书法艺术汇展”在呼和浩特举行；“富春江上——姜寿田手卷册页雅集展”在杭州举行。11 月，“淘淬襟怀——谢云书画展”在荣宝斋举行；“泠然无际——范正红书画篆刻展”在杭州举行；“守望岭南——张桂光书法作品展”在上海举行；“宣家鑫书法长三角巡回展”在合肥举行。12 月，“周剑初五体书法半百展”在北京举行。

2020 年，已故近现代书法名家作品展览暨研讨会也颇可圈点。2020 年是数名书法大家逢五、逢十周年诞辰或逝世纪念年份，各地相继举办纪念展览以及研讨会。展览多由已故名家的学生、后人筹办。这些已故书家人生坎坷，作品境界高标，风格独特，别有纪念学习的意义。4 月，“返朴归真——徐生翁书画精品展”在绍兴举行（徐生翁诞辰 145 周年）。5 月，“无尽意——赵朴初书法艺术展”在上海举行（赵朴初逝世 20 周年）。9 月，“百年启后——纪念魏启后诞辰 100 周年书画精品展”在济南举行。10 月，“华枝春满——李叔同诞辰 140 周年纪念活动”在西安举行；“弄·潮——吴昌硕与浦东结缘 130 周年金石书画特展”在上海举行；“有容乃大——容庚捐赠展”在北京举行。11 月，“碧血丹心——纪念沙孟海诞辰一百二十周年沙孟海书法篆刻艺术大展暨学术文献展”在北京举行，展出沙孟海书法篆刻作品、手稿和文献 300 余件。12 月，“风光霁月——纪念李叔同诞辰 140 周年书法传承展”在天津举行；“先生归来：张宗祥和他的时代”系列活动在杭州举行（张宗祥逝世 55 周年）；“襟怀若水——胡六皆书法作品展”在长沙举行。

4. 古代书法展

2020 年，古代书法大展备受关注，为疫情防控常态化时期的人们带来了宝贵的观赏学习机会。

9月至10月，“千古风流人物——故宫博物院藏苏轼主题书画特展”在文华殿展出。这是首次举行的苏轼书画特展，展览展出78件（套）文物精品，以故宫博物院藏品为主，同时向相关公藏单位商借少量藏品，藏品类别涵盖书画、碑帖、器物、古籍善本等。除展出苏轼真迹外，与苏轼齐名的黄庭坚、米芾、蔡襄真迹，以及宋元明清与苏轼相关的书画也同时进行呈现。展览共分为四个单元：“胜事传说夸友朋”“苏子作诗如见画”“我书意造本无法”“人间有味是清欢”，分别从苏轼的交游与时代、苏轼的文学创作、苏轼的书法艺术及其影响、苏轼的生活情趣与人生态度等不同角度，以文物为载体，展现苏轼的艺术造诣和人格风范，及其对后世所产生的影响。展览时虽然有疫情防控的要求，但大家观展的热情使展览一票难求，展品前水泄不通，展现出大家经典的深厚魅力。故宫官网一直设有展品介绍和360度全景，也最大程度地满足了人们的观赏需求。

12月，“山高水长——唐宋八大家主题文物展”在辽宁省博物馆展出。展览首次以传世精品展示唐宋八大家家国情怀和时代风华，展出书法、绘画、古籍、碑帖拓片、陶瓷等门类展品115件（组）。展览分为“文垂千载”“德行笃定”“家国情怀”三大单元，从文学、人物、精神三个方向以16个子单元全方位呈现唐宋八大家。此次展览还创新采用数字化技术，打造“云展览”“云直播”“云课堂”等线上观展方式，提升博物馆的观展体验，推动博物馆文化服务方式创新。

台北“故宫博物院”的“笔墨见真章——台北‘故宫博物院’书法导赏”也颇具亮点。几次更换展品，其中有传王羲之《奉橘帖》、《大道帖》卷，苏轼《楚颂帖》（拓本），传元赵孟頫《书急就章》册、《柔毛帖》，明董其昌《临十七帖》卷、《答徐孝穆书》等古代书法珍品。

2020年的金石拓片展览同样备受关注。如：1月，“书道圭臬——中原巨碑名志拓片展”在长沙简牍博物馆开幕，共展出上自商周下至明清的甲骨、青铜器、碑碣、墓志、画像石和摩崖刻石等种类丰富的金石拓片196件，其中包括西周《毛公鼎》、秦代《峄山碑》、汉代《袁安碑》、唐代《升仙太子碑》《勤礼碑》等拓片精品，以及张廷济、吴大澂、罗振玉、容庚、吴湖帆、张伯驹等名家旧藏西周铭文青铜器全形拓。9月，“梦回汉唐——2020年陕西古代碑刻拓本特展”，展品以陕西汉唐碑刻为主线、北朝碑刻为时代衔接，以历史年表为脉络，展现碑石的刻立以及碑文书法的发展，共展出碑刻拓片70件（套）。本展览是新中国成立以来陕西题材拓本最大体量的一次集中亮相。12月，“圣地石华——济宁汉魏石刻书法大展”开幕。展览分为汉魏石刻、摩崖石刻、汉画像题记三大板块，展出石刻作品126件（190余幅）。

通过以上对展览的回顾可见，抗疫书法展和扶贫书法展是2020年创作内容上的重点，中国书协举办的全国性展览展现出对书家专业规范和文化修养的强调，团体举办的全国性展览、当代名家个展，突出对个性和书法现代性的倡导。近现代名家书法展展现书家的转型特点，经典大家展展示传统经典的深厚。展览由当代追溯至近现代乃至古代经典，展现当代书法家对当代社会的关注和对书法发展走向的思考。

创作于2020年的书法作品数量无法完全统计，但创作上可以归纳为几种不同模式：第一种，展览模式。为了能够入展，参展作品必然多方推敲完善，从书体选择、书法取法、字体大小、形式设计、内容选择等方面反复经营，于是流行风造成的趋同效应在所难免。前些年色宣熟纸、拼贴组合、小字铺排成风，近年来逐渐得以纠正，素面生宣、简洁明快、字形渐大，逐渐回到取法经典、回归自然书写的路子上来。第二种，风格完善模式。致力于书法创作而又不以入展为追求，完善修养，向往人书俱老的书法家。第三种，丑书模式。反叛传统经典与美观书写的方式，追求外观形式上的不和谐、不对称、不统一等属性，来自前些年的“流行书风”和“艺术书法”，往往取法民间书风和生拙的碑学书风。第四种，现代书法。来自“八五新潮”时期或日本少字数创作模式，偶有小团体展示，作品已不成气候。第五种，俗书模式。或不取法书法传统而随意挥写，或字中有画粗俗倒退，或字如排算不晓艺理。第六种，表演模式。或大喊大叫，或奇装异服，或行为怪异，纯为引人围观，制造噱头，与书法本体相悖，但借助抖音等新媒体平台，吸引大众眼球，博人一乐。以上几种模式，最为主流的是第一种模式，最贴近书法本体的是第二种模式。第三种模式和第四种模式是与主流模式相对的，有其存在的价值。第五种和第六种模式是伪书法、伪艺术行为，为书法人所不齿，理应被谴责被淘汰。

“展览模式”和“风格完善模式”是当今书法本体发展的主流模式，应该得到充分发展，当然也有需要注意的问题。在书写内容上，应多是书法家自己撰写的诗文，并且出自书法家对社会和人生问题的关注与思考，具有时代感和人文关怀的原创性文字。各级展览中的作品，所缺乏的也是内容的原创性。当代展览的作品，主流上已经回归书法传统经典，形式上多方打磨，就艺术语言而言已经有了可喜的发展，但是所缺乏的就是内容的时代感和原创性。张海认为当代书法重“技”，概括得比较准确。当代书家在书法技术上有了很大拓展，所缺乏的就是“技”所表现的时代思想和人文关怀。所以，到目前为止，我们的书法创作有些形式化，有些与时代生活脱节，在追求书法艺术语言的同时，有些书法家逞才使性，创作渐渐远离了对时代思想和人文关怀的表现。与古代书法名家相比，当代书法家的社会身份已经被边缘化，“写字匠”的趋向明显。如何创造出具有原创性、个性化和时代感的书写内容，是当下应该关注的。

二、学术研究

2020年的书法研究成果，一是通过专业期刊、报纸发表的理论成果来呈现；二是通过各种类型的学术研讨会和学术专题来呈现。《中国书法·书学》在2020年停办，该刊是《中国书法》的下半月刊，自2016年起面向海内外公开发行，以书学研究为主，4年发行48期。在书法研究领域，只有《中国书法》1本C刊，《中国书法·书学》的停办，无疑对当代书法研究不利。《大学书法》创刊于2019年，是由郑州大学书法学院编辑的双月刊，所设立的“学科建设”“硕博论坛”对推出书学新人增加了新平台。

2020年，《中国书法》《书法》《书法研究》《书法报》等主要报刊不断推出系列研究专题。

古代书法研究专题主要有：苏轼的行迹、书法及其接受特辑，赵之谦篆刻特辑，赵之谦书法研究，法门寺文物上的书法艺术特辑，岳麓书院藏秦简特辑，隋唐官印研究专题文丛，汉隶及其流变特辑，古代扇面书法特辑文丛，清伊秉绶书法及其交游特辑，晚明书法篆刻研究文丛，唐代草书特辑，千唐志斋藏志特辑文丛，新见颜真卿书迹暨颜真卿楷书特辑文丛，汉画像石榜题题记研究特辑文丛，明担当书画专题文丛，邢侗尺牍册，八大山人书法专题等。

近现代书法家研究专题主要有：《中国书法》杂志推出的“世纪回眸”“关注”专栏，主要推出的专题有熊秉明、陆维钊、启功、溥心畬、马衡、赵叔孺、傅抱石、赵朴初、容庚、徐文达等人的专题。另有沙孟海、欧阳中石、马一浮、王铎、王蘧常、游寿、姚奠中、徐无闻等研究专题。

当代书法家专题主要有：沈鹏、张海、韩天衡、周俊杰等。

当代书法专题与学术研讨会主要有：高等书法教育现状与展望，当代扇面书法创作，展厅时代与书法审美，张海行草书创造力的实现恳谈会，唐代楷书研究与当代楷书发展学术论坛，纪念王蘧常诞辰120周年座谈会，第五届中国书坛兰亭书法双年展之兰亭论坛，第六届“孤山证印”西泠印社国际印学峰会，2019“中国书法·年展”暨首届千唐志斋唐楷高峰论坛，纪念沙孟海诞辰120周年系列活动之全国“书法学”学科建设与发展学术研讨会，千年绝响——龙门书风学术研讨会，中国书法当代发展与未来展望研讨会，纪念李瑞清逝世100周年学术研讨会，侯马盟书——文字与书法艺术学术研讨会，山东省石刻艺术博物馆举办的石刻论坛，敦煌书法艺术国际学术研讨会，书法教育创新与书法学科建设论坛等。

就以上系列研究专题和发表的诸多学术成果来看，学术研究呈现以下年度特点：

1. 对古代书法研究的视角和方法日趋完善

对古代书法的史学研究一直是当代书法研究的重点和优势，并且随着高校书法硕士、博士、博士后队伍的不断扩大，书法史学研究取得了长足进展。例如，《中国书法》2020年第1期、第2期开设的“苏轼的行迹、书法及其接受特辑”，共发表20篇论文，对苏轼书法的研究可谓集体攻关。《苏轼密州书迹探考》《苏东坡〈表忠观碑〉刻石考》《反叛与突变：苏轼黄州时期的书法》《苏轼出知定州前后书法活动述略》《论朱熹晚年对苏轼书法的接受》《南宋时期苏轼〈赤壁赋〉经典化试论》《吴宽对苏轼书法的继承》《苏轼与〈江声帖〉——兼及宋人书论中的“尊题”现象》等文，选题具体而微，角度独特，已经超越了一般宽泛研究的阶段，标志着对苏轼书法具体问题的研究和新发现。考据学是古代书法史学研究的主要方法，目前已经获得了长足的进展。这一“实证式”研究方法追求占有材料的准确、丰富，因此对研究材料重在辨真伪、追原本（如作品的作者、创作日期、状况等)，常用手法有考据、校雠、笺注等。理论研究的专业化走向愈加明显。

2. 对书法创作现代性的探讨

书学研究在古代书法史学研究占据绝对优势的同时，关注书法的当下，思考未来发展，注重创作思辨，成为2020年研究的亮点和可贵之处。11月28日，由北兰亭艺术中心主办的首届“中国恒美花都杯”全国书法展览开幕之际，举办了“中国书法当代发展与未来展望学术研讨会”，与会专家围绕“如何从竞技走入深层的文化追求，如何唤醒创作者的自我反省与思考。站在文化强国战略的高度，书法如何实现从经典向现代的转换，为时代服务，并走向未来”的核心议题展开研讨，在书坛引起了强烈反响。刘洪彪在题为“书法大赛评选机制的思考”的发言中以体育赛事作比，认为“国展”相当于跳水比赛中的规定动作，民间团体组织的展览是自选动作，他认为本次活动作为民间的展赛能充分做到尊重个性、鼓励创新，是对“国展”的重要补充。通过研讨，与会者凝聚了共识，认为当代书法应该实现从经典向现代的转换，当代书法家和理论家应该坚守意文兼备的趋向，重塑社会文化精英身份，担负起沉甸甸的文化责任和社会责任，经典意识只是手段、过程，而不是目的。现代进程是方向，将书法的现代进程进行下去，将未完成的现代性进行下去，中国书法才能迎来新辉煌。

3. 对书法学科建设的思考

随着国家教育部门对书法教育的日益重视，书法学科建设和招生规模不断扩大。2020年2月25日，《教育部关于公布2019年度普通高等学校本科专业备案和审批结果的通知》。全国新增首都师范大学、邯郸学院、太原学院等12所开设书法学本科专业的高等院校。据统计，自书法学开设以来，全国共有近130所大学开设书法学本科专业，近90所高校和研究机构招收书法硕士生，近30所高校和机构招收书法博士生。书法学科升级为一级学科的呼声和学术研究自2016年以来已经出现，2020年也出现了专题研究论文，《大学书法》每期都有“学科建设”的论文栏目，共发表学科建设论文30余篇，其中发表的《从属与并置：论当今书法学科设置现状及其学科升级之依据》《论书法学科的“共生性”与“独立性”——也谈书法学科的升级问题》等论文，呼唤将书法学科升级为国家学科目录中的一级学科，成为书法教育进一步发展壮大的时代新问题。不过从现实来看，这一升级愿望的路程还很远。

三、书法新生态

书法在2020年置身新的社会环境，出现一些新的发展特点和趋向，这成为我们把握年度特点的生态视角。

1. 书法人的手机化生存已经成为生活常态

2020年7月，中国互联网络信息中心发布《中国互联网络发展状况统计报告》。截至2020年6月中国网民上网设备中，手机使用率达83.4%，首次超越传统PC整体使用率80.9%。手机上网比例首超传统PC上网比例，手机作为第一大上网终端设备的地位更加巩固，移动互联网带动整体互联网发展。互联网发展从广到深，网民生活全面网络化。这些数据也说明，人们获取书法信息的第一媒介已经成为手机，书法人的手机化生存已经成为生活常态。传统媒体所不便于刊登发表的信息和批评，微信均能轻松搞定。对善于挑别人作品错别字，批评书法家虚夸不实之风的言论，书法界应该宽容一些，有则改之无则加勉。事实上，一些网络书法批评已经起到舆论监督的作用。

2. 大众审美需要专业团体的大力关注与引导

专业审美与大众审美的分歧在微信时代尤其凸显。2020 年 1 月，在山东省召开两会期间，一份《关于山东博物馆匾额更换为书圣王羲之正体集字的提案》，引发网络舆情。由郭沫若草书题款节录而成的“山东博物馆”馆名题字，长期以来不断被人恶搞，负面影响颇大。是否更换匾额，引发网络争议。网友主要有三类意见：A 类：换掉。这几个字不是专门题写的馆名，比较随意，不易被社会公众辨识，容易引起争议。B 类：坚持不换。现在的人太没素质，太没文化。大众审美需要引导。如果屈从大众审美，那审美不是越来越低？越来越流俗？不怕恶搞。C 类：建议添加注释牌，让更多的人了解书法以及原先的意义。

另外，抖音影像成为 2020 年度备受关注的社会现象，“吼书”“射书”之类视频充斥平台，有的纯粹变成恶搞。据《2020 抖音数据报告》：日活跃用户数据截至 2020 年 8 月突破 6 亿；日均视频搜索数据截至 2020 年 12 月突破 4 亿。参与之众促使本来就雅俗交杂的书法大众审美更加不辨美丑高下，由此引申出书法大众审美的问题。朱培尔在“中国书法当代发展与未来展望”研讨会上说：“我在一些比较正规、级别很高的场所，还拍下来一组‘书法’，这些庸俗的毛笔字，是披着书法艺术的外衣的‘江湖书法’，但却有着很高的社会接受度，有着很多的受众。”所以在当下具有这么多书法爱好者、书法读者参与的全媒体时代，怎么提升一般受众的书法审美？怎样改变他们对于专业书法创作的偏见？书法的大众审美问题值得每一名书法家、批评家深入思考。

2020 年 10 月 29 日，教育部公布《关于政协十三届全国委员会第三次会议第 2909 号（政治法律类 364 号）提案答复的函》，函中指出：《关于以立法形式规范汉字使用的提案》收悉……近年来，丑书、变体书等各种各样的拙劣字体广泛流行，尤其在互联网空间大行其道，不仅影响了规范汉字书写意识，同时还严重干扰了青少年的审美情趣，对传承发展中华优秀传统文化造成了负面影响。2000 年颁布的《中华人民共和国国家通用语言文字法》第二条规定“国家推广普通话，推行规范汉字”，并明确在政府机关、学校教育、广播电视、公共服务行业以规范汉字为基本用字。法律规定“书法、篆刻等艺术作品”“题词和招牌的手书字”可使用繁体字，但不代表可以随意造字，使用“丑书怪体”，这种行为与法律精神完全相悖。

其实，当代大众书法审美的乱象和迷惑最终还是来自专业团体的审美分歧，因为乱象的始作俑者往往来自专业人士在新媒体平台上的恶搞。要提高大众书法审美的整体水平，关键在于专业团体的自身建设和整体审美水平的提高。书法专业教育处于整个书法教育体系的最高端，专业人士责无旁贷。

3. 书法反腐，净化书界生态环境

2020 年，中国书协先后发布“关于开除云光中、郭志鸿中国书协会籍的公告”和“关于开除赵长青中国书协会籍的公告”。一些官员借手中权力通过书法贪腐，扭曲了书法艺术的真正价值，败坏了书法界的风气，给书法界抹黑，产生极坏社会影响。对贪腐人员的零容忍展现了中国共产党净化艺术生态的坚定决心。如何进一步彰显协会组织的生机和活力，如何培根铸魂、守正创新，广大书法人对新一届中国书协充满期待。

4. 力戒“内卷”倾向

“内卷”是当今社会有些无奈甚至颓废的热词。在书法界，脱离生活的创作和脱离创作的研究，以及脱离文字实用的展厅化生存方式，都有些趋向于“内卷”。脱离当今人民的丰富生活和社会实践，把书法创作和研究变成极小部分人的书斋式生活方式，与真正的“专业化”道路背道而驰。让人担忧的是，当前一些青年专业人士的成长出现了“内卷”倾向。书法专业创作和研究，只有深入生活不忘实用，从社会实践中来，到社会实践中去，力戒“形式化”“唯艺术”倾向，书法艺术才会有坚实基础和希望。

刘宗超　河北大学艺术学院教授

2020 书法：生活召唤、多点掘进与文墨相生

◎ 叶培贵

2020年的中国书法，与全世界的生活一样，是在极其特殊的背景下拉开帷幕的。新冠肺炎疫情开始之际，是2020年春节将来之时，“送春联”活动基本收官，本应在春节之后全面开展的一系列常规书法活动，却停滞了半年之久。非常时期产生的非常状态，使近年来书法艺术所面对的若干问题，从新年开始就意外得到强化，成为2020年书法发展的聚焦点。防疫常态化之后进行的若干活动，也在这个背景下更加突显了自身的意义。

网络新场域的真正开启

自媒体特别是微信普及之后，书法家对于“网络展”并不陌生。但严格说来，疫情发生前的网络展总体上不过是线下展的延伸，是一种补充性的网络宣传形式而已。而自武汉市文联和武汉市书法家协会、武汉青年书法家协会于2020年1月28日在“翰墨楚风”微信公众号发出《关于举办“众志成城、万众一心、夺取胜利——武汉书法篆刻网络媒体展”的通知》以后，包括中国书法家协会（以下简称“中国书协”）在内，各种机构组织了大量以抗疫为主题且完全没有线下展览支撑的书法“网络展”，网络成为书法活动的主要平台。

此次网络展呈现出几个典型特点。第一，规模空前。没有实体空间展场的制约，理论上可以无限扩容，有些省市连续推出了40辑以上。第二，组织主体多元化。既有中国书协、省市书协，也有报刊、教学科研机构，还有不少民政注册专业社团。第三，参与者身份多样。与以往各种官方主办展览或者同人展不同，不少网络展广泛征稿、不拘身份、不论地位，理论上为所有书法工作者敞开了大门。这就冲破了“书斋”“展厅”为主要场域的诸多限制，在一定意义上实现了全方位立体展示，所有艺术追求都能够获得被大众检视的机会。本次网络展中最为大众所瞩目的，并非那些书法专业公众号上展出的正规“书法作品”，而是贵州的一位在读书法研究生应村寨之命而书写的两个告示牌，因反响十分热烈，有好事的书法公众号竟将两件作品用PS软件处理成古法帖的样式，甚至仿照古法帖的命名方式称之为《疫情帖》和《别来我家帖》。这个现象，为广大书法家思考自媒体时代书法艺术的相关问题，提出了全新的挑战。在2020年11月28日举办的“中国书法当代发展与未来展望学术研讨会”上，中国艺术研究院美术研究所所长牛克诚指出：“我们今天所面对的图像时代，我们每天可能都在用大量的时间看小的手机屏幕，手机屏幕所产生的一切，已经成为了在我们看到的所有现实图像之外的，另一个非常重要的视觉来源。我们的视觉也正在被这样一个新的图像来源所塑造，这一图像所塑造的新的视觉感受，对于书法近距离的品读这样一种完备的欣赏方式也是一个挑战。”①

不少组织者和作者在开始阶段并未认识到这一挑战，展出的作品与一般线下展品并无明显不同，有些展品甚至与展览主旨之间存在着明显的冲突。比如疫情开始阶段，有些作者使用红纸书写参展作品，与当时为逝者和患者祈祷的氛围并不协调；有些作者提供的展品，所书文辞是与抗疫无关联的传统诗词歌赋；更多的作者，则沿用自己的书写习惯，几乎不考虑自身风格与展览主题、展览方式是否匹配。这一状况，与一般展览十分相似。鲍贤伦在2019年的“绍兴论坛”上曾指出：“当代大型展厅的出现，进一步削弱了书法作品的阅读性，写什么（即文章价值）被怎么写（即笔墨价值）彻底压倒。

① 《中国书法当代发展与未来展望学术研讨会》，《中华书画家》2021年第1期。

同时，‘书法的形式就是内容’的认知也把文本（文章）的价值从理论上进一步虚化。”[①]但很快便有组织者和作者意识到相关问题。中国书协在约稿时，明确提出了两个要求：一是希望自作诗文且切合主题，二是不希望使用过于生僻的篆书和狂草而多一些行楷。在这一点上，中国书协事实上发现了当代书法重新全面深入公众生活的两个至关重要的问题，就是书法审美的公众性以及书法与生活的关联。值得关注的是，中国书协在策划网络展的同时，也在紧张地筹备2020年度最为重要的“中国力量——全国扶贫书法大展”，在其策展思路中，对这两个问题同样是十分关注的，“陈洪武书记提出，本次展览应当紧紧围绕‘为时代记言录史……’的主旨来策划”，“考虑到观众的接受以及政治题材的属性，展览在书风及书体上有所选择”。[②]

书法审美与公众的关系，自宋元以来就十分复杂。宋代的书法在文人集团手中退向书斋而有所萎缩，明清时随着商品经济的发展等原因步入厅堂楼阁而重新开放，近代以来又随着书写工具等的变化而再次退缩，但退缩场所除了书斋之外还有展厅，展厅进而发展成为当代书法最为重要的活动平台。应该说，自媒体使书法再一次开放了活动场域，而且在传播上不受时空限制，比起厅堂楼阁中的悬挂展示，更加具有公众性，需要面对更加多元的公众检验。而公众检验时，首先关注的：一是文辞，二是风格。抗疫网络展的特殊性进一步加强了公众的这种关注。中国书协在文辞和字体（风格建构的依托）两个方面提出的要求，是应对公众检验的第一步，使书协组织的网络展成为总体效果最为良好的展览。

但文辞和字体选择远远不是全部。事实上，自媒体最为依赖的终端设备——手机的屏幕特性和操控特性，随着网络展示的进一步发展，必将像牛克诚所说那样，“塑造”我们新的“视觉感受”方式，进而深刻地影响我们的创作理念和方式，比如屏幕更加适合展示条幅而非横卷、便于时刻放大以关注细节、关注细节时又难以兼顾全幅等。在抗疫网络展之前，对这类问题的关注是局部的、个人性而且自发的，而抗疫网络展使之聚焦了。

区域活动的多点掘进

疫情打乱了许多计划，但没有阻断书法活动尤其是区域性书法活动。20世纪80年代以来的书法活动中，地域书风的建构与发展，一直是十分引人注目的现象，如“中原书风”“（辽宁）九畹书风”等，在不同阶段都曾发挥了引导作用。近年来，全国性书法活动质量的快速提升和传播手段的进一步发展，使地域书风的影响力在一定程度上让位于全国性展览活动。然而，地域书法的发展，必然是全国书法发展的基石。无论是中国书协还是地方书协，对此都十分重视。一方面，中国书协在各项全国性展览中十分注重扶持地方特别是承办省市；另一方面，地方书协也在不断推出更多更好的举措以提升自身实力。如果更加仔细地观察各地动向，就不难发现，表面上固然没有再度出现“中原书风”和“（辽宁）九畹书风”那样的引领性地方潮流，但是许多省市的书法发展却没有停滞，而是走上了沉潜传统、固本强基、再创新局的道路。典型者如江西书协、湖南书协等，都以一系列的培训等为抓手，默默前行。

2020年最为引人注目的区域性书法活动，应该是江苏省书法院主办的“中青年书法家学术提名展”系列活动。活动集中展示了江苏省中青年书法家人才的整体实力和最新创作成果，聚焦已经取得一定成绩和影响力的“中青年”，立意显然已经不是构建“高原”，而是推动“高峰”的出现了。活动的主要场地是求雨山，也就是林散之、高二适等四名南京当代书法名家纪念馆所在地，且活动冠以“雨山问道”之名，追仰先贤、砥砺时辈、导引后昆的意图不言自明。活动借鉴了中国书协近年来评审的许多先进理念和经验，同时放眼全国邀请各体名家加入评审团队，一方面有效阻断了本地的人情关

---

① 鲍贤伦：《文书的分与合》，载中国书法家协会、绍兴市人民政府编《从“源流·时代”到十二届国展》，书法出版社2019年版，第39页。

② 李宁：《观众的纯粹经验》，《中国书法》2020年第11期。

系，另一方面也具有了全国性的广度与高度。

中国书法出版传媒集团主办的培训、展览和学术研讨，近两年来异军突起，成为中国书协和各省市书协主办活动之外的又一个亮点。“中国书法·年展”成为2020年另一个重要的区域性书法活动。之所以将面向全国作者的这一活动定义为“区域性”，是因为举办方式的诸多创新。首先是年展项目设置的立体化，其次是举办地的选择高度关注了区域书法传统（相关的学术讨论也由此出发）。年展分为两个板块，第一个是在乌海举办的“知名老书家作品邀请展”，参展者除中国书协主席团外，年龄基本都在70岁以上，是40年书法复兴事业的见证者和亲历者。从展览中不难看出，尽管书法的“创新”之路总是比较隐晦曲折，但集体亮相的老书家仍然有颇多令人耳目一新之处，一些创新性探索的强度，丝毫不逊色于中青年作者。第二个板块是在洛阳举办的楷书展，又分为“全国楷书名家邀请展”与“全国楷书作品展”（自由投稿，经过评审），同时举办了研讨会。2019年的第十二届全国书法篆刻展览以及之前的一些展览，已经全面推行了分体评审机制，有效地平衡了曾经出现过的“行草”独大的展览格局，推动了各个字体的均衡发展。具体到楷书领域，则更进一步推进了不同时代风格的齐头并进，改变了很长一段时间以来广泛存在的“唐楷难入国展”的局面。年展以楷书为对象，必然会进一步引导书法界关注楷书的继承与创新问题，从而更加全面地挖掘和激活历史资源，助力当代书法的整体发展。

无论是江苏的提名展还是“中国书法·年展”，都注重“局部”而不是“全局”，聚焦“点”而不是“面”，反映了一个极其可贵的新动向：对深度的关注。舍弃“宏大的粗放”而选择“具体的精深”，正是40年书法发展迈向新阶段的重要表征。以点带面，是一个更高层次的发展策略。只有一个个局部的深度掘进，才能迎来全局的普遍提升。

与这两个展览的发展思路相似的，是山东的临沂书圣节“临书大会”、北京的临帖展等。这两个展览的作品投稿方式相似，都是一件临摹加一件创作，创作作品必须与临摹作品呈现出继承创新方面的某种关联。这是一种双向检验——一方面检验继承的深度，一方面检验创新的强度。书法艺术的继承与创新问题，与一般艺术有所不同。临摹是书法继承的主要方式，但临摹中同样蕴含创造性；反过来，书法的创新又与传统有着千丝万缕的联系，有些艺术家终身学习一种历史风格，同样可以名家，但并不意味着缺少创新性。如何处理两者之间的分寸，往往是艺术家需要终生思考的问题。徐利明曾批评当代展览作品说：“全国书展入展的作品，包括获奖作品，包括兰亭奖作品，基本上是拟作入展。为什么呢？因为这样的作品我们能够看出它的模拟对象，能够想到其师法了某一位书家、某一种路子、某一种碑帖。也就是说，从其所取法的情趣、技巧和法度上来说都是有所本的。实际上，这样的模拟谈不上有作者的个性，即没有作者的性情。包括他表现出来的某种情调也是模拟的，而不是他自己的。”①世传王铎有一天临摹、一天创作的习惯，但完全没有妨碍他发挥巨大的创新性。徐利明指出了这种创新的艰难：“必须要以自我性情对古法加以汲取和改造。‘汲取’好理解，‘改造’不大容易。改造的水平高低考验着作者的才气与综合学养，因为它关系到你对古人的法度、情趣以及具体形式、技巧表现的理解。理解有深有浅、有高有低，这是考验一个作者的才气与学识的。”②事实上，这种创新性同样体现在临摹作品中。简单的精确临摹，在这两个展览中一般是难以入选的。许多入选作品本身已经包含了很大的创新性。王铎的许多传世作品也是如此。以传统的学习为切入点、在创作的同时以展示为辅助，探索“植根传统、鼓励创新”的可能，也是一种“以点带面”、积蓄发展力量的重要途径。在这样的努力下，至少在字体层面和古代风格的传承层面，百花齐放的格局必将越来越显著。

---

① 徐利明：《临古与变通的理与法》，载中国书法家协会、绍兴市人民政府编《从“源流·时代”到十二届国展》，书法出版社2019年版，第35页。

② 徐利明：《临古与变通的理与法》，载中国书法家协会、绍兴市人民政府编《从“源流·时代”到十二届国展》，书法出版社2019年版，第35—36页。

“中国力量”的综合探索

2020年，中国书协的“中国力量——全国扶贫书法大展”无疑是年度最为重要的综合展览，也是总结“十三五”经验、迎接“十四五”开局的最为重要的书法展览。书法以汉字、汉文为创造对象，与绘画、影视、戏剧戏曲不同，如何在尊重书法本体艺术规律的前提下，真正实现对扶贫主题的充分展示，是对策展工作的重大挑战。

2018年、2019年，中国书协在常规展览之外，策划了“现状与理想——当前书法创作学术批评展暨乌海论坛”和“源流·时代——以王羲之为中心的历代法书与当前书法创作暨绍兴论坛”两场重要展览，力图以展览为切口、结合学术与批评，反思当代中国书法的重要发展问题，提出针对性解决方案。要把握2020年“中国力量”的探索思路，需要先回顾前两个展览的策划以及2019年的第十二届国展的评审。

“当代书法创作学术批评展”的指定创作内容，全部是从历代（包括近当代）书论中选取的精华，以此追溯中国书法的“理想”。整个活动聚焦因“展览”而出现的一系列问题，尤其关注“可视性”与“可读性”，也就是“文”与“书”的辩证关系等问题，“是中国书协成立近40年来第一次主动带着问题意识和批评精神，对当代书法及当前创作现状进行一次全方位的检测，对困扰书坛已久的问题展开深度的思考和讨论”。“以王羲之为中心的历代法书与当前书法创作”展览活动继续沿用前述活动的组织方式，继续关注文本与笔墨关系问题，但追问的核心转移到“继承与创新”上。组织方提供了以王羲之为中心的历代法书，由参展者临摹；参展者同时以临习之作为出发点，结合自己的艺术理解，创作出具有时代气息的另一件参展作品，“完成了跨越传统经典与当前书法创作的对话，成为当代书法艺术发展进程中一个具有独特意义的学术事件”[①]。

书法生长于中国文化之中，是中国文化所孕育的独特艺术门类。在新时代弘扬书法艺术，最重要的工作之一，就是“植根传统，鼓励创新”。“乌海论坛”和“绍兴论坛”分别以历史上经典的理论文本和创作范本为指定内容，目的正在于引导整个书法界全面追溯传统，理清历史脉络，以“传统经典与当前书法创作的对话”“点亮重建当代书法精神的理想之光”[②]，并力图通过“艺文兼备”的创作指导理念，促使书法家不仅关注笔墨，而且关注相关文化问题（比如文本符合诗文传统、文字符合历史规则、书写形式符合礼仪要求等）。在所有交流环节中，过去有所忽略的诗联格律、年款写法、文字规范等在内的一系列创作中的文化问题，成为热点。以此为基础，在2019年举办的十二届全国书法篆刻展览中，中国书协创新评审机制，设立了专门的“文字文本审查小组”，对关键性文本错误严格把关。为鼓励创新，十二届国展在乌海和绍兴两次展览评审的启发下，在终评完成后增设“审查”环节，避免个性过于强烈的探索之作被淘汰，也取得了良好效果。

上述活动为“中国力量”展的成功策划和组织做了良好的准备。“中国力量”展在促进作品文化品质提升和保护风格创新等方面延续了之前的做法。但在策展上有新的探索：在所聚焦的文本上，跳出“现状与理想”展的古代书论文本、“源流·时代”展的古代经典作品这个范围，而延伸到展现时代追求的领导人关于“人民至上”的有关论述、当代人记录扶贫事迹以及与扶贫工作密切相关的若干村名。前两类文本，基本上是白话文，只有很少一部分采用了传统诗词体式。同时，进一步优化布展，为观众提供“沉浸式”观展体验。此外，在抗疫网络展上已经高度关注的公众性展览的字体和书风选择，也得到了进一步的落实。[③]

① 陈洪武：《正本清源　守正求新　奋力开创新时代中国书法事业新局面——中国书法家协会七届四次理事会工作报告》，《中国书法》2020年第10期。

② 陈洪武：《正本清源　守正求新　奋力开创新时代中国书法事业新局面——中国书法家协会七届四次理事会工作报告》，《中国书法》2020年第10期。

③ 参见李宁《观众的纯粹经验》，《中国书法》2020年第11期。

客观上说，文本选择的社会化和主题性，比较容易引发某些疑虑。笔者在参加一些庆祝重大节日的展览活动时，即遇到过这类提问。窃以为，这类疑问之所以发生，无非出于两个原因：第一是认为“艺术是审美”“艺术要超越”，这是很长一段时间内人们关于艺术的理想化定义的一部分；第二是源于对中国书法的历史和性质并未充分理解。在高度抽象的哲理层面对人类活动进行最本质的追问时，我们固然可以说，与其他活动相比较，艺术的使命更倾向于满足人类的审美需求，但无论东方还是西方，艺术在发生之初和发生之后的很长时间里，乃至具体到一件一件作品的创造时，往往与现实需求有着密不可分的关系。从一定意义上说，如果缺乏足够多样的社会现实需求，艺术将不会如此繁荣，甚至某些艺术门类可能根本就没有发生和发展的基础。离开美第奇家族的需要，米开朗琪罗的很多作品都不会产生。同样的，离开逝者家族的需要，汉代、南北朝和隋唐大量经典墓碑作品也不可能被创造出来。中国书法以汉字为对象，汉字与人们的生活不可须臾或离，这才为书法的发生和发展提供了极其丰厚的土壤。没有通音问的需要，尺牍不会发展，就可能无从瞻仰晋字的辉煌；没有拓跋氏的志墓需要，北魏墓志就难以成为楷书一大宗；没有铭石纪功的需要，摩崖上的纵横挥洒难以被领略；甚至于，如果没有物勒工名的需要，明清陶瓷上的印章也不会成为当代篆刻创新的重要资源之一……近年来，书法史学有一个重要转向，即从原来主要追问书法家的风格如何如何、书法家如何通过继承传统加上自身修养创造出该风格，转而追问艺术家如何在生活中应对各种社会关系以及一些重要作品如何在生活中被创造出来。事实上，结合书法家的具体生活进行书法欣赏乃至作品评判，一直是书法的传统，比如对《祭侄文稿》的推崇。从创作者的角度说，一种风格、一件作品，最终是否可能产生超越性的审美价值，不取决于创作之际是否存有超越之想，而取决于艺术家在自身艺术风格的建构过程中，是否真正在传统、现实以及自身的多方长期激烈碰撞中寻找到超越之路。从这个角度说，选择社会化、主题性的文本，不仅不会制约艺术家的创造性发挥，相反却可能是对艺术创造潜力的激发。这类文本与时代的关联力度往往更加强烈，作品需要面对更加广阔、更加多元的社会受众的检验，艺术家需要在创作过程中调动更加强大的创造力，才有可能引起更大范围乃至更加长久的共鸣。书法史上，这类杰作并不鲜见，颜真卿《大唐中兴颂》等可为例证。但这类文本在体式上往往是与时俱进的。这就对参展书家在艺术本体层面提出了一个重要挑战——白话文的书写问题。鲍贤伦曾经指出：“真正的‘文书分离’发生在白话文替代文言文、现代汉语替代古代汉语之后，传统的书写方式与传统的文言节律无比匹配，而与现在的白话文难相适应。失去了文言环境熏陶的现代书家，为了创作书法作品不得不去古典文库中寻找喜欢的文本，‘抄书’现象由此而生。”[①]

与书法整体性地趋于以“书”为中心相伴随，书写文本也存在着一个从无所不能书到越来越倾向于诗词的过程。展厅成为主要竞技场的过程，也是诗词（包括对联）成为主要书写文本的过程，大字作品尤其如此。诗词特别是格律诗词，有其与书法易于相互支持的许多特质，比如较少重复字有利于规避造型雷同，又如其声律节奏讲究抑扬使得有所感悟者或可从中找到相互借力的契机，再比如律、绝各体字数固定便于构思行款布局等。但从近些年的展览中我们也不难看出，对诗词（对联）的长期依赖，在一定程度上已造成了一些困惑，迫使一些书法家不得不做出改变。比如有的书法家用册页书写诗词，为了各开形式不雷同，有意在不同页面中采用不同块面布局，或者将某些语句写成题跋式，前者未免过度设计、刻意雕琢，后者则干脆已经从形式上割裂了文本。与这种挖空心思相对照的是，与当代生活关系最为密切的白话文却长期无法全面进入书法，一方面制约了书法家通过文本与社会生活相互激荡的渠道，另一方面也限制了书法家通过接受白话文本挑战从而探求艺术表现新手段的可能性。

与诗词特别是格律诗词相比较，白话文进入书法创作（特别是展览常用的中堂、条幅）时，至少

---

① 鲍贤伦：《文书的分与合》，载中国书法家协会、绍兴市人民政府编《从“源流·时代”到十二届国展》，书法出版社 2019 年版，第 39 页。

有以下一些挑战：首先，篇幅长短不固定，要求在章法布局上具备新能力。创作者往往需要对章法布局进行预先设计，这至少可能造成两个麻烦，一是破坏“偶然欲书”、提笔即写的快感，二是设计难免造成刻意。对于经过长期训练，已经对诗词特别是格律诗的布局惯例十分熟悉的作者（尤其是行草书作者）来说，显然不是愉快的创作体验。其次，重复字多，要求在字形变化上具备新能力。不变则雷同，变化过大则可能失形，排列不当造成同一字形在两列之间并列出现时，即使有所变化，也仍可能有近似嫌疑。这个问题在书写古文时也可能遇见，但古文易重复字往往有很多先例可以借鉴，难度低一些。最后，声律节奏较隐蔽，且节奏点间隔距离通常也较远，需要重建文、书节奏的匹配能力。这个特点，源于语法元素省略较少、双音词汇明显增多等缘故。对于长期书写诗词、已经形成某种潜在的诗书节奏匹配习惯的书家来说，需要不断尝试才可能从容驾驭新的文书节奏。[①]

挑战也是机遇。从最终提交的展品来看，不少书法家发挥了创造性智慧：有的书家运用白话文分段之后的段后空白协调章法节奏，有的书家运用白话文长标题来强化正文款字的对比，更多的书法家则在克服“重复字多”等问题上找到各自的解决办法。尽管大多数探索还在起步阶段，更大范围的创新有待持续深入，但值得肯定的是，2019 年“源流·时代”展中提出的文墨同辉的理想，在 2020 年的这个展览中开启了有着深刻时代特征的相生相济的帷幕，为书法与时代发生更加密切的关联提供了可贵的经验。

可贵的是，“中国力量”展没有因文本、书风适应公众而忽略艺术本体问题的探索。除了充分尊重书家的艺术探索之外，本次展览探索了“悬镜装”这一全新装裱样式，“令作品悬空于展墙之外，配合切片灯的照明，增加作品在展厅内的视错觉……将展品之外的一切视觉干扰隐去，带来……犹如梦境般的观看体验”[②]，这是一种前所未有的完全以作品为中心的布展方式，艺术家的所有探索也因此而充分聚焦。

余论

与其他艺术门类不同，书法（特别是宋元以后的书法）往往难以用某一件作品来代表一个年度、一个区域乃至一位书家的创作特征。因此讨论“年度书法状况”的最佳切入口，就不应是一件一件的作品，也不应局限于本年度，而应该放长时段、放眼群体。

书法自 20 世纪 80 年代开始复兴之路，出现“书法热”现象，此后一直保持着热度。40 年来，书法事业全面推进，相关科研、教育、出版等领域也不断推进。在创作领域，形成了以展厅为中心场域的基本格局。展厅极大地促进了当代书法的繁荣，塑造了当代书法的基本形象，凸显了书法艺术的“视觉”特征，推动了作品形式设计、笔墨表现手段的探索，相关历史资源也得到了深入而广泛的挖掘。然而，“展厅文化的兴起改变了书法案头展玩的功能，拓展了书法的审美空间，突出了‘看’的特质，消解了‘读’的价值”[③]，在一定程度上“封闭”了书法与生活的联系，“阻断”了书法作品的文辞与现实的关联，导致书法越来越成为“笔墨”的孤独探险，出现了文字乖谬、文辞重复且局限于古代诗文等一系列问题，成为引人注目的议论焦点。刘恒在“绍兴论坛”的演讲中指出了为了入展、获奖等功利目的把学习传统变成模仿古人、复制古人的不良倾向。他还对其危险性作了犀利的分析：“这种现象如果任其自由发展下去，书法艺术将会由一种表达人文内涵的综合素养的艺术形式，变成一个比拼技巧的竞技活动！这就会导致书法脱离大众甚至拒绝大众，变成了一个书法圈内小范围的自娱自乐。

---

① 笔者关于战疫书法网络展和中国力量展更详尽的评论，可参见《战“疫”网络展与当代书法发展的若干思考》（刊发于《中国文艺评论》2020 年第 5 期）、《不固于“书”，不离于“书”——谈“中国力量——全国扶贫书法大展”策展理念》（刊发于《中国书法》2020 年第 11 期）等。

② 李宁：《观众的纯粹经验》，《中国书法》2020 年第 11 期。

③ 陈洪武：《现状与理想——关于当前书法创作及当代书法的思考》，载中国书法家协会编《现状与理想——当前书法创作学术批评展》，上海书画出版社 2019 年版，第 20 页。

这应该引起我们的重视。”①

中国书协充分注意到了这个问题，自第十一届国展开始，便提出“植根传统，鼓励创新，艺文兼备，多样包容”的理念，并且逐步创新评审机制引导创作。中国书法在历史上曾经发挥过的记言录史、游艺写心、养性怡情、道德教化乃至窥天鉴地的作用，当代书法若要真正出现堪与古人匹及的高峰，也应依循大道，会古通今，不媚于群，回到心灵的旷野，实现“人书合一”的至高境界。2020 年这个特殊年份的书法活动让我们有理由相信，沿着新时代开启的新征程，书法作为民族文化瑰宝，一定会焕发更加璀璨的光芒。

原载《中国文艺评论》2021 年第 1 期

叶培贵　首都师范大学中国书法文化研究院教授

① 刘恒：《回归艺文兼备的传统书法精神》，载中国书法家协会、绍兴市人民政府编《从“源流·时代”到十二届国展》，书法出版社 2019 年版，第 44 页。

专题

抗击新冠肺炎疫情书法·篆刻界系列活动

【概况】

2020年年初，面对突如其来的新冠肺炎疫情，书法·篆刻界迅速行动起来，万众“艺”心，以书抗“疫”。中国书法家协会和各省市书法家协会等组织机构以及个人，或捐款捐物，或创作抗疫主题作品，举办抗疫书法·篆刻展，为抗击疫情贡献一份力量。

【万众一心　众志成城——防控新型肺炎疫情天津市书法家新媒体书法展】

2020年1月26日，由天津市书法家协会主办的“万众一心　众志成城——防控新型肺炎疫情天津市书法家新媒体书法展”在线上展出。该展览共有33人参加，展出作品33件。

【关于举办“众志成城、万众一心、夺取胜利——武汉书法篆刻网络媒体展”的通知】

2020年1月28日，武汉市文学艺术界联合会和武汉书法家协会、武汉青年书法家协会发出《关于举办“众志成城、万众一心、夺取胜利——武汉书法篆刻网络媒体展”的通知》。通知对展览形式、活动目的、活动主题、活动要求等内容做了明确要求。

【山东省书法家协会等募捐】

2020年1月29日，山东省书法家协会主席团协同山东省青年书法家协会、滨州市书法家协会、邹平市书法家协会，筹集资金10万元，捐赠给山东省红十字会。

【关于征集“万众一心　抗击疫情”主题书法作品的通知】

2020年1月30日，江苏省书法家协会在微信公众号发出《关于征集“万众一心　抗击疫情”主题书法作品的通知》，截至3月14日，线上连续推出40辑作品选刊。

【“防控疫情·万众一心”主题书法网络展】

2020年2月1日，根据中国书法家协会的统一部署，中国书法出版传媒有限责任公司及书法出版社有限公司、中国书法报社、中国书法杂志社组织举办了“‘防控疫情·万众一心’主题书法网络展”，邀请全国部分书法名家进行专题创作，通过线上展出。

【“众志成城　抗击疫情”主题创作活动】

2020年2月3日至26日，中国艺术研究院举办“众志成城　抗击疫情”主题创作活动，通过线上分 12 期展示。

【“抗击疫情　万众一心——河北省书法家在行动”主题书法网络展】

2020 年 2 月 3 日至 3 月 1 日，河北省书法家协会举办“‘抗击疫情　万众一心——河北省书法家在行动’主题书法网络展”，展览分为 16 期。

【上海市书法家协会募捐】

2020 年 2 月 10 日，“上海市书法家协会为抗击新冠肺炎疫情捐赠仪式”在上海市慈善基金会举行。上海市书法家协会于 1 月 30 日向全体常务理事发出倡议，向上海市慈善基金会捐赠书法作品，获得积极响应，共 43 件作品进行义拍。

【言恭达文化基金会抗疫百万义捐暨《满江红》书法长卷捐赠仪式】

2020 年 3 月 6 日，江苏言恭达文化基金会抗疫百万义捐暨《满江红》书法长卷捐赠仪式在江苏省人民医院举行。捐赠仪式现场，言恭达将创作的《满江红·白衣天使出征》大草书法长卷赠送给江苏省人民医院。此前，言恭达文化基金会已向江苏省人民医院、江苏省中医院捐赠 100 万元善款。

【群英战疫——湖北省书法界主题书法创作活动】

2020 年 3 月 20 日，湖北省书法家协会举办“群英战疫——湖北省书法界主题书法创作活动”。此次主题书法创作活动邀请了湖北省书法家协会主席团、湖北省老书法家代表、湖北省百名优秀书法人才代表、第十二届全国书法展湖北入展作者代表、湖北第六届黄鹤奖书法创作奖作者代表等参加。

【同心战疫——江苏省美术、书法主题作品展】

2020 年 4 月 23 日，由中共江苏省委宣传部、江苏省文学艺术界联合会主办，江苏省美术家协会、江苏省书法家协会、江苏省现代美术馆承办的“同心战疫——江苏省美术、书法主题作品展”在江苏省现代美术馆开幕。展览展出书画作品 236 件。

【望月楚山——江苏抗疫诗词书法作品展】

2020 年 5 月 11 日至 18 日，由江苏省诗词协会、江苏省书法家协会主办的“望月楚山——江苏抗疫诗词书法作品展”在江苏省现代美术馆举行。展览展出从全省 3600 首抗疫诗词征集作品中评选出的 100 首诗词书法作品。

【以艺战疫——文艺云·中华数字艺术城（美术摄影书法）战疫主题作品专题展】

2020 年 5 月 23 日，由中国文学艺术界联合会主办，中国美术家协会、中国摄影家协会、中国书法家协会等承办的“以艺战疫——文艺云·中华数字艺术城（美术摄影书法）战疫主题作品专题展”

在线上展出。展览展出美术作品 69 件、摄影作品 62 件、书法作品 61 件。

【同舟共济　艺起战疫——广东省抗击疫情主题书法作品展】

2020 年 7 月 15 日至 8 月 8 日，由广东省书法家协会主办的“同舟共济　艺起战疫——广东省抗击疫情主题书法作品展”在广东省广州市举行。展览展出全省书法家的 175 件作品。

【众志成城——抗疫主题美术作品展】

2020 年 8 月 1 日，由中国国家博物馆、中国美术家协会、中国书法家协会主办的“众志成城——抗疫主题美术作品展”在中国国家博物馆开幕。展览包括 3 个单元。其中，“抗疫 · 书法家在行动”单元展出的 40 件书法、篆刻（印屏）作品，是由中国国家博物馆与中国书法家协会组织当代知名书法、篆刻艺术家创作的主题性作品。

【山河无恙——鄂鲁同心抗疫书法展】

2020 年 12 月 3 日至 17 日，由山东省文学艺术界联合会、湖北省文学艺术界联合会、山东出版集团等主办，山东省书法家协会、湖北省书法家协会、山东齐鲁美术研究院承办的“山河无恙——鄂鲁同心抗疫书法展”在山东省济南市举行。展览展出从湖北省和山东省老、中、青三代书法家 700 余件作品中评选出的 100 件作品。

【观点】战“疫”网络展与当代书法发展的若干思考

◎ 叶培贵

2020 年春节前夕，突如其来的新冠肺炎疫情肆虐湖北，蔓延华夏，全国人民打响了抗击疫情的人民战争、总体战、阻击战。至 2020 年 4 月上旬，全国抗“疫”战争取得了阶段性胜利。

疫情暴发之初，全国文艺界就积极行动起来，以各种方式投身其中，书法界也不例外。深处疫情中心的武汉市文联和武汉市书法家协会、武汉青年书法家协会于 1 月 28 日在“翰墨楚风”微信公众号发出《关于举办“众志成城、万众一心、夺取胜利——武汉书法篆刻网络媒体展”的通知》。书法报社于 1 月 29 日在同名微信公众号发出《书法人在行动！“抗击疫灾，我们同在”书法创作特别征稿》的启事。2 月 1 日，在中国书法家协会（简称“中国书协”）部署下，中国书法出版传媒有限责任公司及书法出版社有限公司、中国书法报社、中国书法杂志社共同推出“‘防控疫情 · 万众一心’主题书法网络展”第一期，书法界迅速被激发。省市县各级书协，以及各种非官方社团，乃至于一些开设书法专业的高校，都开始举办同类的网络征稿和展览。从一定意义上来看，这次的网络书法展览，与本次抗击疫情一样，也是一场“总体战”“人民战”，地不分南北，人不分老少，同一主题、同一途径（网络）、同一时段集中推出，规模前所未有，形式前所未见，传播广度也是前所未闻。

目前，这一书法创作、展示、传播活动仍在持续推进中。可以预见，这次以网络为主要传播平台的书法抗“疫”行动，不仅使书法为这个特殊时刻留下一道深深的笔墨印记，成为未来重述这个时代的重要见证材料，而且也有可能改变书法的某些发展态势。那么，慎思这次行动，对于书法在当下乃至未来很长时间的发展，就不是无意义的事情了。

一、不同“场合”的审美创造

由战“疫”书法引起的一个值得特别关注的问题，应该是“场合”。“场合”是一个时空，这一时空中的各种因素，共同促成了这件作品的产生。宏观而言，任何一个时代的书法都会有种种不同的“场合”，每个“场合”都有不同的要素，对书法的整体发展态势产生不同的影响。

众所周知，以汉字为创造对象的书法史，与文字史常常是贯通的。举凡社会生活中需要文字处，便可以是书法展示的空间，由此在不同用途的各种材料如甲骨、钟鼎、碑版、尺牍上产生了大量作品。但自汉代后期开始，一般文字书写与书法之间，出现了某种程度的“分离”。宋元以后，尽管社会日常用字仍然普遍，但书法在一定意义上逐渐成为精英文人享有的“专利”，主要研讨场合变成了文人们的书斋。明清以后，随着商业兴起、文人集团膨胀分化等社会变化，书法重新走出书斋，进入有条件的家庭以及其他生活空间。民国以来仍延续这一趋势，但同时增加了一种新形态——进入展厅，参与美术展览。新中国成立特别是改革开放以后，书法展览逐渐成为主导性的活动方式。自媒体特别是微信、抖音和快手等广泛流传之后，书法活动又出现了一个崭新平台。与过去所有方式相比，它是虚拟的，但同时传播力又是超级巨大的——可以超越时间空间的限制。

不同的场合，对书写的要求必然会有差异。文字学家在讨论甲骨文和金文时，有“正体”与“俗体”的分别，判断标准之一就是其应用场合，正规场合多偏于工整，普通场合则或有草率。到南北朝、隋唐时期，这一现象仍然普遍存在。官方碑志与庶民之间总体上也存在着非常大的差别。例如，主要出于官刻的“元氏墓志”，整体上就显得工整有序得多。这种区别，与各自“场合”主导者的需求有密切关系。工整端严，通常是正规场合的第一要求，即便在文人占据书法主导地位的宋元时代也是如此。明清时期的庙堂、朝廷等公共场所使用的对联、匾额，总体上也遵循这一规则。

什么是“正规场合”？在书法史上，可以从两方面来界定。第一，发布者及其文字内容出自社会权力机构，体现权威性；第二，发布场所及其用途在于产生规约或教化等作用，具有公众性。由于书法与汉字始终密切相联系，这种要求贯穿于书法史的每一个时段。

与“正规场合”相对的，当然就是所谓的“非正规场合”。宋元以来，文人主导的以“书斋”为主要活动场所的书法总体上属于这一类。文人书法的基本定位是“文章之下，六博之上”，是一种雅玩，因而比较强调书写者本人的“意”，如米芾所说“意足我自足，放笔一戏空”，既然“要之皆一戏”，那么“不当问拙工”就是理有固然了。审美风格逐渐舍工整而趋参差，舍端严而趋萧散，书写者“特殊的”“这一个”成为主导性追求，与公众的普遍兴趣产生了一定的疏离。明清时期，由于部分书法作品重新进入公共场合，如庙堂、朝廷等，于是与主要存在于书斋的书法，形成了某种程度上的双向演进。

展厅是一个特别的存在。表面看来，它向大众开放展示，因而是公共场合。然而，从展示动机来说，它实际上是书斋的一种延伸。书写者将作品置入这一空间的目的，并不是回到唐以前的那种“正规场合”，仍然是在展示作者“特殊的”“这一个”。甚至由于展厅有一种“同台竞技”的特点，对“特殊的”“这一个”的要求，往往比书斋还要强烈——尽管相互之间的模仿也随之更加便利。

微信平台和其他网络平台，从理论上说，可以是上述任何一种场合的虚拟化。然而事实上，它更多的是“书斋”与“展厅”的虚拟化。所谓“正规场合”，需要现场感，信息化尚没有完全改变这一习性。但以展示“特殊的”“这一个”为主要目标的“书斋”和“展厅”书法，则很适合这种传播方式。

由以上分析，我们会发现，本次一系列的战“疫”书法网络展呈现出了一个非常有意思的现象：大多数作品，除了文辞会尽力选择与战“疫”有关的内容外，笔墨风格总体上看不出与非战“疫”内容的作品有什么明显差异。展览主办方大多数没有在这方面提出任何要求，只有中国书协例外。中国书协在约稿时，明确指出“这是给普通公众看的，不希望使用过于生僻的篆书和狂草，希望多一些行楷”。笔者认为，在这一点上，中国书协发现了当代书法重新全面深入公众生活的一个至关重要的问题，就是审美的公众性。书法之所以在中国绵延数千年而不绝，一个极其重要的原因就是通过文字与公众生活紧密相连，而绝不仅仅是某个群体（如传统的文人）、某个圈子（如现在的书法界）的专属文化权利。事实上，有很多现在被认为是经典的作品，原本就产生于极其普通的社会生活中，比如北魏时期的穷乡儿女造像。书法的大量传统样式，离开具体的社会生活情境是难以产生的，比如书信里“平阙制度”所形成的行列的长短参差、对联、扇面等。正是生活无穷无尽的需求和变化，构成了书法艺术绵绵不断的源头活水。

就形式上来说，“场合”的要求，有时是非常严苛的。疫情发生之初，大家的关注点几乎都集中在两点上：一是湖北尤其是武汉病例数及罹难人数；二是全国各地的全民防控。这一时期的书法网络展中，出现了一类使用大红纸书写的作品。笔者接到过一些读者提问：“这合适吗?”当时绝大多数读者内心充满的是对罹难者的痛惜，通常用于喜庆（如刚刚过完的春节）的大红纸，在这一时刻，确实显得较为刺眼。作者的心情恐怕是借以“加油”，鼓励人们以更强的决心投入抗疫。但这与当时大多数人的心情相对照，多少是有一些违逆的。

考虑公众接受这个维度，强调在主要面对公众的场合对作品的字体风格进行一定的选择，这从表面来看可能会扼制艺术家个人风格的发挥，然而实际可能正相反。通过长期训练及各种机缘养成的艺术家个人风格，在面对广阔的社会生活时完全有可能因受到各种需求的挑战而产生积极的变化，获得更加深入社会、历史和时代的创造性契机。据笔者并不完全充分的观察，在本次网络展中，有不少书法家解锁了自己的许多技艺，原本较少用于创作的一些书写才能，在这个过程中被释放出来了，表现出与一般展览作品并不雷同的崭新面目。从这个意义上来看，如果有更多艺术家意识到这一点，那么书法就有可能借助现代化的网络渠道，重新全面回到生活，汲取更加丰富的时代养料，为铸就新时代中国书法艺术的高峰奠定更加坚实的基础。

二、“书法”“写字”与“文辞”等关系的再思考

要实现上述观念转化并付诸实践，有一个重要的理论问题需要探讨，这就是“书法”与“写字”的关系问题。

前文已经述及，书法从一开始即以文字为创造对象。而文字是记录语言和思想的工具，在印刷术发明之前，有文字处必有书写。书写所具有的独特审美功能与文字的信息记录传达功能一体共生，无法拆解。大约自汉代后期开始，专门追求“翰墨之道”的行为开始出现，文字书写不必再仅仅是为事功服务，为考课效劳，而可以供人“游手于斯”。通常认为，这是书法独立为一种“艺术”的表现。自此以后，历朝历代，都有若干贤哲，本乎天地之心，取会风骚之意，或以尺牍为媒介，或借碑版以驰骋，俊发灵府，妙舞霜毫，抒情写意，使笔墨成为“人”的写照。然而，即便在他们的笔下，大多数时刻，书写与信息的记录传达之间也并不是截然分离的，而是不分彼此的。与此同时，书法史自身也在不断地梳理源流，把大量原本并不出于所谓“翰墨之道”的企图而产生的作品，纳入书法史的长河之中，使得两者之间的交织模糊。后世大量以“翰墨之道”为追求的“创新”，其历史范本恰恰常是这类没有明显独立的“翰墨之道”追求的作品。写字与书法，从历史上来看，是难以分割的存在，甚至在当下，我们也很难明显地区别二者之间的界限。譬如说，我们常常提到的“学者字”。他们与古代文人笔墨素养的养成方式非常相似，具备幼功，年长后偶然临帖，但日常书写时长期着眼于做笔记、录诗文、通音讯等，不以书家自居，也不以“翰墨之道”为主要诉求，然而其审美品质（甚至技术）却可能丝毫不逊色于专业书家，甚至在未来才能定稿的当代书法史著作中可能占据更高的位置。

应该承认，这是书法与其他艺术极为不同的一个表现——它的专业与非专业的界限事实上是非常模糊的。判断一件作品是不是书法艺术作品，这与创作时是“写字”还是“搞书法”并无决然确定的关系。书法是极其开放的，只要“写字”，就存在创造的可能性。苏东坡曾说：“书初无意于佳乃佳尔。”在其他艺术中，这主要是创作心态能否放松的问题，而在书法中却可能是向所有书写者敞开的一扇大门。

该网络展中最为大众所瞩目的，并不是专业书法公众号上展出的各种非常正规的“书法作品”，而

是一位贵州的书法研究生应村寨之命而书写的两个告示牌。由于反响十分热烈，有好事的书法公众号竟将两件作品用 PS 软件制作成古法帖的样式，甚至仿照古法帖的命名方式称之为《疫情帖》和《别来我家帖》。这位作者是一名书法专业的在读研究生，显然接受过较好的专业训练，但从书写视频上看，他是直接书写在木板上的，其中还有错字（如“谈笑风生”的“生”误为“声”）和漏字（如“探亲访友”遗漏“亲”字），显然，其“创作态度”更多属于“写字”而非“搞书法”的。

这个现象，要求我们反过来进一步思考书法作为艺术的特性。一方面，它与其他艺术一样，有自己的历史传统以及由此而生成的一系列技术规定，具有相对稳定的自律性，由此形成艺术的“门槛”；但另一方面，它又时刻向日常书写敞开，不断从日常书写中发现更加宽阔的领地和边界。人们常常认为，书法的笔墨是抽象的，因而难以表现过于具体的社会事件和人生情感。仅从笔墨上说，这是事实，你无法抽象地说某种笔墨是“悲伤”的，而另一种笔墨是“欢乐”的，也无法说某种笔墨表示“庆祝”，而另一种笔墨表示“诅咒”。然而在书法中，笔墨与文字是共生的。没有文字作为先导，书法的笔墨无从生成（当代取消汉字的探索性艺术不在本文议题范围，不予讨论），每一种笔墨都是在该作品所赖以产生的语言环境中生发出来的。即便是少字数书法，也非常注重文字的选择。

由此，问题的讨论就必须延伸到“文辞”以及与文辞相关的其他内容上了。文辞是当代书法创作中的一个焦点，某种程度上也是痛点，若干年来书法展览的主要作品都是抄写古诗文（同时还存在不少错漏字等问题），笔墨或随了时代，而文辞却常是古典。设想一下，一部包括《兰亭序》《祭侄文稿》《黄州寒食诗》《蜀素帖》等在内的历代书法作品集，如果翻到当代，所见却都是汉赋、晋文、唐诗、宋词、元曲，那么这个时代的书法，除了笔墨之外，还有什么通道可以让未来的读者借以进入作者，进入这个时代？我们看《祭侄文稿》，并不仅仅关注它的笔墨，而是同时通过它的文辞，综合了解颜真卿当时的心情，综合了解颜真卿书写这件作品的生活情境和历史情境，从而进入他的内心，观照他的时代。

从当下艺术学的通常分类方法来讲，文辞属于语言艺术范畴，是文学的事情，但并不因此就不是书法的事情。书法家以文字为创造对象，文字的组合就是文辞。文辞及其背后相关联的艺术家的个人生活（情感）以及社会生活（事件），形成了作品的语境，是笔墨的基础。书法家考虑文辞，不是要像文学家一样竞争文学艺术水平，而是要为笔墨的生成构建一个充满生机活力的情境。在这种情境下生成的笔墨，才有可能是饱含信息的笔墨，才有可能真正和这个时代同频共振，成为这个时代的笔墨符号。

值得特别注意的是，在文辞问题上率先提出要求的，同样是中国书协。“‘防控疫情・万众一心’主题书法网络展”的第三辑便全部采用的是自作诗词对联，其序言说：“为表达书法艺术工作者对当前疫情防控工作的关切、支持，三辑邀请部分书家，结合近期全国防控实践，书家所见所闻、所思所想，进行专题自作诗书创作，力图用诗和书法，记录、表现当下，为时代画像，为时代立传。”随后，第六辑的作品也延续了这一做法。“江苏书协”微信公众号在 2020 年 3 月 15 日也推出了“文艺同心　齐力战疫——江苏省书法家协会抗疫诗词作品选登”专辑。《美术观察》已经推出的四辑网络展，也都是诗词书法兼综的作品。处于疫情中心的湖北省书法家协会推出的“群英战疫——湖北省书法界主题书法创作活动”中，也包括了较多的自作诗词。从一定意义上来说，战“疫”这个非常时期的情境，决定了简单抄写古人诗词的不便，决定了更加直接地切入事件本身、切入书家内心情感的文辞的意义。

值得延伸讨论的还有一个具体问题，就是以拍卖义捐为主要目的的网络展作品的文辞选择。这类作品，虽然根本目标也是战“疫”，文辞内容不应该是毫无关联的，但其最终归属义拍者。合理推测，除少数大收藏家之外，多数义拍者得到作品后不会束之高阁，更可能是用来装置生活场所的。如果文辞过于拘泥疫情防控本身，则有可能难以符合义拍者的期待。

在广阔的社会生活中，这样特殊的情境虽然不容易遇见，但是类似的情境却是随时在发生的。没有观照情境的书写，常常会面临风马牛不相及的尴尬。可以说，本次战“疫”书法，使这个问题以更加尖锐的形式被重新提出了，它必将进一步影响当代和未来书法的发展，引导更多的书法家在笔墨之外，重新思考文辞及其背后的东西与时代的关系。为了更好地应对社会和时代的这种需要，除了加强基本的文辞素养之外，书法家也应与其他门类的艺术家一样，深入生活、扎根人民、了解社会、研究历史、提高文化，这样才有可能避免识浅、见狭、学不足，才有可能胸中有道义和学问文章之气，最终才有可能创造出真正属于这个时代的书法艺术。

三、"微信息"时代的书法家

前文提到，进入新中国特别是改革开放以后，书法展览逐渐成为主导性的活动方式。新中国成立后，打破旧的阶级秩序，扫盲以及义务教育的全面开展，使普通公众获得了参与书法活动的广阔空间，由此比较彻底地改变了宋、元、明、清以士人为主体的书法队伍结构，各行业、阶层均有可能参与到书法活动中。在中国书协举办的各种国家级展览中，参展获奖者不乏来自一线的工人和农民。自媒体兴起后，在跨越时空进行传播的同时，其传播的组织方、接受方的身份也同时进一步超越了原本相对固化的阶层，呈现出全民参与的广泛性。

"微信息"时代来临后，书法活动的身份秩序进一步淡化。许多作者创建了自己的微信公众号，也有不少作者利用公众号举办各种网络邀请展甚至网络赛。某些个人公众号举办的网络展览的影响力，甚至大于一般性美术馆的实物展览。近些年来，官方主办的书法展览也常常借助微信平台进行预热，展览甫一开幕，包括官方微信公众号在内的几乎所有有实力的书法类公众号都会在短时间内迅速跟进报道，形成一个巨大的信息流。"展览刷屏"已经为书法界人士所熟知。

虽然拥有官方身份的公众号及其作者拥有更强大的传播优势，但不可否认的是，非官方的微信公众号、抖音、快手等自媒体平台的影响力也正在快速提升。虽然书法领域还没有产生如"李子柒"那样有全国乃至世界影响的自媒体公众号，但也已经有不少作者通过网络大大扩展了自身的影响力。近两年来的不少书界热点，都是始发于微信的。

前文中提到的本次战"疫"书法网络展中，《疫情帖》《别来我家帖》的迅速流传，又一次证明了网络媒体在公众选择上对书法界原有秩序的巨大冲击力，这种冲击力已经极大地影响了当代书法的生态。官方机构如何打破原有的人才发现和选拔机制，使更有能力迅速介入当代生活的艺术家和作品更顺畅地进入主流文化圈，扩展主流书法发展的力量，是必须进一步考虑的问题。中国书协通过下属新闻出版传媒委员会已经联络了不少这类人才，近年来通过一系列与新的社会阶层相关联的活动又进一步扩大了联系面，应该说已经形成了良好的效果。但从本次战"疫"书法网络展来看，仍然有持续深入的空间。

人们常说，微信等自媒体改变了生活。无论从逻辑上还是现实上看，当然也没有理由不改变书法家的生活。与传统传播方式相比，以自媒体为主要活动平台的书法人才，至少在以下几个方面有着传统人才所不具备的新优势。第一，对社会变化的反应更加迅速。网络可以在第一时间传达社会的变化，敏感的艺术家可以迅速捕捉并通过艺术的方式进行应对。第二，对社会的了解更加立体多元。网络信息的丰富性是前所未有的，任何一个饱学诗书者所能掌握的信息，也有可能输给键盘。第三，对新媒体传播的特点与技术以及受众心理的了解更加充分，这可以使其艺术创作更好地与观众形成互动。更好地关注这些人才，使之成为当代书法创造主阵地的生力军和有机组成部分，必将大大提升书法与信息时代之间的联系，推进书法自身变革以适应新时代的要求，激发书法艺术在信息时代的活力，避免被时代逐步疏远而真正沦为"遗产"的可能。

当然，网络也存在问题，比如知识和信息的碎片化等，但只要整个书法界的人才队伍架构合理，其他传播平台与网络之间可以形成良性合作与互动，这些问题是可以避免的。笔者相信，经过本次战"疫"书法网络展的浪潮冲洗，无论是原本对网络传播十分陌生的老书家，还是已经在网络中长久冲浪的新人，一定都会重新反观已有的书法生态、人才状况以及传播方式，也一定会在疫情结束后做出各自的反应。

那专业与非专业的界限还在吗？前文已经提到，书法艺术从古至今，这两者本来就是交织的。更多的非专业出身者重操笔墨，将扩大书法发展的社会基础。而最终是否成为书法家，这个决定权在社会，在历史，在书法艺术本身，而不在于书写者是专业出身还是非专业出身。

无论如何，新的时代、新的秩序、新的人才产生方式、新的艺术传播方式、新的艺术家介入社会生活的方式，都在向我们走来，不管你愿意还是不愿意。当然，网络只是一种，我们并不排斥其他，书斋、展厅、殿堂等依旧可以是选项。但笔者仍然期待，这些选项中的书法艺术家，不是分散的，而是交融的，期待他们为这一古老的中华传统艺术展现新的时代风采，共同做出新的贡献。

原载《中国文艺评论》2020年第5期

中国力量——全国扶贫书法大展

【概况】

2020 年 11 月 1 日，由中国文学艺术界联合会、中国书法家协会主办的“中国力量——全国扶贫书法大展”在中华世纪坛开幕。展览以书法艺术的形式表现中国共产党人解决贫困的历史进程，分为“人民至上”“扶贫书赞”“九州同春”三个板块，展出作品 228 件。

该展览致力于构建重大主题书法展览的新模式。筹备历时 7 个月，会聚 50 余名策展团队成员、50 余名专家学者、162 名书坛一线骨干书家、66 名书坛大家名家、40 家团体会员单位，聚焦扶贫一线，通过“记言录史”“以小见大”的叙事手法、贴合时代的白话文本、面向大众的审美风格，为观众带来可读、可看、可感的沉浸式观展体验，进而形成更为广泛的社会价值认同。

该展览由中国文学艺术基金会中国文学艺术发展专项基金资助，展至 11 月 8 日，部分展区延展至 11 月 19 日。

【观点】观众的纯粹经验

◎ 李宁

纯粹经验是在意志的要求与实现之间没有一点缝隙的最自由活泼的状态，是超越主观与客观的超个人经验。观众进入展厅内突然被一件作品吸引，自己（主观）并未意识到观看作品（客观）这一行为，这种物我两忘、主客合一的状态被称为纯粹经验。这种沉醉于观赏一个事物或沉浸于做一件事情的状态，因为没有任何目的诉求，于是被认为是善的本质来源。这便是西田几多郎在《善的研究》以及之后的论著中所提出的“纯粹经验”。

展厅内的纯粹经验与以往诸多展览所提出的沉浸体验不同。沉浸体验是利用展厅装置等手法给观众的一种外在体验感受，而纯粹经验则是让观众在展厅内达成的一种意识状态。前者注重展厅的外在修饰效果，而后者则关注观众的内在接受。对于纯粹经验而言，沉浸体验仅仅是达成观众在展厅内纯粹经验的过程，或者说是一种手段。纯粹经验则是沉浸体验的提升，甚至不妨说达成观众在展厅内的纯粹经验是展览策划的高阶目标，展览的社会价值与意义才能更好的凸显。

近几年，我们试图在展厅内通过一切手段达成观众在展厅内或辩论场中的纯粹经验，哪怕是一件展品能把某位观众吸引，或论坛中提出的某一个问题能将观众陷入思考的状态。“中国力量——全国扶贫书法大展”在策展方面带着这样的问题，思考使用什么样的策展手法才能初步尝试达成观众在展厅内的纯粹经验。

立场的转换

“中国力量——全国扶贫书法大展”属于社会性主题展览，从策展角度来看，与专业主题展的策展立场完全不同。以“现状与理想——当前书法创作学术批评展暨乌海论坛”“源流·时代——以王羲之为中心的历代法书与当前书法创作暨绍兴论坛”这两个专业主题展为例，旨在促进当前书法的再发展，故而以提出问题、总结现状、寻找方向为主要目的。“中国力量”这样的社会主题展，则致力于将书坛最好的成绩展示于社会。一言蔽之，前者是问题意识的立场，后者是转化为汇报成绩的立场。

除策展目的不同之外，转换立场的另外一个原因还在于展览受众的不同。专业展的观众人群主要以书家及书法爱好者为主，展览在提出问题的同时，很快便可以引发书坛对焦点问题的思考，从而达到展览目的；社会性主题展的观众人群以非专业观众为主，他们以直观体验展览所表达的主题以及笔墨形式所带来的美感为主要诉求，对于书法本体的发展状况则不甚了了。

回顾以往展览，大量社会性主题展往往因为策展立场的混淆不清，成为利用主题表现书法的产物。虽然展览题目非常明确，但却忽视了展览所要表达的主题内容。观众观展后不明就里，逐渐失去了对此类展览的兴趣，这也是社会性主题展遭受冷落的主要原因。因此，从“利用主题来表现书法”转换到“以书法的艺术形式来表达主题”，这是“中国力量”所致力的立场与目标。由此，策展便聚焦于如何通过“扶贫”主题来表现“中国力量”，而非利用扶贫主题来一场专业的书法展。

考虑观众的接受以及政治题材的属性，展览在书风及书体上有所选择。比如第一篇章“人民至上”作品，书写的是自新中国成立以来奔小康的发展历程，皆为宏观政策、文件及讲话等宏观顶层设计。基于书法在历代官方文本中的使用原则，故而本篇章所选书体为楷书、隶书与行书，书风方面选择雅正一路。从书体识读到风格接受的综合表现，可令所有观众在不依靠展签的文字辅助下，一读到底，赏心悦目。

采用哪种议事规则

“中国力量——全国扶贫书法大展”的作者预设群体以一线骨干书家为主，邀请全国书坛名家大家坐镇。我们以第二篇章“扶贫书赞”的作者与作品的评选为例，来看一下主题展的选拔方式。

该篇章的作者由各团体会员单位推荐，我们为此限定了三个推荐条件，大体来说分别是能够代表各省较高水平且有多次入展的经历；有一定撰写文章的能力；对扶贫事业有热情、有感情，最好是参与过基层扶贫的书家。除了限定条件外，我们还规定了被推荐书家应提供的初评资料，包括入展履历、代表作照片、扶贫文章以及创作构思。初审先由撰文指导小组对提交上来的扶贫文章进行审读，给出具体修改意见；再由专家组根据文章的水平、书法的水准以及创作构思进行综合评判。专家组的评审要考虑各省书法的实际情况进行评议，并非在所有来稿中选优，而是要在每个省内选拔优异者。这是因为往往书法强省的经济水平较高，而本次活动以扶贫为主题，故不少重点篇幅分布在西部各省，这也是专家组一直综合衡量的。初审结束后，便是入围书家在撰文指导小组的介入下不断修改文章的过程，直至定稿，书家开始着手创作，创作后的作品图片交由审读委员会审核。审读委员会分为四个小组，每个小组集体审读作品，标注问题之所在，再将作品交由专家组评议。专家对作品的水平及标注的问题综合评判，结果分为三类，通过、修改、淘汰。

这是一个不断淘汰、不断修改的过程，评审打破了时空界限，总共持续了两个月的时间，贯穿了作者创作的整个过程。本次评审工作不单单是为了打造精品工程，还要时刻关注着评审过程中的每个细节与矛盾，期望打造一个带有温度的展览工程。我们时刻关注文章的真实性，关注作者是否对扶贫工作抱有真感情。比如说，在评审过程中，我们了解到有的书家常年舍家撇业驻扎在扶贫一线，从最初被淘汰，后经提请复议，多次修改，最终入展。再如，对于西藏作者的评审，我们限定了只有常年扎根西藏的书家才能参加本次展览，尽可能多做创作上的指导，最终三件作品的创作水平大大超出了我们的预期。

从“之乎者也”到“的地得”

陈洪武书记提出，本次展览应当紧紧围绕“为时代记言录史，为人民濡墨抒怀，为民族凝心聚力”的主旨来策划。从立意之初，我们便将着眼点放在“为时代记言录史”之上，思考并提出两个问题：一是如何重启书法记言录史的功能；二是如何使用“时代文本”。

所谓记言，记录言语者也。如我国最早的历史典籍《尚书》，是上古及殷商西周时代历史文献资料汇编，包含典、谟、训、诰、誓、命等文体，以记录言语为主。展览第一篇章“人民至上”侧重记言，书写内容为新中国成立以来有关经济建设、民生、扶贫奔小康的宏观政策文件、讲话语录，展现的是国家层面顶层设计。

所谓录史，记事者也。历代史书重在记事，从某种角度来讲，历史是由一件件故事构成的。故事之是者为故实，所以历史讲究的是故事的真实。在第二篇章“扶贫书赞”中，文章撰写的第一要义便是真实，真实地记录一个个扶贫故事。从文体上来讲，文章可分为韵文与散文，韵文重排偶藻饰，有夸饰之嫌；散文质朴自由，有利于反映现实生活。对扶贫主题而言，仅靠语言优美难以直抵人心，只有纪实手法才可能触及心灵，故而本篇章文章以纪实性散文为主。本篇章包含众多扶贫史实，真实有力地记录了党民一心矢志不渝奔小康的历程，篇名“扶贫书赞”之“赞”指的并非文体，而是取“以书法形式礼赞扶贫”之意。

一个时代有一个时代的语言，大部分的经典之作使用的均是那个时代的文本，与精湛的技法、独特的风格一起，形成惊骇世俗之作流传于世。这不得不让我们反思，当代书法是否可以尝试白话文介入？白话文的优点在于，一则书家有能力进行扎根于生活的自撰文书写；二则观众在阅读时能降低隔阂感，可谓从书家创作到观众阅读无须转译的过程。于是，我们大胆尝试拓延文本，提倡参展书家使用白话文创作。

伴随着这场大规模使用白话文创作的展览，白话文创作实践的问题也随之而来。比如，我们习惯使用“之乎者也”来寻找笔墨节奏，突然变成了“的地得”，尤其是行草书的作者会感到不适。又如，白话文不如文言文那样精练，语句重复、高频率字出现，等等，这些均为白话文介入创作制造了新的难点。

不管如何，本次展览在书坛抛出了一个当代书法史重要命题——“时代文本”，200 余件展览作品也将成为可供思考的研究资料。

纵横时空与以小见大

纵横时空是本次展览的叙事策略，而以小见大则是本次展览的叙事手法。

第一篇章“人民至上”采用纵向的时间叙事，首先是毛泽东在 1945 年中共七大报告《论联合政府》中谈到中国共产党与人民群众紧密联系在一起的相关内容。接下来是新中国成立之初土地改革、兴修水利以及四个现代化的内容。再到十一届三中全会中提到把全党工作的着重点和全国人民的注意力转移到社会主义现代化建设中来的内容，第一次提到“小康之家”的内容。接下来浓墨重彩地展现十八大以来脱贫攻坚的重要思想与理论。其中还选择了“抗疫与脱贫攻坚”“绿水青山与脱贫攻坚”“人民至上、生命至上”的内容，最后以十九大提到的 2020 年以后发展的两个阶段内容展望未来。本篇章 50 件作品展现的是在中国共产党的领导下中国人民奔小康的整个历程，彰显了中国共产党以人民至上的执政理念。

第二篇章“扶贫书赞”采用横向空间叙事方式，展现各省、自治区、直辖市各行业的扶贫事迹。本篇章使用了以小见大的叙事手法，关注小人物、小细节、小故事，聚焦一线扶贫人员、脱贫百姓，一幕幕生动的故事娓娓道来，期望观众看到文章标题便有阅读文章的兴趣。这些发生在我们身边的真实的扶贫故事，在展厅内以艺术作品的形式被集中展示，由此整体呈现党民同心矢志克艰的澎湃力量。

第三篇章“九州同春”采用纵横交错、时空交合的叙事策略。该篇章将视角锁定全国 14 个集中连片特困区，进而选择 66 个典型脱贫村，并为每个脱贫村撰写了脱贫记。在展厅内，我们将 2000 余条从中央到地方的脱贫攻坚相关文件横贯其中，意在中国共产党的决策部署下，最终实现全面脱贫的决心与力量，令观众感受史诗般的浩然之气。

在叙事策略上，三大篇章内外交织，相互关联，纵横时空，以小见大，以脱贫攻坚为着眼点，多维立体地勾画出一幅中华民族从筚路蓝缕到走向辉煌的绚丽画卷。

让作品悬空于展墙之外

“以展品为中心”是展厅装置的首要原则，如在2015年举办的十一届全国书法篆刻展览中，我们设计制作了无框条的“初雪装”（出血装的谐音），将整面展墙刷色，墙色起到以往的框条的作用，衬托作品映入观众眼帘。如此设计即为遵从展厅装置原则。

近几年，“初雪装”被广泛接受和使用，成为目前颇为流行的装裱样式。“熟”即“俗”也，太过熟悉的装裱样式易引起观众的审美疲劳，于是在本次展览中，我们再次研发出一种全新的装裱式样——“悬镜装”。“悬镜装”的设计意图是令作品悬空于展墙之外，配合切片灯的照明，增加作品在展厅内的视错觉。“悬镜装”与“初雪装”完全不同，“初雪装”有背板无框，而“悬镜装”有框无背板。“悬镜装”以玻璃为主，透过玻璃看到的展墙色与框条色完全一致。配合的切片灯会将展品之外的一切视觉干扰隐去，带来作品悬空于展墙外犹如梦境般的观看体验。“悬镜装”的难点在于作品需装裱在玻璃上，且框条色要与墙色一致，本次展览中这两个难点均被不断试验得以攻克。但由于场地灯光的限制，多少还有遗憾之处，需要在下次展览中弥补。

另外，第二篇章“扶贫书赞”的扶贫文章是该篇章的核心内容，书法作品全部书写或节录于此，所以我们将其视为与书法作品同等重要的展品。于是，我们将以往附属于作品的展签提升成一件展品，同样使用玻璃材质，将文字丝网印于其上，切片灯打出后，文字光影又投射于展墙之上，形成与作品交相辉映的通透之美。

原载《中国书法》2020年第11期

【观点】书法的文本与时代

◎ 田熹晶

回顾前些年，书法展览一度是个抄书的时代，展厅成为古代经典诗文大聚会。从先秦到近代的散文、诗歌、文论、书论、画论，等等，无所不及，从经典到生僻，都纷纷登场，不免让观众有审美疲劳之感，不是文辞本身不好，而是对内容失去了新鲜感。久而久之，人们便不再去关注书写内容，只重视作品的画面感，从而严重削弱了书法作品文辞和情感的独创性与作者的主体价值，亦无从反映这个时代的特征与精神风貌。针对这种现状，中国书协近年举办了“现状与理想——当前书法创作学术批评展暨乌海论坛”“源流·时代——以王羲之为中心的历代法书与当前书法创作暨绍兴论坛”以及本次“中国力量——全国扶贫书法大展”，对书法创作使用文本的问题展开探讨，寻求更贴合时代的解决办法。

文本的独创价值不可偏废

书法作品的内容可以随手抄来，作品的内涵便失去了创作主体的个性与时代特征，文本与作品成为无法黏合的两张皮。展厅俨然成为诸子百家的辩论场，李白、杜甫等人的赛诗会。读书自然没有必要到书法展厅来读，观众希望看到的是“独特的那一个”，即文辞与书法兼美的独创作品。否则，能引起观众兴趣的就只有笔墨表面的形质了，从而书法展逐渐沦为炫技的舞台，甚至出现离开汉字谈书法等极端论调，可谓愈走愈远，愈走愈险。

中国书协在十一届全国书法篆刻展览期间提出“十六字方针”，其中“艺文兼备”便是提倡书法家既要有高超的技艺又要有卓越的文采，尤其是通过作品的文辞表达个人的思想与情感、时代与精神。唐代窦臮《述书赋》开篇云：“古者造书契，代结绳，初假达情，浸乎竞美。”书契之初，借以表情达意，逐渐开始比较书法的美丑。又如张怀瓘在《文字论》中所说：“阐《典》《坟》之大猷，成国家之盛业者，莫近乎书。其后能者，加之以玄妙，故有翰墨之道生焉。”写字最初的功能并不在于书法的表现，而是记录文义的实用性，“翰墨之道”是后来衍生出来的，二者相辅相成、相依相生，所以书法文本的独创性便尤为重要。孙过庭《书谱》云：“写《乐毅》则情多怫郁；书《画赞》则意涉瑰奇；《黄庭经》则怡怿虚无；《太师箴》又纵横争折；暨乎《兰亭》兴集，思逸神超，私门诫誓，情拘志惨。所谓涉乐方笑，言哀已叹。”书法可达其情性，形其哀乐，离不开文本意蕴的指向。

文本的时代性不可忽略

汉语一直处于不断发展之中，汉字的音、形、义从古至今都在发生着变化。记言录史的文本自然随之变化。上古时期的文本，如今看起来晦涩难懂，但在当时人看起来肯定不成问题。即使是中古时期的文言读本，现在的年轻人读起来也不易了然，其实都归因于文本的时代差异。一个具有时代特征的文本，其文字从音、形、义上都会有时代的烙印，一幅具有时代特征的书法作品，其价值要远远高于单纯的艺术价值。比如，同样是一方新出土的墓志，可以从历史角度去发掘其史料价值，从文学角度去衡量其文学价值，从书法、刻绘角度去研究其艺术价值，可以研究其所涉及的人物、事件、制度、社会、风俗、文学、艺术等，为研究者铺开了一个全景式历史画面，学科方向不同，研究各取所需，同时具备以上内容，无疑这是一方极具价值的墓志。书法创作强调文本的作用，也是为了增加其多方面的价值，这也符合中国人审美的综合考量。

许慎《说文解字·叙》云：“盖文字者，经艺之本，王政之始，前人所以垂后，后人所以识古。”古往今来，人事代谢，古今思想的沟通多是依靠文字作为桥梁，但是由于文字的发展变化会造成一些理解上的障碍。王力认为，学习文言文必须建立历史发展的观点，了解古今词义的差别和古今词汇的差别。我们要了解语言文字发展的历程才能贯通古今，这当然是难得的。在近几年的全国性书法展创作中，自创文本由十一届国展以来的约 5% 上升到十二届国展的约 10%，由于“艺文兼备”理念的提倡，审读机制的建立，作者的诗词文章水平有所提升。白居易早在唐代就提出“文章合为时而著，诗歌合为事而作”。依据传统习惯，书法作者还是多限于用诗词、文言散文的形式来创作文本，由于内容是现实生活中的所遇所感，自创文本在一定程度上也反映了当今这个时代。但是我们日常交流或作文，早已习惯使用白话文，那么我们的书法作品文本可否用白话文来创作呢？这是一个大胆的探索，也是一个打破历史的话题。

白话文介入书法创作是时代使然

2020 年 4 月，中国书协开始策划“中国力量——全国扶贫书法大展”，本次展览致力于构建社会性主题书法展览的新模式。于重大题材而言，须考量时代思想、文化体验、学术转化等要素，打造彰显时代精神和中国精神的精品工程，那么，书法创作文本的形式则十分重要。根据整体策展思路，第一篇章“人民至上”的文本为新中国成立以后的扶贫政策，皆是白话文；第二篇章“扶贫书赞”的创作文本考虑用扶贫故事来展现，宜用白话文；第三篇章“九州同春”是具体村的《脱贫记》，以各级政府网发布的脱贫新闻与中国减贫数据库为依据，文本依然是白话文。扶贫展是面向全国大众的，观众的覆盖面很广，而不是单纯局限于书法领域的人，所以作品内容应通俗易懂、具有可读性，文本形式则不能采用传统的文言或诗词形式，而是要用白话文文本。最终，第一篇章 50 件、第二篇章 112 件、第三篇章 66 件，共计展出 228 件使用白话文创作的作品。这是有史以来第一次大面积使用白话文文本进行创作的全国展。2018 年举行的“现状与理想——当前书法创作学术批评展暨乌海论坛”，鼓励使用自创文本进行创作；2019 年召开的“源流·时代——以王羲之为中心的历代法书与当前书法创作暨绍兴论坛”，提倡作者使用白话文文本记录自己的生活并创作；2020 年 11 月，“中国力量——全国扶贫书法大展”全面实现了书法向白话文文本创作的转变。本次展览的序言中写道：“中国力量——全国扶贫书法大展”以全局视野为统摄，以融合时代语汇的文本创作为探索，重启书法“记言录史”的文献功能，诠释演绎中国精神与审美风范。

重启书法记言录史的文献功能，这个探索为书法的发展注入新的生命力。从开幕式到展览的整个过程看到，这个转变无疑是被大众普遍接受的，展厅的效果丝毫没有因为作品文本的白话文形式而削弱审美效果，反而有很多观众在驻足阅读，为那些感人的扶贫故事而感动，为一些牺牲在扶贫岗位上的干部而落泪，时代的精神得到了恰到好处的传递。由此可见，符合时代阅读习惯的文本，是与大众沟通的最好的途径，是记录时代的最好的方式。书法创作白话文文本的介入，是时代使然，亦是书法载体发展的一种必然趋势。

原载《中国书法》2020 年第 11 期

理论研究

著作选介

【清华大学藏战国竹简精选字帖（全六辑）】

清华大学出土文献研究与保护中心编，贾连翔选编，文物出版社 2020 年版。

清华大学于 2008 年 7 月收藏的战国中晚期竹简，被称为“清华简”。“清华简”约有 2500 枚（包括少量残断简），是迄今发现的战国竹简中为数较多的一批。“清华简”在秦之前就被埋入地下，未经焚书坑儒影响，所以能够最大限度地展现先秦古籍的原貌。“清华简”大多使用的是较为典型的楚文字，书写娴熟，工整而不失优雅，自如而不失规矩，是楚文字书写的典范。该书辑选“清华简”中内容较为完整的《金縢》《皇门》《楚居》等六个篇章，将简依次放大编排，附释文，并有简要介绍、整简照片和译文。

【十钟山房印举】

庸堂主编，山东人民出版社 2020 年版。

该书是清代陈介祺所辑古玺印谱，是一部开集众家藏印于一谱之先河的书籍，在中国印谱编纂史上具有里程碑意义，是印学史上集大成之巨著。本次出版收录光绪年间“癸未本”《十钟山房印举》，共 30 举，计 191 册，收印 10393 方，分正册、附册两部分。该书将 191 册本剪排为正文 6 册，凡例、释文说明及释文另为 1 册。附陈介祺著《十钟山房印举事记》足本于后。

【新出明代文人印章辑存与研究】

朱琪著，西泠印社出版社 2020 年版。

该书集结收藏于中国国家博物馆、故宫博物院、上海博物馆、无锡博物院、苏州博物馆、山东博物馆等 21 家文博机构的 81 方出土（含征集）明代文人印章，以及各类印材、印盒等相关器具、资料共近百件，为有史以来全国公藏明代文人印章的首次盘点，对于明代文人印章的断代、鉴别、艺术特征及印史研究具有重要的标本参考意义。作者以 11 篇论文对这些出土印章进行了细致的整理和研究，一方面辑录、介绍了印章的出处，考订了印文内容和艺术特征，纠正了考古报告及其他资料中的误漏；另一方面也对篆刻作者、印主的学术背景、文化交游以及史实、事迹进行了考证，勾勒出了篆刻艺术在明代文人阶层中的大致样貌。

【上海博物馆典藏丛刊：上海博物馆藏楹联（全二册）】

上海博物馆编，上海书画出版社 2020 年版。

上海博物馆书画部刘一闻担纲编撰了《上海博物馆藏楹联》，从馆藏 454 件楹联中精选 289 件，辑为上、下两册，收录了跨越明晚期到民国 289 年间的 170 个名家作品，甲骨文、金文、石鼓文、篆书、隶书、楷书、行书、草书、楷书，每一种书体都有涉及。以《从楹联艺术看清代书法》和《从上海博物馆藏楹联看清代书法演变之迹》“述要”两篇，分置于上、下两册之首，系统论述了楹联的出现、发展、形制、内容，以及其与清代书法艺术演变及成就的关联等诸多问题。

【书内书外：沈鹏书法十九讲】

沈鹏著，北京大学出版社2020年版。

该书为沈鹏书法讲演集，共收录其历年书法教学、实践讲稿19篇，另有附录两篇，汇集作者几十年治学、授课心得。该书从“书学”的概念讲起，讲想象力，讲自我的发现和肯定，讲诗歌与书法，讲书法相对于文字内容而独立存在，讲“美”与“丑”，讲尼采的雄心，谈古今，论中西，旁征博引。其书法教学倡导“弘扬原创，尊重个性，书内书外，艺道并进”十六字方针，提醒后学者不仅要有“艺”，还要有“道”，不妨将书法学习视为一种生活方式、一种哲学。

【夏承焘墨迹选】

方韶毅编，浙江人民美术出版社2020年版。

夏承焘不仅是词人、学者，而且擅长书法，其书法作品有独特的名目、鲜明的个性，是中国近现代学者型书家的代表人物之一。值夏承焘诞辰120周年之际，首度将其墨迹整理出版。全书分书画、信札、题签三大板块，附录印鉴、年表、照片。收录书画108件、信札10通、题签48种，全面展现夏承焘早、中、晚各时期书法风格。

【蓬莱松风：黄易与乾嘉金石学（附武林访碑录）】

朱琪著，上海古籍出版社2020年版。

该书以黄易为中心，自相关文字资料、艺术图像、实物文献的考释入手，从家世、生平、作品、交游等多维度展开，探究并揭示了18世纪后半叶金石学的发展情况，以及乾嘉时期学术与艺术之间的原生状态和互动关系。全书既注重考证钩玄，也注重采用当下文献学与学术史研究的新方法与成果。

附录黄易佚著《武林访碑录》，系据钱塘丁氏八千卷楼旧藏钞配本点校。此书流传极罕，原本又因破损庋藏于公家库房百余年，经作者多方联系终得修复，为黄易与金石学研究提供了更多的新资料。

【吴子建印存】

吴子建著，廉亮编，西泠印社出版社2020年版。

该书辑吴子建从1963年至2007年40余年间所创作的篆刻精品，共辑印200余方。全书分5个章节，可以从中看到吴子建在篆刻创作上的发展历程。运用将军印的线条于鸟虫印中，可谓吴子建的一个创举，也影响着后学的鸟虫印篆刻创作。

【蘧草法帖（全六册）】

王运天、郭建中编著，上海书画出版社2020年版。

该书收录王蘧常自20余岁至1989年约65年间所书520余通尺牍，分为六册（含五卷，另配一折页），卷一至卷四为尺牍图版，卷五为图版释文，另配其晚年巨制《十八帖》放大折页。内容涉及王蘧常的生活、思想、学术、书风发展演变等，绝大部分尺牍为首次出版，是了解王蘧常重要的基本史料。

【陈介祺鉴藏考释：二百镜斋古镜拓本】

童衍方、张加勇主编，上海书画出版社 2020 年版。

该书是目前所见存世唯一一套陈介祺藏二百镜斋全本册页。在此套拓本出现之前，世人只从文字记载中知陈氏藏有 200 面铜镜。陈介祺拓题《二百镜斋古镜拓本》，纸本墨拓，经折装，共五册，每册 40 面，集西汉、新莽、东汉、三国、两晋、隋、唐、南宋、金、明等时期的铜镜拓片共计 200 面。200 面铜镜所涉及地区、时代各不相同，所以有多种多样的铭文展示，于古人书法借鉴、文学研究、礼仪研究均有很高的价值，为考古、书法、篆刻提供了丰富、真实的研究资料和参考依据。

【黄牧甫自钤初刻印谱三种】

黄耀忠编著，西泠印社出版社 2020 年版。

该书分为黄牧甫早年赠友的《牧甫临摹印章四屏》、李尹桑藏的阶段性彙辑本《牧甫印存》、容庚藏完成印作即时钤抑的剪贴本《牧甫印稿》。三者皆自钤初刻，充分表现了黄牧甫的篆刻理念，直接呈现了其少年时代篆刻取法的详细来源，中年时期篆刻风格确立和薄刃动刀技法形成的具体细节，对历代印学理论学习而形成的印学思想，印证了他迈向巅峰的过程。增补年谱附于书后。

【三吴墨妙：近墨堂藏明代江南书法】

薛龙春主编，浙江大学出版社 2020 年版。

该书是配合浙江大学艺术与考古博物馆同名展览而编撰的图录。展览共计 91 件（组）展品，以香港近墨堂书法研究基金会的收藏为主体，也少量借展了香港中文大学文物馆、天一阁博物馆与其他私人藏家的藏品，试图向观众完整呈现以吴门书派为中心的明代江南书法的发展历程。

该书分上、下两册，内容编排上主要分三大板块：研究论文、图版和展品信息。图版是主体，91 件作品，大约 500 张高清图，包括作品全图、细节图以及题签等。

【王铎四题】

薛龙春著，四川人民出版社 2020 年版。

该书作者一直致力于研究明清书法篆刻史，其中，关于王铎的相关研究至今已有 15 年。书中所收录的 4 篇文章写作于不同时期。作者依据新出现的图像、文献资料，对之进行了增补与修改。该书除了对王铎本人的书作、刻帖、手稿、信札等进行了系统的整理与考证，还将其同时期的书家、友人的大量诗文集、笔记、信札等做了搜集与细读。与此同时，该书对于王铎的书法研究，不仅仅局限于艺术史，而是突破了美术的范畴，开始了历史学的转向。

【纸上吉金：钟鼎彝器善本过眼录】

仲威编著，文物出版社 2020 年版。

该书汇辑了上海图书馆钟鼎彝器全形拓之佳拓 240 余件，每件拓本选取题跋丰富者，书中涉及题跋者 140 余人，为研究 19 世纪至 20 世纪上半叶金石学发展提供了丰富的资料。全书共三册，编排按照乐器、食器、酒器、水器四大类。文字部分，先著录器物形制、器物流传和器物铭文，再著录拓本鉴藏、拓本题跋、拓本尺寸等。图片部分，既有拓本全图，又有局部，部分附器物原图。凡涉及版本鉴定者，适当插入考据对照图。书后附有《题跋者人名资料索引》。

【印林见闻录】

王北岳著，西泠印社出版社 2020 年版。

该书记录了中国台湾的印林发展情形，有印人或印社的介绍，有治印技法与周边印具的探讨，有印材或雕钮的介绍，有古今印谱或印学新书的介绍，同时也记载了大陆的印林人、事、物的发展，以及日本、韩国、东南亚国家和地区的印林人、事、物。该书内容自 1972 年起曾连载于台湾《艺坛》月刊，跨时 20 余年，共计 307 篇。

【国家图书馆藏青铜器全形拓（全二册）】

国家图书馆编，上海书画出版社 2020 年版。

该书收录国家图书馆藏青铜器全形拓共计 800 余件，分为食器、酒器、水器、乐器、兵器、用器六大类，每类下再按具体器形分为若干小类。该书著录内容依次为器物名称、馆藏号、拓片尺寸、铭文、题跋、钤印、时期、收藏地，是一部集金石、小学、考古、艺术于一体的图书，在研究近现代金石学、文物收藏以及西周至汉金石文化等具有填补空白的作用。

【中国国家图书馆善本碑帖综录】

中国国家图书馆编著，上海书画出版社 2020 年版。

该书为上海书画出版社与各大国内碑帖公藏机构合作的“馆藏善本丛帖综录”系列一种。其精选出中国国家图书馆所藏碑帖善本近 140 种，分图版和文字两部分。图版部分含善本碑帖书影、题签、版本鉴定依据图像及全部题跋；文字部分含提要、题跋释读录文。此次出版系中国国家图书馆特对馆藏善本碑帖的一次系统性梳理，并首次对所有观款题跋进行了完整释读。

该书分为上下两册两函，三大部分：碑刻卷、法帖卷、题跋释文卷。前两卷包括提要和图版，以刊刻时间为序。每种提要包括题名，镌刻时间，刻立石地点，责任者，碑刻行款，后人附刻，拓本尺寸、数量，拓本年代、类型、装潢形式，拓本收藏沿革、题签、题跋、观款、绘图等情况。图版包括碑帖拓片具有代表性的图版和重要的考据点，并附有所有题签及观款题跋。题跋释文卷对所有题跋进行了释读和现代标点。

【中国砖铭全集】

黎旭主编，上海书画出版社 2020 年版。

该书是“十三五”国家重点图书出版规划项目，收集整理我国各地具有代表性的古代砖铭约七千件，全书按地域朝代编排，历史跨度由战国至民国，分为战国砖铭、秦砖铭、西汉新莽砖铭、东汉砖铭、洛阳东汉刑徒葬砖铭、亳州东汉曹操宗族墓群砖铭、三国砖铭、两晋砖铭、南朝砖铭、北朝砖铭、高昌地区砖铭、隋唐五代十国砖铭、两宋砖铭、辽金元砖铭、明清民国砖铭，全书十五册。该书从历史与艺术的双重价值角度构建成书框架，吸收前人学术研究成果并汇总新出土的古代砖铭的重要材料，是研究汉字书体演变的重要资料，在中国砖铭书法艺术研究领域具有代表性。

论文选目

白谦慎：《“6G”时代的书法》，《书法》2020年第3期。

陈松长：《岳麓秦简书体风格类型初论》，《中国书法》2020年第5期。

陈振濂：《书法“美育”说——以认知和体验为中心的书法观念建设》，《书法》2020年第2期。

陈根远：《新见〈罗婉顺墓志〉及颜真卿研究三题》，《中国书法》2020年第11期。

丛文俊：《汉字书写技法规范的由来与变迁》，《中国书法》2020年第9期。

方爱龙：《朱熹与马一浮：书法史上的“理学双璧”》，《书法》2020年第5期。

葛华灵：《当代扇面书法创作刍议——以全国第四届扇面书法展为例》，《书法》2020年第9期。

谷卿：《马衡的金石研究与题跋——以石刻文献为中心》，《中国书法》2020年第5期。

韩天雍：《中日禅宗墨迹研究》，《书法》2020年第3期。

虹巢：《羲之正法存斯人——邢侗的书史价值及王献唐旧藏〈明邢子愿书简手迹卷〉》，《书法》2020年第2期。

胡裔涛：《新见南宋晏袤〈山河堰赋〉拓本及校释补考》，《中国国家博物馆馆刊》2020年第3期。

孔品屏：《隋唐官印制作工艺初探——兼论工艺类型与艺术风格的相关性》，《中国书法》2020年第5期。

蒯宪：《陈介祺〈十钟山房印举〉印文释汇》，《中国书法报》2020年6月9日。

李会冉：《全形拓功能刍议》，《书法》2020年第2期。

李宁：《观众的纯粹经验》，《中国书法》2020年第11期。

刘冲：《儒学视阈下刻帖功能的缘起与艺术转向》，《书法》2020年第11期。

刘洪彪：《盛装书法——展厅时代的思考》，《中国书法》2020年第8期。

陆明君：《在传统嬗变与时代重负中砥砺前行——全国第十二届书法篆刻作品展览评审工作及创作现状述评》，《中国书法》2019年第23期。

孟庆星：《邢侗与晚明隆庆、万历时期的书风》，《书法》2020年第2期。

邱振中：《书法中的书写性与图形生成》，《中国书法》2020年第4期。

沈浩：《隋代楷书研究的实践价值——由沙孟海对此相关研究引发的思考》，《中国书法报》2020年12月8日。

孙慰祖：《隋唐官印研究的新认知》，《中国书法》2020年第5期。

王家葵：《故宫藏“潘宁本”〈瘗鹤铭〉再鉴——兼论“水前本”问题（上、下）》，《中国书法报》2020年5月5日、6日。

王沁园：《蔡元培对现代书法教育的探索》，《中国书法》2020年第5期。

王义军：《意在次韵，而非论书——苏轼〈次韵子由论书〉的语境》，《书法》2020第10期。

许伟东：《谈潘伯鹰〈中国书法简论〉》，《书法》2020年第8期。

薛龙春：《武梁祠的发现与乾嘉时期“访碑第一人”黄易》，《中国书法报》2020年5月19日。

姚国瑾：《〈傅山梁檀书画合册〉及其相关问题》，《中国书法报》2020年4月21日。

杨斌：《赵之谦与刘铨福金石交游考》，《书法》2020年第1期。

叶培：《不固于“书”，不离于“书”——谈“中国力量——全国扶贫书法大展”策展理念》，《中国书法》2020年第11期。

殷实：《赵朴初先生的题签》，《中国书法》2020年第10期。

周勋君：《“我不能无情而长生”——傅山与应酬书写的喜与悲》，《中国书法报》2020年4月

21日。

祝帅:《展厅书法笔法的衰微与设计意识的崛起》,《中国书法》2020年第8期。

朱涛:《沈曾植与王蘧常门风承传的同与异》,《书法》2020年第10期。

纪事

综合展览

【书道圭臬——中原巨碑名志拓片展】

2020年1月3日至2月10日，由长沙市文化旅游广电局主办，长沙简牍博物馆、华夏文化艺术博物馆承办的“书道圭臬——中原巨碑名志拓片展”在长沙简牍博物馆举行。展览展出上自商周下至明清的甲骨、青铜器、碑碣、墓志、画像石和摩崖刻石等金石拓片196件。

【入古出新——中国艺术研究院中国篆刻艺术院提名全国中青年篆刻家作品展】

2020年1月10日至2月8日，中国艺术研究院中国篆刻艺术院专题系列展“入古出新——中国艺术研究院中国篆刻艺术院提名全国中青年篆刻家作品展”在国家图书馆典籍博物馆举行。展览采取专家提名的方式，参展作者119人。开幕式后，举行专题研讨会，围绕“当下中青年篆刻家创作方向及发展瓶颈”“当下篆刻创作的前景展望”等议题展开讨论。

【大师典范——宁波陈振濂文艺大师工作室书法篆刻北京展】

2020年1月10日至12日，由中共宁波市委宣传部主办、宁波陈振濂文艺大师工作室承办的“大师典范——宁波陈振濂文艺大师工作室书法篆刻北京展”在北京市炎黄艺术馆举行。展览展出作品230余件，其中包括赵叔孺、马衡、潘天寿、沙孟海的作品。

【江左风流奖——江苏省第九届青年书法篆刻作品展】

2020年6月2日至11日，由江苏省青年书法家协会、溧阳市人民政府主办的“江左风流奖——江苏省第九届青年书法篆刻作品展”在江苏省现代美术馆举行。本届“江左风流奖”共评选出10名获奖作者及12名获奖提名作者、262名入选作者。

【永不落幕的经典——汉碑篇】

2020年6月20日至7月5日，由谷田美术馆主办的“永不落幕的经典”系列展览“永不落幕的经典——汉碑篇”在杭州市谷田美术馆举行。展览展出60余件（套）旧拓整幅作品，基本上呈现汉碑全貌。

【古物影——黄宾虹书法收藏展】

2020年7月24日至8月30日，由浙江省博物馆主办的“古物影——黄宾虹书法收藏展”在浙江省博物馆举行。展览分为“晋唐写经”“明清翰墨”“乡贤手迹”“赝本”4个单元，展出黄宾虹旧藏书法作品67件，年代跨度从晋朝至近代。

【解衣磅礴——钱瘦铁、桥本关雪交流回顾展】

2020年8月1日至30日，由浙江美术馆主办的“解衣磅礴——钱瘦铁、桥本关雪交流回顾展”在浙江美术馆举行。展览分“宿情中国”“白沙艺缘”“郁勃纵横”3个单元，展出了钱瘦铁、桥本关雪两名艺术家的书画篆刻作品150余件。

【宅兹中国——宝鸡出土青铜器与金文精华展】

2020年8月14日至10月13日，由中国国家博物馆、陕西省文物局、宝鸡市人民政府主办的“宅兹中国——宝鸡出土青铜器与金文精华展”在中国国家博物馆举行。展览分为“金文的艺术”“金文中的故事”“金文中的智慧”3个单元，展出陕西宝鸡地区出土的青铜器143件，涵盖商周秦汉等中国青铜时代的主要时期。其中一级品65件、二级品62件、三级品11件。

【兰亭雅集——第五届中国书坛兰亭书法双年展·行草42家作品展、兰亭雅集42人作品展】

2020年8月24日至31日，由中共浙江省委宣传部、浙江省文学艺术界联合会、绍兴市人民政府主办，浙江省书法家协会、中共绍兴市委宣传部等承办的“兰亭雅集——第五届中国书坛兰亭书法双年展·行草42家作品展、兰亭雅集42人作品展”在杭州市浙江展览馆举行。“行草42家作品展”展出当代书坛行草书名家的作品；“兰亭雅集42人作品展”展出从369人的738件投稿作品评选出的42名书法家作品，从中评出7名优秀作者，颁以“兰亭七子”称号。

【得意之作——当代篆书名家作品苏州邀请展】

2020年8月26日至9月10日，由中国书法家协会篆书委员会、苏州市文学艺术界联合会主办，苏州市书法家协会、苏州市尹山湖美术馆承办的“得意之作——当代篆书名家作品苏州邀请展”在苏州市尹山湖美术馆举行。展览展出28名篆书家的64件作品。

【“深入生活、扎根人民”——第四届“文质兼美”全国优秀基层书法家创作活动作品成果展】

2020年9月1日至7日，由中国文学艺术界联合会、中国书法家协会、北京市文学艺术界联合会主办，中国文学艺术界联合会书法艺术中心、北京书法家协会承办的“‘深入生活、扎根人民’——第四届‘文质兼美’全国优秀基层书法家创作活动作品成果展”在中华世纪坛艺术馆举行。共102名优秀基层作者入选展览。

【千古风流人物——故宫博物院藏苏轼主题书画特展】

2020年9月1日至10月30日，由故宫博物院主办的“千古风流人物——故宫博物院藏苏轼主题书画特展”在故宫博物院文华殿举行。展览分为“胜事传说夸友朋”“苏子作诗如见画”“我书意造本无法”“人间有味是清欢”4个单元，展出78件（套）书画作品。

【“周慧珺杯”上海市楹联书法大赛作品展】

2020年9月2日至7日，由上海市书法家协会、上海市黄浦区文化和旅游局、上海周慧珺书法艺术基金会主办，上海周慧珺书法艺术研究院承办的“‘周慧珺杯’上海市楹联书法大赛作品展”在上海文艺会堂举行。本次大赛共收到来稿1336件，评选出一等奖3件、二等奖5件、三等奖9件、优秀奖15件、入展作品86件。

【第四届王羲之奖书法作品展】

2020年9月3日，由山东省文学艺术界联合会、山东省书法家协会、中共临沂市委宣传部主办的“第四届王羲之奖书法作品展”在临沂市文化中心开幕。开幕式结束后，举办了“第十二届王羲之书法论坛”。为纪念王羲之诞辰1717周年，还同时举办了“全国第一届青少年书法作品展”“2020‘书圣故里·中国临沂’中国书法临书大会”等展览。

【2020“书圣故里·中国临沂”中国书法临书大会】

2020年9月4日，由中国书法出版传媒有限责任公司、临沂市人民政府主办，山东省书法家协会、临沂市文化和旅游局承办的“2020‘书圣故里·中国临沂’中国书法临书大会”在临沂市美术馆开幕。展览展出从全国10874名作者的20425件投稿作品中评选出的201件作品。

【墨妙江南·相约龙湾——长三角四省市“中国书法名城·中国书法之乡”作品联展】

2020年9月8日至14日，由浙江省书法家协会、上海市书法家协会、江苏省书法家协会等主办的“墨妙江南·相约龙湾——长三角四省市‘中国书法名城·中国书法之乡’作品联展”在浙江省温州市举行。展览展出长三角四省市7个“中国书法名城”、18个“中国书法之乡”书法家的208件作品。

【永不落幕的经典——金文篇】

2020年9月12日至10月7日，由谷田美术馆主办的“永不落幕的经典”系列展览“永不落幕的经典——金文篇”在杭州市谷田美术馆举行。展览展出金文拓本作品200余件，涵盖商、西周、东周及秦、汉、西晋各个时期不同器形的书风类型。其中陈介祺监拓《毛公鼎》及全形拓、《何尊》铭文及全形拓、《武英殿彝器图录》等拓本首次公开展出。

【印记中国·2020——决战脱贫奔小康大众篆刻作品展】

2020年9月14日至10月24日，由中华世纪坛艺术馆、中国艺术研究院篆刻院主办的“印记中国·2020——决战脱贫奔小康大众篆刻作品展”在中华世纪坛举行。展览以“全面建成小康社会”为主题，展示了200余件篆刻作品。

【第十二届江苏省新人书法篆刻作品展】

2020 年 9 月 18 日至 10 月 31 日，由江苏省书法家协会、中共江阴市委宣传部主办的“第十二届江苏省新人书法篆刻作品展”在江苏省江阴市举行。展览展出从全省 6209 件投稿作品中评选出的 553 件作品，其中优秀作品 59 件。

【印艺湖湘——西泠印社湖南社员作品捐赠展暨岳麓印社社员作品展】

2020 年 9 月 22 日至 10 月 9 日，由西泠印社、长沙市文学艺术界联合会主办，岳麓印社承办的“印艺湖湘——西泠印社湖南社员作品捐赠展暨岳麓印社社员作品展”在浙江省杭州市举行。展览分为两部分内容，由 7 名湖南籍西泠印社社员创作的以“潇湘八景”为主题的书画篆刻作品 30 余件在孤山遁庵展出；由岳麓印社社员创作的书画作品及篆刻印屏共 60 件在中国印学博物馆展出。

【2020“中国书法·年展”当代书坛知名老书法家作品邀请展暨第十一届黄河明珠·乌海书法艺术节】

2020 年 9 月 23 日，由中国书法出版传媒有限责任公司、中共乌海市委员会、乌海市人民政府主办，中共乌海市委宣传部、内蒙古自治区书法家协会、乌海市文学艺术界联合会等承办的“2020‘中国书法·年展’当代书坛知名老书法家作品邀请展暨第十一届黄河明珠·乌海书法艺术节”在乌海市当代中国书法艺术馆开幕。展览展出 115 名当代书坛知名老书法家的作品。

【2019“中国书法·年展”】

2020 年 9 月 26 日，由中国书法出版传媒有限责任公司、河南省文学艺术界联合会主办，新安县人民政府、千唐志斋博物馆、中国书法出版传媒大型活动部承办的“2019‘中国书法·年展’”在洛阳市新安县开幕。“2019‘中国书法·年展’”包括全国楷书作品展、全国楷书名家邀请展、唐代楷书研究与当代楷书发展学术论坛三个部分。8 月 4 日至 7 日，“2019‘中国书法·年展’全国楷书作品展”评审工作在河南省洛阳市进行。该展览共收到来稿 12305 件，有 301 件作品入展。展期为 9 月 26 日至 10 月 26 日。

【上海市第二届篆刻艺术展】

2020 年 9 月 26 日至 10 月 16 日，由上海市书法家协会、松江区文化和旅游局、松江区文学艺术界联合会主办的“上海市第二届篆刻艺术展”在上海市举行。展览展出 100 余件作品，其中优秀奖 8 件、提名奖 10 件、入展作品 53 件、特邀篆刻作品 30 件。

【2020 中国文字·书法论坛暨第六届“四堂杯”书法大展】

2020 年 9 月 27 日，由中国文字博物馆、（全国）教育书画协会高等书法教育分会等主办的“2020 中国文字·书法论坛暨第六届‘四堂杯’书法大展”在安阳市中国文字博物馆开幕。论坛收到论文 162 篇，入选论文 18 篇，其中优秀论文 10 篇。展览展出从 7428 件投稿作品中评选出的 200 件作品，其中优秀作品 20 件。

【梦回汉唐——陕西古代碑刻拓本特展】

2020年9月30日至10月8日，由陕西省收藏家协会等主办的“梦回汉唐——陕西古代碑刻拓本特展”在陕西省西安市举行。展览展出99件（套）作品，以陕西汉唐碑刻为主线，北朝碑刻为时代衔接，以历史年表为脉络，体现了碑石的刻立以及碑文书法的发展概况。

【“黄河明珠——龙门石窟国际书法名家邀请展”暨“千年绝响——龙门书风学术讨论会”】

2020年10月13日，由中国书法出版传媒有限责任公司、河南省文化和旅游厅、河南省文学艺术界联合会、洛阳市人民政府主办，河南省书法家协会等承办的“黄河明珠——龙门石窟国际书法名家邀请展”暨“千年绝响——龙门书风学术讨论会”在河南省洛阳市开幕。展览围绕龙门石窟，展出国内外120名当代知名书法家的作品。展览展至11月12日。

【老友记——八人书画篆刻作品联展】

2020年10月15日至25日，由西泠印社主办、西泠印社书画篆刻院承办的“老友记——八人书画篆刻作品联展”在杭州市中国印学博物馆举行。展览展出邹涛、陈大中、朱培尔、王丹、王登科、许雄志、徐海、解小青8名书法家作品。

【小康墨韵——决胜全面建成小康社会江苏省书法名家主题作品邀请展】

2020年10月16日至23日，由中共江苏省委宣传部、江苏省文化和旅游厅、江苏省文学艺术界联合会主办，江苏省书法家协会、江苏省现代美术馆承办的2020紫金文化艺术节“小康墨韵——决胜全面建成小康社会江苏省书法名家主题作品邀请展”在江苏省现代美术馆举行。展览展出全省125名书法家作品。

【云起新湖南　墨舞大洋河——第二届湖南中青年书法大展】

2020年10月16日至21日，由湖南省文化和旅游厅、湖南日报社、湖南省书法家协会主办的“云起新湖南　墨舞大洋河——第二届湖南中青年书法大展”在湖南省展览馆举行。展览评选出近200件入展作品、31件优秀作品。

【百年西泠·古韵中原——金石文化艺术大展】

2020年10月25日，由西泠印社、中共郑州市委宣传部、郑州市文化广电和旅游局主办，中国印学博物馆、郑州美术馆（郑州画院）、河南印社承办的“百年西泠·古韵中原——金石文化艺术大展”在郑州美术馆新馆开幕。该展是郑州美术馆新馆开馆系列的重点展项之一，分为“西泠印社社藏精品展”“闲庭信步——李刚田书法展”“河南印社珍藏古玺印封泥展”三个板块。

“西泠印社社藏精品展”是近年来西泠印社藏品最大规模的外出展览，展品包括一级文物2件、二级文物11件、三级文物170件。展期为2020年10月25日至2021年2月28日。

“闲庭信步——李刚田书法展”展出李刚田捐赠给郑州美术馆新馆的60余件书法新作。展期为

2020年10月25日至2021年2月28日。

“河南印社珍藏古玺印封泥展”展品是从河南印社收藏的古玺印中遴选出的精品，年代跨度从西周到元代。展期为10月25日至12月26日。

【守正创新——长三角优秀青年书法家精品邀请展暨长三角书法发展苏州大讲堂】

2020年10月28日，由上海市书法家协会、江苏省书法家协会、浙江省书法家协会等主办，苏州市书法家协会、苏州名城艺术馆、吴中区文化馆承办的“守正创新——长三角优秀青年书法家精品邀请展暨长三角书法发展苏州大讲堂”在江苏省苏州市开幕。展览展出沪苏浙皖“一市三省”青年书法家作品100件。展期为10月20日至11月10日。大讲堂由“四地”各推荐、遴选出5篇优秀论文，共有20名学者参与研讨。

【金相椎痕——百年金石学发展及青铜器传拓（全形拓）精品展】

2020年11月3日至12月2日，由西泠印社、浙江省博物馆、上海书画出版社等主办，国家图书馆、洛阳市文物考古研究院、安阳市文物考古研究所等协办的“金相椎痕——百年金石学发展及青铜器传拓（全形拓）精品展”在浙江省博物馆举行。展览分为“青铜器全形拓菁华”“金石学传拓推广”两个部分，通过“青铜器全形拓旧拓”“殷墟青铜器全形拓新拓”“他类金石器物旧拓”“平面拓旧拓”“当代新拓”5个板块，展出164件（组）作品，时间跨度从商代晚期至当代。

【虚实·情性——首届全国草书学术提名展】

2020年11月5日至11日，由中国标准草书学社主办的“虚实·情性——首届全国草书学术提名展”在江苏省现代美术馆举行。展览展出江苏、上海、北京、广东、辽宁、青海、甘肃、福建、山东等14个省市50名中青年书法家的150件作品。

【第六届“孤山证印”西泠印社国际印学峰会】

2020年11月13日至14日，“第六届‘孤山证印’西泠印社国际印学峰会”在浙江省杭州市举行。与会作者和专家围绕“金石全形拓”“金石书画与鉴藏研究”“玺印文字与域外印章研究”“篆刻技法与审美研究”“印人与篆刻流派研究”和“印学文献与观念史研究”6个板块展开交流和讨论。

【百年序章——第二十届北京书法篆刻精品展暨书法篆刻临帖展】

2020年11月13日至19日，由北京市文学艺术界联合会、北京书法家协会主办的“百年序章——第二十届北京书法篆刻精品展暨书法篆刻临帖展”在北京市民族文化宫举行。展览展出从全国8300余件投稿作品中评选出的212件作品，以及25位书法家提交的47件参展作品。

【第四届安徽书法大展】

2020年11月20日至26日，由安徽省文学艺术界联合会、安徽省书法家协会主办的“第四届安徽书法大展”在合肥—久留米友好美术馆和亚明艺术馆举行。该展收到投稿4556件，评出入展作品314件，其中优秀作品69件。

【传承与新变——长三角青年书法精英对话展】

2020年11月20日至12月6日，由上海韩天衡美术馆主办的“传承与新变——长三角青年书法精英对话展”在上海韩天衡美术馆举行。展览展出长三角地区青年书法家的120余件作品。

【江苏十佳青年书法家作品展】

2020年11月20日至12月3日，由江苏省文学艺术界联合会主办，江苏省书法家协会、江苏省文艺评论家协会、江苏省现代美术馆承办的“江苏十佳青年书法家作品展”在江苏省现代美术馆举行。展览展出刘建、孙冲、朱志刚等10名青年书法家作品。

【逸笔滇霞——行草十家展】

2020年11月21日至29日，由中国书法家协会展览部、云南美术馆、云南省书法家协会主办的“逸笔滇霞——行草十家展”在云南美术馆举行。展览展出作品90件，大到丈二巨幅，小到平尺小品。

【“云冈杯”首届全国魏碑书法双年展】

2020年11月22日，由中共山西省委宣传部、中共大同市委市政府、中央数字电视书画频道主办，中共大同市委宣传部、大同北魏文化园承办的“‘云冈杯’首届全国魏碑书法双年展”在山西省大同市开幕。展览展出从全国4800余件投稿作品中评选出的100件作品，其中，1人获特等奖，4人获一等奖。

【首届“中国恒美花都杯”全国书法大展】

2020年11月28日，由北兰亭艺术中心、廊坊市书法家协会、恒都美业集团主办的“首届‘中国恒美花都杯’全国书法大展”在河北省廊坊市开幕。展览展出获奖作品70件，入展作品214件。

【山高水长——唐宋八大家主题文物展】

2020年12月2日至2021年3月2日，由国家文物局、中共辽宁省委宣传部主办的“山高水长——唐宋八大家主题文物展”在辽宁省博物馆举行。展览分为“文垂千载”“德行笃定”“家国情怀”3个部分，展出书法、绘画、古籍、碑帖拓片、陶瓷等115件（组）。

【篆写燕赵——中国书法家协会第七届篆书委员会委员作品展】

2020年12月4日至9日，由中国书法家协会篆书委员会、河北省书法家协会、石家庄市美术馆主办的“篆写燕赵——中国书法家协会第七届篆书委员会委员作品展”在石家庄市美术馆举行。展览展示了篆书委员会委员的创作成果。

【第三届江苏省文艺大奖・书法奖作品展】

2020年12月11日至16日，由江苏省文学艺术界联合会、江苏省书法家协会主办的“第三届江苏省文艺大奖・书法奖作品展”在江苏省现代美术馆举行。展览展出从全省776名作者的962件投稿中评选出的获奖作者10名、提名奖作者10名、入展作者78名的作品。同期，江苏省书法家协会举办“江苏省书法家协会成立四十周年江苏全国奖、兰亭奖获奖作者作品展”，展出全省107名在历届“兰亭奖”、全国展览中获奖的书法家作品。

【上海市第十一届书法篆刻大展】

2020年12月18日至2021年1月30日，由上海市文学艺术界联合会、上海市书法家协会、中华艺术宫主办的“上海市第十一届书法篆刻大展”在上海市中华艺术宫举行。展览展出全市书法家、篆刻家的244件作品。

【心心相印——中国印文化大展】

2020年12月18日至2021年3月30日，由上海韩天衡美术馆、上海韩天衡文化艺术基金会主办，西泠印社、河南印社、上海工艺美术职业学院支持的“心心相印——中国印文化大展”在上海韩天衡美术馆举行。该展览以中国印章发展历史为主线，汇集历代玺印与明清以来名家篆刻作品、集古印谱和篆刻家印谱，以及以“四大国石”为主的珍稀印材。展品总数560件（套），其中70%以上为首次公开展出。该展览以上海韩天衡美术馆藏品为基础，同时向西泠印社、河南印社及海内外藏家广泛借展，是一次精心策划、多方助力而成的篆刻文化综合大展。

【墨海弄潮——新时期河南书法四十年巡展】

2020年12月20日至27日，由郑州大学主办，河南省书法家协会、郑州大学书法学院承办，湖南大学岳麓书院、九三学社河南书画院协办，河南省张海书法发展基金会支持的“墨海弄潮——新时期河南书法四十年巡展”在河南省文联艺术馆举行。该展览为国家艺术基金2019年度传播交流推广项目暨河南省书法家协会成立40周年活动之一，展出全省59名书法家的书法与篆刻作品117件，展现出河南书法40年的发展变化。

【三三见久——当代书法九人展】

2020年12月23日至2021年1月6日，由四川省书法家协会、湖南省书法家协会、山东省书法家协会等主办，淄博市书法家协会、淄博书画院、淄博市美术馆承办的“三三见久——当代书法九人展”在淄博书画院举行。该展览是山东、四川、湖南三省重要的书法交流活动，共展出9位书法家81件作品。

【中原书法作品展】

2020年12月27日至2021年1月3日，由河南省书法家协会主办的庆祝河南省书法家协会成立40周年“中原书法作品展”在河南省郑州市举行。展览分为“河南已故知名书家遗作展”“墨海弄潮百人新作展”“河南获奖（全国奖、兰亭奖）书家作品展”“中原书坛新一代作品展”4个部分，展出全省老、中、青三代书法家的318件作品。

个人展览

【翰逸神飞——石跃峰书法作品展】

2020年1月11日至21日，由山西省文学艺术界联合会、中国书法家协会行业建设委员会、山西省人民政府参事室等主办，山西省书法家协会承办的“翰逸神飞——石跃峰书法作品展”在山西美术馆举行。展览分为“古今诗词”“经典楹联”“历代书论”3个篇章，展出石跃峰行草书作品150件。

【不似之似——徐庆华肖形印展】

2020年5月30日至6月12日，由上海市书法家协会、上海图书有限公司主办的“不似之似——徐庆华肖形印展”在上海市举行。展览展出徐庆华100件以佛像、生肖为题材的肖形印作品。

【巧拙有素——王义骅篆刻作品展】

2020年6月5日至28日，由浙江省文学艺术界联合会、西泠印社主办，浙江美术馆、浙江省书法家协会承办的“巧拙有素——王义骅篆刻作品展”在浙江美术馆举行。展览展出王义骅历年来所创作的13组印作，共计92方。

【大块文章——鲍贤伦书法展】

2020年6月20日至7月19日，由中国书法家协会、中共浙江省委宣传部、上海市文化和旅游局等主办，中华艺术宫、浙江美术馆、上海市书法家协会、浙江省书法家协会承办的“大块文章——鲍贤伦书法展”在上海市中华艺术宫举行。展览分为“汉地广大”“笔寄文心”“隶变探微”“丹崖墨痕”“陶写余欢”5个部分，展出鲍贤伦书法作品260件。鲍贤伦捐赠中华艺术宫2件书法作品。

【天道酬勤　力耕不欺——张海八十初度新作展】

2020年8月30日至9月7日，由中国文学艺术界联合会、全国政协书画室、中国书法家协会等主办的“天道酬勤　力耕不欺——张海八十初度新作展”在河南省美术馆举行。展览展出张海新作80余件，涵盖篆、隶、楷、行草等。

【积翠重苍——朱培尔书画篆刻作品展】

2020年9月10日至20日，由西泠印社主办的“积翠重苍——朱培尔书画篆刻作品展”在浙江省杭州市举行。展览展出朱培尔书法、篆刻、印拓、中国画等作品124件，其中捐赠西泠印社50件作品。

【承古书怀——张坤山书法展（济南）】

2020 年 9 月 12 日至 22 日，由中国书法家协会艺术委员会、中央数字电视书画频道、山东省书法家协会、山东省文化馆主办的“承古书怀——张坤山书法展（济南）”在山东省文化馆举行。展览展出张坤山作品百余件，书体兼顾，较为全面地展示了他的创作高度和创作走向。

【寸耕堂匾额书法展】

2020 年 9 月 26 日至 10 月 9 日，由北京杏坛美术馆主办的“寸耕堂匾额书法展”在北京杏坛美术馆举行。展览展出王镛匾额书法作品 60 余件。

【庆云五色——童衍方金石书画展】

2020 年 10 月 17 日至 22 日，“庆云五色——童衍方金石书画展”在上海市朵云艺术馆举行。展览展出的 138 件作品涵盖书法、绘画、金石拓片、文房雅玩等众多门类。

【禅心古韵——杨剑金石拓片题跋书法展】

2020 年 10 月 28 日至 11 月 16 日，由西泠印社、江西省文学艺术界联合会、江西省书法家协会主办的“禅心古韵——杨剑金石拓片题跋书法展”在杭州市中国印学博物馆举行。展览展出杨剑题跋的甲骨、钟鼎、诏版、权量、砖文、瓦当、画像石、造像、墓志、镜铭、钱币、扇骨、清名家篆刻等拓片近百件，以及其创作的篆刻、书法作品。杨剑捐赠西泠印社 60 件作品。

【守望岭南——张桂光书法作品展】

2020 年 11 月 3 日至 7 日，由广东省人民政府文史研究馆和上海市文史研究馆主办，广东省书法家协会、上海市书法家协会协办的“守望岭南——张桂光书法作品展”在上海市朵云轩艺术中心举行。展览展出张桂光作品 100 余件（套），篆、隶、楷、行、草五体皆有。

【写山——李一摩崖书法展】

2020 年 11 月 3 日至 12 日，由中国艺术研究院、中国书法家协会和江苏省美术馆主办的“写山——李一摩崖书法展”在江苏省美术馆举行。展览展出李一创作的曲阜石门山摩崖、重庆南山老君洞摩崖、青州南陀山摩崖的拓片，写山情境图像，以及自作诗词、联语、题跋等作品，集中呈现李一近三年来的写山创作成果和日常书写状态。

【淘淬襟怀——谢云书画展】

2020 年 11 月 18 日至 22 日，由中国书法家协会、温州市文学艺术界联合会、中共龙港市委宣传统战部等主办，北京艺人行文化有限公司承办的“淘淬襟怀——谢云书画展”在北京市荣宝斋美术馆举行。展览展出作品包含甲骨文、金文、鸟虫篆等各种书体书法和部分绘画作品，这是谢云从艺近 60 年艺术成就的集中呈现。

【冷然无际——范正红书画篆刻展】

2020年11月20日至12月12日，由西泠印社主办的“冷然无际——范正红书画篆刻展”在浙江省杭州市举行。展览展出范正红捐赠西泠印社的67件作品。

【写意甲骨——杜建民作品展】

2020年12月23日至2021年1月3日，由云南省书法家协会、云南省美术家协会、云南美术馆主办的“写意甲骨——杜建民作品展”在中国美术馆举行。展览展出杜建民书画作品50余幅。

纪念展览

【返朴归真——徐生翁书画精品展】

2020年4月28日至6月28日，由绍兴市文化广电旅游局、绍兴文史馆主办的“返朴归真——徐生翁书画精品展”在绍兴博物馆举行。展览分为“李徐时期”“李生翁时期”“徐生翁时期”3个部分，展出徐生翁书法、绘画、篆刻等作品100余件。

【无尽意——赵朴初书法艺术展】

2020年5月21日至7月19日，为纪念赵朴初逝世20周年，由上海博物馆主办的“无尽意——赵朴初书法艺术展”在上海博物馆举行。展览分为“家国情怀”“时代巨匠”“当代维摩”“高山景行”4个板块，展出赵朴初各个时期的手迹以及文献遗物，涵盖诗词曲俳、书法艺术等。

【孤标千尺挹清芬——李伏雨捐赠作品展】

2020年5月27日至6月19日，由西泠印社、浙江美术馆主办的“孤标千尺挹清芬——李伏雨捐赠作品展”在浙江美术馆举行。展览展出李伏雨捐赠作品80件。

【百年启后——纪念魏启后诞辰100周年书画精品展】

2020年9月26日至10月25日，由山东省文学艺术界联合会、山东出版集团主办，山东艺术学院书法学院、济南市文学艺术界联合会、山东齐鲁美术研究院等承办的“百年启后——纪念魏启后诞辰100周年书画精品展”在山东美术馆举行。展览展出魏启后书画作品120余件（组），以及部分文献和影像资料。

【徐文达书法艺术回顾展】

2020年9月30日至10月20日，由中国书法家协会、中共山西省委宣传部、山西省文学艺术界联合会主办，山西省书法家协会、太原美术馆承办的“徐文达书法艺术回顾展”在太原美术馆举行。展览展出徐文达书法、绘画等作品80余件。

【有容乃大——容庚捐赠展】

2020年11月3日，文化和旅游部2020年度国家美术作品收藏和捐赠奖励项目“有容乃大——容庚捐赠展”在中国美术馆开幕。该展览由中国美术馆联合故宫博物院、中国国家博物馆、广州艺术博物院、广东省立中山图书馆等12家博物馆、美术馆，聚集300余件容庚及其家属历年捐赠国家的文物，是一次高规格、大规模的个人捐赠作品大展。展览既包括容庚各个时期所作书画、篆刻作品，又包括容庚及家属捐赠的青铜器、历代书画、丛帖、金石拓片、手稿、信札、文房印玺以及文献资料等，涉及门类极为广泛，涵盖了容庚最为精华的收藏。这些文物从不同侧面展示容庚学术、艺术上的成就，以及向国家捐赠个人收藏文物领域所做出的巨大贡献。展期为2020年10月31日至2021年1月3日。

【墨韵梅香——纪念李瑞清先生逝世一百周年书画文献展】

2020年11月11日至12月6日，由南京大学、南京博物院主办的“墨韵梅香——纪念李瑞清先生逝世一百周年书画文献展”在南京大学举行。展览展出李瑞清及其师友弟子的书画、文献作品160余件，分为7个单元，其中“求篆于金”“求分于石”“纳碑入帖”“金石入画”主要呈现李瑞清的书法、绘画艺术；“两江笔墨”“梅庵弟子”呈现李瑞清的师友、弟子的艺术与学术；“梅庵遗著”重在展现李瑞清的学术风采。开幕式后，“纪念李瑞清先生逝世一百周年学术思想研讨会”举行。

【诗心剑气——纪念萧退庵先生诞辰145周年书法特展】

2020年11月25日至12月25日，由苏州市文学艺术界联合会主办，苏州市文艺之家、苏州市书法家协会、吴门书道馆承办的“诗心剑气——纪念萧退庵先生诞辰145周年书法特展”在苏州市吴门书道馆举行。展览展出萧退庵各个时期的作品40余件。

【一代儒宗——钱大昕纪念展】

2020年11月28日至2021年2月28日，由嘉定博物馆主办的“一代儒宗——钱大昕纪念展”在上海市嘉定博物馆举行。展览展出102件钱大昕生平相关珍品，囊括手札、书画、碑帖、古籍著作等，分为6个单元：“流风遗韵：嘉定文脉源流”“吴中才子：钱大昕的一生”“既精且博：钱大昕的学术成就”“淳古朴茂：钱大昕的书画作品”“乾嘉风尚：钱大昕的学术交游”“薪火相传：钱氏家学传承”。该展既是关于钱大昕的学术展，同时也是一个不可多得的书法展，展出钱大昕及其相关人物书札上百通，清代学者难得一见的书札和乾嘉学派重要人物墨迹在展览中都有大篇幅的呈现。该展览除了展示嘉定博物馆重要馆藏，也汇聚了上海图书馆、中华书局、北京观雪斋、上海翥云艺术博物馆、明止堂中国字砖陈列馆的重要馆藏。

【惟朴惟真——纪念陶博吾诞辰120周年书画特展暨学术研讨会】

2020年12月1日，由江西省文学艺术界联合会主办，江西省美术家协会、江西省书法家协会承办的“惟朴惟真——纪念陶博吾诞辰120周年书画特展暨学术研讨会”在江西省南昌市举行。展览展出陶博吾书画作品66件，以及27件照片和文献图片。学术研讨会同期举行。

【风光霁月——纪念李叔同诞辰140周年书法传承展】

2020年12月15日至2021年5月16日，由天津博物馆、李叔同故居纪念馆、天津美术馆等主办的“风光霁月——纪念李叔同诞辰140周年书法传承展”在天津美术馆举行。展览分为“遗墨”“礼赞”“传承”3个部分，展出75件（套）作品。

【新时代 · 新思想 · 新征程——先生归来：张宗祥和他的时代】

2020 年 12 月 22 日至 27 日，由西泠印社集团主办的“新时代 · 新思想 · 新征程——先生归来：张宗祥和他的时代”系列活动在西泠印社美术馆举行。展览以张宗祥活动的时间、地点为轴，展示了历史上的政界名士、文史学者、鉴藏大家、艺术名家的书法、绘画、信札等 50 余件（套）。

活动·会议

【中国书法家协会第七届主席团第十一次会议】

2020年1月9日，中国书法家协会第七届主席团第十一次会议在北京市举行。会议传达学习了《中国共产党第十九届中央委员会第四次全体会议公报》、全国宣传部长会议主要精神、中国文学艺术界联合会《全委会工作报告》；审议通过了《中国书法家协会2019年度工作总结》和《2020年度工作要点》；研究讨论了第七届中国书法“兰亭奖”相关工作。

【第三十六届兰亭书法节】

2020年3月26日，“第三十六届兰亭书法节”在绍兴市兰亭开幕。2020年是一个别样的三月三，开幕式上，鲍贤伦开笔写下史游《急就章》句“中国安宁，百姓承德”以祈安康。绍兴市书法家协会、兰亭书会将书法家创作的134件作品分别捐赠给绍兴市红十字会和驰援湖北的医护人员。

“第五届中国书坛兰亭书法双年展·行草42家作品展、兰亭雅集42人作品展”是本次书法节活动的主要展览。展览展至5月25日，于8月移至浙江省杭州市展出，同时举行“第五届兰亭论坛”。

【纪念王蘧常先生诞辰120周年座谈会】

2020年6月26日，由复旦大学哲学学院、王蘧常研究会等主办的“纪念王蘧常先生诞辰120周年座谈会”在复旦大学举行。《王蘧常文集》和《蘧草法帖》新书发布会同期举行。

【第三届陈介祺艺术节】

2020年9月5日至11日，由山东省书法家协会、山东印社、中共潍坊市委宣传部等主办的“第三届陈介祺艺术节”在山东省潍坊市举行。艺术节主体展览是“第三届‘陈介祺奖’万印楼篆刻艺术大展暨当代篆刻名家邀请展”，展出500余件印屏和部分原石。艺术节活动包括6个展览、1场学术研讨“现状与走向——当代篆刻潍坊论坛”、8项精品捐赠以及第五届金石文化用品博览会。

【纪念敦煌藏经洞发现120周年——敦煌书法艺术国际学术研讨会】

2020年10月25日，由敦煌研究院、敦煌市人民政府、兰州大学敦煌研究所、南京大学文化艺术教育中心、无锡市文学艺术界联合会和无锡城市职业技术学院主办的“纪念敦煌藏经洞发现120周年——敦煌书法艺术国际学术研讨会”在江苏省无锡市举行。2019年年初，研讨会学术论文征集评选活动启动，收到百余篇论文，遴选出20余篇优秀论文结集出版。全国书法名家敦煌写经作品邀请展同时举行，共展出书法作品120余幅，是当代书法界写经书法的一次较大规模展示。

【西泠印社庚子秋季雅集系列活动】

2020年11月12日，“百年西泠·金石传薪”西泠印社庚子秋季雅集系列展在浙江展览馆开幕。

西泠印社为庚子秋季雅集所作的学术策划，是5+2模式：5个展览、2个研讨会。展览分浙江展览馆和浙江省博物馆武林馆区两个展区。其中，浙江展览馆展出“西泠印社社藏‘时代印记’篆刻作品展”“西泠印社古稀以上社员作品捐赠展”“西泠印社社员孤山遁庵捐赠作品精品展”；浙江省博物馆武林馆区展出“金相椎痕——百年金石学发展及青铜器传拓（全形拓）精品展”“美德嘉行——王福庵旧藏暨诞辰140周年纪念特展”。5个展览各有主题又相得益彰，是对西泠印社近年艺术创作、学术研究和文物收藏一次较为全面的展示。“西泠印社社藏‘时代印记’篆刻作品展”展出21名20世纪五六十年代以来已故老一辈社员在特殊年代创作的58方篆刻作品；“西泠印社古稀以上社员作品捐赠展”展出75位古稀及以上社员创作的篆刻、书法、国画作品75件；“西泠印社社员孤山遁庵捐赠作品精品展”展出建社115年以来的捐赠作品100件；“美德嘉行——王福庵旧藏暨诞辰140周年纪念特展”展出王福庵捐赠西泠印社的书、画、印等。

【清代学人书法研讨会】

2020年11月13日，由中国国家博物馆研究院主办的“清代学人书法研讨会”在北京市举行。与会的18名学者以馆藏为基础，围绕“清代学人书法”主题，就清代学人、清代书法研究中的问题展开讨论。

【碧血丹心——纪念沙孟海诞辰120周年系列活动】

2020年11月28日，由中国文学艺术界联合会、民盟中央、浙江省人民政府等主办的“碧血丹心——纪念沙孟海诞辰120周年系列活动”在中国美术馆开幕。活动分为“沙孟海书法篆刻艺术大展暨学术文献展”“传承、跨越与典范——沙孟海诞辰120周年纪念会”“全国‘书法学’学科建设与发展学术研讨会”3个部分。展览展出沙孟海书法篆刻作品、手稿文献300余件，展至12月6日。

【中国书法当代发展与未来展望学术研讨会】

2020年11月28日，由中国艺术研究院美术研究所《美术观察》杂志社主办的“中国书法当代发展与未来展望学术研讨会”在河北省廊坊市举行。研讨会围绕当代书法理论思想发展、书法创作技法与文化表达、书法研究方法、不同书体的现状与未来走向、书法审美的多元、中国书法的国际视野、书法创作与评审机制、书法与文化产业等议题进行讨论。

【雨山问道——江苏省书法院系列活动】

2020年12月12日至2021年1月5日，由江苏省书法院、南京市浦口区文化和旅游局主办的“雨山问道——江苏省书法院系列活动”在江苏省南京市举行。活动包括6个部分：一是江苏省书法院引进专业人才书法作品展，二是江苏省书法院中青年书法家学术提名展（草书篇）观摩展，三是江苏省书法院中青年书法家学术提名展（行书篇）观摩展，四是“金陵四老”书法精品观摩活动，五是研讨会，六是江苏省书法院中青年书法家学术提名展（行书篇）评审工作。

人物纪念

【书法家徐炽逝世】

2020年4月24日，书法家徐炽因病在辽宁省沈阳市逝世，享年86岁。

徐炽（1934—2020），辽宁省海城市人。鲁迅美术学院特聘教授、中国画系书法学专业研究生导师，中国书法家协会会员，辽宁省书法家协会顾问，沈阳市书法家协会名誉主席，沈阳文史研究馆研究员。出版专著有《徐炽书法集》《学书指要》《徐炽书法艺术》等，编著有《中国古代书法经典·行书卷》等，作品被辑入《中国现代书法选》《中国书法百家墨迹精华》《中日书法百家墨迹精华》《中国当代书法大观》《当代书法精选》《当代中国书法作品集》等。

【书画家陈佩秋逝世】

2020年6月26日，书画家陈佩秋因病在上海市逝世，享年97岁。

陈佩秋（1923—2020），河南省南阳市人。字健碧，室名秋兰室、高华阁、截玉轩。曾任西泠印社理事、终身成就奖社员，中国美术家协会会员，上海文史研究馆馆员，上海中国画院艺术顾问，上海市美术家协会荣誉顾问，上海市书法家协会艺术顾问，海上印社社长，上海书画院院长，上海书画善会会长。2014年获中共上海市委宣传部、上海市文化广播影视管理局颁发的第六届上海文学艺术奖终身成就奖。

【书法理论家陈方既逝世】

2020年8月26日，书法理论家陈方既因病在湖北省武汉市逝世，享年99岁。

陈方既（1921—2020），湖北省沔阳县（今仙桃市）人。国家一级美术师。曾任中国书法家协会首届学术委员会委员，湖北省书法家协会副主席，《书法报》编辑部主任、顾问。长期从事美术、书法创作及理论研究工作，曾获第一、二、三届中国书法“兰亭奖”理论奖，2013年获第四届中国书法“兰亭奖”终身成就奖。著有《书法艺术论》《中国书法精神》《书法美辨析》《中国书法美学思想史》《书理思辨》《书理再思辨》等，其中《书理思辨》获中国文学艺术界联合会第八届文艺评论特等奖（著作类）。

【书法家李铎逝世】

2020年9月17日，书法家李铎因病在北京市逝世，享年90岁。

李铎（1930—2020），湖南省醴陵市人。字仕龙，号青槐。中国人民革命军事博物馆研究馆员，专业技术一级，文职特级。先后担任第一、二届中国书法家协会理事，第三届中国书法家协会副主席，第四、五、六届中国书法家协会顾问，第九届全国政协委员，第六届全国文联委员，第九届中国文联荣誉委员。2001年获中国书法艺术特别贡献奖，2006年获第二届中国书法“兰亭奖”终身成就奖，2009年获中国文学艺术界联合会第八届造型艺术成就奖。

【书法家欧阳中石逝世】

2020年11月5日，书法家欧阳中石因病在北京市逝世，享年92岁。

欧阳中石（1928—2020），山东省泰安市人。首都师范大学教授、博士生导师、书法学科带头人，中央文史馆馆员。历任中国书法文化研究所所长、中国书法文化研究院名誉院长、全国政协委员、中国文学艺术界联合会第十届荣誉委员、中国书法家协会第二届理事、中国书法家协会第三届顾问。2001年获第一届中国书法“兰亭奖”教育特别贡献奖，2006年获第二届中国书法“兰亭奖”终身成就奖。

大事记

1月3日至2月10日，“书道圭臬——中原巨碑名志拓片展”在长沙简牍博物馆举行。

1月9日，中国书法家协会第七届主席团第十一次会议在北京市举行。

1月10日至2月8日，“入古出新——中国艺术研究院中国篆刻艺术院提名全国中青年篆刻家作品展”在国家图书馆典籍博物馆举行。

1月10日至12日，“大师典范——宁波陈振濂文艺大师工作室书法篆刻北京展”在北京市炎黄艺术馆举行。

1月11日至21日，“翰逸神飞——石跃峰书法作品展”在山西美术馆举行。

1月12日，“‘六言学社’成立暨首届社员书法作品展”在江西省南昌市举行。

1月26日，“万众一心　众志成城——防控新型肺炎疫情天津市书法家新媒体书法展”在线上展出。

1月28日，武汉市文学艺术界联合会、武汉书法家协会、武汉青年书法家协会发出《关于举办“众志成城、万众一心、夺取胜利——武汉书法篆刻网络媒体展”的通知》。

1月29日，山东省书法家协会主席团协同山东省青年书法家协会、滨州市书法家协会、邹平市书法家协会，筹集资金10万元捐赠山东省红十字会。

1月30日，江苏省书法家协会在微信公众号发出《关于征集“万众一心　抗击疫情”主题书法作品的通知》。

2月1日，“‘防控疫情·万众一心’主题书法网络展”在线上展出。

2月3日至26日，中国艺术研究院举办“众志成城　抗击疫情”主题创作活动。

2月3日至3月1日，“‘抗击疫情　万众一心——河北省书法家在行动’主题书法网络展”在线上举行。

2月10日，“上海市书法家协会为抗击新冠肺炎疫情捐赠仪式”在上海市慈善基金会举行。

3月6日，江苏言恭达文化基金会抗疫百万义捐暨《满江红》书法长卷捐赠仪式在江苏省人民医院举行。

3月20日，“群英战疫——湖北省书法界主题书法创作活动”在湖北省武汉市举行。

3月26日，“第三十六届兰亭书法节”在绍兴市兰亭开幕。

4月23日，“同心战疫——江苏省美术、书法主题作品展”在江苏省现代美术馆开幕。

4月24日，书法家徐炽因病在辽宁省沈阳市逝世，享年86岁。

4月28日至6月28日，“返朴归真——徐生翁书画精品展”在绍兴博物馆举行。

5月11日至18日，“望月楚山——江苏抗疫诗词书法作品展”在江苏省现代美术馆举行。

5月21日至7月19日，“无尽意——赵朴初书法艺术展”在上海博物馆举行。

5月23日，“以艺战疫——文艺云·中华数字艺术城（美术摄影书法）战疫主题作品专题展”在线上展出。

5月27日至6月19日，“孤标千尺挹清芬——李伏雨捐赠作品展”在浙江美术馆举行。

5月30日至6月12日，“不似之似——徐庆华肖形印展”在上海市举行。

6月2日至11日，“江左风流奖——江苏省第九届青年书法篆刻作品展”在江苏省现代美术馆举行。

6月5日至28日，“巧拙有素——王义骅篆刻作品展”在浙江美术馆举行。

6月19日至28日，“潇湘风华——当代湖南书法十人作品展”在东莞市岭南美术馆举行。

6月20日至7月5日，“永不落幕的经典——汉碑篇”在杭州市谷田美术馆举行。

6月20日至7月19日，“大块文章——鲍贤伦书法展”在上海市中华艺术宫举行。

6月26日，“纪念王蘧常先生诞辰120周年座谈会”在复旦大学举行。

6月26日，书画家陈佩秋因病在上海市逝世，享年97岁。

6月29日至7月1日，“2020年中国书法家协会第七届专业委员会工作网络培训班”在线上开班。

7月1日至15日，“时代答卷——浙江抗疫文艺创作特展”在浙江展览馆举行。

7月15日至8月8日，“同舟共济　艺起战疫——广东省抗击疫情主题书法作品展”在广东省广州市举行。

7月22日，“中国书协2020新闻宣传工作网络研讨班”在线上开班。

7月24日至8月30日，“古物影——黄宾虹书法收藏展”在浙江省博物馆举行。

7月29日至31日，“中国书法家协会2020年全国基层书法骨干网络培训班”在线上开班。

8月1日，“众志成城——抗疫主题美术作品展”在中国国家博物馆开幕。

8月1日至30日，“解衣磅礴——钱瘦铁、桥本关雪交流回顾展”在浙江美术馆举行。

8月11日至9月10日，“寻常杯酒——祝竹篆刻书画展”在上海韩天衡美术馆举行。

8月14日至10月13日，“宅兹中国——宝鸡出土青铜器与金文精华展”在中国国家博物馆举行。

8月24日至31日，“兰亭雅集——第五届中国书坛兰亭书法双年展·行草42家作品展、兰亭雅集42人作品展”在杭州市浙江展览馆举行。

8月26日，书法理论家陈方既因病在湖北省武汉市逝世，享年99岁。

8月26日至9月10日，“得意之作——当代篆书名家作品苏州邀请展”在苏州市尹山湖美术馆举行。

8月27日至28日，中国书法家协会第七届理事会第四次会议在北京市举行。

8月28日至29日，浙江省书法家协会第八次会员代表大会在浙江省杭州市举行。

8月29日至9月10日，“沈门七子书法展”在南宁市广西美术馆举行。

8月30日至9月7日，“天道酬勤　力耕不欺——张海八十初度新作展”在河南省美术馆举行。

9月1日至7日，“‘深入生活、扎根人民’——第四届‘文质兼美’全国优秀基层书法家创作活动作品成果展”在中华世纪坛艺术馆举行。

9月1日至10月30日，“千古风流人物——故宫博物院藏苏轼主题书画特展”在故宫博物院文华殿举行。

9月2日至7日，“‘周慧珺杯’上海市楹联书法大赛作品展”在上海文艺会堂举行。

9月3日，“第四届王羲之奖书法作品展”在临沂市文化中心开幕。

9月4日，“2020‘书圣故里·中国临沂’中国书法临书大会”在临沂市美术馆开幕。

9月5日至11日，“第三届陈介祺艺术节”在山东省潍坊市举行。

9月8日至14日，“墨妙江南·相约龙湾——长三角四省市‘中国书法名城·中国书法之乡’作品联展”在浙江省温州市举行。

9月10日至20日，“积翠重苍——朱培尔书画篆刻作品展”在浙江省杭州市举行。

9月12日至22日，“承古书怀——张坤山书法展（济南）”在山东省文化馆举行。

9月12日至10月7日，“永不落幕的经典——金文篇”在杭州市谷田美术馆举行。

9月14日至10月24日，“印记中国·2020——决战脱贫奔小康大众篆刻作品展”在中华世纪坛举行。

9月17日，书法家李铎因病在北京市逝世，享年90岁。

9月18日至10月31日，“第十二届江苏省新人书法篆刻作品展”在江苏省江阴市举行。

9月22日至10月9日，“印艺湖湘——西泠印社湖南社员作品捐赠展暨岳麓印社社员作品展”在浙江省杭州市举行。

2020年9月22日至2021年2月28日，“闲庭信步·周俊杰书法作品展”在湖北省宜昌市举行。

9月23日，“2020‘中国书法·年展’当代书坛知名老书法家作品邀请展暨第十一届黄河明珠·乌海书法艺术节”在内蒙古自治区乌海市开幕。

9月26日，“2019‘中国书法·年展’”在河南省新安县开幕。

9月26日至10月9日，“寸耕堂匾额书法展”在北京杏坛美术馆举行。

9月26日至10月16日，“上海市第二届篆刻艺术展”在上海市举行。

9月26日至10月25日，“百年启后——纪念魏启后诞辰100周年书画精品展”在山东美术馆举行。

9月27日，“2020中国文字·书法论坛暨第六届‘四堂杯’书法大展”在安阳市中国文字博物馆开幕。

9月30日至10月8日，“梦回汉唐——陕西古代碑刻拓本特展”在陕西省西安市举行。

9月30日至10月20日，“徐文达书法艺术回顾展”在太原美术馆举行。

10月1日至31日，“艺无止境——何奇书法艺术汇展”在内蒙古美术馆举行。

10月13日，“黄河明珠——龙门石窟国际书法名家邀请展”暨“千年绝响——龙门书风学术讨论会”在河南省洛阳市开幕。

10月13日，中国书法家协会官网公布《中国书法家协会2019年度批准入会人员名单》。

10月15日至25日，“老友记——八人书画篆刻作品联展”在杭州市中国印学博物馆举行。

10月16日至23日，“小康墨韵——决胜全面建成小康社会江苏省书法名家主题作品邀请展”在江苏省现代美术馆举行。

10月16日至21日，“云起新湖南　墨舞大洋河——第二届湖南中青年书法大展”在湖南省展览馆举行。

10月17日至22日，“庆云五色——童衍方金石书画展”在上海市朵云艺术馆举行。

10月25日，“百年西泠·古韵中原——金石文化艺术大展”在郑州美术馆新馆开幕。

10月25日，“纪念敦煌藏经洞发现120周年——敦煌书法艺术国际学术研讨会”在江苏省无锡市举行。

10月28日，“守正创新——长三角优秀青年书法家精品邀请展暨长三角书法发展苏州大讲堂”在江苏省苏州市开幕。

10月28日至11月16日，“禅心古韵——杨剑金石拓片题跋书法展”在杭州市中国印学博物馆举行。

2020年10月31日至2021年1月3日，“有容乃大——容庚捐赠展”在中国美术馆举行。

11月1日，“中国力量——全国扶贫书法大展”在中华世纪坛开幕。

11月3日至12月2日，“金相椎痕——百年金石学发展及青铜器传拓（全形拓）精品展”在浙江省博物馆举行。

11月3日至7日，“守望岭南——张桂光书法作品展”在上海市朵云轩艺术中心举行。

11月3日至12日，“写山——李一摩崖书法展”在江苏省美术馆举行。

11月5日，书法家欧阳中石因病在北京市逝世，享年92岁。

11月5日，中国书法家协会分党组专题会议在北京市举行。

11月5日至11日，“虚实·情性——首届全国草书学术提名展”在江苏省现代美术馆举行。

11月7日至17日，“如日照影——王客书法新作展”在山东省日照市举行。

11 月 11 日至 12 月 6 日，“墨韵梅香——纪念李瑞清先生逝世一百周年书画文献展”在南京大学举行。

11 月 13 日，“清代学人书法研讨会”在北京市举行。

11 月 13 日至 14 日，“第六届‘孤山证印’西泠印社国际印学峰会”在浙江省杭州市举行。

11 月 13 日至 19 日，“百年序章——第二十届北京书法篆刻精品展暨书法篆刻临帖展”在北京市民族文化宫举行。

11 月 15 日至 25 日，“第九届广东省新人新作书法展”在广东省文联艺术馆举行。

11 月 18 日至 22 日，“洵淬襟怀——谢云书画展”在北京市荣宝斋美术馆举行。

11 月 20 日至 26 日，“第四届安徽书法大展”在合肥—久留米友好美术馆和亚明艺术馆举行。

11 月 20 日至 12 月 3 日，“江苏十佳青年书法家作品展”在江苏省现代美术馆举行。

11 月 20 日至 12 月 6 日，“传承与新变——长三角青年书法精英对话展”在上海韩天衡美术馆举行。

11 月 20 日至 12 月 12 日，“泠然无际——范正红书画篆刻展”在浙江省杭州市举行。

11 月 21 日至 29 日，“逸笔滇霞——行草十家展”在云南美术馆举行。

11 月 22 日，“‘云冈杯’首届全国魏碑书法双年展”在山西省大同市开幕。

11 月 25 日至 12 月 25 日，“诗心剑气——纪念萧退庵先生诞辰 145 周年书法特展”在苏州市吴门书道馆举行。

11 月 28 日，“首届‘中国恒美花都杯’全国书法大展”在河北省廊坊市开幕。

11 月 28 日，“中国书法当代发展与未来展望学术研讨会”在河北省廊坊市举行。

11 月 28 日，“碧血丹心——纪念沙孟海诞辰 120 周年系列活动”在中国美术馆开幕。

2020 年 11 月 28 日至 2021 年 2 月 28 日，“一代儒宗——钱大昕纪念展”在上海市嘉定博物馆举行。

11 月 28 日，2019 年度中国书法“风云榜”暨“黄道周奖”颁奖仪式在福建省东山县举行。

12 月 1 日，“惟朴惟真——纪念陶博吾诞辰 120 周年书画特展暨学术研讨会”在江西省南昌市举行。

2020 年 12 月 2 日至 2021 年 3 月 2 日，“山高水长——唐宋八大家主题文物展”在辽宁省博物馆举行。

12 月 3 日至 17 日，“山河无恙——鄂鲁同心抗疫书法展”在山东省济南市举行。

12 月 4 日至 9 日，“篆写燕赵——中国书法家协会第七届篆书委员会委员作品展”在石家庄市美术馆举行。

12 月 9 日至 20 日，“周剑初五体书法半百展”在中国美术馆举行。

12 月 10 日至 11 日，“侯马盟书——文字与书法艺术学术研讨会”在山西省临汾市举行。

12 月 11 日至 16 日，“第三届江苏省文艺大奖·书法奖作品展”在江苏省现代美术馆举行。

2020 年 12 月 12 日至 2021 年 1 月 5 日，“雨山问道——江苏省书法院系列活动”在江苏省南京市举行。

2020 年 12 月 15 日至 2021 年 5 月 16 日，“风光霁月——纪念李叔同诞辰 140 周年书法传承展”在天津美术馆举行。

2020 年 12 月 18 日至 2021 年 1 月 30 日，“上海市第十一届书法篆刻大展”在上海市中华艺术宫举行。

2020 年 12 月 18 日至 2021 年 3 月 30 日，“心心相印——中国印文化大展”在上海韩天衡美术馆举行。

12 月 20 日至 27 日，“墨海弄潮——新时期河南书法四十年巡展”在河南省文联艺术馆举行。

12 月 22 日至 26 日，“襟怀若水——胡六皆书法作品展”在湖南省画院美术馆举行。

12 月 22 日至 27 日，“新时代·新思想·新征程——先生归来：张宗祥和他的时代”系列活动在西泠印社美术馆举行。

2020 年 12 月 23 日至 2021 年 1 月 6 日，“三三见久——当代书法九人展”在淄博书画院举行。

2020 年 12 月 23 日至 2021 年 1 月 3 日，“写意甲骨——杜建民作品展”在中国美术馆举行。

2020 年 12 月 25 日至 2021 年 1 月 10 日，“造云——萧文飞书法展”在北京市举行。

2020 年 12 月 27 日至 2021 年 1 月 3 日，“中原书法作品展”在河南省郑州市举行。

2020 年 12 月 27 日至 2021 年 1 月 7 日，“心印方寸——曲学朋篆刻书法作品展”在山东省潍坊市举行。

中国艺术年鉴·2021

+

艺术设计卷

+

分卷主编：丛玲玲

年度述评

2020 年中国信息与交互设计述评

◎ 吴琼　郭馨蔚

一、序言

2020 年，突如其来的新冠肺炎疫情使得诸如购物、会议、展览、教育、娱乐等众多生活和工作的内容大规模转移到线上，人们既在研究如何能够在虚拟世界有更接近真实世界的映射，也在探索超越现实的、创新的体验。[①] 面对灾害对人类生存以及社会的影响，设计学科的价值和意义从未缺席。设计既要满足人类最基本的审美需求，同时也要积极响应社会事件。设计创新与健康生活的融合有着重要的价值，并以设计学科的视角解决抗疫、抗灾等重大事件中的问题，从而实现为国为民服务的使命和目标。

2020 年是中国实现全面建成小康社会的决胜之年，也是实现中国“十三五”规划中脱贫攻坚的最后一年。设计在全面建成小康社会中有着举足轻重的作用，城市建设、乡村振兴、精准扶贫、文化发展等国家建设环节都离不开设计创新的帮扶。“民生之维——脱贫攻坚中的设计创新”也是 2020 年北京国际设计周的主题，活动以精准扶贫为始点，沿着方法创新和效益惠民的路径，展现了在精准扶贫过程中设计带动乡村振兴、产业发展、特色文旅的典型案例。

“为真实的世界而设计”是维克多·帕帕奈克（Victor Papanek）提出的设计观点，即设计应该为广大人民服务，也是 2020 年北京国际设计周中设计论坛的主题。设计如何面向民生、服务民生是一直被讨论的话题之一，设计应面对社会生态环境的问题、地区振兴的问题，着眼于民众，在世界范围内通过设计的桥梁构建中国的艺术价值与人文价值。

二、信息与交互设计学科的新发展

（一）“新文科”与“大美育”引领下的跨学科融合发展

设计学科具有与生俱来的交叉特性，新时代教育中的美育也日益受到重视。2020 年 10 月，中共中央办公厅、国务院办公厅印发《关于全面加强和改进新时代学校美育工作的意见》。11 月，《新文科建设宣言》由教育部新文科建设工作组发布。不同学科间具有不同的侧重点与研究范围，设计学科在衣、食、住、行、用各领域具有优势的表达特性，借此与社会、经济、人文、技术多学科科学融合，对于促进新文科与大美育的建设具有现实价值与意义。

2020 年 12 月 8 日，由清华大学美术学院主办、装饰杂志社承办的“新时代　新文科：全国艺术类学科建设研讨会”在清华大学美术学院举行，探讨设计的教育教学如何顺应时代潮流，因势利导进行数字化升级，以及未来学习模式的可能性。鲁晓波的发言题目是《应变与引领——时代变革与设计学科发展的思考》，提出了“设计 +”的概念，设计可以跟所有的科技和领域进行融合，推动社会的进步，推动创新。在未来的人工智能时代，自然的价值和人文的价值要并重，艺术和科学要融合，传承与创新要并举，全球化和本土化要兼具。[②] 此外，许江、宋协伟等在高校设计学科的教育中就强调中国传统和创新力量，对跨学科教育、大设计思维和跨学科融合发展、产学研理论与实践的结合、信息技

---

① 参见吴琼、李贺武、刘君《未来网络典型应用场景设计与需求分析》，《装饰》2020 年第 7 期。

② 参见李拓、赵毅平、冯世光《构建中国特色艺术学教育发展之路——“新时代新文科：全国艺术类学科建设研讨会”在京举办》，《装饰》2020 年第 12 期。

术赋能文科教育等话题展开论述。

在跨学科的实践方面，在2022年北京冬奥会即将来临的背景下，清华大学信息艺术设计系与雕塑系联合创建了“数字冰雪艺术”的设计课题。在助力北京冬奥会跨学科探索雕塑语言在数字虚拟空间的设计表达的同时，共同探讨并研发可以融合观众与艺术家观看体验的智能创作工具，从而实现多学科间的、多领域间的价值转换。

在新文科建设的引领下，教育是面对未来挑战的先行者，应当从世界的视角和中国的视角来认识跨学科融合发展，主动回应时代建设中的新需求，并构建能够适应未来发展的教育体系，这对设计学科能否立足于新时代具有重大意义。

（二）新冠肺炎疫情影响下的设计学科新使命

面对新冠肺炎疫情的全球肆虐，疫情当前，设计可以做什么、应该怎么做？或许是每一个设计工作从业者、设计理论研究人员，尤其是从事设计教育的教育者都会思考的一个问题。设计的其中一项使命即通过逻辑性的分析，进行策略性的推导，流程化地解决问题。面对重大疫情暴发这样涉及医疗卫生、社会安定、政策法规、交通物流，甚至新闻传播等多方面的复杂性问题，传统的、单一的应对方式显然是束手无策的。而具有整合协调多方力量以解决具体现实问题这一巨大优势的设计学，可以也应该大有可为。①

诸多设计个人、团队和高校也先后加入以设计的力量支援抗疫的战斗中。同济大学设计创意学院与华大基因、上海易托邦联合设计研发的气膜版“火眼”实验室成“抗疫神器”，在7个国家建成14座，累计建设日检测通量达35万单管，为各地突发疫情防控贡献了数百万例新冠病毒检测的能力。清华大学研究团队研发一体化自助式SARS-CoV-2核酸检测卡盒（BINAS），可30分钟内出结果，为提高卡盒的用户使用体验，清华大学美术学院赵超对卡盒进行结构和外观设计，从用户操作和体验等多个角度对卡盒的定型提供了非常大的帮助。

与此同时，如何将疫情数据呈现在时空关系之中，并让大众能够看得清、看得懂并愿意相信，是新冠肺炎疫情暴发期间最急迫需要解决的信息传播问题。② 清华大学美术学院向帆、朱舜山团队设计研发了《疫情之流：病例与地方》，是较早将新冠肺炎疫情数据以视觉图形化的形式在移动终端平台展示并每天更新数据向公众传达最新的疫情走势。北京大学可视化与可视分析实验室和美国雪城大学合作研发的可视化作品《疫情方寸间》、北京大学可视化与可视分析实验室开发的疫情晴雨表通过收集整理疫情增量数据，对每日历史数据进行统计，宏观呈现疫情的发展态势，有助于揭示疫情拐点。③

交互设计、服务设计、数据可视化等工具和手段在人类抗击疫情战斗中发挥了重大的作用。设计研究者也应当承担起更多的社会责任，面对疫情背后所产生的影响以及衍生的新需求，冷静并高效地对社会事件和城市民众予以回应。在服务体验系统、防疫用品，或是基于疫情走势和病毒扩散的可视化等方面，对于民众而言，了解的信息越全面，因未知产生的恐慌就会越少。

（三）基于人工智能的设计方法与应用的持续探索

人工智能等相关科学技术的发展不断影响着设计学科的研究和发展。人工智能迅速从概念走向应用，生产工具、生产力和生产关系各个方面产生颠覆式的创新。④ 让技术和机器具有人性，是设计学科的使命，也是设计师在人工智能飞速发展过程中的责任。

智能产品设计、交互设计方法、用户体验研究等在人工智能技术的影响下，理论研究和应用特征是信息与交互学科领域持续关注的重点。回望2020年的设计研究，集中围绕两个不同角度展开。首

---

① 参见周志《主持人语》，《装饰》2020年第2期。

② 参见李拓《信息可视化：让公众“看得见”疫情的设计方法》，《装饰》2020年第2期。

③ 参见孙远波、闻芷艺、徐瑞鸽、罗飞、李歌《新型冠状病毒肺炎疫情数据可视化设计综述》，《包装工程》2020年第8期。

④ 参见覃京燕《〈人工智能与创新设计〉专题序言》，《包装工程》2020年第6期。

先，是针对设计基础理论和设计方法论的探索：当人工智能作为设计的对象时，如何从设计的角度有效地将人工智能作为设计工具和表达工具来提升产品服务的质量。其次，主要围绕人工设计的设计应用与服务场景，探索在不同智能领域和情境下的人机交互和用户体验问题，智慧城市、智能教育、智慧养老、群智创新[①]等领域都是研究热点。2020 年 10 月 19 日，湖南大学设计艺术学院、汽车车身先进设计制造国家重点实验室、华为 2012 实验室 UCD 中心联合发布《汽车用户体验 2020 设计趋势报告》。该报告是国内学术与工业界在汽车领域正式发布的第一份用户体验趋势报告。[②]

信息与交互设计相较于传统艺术设计是一门相对年轻的学科，在学科的发展过程中，任务之一就是顺应技术的发展，并有效地从现实出发，发现问题并定义问题。2020 年 8 月 28 日第三届《装饰》学术年会以“设计研究新范式：现实 · 问题 · 转化”为主题。清华大学美术学院方晓风格外提到，设计的任务应是把定义的问题通过具体的、可操作的路径来解决。

（四）面向未来生活及可持续的设计表达

后疫情时代的社会特征与民众需求使得设计所面临的挑战更加繁复。设计师的任务不仅仅是设计一种工具或一件工艺品，对于未来生活的思考和可持续性的探究是我们不得不面对的问题。面对这一全新的挑战，我们需要通过对未来生活和可持续设计的重新定义，来指导人类健康有序地发展，同时为与我们共生的地球保驾护航。2020 年的戴森国家设计大奖首次将“可持续发展奖”设为奖项，用来鼓励那些关注环境和社会问题的设计，同时倡导以更少的投入来表达更好的设计效果。

未来学隶属于社会科学，关注于宏观的社会系统和复杂的世界系统，是主要面向人类各个领域的未来发展方向和趋势的研究，同时针对可能的挑战提出策略和建议的学科。2020 年 11 月，“设计未来”（Design Futures）主题研讨会由清华大学在中意设计创新基地举办，会上探讨了“未来研究”和“思辨设计”对创新思维的启发，提出了在创新趋势影响下的短期未来和长期未来的定义和特征；与此同时，就未来思维和设计思维对创新设计和设计实践的驱动意义进行了讨论。

此外，建立并完善可持续设计和发展的内驱力，对于引领设计师和促进社会发展都是至关重要的。2020 年 6 月 22 日至 30 日，由清华大学米兰艺术设计学院主办的“新挑战　新策略”系列国际学术交流活动通过线上 Zoom 平台举行。在这项国际交流中，主要围绕“为未来的交互设计”和“为更可持续发展的世界而设计”这两个核心展开了讨论。

在传统与时尚融合、科技与文化融合、艺术与实用融合、设计与健康相结合的设计教育、艺术设计范式、可持续发展等相关领域，面对未来的无限可能，要通过未来的思维来引领产业变革与社会进化。设计学科的探索与研究既要着眼于短期未来的实现，更要考虑长期未来对当下社会的影响。设计未来的思考方式、众创性模式、思辨设计方法、反思性社会实践等是信息与交互设计与未来融合的契合点，以此来实现更合意的设计与可持续的未来。

三、信息与交互设计产业情况

（一）信息技术助力探索全新的沟通模式

在新冠肺炎疫情的影响下，人类的各种日常生产行为纷纷转为线上，从踉跄地仓促上线，到在线生产逐渐地成为常态，都依托于各类显示技术、VR/AR 等显示媒介，智能网络等信息技术，在线办公、在线协同、在线创作等丰富的生产工具应运而生，“云展览”“云创作”“云会议”也逐渐充盈着人们的生活，不断影响着社会的学习方式、生产模式及未来消费行为等。一年一度的阿里巴巴 Ucan 设计大会（Alibaba Design Ucan 2020）首次通过普惠公开课的形式，在线公布于大众。2020 年 12 月 9 日至 11 日，由清华大学与联合国教科文组织教育信息技术研究所联合主办的以“学习革命与高等教育变革”为主题的世界慕课大会在清华大学举行，《慕课发展北京宣言》同期发布，旨在将全球高校与在线教育

① 参见罗仕鉴《群智创新：人工智能 2.0 时代的新兴创新范式》，《包装工程》2020 年第 6 期。
② 参见何人可《何人可：国际设计大赛是中国产品走向世界的通道》，《设计》2021 年第 2 期。

平台团结起来，携手应对全球疫情。

信息技术在塑造高等教育的智能和未来中具有不可替代的作用。智能互联网时代的信息与交互技术对全球教育的新模态提供了无限可能。在 2020 年 3 月，湖南大学设计学院联合清华大学美术学院、同济大学设计创意学院、江南大学设计学院和广州美术学院等院校共同发起了“战胜隔离的设计”的联合主题课程。大家借助网络的平台，在“云上”以在线课堂的形式就重大社会事件做出响应。

此外，在线上学习、在线会议等诸多平台来应对新的需求之时，在国内疫情常态化的背景下，清华大学提出了“线上线下实时互动融合”的教学方式。借助于线上、线下相融合的互动体验设计，兼顾“在场”与“在线”的关系，兼顾“教”与“学”的关系，超越屏幕的融合式互动也对产品的设计与表现提出了较高的要求。

（二）以创新转化驱动文化自信的传承与实践

2020 年恰逢紫禁城建成 600 年，也是故宫博物院成立 95 周年。故宫博物院一直以来肩负着记载并弘扬中华民族伟大历史和传统文化的重大使命。故宫博物院将数字技术作为文化展示的重要引擎，10 款“故宫出品”系列 APP 总下载量超过 788 万次；7 部剧场版 VR 节目，包括 4 个线下和 3 个线上 VR 交互体验项目，观众总数超过 78.4 万人次。[①]“数字故宫社区”[②]、数字故宫体验展“发现·养心殿”、“云游故宫”等创新展示打通了线上、线下的传统资源传播渠道，使得故宫博物院可以更好地发挥其文化传承的作用。

传统文化如何通过设计创新来转化驱动并传承，不仅仅关乎传统文化的自身传承，同样也关系国家文化自信的走向与弘扬。通过人工智能技术记录、保护、传承、应用当代仍然活态存在的非遗项目，对人类未来保存珍贵的无形文化记忆，具有不可估量的历史价值和人文价值。[③]设计创新作为文化生活中相对活跃的环境，为传统文化的传承而设计，为文化自信传承而实践，具有较强的文化意义。

2020 年 7 月 20 日，在教育部高校“非遗（文创）扶贫联盟”的成立大会上审议通过了《高校“非遗（文创）扶贫联盟”章程》，很多成员高校分享了在设计扶贫、创新渠道非遗传承等方面的工作。其中，湖南大学设计学院院长季铁介绍了“在地、在场、在线”的设计扶贫宗旨，提出了共创高校非遗（文创）扶贫新品牌的理念。2020 年 1 月 11 日，“走进当代——可持续性发展的非遗”巡展在清华大学美术学院展出。展览通过 BOE 画屏生动地再现了非遗作品的传统文化内涵，还原了非遗传承人的艺术想象力与创造力，为观众提供了近距离体验非遗传承人的艺术作品的机会。

以匠心呵护遗产，以设计来延续文化内涵和价值，通过设计助力贫困地区，以非遗扶贫，以设计为桥梁驱动文化传承与实践，助力非遗技艺的推广与产业扶贫和乡村振兴，是设计不断探索和发展的价值所在。

（三）人工智能与物联网产品不断推陈出新

人工智能与出行相结合的设计创新，一定程度上提升了用户的驾驶体验与出行体验。获得 2020 年红星设计大奖的“百度地图汽车版”，将各类驾驶情境聚焦于车内中控屏幕的智能服务系统，既可以适配于多种车型，又在满足了基础导航服务需求之余，提供与用户手机等设备的连通并同步相关的个性化信息。此外，伴随无人驾驶技术研究的进一步深入，阿波罗（Acpollo）无人驾驶汽车的商业化落地、基于 5G 技术的“云代驾”等智能产品与服务亮相于以“万物智能”为主题的 2020 年百度世界大会上，生动展现了智能出行领域的创新技术。

虚拟形象、虚拟助理等数字化虚拟人物的产品在 2020 年也得到很多互联网产品领域的青睐。数字

① 参见王旭东《使命与担当——故宫博物院 95 年的回顾与展望》，《故宫博物院院刊》2020 年第 10 期。

② 参见吴琼《面向文化遗产的数字化体验设计》，《装饰》2019 年第 1 期。

③ 参见覃京燕、贾冉《人工智能在非物质文化遗产中的创新设计研究：以景泰蓝为例》，《包装工程》2020 年第 6 期。

化虚拟人物拥有视觉、听觉、语言表达和理解等强大的基础能力，同时它具有拟人化的情感系统，兼备互动娱乐、情感配合及智能解答等能力。2020 网易未来大会上发布的网易伏羲 AI 虚拟人、百度世界大会上发布的百度陪伴型虚拟助理度晓晓，以及科大讯飞的 AI 虚拟主播都是行业内几款经典的虚拟助理的成熟产品。通过人格化的产品定位为用户带来全新的拟人化服务体验，还原了人与人的沟通过程。

疫情的暴发使得智能家居、家庭大健康、社区安防、影音娱乐等领域备受关注。在 5G+AIoT、多设备协同、多通道交互、去中心化计算等技术趋势的影响下，智能家居产品如雨后春笋般涌向市场。百度智慧养老服务是面向公益的融合物联网与智慧养老的设计服务项目。在其试点的小区内，为居家老人配备了小度智能音箱作为智能家庭的中心设备。老人可以通过“小度”监测血压、实时问诊等功能关注健康状况，同时还可通过“小度”提供的娱乐频道、聊天互动等功能体验温暖的科技所带来的关爱。

此外，基于人工智能技术的消费电子类产品也一直是设计实践领域的热点。在 2020 年红星奖的获奖作品中，涌现出大量的基于人工智能技术和物联网的产品。例如，可以在两个显示屏上实时翻译的科大讯飞双屏翻译机，还有华为公司的智慧屏 X65 电视机和 P40 系列智能手机，可以通过语音、手势等多种方式灵活地互动。

回望上述几款经典的智能产品及移动互联网应用，不论在应用场景的预设还是对用户交互行为的设计，都是通过设计的桥梁建立起人与智能的关系，在多样的情境中以全链条的设计模式来满足不同层次的用户需求，进而通过友好的、直观的、灵活的交互方式极大地提升用户体验感受。

四、设计研究与教育

2020 年，在人类对生存环境和生态健康的渴望越发迫切的背景下，面对新的问题与需求，设计学科的研究与教育在不断梳理现有系统的劣势与不足，并尝试建立新的规则和教育理念来革新未来社会的发展重点。

在信息与交互设计基础理论研究方面，诸多学者就技术高速发展背景下的设计方法和内容展开研究。如孙凌云等的《以人为中心的智能产品设计现状和发展趋势》①、覃京燕的《人工智能与创新设计发展现状及趋势》、谭浩等的《大数据驱动的用户体验设计综述》②，针对人工智能和设计学“以人为中心的设计”理论整合，阐述了当前设计学科和智能技术整合的重要趋势③。同时，在设计理论研究的基础上对设计趋势的研究和应用的探索也颇为广泛，如吴琼等的《未来网络典型应用场景设计与需求分析》、郝强等的《信息时代背景下的新兴大众化设计》、刘志国等的《以智能音箱的交互局限为例阐述“复合式交互”的特性》，通过理论之上的实践，在应用场景、普适设计、智能应用和服务等领域的不同维度展开论述并提出了自己的观点。

在课题应用实践研究方面，切实感受到人工智能时代背景下的设计策略和设计方法的研究与国家的发展、社会的进步紧密相连。在各项社会科学、艺术基金项目组可见，中国美术学院王昀的“中国设计智造协同创新模式研究”、同济大学范凌的“人工智能语境下的艺术设计实践趋势研究”、侯建军的“人工智能视域下的工业设计教育体系再构建与系统化发展研究”等国家级课题备受关注。此外，面向文化遗产的传播与设计也是研究核心方向，如中央美术学院许平的“‘一带一路’背景下的国家设计政策研究”、清华大学张烈的“交互设计在文化遗产展示国家级传播领域的应用研究”、汤晓颖等的“数字化背景下博物馆交互叙事美学研究”等。与此同时，陶裕仿的“智能无障碍居家养老服务体系的策略研究”、王峰的“交互性城市公共艺术无障碍设计研究”、林璐的“积极老龄化城市公共空间生态

① 孙凌云、张于扬、周志斌、周子洪：《以人为中心的智能产品设计现状和发展趋势》，《包装工程》2020 年第 2 期。
② 谭浩、尤作、彭盛兰：《大数据驱动的用户体验设计综述》，《包装工程》2020 年第 2 期。
③ 参见谭浩《选题策划〈智能产品交互与体验设计〉序言》，《包装工程》2020 年第 2 期。

协同机制与设计策略研究”等研究课题充分展现出设计回归民生、设计为民的发展理念。

2020 年 6 月，各高校的毕业展推陈出新，突破了传统的实体展厅形式，纷纷策划独具匠心的“云上”毕业设计展。中央美术学院以“彼时此时”为主题，搭建起 54000 平方米的虚拟美术馆，将近 3 万件毕业设计作品在九大不同的虚拟展厅呈现。“亲手布置自己的毕业展”是清华大学美术学院送给 2020 届毕业生的礼物。清华大学美术学院为毕业生研发了一套可以自定义地发布自己设计作品的线上展示系统，在线上展厅中，每位毕业生有跨度 12 米近 100 平方米的展位。中国美术学院以“危机设计·设计危机”为主题，设计作品指向社会环境下的人类共同情谊和人文关怀、文化发展语境中的历史续承与现实连接、生态秩序下的伦理观念和道义准则，以及未来过程中的叙事构建和创新探索等。① 同济大学设计创意学院的本科生与研究生毕业设计展分别以“空格”和“格外”为主题，将其作为师生对疫情这个历史变故的一个集体回应。

几大高校的“云”毕业设计展都借助科学技术的支撑、信息设计的逻辑以及交互设计的表现手法对真实世界做出了积极的回应，不论从学科发展的角度，还是设计教育的贯彻，都为大众和学生做出了表率。在这个承前启后的阶段，信息艺术设计的教育肩负着培养能够审时度势地分析问题并通过设计的手段来表达思想的复合式创新型人才的使命。

五、结语

突如其来的疫情对整个国家乃至全人类都造成了始料未及的冲击，面对社会环境、工作模式、学习形式以及生活方式的巨大改变，每个学科和领域都肩负着重任。在巨变与挑战前，具有交叉属性的设计学科的潜力无限，是发现问题的契机。如何科学地将社会背景、技术优势、人文价值以及经济模式进行整合并形成有效的服务系统，是设计学科发展和学科教育所肩负的使命。

在大美育、新文科建设的指引下，信息与交互设计在人工智能飞速发展的环境中不断探索前行，并始终坚守文化自信的传承与弘扬、艺术与科技的刚柔并济、自然科学与社会人文的相互渗透。

吴琼　清华大学美术学院教授

郭馨蔚　北京科技大学讲师

① 参见毕学锋《危机之下的毕业设计探索》,《装饰》2020 年第 6 期。

2020 年度中国自主品牌汽车设计发展研究报告

◎ 张帆　王丹　崔洪

一、2020 年中国汽车市场现状概述

2018 年、2019 年，中国汽车市场汽车产销量已经连续两年下滑。2020 年上半年，由于新冠肺炎疫情的突然暴发、紧张动荡的国际局势、持续低迷的经济形势、高端品牌持续的市场下探，中国汽车市场经历了前所未有的低迷期。2020 年 1 月至 3 月，中国汽车品牌产销量同比分别下降 45.2% 和 42.4%，有近千家经销商破产或被注销。①一部分本就是身处竞争劣势的企业，加速关停并转、兼并重组，曾被称为国民神车的一汽夏利正式退出造车舞台，众泰汽车、力帆汽车、华晨集团等面临重整。国外专家一度悲观预测，遭受疫情重创的全球汽车产业的发展将倒退回 2010 年。好在面对疫情的压力，国内车企借助中国先进的数字化手段纷纷转向线上营销，通过直播、线上展厅、在线下单等网络形式进行自救。

2020 年 4 月开始，由于疫情得以全面控制，中国汽车市场结束了 21 连降，并以此为分水岭开始呈现 V 形反弹态势。2020 年，国内汽车市场全年累计产销分别完成 2522.5 万辆和 2531.1 万辆，降幅较上年分别收窄 5.5 个百分点和 6.3 个百分点。②2020 年，轿车依旧是中国车市销量占比最大的车型，SUV 的销量波动最小，MPV 车型受市场环境影响最为剧烈。此外，疫情加剧了车市“马太效应”，2020 年 1 月至 10 月，依据乘联会对 89 家车企累计销量的统计，只有 24 家车企销量超过 10 万辆，剩下的 65 家里，43 家累计销量都不足 2 万辆，强势品牌展现出明显的赢家通吃，优胜劣汰已成必然趋势。③2020 年新能源汽车逆势增长超 10%，个人购买比例提高到近 70%，非限购城市购买比重达到 60%，反映了新能源汽车市场从多年的政策驱动转向市场驱动。④产品种类不断丰富是普通消费者踊跃购买新能源汽车的重要因素。2020 年 7 月上市开售的上汽通用五菱宏光 MINI EV 全年销量超 12 万辆，月均销量市场占有率为 43%，超过特斯拉稳坐国内纯电动汽车销量冠军。广汽埃安推出系列纯电动汽车产品，以其造型出色、技术先进、价格适宜，全年销量超过 6 万辆。比亚迪旗下高端电动轿车汉 EV，上市四个月累计销量 28773 辆，12 月销量 9007 辆。蔚来 ES8、ES6 和理想 ONE 等车型的终端售价在 30 万—50 万元，在高端汽车市场具备一定竞争力。2020 年新能源汽车市场总体呈现以五菱宏光 MINI EV 为代表的低端车型和以蔚来汽车为代表的高端车型两头大的“杠铃式格局”。市场销量的爆发也反映在了资本市场上，2020 年比亚迪在 A 股市场股价涨幅超过 400%。蔚来汽车、理想汽车和小鹏汽车三家中国新能源车企，市值一路高歌猛进相继跃升成为美股明星公司。2020 年 11 月 20 日美股收盘，蔚来股价已达 49.25 美元 / 股，一举超越宝马、大众、通用、福特等传统汽车巨头。⑤

2020 年，中国汽车产业从驱动能源、汽车的功能到消费形态都在发生巨变，汽车市场能够实现超

---

① 参见左茂轩《连续三年下滑：2020 年中国汽车销量 2531.1 万辆，2021 年会反弹吗?》，2021 年 1 月 13 日，新浪财经。

② 参见程鸿鹤《二十一连降终结，中国汽车市场 4 月“触底反弹”》，《中国青年报》2020 年 5 月 14 日。

③ 参见陈楚薇《2020 变局丨上半年 40 家销量垫底车企曝光，十家销量为零》，2020 年 7 月 16 日，澎湃新闻。

④ 参见邵好、周健《新能源汽车的 2020：在困境中迎来掌声》，2020 年 12 月 29 日，新华社新媒体。

⑤ 参见昨日少年《格局与变量：2020 新能源汽车市场回望（全球篇）》，2021 年 3 月 5 日，第一电动网（https://www.d1ev.com/kol/141262）。

预期回暖，离不开国家和地方政策的大力扶持、市场消费需求的强劲恢复，以及行业企业自身的不懈努力。在新冠肺炎疫情导致全球汽车总销量下滑了五分之一的大背景下，中国汽车市场交出以上答卷实属不易。

二、2020 年自主品牌汽车设计四大创新思路

2020 年随着社会中坚从 80 后到 90 后的转变，汽车消费市场也紧跟时代步伐做出了积极转变，众多品牌渴望通过推出年轻化、运动化的爆款产品来寻求“品牌向上”，一时之间中国汽车市场陷入了严重的设计同质化境地。在白热化的市场竞争中，众多自主品牌逐步走出了多样化的突围道路。长安汽车通过设计焕新推动商业成功，促成一条以设计开辟高端化的新路径。蔚来汽车通过“与用户做朋友，设计赋能商业、数实共生发展”的设计新范式，突破中国汽车品牌价格天花板。而红旗、五菱、长城等自主汽车品牌，通过鲜明的品牌调性、更稀缺的产品定位和独特的设计风格，开辟出明显增长的新蓝海市场，为中国汽车行业注入了全新的活力。广汽集团则通过持续性概念车探索，展现出中国汽车品牌“体验定义汽车”的前瞻性思考。总体而言，2020 年中国汽车品牌用实践证明“品牌向上”并不是单一维度的品牌高端化，而是多向拓展消费者心中的品牌内涵，从而支撑品牌推出多种类型的产品并收获更为广泛的设计空间。

（一）由内而外的设计焕新，推动中国汽车品牌商业成功

2020 年长安自主品牌接连推出 UNI-T、UNI-K、CS75 PLUS 等多款重磅车型，累计销售 150.36 万辆，同比增长 12.9%，一举止住连续三年的下跌态势。从 2017 年最低点的 80 万辆实现销量翻倍式增长，2020 年长安算是打赢了一场生死存亡的翻身仗。在可见层面，2020 年长安是凭借 UNI 高端引力系列车型收获了市场的热烈反响，但回看 2017—2020 年长安汽车几大重点事件，我们会发现长安的成功也许是早已注定的必然事件。2018 年 4 月 23 日，长安汽车正式发布了第三次创新创业计划，强调“一个核心 + 四大转型”的发展思路。[①] 一个核心就是“以创新为驱动，将‘效率’打造成为组织核心竞争力”。把效率摆到如此战略高度，表明长安意识到工业时代的传统组织管理模式，已经严重限制了长安的生产力发展。[②] 无论福特模式还是丰田模式对于传统汽车行业而言，本质都是分工，通过明确不同分工所承担的目标和责任，实现生产效率的最大化。不过随着时间推移，高度专业化的分工，必将限制各职能部门的眼界，容易产生本位主义，造成不可避免的组织内摩擦。[③] 近年来中国逐渐步入“体验经济”发展阶段，消费者不再是单纯地购买产品，而是购买因使用、消费产品而获得的综合体验。在这样的时代背景下，如果企业还受制于传统组织分工模式，那么流程化的决策传导必然导致企业滞后于市场，无法响应“追求即刻满足”的用户需求。组织管理的新旧逻辑之间发生转换，也就是组织效率的底层逻辑改变。2018 年 6 月 27 日，长安汽车正式从中国长安集团板块拆分独立。拆分后中国长安主要负责零部件和商贸物流，长安汽车由中国兵器装备集团直接管理。长安汽车在此轮机构变革后实现了审批层级简化、决策效率提高，能够以更加独立的身份专注于汽车产品的市场建设与长安品牌传播。随后长安汽车内部开展二分之一运动，长安汽车总裁朱华荣在采访中说：“我的人员是二分之一、流程是二分之一、库存资金占用也是二分之一，长安汽车要全部按照二分之一去思考，将‘效率’打造成为组织核心竞争力。”2018 年长安汽车淘汰了超过 20 款竞争力不强的自主板块产品，整车和发动机也优化淘汰了超过 100 万的富余产能。长安汽车将原来部门制的职能分局方式变成了联邦制的模式，结合实施“小总部 + 事业群 + 共享平台 + 孵化创新”组织规划，持续优化组织模式。长安汽车对开发流程进行大幅优化，“特别是加强最前端对消费者的要求，流程上在时间、资源上倾斜，例如缩短

① 参见《长安汽车发布第三次创业——创新创业战略》，2018 年 4 月 26 日，新华网。

② 参见林嘉兴《发现未来丨朱华荣：效率是长安核心竞争力 价值决定合资合作未来》，2019 年 11 月 29 日，新浪汽车（https://auto.sina.com.cn/news/hy/2019-11-29/detail-iihnzahi4217280.shtml）。

③ 参见《陈春花：实现内部协同管理，信任成为重中之重》，《北方牧业》2020 年第 21 期。

中间的工程化内容”，最终实现了将开发周期压缩至24个月。通过管理模式、决策机制、协作模式、产品聚焦、工作模式等一系列改革举措，长安汽车让管理效率提升了20%，成本下降了15%—20%，为后续企业转型铺平了道路。①

长安“第三次创新创业计划”强调的四大转型是：推动从服务客户向经营客户、从经营产品向经营品牌、从传统产品向智能化+新能源产品、从提供产品+服务向提供产品+服务+出行解决方案。如果说2017年长安汽车借助“御”和“岳”两款概念车，发布全新设计哲学“生命动感”和设计理念“智色双旋”，还只是一次形式大于实质的转型信号，那么2018年5月从马自达挖来山田敦彦（Atzuhiko Yamada）担任长安汽车乘用车设计总监，则成为长安汽车设计走出设计同质化的重要契机。这位有着30年从业经验的日本设计师，不仅对于东亚文化有深刻认知，同时拥有自我突破的设计准则。山田敦彦自身强调“Distinctive Design”，他坚定地相信：“对于品牌来讲，独特的设计是它的精髓所在。设计必须体现品牌，否则就是失败。”② 山田敦彦的入职，帮助时任长安汽车造型设计院常务副院长、全球设计总监的陈政分担执行层面的压力，也让陈政有更多时间接触市场，倾听消费者真实的声音。2019年8月，陈政开始任职全球设计总监兼任品牌部常务副总经理、新闻发言人，通过统管长安汽车全球设计业务与品牌公共关系部全面业务，保持与消费者最直接沟通。此时可谓天时、地利、人和集齐，长安汽车从经营产品向经营品牌转型机遇已然到来。长安开始用整体逻辑来应对外部的快速需求，将企业价值观、品牌形象、产品设计回到统一的品牌层面进行思考。

2019年9月，长安汽车尝试对自身品牌LOGO进行全黑元素以及扁平化处理，以凸显长安汽车从传统产品向智能化+新能源产品转型的态度。2020年北京车展期间，长安汽车不仅提出了“科技长安，智慧伙伴”的全新品牌主张，还以“有温度的科技感、伙伴式的关怀感”的科技自然设计策略，将品牌LOGO及品牌色系再次进行了升级迭代，使得原有“外粗内细”结构变为了“内粗外细”，新LOGO核心的“V”字重心提高到了0.618的最佳纵向比例，看起来更扁平化，也更具质感。除了主导长安品牌焕新计划，进一步明确长安汽车品牌的品牌使命以及定位人群、品牌设计语言，陈政2017年还牵头负责了长安UNI-T的项目开发。为了在同质化严重的SUV汽车市场脱颖而出，加速品牌向上，长安选择从美学入手，突破现有汽车造型风格的固有认知，创造独属于长安的视觉超级符号。借助数字化时代参数化设计手法，长安UNI-T开创“新科技智慧美学”③。独创的无边界格栅通过复杂而又连续的曲面，把量产车设计水准带上了一个新的层次，彰显着未来科技之美。这款定位于“未来科技量产者”紧凑级SUV，抓住了中国用户从趋同消费到追求异独性消费的需求变迁，收获了广泛的市场认可。这款跳脱长安汽车产品谱系的创新产品，也顺势衍生出长安汽车高端产品序列UNI引力。“新科技智慧美学”也得以在量产车型UNI-K和第二代CS55 PLUS、长安概念车Vision-V上广泛应用。2020年，长安汽车在不可见的体系力和可感知的品牌力的共同协作下，促成一条以设计开辟高端化的新路径。设计美学从来都不是简单“个性化”和“从众化”二元对立，品牌真正承载体是特定群体对美好的联想和想象，而设计是将这些美好感受可视化的直接手段。针对主流市场开发的长安CS75 PLUS在比例姿态追求稳重大气的同时，只是通过在翼子板处增加黑色飞镖装饰，以及车门下包围处点缀红色的装饰线条增添“张扬”的元素，就唤起了用户对“年轻与运动”概念的联想，展现出“社会中坚又渴望个性”的人生多面性。创新但克制的设计让长安CS75 PLUS，在主流SUV市场暂时拥有了让人普遍理解的稀缺性，也就实现了自身的商业价值。

长安汽车凭借决策机制+协作模式+工作流程的高效协同，为设计的创新突破提供了先决条件；

---

① 参见赵福全研究院《赵福全对话朱华荣（下）：小总部、事业群、共享平台和孵化创新》，2020年10月23日，凤凰网汽车。

② 张硕整理：《轩辕奖系列演讲之山田敦彦：设计必须体现品牌，否则就是失败》，2015年1月29日，搜狐网（https://www.sohu.com/a/748051_115873）。

③ 林泽：《用无边界定义新趋势 从长安UNI-K洞见中国汽车设计的未来》，《证券日报》，2021年5月12日。

而精准鲜明的市场营销、高品质的品牌视觉形象、让人眼前一亮的参数化产品造型语言，则使消费者能够通过设计直观了解品牌背后的含义。设计应该融入企业价值观、品牌形象、产品设计的方方面面，成为企业无法剥离的自然资源。设计焕新必须是一场从内而外的革命，而不是锦上添花的装饰。

（二）设计范式革新，助力自主品牌汽车突破价格天花板

在以传统燃油车为主的时代里，中国汽车制造企业在国际市场上更多地扮演着“追随者”的角色。而随着电气化、智能化时代的到来，整个竞争格局发生了巨大的变化。2020 年绝地求生的中国汽车企业意识到：商业应该“提供生活方案”，而非只是“销售商品”。造车新势力，凭借提前布局新价值空间，创造新产业、引领新需求，用差异化发展路径实现弯道超车。平均售价 43.47 万人民币的蔚来汽车，突破中国汽车品牌价格天花板。通过“与用户做朋友，设计赋能商业、数实共生发展”的新价值链条，走出了一条高端化路径。

2020 年 1 月至 3 月，受疫情影响，传统汽车 4S 店展厅的客流量受到严重影响，有近千家经销商破产或被注销。而作为国产造车新势力代表的蔚来汽车，却凭借其成熟扎实的线上销售渠道，销量环比增长 116.8%，其中 69% 的销量都来源于老车主的引荐。2020 年有 2552 位用户参与了蔚来志愿者行动，无偿贡献自己的业余时间在车展和活动现场帮助宣传蔚来品牌。① 与特斯拉售价锚定成本，旨在成为新能源时代的“大众”汽车不同，蔚来从时代背景和个体需求中敏锐地发现：中国是一个人情社会，当下又是“人人皆媒体”的众媒体时代，新兴中产阶级对于寻找文化地位和身份认同感拥有迫切需求。所以蔚来从用户需求反向定义产品，强调“与用户做朋友”，全方位布局“车以外的生活方式”。凭借“NIO Power、NIO Service、NIO House、NIO Space、NIO Life+ 车型”的创新商业模式，从充电、换电，到车辆的维修、养护，再到车主之间的社交空间、原创设计生活方式精品，通过注重与用户切身相关的软性服务，成就蔚来品牌最大的核心优势与“护城河”。

按照安德雷亚斯·莱克维茨在《独异性社会：现代的结构转型》书中的观点：“以新中产为代表的晚现代主体，在面对世界和生活时有一种策展人的态度——他过着一种被策划的生活。就是在所有流传、存在的文化性活动和客体的基础上，将其中一些组合到一起，使自己的生活显得美好、有质量、吸引人。” ② 对于刚富起来的中国新兴中产阶级，不管是精力还是品位，都难以胜任“生活策展人”这份艰巨的日常工作，而蔚来刚好就填补了这块精神和物质的空缺。蔚来突破了汽车制造企业百年来建立的固有认知，更像是一个志同道合者的社区或者俱乐部。通过购买汽车，蔚来车主拥有了一张本土文化里稀缺的新兴中产阶级理想生活入场券。从使用 NIO Life 的 T 恤、保温杯，到在 NIO House 里参与插花、品酒、股票理财课堂、泳池派对，甚至求婚、过生日等，新兴中产阶级在全面接受蔚来倡导的“车以外的生活方式”，也同时接受了符合蔚来品牌价值观的设计美学。在这个人人皆媒体的众媒时代，每一个人都是内容的生产者和传播者。蔚来车主在社交平台分享日常生活的过程中，借助中国人情社会的“涟漪效应”，潜移默化中让蔚来设计美学与新兴中产阶级紧密联系、相互定义。

蔚来让汽车设计的竞争不只是停留在产品造型审美层面，而是让设计深度介入用户生活的方方面面。通过与英国、意大利、北欧、亚洲等地的独立设计师、顶尖设计学府合作及用户共创等形式，蔚来自主孵化了十几个独立 IP，涉及服饰、箱包、家居、食品、3C 科技等上千款商品，用以满足蔚来用户系统化构建有身份认同感的族群美学需求。③ 蔚来实现了一种从工业经济下“形式追随功能”的设计范式，向体验经济下“以用户为中心”的设计范式切换，甚至进一步萌发“协同赋能创新”和“伦理

---

① 参见每日经济新闻《蔚来汽车降本增效初见成效：2020 毛利有望转正，老用户推荐率达 69%》，2020 年 3 月 19 日，新浪财经。

② ［德］安德雷亚斯·莱克维茨：《独异性社会：现代的结构转型》，巩婕译，社会科学文献出版社·联合出版中心 2019 年版。

③ 参见盛元珺《真·用户时代！独家解读蔚来运营理念》，2020 年 6 月 21 日，汽车之家（https://www.autohome.com.cn/ news/202006/189424-all.html）。

价值交换”交融的新设计范式。[①]蔚来的商业模式把人从“消费者”的特定身份中解放出来，还原到生活的意境中去，用稀缺的、有身份识别性的设计美学包围用户“车以外的生活”，在互动的过程中建立稳固的情感连接。蔚来用“圈地自萌”的方法应对用户需求不断迭代、设计美学快速变化的碎片化时代。不过蔚来汽车的商业模式同样存在着隐忧，随着2020年蔚来开始加大产能，实现批量化交付，大量新用户的涌入势必冲淡“新兴中产阶级”引以为豪的蔚来社区文化。按照保罗·福塞尔在《格调：社会等级与生活品味》中的分析，中产阶级在生活方式的选择上考虑的最重要的需求就是维持“区别”，从而显示与旁人的不同[②]；“早期尝鲜者”和“早期追随者”新旧两批用户在争夺话语权的过程中，不可避免地会出现社区文化被侵蚀、社区气氛不和谐的现象。壮大的用户群体也会根据自身兴趣和关注领域进行细分，慢慢聚集形成小圈子，不同的圈子又会产生差异化的需求，蔚来社区现今的价值观和美学标签必将动摇。此外，随着用户数量的快速扩张，蔚来现有用户服务能力的边际成本很快会达到上限，如何在不亏损的前提下，保质保量地服务好自我意识强烈的“中产阶级精致生活家们”，会是蔚来接下来面临的重要课题。

（三）个性化设计再细分，满足“独异性”社会转型

2020年传统汽车企业依旧处于“大象转身”的变革期。以红旗、五菱宏光、长城为代表的自主汽车品牌在基于品牌价值观和消费者共识的前提下，通过鲜明的品牌调性、稀缺的产品定位、独异性设计风格的组合效益，主动出击开辟出明显增长的新蓝海市场，为中国汽车行业注入了全新的活力。与此同时，红旗的文化共识、五菱的群众基础、长城的蓝海布局，这并不是单纯的消费市场分层，也反映出中国社会正从“普适性社会逻辑”向“独异性社会逻辑”转型的整体变迁趋势。

2008年开始，中国的SUV市场呈现扩张趋势，十年年均复合增长率高达34.2%。巨大的利润必将引发行业竞争不断加剧。2013—2019年SUV的车型由82款增加到279款，销量集中度在不断下滑。对于2015—2019年SUV销量占比高达80%的长城汽车，摆脱企业对单一车型、单一人群市场的过度依赖，改变自身“钢铁直男”的品牌形象，布局更广阔的蓝海市场，成为首要的目标。所以，2020年长城汽车借助旗下欧拉、哈弗、WEY与长城皮卡，打出了一套漂亮的人群细分组合拳。中国拥有全球受教育程度最高、最庞大的女性群体，全国75%的家庭总消费由女性决定，而女性用户汽车消费潜力亟待释放。2020年欧拉坚定自身品牌定位为：做全球最爱女人的汽车品牌。欧拉凭借亲和力的命名，萌系圆润的造型，强调与女性消费者共情的市场策略，充分满足部分女性渴望被宠爱的美好幻想。2020年黑猫、白猫、好猫三款产品，全年累计销量已达56261辆，填补了新能源汽车女性市场的产品空缺。[③]主打“铁汉柔情”的坦克300、哈弗大狗则区别于传统主流市场SUV的严肃稳重，通过潮玩儿越野SUV和硬派SUV满足新时代消费者出行新需求。长城汽车战略突围的关键是对年轻化的认知更为多元开放。当下的年轻人，绝对不是一张95后用户画像能够简单概括的，与其求大求全磨灭产品性格，不如“广撒网，多敛鱼，择优而从之”。

2020年红旗品牌累计销量超过20万辆，同比增长100%。红旗H9更是成功跻身中国主流豪华车市场销量前5。近年来红旗品牌的强势崛起，一方面因为中国国力增强使得民族自信心普遍提升，另一方面更重要的是红旗将自身品牌与根深蒂固的“官本位”价值观相绑定。自古以来中国就有重官轻商的传统，红旗品牌提出的“中国式新高尚精致主义”设计风格，通过玄式格栅、贯通式旗标、上扬的大灯、颀长腰身，以及汉字“红旗”尾标，配合与李宁联名、请靳东代言、在北京人民大会堂举行车型亮相等，一系列文化符号的组合渲染了一种儒家文化“为天地立心，为生民立命，为往圣继绝学”

① 参见邱嘉焕《设计范式转变视角下驱动产品创新的设计模式研究》，硕士学位论文，湖南大学设计艺术学院，2021年。

② 参见［美］保罗·福塞尔《格调：社会等级与生活品味》，梁丽真、乐涛、石涛译，北京联合出版公司2017年版。

③ 参见WOLO《“钢铁直男”变身“萌妹子”？“猫系”欧拉能拯救长城汽车吗？》，2021年3月12日，粒场财经。

的“中流砥柱”气质，契合了中国消费者内心对威严与权力的想象。

相比强化独有“国之重器”的红旗，五菱品牌选择了更为朴实的“民本位”价值观。2020 年五菱销量达到 117.7 万辆。旗下首款四座新能源车五菱宏光 MINI EV，官方指导价仅为 2.88 万—3.88 万元，既能满足限行限购的一二线城市低成本占号需求，又能满足县城农村等下沉市场的短途便捷出行。2020 年国务院总理李克强在记者会上提到“有 6 亿人每个月的收入也就 1000 元”，五菱汽车没有轻视、抛弃低阶用户，而是通过超高的性价比以及超出预期的颜值，用实际行动兑现了“人民需要什么，五菱就造什么”的承诺。拥有广泛的文化共识和群众基础是红旗“官本位”和五菱“民本位”两大造车逻辑获得市场认可的重要原因。

社会学家安德雷亚斯・莱克维茨（德国科研最高奖项莱布尼茨奖获得者）在《独异性社会：现代的结构转型》书中观点认为：“当下的机构和个人，不再把希望寄托给规范化和常规的东西，其兴趣和努力方向都只是追求独一无二，追求独异于人。独异化进程在经济、劳动、数字技术、生活方式和政治各领域的表现，标志着现代社会的结构转型。”[①] 得益于极度发达的互联网和层出不穷的网红热点，这种 20 世纪 80 年代在发达国家逐步兴起的“独异性社会现象”在当下的中国社会也同样适用。今天的中国消费者已经不再满足于跟随西方价值体系和审美标准，而是逐步把历史沉淀出的象征符号、互联网生活中养成的使用习惯、个人身份标签迁移到汽车上。所以饱含“长幼尊卑，各安其位”的宗族文化隐喻的传祺 M8，象征女性力量崛起的欧拉好猫、“男人至死都是少年”的潮玩儿越野 SUV 坦克 300 等，一系列极具戏剧张力的设计才能收获中国汽车市场的流量与销量。中国用短短 70 年完成了西方国家用 250 年至 300 年才完成的工业成就，这注定了中国社会的发展不平均、不平衡。中国不会突然从“普适性社会逻辑”向“独异性社会逻辑”彻底切换，但随着时间推移，在沉默的大多数必将在独异化进程中逐步觉醒，开始寻求属于他们的身份认同与共鸣，消费者对有中国基因的世俗化汽车设计的需求将更大、更迫切。

（四）用体验定义汽车，中国汽车设计勇敢探索不一样的未来

2020 年，虽然受疫情影响多场国际级车展都被取消，但中国汽车品牌发布概念车的节奏并没有被打乱，众多企业通过概念车向外界展现他们对于品牌形象、用户需求、产业发展的前瞻性思考。上汽荣威通过旗舰概念车荣威 R-Aura Concept 承载全新 R 标；东风旗下高端电动车品牌岚图，通过首款概念车 VOYAHi-Land 诠释“淡、静、雅”的品牌调性；观致 MILESTONE 概念车应用方界美学（Cubic Aesthetics），将电玩、二次元、沉浸式体验与时尚运动元素相融合，打造出核心面向 Z 世代年轻人极具个性的数字化概念设计。[②] 除了这些凭借丰富的曲面变化、繁多的设计主题、多样化的形态语言诠释品牌魅力的概念车，得益于更短的开发周期，对新技术更大胆的应用尝试，部分中国品牌尝试突破当下汽车固有属性，开创更广阔的出行服务。新宝骏品牌通过智慧概念车“新宝骏智慧魔方”展现了集“纯电动”“自动机器人”“小型化”“模块化”“多功能使用”等元素的未来运输和辅助工作载具。[③] 新宝骏用超现代的设计美学、多元的工程技术，展现了中国汽车设计师勇于革新的魄力，他们的成果值得行业肯定。除此以外，中国汽车品牌更加注重用户体验，注重创新汽车与其他互联网使用场景的体验融合，2020 年广汽集团推出基于“体验定义汽车”创新理念的新能源 MOCA 概念车，在模块化、个性化、智能化、场景化的加持下，汽车化身为饱含情感体验的可移动出行空间。用户可以线上

---

① ［德］安德雷亚斯・莱克维茨：《独异性社会：现代的结构转型》，巩婕译，社会科学文献出版社・联合出版中心 2019 年版。

② 参见 2020 北京车展高端访谈《观致汽车蔡洋：关于 MILESTONE 概念车和方界美学设计语言》，2020 年 9 月 27 日，易车网。

③ 参见梁罗喆《从云端控制移动汽车？新宝骏发布全新概念产品“智慧魔方”》，《南方都市报》2020 年 11 月 24 日。

选购心仪的内饰模块，线下打造独一无二的专属出行空间。① 而广汽集团双座敞篷纯电动概念跑车影动ENPULSE，则采用尽显电气感的新型“电致发光”涂料，搭配AR-HUD技术开启“竞速模式”，为用户带来驾驶跑车如置身游戏般的体验感。② 过去短短20年，中国消费者对车的认知经历了三连跳，从浅显、熟悉到提出期待。今天的中国消费者正逐步把互联网生活中养成的使用习惯迁移到汽车上。为用户创造好的体验、为用户提供有别于西方主流趋势的解决方案，是一场造车观念的变革，也必将会对汽车设计产生颠覆性的影响。

三、2020年自主品牌汽车设计行业动态

如果说2019年自主品牌寻求变革和突破的战略定力还稍显不足，那么2020年自主品牌在赋予“品牌向上”新含义的过程中进行重资产布局，在品牌形象管理、新建研发基地、利用车展体现品牌能力、新产品发布等领域展现了惊人的行动力。在巩固自身基本盘的前提下，把握市场需求，精准实践符合品牌的突围战略。

（一）新形象，新品牌

2020年5月，上汽荣威官方正式宣布启用“R标”和“新狮标”的“双标”战略。全新R标是荣威中高端新能源的专属标志，旗下规划的车型包含旗舰MARVEL系列、轿车ER系列，SUV系列，将创新采用“可充、可换、可升级”的全新电池架构。R标将着力构建荣威品牌服务新格局，推出R Supercenter城市旗舰店、R Center城市中心店、R Store城市商超店，并通过在线体验中心与各地R-Friend合作伙伴协同，实现全国范围的总部直营，建立以体验为导向，数字化、有温度的服务体系，为消费者提供便捷、规范、透明、有保障的全生命周期服务及权益。

2020年4月，吉利科技集团发布了全新的新能源汽车品牌枫叶汽车，主要瞄准低端电动车市场。枫叶汽车将承担新能源车辆研发、制造及技术路线、商业模式创新探索的重要使命，补全吉利科技MaaS生态体系。

2020年7月，东风公布了旗下全新高端电动品牌岚图。岚图品牌将超越东风公司旗下已有的风神、风光、风行以及启辰四大自主品牌，定位高端电动车市场。在设计领域，岚图汽车以淡、静、雅为设计理念，通过融合现代的豪华与温暖的科技，构建一个淡然、恬静、雅致的空间，满足在中国步入成熟汽车社会过程中，社会的中坚力量开始去追求更有品质、更有品位的汽车生活的需求。独特的品牌调性帮助岚图在后半场入局的劣势中，找寻合适的位置，与特斯拉、红旗、蔚来、荣威R等其他高端品牌形成差异化竞争。

2020年11月，由上汽集团、浦东新区和阿里巴巴集团三方联合打造的高端智能纯电汽车项目“智己汽车”正式启动。智己汽车是一家用户型汽车科创公司，采用全球首创的“ESOP（核心员工持股平台）+CSOP（用户权益平台）”的股权架构。智己汽车将与国际顶级设计大师Thomas Heatherwick、国际性跨域艺术团队teamLab、天艺文化基金联合创始人蒋琼耳等先锋探索者一起共建合伙人计划，将科技与人性、艺术与天然、当代设计与东方美学等看似对立的设计元素融为和谐的整体，赋予智己汽车以智慧、情感，以及拓展无限可能的新生命，以期在化繁为简中，为用户未来的五感体验，创造出AI智能与人类智慧交互的品牌基因和设计空间。

（二）多地布局新研发中心

2020年7月7日，上汽通用五菱前瞻设计中心落成启用。该前瞻中心将与柳州造型中心合作，建立两地一体化、具有上汽通用五菱特色的全球领先的设计体系，为公司五菱品牌、新宝骏品牌的发展

---

① 参见搜狐汽车·E电园《2020广州车展：广汽MOCA概念车正式亮相》，2020年11月20日，搜狐汽车（https://www.sohu.com/a/433057970_383324）。

② 参见动点汽车《广汽传祺全新概念车：影动ENPULSE正式亮相》，2020年9月27日，搜狐汽车（https://www.sohu.com/a/421222388_120466746）。

以及“新三大战略”提供战略支持。从 2017 年年末的 5 名成员，发展到今天的 156 名，前瞻中心设计团队茁壮成长为一支行业领先的汽车设计生力军，设计了一款款高颜值产品，为消费者带来除“品质可靠”以外的“帅气靓丽”。前瞻中心拥有四大设计室，分别是服务于五菱红标的“商用车设计工作室”、服务于五菱银标的“乘用车设计工作室”、“新宝骏设计工作室”，以及为双品牌服务的“新能源设计工作室”。围绕两大品牌设计核心理念，同时还分别设立了品牌与设计策略、运营与项目管理、数字设计、零部件产品设计、前瞻模型设计及色彩面料设计六大部门。

2020 年 10 月 26 日，通用汽车中国前瞻设计中心扩容，全面提升本土汽车设计能力。该新设计中心将有更灵活的空间，并利用尖端技术工艺实现开发能力翻一番，从而支持通用汽车在全球最大汽车市场保持设计领先地位。拥有 5000 平方米以上的通用汽车中国前瞻设计中心，将吸引更多的中国本土设计人才。提升工程 10 月开始施工，预计 2021 年第二季度完工。

（三）2020 年国内主要车展

受疫情影响，原定于 2020 年 4 月举办的第十六届北京国际汽车展览会延期举行。

2020 年 7 月，成都国际汽车展览会举办，本次车展参展面积为 16 万平方米，汇聚 120 多个汽车品牌参展，展出车辆超过 1500 辆。作为 2020 年疫情影响下的首个国内大型车展，成都车展顺应行业“年轻化、智能化、电动化”的趋势，围绕“发现汽车时尚之美”的展会主题，深度挖掘和贴近汽车消费群体的需求，稳定了汽车产业发展、刺激了汽车消费、提振了汽车市场信心，帮助各参展商打造更贴近生活圈的汽车消费渠道。

2020 年 9 月，第十六届北京国际汽车展览会开幕。北京车展以“智领未来”为主题，总展出面积达 20 万平方米，共展示车辆 785 台：全球首发车 82 台，其中跨国公司全球首发车 14 台；概念车 36 台；新能源车 160 台，其中中国车企新能源车 147 台。在疫情常态化防控下，海外重量级大咖将通过云上方式与现场连线交流互动。

2020 年 11 月，第十八届广州国际汽车展览会举办。本届广州汽车展上展车总数达 980 台。其中全球首发车 38 台，跨国公司首发车 9 台；国内外参展车企共展出新能源车 142 台。由于疫情的原因，本届广州车展对比上一年度首发新车数量有所减少。

（四）2020 年自主品牌获得设计大奖

2020 年自主品牌还积极参加国内外的设计赛事，并收获了多项大奖：2 月 13 日，上汽荣威创意遥控钥匙设计作品（量产）“宁静旋风”斩获 iF DESIGN AWARD 2020；5 月 6 日，蔚来 ES6 获得了 2020 年德国汽车品牌大赛最佳设计奖；7 月 27 日，荣威 R-Aura 概念车荣获 2020 年红点设计大奖；11 月 23 日，广汽概念车 ENO.146 获得代表中国近年工业设计最高水平的中国优秀工业设计金奖，此前，ENO.146 还获得了省级奖项广东省第十届“省长杯”工业设计大赛钻石奖和国际 CMF 设计奖组委会颁发的 2020 国际 CMF 设计奖至尊金奖。

总的来看，自主品牌参加各大赛事并斩获重要奖项，一方面可以得到行业认可，另一方面也能扩大品牌影响力，并获得日后销售及宣传的新机遇。

结　语

2020 年是中国汽车市场大乱大治的转折点，自主汽车品牌集体进入了结构调整、转型升级的重要阶段。汽车设计不再是汽车品牌锦上添花的装饰，而是融入企业价值观、品牌形象、产品设计，成为企业无法剥离的自然资源。而中国汽车设计师得以突破“造型设计者”的身份限制，深度介入产品定位、使用体验建构、品牌传播、服务设计的各个触点。针对中国用户的痛点提出更多更新的解决方案，成为以用户需求为核心的“价值驱动者”，全方位帮助品牌向上。

此刻，中国社会正在经历从“普适性社会逻辑”向“独异性社会逻辑”转型的整体变迁，95 后逐步成为购车主力，他们对汽车设计新鲜度必将提出更为苛刻的要求。如何主动打破设计迭代的节奏，不断重构现有的设计美学、创造有中国基因的世俗化汽车设计风格，是这一代中国汽车设计师的使命。自主品牌进行着持续探索并推动汽车的造型美学不断进行变革与突破。

张帆　广州汽车集团股份有限公司汽车工程研究院副院长
王丹　广州汽车集团股份有限公司汽车工程研究院前瞻设计部设计研究主管
崔洪　广州汽车集团股份有限公司汽车工程研究院前瞻设计部前瞻责任设计师

2020年中国纺织服装艺术设计发展评述

◎ 臧迎春　林苗

一、序言

2020年年初新型冠状病毒席卷全球，各行各业均受到冲击，此次突如其来的疫情使纺织服装品牌、工厂停工停产，一切贸易交流、展会活动暂缓，整个行业陷入短暂的停滞状态中。在党和国家的果决判断与多重急令下，中国迅速控制了疫情的蔓延，但经济受到一定冲击，同时国外疫情开始恶化，在全球经济一体化的背景下，各国生产活动也日趋艰难。

由于新型冠状病毒的快速传染性，人们的生活发生了本质的变化，需要戴上口罩，居家隔离，社交方式由线下转到线上，所有人都以数字方式进行基础的交流沟通，所以凡是涉及人与人交流的活动基本将重心转移到线上。这一基础生活方式的改变震动了各行各业，纺织服装行业各个环节也相应转变。此时此刻，对于各行各业来说不失为一个放缓脚步进行反思的机会，也是一个进行重构的机会。对于中国时尚产业来说，疫情带来前所未有的困境，急需大家众志成城转危为机；对纺织服装行业来说，经历疫情的考验也是唤起行业对纯真本我的找寻、对初心的回溯、对构建服装可持续发展愿景的深度规划。

该文试图梳理2020年全年纺织服装艺术设计领域的重要发展动向，着重在服饰设计领域，讨论2020年服装艺术设计的重点发展方向，以及对未来纺织服装设计领域的趋势展望。

二、时装周动态

首先聚焦于中国国际时装周，通过设计师的作品直观地去感受疫情冲击下时尚领域的变化，还有他们所面临的问题与应对的方式。2020年5月1日，中国国际时装周（2020/2021秋冬系列）在疫情防控的特殊政策下，以“重构逆行者的2020”为主题，通过全新的模式发布，全部转为线上发布会，无观众秀场直播，作品线上展示以及直播带货。

盖娅传说·熊英专场以“万物生灵共生”的哲学思想与服装相结合，以“若水”为主题。水是生命之源、生命之灵，流动的水蕴含着生命的灵性，故以水传递一种珍爱生命、保护自然的理念。在全球关注环境及健康的当下，唤起人们对于生命之美的感动，对自然中生生不息的生命力的探索，对那些不容易被发现存在在自然中的美的探寻。通过中国风中留白的处理，从“形”“意”“韵”探索水文化的奥秘，共祈山河无恙。设计师王笑石以“中国服装造型艺术”为核心，在“中国原创设计”领域进行了探索，并与多样现代艺术相融合，在inArt隐美术馆曜空间内打造了一个实验性数字化秀场。本季以“光的期希地”为主题，将当下的特殊时期诉诸“光明、期待与希望”。在这样的疫情环境中，设计师以服装为载体，运用“东方结构剪裁”的独特廓形表达东方形体，运用天然、环保、自然的材料构建“第二皮肤”，让宅居于室的人们借服装与大自然相连，为我们的精神栖息地注入能量。该系列着眼于天然、实用、环保、科技的材料，除运用野蚕丝、棉、麻等天然面料外，还有取材于木浆纤维的三醋酸再生棉料，以及“杜邦纸”衬衫可改造为环保袋的创意巧思，为服装注入了可循环、可持续的绿色理念。

曾凤飞专场以“家国情怀　守正创新”为灵感，沿袭品牌一贯的设计手法，对中国传统文化元素进行提炼。延续上一季的创作元素，于自然风景、日常生活中找寻灵感，与现代时尚理念结合，探寻中国传统文化根源所蕴藏的人生智慧。本季服装廓形简洁大气，在细节上运用中国传统服饰的扣、带、钩等元素，面料采用了天然、舒适、科技环保的丝绵、羊毛、羊绒等，并以图腾暗纹、面料再造的细节变化，呈现出中华民族文化的碰撞与交融。

张帅品牌首次参加中国国际时装周，发其2020AW Starry Sky新品。本季灵感来源于闪耀星空，四角星为核心图案元素，运用多种服装工艺在套装、夹克、大衣、羽绒服上完美体现星光主题，闪光、亮片一直都是该品牌的标志元素。

2020年10月24日，中国国际时装周（2021春夏系列）在北京开幕，延续5月的设计主题，以“重构”为题，继续进行后疫情时代下的关于美与设计的探索。

盖娅传说·熊英2021春夏系列发布秀的主题是“乾坤·沧渊”，分为“浮世”“幻世”两个篇章。设计师熊英从自然界中汲取灵感，将日月星辰、山海灵泽、西域楼兰、人鱼鲛龙、晨烟霞光等极具国风意蕴的元素符号应用在服饰设计中，本季展开了对传统苏绣、勾线打籽、银丝线绣、珠绣等多种传统工艺的探索，服装上波纹褶皱多层次拼条，呈现出厚重的岁月积淀，如时光之印。

“天才妈妈 × 东乡绣娘·张肇达”发布会是以“花好月圆”为主题的公益秀，借服装设计作品演绎人生中关乎爱与美好的三个重要阶段——追寻、相恋、成婚。设计师将鲜黄、翠绿、粉红、姜黄、墨绿、青蓝等富有民族印象的明艳色彩作为主色调，融合代表美好愿景的民族图腾，再将东乡绣娘以“平绣”“彩绣”“剁花”等民族工艺制作的传统绣片，与现代感的电脑车花、针织提花、丝绸印花相结合，呈现传统与现代的交融，民族化与时尚化的碰撞，将民族手工艺赋予全新的表达。

LYNEE 2021春夏系列以“新生”为主题，用简洁流畅的线条和廓形，打造出干净利落的单品，设计简约，追求舒适感，于柔和的面料与流畅的线条间诠释当代的柔性女权，将女性独立、个性、坚强的特质进行了演绎。

PINHUI 2021春夏系列的灵感来源于疫情下人们生活方式改变的现状与未来服饰可能产生的变化，考虑到居家办公对舒适度的需求，本季通过将睡衣、内衣等家居服与西装廓形解构拼接，打造兼具舒适与时尚的设计。

王笑石发布会2021春夏系列以“光的期希”为主题，提炼东方经典廓形，分“昼”白色调与“夜”黑色调两个系列呈现。“昼”系列打造自在而有趣的日常生活装；“夜”系列以设计师王笑石携手吴罗非物质文化遗产传承人李德喜共同研发的“百衲金乌纹吴罗”及宋锦打造，面料天然环保，给予身体足够的舒适度。

Comunque Yang 2021春夏系列以“纽扣”为主题，借用纽扣的寓意“连接”，表现在疫情的大背景下世界人民互相帮助，紧密连接在一起。整个系列款式以黑、白、灰为主色调。

前文列举了一些有代表性的品牌，它们的设计重点在2020年都有不同的转变。第一，疫情给人们生产生活带来的最大改变就是生活方式的改变，社交平台转移、居家办公流行。后疫情时代人们对线上平台的依赖无可替代，前半年的线下活动几乎全部被线上方式替代，后半年由于疫情防控初见成效，所以有序地组织了部分线下活动。于是最重要的一个转变是模式重点放在线上（商圈数字化线上系统+直播平台卖货+电商），辅助了一些线下（实体店+商圈快闪）互动模式。第二，设计师一如既往地对传统手工艺进行传承与创新，例如：盖娅传说基于中国非遗工艺和西式轮廓剪裁，将中国风与现代剪裁结合；天才妈妈 × 东乡绣娘·张肇达公益秀则聚焦有着千年传承的非物质文化遗产——东乡绣娘；王笑石也与非物质文化遗产传承人进行深度合作。第三，继续深化推进“一带一路”新格局。本季时装周得到了全球时尚机构的大力支持与宣传，在全球一体化进程下，时尚也展示了它独特的凝聚魅力。第四，可持续理念的持续推进。以GIOIA PAN从自然中汲取灵感，以针织设计和苗族锡绣相结合为例，承上启下，聚焦民族文化可持续发展；王笑石则在结构设计上突出功能性，通过对可持续面料的运用，将可持续的设计理念运用在设计全环节中。第五，由于生活方式的改变，很多品牌加强了产品线中居家服装的比重，在设计上也偏向轻松休闲的风格，帮助人们在居家中也能尽可能有亲近自然的生活方式。第六，特殊时期凝聚的中华民族力量，危机下彰显国人的勇气与信心。虽然疫情对传统消费和时尚产业造成较大冲击，但压力下蕴含巨大潜力和机遇。

2020 年 7 月 1 日至 5 日，中国国际大学生时装周如期举行。如前文所说疫情不仅冲击了全球纺织服装产业，也给即将走向社会的毕业生就业带来了巨大的冲击与压力。响应党和政府号召，中国国际大学生时装周在特殊时期用特殊方式应对，在配合政府防疫政策的基础上采取了多种创新的线上呈现方式。该届大学生时装周以“声・生不息”——在特殊时期也从未放弃希望与梦想为主旨，62 所院校共同发布作品。

中国美术学院以未来多维宇宙的“共同生活”为构想，从“东方意向转译”“材料边界探索”“社会问题思考”“自我认知反思”四个方面创造 Z 世代视角下的“社群新生”。面对人类持续遭遇的危机境遇，反思设计的当代价值，探索设计的无限可能性。作品中包含了新型材料的探索，旧物废料的循环利用，对两性关系、女权主义、消费主义、畸形人际关系等社会关系的讨论与探索，以及为弱势群体设计等以人为本的设计作品。中央美术学院设计学院以数字化领地“Digital Landscape”为题，聚焦在情感、文化、当下与新技术。他们关注当下，以自己独特的视角来表达对于社会的思考；他们关注新技术，通过虚拟的手段来进行设计及呈现；他们关注情感，用他们的作品来传递情绪感知；他们关注文化，以深刻的解读来充实他们的作品。

鲁迅美术学院发布会的主题是“致真”，用真心、真情向毕业生未曾虚度的四载光阴致敬，向挚爱的创作生命致敬，更向未来致敬。此次毕业设计包含融合服装设计组、结构服装设计组、插画服装设计组、创新材料服装设计组、文化传承与创新服装设计组五个部分，强调服装及衍生品设计的前瞻性、原创性、文化性、艺术性及跨学科融合性，注重艺术、技术与科技的结合。

西安美术学院毕业创作延续“地缘文化 + 时尚”的传统文化创新模式，灵感萃取唐代文化精髓，探索将多样化的表现手法融入时尚设计中。从廓形、材质、色彩、工艺和观念等诸多方面探讨可能性，在文化内涵和视觉审美上引起当代情感共鸣。毕业设计作品探索传统文化，部分作品以传统手工渐变染色工艺制作，同时使用新型功能性 PVC 面料、反光涂层面料等；此外还使用 3D 打印、铝片切割、贴金以及镀金工艺手法；廓形上则是多几何、弧线的廓形，造型偏夸张。

湖北美术学院毕业生作品以“昙华林”为主题，“昙华林”是武汉的一个艺术气息浓厚的地点。该系列作品设计较繁复，从色彩、结构、面料等各个角度的拼接混搭，呈现出一种复杂的视觉效果，正如毕业生对“昙华林”复杂的心情。红、黑、黄、白、蓝等多种色彩在不同款式上杂糅，展示出一个色彩缤纷、多样的世界。

四川美术学院毕业作品专场发布会以“原辅导”为主题。原辅导是对于过去毕业设计指导过程的一次颠覆，回归本源，链接科技。在这一系列中，仍可以看到毕业生们对当下社会内容的关注，如针对疫情设计的气囊单品，更注重创意及艺术效果的表达。

广州美术学院毕业设计主题为“剪刀—石头—布”，这个主题既有相互竞争，也有相互包容，展现从容乐观的态度。该系列作品聚焦科技未来、材料生态、生活情感、社会文化四个方面，探讨了科技、材质与服装的关系。同时还关注当下话题，如社交恐惧症、女性、未来发展等相关话题。

天津美术学院毕业设计主题是“相由心生　美源意达”，毕业生用服装的创意与时尚来表达个人的设计思考、情感价值、生活经历、社会参与，以及对于科技与智能的关注与实践。该系列作品通过运用混搭材质、大胆的廓形实验、灵活的色彩搭配以及创新的设计理念，呈现了风格多样的视觉效果，展现出多元文化之美。

东华大学发布主题为“日常行为”，主题意在表达从任何角度看待任何问题都离不开作为常态的人的行为，宣导平凡也可以是一种伟大，任何一个小小的生活中的举动都可能改变现状，从每一件小事做起，从每个人的“日常行为”做起。

北京服装学院毕业设计以“美好生活——经纬时致”为主题，女装作品诠释了对生活之美的关注，男装作品展开对社会的展望，针织服装作品继续可持续发展的探讨，运动装作品中则是加强科技功能性。其作品关注小众职业、思考时尚的可持续发展、寻找现实和梦境的连接点；始终坚持设计不再仅是为了自我而设计，而是为大家设计，为了美好生活而设计。

清华大学美术学院毕业设计以“穿梭无限”为主题，毕业生们在不同的时间与空间维度中汲取艺术灵感，其中包括《山海经》《聊斋志异》等中国传统文化符号的创新演绎，还包括社会现状、自然、科技等元素的应用。部分设计将传统的服装生产与智能技术、编程技术等相结合，衍生出新的服装形式和服装功能，利用编程装置遥控系统实现对服装的远程控制。在设计手法上，除了数码印花、编织、钉珠、刺绣等常规的服装制作工艺，同学们还灵活运用激光雕刻、3D 打印、机械装置、北京补花绣、材料再造等设计手法，将前沿科技、传统手工艺、非服用材料运用于服装设计，探索服装艺术的更多可能。

从以上作品发布中不难看出几个重点信息：第一，2020 年的毕业生对当下社会现状极为关注，作为社会的一分子，他们发现问题，探寻问题背后的原因，尝试用设计的方式去改变问题，为有各种不同需要的人群服务；第二，在艺术与科技结合的大背景下，不少作品在服装设计中融入新的科学技术，如 3D 打印技术、激光技术等跨学科设计手法；第三，在低碳的大背景下，毕业生将可持续设计观念融入设计中，以可持续发展作为出发点，在设计制作的每一个环节都融入可持续设计的理念，具有该思维方式的毕业生自然是未来市场所急需的新锐力量。

但是综观大学生的设计作品，设计语言上或多或少地使用了解构、不规则、大廓形等表达方式，这不禁让人思考：如今的设计大风向已经转向繁复堆叠了吗？有的甚至已经脱离了基本的服装语言，较大体量的设计作品确实带给观者较强的视觉冲击，但毕业生还应该思考服装艺术设计的本质和初心到底是什么。

三、服装设计大赛

2020 年 10 月 25 日，由中国服装设计师协会和汉帛国际集团共同主办的“汉帛奖”中国国际青年设计师时装作品大赛颁奖典礼在北京 751D · PARK 第一车间举行。“汉帛奖”历史悠久，水准一流，2020 年是第 28 届比赛。大赛会集全球优秀服装设计选手，以及资历深厚、眼光独到的权威国际评审参与。此届大赛的评委是清华美术学院博士生导师李当岐教授，WeDesign 联合创始人、帕森斯时尚学院前院长、耐克前创意总监 Simon Collins，中央美术学院博士生导师、十佳时装设计师吕越教授，金顶奖设计师、贝迪百瑞设计师总监王玉涛，WWD 首席执行官杨玫，YES BY YESIR 品牌创始人叶谦，ESMOD 广州院长 Zora Gerault，WWD 副总裁、首席内容官张大川。由于疫情原因，决赛及颁奖典礼由原定的 2020 年 3 月推迟到 2020 年 10 月举行，最终入选来自全球各地 23 名设计师的作品进行比赛。本届比赛以“硬糖青春”为主题，旨在发掘新生设计力量，为中国设计贡献新鲜力量。中国台湾选手林晏德的作品《白日梦》获得金奖，重庆选手张一迪的作品《跳出舒适区》和北京选手胡建斌的作品《2046》获得银奖，辽宁选手张媛媛的作品《青春回忆录》和意大利选手 Elisa Di Trocchion 的作品《硬糖青春》获得铜奖。

美国 AOF 时尚艺术大赛是由时尚艺术基金会（Arts of Fashion Foundation）举办的全球化服装设计大赛。2020 年比赛以“隐形（Invisibility）”为主题，基金会旨在为全球设计师提供一个展示的平台，为全球的学者、设计师以及从业者提供探讨艺术与时尚的机会。2020 年 12 月 15 日，时尚艺术基金会在其 Instagram 官方平台和官网宣布 2020 年 AOF 时尚艺术大赛 8 名最终获奖设计师，清华大学美术学院染织服装艺术设计系服装设计专业 2018 级研究生赵诗玮在其导师臧迎春的指导下，设计作品 *The Way We Live* 获本届大赛唯一 YKK 全球大奖，同时获时尚艺术大师课程奖学金奖，计划于 2021 年夏天赴法国巴黎大师课程进修。该系列的设计灵感是：在社会和城市资源的压力下，人们的生活方式正在悄然发生着改变；现代都市的青年们每天面对着不同的场合和状况，生活方式的改变同时影响了他们对居住空间和穿着的需求；在追求可持续发展的大趋势下，人们也在寻求服装设计的新方向。

四、国内高等院校学术活动聚焦时尚可持续发展

2020年12月3日，“时尚设计与可持续发展”国际论坛在清华大学美术学院举行。这是继2018年以来举办的第三届时尚可持续发展的国际主题论坛。该论坛由清华大学美术学院、清华大学米兰艺术设计学院主办，邀请来自美国、瑞典与中国的时尚与可持续发展领域的专家、学者和行业领袖，就时尚设计与可持续发展这一主题展开讨论。出席论坛的专家有清华大学美术学院院长鲁晓波，开云集团大中华区总裁蔡金青，H&M集团大中华区可持续发展环保事业经理Malin Lundahl，媒体人、专栏作家洪晃，美国帕森斯时装学院前院长Simon Collins，北京服装学院教授孙雪飞，中央美术学院时装专业教研室主任谢梦荻，清华大学米兰艺术设计学院执行院长、清华大学美术学院染织与服装艺术设计系主任、论坛主席臧迎春，以及清华大学美术学院师生等。由于疫情防控要求，论坛于线上举行。论坛着重在回溯历史与展望未来，未来的根基存在于历史之中，以后疫情视角下的转变为契机，用设计重塑生活方式将是未来需要重点探索的。

五、结语：一个转变的契机

回望2020年，实为艰难不易的一年，疫情影响带来的转变已经植入每个人的观念中，暂缓社交与半封闭的日常生活将是未来生活的常态，社会的固有运行模式和大众生活方式产生了本质的变化。对于疫情给中国服装纺织行业带来的“后遗症”，我们只能积极回应，以变应变，整个产业链上的所有节点都或主动或被动地开始转变，这已是不能忽略或侥幸逃避的大势所趋。

线下向线上的成功转变得益于科技高速发展提供的技术支持，同时，在疫情前纺织服装产业就敏感地嗅到数字时代来临后的新形式，做出了一些新尝试。这一转变也加速了时尚产业的变革，相信在接下来的发展中，行业每个环节都能打破传统思维，跳出固有的舒适圈，迎接新的后疫情数字时代。

同时，疫情的冲击唤起人们对本真的回溯，对生命的珍惜，对生活的热爱。这一经济和思想上的缓冲期也给可持续发展理念在服装产业中的传播带来了良好的契机，对于利己利他、小我大我等问题的探讨也在大众中开始出现。后疫情时代下，不妨放缓脚步，感受内心的声音，它会带我们找到正确的方向。

臧迎春 清华大学米兰艺术设计学院执行院长
林苗 清华大学美术学院博士研究生

2020年度中国建筑发展研究报告

◎ 田林 杨莽华 黄续

2020年注定是不平凡的一年，国际社会风云变幻，全球面临百年未有之大变局，一场突如其来的新冠肺炎疫情让大家都感受良多。但中国化危机为机遇，逐步推动经济的发展和转型，加快数字技术的深度应用，开启经济发展的新篇章。同时，伴随着中国城镇化进程的不断加快，城市由土地的增量发展逐渐转变为存量再生。因此，如何提高生活品质和建筑质量，如何在城市既有存量的建设基础上进行优化，成为当前建筑和规划学界面临的主要问题。本文选取2020年中国建筑界具有代表性的主要成就与事件，总结2020年我国建筑领域的建设实践工作，分析年度建筑艺术创作的发展脉络与趋向，以期为今后的学术研究与创作实践提供借鉴。

近年来中国建筑业一直保持较快的增长速度，并逐渐从粗放增长向精细发展转变。根据国家统计局数据，2020年1月至12月，全国建筑业总产值263947亿元，同比增长6.2%。2020年年初暴发的新冠肺炎疫情在一定程度上对建筑行业产生了冲击，但是整体还是保持了稳步增长，而且也驱使了建筑行业的转型和升级。1月23日，国家决定设计建造专门收治新冠肺炎病人的武汉火神山医院，5小时内出方案，24小时出施工图，10天投入使用，让世界惊叹于"中国速度"，显示出中国建筑设计和建造的实力。在这一过程中，BIM技术、模块化设计、装配式技术发挥了巨大的作用。2020年，建筑业逐渐向数字化转型，深化BIM应用，加强建筑产品质量，大力发展装配式建筑和绿色建筑。

2020年学术界围绕"城市设计与有机更新""乡村振兴与田园综合体""信息化与智慧城市""绿色生态建筑""建筑历史与遗产保护""中国建筑的本土化"等主题，对当前城市化背景下中国建筑和城市出现的问题和发展策略进行了讨论和研究。城市建设在新型城镇化建设、城乡协调发展等视角下持续探讨中国城乡规划出现的一系列变化，城市发展的宜居性、生态性、协同性特征得到进一步凸显和加强。建筑历史与理论研究的很多成果对中国的建筑发展实践和文化进行了深入探索，反思中国建筑文化的特质，研究特定地域的本土文化和环境，探索当代建筑的价值及未来发展方向。2020年中国在文化遗产保护和传统建筑营造技艺的传承等方面取得不错的进展，成立了很多相关组织机构和研究机构，开展了一系列学术探讨和培训工作。

2020年建筑创作继续呈现多元发展的趋势，一方面是对建筑本体的不断的推敲和探索，另一方面关注建筑与环境、建筑与文脉的关系。中国当代建筑师在进行建筑创作的同时，也在进行着建筑设计理论的不断探寻，进行不少富有创意的建筑设计实践，因此2020年中国建筑设计理论的认识论和方法论诸方面都有新的发展。

一、城市建设

2020年中国新型城镇化进程在广度和深度上不断扩展，城市规划相关论坛聚焦当前城乡人居环境发展、国土空间规划领域的新挑战，延续了2019年主要热点，继续围绕"城市更新""乡村振兴""生态宜居""遗产保护""绿色智慧"等议题展开，城市建设工作如火如荼，成果丰硕。2014年出台的《国家新型城镇化规划（2014—2020年）》，对中国当前的城市建设理论和实践都提出了新的目标和要求，譬如新型城镇化更加注重对"人"的关注，包括城市中人的基本生存需求、适宜的居住空间与公共空间、对环境的尊重以及城乡联动等内容。十九大报告中提出建立健全城乡融合发展体制与体系是当前的重要任务，强调要贯彻新发展理念，实施区域协调发展战略，以城市群为主体构建大中小城市和小城镇协调发展的城镇格局。2020 年 10 月，党的十九届五中全会通过了《中共中央关于制定国民经济和社会发展第十四个五年规划和二〇三五年远景目标的建议》。"十四五"规划建议提出，拓展投资空间，强基础、补短板、"两新一重"是"十四五"期间重要的投资方向。新老基建共同发力，构建系统完备、高效实用、智能绿色、安全可靠的现代化基础设施体系。实施乡村建设行动，推动区域协调发展，推进以人为核心的新型城镇化，实施城市更新行动等。

2020 年，中国常住人口城镇化率已经超过 60%，进入城镇化发展的中后期，人口结构逐渐发生改变，需求更加多元化。因此城市存量更新和城乡双向融合逐渐成为城镇化发展的主流，城市规划和建设的理念也向绿色发展、创新驱动、文化引领、品质生活等方向演进。雄安新区、长三角生态绿色一体化发展示范区成为 2020 年国家战略实践的重要空间载体，致力于探索人与自然和谐共生、全域功能与风景共融的发展之路。

（一）城市设计与有机更新

随着城市建设发展日渐成熟，目前中国的城市发展已迈入存量更新时代，土地资源短缺，盘活存量资源成为如今城市可持续发展中的新命题。创新是城市面向未来持续发展的动力保障，创新地区的营造逐步成为全球各大城市关注的战略重点。上海社会科学院研究员邓智团等在《创新街区的场所营造研究》① 一文中强调"场所营造"的重要性，认为创新街区在环境、结构、功能、氛围和意象等场所营造领域具有广泛的共同性，提出创新街区场所营造的"iFACE"概念化分析模型，具有一定的参考价值。中国城市规划设计研究院上海分院在杭州城西科创大走廊的规划实践，聚焦物质空间环境塑造，重点探讨创新地区的公共空间设计方法与要点，提出品牌显示度、创新浓度、空间渗透性、交通可达性、设施智慧度等创新地区空间营造的关键特质，颇具启发性。也有不少学者对中国当前的城市设计实践进行了反思，华南理工大学教授王世福等在《都市主义与中国城市设计实践》② 论文中强调了中国城市化进程中相对缺乏的"反城市"精神，从方案获得和规划实行两方面分析了中国城市设计中的都市主义，探讨未来中国城市设计的趋势。

城市更新一直是近年来城市建设的热点问题，也是国际城市规划学界关注的重要课题。当前城市更新更强调以人为本，如何提升城市形象、优化资源配置、改善人居环境、保护文化遗产，实现土地资源的节约集约利用，使城市朝可持续方向健康发展，以使城市焕发新的活力，成为城市更新的主要目的和重要意义。住房和城乡建设部总经济师杨保军等在论文《山水人文智慧引领下的历史城市保护更新研究》③ 中为中国历史城市的保护更新提供了有益的借鉴，以典型山水小城——江西省永新县为例，通过挖掘传统营城法则，以古鉴今、因地制宜地制定古城山水格局修复、空间网络修补与功能活力提升的系统策略。重庆大学建筑城规学院教授刘鹏在论文《中国历史城市的地块肌理保护研究：内涵、演变和策略》④ 中提出地块肌理在城市形态、规划控制、土地产权三个层面的保护内涵，探讨了地块在中国历史城市保护制度中的角色演变，分析了三种地块肌理保护策略。清华大学副教授陈宇琳等学者以北京"新清河实验"公共空间治理实践为基础⑤，研究了社区规划中公共参与问题，构建"参与动机—参与过程—参与结果"框架进行评估，利用在线地图互动平台探索了将组织化、个体化和自组织相结合的参与式规划模式及其实施路径。浙江大学建筑设计研究院的枫桥古镇更新项目则是小城镇有机更新的成功案例，建筑师提出了"泛建筑"的概念，从多元的决策机制、互动的工作流程、多维

---

① 邓智团、陈玉娇：《创新街区的场所营造研究》，《城市规划》2020 年第 4 期。

② 王世福、吴婷婷：《都市主义与中国城市设计实践》，《城市规划学刊》2020 年第 2 期。

③ 杨保军、王军：《山水人文智慧引领下的历史城市保护更新研究》，《城市规划学刊》2020 年第 2 期。

④ 刘鹏、Markus Neppl：《中国历史城市的地块肌理保护研究：内涵、演变和策略》，《城市规划学刊》2020 年第 5 期。

⑤ 参见陈宇琳、肖林、陈孟萍、姜洋《社区参与式规划的实现途径初探——以北京"新清河实验"为例》，《城市规划学刊》2020 年第 1 期。

的技术方法、场所精神等方面探讨将社会基层治理思想与小城镇更新实践相融合，构建多元决策、公众互动、多维技术与乡愁情感并重的实践机制，为浙江省乃至全国的小城镇更新工作提供了创新思路。

旧城改造是城市更新的重要内容，包含了城中村和老旧小区的改造、旧工业区复兴、老旧厂房改建等诸多方面，是提高人们生活品质和激发城市活力的关键。当前对城中村和老旧小区的改造不再是单一的拆迁重建或设施更迭，更多的是向既有环境注入新的活力，从技术手段上讨论旧改的可能性，用设计唤醒一个城市。DOFFICE 改造的深圳水围人才公寓，即是值得研究的城中村改造案例。29 栋城中村“握手楼”被改造成 504 间标准化人才公寓，楼缝植入立体交通系统连接所有楼栋形成立体社区，新增的公共空间在楼与楼之间实现共享，屋顶花园的设计使得屋顶空间也得以激活。都市实践主持的南头古城保护与更新项目也是比较成功的旧改案例，获得了“世界未来城市计划（IUPA）特别奖”。建筑师尊重和保护历史原真性，以“城市策展”的方式介入城市更新，提出了以介入实施为导向、由点及面渐进式激活、以文化活动促进古城复兴的发展模式。大舍建筑设计的边园是一个成功的工业遗产保护利用设计案例。场地原本为运送生产煤气的原料而设的煤炭卸载码头，是由工业用途转为城市公共空间的水岸更新项目。设计保留了原有的混凝土墙，并以此为基础，对基座、架构与遮蔽三个基本元素进行设计，形成了既分隔又联结的两种迥异的空间特征和景观体验。工业遗址与风景互相融合，既保持住原有的风景特质，又成为今日都市闲逛场所。

当前中国城市依然面临着环境、交通、管理诸多方面的问题和挑战，建设低碳宜居城市是解决当前城市问题、提升城市品质的主要策略之一。城市更新应从城市系统优化的角度出发，大力发展绿色节能建筑，建设绿色社区，协调土地与交通的相互关系，调整城市空间结构，促进绿色经济发展，减少城市建筑、交通和产业经济活动过程中的能源消耗。天津大学建筑学院教授运迎霞等在《可持续城市形态的哲学思辨》①论文中认为可持续城市形态研究应从生态智慧自然观、人文关怀人本观、整体思维系统观、与时俱进发展观、和谐共处平衡观、活力重塑空间观等方面进行系统的哲学思考，为健康城市设计提供了新的研究思路。华侨大学建筑学院郑志等学者的论文《功能湿地建构下的海湾城市居住区规划研究——以厦门杏林湾流域居住区生态优化方案为例》②通过厦门杏林湾流域居住区功能湿地系统性的建构，规划出城市居住区恢复、重建湿地的方案，将生态保护与建设开发统一起来，为沿海城市解决水资源失衡问题、优化人居生态环境提供了策略。

文化创意产业、装置艺术等正通过文化、艺术、时尚、购物等新元素反哺城市更新，激活着城市的历史文脉底蕴，试验着城市更新产业化的探索。同济大学徐磊青教授组织的 408 研究小组着眼于小、微的空间格局设计，重点是社会空间的修复实践，如上海浦东金浦小区入口广场（塘桥社区公共空间）改造。都市实践近期完成的北京东城区雨儿胡同 16、18、20 号院改造，探讨了针对大杂院更新所应采取的以“空间正义”为理论基础的设计策略。在当前胡同片区的风貌保护过分偏向于形式视角的前提下，提出从社会视角出发，设计师在面临复杂和矛盾的场地现实时，要有地理的直觉、场所的直觉、礼序的直觉、领域的直觉、建构的直觉、邻里的直觉等在直观中的综合判断，而构筑这些直觉的思想基础是以日常生活为本体的社会学信仰，和以日常物品为素材的建筑学语言，它们构成了一种胡同微更新的朴素观念和方法。③

（二）乡村振兴与田园综合体

在城市化和经济全球化的背景下，乡村与城市的发展始终休戚与共。随着当代中国乡村的产业方式的变化和升级，乡村的生产生活方式也在发生变化。2018 年，中共中央、国务院印发的《乡村振兴

① 运迎霞、胡俊辉、任利剑：《可持续城市形态的哲学思辨》，《城市规划学刊》2020 年第 3 期。

② 郑志、杜辰蛟、尹正、刘堃：《功能湿地建构下的海湾城市居住区规划研究——以厦门杏林湾流域居住区生态优化方案为例》，《建筑学报》2020 年第 8 期。

③ 参见王辉《空间正义视角下的设计直觉——一种朴素的胡同更新实践观》，《建筑学报》2020 年第 10 期。

战略规划（2018—2022年）》，按照产业兴旺、生态宜居、乡风文明、治理有效、生活富裕的总要求，涵盖城乡融合发展体制机制和政策体系，是融合经济社会发展、产业发展、村庄和基础设施建设及空间格局优化的“多规合一”规划。党的十九大做出乡村振兴的重大战略部署。中国新时代的发展中，乡村振兴战略是解决“三农”问题、促进人与自然和谐发展、推动共同富裕目标有效实现的核心战略。2020年12月28日，习近平总书记在中央农村工作会议上强调，脱贫攻坚取得胜利后，要“全面推进乡村振兴，这是‘三农’工作重心的历史性转移”。实施乡村振兴战略的要义是全面振兴，要从产业兴旺、生态宜居、乡风文明、治理有效、生活富裕五大方面共同发力。

学术界就乡村振兴问题进行了多方面的研究。中国科学院地理科学与资源研究所刘彦随的论文《中国乡村振兴规划的基础理论与方法论》① 基于乡村地域多体系统理论，构建了乡村振兴规划理论模式，提出了“三主三分”乡村振兴规划方法，即进行地域系统主体功能分区、主导类型分类、主要用途分级，确立乡村振兴规划空间体系及其优化调整方案，是对创建中国乡村振兴规划体系的有益尝试。针对特色乡村，目前已建立起了相对完善的设计框架及技术方法，东南大学建筑学院教授杨俊宴等的论文《自然营法：一种由内而外的乡村朴素设计探索——以陈庄为例》② 探讨了基于自然营法的传统农业型乡村规划设计方法和理论，通过陈庄的空间设计实践，提出应该注重自然格局、自然微水系、自然街巷、自然农业、自然运营五个维度的演进叠加的规划设计方法，为广大传统农业型乡村的空间营造与振兴提供新的思路与方法。南京大学建筑与城市规划学院罗辉、冷天的论文《土、石、木在“土木厝”环境应变建造中的合作原理解析》③ 以闽东北传统建造体系“土木厝”为对象，解析土、石、木在应对地形和气候因素的环境应变建造中的合作原理，以此为案例来阐释中国传统建造体系的材料建造与形态结果之间的建构逻辑，为传统建筑文化的保护发展、传统建造体系的现代化工作提供了认知基础。

田园综合体是乡村景观规划发展的新模式，在实践中，对于规划策略、布局与产业升级模式等方面进行探索，如将养老方式与田园综合体相结合，对于乡村养老的规划建筑设计探讨。田园综合体为“艺术乡建”提供广阔的创作空间，既可以将特色乡村文化进行传承，又可以为农民脱贫提供新的模式。

（三）信息化与智慧城市

当前科技创新引领中国新型城镇化发展，基于大数据的城市研究对城市发展和规划不断产生冲击，信息化已经成为新生的生产力和发展方向。《国家新型城镇化规划（2014—2020年）》明确强调将智慧城市作为提高城市可持续发展能力的重要手段和途径，智慧城市将成为中国新型城镇化的重要战略方向。智慧城市的本质是利用大数据、云计算及物联网等新一代信息技术来解决城市出现的各类问题，从而提升城市发展质量。在政府部门的引导下，相关的规划与实践已在全国各地不断推进。深圳市建筑科学研究院汪光焘等学者在论文《信息化对城市现代化的预期影响》④ 中提出从数据驱动建设新型智慧城市，提高城市治理水平，增强应对公共安全突发事件的能力等方面探讨我国城市提高现代化水平的路径。东南大学建筑学院教授杨俊宴的论文《从数字设计到数字管控：第四代城市设计范型的威海探索》⑤ 以威海为研究样本，通过数字化城市设计范型的理论与方法研究，建构城市设计数字化管控平台，探索城市三维空间形态科学布局和有效管控之道，为营造精致城市提供途径，具有一定的参考价值。

---

① 刘彦随：《中国乡村振兴规划的基础理论与方法论》，《地理学报》2020年第6期。
② 杨俊宴、朱骁、陈雯：《自然营法：一种由内而外的乡村朴素设计探索——以陈庄为例》，《城市规划》2020年第4期。
③ 罗辉、冷天：《土、石、木在“土木厝”环境应变建造中的合作原理解析》，《建筑学报》2020年第2期。
④ 汪光焘、李芬、高楠楠：《信息化对城市现代化的预期影响》，《城市规划学刊》2020年第3期。
⑤ 杨俊宴：《从数字设计到数字管控：第四代城市设计范型的威海探索》，《城市规划学刊》2020年第2期。

推动新型智慧城市建设已经成为现代城市重塑发展新优势、抢占竞争制高点的战略选择。9月，第十一届中国数字建筑（全国）峰会在北京、上海、广州、南京、西安等16个城市跨区域同步举行，峰会以“数字时代，重塑企业核心竞争力”为主题。11月，第二届中国智慧城市与建筑大会在武汉举行，系武汉设计日系列活动的重磅压轴内容。与会专家认为在城市与企业的双重推动下，中国智慧城市和智慧建筑建设将在“十四五”期间释放出更为巨大的市场机会。11月，第十届全球智慧城市大会运用线上＋线下的形式，设立巴塞罗那、上海、纽约三地会场，通过数字化手段进行智慧城市领域交流。上海分会场举办了以“共筑城市智能体，提升综合竞争力”为主题的智慧城市峰会，上海获得“全球智慧城市大奖”，深圳获得“全球使能技术大奖”，佛山市南海区获得中国区“经济大奖”；天津泰达、郑州郑东新区、黄山市分别入围中国区“包容及共享城市大奖”“创新理念大奖”及“治理与服务大奖”。深圳通过建设公共服务、公共安全、城市治理、智慧产业、大数据服务及感知网络六大体系，初步构建从平台、应用到智慧大脑的新型智慧城市一体化建设新格局，全面提升了城市治理、公共服务、产业发展等领域的发展能级。

2020年国家加快推进新基建，各种相关讨论热度很高。新基建即是新型基础设施建设，指人工智能、工业互联网、物联网等新型基础设施建设。4月20日，国家发改委首次明确了新基建的范围，即信息基础设施、融合基础设施、创新基础设施三个方面，同时提出“研究出台推动新型基础设施发展的有关指导意见”。新基建涵盖范围较广，主要包含5G基建、特高压、城际高速铁路和城际轨道交通、新能源汽车充电桩、大数据中心、人工智能、工业互联网七大领域，涉及通信、电力、交通、数字等多个社会民生重点行业。新基建与智慧城市的建设密切相关、相辅相成，新基建是智慧城市建设的基础，新基建的逐步完善会推动城市的数字化水平的提高，促使智慧城市进一步发展。

二、建筑创作

2020年建筑创作作品继续呈现出丰富、多元、深入的特点，设计从建筑本体出发，探索建筑与环境、地域、文脉的关系，遵从文脉、场所精神以及文化性、生态多样等原则，以人为本，获得了不俗的成绩。建筑创作理论也有不少阶段性的研究成果，促使设计实践往更深入的层面发展。

（一）多元共存的建筑创作

2020年建筑创作仍然强调关注建筑本体，包括建筑材料、结构技术及功能空间等方面的不断研究与探索，这是建筑的传统内容。在具体的建筑设计领域，很多有才华的建筑师实际上将大部分精力投入形式的推敲和空间的研究中。如张雷设计的景德镇丙丁柴窑，空间的仪式感非常强，整个建筑以窑炉为核心，窑房采用与窑炉砖拱结构类似的混凝土拱作为空间母题，强化以窑炉为中心的东西轴向对称序列。顶面光带、墙面条窗、地面竖缝均指向窑炉中轴。细长的天光自屋顶中央洒落，随时间在窑炉表面移动。由内及外浮光掠影，炉火星空天人合一。1800平方米的窑房全用清水混凝土砌筑，没有使用一颗穿墙螺栓，而是在混凝土墙外侧采用钢结构支撑模板，体现了追求极致的工匠精神。OPEN设计的坪山大剧院，在原本要求的单一剧院功能里，加入了更多与演艺相关的市民文化教育空间，以及餐厅、咖啡厅等经营空间。整个建筑外形是一个“戏剧方盒”，核心是歌舞剧院，外绕核心设计了一个公共步道系统，引导市民游走于一系列丰富的公共空间序列里，成为真正具有吸引力的城市空间。

随着人们精神需求的不断提升，城市特色形象的塑造也不断升温，如对于建筑表皮的研究和实践也受到建筑师的重视。表皮不能片面和简单地理解为建筑外墙及其装饰，它是建筑整体的一个重要组成因素，作为表层界面并不独立存在，但是，它确实又可以作为独立的对象被表达，而且对于城市设计、城市景观、城市形象等方面都有重要的影响。有的建筑师关注绿色节能、数字化技术等应用于表皮的实践。如建筑表皮可变化的标配设计方法，能够提高建筑表皮的环境适应能力，实现对自然资源的高效应用。SUP素朴建筑工作室（SUP Atelier）对于双层表皮围护体系的研究和实践就是很好的例子。也有的建筑师将老街区改造中建筑表皮继承和再造设计作为关注焦点，在老街区改造中，要加强建筑表皮继承与再造设计的分析和研究，不能简单地以新材料或者装饰替代建筑旧表皮，作为改造中整体系统设计的一部分，从而使其打造城市特色形象，实现对城市精神文化的彰显和传承。

当前建筑师在设计中往往更加关注建筑与环境的联系，探讨建筑与文化之间的关系，认为建筑设计尤其需要尊重历史文化，尊重城市环境。如建筑师华黎设计的先锋厦地水田书店，基于对场地历史以及村落整体景观的尊重，新建部分基本隐匿于老墙之内，从外面看似乎什么也没有发生。残存的老墙被视为容器，包裹了混凝土和钢结构建造的新建筑，形成当代与传统的对话。德国 GMP 建筑事务所设计的西安丝路国际会议中心采用方正对称的屋面、均衡的水平向立面比例、理性规整的柱式，对中国古典建筑特征进行转译和传承。非常建筑设计的吉首美术馆也是深入研究环境和城市肌理、诠释文化与传统的佳作，获得 2020 年的 AIA 建筑奖。整个建筑以桥上桥的形式构成，下层的钢桥是开放的桁架结构，上层的现浇混凝土拱桥内部设有画廊。两桥之间是一个由玻璃幕墙和筒瓦遮阳系统围合而成的大展厅，用于举办临时展览。设计中把美术馆设计和传统廊桥文化结合起来，在保持传统廊桥的交通与歇脚功能的同时引入新的艺术内容，并将风雨桥的形式语言加以现代化，是对传统廊桥建筑当代诠释的一次成功尝试。

（二）数字化设计

在全球化、数字化大背景下，互联网、物联网、大数据、人工智能、5G 等数字技术的迅猛发展，加速数字经济成为全球经济的主线。以建筑业为代表的传统行业，在日新月异的信息时代面临着巨大的挑战。“建筑数字技术”在当今的建筑设计、建造、管理等方面已经有了广泛的应用，数字技术赋予建筑师更多的创作空间，各种“数字化”思路与手段已成为设计界发展的趋势之一。建筑类期刊《建筑学报》《时代建筑》等分别以特集形式探讨、研究了数字建筑设计及建造的理论和实践，有关学者就数字技术与设计方法的结合、数字技术与建筑产业的链接、数字技术对人性环境的支撑，以及数字技术的应用与实践等展开积极的讨论。东南大学华好、卢德格尔·霍夫施塔特、李飚等学者的论文《基于先例的设计——建筑先例重构过程中的推理与创新》① 提出基于先例的设计系统化地从先例中提取基本元素，并根据具体的设计要求对元素进行调整和重组，最终构成新的设计方案。合法性、合理性、创新性是先例重组是否成功的关键。几何形状同时扮演功能和形式的角色，增加了设计的复杂性与趣味性。依托先进的计算机辅助设计技术，基于先例的设计方法可以协助建筑师进行推理和创新。当前，工程建造正在迈进数字建造，乃至智能建造的新发展阶段。

数字建筑的应用实践方面也获得不错的进展。同济大学袁烽主持设计的乌镇“互联网之光”博览中心，展馆自南向北划分为四个展厅，每个展厅将主张弦梁布置于展厅中部，利用张弦梁进行起拱，配合顶部采光实现中高外低的空间需求。主张弦梁之间，采用“悬链梁”的结构形式进行连接，形成张弦梁 + 跨间悬链梁的结构系统。在建造过程中采用了动态模数系统和预制装配技术，形成了别具一格的空间体验和建筑语言，且工程进展迅速。展馆东侧为线性公园，设计“水月红云”智能建造亭集群，在满足环境空间意境的同时，展示了建筑机器人实验生产的具体工艺内容。《建筑学报》2020 年 8 月特集为“数字化时代建筑学范式的转型”，是对乌镇“互联网之光”博览中心的研究和探讨。袁烽等在论文《生形、模拟、优化、建造——乌镇“互联网之光”博览中心的人机协作数字建构实践》中总结了设计的过程，重点围绕从生形、模拟、优化到建造的设计过程控制，形成了数字建造的一体化方法；通过多项复合化的数字建造与建筑机器人工艺应用示范，论述了后人文建构思想的落地案例。著名学者李翔宁教授认为袁烽发起了一场有关数字建造与建筑本体关联的革命，即如何赋予建筑学面向未来的全新创作方式。乌镇“互联网之光”博览中心是一次后人文时代技术理性的尝试，它借助数字设计方法呈现出形式和结构的关联，并借用了青瓦和檐廊的隐喻，创造了一种建筑机制背后的文化内

---

① 华好、卢德格尔·霍夫施塔特、李飚：《基于先例的设计——建筑先例重构过程中的推理与创新》，《新建筑》2020 年第 1 期。

涵与隐喻。[①]

（三）绿色生态建筑

随着当前城市的高速发展和环境的不断恶化，绿色建筑已经成为未来建筑发展的主要方向，各种类型的绿色建筑不断涌现出来。2020 年 9 月 22 日，习近平总书记在第七十五届联合国大会一般性辩论上发表重要讲话，表示中国“二氧化碳排放力争于 2030 年前达到峰值，努力争取 2060 年前实现碳中和”。建筑行业作为占全国能源消费总量约 1/5 的“能源大户”，低碳和节能已经成为未来建筑发展的必然趋势。

2020 年绿色生态建筑更加关注人的需求，在建筑设计、建造和使用中充分考虑环境保护和节能的要求，将建筑物与环保、高新技术、能源等结合起来，在有效满足各种使用功能的同时，有益于使用者的身心健康，创造出了符合环境保护要求的绿色建筑。7 月，住建部联合七部委印发《绿色建筑创建行动方案》，旨在全面推动绿色建筑高质量发展，提出 2022 年城镇新建建筑中绿色建筑面积占比达到 70%，星级绿色建筑持续增加，既有建筑能效水平不断提高，对中国绿色建筑未来健康化、智慧化、工业化、双零化、规模化的发展趋势进行了总结和展望。8 月 26 日至 27 日，第十六届国际绿色建筑与建筑节能大会暨新技术与产品博览会在苏州举行。会议主题为“升级住房消费——健康绿色建筑”。10 月 29 日，第三届绿色建筑设计与绿色建材创新发展论坛在北京举行，主要讨论了新型建筑材料在绿色建筑中的应用等内容。

近年来中国出现了不少绿色建筑佳作。北京大兴国际机场占地 150 万平方米，机场建设采用了环保节能的理念，其暖通系统、采光系统、供水系统等都进行了绿色设计。航站楼顶部由一个六边形天窗、六条条形天窗以及八个气泡窗互相连接，形成自然采光体系，可以让室内自然采光面积超过 60%。筑境设计的北京首钢西十冬奥广场是一个成功的旧工业建筑绿色再生案例。项目改造中应用多项节能减排技术，采用光伏发电、无负压供水技术、一体化污水处理技术、雨水收集再利用技术等多项最新减排技术。一些建筑小品和材料由原有设备和旧材料改造重新利用，景观道路硬铺装用砖由园区拆除建筑垃圾制成，是“城市矿产”资源利用的有益尝试。

绿色生态建筑不仅要节能，满足人的生理需要和身体舒适度要求，还需要满足更深层的精神需求，即注重重塑建筑的精神，寻找支撑建筑自然性的文化渊源和情感归属，把城市和自然有机融合起来。崔愷院士主持设计的 2019 中国北京世界园艺博览会中国馆，选择适宜的绿色技术，如覆土、强化室内自然通风、光伏系统、雨水利用等，一方面有效节约运营成本，另一方面也有很强的实用功能，而且整个建筑采用符合本土理念的材料及适用技术，把场馆设计成半环形，以圆满温润的轮廓融入场地，环山抱水，与园区山水格局相协调，是整个园区景观脉络的延续，有利于建筑与自然环境的相互融合。

（四）建筑遗产保护

随着文化遗产保护实践的空前活跃，建筑遗产保护成为建筑界的重要内容。2020 年是文化遗产保护具有重要意义的一年，习近平总书记关于文物工作发表系列重要论述和多项重要指示批示，先后考察云冈石窟、岳麓书院、潮州古城、大运河扬州段、西安交大西迁博物馆、合肥渡江战役纪念馆、中国人民革命军事博物馆等 9 省 18 处文物博物馆场所，强调要坚持保护第一，加强研究阐释，坚持守正创新，为文物事业发展提供根本遵循。2020 年 5 月 11 日，习近平总书记来到大同云冈石窟考察历史文化遗产保护工作，指出云冈石窟体现了中华文化的特色和中外文化交流的历史，是人类文明的瑰宝，要坚持保护第一，在保护的基础上研究利用好；10 月 12 日，总书记在广东潮州古城考察时强调，在改造老城、开发新城的过程中，要保护好城市历史文化遗存，延续城市文脉，使历史和当代相得益彰；11 月 13 日，总书记在江苏古运河扬州段考察时指出，要把大运河文化遗产保护同生态环境保护提升、

① 参见李翔宁、常青、孙澄、张彤、娄永琪、张宇星、周榕、袁烽、张准、李可可、宋雅楠《后人文建构——乌镇“互联网之光”博览中心研讨》，《建筑学报》2020 年第 8 期。

沿线名城名镇保护修复、文化旅游融合发展、运河航运转型提升统一起来，为大运河沿线区域经济社会发展、人民生活改善创造有利条件。

2020年从各个层面体现出文物保护顶层设计的升级和保护力度持续加大。6月，发改委等多个部门发布了《推动老工业城市工业遗产保护利用实施方案》的通知，明确了推动老工业城市工业遗产保护利用的指导思想。7月，中共中央宣传部、财政部、文化和旅游部、国家文物局公布第二批革命文物保护利用片区分县名单。9月，国家文物局联合文化和旅游部、国家发展和改革委员会印发《大运河文化遗产保护传承专项规划》。11月，国务院办公厅发布《关于加强石窟寺保护利用工作的指导意见》，就切实加强新时代石窟寺保护利用工作提出十项主要任务，包括加大石窟寺抢救性保护力度、提升石窟寺综合展示水平、规范石窟寺旅游开发活动等。

中国的文化遗产保护理论在价值认识、保护原则、合理利用等多个方面都有了很大的发展，“以人为本”的保护理念逐渐深入人心。2020年，夏文化研究（2020—2024）等7个“考古中国”重大项目启动实施，浙江井头山遗址、河南二里头遗址等考古发掘取得重要成果，石窟寺保护利用不断加强，国家文化公园建设也在逐步推进。5月18日，“国际博物馆日”中国主会场活动在南京博物院举行，主题为“致力于平等的博物馆：多元和包容”。11月，由32家博物馆组成的“大运河博物馆联盟”在南京成立。国务院批复同意“扬州中国大运河博物馆”定名。同日，黄河文化保护传承弘扬座谈会在山西举行，文化和旅游部部长胡和平在会上强调，要贯彻落实好《黄河流域生态保护和高质量发展规划纲要》和《黄河文化保护传承弘扬规划》。11月23日，由故宫博物院、中国文物保护技术协会、中国紫禁城学会、北京故宫文物保护基金会联合主办的2020年第一届文化遗产保护青年学者论坛在故宫博物院举行，论坛以“创新驱动下的文化遗产保护技术与实践”为主题，展示和发展青年科研力量。12月，长城国家文化公园建设推进会在河北省秦皇岛市举行，长征国家文化公园建设推进会在贵州省遵义市举行，媒体持续关注。12月，中国艺术研究院建筑与公共艺术研究所举办了“文旅融合背景下文化遗产保护与开放利用模式创新研讨会”，重新审视了文化遗产的管理机制、保护利用方式、开放程度评估、开放绩效分析等环节，讨论构建文旅融合背景下中国文化遗产保护利用方法论体系，推动社会效益与经济效益的协同发展。

非物质文化遗产的研究和传承也有持续的进展。6月13日，2020年“文化和自然遗产日”的活动主题为“非遗传承　健康生活”，重点围绕传统体育、传统医药和餐饮非遗项目，开展非遗宣传传播等活动。12月7日至8日，“2020非物质文化遗产整体性保护论坛”在广西桂林举行。2020年继续推进中国非物质文化遗传传承人群研修培训计划，在北京、甘肃等多地举办2020年传统建筑营造技艺普及培训班。

（五）论坛、展览、评奖

1. 论坛、展览

2020年受到新冠肺炎疫情的影响，很多建筑论坛、展览延期，2020年世界建筑师大会、2020威尼斯双年展等延期至2021年举办。但是2020年建筑展览、论坛仍然数量众多，线上论坛、会议开始成为建筑活动的主流。会议的主题主要围绕着2020年建筑界的热点问题展开，比如“新型城镇化”“城乡建设”“智慧城市”“绿色建筑”“中国建筑的现代性”等内容。其中影响比较大的论坛有2020中国建筑学会学术年会论坛。10月28日至30日，2020中国建筑学会学术年会在深圳举行。此次学术年会以“好设计·好营造——推动城乡建设高质量发展”为主题，且首次采取线上、线下相融合的新方式，聚焦建设领域的学术热点、政策焦点、行业难点，包括10场主旨报告、32场专题论坛以及同期举办的展览等丰富的活动。丁烈云院士在会上发表“智能技术重塑建筑未来”的主题演讲，他认为智能技术与传统建造深度融合将催生新的建造模式——智能建造，推动建筑行业带来一系列深刻变革，具体表现为产品形态数字化、建造方式工业化、经营理念服务化、市场形态平台化以及行业治理现代化。智能建造是促进建筑业转型升级，实现高质量发展的重要支撑。

2020年中国建筑艺术展览精彩纷呈，具有国际性、开放性、实验性、艺术性等特点。比较有影响力的个人展览比如“胜景几何——李兴钢工作室作品微展”，该展于9月1日至22日在北京方家胡同46号X-studio哥大北京建筑中心举行。展览主题“胜景几何”既是李兴钢工作室逐渐明晰的建筑实践内容和方向，也是对当下现实诗性缺失的深刻省问。“几何”，是建筑本体结构、空间、形式等密切互动的基础，“胜景”，则指向一种跟自然紧密相关的空间诗性。微展以模型和影像的方式，呈现一系列以建筑本体营造空间诗性的实践。其设计作品由多样地域、城市中的自然因素入手和引发，表述对传统的敬意，对现实的改变，对一种文化及生活理想的回归。

第八届深港城市/建筑双城双年展从2019年12月延续到2020年4月，以“城市交互”为主题，把城市空间和技术创新结合起来，探讨城市化数字革命背后的问题。展览包含“城市之眼”和“城市升维”两个部分，分别从不同角度探讨城市空间与科技创新之间不断发展的关系，尤其是研究机器学习、人工智能和自动化等新技术对社区和城市空间产生的不可避免的影响，探索城市化和建筑的影响如何超越物质的边界。

2. 评奖

ArchDaily是专业的建筑杂志，其年度大奖有别于一般的少数专家组成的评委团，而是属于大众网站的奖项，通过读者投票选出年度优秀建筑，在一定程度上代表着大众对建筑作品的看法和观点。2020年ArchDaily全球年度建筑大奖，从全球95000多张选票中选出15个具有代表性的杰出建筑，中国gad设计的重庆南开两江中学获得教育建筑类大奖，慕达建筑设计的云镜·花园火锅餐厅获得服务建筑类大奖，唯想国际的重庆钟书阁获得室内建筑类大奖。其中两江中学位于重庆山城，gad冲破传统教育建筑的空间模式，追寻更多可能性，利用有限的场地进行巧妙构思：本部的校园教学楼呈现围绕操场布局的状态，沿外环和内环分布着大小不等的教学空间，自由错落；环内设置中心花园，同时充分确保内外的通透与关联。整个设计在实现功能最大化的同时，提高了空间的利用率，丰富了师生的校园生活。

2020年ArchDaily中国年度建筑大奖评选从2019年发布过的约800个中国项目中选出十佳提名项目，并最终确定了三个获奖项目，分别为非常建筑的吉首美术馆，如恩设计的阿那亚艺术中心，来建筑设计工作室的悬岸飞桥。其中如恩设计的阿那亚艺术中心，是以季节性的海水变化为灵感，试图将大自然的奇妙囊括于建筑的内核。建筑的外围体量厚重，最大程度利用了基地面积，而中心位置则挖凿出了一个倒置的圆台空间，形成一座环形的阶梯式剧场。空间形式可以满足多种使用需求，环形的广场在充满水时可以形成水景，排水后又可作为表演和集会空间，能够吸引更多的人群，同时带动艺术的活力，从而使得这个项目不仅仅是一个艺术的空间，同时也是一个社区分享和聚集的地点。悬岸飞桥是一座跨度为10米的桥，建筑师使用悬臂梁结构，以毛竹作为主材料，体现了结构的美感。

世界建筑节（World Architecture Festival，WAF）是国际建筑界规模较大、声望较高的颁奖盛典之一。11月，2020 WAF世界建筑节公布了建筑绘图奖的获奖名单，包含数码制图、手工制图和混合制图三个类别。2020年参赛作品的数量比以往各年都增添了不少，来自30个国家和地区的165件作品参赛。其中35件作品来自学生或30岁以下建筑师。此外，还额外增设一项“疫情封锁奖”（Lockdown Prize），来关注以病毒和疫情为主题的制图创作，讨论疫情和病毒对建筑学带来的冲击和影响。

2021年年初，由民间机构发起、大众投票参与、行业专家评审的2020年“第十一届中国十大丑陋建筑”评选结果揭晓，英国某建筑事务所设计的广州融创大剧院被评选为第一名。剧院以丝绸为设计灵感，红色的表皮象征火焰般的中国文化，同时寓意着好运、喜庆和欢乐。评委给出的上榜理由是“创意牵强附会，胡乱拼贴中国元素，形态怪诞，伤害城市形象”。

三、理论研究

2020年城市建设方面的学术著作涵盖理论与设计多个领域。丁烈云院士的《数字建造》丛书分为导论、设计卷、施工卷、运营维护卷和实践卷，系统阐述了数字建造框架体系以及建筑产业变革的趋势；全面探讨了数字化设计、数字化施工和智能化运维等关键技术及应用；还介绍了北京大兴国际机场、凤凰中心、上海中心大厦和上海主题乐园四个工程实践，展示了数字建造技术在工程建设项目中的具体应用过程和效果。袁野的专著《住区边界——城市空间与文化研究》将城市住区的“边界问题”作为研究对象，并以北京为例进行研究，通过“边界”概念及“边界问题”，探索中国住区和城市空间的内在特征和发展规律，以及设计策略与方法。莫洲瑾、董丹申、曹震宇的专著《情理之间：小城镇更新的枫桥经验》总结了枫桥古镇更新机制的实践经验，把感性的追求与理性的分析相互融合，为全国的小城镇更新机制探索提供新的思路。杨景胜、王鲁峰、叶树彭、冷亮的专著《城镇微更新与乡村振兴的探索与实践》讨论了城市微更新和乡村振兴战略的政策与实践，具有一定的实践价值。

2020年建筑历史与理论研究成果丰厚，包括学术论著、文集、传记、论文等多种类型。住建部组织的《中国传统建筑解析与传承》丛书2020年出版了第三批成果，包括北京、西藏、黑龙江、海南、河南、吉林、河北、宁夏，共八卷，系统解析了各地区传统建筑在聚落、细部等层面的特征，探讨了在当代建筑创作中传承优秀建筑传统的途径和手段。《中国建筑史论汇刊》《建筑史》保持了以往的学术水准，收录了2020年建筑史的最新研究成果，具有重要的学术参考价值。郑时龄院士的专著《建筑与艺术》系统讨论建筑体系与艺术体系的关系，从建筑美学、建筑与艺术的关联入手，包括建筑与艺术流派、建筑与雕塑、建筑与绘画、建筑与摄影、建筑与电影、建筑与文学、建筑与音乐的关系等内容，颇具启发意义。天津大学建筑学院教授张玉坤等学者的《长城·聚落》丛书2020年出版了《明长城宣大山西三镇军事防御聚落体系宏观系统关系研究》，研究发现军事防御聚落和长城墙体通过分形自组织结构耦合形成复杂的协同系统，实现了资源的高效配置、军队的快速调动以及系统的协同防御等功能。天津大学建筑学院教授王其亨的论文《华夏意匠的世界记忆：样式雷设计理念和方法评介——纪念样式雷建筑图档入藏国家图书馆90周年》[①] 基于近2万件样式雷建筑图档的系统研究，结合中国清代建筑师具体工程实践，揭示建筑工程勘察设计程序中古代建筑师的设计智慧，内容翔实，具有重要学术参考价值。东南大学建筑学院王逸凡的论文《建筑图绘中的民俗学想象力——考现学与建筑民族志探索》[②] 研究角度新颖，将建筑民族志置于东西方之间建筑思想传播的视角下开展论述，阐明自考现学以来的理论方法创新如何发展为当下建筑学科的国际讨论与知识产生的一个重要部分。焦洋的专著《“营造”：从古代本土到近现代建筑学视野下的观念演变》着重讨论在不同历史时期，通过对“营造”内涵的解读而形成的各种关于古代“土木之功”传统之价值的认知，以及对于理论与工程实践所产生的影响。此外，清华大学周榕教授等编著的《意匠清华七十年——关肇邺院士校园营建哲思》萃集了关肇邺院士数十年来参与清华校园营建工作的全部成果，充分体现出他尊重历史和环境、追求“和谐”及“得体”、反对“豪华”与“新奇”的建筑价值观。

关于民居建筑、村落保护的研究近年来也颇为深入。11月6日，第二十五届中国民居建筑学术年会开幕式在成都举行。此次中国民居建筑学术年会主题为“当代视野下的民居传承与聚落保护”，包括8个主题报告，以及传统民居与聚落、现代技术与民居营造、乡村规划与传统村落、民族地区传统民居与聚落4个分议题，是2020年民居建筑和聚落保护的重要总结和交流。张泉、华晓宁、黄华青、尹航、周凌的专著《中国传统民居纲要》分析总结了中国传统民居的总体特征、营造的影响要素、基本构成与类型，系统研究了中国传统民居营造理念与方法。张宇、董丽的专著《旅游型乡村聚落的演变与营建》通过叠加地理学、社会学的分析统计方法，对非典型地域文化下的普通乡村受旅游开发的影响进行定量化研究，揭示出乡村旅游和乡村聚落演变之间的关联性；从规划和建筑角度分别提出旅游

① 王其亨：《华夏意匠的世界记忆：样式雷设计理念和方法评介——纪念样式雷建筑图档入藏国家图书馆90周年》，《建筑学报》2020年第8期。

② 王逸凡：《建筑图绘中的民俗学想象力——考现学与建筑民族志探索》，《建筑学报》2020年第8期。

型乡村的营建策略，其中包括“有机介入，维护原型”“低影响乡建与运营”“非遗产旧宅保护”等针对性观点。

建筑设计在方法论、实践论等层面进行了深入的研究探索。受社会发展和疫情的影响，人们对人居环境以及生活品质提出更高的要求，提供高品质、健康的生活工作环境成为当前建筑和空间规划设计的新挑战和新契机。彭智凯、陈筝的论文《面向未来建成环境的健康设计：前沿及展望》[①]通过对新技术和健康环境设计交叉前沿研究的系统性综述，总结了未来建成环境的健康设计三个可能的前沿方向。北京工业大学建筑与城市规划学院胡惠琴、叶京的论文《情感需求导向下养老设施空间适应性研究——以居住型养老设施为对象》主要就居住型养老设施普遍存在的私密性不足、空间层次不丰富、居家氛围缺乏，以及管理封闭4个方面展开思辨性讨论，提出提升空间适应性的建议。天津大学建筑学院魏力恺的论文《建筑数字史学：面向人工智能的建筑大数据“新考古”》[②]在数字史学基础上，提出面向人工智能和大数据的“建筑数字史学”和建筑语法概念，探索建筑语法和“建筑数字史学”的基本框架和方法，探讨未来“数字之人”的责任与使命。

2020年的园林景观理论的研究方面也呈现出了丰富的成果。同济大学阮仪三教授的《江南古典私家园林》综述了江南古典私家园林的发展历史与艺术成就，细致赏析了大量园林实例，是中国古典园林艺术研究的经典著作。王鹏、赵鸣的《中国古代书院园林》从风景园林的角度出发，对古代书院园林的历史变迁、选址特色、空间布局、建筑营建、造园意匠、园居活动展开研究，揭示中国古代书院的园林观及哲学思想。陈曦的《国家公园：从理念到实践》探讨了国家公园核心理念和实践路径等问题。翟俊的《海绵城市建设的景观途径》从生态及“软”工程的视角系统地介绍海绵城市建设的景观途径，提出更能够适应气候变化，更具弹性和更高效适应性的城市雨洪管理新模式，同时创造可持续的城市生态环境。曹凯中的《场地催化术：一种基于风景园林过程性的设计方法》确立了“自然催化”与“弹性建造”两种核心设计方法，并通过三个不同尺度的研究设计探讨了两种核心设计方法的可操作性。

四、热点与焦点

（一）建筑实践中的中国性、地域化、本土化探索

在中国建筑的现代化道路上，中国传统建筑内涵和现代建筑如何融合的问题是建筑师一直在探索和思考的命题。随着当前整个社会环境的改变，对中国传统文化的重视程度提高，中国的建筑设计开始重新审视自身的文化传统，进行了各种深入的思考和实践。中国传统文化认为建筑跟它所身处的自然环境是密切相关的，即所谓“天人合一”，实际上说的就是一种生活状态和人生理想，是建筑与自然的和谐共生，体现的是人、建筑、自然三者的平衡关系。这实际上反映了我们对自然的态度是谦卑的，建筑应该尽量少地破坏自然，运用当地的材料和工具，通过诗意的营造和设计，达到自我内外的平衡。

中国建筑师在实践中尝试将传统建筑语汇同现代建筑结合，其中一些富有探索精神的当代建筑师尝试用一种东方的自然观来指导建筑实践，关注建筑的本体议题，从空间、结构、材料，甚至建造来呈现“中国性”。王澍提出“重建一种当代中国本土建筑学”的主张，追求建筑设计的“自然之道”。董豫赣的建筑思想与他多年对中国古典园林的潜心研究密不可分。他设计的清水会馆在设计中融入了研究中国园林乃至中国传统文化的体会，形成了一种特别的空间安排方式，体现了中国传统园林的韵味。葛明则直接提出“园林六则”的园林方法设计建筑，进行了专项的设计研究探索。他的微园的设计，通过对房中“空”的追求带来不同的想象空间。李兴钢2020年的建筑个展名为“胜景几何”，是要探索“与自然交互的建筑”，追求一种“人类现实理想生活空间”。他近两年设计的安徽绩溪博物馆是他在地域历史文化和现代技艺之间的思索和尝试。建筑师朱锫设计的景德镇御窑博物馆，是他最近

---

① 彭智凯、陈筝：《面向未来建成环境的健康设计：前沿及展望》，《时代建筑》2020年第5期。

② 魏力恺：《建筑数字史学：面向人工智能的建筑大数据“新考古”》，《建筑学报》2020年第2期。

对“自然建筑”的一次尝试。朱锫认为自然是一种态度，建筑应该回应自然，而不是模仿自然。景德镇御窑博物馆以废弃的窑砖打造东方拱券，窑砖的时间与温度的记忆，塑造出窑、瓷、人的血缘同构关系。

也有一些建筑师更多地从本土出发，强调建筑重要的就是自我表达，寻找一种它既在当地是现实可行、自然恰当的，又能够真实地接近当代的建筑美学理想。如崔愷提出“本土设计”的观点，认为建筑应该植根于本土文化中，本土设计应该与地方材料、适用技术相结合，尤其要注重绿色科技的发展，让建筑回归自然，运用理性主义设计原则，把建筑语汇和具有场地代表性的代码结合形成建筑特色。从他早期的敦煌市博物馆到近年来的世界园艺博览会中国馆、中车成都工业遗址改造项目都体现出崔愷不断趋于成熟的本土设计策略。刘家琨关注地方文化和自然，关注低技策略，他设计的鹿野苑石刻博物馆，在建筑构思上经常会从一些字面或画面上的“意向”出发，不是将其转化为具体的建筑符号，而是找到其直接对应的建筑材料，从而保证他的设计绝大部分是在材质、建造、体量、空间、气氛和意境等抽象层面上展开。

12 月，首届“自然建造・Architecture China Award”颁奖典礼在上海举行。王澍担任评委会主席，王澍对于“自然建造”这一主题解释为“通过寻找建造诗意重返自然之道，探寻中国本土当代建筑中的相似及相关理念”。评委李翔宁认为自然建造应该是一种符合逻辑和常识、顺应时代、顺势而为的建造态度。刘家琨获实践成就奖，罗宇杰获技术探索奖，佚人营造王灏、旭可建筑（刘可南、张旭）和有声建筑（刘畅、高勤、孔德钟）获得青年探索奖。罗宇杰认为，他的作品骆驼湾村廊架，体现了他“自然而然地去思考建造”的观点，材料来自拆除房屋的废木料，通过搭建的位置编排控制技术形成变化的空间形体，与山体大环境自然相契合。王灏的前童润舍，以大量木构件来搭建现代建筑，营造了一种具有差异性的丰富的空间体验。

城市建设最终还是文化的建设，中国当代的建筑师体现出对自然和文化的强烈关注，在建筑实践中深入探索现代建筑的中国性、地域文化的特点，思考中国建筑的文化渊源和情感归属，尝试用现代建筑的物质载体来重构传统意境，成为当前中国建筑设计发展的重要内容和趋势。

（二）乡村营建

近十多年来，国家政策对于乡村地区建设和发展进行不断的引导与支持，由此中国乡村建设迎来新一轮的建筑实践。建筑学界关于当代乡土营建的话题讨论和关注日益增加，中国当代的建筑师或艺术家的建造实践，不仅仅是做一个建筑设计作品，而是参与营建乡村环境，参与当地农民的生活，已经成为乡村建设的重要推动力。9 月 6 日，《建筑学报》在松阳陈家铺村举办研讨会，专门就乡村复兴的“松阳路径”进行了深入探讨。松阳的古村落保护表现出与建筑师及其设计结合更紧密，更注重县域文化整体效应，也更强调村民主体地位的特点。罗德胤回顾和总结了松阳自 2012 年以来在村落保护和乡村振兴上的发展历程，并将其归纳为古村战略、山地战略和文化高地战略。徐甜甜是松阳“建筑针灸法”的建筑师代表，她的松阳系列作品数量众多并已经得到相当广泛的国际关注，其主张可概括为通过改造或建设小体量的公共建筑来带动乡村的观念转变以及自我康养，并形成县域范围内的文化经济社会循环系统。王维仁则从“身体空间看山观水”的角度出发，深入分析了他在松阳的 3 组作品，探讨 3 组身体空间看山观水的路径，阐述一种由室内空间到建筑院落，再到村落与山水的环境营造经验。这是一种难能可贵的从传统文化中探寻现代设计意义的努力。张雷的两个作品都在陈家铺村，对场地的深度回应是这两个作品的共同特点，尽管它们各自所需要应对的场地挑战又大为不同。

2020 年，越来越多的当代建筑师从事乡土营建实践活动并摸索建筑设计策略和方法，促进了一系列反映时代背景、乡土特征及社会价值的建筑实践作品的落地。建筑师除了具备“社区建筑师”关注具体使用者的人文社会视野外，还会更加广阔、灵活地深入当下复杂、鲜活的多维度日常生活之中，关注建筑作为产品的整个生产过程，将设计行为不断向前扩展，将中国城乡政治、经济、人居等方面的多种现实逻辑与独特现象融于设计之中。如同济大学教授袁烽近年来在四川成都崇州竹艺村的建设实践，以及上海市奉贤区新强村的村民参与设计案例通过数字化设计过程增加村民参与性的设计方法，建立共同建造的设计与营建方法与流程，试验与示范了面向定制化设计的乡村建筑新基建与微基建乡村建筑产业化，形成了村民认可、城里人喜爱的新型乡村实践。建筑师据宾最近设计的章堰文化馆是对文脉和传统进行了新的探索和思考，他遵循建筑本身的历史脉络，通过废墟老墙，把清代历史老宅和园林式新建筑整合在一起，新旧共生融合，将当代的设计理念和功能需求置入其中，创造了乡村改造的新模式。

五、小结

面对当前城市建设向存量变化的新趋势，通过对2020年建筑规划各界的实践、理论以及相关活动的梳理，我们可以看出当前中国建筑的各个领域持续深入发展，各种类型的建筑和技术层出不穷。城市建设继续关注城市的有机更新和活力营造，新基建的大力发展为智慧城市注入了新的活力，同时乡村振兴与田园综合体也得到蓬勃发展。建筑创作整体上还呈现多元发展的局面，中国当代建筑师在建筑实践中不断地探索中国性、地域化、本土化等内容，采用数字化等新设计工具，遵从环境文脉、场所精神以及文化性、生态多样等原则，逐渐成为国际上不可忽视的设计力量。在理论建设领域，各类相关活动和会议此起彼伏，相关学者面对当下现实，理论联系实际，做出既具有国际视野又注重本土实际的理想探索，不仅带动了设计者的学理提升，而且为今后的设计之路指明了方向。

田林　中国艺术研究院建筑与公共艺术研究所所长、教授
杨莽华　中国艺术研究院建筑与公共艺术研究所副所长、副研究员
黄续　中国艺术研究院建筑与公共艺术研究所副研究员

困顿之中的奋力前行——2020 年中国书籍产业和书籍设计发展述评

◎ 吴文越

2020 年是非常特殊的一年。因为新冠肺炎疫情的肆虐，全球各个行业都不同程度受到影响，各种文化产业不同层面都在面临挑战，接受改变，探索新的出路，在挑战与机遇之间寻求应对之策，“云端”成为各种文化场所和消费空间的主场，当然图书出版业和书籍设计也不例外。疫情影响下，书籍设计活动的数量呈明显下降的趋势，但展示媒介却更加多元化，科技手段得到了充足的应用，突破了传统展览形式的限制。书籍设计突出表现为以下几个方面：战“疫”主题出版繁荣，书展线上直播与出版业深度融合，儿童书籍设计需求量增加，尤其是立体书籍设计与绘本，书籍设计线上直播与线下艺术家手制书等。总体来讲 2020 年的书籍设计利用科技手段极大丰富了读者的阅读体验，创新的书籍设计使阅读变得更加人性化。

一、2020 年度文化产业的相关政策发布及影响

（一）文化产业相关政策的发布及影响

延续“十三五”规划中“一带一路”国际合作这一主题，2020 年，一系列新的包含文化产业发展的国家政策相继制定并出台，更加强调了对新时期文化产业的高度重视和疫情环境下对文化产业数字化创新的迫切需求，对中国图书出版业及图书相关行业起到指导性、方向性的作用。中国出版界以习近平新时代中国特色社会主义思想为指导，紧紧瞄准“一带一路”国际合作这一主攻方向，充分运用重大工程项目和国际书展平台国内国际两种资源，大力推动版权、实物、企业走出去，妥善把握中国内容与国际表达、数量规模与质量效益、政府主导与市场运作、纸质出版与数字读物等之间的关系，出版走出去呈现新特征、赋予新动能、取得新进展、获得新经验。

2020 年年初，新冠肺炎疫情加剧，国家新闻出版署对全国出版界做出“加强出版服务，助力打赢疫情防控阻击战”的全面部署。加强正面宣传引导，精心策划安排战“疫”选题，加强网上出版传播，抓紧做好重点读物的印刷发行工作。在紧急出版疫情防治出版物、扩大网上优质出版内容传播以及协助防疫物资供给、开展公益捐赠等方面做了大量工作。年底，中共中央发布的《中共中央关于制定国民经济和社会发展第十四个五年规划和二〇三五年远景目标的建议》（以下简称《建议》）体现出我国对文化建设的高度重视，明确提出到 2035 年建成文化强国。《建议》还提出，坚持以创新驱动发展，加快发展现代产业体系，繁荣发展文化事业和文化产业，提高国家文化软实力，实行高水平对外开放等的文化发展政策，实现建设社会主义文化强国，体现着国家对艺术设计等文化相关产业的持续重视。11 月 9 日，国务院办公厅发布的《关于推进对外贸易创新发展的实施意见》（国办发〔2020〕40 号），强调创新开拓方式，优化国际市场布局，鼓励现代信息技术对线上办展新模式的探索。同月 18 日，文化和旅游部发布的《文化和旅游部关于推动数字文化产业高质量发展的意见》也提出，培育数字文化产业新型业态，促进优秀文化资源数字化、深入推进“互联网 +”、丰富云展览业态。同时，在国际交流中构建数字文化产业生态，深化数字文化产业“一带一路”国际合作。两个《意见》都体现出对疫情环境下推动艺术设计等数字化创新的迫切要求。

在疫情常态化趋势面前，在人民日益增长的精神文化需求面前，中国对文化产业的国际表达与合作、数字化转型发展、构建数字文化产业生态等方向都给予高度重视与政策支持。

（二）书籍出版等文化相关产业的发展特征

1. 抗疫选题成为重点

2020年新冠肺炎疫情肆虐蔓延，全国出版界按照党中央国务院决策部署，加强正面宣传引导，精心策划安排战“疫”选题，加强网上出版传播，抓紧做好重点读物的印刷发行工作。启动策划了一批主题图书，讲述中国的抗疫故事，赞扬抗疫中的先进人物和感人事迹，全面客观地记录中国政府和人民的抗疫进程，如《大国战“疫”》《众志成城——武汉战“疫”记》《中国共产党防治重大疫病的历史与经验》《最美逆行者》等抗疫主题出版物。同时，出版业也在紧急出版疫情防治出版物、扩大网上优质出版内容传播以及协助防疫物资供给、开展公益捐赠等方面做了大量工作。各地宣传部也积极响应，为防疫相关选题专门配发书号，不占用出版单位的年度书号资源；针对疫情相关选题的申报，为各出版单位开设“绿色通道”等。

2. 疫情初期出版行业整体受到冲击

年初图书出版业所遭受的影响具有全行业、跨国性特征。出版机构内部编辑因均可线上办公影响较小，但因选题变化、居家办公、延迟复工等各种因素导致编辑进度放缓。印刷影响较大，主要由于印刷企业的人力资源和原材料的不足，原有的新书出版、老书加印计划都几乎处于停滞状态。发行严重受限，由于物流受疫情的影响严重，无法满足多地多仓发货或者印厂直发的需求，甚至给出版机构的销售业务造成影响。在销售方面，出版机构全渠道的销售额均呈现出下降的状态，实体书店作为出版机构线下渠道中最重要的组成部分，停业影响直接过渡到了出版机构。据开卷全国图书零售市场观测系统显示，在1月底处于停业状态的实体书店占比达到90%以上，上半年的数据显示，出版机构大部分暂停营业，超过三分之一停业超过1个月以上。2020年中国图书零售市场码洋规模首次出现负增长，同比下降了5.08%，码洋规模为970.8亿元。

3. 线上渠道成为出版机构营销的重点

危机也蕴含着转机，疫情期间，多家出版机构尝试调整经销模式，利用自身资源重新整合、开发产品，提供数字内容、加强自有平台和公众号的运营成为营销的重点，多家出版机构抓紧赶工，迅速推出疫情相关的图文产品，并通过各种渠道推广发行。据北京开卷发布，73.21%的出版机构加大了自媒体营销力度；加大网店活动力度的出版机构也占到51.79%。2020年2月3日，钟书阁官方微博发布推文称：“宅家也能逛书店，钟书阁首次直播公测，带你逛特殊时期的‘无人书店’”，并成为业内首先发起直播的书店。在不断的尝试中涌现出各种成功的案例，如上海译文出版社开设淘宝旗舰店、志达书店进行“云游出版社”系列直播、广西师范大学出版社推出“书店燃灯计划”等。另外引人注目的是，京东等图书电商近期推出的直播中，机械工业出版社华章公司的异军突起——以80余场、40余万次观摩的数量名列前茅。这是经由直播、全品促销初级聚拢更多读者的前提下，技术上以九州云播的设备作为支撑、实现多平台的分发以外，邀请图书作者、译者、推荐人等专业领域的权威人士进行直播，全员协力组织、参与直播活动，并保证每天6至8场次直播的高频率等措施共同实现的。他们直播的成功，在口碑积累的同时，也完成了向多平台如公众号、抖音等分发的素材积累，也有多家出版社以及商业机构表达了合作意向，形成出版业的新布局。

4. 数字内容、产品的重要性和优势进一步凸显

在实体书店大受冲击的情况下，加大数字出版方面布局成为重点。值得欣慰的是，虽然面临着对技术、资源、运营以及商业模式的各种挑战，出版业的数字内容产业产品反应迅速，首先从防疫知识开始着手，以多种形式向大众介绍病毒情况。之后，一些科技出版社率先推出疫情防控知识等科普作品，这些作品内容更加系统，数字形态和传统纸质同步推出。随后，越来越多的出版机构以及数字平台向全民开放了免费的数字资源，既有面向大众的一些电子书、有声书，也有面向专业读者的数据库资源，同时也有面向师生的电子教材、在线课程等资源。由此，数字资源的提供从应急响应扩展到了更广泛的内容服务。在北京开卷提供的数据中，近期超九成出版机构开放了部分电子书供读者免费阅

读。事实上，对于线上资源平台来说，出版社的优势是拥有深厚文化底蕴，熟悉高品质的内容如何产出，拥有强大的团队支撑和制作方法。在此特殊的环境下，传统出版业加深与直播技术的融合已经是出版发展的新范式，线上活动的开展，出版社需要在C端运营上做更深入的研究，通过对直播工具的掌握，真正理解用户，目前针对性的线上开课和直播课程已经变成出版社利润的另一转化点。

5. 纸质出版与数字读物结合起来

新冠肺炎疫情下，传统出版业在我国出版界着力构建发声矩阵、精准施策，运用能被国际社会广泛接受的语言，向世界传播中国抗疫的故事，传递抗疫的中国方案。人民出版社、五洲传播出版社、中国少年儿童新闻出版总社、湖北科学技术出版社等以版权贸易等方式输出所策划出版的抗疫读物，通过数字版权海外输出，带动了纸质版权的输出。还有许多出版机构通过中国文化译研网、中国图书对外推广网、“一带一路”学术出版联盟等平台积极与丝路沿线国家和地区出版机构进行线上沟通联络，将纸质出版与数字读物相结合，宣介加强公共卫生合作、加快共建“健康丝绸之路”的理念，提升了合作信心、凝聚了沿线共识、联通了民心民意，为出版走出去开辟了新路径、提供了新经验。

二、书籍设计展览

（一）概况

上半年受疫情影响，全球会展行业都受到全方位的冲击，中国书展也一度停滞。台北国际书展、上海艺术书展、第31届香港书展、英国伦敦书展、意大利博洛尼亚国际童书展、法国巴黎图书沙龙、德国莱比锡书展……春季举行的一系列国际书展像多米诺骨牌一样，相继宣布取消或延期。原先上半年的种种措手不及，打乱了全球书展活动及会谈计划，中国出版人也被迫暂停了“走出去”的步伐。

但随着积极筹措和全面复工复产，中国书展在下半年如雨后春笋般密集涌现。其中，地市级以上的大型书展有近30场，主要包括：7月2日至5日，2020年abC艺术书展以线上展的形式亮相，汇聚来自14个国家和地区的142家参展方；7月23日，江苏书展在苏州开幕，江苏省各地111个分展场、2个线上分展场同步启动；8月12日至18日，一年一度的上海书展在上海举行；8月21日至31日，2020南国书香节暨羊城书展在广州以及广东省各大书店开展；9月10日至13日，2020中国黄山书会在合肥举行；9月26日至30日，第二十七届北京国际图书博览会举行；11月13日至15日，中国上海国际童书展在上海举行；12月17日至20日，2020广西书展在南宁及全区各市、县新华书店和发行协会单位门店（分会场）举行；等等。

疫情背景下的童书市场反而呈增长趋势，2020年11月举办的第八届中国上海国际童书展的展览面积达到2.5万平方米，吸引21个国家和地区的386家童书出版机构和儿童相关的文化企业参展，线上商贸配对及线上活动参与和观看量突破52万。

除上述国际化和省级书展外，一些地市级书展也在同时开展。5月29日至31日，HABF2020杭州艺术书展在杭州良渚文化艺术中心举行；9月29日至10月3日，2020山东文化惠民消费季暨第四届滕州书展举行；10月16日至18日，上海艺术书展在普陀区M50创意园举行；11月26日至30日，温州城市书展在2020文博会的2号馆举行；11月27日至12月6日，第二届深圳书展举行。

（二）书籍设计展览特点

2020年，除全国图书交易博览会、香港书展、台北国际书展等因为档期处于疫情管控期间停办外，中国大多数省级以上书展都陆续举行，其中包括最具代表性的北京国际图书博览会和上海书展。若以疫情防控常态化的下半年而言，单位时间内举办书展的数量相较于2019等年份变化不大。2020年书展的最大变化，是云技术在书展中的全面切入，几乎所有省级以上书展都设置了云会场。

1. 云观展、云交流、云体验

面向国际出版业的北京国际图书博览会，创办34年来首次移师线上，为国际出版界打造了一个集出版展示、文化交流、专业研讨和阅读推广等功能于一体的“云上”交流平台。面向中国读者的省市级书展，则大多采用线上、线下结合的混合模式。如上海书展除在上海展览中心实地举办外，还设立了“上海书展·阅读的力量”线上平台，开创了“云首发”“云逛书展”“云看活动”新模式，共推出332场线上活动；四川省的天府书展以“天府书展·云世界”为线上展场；山东、浙江、广东、广西等地书展也是采取线上、线下混合模式，综合办展模式逐渐成为“新潮流”。

2. 云贸易：线上渠道成为主流

在图书等销售中，开始以网站、APP、小程序、网购与社交平台等线上渠道为主。书店、文化馆、农家书屋等细胞式分会场的设置，是云书展的另一体现。云书展也是2020年全球书展的共同特征，云技术对图书交易等功能的强化，直播、VR等塑造出的仿真场景体验，使线上、线下结合成为未来书展的主要模式。据人民网相关报道，9月30日圆满落幕的2020北京国际图书博览会（以下简称BIBF），在诸多不利因素影响下，采取创新的云上办展模式，各项数据都较往年有所提升。自BIBF线上平台开放以来，共达成中外版权贸易协议（含意向）6788项，同比增长13.2%。其中，达成各类版权输出与合作出版意向和协议同比增长4.45%；达成引进意向和协议同比增长10.99%。BIBF将主会展全部移到云端，可以说是创立34年以来从未有过的挑战。好在BIBF一向是新技术应用的先行者，如去年BIBF大使会客厅采用5G全息投影技术，为2020年的全部线上做出了大量技术铺垫。2020年的BIBF在往年的基础上，开创国际出版交流新方式，全面应用5G等技术，展示应用3D复刻技术的全景展厅、在线活动直播、线上线下互动等多元文化活动。5天集中展示期间，在全国10个省市设立了15家分会场，形成了线上、线下联动。形成了图书版权交易与精品图书展示相结合的新格局，为未来出版展会行业的发展提供了新经验和新启示。

3. 平衡线上线下书展的利弊

对于公众，逛书展成为大众文化生活的一种选择、一种习惯，对于全国图书交易博览会、北京国际图书交易博览会等图书行业，书展也是重要的专业交流渠道。所以在疫情防控常态化的情况下，如何平衡防疫满足和大众精神文化需求与服务行业交流，是与图书行业同呼吸共命运的各类大小书展以及相关文化展会，需要考量的新的现实问题。网上云书展很大程度上已经能够解决参展商的需求，但人与人现场交流的氛围以及展场巨大空间带来的独特体验感，在短时间内无法完全替代，更不要提众多专业同行聚集带来的其他效应。书展中的聚合力，是指人与人之间直接的情感交流，其间包括作者与读者之间的互动、不同意见相互碰撞的公开讨论、图书评选的颁奖等。因为疫情防控常态化的现实要求，书展首先要从确保安全的角度出发，譬如举办场所更倾向于大的、空气流通较好的半开放式空间，采取提前预约、限流进场等措施。与此同时，由于见面的时长所限，话题讨论精准、高效，或许反而能取得更多的交流成果。可能在不久的未来，书展的线上、线下结合将成为常态的新范式。

三、书籍设计活动

（一）概况

1. 设计赛事活动

中国书籍设计赛事有两种类型，第一种是针对书籍装帧、设计等专项赛事，第二种是设计比赛中关于书籍装帧、封面设计、印刷品等的单项赛事。在专项赛事中，国内最有代表性的是11月揭晓的“最美的书”（中国）评选，作为中国文化界的知名赛事，截至2020年已成功举办了18届。具有特色的中国首个针对艺术家书、手工书以及非正式出版物的abC艺术书奖，也于2020年7月正式举办。在单项赛事中，2020金点设计奖（书籍出版类）、第二十届白金创意国际大赛（书籍设计类）、靳埭强设计奖、第十七届山西设计奖（书籍、印刷设计）、Award360（印刷品）、2020TISDC台湾国际学生创意设计大赛（视觉类）等比赛都成功举办。国际上，中国设计师在各类设计大赛中也屡获佳绩，如“世界最美的书”评选、红点品牌与传达设计大奖（出版与印刷物）、2020欧洲设计奖（书籍设计）、2020年荷兰Indigo设计奖（出版与印刷物）、2020美国Graphis设计大奖（书籍设计类）和2020年第七届法国 INNODESIGN PRIZE 大赛（平面设计类）等。

2. 线上直播分享活动

2020 年注定是不平凡的一年，突发的疫情隔绝了人与人之间的物理空间，但人与人之间的交流不会停止。书展的线上论坛、各大门户网站的线上公开课、微信公众号及微博大 V 的直播课等逐渐成为新的交流手段。知名设计师、高校教授、艺术家等有丰富经验的书籍设计从业者，都开始在文化社区和视频平台发声，穿越空间的距离，分享着自己的成功经验。5 月 22 日至 28 日连续七天，由雅昌文化集团策划，联合中国出版协会书籍设计艺术工作委员会、国际艺术家手制书联盟主办，与协办方 DDG 共同发起的“LIVE！ 制书实话”系列公开课在网络上进行直播。这次网络直播依靠哔哩哔哩平台，邀请吕敬人、刘晓翔、陈俊良、吴勇、朱赢椿、马仕睿、张晓栋 7 名知名书籍设计师，围绕“制书设计”话题，分享自身经验和感悟，探索着中国书籍设计未来的发展方向，给未来常态化的线上交流方式提供了可借鉴的成功经验。

（二）书籍设计活动特点

1. 疫情对国内书籍相关赛事的影响

由于平面设计的工作性质，个人的设计作品产出相对较稳定，且作品征集时间较集中于年中，书籍作品均可以通过邮寄或网络参赛等方式参与，疫情对参赛者参赛情况影响不大。获奖结果的公布大部分在 9 月之后，由于国内疫情的好转，部分颁奖典礼、学术论坛、获奖作品展均可以线上、线下结合的方式同步进行。国外疫情形势在年末依旧严峻，国际奖项的颁奖仪式、作品展览以线上为主。

2. 线上交流活动越发活跃

书籍设计是理论与实践并行的学科，要有建设性的理念做领导，也要有落地的经验做地基。书籍设计在互联网环境下谋转型，2020 疫情之年，众多从业者和机构集体开始用新方式、新渠道和新平台向年轻的设计师传播新力量。Design360°、Artron 雅昌、陆俊毅 _ 设计现场、敬人纸语、最毕设、OFCOURES 等艺术机构，清华、央美、国美等各大高校以及众多知名设计 IP 都开始以微信公众号、微博、短视频平台为宣传战场，哔哩哔哩、腾讯会议、钉钉、声网、ZOOM 腾讯课堂、网易云课堂等直播平台为传播舞台，进行各种类型的设计在线交流活动。

四、2020 年书籍设计相关文献、图书出版情况

在书籍出版方面，根据中国国家图书馆、中国国家数字图书馆的数据，2020 年共出版“书籍设计”相关图书共计 21 册，数量较 2019 年有所下降。其中高等学校教材占比走高，图书内容以书籍装帧设计原则与创新性为主，出版集中于中国画报出版社、中国书籍出版社两大出版社。

2020 年，中国书籍设计研究在疫情环境下呈现出一系列新特点及新趋势。书籍设计形态的研究也是百花齐放。延续一直以来的立体书、沉浸式体验设计研究，具代表性的有：肖亮在《沉浸式阅读体验》中提出的结合儿童年龄、感官和思维特征对界面进行交互设计来增强沉浸式阅读体验的概念，向非、饶晓宇在《试论书籍装帧设计的立体形态》中对开本、材质、结构、图形等环节的设计研究，等等。另外，出版 + 文创设计、艺术家手工书等研究方向也在被持续关注。

数字技术与书籍的结合中也有冲击，如何在变革中融合出新，仍然是 2020 年书籍研究的重要方向。胡苊在《数字化背景下书籍装帧设计的美学探讨》中认为，当前背景下的书籍装帧需落脚于时代性审美，创新材质与阅读体验。王亚英、高成琳的《新媒体视域下装帧设计中纸材的情感表达与创新价值》也在探索通过书籍装帧设计的新语义，运用纸材的创新性设计更大限度地在传统设计上发挥优势。钱程久钰的《基于 AR 技术的立体书创新设计研究》归纳了 AR 立体书给用户带来的虚实结合全新五感阅读体验的意义。荆楚理工学院郑兰兰教授也从版式设计、结构设计和新工艺新材料三个方面归纳研究了新媒体语境下书籍设计中互动性的实现手法，为新时代的书籍设计提供了些许参考。

儿童读物设计的相关研究占文献总数 12.5%，较 2019 年的 8.7% 有所增加，占硕博论文研究主题

的21%。其中具有代表性的《儿童互动性绘本书籍设计研究》讨论了绘本的互动性，从儿童的认知心理出发，发掘书籍设计创新的互动方式。在更具体的设计研究中，石闯的《基于内容分析法的幼儿科学绘本视觉性设计的现状研究》从书籍视觉设计的外在形式层面出发，认为儿童读物应从封面、开本、材料三个方面提高视觉的丰富性与图文转化的多样性。叶玲红从立体童书的形态设计出发，认为儿童书籍设计可以结合自由式文本、运动式图像设计实现立体的空间表现等。在书籍和数字化结合日渐紧密的今天，儿童读物由于其受众的特殊性，市场并未缩减，并在2020年全国疫情大环境下增长更加迅速，在文献中我们也可以看出社会环境对儿童读物研究的推动作用。

这是书籍设计的特殊时代，2020年的突发疫情更验证了这是变化与机会并存的时代。书籍设计本身的实践属性注定了大多数从业者的工作重心。在变化面前更需要理论的助力，给实践以更充分科学的引导。在疫情形势趋于平稳后，会有更多的学术交流、论坛活动为书籍设计研究注入新鲜血液，带领书籍设计实践“遇见”新机会。

五、2020年书籍设计情况

（一）2020年度“最美的书”名单揭晓

“最美的书”评比活动是中国书籍设计界重要的年度评选竞赛活动之一，也是国内书籍设计的代表和风向标。每年从海量参选作品中挑选出国家新闻出版署认可的正式出版的25本书，赋予“最美的书”称号，并送往德国莱比锡参加第二年“世界最美的书”评比活动。从2003年至今，已成功举办了18届，共选出“最美的书”346本，其中21本获“世界最美的书”称号。2020年2月，由上海古籍出版社出版、潘焰荣设计的《观照——栖居的哲学》获得“世界最美的书”铜奖，这也是来自中国的“最美的书”在“世界最美的书”竞技场上获得的第21个奖项。2020年11月9日，2020年度“最美的书”评选揭晓，来自全国各地23家出版社的25种图书荣膺本年度“最美的书”称号。

（二）以“最美的书”为视角看2020年书籍设计特点

中国传统文化在书籍设计中的渗透，书籍设计有显见的文化与精神属性。2020年，潘焰荣设计的《观照》获选“世界最美的书”，这是一本探究中国家具设计未来的专著，其东方语境的审美意趣，致敬传统，妥善把握中国内容与国际表达。在国际化的竞争环境中，凸显文化和地域特色的书籍设计更容易获得关注。在体现中华文化和美学底蕴的同时，融合世界设计潮流，不断展现创新和探索的精神，成为书籍设计者探索中国书籍设计的健康持续发展，彰显书籍文化魅力与世界之林的重要方式。

书籍形态的古式新用。书籍设计在形态上的，从甲骨文、简策、简牍、卷轴、旋风装、经折装、包背装、蝴蝶装到线装等等，经历了漫长的演变过程，这种承载关系也是伴随书籍的演变而延续到今天。对当代设计师来说，以现代的审美价值，在设计语言中结合书籍传统形态，可以创造出属于新时代的中国书籍风格。2020年中国“最美的书”获奖作品《画屏：传统与未来》就采用了传统手卷形制并进行了革新，封面采用丝绸材质对裱，全书分主本与别册两部分，内外套合，别册夹于中缝。长宽比例与主题屏风比例相似，图文编排也延续着屏风气质，版面风雅优美，字体端正。主本可以同时进行左右两种方式的翻阅，部分横竖交错排版，既有对比又不失协调；别册采取了三本连订的形式，编排重心上移，文本排布很有现代构成感。全书阅读体验流畅，赏心悦目，可谓在书籍形态上对传统形制创新的典范作品。

同为2020年中国“最美的书”获奖作品的陶艺家作品集《尧臣壶：吕尧臣紫砂艺术》，印刷装订方式也采用传统的筒子页包背装，使用薄型纸，内页M折使跨页的图像完美呈现。与之装帧方式相似的作品《凌听》，是一本集访谈、评论、图画于一体的艺术类散文随笔集，也巧妙地将每一缝线装的单本首尾相连形成一本整体的结集。书脊呈现起伏鲜明的刺状形，封面用柔软的PVC材料丝网印刷白字，最后用以黑白弹性丝缠绕固定，营造出富有传统诗意的现代感。

书籍设计的传承出新。悠悠历史长河中，在辉煌灿烂的古代文明和民间传统文化的滋养下，中国各族人民创造了绰约多姿的非物质文化遗产，近年来我国政府高度重视非遗保护工作，多次颁布相关政策文件，并在重要讲话中强调非遗保护的重要性。非遗和出版是相辅相成、相互促进、相互带动的关系。对于出版来说，非遗是优质的内容源泉；对于非遗来说，出版是记录、保存和传播非物质文化的重要手段。近年来，中国非遗主题图书出版快速增长，非遗主题图书不断涌现，受众群体不断扩大，正在成为图书出版的新趋势。2020 年中国“最美的书”获奖作品《说舞留痕：山东“非遗”舞蹈口述史》展现了中国非物质文化遗产山东大秧歌的风采。本书采取深入访谈的形式，对 50 余名山东非遗舞蹈传承者的口述资料进行整理、挖掘，将最鲜活真实的口述史料留存下来，这不仅是对传统艺术的一种迫在眉睫的抢救，也填补了中国非遗舞蹈口述史的空白。本书 50 余名受访者中 70 岁以上的老人占到一半，其中最长者已 90 岁高龄，他们见证了半个多世纪的历史进程，他们口中的非遗舞蹈是年轻一代没有看到，也不会再看到的历史景象。全书设计充溢着民俗生活民间艺术的欢乐氛围。每部分隔处夹插的 10 余克五彩缤纷的柔软薄纸，犹如跳秧歌时的飘带随着书页的翻阅而舞动，用以文本排列的明快的彩页和用以印载图片的铜版纸，两种对比强烈的纸张，增强了阅读的质感和节奏。中缝刻意用多色的彩线缝缀，使全书渗透出丰富的民间气息。文本体例繁复，但设计师很好地强调了“口述”的编排格式，层级清晰，杂而不乱。打毛的书又自然又多彩，呈现原生态的气息。全书洋溢着泥土的气息和民间欢乐的气氛，是一本有温度的传承中国非遗文化的书籍。

书籍内容上的古法新做。通常情况下，书籍设计师的职能是图文排版、装帧设计等对全书的整体把控，而较特殊的儿童绘本也会出现需要设计师自己绘制插图的情况，这为设计师提供了更大的创作空间。现代的纸张品质、印刷技术也可以承载更复杂多元的图文印刷。结合“世界最美的书”在评选时鼓励想象力与个性、注重历史的积累，体现文化传承的标准与原则，书籍内容借古法而新做，是值得探索的发展方向。2020 年中国“最美的书”获奖作品《天上掉下一头鲸》的原稿使用青花瓷瓷板和粉彩瓷板烧制而成，这是艺术家西雨客非常具有实验性的作品。作品全部在泥板上用釉料创作绘制后进行烧制，通过笔触烧制后釉变的特点，产生与一般绘画不同的微妙肌理韵味。绘本采用讲故事的叙事方式，由连续多折翻页的形式构成，情节瞬息产生变化，节奏起伏，并在纸张印刷、生动的图像造型的加持下，产生了令人惊奇的画面，充满了流动感。另外附赠青花瓷制作手册，讲述中国传统青花瓷的文化知识，带读者了解中国非遗的魅力，是一本高品质又先锋的设计师自绘本。

绘本的创新性与实验性。儿童绘本由于受众年龄的特点，内容常以手绘为主，以趣味阅读为制作导向。书籍设计需要在儿童的阅读乐趣上重点着力，给他们想象力和创造力的培养带来无限的可能。儿童绘本的阅读乐趣需要建立在儿童“读得懂”的基础上。成人在制作童书时，往往需要带着儿童视角来编写和制作，从绘本的构思开始，其画面设计风格就受到故事内容的限制，在具体的插图设计中则受到设计者个人风格喜好的影响，而图文排版和书籍形态等设计环节中又呈现出更为复杂的影响视觉风格的因素。因此，儿童绘本的设计风格呈现出多样性、复杂性和主观性。如何在儿童“读得懂”的风格与绘本设计的风格中找到平衡，成为书籍设计的一个探索方向。2020 年度“最美的书”《沂蒙田野实践》给这个问题提出了一个非常实验性的解决方式，作者李艾霞与 9 名大学生到沂蒙山腹地，与当地的 22 名孩子共同创作，最终重新编制出了这套绘本。作者让孩子们通过绘画、拼贴等方式自由创作，用孩子们绘不平直的线，稚拙的图画，纯真的颜色，激发了孩子与读者的想象空间。作为设计师，他们的工作从制作图文转为整合图文，梳理创作的观念并找到实践项目的逻辑，形成自身独立的叙述，最终形成了我们现在看到整体而有趣的《沂蒙田野实践》。另外，本书的又一特点是在图文中灌入盲文和 UV 起鼓图形，让盲人小朋友也能触摸。全书设计构思新颖，用实验的方式巧妙地平衡了儿童阅读体验与绘本设计风格，给儿童绘本提供了全新思路。同时，这是一本探索少儿美育教育的好书，也为日后盲人的美育教育做出探索。

（三）2020 年疫情环境下的书籍设计趋势

交互式概念书籍的发展。书籍、概念书籍等名词并不是 2020 年才兴起的，在互联网数字化时代开始，书籍设计就在着眼与更多领域融合的转型发展。数字媒体普及所带来的便捷性对传统书籍市场的冲击不容小觑，纸质书作为一个单一载体的实体，相较于数字媒体的即看即取来说，并不占优势。于是，设计师开始结合感官体验与书籍本身，结合视觉、触觉等感官体验以及心理研究方法，将浸入式体验方法应用于书籍装帧中，增强书籍阅读的多维体验感，交互式书籍应运而生。在不断的实践中，交互式书籍开始向阅读体验的动态化、视触融合的多维化转变，阅读氛围的情感交流引导人性化方向发展。

2020 年继续涌现了很多优秀的交互式书籍作品，如由设计师龚心宇设计的系列书籍《什么书?》将材质的不同肌理碰撞出不同的视触体验，将书籍的四个部分——血书、家书、情书、遗书，用截然不同的四种强烈材料直接进行表达，读者在阅读时不仅有视触觉的感官互动，更多的是情感与精神的强烈触动，就像是在窥探别人生活的游戏，调动读者阅读时视触感官的维度化互动体验，增强书籍与读者之间的情感交流。

概念书籍设计是以纸质书籍为媒材的，与电子书籍轻薄便携的非实体性相比，纸质书籍带给读者的除了永恒的文本承载外更多的是可触及的人性关怀。吕敬人也认为一本书的装帧设计不是“白纸黑字”就足够了，而是充分唤起读者的内心情感与想法。以系列书籍设计《请离开书房，请回到书房》为例，其作者大胆改变了书籍的原有形态，探索新的概念书籍表现形式，作者选取书房中的五种不同元素水杯、仙人掌、烟灰缸等物体作为主题元素，在视觉呈现样式上用更加丰富的表现手法寻找最适合的视觉要素，如利用木屑、魔术贴、亚克力板等材料准确直接地表达书籍主题，让读者直观地读懂作者的主题思想，制造情感导向，主动激发出读者对于环境保护的思考。将书籍中传达的意境用直观的视觉氛围呈现出来，将其变为多层次的阅读互动体验过程，引导读者快速带着情感进入书籍创造的阅读氛围中，激发读者的无限遐想。

新媒体环境下 H5 交互书籍的兴起。在数字化技术不断发展，移动数字终端逐渐占据市场的主导地位的大环境下，2020 年的疫情居家给书籍的数字化转型提供了新的发展契机。移动数字产品不断得到开发与应用，越来越多的人体验到人机交互带来的新鲜体验感，在设计运营上不断出现了新的交互技术。在终端上，H5 可谓近几年较为人所普遍热衷的交互方式，书籍中儿童绘本也开始产生对 H5 技术的运用需求。如在绘本中增加 H5 互动游戏的交互体验，寻求现实空间与虚拟空间互切效果，给儿童带来视觉及心理上的双重体验感。基于纸质绘本的平面效果载体，努力扩展儿童的立体思维，也正是绘本中 H5 互动游戏寻求的目标之一。如 H5 互动游戏式《中国传统食俗》儿童绘本的设计，绘本中加入 H5 游戏元素，在游戏页面的设计上依旧遵循游戏场景的设计原则，将绘本内容素材进行镜头、色调、版式的处理，界面一致。在游戏中加入音频来辅助图形动效，做到游戏风格统一、视觉契合、形式新颖完整，是一本非常有代表性的 H5 交互书籍。

六、高校书籍设计教育情况

近年来，美育作为思政教育的一个有效路径，为中国高等院校的教学教改提供了取之不尽、用之不竭的思想资源。中国 2020 年也出台了多项配套政策，完善了新时代教育督导体制，并继续为高校美育输血，要求到 2035 年，基本形成全覆盖、多样化、高质量的具有中国特色的现代化学校美育体系。书籍设计课程秉承美育思想的教学践行，其实是一种在中国优秀传统文化基础上建设具有中国文化内涵的高校教学改革立场，同时也是一条扩充、弘扬中华美育精神理论内涵与路径的必由之路。

2020 年 2 月，中共中央办公厅和国务院办公厅颁布了《关于深化新时代教育督导体制机制改革的意见》，明确提出到 2022 年，基本建成全面覆盖、运转高效、结果权威、问责有力的中国特色社会主义教育督导体制机制，对监督高校和其他教育机构切实履行教育职责发挥十分重要的作用。

2020 年年底，中共中央办公厅和国务院办公厅先后颁布和提出《深化新时代教育评价改革总体方案》和《关于全面加强和改进新时代学校美育工作的意见》(以下简称《意见》)，改革方向都明确指向改进美育评价，改进和推动高校美育教学，到2022年学校美育取得突破性进展。《意见》要求，第一要树立学科融合理念，有机整合相关学科的美育内容；第二要完善课程设置，高等教育阶段开设以审美和人文素养、创新能力等为主要内容的公共艺术课程；第三要丰富艺术实践活动，大力推广惠及全体学生的艺术实践工作坊和博物馆；第四要全面深化教学改革，逐步完善“艺术基础知识基本技能 + 艺术审美体验 + 艺术专项特长”的教学模式。

结 语

任何事物的发展，必有先行者，探路者。书籍设计师在电子媒体盛行的时代被赋予了该使命。在书籍出版领域，书籍是文化传播的载体，当书籍通过设计师进行设计使书籍具有相应的、独特的审美价值时，书籍出版与书籍设计的关系便像鱼离不开水一样，共生共荣。书籍出版与设计在与新科技结合，推陈出新的同时，其自身的文脉性质也使得书籍设计工作者要做到与时俱进。党的十九届六中全会通过的《中共中央关于党的百年奋斗重大成就和历史经验的决议》指出：“中华优秀传统文化是中华民族的突出优势，是我们在世界文化激荡中站稳脚跟的根基，必须结合新的时代条件传承和弘扬好。”因此，将书籍出版与设计工作与中华优秀传统文化结合也是2021年学术话题的又一重点。书籍设计是视觉传达中的一部分，但应用广泛、包容性强的性质使其一直立于艺术设计行业，焕发出勃勃生机。无论是紧跟时代前沿，与先进的科学技术结合所催生出的新型书籍设计形式，抑或是赋予传统文化新的生命，讲述中国故事，书籍出版与设计都能够发挥其自身传递信息、感染人心的无穷力量。而实践的背后离不开广大研究机构、学者用理论依据打好的基石，更多的学术交流活动、讲座、论坛都为其提供了丰富的理论基础。

吴文越　中国人民大学艺术学院副教授

2020 年度中国工艺美术发展研究报告

◎ 邱春林　林岩

受全球疫情和经贸形势不确定因素的影响，在 2020 年两会《政府工作报告》中，“六稳”“六保”成为全年的工作重点，强调稳住经济基本盘的底线，特别是稳定就业，成为政府工作的重中之重。在不景气的市场环境下，对于以大师工坊为代表的工艺美术小微企业而言，本来应对风险的能力就薄弱，加上政府的减负减税效果有限，所以最终还要看企业自身的抗压能力，2020 年工艺美术行业必然面临重新洗牌的不利局面。在新形势的挑战中，多集中于县镇的工艺美术产业开始发挥自身能带动就业的优势，通过带徒授艺或进校园培养更多人才，以政府补贴减轻经营压力。在疫情持续蔓延的情况下，拉动内需消费成为经济增长的核心，随着文化旅游消费在众多消费行业中所占比重越来越大，工艺美术在扩大内需的市场中发挥着越来越重要的价值作用，以文创的形式拉近与人民生活的联系。同时随着政府对既促进消费惠民又调整经济结构的“两新一重”的支持力度持续加大，传统以线下社交圈子为主的工艺美术的消费市场在 2020 年也面临新的变化，开始转向新型线上销售模式。特别是疫情的暴发更加速了工艺美术产业依托信息网络发展的新基建模式，向“互联网 +”升级转型。通过采用新型线上销售模式、创造新品类、提高审美品位、重视人才培养，工艺美术才能抓住新生代消费圈。在当前艺术品交易市场持续下跌的局面下，借助新基建的新模式与新思路将成为工艺美术产业发展的必经之路。

一、现象与热点

2020 年，工艺美术行业第一个也是最大的热点是发展工艺美术的线上传播与销售，关键词是“线上”。

突如其来的疫情虽然重创了线下经济，但同时也倒逼工美企业快速转向线上。手艺人积极学习新技术，逐渐熟练运用抖音、B 站、小红书、快手等软件，开始线下、线上“两条腿”走路，摆脱单一的营销渠道，从而具备更强的抗风险能力。以“短视频 + 网络直播”为主的线上新形式，促使手艺人逐渐转型，重新布局线上经济，成为整个工艺美术产业发展的主旋律。[①] 手艺人在直播中不仅可以展示技艺背后的工匠精神，吸引众多客户，更能讲述传统文化之美。通过线上传播与销售的新形式，拉近了年轻人和传统工艺美术之间的距离，工艺美术走入更多民众的视野中和日常生活中。

受疫情冲击，工艺美术行业从实体店销售方式加速向电商转型。工艺美术电商逐渐形成行业特点，即适合中低端市场定位，适合线上直播，适合在线拍卖，适合日常生活，发展空间前景广阔。实现工艺美术电商之路的重要方式是要在生产上实现标准化和规模化，价格上实现亲民化，口碑声誉上实现品牌化，产品设计上实现审美现代化。进入 2020 年疫情期之后，传统以国家大师个人品牌为主的线下销售渠道依然存在，只是有明显萎缩；另一种“线上电商 + 线下消费体验店”的新型零售模式逐渐开启，与传统销售模式共同形成更加有活力的经济形态。在线下消费体验遭受疫情冲击时，线上模式可使手艺人更好地抗御风险。通过直播带动人气，将观众转化为目标客户，从而缓解经营压力。同时线上直播可放大工艺美术不可复制性的独创优势，活跃气氛，为生活增添欢乐色彩。

很多工艺美术展览除了采取“线上售票”“线上预约”等线上服务外，还增加了线上游览、线上直

---

① 参见郑海鸥《非遗“触网”潮起来》,《课堂内外（高中版）》2021 年第 30 期。

播等线上服务。具有地域文化特色的工艺美术开始与旅游资源深度结合，融入文旅，开发特色文创产品。[①]

总之，手艺人在疫情中开始挖掘自身优势，采取线上直播带货、网络电商等新型销售方式，展现工艺美术的魅力亮点，以应对危机和挑战。在 5G、AR、VR、远程服务等新技术面前，工艺美术还将不断挖掘出新的经济增长点，迎来更多的发展机会。

2020 年工艺美术行业第二个热点是年轻一代手艺人以新的面貌崭露头角，关键词是“90 后”。

随着 2020 年“90 后”步入而立之年，他们在工艺美术圈的活跃表现有目共睹，在很多大小活动展览中出现了这些年轻面孔。“90 后”工坊主、“90 后”手工艺设计师、“90 后”非遗传承人、“90 后”品牌运营者、“90 后”潮玩达人、“90 后”技艺偶像等等，他们开始深入工艺美术行业的各个链条中，成为工艺美术的先行者，发动创新精神与时尚敏锐度，为工艺美术找到更青春时尚的“玩法”。

这些追求时尚潮流的年轻人，肯花大量时间去磨炼技艺，在工艺美术产品中注入流行时尚元素与时代热点，通过将传统手工艺与现代设计相结合，使工艺美术更加精致可爱，造型样式更加现代，在审美上更贴近日常生活。在这些 90 后看来，工艺美术在继承传统的同时，更要注重展现当代人的生活状态与时代精神。他们接受教育的程度普遍较高，在学习技艺的同时，有机会能够跟随师父参加各类展演授课，辅助传习授艺；同时他们还有能力创建和运营工艺美术的新媒体平台，不定期推送视频和文章，有很强的传播力。[②] 在高速发展的社会，工艺美术总体上稍有些滞后，但因为有越来越多的 90 后新生力量的加入，工艺美术的文化生态得到了逐步改变。

在时代的浪潮面前，这些“后浪们”一方面追逐新科技潮流，积极吸取轻松有趣的时代热点，通过新媒体传播平台，不断刷新人们对工艺美术的理解，同时还很热衷于传统手工技艺的实践，以自己的方式跟传统工艺美术对话。总之，工艺美术领域需要更多年轻人的关注、参与，90 后作为新生力量，为传统技艺发声，致敬匠人匠心，对传统技艺进行年轻化表达，这都有助于推进工艺美术的传承与创新。

2020 年第三个热点应该是发展工艺美术的地摊经济，关键词是“地摊”。

随着“互联网 +”“5G”“直播带货”等新概念层出不穷，这些新的“风口”逐渐成为中国经济与市场的热点。然而对于新生事物敏锐度不够的传统工艺美术行业而言，在这些新生事物面前难免无所适从，而接地气的“地摊”成为最适合工艺美术介入的风口。作为在“两会”上曾被提倡推广的模式，地摊经济于 2020 年已在全国多个城市实现政策落地，包括上海、杭州、南京等众多一二线城市，未来也将有更多的城市为其松绑，出台相关助推政策。传统工艺美术多分布于城市郊区、县、村镇环境，具有浓厚的地域文化特色。[③] 这些富有地域特色的工艺美术需要在当地政府规划下形成“手工街”“手工市场”等集群效应，而地摊经济是产生这一效应的重要途径。[④]

地摊经济与中国工艺美术行业以特色产品、弱品牌、小微企业为主的形态相适。工艺美术手工制作的特性使其更适于介入体验互动中，提供面对面销售体验的地摊经济恰好能够满足工艺美术的这种特性。手艺人通过“练摊”，一边销售作品，一边展示技艺，使消费者在切身体验中感受手工艺的温度。发展工艺美术的地摊经济可以成为传统线下店面销售与线上销售的合理补充，为手艺人增收创收。地摊经济尽管看起来不够“高端”，但是确实可以有效解决手工艺人在疫情后所面临的困境。

当越来越多的手艺人加入“地摊经济”，工艺美术也将会转向特色化、乡土化、规范化。以历史文化名城、名镇、非遗街区、商业步行街、文博展馆、工业化遗产、中国传统村落、庙宇等物质环境为

---

① 参见王永战《传统非遗　线上传艺》，《人民日报》2020 年 3 月 23 日。

② 参见张召林《非遗主题 IP：传承、活化与当下年轻受众群体之间的共生关系》，《美术研究》2020 年第 6 期。

③ 参见刘魁立《非物质文化遗产的时代机遇》，《中国文化报》2020 年 6 月 16 日。

④ 参见邱春林《城市升级该给传统工艺美术留下空间》，《中国文化报》2020 年 6 月 21 日。

依托发展起来的工艺美术地摊经济，可实现工艺美术与文旅的深度融合。① 特别是面对中国众多低收入群体的社会现实，发展工艺美术的地摊经济对手艺人而言是充满机遇且意义深远的。

2020 年，工艺美术行业第四个热点是在设计上重视具有典型中国风格的潮流款式，关键词是“国潮”。

以中国特定传统文化为元素进行设计的“国潮”代表着“国货”的觉醒，是国家文化软实力提升的重要体现。在国家大力倡导内循环经济政策下，各地政府纷纷出台助力本土品牌的扶持政策，“国潮”现象的登场，极大激活了内需的潜力。虽然工艺美术尚未形成真正的内需，也远非艺术市场的宠儿，但凭借国内供需所形成的内循环开始走出了一条自己的路。此次疫情暴发，外国品牌的大规模停产停业为中国制造业提供了难得的发展机遇期。在今后相当长的时期内，中国产品的品类和销售渠道将日趋多元化，内需与外贸比例更加均衡。与外贸联系密切的工艺美术在“国潮”理念下，从原料供应，到制作生产，再到外贸销售环节上，开始重塑品牌的自主话语权。对工艺美术行业而言，这次内循环是新生与转型的机遇。

2020 年度中，工艺美术频频以国风“国潮”、手艺匠心等具有中国民族特色的面貌出现，越发受到年轻人的青睐。传统工艺美术产业重视陈设品、轻视日用品的观念，在日益扩大的内需市场下难以持续。“国潮”现象推动了工艺美术的传承与创新，推动产业升级与人才培养，激发工艺美术挖掘自身的民族审美，进行技艺传承与设计创新，让具有中国风格的创意设计提升大众生活品质。“国潮”风的出现，也促进了传统工艺与现代创意设计的结合，工艺美术借助“传统工艺 + 现代设计 + 互联网”的新模式走向现代生活，重塑发展格局。

“国潮”使工艺美术与传统文脉对接，实现对商品与文化属性的超越，在社会公共文化中发挥越来越重要的公益性价值，承担更多的社会责任。众多取自传统文化的 IP 走红，使工艺美术开始借助文化 IP 和文化创意设计等手段，更加明确创意设计与审美理念，实现向文创产业转型，同时又为工艺美术实现企业化、产业化的转型升级提供新的路径。

2020 年工艺美术的第五个热点是在开发销售上更加注重品类创新，关键词是“品类创新”。

在产能过剩，需求难以被定义的时代，年轻一代的消费者越来越看重产品的体验需求和产品形象，产品的口碑胜于品牌的宣传推广。这给很多经过时间考验、已建立品牌声誉的传统工艺美术带来巨大挑战。2020 年以来，工艺美术中出现了一些全新的品类，如刺绣口罩、漆艺按摩仪、青瓷咖啡杯、陶瓷盲盒、夏布瑜伽服等，这些新品类在很多传统工艺美术中未曾有过。虽然涉及非常小的品类领域，却在工艺圈中走红流行，赢得数量可观的消费者，形成一定的品牌效应。由此可见，在工艺美术中进行品类创新是树立品牌形象的新路径。这些创新品类也许创新性很小，但在时尚美观的设计下十分注重消费者的感受体验，因此形成了新的品牌优势。如陶瓷在工艺美术中是一个从业人员较多的行业，若要在其中脱颖而出，则需要进行品类创新。各区域的陶瓷不尽相同，以区域、装饰、功能区分可以产生很多全新的品类。通过专注于一种品类的研发，将技艺创新做到极致，一些创办几年的工艺美术工坊在电商直播中做到了销量第一名的佳绩，在短期内吸引了众多消费者。由此可见，在产能过剩的工艺美术市场中，进行品类创新可以形成新的突破。

工艺美术的品类创新在今年体现出一种返祖的特征，即在审美上体现出对安全、健康、养生、环保元素的重视，此也符合消费者在疫情时期的需求变化。在传播渠道上，传统工艺美术消费品市场也在发生着返祖的变化，更加注重通过社交圈层、私域流量运营和会员制扩大影响力。

在公共空间场域的众多工艺美术品类中，能真正引起消费者关注的工艺品类才能热销。在个人消费主义时代下，特别是越来越多中产阶级崛起，消费者个人的需求意愿成为工艺美术品类创新的基石，一切都围绕着消费者个人多重需求进行。

---

① 参见王珂《文化旅游助力脱贫攻坚》，《人民日报》2020 年 12 月 24 日。

借助线下商业空间优势和多领域的相互补充，出现了具有竞争力的工艺美术实体店，在品类上更加广泛多元，通过跨界合作、智慧零售、商业美学等升级迭代的方式形成新的工艺美术产品和品牌。这些品类创新的工艺美术实体店利用新技术和新场景，为消费者带来更多时尚感与体验感，形成强体验、高颜值的实体空间，成为工艺美术行业的新亮点。品类创新使消费者对这些工艺美术品牌的接受程度逐渐上升，赋予了工艺美术实体门店更多的可能性，促进了工艺美术品牌的发展。①

2020年工艺美术的第六个热点是在全国范围内开展工艺品制作职业技能竞赛，关键词是“职业技能竞赛”。

2020年度举办了以“新时代　新技能　新梦想”为主题的2020年全国工艺品制作职业技能竞赛。竞赛充分体现了党中央和国务院对工艺美术职业技能人才队伍建设工作的高度重视。12月在广东省举行了“中华人民共和国第一届职业技能大赛”决赛。习近平总书记致信祝贺首届全国技能大赛的举办，并强调要大力弘扬劳模精神、劳动精神、工匠精神，激励更多劳动者特别是青年一代走技能成才、技能报国之路，培养更多高技能人才和大国工匠，为全面建设社会主义现代化国家提供强有力人才保障。2020年的全国工艺品制作职业技能竞赛，体现了工艺美术已从传统的器物制作技艺走向泛艺术，从手工坊走向社会，从国内走向世界。中国轻工业联合会、中国工艺美术学会通过举办竞赛，夯实赛事品牌，力争将其打造成为选拔工艺美术行业高技能人才，加强业内外交流合作，为社会文化赋能的大平台。

自2016年把“工匠精神”写入《政府工作报告》以来，弘扬“工匠精神”已然成为全民共识。作为中华优秀传统文化重要组成部分的工艺美术，正是“工匠精神”诞生的源头。此次全国工艺品制作职业技能大赛对于加快建设制造强国，培养高技能“大国工匠”具有重要意义，使工艺美术从业者乃至全社会将职业技能作为一切荣誉评价的核心标准。

工艺品制作职业技能竞赛将对振兴中国传统工艺产业，推动中华传统文化的创造性转化、创新性发展，创新非物质文化遗产技艺传承模式，培育和弘扬工匠精神等方面发挥重要作用；同时为全国工艺美术各地方、各行业机构提供了丰富的赛事经验，明确了建设人才强国的努力方向。经过此次大赛，组委会也总结了一些经验：在今后的赛事中，要不断拓展竞赛参赛规模，搭建人才选拔平台，使大赛的引领作用得到充分发挥，在社会上形成弘扬技能成才的风尚。

二、政策与导向

在工艺美术与财政补贴方面，2020年11月，财政部下发通知，对非物质文化遗产保护工作提前发放“2021年非物质文化遗产保护资金预算”，预算总金额达72377万元。根据管理办法，非遗保护专项资金按照开支范围分为组织管理费和保护补助费。其中，组织管理费用于组织开展非物质文化遗产保护工作和管理工作，具体包括规划编制、调查研究、宣传出版、培训、数据库建设、咨询支出等；保护补助费用于补助国家级非物质文化遗产代表性项目、国家级代表性传承人、国家级文化生态保护区开展调查研究、抢救性记录和保存、传承活动、理论及技艺研究、出版、展示推广、民俗活动支出等。特别强调国家级代表性传承人补助用于开展传习活动，国家级文化生态保护区补助费用于补助国家级文化生态保护区相关的调查研究、规划编制、传习设施租借或修缮、普及教育、宣传支出等。财政部在相关文件中强调，通过进一步健全过程预算绩效管理机制，严格考察申报专项预算单位绩效目标的完成度，切实提高财政资金的使用效益，避免挤占、挪用、虚列、套取补助资金等行为。财政的补贴激励，能够让更多优异的传统手工技艺项目以及传承人脱颖而出。在疫情尚未完全消除的情况下，财政部提前发放2021年度非遗保护资金预算，激励大家积极应对疫情期间的新一年，对提振工艺美术行业的信心具有重要作用。

---

① 参见工业和信息化部工业文化发展中心《工艺美术产业白皮书（2020）》，2020年7月。

在工艺美术与学校资源的深度融合方面，2020年9月，国家教育部官网发布《对十三届全国人大三次会议第9852号建议的答复》（以下简称《答复》），就“关于推进‘非遗进校园’工作常态化全面加强青少年人文教育和劳动教育的建议”经与财政部、文化和旅游部商议后，给出了详细答复。《答复》中从“非遗进校园”的制度保障，认定和挂牌校园非遗传承基地，培养非遗教学老师队伍，构建多层次非遗课程教育体系，支持推进“非遗进校园”的学校、保护单位和传承人，鼓励师生实践传承非遗内容六大方面对推进“非遗进校园”工作常态化做出了部署。其中特别指出：“支持鼓励各地各校聘请非遗传承人担任学校兼职美育教师，畅通非遗传承人担任学校美育兼职教师通道。”这从官方层面对非遗传承人进校园兼职任教给予认证。可见鼓励有代表性的非遗传承人进校园兼职任教必将成为教育部持续深化推动的一项基本政策，接下来也必将会有越来越多的手艺人进入校园，成为兼职老师、受聘为客座教授或开展教学体验等有偿工作或服务，传统手工艺走进学校将是大势所趋。对于手工艺人而言，校园兼职不仅可以增加收入来源，还能助其挖掘优秀传承人，完善技艺传承体系。非遗传统技艺传承人的言传身教，能使学生加深对传统技艺的理解，还能实践掌握手工技艺的应用。对传统工艺美术的传承而言，推进非遗传承人进校园扩大了工艺美术受众群体，也推进了工艺美术传承队伍的建设。今后“非遗进校园”工作将常态化，各地学校聘请手艺人兼职任教也将进入常态化，更多的学子将深入了解传统手工艺，从而开启工艺美术发展的新篇章。

在工艺美术与大师自律管理方面，5月7日，中国轻工业联合会发布《中国工艺美术大师自律管理办法》（以下简称《办法》)。《办法》的正式实施，标志着中国工艺美术行业开启新局面：中国工艺美术大师称号不再是永久性的，行业乱象将得到根治。《办法》指出，被授予中国工艺美术大师荣誉称号的中国工艺美术大师将受到此《办法》的监督与管理，若存在被行业及社会反映的严重行为失范情形，经核实后轻则将按一定程序给予通报，并限期要求做出整改，行为失范情形严重者将被取消大师称号。近年来，一些大师取得称号后追名逐利、荒废手艺的乱象频频出现。这透支了大众对工艺美术领域的信任与对大师的尊敬，也对初入行业的年轻手艺人造成了不良影响，这种弄虚作假的不正当行为和利益至上的利己主义风气严重阻碍了工艺美术行业的正常发展。取得中国工艺美术大师荣誉称号的手艺人，不仅要有过硬的技艺水准，也要具备优良品质。因此《办法》着重强调了中国工艺美术大师的行为表率作用，督促大师们自觉维护荣誉称号，秉持崇高的职业操守，以正确的人生观、价值观为广大工艺美术从业人员做好诚实守信、德艺双馨的表率。就工艺美术大师自身来说，要进行自我约束，坚定文化自信，发扬工匠精神，带动中国工艺美术行业整体水平提升。通过自我提升，与时俱进，在继承传统工艺的基础上，创作人民乐见的时代精品。要不断加强自身学习，提升学识修养，为广大工艺美术从业人员树立学习榜样。要学会推广，发挥自身优势，宣传推广工艺美术，为行业提升社会影响力。能坚持传承，勇于承担传统手工艺保护传承的重担，主动发掘整理、收集研究，让技艺精华留存未来。能带徒授艺，积极培养后备人才，努力使传统工艺薪火相传。

在工艺美术与精准扶贫方面，12月23日，国务院新闻办公室举行文化和旅游助力脱贫攻坚新闻发布会，文化和旅游部提出，今后要不遗余力推动非遗助力精准扶贫，主要从非遗扶贫就业工坊的建设、培养带头人、推进产品销售、加强宣传推广四个方面采取举措。首先坚持因地制宜的原则，结合各地区的实际发展情况，建设非遗扶贫就业工坊，增强贫困地区的传承发展能力。而从业人员较多、适宜带动就业、有市场潜力的传统手工技艺项目成为典型代表，工艺美术将充分发动地方政府部门、企业、院校、设计师等各方力量，共同推进非遗手工技艺扶贫工坊的设立。目前已在原国家级贫困县共设立非遗扶贫就业工坊近1000家，这些手工技艺工坊成为当地脱贫攻坚的重要力量。其次，培养非遗扶贫的带头人，激发贫困群众脱贫攻坚的内生动力。文化和旅游部将培育非遗扶贫带头人作为工作的重点，通过明确目标任务，加大培训力度，以点带面持续推进，充分宣传，以调动贫困群众的积极性、主动性、创造性。今年涌现出了一批传统手工技艺扶贫带头人，呈现出“培训一个、带动一片”的良好局面。再次，拓展非遗扶贫手工艺产品的销售渠道，打通传统手工技艺助力精准扶贫的关键节点。文旅部积极调动企业、电商平台、行业协会等各方面的积极性，协同发力，帮助贫困地区销售手工技艺产品，带动脱贫攻坚和就业增收。2020年文化和旅游部在济南中国非物质文化遗产博览会、中国义乌文化和旅游产品交易博览会等展会上设立非遗扶贫专区，支持各地利用传统节日、节庆活动在A级旅游景区、历史文化街区等开展贫困地区非遗传统手工艺产品的线下销售活动，支持各大电商平台举办手工艺品购物节，通过线上、线下结合的方式，帮助非遗手工作坊和相关企业拓展销售渠道。最后，通过加强宣传推广，不断提升非遗手工技艺助力精准扶贫的可见度和影响力。在非遗助力精准扶贫的过程中，文化和旅游部通过主题活动，支持“非遗扶贫品牌行动和优秀带头人”的评选、宣传，举办非遗助力精准扶贫和乡村振兴论坛等活动，对各地非遗扶贫手工艺的先进典型进行宣传，使群众真正受益，获得成就感与幸福感，在全社会营造关注非遗手工艺扶贫的良好氛围。这些宣传活动对于深入挖掘非遗扶贫优秀实践案例、宣传推广非遗扶贫工作的典型经验、激发贫困地区的群众的文化自信、广泛带动更多社会力量参与到非遗扶贫的工作，都发挥了积极作用。今后文化和旅游部将继续推进非遗手工艺工坊的建设，做好巩固拓展脱贫攻坚成果同乡村振兴的有效衔接，促进非遗保护传承在经济社会可持续发展中发挥更大的作用。

三、创作与作品

2020年以来涌现出众多以抗“疫”为主题的工艺美术作品，体现了工美人积极响应党和国家号召，居家抗疫的家国情怀。一件件充满正能量的动人抗疫作品记录着工美人防疫、抗疫、战疫的心路历程，谱写出壮丽的视觉史诗，体现了工艺美术成为抗击疫情中不可忽视的力量。同时还出现了一大批反映脱贫攻坚的工艺美术作品，这些都是工美人紧密联结时代的体现。但是总的来看，由于大量全国性展览因疫情取消或拖延，有机会亮相的工艺美术精品力作不多。

随着“国潮”设计风格的流行与“国货”意识的觉醒，越来越多的工艺美术创作呈现出立足传统文化的“本土性”与“在地性”特征，更加注重对传统形式语言的挖掘，表现从手工作坊向美术馆移动的艺术品展览化转型，并有意识地将个人的工艺语言提升到宏观的中国当代文化建构体系中。在京、沪、苏等地出现了不少体现当代艺术观念的工艺美术展览，形成工艺美术创作的新方法论。通过工艺美术这一民族传统文化资源，对中国当代艺术的“开放性”和“延展性”的探索提供了有意义的借鉴。

苏州博物馆展出的“苏艺天工大师系列——邹英姿刺绣艺术展”上，《凉州瑞像图》复绣作品引起广泛关注。作品取材于敦煌莫高窟藏经洞的唐代初期大幅刺绣，其现藏于大英博物馆，100余年来较少公开且鲜有人研究。邹英姿通过对原作的观摩和等比例的复绣练习，对当时流行但现在已经无人采用的针法和排线手法做了深入的研究，挖掘出了失传已久的劈针绣技法，并将这种针法运用到人物主题作品的创作中，同时也展出了围绕《凉州瑞像图》的历史背景和艺术家在复绣探索过程中考察、拜访相关领域专家的文献资料，以及以劈针绣技法衍生创作的几幅作品。

福建省博物院举办的“匠心·传人——冯氏三代寿山石雕刻艺术大展”上，作品《惠风和畅》展现了冯伟娴熟玩转“俏色”绝技，材质为荔枝冻寿山石，作品综合运用了圆雕、镂雕、透雕等技法，生动刻画出70只姿态各异的仙鹤，每只鹤都是丹顶，鹤身雪白、米白、灰白相间，妙造自然。

在第三届中国国际进口博览会和第三届长三角国际文化产业博览会上，林霞荣获“工艺美术特别荣誉金奖”的作品《鱼·悦》用现代的审美理念，赋予新时代非遗手工艺以温度，打破了传统与时尚、艺术与生活、传统手工与当代艺术、文化与旅游的界限，以多种方式展示了非遗传统手工技艺的魅力。现场刺绣体验区，使人沉浸在浓郁的台绣氛围中。

在中国艺术研究院主办的“美好生活——第五届中国当代工艺美术双年展”上，金文创作的新中式云锦屏风作品《高山流水》运用妆花纱云锦织造技艺，通过对明代纱罗进行研究与探索，完整还原出了传统妆花纱技艺。其题材取自伯牙高山流水遇知音的典故，以通透朦胧的纱来描绘宁静悠远的山谷，谷中清泉曲折流淌，溪畔松柏郁郁葱葱，而天空中则以金色的云朵作为点缀，活泼又不失天趣，展现了传统水墨绘画的独特韵味。苏绣《东方的微笑》作品源自麦积山133窟小沙弥泥塑像，作者王丽华在继承苏绣传统的40余种针法的基础上，研发出“八工针法”，以织物粗纤维纹理表现出彩塑的残损肌理与岁月痕迹。整幅作品层次分明，采用强烈的明暗对比效果，给人以空灵之感。紫砂壶茶具《时间哪去了》以沙漏为创作灵感，主壶与茶杯结构统一和谐，主次分明，“锥”形的造型设计优化了冲泡过程中茶叶的舒展效果，张扬开敞的壶口与杯口，颠覆了传统紫砂壶的“内敛之美”，借“沙漏”这一传统时间测量工具，表达对时间流逝的感知，象征了岁月悠悠、人生匆匆。

四、活动与交流

由于疫情影响，侧重线下的工艺美术交流活动在今年受到极大的冲击，很多重要展览活动延期或取消，特别是上半年如同按下了暂停键，下半年随着疫情防控取得阶段性成效，才分批有序地逐渐开展，但仍然没有恢复到往年的活跃程度。

6月13日国家“文化和自然遗产日”，文化和旅游部首度尝试开展“云游非遗”全线上推广活动。本次活动重头戏“云游非遗·影像展”活动联合腾讯视频、爱奇艺、优酷等八大网络平台，集结代表性传承人资源，呈现千余部非遗手工艺影像。通过全网联动，线上呈现，推动非遗工艺美术更好融入当代生活，让人民群众在多样的网上体验中，共同关注和分享非遗工艺美术的保护成果。除此之外，各网络视频平台还推出各有特色的非遗传统手工技艺专区，集中展示丰富多彩的非遗工艺美术作品。如爱奇艺结合影视剧中的刺绣、绒花等非遗元素，将传统技艺呈现在观众面前；优酷集中展示相关非遗纪录片，用数字化手段赋能非遗保护、传承和推广，打造直播版的《了不起的匠人》，讲述中国的传统工艺美术美学生活，鼓励更多民众发现传统工艺美术之美。

8月30日，由中国国家博物馆与中共福建省委宣传部共同主办，福建省文化和旅游厅、福建省文物局承办的“格物匠心——福建传统工艺展”在中国国家博物馆举行。此次展览分艺韵百态、工致精巧、千文万华、石以名志、东方神韵五个单元，展出福建省不同时期不同门类的工艺美术作品200余件（套），充分展示了福建传统工艺所承载的文化底蕴与丰富内涵。体现了福建手艺人对生活细致入微的体察，对工艺艺术性表达的思考与极致的追求。福建工艺美术拥有独特的制作体系，包括一整套独特的表现手段，其中许多技艺代表着国内行业最高水平。

9月2日，中国工艺美术学会第五次全国会员代表大会暨五届一次理事会在北京市举行。本次会议选举产生新一届的理事会和监事会，对学会未来五年的工作任务进行了深入研讨，并进行了部署安排。会议对中国工艺美术学会今后的工作提了四点希望：坚持党的领导，以党建促会建，深化学会治理结构和方式，推进跨界融合、深化国际合作。新一届理事会将进一步提升学会的工作能力、服务能力和专业影响力，从学会党建工作、工艺美术文化智库建设、工艺美术理论与学术研究、学会品牌建设、工艺美术科普教育基地建设和学会内部建设六个方面着手，带领中国工艺美术学会在融合中创新，发挥引领作用，紧紧围绕“生活美学”，探寻新的展示形式和传播手段。找准学会的“定位”，做好服务工作，提高政治站位。以党建统领学会的全面工作，加大机制工作建设力度，以系统的工作机制来完善学会的架构，以高质量服务行业。根植于“创意工美”“经典工美”“生活工美”“科技工美”四大平台，凝心聚力，将中国工艺美术推向具有中国特色社会主义的新时代。

10月4日，“复兴百工，生活即道”中国传统工艺振兴优秀案例论坛在北京市中华世纪坛举行。论坛围绕如何对传统工艺进行活态传承与创新发展进行演讲与讨论，并正式启动“中国传统工艺振兴优秀案例征集活动”。征集案例可分为四类：第一类，历史与文化，希望延续传统文化中的设计智慧和思想理念；第二类，城市与乡村，希望将传统工艺与城市更新、乡村振兴和文旅融合；第三类，民生与时尚，希望将传统工艺与当代审美结合，创造具东方生活美学的创意产品；第四类，日用与百工，希望探讨传统材料与工艺在当代生活美学中的应用，在自然与人文中找寻创新的路径，并对传统工艺传承与设计创新的价值和方式等问题进行探讨。

10 月 12 日，习近平总书记在广东省潮州市考察了广济桥、广济楼、牌坊街，察看文物修复保护、非遗文化传承、文旅资源开发等情况。他强调潮州是一座有着悠久历史的文化名城，潮汕文化是岭南文化的重要组成部分，是中华文化的重要支脉。潮绣、潮雕、潮塑等工艺美术都是中华文化的瑰宝，弥足珍贵，要呵护好。总书记高屋建瓴的讲话极大地鼓舞了广大工艺美术从业人员，使他们坚定信心，努力做好手工技艺，弘扬优秀传统文化，以实际行动创作出无愧于新时代的工艺美术作品。

10 月 23 日，抖音于江西省景德镇举行“看见手艺”计划发布会。该扶持计划将面向全国招募默默坚持却未受到过关注的民间手艺人，运用流量扶持、电商扶持、一对一重点运营等方式，计划在一年内帮助 1000 个手艺人在抖音上吸纳百万粉丝，实现百万年收入的目标。该项计划的运行，也让抖音涵盖的国家级非遗传统技艺代表性项目覆盖率达到 96%，这些手艺人组成了“抖音视频版非遗百科全书”。本次“看见手艺”扶持计划不仅将凝聚全国优秀的手艺人，还将为手艺人提供入驻首月佣金优惠、快速审核绿色通道、官方运营培训课程、官方资源流量扶持、专属整合营销活动、变现资源优先推荐六大服务，为手艺人的宣传、销售提供了平台。

10 月 23 日，第六届中国非物质文化遗产博览会在山东省济南市开幕。本届博览会以“全面小康 非遗同行”为主题，旨在全面呈现非遗保护传承成果，集中展示非遗在脱贫攻坚、乡村振兴、黄河流域生态保护等国家重大战略中发挥的重要作用，为广大工艺美术从业人员搭建起展示和推介的重要平台。博览会采取“线上为主、线下为辅，线上线下相结合”的方式。其中，线上开设第六届中国非物质文化遗产博览会官网，展示非遗代表性工艺美术项目、题材纪录片和专题片、非遗工艺美术店铺等。线下主展馆展览设有“感悟习近平总书记的非遗情缘”展、黄河流域非遗展、非遗助力精准扶贫展 3 个专题展，展示来自全国的 84 个非遗代表性项目和 46 个非遗扶贫就业工坊。博览会期间还开展非遗优秀传统工艺案例发布、传统工艺比赛线下决赛等活动。

10 月 29 日，第十一届深圳工艺美术博览会开幕，活动旨在共同关注和探讨新时代工艺美术行业的发展趋势和动向。活动现场发布了工艺美术行业信息数据，本届展会以“创意驱动 · 生活美学”为主题，设置了文化创意产业发展成果展区、工艺美术精品展区、创意家居展区、2020 深圳工艺美术创意大赛展区四大展区。推出了传统名品系列、民族工艺系列、时尚艺术系列、国礼国匠系列、艺术院校院所与博物馆系列、深圳经济特区建立 40 周年庆典系列六大系列，集中呈现雕刻、陶瓷、刺绣、珠宝、工艺画编织、金属工艺、硬木家具、漆艺、剪刻绘印等工艺美术行业的 10 大门类 32 个种类 270 个品种的上万件展品，荟萃我国工艺美术行业最具实力和代表性的展商和展品资源。

11 月 5 日，第三届中国国际进口博览会在上海市举行。本届进博会总展览面积扩大近 30 万平方米。在各展示区域，工艺美术展出内容丰富，成为一道独特的风景。不仅有国内多个省、自治区、直辖市精心设计的工艺美术展台，还有一些受邀国家的人文形象展示，展会设立人文交流活动四大业态展示区，并保留往届文化公益演出和非物质文化遗产暨中华老字号。在各个展示专区内工艺美术的展示展演精彩纷呈。特别是在中国旅游展示专区内，精选了各省、自治区、直辖市代表性工艺美术产品，希望把中国工艺美术的多元文化展示给观众，也期待工艺美术产品能够进一步走进群众生活。

11 月 19 日，第三届长三角国际文化产业博览会在上海市举行。本届展会是国内外第一个以世界级大城市群文化产业发展为核心内容的文博会，共吸引参展商超 1000 家。各大景区、博物馆等均亮相展示了众多工艺美术文创及衍生品。据国家统计局数据显示，以内容创作生产与创意设计服务分别增长 4.1% 与 9%，成为疫情中为数不多实现高速增长的领域，工艺美术文创已经成为推动工艺美术产业发展的重要引擎。相比于艺术品领域的高冷，工艺美术文创品更贴近大众生活，长三角文博会宣告了工艺美术高品质文创时代的到来。

12 月 4 日，在厦门举行的“创意工美”系列活动作为第十三届海峡两岸（厦门）文博会同期活动，致力于推动工艺美术和现代设计的结合，推动学术、行业和产业之间的融合与发展。此次活动由中国工艺美术创新作品大赛及入围作品展、知名品牌推介展、鹭岛学术对话三大板块组成。展览将系统、全面地完成新时代中国工美创新领军品牌“新作新人推广、品牌建设、资源对接”三大目标，以品牌的经验、示范和力量，带动中国工艺美术的创新、融合和发展。对于提升一个城市及区域的形象、品质具有重要的价值意义。

12 月 31 日，中国艺术研究院举办“美好生活——第五届中国当代工艺美术双年展”。中国艺术研究院院长和书记韩子勇担任主策划，分“人和室雅”（客厅 / 中式堂屋）、“耕读传家”（书房 / 文房）、“敬天法祖”（斋堂 / 宗祠）、“清赏雅玩”（长物 / 摆件）、“锦绣兰阁”（卧室 / 闺房）、“圃院晴光”（庭院 / 花园）六个部分征集展品以及布展，将“吃、住、行、游、购、娱”等生活要素融入其中，讲好日常生活美学，满足人民群众对美好生活的向往，展现新时代中国工艺美术发展之路。

五、研究与成果

由中国工艺美术协会主持的大型丛书《中国工艺美术全集》2020 年进入收官之年，经过数年努力，全国各省市都拿出了相当数量的写作成果。国家级大型学术丛书《中国工业史》之《轻工业史 · 工艺美术篇》完成编撰任务，作者邱春林、朱怡芳从轻工业行业发展的角度，简明扼要地梳理了工艺美术古代史、近代史和当代史，突出了工艺美术的产业特征。由王朝闻、邓福星主编的《二十世纪美术史 · 工艺美术篇》完成撰稿工作，这是对百年工艺美术发展史的第一次梳理。

9 月 16 日，由邱春林主持的“十三五”规划国家社科基金艺术学重点课题“城镇化进程中民族传统美术现状与发展研究”结项。课题组成员陈聪、林岩、王焕、范国忠等进行了长达五年的考察研究，从民族传统美术在城镇化进程中的生产方式、生产空间、行业现状、产品样式、人才状况、产业和市场状况等方面进行了系统的梳理，对于不同行政区域的城镇化阶段中的民族传统美术的发展状况以典型个案方式进行了考察。最终，结合国际国内城镇化大趋势，分析了民族传统美术所遇到的时代性挑战和存在的发展新机遇，总结了各地政府、行业组织和手艺人面对快速城镇化进程采取的不同措施及取得的成效和经验，形成了颇具实践指导意义的民族传统美术的发展理论。课题组共提交阶段性研究成果 30 项，包括学术专著及论文集 3 部，学术论文 27 篇。《课题结项总报告书》中关于顶层政策设计、从业者的适应性改变、新城镇文化功能定位等结论和可行性建议，对于国家和地方政府制定相关文化政策有显著的参考价值，对于民族传统美术广大从业者具有一定的导向作用。

10 月 21 日至 11 月 21 日，中国艺术研究院研究生院设计系面向在校研究生和访问学者开设了“工艺美术大讲堂”，邀请研究院各研究机构的青年学者讲授最新的学术成果。

11 月 12 日，上海工艺美术学会在上海工艺美术博物馆举行“疫情常态下的工艺美术再思考”学术研讨会，以不同视角对疫情常态下的工艺美术融合传播、艺术创新、协调发展的前瞻性、指向性、可操作性等议题进行了深入探究和思考。由疫情下的“宅生活”，给工艺美术发展带来的五大契机展开，对工艺美术进行了深度思考。作为慢生活与凝聚智慧象征的工艺美术，以“宅生活”为契机，在疫情后将使人更注重生活的质量，而不再盲目追求高效益，在有质量的“慢”调中，用手创造源于生活灵感的佳作，感受生活乐趣。在新冠肺炎疫情常态化下，整个工艺美术行业的从业者都要“主动寻找风口，改变产销模式，迎接严峻挑战”。

11 月 24 日，2020 年国家社科基金艺术学重大项目“新时代中国工艺美术发展策略研究”开题论证会在山东工艺美术学院长清校区举行。该立项项目在传统工艺美术文化中注入新的理论要素、实践要素、时代要素，是进一步激发中国传统工艺美术内生性发展活力的探索。在研究目标上，建构完整的新时代中国工艺美术创造性转化、创新性发展的策略体系，重新厘定“工艺美术”在当代的新内涵及其发展策略的理论支撑，并在新的历史方位中重新定位工艺美术的时代价值，实现新时代工艺美术的价值重构。

12 月 31 日，由邱春林主编、易晴副主编的《工艺美术史论与批评（乙亥卷）》由文化艺术出版社出版，该论文集收录了国内工艺美术史论研究和文艺批评的最新代表性成果，其中中青年学者研究引人瞩目。

从 2020 年度国家社科基金艺术学立项项目来看，业界人士对工艺美术展开了更为具体、细致、深入的研究，主要从特定地域特定工艺的装饰谱系、发展史、隐性知识的发掘整理与转化、海外传播及影响、设计观念与创新价值、文化建构、当代传承的审美范式与标准、消费需求与设计对策等视角展开研究。如重点项目“中国经典织物纹样谱系研究”，一般项目“明清江南木雕史”“大湘西民间传统技艺‘隐性知识’挖掘、整理及竞争力转化研究”“明清外销漆器设计研究”“当代中国生活陶瓷器皿文化建构与设计研究”“中国陶瓷的文化触变及审美范式研究”“中国传统工艺传承的当代范式与标准体系研究”“手工艺设计赋能乡村特色文化产业发展研究”，青年项目“蓝印花布的活态传承及设计应用研究”“海上丝绸之路与宋代工艺美术东亚传播及影响研究”“当代土家织锦的消费需求调查与设计对策研究”等。

由上海书画出版社出版的《国家图书馆藏青铜器全形拓集成》收录了国家图书馆藏青铜器全形拓 800 余件，分为食器、酒器、水器、乐器、兵器、用器六大类，并附录。本书是首次大规模以金石全形拓为内容的集成性汇编，既有利于这些珍稀文献的流播，更为现今学者查检金石资料、认识捶拓技艺提供了重要依据，对研究文物收藏及金石文化等都有重要的作用。

《中国清代瓷器》为英国艺术史学家、东方陶瓷研究专家索姆·詹宁斯的经典著作，由崔倩、张淳淳译，上海书画出版社出版。此著作在西方陶瓷学界和收藏界有重要的影响，主要着眼于中国清代景德镇生产的官窑和民窑瓷器，兼及德化窑、漳州窑等地方窑场，以介绍臧应选、年希尧、唐英三名清代著名督陶官为中心，详细讨论了这一时期中国瓷器发展的面貌，具有较高的学术性，对于相关的美术史、陶瓷史以及收藏史研究有较大的帮助。本书并未延续传统的以时间线索为中心的研究，而另辟蹊径把视角集中在清代三名重要的督陶官，研究思路新颖独特，可以提供很多新的启示。

上海书画出版社出版的译著、英国珠宝史学家戴安娜·斯卡斯布雷克的《千灯闪耀：跨越三百年的珠宝珍藏》，围绕世界级珠宝私人收藏——千灯室，对 18 世纪中期至今的精美珠宝展开细致并深入的研究。开篇先介绍了历史上的主要珠宝类别及历史沿革，后以时代为序，分门别类地探索千灯室的藏品。书中每件藏品的介绍均配以精心拍摄的图片，研究详细，并结合历史肖像画及档案照片，还原藏品的时代背景，展示珠宝的原始佩戴方式。

《春在设计》由海峡文艺出版社出版，是陈仁毅从联结传统到创新，对 30 余年古代家具的研究经验和 20 余年当代中式设计的思考总结，以品味生活和开创当代文化新局为全书主轴，期望达到知识的分享和推广家具美学教育的出版原意。这本书是从古代经典中学习而来的一本重要的当代家具设计参考书。作者提出这个时代缺少有时代面貌的中式设计，中国的设计师也要建立一套属于自己的中式审美标准。

六、趋势与对策

在当前国家全面实施文化复兴战略，文化大发展、大繁荣的时代背景下，作为中华优秀传统文化的重要组成部分的工艺美术，本有可能以此为契机得到大力弘扬和传承，但是由于诸多原因，致使工艺美术行业发展迟缓，如工艺美术市场体系不健全、产业集中度低、资源分散、集约效应不明显、产品同质化程度高、人才培养滞后、工艺美术高等教育资源短缺、社会认知仅停留在文化层面、品牌意识薄弱、重技艺而轻设计、重摹古而轻创新、与日常生活脱离联系、文化传播和营销方式落后、缺乏统筹协调力度和汇聚资源的能力等等。疫情暴发以来，长时间停工停学、封城封区的防疫措施更让工艺美术产业受到了不小的打击，呈现出消费市场低迷、资金周转不便、线下活动停摆、原材料短缺等不利局面。

2020 年是全面建成小康社会、脱贫攻坚的决胜之年，工艺美术行业开展了一系列“聚焦脱贫攻坚、走向小康生活”的活动，通过扎根贫困地区，深入生活，为新农村建设和美化乡村贡献了力量。

人民群众对美好生活的向往及期待对工艺美术在美化生活环境、提升大众审美和文化素质方面提出了要求。① 更多的手艺人立足传统美学精神，通过现代的工艺形式语言，使工艺美术走进大众生活，发挥其在国家精神文明建设中的作用。

2020 年年底，随着教育部"新文科建设"的全面启动，全社会开始聚焦弘扬中华美育精神的"新艺科"，围绕"立德树人"这一根本任务，在为国家培养需要的新型艺术人才层面上，工艺美术的涵盖面大大延展，与多种学科交叉融合，手艺人的教育水平也得到相应的提高。加快推进工艺美术产业与新一代高新技术的深度融合成为新趋势，也对工艺美术的人才培养提出了新要求。② 越来越多的高校努力探索新型工艺美术人才的培养模式，体现新时代的培养理念。同时，青年手艺人开始重视美育，以优良的审美观和积极的人生态度来创造工艺之美。

工艺美术行业今后将呈现如下趋势。(1) 工艺美术由"实体协作工坊"向"在线独立工作室"转型。伴随着经济越发达，工艺美术的主体意识越将会得到深化，个人工作室将变得流行。出现越来越多的中小规模的集体性手工坊，在多个个体工作室协作分工的流程上，兴起远程视频办公对接，在人力、原材料、供应链等方面实现资源共享，更加有效地促进工艺美术的生产制作。(2) 工艺美术材质、制作与需求的"智慧化"对传统"金科玉律"的替代。疫情对传统材质的运输渠道的限制，改变了很多传统手工艺"加工制作"的方式。未来，工艺美术各个工艺流程的信息溯源、物流供应链、成品质量预测、需求反馈等都将得到精确追踪，甚至会全面数据化。各种科技力量会不断应用于手工艺的制作、生产与市场调研中，手工艺数据化与人工智能化会进一步完善。(3) 工艺美术在设计功能上由"实用炫技"向"文化康养"转型。以文化作为基石，为提高人们健康与生活品质服务，更多地考虑长远性的复购问题。泛娱乐化带来新的审美意识变化，今后将在文创设计中体现得更加突出。对于很多因长日居家而心感憋闷的群体而言，工艺美术缓解焦虑的独特功能会更加突出。(4) 加快布局线上销售成为工艺美术发展的主旋律。消费者对工艺美术品牌和产品性价比的要求变得更高，这需要工美人借助各大主流互联网平台，提升品牌知名度，甚至与外卖和娱乐等知名互联网平台合作，跨界培育忠实粉丝。尽管线下实体店消费的习惯依然是手工艺的主流，但经过此次疫情后，人们也会逐渐习惯线上消费。传统的圈子营销、门店销售等获客方式的主动权越来越小，且代价高昂。工艺美术线上销售平台将会越来越开放，依附有价值的图文视音频等内容吸引众多潜在的消费流量，并由此产生广告等衍生性收入。(5) 工艺美术的物流方式更加便捷多样化。未来工艺美术物流的方式将以线上购买快递到家、线下购买自提到家、线下购买快递到家三种方式为主，对物流快递的准确性、高效性提出了更高的要求。因此重视物流作用，通过自建或与知名物流企业合作，运用新兴技术，提升物流效率，可带动工艺美术物流的发展，为线上销售做好后盾。(6) 工艺美术加快由传统实体店向沉浸式体验场景转型。线上销售的崛起将使手工艺实体店剩下基本的体验与展示需求，通过整体店面设计，运用 VR、AR 技术构建等将消费者代入设定场景的故事，由买卖功能转为提供身临其境的沉浸式体验功能，从而升级工艺美术的宣传和体验，摆脱其对文旅资源的深度依赖。(7) 工艺美术线上展览成为线下展览的有益补充。疫情使线下展览这种重大人群聚集性活动暂停，许多博物馆、非遗馆、艺术馆将推出"云观展""云体验"等在线观展服务，满足群众足不出户的精神文化需求。这种方式将会成为工艺美术的重要展览形式。(8) 工艺美术实体店由商业区文化产业园向社区进阶。社区将逐渐取代大型商业区文化产业园成为集中的销售触点，展现出独特的商业价值。依托社区实体销售店，进行"线上订货、门店自取"的模式，实现工艺美术品的丰富度与取货便捷度的平衡，对不能去大型公共场合的消费者而言，是很好的替代选择。(9) 工艺美术"线上课程"将对"现场口传心授"这一技艺传承方式加速替代。疫情推动了在线学习方式，越来越多的人习惯于在家看视频直播学习工作，传承方式开始更加多

① 参见刘毅青《手工艺的美育意义》,《东岳论丛》2020 年第 3 期。
② 参见何佳《传统手工艺当代转型的三种途径的调查与分析》,《装饰》2020 年第 10 期。

样化。随着社会愈加开放，当代互联网对知识传播路径的改变愈加深入，工艺美术知识受众将突破数量与地域的限制。工艺美术线上课程的核心优势使“隐性”秘不示人的手工艺知识“透明化”，解决了工艺美术传承青黄不接的困境。线上课程的知识付费也将成为重要的销售方式。（10）工艺美术实现商品与文化属性的超越，在社会公共文化中发挥越来越重要的公益性价值。工艺美术以艺术的形式引导更多的民众发现自然和生活之美，同时工艺美术对社会公共事件的参与度将进一步拓展，通过技艺与作品记录社会进程，对社会问题进行反思。未来会出现一些工艺美术行业救助基金会，帮助社会和行业度过时艰，承担更多的社会责任。①

2020年在疫情影响下，工艺美术行业第一、二季度的业绩受到巨大冲击，手艺人个人生计和行业企业的生存面临很大困难，国家应该在税费优惠和融资倾斜等方面对工艺美术加大政策支持，帮助工艺美术行业战胜疫情，渡过难关，实现创新发展，具体包括以下几点：（1）在税收上给予优惠，减免工艺美术行业中小微企业工艺美术产品生产资料采购、销售等环节的各项税费；（2）对工艺美术企业在融资上给予倾斜，加大贷款支持力度，不抽贷、断贷、压贷，同时给予优惠利率；（3）对工艺美术相关行业展览的招商办展，国家给予一定的资助和资金支持，利用展览平台助力中小微企业承接订单，渡过难关②；（4）对工艺美术行业企业、行业大师利用新技术、互联网等平台发展电子商务、品牌营销、技艺创新等给予资金支持。

在新的一年里，工艺美术在生产和创作上要持续加强对新时代、新成就的表现，要以富有时代使命感的优秀作品表现建党百年的光辉历程与中华民族伟大复兴的历史征程，展现全面建成小康社会的新气象、新风貌、新成就。工艺美术家们既要结合中华美育精神创作更多的精品力作，又要使优秀作品得到更为广泛的传播，承担工艺美术阐释、创造、弘扬美的责任，以高质量的工艺美术作品满足新时期人民群众对美的需求和期待。工艺美术企业、工坊要满足人民群众对美的新期待、新需求，用高品质的工艺美术产品服务于人民，提升生活用物的审美品位，营造全社会的创新氛围，推动社会主义文化强国建设。

邱春林　中国艺术研究院工艺美术研究所所长、研究员
林岩　中国艺术研究院工艺美术研究所助理研究员

① 参见林岩《疫情后手工艺发展的十大趋势》，《中华手工》2020年第1期。
② 参见张娜《后工业时代手工艺文化的审美重构及其实践路径》，《江苏社会科学》2020年第5期。

文件辑录

【关于印发新型冠状病毒肺炎应急救治设施设计导则（试行）的通知（国卫办规划函〔2020〕111号）】

各省、自治区、直辖市及新疆生产建设兵团卫生健康委、住房城乡建设厅（委、局）：

为加强对收治新型冠状病毒肺炎患者救治设施的改造、新建工作的指导，现将《新型冠状病毒肺炎应急救治设施设计导则（试行）》印发你们，供参考。请各地结合工作实际，做好统筹规划，精准调配医疗资源，调整现有医疗设施功能，通过院区功能调整、设施改造等多种方式，全力保障疫情救治需要。

国家卫生健康委办公厅 住房和城乡建设部办公厅

2020年2月8日

新型冠状病毒肺炎应急救治设施设计导则（试行）

一、总则

第一条 根据《传染病医院建筑设计规范》（GB50849）、《综合医院建筑设计规范》（GB51039）等相关规范、标准的要求，为指导各地集中收治新型冠状病毒肺炎患者的应急救治设施（以下简称应急救治设施）建设，制定本设计导则。

第二条 本导则适用于集中收治新型冠状病毒肺炎患者的医疗机构或临时建筑的改建、扩建和新建工程项目。

第三条 应急救治设施设计应当遵照控制传染源、切断传染链、隔离易感人群的基本原则，满足传染病医院的医疗流程要求。

第四条 应急救治设施建设应当结合当地和项目单位实际情况，充分利用现有资源，因地制宜选用快速有效的建设方案。严控院内交叉感染，严防环境污染，确保医疗机构安全、高效运行，做到生物安全、环境安全、结构安全、消防安全、质量可靠和经济合理。为医务人员提供安全可靠的工作环境，为患者提供安全便捷的就医环境。

二、选址和建筑设计

第五条 新建工程项目的选址宜位于地质条件良好、市政配套设施齐备、交通便利地段，并远离人口密集区域。改建、扩建工程项目选址应当位于院内相对独立、能设置独立出入口的区域。拟改造建筑应当基本满足传染病医疗流程，满足机电改造基本要求。在单独建筑物内局部改造应急收治区时，应当设置在建筑内便于隔离且有独立出入口区域，并应当满足《医院负压隔离病房环境控制要求》（GB/T35428）规定。

第六条 根据新型冠状病毒肺炎的医疗特性，应急救治设施应当严格按照传染病医院的流程进行布局。严格实施医患分区，结合卫生安全等级分为清洁区、隔离区（半污染区和污染区），相邻区域之间应当设置相应的卫生通过或缓冲间。

建筑设施布局应当与组织气流有效结合，严格控制空气按不同压力梯度由清洁区、半污染区、污染区单向流动。

第七条 严格规划医务人员与患者的交通流线，清洁物流和污染物流分设专用路线，严防交叉感染。

第八条 应急救治设施应当结合实际需要设置负压病房和负压隔离病房。病房与医护走廊之间的物品传递应当采用双门密闭联动传递窗。

第九条 病人转运路线宜考虑无障碍通行转运病人。

第十条 鼓励优先采用装配式建造方式。新建工程项目宜采用整体式、模块化结构，特殊功能区域和连接部位可采用成品轻质板材，现场组接。

第十一条 应当选用耐擦洗、防腐蚀、防渗漏、便于清洁维护的建筑材料。

第十二条 机电专业设施设备的安装位置和布线应当与建筑功能及结构布置相匹配，利于快速安装，保证医疗使用效果。机电管道穿越房间墙处应当采取密封措施。

三、结构

第十三条 应当根据建筑形式、使用时限、使用要求等具体情况确定结构可靠性目标及抗震设防标准。

第十四条 结构形式选择应当因地制宜，方便快速加工、运输、安装，优先考虑轻型钢结构等装配式建筑，轻质结构应当充分考虑抗风措施，构件连接安全可靠。

第十五条 结构主体应当防渗、防漏及密闭。采用轻质房屋时，荷载较大的设备应当在首层布置。

四、给水排水

第十六条 既有建筑改造时，其给水排水、污水处理应当按现行国家标准《建筑与工业给水排水系统安全评价标准》（GB51188）进行安全评估，并根据安全评估结果进行改造。

第十七条 生活给水泵房和集中生活热水机房应当设置在清洁区，严禁设置在隔离区。

第十八条 给水系统宜采用断流水箱供水，并应当符合下列规定：

1. 供水系统宜采用断流水箱加水泵的给水方式；

2. 当改造项目采用断流水箱供水确有困难时，应当分析供水系统产生回流污染的可能性，当产生回流污染的风险较低时，既有供水系统应当增设减压型倒流防止器；当风险较高时，应当采用断流水箱供水。

第十九条 生活热水系统宜采用集中供应系统，南方地区宜采用空气源热泵；当采用单元式电热水器时，水温宜稳定且便于调节。

第二十条 排水系统应当采取防止水封破坏的措施。

第二十一条 污染区空调的冷凝水应当集中收集，采用间接排水的方式进入医院污水排水系统，并排到污水处理站统一处理。

第二十二条 室外污水排水系统采用室内管道连接的方式，并应当设置通气管和清扫口。

第二十三条 排水管道应当进行严格的闭水试验，采取防止排水管道内的污水外渗和泄漏的技术措施。

第二十四条 当改建、扩建项目污水处理无法满足《传染病医院建筑设计规范》（GB50849）规定的二级生化处理时，应当采用强化消毒处理工艺，并符合下列规定：

1. 污水处理应当采用预消毒工艺，并应当设置在化粪池前；

2. 污水处理从预消毒工艺至消毒工艺的全流程水力停留时间不应小于 2d；

3. 消毒剂的投加应当根据具体情况确定，但 pH 值不应大于 6.5。

第二十五条 污水处理应当采用密闭系统，尾气应当进行消毒处理。

五、采暖通风及空调

第二十六条 应急救治设施应当设置机械通风系统。机械送、排风系统应当按清洁区、半污染区、污染区分区设置独立系统。空气压力应当从清洁区、半污染区、污染区依次降低。

第二十七条 送排风口应当设置相应级别的过滤器，确保生物安全。

第二十八条 送、排风系统的各级空气过滤器应当设压差检测、报警装置。

第二十九条 隔离区的排风机应当设在排风管路末端，排风系统的排出口不应临近人员活动区，排气宜高空排放，排风系统的排出口、污水通气管与送风系统取风口不宜设置在建筑同一侧，并应当保持安全距离。

第三十条 新风的加热或冷却宜采用独立直膨式风冷热泵机组，并根据室温控制调节送风温度；根据地区气候条件确定是否设辅助电加热装置。

第三十一条 根据当地气候条件及围护结构情况，当应急救治设施污染区可安装分体冷暖空调机，分体空调机的送风应当尽量减小对室内气流方向的影响，分体空调机电源应当集中管理，根据室温需求统一管控；清洁区、半污染区宜设置分体冷暖空调机，CT 等散热量较大的医技机房应当设置空调。严寒、寒冷地区冬季可设置电暖器供暖。

第三十二条 污染区空调的冷凝水应集中收集，随各区废、污水集中处理后排放。

第三十三条 负压隔离病房（包括 ICU）设计应当符合下列规定：

1. 采用全新风直流式空调系统。
2. 送风应当经过粗效、中效、亚高效过滤器三级处理；排风应当经过高效过滤器过滤处理后排放。
3. 排风的高效空气过滤器应当安装在房间排风口部。
4. 送风口应当设在医护人员常规站位的顶棚处，排风口应当设在与送风口相对的床头下侧。
5. 病房与其相邻、相通的缓冲间、走廊压差应当保持不小于 5Pa 的负压差。门口宜安装压差显示装置。
6. 可根据需要设置房间加湿器，保证房间湿度。

第三十四条 应急救治设施的手术室应当按直流负压手术室设计，并符合国家现行标准《医院洁净手术部建筑技术规范》（GB50333）的有关规定。

六、电气及智能化

第三十五条 应急救治设施非生活区应当为一级负荷中的特别重要负荷。新建项目应当由城市电网提供至少两路电源，并设置柴油发电机组。有条件的改造项目可由院区变电所（配电室、电气竖井）提供不同的低压母线（配电箱）引两路电源供电，其中一路应为应急电源。对于恢复供电时间要求 0.5s 以下的设备还应设置不间断电源装置。

第三十六条 通风系统电源、空调系统电源应当独立。

第三十七条 配电箱、配电主干路由等不应设置隔离区。

第三十八条 病房、缓冲间、卫生间、走廊及其他需要灭菌消毒的场所设置紫外线消毒灯插座。

第三十九条 宜根据医疗流程设置出入口控制系统，对负压病房的医患通道、污染与洁净区域进行医疗流线的管理。当出现紧急情况时，门禁在紧急情况时应当解除。

第四十条 相关设施应当设置远程会诊系统、视频会议系统等信息化应用系统。

第四十一条 负压病房应当设置医护对讲系统，负压隔离病房及重症监护室应当设置视频监护系统。

第四十二条 新建项目可优先选用预装式变电站、箱式发电机组、应急集装箱式数据机房、一体化建筑设备管理系统等成套设备。

七、医用气体

第四十三条 应急医疗设施应设置医用氧气、医疗空气、医用真空气体供应。医用气体系统每床位应按 ICU 供应量考虑且同时使用系数取为 100%，所有管路应能满足峰值流量供应需求。

第四十四条 医用真空站房应位于隔离区内，医疗空气、医用氧气和其他医用气体站房应设在非隔离区。改造项目除医用真空站外可以共用医院现有气源。

第四十五条 医用空气压缩机进气口应设于室外，不应受医用真空泵排气和其他医疗污染、环境污染源的影响。

第四十六条 医用真空系统应保持站内密闭，真空泵排放气体须有消毒或隔离措施。排气口不应位于医疗空气进气口的上风口附近，应远离空调通风系统进风口且不低于地面 5m，排出的气体不应能被转移至其他人员工作或生活区域。

八、运行维护

第四十七条 运行维护应当符合下列规定：

1. 各区域排风机与送风机应当连锁，清洁区应当先启动送风机，再启动排风机；隔离区应当先启动排风机，再启动送风机；各区之间风机启动顺序为清洁区、半污染区、污染区；

2. 管理人员应当关注风机故障报警信号，确保风机正常运行；

3. 管理人员应当关注送风、排风系统的各级空气过滤器的压差报警，及时更换堵塞的空气过滤器；

4. 排风高效空气过滤器更换操作人员应当做好自我防护，拆除的排风高效过滤器应当由专业人员进行原位消毒后，装入安全容器内进行消毒灭菌，并随医疗废弃物一起处理。

第四十八条 固体医疗废弃物需用专门容器装载密封，由专人收集送至医疗垃圾暂存站，并转运至外部专门处置场所集中处理。医疗垃圾应当采用环氧乙烷消毒灭菌后再行焚烧。

第四十九条 负压吸引产生的医疗废弃物应当按国家《医疗废物管理条例》的要求统一处理。

附录：

1. 负压病房改造参考方案（略）

2. 医疗类建筑相关主要建设标准目录（略）

【工业和信息化部关于工业大数据发展的指导意见（工信部信发〔2020〕67号）】

各省、自治区、直辖市及计划单列市、新疆生产建设兵团工业和信息化主管部门（大数据产业主管部门）：

工业大数据是工业领域产品和服务全生命周期数据的总称，包括工业企业在研发设计、生产制造、经营管理、运维服务等环节中生成和使用的数据，以及工业互联网平台中的数据等。为贯彻落实国家大数据发展战略，促进工业数字化转型，激发工业数据资源要素潜力，加快工业大数据产业发展，现提出如下意见。

一、总体要求

坚持以习近平新时代中国特色社会主义思想为指导，深入贯彻党的十九大和十九届二中、三中、四中全会精神，牢固树立新发展理念，按照高质量发展要求，促进工业数据汇聚共享、深化数据融合创新、提升数据治理能力、加强数据安全管理，着力打造资源富集、应用繁荣、产业进步、治理有序的工业大数据生态体系。

二、加快数据汇聚

（一）推动工业数据全面采集。支持工业企业实施设备数字化改造，升级各类信息系统，推动研发、生产、经营、运维等全流程的数据采集。支持重点企业研制工业数控系统，引导工业设备企业开放数据接口，实现数据全面采集。

（二）加快工业设备互联互通。持续推进工业互联网建设，实现工业设备的全连接。加快推动工业通信协议兼容统一，打破技术壁垒，形成完整贯通的数据链。

（三）推动工业数据高质量汇聚。组织开展工业数据资源调查，引导企业加强数据资源管理，实现数据的可视、可管、可用、可信。整合重点领域统计数据和监测数据，在原材料、装备、消费品、电子信息等行业建设国家级数据库。支持企业建设数据汇聚平台，实现多源异构数据的融合和汇聚。

（四）统筹建设国家工业大数据平台。建设国家工业互联网大数据中心，汇聚工业数据，支撑产业监测分析，赋能企业创新发展，提升行业安全运行水平。建立多级联动的国家工业基础大数据库，研制产业链图谱和供应链地图，服务制造业高质量发展。

三、推动数据共享

（五）推动工业数据开放共享。支持优势产业上下游企业开放数据，加强合作，共建安全可信的工业数据空间，建立互利共赢的共享机制。引导和规范公共数据资源开放流动，鼓励相关单位通过共享、交换、交易等方式，提高数据资源价值创造的水平。

（六）激发工业数据市场活力。支持开展数据流动关键技术攻关，建设可信的工业数据流通环境。构建工业大数据资产价值评估体系，研究制定公平、开放、透明的数据交易规则，加强市场监管和行业自律，开展数据资产交易试点，培育工业数据市场。

四、深化数据应用

（七）推动工业数据深度应用。加快数据全过程应用，发展数据驱动的制造新模式新业态，引导企业用好各业务环节的数据。

（八）开展工业数据应用示范。组织开展工业大数据应用试点示范，总结推广工业大数据应用方法，制定工业大数据应用水平评估标准，加强对地方和企业应用现状的评估。

（九）提升数据平台支撑作用。发挥工业互联网平台优势，提升平台的数据处理能力。面向中小企业开放数据服务资源，提升企业数据应用能力。加快推动工业知识、技术、经验的软件化，培育发展一批面向不同场景的工业 APP。

（十）打造工业数据应用生态。面向重点行业培育一批工业大数据解决方案供应商。鼓励通过开展工业大数据竞赛，助力行业创新应用。加大宣传推广力度，开展线上线下数据应用培训活动。

五、完善数据治理

（十一）开展数据管理能力评估贯标。推广《数据管理能力成熟度评估模型》（GB/T36073-2018，简称 DCMM）国家标准，构建工业大数据管理能力评估体系，引导企业提升数据管理能力。鼓励各级政府在实施贯标、人员培训、效果评估等方面加强政策引导和资金支持。

（十二）推动标准研制和应用。加强工业大数据标准体系建设，加快数据质量、数据治理和数据安全等关键标准研制，选择条件成熟的行业和地区开展试验验证和试点推广。

（十三）加强工业数据分类分级管理。落实《工业数据分类分级指南（试行）》，实现数据科学管理，推动构建以企业为主体的工业数据分类分级管理体系。

六、强化数据安全

（十四）构建工业数据安全管理体系。明确企业安全主体责任和各级政府监督管理责任，构建工业数据安全责任体系。加强态势感知、测试评估、预警处置等工业大数据安全能力建设，实现闭环管理，全面保障数据安全。

（十五）加强工业数据安全产品研发。开展加密传输、访问控制、数据脱敏等安全技术攻关，提升防篡改、防窃取、防泄漏能力。加快培育安全骨干企业，增强数据安全服务，培育良好安全产业生态。

七、促进产业发展

（十六）突破工业数据关键共性技术。加快数据汇聚、建模分析、应用开发、资源调度和监测管理等共性技术的研发和应用，推动人工智能、区块链和边缘计算等前沿技术的部署和融合。

（十七）打造工业数据产品和服务体系。推动工业大数据采集、存储、加工、分析和服务等环节相关产品开发，构建大数据基础性、通用性产品体系。培育一批数据资源服务提供商和数据服务龙头企业，发展一批聚焦数据标准制定、测试评估、研究咨询等领域的第三方服务机构。

（十八）着力构建工业数据创新生态。支持产学研合作建设工业大数据创新平台，围绕重大共性需求和行业痛点开展协同创新，加快技术成果转化，推动产业基础高级化和产业链现代化。

八、加强组织保障

（十九）健全工作推进机制。省级工业和信息化主管部门（大数据产业主管部门）要建立工业大数据推进工作机制，统筹推进地方工业大数据发展。鼓励各地因地制宜加强政策创新，开展重大问题研究，实施政策评估咨询，助力工业大数据创新应用。

（二十）强化资金人才支持。发挥财政资金的引导作用，推动政策性银行加大精准信贷扶持力度。鼓励金融机构创新产品和服务，扶持工业大数据创新创业。完善人才培养体系，培育既具备大数据技术能力又熟悉行业需求的复合型人才。

（二十一）促进国际交流合作。围绕政策、技术、标准、人才、企业等方面，推进工业大数据在更大范围、更宽领域、更深层次开展合作交流，不断提升国际化发展水平。

工业和信息化部

2020 年 4 月 28 日

【关于印发《中国工艺美术大师自律管理办法》的通知（中轻联工艺〔2020〕117 号）】

各省、自治区、直辖市中国工艺美术大师评选牵头单位，各中国工艺美术大师：

中国工艺美术大师是行业的最高荣誉，是建设文化强国的重要力量，是弘扬工匠精神的旗帜。为深入贯彻落实国务院《中国传统工艺振兴计划》，充分发挥中国工艺美术大师引领传统手工艺产业发展的重要作用，推动国大师队伍自律健康发展，中国轻工业联合会中国工艺美术大师工作委员会在广泛征求意见的基础上，组织制定了《中国工艺美术大师自律管理办法》（以下简称《办法》）。现将《办法》印发你们，请按相关要求予以执行。

《办法》发布后，请各中国工艺美术大师于 2020 年 6 月 30 日前，通过网上填报系统（地址：http://www.cnlic.org.cn/dsw/index.html）提交 2019 年“中国工艺美术大师自律自治、服务行业年度登记表”。80 岁以上者（含）可免于登记。各中国工艺美术大师评选牵头单位在填报系统中审核辖区内国大师的登记内容，打印盖章后请于 2020 年 7 月 31 日前，将国大师年度登记表纸质版报中国轻工业联合会中国工艺美术大师工作委员会办公室。

2021 年起，中国工艺美术大师应于每年 2 月 28 日前，上网登记上一年度自律自治、服务行业情况。各牵头单位于每年 3 月 31 日前，将国大师年度登记表纸质版报中国轻工业联合会中国工艺美术大师工作委员会办公室。

附件：《中国工艺美术大师自律管理办法》

中国轻工业联合会

中国工艺美术大师工作委员会

2020 年 5 月 7 日

中国工艺美术大师自律管理办法

第一条 为维护中国工艺美术大师的良好形象，促进中国工艺美术大师队伍健康发展，充分发挥中国工艺美术大师引领行业的积极作用，推动形成尊重大师、崇尚人才的行业氛围，特制订本办法。

第二条 本办法适用于经历届中国工艺美术大师评选，被正式授予中国工艺美术大师荣誉称号的中国工艺美术大师。

第三条　中国轻工业联合会受国务院委托，负责组织评选中国工艺美术大师，负责对大师的指导服务和推动大师队伍自律管理。

第四条　中国工艺美术大师须遵守本办法，推进大师队伍自律，引领全国工艺美术行业规范健康发展。

第五条　中国工艺美术大师要拥护中国共产党领导，热爱社会主义祖国，严格遵守国家有关法律、法规及规章制度，自觉接受政府部门及有关方面的监督管理。

第六条　中国工艺美术大师应坚定文化自信，弘扬中华文明，以文化内涵丰富的工艺美术作品，传递传统文化，传承中华文脉。

第七条　中国工艺美术大师应发扬工匠精神，专注坚守，精益求精，追求卓越品质，打造精品力作，带动中国工艺美术行业整体水平提升。

第八条　中国工艺美术大师应勇担传统手工艺保护传承重任，对无人继承、面临失传的传统技艺和工艺精髓，配合有关部门主动发掘整理，收集研究，开发利用，让技艺精华留存未来，让传统工艺焕发活力。

第九条　中国工艺美术大师应与时俱进，勇于开拓，在继承传统工艺的基础上，努力创造，发挥创新风向标作用，以新颖动人的艺术形式，大众喜闻乐见的时代精品，满足人民美好生活需要。

第十条　中国工艺美术大师应不断加强自身学习，为推动行业发展增加知识积累，提升学识修养，为广大工艺美术从业人员树立学习榜样。

第十一条　中国工艺美术大师应带徒授艺，承前启后，积极培养后备人才；应走进校园，讲学授课，努力使传统工艺薪火相传，延绵不绝，为建设高素质工艺美术人才队伍做出积极贡献。

第十二条　中国工艺美术大师应发挥自身优势，宣传推广工艺美术，为行业扩大文化认同，争取资源支持，提升社会影响，创造更加优越的发展条件。

第十三条　中国工艺美术大师应自觉维护大师荣誉称号，诚实守信，德艺双馨，秉持崇高的职业操守，以正确的人生观、价值观、事业观，为广大工艺美术从业人员做好表率。

第十四条　中国工艺美术大师每年向中国工艺美术大师工作委员会提交自律自治、服务行业的有关情况。（附：中国工艺美术大师自律自治服务行业年度登记表）。

第十五条　被行业和社会反映其行为失范情形严重的中国工艺美术大师，经中国轻工业联合会核实，按一定程序给予通报，并限期要求其作出整改。

第十六条　有下列情形之一者，经中国工艺美术大师工作委员会核实，上报中国轻工业联合会批准后，取消其中国工艺美术大师荣誉称号：

（一）丧失中华人民共和国国籍者；

（二）采取弄虚作假等不正当手段取得中国工艺美术大师荣誉称号者；

（三）接受刑事处罚或严重违背社会公德，造成重大不良社会影响者；

（四）其他应当取消中国工艺美术大师荣誉称号的情形。

第十七条　本办法由中国轻工业联合会负责解释。

第十八条　本办法自发布之日起施行。

专题

抗击新冠肺炎疫情艺术设计主题活动

【概况】

新型冠状病毒疫情暴发的时期，在信息发布方面，设计相比较其他艺术门类显得沉默一些，但是，设计其实又是策略性解决危机问题的一种非常重要的手段，不容忽视。本专题选登了部分抗疫设计的案例以及专题文章，解读案例并适当回顾历史，探讨设计与人类抗击疫情二者之间的作用与反作用。

【山东工艺美术学院开展防疫产品设计】

2020 年年初，山东工艺美术学院师生开展《生命重于泰山——紧紧依靠人民群众坚决打赢疫情防控阻击战》主题创作，各个院系师生创作了 1000 余个海报、动画、视频、产品设计等形式丰富的战“疫”作品。作品种类具体涉及防护用品、消毒用品、防疫设施等，主要功能是以科学、便捷的设计阻断病毒传播，同时在更深层次上关注疫情防控过程中人的生活状态。比如目前网上发布的用于传染性疾病护理的智能机器人，用于体温检测、消毒清扫的智能机器人等，有助于降低相应职业人群的工作风险；用于公共出入口体温检测的“检测仓”设计，有助于快速识别发热病人、解决“测温不准”问题以及减少检测人员负担；“无人驾驶消毒车”为社区喷洒消毒剂并播放防疫知识，减少人员出行工作量；打印有自己脸部局部照片的口罩，应对疫情防控期间的部分设备设施的人脸识别、人脸解锁功能……这些产品设计，目的都在于通过优良的设计，使疫情消弭于未形，并将消毒、隔离产生的时间成本、心理成本降到最低，最大可能地减小突发公共卫生事件所产生的影响，包括人与人的沟通交流以及人自身面对病毒时的身心影响。

设计者关注各类空间里病毒传播的途径以及可能附着的载体，依据防疫消毒原理进行设计。既关注公共空间，也涉及个人应用；既致力提高个体在防疫过程中防毒、消毒的便捷性，也努力通过产品的设计增强对公共空间从事保洁、消毒工作的职业群体的保护。

这一系列防疫主题的工业设计体现了对设计“日常性”的把握，所谓“人们大多时间生活在日常中，日常是安定简便清洁有效的时间，这种时间的设计才包含重要的设计”。比如“呼—吸”口罩支架、可拆卸式抗病毒防护口罩、“反转”口罩、口罩更换提醒贴纸等，主要从细节着手，优化日常防护的解决方案。目前，设计团队也就“无痕”口罩展开设计，在符合防护要求的基础上，减少医护人员和人们日常防护过程中压痕乃至损伤。这些设计优化也许是细微的，但关注的是无所不在的体验，包含对生命的尊重与爱护。设计需要创造当下、选择当下、活在当下，并由此实现更长久的意义。如果说“设计看上去是造物的工作，实质是造事”，那么这一系列设计也在于借由“物”的设计实现事的优化与人的关爱。设计的本质里包含感情，设计来自人所生活的世界，与人类的行为方式和感情需求有深深的关系，设计的优化与应用，也是对美好感情的维护。我们必将战胜病疫，但设计出服务民生、服务公共卫生的产品却永远在路上。也希望优质的工业设计助力产业升级，希望正在经受疫情考验的企业、产业以设计创新为驱动力，转“危”为“机”，设计出更多让大众受益的产品。

摘自《中国艺术报》2020 年 2 月 26 日

【郑州航空工业管理学院以艺抗“疫”活动】

2020 年 2 月 5 日，郑州航空工业管理学院开展以艺抗“疫”活动，进行抗疫设施及用品设计。40 余名青年学子在袁晓东老师和校友郑州航大中天工业设计有限公司总经理杨松的指导支持下进行了设计创新活动，设计出社区疫情数据检测智能手环、自动便携消毒仪等 30 余件防疫用品。

【2020 深圳环球设计大奖特别奖“全球抗疫产品设计奖”】

2020 年 7 月 20 日至 12 月 15 日，由深圳设计周暨环球设计大奖组委会主办，深圳市设计之都推广促进会承办的“2020 深圳环球设计大奖特别奖‘全球抗疫产品设计奖’”举行。本届环球设计大奖特别奖仅面向工业产品门类征集作品，包括但不限于以下子类：电子信息产品、交通工具、运动 / 休闲用品、婴儿及儿童用品、办公室用品、灯具及照明设备、家居设备、医药 / 保健、机器人等；设置总奖金 200 万元，其中至尊奖 50 万元（1 个）、优秀奖 10 万元（10 个）、概念奖 5 万元（10 个）。

【“疫情常态下的工艺美术再思考”学术研讨会】

2020 年 11 月 12 日，上海工艺美术学会主办的“‘疫情常态下的工艺美术再思考’学术研讨会”在上海工艺美术博物馆举行。研讨会以不同视角对疫情常态下的工艺美术融合传播、艺术创新、协调发展的前瞻性、指向性、可操作性等议题进行探究和思考；从文化、技术、生活三个层面，就“慢生活之下的手工艺”“传统工艺美术的文创开发”“人工智能发展对工艺美术的影响”“全球化时代带给当代上海工艺美术的机遇和挑战”等相关议题进行了研讨，为工艺美术产业的持续发展进言献策。

【观点】助力防疫的工业设计

◎ 赵毅平

大型的公共卫生事件，不仅是对一个国家医疗卫生体系的考验，也是对其行政管理水平、工业与科技水平的一次考验。从整个国家和地区的航空运输、物资调配，到区域的疫情防控、安全保障，再具体到个人日常生活中的防疫卫生用品，相关的工业设计在各个层面均发挥着作用。而在 2020 年的新型冠状病毒肺炎疫情期间，无人驾驶、5G 通讯、AI 图像识别等新技术也展示了其在解决实际问题上的优势，同时拓展了原有技术的使用场景。

下面，本文就运输与物流、医疗设备、消毒防疫、日常用品几个类别，结合近年来大型公共卫生事件，尤其是 2020 年的疫情期间应用的具体实例，介绍与防疫相关的工业设计。

一、运输与物流

（一）航空器

疫情期间的运输保障极为重要。航空器在确保实现应急物资和医护人员的迅速转运方面一直发挥着重要的作用。在 2020 年的新型冠状病毒疫情期间，不仅民用航空配合调配物质与人员运输，军用的航空器也参与其中。如，中国自主研究制造的新一代军用大型运输机运 -20 执行了运送医护人员以及医疗物资的任务，驰援武汉。运 -20 于 2013 年 1 月首飞成功，作为大型多用途运输机，可在复杂气象条件下，执行各种物资和人员的长距离航空运输任务。这也是运 -20 第一次公开执行运输任务。而中国在 20 世纪 90 年代以法国 SA321 直升机为基础仿制改进的 13 吨级多用途直升机直 -8，也于 2 月受中部战区紧急调派，由武汉市向襄阳、宜昌地区转运口罩、防护服、手套、药品等600件共计4吨防疫医疗急需药品和紧缺物资。直-8直升机是单旋翼带尾桨多用途直升机，在标准状态下有较大的功率储备，具有飞行性能好、使用寿命长、飞行安全、操纵容易、使用维护方便、应急时可在水面起降等特点。此前在2008年汶川地震抗震救灾中就曾发挥作用。

（二）生物运输系统

近些年来，为解决疫情期间高致病生物（如传染病病患）的运输问题，国际上专门研究并制造了专用的运输系统。其中ABCS与CBCS是颇具典型性的两例。

2007年至2010年，凤凰航空（Phoenix Air）应美国疾病预防控制中心、美国国防部的要求，开发了ABCS航空医学生物收容系统（Aeromedical Biological Containment System）。它最初是为支持可能在东亚调查禽流感和SARS时感染疾病的美国疾病控制与预防中心工作人员而开发的，但直到2014年西非暴发埃博拉病毒疫情时才开始使用，将36名埃博拉患者运出西非。ABCS使用金属外骨骼支撑内部的塑料衬里，从而形成一个气密的隔离室。病人被放置在室内，医护人员必须穿戴个人防护设备才能进入ABCS的收容区域并提供护理。ABCS使用气泵将腔室保持在负压状态，进气和排气均经过HEPA过滤。不过，ABCS只能容纳一名病患。

CBCS集装箱式生物控制运输系统（Containerized Bio-Containment System）是世界上首个具备完整生物防护能力的可空运的多人医疗运输单元，可用于所有类型的高致病生物的高密闭性空运。2016年，它由保罗·艾伦基金会埃博拉项目资助，MRIGlobal研制，用于应对埃博拉疫情所引发的全球健康问题。CBCS内共有三个房间：一个容纳四名病患和四名护理人员的患者治疗区；一个可安全穿脱防护设备的前厅；一个供两名医护人员使用的休息区。

CBCS是标准的44英尺 ×8英尺 ×8英尺集装箱，空重2.2万磅，各种大型货机都可以携带，同时也可以搭载卡车、火车或者轮船。其内部为密闭结构，自带通风和消毒系统，整个容器均保持负压，进气和排气均经过HEPA过滤。并且，它自带16小时氧气、影像监视系统，有足够的空间携带必要的医疗设备和药品。还有通信设备接口、食品和饮水，以及一个小卫生间。

CBCS在2020年2月第一次应用于实际任务。在美国将钻石公主号的美国公民从日本撤离的两架航班上，14名被感染者及密切接触者就被全程隔离在这两个集装箱里，最大限度确保了300余名乘客的安全。

（三）无人驾驶

近几年，国内的无人驾驶技术迅猛发展，在限定场景下的应用日渐成熟。2020年的新冠肺炎疫情期间，无人配送车、无人消毒车、无人环卫车、智能配送机器人的及时应用，显示出这项技术的优势与落地可能性。其中，无人车成为解决当前物流配送刚需问题的有效解决方案。

例如，2月6日起，新石器慧通（北京）科技有限公司开发的无人物流配送车，陆续抵达武汉市、北京市、上海市、深圳市、广州市、西安市等隔离点，同步协助无人运输、防疫监控、喷雾消毒等抗疫服务。在运营中的无人车，还将车内装配的口罩在运营场地进行派发。新石器无人车具备L4级自动驾驶能力，可全局巡航规划，自动绕障，实时监测周围情况及时紧急制动。其整车宽度仅一米，可以适应公园、工业园、校园等多种道路及交通环境，可以轻松通过大多数道路，而搭载的超大货箱有2.4立方米，兼顾灵活性和实用性。在配置上，具备欧洲L6e车规级底盘、L4级自动驾驶能力、车规级VCU、四轮碟刹。

同时，智能配送机器人也在疫情期间纷纷助力医疗物资的近距离运输。比如，2月，京东的智能配送机器人完成在武汉的首单配送，将医疗和生活物资从京东物流武汉仁和站运送至收治新型冠状病毒感染肺炎的定点医院——武汉第九医院，避免了人员接触，让配送和接收更加安全。京东配送机器人配备有视觉传感器和雷达，通过生成视差图等方式构建三维环境，检测障碍物的大小和距离，控制无人车避障，以保证行驶安全。通过深度学习算法，它可以敏锐地识别交通标志和车道线，在各种照明和天气状况下都可保证行驶遵守交通规则。基于机器人同步定位与建图技术，它可以实现无人车自主定位与地图创建。在路线规划和导航定位方面，它基于高精度立体影像数据结合 GNSS 卫星定位系统，能进行精准路线规划和导航定位，定位精度达到厘米级。智能货箱系统支持验证码、人脸识别和一键链接取货等多种人机交互模式。

另外，在 2020 年的疫情期间，向汽车行业及自动驾驶领域的合作伙伴提供服务的软件平台百度 Apollo，也利用自身资源，对服务疫情的企业免费开放低速微型车套件及自动驾驶云服务，加速自动驾驶产品应用，驰援疫情防控。其开放的技术资源主要包含两部分。一是 Apollo 平台开放低速自动驾驶微型车套件。套件包含硬件方案、软件和相应服务，用以支持针对抗疫情作业车的自动驾驶应用，并在疫情期间提供免费技术适配和供应链支持。二是在疫情期间，针对抗疫情场景的自动驾驶作业车企业，百度 Apollo 平台免费提供的自动驾驶云服务矩阵支持，包括但不限于高精地图、仿真模拟、车辆标定、数据标注、传感器标定、远程监控、云存储 / 计算等关键云服务。

二、医疗设备

（一）移动医院

因战争催生的军事医学在发展的同时，也带来了医疗设备与方式的变革，移动医院（mobile hospital）就是典型的一例。移动医院规模较小，基础平台常用卡车车厢和半挂车的车厢，同时配备有齐全的医疗设备，常常作为模块化的单元，可以迅速移动和安置在新的地点。因此，它可以在战争或自然灾害等危急情况下为病人或伤员提供医疗服务。在设计的过程中，所有需要的功能空间和必要的设备都被考虑在内，在符合医疗相关标准的同时，保证灵活与高效用。在战争或灾难及大型公共卫生事件中，移动医院可以迅速地为伤员和病患提供医疗服务，同时也作为病患进入永久医院前的中转站。

各类移动医院的设计数量众多，世界上最大的拖车移动医院是萨巴 · 帕拉耶 64 床拖车移动医院，于 2019 年设立在伊拉克的卡尔巴拉。

（二）便携式医疗隔离装置

德国的公务机运营商 FAI 集团于 2020 年 2 月宣布，已准备好运送新型冠状病毒患者，其采用的关键性运输装置是由挪威制造的便携式医疗隔离装置——EpiShuttle。

EpiShuttle 是一种单病人隔离和运输系统，旨在提供最大限度的病人安全性和舒适性，同时允许进行重症护理和治疗。EpiShuttle 由挪威的 EpiGuard AS 公司设计生产。

EpiShuttle 是由耐溶剂材料制成的模块化单用户隔离系统，可与领先的救护车担架底盘系统以及大多数机械呼吸机电路兼容。该医疗隔离和运输系统希望在患者装载和运输过程中实现最高的安全性和多种治疗选择，不仅可以保护患者免受环境的感染，同时也可保护环境免受患者的传染。该设计不仅用途广泛，而且方便使用，可提供最佳舒适度。EpiShuttle 最大的特点是采用了负压隔离和 HEPA 过滤。除了保障病患在运输途中的最高安全性，它与呼吸机、除颤仪等抢救设备完全兼容，适用于危重病人和传染性较强的特殊疾病的多种治疗。

（三）病人可穿戴传感器

在传染病治疗过程中，如何避免医护人员被传染，在整个医疗工作中占据着重要的地位。近年来的一些可穿戴式传感器设备为解决这一问题提供了可能。斯坦福大学研究人员开发的可伸展可穿戴式传感器，可以追踪人体健康状况并将这些读数发送到衣服的 RFID 接收器上。东京大学研发的金纳米网传感器在皮肤上可持续一周而不引发炎症。

而斯克里普斯转化科学研究所参与设计的 MultiSense 患者便携式传感器，旨在为埃博拉病患的治疗与监测提供便捷。其外形类似创可贴的设计，既可作为一次性产品，又可支持蓝牙设备重复使用。它可以持续测量病人重要的生命体征，包括埃博拉治疗中心的病患和疑似感染者的心率、呼吸频率、体温和血氧饱和度。这款传感器可进行远程监控，改善患者的护理状况，并在一定程度上确保了医护人员的安全。由于医护的个人防护设备过于笨拙，并且工作时间有限，这一设计可以持续地测量患者的生命体征。与此同时，测量的结果与提供实时自动化分析和可操作信息的平台相结合，得以尽早进行干预，安全地监视患者的病情，有效诊断并重新分配资源，缩短了费时费力的测量过程。

（四）肺结核快速诊断器

世界三大主要传染病之一的肺结核，每年造成约150万人死亡。在所有结核病患者中，有86%生活在非洲和东南亚的发展中国家。由于结核病具有强大的传播性，治疗会产生高昂的医疗费用，对这些国家的社会和经济活动产生了严重影响。

富士胶片公司设计的肺结核快速诊断器，不需要电源，易于操作，可满足电源基础设施不稳定的发展中国家的需求。当前，诊断结核病最广泛的方法是分析患者的痰标本——唾液和黏液的混合物，但这个产品只需要使用低浓度的尿液作为检测样本，检测过程快速安全。富士胶片公司发挥其固有成像技术的优势，将其用于医疗，并批量生产，实现肺结核快速检验，增加了早期预防、提前治疗的机会，拯救了无数的生命。

三、消毒防疫

（一）雾炮车

雾炮车一直是城市环保利器，它作用能力强、射程广、安全高效。同时，雾炮车可灵活调节高度和角度，不仅能对地面冲洗、消毒，而且兼具防尘、防霾、喷洒、洒水功能，一车多用优势明显。

2020年的新冠肺炎疫情期间，为避免疫情蔓延，多个城市开展雾炮车消毒作业。雾炮车选择的消毒液主要是二氧化氯，同时经过科学比例的稀释。多选择夜间对主次干道、人行道等公共区域进行消毒，以尽可能避免环境污染。

2008年汶川地震后，重灾区就应用了雾炮车进行全面的消毒防疫工作。而在2014年，解放军第三代防疫车也在利比里亚协助抗击埃博拉疫情，该防疫车就配备了雾炮消毒设备，进行自动化的消毒喷洒作业。

（二）消毒机器人

在2020年新冠肺炎期间，多个医疗机构使用智能消毒机器人喷雾消毒，极大地减少了隔离区和外界的联系，有效隔绝了病毒传播。智能消毒机器人一般具有自动驾驶、自行避障、自行喷雾消毒、紫外线消毒、空气净化等功能，可克服隔离区内临时设备多、情况场景复杂等难题。

例如，钛米（TMiRob）智能消毒机器人便集成了紫外线消毒、气化过氧化氢消毒、空气过滤三种消毒灭菌方式于一体，拥有自主导航技术，可自主移动。它可以自动根据空间面积计算消毒时间，自动围绕目标进行360度无死角消毒，而智能化的操作界面使操作使用更加便捷。

此前，为防范埃博拉病毒蔓延，美国的多家医院便普遍配备了消毒机器人，通过氙气产生紫外线脉冲的原理，破坏病毒的脱氧核糖核酸（DNA），杀灭包括埃博拉在内的多种病毒。

（三）体温检测系统

由于发烧是新冠肺炎患者典型的症状之一，对体温的检测便是防疫较为普遍的方式。除了常见的用于个人体温检测的红外线体温枪，如何在人流密集地点对多人同时进行体温检测，也是颇为现实的问题。

百度AI多人体温检测系统，基于百度AI图像识别技术和红外热成像技术的整合，形成完善的多人体温快速检测方案，可对人流中多人额头温度同时进行快速筛选及预警，方便人流聚集处的快速筛选，且支持固定检测点和使用移动设备进行巡检两种模式。它使用人脸检测关键点定位（精准定位包括脸颊、眉、眼、口、鼻等人脸五官及轮廓的150个关键点）及图像红外温度点阵温度分析算法，可以在一定面积范围内批量对多人同时进行体温筛查。实时监测多人流场景动态，对体温超出一定阈值的人员，系统予以报警，帮助工作人员迅速查出温度可疑人员，采取有效措施。

四、日用产品

在家庭与个人的日常生活中，如何防疫？下列这些产品从物品消毒、避免接触、紧急救生等角度提供了一些解决方案与设想。

Phone Soap 公司出品的手机等物品消毒盒，解决了人们给小件物品消毒的问题。消毒盒通过240—280 纳米的紫外线引起细胞成分裂变，破坏病毒细胞中的 DNA 或者 RNA 的分子结构，造成生长性细胞死亡和再生性细胞死亡，达到杀菌消毒的效果。它造型小巧、使用便捷，可随时随地为密切接触的小物品消毒，例如手机、钥匙、化妆工具、入耳式耳机、眼镜、首饰、幼儿餐具等。

现有的电梯按钮需要使用者直接接触，但按钮的清洁程度往往不如人意，是大量细菌和病毒的常驻之处。韩国产业技术大学设计的无接触电梯按钮，采用运动传感器，如果传感器探测到用户的手指要穿过，则自动联通按钮，避免了电梯按钮直接与使用者的皮肤接触。

江南大学和同济大学的团队设计的 Cyclean 清洁把手，希望解决公共交通工具上把手的卫生问题。它改变了手柄的原有结构，在一个小的塑料容器中配备了海绵、清洁剂、消毒剂以及滚轮，可对使用过的手柄带进行清洁和消毒。向下拉手柄带的一侧即可将消毒后的手柄带拉出使用，从而减轻使用者对细菌暴露和潜在疾病的恐惧。

日本 Nendo 设计事务所设计的 MINIM+AID 急救包，能在地震或发生其他灾难时为城市居民提供最基本的需求。这种管形装备直径 5 厘米，能防水、可漂浮，其中包括哨子、收音机（兼电源）、雨衣、急救灯、饮用水和塑料盒。这款产品的主要设计理念是将需要的物品最小化并集中存放，以便在紧急情况下求救、照明、取水、避免人体失温和使用必备药品。

摘自《装饰》2020 年第 2 期

【观点】信息可视化：让公众“看得见”疫情的设计方法

◎ 李拓

此次新型冠状病毒肺炎疫情的暴发波及全球，几乎所有人的生活、命运都不同程度地受到影响。除了它非常强的传染性之外，这次新冠肺炎病毒展现出的诸如“无症状感染者”“个别超长潜伏期感染者”“治愈出院后核酸复查又呈阳性的患者”等过往既有传染病菌、病毒所不具有的新特征，不仅增加了对其预防、治疗的成本和难度，更带来了因未知而产生的恐慌，正应了 H.P. 洛夫克拉夫特在《文学中的超自然恐怖》中写下的那段经典的话：人类最古老最强烈的情感便是恐惧，而最古老最强烈的恐惧则来源于未知。

在突发的公共危机中，人群产生焦虑、恐慌的心理是一个跨越国界、普遍而正常的现象。处于焦虑中的人群更容易相信谣言、阴谋论、夸大的数字和非黑即白的论断。① 如何有效控制疫情，医生、公共卫生专家、生物医学研究者这些专业人士的本职工作固然是最根本、最重要的，但信息公开透明、公众心理建设等其他工作也是必不可少的。人们对一种传染性疾病及其病原体的致病性、传播途径、病例数量了解得越多，对它的恐慌、恐惧就会越少。正如在新冠肺炎疫情暴发早期，流行病学专家曾光所说的“不怕病例报告就怕不报告”。信息可视化作为一种设计手段和呈现方式，能够有效地将原本单调的统计数字转化为可读性强的信息数据，使公众了解事物发展规律、明晰事态发展方向，实现人们“看见”传染病发展趋势的愿望。

① 参见邱稚博《如何认知公共危机中的群体心理》，2020 年 2 月 26 日，环球网（https://opinion.huanqiu.com/article/9Ca Krn Kp AKL）。

一、早期经典案例

早在19世纪初，可视化实践者威廉·普莱费尔（William Playfair）就使用了一种近似今天人们所见到的流图，在时间线上堆叠代表不同类别信息的图层，这种形式被称为堆叠图（Stackedgraph）。

例如，普莱费尔所做的英国对丹麦和挪威的进出口图，时间线上设置了两层，一层是英国的出口，另一层是英国的进口。当英国的出口曲线大大高于进口曲线时，这个进出口的差额区域就被标注为“对英国有利的平衡”。这种图形，读者理解起来还是有些费力，因为有些堆叠图层的做法会让人们的视觉关注点聚焦在图层与图层的高差区间，当多个图层的宽度接近时就难以辨认；各层必须透明，否则就会出现某些层可能被前面的层完全掩盖的情况。它最根本的特征在于，整体河流的宽长比例会强烈地影响图中曲线的陡缓程度。可能正是以上两点原因，流图在过去的200年间并没有被非常广泛地应用。

（一）“霍乱猎人”约翰·斯诺的“死亡地图”

霍乱是一种烈性传染病，航运业的发展把它从南亚带到欧洲。从1831年到1854年，英国国内共暴发了四次大霍乱，其中1831年的首次暴发致使英国有约7.8万人丧生。在世界卫生组织颁布的“国际疾病分类（ICD）”目录中，霍乱始终居于首位。1854年伦敦第四次暴发霍乱，在名为索霍（Soho）区的街道上，10天内有500多人死去。但比死亡更加让人恐慌的是“未知”，对于19世纪初的人类来说，这种可怕瘟疫的发生、传播和控制都是一个谜。

英国医生约翰·斯诺（John Snow）在1854年伦敦宽街（Broad Street，现名布劳维克大街）霍乱暴发事件研究中做出了重大贡献，被认为是麻醉学和公共卫生医学的开拓者。在斯诺生活的年代，对霍乱的起因的主流意见是空气污染论（认为霍乱像黑死病一样通过空气传播）；另一方意见是未被广泛接受的病菌学说。一开始斯诺并不清楚霍乱究竟是通过哪种途径传播的，但是在1832年，经过与水利工程师查尔斯·巴尼澳（Charles Baneyo）、物理学家迈克尔·法拉第（Michael Faraday）等人对霍乱的研究，他相信霍乱的传播并不能归咎于吸入被“污染”的空气，而是因严重的水污染导致的病菌传播。他从1849年开始通过他的论文——《霍乱传递方式研究》（*On the Mode of Communication of Cholera*）宣传他的理论，并于1855年出版了第二版。

在第二版中，他详细介绍了1854年英国伦敦西敏市霍乱暴发时水源在病菌传播中所起的媒介作用。1854年伦敦第四次霍乱中，斯诺到伦敦死亡登记中心要来了所有因霍乱去世的人的详细住址，然后挨家挨户走访，了解患者的生活细节、疾病的发作时间和卫生条件等内容，尤其关注饮用水的水源与疫情之间的关联。斯诺通过调查发现，从8月31日第一个病人去世，到9月2日他开始调查，宽街登记的83名死者中有73人住得离那口井很近，而其中61人日常就喝这口井的水，73人中另外的10个人也喝过这口井的水。除了这73人，他还另外发现几个远离宽街的死者其实都喝过那口井的水。斯诺通过对这口井里的水取样，在显微镜下观察发现里面含有一些“白色的带有绒毛的微粒”。因此斯诺确定这口井就是传播霍乱的根源，于是他找到当地官员，努力说服他们把这口抽水井的手柄拆掉取走。他还想到一个方法：根据收集到的资料，他在一张地图上把霍乱死者的住址和居民取水的抽水机位置一一标画出来。

一开始当地官员拆掉水井手柄时还将信将疑，但仅过3天，该地区霍乱的发病和死亡人数就迅速下降，疫情得到了有效控制。后来在一名牧师的帮助下，斯诺还找到了这口水井被污染的真正原因：在当年8月底霍乱大流行开始前，住在宽街40号的一个婴儿出现了霍乱的症状，家里人把为他洗尿布的水倒在了离宽街水井不远的排水沟里，而这个排水沟与宽街水井并未完全隔离。①

斯诺的研究可以说是公共卫生学历史上的重大事件，他创造性地运用统计学思维，通过对疫情地

① 参见魏振军《爱心浇铸统计图》，《中国统计》2013年第2期。

理分布的分析，发现了此次霍乱的源头和传播方式，有效控制了疫情的蔓延，也是初级的地理智慧及可视化策略的应用案例。

（二）南丁格尔玫瑰图

英国人弗洛伦斯·南丁格尔（Florence Nightingale）不仅是现代护理学的先驱，其生日被定为国际护士节，她同样也是一位视觉呈现和统计图形领域的先驱，英国皇家统计学会的第一名女性会员。

1853 年到 1856 年，克里米亚战争爆发，交战双方为英法联军和沙俄。南丁格尔成为英国的随军护士。她在战争期间以饼图的形式统计并呈现士兵伤亡的情况，因为形似玫瑰，所以又被称为“南丁格尔玫瑰图”（也有称为“鸡冠花图”）。饼图在 1801 年由普莱费尔所发明（柱状图、线形图也由其发明），南丁格尔绘制的图也是以圆心为起点，各扇形从圆心延伸出去，扇形的大小表示数据的大小。但这又与普莱费尔饼图有明显的不同，每个扇形的长短不完全相同，每个扇形区里面还用不同颜色划分了新的区域，不同的颜色代表不同的类别。

南丁格尔玫瑰图对后世影响深远，这种数据呈现方式能够让读者对形势发展一目了然、印象深刻，后来许多案例都采用这种表现形式。2020 年的 COVID-19 新冠肺炎疫情在全球范围内大规模暴发以后，《人民日报》在其新媒体平台每日发布的《新冠肺炎全球疫情形势》图便是采用了这种玫瑰图形式，呈现出每日全球新冠肺炎疫情各国确诊病例数量的发展变化，使受众直观地了解全球疫情的大体走势。

（三）查尔斯·米纳德《拿破仑东征图》

1869 年，法国工程师查尔斯·约瑟夫·米纳德（Charles Joseph Minard）制作了《1812—1813 对俄战争中法军人力持续损失示意图》（*Carte Figurative des Pertes Successives en Hommes de l'Armée Française dans la Campagne de Russie 1812-1813*，也称《拿破仑行军图》《拿破仑东征图》），是早期数据可视化经典案例之一。

该图时间概念明确，呈现的是拿破仑军队 1812 年至 1813 年进攻俄国这一历史事件。图中元素包括：军队人数、温度、方向、地标、河流。图中信息包含有：线条的宽度表示军队人数，可以清楚地观察军队人数的剧烈变化，单位设定为 1 万人 /mm；线段颜色用来区分军队的行进方向，最左边为出发点，最右边为目的地莫斯科，米黄色线条代表前进路线，黑色为撤退路线；色带周围标注了较大途经地的名称；线条的走向按照真实的经纬度变化确定；由竖线引出到达各地时的具体温度，最冷时达到零下 30 列氏度（合零下 37.5 摄氏度）。①

从图上数据分析，气候是拿破仑失败的重要原因。拿破仑发起这场战争的时间为 6 月下旬，随着部队的迁移，天气转寒，加之补给线过长和延迟谈判的时间，到达莫斯科时天气已经十分寒冷，出发时的几十万大军锐减到只剩四分之一。发动侵俄战争前，拿破仑被欧洲战场上的节节胜利冲昏了头脑，出发前亲自安排只携带七周的给养，幻想在夏季就让俄罗斯屈服。实际上，他低估了俄罗斯民族的抵抗意志和作战能力，其部队到达莫斯科时已是隆冬时节。该图系统地展示出众多而复杂的信息，通过信息间的联系人们能够发现导致拿破仑惨败的内在原因。耶鲁大学统计学和政治学教授爱德华·塔夫特（Edward Tufte）在其 1983 年出版的 *The Visual Display of Quantitative Information* 一书中，称赞此图是有史以来最好的“统计图形”，并相应地提出了“优图原则”（Principles of Graphical Excellence）——以最短的时间、最少的墨水、最小的篇幅传达最大量的信息。

二、信息时代的可视化设计转向

20 世纪 20 年代，奥地利经济学家、统计学家奥托·诺伊拉特（Otto Neurath）及其夫人玛丽·诺伊拉特（Marie Neurath）主导创立的国际字体图形教育体系（ISOTYPE）是一套图像语言系统，以标

① 参见魏振军《数据信息可视化的一个经典案例》，《中国统计》2013 年第 5 期。

准化、系统化的图形语言吸引了大量研究者的目光。他们夫妇一直将国际字体图形教育体系视为一种服务于公众教育的视觉转换方法。[①] 他们绘制了一套风格鲜明的插图形象，用来进行信息和数据的表达。例如，他们制作的一系列有关肺结核病的插图，展示了这种古老的传染病可能的传播渠道。

此外，英国设计师哈利·贝克（Harry Beck）在 1933 年创作的伦敦地铁图也是世界上最被认可的经典地图之一，对后世的信息图设计产生了深远的影响。用 90 度和 45 度角的拐角和直线取代原来的弯曲线路，将传统地图变成了规则的线路图。贝克掌握了将地图的复杂系统转换成极简图表的艺术，本质上通过图形合理化创造了一种导航和便利的联结，而不是只注重传统的地理准确性，反而更好地帮助了乘客轻松理解线路之间的联系。贝克的伦敦地铁图与之前的地图设计截然不同，它改变了交通设计的原则，被形容为“21 世纪的用户界面设计”[②]。“二战”结束后，随着电子计算机的推广普及，信息可视化设计也发生了质的飞跃。

（一）面对大数据时代海量信息的可视化策略

有学者提出：在大数据时代到来之前，以信息图为代表的信息设计主要是一种解释性设计，目的是对某些复杂知识或事件进行图形化展示，从而更加清晰有效地传递信息。数据可视化虽然同样是对于抽象数据与信息的视觉表现，但相对而言更偏向于一种探索性设计，目的是展示复杂数据的内在特征与规律，发掘数据背后的潜在价值。传统的信息设计与数据可视化之间有着不同甚至是截然相反的特征。[③]

进入 20 世纪以后，尤其是进入信息时代后，信息可视化呈现的形式和内容也在发生着深刻的变化，不断加速更新迭代。从 19 世纪更多的统计学意义上的展现与诠释发展到今天，可视化内容一方面日益以更加丰富、直观的方式呈现事态发展，另一方面也帮助受众通过可视化方式建立起面对海量信息的有效逻辑思维。不同的呈现方式也会给观者带来不同的心理感受，即便这种变化只是细微的。以此次新冠肺炎疫情为例，假如某个统计图表采用的数据标准是每日累计确诊病例数量，那么无论用线性图还是柱状图来显示都是一路上扬的单增趋势，自然给观者带来的心理暗示就是“此次疫情十分严重”；而如果采用的是每日新增确诊病例数量，至少目前在中国呈现的会是时有波动但整体向好的趋势，有助于使受众建立起最终能够战胜疫情的信心。

信息爆炸、海量数据一方面使人们渴望获得更多的内容、知识，另一方面却因信息内容庞杂、过剩而难以全部消化、甄别产生出焦灼、烦忧的情绪，呈现出一种“信息焦虑”的现象。信息焦虑一词最先由美国建筑师、信息构建师理查德·索尔·沃尔曼（Richard Saul Wurman）在著作《信息焦虑》（*Information Anxiety*）一书中提出。沃尔曼认为“由于在我们真正能够理解的信息与我们认为应该理解的信息之间存在着持续增长的鸿沟，对信息的焦虑感就产生了”。他同时还阐述了产生信息焦虑的三点原因：其一，“在信息不能告知人们需要了解的东西时，焦虑就会产生”；其二，“由于其他人常常控制着对信息的访问而产生焦虑”；其三，“考虑到在别人眼里我们应该了解多少信息，我们也会产生对信息的渴望”。沃尔曼认为，“事实上，信息焦虑是数据和知识之间的一个黑洞”。正是这样的心理“黑洞”，使得今天的人们总是处在信息饥渴与信息焦虑的两极之间摇摆、徘徊，并急切地期冀找寻一种可以达到相对平衡的状态，以实现对信息的有效接收与传递。由此，对于海量信息的及时梳理及逻辑建构，并达成可以迅速传播的某种信息模型，就成为大数据时代最为现实的公众心理需求，为“信息可视化设计”迅速进入公众视野、为及时化解社会焦虑的有效工具创造了现实的需求空间。与此类似，美国信息设计、用户体验学者内森·谢卓夫（Nathan Shedroff）也曾提到，20 世纪最后十年公共信息领

---

① 参见王娜娜、陈小林《视觉再现还是视觉转化？——国际字体图形教育体系中的知识可视化方法》，《装饰》2020 年第 1 期。

② 微信公众号“Design360”：《地铁图设计起源 | 伦敦篇：从此之后，所有的地铁图都在模仿它》，2020 年 2 月 19 日，https://mp.weixin.qq.com/s/Q5No GLe W1r XK7eja Htwf4g。

③ 参见李谦升《挖掘数据之美——信息可视化课程在艺术院校中的教学实践》，《装饰》2017 年第 1 期。

域的主要问题是“信息过载”。他认为“信息过载指的不是一种真实的状态，而是在理解我们常常感受到的激动、尴尬以及困惑时的一种模模糊糊的尝试。只有这种状态才能称得上是一种真实意义上的信息焦虑”。

与信息爆炸、过剩导致的信息焦虑相对应的就是各种流言、谣言的产生与传播。谣言几乎是伴随着人类社会的诞生而同步出现的，法国学者卡普费雷（Jean-Noël Kapferer）称其为“世界最古老的媒体”。他在探讨谣言的诞生时指出很多谣言都是源于“一件扰乱人心的事”，谣言能吸引人们的注意力：在不断交流信息的过程中，人们总是试图将他人七零八碎地叙述给他们的片段像拼图游戏般再把它们拼凑起来。信息越是不全，人们就越是不知不觉地去斟酌其含意。与此相反，各类片段越多，对信息的解释也就越接近事实。于是只有最令人满意的解释在当时流传，并且会一代代传下去。而人们也只记得最令人满意的解释。[①] 在 2003 年的非典疫情和此次新冠肺炎疫情中，抢购板蓝根、家庭熏醋防疫、双黄连脱销等现象无不佐证了这一观点。在大数据时代，清晰、直观的信息可视化手段能够将有价值的信息聚合起来，向受众呈现符合客观规律的事件发展态势，还原事件真实面貌，最大程度避免片段、碎片化的信息无序传播导致的各类谣言的产生。例如在 2014 年西非埃博拉病毒疫情中，设计师根据世界卫生组织疾控中心披露的数据进行可视化设计，用图表和文字清晰描述了埃博拉疫情的各类信息，包括病毒的传染源、传播路径、产生的影响等等。时间轴、柱状图、几何图形等元素的使用便于后人更高效提取有用的信息，快速了解疫情历史。

此次新冠肺炎疫情中，也有不少优秀的可视化案例。例如目前被多国主流媒体或政府卫生部门在进行疫情更新发布时引用的美国约翰斯·霍普金斯大学疫情数据更新图，其创作及维护者是该校土木与系统工程系两名中国的博士生董恩盛和杜鸿儒，该图采用实时仪表盘呈现形式，清晰明了，交互性强，目前日点击量超过 10 亿次。此外也有着重强调数据讲述的统计图叙事风格案例，如英国《金融时报》视觉设计师默多克（John Burn-Murdoch）创作的各国新冠肺炎疫情传播速度图就是一个经典设计。此外，作为财经类媒体，《金融时报》还展示了疫情暴发对中国经济的种种影响。其统计图也延续了一贯的简明风格，开门见山。另外还有病毒在人际间的传播链、新冠病毒基因组图谱，以及以插画形式普及疫情期间的个人卫生注意事项、保持必要的社交距离等。[②]

（二）向帆课题组新冠肺炎疫情数据可视化设计

自新冠肺炎疫情暴发以来，清华大学美术学院副教授向帆带领的课题组设计研发了一个新冠肺炎疫情数据可视化移动终端平台，每日向公众传达疫情信息。在平台界面中，实时、交互的圈层图反映了各地疫情的相对程度，每一个省的城市，都集合在一个圆圈里。每一个城市的新冠肺炎确诊病例总量定义着圆圈的大小，它们紧紧地被省级圆圈包裹着，被中国和世界包围着。每个城市的位置，根据容器图的算法，按照空间面积自动分配。观者可以通过拉动时间条回溯疫情变化过程，点击地名、省名和国家名称详解每日疫情的变化程度。[③]

1. 疫情数据来源

在疫情暴发初期，官方数据源并不足。课题组成员朱舜山从 2020 年 1 月 17 日起开始手动下载、整理和规范数据，当时公众号“丁香医生”是一个重要信息来源；1 月 30 日腾讯新闻开始向团队提供数据接口，从此“疫情的流图”可以获得每日更新的官方数据。需要说明的是，腾讯新闻的数据来自不同渠道，国内疫情数据来源为“国家级各地卫健委”，而海外部分则是“各国（地区）官方通报和权威媒体报道”。截至 2020 年 3 月 7 日，中国国内地点信息也有一些特殊性：直辖市与省关系并行，有

① 参见［法］让－诺埃尔·卡普费雷《谣言——世界最古老的传媒》，郑若麟译，上海人民出版社 2018 年版，第 30 页。

② 参见微信公众号“一头倭瓜精”《疫情下的数据可视化观察笔记》，2020 年 4 月 1 日，https://mp.weixin.qq.com/s/9T1VT5p1ZQXNZ7h L1Il Rzw。

③ 案例详细内容请见 http://zeelab.cn/Wuhan Circle Graph/。

些单列单位，如新疆建设兵团、监狱系统等；海外部分数据按国家或地区分类，并未精确到地区，其中并非地理名称的包含“钻石公主号邮轮”。

2. 形态的选择

为快速开发出“疫情的流图”，课题组采用了由拜伦（Lee Byron）和瓦滕伯格（Martin Wattenberg）所贡献的代码，然后用疫情发生以来的数据进行比较和观察。

通过对比，具有流动感的“主题河流”“流图”看起来更像是一条自然流淌的河流，虽然这四种形式都源自叠加图的核心构造方式。“主题河流”的外轮廓和“流图”近似，但前者在X轴的左端起点是水平对称的，相对于后者歪扭的起点，似乎更庄重地暗示了疫情的登场。经历38天之后，为了观察表现性，课题组再次比较了以上四种流图的形态，看起来“主题河流”和“流图”非常近似，“最小化摆动”反倒呈现出了一种意外的效果：湖北省以外的区域自成一个别样的外轮廓，并没有跟随湖北省的摆动而失去个性。

课题组认为“主题河流”最大的价值在于其有机的律动形式，它流畅的曲线和对称的结构恰好符合传统的审美标准。“主题河流”的作者也找到了这种审美在心理学理论方面的支持，认为它符合1919年创立于德国的格式塔心理学派关于视觉识别的原则，即“整体大于局部之和”的观点，也就是说人们在感知过程中，不会依靠单个、细节的元素，总会自然而然地追求结构的整体性，先“看见”一个图像的整体，然后才“看见”整体中的各个部分。

3. 色彩决定

大量的流图案例中，可视化实践者们都使用鲜艳、随机的色彩定义每个流层以示区别，唯有“聆听历史”项目建立了一个二维矩阵，用以映射音乐家出现的时间及其流行度，这几乎是所有流图项目中最具色彩系统性思考的作品。但“出现时间”的维度对疫情来说并不适用，所有省份的疫情数据几乎同时出现，这也恰是所谓“突发性事件”的重要视觉特征。课题组在项目初期使用了红紫色调进行主观表达，但从色彩学的基本原理考虑，不同色彩因其固有色相、明度的差异会导致视觉认知性上的效果差别，例如人们总是会更加注意那些最鲜艳、明亮的色彩。为了避免这些干扰，最终课题组把“疫情的流图”统一调为灰色系。

4. 多层的信息结构、动画与交互

国内疫情中，湖北省的新增病例占绝大多数，当其他省份的数据与湖北省并置于一起时便显得不容易“阅读”。因此，课题组决定分别呈现中国全境及中国除湖北省以外地区的两种流图，之后又增加了全球、中国之外世界其他国家和地区这两种流图，共计四种类别，以弥补无法深度观察的问题。

当用户打开“疫情的流图”时，会看到一条自动从左向右流淌的流图，流图的最右端就是当天的新增病例总量，这种逐渐揭开发展趋势的方式让用户的视觉体验更加生动。在自动动画停止之后，用户可以自主拉动时间滑条观看；用户也可以点击流图中的任何一层，激活一个弹出方窗了解该层所代表的省份目前有多少总病例、当日新增病例。

5. 用户反馈

“疫情的流图”一直以三种形式发表：微信朋友圈、公众号和独立网页形式，内容因这三种媒介的特性而不同。在2020年1月28日至3月5日期间，17篇公众号文章获逾18万次阅读，公众号有近300万次访问；独立网页形式得到了约2.9万个独立访问IP，访问者90%来自中国，重复访问者占10%，手机用户占87%；微信朋友圈也留下了约500条评论。在整个疫情发展过程中，用户对每日发布的流图评论涉及担忧、猜测、调侃等情绪表达，被课题组视为“疫情可视化”过程中的宝贵部分。

正如课题组所期待的那样，人们很愿意看到“疫情的流图”。评论中有不少内容都充满了对未来的猜测，例如：“超级期待早日变成菱形”，“等到变成菱形就能出门”，“我想问终点将会在哪里呢”。当课题组暂时中断发布时，人们会主动私下发来信息提醒；恢复之后，人们的评论是“等了好几天了，这样的数据图看起来乐观”，“终于更新了”。当然也有不少人留下建议，例如：“我能说这个图很美吗？虽然现实如此残酷和严峻"，"可否做一个与 SARS 的对比"。从数字媒体艺术的角度来观察，向帆认为最有意思的在于人们在观察"疫情的流图"时的猜测，他们会想象当疫情结束的时候这张图会像个瓶子、坛子、天坛、帽子、喇叭花、蝙蝠、鱼、跳蚤、苍蝇……这些反馈并不能成为定量判断的标准，但是如此充满形象感的词汇折射出图形可视化作为信息媒介的意义。

"疫情信息传播领域面临着重大挑战，每个人都在尝试理解复杂的疫情，我们希望让公众愿意看、看得懂，才能使他们安心。"疫情暴发以后，向帆课题组能够在短时间内整合数据信息，探索出直观高效的呈现方式，通过与腾讯新闻合作，将官方每日发布的数据按小时更新，让人们能够在手机端以直观、易懂的方式理解疫情数据。流行病的时间和空间因素可以帮助人们认清疫情趋势，通过整合数字技术、艺术设计等多个学科的知识力量，人们能看到实时的、发展中的疫情动态，降低公众的焦虑和恐慌，树立起协力对抗疫情的决心。目前，课题组仍然在不断进行平台的优化迭代，为开发出运转更为稳定的程序、设计出效果更为直观的界面而努力。

结　语

如何将疫情数据呈现在时空关系之中，并让大众能够看得清、看得懂并愿意相信，是新冠肺炎疫情暴发期间最急迫需要解决的信息传播问题。无论主流媒体还是可视化领域，在这个方面都没有成熟的经验。除了向帆课题组的案例以外，国内不少艺术设计类院校、可视化研究机构均有相关设计实践案例，例如北京大学可视化与可视分析实验室和美国雪城大学合作研发的可视化作品《疫情方寸间》聚焦于确诊数、治愈数和死亡数的累计数据，使用方块对中国及全球的疫情进行可视化呈现，宏观展现疫情发展态势。通过移动上方滑块，可以查看过去每天的疫情态势并从中观察其随时间的变化。

限于杂志的纸媒介质，向帆课题组等最新可视化案例的动图、回溯功能等动态形式无法生动呈现。目前，新冠肺炎疫情依然在全球范围内蔓延，要想让新冠肺炎疫情得到有效控制，从根本上说还是依赖科学的进步和医学工作者的努力。但鉴于新冠病毒是新发现的病毒，仍有许多未知因素需要人类去不断探索和认知，而可视化策略对普通民众来说是最能清晰、直观地了解疫情发展趋势和病毒真实面貌的手段，能够将卡普费雷所说的"片段"信息进行有机的聚合，所以对其了解得越多，人们因未知而产生的恐慌以及谣言产生的土壤才会越少。

摘自《装饰》2020 年第 2 期

【观点】2020 年"云端"毕业展观察记

◎ 吴彧弓　聂槃

毕业展作为检验学习成果、展示艺术风采的大舞台，不仅是毕业生满怀期待的盛会，也成为一年一度社会公众关注的焦点。受新冠肺炎疫情的影响，2020 年的毕业展大多从线下展厅转入线上平台。"云端"毕业展给毕业创作带来新的挑战，同时也催生出毕业展的新面貌和新动向。

一、作品创作的多元模式

新冠肺炎疫情改变了院校的毕业创作教学计划和毕业生的创作环境，毕业生面临着出行受阻、材料和工具的缺乏、与老师同学的沟通交流受限等问题，尤其对于需要广泛调研和搜集素材，需要较大创作空间、特殊创作条件的雕塑、陶瓷、实验艺术等专业的同学而言，这直接制约了创作方向和作品形式，很多同学不得不临时调整创作思路和创作时间表。另一方面，居家抗"疫"也带来深入思考人生与社会、艺术与生活等问题的契机。今年毕业展的作品在主题与内容、材料与工具、技法与技术等方面呈现出诸多亮点。尽管有的作品在完成度和质量上不如预期，但今年各院校对毕业作品的评价标准不再像往年一样侧重技术难度、材料运用、完成质量等等，而是着重考察学生的思维方式和观念表达。

（一）关注当下　联系生活

在全民抗“疫”的大环境下，不少同学选择抗“疫”题材进行毕业创作，描绘抗“疫”一线工作者的中国画、油画，记录抗“疫”期间的社会生活百态的短视频、动画，围绕抗“疫”主题设计的标识、公益海报……这些作品以艺术的方式书写抗“疫”史诗。

中国美术学院毕业展以“共同生活”为主题，不仅是对疫情之下的人们反思生活观念的积极回应，也意在探讨经历漫长隔离后，如何重新开启共同生活。各院系分别以“生活力 3.0”“我和我们”“同心共影”等为分主题，很多作品以身边自然人文景色、日常生活场景、家庭和亲情关系等为选题进行创作。如纤维艺术系的作品多从生活经验出发，有借助粉红色旧衣物探讨亲子关系中的爱与暴力，有将生活垃圾改造成干净、纯洁的莲花座，有邀请抑郁症患者以参与手工编织的方式减缓或释放抑郁情绪，等等，都体现出学生对生活素材的充分挖掘和对现实的深入思考。

（二）拓展创作媒材　探索科技手段

面对原材料短缺的困境，一些装置艺术专业的同学就地取材，如利用山中的石头、木头、竹子等进行改造加工，将山林变成天然的素材库和工作室；面对出行障碍，一些版画专业的同学直接通过互联网搜索相关资料，寻找灵感；面对创作场地的局限，一些中国画、油画专业的同学改变往年毕业展流行的大尺寸模式，创作小而精的组画。再者，对中国画、油画、雕塑等传统门类来说，往往都是直接使用物质材料创作作品，利用新科技进行作品数据采样、草图制作、模型渲染等是以往创作的辅助手段。而虚拟空间展出的传统门类作品的展览效果并不都如实体一样直观、真实。以雕塑专业为例，同学们不仅要尝试 3D 建模、渲染效果图来表现虚拟立体作品，还需要对立体作品进行二维图像的再创作，以此来丰富作品的表达内涵。

新兴专业在科技手段的开发探索方面更进一步。一些玻璃艺术专业的同学从艺术构思、绘制草图到填充色彩、效果展示环节都使用电脑软件，有的还使用 3D 打印代替传统的制模、浇筑、烧制的方式制作成品；一些实验艺术专业的同学也利用虚拟技术实现在实体展厅中很难甚至不能完成的作品，比如燃烧的画作、弥散的烟雾；等等。数字媒体、影视动画专业自不待言，其创作一直都以电脑软件为平台，2020 年毕业展中出现的采用三维数字动画技术创作的原创动漫 IP 形象，制作精良、画风优美，让人深刻体会到科技带给艺术创作的更多可能。

（三）广泛的跨界创作

在“跨界”流行的今天，很多毕业展的作品不再局限于某一学科的限制，而在跨学科、多领域的空间中展开探索。除艺术与科技的结合外，雕塑、壁画、版画、工艺美术等传统门类相互之间的跨界创作也能产生新的火花。2020 年毕业展几乎所有的实体作品都需要考虑线上展览时二维图像的拍摄角度、校色处理等问题，这本身也是艺术作品在电脑软件中的跨界再创作。此外，线上模式也给不同专业之间的合作带来新的契机。如由工业设计专业的同学设计产品，视觉传达专业的同学布置场景，影视动画专业的同学制作图像和视频，多位同学齐心协作，共同完成一件毕业作品。

二、展示空间的创新设计

线上展览主要有模拟展厅和网页链接两种方式。前者通过构建仿真的虚拟展厅，营造虚拟的“在场”效果，后者直接利用网页推出作品链接，但往往是作为线下展览的补充。2020 年各院校的线上毕业展在虚拟展厅的打造、网页链接的扩展方面都有新的突破。

（一）身临其境的线上展厅

虚拟展厅的搭建不仅要有良好的模型建构、清晰的作品素材，更需要为观众提供便捷的操作方式。中央美术学院利用数字技术，以 3D 虚拟的形式还原央美美术馆的展览空间，将毕业生作品放置其中，并通过超链接为每位毕业生提供作品详情的展示空间。进入展厅后，观众仿佛身临其境，能够360°视角环绕浏览整个展厅，既可以点击地面上的“前进”“后退”标识进入下一个或回到上一个场景，也可以通过屏幕下方的小地图和“切换学院”链接快速到达指定作品或学院展厅，顶部的搜索框还可以搜索作者、作品、学号、导师等信息。清华大学美术学院则是搭建出一条虚拟展示长廊，每位毕业生都拥有专属虚拟展位，作品在远景、中景、近景中有序展开，观众左右滑动屏幕即可切换浏览，在移步换景间穿越“云端画廊”。

对网页链接这一常规模式而言，各院校也精心优化，力求呈现有设计感的网页。广州美术学院的毕业展页面结构清晰、布局合理，简洁直观的风格让观感十分舒适。不同专业方向以不同背景颜色进行区分，每一位同学的头像和名字显示在页面下方，点击后可以看到个人信息、作品简介、作品影像、作品思路、指导老师评价等详细内容。

（二）作品的全方位呈现

线上展厅拓宽了线下展厅的空间，比如点击某一作品能够切换至各个欣赏角度、拉远或拉近欣赏距离，还可以点击作品边的加号图标，进一步查看其详细的说明文字。针对中国画、油画等作品可能出现的细腻笔触不清晰、设色显示色差等问题，不少毕业展作品不仅有整幅图片，还有局部放大的拍摄图；针对雕塑、陶瓷等三维作品的二维图像可能出现的立体感不强、空间感不足等问题，一些同学甚至利用3D扫描技术，使作品能够720°来回翻看。此外，线上毕业展还能将毕业作品创作过程中的拍摄、采访、记录等以视频的形式呈现，这些举措都意在将作品及作品之外的内容以更多元的形式呈现。

同时，线上展厅也使一些专业的同学有机会呈现其毕业作品更丰富的精彩内容。如建筑设计专业的毕业作品既包括平面设计方案、立体设计模型，也包含展示建筑内外结构的建造过程、最终效果的3D视频，还附有作品的图文解读，每个部分都可以通过点击作品附近的“模型展示”“设计展示”“播放键”“加号键”进行切换和跳转，观感复杂而有趣，这是在线下展厅中所不能体验的。

（三）学术论文的展示

理论专业的毕业成果以论文为主，这些在线下展厅中只能通过展柜、展台展示论文打印稿，或以展板演示的方式出现，展出效果和观众关注度并不高。但在线上展览中，一篇篇论文被制作成一本本精美的读物，可以一页一页地翻开，逐字逐句地阅读，点击文字部分还可以进入超链接的图片和视频板块。这种图文并茂，甚至借助动画、视频的呈现方式能够更加全方位地展示论文的选题方向、写作历程、答辩现场及学术成果。

三、互动观展的深度体验

互联网的交互优势在线上毕业展中显露无遗。观众只需点击屏幕，就能不受时空限制地浏览作品，并以点赞、评论等方式与作品、作者及其他观众展开交流。陆续上线的各院校毕业展在微博、微信、抖音等大众社交平台都产生了广泛的社会关注，并引发观众的积极互动。

（一）面向社会的“云端”秀场

近年来，全国各美术院校逐渐将毕业展规划成一场“毕业嘉年华”活动，作为面向社会展示毕业生风采的秀场。2020年的毕业展也多从线下转到线上，如南京艺术学院基于微信小程序平台搭建的“云端”秀场，包括“云上展演”“星秀云介”“云端市集”等六个板块。其中，“云上展演”板块以毕业作品在线展示为主，而“星秀云介”板块则与之呼应，借助视频录播、在线直播等方式，揭秘作品创意、创作历程、幕后花絮等等，推介优秀毕业生及毕业作品，搭建自我展示平台。这让观众不仅在欣赏一件件作品，更在观看一场场大“秀”，能够深度了解作品的内涵与创作者的个人魅力。

（二）热闹的互动页面

一些毕业作品本身就是一款有交互体验的艺术品。如游戏设计专业的同学手绘加工游戏角色，并设计制作虚拟场景，观众可以在角色扮演中跟随音乐的律动穿衣换装、翩翩起舞，还能游历多种自然和人文景观，在游戏娱乐中享受艺术，沉浸其中。

“云端”毕业展吸引了大量观众走进展厅，一些毕业展在上线24小时内的点击量就超过百万。不少院校在推出线上毕业展的同时，还通过开幕式直播和作品导览的方式，带领观众走进展厅，讲述毕业作品的创作故事，畅谈毕业后的工作愿景。此外，多个院校还设置互动专区，观众不仅可以签到、点赞、留言，发弹幕“刷屏”，还能为“最喜欢的作品”送专属礼物道具，打造作品热榜，更有机会获得精美的小礼品。这些多元交互的深度体验消解了观展的视觉疲劳，使毕业展变得更加生动有趣。

四、有关“云端”毕业展的多维思考

《美术观察》2020年第4期策划了“疫情之下的‘云艺术’观察记”选题，对线上展览这一新的艺术潮流现象进行了梳理和思考。当艺术作品不再局限于实体展厅，而存在于传播速度更快、空间范围更广、互动交流更便捷的互联网场域时，能够让更多的人参与其中，感受艺术。“云端”毕业展的启幕，再次引发学界和社会公众的关注和热议。

（一）实体作品如何适应线上展览？

实体作品需要转译成图像、模型、视频等在线上展出，但转译的结果并不一定十分完美。2020年“云端”毕业展中就有不少图像不够清晰，影响了观看效果。同时，转译的过程也可能有天然缺陷，如难以调和的色差问题。如果实体创作直接转变为虚拟创作，则有可能达不到实体作品的某些特殊效果，如数码版画的微喷印刷就难以实现丝网版画印制过程中的偶然性效果。此外，尽管VR技术已经能够带来触觉，甚至味觉、嗅觉体验，但目前在线上展览中还没有得到广泛应用，如何能在虚拟空间中不仅看得见、听得见，还能“摸”得着、“闻”得着，是一些有多重感官刺激的实体作品需要在科技指引下进行优化的方向。因此，改进实体作品的内容和形式以适应线上展览的方式，是创作者需要进一步思考的问题。

（二）线上展厅如何优化设计？

尽管部分院校对3D虚拟展厅做了一定的优化设计，但很多院校的虚拟展厅的观展体验并不尽如人意。比如通过点击前后左右键进行移动的屏幕反馈存在延迟，以滑动或重力感应的方式旋转视角的体验也不够流畅，甚至在观看中出现卡顿和闪退。网页链接的一些设计逻辑也需要完善，如检索栏的检索信息并不明确，点击某一作品图片放大观看后关闭，就可能直接退出展厅浏览页面等，都影响了观展体验。因此，需要进一步优化“云端”毕业展的展厅设计，保障作品的清晰画质，完善页面的逻辑结构，让“云端”毕业展以更全面、更便捷、更人性化的形式呈现给观众。

（三）“云端”毕业展未来能否实现常态化？

线上展览不能只是线下展览的简单复制，而需要合理利用线上资源进行优化，带来更多元丰富的内容。需要注意的是，再高清的图像、再细腻的视频、再先进的科技，也替代不了真实世界中肉眼的观看体验和艺术品实物带来的心灵震撼。因此，不少院校的师生表示，未来毕业展的线上和线下的结合会成为大势所趋，“云端”毕业展也会实现常态化。线上部分可以成为毕业生展示自我的平台，作品图片、视频等素材库可以“永不落幕”，线下部分则能让观众走进真实的展厅亲身感受。2020年的毕业展中，中国美术学院、四川美术学院、天津美术学院等院校就采用了线上和线下结合的形式。

总的来看，尽管2020年“云端”毕业展在作品创作、展厅布置等方面还有提高的空间，但各院校和毕业生的精心准备让展览在主题内涵、创作观念、表现手法、展陈设计等方面都有诸多新面貌，带给观众艺术的温暖和美好生活的愿景。

摘自《美术观察》2020年第8期

【观点】论防疫主题创作与艺术教育理念

◎ 潘鲁生

己亥岁末庚子初春，新冠肺炎疫情突然袭来，全国打响了防控阻击疫情的人民战争。“生命重于泰山，疫情就是命令，防控就是责任”，山东工艺美术学院坚决贯彻落实党中央部署，坚持“为人民而设计”的办学理念，第一时间成立了“阻击新型冠状病毒感染的肺炎疫情”主题创作工作机构，开展“生命重于泰山——紧紧依靠人民群众坚决打赢疫情防控阻击战”主题创作活动，旨在宣传政策精神，普及防疫知识，歌颂先进事迹，鼓舞防疫斗志，消除精神恐慌，传播防控阻击疫情的正能量，充分发挥艺术教育服务防控疫情的特殊作用。如果说一个人的力量是有限的，那么千万人之力汇聚起来，就能战胜一切艰难险阻！广大艺术专业的师生，虽非“逆行”的勇士，但心之所系、情为所牵；艺术也许无法改变病疫，但艺术可以改变我们面对疫情的态度。行使命，尽职责，有一分光就发一分光，有一分热就发一分热，从专业出发宣传倡议、记录刻画，尽自己最大努力为国家为社会分忧解难，努力铸造疫情防控的精神防线。应该说，越是非常时刻，越懂得珍惜，也更理解使命，更加积极自律和团结协作，借艺术之笔传递昂扬向上的精神力量，助力打赢这场不能输的战斗！

一、非同寻常的主题创作

这次主题创作不同以往，不仅要发挥好宣传画创作的政治功能、教育功能和传播功能，更要科学严谨，讲政治、讲时效，要在关键时刻有使命担当，实实在在发挥文艺工作者的作用。战“疫”情，主题创作不能只凭热情，还要精心组织，政治站位要高，创作水准要高；不能只求艺术表现，要把科学的防疫知识表达准确；不能在象牙塔里曲高和寡，要学习运用人民大众的艺术语言，把话说到心坎上；要通过不同专业的艺术与设计，使医学防护知识更直观，使疫情防控信息更明了，使真正鼓舞和支持我们战胜疫情的高贵品质、精神力量得到进一步传播和弘扬。所以，我们进行了统一部署，以中央和省委关于疫情防控的工作精神为指导，制定了详细的工作方案。

在主题内容上，号召广大师生心系家国命运、回应社会关切，积极宣传科学防疫知识，服务引导公众正确认识疫情、科学开展防护，服务促进科学防治；积极宣传党的有关决策部署，服务促进政策信息传达；积极宣传人民群众在党中央领导下万众一心、众志成城防控阻击疫情的感人事迹，讴歌真英雄，传播正能量，坚定信心，振奋精神，服务营造积极向上的舆论生态。

在体裁样式上，分为宣传画、动画、漫画、插画、新媒体艺术、表情包、应急防护产品设计、交互设计、防护服装设计、隔离建筑设计与中国画、雕塑等类别，组建了若干个主题创作小组围绕重点组织创作。

在创作机制上，寒假期间主要通过“假期课堂”的方式进行专业指导和创作，复课后融入网络教学，将主题创作作为重要的教学任务。师生通过远程连线交流、视频讨论及时进行信息沟通，把握重点，凝练主题，开展创作并不断进行修改和完善。为保证创作质量，学校组建了专门工作群和信息采集资料库，时刻关注疫情变化，使师生及时学习中央有关指示精神，了解主流媒体关于重点事件的新闻报道等一线素材，在具体创作中切实抓重点、抓关键，有的放矢。我们设立了校院两级假期课堂主题创作成果评审委员会，层层遴选优秀作品，确保作品的政治性、科学性和艺术水准。

在发布机制上，为保证作品的时效性和传播性，学校采用边创作、边审核、边发布的工作程序，每天经学校官方网站、微信公众号等平台发布优秀作品。从 1 月 30 日发布首批作品，截至 3 月 10 日，学校官方网站、微信平台已每天连续发布 60 余期创作专题，其间涌现了 3000 余件优秀作品，实时报道点评创作进展，充分发挥服务科学防治疫情、构建积极舆论氛围的大学服务作用。相关作品产生了积极反响，《人民日报》、新华社、“学习强国”等媒体平台纷纷转发，这是社会各界的共鸣与认可，也使我们更加坚定“为人民而设计”的职责和使命。

二、防疫宣传的“轻骑兵”

2月3日，习近平总书记主持中共中央政治局常务委员会会议，发表重要讲话，就疫情防控期间的宣传教育和舆论引导工作，明确强调要统筹网上网下、国内国际、大事小事，更好强信心、暖人心、聚民心。要深入宣传党中央重大决策部署，充分报道各地区各部门联防联控的措施成效，生动讲述防疫抗疫一线的感人事迹，讲好中国抗击疫情故事，展现中国人民团结一心、同舟共济的精神风貌，凝聚众志成城抗疫情的强大力量。要加大对《中华人民共和国传染病防治法》的宣传教育，引导全社会依法行动、依法行事。要正视存在的问题，及时发布权威信息，回应群众的关切，增强及时性、针对性和专业性，引导群众增强信心、坚定信心。要有针对性地开展精神文明教育，加强对健康理念和传染病防控知识的宣传教育，教育引导广大人民群众提高文明素质和自我保护能力。这是我们主题创作的指导和遵循。

艺术战“疫”，防护宣传是首要主题，宣传画的主题明确，内容清晰，创作高效，能够精准传达，生动鼓舞，是动员传导的“轻骑兵”。我们要在科学严谨的基础上，通过主题创作，把病毒的传播机理、致病危害、防控办法画清楚、讲明白，做到直观清晰、富有冲击力，发挥打动人、影响人的作用，服务人们对于科学知识和防护常识的理解认知，在“读图时代”发挥图像设计的穿透力，让防护意识更深刻、更牢固。比如《教您防疫小常识》绘本等一系列宣传画图文并茂、言简意赅地阐释“典型症状”“就医指南”“如何预防”，对专家和医务工作者反复呼吁、各级政府反复宣传的防护知识和要求以生动的形式加以表现，进一步增强人们的自我防护意识，加深对健康理念和防护方法的了解，促进公众保持积极平和的心态，坚定战胜疫情的信心。同时，主题宣传画聚焦防控重点，宣传政策部署，及时就新颁布的《山东疫情防控法》进行普及宣传。相关作品在全面梳理防控法全文的基础上，宣传画突出主题，提炼关键词，突出主题句，辅以图示，使内容图示化、可视化，适应移动终端的接收与传播方式，从而更好地宣传、普及、贯彻和落实。

为了保证防疫宣传效果，主题创作面向移动终端的传播与接收方式，形成了一系列动画、微信表情包、微视频、短视频、手机交互作品。比如，依据钟南山院士形象和防疫知识设计的微信表情包“钟老说”、以孔子卡通形象创作的微信表情包“防疫三字经”，以深入人心的形象、朗朗上口的语言宣传防控疫情的健康理念。大道至简，正是把防疫的规范和道理用最朴素的话和最活泼、最亲切的形式加以表达和传播，一经推出就广为转发，产生共鸣，形成影响，使人们把防控阻击疫情的好理念、好方法、好习惯看在眼里，记在心上，付诸行动，从日常工作生活的点滴做起，为战胜疫情贡献力量。在这次许多90后、00后师生参与的主题创作中，还形成了一系列网络视频、MG动画、微动画（动态宣传画）等防疫宣传作品，是专业技术、艺术表现力与主题内容的结合，发挥了积极的宣传作用。

应该说，防疫主题创作也是一种遵循科学精神的人文关怀。《能赢》《万众一心战疫必胜》《出征战“疫”》《信心》等作品，温暖而有力，言有尽而意无穷，被《人民日报》等重要媒体发表，产生共鸣和积极反响。这次主题宣传画创作也充分关注儿童群体对病毒和疫情的认知，考虑到既要避免孩子们对病毒和疫情的过分恐惧，也要使之充分认识并重视防护，学校师生创作了《病毒病毒，我不怕》等绘本及相关主题的手工课程。以温暖的色彩、卡通的形象编织起一张防护之网，使孩子们通过生动的图像和语言了解医学知识，建立健康理念，懂得尊重自然和保护动物，潜移默化地构建起自然、生命、生活的认知坐标，由卫生健康的教育经历一种成长。包括通过手工课程的绘本制作，使孩子们理解生命与健康的可贵，懂得珍惜，学会呵护，保持热爱，拥有更美好的生活。

艺术服务防疫，包含对艺术与科学关系的认识与建构。这既是人类社会文明演进的恒久主题，也是当代艺术与设计教育、人才培养的一个关键。全体师生以艺术力量投入防疫的实践也证明，要使艺术在社会进步与发展中更好地发挥作用，也需要在创作实践、学科协作、人才培养等方面进一步构建发挥艺术与科学的协同作用。

三、美术战“疫”的力与美

习近平总书记强调：“精神是一个民族赖以长久生存的灵魂，唯有精神上达到一定的高度，这个民族才能在历史的洪流中屹立不倒、奋勇向前。”疫情发生以来，14 亿中国人民团结一心，众志成城，诠释了凝聚中华民族磅礴伟力的伟大精神。广大医务工作者义无反顾、日夜奋战，人民解放军指战员闻令而动、敢打硬仗，广大人民群众众志成城、守望相助，广大公安民警、疾控工作人员、社区工作人员等坚守岗位、日夜值守，广大新闻工作者不畏艰险、深入一线，广大志愿者真诚奉献、不辞辛劳。联防联控机制作用充分发挥，各项防控措施有力有序开展。火神山、雷神山医院工地争分夺秒，展示出强劲的“中国速度”，也是中国人的奋斗精神。我们的主题创作就是要聚焦、再现和诠释这样的精神力量。我们要记录和表现那些逆行的勇士、奋战的英雄，他们或许就是平凡岗位上的家人亲朋，可敬可亲。我们要聚焦和再现那倾力抢救、悉心照料的每一个时刻，那摘下口罩医生与患者送别相见的一幕，还有医护人员与 87 岁高龄的患者共沐斜阳的一刻，记录和表现真与美、爱与善，再现无畏的使命担当和崇高的精神力量，表达我们的由衷的感动与敬意。正是这些平凡而伟大的人们坚守专业使命，不计个人安危，用生命呵护生命，以团结驱散寒冰，构筑起守护人民群众的健康防线，带来温暖和感动，带来无限的希望和信心，并将激励人们坚毅持守、慷慨趋赴，以坚强意志、必胜决心去战“疫”。这就是我们要以艺术去记录和表现的民族的精神图谱和崇高境界。

在主题创作中，既有雕塑《钟南山像》，宣传画《坚决打赢》《战武汉》等激情澎湃的鼓劲之作，坚定必胜的信心、增强直面病疫的勇气；也有《逆风奔跑》《救护车调度员的一天》等温暖细腻的生活记录，描绘身边“平民英雄”、凡人善举的插画，有温度，有期待，在特殊的时刻里给人以慰藉。无情的病疫使人们更懂健康之可贵、生活之可爱，围绕防疫、抗“疫”展开的主题创作，也越发凸显了艺术于生活的意义，于可观可感之间，而有对哲理的沉思、对崇高的追求、对美好情感的维系与慰藉，就是艺术最朴素的价值。而且随着创作不断深入，创作的笔触更细，生活的体察更深，广大师生用画笔记录善意与感动，凝练身边的点点滴滴，将这场防控阻击疫情战斗中诚信、择善、利他的高尚品格、精神力量、人间正气化作了可见可感的形象，表达真情，表现境界，诠释意义和价值，形成了设计的颂扬与铭记，成为常留心间的感动。不少作品记录抗“疫”过程的点点滴滴，艺术让美好定格，描绘了病疫阴霾中闪光的形象和精神，平静中孕育着希望，瞬间中包含长久的感动。许多作品刻画心系民生安危的奋斗者，表现山东省风雨同舟千里驰援，还有的以连环画的形式全景式记录这场无声战役中平凡岗位上不凡的英雄们，多亮色、多暖意，细腻而充满回味。这些逆风而行的普通人、芸芸众生，这些平凡人的坚强与美好，更是我们国家和民族积极向上的希望。如果说艺术作品传递的是一种精神力量，那么应当在病疫阴霾中带来美好的抚慰，应当在艰难险阻中表现坚守与追求的熠熠生辉，表现逆风而行的光明和希望，表现战胜病疫、融雪化冰的满腔热忱。大学生们的作品充满青春的朝气，是抗击疫情新生代的心态和视野。随着疫情防控的积极推进，不少作品关注复工复产，表现开工复工的新形势，记录疫情防控下的趣闻趣事，乐观积极，充满活力。

艺术并非生活的修饰，设计也绝不仅仅是消费的驱动，更是对伦理问题的探索和求解，是对生活点滴的记录与升华，是对最崇高美好道德的传递。在主题创作中，这样的艺术本质与设计内涵格外突出。主题创作中涌现了一系列精彩深刻的漫画作品，《“唬唬”生威》《“洞”穿》等作品似匕首，如投枪，与阻碍影响防疫形势的现象行为做斗争，反思野味之殇，抨击谬误行为，《居家防疫系列漫画》等作品像抒情小曲于诙谐幽默、夸张讽刺之间化解了疫情中的惶恐焦虑，增添了乐观与热情，从而筑牢心理防线，保持积极状态，科学客观地去面对，最大程度凝心聚力打赢疫情防控这场硬仗。这些漫画作品产生了积极反响，人们因漫画而反观自己，诙谐一笑却有了更深的认识和更真的体悟。随着创作的深入推进，《方舱医院病房单元模块设计》《致敬武汉》等建筑、手工艺的设计作品也相继完成，表达防疫、战“疫”主题，以不同的艺术语言，凝练表现防控阻击疫情过程中感人的瞬间、英雄的群像、美好生活的意象和民族精神的象征，有具象的情景，也有抽象的象征，借由艺术的语言和意象带来感动、沉思和希望。可以说，这一系列具有深厚传统根基的艺术与设计，绝不是过往模式的复刻，还富有时代的精神，与今天的生活共鸣。这也是艺术与设计创作的探索。若病毒使我们关上了一扇门，愿艺术打开一扇窗，以情感、思想的光亮，相互守望，紧密团结，共同奋战。“桃李不言随雨意，亦知终是有晴时”，疫情终将过去，我们共建美好家园。

四、设计致力转“危”为“机”

在这次防疫主题创作活动中，贯彻我们“为人民而设计”的办学理念，同时间赛跑，与病毒较量，艺术设计当有所为。由此不仅形成了一大批不同主题内容和媒介形式的设计作品，而且形成了一系列服务防控阻击疫情的产品设计和服装设计。

在与防疫有关的产品设计中，工业设计专业的师生形成了可替换滤芯模块口罩、隔离伞、社区分发防疫包、社区防疫产品回收箱、智能检测救援背心、多功能医用配送机器人以及楼宇公共空间消毒设施、公厕卫生用品消毒设施、家用口罩消毒设备、家居物品消毒设备、家用防疫医药箱、把手消毒机、口罩更换提醒贴纸、防疫用触屏挂件等一系列产品设计。主要依据医学防护原理，结合生活日用需要，致力探索解决防疫过程中的产品设计问题，将功能与需求紧密结合，将防控化于日常细节，借由“物”的设计完善实现对“人”的呵护与关怀，从而更好地防控疫情、阻击疫情，不让病疫阻断心与心的距离。在这个过程里，对生命健康的呵护和生活核心价值的追求也成为设计的根本。在防护隔离服装设计中，有感于医护人员被口罩勒到破皮的脸颊、被汗水浸透的衣服，服装设计的师生团队以隔离防护的功能性为主导，兼顾医护工作以及诊疗康复过程中的舒适与实用，并结合人体工学、设计美学对一些细节进行了优化与完善，形成了“医用防护服”“普通民用隔离服”两大系列服装设计。可以说，虽然设计专业领域不同，但服务防疫的目标相同、斗志相同、心意相同，艺术设计服务防疫、抗“疫”，践行的是共同的社会责任和大学使命。

在交互产品设计中，聚焦疫情防控所需，加强学研攻关，致力以信息发展的新技术、新模式为防控阻击疫情提供设计服务，平顺有序战胜疫情。如“防疫小助手”是依据防疫相关信息需求设计的一款交互产品，集成了防疫用品推荐、口罩真伪鉴别、防疫知识普及、爱心捐助通道等一系列智能模块，以期更灵活高效地为防控疫情提供所需的信息交流和互动。“新冠肺炎自查通”作为自助查询评测分析的交互软件，主要针对不能判断自己是否感染、对基本常识有所欠缺以及网上资料信息相对杂乱的情况设计，在科学地自查自诊基础上，缓解恐慌焦虑或进一步提供合理的就诊建议。科技也是人类面对病毒时所具有的勇气和希望。以信息技术为基础，让设计更有温度，立足专业特点，为战胜疫病提供科技支撑。为求解问题提供更有效的方案，是设计专业的本分，也是设计专业的责任与使命。守护健康的生活状态，依据流行病学防治原理，将人工智能等技术运用到防疫、消毒产品设计中，多维度打造智慧防疫解决方案，以科学、精准的研发设计助力防疫，共同构筑生命健康的屏障，是当前以及今后工业设计要持续关注的命题。我们必将战胜病疫的灾难，但设计服务民生需求、服务公共卫生事业永远在路上。也希望优质的工业设计助力产业升级，希望正在经受疫情考验的企业、产业以设计创新为驱动力，转“危”为“机”，实现坚实的发展。

五、服务社会的人生教育

大学使命在教育，山东工艺美术学院是一所艺术设计专业院校，建校以来致力坚守工艺美术文脉，不断探索“中国设计”内涵，时刻关注社会的人才需求，践行“为人民而设计”的大学理想。这次疫情防控是一堂厚重隽永的爱国主义教育大课，使广大师生深刻认识党和政府抗击疫情的精准施策与力度决心，感受全国一盘棋、命运共同体的众志成城与意志信心。主题创作更是一次立足专业展开的人生教育，通过关注疫情动态，把握宣传需要，广大学生在创作中学习、在学习中创作，更深刻地体会到什么是使命、如何去担当、怎样去奉献。同学们结合自身的专业学习，参与抗“疫”主题创作，关注特殊时期之所需，形成了一系列不同视角、不同内容、共同主题的宣传画作品，持续普及防护知识，跟进宣传政策部署，聚焦表现感人事迹，表现战胜疫情的信心与希望，践行艺术与设计的使命，为这场疫情防控的人民战争贡献自己的一份力量。

以习近平同志为核心的党中央的坚强领导下的疫情防控人民战争，对于高校学子来说，就是一场深刻的生命教育、科学教育和信念教育、使命教育。同学们在这场抗击疫情的战斗中，关注社会，珍惜生活，认识生命，懂得职责和使命。不少同学服务社区，主动担当，成为“防疫”志愿者，哪怕是搬东西、干杂活也为防疫、战“疫”出一份力，以实际行动致敬英雄，以志愿担当给自己一份成长的答卷。也正是在这样一点一滴扎扎实实的实践中，锤炼了意志，拓展了视野，从实践中来的主题创作作品更有温度，更有厚度，更有力量。上好这堂爱党和爱国主义教育的大课，还将进一步树立和深化正确的世界观、人生观和价值观，指导主题创作，指引人生之路。

这次主题创作是安危之际的主动践行，是社会大考中的专业求索。难忘大年初三主题创作的倡议一经发出，广大师生迅速响应，第一时间在全国启动创作；难忘防疫、战“疫”最紧张焦灼的时刻，师生们不分昼夜倾力投入，第一时间为崇高坚毅的正能量鼓与呼；难忘师生时刻关注防疫、战“疫”一线，聚焦各项重点工作，哪里有需要艺术之力就投入哪里，第一时间响应发表复工复产的主题宣传画。艺术养心，文化育人，很多难忘与感动来自共同的使命、信念和责任。作为艺术与设计的专业院校，山东工艺美术学院就是要以设计服务民生，就是要不断提升设计服务民生的实践能力，葆有与大众文艺息息相通的创作热情和乐观向上的创作精神，实现服务国家和人民的更深、更远的追求。我们要鼓励青年设计师涵养家国情怀，强化政治素养，践行艺术使命，积极发挥艺术创作在政治、教育、传播等方面的服务功能，从专业出发，践行使命、服务社会。我们要有“位卑未敢忘忧国”的责任意识，多一份光和热，多一份善与美，多一份力与行，多一份昂扬与顽强，汇聚而成我们民族的磅礴伟力，战胜艰难，迎接胜利。疫情必将被战胜，教育之路向远方，有责任，有担当，教育才有意义。

此时此刻，春回大地，万物复苏。全国各地在防控疫情的同时开始紧锣密鼓地备战春耕春播、复工复产。“行则将至，做则必成”，在以习近平同志为核心的党中央坚强领导下，疫情防控工作有力有序推进，全国上下凝聚起同舟共济、众志成城、共克时艰的强大力量。我们相信，在党中央的领导下，全国人民坚定信心，同舟共济，科学防治，精准施策，必将取得阻击疫情的最后胜利！设计服务社会，艺术服务生活，共担风雨，共沐春光，我们一直在路上。

摘自《山东社会科学》2020 年第 4 期

2020 北京国际设计周

【概况】

2020 年 9 月 22 日至 10 月 7 日，由文化和旅游部、北京市人民政府主办，北京歌华文化发展集团有限公司等承办的“2020 北京国际设计周”在北京市等地举行。相关活动已在 8 月 30 日开始举行。本届设计周以“民生之维”为主题，推出学术建设、公众活动、产业合作、专业赛事、服务平台 5 个单元 16 项主体活动，分别在通州张家湾设计小镇、中华世纪坛、国家大剧院、隆福文化中心、望京小街 5 个主会场和东城区、西城区、朝阳区、海淀区的 23 个分会场举办。举办 386 场展览、论坛及相关活动，展览及活动面积 89 万平方米。来自 60 余个国家和地区的上万名设计师及设计机构通过线下线上方式参与，吸引现场观众 190 万余人（次），国内外 1.54 亿人（次）通过网络展览、在线直播等形式关注。

【“稻香小夜曲”创意设计夜暨“太湖稻城杯”第三届大学生设计大赛颁奖典礼】

2020 年 8 月 30 日，由北京国际设计周组委会、苏州工艺美术职业技术学院、苏州市相城区望亭镇人民政府联合举办的“稻香小夜曲”创意设计夜暨“太湖稻城杯”第三届大学生设计大赛颁奖典礼在江苏省苏州市举行。大赛收到投稿作品 4000 余组 10000 余件，195 件作品入围。现场揭晓大赛获奖名单，其中一等奖 6 名、二等奖 12 名、三等奖 20 名、优秀提名奖 7 名、优秀指导老师奖 10 名。“运河吴门第一集 · 望运集”夜市文创专场在稻香小镇望亭的大运河畔同期开市。

【2020 北京时装周】

2020 年 9 月 15 日至 22 日，由北京服装纺织行业协会、北京时尚控股有限责任公司、《时尚北京》杂志主办的 2020 北京国际设计周公众活动单元“时尚北京”板块“2020 北京时装周”在首钢园区、王府井步行街、隆福文化中心、方恒时尚中心等地举行。活动以“追光”为主题，举办 80 余场活动，汇聚国内外近 200 个品牌。活动以线下活动和“云上会场”联动形式进行，在流行发布、时尚北京展、WEEK UP 潮流展、北京时尚高峰论坛等板块的基础上，新增云发布、云播间、云逛展、云享会等线上板块内容，同时还上线官方小程序，为品牌提供多元化展示和转化渠道。“2020 北京时尚高峰论坛”同期举行，论坛以“时尚品牌的数字化创新”为主题，探讨了时尚品牌在数字化创新方面的新理论与新实践。

【设计责任与未来峰会】

2020 年 9 月 19 日，由北京设计学会、北京服装学院主办的 2020 北京国际设计周“设计责任与未来峰会”线上举行。会议主题为“大事件当下的设计领导力”，议题包括“设计领导力将如何为设计学科创造价值”“大学教育如何培养有社会责任感的设计师，以应对不断扩大的设计影响力”“社会、创新企业需要什么类型的人才”“正处于十字路口的设计教育，该如何规划其未来”等。

【2020 设计马拉松】

2020 年 9 月 19 日至 20 日，由北京服装学院和国内外多所高校联合举办的大型设计竞赛工作坊"2020 设计马拉松"即兴直播间推出。设计马拉松自 2016 年开始至今已经历时四年。作为北京国际设计周的重要学术活动之一，设计马拉松致力于推动企业与学术共赢，能快速集结师生与专家，一起为企业棘手的设计问题找到解答，也为输出企业所需设计人才提供有效渠道。

【2020 北京国际设计周开幕活动暨北京 2022 年冬奥会和冬残奥会官方海报启动征集】

2020 年 9 月 21 日，由北京国际设计周组委会主办的"2020 北京国际设计周开幕活动暨北京 2022 年冬奥会和冬残奥会官方海报征集启动仪式"在北京市通州区举行。开幕活动由 2020 北京国际设计周颁奖仪式、2022 北京冬奥会倒计时 500 天形象景观海报征集、相关展览开幕等活动组成。设计周"北京设计奖"颁奖典礼同期举行。

【2021 北京国际设计周主宾城市赫尔辛基活动预热活动】

2020 年 9 月 21 日至 27 日，由北京市建筑设计研究院有限公司和北京歌华文化发展集团有限公司联合主办的"2021 北京国际设计周主宾城市赫尔辛基活动预热活动"线上举行。芬兰首都赫尔辛基作为北京国际设计周 2021 年邀请主宾城市，2020 北京国际设计周首次开启赫尔辛基预热活动，以"互联网 +"的形式开展了"从设计与建筑街区"活动、主题活动、开幕式致辞、主题对话等。

【北京城市建筑双年展 2020 先导展】

2020 年 9 月 21 日至 10 月 6 日，由北京国际设计周组委会主办的 2020 北京国际设计周特别策划活动"北京城市建筑双年展 2020 先导展"在北京市举行。展览以"多元・共生"为主题，涵盖 10 个分主题，从城市、建筑、艺术、科技四个维度，以有形实物、架上展示、视频及图片等形式，展现城市建筑设计与科技等产业的融合发展；旨在扩展学科的边界，在城市与文化的领域中探讨建筑的意义和未来，思考建筑与科技、艺术融合的新的可能性。

【2020 北京国际设计周"设计之旅"活动板块】

2020 年 9 月 22 日，由北京国际设计周组委会主办的 2020 北京国际设计周"设计之旅"活动板块在北京市举行。该活动板块按照产业类别、行业特点、内容主题、活动规模等进行分类规划与审核管理，并着重按内容、按行业的方式梳理，结合产业发展特色，设置影视主题类、科技主题类、时尚主题类、文博主题类等分会场。北京市东城、西城、朝阳、海淀 4 个区设置了隆福寺、北京坊、时代美术馆等 20 余个分会场，另有天津、廊坊、承德分会场。在北京的胡同街巷、文创园区、时尚商圈、艺术场馆等地，举办展览、论坛、讲座、工作坊、互动体验、市集等系列创意设计活动。

【Pop Box——国际潮流文化展】

2020 年 9 月 22 日至 10 月 12 日，由北京国际设计周组委会主办的 2020 北京国际设计周"Pop

Box——国际潮流文化展”在北京市举行。参展艺术家有安迪·沃霍尔（Andy Warhol）、班克斯（Banksy）、村上隆、丹尼尔·阿尔轩（Daniel Arsham）、金氏彻平、金宁宁、雷磊、镰田光司、彭磊等。参展机构有CLC画廊、当代东京、东至设计工作室、可米生活、MODOLI、末那工作室、NeedArt、Xpool、星空间、幸会潮玩等。展览展出雕塑、绘画、动画、潮玩、手办等作品多件。

【北京设计论坛】

2020年9月23日，由北京国际设计周组委会主办的2020北京国际设计周“北京设计论坛”在国家大剧院艺术资料中心举行。该论坛包括1个主论坛和4个分论坛。其中，主论坛“民生之维：为真实而设计”设立“为社会生态环境而设计”“为地区振兴而设计”“为公众生活而设计”“为持续生态而设计”“为传统延续而设计”5个核心议题，邀请全国11名专家学者和企业代表进行讨论。来自韩国、日本、英国三名专家通过视频演讲方式参与论坛。

9月24日，举行分论坛“北京国际设计周国际文创开发论坛”和“2020台湖舞美国际论坛”。其中，“北京国际设计周国际文创开发论坛”主题为“北京市文化文物单位文创产品开发平台与IP授权”“北京礼物品牌提升战略”，邀请设计师、文创IP开发与授权相关专家，为北京市文化文物单位文创产品开发与北京礼物品牌的发展、提升出谋划策。“2020台湖舞美国际论坛”为专注于表演设计领域的专业论坛，主要学术活动与中国舞台美术学会联合举办。

9月25日，举行分论坛“人工智能赋能产业升级研讨会”和“城市更新中多方参与选择”。研讨会邀请政府政策顾问、行业协会专家、世界500强企业设计师、高校教授和智能创新企业家共同探讨人类智能创新时代开启后，以智能创新为驱动的技术和企业发展趋势。“城市更新中多方参与选择”主题学术论坛邀请政府部门、设计单位、开发商、运营机构等，解读并探讨城市更新项目中多方参与的工作机制，试图从实际的经验教训中总结多方利益平衡的可行方法与创新实践之道。

【2020北京设计博览会】

2020年9月23日至26日，由北京国际设计周组委会主办的北京国际设计周重点板块“2020北京设计博览会”在全国农业展览馆举行。博览会分为“文化聚能、IP浪潮、智汇创享、青年力量、特邀平行展”5个板块，采用线上化、分散化、户外化方式，展出130余家参展商的近3000件作品。“月桂奖”颁奖典礼同期举行。

【民生之维——脱贫攻坚中的设计创新】

2020年9月24日至10月12日，由北京国际设计周组委会、中国扶贫基金会主办的2020北京国际设计周主题展览“民生之维——脱贫攻坚中的设计创新”在北京市举行。展览分为“设计为民　精准施策”“资源活化　传统承继”“美育启智　旨在持续”“虚实互联　协同创新”“生态营造　和谐共生”5个部分，展出设计师、设计机构和全国艺术设计院校师生通过设计的手段参与脱贫攻坚的典型案例多件（组）。

【2020北京国际设计周设计之夜暨专业赛事单元颁奖典礼】

2020年9月25日，由北京国际设计周组委会主办的“2020北京国际设计周设计之夜暨专业赛事单元颁奖典礼”在北京市福隆文化中心举行。相关负责人及设计师、设计机构、设计院校负责人350

余人参会。活动旨在为中外设计师、设计机构搭建聚会、交流、沟通、洽商的平台；“专业赛事单元”通过专业设计征集或竞赛活动，引导设计师将创新与人民对美好生活的向往相结合，进一步释放设计在国民生活中的价值，推动设计产业高质量、精细化、品牌化发展。“2020 抗击‘新冠肺炎’公益海报设计征集活动”“笔下古今，超‘画’北京——北京国际设计周插画设计征集暨‘北京礼物’签约设计师招募计划”颁奖典礼同期举行。会议向“抗疫宣传公益海报”获奖设计师颁发公益奉献荣誉证书。“插画设计”征集活动有 80 组作品获奖，其中有 50 名设计师成为“北京礼物”品牌签约设计师。

颁奖典礼后举办了“视觉中国与华文字体战略合作签约仪式”“传奇之书——国漫超级英雄原创 IP 开发者大会”“GGAC 第三届全球游戏动漫美术概念大赛”等活动推介会，以及“科技防疫、文化赋能——疫情常态化下的科技与文化创新”主题演讲等。

【2020 北京国际设计周设计之旅第三届当代国际水墨设计双年展】

2020 年 11 月 3 日，由“第三届当代国际水墨设计双年展”组委会、首都师范大学美术学院、北京设计学会主办的“2020 北京国际设计周设计之旅第三届当代国际水墨设计双年展”获奖名单公布。中国的王敏、曹方、毕学锋，乌克兰的海伦·巴拉诺夫斯卡（Helen Baranovska），厄瓜多尔的克里斯托弗·斯科特（Christopher Scott）五位终评专家，对视觉设计、文创设计、空间设计、媒体设计、水墨实验、水墨艺术 6 个类别的入选作品，以无记名投票方式进行评选，最终产生金奖、银奖、铜奖和优秀奖。乌克兰的 *Zero-Corruption* 系列、中国的《墨非痕系列》、乌拉圭的 *Lock COVID* 获金奖，另外还产生银奖 6 名、铜奖 9 名、优秀奖 50 名。

纪事

管理

【关于公布工业产品绿色设计示范企业名单（第二批）的通知】

2020年11月23日，工业和信息化部办公厅印发《关于公布工业产品绿色设计示范企业名单（第二批）的通知》（工信厅节〔2020〕48号），该名单评审根据《工业和信息化部办公厅关于组织推荐第二批工业产品绿色设计示范企业的通知》（工信厅节函〔2020〕110号）要求，经企业自评估、省级工业和信息化主管部门（或中央企业）推荐、专家评审、网上公示等程序，最终确定珠海格力电器股份有限公司等67家企业为第二批工业产品绿色设计示范企业。

通知要求，为贯彻落实新发展理念，加快推行绿色设计，促进制造业高质量发展：一、示范企业要切实发挥引领带动作用，不断加强绿色设计创新开发能力和管理水平，持续提升绿色产品供给能力和市场影响力。二、各地工业和信息化主管部门、有关中央企业要加强对示范企业的指导和服务，持续跟踪工作进展，做好年度总结评估，并及时报送有关情况。同时，要结合实际继续做好示范企业的培育工作，主动引导本地区、本行业骨干龙头企业开展绿色设计实践，发挥示范效应，推动工业产品绿色设计示范工作不断深化。三、工业和信息化部将进一步加强对工业产品绿色设计示范企业名单的监督管理，建立动态管理机制，适时对示范企业进行复核，对不符合示范企业要求的单位予以除名。

【关于公布2020年中国优秀工业设计奖获奖名单的通告】

2020年11月24日，工业和信息化部印发《关于公布2020年中国优秀工业设计奖获奖名单的通告》（工信部政法函〔2020〕299号）。该奖项根据《关于开展2020年中国优秀工业设计奖评奖工作的通知》（工信厅政法函〔2020〕210号），经初评、复评及终评，并由工业和信息化部评奖工作领导小组审定，有10件产品（作品）获得“2020年中国优秀工业设计奖金奖”，其中运载火箭海上发射系统（申报单位：烟台宇航工程技术有限公司）等9件获产品设计金奖，ENO.146低风阻电动乘用车（申报单位：广州汽车集团股份有限公司汽车工程研究院）获概念作品金奖。

【纺织服装创意设计试点园区（平台）名单（第五批）公告】

2020年12月22日，工业和信息化部印发《纺织服装创意设计试点园区（平台）名单（第五批）公告》（2020年第50号）。该名单根据《工业和信息化部关于印发〈纺织服装创意设计试点示范园区（平台）管理办法（试行）〉的通知》（工信部消费〔2016〕396号）要求，经园区（平台）自愿申报、省级工业和信息化主管部门推荐、专家评审和网上公示等程序产生，包括格雷服装文创设计产业园等8家园区（平台）。同时公布纺织服装创意设计试点园区（平台）（第二批）通过复核名单，包括尚街loft时尚生活园区等8家园区（平台）。

项目·活动

【杭州 2022 年第 19 届亚运会吉祥物发布】

2020 年 4 月 3 日，杭州 2022 年第 19 届亚运会吉祥物发布，杭州亚运会吉祥物组合“江南忆”在互联网云端发布，三个机器人造型的吉祥物分别是琮琮、莲莲和宸宸。相关部门负责人“云启动”吉祥物发布，亚奥理事会主席艾哈迈德·法赫德·萨巴赫亲王发来贺信。

2019 年 4 月，杭州亚组委面向全球发出了吉祥物设计征集的邀约，共收到海内外应征作品 4633 件。最终，由中国美术学院青年教师张文、杨毅弘设计的“江南忆”得到亚奥理事会正式允准。“琮琮”以机器人的造型代表世界遗产良渚古城遗址，名字源于良渚古城遗址出土的代表性文物玉琮，实证了中华五千多年文明史，全身以源自大地、象征丰收的黄色为主色调，头部装饰的纹样取自良渚文化的标志性符号“饕餮纹”，意寓“不畏艰险、超越自我”。

【2020 年第六届亚洲沙滩运动会奖牌设计图公布】

2020 年 6 月 19 日，2020 年第六届亚洲沙滩运动会奖牌设计图公布。本届亚沙会奖牌的主题是“天涯之时”，创意造型源自“海上生明月，天涯共此时”名句，寓意着主办城市向世界发出邀约。亚沙会奖牌设计三亚特色浓郁。奖牌正面整体造型分为两部分，上半部分为圆形，象征日月光辉皆自海生，包括三亚亚沙会会徽和鹿城特色物——天涯石。下半部分环绕的弧线象征着海湾、海浪、沙滩等赛会的海洋元素。奖牌背面使用亚奥理事会统一规定的图案，即亚奥理事会会徽，侧面为英文“Welcome to Tianya Haijiao（请到天涯海角来）”，表达了三亚开放创新的城市精神。

【济南市人民政府与山东工艺美术学院战略合作签约】

2020 年 7 月 11 日，济南市人民政府与山东工艺美术学院战略合作签约活动在山东工艺美术学院长清校区美术馆举行。根据协议，双方将共同推进市校合作发展，打造一流的市校融合发展平台，建立一流的高端文创智库队伍，共建一流的艺术创意设计大学。同时，将依托国家产教融合发展工程项目、山东省创新创业共同体、山东省国际文化创意产业研发中心“三大平台”，重点建设“四个一工程”，即一个中心——中国智能制造设计济南研发中心、一个基地——国家产教融合项目济南文创设计产业基地、一个大奖——中国·墨子智造大奖、一个项目——中国优秀设计师及设计产权落户项目，推动济南经济社会文化发展。

【2020 深圳设计周】

2020 年 8 月 15 日至 30 日，2020 深圳设计周在线上举行。活动以“云上设计　创意无限”为主题，包括“深圳设计四十年：时代的力量”展、粤港澳大湾区设计展、“超越时代的创新者：达芬奇设计特展”、主宾国荷兰的“水与城市”设计大展、深港澳数字创意设计三城展等十大板块内容。来自海内外 20 个国家和地区的 33 家设计机构、800 余名设计师进行云上互动和展示。

【中国国际服务贸易交易会·第三届中国服务设计大会】

2020年9月5日，光华设计基金会主办，北京大兴新媒体产业基地管理委员会、北京大兴区科学技术委员会联合主办的“2020年中国国际服务贸易交易会·第三届中国服务设计大会”在北京市大兴区举行。大会主题为“服务设计以数智结合赋能企业转型升级”。聚集服务设计领域全球研究机构、院校及行业企业百余家，共同探讨服务设计赋能新兴产业的发展。大会期间举办了“服务设计行业调研会”、金融分论坛、“金苑路设计一条街”专题讨论会，以及“中挪绿色产业”交流活动会、中国服务设计年会、服务设计之夜等10余场系列活动。复旦大学智库中心主任李天栋教授发布《服务设计贡献率》研究成果。辛向阳发布《2020中国服务设计报告》。

【第三届河北国际工业设计周】

2020年9月17日至23日，由河北省人民政府主办，河北省工业和信息化厅、河北雄安新区管理委员会、河北工业设计创新中心承办的“第三届河北国际工业设计周”在河北省雄安新区举行。本届设计周以“设计营造多元世界”为主题，聚焦智能设计、绿色设计、服务设计、社会设计等国际设计前瞻理念和业界发展趋势。意大利、法国、美国等20余个国家和中国台湾、香港地区352家企业参展，展出全球设计作品3000余件。“第一届金芦苇工业设计奖获奖作品展及颁奖典礼”同期举行。

【2020顺德设计周暨DWE广东工业设计产业博览会】

2020年10月29日至12月12日，由广东工业设计城、广东省工业设计协会主办的“2020顺德设计周暨DWE广东工业设计产业博览会”在广东省佛山市顺德区举行。活动采用“科技中的设计”和“生活中的设计”双主题，聚焦智能设计、绿色设计、服务设计等工业设计的前瞻性方向和未来发展趋势。举办了2020 DWE设计创新大会、设计之都交流活动、中国国际食物设计节、光华设计龙腾奖广东十杰颁奖大会等10余场活动。

【“广州创意周——广州设计之都”系列活动】

2020年11月1日，由广东省善易交互设计研究院主办、广州市白云区人民政府鹤龙街道办事处联合主办的“广州创意周——广州设计之都”系列活动在广东省广州市举行。活动举行光华龙腾奖·中国服务设计业十大杰出青年战略合作签约仪式、广州创意周联合策展人合作签约仪式。活动分为高峰论坛、闭门会议、设计人物奖、设计力大展、设计人才评价等板块。系列活动中还举办了“国际体验设计大会·广州站”的设计大展、广东省“省长杯”工业设计大赛新一代信息技术类专项赛的参赛作品展等展览。

【第七届成都创意设计周】

2020年11月6日至9日，由成都市人民政府主办，成都市文化广电旅游局、成都传媒集团承办的“第七届成都创意设计周”在成都市中国西部国际博览城举行。创意周以“创意成都，美好生活”为主题、以创意设计为纽带，以“3+1+N”的模式举办。其中，成都创意设计产业展览会共设置3个展馆，总面积3.6万平方米。德国、挪威、芬兰、瑞士、杭州、重庆等国家和城市参与，设有文旅、工业、时尚、数字、空间五大领域展示板块，参展单位600余家，展示作品14000余件，包括主题展、金熊猫天府创意设计奖作品展、大运会主题文创展、文旅（运动）产业生态圈主题展、数字动漫主题展、工业设计主题展、时尚创意设计主题展等特色展区。

【2020 第二届北京国际公益广告大会】

2020 年 11 月 8 日至 10 日，由中共北京市委宣传部、北京市广播电视局主办的“2020 第二届北京国际公益广告大会”在北京市举行。活动以“公益视界　向光前行”为主题，以决胜全面小康、决战脱贫攻坚为主线，以汇集经典作品、推荐青年英才、推介重点项目、促进国际合作为重点，以公益广告为载体向社会传播公益的理念、传递公益的力量。大会成立了“北京国际公益广告研究院”，签署了《北京市广播电视局与国家广播电视总局广播电视规划院战略合作框架协议》，举办了公益广告优秀作品展映展示活动。本届大会还设有论坛、公益盛典、创意征集大赛、系列活动等板块的 100 余项活动。

【“上海设计之都”十周年主题活动】

2020 年 11 月 20 日至 22 日，由上海市经济和信息化委员会、上海市住房和城乡建设管理委员会、上海市市场监督管理局等主办的“‘上海设计之都’十周年主题活动”在上海市举行，活动主题为“美好生活，人人设计”。会上发布沪苏浙皖四地工业设计协会“长三角工业设计产业联盟”，高瓴资本等单位发起注册“上海创新创意设计研究院”，并举办“设计之都建设”主题论坛。展厅分别从工业设计、环境设计、数媒设计、传达设计、交互设计、服务设计、时尚设计、非遗设计、文创设计、设计教育、园区建设等 12 个领域展示了 100 余名设计人物及作品，展出 66 家企业的 100 余件创意设计作品及成果。

【2020 年世界工业设计大会】

2020 年 11 月 25 日至 29 日，由工业和信息化部、山东省人民政府主办，山东省工业和信息化厅、烟台市人民政府、中国工业设计协会等承办的“2020 年世界工业设计大会”在山东省烟台市举行。大会以“设计・智向未来”为主题，展出 800 余家创新企业的 1000 余件最新产品，覆盖高端装备、航空航天、智能机器人、新能源及无人驾驶汽车、电子信息、文化创意等 14 个领域。活动举行线上、线下设计与产业对接活动，在国内外设置 100 个分会场，探讨推动智慧智能智造发展的“设计路径”。

【艺术与设计创新未来教育博览会】

2020 年 12 月 5 日至 13 日，由上海市教育委员会主办的 2020 年第二届“艺术与设计创新未来教育博览会”在上海市举行。活动分为展览、论坛、工作坊、培训、颁奖 5 个板块，海内外 100 余所高校及研究机构负责人、专家、师生参会。活动还邀请 100 名上海市中小学艺术课骨干教师在现场开展实践性培训，并与上海市教育工会和上海市教委相关部门合作举办“上海高校艺术与设计类青年教学竞赛”和颁奖仪式，法国驻上海领事馆在活动中举办首届上海中法设计周末的特别项目，以及云艺术展“爱无界”艺术展线下展览。

【IXDC2020 国际体验设计大会】

2020 年 12 月 17 日至 20 日，由国际体验设计协会（IXDC）主办的“IXDC2020 国际体验设计大会”在北京市举行。大会以“数字思维”为主题，开展主旨演讲、专题峰会、实践工作坊等系列活动。“光华龙腾奖·中国服务设计业十大杰出青年”颁奖典礼暨领袖峰会同期举行。狄涛等 10 人获“2020 光华龙腾奖·中国服务设计业十大杰出青年”称号，卜子力等 20 人获“2020 光华龙腾奖·中国服务设计业十大杰出青年提名奖”，狄涛等 3 人获“2020 光华龙腾奖·中国服务设计业十大杰出青年推荐奖”。

【北京 2022 年冬奥会和冬残奥会体育图标发布】

2020 年 12 月 31 日，在 2021 迎冬奥环球跨年冰雪盛典上，北京 2022 年冬奥会和冬残奥会体育图标发布。北京冬奥会和冬残奥会体育图标共 30 个，包括 24 个北京冬奥会体育图标和 6 个北京冬残奥会体育图标。图标设计以中国汉字为灵感来源，以篆刻艺术为主要呈现形式，将冬季运动元素与中国传统文化结合，既展现出冬季运动挑战自我、追求卓越的特点，也凝聚了中国传统文化的厚重与精深，彰显了北京冬奥会和冬残奥会的理念和愿景。图标以霞光红为底色，寓意着日出东方，代表着热情和希望，也可以为在春节期间举行的北京冬奥会烘托出喜庆气氛。

展览

【设计的价值在中国】

2020年1月19日至12月20日，由“设计互联”文化综合平台与英国国立维多利亚与艾尔伯特博物馆（V&A）合作推出的展览“设计的价值在中国”在深圳市海上世界文化艺术中心举行。展览展出138件展品，分为设计风格、应对问题、材料成型、身份与消费、传情达意、讨价还价六大板块，覆盖工艺美术、轻工业与日用品、设计脱贫、生态保护、乡村建设、城市规划、交通、可持续发展、女性等近30个议题。

【衣袭华美——百年海派旗袍的前世今生】

2020年4月30日至7月26日，由上海市历史博物馆、重庆中国三峡博物馆主办的展览“衣袭华美——百年海派旗袍的前世今生”在重庆中国三峡博物馆举行。该展分“遗风未尽的时尚”“曲线初露的变革”“海派花样旗袍”“再创怀旧的符号”4个单元，展出46件不同时期、不同风格的旗袍文物，以及相关首饰、梳妆工具等。

【格物匠心——福建传统工艺展】

2020年8月30日至10月30日，由中国国家博物馆、中共福建省委宣传部主办的“格物匠心——福建传统工艺展”在中国国家博物馆举行。展览分意韵百态、工致精巧、千文万华、石以名志、东方神韵5个单元，展出福建省不同时期不同门类的工艺美术作品200余件（套）。

【2020中国设计智造大奖佳作展】

2020年10月20日至11月10日，中国美术学院在象山校区举办“2020中国设计智造大奖佳作展”。展览展出325件获奖作品，在DIA四大板块——“文化创新”“生活智慧”“产业装备”“数字经济”基础上，新增“设计战役”和“设计概念”展区，构成了一条长廊和三个展区。“文化创新”板块展现了文化融合创意的产品创新；“生活智慧”板块呈现了当下以科技创新为导向，以智能硬件为主要特征的产品创新；“产业装备”板块以大国重器为导向，以机械装备为主线的各类产品；“数字经济”体现了数字技术从生活转向产业的软硬件系统创新。

【最美小康路——2020年中国西部民间工艺主题创作展】

2020年10月28日至11月1日，由中国民间文艺家协会、陕西省文学艺术界联合会主办，陕西省民间文艺家协会、陕西省文化产业协会承办的中国文学艺术基金会、中国文学艺术发展专项基金资助项目“最美小康路——2020年中国西部民间工艺主题创作展”系列活动在陕西省美术博物馆举行。展览分为精准扶贫、绿水青山、抗击疫情、开发开放、西部风情五个板块，展出12个省（自治区、直辖市）和新疆生产建设兵团民间文艺家协会推荐作品278件。

【京韵天工谱华章——“全面建成小康社会”民间工艺美术作品展】

2020 年 11 月 6 日至 15 日，由北京市文学艺术界联合会主办，北京民间文艺家协会承办的“京韵天工谱华章——‘全面建成小康社会’民间工艺美术作品展”在北京市中华世纪坛举行。展览分为神话故事、历史传说、民俗生活 3 个板块，展出北京地区 80 余名非物质文化遗产传承人、工艺美术大师及当代艺术家的近百件作品，涵盖雕漆、鬃人、景泰蓝、剪纸、风筝、古琴、毛猴、皮影、绢花等。

【黄河落天走东海——河南省当代陶瓷艺术研究展】

2020 年 11 月 7 日至 12 月 6 日，由河南省美术馆主办的文化和旅游部 2020 年全国美术馆青年策展人扶持计划入选项目“黄河落天走东海——河南省当代陶瓷艺术研究展”在河南省美术馆举行。展览分为“守正出新”“破立并举”2 个单元，展出 25 名艺术家当代陶瓷艺术作品 45 件、古陶瓷标本 12 件以及文献资料等。“黄河落天走东海——河南省当代陶瓷艺术研究展”学术研讨会同期举行，参会专家探讨了如何建构河南当代陶瓷艺术语言体系、陶瓷艺术在日用品之外的可能性、河南陶瓷艺术的未来发展出路等议题。

【第六届中国人居环境设计学年奖获奖作品展暨“问向・十年”建筑艺术设计学院教学成果展】

2020 年 11 月 22 日至 12 月 10 日，由清华大学和教育部高等学校设计学类专业教学指导委员会主办的“第六届中国人居环境设计学年奖获奖作品展暨‘问向・十年’建筑艺术设计学院教学成果展”在广州美术学院举行。学年奖获奖作品展展出本届获得金银铜奖项的优秀作品；教学成果展通过“日常生活”“社会物种”“艺术营造”3 个专题，展出全国 204 组入围终审作品，其中城市设计 30 组，建筑设计 53 组，景观设计 57 组，室内设计 64 组。最终选出金奖 13 名，银奖 25 名，铜奖 45 名，优秀奖 121 名。

【第二届山西省文化创意设计大赛获奖作品及入围作品展】

2020 年 12 月 8 日至 15 日，由山西省文化和旅游厅主办，山西省文化和旅游发展中心等承办的“第二届山西省文化创意设计大赛获奖作品及入围作品展”在山西省图书馆举行。展览分为山西文化旅游品牌主题大赛、文化创意主体大赛、“山西礼物”专题创意设计大赛 3 个单元，展出从全省 2800 余件投稿作品中评选出的 370 件作品，涵盖文化创意和设计服务的大多数领域，包括文化 IP 衍生品、表情包、APP、小程序、品牌包装、家具、玩具、家居饰品、刺绣、面塑、插画、茶具、创意工具、旅游纪念品、创意文具、创意餐具等。

【2021 吉庆年年——全球吉庆生肖设计大赛成果展暨北京市海外文化交流中心开幕仪式】

2020 年 12 月 18 日，由北京市文化和旅游局、中央美术学院主办，北京市海外文化交流中心、中央美术学院丝绸之路艺术研究协同创新中心、中央美术学院圆明园研究中心承办的 2021“吉庆年年——全球吉庆生肖设计大赛成果展暨北京市海外文化交流中心开幕仪式”在北京市海外文化交流中心举行。展览展出从 3170 件（套）参赛作品中评选出的 13 件（套）获奖作品，其中专题优秀设计奖作品 2 件（套）、平面类奖作品 6 件（套）、产品类奖作品 5 件（套）。

【大运河文化非遗纸艺展】

2020 年 12 月 19 日至 2021 年 4 月 18 日，由北京敬人文化发展股份有限公司主办，首都博物馆和中国园林博物馆协办的“大运河文化非遗纸艺展”在北京南锣鼓巷敬人纸语展厅举行。来自北京市、江苏省、浙江省等大运河沿线多个省、直辖市的 21 个系列 35 件纸艺模型和创意纸产品，展现了大运河文化在不同时代留下的审美细节。展览分为大运河历史变迁、纸艺大运河全景、大运河文化纸产品三部分。

【美美与共　丝路同行——福建·陕西传统民间工艺交流展（西安站）】

2020 年 12 月 28 日，由陕西省文学艺术界联合会、福建省文学艺术界联合会主办，陕西省民间文艺家协会、福建省民间文艺家协会承办的“美美与共　丝路同行——福建·陕西传统民间工艺交流展（西安站）”在陕西省西安市举行。展览展出福建陕西两省民间工艺精品 160 余件（组），其中福建参展作品 80 余件（组），陕西参展作品 80 余件（组）；展品涵盖皮影、剪纸、木版年画、泥塑、玉石雕、农民画、陶瓷、漆器、面花等多种艺术门类。

展览期间还举行了秦闽民间工艺交流座谈会，两省民间文艺工作者从民间工艺的传承创新、会员培训、培养新人、阵地建设、融媒体等方面进行了沟通与交流。

【美好生活——第五届中国当代工艺美术双年展】

2020 年 12 月 31 日，由中国艺术研究院主办，中国工艺美术馆、中国艺术研究院工艺美术研究所、中国艺术研究院美术研究所等承办的“美好生活——第五届中国当代工艺美术双年展”在中国艺术研究院油画院美术馆举行。展览分为“人和室雅”（客厅 / 中式堂屋）、“耕读传家”（书房 / 文房）、“敬天法祖”（斋堂 / 宗祠）、“清赏雅玩”（长物 / 摆件）、“锦绣兰阁”（卧室 / 闺房）、“圃院晴光”（庭院 / 花园）六个部分，展出从全国征集作品中评选出的优秀作品 334 件（套），涵盖玉雕、牙角骨雕、石雕、竹木雕、金属工艺、漆器漆艺、工艺首饰、陶瓷、文房、织染绣、中式家具 11 个类别。

评奖

【金点新秀设计奖】

2020年6月2日，台湾“金点新秀设计奖”在金点设计奖官网公布获奖名单，有8件“金点新秀年度最佳设计奖”、40件“金点新秀设计奖”、3件“金点新秀循环设计特别奖”及49件“金点新秀赞助特别奖”。在各校奖项方面，台湾科技大学获9个奖项，岭东科技大学获8个奖项，台湾艺术大学及辅仁大学分别获5个奖项。其中，岭东科技大学获得包含包装、时尚、社会设计类的年度最佳设计奖。

【全国大中学生第九届海洋文化创意设计大赛】

2020年7月26日，自然资源部宣传教育中心、中国海洋大学、中国海洋发展基金会等主办，中国海洋大学海洋文化创意设计发展中心承办的“全国大中学生第九届海洋文化创意设计大赛”作品终审会线上举行。大赛评出获奖作品460件，其中，大学组420件（金奖8件、银奖21件、铜奖50件、优秀奖341件）；中学组40件（银奖2件、铜奖6件、优秀奖32件）。

【山东省第三届“省长杯”工业设计大赛颁奖典礼暨工业设计周开幕式】

2020年8月26日，由山东省人民政府主办的“山东省第三届‘省长杯’工业设计大赛颁奖典礼暨工业设计周开幕式”在山东省烟台市举行。大赛征集参赛作品2500余件，评选出“豹”系列拖拉机家族化解决方案等10件作品获金奖，Φ7032mm硬岩城市地铁隧道掘进机等20件作品获银奖，Yeelight易来智能LED光感台灯等50件作品获铜奖，潜龙——子母式大流量排水车设计等50件作品获高校“新星奖”。活动同期举行共建国家智能制造工业设计研究院签约仪式、中国工业设计联合创新大学（山东高校）签约仪式以及烟台国际设计小镇建设开工启动仪式。

【西藏自治区首届工业设计大赛】

2020年8月26日，由西藏自治区经济和信息化厅主办，中国工业和信息化部国际经济技术合作中心承办的“西藏自治区首届工业设计大赛”在西藏自治区拉萨市举行。18件产品类、创意类设计作品获金、银、铜奖。同期举办工业设计专题讲座、工业设计作品展等系列活动。

【第六届“学院派奖”全国艺术与设计大赛】

2020年9月2日，由北京包豪斯文化艺术院、包豪斯国际设计协会（BIDA）主办的2020“第六届‘学院派奖’全国艺术与设计大赛”获奖名单公布。大赛收到艺术类、设计类作品来稿3889件，学术论文89篇。从中评出“学院派奖”10名（最高奖），艺术类一等奖10名、二等奖20名、三等奖60名，设计类一等奖20名、二等奖110名、三等奖170名，学术论文类一等奖10名、二等奖15名、三等奖23名，优秀指导教师奖107名。

【第六届紫金奖文化创意设计大赛颁奖典礼暨优秀作品展】

2020 年 9 月 5 日，由中共江苏省委宣传部、江苏省委网络安全和信息化委员会办公室、中共江苏省台湾工作办公室等部门主办的“第六届紫金奖文化创意设计大赛颁奖典礼暨优秀作品展”在江苏省南京市举行。大赛收到全国创意作品 24599 件，从中评出金奖 11 项、银奖 29 项、铜奖 57 项，以及 50 项大学生创业创新奖。

【2020 中国建筑装饰产业发展论坛暨第十届中国国际空间设计大赛（中国建筑装饰设计奖）颁奖典礼】

2020 年 9 月 15 日，由中国建筑装饰协会与福田区委区政府主办的“2020 中国建筑装饰产业发展论坛暨第十届中国国际空间设计大赛（中国建筑装饰设计奖）颁奖典礼”在深圳市福田区举行，同时启动“第十一届中国国际空间设计大赛”。大赛作品分为酒店、餐饮、商业、文化、办公等 13 个类别，共征集作品 7580 套。其中，胡伟坚等被评为“福田杯”2019 年度十大杰出建筑装饰设计师，孙巍等被评为“福田杯”2019 年度中国十佳家装设计师。“金螳螂”等 10 家设计机构被评为 2019 年度中国十大杰出建筑装饰设计机构，广西建筑装饰协会、福建省建筑装饰行业协会等 21 家机构获第十届中国国际空间设计大赛优秀组织奖，铭森 · 玛歌、日丰等品牌被评为第十届中国国际空间设计大赛推介品牌。

【2020“设计之都 · 创意推荐榜”榜单颁奖典礼】

2020 年 9 月 19 日，由上海设计之都促进中心主办，上海练祁文化旅游发展有限公司、上海嘉泽文化传媒有限公司承办的 2020“设计之都 · 创意推荐榜”榜单颁奖典礼在上海市举行。活动与“2020 上海孔子文化节”进行联动。涵盖服饰配饰、珠宝首饰、家居生活、智能科技、创意空间和自媒体 &KOL 6 个领域。评审团从 300 余个推荐创意品牌中评出 60 个设计品牌和产品入选年度榜单。本次榜单还加入自媒体 &KOL 板块。活动现场举行“赋能‘云端’，在线新经济背景下设计的发展趋势”主题对话，邀请致趣联媒副总裁盖新、小红书公共政策部总经理王栋、齐家网高级副总裁田原等共同讨论在线新经济背景下创意设计如何促进产业跨界融合。

【2020 中国设计智造大奖颁奖典礼】

2020 年 10 月 19 日，由中国美术学院主办的“2020 中国设计智造大奖颁奖典礼”在中国美术学院象山校区举行。来自日本索尼的“toio 专用套件”和浙江省阿里云的“阿里云工业数字孪生”获金奖。自 1 月 9 日启动网络征集，DIA 大奖面向企业和高校、独立设计师等分别设置“产业组”和“概念组”，共征集作品 7369 件，申报数量同比上一届增长 18%。其中，“产业组”吸引世界 500 强和中国 500 强企业、设计公司等参赛，同比增长 210 家；“概念组”吸引 QS 世界大学排名上榜院校、双一流高校设计团队积极申报。同时新增哥斯达黎加、埃及、伊朗、孟加拉 4 个参赛国家，参赛国家和地区达 60 个。

【广东省第十届“省长杯”工业设计大赛颁奖典礼】

2020 年 10 月 23 日至 24 日，由广东省工业和信息化厅主办，广东新华影视文化传播有限公司承办的“广东省第十届‘省长杯’工业设计大赛颁奖典礼”系列活动在广东省广州市举行。大赛以“设计赋能产业”为主题，围绕广东省战略性产业集群建设征集作品，参赛作品 33972 件，评出钻石奖 3 个、金奖 6 个、银奖 9 个、铜奖 12 个、各类单项奖 40 个以及优胜奖 725 个。活动期间举办设计成果对接、“设计师之夜”等活动。

【全国大中学生第九届海洋文化创意设计大赛颁奖典礼、资源海洋大家谈暨 2020 创意设计（广西）论坛】

2020 年 10 月 24 日，由全国大中学生海洋文化创意设计大赛组委会与北部湾大学主办的“全国大中学生第九届海洋文化创意设计大赛颁奖典礼、资源海洋大家谈暨 2020 创意设计（广西）论坛”在北部湾大学举行。活动分为颁奖典礼、获奖作品展览开幕式、“资源海洋大家谈暨 2020 创意设计（广西）论坛”三部分。“全国大中学生第九届海洋文化创意设计大赛获奖作品巡回展览”在北部湾大学同期举行。本届大赛以“资源海洋”为主题，作品形式涵盖平面设计、景观设计、产品设计、媒体动漫、营销策划等。参赛学校 990 余所，参赛作品 61568 件，评选出获奖作品 460 件：大学组 420 件（金奖 8 件、银奖 21 件、铜奖 50 件、优秀奖 341 件），中学组 40 件（银奖 2 件、铜奖 6 件、优秀奖 32 件）。论坛与会专家学者围绕着海洋文化创意设计、海洋文化资源产业等献言献策，以期为海洋文化事业的发展指明新的方向。

【2020 年全国大学生工业设计大赛终评评审】

2020 年 11 月 14 日，由全国工业设计一流专业建设协同创新平台、广东省教育厅、广东省工业和信息化厅等主办，广州美术学院承办的“2020 年全国大学生工业设计大赛终评评审”在广州美术学院举行。大赛以“万物始新 · 设计无界”为主题，设置智能与体验、服务与系统、文化与社会创新、时尚与生活、材料与工艺 5 个分主题；增设“全民健康与公共安全”专项主题。大赛收到近 4 万件作品。最终评选出中国新锐设计金奖 10 名、银奖 40 名、铜奖 76 名、优秀奖 183 名、特等奖 1 名，优秀指导教师奖 10 名，优秀组织奖 10 名，最佳协办赛区奖 6 名，专项赛金奖 1 名、银奖 2 名、铜奖 4 名，最具商业潜力产品奖 1 名。

【第五届“中国 · 河间工艺玻璃设计创新大赛”暨第四届“中国 · 河间国际灯工玻璃艺术节”颁奖典礼】

2020 年 12 月 12 日，由中国工艺美术学会、中国工艺美术协会、清华大学美术学院、河间市工艺玻璃行业协会主办，清华大学美术学院工业设计系、工艺美术系和河间市科技局、河间市工艺玻璃行业协会承办的“第五届‘中国 · 河间工艺玻璃设计创新大赛’暨第四届‘中国 · 河间国际灯工玻璃艺术节’颁奖典礼”在河间市体育馆举行。两项活动共征集到参赛作品 4638 件，辐射 47 个国家和地区，并有“一带一路”沿线部分国家参加。其中，第四届“中国 · 河间国际灯工玻璃艺术节”评选出入围作品 80 件、获奖作品 16 件；第五届“中国 · 河间工艺玻璃设计创新大赛”评选出入围作品 180 件、获奖作品 50 件。

【第三届国际大学生旅游文化创意设计大赛颁奖典礼】

2020 年 12 月 12 日，由海南大学、中国图像图形学学会、海南省美术家协会主办，海南大学美术与设计学院承办的“第三届国际大学生旅游文化创意设计大赛颁奖典礼”在海南大学举行。大赛宗旨为“深耕海南文化精髓，助力海南旅游发展”。参赛作品包括两类，一是命题类的海南自由贸易港形象标识（Logo）设计；二是以“旅游文化”为主题的文创设计，具体包括海报设计、品牌与包装设计、文化产品设计、工业产品设计、数字产品设计及环境与空间设计等。入围初评的设计作品近5000件，来自380余所国内外高校，其中340件作品进入终评。最终评选出金奖6件、银奖15件、铜奖29件、优秀奖49件。另设优秀组织奖11项，并通过网络投票选出最佳人气奖。

【2020香港亚太设计师大赛颁奖盛典】

2020年12月28日，由香港室内设计师协会、香港亚太设计师大赛组委会主办，深圳共赢时代文化传播有限公司承办的“2020香港亚太设计师大赛颁奖盛典”在深圳设计之都举行。香港亚太设计师大赛以香港为中心，立足亚太地区，覆盖全球。陈杰、辜宇、张兆勇、陈宇哲、廖铭分别获得2020亚太设计师品牌人物最高荣誉奖，郑圣民、赵亚祥、杨文、张翊生分别获得2020亚太设计师封面人物大奖。香港卫视等200多家主流媒体进行联合报道。

【“2020紫金奖工业设计大赛”工业设计奖发布获奖名单】

2020年12月31日，由江苏省工业和信息化厅、江苏省工业设计协会共同主办的“2020紫金奖工业设计大赛”工业设计奖获奖名单公布。经企业（个人）自愿参赛、地方推荐、信用审查、专家评审、公示等程序，江苏宏昌天马物流装备有限公司“受限空间大吨位多关节超长伸缩臂起重机HCZ4500”等40件产品获工业设计产品奖，其中金奖9项、银奖8项、铜奖7项、优秀奖16项；“泡泡云——儿童消毒洗手机”等29件作品获工业设计作品奖，其中金奖3项、银奖6项、铜奖9项、优秀奖11项；南京林业大学黎卓杰等20人获工业设计技能奖，其中一等奖2项、二等奖4项、三等奖6项、优秀奖8项。

会议·论坛

【GIDA（金芦苇工业设计奖）未来设计沙龙】

2020年3月20日，由雄安新区未来工业设计研究院主办的“GIDA（金芦苇工业设计奖）未来设计沙龙”线上举行。6名工业设计专家分别在深圳市、石家庄市、北京市、湖南省等地进行线上直播连线，分享了工业设计前沿信息。直播吸引包括国内外设计机构、设计师、品牌企业代表、设计院校学生等上万观众。沙龙聚焦未来工业设计发展新趋势，从政府、企业、国际贸易、设计行业、设计奖项5个层次出发，分享工业设计新理念，剖析金芦苇工业设计奖，并对金芦苇奖赛事进展的最新信息进行分享，专家学者为疫情之下的设计行业、企业发展提出多方面建议。

【跨界联合，产业创新——2020服务设计论坛】

2020年6月20日，由北京工业大学、工业和信息化部工业文化发展中心主办的“跨界联合，产业创新——2020服务设计论坛”在线上举行。论坛邀请10名政府、企业、院校从事服务设计理论和实践的专家，对中国服务设计的问题、机遇、实践和发展方向进行探讨。论坛直播持续7个小时，高峰时段线上同时观看人数近12000人。

【第十六届国际绿色建筑与建筑节能大会暨新技术与产品博览会】

2020年8月26日至27日，由中国城市科学研究会、苏州市人民政府、中美绿色基金等主办的“第十六届国际绿色建筑与建筑节能大会暨新技术与产品博览会”在江苏省苏州市举行。会议主题为“升级住房消费——健康绿色建筑”。大会交流了国内外绿色建筑与建筑节能的最新科技成果、发展趋势、成功案例，研讨绿色建筑与建筑节能技术标准、政策措施、评价检测、创新设计和优化建造，加速推进绿色生态城区的实施，分享国际国内绿色建筑与建筑节能新经验、新技术，加快装配式建筑的普及和绿色建筑的发展。

【2020年第三届《装饰》学术年会】

2020年8月28日，由装饰杂志社主办的2020年第三届《装饰》学术年会线上举行，年会主题为“设计研究新范式：现实·问题·转化”。本次会议以腾讯会议为平台，总计有来自不同高校和机构300余名师生参加；年会还通过学堂在线平台向全网线上直播，播放量达近万人次。年会举行《装饰》2019年度优秀论文线上颁奖仪式。还举行《设计研究新范式3——〈装饰〉优秀约稿论文精选》新书线上发布会，本书是《装饰》与上海人民美术出版社合作编辑出版的《设计研究新范式》丛书的第三辑，收录了近10年在《装饰》《特别策划》与《学人问津》等栏目上发表的国内论文。

【中国工艺美术学会第五次全国会员代表大会暨五届一次理事会】

2020年9月2日，“中国工艺美术学会第五次全国会员代表大会暨五届一次理事会”在北京市举行。会议选举产生新一届的理事会和监事会，并对学会未来五年工作任务进行研讨。会议对中国工艺美术学会今后的工作提了四点希望：坚持党的领导，以党建促会建，深化学会治理结构和方式，推进跨界融合、深化国际合作。新一届理事会计划进一步提升学会的工作能力、服务能力和专业影响力，从学会党建工作、工艺美术文化智库建设、工艺美术理论与学术研究、学会品牌建设、工艺美术科普教育基地建设和学会内部建设六方面着手，带领中国工艺美术学会在融合中创新，发挥引领作用，围绕“生活美学”，探寻新的展示形式和传播手段。

【“复兴百工，生活即道”中国传统工艺振兴优秀案例论坛】

2020 年 10 月 4 日，由北京国际设计周组委会、中华世纪坛管理中心、中华世纪坛艺术馆主办的“复兴百工，生活即道”中国传统工艺振兴优秀案例论坛在北京市中华世纪坛举行。论坛围绕如何对传统工艺进行活态传承与创新发展进行演讲与讨论，并正式启动“中国传统工艺振兴优秀案例征集活动”。征集案例可分为四类：第一类，历史与文化，希望延续传统文化中的设计智慧和思想理念；第二类，城市与乡村，希望将传统工艺与城市更新、乡村振兴和文旅融合；第三类，民生与时尚，希望将传统工艺与当代审美结合，创造具东方生活美学的创意产品；第四类，日用与百工，希望探讨传统材料与工艺在当代生活美学中的应用，在自然与人文中找寻创新的路径。并对传统工艺传承与设计创新的价值和方式等问题进行探讨。

【2020 中国建筑学会学术年会】

2020 年 10 月 28 日至 30 日，由中国建筑学会主办的“2020 中国建筑学会学术年会”在广东省深圳市举行。年会主题为“好设计·好营造——推动城乡建设高质量发展”。年会首次采取线上线下相结合的方式，聚焦建设领域的学术热点、政策焦点、行业难点，举办 10 场主旨报告、32 场专题论坛以及展览等丰富的活动，吸引 12 名院士、20 名大师及社会各界人士 2000 余人参加。

【第二十五届中国民居建筑学术年会】

2020 年 11 月 6 日至 9 日，由中国民族建筑研究会民居建筑专业委员会、中国建筑学会民居建筑学术委员会、西南民族大学主办，西南民族大学城市规划与建筑学院承办的“第二十五届中国民居建筑学术年会”在西南民族大学航空港校区举行。年会主题为“当代视野下的民居传承与聚落保护”，包括 8 个主题报告，和传统民居与聚落、现代技术与民居营造、乡村规划与传统村落、民族地区传统民居与聚落 4 个分议题，是 2020 年民居建筑和聚落保护的重要总结和交流。

【第八届中国用户体验峰会】

2020 年 11 月 20 日至 21 日，由中国用户体验联盟、中国电子质量管理协会主办，北京科电联盟信息传播有限公司、厦门软件职业技术学院承办的“第八届中国用户体验峰会”在福建省厦门市举行。峰会设置金融论坛，VR/AR 用户体验研究论坛，智能人机交互与体验设计论坛，用户体验的数字化转型论坛，客户旅程分论坛，人因工程、可用性与安全分论坛，用户体验校企合作论坛，以及智能出行论坛 8 个板块；同期举行“智能产品用户体验质量评价指南”“用户体验成熟度”“公有云用户体验度量方法”“以人为中心的小家电工效学设计要求”等团体标准研讨会以及全国院校用户体验与人因工程科学研究高级研修班。

【新时代　新文科：全国艺术类学科建设研讨会】

2020年12月8日，由清华大学美术学院主办、装饰杂志社承办的“新时代　新文科：全国艺术类学科建设研讨会”在清华大学美术学院举行。会议在央视频和雅昌艺术网直播。教育部相关负责人、艺术类高等学校专业教学指导委员会专家，以及国内艺术类高校教育工作者，围绕如何构建具有中国特色的艺术学教育发展道路，如何搭建中国特色的文科人才培养体系，如何打造具有世界引领性的中国艺术学科新格局等问题进行研讨与交流，并就《新文科建设宣言》内容、跨学科融合发展、产学研理论与实践的结合、信息技术赋能文科教育、文化自信传承与创新等话题进行讨论。

【“文旅融合背景下的红色文创”研讨会暨“红色文创联盟”成立大会】

2020年12月10日，“‘文旅融合背景下的红色文创’研讨会暨‘红色文创联盟’成立大会”在中国国家博物馆举行。文化和旅游部、国家文物局、中国国家博物馆和中国人民抗日战争纪念馆等红色博物馆、景区，以及清华大学文创研究院等机构60余名专家，围绕“文旅融合背景下红色文创发展的新机遇与新挑战”主题进行探讨。“红色文创联盟”同期成立。34家“红色文创联盟”成员单位表决通过章程，并签署“红色文创联盟倡议书”。联盟是以传播红色精神为目的、用产业化思维探讨文创发展道路的跨行业平台。

交流

【2020“薪技艺”国际青年学术论坛·玻璃艺术】

2020 年 1 月 3 日，由清华大学美术学院主办的“2020‘薪技艺’国际青年学术论坛·玻璃艺术”在清华大学美术学院举行。论坛以“物质·物体·物性——当代玻璃艺术的综合表达”为主题，来自中、日、捷克等国家和地区的 7 名艺术家与策展人，以及 4 名批评家与行业管理者，从时代精神与个人观念、民族与国际、东方与西方等多个角度，探讨、研究并诠释玻璃艺术在当代的独特魅力与多种可能。

【爱沙尼亚哈普萨卢平面设计节“中国当代文化海报展”】

2020 年 5 月 30 日至 6 月 28 日（当地时间），爱沙尼亚哈普萨卢平面设计节（HGDF）中特别增设的“中国当代文化海报展”在爱沙尼亚哈普萨卢文化中心举行。展览邀请 25 名来自中国海峡两岸暨香港、澳门地区当代中青年设计师参展。参展作品随后在爱沙尼亚塔林、维尔扬迪、帕尔努、库雷萨雷、拉脱维亚及立陶宛巡展。

【物以载道——中国非遗数字展（摩洛哥）】

2020 年 11 月 2 日至 12 月 2 日（当地时间），由中国文化和旅游部国际交流与合作局主办，中国文化传媒集团有限公司下属中传创展（北京）文化发展有限公司承办的“物以载道——中国非遗数字展”在摩洛哥拉巴特中国文化中心举行。展览分为三大板块：“丝路明珠——‘一带一路’中的东方文化使者”板块对茶艺、瓷器、丝绸制品进行并置呈现，展示茶、瓷、丝绸作为“文化使者”所扮演的角色；“乘物游心——中国古典雅致生活”板块以场景式的呈现方式，再现中国古典文人雅士的生活场景；“匠心传承——创新赋能传统技艺”板块主要展示中国非遗技艺在当代社会中的活态传承和多元发展。

【第一届金紫荆杯中国—东盟工业设计大赛】

2020 年 11 月 18 日，由广西工业和信息化厅和柳州市人民政府主办，柳州市工业和信息化局、柳州市北部生态新区管理委员会、广西东博社集团有限公司承办的“第一届金紫荆杯中国——东盟工业设计大赛”颁奖仪式在广西壮族自治区柳州市举行。大赛以“设计赋能智创出行新模式”为主题，分为产品设计组、概念设计组和企业命题组。其中，产品设计组和概念设计组的参赛作品包含汽车产业链产品、智能产品、出行用品、文创产品、食品包装及其他综合创新设计等类别；企业命题组根据柳州本地企业实际需求设置设计命题，包括五菱汽车股份有限公司的“全新一代跨界交通工具设计”、东风柳州汽车有限公司的“乘商两用 MPV 概念设计”以及广西沪桂食品有限公司的螺蛳粉产品“全新一代环保外包装设计”等。大赛面向中国和印尼、菲律宾、泰国等东盟国家征集作品 4000 余件，评选出 45 件获奖作品，其中产品设计组 18 件、概念设计组 17 件、企业命题组 10 件；奖金共计近百万元。

【2020 中美纤维艺术与科技创新交流展与国际研讨会】

2020 年 11 月 23 日至 24 日，由清华大学美术学院和美国费城艺术大学策划、主办的“2020 中美纤维艺术与科技创新交流展”线上展在清华大学美术学院自主开发的线上 2.5D 虚拟展厅平台上举行。展览展出中美两国 40 件具有学科交叉性、技术创新性的作品。

12 月 5 日，“2020 中美纤维艺术与科技创新交流展国际研讨会”线上举行。美国加州艺术学院的荣誉退休教授丽亚·库克，清华大学美术学院教授、博士生导师、纤维艺术研究所所长林乐成，美国克兰布鲁克艺术学院纤维系驻场艺术家、系主任马克·纽波特等 6 名专家发表演讲。

【时尚设计与可持续发展国际论坛】

2020 年 12 月 3 日，由清华大学美术学院、清华大学米兰艺术设计学院主办的“时尚设计与可持续发展”国际论坛线上举行。中国、美国、瑞典的时尚与可持续发展领域的专家、学者与会。论坛分为嘉宾演讲、沙龙讨论及博士论坛三部分。蔡金青、马琳·伦达尔（Malin Lundahl）、洪晃 3 名专家作主旨发言。

大事记

2019年12月21日至2020年4月19日，“第八届深港城市/建筑双城双年展”在深圳市当代艺术与城市规划馆和线上举行。

1月3日，“2020‘薪技艺’国际青年学术论坛·玻璃艺术”在清华大学美术学院举行。

1月19日至12月20日，“设计的价值在中国”展览在深圳市海上世界文化艺术中心重新开展。

1月27日，山东工艺美术学院师生开展“生命重于泰山——紧紧依靠人民群众坚决打赢疫情防控阻击战”主题创作。

2月5日，郑州航空工业管理学院开展以艺抗“疫”活动，进行抗疫设施及用品设计。

3月20日，“GIDA（金芦苇工业设计奖）未来设计沙龙”在线上举行。

4月3日，杭州2022年第19届亚运会吉祥物发布。

4月30日至7月26日，“衣袭华美——百年海派旗袍的前世今生”展览在重庆中国三峡博物馆举行。

5月25日至6月8日，2020年“设计上海@新天地设计节”在上海市举行。

5月30日至6月28日，“中国当代文化海报展”在爱沙尼亚哈普萨卢文化中心举行。

6月2日，台湾“金点新秀设计奖”公布获奖名单。

6月12日，2020第七届“紫金奖”文化创意设计大赛新闻发布会在江苏省南京市举行。

6月19日，2020年第六届亚洲沙滩运动会奖牌设计图公布。

6月20日，“跨界联合，产业创新——2020服务设计论坛”线上举行。

6月22日至30日，“新挑战　新策略”系列国际学术交流活动线上举行。

7月11日，济南市人民政府与山东工艺美术学院战略合作签约活动在山东工艺美术学院长清校区美术馆举行。

7月26日，“全国大中学生第九届海洋文化创意设计大赛”作品终审会线上举行。

8月26日，“山东省第三届‘省长杯’工业设计大赛颁奖典礼暨工业设计周开幕式”在山东省烟台市举行。

8月26日，“西藏自治区首届工业设计大赛”在西藏自治区拉萨市举行。

8月26日至27日，“第十六届国际绿色建筑与建筑节能大会暨新技术与产品博览会”在江苏省苏州市举行。

8月28日，“2020年第三届《装饰》学术年会”线上举行。

8月30日，“稻香小夜曲”创意设计夜暨“太湖稻城杯”第三届大学生设计大赛颁奖典礼举行。

8月30日至10月30日，“格物匠心——福建传统工艺展”在中国国家博物馆举行。

9月2日，“中国工艺美术学会第五次全国会员代表大会暨五届一次理事会”在北京市举行。

9月2日，2020“第六届‘学院派奖’全国艺术与设计大赛”获奖名单公布。

9月5日，“2020年中国国际服务贸易交易会·第三届中国服务设计大会”在北京市大兴区举行。

9月5日，“第六届紫金奖文化创意设计大赛颁奖典礼暨优秀作品展”在江苏省南京市举行。

9月15日，“2020中国建筑装饰产业发展论坛暨第十届中国国际空间设计大赛（中国建筑装饰设计奖）颁奖典礼”在广东省深圳市举行，同时启动“第十一届中国国际空间设计大赛”。

9月15日至22日，2020北京国际设计周的公众活动单元“时尚北京”板块“2020北京时装周”

在首钢园区、王府井步行街、隆福文化中心、方恒时尚中心等首都时尚文化地标举行。

9 月 17 日至 23 日，“第三届河北国际工业设计周”在河北省雄安新区举行。

9 月 19 日，2020“设计之都·创意推荐榜”榜单颁奖典礼在上海市举行。

9 月 19 日，2020 北京国际设计周“设计责任与未来峰会”线上举行。

9 月 19 日至 20 日，“2020 设计马拉松”即兴直播间举行。

9 月 21 日至 27 日，“2021 北京国际设计周主宾城市赫尔辛基活动预热活动”线上举行。

9 月 21 日至 10 月 6 日，2020 北京国际设计周特别策划展览“北京城市建筑双年展 2020 先导展”在北京市举办。

9 月 22 日至 10 月 7 日，2020 北京国际设计周“设计之旅”系列活动举行。

9 月 22 日至 10 月 12 日，2020 北京国际设计周“Pop Box——国际潮流文化展”在北京市举行。

9 月 23 日至 26 日，北京国际设计周的重点板块“2020 北京设计博览会”在全国农业展览馆举行。

9 月 24 日，2020 北京国际设计周北京设计论坛板块的分论坛“北京国际设计周国际文创开发论坛”和“2020 台湖舞美国际论坛”在国家大剧院举行。

9 月 24 日至 10 月 12 日，2020 北京国际设计周主题展览“民生之维——脱贫攻坚中的设计创新”展览在北京市举行。

9 月 25 日，2020 北京国际设计周北京设计论坛板块的分论坛“人工智能赋能产业升级研讨会”和“城市更新中多方参与选择”在国家大剧院举行。

9 月 25 日，“2020 北京国际设计周设计之夜暨专业赛事单元颁奖典礼”在北京市隆福文化中心举行。

9 月 25 日，“第三届中华设计奖‘生活美学’设计大赛颁奖仪式暨第四届大赛启动仪式”在浙江省宁波市举行。

10 月 4 日，“‘复兴百工，生活即道’中国传统工艺振兴优秀案例论坛”在北京市中华世纪坛举行。

10 月 16 日，“观·象——清华大学美院师生优秀作品展”在北京市开幕。

10 月 16 日至 11 月 13 日，中国非物质文化遗产传承人群（布老虎制作技艺、雕塑制作技艺）高级研修班在天津大学举行。

10 月 19 日，“2020 中国设计智造大奖颁奖典礼”在中国美术学院象山校区举行。

10 月 19 日，湖南大学设计艺术学院、汽车车身先进设计制造国家重点实验室、华为 2012 实验室 UCD 中心联合发布《汽车用户体验 2020 设计趋势报告》。

10 月 20 日至 11 月 10 日，“2020 中国设计智造大奖佳作展”在中国美术学院象山校区举行。

10 月 22 日至 11 月 20 日，“心手相承——中国蓝印花布长三角巡展”首展（宁波站）在浙江纺织服装职业技术学院举行。

10 月 23 日至 24 日，“广东省第十届‘省长杯’工业设计大赛颁奖典礼”系列活动在广东省广州市举行。

10 月 24 日，“全国大中学生第九届海洋文化创意设计大赛颁奖典礼、资源海洋大家谈暨 2020 创意设计（广西）论坛”在北部湾大学举行。

10 月 28 日至 30 日，“2020 中国建筑学会学术年会”在广东省深圳市举行。

10 月 28 日至 11 月 1 日，“最美小康路——2020 年中国西部民间工艺主题创作展”系列活动在陕西省美术博物馆举行。

10 月 29 日至 11 月 1 日，“第十一届深圳工艺美术博览会”举行。

10 月 29 日至 12 月 12 日，“2020 顺德设计周暨 DWE 广东工业设计产业博览会”在广东省佛山市顺德区举行。

11月1日，“广州创意周——广州设计之都”系列活动在广东省广州市举行。

11月1日至6日，“2020温州国际设计双年展”在浙江省温州市举行。

11月2日至6日，“正本清源　守正创新——苏州吴中高层次文艺人才研修班学员晋京作品汇报展”在中国文艺家之家举行。

11月2日至12月2日，“物以载道——中国非遗数字展”在摩洛哥拉巴特中国文化中心举行。

11月3日，第二届“竹与生活（青神）竹产品创意设计大赛”颁奖仪式在四川省眉山市举行。

11月3日，“2020北京国际设计周设计之旅第三届当代国际水墨设计双年展”获奖作品名单公布。

2020年11月6日至2021年1月5日，“苏艺天工大师系列——程磊玉雕艺术展”在苏州博物馆举行。

11月6日至9日，“第二十五届中国民居建筑学术年会”在西南民族大学航空港校区举行。

11月6日至9日，“第七届成都创意设计周”在成都市中国西部国际博览城举行。

11月6日至15日，“京韵天工谱华章——‘全面建成小康社会’民间工艺美术作品展”在中华世纪坛举行。

11月7日至12月6日，“黄河落天走东海——河南省当代陶瓷艺术研究展”在河南省美术馆举行。

11月8日至10日，“2020第二届北京国际公益广告大会”在北京市举行。

11月12日，“疫情常态下的工艺美术再思考”学术研讨会在上海工艺美术博物馆举行。

11月13日至22日，“中国・鞍山书画和岫岩玉雕精品展”在中国美术馆举行。

11月14日，“2020年全国大学生工业设计大赛终评评审”在广州美术学院举行。

11月18日，“第一届金紫荆杯中国——东盟工业设计大赛”颁奖仪式在广西壮族自治区柳州市举行。

11月20日，“绿色设计国际合作年度会议”在北京市大兴区举行。

11月20日至21日，“第八届中国用户体验峰会”在福建省厦门市举行。

11月20日至22日，“‘上海设计之都’十周年主题活动”在上海市举行。

11月22日至12月10日，“第六届中国人居环境设计学年奖获奖作品展暨‘问向・十年’建筑艺术设计学院教学成果展”在广州美术学院举行。

11月23日至24日，“2020中美纤维艺术与科技创新交流展”线上展在清华大学美术学院举行。

11月25日至29日，“2020年世界工业设计大会”在山东省烟台市举行。

11月26日，“‘居住在中国’2020样板间设计大赛全国总决赛”在北京市举行。

12月3日，“时尚设计与可持续发展”国际论坛线上举行。

12月5日至13日，2020年第二届“艺术与设计创新未来教育博览会”在上海市举行。

12月8日，“新时代　新文科：全国艺术类学科建设研讨会”在清华大学美术学院举行。

12月8日至15日，“第二届山西省文化创意设计大赛获奖作品及入围作品展”在山西省图书馆举行。

12月10日，“‘文旅融合背景下的红色文创’研讨会暨‘红色文创联盟’成立大会”在中国国家博物馆举行。

12月12日，“第五届‘中国・河间工艺玻璃设计创新大赛’暨第四届‘中国・河间国际灯工玻璃艺术节’颁奖典礼”在河间市体育馆举行。

12月12日，“第三届国际大学生旅游文化创意设计大赛颁奖典礼”在海南大学举行。

12月16日至23日，TDC（纽约字体艺术指导俱乐部，Type Directors Club，TDC NY）巡回展演在台湾科技大学举行。

12月17日至20日，“IXDC2020国际体验设计大会”在北京市举行。

12 月 18 日，2021“吉庆年年——全球吉庆生肖设计大赛成果展暨北京市海外文化交流中心开幕仪式”在北京市海外文化交流中心举行。

2020 年 12 月 19 日至 2021 年 4 月 18 日，“大运河文化非遗纸艺展”在北京南锣鼓巷敬人纸语展厅举行。

12 月 28 日，“美美与共　丝路同行——福建·陕西传统民间工艺交流展（西安站）”在陕西省西安市举行。

12 月 28 日，“2020 香港亚太设计师大赛颁奖盛典”在深圳设计之都举行。

12 月 31 日，“美好生活——第五届中国当代工艺美术双年展”在中国艺术研究院油画院美术馆举行。

12 月 31 日，北京 2022 年冬奥会和冬残奥会体育图标发布。

12 月 31 日，“2020 紫金奖工业设计大赛”工业设计奖获奖名单公布。

中国艺术年鉴·2021

索引

分卷主编：陈诗红

人名索引

Z

作品索引

H

J

M

N

O

P

Q

R

S

T

Y

Z

机构索引

H

J

L

M

N

P

Q

R

S

后　记

《中国艺术年鉴》是一部艺术门类较为齐全的综合性国家级专业年鉴。其汇辑各艺术门类重要文献信息，记录和凸显对艺术创作发展具有推动作用和借鉴价值的优秀作品、重大活动和热点话题，立体呈现本年度艺术状况与发展，力求为研究者、管理者提供总结过去、分析现状、探索未来的信息资料，是一部多门类艺术领域工具书。

中国艺术研究院《中国艺术年鉴》编辑部为常设年鉴编辑机构，主要编纂《中国艺术年鉴》与《中国艺术学年鉴》两部年鉴，实行分卷主编制。《中国艺术年鉴》首卷为《中国艺术年鉴·2011年卷》。此后，又陆续编辑出版了《中国艺术年鉴·2012年卷》《中国艺术年鉴·2013年卷》和《中国艺术年鉴·2014年卷》，以上几卷的标注年份与年鉴记述内容的年份相一致。根据年鉴编辑出版新规范要求，自“2015年卷”始，将标注年份调整为所载录资料的后一年度，即《中国艺术年鉴·2015年卷》更名为《中国艺术年鉴·2016》，此后卷名类推。

《中国艺术年鉴·2021》的编纂工作于2021年4月启动，分为上、下两册，共计12个分卷，分别为：总类卷、戏曲卷、话剧卷、音乐卷、舞蹈卷、曲艺卷、电影卷、电视艺术卷、美术卷、摄影卷、书法·篆刻卷、艺术设计卷。全书最后配有主题索引，包括人名、作品、机构3类索引项，2100余个索引词。本年鉴本着客观记录与学术评述相结合、全面反映与重点突出相协调、活动情况与反响评价相兼顾的编辑思路，以文章和条目为基本载体。其中的文章体主要体现在各分卷的“年度述评”和“专题”（非常设栏目）部分，其余栏目均为条目体。

本年鉴的组稿方式有特约稿件、重要主流报刊信息转载和摘录三个渠道。其中，“年度述评”主要为特约稿件；“文件辑录”“专题”“作品”“纪事”的大部分信息均来源于国内主流媒体和出版物，且在转载和摘录的过程中，根据本年鉴的编纂要求进行了必要的修订。转载和摘录的文章，基于国家艺术发展层面，选取本年度优秀论文或著作进行推介，部分转载文章由于种种原因无法与作者取得联系，故未能发放文章转载费，烦请这部分作者与本编辑部联系并予以谅解。

《中国艺术年鉴·2021》的编辑出版工作得到文化和旅游部、中国艺术研究院及学界专家的大力支持，谨在此表示衷心感谢，特别感谢中国艺术研究院《中国艺术年度发展研究报告》课题组全体成员以及各位供稿、审稿专家。提供帮助的中国艺术研究院相关专家学者有：戏曲研究所所长王馗研究员；话剧研究所所长宋宝珍研究员；音乐研究所项阳研究员、李宏锋研究员；曲艺研究所所长吴文科研究员、赵倩副研究员；电影电视艺术研究所丁亚平研究员、许婧研究员、支菲娜高级编辑、类成云编审；美术研究所杭春晓研究员、孔德平副研究员；工艺美术研究所所长邱春林研究员；建筑与公共艺术研究所杨莽华副研究员。南京大学徐艺乙教授、清华大学美术学院赵超教授、清华大学美术学院吴琼教授、广州汽车集团股份有限公司汽车工程研究院副院长张帆、清华大学米兰艺术设计学院执行院长臧迎春教授、中国建筑设计研究院景观生态环境建设研究院李力高级建筑师、中国人民大学艺术学院吴文越副教授。还要特别感谢《歌剧》杂志主编、上海歌剧院艺术创作室主任游暐之，《美术》杂志主编尚辉编审，清华大学美术学院信息艺术设计系吴琼教授，南京大学徐艺乙教授，中国建筑设计研究院景观生态环境建设研究院李力高级建筑师，北京印刷学院设计艺术学院陶海鹰副教授，清华大学《装饰》杂志编辑部主任周志副编审。还有许多专家学者在编纂过程中提供不少帮助和支持，由于篇幅所限在此不一一列出，谨表歉意并诚挚感谢。

2020年从中央到地方，出台了一系列管理及扶持政策，实现各级文化行政部门对文化资源的动态化、科学化管理，以激发广大文艺工作者的创作热情。在习近平总书记重要讲话精神指引下，广大文艺家和文艺工作者不断提升思想道德修养和文学艺术素养，高扬社会主义核心价值观旗帜，努力创作优秀作品，为繁荣社会主义文艺事业作出了新贡献。基于此，本年鉴力图宏观系统地总结梳理2020年度各艺术门类发展状况，以飨读者。《年鉴》编纂资料浩繁，难免有疏漏错讹之处，敬请读者批评指正！

中国艺术研究院《中国艺术年鉴》编辑部
2022年12月